アメリカの恩寵

宗教は社会をいかに分かち、結びつけるのか

ロバート・D・パットナム
デヴィッド・E・キャンベル
協力 シェイリン・ロムニー・ギャレット
柴内康文 訳

AMERICAN GRACE:
How Religion Divides and Unites Us

柏書房

AMERICAN GRACE: How Religion Divides and Unites Us
by Robert D. Putnum and David E. Campbell

クリスティン、ケイティ、ソレンと
ミリアム、グレイ、ガブリエル、ノア、アロンソ、そしてギデオンに
彼らは、その愛で私たちの人生を輝《グレイス》かせてくれている。

目次

凡例

一、原注は該当箇所に（　）付きの番号をふり、巻末にまとめた。訳注は〔　〕内に記した。

一、原文のイタリックは、書籍、雑誌、映画等の題名を表す場合は『　』で表記し、邦訳題が存在する場合はそれを、ない場合は適宜訳すかカタカナで示した。

一、イタリックが強調を示す場合は、原則ゴチック組にした。

一、引用符で囲まれた言葉（会話や引用、あるいは強調）および大文字で表記された固有名詞（団体名など）の一部は「　」で示した。

一、原文における会話・引用文中の補足語は［　］で示した。

一、原文の「:」「;」は適宜ダーシ（——）や句読点に置き換えた。

一、度量衡の換算は（　）内に並記した。

一、索引は原書にならって見出し語の単語もしくは概念の記述箇所を示し、指示範囲も原則として原書に準じた。ただし、誤りや不足と思われる場合には、適宜追加・訂正を施した。

第1章　アメリカにおける宗教的分極化と多様性

一九五〇年代、イーグルス友愛団は映画監督セシル・B・デミルと共同で、大作映画『十戒』のユニークな宣伝活動を行った。イーグルス団とデミルはプロダクト・プレイスメントの反対の手法を用いて、聖書の十戒のモニュメントを全国いたるところのコミュニティに寄付したのである。商品を映画の中に配置するのではなく、逆に映画の主要なシンボルが目立つ場所に据え付けられた。公園の中や郡庁舎の前、またテキサスでは州議会議事堂の前庭に、といった具合に。これらのモニュメントは時代精神の反映であった。一九五〇年代には公共の場の前面にさまざまな形で宗教的表現が持ち込まれていて、中には政府公認のものすら含まれていた。「われら神を信ず」が公式に国家の標語《モットー》となり、また「合衆国忠誠の誓い」が「神の下に」という言葉を含むように修正された時代でもあったのである。

これらのモニュメントは特段の騒ぎもなく、何十年と立ち続けた。しかし近年になると公けに所有された土地に立てられているということが、政府による国教の樹立を禁じている憲法に違反するかどうかという裁判闘争に持ち込まれるようになった。言い換えれば、五〇年前はこういったものを展示しても論争になるようなことはなく、大予算ハリウッド映画のマーケティング戦略の一つとして安全に使うことができた。今や、それらは訴訟の対象として最高裁まで一直線となる。(1)

何かが変化した。

一九六〇年、大統領候補のジョン・F・ケネディはプロテスタント教徒に対して、カトリック教徒に投票しても何の問題もない、と不安を払拭しなければならなかった（当時、アメリカ人の三〇%が、カトリック教徒には大統領候補として投票しない、と何のてらいもなく世論調査員に答えていた）。同時に、ケネディは自分の教会とは明確に立場が異なる公的争点が多かったにも関わらず、同胞たるカトリック教徒からは圧倒的な支持を勝ち取っていた。二〇〇四年、アメリカにもう一人のカトリック教徒の大統領候補が現れた。やはりマサチューセッツ州の上院議員、名誉ある勲章を受けた退役軍人で、そしてJFKというイニシャルまで同じだった。ケネディと同様に、ジョン（・フォーブス）・ケリーはその教会と、少なくとも一つの目立つ争点で立場が異なることを明らかにしていた——この場合のそれは、中絶問題だった。しかしケネディとは異なって、ケリーはカトリック教徒からの得票を共和党の対抗馬と分け合うこととなり、また頻繁に教会に行くようなカトリック教徒の間ではあっさりと敗北を喫した。ケリーがプロテスタント教徒に敗北したというだけでなく、福音派のプロテスタント教徒であるジョージ・W・ブッシュに敗れたことは、ケネディには理解できないことだったろう。一九六〇年の選挙キャンペーンに現れた宗教的緊張について記述した政治学者フィリップ・コンバースは、その選挙を「稲光は一瞬にすぎなかったが、薄暗い地表を照らし出した」と表現した。[2] ケリーの立候補はいま一度の稲妻であったが、それが照らし出した風景はすっかり変わってしまっていた。一九六〇年の時点では、政治における宗教の役割は、ほとんど部族に対する忠誠心といったものに似ていた——すなわちカトリック教徒とプロテスタント教徒が、それぞれの候補者を支持していたのである。勝利のためにケネディは、プロテスタントが多数派を占める国で、カトリック教徒を国家の公職から閉め出していたステンドグラスの天井を打ち破らなければならなかった。二〇〇〇年代には、その人物がいかに宗教的かということが、彼／彼女がどの教派に属しているかということよりも重要な政治的分割線となっていた。教会に出席する福音派とカトリック（他の宗教グループの者も含む）は共通の政治的目的を見いだしている。宗教的ではない有権者もまた互いに共通の政治的目的を見いだしているが、そちらは政治的スペクトラムで反対側に位置している。

繰り返すが、何かが変化したのである。

本書は、過去半世紀を通じてアメリカの宗教に起こった変化に関してのものである。おそらくもっとも目立つ変化は、宗教的な線に沿ってアメリカ人が分極化したさまである。人々はますます、宗教的スペクトラムの両極に集中するようになっている――すなわち一方の極においては非常に宗教的であり、他方の極では明らかに世俗的なものである。穏健な宗教的中間派は縮小している。今日の宗教的風景を、第二次世界大戦に続く数十年間のアメリカと対比してみよう。当時は穏健な――あるいは主流派の――宗教が急成長していた。過去には宗教的緊張があっても、それは主として宗教間のものであり（もっとも顕著なのはカトリック対プロテスタントである）、宗教的な者と無宗教的な者の間でというわけではなかった。今日のアメリカは、平均的には宗教性の高い国家であり続けているが、その平均によって人口に占める世俗的な層の拡大が目立ちにくくなっている。

この国の宗教的分極化は、止めようのない変化が流れるように進んだというわけではなかった。むしろ、それは三度にわたって社会を揺らした地殻変動の結果であり、最初のそれは性的解放の一九六〇年代だった。この騒乱の時代が結果として生み出したのは保守的宗教、特に福音主義《エヴァンジェリカリズム》派の成長という身持ちの堅い余震で、さらに著しくはアメリカの福音派信者が文化的存在感を高めたことで、それが最も目立ったのは政治的領域だった。神学上と、政治上の保守主義が収斂しはじめるようになって、宗教的な抑揚のついた争点が国家的な政治議題に登場するようになり、そして「宗教」はますます共和党との関連を強くしていった。この第一の余震に引き続いたのが反対の方向の反応、第二の余震で、それはいまなお鳴動を続けている。アメリカ人、とりわけ若者が、次第に宗教を拒否するようになっていった。多くの者にとってこの宗教に対する忌避は、宗教と保守政治との間の関連についての不安に根ざすものである。もし宗教が共和党支持とイコールなのであれば、宗教は自分たちのものではないと考えるようになってきたということである。

宗教的分極化は宗教の領域を超えた帰結を持つが、その理由は一方あるいは他方の極にいるということがその人の世界観、とりわけ性や家族のような個人的な問題に関係する態度と強く相関しているからである。アメリカ政治が性と家族の問題をしばしば中心に置くことをふまえると、この宗教的分極化は特に党派政治において目立つようになっている。「宗教的な者の連合」はある方向に投票する傾向がある一方で、宗教的でないアメリカ人は他方に投票を行っている。

宗教的分極化の現状により、社会評論家たちはヒートアップした、誇張的でさえある言葉を用いてアメリカ社会の状態を描写するようになっている。ベストセラーリストは宗教に対して強く批判的である書籍で一杯となっていて、それに対抗する識者の方は公共の場が宗教不在により「裸《ネイキッド》」にされているというレトリックを用いて非難している(3)。乱用されているメタファーによれば、おそらくわれらの文化をめぐる戦争のただ中にアメリカはある(4)。

しかしながら、このような悪意あるやりとりを無視して、かわりに多様な宗教的背景を持つアメリカ人がいかに関わり合っているかに目をやると、米国それ自体を分裂した家のように見ることはとうていできない〔「分裂した家」とは「家が内輪で争えば成り立っていかない」という新約聖書の表現に基づいている（「マタイによる福音書」一二章二五など）。〕。アメリカは高い信仰心と、おびただしい宗教的多様性――その中にはますます増大する、宗教なしの者を含んでいる――を平和のうちに結びつけている。アメリカ人は（大半の）他宗教信者に対して寛容性が高く、その中には生活の中に全く宗教がない者も含まれている。

アメリカにおける宗教の役割がここで提起する謎がある。**宗教的多元性は宗教的分極化といかにして共存しうるのだろうか。**

その答えは、アメリカにおいて宗教は非常に流動的なものである、という事実の中にある。そのような流動性を生み出した条件は、この国の憲法上の基盤にある顕著な特徴である。権利章典《ビル・オブ・ライツ》のまさしく冒頭の言葉は、議会が――のちに政府のあらゆるレベルを意味すると解釈されるようになった――特定の宗教に肩入れしないこと、その一方でアメリカ人がその宗教的信念を自由に実践できることを保障している。法律の領域では、「十戒」が公有財産の上に掲示されうるかといったような論争が、この憲法の言葉の解釈に左右されている。さらに広く見ると、国家的宗教独占が欠如していることが宗教的自由という広大な空間と結びついて、宗教的エコシステムの繁栄にとって理想的環境を生み出してきた。個々のアメリカ人がある会衆から他へと、さらにはある宗教から他へと自由に動くにともなって、諸宗教は競い、適応し、進化している。米国においては個人の宗教を、固定的な特性というよりもむしろ「好み」と呼ぶことは完全に自然なことに見えるのである。

実は、この流動的状態が宗教的分極化に貢献してきたのだった。流動的な宗教環境は人々が、ある宗教をやめて別のものにしたり、はじめて宗教を見つけたり、あるいは宗教から完全に離脱するように、何か違うものを探し求めることを可能とする。このような回転は、人々が次第に、しかし間断なく、似た考えを持つクラスターの中に自らを振り分けていくということを意味している――その共通性は宗教のみではなく、同時にその宗教に沿う形での社会的、政治的信念によってもまた定義されているのである。

しかし、アメリカにおける宗教のこの順応的な性質は、これらのクラスターが地下壕のようなものではないということを意味している。宗教的分極化に貢献しているのとまさに同じこの流動性は、アメリカ人のほぼ全員が、異なった宗教的背景を持つ人々と知り合いであるということを意味しているのである。自分が個人的には宗教的変化を一度も経験してこなかったとしても、そうしてきた誰かを知っている可能性は高いだろう。さらに、その誰かが単なる通りすがりの知り合いではなく、同僚や親しい友人、配偶者や子どもである可能性も高い。このような宗教的回転は全て、さまざまな宗教的背景を持った人々の間の関係の寄せ集めを生み出していく。それはしばしば拡大家族、さらには世帯の中にすら存在していて、宗教的分極化がこの国をばらばらに引き離していくことを防いでいるのである。

したがって、一九六〇年のジョン・F・ケネディと二〇〇四年のジョン・ケリーの間のコントラストは二重に意味深いものである。それは宗教がアメリカ社会を分けていく新しい仕方を浮かび上がらせたというだけではなく、より繊細に言うなら、古い分け方がほとんど忘れ去られてしまったということも思いおこさせる。一九六〇年に、ケネディが直面していたのは彼のカトリック信仰に対するあからさまな敵意であり、それは礼儀ある仲間の間ですら存在していた。カトリックとプロテスタントの間の人間関係に対して、多くの社会的障壁がやはり存在していた時期でもあった、ということは偶然の一致ではない。ジョン・ケリーが選挙戦に出たのは別の世界だった。二〇〇四年には、彼のカトリック信仰はプロテスタントにとって何の問題にもなっていなかった。ここで再び、ケネディからケリーまでの年月に、さまざまに多くの宗教的背景を持つアメリカ人が隣人、友人、そして配偶者としてますます互いに結びつくようになっていったということはやはり偶然の一致では到底ないのである。二〇〇四年の選挙という稲妻の光が明るみにしたのは、政治的地形の変化以上のものである――それが露わにしたのは、社会的風景の変容だった。宗教間にある個人的なつながりは結果的に、さまざまな宗教、そして全く宗教を持たない人々の編み込まれた社会的織物《ウェブ》をもたらした――その含意するものは、大統領選挙の駆け引きをはるかに超えている。

過去五〇年以上を通じて、アメリカ宗教はこのように拮抗的な変容を二つ経験してきた。第一のものは、アメリカ社会における新しい宗教的断層線の出現である。そのままに委ねれば、このような断層線は国を切り開き、引き裂くことになるかもしれない。第二の変化の方はしかし、まさにこのような断層線が拡大する裂け目とはならなかったという理由である。分極化は、宗教的分離に伴って起こったものではなかった——これは文字通りの意味でも、比喩的にもそうである。その反対に、孤立した宗教的コミュニティに引きこもるのではなく、むしろアメリカ人は他の宗教の人々——あるいは全く宗教的でない人と、共に働き、一緒に暮らし、結婚するようにますますなってきたのである。そうする中で、人々は自分たちのものと異なる宗教的背景を持つ人々を受け入れるようになってきた。自分が知り、とりわけ自分の愛している人の宗教、あるいは宗教の欠如を悪魔扱いすることは困難である。それどころか、宗教間の人間関係は非常にありふれているので、アメリカ人の大半はおそらくそれにほとんど注意を払わないか、人目を引くようなことではないと考えている。しかし、まさにそのありふれているということが、それらを実際には注目すべきものにしているのである。

分極化と多元性は近年のアメリカ宗教史において主要なテーマであるが、しかしこれまで変化してきた、また現在も変化中の、そしてこれからも変化していくであろうこの国の宗教環境の全てがそれによって尽くされるということには決してならない。アメリカの宗教の持つ生命力《バイタリティ》がまさしく意味しているのはそれが不断に進化し続けているということであるが、その進化は、不変であったもののいくつかも背景にして起こっている。われわれは、いかに、まただどうしてアメリカの宗教が分極化してきたのかについて問うところから始め、そしていかに分極化と多元性が同時に存在しうるのか、ということを問う——そして答える——ことに迫っていく。しかし分極化から平和な多元性へと至る途上では、他の多くの問題についても検討する——

どの程度の規模でアメリカ人は、宗教的混合《ミキシング》や整合《マッチング》に関わったのだろうか。

宗教という市場においてはどの宗教が勝ち、また負けるのか。歴史的にはどれが勝者で、どれが敗者だったのだろうか。

何が人々を自分の会衆にとどめるのか、また一方から他方へと彼らが切り替えるのはなぜか。人々を――とりわけ若い人々を――宗教から押し出した第二の余震に対して、宗教的起業家たちはどのように反応したのか。

アメリカ社会における三大傾向――女性の権利革命、所得不平等の増大、民族・人種的多様性の成長に、宗教はいかに関わってきたのだろうか。

宗教信奉と、党派的政治との非常に強い関連をもたらしたものは何で、そして宗教と政治の間のつながりは将来どのようなものになるのだろうか。

会衆の内部で政治はいかに起こっている、あるいは起こっていないのだろうか。説教壇からのあからさまな政治活動がまれであるのに、いかにして宗教性と党派的政治がこれほどまでに強く関連しうるのだろうか。

いったい誰が正しいのだろう――市民社会に対する宗教のプラスの貢献を支持する側なのか、それともそれに反対する側なのか。

背景

アメリカにおける宗教に関する議論は全て、アメリカ人が強く宗教的な人々であるという議論の余地ない事実からはじめなければならない。宗教、そして宗教性をどう測るべきか、という単なるあら探しのような議論をすることは可能だが、しかしどのような基準によっても、米国は（全体としては）宗教的な国家である。一般的に言って、アメリカ人の宗教的所属《ビロンギング》、行為《ビヘイヴィング》、そして信仰心《ビリービング》は高率である――このことを社会科学者は、宗教性の三つのBと呼んでいる。[5] アメリカ人の八三％は宗教に参加していると回答する。四〇％はほぼ毎週、あるいはそれ以上に宗教礼拝に出席していると答えている。[6] 五九％は少なくとも毎週祈っている。三分の一は、同じ頻度で聖典を読んでいると答えている。多くのアメリカ人はまた、堅固な宗教的信念を持っている。八〇％は神が存在することに絶対的な確信を持っている。天国があることに絶対的な確信がある者は六〇％である。死後の生命についてこれと同じ水準で確信を持っている者は少ないが（五二％）。それよりわずかに少ない四九％が、地獄の存在を信じている。

しかし、アメリカ人の全てがそれほどは宗教的でない、あるいは全く宗教的ではないということを記しておくこともまた重要である。結局のところ、一五％は宗教礼拝に全く出席しないし、一七％は宗教に所属していないし、二〇％は神の存在に確信がなく、四〇％は天国が存在することに自信がなく、四八％は死後の生命の存在に確信が持てていない。

これらの基本的な事実をまとめると、アメリカにおける宗教の構図がはっきりとしてくる。アメリカ人は圧倒的なまでに、たとえ万人がというのではないにせよ、宗教に所属している。所属というのは、必ずしも宗教活動へと変換されるわけではない。何らかの宗教に所属しているという人の全てが、頻繁に宗教礼拝に出席したり、その他の宗教的行動に参加しているわけではないからである。またアメリカ人の大多数は神を信じているが、墓の先にあるいのちについてアメリカ人が抱く確信はそれより低い。そもそも楽天的な人々として、アメリカ人は地獄よりも天国の方を心に描く傾向がある。それどころか、死後の生命を信じる者より天国について信じるアメリカ人の方が多いのである。さらに探ると、アメリカ人が信じているのは愛情ある神であって、審判的な神ではない。六二％が生活の中で神の愛を「非常によく」感じると答えるが、この頻度で神の審判を感じると述べる者は三九％にすぎない。アメリカ人にとっての神は、怒れる存在というよりも慈愛あふれるもので、（第13章で見るように）この種の日常の神学はアメリカ人が互いにつきあう仕方に対して重要な意味を持っている。このことは、アメリカ人の宗教性と、コミュニティにおけるつながりが緊密に結びつくさまをこれから論じる上でのたくさんある中の一例にすぎない。

どのような客観的基準においても、米国がかなり宗教性が高いということをこのプロファイルは示している。そのようなプロファイルは、米国を地球上の残り、とりわけ先進工業化した民主主義国と比較するとさらに強いものとなる。米国の位置は、宗教性の三つのBの全てにおいて事実上、他のあらゆる先進国のはるか上に位置づけられる。一つだけ例に取れば、図1－1が示しているのは米国とその他の世界を、宗教行動の測定、すなわち宗教礼拝への毎週の出席について比較したものである。実のところ、宗教信奉におけるこの世界ランキングにおいてはアメリカは宗教指導者《アヤトラ》のいるイランすらもわずかに上回っている。

米国はまた、所属《ビロンギング》と信仰《ビリービング》でも同じように高程度である。例えば、アメリカ人の三八％は教会や宗教組織の活動的会員であると答えるが、対してオーストラリア人では一六％、イタリア人では九％、フランス人では四％にすぎない。同じように、アメリカ人の半数近く、四七％が宗教を生活の中で「非常に重要なもの」であると肯定的に答えるが、同じように述べる者はスイス人では一七％、オランダ人では一二％、そしてスウェーデン人では九％にすぎない[7]。

アメリカ人の高い宗教性はとりわけ、その文化的いとこである英国と比較したときにくっきりと浮き彫りになる。英国人の五四％は決して祈らないと述べるが、同じように語るアメリカ人は一八％のみである。アメリカ人の三分の一は、聖典は神の実際の言葉であると信じているが、比較すると英国人でそれは九％にすぎない[8]。

アメリカ人の宗教性に関する一つの指標が、いかに宗教が多くの人々の生活に浸透しているか、しかし他の人々の暮らしからは欠けてしまっているかをとりわけきれいに例証している。おおよそ半数（より正確には、四四％）のアメリカ人が、少なくとも毎日感謝《グレイス》の祈りを唱えるか食事の前に祈ると答えているが、その一方でほぼ全く同じ割合（四六％）でたまにしか、あるいは全く祈りは唱えていなかった[9]（この文脈ではキリスト教用語の「グレイス」を、どのような宗教系統に属する場合にも、食事の前に唱えるあらゆる祈りを指している略語として用いる）。他の多くの行動の中で、人口の半数においてはこれほど一般的だが、残りの半数ではまれであるようなものがあるのか考えるのは困難である――小銭入れを持ち歩くかどうか、はそうかもしれないが。

祈り《グレイス》を唱えるかということを選んだのは、それが全体としての宗教性についての優れた指標になっていて、その結果として、他の多くの態度や行動を予測していたからである。例えば、感謝の祈りを唱えることは第11章で再登場

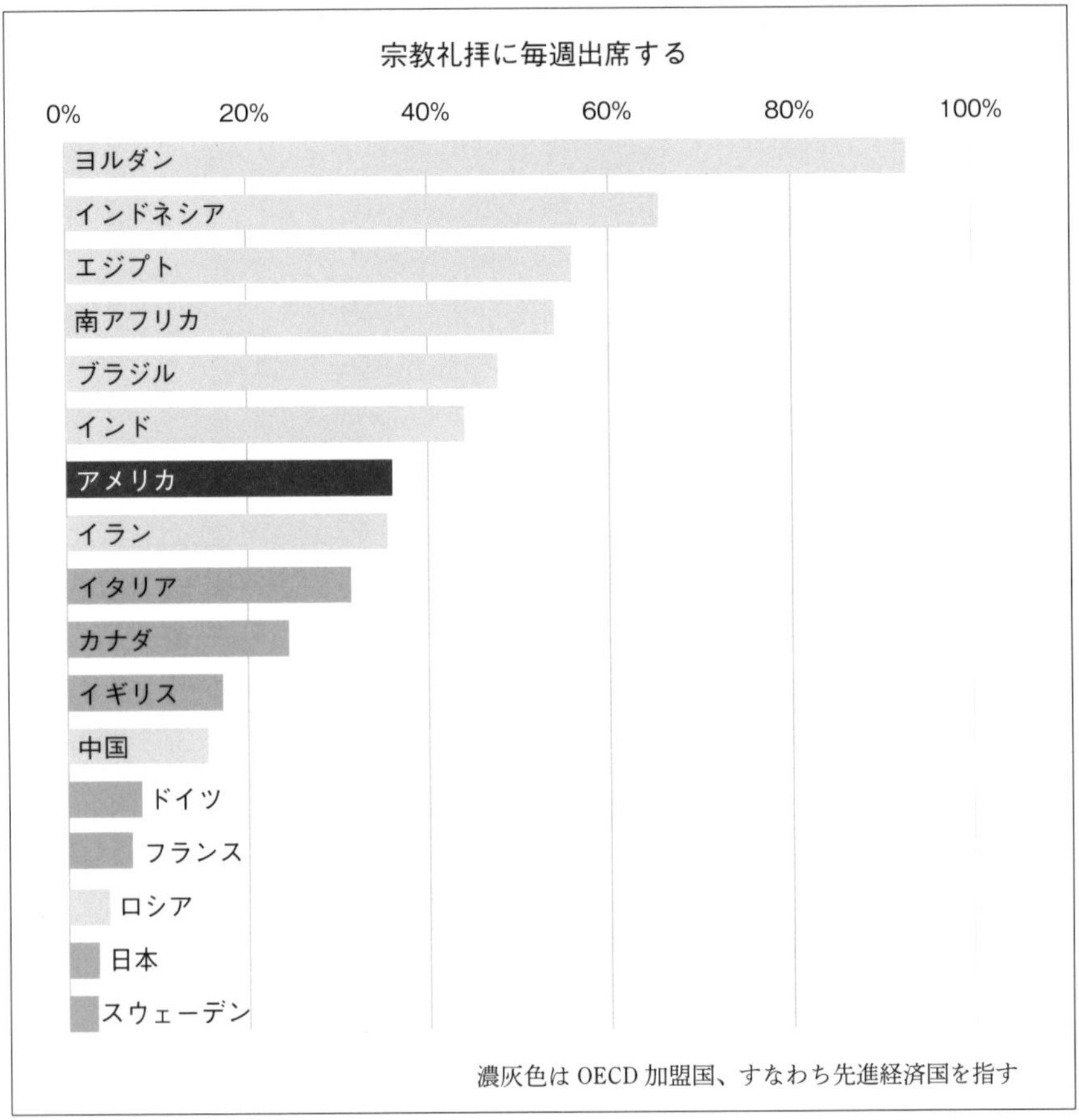

出典：世界価値観調査，2005–2007 年.

図1-1　他の先進工業国と比べると、米国の宗教礼拝への毎週出席率は高い

するが、そこでは食事の前に祈る頻度がその人の党派的政治と強いつながりを持っていることが示される。

信仰重要性調査《フェイス・マターズ》

米国において感謝の祈りを唱えることや、宗教性に関するその他の側面についてわれわれが語ることができるのは、アメリカ人を対象にその宗教生活や市民参加、社会的関係、政治的信念、経済状況そして人口統計学的なプロファイルについて広範に尋ねた大規模調査を実施したからである。初回の調査は二〇〇六年の夏に、無作為に選ばれた三一〇八人のアメリカ人の全国代表性サンプルに対して行われ、続いて第二の、独立した調査が同じ人々のうち追跡することのできた者（正確には、一九〇九人）に対して二〇〇七年の春と夏に行われた。信仰重要性調査《フェイス・マターズ》として知られているこれらはあわせて、アメリカ人の宗教生活および市民生活に関してこれまで実施されてきたうちで最も詳細な調査の一つを構成している。以降で明らかになるように、人々に一度ならず面接をすることは、宗教上の変化を理解する上できわめて有益なものとなる。アメリカ宗教にはダイナミズムがあるため、第一と第二の面接の間に経過した短時間の間隔でさえも、アメリカ人の宗教生活の多様な側面における、小さくとも重要な変化について洞察を与えてくれる[10]。本書の全体を通じて、二回の信仰重要性調査において集められたデータが繰り返し引かれる。二〇〇六年調査の結果を報告するのが通常だが、それはより大きく代表性の高いサンプルを有しているという理由に加え、より広範な質問の集合が含まれているからということもある。しかしそうすることがふさわしいときには、二〇〇七年調査からの結果を報告する。どの場合にも、どちらの調査について参照しているのかを明示している。

本書全体を通じ信仰重要性調査には強く依拠することになるが、しかしそれは全面的なものではない。われらの分野での共通貨幣は収束的妥当の検証――これはすなわち、可能な限り多くのデータソースに対して解釈を検証するというもの――であるので、したがって可能なときには常に、われわれの鍵となる主張について総合社会調査、全米選挙調査、ピュー・宗教と公的生活調査、またその他比較可能で公的に入手可能なデータソースによって検証を行ってきた。われわれはデータの語るところに注意深く耳を傾けてきた――データは一致して語るときに、最も雄弁なものなのである。

宗教系統《リリジャス・トラディションズ》

アメリカにおける宗教の現状について記述、分析することを願う者は誰でも、宗教信仰には莫大な数があり、それらの信仰の内部には無数の教派やその他の下位グループがあるという事実に立ち向かわなければならない。前述した宗教的流動性が意味するのは、分裂や合同、新たな信仰の創立、そして他国からの信仰の到来があるということである。プロテスタント信仰の中にある重要な集団の一つであるルター派を例として取り上げよう。ルター派というのは一枚の岩ではない。アメリカ福音ルーテル教会（ＥＬＣＡ）、ミズーリシノッド・ルーテル、ウィスコンシンシノッド・ルーテル、そしてさらに他のルター派諸教派がある。これらの教派が共通のルター派ＤＮＡを共有しているのは、それらが全てマルティン・ルターを創始者としているからであるが、それでも信仰や実践、神学における重要な差異がそこには現れている。そしてそれはまだ単に、ルター派における多種類にすぎないのである。同じ現象を長老派《プレスビテリアン》、メソジスト派、バプテスト派、ペンテコステ派、ユダヤ教、その他にわたってかけ算してみれば、それぞれの教派を別々に議論することに挑む複雑さがわかり始める。事態を複雑にするものとして、教派のラベルを全く持たないキリスト教会の拡大傾向も存在する。

この状況はしかし、絶望的というものでもない。アルバート・アインシュタインの言葉を言い換えれば、「できるだけ単純に、しかし単純にしすぎない」ような分類体系を利用することでアメリカ宗教は有効に分析が可能だからである。膨大な数に上る教派は、より管理しやすい数の宗教系統《リリジャス・トラディションズ》にグループ化することができる。生物学のメタファーを使えば、宗教系統とは「属」であり、個別の教派は「種」のようなものである。

福音派、主流派そして黒人プロテスタント

プロテスタント信仰は宗教形態学のどのような体系においても、最大の難題である。アメリカの宗教における変異性をこれよりうまく説明できるカテゴリーは他にないからである。生物学上の分類法に立ち戻ろう――宗教系統が「属」なのであれば、プロテスタント信仰は宗教上の「科」に類似している。その「科」の中に、三つの主要な「属」

がある――福音派、主流派、そして黒人プロテスタントである。

福音派プロテスタントは、アメリカの宗教系統の中で、最も重要なものの一つを構成している――とりわけそれは、アメリカ宗教の変化を理解する上でそうなっている。歴史学者マーク・ノルは、福音主義は一八世紀初期にまでさかのぼることができると記している。それは、プロテスタント信仰の内部で「真の心の宗教」を見いだそうとした運動の始まった時期である。(11) 福音主義は一九世紀を通じて、アメリカのプロテスタント信仰の中の支配的な系統であった。その後、一八〇〇年代末と一九〇〇年代初頭にプロテスタントは根本主義者と近代主義者の間の論争によって分裂し、その分裂はいまなお影響を及ぼしている。われわれの目的からは、福音派プロテスタントは、それを意識しているかしていないかは別として、この論争において根本主義側の立場にいる者である。この期間を通じ、社会学者クリスチャン・スミスの記すところでは、プロテスタント教会は「リベラルな神学、聖書の高度な批評、そして超自然主義についての懐疑の増大」をますます取り込んでいった。(12) その結果としてこれらの疑義を有する近代主義者が、聖典についてより伝統的で、したがって保守的な解釈を保持する根本主義と袂を分かったのである。

根本主義―近代主義の論争が宗教系統の内部で吹き荒れた一方で、それはより一般的な形でアメリカ社会にもあふれ出した。根本主義派による重要なスローガンの一つが、人間の起源の説明としての進化論の拒否である。この問題が顕在化したのが、テネシーの公立学校で進化論が教えられるべきかどうかが問われた一九二五年の有名なスコープス・モンキー裁判である。法廷で勝利したのは根本主義で、州の反進化論法案は維持されたということを今日記憶しているものはほとんどいない。より記憶されているのは、法廷の外の世論をめぐる戦いでは彼らが敗れたことで、それは彼らのその信念が、全国的にはあざけりの対象となったからである。このようなあざけりの立ち上がりの中で、根本主義派はより広いアメリカ社会との関わりから大きく後退していった。

根本主義派は、第二次世界大戦の結果として起こった新福音主義《ネオエヴァンジェリカル》運動の創始と共に、自らに課した流浪からの再登場を開始した。ビリー・グラハムを対外的な顔とした、この新福音主義派はプロテスタント信仰における根本主義のウィングの内部にあるが、根本主義の鮮明な輪郭をやわらげ、アメリカ社会へと再び関わっていくことを目指す穏健派となった。彼らは正統派のプロテスタント信仰を維持したが、根本主義派を特徴付けてきた反知性主義と狭量性をスコープス後の撤退の結果として脱ぎ捨てた。この新しいスタイルの保守的プロテスタント信仰が標準となっていき、公共の場で語られるときにはこの「新」が名前から落ちるようになった。「福音主義」という用語はいまでは、神学上保守的な全てのプロテスタント（以下に説明するように、黒人プロテスタント信仰を除く）を含んでおり、それはビリー・グラハム流の新福音主義や「求道者にやさしい《シーカー・センシティブ》」メガチャーチ会員、伝統的な根本主義派、あるいはペンテコステ派であるかを問わないものになっている。[13]

　実際にははっきりとしない境界によって定義される無定形なグループであるので、誰を福音派に数えるか、というだけでも論争が可能である。このラベルは人々が自ら望んで採用しているものでは必ずしもなく、その所属、信仰、そして行為の全てが、この用語の学術的用法からの標準に一致していてさえもそうなっている。このことは、サドルバック・メガチャーチの会員にインタビューした際にわれわれが痛感したものであった（第2章）。この脚光を浴びる教会は福音派の典型として広く認められているが、そこにいる多くの人々に、自分の宗教所属をどう表現するか尋ねてみた。圧倒的に多くは自らを「キリスト教徒」としており、それは「福音派」ではなかった。同様に、多くの人がミズーリシノッド・ルーテルのように、自分を特定の教派に所属しているとむしろ捉えていて、福音派のような漠然とした運動に属しているとしていたわけではなかった。

　この定義上のあいまいさに対する解決策は、福音派の同定をその会衆の教派上の所属（あるいは、場合によっては、そのような所属の欠如）で行うというものである。[14]したがって、われわれが「福音派」と呼ぶときに意味するのは、一般に福音主義の教義を支持しているような多数の教派に自分が属していると答えた人であるということである。[15]われわれの用途においては、特定の教派に属さない教会に出席している者もまた福音派に含まれているが、それは近年では教派に属さない教会の多くは福音派的傾向を持つからである（例えば、典型的なメガチャーチは福音派的であると同時に、教派所属がない[16]）。

　福音派が根本主義派の後継である一方で、主流派《メインライン》プロテスタントは近代主義派の末裔である。大まかに言うと、主流派プロテスタント教派は、福音派と比較するとより神学的にリベラルである。重要なこととして、彼らは「社会的福音」を強調する傾向がある――これは、キリスト教徒が優先すべきは、個人的信心よりも社会制度の改革にあるべきだという信念のことである。政治学者ケネス・ウォルドとアリソン・カルホーン＝ブラウンは記す――

イエスの役割を社会正義の預言者であると強調することで、主流派の教えでは利他主義を神聖なもので、利己主義を大罪であると見なしている。この教えにおいては、そのメンバーを万人に拡大して、宗教的義務を豊かさの分かち合いという点から理解していて、聖書は神話と古代のストーリーのただ中で理解されるべき深奥の真実に関する書物であるとして取り扱われている。[17]

「主流派」という用語が言外に意味するのは、これらは歴史的にはアメリカにおける国定教会に最も近い存在であったということである――それは例えば聖公会《エピスコパリアン》（英国教会のアメリカ分派）であり、また会衆派（ピューリタンの後継者）である。[18] 一九五〇年代、われわれのストーリーの幕開けにおいては、主流派プロテスタント教派――メソジスト、ルター派、長老派、聖公会、会衆派その他は、アメリカの支配的な宗教系統を代表していた。しかしあとで見るように、この支配は引き続く半世紀で劇的に変化することになる。

福音派と主流派プロテスタントの分裂の中心に神学があるとすれば、黒人プロテスタント――プロテスタント「科」の第三の宗教系統――は、むしろ人種によって定義されている。黒人プロテスタントは、人種分離の遺産である。第9章で詳しく見るように、黒人教会（この用語は全ての歴史的なアフリカ系アメリカ人会衆および教派を指す）は、米国において長い、特徴的な歴史を有している。黒人プロテスタントは一般に個人的信心に当てられた福音主義的焦点に、社会的福音を強く混ぜ合わせたものになっている。同様に重要なこととして、黒人教会は本来的に人種化した組織である――人種は黒人プロテスタントの教義や図像、礼拝において欠かせないものである。その結果として、ユニークな宗教系統がもたらされている。[19]

カトリック、ユダヤ教とモルモン教

もちろん、プロテスタント信仰によって米国にある多様な宗教が尽くされているわけではない。カトリックも宗教人口において大きなシェアを占めているが、彼らは自己同定によってより容易に識別可能である。その教派、宗教系統、そして自己同定が全て一つであって同じだからである。したがってカトリックが自分自身を指しているラベルと同じものが、学術研究者やその他の観察者によっても用いられている。カトリックは自分自身が何者であるかを知っているのだ、と言えるかもしれない。

ユダヤ教とモルモン教[20]もまた、自己同定を通じ容易に識別可能である。彼らはそれぞれプロテスタントやカトリックよりも人口シェアがずっと少ない一方で、はっきりと明確な宗教系統であるが、その規模ゆえにアメリカの宗教環境をめぐる分析においてはしばしば無視されてきた[21]。

「その他の信仰」

アメリカの宗教系統がまさしく多様であるということが意味するのは、大半のアメリカ人をこれらの宗教系統に分類した後にすらも、さまざまな宗教が広範に並ぶ中に少数の人々が散らばって残っているということである。これらに含まれるのはシーク教徒、ヒンズー教徒、仏教徒、ムスリム、その他の多くである。これらの他の信仰はアメリカの宗教シーンにおいて存在感を増しつつあり、一九七〇年代のおよそ一%から今日では二〜三%の間に成長してきた。しかし、最大でも人口における三%とは、全国人口において集合として見た場合、依然として小さな割合を構成しているにすぎないことを意味しており、それぞれ個別の集団はさらに小さいということになる。信仰重要性調査はランダムに選ばれた米国の代表性サンプルに対して実施されているため、そこには各集団の正確な比率が含まれている。しかし、これらその他の信仰は絶対数として少なすぎるので、信頼できる分析を許すものではない[22]。したがってこれらの本質的に異なる信仰について報告できることは限られてしまっている。

無宗教／「なし」

最後のカテゴリーに含まれるのは、宗教的所属を答えない人々であり、「なし《ナン》」と呼ばれるようになってきている[23]。これはすなわち、どの宗教に属しているかを尋ねられたとき、彼ら自身が「特になし」と答えたということである。

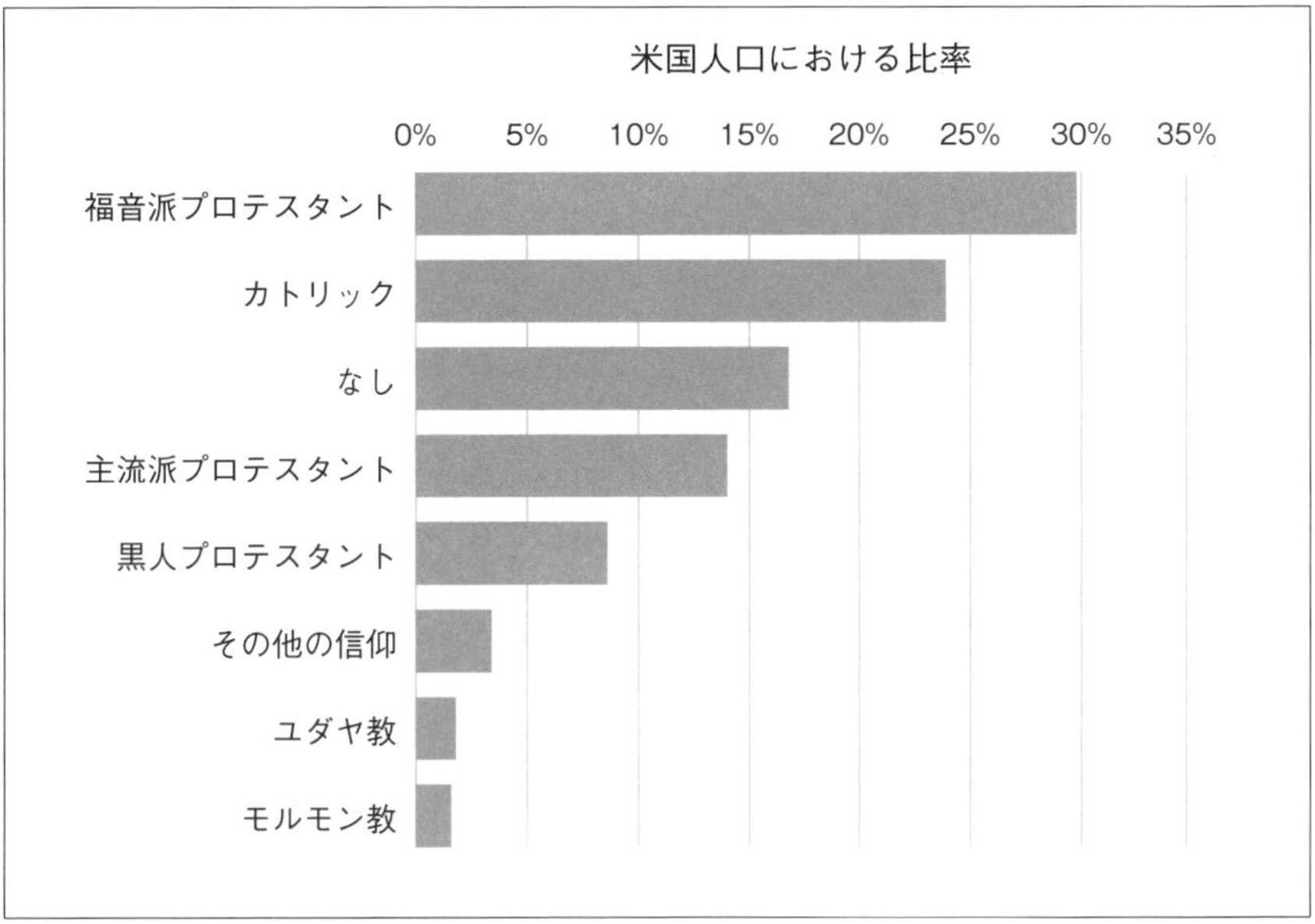

出典：信仰重要性調査，2006年.

図1-2　米国における宗教系統

これらの「なし」層は必ずしも筋金入り《ハードコア》の世俗主義者というわけではないことは、第4章で論じられる。このカテゴリーには確かに、アメリカ人口の中にいる無神論や不可知論であると自分を表現する少数の割合の人々が含まれているが、こういったラベルはありふれた用語ではなくなっている[24]。無神論は近年注目を浴びつつあり、とりわけベストセラーリストにそれが見られるが、自己を無神論者や不可知論とする者は米国人口の中ではほぼ見えないくらいの小さな割合を占めるにすぎない。例えば、二〇〇六年の信仰重要性調査では三一〇八人のうちどちらかのラベルを選んだのはちょうど五人だけだった。

図1―2が示しているのは、それぞれの宗教系統に属するアメリカ人口の割合であり、最大のものから最小のものへと並べている。最大のグループは福音派であり、この分類にあてはまるのは米国人口のおよそ三〇%である。福音派は一九七〇年代から一九八〇年代に成長したが、人口に占めるその割合はおよそ一九九〇年からゆっくりと減少している。

単独で最大の教派は、ローマカトリック教会である。カトリックは米国人口の約四分の一を占めており、過去数十年を通じてその割合は一定を保っている。しかし第9章で議論するように、人口に占めるカトリックの割合が一定であるということは、アメリカにおけるカトリック信仰の劇的な変化を不明瞭なものとしている。過去数十年を通じて、数多くの「白人系《アングロ》」――すなわち、ラティーノでないということ――のカトリック教徒はカトリック教会から脱落したり離脱したりしていて、それは他の白人系改宗者によって置き換えられているわけではない。しかしまさに同じ期間を通じて、ラティーノ系カトリックの人数はおびただしい成長を見せている。現在の傾向をふまえるとこの人口統計学的変容は、アメリカのカトリック教会がラティーノが多数派の組織となる途上にあることを意味しており、このことは第4章で議論する。

米国において三番目に大きい「宗教的」集団は、実際には宗教所属の欠如によって定義されている――「なし」である。「なし」という人（一七％）の方が主流派プロテスタント（一四％）よりも多く、プロテスタント信仰における主流派のウィングが、かつてはアメリカ宗教と社会におけるこころと魂を代表していたことを考えると、これは衝撃的な事実である。重要なこととして、「なし」という群が成長してきた一方で、主流派プロテスタントの人口に占める割合は縮小を続けているということがある。

ユダヤ教という、最古の宗教系統の一つが、モルモン教という最も新しいものの一つとちょうど並んでいるということにも注意したい（どちらも人口のおよそ二％である）。

宗教性

人口を宗教系統に分類することは、アメリカの宗教的風景を解明するための方法の一つにすぎない。宗教系統を、その人の宗教の「フレーバー」のようなものであると考えてみよう。そしてフレーバーがさまざまなレベルの強さを持つように、宗教もそのようになりえる。宗教的な強度は、「宗教性」という言葉で呼ぶことができ、宗教的であるさまざまなあり方を、行動と信念の両方を含む形で捉える一連の質問で測定することができる。以降の数ページでは、われわれが宗教性を測定した方法について詳細を記述する。われわれの議論は統計学的な問題に入っていくので、読者の中には読み飛ばしたいという者もおそらくいるであろうし、そうすることは連続性を犠牲にすることなく可能でである。この水準で詳細を提供する実際的な理由は、宗教性というものが引き続くページで繰り返されるものだからである。しかしそれはまた、宗教に関する研究における核心に迫る本質的な問いに対して答えるものでもある——宗教的である、ということは何を意味しているのだろうか。

宗教性を測定するのに用いた具体的な質問には以下が含まれる——

- 宗教礼拝にはどれくらいの頻度で出席しますか。
- 宗教礼拝の他にどのくらいの頻度で祈りますか。
- 毎日のくらしの中で宗教はどの程度重要ですか。
- 自分が何者かという感覚に対し、あなたの宗教はどの程度重要ですか。
- 自分の宗教の熱心な信者ですか。
- あなたの神を信じる強さはどれくらいですか。

全体として見ると、これらの質問は人が宗教的であろうとする領域の全域にわたっている。そこに含まれるのは宗教礼拝に出席するという公的な活動であり、そして宗教礼拝外において祈るという(典型的には)より私的な活動であり、また生活の中での宗教の顕出性や、その人が神をどれくらい強く信じているか、といったものである。

これらの質問を合体して「宗教性指数」と呼ばれる単一の測度を構成したが、それは包括的概念を分析する際には、これらを独立して扱うよりも組み合わせた方がよりはっきりとするからである。宗教性の測定は単一ではどれも、いかによいものであっても、誤分類される人がでることは避けがたい。例えば教会出席は、大半の場合には宗教的傾倒に関するすぐれた測定であるが、高齢の、あるいは病弱な人にとっては誤りをもたらしやすい可能性がある。別の例を取りあげると、神を信じる強さは通常よい指標だが、そこには例外がある。聖アウグスティヌスが「疑いは信仰のもう一つの要素である」と言ったように、深く宗教的な人々にとって、疑いを持たないということが宗教的傾倒に関する最良の指標ではない場合もある。多重の指標を組み合わせることで、それぞれが適度に正確であると仮定したときには、全体の測度ではさらに信頼がおけるものが生み出される。分散投資が株式ポートフォリオのパフォーマンスを改善することと全く同じ理由である。大ざっぱな表現では、この宗教性指数はこれらの質問に対する反応の重み付け平均である。これら全てを束ねている共通の特徴――この場合は、宗教性――への貢献度の高いものには、高い重み付けが与えられている（統計学通の読者に向けて――われわれはこれらの六項目の因子得点を作成した[25]）。

宗教的であるということを意味するものの性質が、あいまいであり論争含みであることは避けがたいので、宗教性を測定するこの手法についていくつか念頭に置くことは重要である。第一に、読者の中には、例えば礼拝に出席する頻度（公的活動）が祈りの頻度（しばしば私的に行われる）と同じ概念を本当に捉えているのか、そしてこれらの二種類の行為が、神の存在のような信念の測定と本当に一致するのかについて疑問に思う者もいるかもしれない。これらの指数項目が論理的には区別されるのは真実だが、しかし実践においては、これらは相互に緊密に結びついている。生活の中で宗教が非常に大事であると答えた者のほぼ全て（九九％）が、同時に神を「絶対的な確信で」信じていると答えている――宗教礼拝に出席する人の大半（七九％）は、少なくとも一日に一度は祈っているのである。

第二に、この指数はどの特定の一項目を加えたり排除することにも依存していないことを念頭に置いてほしい。例えば、どの程度祈っているかを除くことは、ここに含まれる本質的な結果をみじんにも変化させることはない（指数の中のどの個別の項目についても同様である）。宗教性が単一の測定に左右されないという事実は、これらのさまざまな質問が一体となって、根底にある共通の概念を捉えているということを強調するものである。

第三に、読者の中には、これらの特定の質問が、ある宗教系統にとって他のものよりも有利になるのではないかと思う者もいるかもしれない。このことは宗教を研究する社会科学者が共通に抱く関心事である。宗教性は、プロテスタント信仰、とりわけ福音派にとり規範的な質問によって測定されることがあるからである。そのような指標に含まれるものとしては、聖書には誤りがないかどうか聞く質問や、回答者がこれまで「新生《ボーンアゲイン》」したことがあるかどうかを聞くものがある。そのような質問が際立ってプロテスタント的であるのは、コーシャーを守っているかどうかが際立ってユダヤ教的であるのと同じである〔「コーシャー」とはユダヤ教における食物規定のこと。〕。われわれの宗教性指数は、全ての宗教系統に適用できるであろう項目に限って算入することにより、偏狭なものになるのを避けている。しかし、この具体的な宗教性指数が福音派プロテスタント、あるいは何か他の宗教系統の方向に不注意にも歪んでいるかもしれないという懸念はわれわれの認識するところである。

しかし、宗教性を測定するためのこの、あるいは何か別の方法が、ある宗教系統に有利になっているのかどうかを判断しようとする際には難題がある。どのようにしたら、それが一つの宗教系統の方向にバイアスがあると述べることができるのだろう。その宗教系統に属している人が、それについて高い得点を取るからだろう。しかし、その宗教系統のメンバーは、指数の特異性によって宗教性が高いと示されたのだろうか、あるいは――測度にかかわらず――彼らが真により宗教的であるからなのだろうか。先で見るが、福音派、黒人プロテスタント、そしてモルモン教徒は全て宗教性指数で高位置につけている。それはこの指標が、これら三つの宗教系統のメンバーがその宗教生活を送る特定の仕方を拾い上げるよういくぶん操作されていたからなのだろうか。このケースでは、汎用の定規としてのわれわれの宗教性指数の妥当性は、質問の文言を同一とした同じ指数で英国におけるムスリムが非常に高い宗教性を示したという事実によって支持されている[26]。アメリカの福音派プロテスタント、黒人プロテスタント、そしてモルモン教徒に対してバイアスを持つと主張されている指数が、英国のムスリムに対してもまたバイアスを持つと考えることはできそうにない。

宗教性を実証的に測定するこの、あるいは別の方法に対しての、フォーマルさは低くとも同程度には説得力のある検証は、誰かを宗教的であると表現するときに意味するものと直感的感覚にあてはまっているかを問うというものである。もし知っている誰かが頻繁に宗教礼拝に出席し、よく祈りを捧げ、神を強く信じ、宗教を重要なものとしており、宗教が自分のアイデンティティを決めていると信じており、そして自分の宗教を強く信じていると言うとき、その人は強く宗教的であると表現しないだろうか。そして同様に、これらと同じことをしなかったり信じていない人がいれば、宗教的ではないと表現するのではないだろうか。それがおそらくは、全ての中で最も説得力ある検証である。

この指標は、宗教性のような多面性を持つ概念を測定する唯一可能な方法というわけではないが、そうする手法としては実証的に扱いやすく、概念的に一貫していて、直感的な説得力がある。以下のページで登場することになる重要な問いは以下になる――人々の宗教のフレーバーと、強さの、どちらの方がより重要なのだろうか。敬虔なカトリックと共有するものが多いのは、例えば、教会を離れたカトリックなのか、それとも敬虔なユダヤ教徒の方なのだろうか。その答えはさまざまになるのはもちろんだが、いくつかの点において、強さの方が実際にはフレーバーよりも重要である、ということをこれから見ていく。その意味で宗教性そのものが（特定の教派や宗教系統のメンバーであるということとは別個に）現代アメリカでますます重要になっているということが分かる。

最も宗教的なアメリカ人と最もそうでない者との比較

宗教性指数を、温度計のような測定道具と考えてほしい。それを使うことで、宗教性の水準がさまざまなアメリカ人の間を比較することができる。最も宗教的なアメリカ人（上位二〇％にいる者）を最も宗教的でない者（下位二〇％）の隣に並べると、いくつかの点で、彼らが劇的に異なっていることが明らかになる。その他の点では、全く違いはないのである。

最も宗教的なアメリカ人と最もそうでない者の違いは、例えば、自身をどれくらい「スピリチュアル」と考えているかにある。最も宗教的でない者のうち自分を非常にスピリチュアルだとするものは四％だが、最も宗教的な者の八〇％がそうであった。一般のアメリカ人の間では、スピリチュアル性と宗教性は密接に関係している。アメリカ人の進化論に対する態度も、宗教性によってはっきりと分割される。最も宗教的なアメリカ人のうち、「人間は何百万年をかけて、より劣った生命形態から発展してきたが、この過程に神は関与していない」ことを信じるものは二％に満たないが、対して最も宗教性の低い者では四五％だった。最も宗教的な者の四分の三以上が進化論を完全に拒否し、そのかわりに一万年以内の過去に神が人間を造ったと信じている。興味深いのは、この立場を最も宗教的でない者でも一六％がとっているということである。[27]

最も宗教的な者と最もそうでない者はまた、余暇時間の過ごし方でも相違を見せる。カジノとR指定映画に通う傾向が明らかなのは世俗的なアメリカ人であって、宗教的な者ではない。宗教性指数で最上部の者の六一％がギャンブルは常に悪いと述べているが、対してこの指数で底部にいる者では一〇％にすぎない。[28] およそ同じ割合の人間が「暴力や冒瀆、性的描写の多い」映画を見ることは常に悪いということを信じている。しかしこれは、宗教的な、またそれほど宗教的でないアメリカ人が共にすることを何も見いだせないということではない。両者ともアメリカ人の二大娯楽である、スポーツ観戦と外食を同じように行っている。[29] そして家にいるときですら、彼らは同じようにテレビを見ているのである。[30]

別種の余暇活動ということになると、アメリカ人がその宗教性の高低で際立った不一致を見せるのは婚前交渉の適切性についてである。人口で最も宗教的でない者の四%が婚前交渉は常に悪いと述べている一方で、宗教性が最上位の二〇%のうち、結婚前のセックスが悪いということは決してないという者は三%にすぎない。

類似したこととして、中絶に関する意見も宗教性により大きく異なっている。最も宗教的でないアメリカ人の六五%が、中絶の場合には女性がそれを選択する自由な権利を持つと信じているが、最も宗教的な者でその立場を取るのはわずか一三%である。同性愛に対する態度も同く劇的に異なっている。宗教性の高い者の一〇人に九人近くが同性愛行為は常に悪いと述べているが、世俗的なアメリカ人における一〇人中二人と対照的である。第11章では、中絶と同性愛の双方が現代政治においてとりわけ顕出的になり、投票箱における宗教的分裂につながるようになってきた様子を見る。

中絶と同性愛は、宗教性と著しく強いつながりを持っている。その他の点についての見られる差異はより少ない。世俗的なアメリカ人のちょうど六%が離婚は常に悪いとしている一方で、強く宗教的な者で同じことを信じている割合は二四%である。確かにこれは些細な格差ではないが、しかし同時に意味しているのは宗教的なアメリカ人の四分の三が、少なくとも何らかの状況における離婚に賛成しているということである。

政府が税金をいかに使うかというような公共政策に関する質問になると、宗教的な、また非宗教的なアメリカ人は、異なっているよりむしろ類似してくる。犯罪との戦いや国境防衛といった保守的な争点について支出を増やすことを望むのは両者ともに多数派であるが、しかし貧困者を助けるための支出を増やすようなリベラルな立場もまた、両者の多数派によって支持されている。[31]

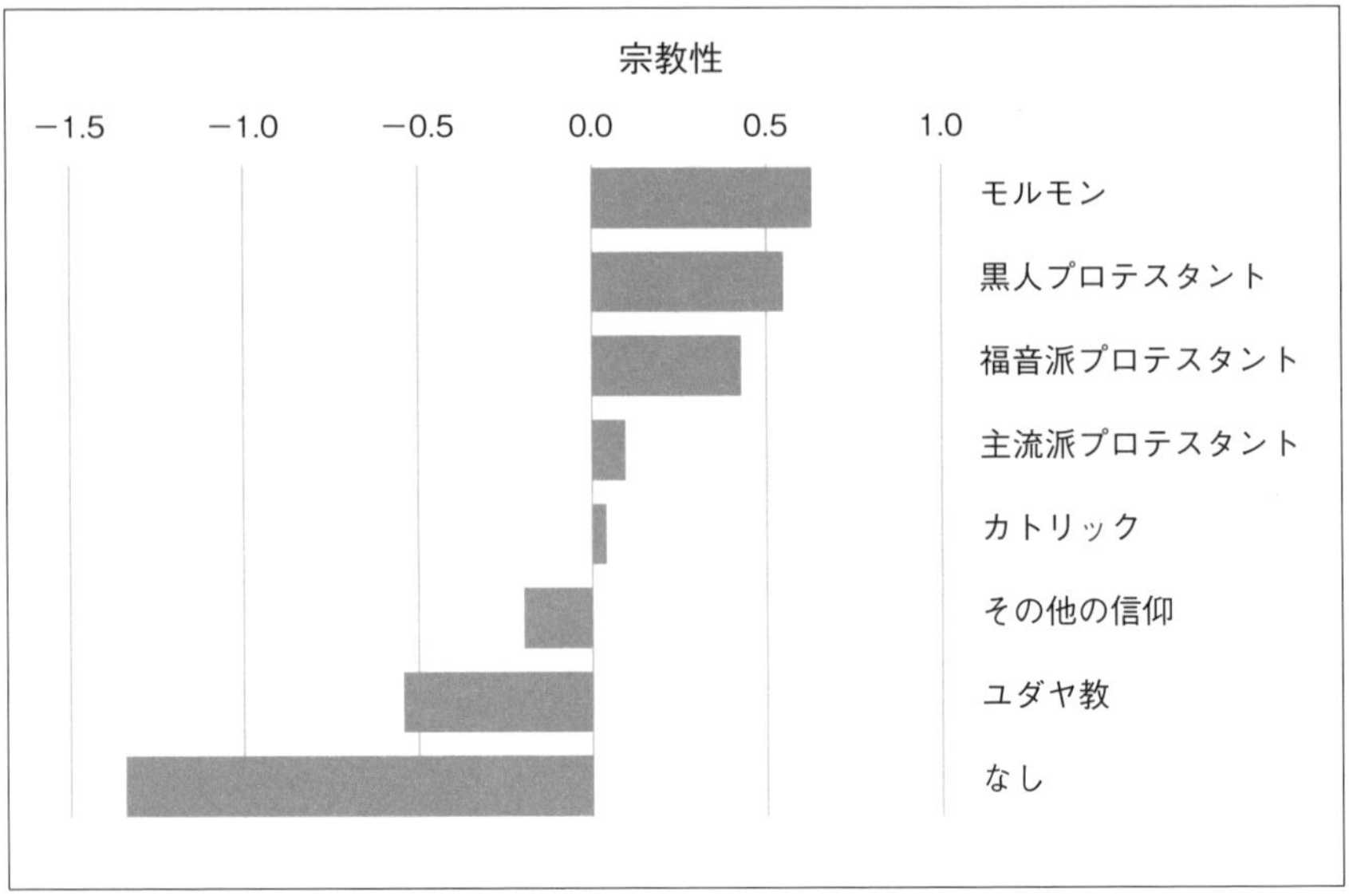

出典：信仰重要性調査，2006 年.

図1–3　モルモン、黒人プロテスタント、福音派がアメリカで最も宗教信奉度の高い集団である
宗教性は平均0、標準偏差1になるよう標準化されている

アメリカ人の宗教的プロファイル

アメリカ人の宗教性を互いに比較すると、興味深いパターンが現れる。例えば、宗教のフレーバー（宗教系統）を強度に対して付置したときに何が起こるかを取り上げよう。フレーバーの中には他よりも強いものがあるのと同じように、宗教系統のメンバーには他よりも宗教性の強い傾向のある者がいる。図1－3には、フレーバーと強さの両方が示されている。強いフレーバー――より宗教性の強い宗教系統――は中心線の右にあり、一方で強度の弱いものは左にある。中心線自体は、宗教性の全国平均を表している。

どの宗教系統が、平均的な強度レベルを有しているのだろうか。カトリック、主流派プロテスタントはそれに近い。驚くべきことではないが、「なし」は人口の中で最も宗教的でない集団である。ユダヤ教はそれに次いでいて、平均以下に落ち込んではいるものの、「なし」よりは得点がずっと高い（非ユダヤ教徒が知ると驚くかもしれないが、第10章で描いたシナゴーグ訪問によれば、自分をユダヤ教徒とする者全体の半数が、神を信じているかにそれほどの確信を持てていない)。スペクトラムの反対側では、アメリカにおいて最も宗教的な三つの集団がモルモン教徒、黒人プロテスタント、そして福音派という順になっている。宗教的強度の水準が共有されているということは、これらの三派のメンバーに共通するものが多いということを意味するが、しかし後に見るように彼らが全てについて同じ目線で見ているというわけではない。

宗教系統間の比較は、アメリカの宗教的風景を表現する一つの方法にすぎない。どの宗教系統は宗教性において最も高く、また低いかを問うことに加えて、同時に情報量の多いもの——そしておそらく幻想を打ち砕くもの——として、どのようなタイプの人間が宗教的であり、またそうでないのかを見るということがある。以下にこれらの比較を表した——それらは図1-4で見ることができる。

第一に、女性は控えめではあるが一貫して男性よりも宗教的である。二〇〇六年の信仰重要性調査によれば、女性は自身をスピリチュアルと述べ、また神の存在を経験したと答える傾向がある。そしてこれは手始めにすぎない。男性よりも女性の方が、正邪は社会の見方よりも、神の定める法に基づくべきだと述べている——女性の方が、一万年以内に神が世界を創造したと信じている傾向がある。女性の方が、善悪について明確な指針が存在すると述べることが多い。女性の方が男性よりも信じていることが多いものとして、世界がもうすぐ終わるということ、聖典が字義通り神の言葉であること、誰もが自分の罪の報いを受けることになること、がある。女性は聖典を読み、宗教について話し、宗教的な本を読むことが男性よりも多い。お分かりだろう。どのような尺度を用いても、女性の方が宗教への傾倒や参加、そして信仰の程度が高いことが示されている。(32)

第二に、アフリカ系アメリカ人は白人より、またアメリカの他の全ての民族、人種集団よりもずっと宗教的である。黒人の六〇%近くが「ほぼ毎週」宗教礼拝に出席すると答えており、白人の三九%と対照的である——黒人の八四%は宗教が自分にとって強く、あるいは非常に重要なものであると述べているが、一方で白人においては五六%である。アフリカ系アメリカ人の一〇人に七人が、個人的な意思決定をするときに宗教が非常に重要であると答えており、白人の水準の二倍にあたる(三五%)。アメリカの黒人の八二%が少なくとも毎日感謝の祈りを唱えると答えるが、対

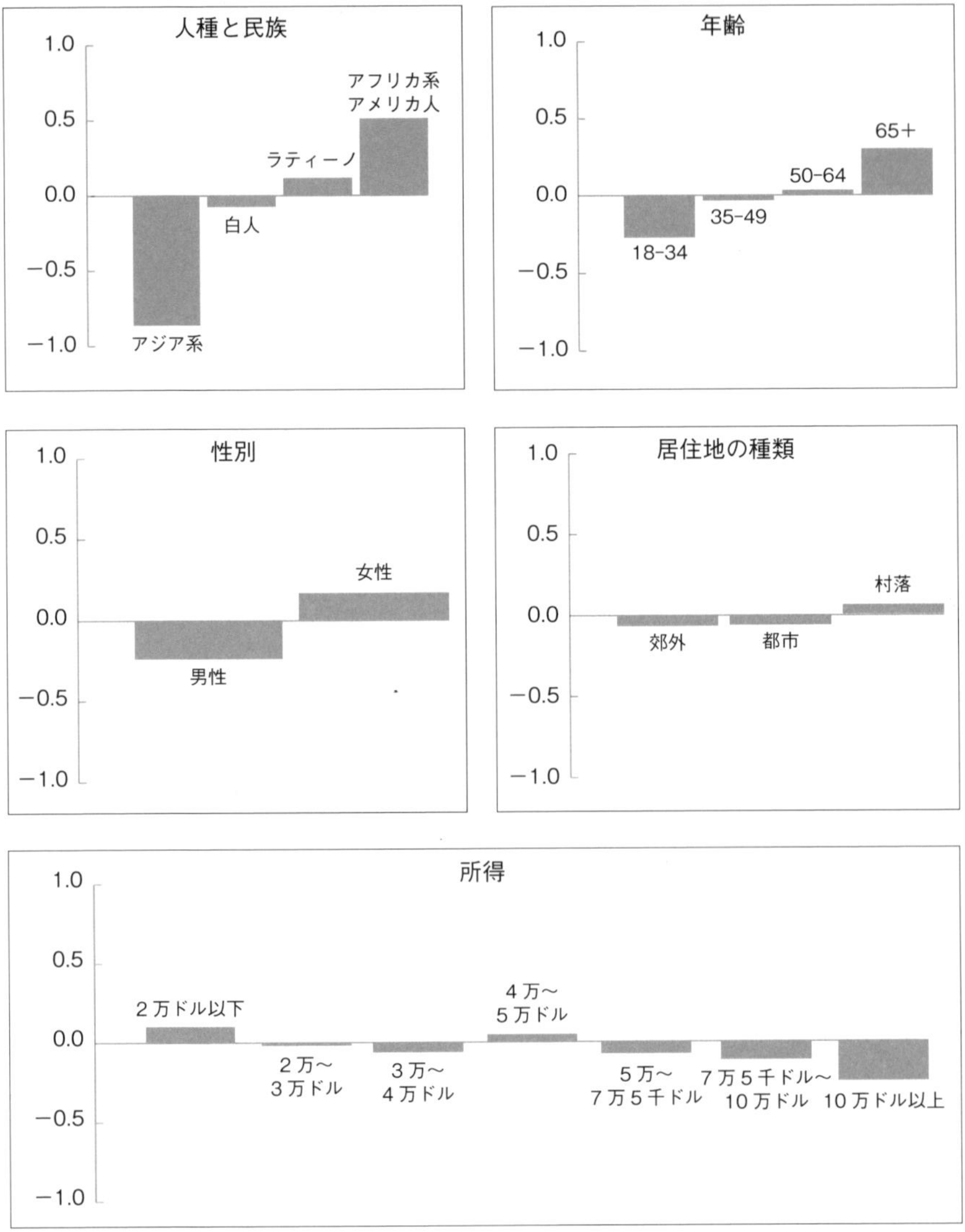

出典：信仰重要性調査，2006 年.

図1-4　宗教性は人種と年齢により大きく異なるが、性別や居住の種類、所得による違いは小さい
縦軸は宗教性であり、平均0、標準偏差1に標準化されている

する白人では三八%である。男女を比較したときと同じようにこのまま進むこともできるが、パターンは明確である。宗教は、大半の白人にはなされない仕方で、アフリカ系アメリカ人の生活に浸透している。ほとんど全ての指標で、ラティーノもまた白人より宗教的である。宗教性は、マイノリティという立場と単に同一視されてしまうかもしれないが、アジア系アメリカ人は白人よりも宗教的ではない。人種、エスニシティと宗教に関しては、第9章でさらに論じる。

　年齢もまた大きく関係し、年を取ると若者よりも宗教的になる。年齢によるそのような変化にはさまざまな理由がありえ、その中にはライフサイクルにおける自然な変化が含まれる――人は墓場に近づくようになると、宗教的になりやすい――ことに並び、人が加齢していく場所に固定している世代差もある。これらの差異のさらなる詳細については第3章で論じるが、今のところは記述上の点として、年齢の高まりは宗教的になる可能性が上がることを意味する、と記しておく。

　宗教性はまた、その人の住んでいるコミュニティの規模によっても異なる。ジョン・メレンキャンプは「小さな街で神様の恐ろしさを教わった」と歌うが、それは彼だけの話ではないようである〔アルバム『スケアクロウ』(一九八五年)所収の「スモール・タウン」より〕。村落コミュニティで暮らすものは都会の人よりも宗教的だが、その違いは控えめなものである。

　さらに、南部民はその他の地域よりも宗教的である[33]。図1-5に現れているように、アーカンソー、ルイジアナ、ミシシッピ、およびアラバマは合衆国の中でも最も宗教的な州であり、隣接州でもわずかに低いがそうなっている。ユタもまた宗教性の高い州であり、宗教性に関してバイブルベルトに匹敵する程度である。アメリカの宗教性というキルトのパッチワーク性は、ユタに接するコロラドが、最も宗教性の低い州の一つであるという事実によって強調される。しかしコロラドの世俗性は、極西部や北東部諸州のような全体の中で宗教性が最低のところは上回らない。

　所得は宗教性に対して複雑な関係がある。両極について見ると、最貧の者はいくぶん宗教的であり、最も裕福な者はいくぶん世俗的である。しかし所得の尺度でちょうど中央(年収が四万ドルと五万ドルの間)の人は、最貧の人と同程度に宗教的である。複雑な問題として、宗教礼拝への出席は所得とは関係がない。所得にかかわらず、アメリカ人の五人中二人は宗教礼拝に毎週出席すると答えている。教育という、社会階級に関するもう一つの測度に関しては、

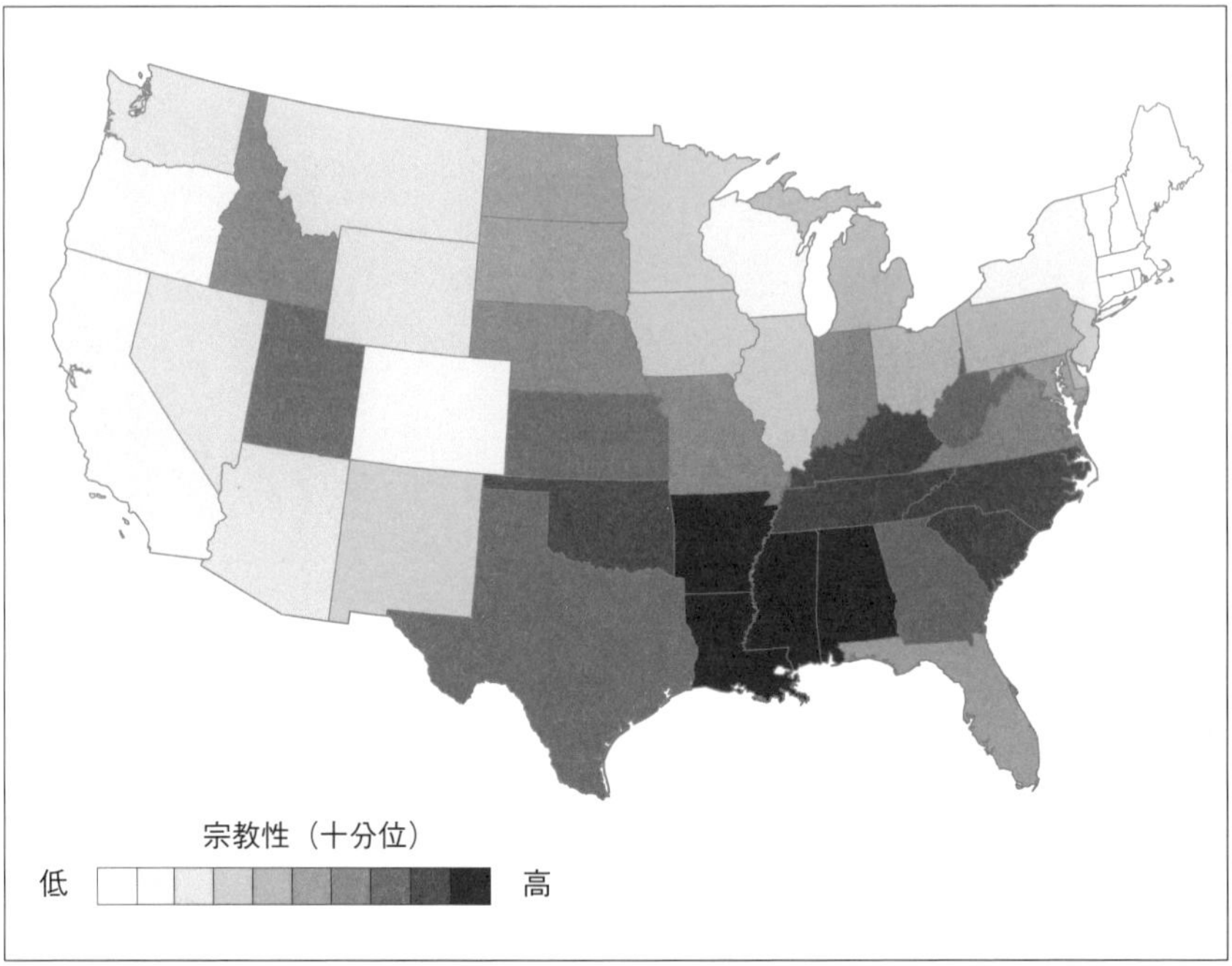

出典：宗教展望調査，ピューリサーチセンター．

図1-5　ディープサウス、ユタ、そしてミシシッピヴァレーが最も宗教的な地域である

教育水準の高まりは宗教礼拝出席の程度の高まりと対応している。

人口の下位集団間で比較を行うことは、解釈において常に注意を要するが、それは一つの属性が、実際には他のものの代わりを務めうるからである。iPhone ユーザは宗教性が低い、という主張について考えよう（それは正しいかもしれないしそうでないかもしれないが、説明として取り上げる）。それは、iPhone を所有しているからなのだろうか。それとも、iPhone 所有者が若く、そして若者は（平均的に）高齢者よりも宗教性が低いからなのだろうか。後者の方がありそうである。同様のこととして、南部は国内の他地域（の大半）よりも宗教的であるが、それはアフリカ系アメリカ人が国の他地域よりも多く住んでいるからなのだろうか。それとも、南部民は小さな街に住んでいることが多いからなのだろうか。

そのような疑問への答えは、多くの特性——年齢、性別、所得その他——の宗教性

に対する影響を、重回帰分析という統計学的手法を用いて同時に検証した結果で得られ、これは後続の章で何度も現れる。統計学の初心者のために述べると、この種の分析では、これら人口統計学的属性のそれぞれが、他の全ての属性を同時に説明に入れたときにも宗教性の予測要因であり続けられるかを検討することが可能になる。すなわち、ある特性が単に他の要因の代役になっているとしたら――南部というのが、小さな街に住んでいるということの代理変数の役割を果たしているのだとしたら――宗教性に対するその統計学的なつながりは消失してしまうことになる。何か他のものの代用になっていたことが明らかになるのである。そのような統計分析が解明するのは、性別、年齢、人種／エスニシティ、コミュニティ規模と地域は、宗教性に対して全て独立したつながりがあるということである。しかし、所得はそうなってはいなかった。

これら全てをふまえると、アメリカ人の中で最も宗教的なタイプはどのような人ということになるだろうか。高齢のアフリカ系アメリカ人女性で、南部の小さな街に住んでいる人ということになる。最も宗教的でない人は？　若年のアジア系アメリカ人男性で、北東部の大都市に住んでいる人である。

人種、年齢そして地理が宗教性に長期にわたって関係してきたと考えられる理由が多くある一方で、後に論じる宗教的変化が光を当てるのは、これらの三つ全てが、近年では宗教性を強く予測するようになってきているということである。第4章では全体的な宗教性低下について詳細を扱うが、しかしそれは白人に集中している。結果的に三〇年以上にわたって、黒人と白人間の宗教信奉における格差が拡大してきた。さらに、白人の宗教性下落は、若者と北部民の間でまた最も目立つ。性別について全体的傾向はない一方で、人口統計学的な層の中で宗教から最も急速に離れているのは若い男性である。すなわち、アメリカで最も宗教的な社会的カテゴリーはますます宗教的に、最も宗教的でない者はますます宗教的でなくなっているのである。

会衆《コングリゲーション》も重要な意味を持つ

個人としての宗教への参加と傾倒は、アメリカの宗教的風景の明らかに重大な構成要素であるが、それで全てが語

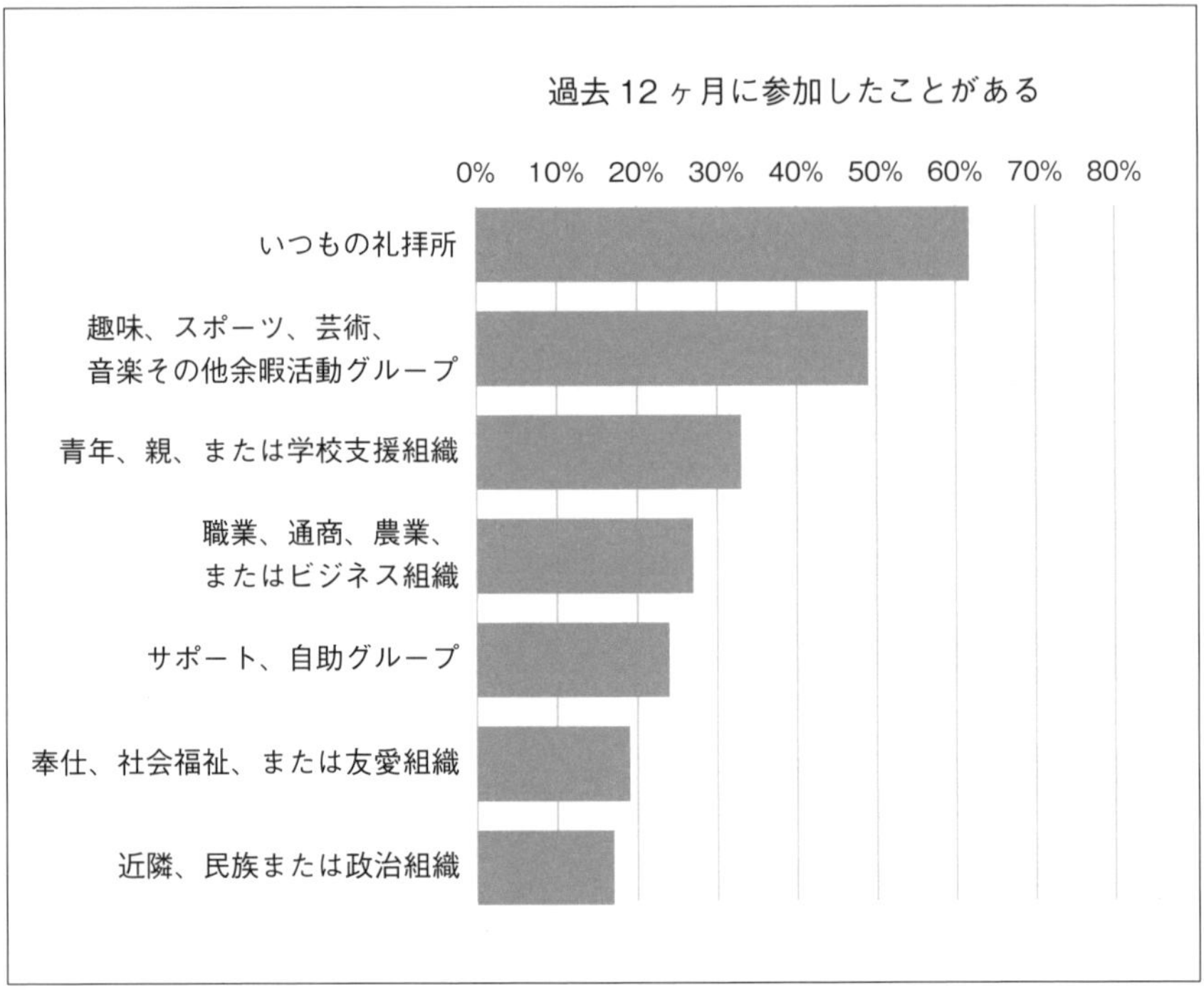

出典：信仰重要性調査，2006年.

図1-6　会衆はアメリカにおいて最もありふれたつきあいの形態である

れるわけではない。アメリカ人は一般に単独で礼拝することはなく、それよりも会衆《コングリゲーション》に集っている。アメリカ人口の中での会衆参加の広がりを見ることで、会衆の重要性が明確になる。図1－6に示されているように、宗教会衆に参加するアメリカ人は、他の種類のつきあい、グループやクラブといったものよりも多い。二〇〇六年の信仰重要性調査では、広範なグループについて参加しているかどうかを回答者に尋ねた――趣味のグループから専門職組織、自助グループにいたるものである。アメリカ人の五人に三人（六二％）は、礼拝出席する場所として特定の礼拝所を持っている。次に人気のある集団は、きわめて広範なカテゴリーの「趣味、スポーツ、芸術、音楽その他余暇活動」である――アメリカ人のおよそ半数が、この種のグループに参加している。

　多くのアメリカ人が単なる所属というものを超える水準で、その会衆に参加している。人口全体の三六％が、日曜学校やその他の形態の宗教教育に参加していると答えており、四分の一は祈祷や、その他会衆に関連した小グループに参加している（一三％が毎月以上そうしている）。一四％のアメリカ人は、会衆内で役員や委員を務めてきた[34]。多くのアメリカ人はまた、他者を誘う程度に自らの会衆を明確に好んでいる。教会出席者の半数以上、五五％は、自分の会衆に誰かを誘ったことがある[35]。

本書を読むアメリカ人にとって、宗教に関する主要な組織上の中心として会衆を強調することは間違いなく馴染みのあることだろうが、それはこれが米国内部の宗教組織として最も普及した形態だからである。実際、多くのアメリカ人は他の社会に宗教に関する別の組織的形態が見いだせるかについて、ほとんど考えたことがないだろう。しかし、会員がそれを選び、所属し、寄付をする先の汎用の団体としての会衆は、実際には宗教組織の、極めてプロテスタント的なモデルである[36]。典型的なアメリカ会衆――どのような宗教系統のものであっても――のこのような形態と機能は、したがってアメリカのプロテスタント的遺産の結果なのである。米国は法律の下ではプロテスタント国家ではないかもしれないが、そのプロテスタント的遺産は宗教的風景の輪郭を形作っている[37]。

会衆の中心性、そしてそのプロテスタント的影響は、移民の宗教が米国到来に際していかにしてアメリカの宗教的エコシステムに適応しているかに見ることができる。他の国においては会衆周辺に組織化されていなかった信仰も、ここ米国においては会衆基盤の構造を採用するようになっている。そこからは、アメリカの、とりわけプロテスタント会衆と同様の実践の多くが採用されていくまでは小さな一歩にすぎない。例えば、米国内のイスラムモスクはしばしば日曜学校を運営したり、あるいは地域イベントのための社交ホールを提供している――これは他の国において行われることは典型ではない。米国では、イマームがカウンセラーを務めるよう、また広報活動に関わるようにと呼ばれることがよくある〔イスラム教の指導者のこと〕。それは他所のイマームでは責任の範囲外であるが、しかし米国の多くの会衆指導者では通常のことである。アメリカ宗教に関する鋭い観察者であるアラン・ウルフは、アメリカのモスクとムスリムが多数派を占める国のそれの対比について記している――

> 信者と神の間に立つ仲介者がない状態では、イスラムは伝統的に、キリスト教徒がその言葉を理解するような形式

での教会を持ってきたことがなかった。固定的な会員を持つ会衆というよりも、ムスリム社会におけるモスクは一日の中でいるところに応じて祈りのために足を踏み入れるのに便利な場所というものであったし、現在でもそうあり続けている……しかし米国においては、モスクは疑いなく教会に似るようになってきている。[38]

会衆はムスリムに限られたものではない。例えば、米国のヒンズー寺院も教会風の感覚を持たせるものであるが、ヒンズー教はイスラムと同様に、地域の会衆周辺に組織化されることが典型でないにも関わらずそうなっている。これは、新しい現象というわけではない。一九四八年にさかのぼった記録で、ある社会学者がアメリカの仏教コミュニティについて「現代的なキリスト教、そしてとりわけプロテスタント教会に現れているものに類似した会衆母体」を持っていると記述している。さらに、これらの独立した会衆には「母国の日本の寺院構造の名残は全く見られない」のだった。[39]

会衆が宗教組織における支配的な形態であると同時に、宗教コミュニティは友人関係としてありふれた結びつきになっている――それは人が会衆のメンバーとなり、そこで友人を見つけるからであることもあり、また友人となった人と同じ会衆に参加するようになるということもあるが。多数のアメリカ人、正確には五六％が宗教会衆において少なくとも一人の親密な友人を有している。

自分の礼拝の場所で作られる友人が広がっていることは、アメリカの会衆の社会的重要性を例証するものである。信仰に基盤を持つ社会的ネットワークは、人々が会衆間を移り変わることを防ぎ、よき市民性――寛大さと市民参加――を促進し、投票者がその宗教と政治の間に作るつながりを強化するものになっている（第5章、第11章、第12章、第13章を参照）。

会衆に関する挿話

会衆がアメリカ宗教における焦点となっているため、統計的データに加え、全米のさまざまな会衆についての一連の挿話をわれわれは提供する。これらの挿話は、統計上のストーリーを補完するもので、調査に対する回答の集計といった抽象化にできること以上のはるかな豊かさをもたらしてくれる。現実の人々が宗教をどのように生きているかを見る機会を提供してくれるのである。個別の会衆——そしてそれらに参加する人々——についてのこのような描写なしには、宗教のストーリーについて理解できることは半分か、おそらくはそれ以下になってしまったであろう。これらを読むことで経験することになるさまざまな会衆は、それぞれがアメリカの最大の宗教系統を代表し、また米国全体に位置している。これらは礼拝や、祈祷グループ、ピクニックに長時間参加することに並んで、聖職者や平信徒との何十ものインタビューに基づいている。散文体のこれらの挿話は、シェイリン・ロムニー・ギャレットによって書かれたもので、挿話が依拠しているインタビューのほとんども実施した人物である。これらの挿話の記述においては、会衆において公式の資格で活動していない人々については仮名を用いた。それぞれのケースでは、会衆指導者に研究の開始前に許諾をとり、またわれわれが観察し面接した人々が、われわれが見聞きしたことに基づいて本を書いているということを確実に知っているようにした[40]。

これらの挿話は分析的というよりも報告的であるのは、その主要な目的がさまざまな種類の会衆の内部で何が起こっているのかを記述することにあるからである。これらの「信徒席からの眺め」は多くの点でわれわれの統計分析に影響しているが、しかしその目的はここでは、広範な一般化を検証したり否定したりすることにあるのではない。これらは、大半の学術研究者が使う用語の意味でのケーススタディではなく、むしろ内部にビデオカメラを持ち込んだことに似ている。これらの会衆たちや聖職者の言葉を取り上げたのは、それが彼らの見ている自分の宗教を読者が経験することを可能にするからである。したがって、これらの各章が語るストーリーの叙述の流れを中断しないように、特定の経験や言及がわれわれの統計分析と通じ合う時にもそのような目印で立ち止まることはしなかった。会衆におけるクローズアップが本書の残りの部分で、それがどう分析テーマに関わっているとわれわれが考えるのかについての短い記述とともに紹介されることはあるが、これらの挿話からの声が、われわれが他所で論じ観察したことをどう語っているのか見つけることの大部分は読者に任されている。

ロードマップ

われわれは、アメリカ宗教について公平な記述を提供することを目的にしている。知見の中には宗教指導者が深くいらだつであろうものがあり、一方では強く世俗的な者が動揺するであろうものがある。いわゆる「文化戦争」のどちらの側にとっても、われわれの述べることで不快に思うことがあるだろう。われわれアメリカ人は、宗教の点で確かに異なっているが、相互の誤解が全国的な議論に混乱を加えている。例えば、最も世俗的なアメリカ人の大半は、最も宗教的なアメリカ人が考えるよりも、宗教的な価値に対して共感的であるということをこれから見ていく。一方で最も宗教的なアメリカ人も、最も世俗的なアメリカ人の大半が恐れているよりも、自分たちの反対者に対して寛容で、また教会と国家の憲法上の分離に対して支持的なのである。背後で研磨される斧のやかましさに抗して、本書におけるわれわれの目的は入手可能な最良の実証的証拠を用いて、現代の米国における宗教の変化しつつある役割を説明し、依然として残る不明点について記すことである。

われわれの旅は、アメリカ宗教における古きものと新しきものの双方を明らかにする挿話から始まる。われわれはまず聖公会という、アメリカの全教派の中で最も由緒あるものの一つの、ボストン地域にある三教区について記述し、続いて南部カリフォルニアのサドルバック・メガチャーチの中に分け入っていく。これは現代の「求道者にやさしい《シーカー・センシティブ》」福音派の原型である。これら二形態の宗教間の対比により本書最初の四つの分析章（第3章〜第6章）の舞台が設定される。第3章と第4章がカバーするのは宗教的分極化の現状を生み出した、過去五〇年前後を通じての広範な歴史的変化——激震と二つの余震である。第5章では全国的変化についての幅広いパターンから、個人レベルでの宗教的変化のパターンへと焦点を移し、そこでは特に宗教的な混合《ミキシング》、整合《マッチング》と切り替え《スイッチング》という、宗教的風景を形成してきたものの正確なパターンに光を当てる。第6章では、宗教変化について全く別の視点として、現在の会衆から新しいものへと去って行く人の何がそうさせているかを検討し、宗教的イノベーションの未来に何が待っているのかについて考察する。アメリカの宗教がいかに、またなぜ過去半世紀に変化してきたのか、そしてこれからの年月でどう変化していくと思われるのか――これが、第一部で論じられる問いの大きな集合である。

本書の第二部（第7章、第8章、および第9章）は宗教の変化について、異なる仕方の問いを当てはめていく。アメリカ社会の他の場所を変容させていった社会的潮流により、宗教はいかに変化した、あるいは変化してこなかったのだろうか。その反対に、宗教はこのような潮流に抵抗したり、それを歪めたりしてきたのだろうか。これらには女性の権利、所得不平等の増大、そして民族―人種的多様性の増大が含まれる。この部は第7章の挿話から始まる。含まれるのはヒューストンにある非常に保守的なルター派教会で、そこでは伝統的な性役割が教えられ、強化されている。このような典型的な会衆――まるでテキサス州ヒューストンにある「小さなドイツ」のような――はまた、エスニシティと宗教がいかにしばしば緊密に結びつきあうのかも示している。これらの挿話には、エスニシティと宗教が相互に強化し合う場としての会衆に関する他の事例も含まれている――それはボルティモアにある有名な黒人教会であり、またラティーノが大きな存在感を示す、シカゴのカトリック小教区の一群である。続く二章ではそのあとで、より系統的な方法でこの問題を検討し、宗教が女性革命や階級不平等の登場を遅めも進めもしなかったこと、しかしアメリカの民族、人種構成の変化により影響を受けた様子を追う。

第三部（第10章、第11章および第12章）は政治に集中し、したがって分極化というテーマに戻る。アメリカはいかにして歴史的な変則点、すなわち顕出的な政治的分割線として、宗教的献身の方が宗教教派を主に置き換えてしまったような場所に至ったのだろうか。そして、アメリカの政治はどこに向かうのだろうか。再び、この部は挿話から始まるが、このケースでは三つの会衆において、政治が全く異なる仕方で展開している。一つはミネアポリスにある保守的な福音派メガチャーチで、そこでは宗教と政党政治が時に公然と混ぜ合わされている。もう一つはシカゴ郊外にあるシナゴーグで、党派的な政治活動がまれであっても、リベラルな政治的視点が広く共有されまた論じられている。第三は、ソルトレークシティ郊外のモルモンワード（会衆）で、少数のリベラル――モルモン教徒では珍しい――が、末日聖徒の間の政治的保守主義という強力な潮流に抗して泳いでいる。この部の二つの分析章ではまず第一に、全国的なレベルで、政治と宗教がいかに結びついてきたのかについて、続いて個人がいかにその信仰と政治のつながりをつけているのかについて問う。

第四の、そして最終の部では明確に、宗教がいかに社会に影響するのかを検討する。始まりの第13章では、宗教的なアメリカ人が、宗教的でない者よりも市民としてよい、もしくはよくないのかどうか、そしてそれはなぜかについて検証する。第14章では続いて、宗教がアメリカ社会を分かつ可能性の検討を、宗教的また世俗的なアメリカ人の間で、また異なる宗教系統に属するメンバーの間で一致できない領域を記述することによって行う。そして最終章では、われわれのストーリーを一巡して、米国がいかにして宗教的多様性、宗教的傾倒、そして宗教的寛容性を、とりわけ宗教的分極化という時代において結びつけることができるのかについて問い――そして答えていく。まさしく、米国は宗教的多元性という謎を提起しているのである。

この謎への解は、アメリカの宗教的風景において分極化を可能としたものとまさに同じ特性――すなわち宗教的流動性――にある。宗教の切り替えが高率であることは、多くの宗教的混合を生み出す結果となっており、それは関係の中で最も親密な間柄の中でも起こっている。それどころか、筆者たち自身の家族そのものが、社会的、家族的ネットワークが多くのさまざまな宗教の人々を結びつけている様子を表している。しかし、われわれのストーリーのどちらも珍しいものではないのである。

われわれのうち一人（キャンベル）はモルモン教徒である。彼は当初、信仰間結婚の結果として生まれた――モルモン教徒の母親が、主流派プロテスタントの父親と結婚したのである。最終的に、父はモルモン教に改宗した。母もまた、以前に改宗していたのであった。子どもの時に彼女はカトリック信仰からモルモン教に移った。それは自分の親と共にであったが、きょうだいでは一部にすぎなかった。その結果として、家族のどちら側で集うときにも、多重の宗教的混合がもたらされることになっている。

もう一人の著者（パットナム）の家系図にもまた、アメリカでは非常にありふれた宗教的回転が封じ込められている。彼とその妹は一九五〇年代に、忠実なメソジストとして育てられた。彼は結婚に際してユダヤ教に改宗した――彼とその妻は、二人の子どもをユダヤ教徒として育てた。子どもの一人が結婚した相手は活動的なカトリックであったが、その後に教会を去って、現在では世俗的である。もう一人の子どもは、明確な宗教所属を持たない人間と結婚し、しかし後になってその人はユダヤ教に改宗した。一方で、パットナムの妹はカトリックと結婚し、カトリック信仰に改宗した。その三人の子どもは熱心で積極的な福音派となったが、その種類はいくつかに異なっている。このように世紀半ばのアメリカの同質的なメソジスト世帯が、ずらりと並ぶ宗教所属（と非所属）を生み出しており、それはアメリカの宗教的多様性の全容を反映したものになっている。この集団の中で、反ユダヤ教や反福音主義や反カトリックや反メソジスト、さらには反世俗主義をかき立てることは難しいだろう。

われわれの家族自体が、宗教的多元性が単なる抽象的なものではないということを例示している――多元性とは、しばしば個人的なものである。そしてこの個人的多元性が、アメリカが宗教的調和により恩寵を受けたものになっていることを意味しているのである。

第2章

挿話――古きものと新しきもの

アメリカのプロテスタント信仰の二つのウィング――聖公会と福音派から挿話をはじめたい。アメリカ版のアングリカン――すなわち、英国教会――として、聖公会には伝統が染み渡っている。そして福音派にも同様に深く根ざしたものがあるが、ここで示される具体的な会衆――メガチャーチ――は、礼拝に対する明らかに非伝統的なアプローチを代表している。古きものと新しきもの、というこれらの事例は、アメリカ宗教の内部にある一貫性と変化の両方を例示するものである。

二つのトリニティの物語

それは降臨節《アドベント》の第三日曜日の朝一〇時で、歴史あるマサチューセッツ州コンコードのエルム通りの両側の車列は、トリニティ聖公会教会の教会区民が礼拝のために集ったことによるものだった。遅く来た家族はボルボや高級車を二ブロック向こうに止め、凍てつく風に耐えながらサドベリー川をまたぐ古い石橋を急いで渡っていた。トリニティ元来のゴシック様式の礼拝堂は一八八六年に建造されたもので教会の小さな敷地の一角に立っており、周囲は傾斜した芝地と低い垣根に覆われている。ラルフ・ワルド・エマーソンのユニテリアン教会という神学的影の中でアングリカン信仰の避難所として創設されたトリニティは、次第にコンコードで確固たる地位を獲得するようになり、やがて街の市民的、宗教的風景の中の重要な一部を占めるようになった。無骨な石壁と、アーチ状のステンドグラスの窓を備えたこの小さな教会は、ニューイングランドの魅力を写真にしたような様子である。

教会区《パリッシュ》のグラウンドが静まりかえる中、最後の二、三の家族が主会堂へと石段を登っていく。その広い礼拝空間は、トリニティの元々の礼拝堂の背面につく形で、会衆が一九六〇年代に膨れあがったときに建てられたのだった。ずっと古い建物の上にきまり悪く付き出した感じで、近代的な教会の巨大なプリズム状のこけら板屋根が、七フィート（約二・一三メートル）の木製十字架の据えられたコンクリートテラスの上に差し掛かっていた。

身にまとうドレスにあわせたストライプ入りのタイツをはいた少女たちや、コーデュロイのパンツにオックスフォードシャツを着た少年たちが、親の先頭に立って地下に駆け下りていった。そこで礼拝の前半に開かれる教会学校に出席するのである。地下堂《アンダークロフト》として知られるそのスペースの中にある、低いプラスチックのパーティテーブルと小さな椅子の備え付けられた教室にはおもちゃやクレヨン、画用紙が散らかっていて、ボランティアの教師が受け持つ二～一二歳のための活動やレッスンの準備をしている。

マサチューセッツ教区にある一九四の聖公会[1]の教会区の一つであるトリニティには、約九〇〇人の洗礼会員がいるというが、「プログラム年度」――これは九月から五月にわたる――を通じて日曜日に開かれる二回の礼拝における出席者は四分の一をかろうじて超える程度である。夏期の月の出席者は、一週間あたり一〇〇名にすぎないところまで落ちる。「ここでのものごとは、信じられないくらいに安定しています」と、トリニティの現在の牧師トニー・ビュークー師は言う。「成長はほとんどなく、この一〇年は会衆は少しの落ち込みさえ見せました」。低下はもう少し大きい、というのは、一九五〇年代にそうであった状態からするとだが、当時は日曜ごとに五〇〇人の教会区民が顔を見せるのが標準だったのである。近隣の街にいる若い郊外住民の家族でトリニティにその拠り所《ホーム》を見いだした者も一握りいるが、ビュークーが言うには教会出席者の中核は年を取った、裕福なボストンの知識人たちで、大半はコンコードに家族の長い歴史を持つ者たちである。

階段を上って戻ると、親たちは会堂外の廊下の大きなボードの上にアルファベット順に並べられたピン止めの名札を探すのに立ち止まっている。主会堂の薄暗い拝廊《ナルテックス》では高齢の白人が二人、ボランティアの案内係としてささやき声のあいさつをし、一〇ページの式次第の載ったプログラムを渡していた。教会の後ろにある木製格子の仕切りを過ぎて緑のカーペットの敷かれた中央通路を進むと、信徒席にいる高齢の未亡人たちに中年カップルが加わるところで、祝祭風の、オルガン演奏つきの入堂聖歌が締めくくられていた。「神に栄光を──父と子と聖霊に」と司式者が劇的な韻律で宣する。「そして神のみ国に栄光を。今も、世々に限りなく、アーメン」とその会衆は応えた〔以下の式文等の翻訳にあたっては、*Book of Common Prayer*（一九七九年版）と『日本聖公会祈祷書』（一九九〇年版）の表現を参考にして、原文に基づき訳した〕。すり切れた一九七九年の祈祷書が信徒席の背に入っており、拝礼者は聖歌集や、式次第のプリント、そして当日の祈祷文として挿入された一ページものの典礼をたぐりながらミサの進行についていっていた。トリニティ・コンコードの会堂は大理石の祭壇と、吊るされた大きな金属製の十字架に向き合う二区画の信徒席があるカテドラルの形で、両側には何列分かの翼廊があった。六五〇席として建築されたが、埋まっているのは半分を超えないほどである。三八名の聖歌隊席が会衆に向きあい、壮麗な三角形のステンドガラス窓──視界にある唯一の芸術作品──の頂点にアーチ状の天井がある。朝の陽光がガラスの色彩豊かな断片を照らしているが窓が通すのはばらばらとなった光で、礼拝空間を薄暗くてひんやりしたものとしており、コンクリートの床と信徒席の鉄骨と組み合わさってそのような感じが作られていた。

「あなたのみ言葉だけが語られ、あなたのみ言葉だけが聞かれますように」とトリニティの准牧師、ニコラス・モリス-クリメントが説教をするため一段高い木製の説教壇に上る前に宣した。モリス-クリメント師はやわらかい語り口の男性で、白髪交じりの、おかっぱの髪型に丸眼鏡をかけ、濃灰色のひげをたくわえている。彼はベルト止めした白の祭服の上に紫のストールをまとい、両側に手を掲げて象徴的な抱擁の形を取り、会衆に語りかける。

「アングリカンの伝統では」とモリス-クリメントは説教する。「生活の全てが、深く神聖《サクラメンタル》なものだ、と教えています」。彼は、聴衆に「神聖《サクラメント》」を定義するために一端おいた──「聖公会には、ちゃんと教会問答《カテキズム》がありますよ──みなさんの祈祷書の巻末に」と彼は冗談を言い、会衆からの笑いを引き出した。彼は、毎日に神聖さを見いだすように促していく。「働いているとき、神による分相応な、それに値しないほどの、励ましの、元気づけられるような力を見ます」、と彼は厳かな、しかし穏やかな調子で語り、それぞれに促した。「助けを得て、生活の中に神の存在をいますぐ見いだしましょう」。そして彼は話を閉じて説教壇から降り、会衆はプログラムの指示である「黙祷」に従う。

静けさを破るのは、石壁に鈍く響く、ページをめくる音だけである。

聖公会の礼拝は、一般に祈祷書に示された標準的な典礼構造を守っているが、礼拝体験は教会ごとに、さらには教会区内でも礼拝ごとに大きく異なりうる。トリニティ・コンコードは人々が「より伝統的な礼拝」を見いだす場だとビュークーは説明し、その結果として、この教会区は「しばしば野暮ったいと思われて」いる。古くからの教会区民のオードリー・ウィンザーも認める。「トリニティは典礼で形式を守っていて、フォーマルな感じがします」と彼女は言い、それが彼女にとっての魅力になっている。しかし彼女も、多くの人にとって「トリニティの礼拝はアピールしないものでしょう。規律が多く、カリスマ的でないし、『気分のよくなる』ものがないから」と認めている。

聖公会は、しばしば、ローマ・カトリック信仰とプロテスタント信仰の「中道」にあると考えられている。典礼実践を礼拝の中核として維持しているが、この教派は各会衆に多くの自治を許しており、それぞれに司祭を雇って、教会役員会《ヴェストリー》と呼ばれる信徒委員会が統治を行っている。正典の、聖書に基づく神学を有しているが、聖公会の教義では同時に、教会の信仰と実践の発展の中で理性と経験の役割を同じように重視していて、トリニティ・コンコード以上にそれが明白な場所はない。「教会学校でこんなに多くの博士号持ちが教えているのは見たことがありません」とビュークーは言い、トリニティ・コンコードの忠実な信徒にとって「教育と知性は重要なものです」と表現する。会衆の一人は教会区を「教育水準の高い、理性ある教会で、思慮深い人々が集まっています」と語る。

「わたしたちは、唯一の神、全能の父、天地とすべて見えるものと見えないものの造り主を信じます……」。信者がニケア信経を立ち上がって唱えることで再び礼拝は進み、代祷《プレイヤーズ・オブ・ザ・ピープル》がそれに続いた。「われらの大統領ジョージ、そしてわれらの知事デヴァルのために、主に祈りましょう」と司式者が心を込めて述べた〔ジョージ（・Ｗ・ブッシュ）はアメリカ大統領（任期二〇〇一～二〇〇九年、共和党）、デヴァル（・パトリック）はマサチューセッツ州知事（任期二〇〇七～二〇一五年、民主党）〕。「主よ、わたしたちをお救いください」と聴衆が答えるつぶやきが重なる。「憐れみ深い神よ、わたしたちは思いと言葉と行いにおいて、してしまったこと、しなければならなかったことによって、多くの罪を犯しています……」と教会区民は懺悔を唱え、そして合わさったその声は広々とした内陣へ、音の波のように響き渡っていった。

ホスピタリティのトレーニング

礼拝が終わったあとにトリニティの教会ホールに居残る大人は五〇人ほどで、箱詰めのドーナッツ、バナナブレッドの皿、そしてニンジンスティックのボウルでいっぱいのテーブル二つの周りをうろついていた。コートや帽子、手袋をまとって家路につく前にあわただしくコーヒーをすすりながら談笑する教会区民の群れの間を、何人かの子どもたちが陽気に走り回っていた。「多くの人は、トリニティ・コンコードをとりわけ開かれているとも友好的とも考えていません」とビュークーは言う。「勧誘活動も全く多くないのです」とオードリー・ウィンザーが、教会区指導部が会員からの意見を求める際にほぼいつも聞こえてくる決まり文句を繰り返して同意する。地域への働きかけ《アウトリーチ》活動が欠落していることは、地域の聖公会員がトリニティ・コンコードではなく近隣の教会区に出席することを選ぶ際に挙げる共通の理由でもある。このコミュニティ形成の失敗はスタッフ会合でも頻繁に取り上げられ、また教会区がメンバー維持に苦労する中で増大する懸念となっている。

　ビュークー師によれば、彼の教会区民は「心で、というのに対してしばしば頭で生きて」いて、コミュニティや仲間、そして集団生活のようなものがちょっとした課題になっている――そしてそれは、訪問者や新会員がつながりに苦労するというだけのものではない。「トリニティの会員は、互いにそれほど親しくありません」と教会学校の責任者レジーナ・ウォルトンが答えている。「コーヒーアワーに出席して一五年にもなろうというのに、まだ互いに知らないような人もいるのです。教会区民に対して誰かの名前を出しても、誰のことだか分からないということが何度もあって驚きました」。

　コミュニティの凝集性欠如に取り組む新たな戦略は常に求められていて、教会区指導部が導入してきたのは礼拝での名札の使用、毎年の写真入り名簿の作成、そして蛍光ピンクの「ご質問ください《アスク・ミー》!」バッジをつけたボランティアが待機するウェルカムテーブルを拝廊に設置するといったことだった。彼らは前向きな教会区民に対してホスピタリティのトレーニングを提供することさえ考えたが、こういった試みは、あったとしても限定的な成功しか収めなかった。最近では、聖職者たちが教会を近隣グループに分け、親睦を深めるためカクテルパーティーやインフォーマルな会に集うのを促そうとした。しかし教会区民はそれに抵抗し、「自分たちの社交の輪は、近所に住んでいる人たちとは別になっている」と述べていたとビュークーは説明する。「それで計画は機能せず、人々も単純に反応しなかったのです」。続いた提案は、「バーチャル近隣地域」だった――今度は地理よりも、むしろ共通点の周囲にできるものである。ビュークーは「これら集団のリーダーが成長し、また集団が意図性を発展させていくだろうと期待」している。「意図性」という言葉で司祭が意味しているのは友人関係、寄付への支援、そして霊的な成長だが、それがそびえ立つような目標であることも彼は認めている。この教会区の教会学校の責任者が、親に対して非公式の質問紙調査を最近配布したとき、質問の一つは「他の家族とつながることに関心がありますか」と尋ねるものだった。調査された二五家族のうち、肯定的な回答を寄せたのは五つにすぎなかった。こういった社交の集いから何かを期待しているのではないのです、とビュークーは説明する。「コミュニケーションのために使われればということを望んでいるのですが」。教会区を共に結びつける強い社会的ネットワークがないことから、聖職者がしばしば「教会区民のニーズや、人々のくらしの中で何が起こっているのかについて知ることすらもできないのです」とビュークーは述べる。彼が信徒に務めを果たすことは、人々に週一度しか会わないときには難題である――ミサからぞろぞろと出ていく人々に挨拶し握手するだけなのでは。

礼拝と教会学校の他に、トリニティで最も活動的なプログラムは成人聖歌隊で、それに続くのは一四人ほどの退職者から成る、週半ばに開催される教会区牧師の聖書研究クラスである。手芸グループが編み物のために毎週集まり、礼拝組合《オフィス・ギルド》が毎週木曜日に招集されて礼拝プログラムを作っているが、どちらの集まりにもやってくるのは高齢女性の一握りを超えたことはない。平日の晩に見れば、トリニティの牧師館の部屋が一つ二つは埋まっているかもしれないが、たいていは地域の室内楽団か、がんサポートのグループが教会から集会所を借りているのである。最近では、青少年のための毎年の貸し切り《ロック・イン》――教会での外泊――が関心不足によって中止され、また聖職者が教会区のために、教区の講演する一日がかりの反レイシズム会議の主催を企画したとき、教会区民で申し込んだのは八人にすぎなかった。

一九四〇年代以降、トリニティ・コンコードは七つのボランティアの「委員会《コミッション》」に組織され、礼拝、教育そして管理《スチュワードシップ》といった奉仕職のさまざまな側面を監督していた。この体制のもともとの目標は、会衆生活のあらゆる面に教会区民を巻き込むことにあったが、ビュークーは「いつも少数の同じ人々が教会を運営し、時間を使っています」と指摘する。彼は「フルーツバスケットをひっくり返して《椅子取りゲームをやり直して》、新しいメンバーが参加する余地を作る」必要が教会区にあると感じている。ビュークーはトリニティが「教会区生活がより有機的に理解されるよう進んでいくこと」を期待していて、「より活気のあるなにかが求められています」と述べている。教会区牧師としての立場に二〇〇三年についてすぐあとに、彼は「奉仕のための計画立案《プランニング・フォー・ミニストリー》」という新しい取り組みを導入した。「われわれは、今日自分たちが何者であるのか、そして今日に対しどのような使命があるのか真に問い続けています」と彼は言い、伝統と歴史に対してイノベーションと成長よりも重きを置くことを許しているトリニティの強い傾向をほのめかしている。「奉仕のための計画立案」の目標は、教会区民に教会区の未来の当事者意識を持たせ、同時にまた「小グループ」や「霊的成長」といった領域の周辺で新たに試験的な「実行部隊」の指揮を執るようさせることにある。初回の会合に出席した一五〇人の教会区民の一人は、「人々は楽しんでいましたけれど、みなの生活は、本当に、本当にいっぱいなので」と見ていた。多くのアイデアがテーブルに持ち出されたが、それらは信徒のリーダーシップと教会区民のボランティアを必要とするもので――このところ登場してこなかったものである――教会区の生活に劇的な再生が訪れる希望は小さい。

　聖公会派は長らくアメリカで最大のプロテスタント教派の一つであり、この教会は二〇世紀の大半を通じて栄えてきた。しかし、最近の数十年間で信者がゆっくりと落ち込み、トリニティ・コンコードのような教会区コミュニティは成長のために苦闘し、また不確実な将来に直面するようになっている。ビュークー師は、「人々が味見できるものを取りそろえたバイキング」を提供することで会員を引きつけて成功を収めているような他教派を認識している。そして、近隣の教会が挑んでくる「競争」について懸念する。「私たちはアイデンティティを失ったのです」と、自分の教会区について述べる。「ブランドがありませんから」。トリニティの家族の多くは聖公会のミサに出席しているが、子どもたちは道を行ったところにあるキリスト合同教会（ＵＣＣ）の青少年グループに通わせている。「地域のＵＣＣは、子どもが行きたがるので人気沸騰なんです」とトリニティの教会区民が説明する。しかし、プログラムや社会活動が、教会に期待されているものだということにビュークー師は確信がない。「もし教会というものの理解が、興味深いものとかさまざまな自助機会をそこは提供するところだというのなら、それは素晴らしいでしょう」と彼は説明するが、しかし彼の感覚では教会は「人々を十字架に、献身と自己犠牲に導く」べきである。「それで、この文化と完全に切り離されないようなやり方でどうやったらいいのか？」と彼は思いをめぐらしている。(2)

会社的教会区

ある寒い月曜の朝、コンコードから二〇マイルほど東に行ったところで、ボストン市のトリニティ聖公会教会の教会区指導部は「計画・奉仕」ミーティングのために集まっていた。そこで彼らは、国内で最大の聖公会教会区の一つにおける毎週の行事について調整をおこなうのである。市内中心部で賑わうコプリー・スクウェアに位置するトリニティ・ボストンは、比較相手のコンコードを小さく見せてしまう。「地域教会」としてこのトリニティは広域ボストン圏全体からの会衆を引き寄せていて、毎週七回の礼拝の一つのために郊外から都心へと六四％ほどが通ってくる。「寄付単位」――毎年の財政的義務を果たしている世帯数に基づいた会員数の指標――は一二〇〇近いというこの教会は、個人会員で四〇〇〇人を数え、そのうち四分の一が定期的な出席者である。平均的な日曜日にトリニティは一三五〇人前後の礼拝者を迎えている。

トリニティ・ボストンはコミュニティの焦点として際立っているが、それはこの都市の歴史的、宗教的、そして物理的風景の中で傑出した位置にあるからである。一八七七年に献堂され、一〇〇年以上を経た小塔つき、砂岩と花崗岩造りのこの教会は、この国の十大重要建築物の一つとして名前を挙げられ、年間で一〇万人の訪問者を集めている。多くはトリニティを単純に観光の目的地としてみているが、ラ・ファージのステンドグラスと典型的なロマネスク・リヴァイヴァル様式の建築の背後には、健全な、二七五年にわたる会衆が存在している〔ジョン・ラファージはアメリカの画家・ステンドグラス作家（一九三五～一九一〇）〕。

マサチューセッツ教区で最大の聖公会コミュニティであるトリニティ・ボストンは、聖公会信徒の大半が「会社的教会区《コーポレート・パリッシュ》」と特徴付けそうなものになっている。(3) そこは教区の大規模な集まりが開催される場所、ボストンの他信仰コミュニティが聖公会に出会う場所、そしてトリニティの傘の下に運営される六〇以上のプログラムに教会区民が参加しに訪れる場所になっている。礼拝と教会区生活の両方に対応するために、主任牧師一人に牧師一人、三人の准牧師に助牧師が一人、三人の信徒役員が、加えて三三人のフルタイム、一一人のパートタイムの職員と共に常に注意を払うことが求められる。教会の七〇〇万ドルの年間運営予算のうち、ほとんど半分は被雇用者の給与と手当のために使われており、その大多数は通りを渡った高層ビルの二フロアを借りたオフィスにいる。

これら慌ただしい活動にも関わらず、トリニティ・ボストンが直面する多くの課題はトリニティ・コンコードと同じものである。会員数の成長とコミュニティの繁栄をいかに持続するかという課題に、この教会区の専門スタッフの時間とエネルギーの多くが費やされている。地域奉仕活動から、講演のシリーズに青少年グループまで、過去二〇年間にトリニティはその非礼拝プログラムを、変化する宗教的風景との関係を保つ手段として大きく増加させてきた。「キリスト教の機会をフルサービスで提供しているという点で、私たちはメガチャーチと大きく違うものではありません」と、会衆拡大担当の准牧師マイケル・ダンジェロ師は認めている。プログラム提供の増加は主流派プロテスタント教会の間で拡大している傾向で、それらの多くは縮小する会衆にてこ入れをする方法を求めてのことであると彼は感じている。「人々を巻き込みたいと思うのなら、それ自体に魅力のあるプログラムにしなければなりません」と彼は説明する。しかし、ダンジェロ師が言うには、トリニティの多くのプログラムが「人々をつなぎとめるのに作られた」一方で、これらのプログラムに莫大な投資をしている――そしてその運営のために有給スタッフが倍増以上になっている――にもかかわらず、教会区にとって、活動中の教会区民は二〇年前の数字と同じであるということである。

「イベントのコーディネーターになるためにここに入ったわけではなかったのですが」とある司祭は告白し、彼がしばしば感じているその召命と、大規模でプログラム志向の教会区の運営という日々の現実との間の断絶について触れている。トリニティの最新の「教会区概要」――牧師交代に備えて、小教区生活の実態評価手段として人事委員会がまとめた包括的な、調査に基づく報告書――によれば、多くのトリニティ会員が「教会区民と一対一の時間を多く使うには、聖職者の抱えている仕事は多すぎると考えている。『聖職者に面倒をかけないように――彼らは忙しすぎるのだから』と人々は言う。しかし教会区民の中には、自分たちが牧師からの配慮が足りず困っていると言う者もいる」[4]。信徒プログラムの責任者ジョイ・ファロンも認める。「教会に対する要望には大きなものがあります」と彼女は言う。「人々は司祭に、自分を名前で知っていてほしいと思っています」とのことだが、そのようなことをこの都会のメガ教会区で経験する人は非常に少数であるように思われる。

　これほど多くのプログラムと活動を提供することの危険性は、「コミュニティとしてではなく、消費者として集う」会衆を作り出すことにあるとダンジェロは言う。「われわれに必要なのは、それが……作り出した取引的関係の壁を解体することです」。このために、教会は「トリニティ・コネクションズ」を立ち上げた。これはナイジェリア聖書研究、ハーディ・ペネニアルズ《耐寒多年生植物》（「六〇歳以上の者のための青年部」）、ゲイ&レズビアン・フェローシップのようないくつかの共通関心グループが含まれたプログラムである。しかし、結果は善し悪し半ばのものであった。

　数年前に教会に加わるに際して、リンダ・ロウはトリニティが「欲しいもの、いらないものを選べるが、本当につながりを作ることはできない」場所であるとすぐに思った。それで彼女は「コモン・グラウンド」と、「二〇代・三〇代フェローシップ」に加わり、また日曜礼拝のあとの社会活動や時折のブランチに参加し始めた。しかし、グループが「非常に流動的」であると感じてついには出席を止めたが、彼女の見方ではその提供するものに「参加者間の深いつながりの感じがない」からだった。「そうなったらと期待していたほどには機能していません」と、フェローシップグループを通じてコミュニティを作り出そうとしていた教会区の試みについて認めている。他の取り組みについてはより成功したものもあった。最近作られた教会区のソフトボールチーム――地域の会衆派教会と共に形成されたリーグの一部――は二五人の選手名簿を数え、試合ごとに約一二人が顔を出す。「彼らのライフスタイルが、毎週の参加の障害になっているのです」と、チームを率いるダンジェロは述べ、参加している若い専門職たちの仕事務めが大変であることについて触れた。それでも、練習後に夕食や飲みに行く選手たちの間で形成された仲間意識を彼は誇っている。チームメンバーの一人は、ソフトボールをすることが「トリニティのたくさんのドアを開け」、礼拝に行ったり教会のイベントに出席することを「［彼女にとって］居心地のよいものにしました」と述べている。

「初めてのコミュニティ経験」

雨の降るある木曜の晩、ウィリアム・リック師――白の祭服《アルブ》の上に、凝った紫の外衣《チャジブル》をまとっている――が午後六時の聖餐を執り行っているとき、一〇人ほどの礼拝者が祭壇を囲んでいた。「キリストの体」と彼はそれぞれの陪餐者に述べる――仕事から家に帰る途中のスーツ姿のものもいれば、薄暗く、隙間風の入るホールの寒さから身を守るためにコートとスカーフをまとっているものもいた。広大な一四〇〇席の会堂は、輝く内陣に肩寄せ合っている小グループを除いて完全に空で、後ろの方から司祭の声はほとんど聞こえない。礼拝が終わるとリックは中央通路を長く歩いて、小さな信徒の群れがコプリー・スクウェアの暗闇へと出ていくにあたって各人に別れを告げるために立って待った。

階下では、トリニティへの新参者二四人の一団が、「探求者クラス《インクワイラーズ》」――「聖公会の短期集中コース」の最終回前の夕食に集まっていた。毎年二回開かれるこの探求者クラスはトリニティについてより知りたい個人のため、基本的な組織的、神学的概念について紹介するようデザインされた二ヶ月間のコースである。聖餐式を終えて外衣をかけ、リックが階下に降りてきて六時半に始まる予定の講義開始まで「五分前の予告」をした。部屋を囲むベンチにはコートやハンドバッグ、傘が乱雑に並べられており、そこにある五つの丸テーブルそれぞれには、聖書の街の名が印刷されたしるしがつけられていた。「ベツレヘム」グループのメンバーたちが、一人一人立ち上がって紙皿を捨てコップに水をつぎ足し、ペンと紙、そしてクラス教材の入ったおそろいの白いバインダーを取り出した。
「クリスチャン・フォーメーション《形成》」担当の上級准牧師であるリックによれば、探求者クラスに魅力を感じる者にはいくつか異なる属性があるという――聖公会教会に育ったが、一〇代や二〇代で積極的に教会を離れた者、「聖公会／アングリカン風」を楽しむ他信仰系統のクリスチャン、何の信仰もなく育った人々――しばしば年若い親、そして、「妥協できる宗教」を探している宗教間結婚のカップル、である。多くの参加者が一年以上教会に出席してから、秋と春に開かれているこのクラスに飛び込んでくる。

今晩の講義は、八回のセッションシリーズの最後で、スチュワードシップ《管理責任》というテーマをカバーしている。「時間、才能と、富」と、リックは部屋の前に置かれたイーゼルに載せられている大きなめくりパッドに黒のマーカーで書き記した。「富とは、われわれの金をていねいに言った言葉です」と彼は説明し、「教会の中では専門用語で『タイス《十分の一税》』のことを通常指します」とした。全収入の一〇％を教会に寄付することが旧約聖書の教義であったと説明したが、しかし「そのあとイエスがやってきて、それでは十分ではない、すべてが神に属するのだ、とおっしゃるのです。これらは二つとも不可能な基準ですが、しかし歴史的には、ユダヤ教徒とキリスト教徒が金の管理についてどう考えてきたかを指しています」と付け加え、さらに続けて新しいメンバーたちに、献金皿と自分の関係について、数式のようにではなく、個人で決定したものとして、そして神と自分との関係の象徴としてみるようにと促した。「率直に言って、何か――ＮＰＲ《公共ラジオ》への寄付のような――そういう、誰かそこにいて、これは大事なことだと思い出させてくれるのでなければ、そうしないようなもの」と「エルサレム」テーブルの若い女性がコメントした。「誓いを立てるというのは、恐ろしい責任です」と彼女の隣に座った中年男性が付け加えて言った。「しかしそのことで、自分の時間と自分の金をどう使っているのか確かめる助けになります。私にとっては、現実のよいチェックになっています」。講義のあと、四つの巡礼《ピルグリム》グループそれぞれが、学んできたことを議論するために教会内の異なる部屋に分かれていった。

グループの一つは、エンジェルルームに向かった。そこは教会ホールにある小さなカーペット張りの空間で、過去数週間のミサで集められた缶詰食品の袋がずらりと並んでいた。皆がテーブルの周りに腰を下ろすとすぐに、グループのボランティア進行役が講演内容への反応と、コース全体への感想を尋ねた。黒のコートと黒のスラックスを着た三〇歳くらいの男性、ケヴィンが思い切ってコメントした――「クラスの始まったときから今では、感じ方が違ってきたのは間違いないけど、それでもまだ保留部分は多いね――洗礼についてとか、献身とか。トリニティに来るようになっておよそ一年で、最初は強制されてだったけれど、いまでは毎週トリニティに関する何かが生活の中にある」と彼は言った。「ぼくの成長はすごく孤独だった――一家の団らんもなかったし、たくさんの友達なんかいなくて、だから楽しいことも全くなかった。人を避けがちで。でもここは、好かれてもいいんだって初めて感じられた場所だね――判断されないんだって。人生の中で覚えている限り、本当に心のこもったコミュニティをはじめてここで経験した。一週間に数時間だけのことだって分かっているけど、大きな違いだね」。

グループは友好的で明らかに互いをよく知っているけれども、誰もがケヴィンの心からのコメントに続くのには苦労した。「あなたたちを黙って座らせていたくないので……」と、リンジーという名前の中年女性の進行役が、おずおずと切り出す。「ぼくらみなが、クラスから得られた何かをただ共有するというのでも」とケヴィンが提案した。「ぼくはもうしたよ」と彼は言って照れながら含み笑いし、それでグループ全体が笑いに包まれ、ついに場が和やかになった。その後それぞれの人が一つ二つの考えを場に出した。セレストは、「日曜日に来ることにどれだけの優先順位を置くか」がずっとつらかったと認めた。「でも一度ここに来たら、来てよかったなって」と彼女は言い、同意の声が上がった。「このクラスの前には、こういった奉仕を何かすることに関心があるなんて思わなかったんだけど」と述べる年若く身なりのよいジムはケヴィンの強い勧めで、刑務所での個人指導プログラムに参加することを現在では考えている。

「クリスチャン・フォーメーション」の目標である人生の変化という要素を経験するためには、「教会区民が信頼できる仕方で互いに知るようになる必要があり、そうすれば彼らは互いに頼りあい、小さなコミュニティを形成することができます」と強くリック師は感じている。日曜日のディスカッション・フォーラムと講演シリーズもまたリックのプログラムの一部だが、彼の認識では「形成《フォーメーション》は頭のみを通じてではなく、ライフストーリーの共有を通じて起こります……そして互いの中にキリストを見いだすのです」としている。それが、探求者クラスやその後続シリーズであるDOCC（「コミュニティにおけるキリストの弟子《ディサイプル・オブ・クライスト・イン・コミュニティ》」）のような教会区での小規模な集まりによって、トリニティ・ボストンで多くの会衆が経験する匿名性を打ち破る手段が提供されてきた理由である。

ここで探求者クラスの残りに戻ると、すばらしい学期だったとリックは受講生たちに感謝し、トリニティで霊的遍歴《スピリチュアル・ジャーニー》を続ける間、助けの求めにいつでも自分は応えるからと告げた。彼は部屋の後ろのテーブルにオレンジの申込書の束を置き、「堅信や洗礼の準備ができた」者は誰でも記入、提出して、さらなる議論と準備を始めてほしいと励ました。探求クラスには毎年四〇人から八〇人が集まるが、成人の洗礼は毎年平均で約五人足らずである。改宗のツールとしてより、むしろクラスが提供しているのは新参者に対してコミュニティと「キリストの内にあるより深くて豊かな人生」の可能性を、この「大きく、忙しい教会」で開くことにある。[5]

恐竜の存在を信じることができる

トリニティ・ボストンの日曜二回目の礼拝が終わりを迎えると、何百人もの会衆が、勢いあるオルガンの退堂聖歌によって内陣の外へとあふれ出していった。礼拝者の多くが向かう会堂地下では、コーヒーアワーと毎週の講演フォーラムが始まろうとしていた。教会の堂々たる礎石が居心地のよいカーペット敷きのエリアに突きだしていて、そこにはガラス張りのギフトショップと、磨き上げられた木製ベンチと座り心地よいが機能的な椅子がずらりと並ぶ多目的のミーティングルームが備えられていた。

パンツスーツとデザイナー靴の女性、それとツイードのジャケットにバーバリーのスカーフを身につけた男性が行儀のよいハグで友人にあいさつし、フォーラム用に並べられた一〇〇脚ほどの椅子の中に腰を下ろした。ミーティングが始まると、リック師は教会区民を歓迎し、祈祷書から黙想を行うようにと進めた。集団の約半分は頭を垂れて目を閉じたが、もう半分はフェアトレードのコーヒーや紅茶が満たされた紙コップを手に沈思しながら前方を見た。祈祷の終わりにはイベントは満席になっていた。教会ホールの上階で開かれていた、「コモン・グラウンド」の別のコーヒーアワーから、若い会衆たちの波が流入してきたからである。

今日のフォーラムで話すのはアン・ベリー・ボニーマン師で、トリニティ・ボストンの牧師として最近任命されたところである。前任の牧師をワシントン大聖堂での選任で受け渡してしまったので、この会衆は一年間にわたる人事を行った結果として、将来に向けた「霊的遍歴」を導くようボニーマン師を雇ったのだった。教会区生活への参入の一環として、牧師は自分の個人的な霊的遍歴から得た洞察を共有するようにと頼まれていた。それは子ども時代、アパラチア地方でのローマ・カトリック小教区から始まるものだった。南部特有のゆっくりとしたしゃべり方を、北部の教育で和らげたように感じられる様子で、ボニーマンは「根本主義的な文化」の中で成長したと振り返ったが、しかし両親は「そのような状況に理性を持ち込むよう」最善を尽くしたと指摘した。「それが私を聖公会員にした主原料になったのです」と彼女は付け加え、聴衆からの笑いと拍手を引き出した。ボニーマンは続けて、「われわれの信仰と理性を調和させるのが人生の課題です」という彼女の感覚について説明し、信仰の変化と奉仕へと召し出された思いの中で直面した困難な探求について語った。聖公会は女性の聖職按手を認めるよう最近議決しており、教会員は変化に対し、中にはゆっくりとしまた気乗りしない者もいるが、適応しているところである。

ミーティングの質疑応答の部分が終わりに近づいたとき、長身で白髪頭の男性が立ち上がってボニーマン師に個人的な時間では何を読んでいるのか尋ねた。聖典あるいはキリスト教研究の著作よりも、彼女が言及したのはミステリー小説やインド生活の架空の物語だった。「でも正直に言えば、引っ越しの最中だったら」と彼女は言い、「新聞とか、『ニューヨーカー』誌以外のものを読む時間はないですよね」とした。聴衆は賛同してくすくす笑い、そしてミーティングの終了前の最後の祈祷が唱えられた。

ギフトショップの入り口では、特集の書籍やトリニティ聖歌隊の最近のCD録音で満たされたテーブルに、ネイビーブルーのTシャツを着せられた布製のマネキン胴体が飾ってあり、それが謳うのは「聖公会員になる理由のトップ10」だった。第九位の「恐竜の存在を信じることができる」から第七位の「ドアのところで脳みそを預ける必要がない」まで、このリストは明らかに肩のこらないものではあるが、トリニティ・ボストンの聖公会員が自分の選んだ信仰について最も魅力的と考えているであろうものを縮約している――それは聖典と伝統を、理性と経験に混ぜ合わすその能力である。この教会区は、あらゆる種類のキリスト教信者が心安まる「大きなテント」を提供していると自負している。ある司祭は聖公会が「信仰の旅――問いは求めるが、答えを必ずしも見つける必要のない――を歩むことを望む人々で構成されている」と表現していて、トリニティ・ボストンは霊的なアンビバレンスに対する安全な避難所であろうとしている。「教会区概要」によれば、聖書を字義通りの真実であると「強く」あるいは「ある程度」考えている教会会衆は六％に満たず、半数近くが倫理的問題に対する主要な指針の源は、絶対的なものよりもむしろ状況によるべきだとしていた。(6)「トリニティには、自分の道を信じ、疑い、立ち向かっていくための多くの余地がありますす」とある教会区民が言う。「そのような道の探求者になるのも構いません。トリニティは、問いのための空間とこれらの探索のための機会を提供しています」。

聖公会のトップ10における第三の理由は、「全てが壮麗だが、罪の方はない」である。トリニティ・ボストンの会衆のうち驚くほどの人数が、他の、しばしばより正統的《オーソドックス》な宗教を経由して聖公会派にたどり着いている。「聖公会の信仰が好きなのは、その信条を全て奉じることができるからです。審判的であったり排他的であったりすることのないキリスト教派を表現しています」と、以前はカトリックで今はトリニティ・ボストンに通う一人が述べている。聖公会は「罪のない」教会だと別の者は言う。「折衷的な教会です。カトリックすぎないし、プロテスタントすぎもしない」と説明するマサチューセッツ州アクトンの善き羊飼い教会の主任牧師ゲール・デイヴィス＝モリスの推定では、彼女の会衆の半数近くは以前カトリックだった。「わたしはゆりかごからの聖公会員で」という善き羊飼いの教会区民の一人、スティーブ・アダムズは同意する。「これは最近の教会ではほとんど異例のことですよ。カトリック教会を離れた人のおかげなしには、聖公会はアメリカでずっと前に死に絶えていたでしょう」。

「神学的危機の時」

より厳格な信仰からの「避難民」がトリニティ・ボストンのような教会区が奉じるリベラルな神学を好んでいる一方で、それはこの教派全体から見ると部分的な話でしかない。「聖職者の会合に行くと、実践しているのは違う宗教のように感じますよ」と言うのは、マサチューセッツ州ハミルトンの聖公会教会、クライスト教会の牧師ユルゲン・リーアス神父である。リーアス神父が言うには、アングリカンの伝統では理性と経験が解釈ツールとして長らく尊ばれてきたものの、いうまでもなく聖典は神聖なものであった——そして信仰も、現在の聖公会員に主張する者がいるような道徳的あいまいさを決して取り入れてはこなかった。「教会は本当の危機にあります」とリーアス神父は言う。「ソフトな中央部が抜け落ち、両端がいくぶん分極化しています」。教派の未来については、彼の信念は「正統的なアングリカニズム」の「建て直し」にある。「人々は、正統性と確実性に従います」と彼は言う。「これがそういうものだ、という宗教が求められており、それには有用性があるのです」。

リーアス神父にとって「そういうもの」とは聖典を読むことで、それが彼とその会衆を、トリニティ・ボストンとトリニティ・コンコードから神学的にずっと右側に置くものになっている。リーアスは、同性間の結合《ユニオン》を祝福する実践と並び、同性愛者の神父ジーン・ロビンソンを主教とする投票提案にも反対の声を上げたことで有名である。それにもかかわらずこの教区はリーアスを、按手問題が議論、投票される二〇〇三年の聖公会総会に代議員として派遣し、そこで彼はマサチューセッツ州で唯一反対の声を表明したのだった。自分が代議員に指名されたことについて、

「それ自体が奇跡」と彼は表現する。実際、リーアスのような保守的な声は数で劣っていて、総会代議員は投票の結果ロビンソン主教を承認したのである。

リーアス神父によれば決議が通過したとき、「教会がしてしまったことに膨大な数の人々が本当に動揺した」。数ヶ月後、テキサス州プレーノーで組織された会議にはこの結果に反対する聖公会指導者と教会区民があわせて二〇〇〇人集まり、リーアスのクライスト教会の会員二〇人も出席した。この会議の結果生まれたのが、聖公会の神学的「漂流」に反対する教会区の組織、アングリカン・コミュニオン・ネットワークである。このネットワークは以降、一〇万人の会員がいる北米アングリカン教会（ACNA）に成長した。これは二〇〇九年六月に創立された新しい教派で、米国聖公会の管轄を回避するため、世界規模のアングリカン・コミュニオンと直接の関係を結ぶことを模索してきた。分裂に向かうこのような歴史的動きはリーアスのクライスト教会に突き刺さり、二つの独立した会衆への分離をもたらした――一つは教派に忠実なもので、もう一つはACNAに加入した。リーアスは現在、聖公会教会区の指導者を辞任し、ACNA教会区という、以前の会衆から分けられ、今なお同じ屋根の下で集っている集団の指導者になることを計画している。

「教会は今現在、神学的危機の瞬間を経験しています」とトリニティ・ボストンのマイク・ダンジェロ神父は説明し、「保守主義の時代には、確実性を提供できないというそれだけの理由で、会員を失ってきているのです。私たちの最大の強みは、多くの問題に強く出ないことです。しかしそれは私たちの最大の弱みでもあります」と認めた。分裂に苦労する教派の牧師として、アンジェロ師――トリニティ・ボストンの聖職者で最年少のメンバー――は、沈没中の船に乗り込んでしまったと感じることはないのだろうか。「沈没中？　まあ、浸水しているところで、大変になっていくと思います」と彼は言う。「しかし真実は、目的に導かれた人生などない、ということです。効果的な霊的生活のための七段階は存在しません。あなたは、神がそのように作られたあなた、なのです。私は、自分がニケヤ信経を信じていると宣言します――それが私の提供できるものです。私の提供できるのは、生まれ、死に、そして復活したイエス・キリストです」と彼は説明する。「自由の女神のようだ、とたまに感じることがありますが、それが聖公会にいて、私に希望を与えているものなのです」。

よってらっしゃい見てらっしゃいの二万人

それは日曜の朝の一一時のことで、ポートラ・パークウェイの左折レーンの交通は四分の一マイル（約四〇〇メートル）ほど続いている。車列はサドルバック・パークウェイの方に入ろうとしていて、その私道はカリフォルニア州オレンジ郡のサドルバック教会の一二〇エーカーの敷地に向かっているのである。駐車場へ少しずつ移動するドライバーは、前車のバンパーステッカーに確実に気づく――「一クロス《十字架》＋三ネイル《釘》＝フォーギブン《許し》」「あなたは神の重大事――サドルバック教会」。角を曲がると、赤いTシャツを着た「交通奉仕」ボランティアの一団が、敷地内の二四六〇の駐車スペースの一つに各車を誘導する。サドルバックの長期会員は、一二五〇の敷地外スペース――全一二台のバスが運行される――に駐車するよう協力を求められていて、それで初めて来た者は徒歩圏内に駐車できるのである。

サドルバックは、メガチャーチとして知られる増加中の、都市規模のキリスト教会衆の一つである。創立されたのは一九八〇年、リック・ウォレン牧師とその妻ケイが、自宅居間で七人の聖書研究会を開いたときだが、全国で四番目に大きな教会へと成長し、会員名簿は一〇万名以上、週末の平均出席者数は二万二〇〇〇人に上っている。

ジーンズや短パン、アロハシャツにビーチサンダル、そしてサングラスの家族やカップルが車から降りて礼拝センターまで駐車場を通り抜けていく。そこに出迎えのために立っている快活なボランティアは四〇代半ばの白人女性で、全員に律儀に握手をしている。階段を上りきるとそこにある「テント№2」には七五〇人が座ることができ、土曜夜の独身者向け礼拝サービスと並んで、ハードロック調の礼拝サービス「オーヴァードライブ」、そして日曜日に開かれる洒落た、親密な礼拝の「エピック」を収容する。会員の多様な好みに合わせようと、サドルバックはさまざまなスタイルの礼拝を異なる「会場」で提供している。それぞれの会場はスタッフの牧師が担当していて、会衆を出迎え、ミュージシャンを紹介し、各テントのジャンボトロンで正確に流されるウォレンの説教（丘の上にある礼拝センターでのライブ）の同時放送を視聴する。このやり方で万人の多様な必要が満たされ、しかし「教えの質が確保されるのです」とサドルバックの事務局長デヴィッド・シャン牧師が説明する。同様に毎週末に提供されているのはスペイン語礼拝、ゴスペル聖歌礼拝、さらにはムームー着用のダンサーとレイをかけた牧師付きのポリネシア風の礼拝である。そして、どの「会場」にも心引かれないのであれば、ビジターは「テラスカフェ」に向かうこともできる。そこは屋外の軽食コーナーで、プラスチックのテーブル・椅子に座り、ラテをすすり、頭上のテレビスクリーンで匿名の視聴者として説教を見ることができる。ある牧師の説明によればここは、最も腰の引けた新参者にさえも、教会が入り口の提供に努めているところなのである。

多くのメガチャーチは――サドルバックを含み――、礼拝をより「魅力的な」経験にすることで教会に縁のないクリスチャンを引きつけるというその目標を表現するため、「求道者にやさしい《シーカー・センシティブ》」のような言葉を用いる。リック・ウォレンにとって、伝統的なキリスト教に対する現代的見解の必要性は二八年前にオレンジ郡で戸別訪問に行き、教会に何を望むかと近所の人に質問していたときから明白なものになっていった。自身の「ぼろ着からの立身出世」物語を語るときによく彼が説明するように、多くの人が成り立てほやほやの牧師に対し語ったのは、自分たちは信者だが、成長してきたときのような堅苦しい、律法でがんじがらめの宗教は好まないということだった。彼らの好みはウォレンの作り上げた礼拝場所を最終的に形作ったが、サドルバックを生み出したその消費者主導アプローチの成果が、注意深く演出された心地よい雰囲気の中での、熟慮の上に現代化された、高度に専門的な運営である。

ボランティアに導かれてサドルバック・パークウェイを渡ると、会衆の目の前にあるのはテント№1と№3で、そこでは高校生、中学生伝道が礼拝を行っている。子どもたちは早速親から離れていく――テントから流れ出す大音量のクリスチャン・ロックと、礼拝開始前におしゃべりとじゃれあいをするティーンの群れに引き寄せられて。中学生テントの外にあるのは「ビーチ・カフェ」で、礼拝の前後に子どもたちがハンバーガーやソーダを買い、ビーチバレーの即席試合を眺めながら草葺き小屋様のピクニックテーブルに座れるようになっている。会場テントを取り囲む多くのものから受けるのは、何か屋外の音楽フェスのような感じで、格好のよい、あごひげを生やした牧師が今風のジーンズとTシャツに身を包んで、年若い礼拝者の群れに「リーチ」しようとしている。

完璧に手入れされた遊歩道をメインの礼拝センターに向かって群衆が進んでいくと、さらに三人の握手ボランティアが各訪問者を歓迎している。左には子ども伝道センターがあり、そこにはマルチメディア礼拝講堂、聖書をテーマとした遊び場、四〇の教室、生きたトカゲ、水族館、ビデオゲームがつながれたたくさんのテレビ（「左手はXbox、右手はニンテンドー・ゲームキューブ」とツアー中に職員が指さした）が備わっている。どの週末にも、ボランティアのベビーシッターと日曜学校の教師で三五〇〇人の子どもの面倒を見ており、受付で親に渡されたバーコード付きのキーホルダーで子どもはそれぞれ電子的にチェックインするようになっている。

福音メッセージをユニークな仕方で伝える方法を見つけることは、教会をより「アクセスしやすい」ものとするためのサドルバックの主要技術である。それゆえに、サドルバックのキャンパス全体が聖書をテーマとした、キリスト教への実地教育となることが意図されている。「私たちが理解しているのは、大半の大人が聖書的な知識が足りないということです」とデヴィッド・シャン牧師は言う。「このキャンパスはそれらを教えるために使われているのです」。彼の推定では、造園と遊具によって語られる聖書の物語は四〇〜五〇に上る。テクノロジーとして興味深いものの中には、動かせる石扉のついた墓、草むした丘の上にあるミニチュアのゴルゴタの丘、そして紅海が割れる様子の遠隔操作展示ができる流水がある。「テーマパークになろうとしているのではありません」とシャンが急ぎ強調する。「テーマパークは幸福についてのものですが、それは一時的です。私たちは、変化した人生に関するもので、手を伸ばすべく神が私たちにくだされた人々に、手を伸ばそうとただ努めているのです」と彼は言う。ユーザーフレンドリーな宗教ブランドに対し即座に行われる説明はサドルバックに共通のもので、福音拡大における成功を指導者たちは宣伝しつつ、批判に前もって備えているようにしばしば見受けられる。

一一時一五分、会衆は礼拝センターの入り口でさらに別のボランティアに迎えられ、プログラムとペンを渡された。この三一〇〇席の会場――キャンパスの最頂部に位置する――において、会衆からは「リック牧師」として知られるウォレンが、ライブの聴衆の前に立つ。サドルバックの各説教では、空欄あきのアウトラインが入った光沢多色刷りの冊子が配られるが、リック牧師が最も重要な点に触れたとき聴衆がその空欄を埋めることができるようにデザインされている。礼拝者が席に着くと、全声の聖歌隊とバンドがジャズとソフトロックのキリスト教音楽を演奏する。「トレイディング・マイ・ソロウズ《悲しみと引き替えに》」や「オンリー・ゴッド・ライク・ユー《あなたのような神だけが》」のような曲である。曲の歌詞がステージ上に吊された五つのテレビスクリーンに映し出され、会衆は総立ちである――多くは目を閉じ、腕を天に伸ばして歌っている。ステージの左手には控えめな木製の十字架――視界に入る唯一のキリスト教のアイコン――があり、説教のタイトルが後壁にカラフルな光で投影されている。

一一時三〇分、リック牧師がステージに上がる。ゆったりとした半袖のボタンダウンシャツと黒色の綿のチノパンツを身につけている。後退しつつある髪をジェルで固め、あごひげ、口ひげを蓄えている。サドルバックの礼拝には儀式的要素がない一方で、一度の週末に二回出席することになった者は誰でも、礼拝間の完全な連関性に気づくだろう――リック牧師は土曜と日曜で同じ服装をしていて、同じキャッチフレーズを強調し、同じ逸話を用い、注意深くタイミングの計られた、地域にふさわしい同じジョークが語られる、事実上同一の説教を行っている。礼拝中にトイレに行ったり空気を吸ったり、子どもの確認に行く必要があっても、キャンパスには二〇フィートの柱の上に付けられた一連のスピーカーが設置されていて、説教をどこにいても聞くことができる。リック牧師の声のライブ提供は、毎週末にキャンパス全体に六回こだまする。

今日の説教は「使うか失うか」と題された四週連続シリーズの第二回目で、中心にすえているのはいかにして才能と時間を用い、幸福で、充足感あるクリスチャン生活を送る能力を最大化するかについてだった。しゃべりながら、リック牧師は心配する父親のように、自分の会衆にそのメッセージを心にとめるようにと請い、時折「これをメモしておきますか？」といったようなことを述べる。ウォレンは演壇を行ったり来たりする時に薄い聖書を手にしているが、説教中にそれを開くことはなく、その様子は自助セミナーに非常に近く感じられる。そのメッセージの結論では、イエスが「時間管理のモデル」として持ち上げられ、リック牧師はキリストをまだ受け入れていない人々に対し、心の中で祈りを捧げるようにと懇願する――「イエスよ、私の人生のＣＥＯになってください」と。「あなたのために祈らせてください」と彼は言い、会衆は頭を下げ、「父なる神」に対してリックは牧者の祈りを捧げた。

最後の「アーメン」が唱えられるやいなや、エレキギタリスト、ドラマーとサックスプレイヤーが動き出した。締めくくりの演奏中に案内係《アッシャー》は献金籠を回し、人々は広場へと列なして出始める。たむろして友人や家族と話す者や、すでにＣＤやＤＶＤに収録されている本日の説教を購入したり、自分の小グループのための教材を買い求めるために仮設テントに向かう者もいる。大半は子どもを引き取って、まっすぐ車に向かい、サドルバックの奉仕しているオレンジ郡の九五市の一つへと家路につく。およそ一時までには広場は空となり、次の礼拝者が押し寄せるのを待ち構えている。

キリスト教の研究開発部《R&D》[7]

それはある月曜午後の四時——サドルバックのボランティア感謝週間の一日目——、教会の運営する四〇〇以上の奉仕活動を助ける五〇〇〇人以上のボランティアに敬意を表して、スタッフが赤じゅうたんを広げていた。教会の奉仕センターの正面玄関を飾る滝と椰子の木を過ぎて訪問者がガラスの自動ドアを通ると、ヘリウム風船に「ボランティアにありがとう、今日あなたが人生を変えました！」「永遠に続く変化をもたらしてくれたことに感謝」と記された看板の飾りに迎えられる。すぐ中にある、サドルバックの受け付けデスクにはコンピュータが一つ、フラットスクリーンモニターが二つ、そして電話交換台が備えられている。デスクのガラス天板の下にはさまざまなチラシ、申込書やパンフレットが展示されており、プレティーンのための夏期キャンプや高校奉仕活動、高齢者向け昼食会、子どものための小グループ、「女性同士のメンタリング」、職業コーチングとカウンセリング、独身成人の奉仕活動、そしてサドルバックのキリスト的中毒回復プログラム「セレブレート・リカバリー」といったものを宣伝している。スコット・ヒッツェル牧師によれば、毎月サドルバックではおよそ三〇〇〇ほどのイベントが別個に開かれている——その中には一九のマルチメディア礼拝から、一風変わった関心事を共有する信者たちが集まる小さな集会にいたるあらゆるものが含まれている。「ギグというプログラムもありまして」と彼は言う。「基本的に、キャンパスに集まってギターを弾きたい数人だけの連中のことなんですが」。

フロントデスクのところに座っている女性は、中年の白人である——太り気味で丁寧にマニキュアをし、保守的ではあるがカジュアルな装いをしている。やさしいおばあさんのような微笑みで皆を出迎えている。電話販売スタイルのヘッドセットを通して電話に答える（「サドルバックにお電話ありがとうございます、誰におつなぎしましょうか？」）その合間、絶え間なく続く訪問者のそれぞれに入退館の署名を求めている。奉仕センターの活動だけで、常勤雇用者一〇〇人、非常勤雇用者一五〇人、そしてボランティアの月四〇〇〇時間の労働を必要としている。

玄関のちょうど左には、リソースセンターとして使われている部屋があり、そこでは聖書から、「サドルバック――『目的』の二五年」とあるベースボールキャップまであらゆるものを買うことができる。このセンターは主として、教会の小グループで使われるカリキュラム教材、説教や特別イベントのビデオやＤＶＤを含む販売メディア、ワークブックや雑誌、ギフトブック、そしてサドルバックを有名にし、リック・ウォレンを今日のような著名人にしたベストセラーのクリスチャン生活ガイド、『人生を導く五つの目的』ポケット版の入手先になっている。

五万一〇〇〇平方フィート（約四七三八平方メートル）ある、最先端のサドルバック奉仕センターは、天窓と壁一面の窓を備えた広々とした建築スタイルになっている。ポスターにかすかに見られる聖典からの引用と、受付デスクの背後に流れる現代キリスト教音楽を別とすれば、訪問者はうっかりするとこの建物が教会であると見抜くのに苦労するかもしれない。担当牧師は「予約のある方のみ」に対応できると知らせる掲示が、「立ち寄り」の教区民を食い止めている。受付デスクをひとたび抜ければ、奉仕センターは何か会社のような外観と雰囲気を呈している。廊下には小さなオフィスが立ち並び、それぞれの面取りガラスのドアには、そこにいる牧師や雇用者の名前が、「教会、現代の経営管理に出会う」風用語の断片と並んで示されている。あるキャビネットの上に無造作に載せられているのは大きな波形のプラスチック掲示で、矢印の形のそれは「洗礼は本日」と読める。

大きな会議室と、牧師オフィスが二階のほとんどを占めていて、企業本社の重役室のような雰囲気である。二人のにこやかな女性の事務アシスタントが、リック・ウォレン牧師とウォレンの右腕、デヴィッド・シャン牧師のオフィスへと開かれたドアの番をしている。これらのオフィスは広々と明るく、厚い詰めものをした革張りの調度が備えられ、家族の肖像写真、キリスト教絵画、各国からの贈り物に、地の果てから集められた珍品、そして聖書、キリスト教古典にピーター・ドラッカーその他の大部の経営書の並んだ本棚が詰まっている。ここが、リック・ウォレンが全世界三万七〇〇〇の目的主導《パーパス・ドリブン》教会ネットワークにアドバイスし、サドルバックが未来に向かう方向についての計画を立案し、その急成長する信徒に対して祈る場所なのである。

「真実を妥協することのない同時代性」

この教会の消費者主導に基づく多様性の全てにもかかわらず、多くの出席者が同意するのは、自分たちにとってサドルバックの主な魅力はそこで教えられるメッセージだということである。サドルバックに五年間通っているあるカップルは、教会を選んだ理由について「リック神父は非常にシンプルで、その説教も生かしやすいものです。どうやったら隣人を愛せるかについて教え、次週にそれをやってみるようにと求めてくるんです」と言う。キリスト教を「水で薄めた」ものを提供しているとしばしば批判されているが、ウォレンはこの批判を退ける。『目的主導の教会《パーパス・ドリブン・チャーチ》』(『人生を導く五つの目的』に先立つ牧師向けの手引き書)の中の説明では、教会に属していない者へ福音を広めようとする彼の方法は単純で、効果的なものであり、キリスト自身から触発されたものだと彼は主張している。「イエスはその基準を下げたことはありませんでした」と彼は記す。「しかし彼はいつも、人々のいる場所から始めたのです。彼は真実を妥協することなく、同時代的でした[8]」。

「クラス101」という「教会員たることの発見」についての短期集中コースでは、新会員および入会希望者が、サドルバックにて信じまた所属するということの意味についてあらゆることを聞かされる〔101とは大学等で最初の入門講義に付される番号〕。スティーブ・グレイデン牧師は聴衆に、サドルバックに参加するとき、「単に教会に参加しているのではなく、運動に参加しているのです」と語って盛り上げる。この「運動」についての議論が、「クラス」のこの最初のセッションを占めている――サドルバックの歴史と組織哲学についての二時間のプレゼンテーションに続き、その基本的信仰について三〇分間の概説が行われる。

このメガチャーチで教えられている宗教は、律法や典礼よりもライフスタイルに関するものが多く、その奉じる神学は聖書については字義主義的で、厳格な福音主義であるものの、この事実に力点の置かれる程度は、文脈によってさまざまである。サドルバックは公式には南部バプテスト連盟の一員だが、会衆の大半は、クラス101を取るまでそのことを知らなかったと認めている。実際サドルバック会員の多くは、単に「クリスチャン」であるという以上に自分を分類することに違和感を覚えているように見える。

クラス101の出席者はサドルバックにおける信仰には階層性が存在すると教わる――まず「基本的信仰」、あるいは教会に入会するために受け入れなければならない教えと見なされているものがある。この中には、三位一体の教義、イエスの神性、天国と地獄の現実性《リアリティ》、救いにおける恩寵の顕著な役割、そして聖書の無謬性が含まれる。このリスト以外については、教区民は望むものを信じる「自由」がある。教義それ自体が説教で論じられることはまれだが、小グループでの聖書研究で使うために教会の開発したカリキュラムで詳しく探求されていて、参加者が「真理」を自分にふさわしい長さ深さで追求する機会が与えられている。このアプローチは明らかに「同時代的」だが、福音派でウォレンに並び立つ者たちは、これが「妥協的」なものではないという彼の主張をしばしば否定している。

サドルバックのカリキュラムは、家庭内での小グループ集会で見るためのＤＶＤ講演という形で提供されるのが主体である。テーマは『人生を導く五つの目的』に示された考え方を中心としているが、他の主題も幅広くカバーしている――他の宗教のメンバーにいかにして福音を説くかから、八福の教えの一句一句の探求に至るすべてである。二〇〇五年の会合で、山上の垂訓に関するビデオのための論題がまとめられた際、出席した牧師や職員で目の前にある聖書を開いた者はいなかった――彼らの考えた質問はほとんどすべてが応用についてのもので、釈義についてではなかった。そして、家庭での議論の中で浮上する教義上の質問に小グループのホストが回答するのをどう助けるかについての議論の中で、ある牧師は地域リーダーたちに対しサドルバックが現在オンラインＦＡＱを現在開発中であることを説明したが、「全ての基本的な質問については、allaboutgod.comをもちろん人々に案内します」と付け加えた。

神学に対するサドルバックのアプローチにすべての人が満足しているわけではない。例えば、以前サドルバックの会衆であったジューン・ヘンダーソンは、南部でメソジストとして成長したが、後にウォレンの教会の一員になった。多年にわたって満足して通っていたのだが、神学と教義の分野で「何かもう少し糧となるものを求めて」最終的に去った。彼女の意見では、サドルバックは結局のところ求道者《シーカー》のための教会で、聖典や霊性を深く掘り下げるのはどこか他のところの方がよいと考えている。

ウォレンは「キリスト教ライト」を教えているとは感じていないが、サドルバックにたどり着いた礼拝者の多くは独自の、厳格な、あるいは禁止的な神学から自分たちを解き放ち、自助と自己修養に主に中心がある宗教経験を見いだせたことに確かに喜んでいるように見える。毎日曜日に礼拝に出席し、週ごとの男性対象聖書研究会に参加しているビル・モンソンによれば、教会について好きなのは「宗教」よりも「神に対する関係についてリック牧師が本当に強調している」ところである。モンソンにとって、「宗教は、何でもとにかく規則について」である。会衆の一人のピーター・アレンは、礼拝経験が「非常に治療的」であると思っている。「そのメッセージのために行くのだけれど」と彼は言う。「毎週、自己修養の道具に使えるような価値あるものを拾っているよ」。

クラス101に出席したあと、訪問者は「入会誓約」に同意し申込書に記入することで教会に入会することができる。書類上のチェックボックスによって証するのは、「［自分の］人生をイエス・キリストに捧げ、［自分の］救いについて彼を信じる」「［自分の］人生をキリストに捧げたあとに浸水による洗礼を行った」「『教会員たることの発見101』を修了した」である。誓約にはまた、小グループ参加、教会ボランティア、そして十分の一献金を進んで行うということも含まれている。二〇〇五年六月の入会クラスで、スティーブ・グレイデン牧師が受講者を調査したところ、半数以上の受講者が入会コースを受ける前にサドルバックに三年以上出席していると認めている。ある女性はサドルバックに二〇年以上出席し、教会の他の側面のすべてに参加してきたが、その日まで入会することは決してなかった。サドルバックのクラス101の資料では、受講者に教会に参加することをこのように勧めている。「私たちは、何かに身を投じることを望む人が非常に少ない時代に生きています……この態度は『教会を試しては渡り歩く人《ショッパー・アンド・ホッパー》』の世代さえも生み出してきました。入会は、アメリカの『消費者宗教』の潮流に流れに逆らって泳ぐものです」。消費者主導の礼拝と、カスタマイズ可能な神学を提供していることを誇る教会としては驚くべき主張である。

三時間のクラス101の休憩時間に、グレイデンは受講生に向かって言った。「外のテントにサンドイッチと飲み物があります。一〇分後にここに戻ってクラスを続けましょう」。

「そうそう、人生をキリストに委ねたのであれば」と彼はざっくばらんに付け加えた。「後ろのデイブのところに行って、無料の聖書をもらってください」。

コミュニティのために創られた

群衆を集める能力がサドルバックで最も目立つ特徴であるが、この教会を真に定義しているのは小グループでの交流に向けた志向性であるというのが指導部の感じているところである。二〇〇七年に、全国配信のラジオショー

『信仰を語る《スピーキング・オブ・フェイス》』で、ウォレンはサドルバックの礼拝をこのように説明している——「日曜朝の礼拝は、単なるじょうごのようなものです。それは最も目につきますが、正直に言って、教会の一部としての重要性は最も低いものです」。最も重要なものとしてウォレンが強調するのは、教会員が匿名で礼拝に出席するところから、教会への参加、そして小グループへの参加へと歩みを進めるときに起こるものである。「私たちは、参加を強めようと常にしているところです」[9]。

小グループは、通常一〇人以下の成人で構成されているが、ミニチュアのキリスト教コミュニティとして会員主導で運営され、聖書研究や、相互の交流や刺激の機会の提供、そしてリック牧師の毎週の説教について議論するフォーラムとしての役割のために（通常は家庭で）毎週会合を持っている。その数は上下しているが、サドルバックの計算では三三〇〇以上の小グループが南カリフォルニアの九五都市に存在している。ベトナム人女性のDB・トランは難民として米国にやってきたあとに教会で新生《ボーンアゲイン》体験をしているが、いまではサドルバックで最も熱心な支持者の一人で、二つの小グループに参加し、また信徒プログラムの代表を務めている。彼女は小グループが教会の成功にとっての鍵であると感じているが、その理由は教会平信徒の才能と熱意を活用し、また人々が互いに関わり頼り合うよう仕向けることができるからというものである。「それがサドルバックの小グループが機能する理由です——神学も訓練もない、現実の人々なのですから。それは、関係する、ことについてのものです。キリストのメッセージが、愛と気づかい、分かち合いのメッセージになるのです」と彼女は言う。「これをして、人の家に毎週行くとき、それは強力ですよ」。小グループは、さもなくばメガチャーチの礼拝形式にしらけてしまうような求道者《シーカー》に対しての容易な入り口としても機能する。「非クリスチャンの友達をサドルバック［の礼拝］に誘うことはできませんが、私の小グループにはいつでも招けます」とDBは説明する。

小グループ担当牧師のスティーブ・グレイデン師の述べるところでは、関心事とか何らかの人口統計学的に共有された利害やアイデンティティの周囲に形成される集団がもっとも「接着力」が高いが、小グループが地理的なものであったり、よりランダムに組織されることもまたありえる。グレイデンは小グループがサドルバックの活力源であって、教会はその促進、組織化、運営に多大な投資をしていると述べている。そうすることで生み出されているのがリカルド一家のような会員である。彼らは「クリスチャンのライフスタイルをより多く」送りたいと考え、レイクフォレストに転居したのちに、サドルバックを試してみることにしたと言う。そのように大きな教会は自分たちとは「違う考え方」で、もし週末の礼拝だけが唯一の接点ならば出席し続けることはないだろうと彼らは信じていた。しかし、ひとたび小グループに参加するようになり、ジョアン・リカルドが女性会合に出席を始めると、「より落ち着いた気分になり」、「あらゆる方法で参加する」ようになった。リカルド一家が言うには、いまではサドルバックに非常に愛着があるので、よりよい住宅地に転居する機会を「キャンパスの近く」にとどまりたいという理由で断ったとのことである。

デヴィッド・シャンはこう説明する。「人々は大教会を大目に見ていても、それを好まないのは自分たちのニーズが満たされていると感じられないからです。サドルバックにおいては、教会の規模を隠す努力を通じてそれを打ち破ろうとし続けています」。しかし、組織的要請――「大教会をいかに小さく感じさせるか」――として始まったものは、規範的な生き方にまで発展している。「あなたの意味は、コミュニティの中に見いだされます」とウォレンは小グループにおける説教で宣言している。「われわれはコミュニティのために創られたのです」。礼拝に出席したとき全訪問者に与えられる明確なメッセージは、完全なサドルバック経験――さらには、完全なクリスチャン経験――を得るためには、小グループに参加しなければならないということである。

この教会の「グループこそいのち」という格率は会衆の多くに受けいれられているが、それを不快に感じる者もいる。マーク・ウェストンは、小グループに加わるようにと教会が一貫して強要してくることに腹を立てている。宗教とは彼の考えでは、神との個人的な関係に関するものであって、社交クラブへの入会に関するものではない。グレイデン師の視点からは、そのような見方は「パラダイムのダウンロード」に問題を抱えた人を映し出すものである。「小グループのある教会と、小グループによる教会があります」と彼は説明するが、彼の考えでは、サドルバックは明らかに後者である。

祈りのリクエスト

木曜日の午前六時三〇分、ビジネス専門職のためのサドルバックの小グループが、その毎週の聖書研究会のためにレイクフォレストのココスレストランに集まっていた。グループのメンバー一〇人の大半がレストラン正面の大きな長テーブルに座り、ウェイトレスはコーヒーを運んで、常連のいつもの注文を取っていた。

サドルバックの小グループは、「ホスト」と呼ばれる、グループを創設し毎週の集会に自分の家を開放するか、グループが他の場所で開かれるときにその調整を行うリーダーによって率いられている。小グループのホストはコミュニティ・リーダー（CL）によって支援され訓練を受けるが、彼らはたいていの場合は他のフルタイム職に就いている教会のパートタイム雇用職員で、自分の時間の一部を奉仕に捧げることに熱心な者たちである。今日開かれた小グループではテッド・ロメオは単なるメンバーだが、たまたまグループのCLも務めていた。当たりの柔らかな友好的な様子の男性のテッドはやさしい物腰で、それぞれのメンバーが語るそこここに静かにコメントしながら集まりを導いていった。テッドは弁護士だが、グループに自分の近況を話したところによればちょうど神学校の課程を修了したところで、サドルバックの牧師職の面接の途上にあるとのことだった。彼の友人たちは、そのように急な職の変化を彼が考えていることに驚きを露わにし、そして彼は自分の考えている選択に対して祈ってほしいと頼んでいた。

テッドの説明では、グループの公式のホストはクリスティーナ・ファースで、背の高くスレンダーな、三〇歳ほどのまじめで落ち着いた様子の人物である。彼女もまた弁護士だが、自分の喋る番になると、やはり最近の仕事の変化についてほのめかしていた。クリスティーナは大手法律事務所の主席アソシエートだったが、投入しなければならないきつい時間的要求と、結果として発生している自分の結婚生活へのしわ寄せに苦痛を感じるようになったと言う。自分の小グループのメンバーとの真剣な議論を通じて、次にどうするかについての見通しはなかったものの、仕事を辞める方がよいと彼女は励まされた。彼女は「信じることに賭け《リープ・オブ・フェイス》」、ほどなくして以前のパートナーに新事業の開始にあたって参加の誘いを受けた。それは専門からも完全にはまるものになっていて、また以前の仕事の半分の時間で働けると彼女は言う。これらの出来事を、彼女は神と自分の小グループのおかげとしていた。「彼らは本当に、私のサポートシステムでした」と彼女は言う。「他の方法では決して会うことのなかったような多くのさまざまな人々とも会えたんです。今では私のよい友達です」と彼女は付け加え、テーブルを感慨深く見渡した。

テッドの説明ではグループの「本日のリーダー」はジンで、中国からの環境エンジニアである。リーダーの役割をこのように回していくのはサドルバックの小グループに典型的で、既存のグループからついには枝分かれして新たなものを大量に生み出してほしいとグレイデン牧師が期待する、新たなリーダーを持続的に「育成する」ようデザインされたこのシステムの特徴になっている。ジンは科学者のような外見で、サドルバックの会員として数年になるが、クリスチャンになってからはちょうど七年で、この小グループに出席してから二年半になる。

グループの他のメンバーには、シンシアとジェームズのグローバー夫妻、そしてデニースとボブのカーター夫妻がいる。カーター夫妻は請負業を経営しており、サドルバックに出席して一五年になる。二人は身だしなみのよい、幸せそうな五〇代の夫婦で、グループ中の他の専門職の人々より型にはまった感じは明らかにしない。ボブは恐ろしく上品に話すということはなく、ぎこちない態度であるが、それでも居心地よく馴染んでいるように見える。彼の妻は快活、友好的で、あたたかく感じのよい笑みを浮かべている。夫妻はこの小グループに二年間出席していて、自分たちにとって仲間はどのような意味かについて説明するときにボブはこう述べている。「それは、本当に、本当に特別なものだよ――心を開くことができる、本当に打ち明けて、それで判断されるということがないんだ」。会合のあとになってボブが新たに心を開いて見せたが、そこでは彼は「物事が正しく進んでいないときに」社内会議でしばしば抑えが効かなくなってしまうことを認め、忍耐力を養えるように祈ってほしいとグループに頼んでいた。サドルバックのセレブレート・リカバリーのアンガー・マネジメントクラスが人生を変えたが、自分の小グループからの引き続きのサポートをまだ必要としていると彼は述べた。

グループがコーヒーや冷水を飲んでいると、さらに三人のメンバーがばらばらと入ってきた――ジョーンは物静かで、小柄な中年の中国人女性、イーサンは発明家で、最近の製品は聖句が刷り込まれたゴルフクラブ用のカスタムステッカー、そしてグレッグ・マシューズは軽口の、五〇そこらの弁護士で、テーブルで唯一スーツとネクタイを身につけていた。全員に注文したオートミール、オムレツやフレンチトーストが行き渡ると、このグループは聖書の一節を簡単に読んだり考察することから会合を始めることが多いとクリスティーナが説明する。テッドの言及したところでは、会話のテーマはしばしば、グループのメンバーが直面している具体的な仕事の問題になり、そこではアドバイスやサポートを提供するべく議論が行われる。クリスティーナの指摘では、このグループがもっとも焦点を当てることが多くなるのは「祈りのリクエスト」である。これは、それぞれのグループメンバーが順番に自分の個人的生活における困難や成功を論じ、毎日の祈りの中にそれを含めてほしいと他のメンバーに頼むものである。会合のこの部分を始めようと準備するとき、他の人が言ったことを書き留めようとほぼ全員がノートとペンを取り出した。

出てくるリクエストには、「持ち上がった大きな問題が、自分の家族にとって経済的に重要であること」から、最終試験が間近に迫った息子とのこと、そして最近自殺を図ったいとこの家族のことまであらゆるものが含まれていた。人生の重要な決定において知恵と導きを祈るものから、風邪のような単純なものに始まり認知症を患い急速に悪化する母親のような深刻なものにまでいたる病気の治癒を願うリクエストがあった。それぞれの近況やリクエストには、他のグループメンバーからの質問が寄せられる。「お姉さんは最近どうなの?」「弟さんとキリストを分かち合うようになってからはどう?」「マーケットに出そうとしてきた製品は何かうまくいった?」祈りと助けのリクエストに加えて、メンバーがその人生の中での成功を共有したときグループは皆で喜ぶ。例えばイーサンは、最初の従業員をちょうど今週雇ったところだった――「自分の会社の規模をちょうど二倍にしたということだよ」とジンが述べた。

テーブルを一巡したときには、次週に祈ることについて一ページにわたるリストを各人が有していた。そしてクリスティーナが終わりにあたって祈りを唱えるとき、誰もが本能的に頭を下げて目を閉じた。そこから一〇分間、そしてレストランの朝食の人混みの喧噪のただ中でクリスティーナは詳細で熱のこもった祈りを唱え、グループの各メンバーが持ち寄ったものを正確に「主の前に捧げます」とした。隣のテーブルからは携帯電話の音が飛び込み、頭上にはポップミュージックが流れ、フロアスタッフが前に後にと動いていたが、これらの専門職たちは誰も、これほどオープンに祈ることについて微塵ほども不快に感じていないように見えた。声を合わせた「アーメン」で締めくくられると、仕事に行かなければならない者が別れを告げて立ち上がり、一方でウェイトレスが空の皿を片付けにやってくる中、他の者はテーブルに居残っていた。

「**それは、変化した人生です**」

利用者本位《ユーザーフレンドリー》な礼拝形態、柔軟な神学、多層をなす会員参加、そして多様な小グループが備わっていることで、サドルバック教会は万人に対して全てのものであろうとする道を見いだしているように思われ、そのことが圧倒的な成長に対する一つの説明であるのかもしれない。しかし、リック牧師のメガチャーチに対して多くのメンバーが主張しているもっとも強力なつながりとは、自分たちの人生に対してもたらされたと感じる変容効果である。サドルバックの人々は、そこに入会したことで変化が起こったというストーリーを共有していることが一般で、「変容の文化」を生み出すべく自分たちは働いているのだとウォレンとそのスタッフは言う。男性担当牧師のケニー・ラックはこう説明する。「聖書のキリストは『飢えているのであれば、食べさせなさい。裸であるのなら、着させなさい』と述べています。この教会は、それに非常に近いです。感じられているニーズを満たす、ということです。酒飲みがいたら、アルコール中毒に打ち勝つ助けをする。すると彼は言うのです、『次は何』と。この世界にはそのような経験をしたことのない人々が大勢おり、そしてニーズを満たすやり方で助けられると、非常に忠実になる、というのが事実なのです」。スコット・ヒッツェル牧師も認めて付け加える。「われわれを本当に変えるものに、投資をしているのです」。投資——時間的、経済的、そして霊的な——は確かにサドルバックに豊富にあるもので、自分の目的主導《パーパス・ドリブン》教会のネットワークが拡大して、はじめてリターンが成長するのだというのがリック・ウォレンの賭けである。

第3章　アメリカの宗教性――歴史的背景

ボストンのトリニティ聖公会教会（一七七三年創立）とオレンジ郡のサドルバック教会（一九八〇年創立）は、アメリカで正反対の場所に位置している。両者には礼拝と交際の場として共通するものも多いが、ボストンのトリニティとサドルバックはアメリカ宗教の数世紀にわたる発展の中の異なる様相を代表するものである。本章と次章は、第二次世界大戦終結後の一〇年間からのアメリカ宗教の簡潔な理解用のまとめを提供することを目的とする。(1)現代史を記述することは危険を伴うが、それは過去、とりわけ最近の過去に関するわれわれの理解は、未来が進むに従って変化することが避けられないからである。山や谷、そして目印は先に進むに従いだんだんと小さくなっていくが、道を先に進むと新たな視点の中で再び現れる。過去の再解釈は決して止むことはない。それでも、われわれがいかにしてここにたどり着いたのかというある程度の感覚は、今日われわれがどこにいるのかを記述し評価する上で不可欠である。

第3章と第4章のテーマは変化である。しかし、決して変わらなかったり、変化するにせよ非常にゆっくりとしていてほとんど感じ取れないものがあるということを強調して始める。アメリカの宗教について最も重要な事実は、われわれが現在かなり敬虔で信仰に篤い人間である――そして建国以来ずっとそうあり続けていた――ということで、それは第1章で見た通りである。米国における宗教礼拝への出席が過去数十年に変化してきたのかどうか、またその程度については研究者がまさに激しく論争しており、われわれもすぐにその論争に加わることになるが、大半の者が同意しているのはアメリカにおいては歴史を通じて教会出席率は比較的高くあり続けたということである。それどころか多くの者が、教会出席率は二〇世紀の方がそれ以前の時代よりも高いと主張している。[2]

全国調査がアメリカ人の宗教的信念と実践についてより確実な証拠を提供しはじめた大戦後の時代に焦点を近づけると、一九四八年に行われたある調査ではアメリカ人の七三%が死後の生命を信じていた。[3] 激動の六〇年間の後のわれわれの二〇〇六年信仰重要性調査では七〇%という知見で、これは統計的に差異を見いだせないものである。一九三七年には初期のギャラップ調査が七三%のアメリカ人が教会やシナゴーグのメンバーであると報告していたが、つい一九九九年まで、いくらかの上下があったもののその数値はまだ七〇%だった。[4]

私的な宗教行動という観点からも、ほぼ同じ確固たる水準の宗教性を見いだすことができる。一九四八年から一九九〇年の四〇年間をカバーする調査によれば、アメリカ人の一〇人に九人は少なくとも時折は祈っており、この割合には数十年間、数%を超えるような変化はなかった。一九八三年から二〇〇八年の間の総合社会調査における類似質問のワーディングは少し異なっているが、アメリカ人の四分の三は少なくとも週に一回は祈っており、やはりこの数値は過去四半世紀の間に数%以上の変化がなかった。総合社会調査ではまた、宗教所属が「強い」と自己報告したものの割合は一九七四年以来ちょうど三分の一以上(三五~四〇%)で安定してきたことが示唆されている。[5] まとめると、本章と次章においては過去半世紀を通じてのアメリカ宗教におけるいくつかの重要な変化に焦点を当てる一方で、出発点においての基本的な事実は、アメリカが現在著しく宗教的な国であり、またこれまでも常にそうであったということである。

アメリカ宗教における時代を超えたもう一つの特徴が、その相対的安定性を説明する助けになる——アメリカ宗教は他の多くの国の宗教と比べ、環境変化に適応する顕著な能力を示してきた。[6] 本章と次章は変化に焦点を当てているが、この永続的な適応能力を逆説的に証明するものになっている。

ゆっくりとした、着実で、ほぼ気づかれにくい変化

大半の人の宗教観と習慣は、人生のかなり初期に形成される。その後全ての人が、年を取るにつれて非常に予測しやすい変化をする傾向があり、それは社会科学者がライフサイクルパターンと呼ぶものに従っている。大半の人は三〇代を過ぎ、結婚して子どもを持ち落ち着いてくるといくぶん宗教信奉的になる。その後リタイアして人生の終わりに近づいてくると、しばしばもうひとたびの宗教性増大のフェーズを経験する――「主よ御許に近づかん」ということなのであろう(7)〔「賛美歌」三二〇番。タイタニック号の沈没の際にも演奏されていたと言われる。〕。これらのパターンが生み出す一種のライフサイクルエスカレーターは、各個人が年をとるにつれて宗教性を増大させる方向に進む。しかし、異なる時代に生まれ育った人間は、このエスカレーターに異なる階から乗り込む。宗教性の低い時代に育った人間は、より信奉度の高い時期に育った人間と同じくらい信奉的になることは決してないかもしれない。たとえ自身の若かったころと比べたときには信奉度が高くなるのだとしても。人が異なる時代に生まれ育ったことによるそのような差異のことを、社会科学者は世代効果と名付けている。

世代パターンとライフサイクルのパターンには変化が含まれているが、純粋な形ではそれらが生み出す変化パターンは非常に異なっている。純粋なライフサイクルパターンでは、個人は変化するが、社会が変化することはない(8)。その反対に、純粋な世代変化においては、個人が変化することはないが、異なる世代が人口に入り、また出ていくことによって社会が変化する。しかし――そしてこの点が、本章と次章を理解する上で極めて重要である――世代変化に内包される社会変化はゆっくりとした漸進的なものである。なぜなら、どの時点をとっても人口にはさまざまな世代の人が含まれていて、したがって社会全体での数値は一種の移動平均を表現したものだからである。例えば、第二次世界大戦の体験により形成される世代は、一九二〇年代に生まれ、一九四〇年代に成人人口に突入し、一九五〇年代と一九六〇年代に数字の上で支配的となって、一九八〇年代と一九九〇年代に人口から消え始めた。よってアメリカ人全体の態度と行動に対する彼らのインパクトは、その誕生以後六〇~七〇年間感知され続けた。

世代に基づいた変化はこのように、その他の形態の社会変化と比べてずっとゆっくりとしている。もし全ての年代の人々が、特定の時代に同時に変化を経験すれば――これを社会科学者は「時代効果《ピリオド・エフェクト》」と呼ぶ――魚の一団のように社会全体がその方向を非常に素早く変えたり、また同じように素早く反転したりできるだろう。しかし、もし社会の中で最も若いコホートだけが変化したのなら（そして自身のライフサイクルを通じてその新しい方向を維持し続けた時には）、社会全体としては止めがたくも、しかしほとんど感じ取れない変化が起こる〔「ベビーブーム世代」のような同時出生集団のこと〕。どっしりとした超大型タンカーが進路を変えるがごとくである。

よって長期的には世代変化がとりわけ重要であって、若者の連続コホートの間の差異に特別に注意を向けることが求められる。宗教行動に関する社会全体の測定では、人口中の若い方の際《きわ》で起こっているかもしれない兆しの変化が弱まってしまうので、社会予測者は（商業広告者とちょうど同じように）ヤングアダルトの動向に焦点を当てて、行動のどの側面が若者が若いという理由によるものなのか、またどの側面が彼らが若い時に起こったという理由によるものなのかを識別しようとしている。

これら変化の三種全て――ライフサイクル、世代、そして時代――は同時に起こりえ、したがって世代変化というゆっくりとした、しかし不可避の影響を見過ごす可能性がある。これと似ているのが、一日の天候の上下のパターンが、よりゆっくりとしているが止めがたい気候変化を容易に覆い隠すので、「何が地球温暖化だ。この冬はひどく寒かったぞ」と述べたい誘惑に駆られるというものである。日々上下する天気予報のただ中にある長期の気候変化を検出するためには慎重な測定が求められるように、われわれにとってもまた、宗教行動における世代基盤の変化を検出するためには慎重な測定が求められるだろう。

最後に注意を一つ――ある世代と次の世代の間の差が小さいときには、世代を基盤とした社会変化は真実（かつまた重要）であっても、非常にゆっくりとしている――それが大きなものとなるにはおそらく何十年もかかるだろう。しかし、何らかの理由で若い世代が、先行するものより大きく逸脱したとき、全体での社会変化は、例えば二〜三〇年を通じて大きくなるといった具合に、より早くなるかもしれない。しかしそれでも、数年で大きな変化を生み出す時代効果よりも依然としてゆっくりとしたものである。

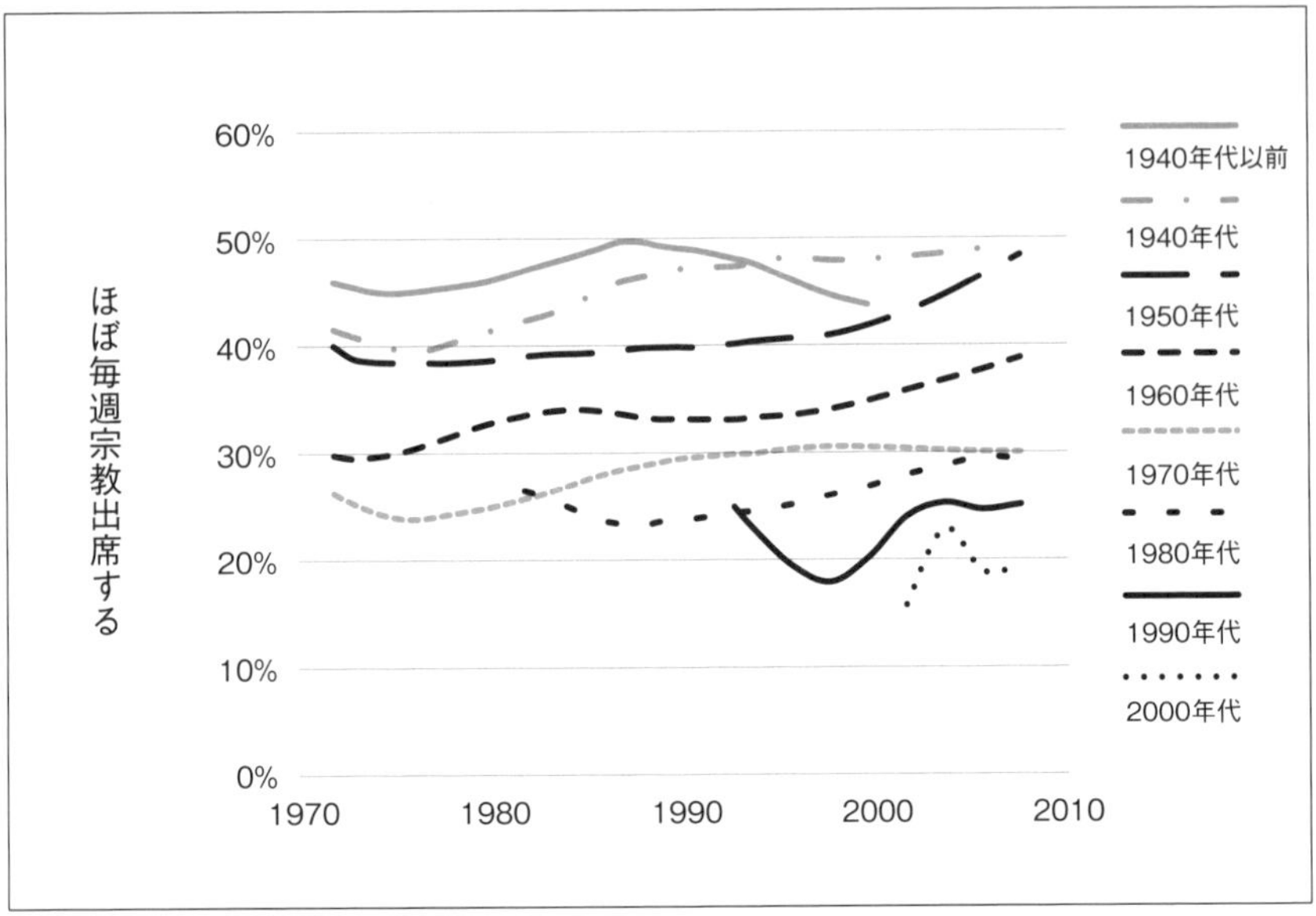

出典：総合社会調査；データは LOESS 法平滑化.

図3-1　宗教出席の長期傾向
回答者が成年に達した年代別（1972- 2008年）

まとめると、全ての年齢の人に同時に影響をする時代効果は、二～三年のうちには測定可能な社会変化を生み出す。大きな世代間差異は二～三〇年のうちに測定可能となる社会変化を生み出す。小さな世代間差異は、何十年にもわたらなければその生み出す社会変化が測定可能になることはない。そして純粋なライフサイクル効果が社会変化を生み出すことは全くない。今から見るように、アメリカ人の宗教生活は過去半世紀を通じて、全種類の変化の非常に優れた例を提供している。まず始めるのは、本物の、しかし非常にゆっくりした変化に関する重要な事例で、真実のものだが控えめな世代間の差によって引き起こされたものである。

ゆっくりとした世代変化の中で最も明確で、おそらく最も重要な事例としては宗教信奉度があり、（例えば）宗教礼拝への出席によってそれは測定される。図３－１が提供しているのが、過去四〇年間にいかにして世代変化が宗教出席に影響してきたのかの視覚的イメージである。[9]

グラフ内のそれぞれの線は、一九四〇年以前に成人した者から二一世紀に成人した者まで、

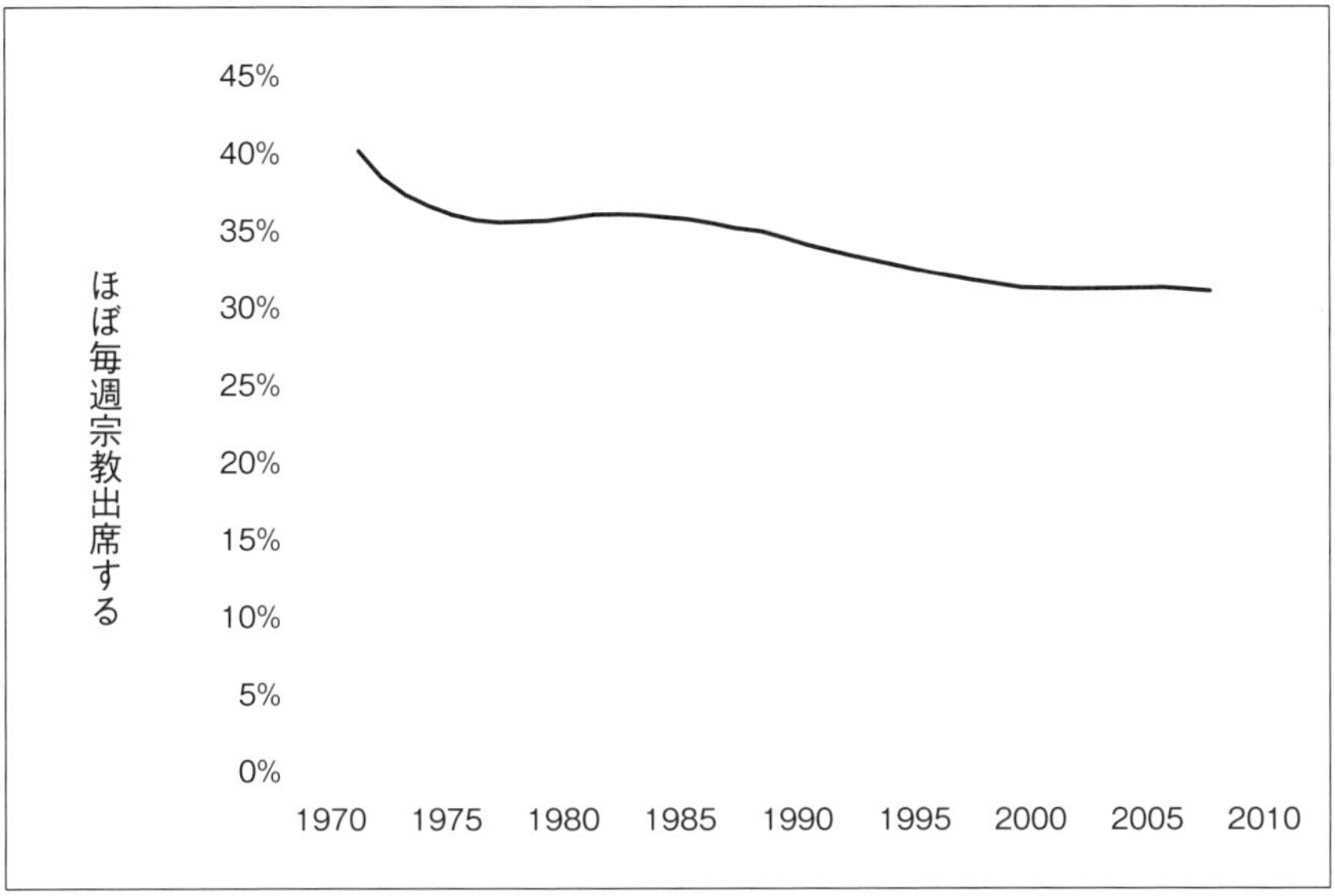

出典：総合社会調査；データはLOESS法平滑化.

図3-2　アメリカにおける宗教出席の全体傾向（1972-2008年）

各年代に生まれた人々による宗教的軌跡を追ったものである。各線におけるわずかな上昇は、ライフサイクル効果により各グループで加齢と共に信奉度が次第に増加していくことを反映している（図の一番上で、一九四〇年以前に成年に達したものの間で教会出席が最終的に落ち込んでいることはおそらく衰弱の影響を反映したもので、このコホートが八〇代にまで到達したからである）。隣り合った線の間で垂直方向に起こっている変位は、連続する各コホートがライフサイクルエスカレーターをどこから上に登りはじめたかの世代間の差異、あるいは言い換えれば、宗教信奉において徐々に世代的低下が起こっていることの反映である。例えば一九七〇年代に成年に達した人々では、そのうちおよそ二五％が毎週教会に出席していたが、彼らの子どもが二〇〇〇年代に成年に達したとき、その頻度で教会に出席する者はおよそ二〇％だった。[10]

個人（あるいは出生コホート）が年をとっていくことに焦点を当てたときには、彼らはゆっくりと宗教的信奉度が高くなっていく。しかし、社会変化――人口から入って来る者と、出ていく者の間の差からなっている――に焦点を当てたときには、この期間を通じて社会はゆっくりと信奉度が下がるようになっている。その社会規模での傾向は図3－2に示されている。

個人の加齢とコホート置き換えの効果を分解する（そしてそれらと、起こりうる時代効果を区別する）にはいくぶん複雑な統計学的操作が必要であるが、しかしその種の計算が示唆するところを丸めた数字で示すと、個々人の生活ではその年間平均で、一〇年ごとに教会出席が一週増す。その反対に、一〇年単位の各連続世代で人を見ると、一〇年前に生まれた人よりも一年あたりの教会出席は一週少なくなる。例えば、一九五〇年代に生まれ現在五〇代の人間は、一九四〇年代に生まれた人が五〇代であったときよりも一年あたりの教会出席がおよそ一週少ない。[11]

これらの個別の数字を深刻に捉えすぎる必要がないのはもちろんで、それは過去半世紀にわたる何百万人のアメリカ人の宗教性の上下動を単純化したものだからである。これらに言及したのは単に、教会出席において世代により引き起こされる変化がいかにゆっくりとしたものであるかを説明するためであった。丸めた数字で見ると、計算の示すところでは、このスピードではアメリカ人の教会出席の平均が（例えば）年三〇回から年二〇回に下がるのに、これと同じゆっくりとした世代変化で一世紀かかるだろう。アメリカにおける「世俗化」の過程により教会出席は現在の西ヨーロッパの水準までいたることになると語られることがあるが、しかしこの種の計算からの示唆では、もし米国でそのような過程が目撃されているとしても、このスピードではアメリカ人の宗教信奉が現在のヨーロッパ人の水準まで下がるのには数世紀かかるだろう。もっとも、無鉄砲な歴史家でもなければ数世紀の期間を通じて米国宗教に何が起こるかを予測するようなことはできないだろうし、よって過去半世紀のアメリカ人の宗教性のゆっくりとした世代低下をふまえれば、アメリカ人の世俗化を声高に主張するようなことにわれわれは懐疑的である。[12]

図3－1におけるコホート間の差異を詳細に検討すると、宗教出席の低下のペースは世代と世代の間で一定ではないことが判明する。特に、低下のペースが大きく加速したのはベビーブーム世代（一九四六～一九六四年生まれ）が一九六〇年代中盤から一九八〇年代中盤に成人したときだった。これと同じ加速化は、全米選挙調査のデータによる（ここで示さなかった）比較可能な分析にもまさしく現れている。このタイミングの集合的な意味について考えよう。一九六〇年代中盤から一九八〇年代中盤にかけて、相対的に信奉度の低いベビーブーム世代が膨大な人数で成年期に

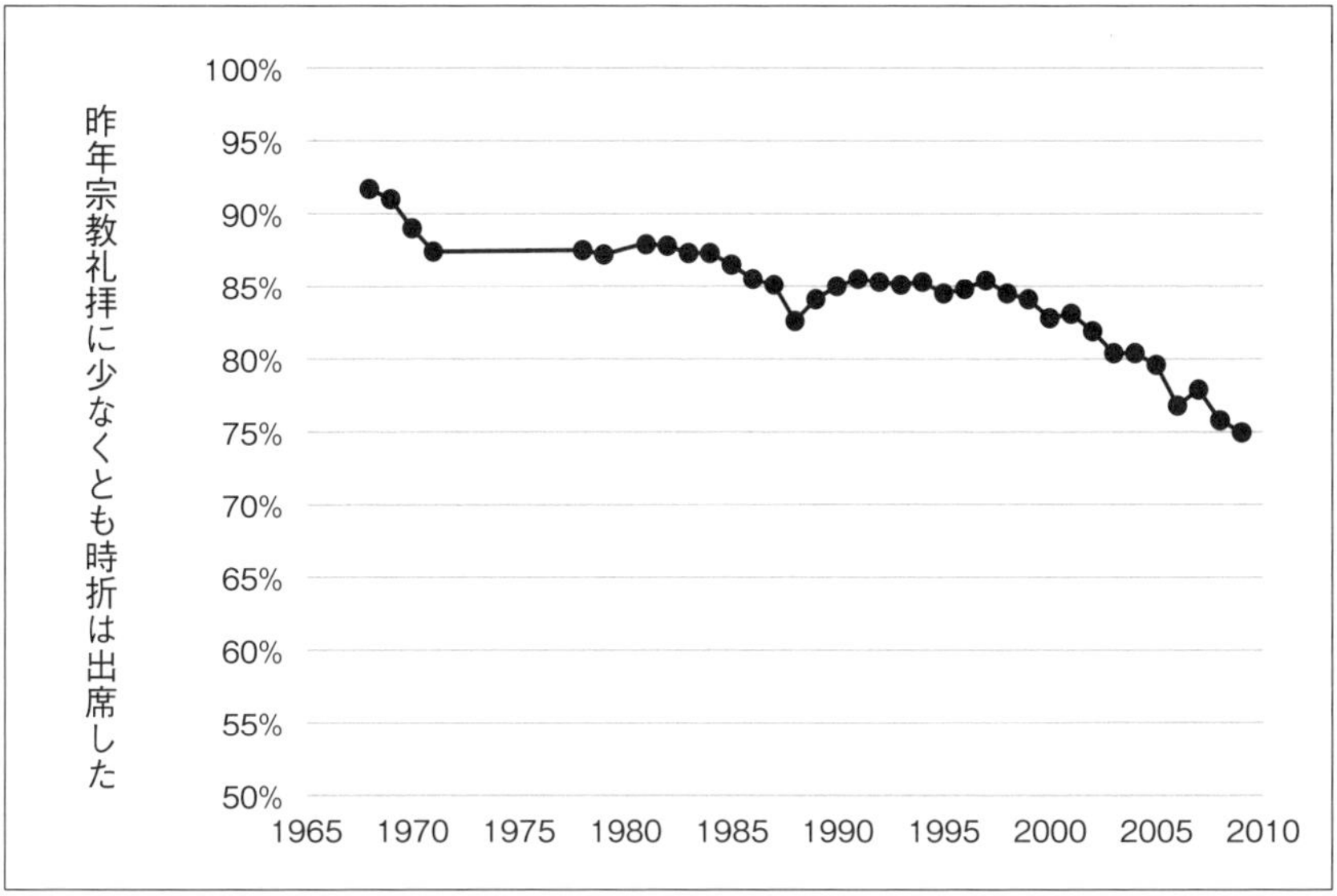

出典：アメリカ新入生年次調査.

図3-3　青年の宗教信奉の低下（1968-2009年）

突入した。それはちょうど、ずっと信奉的な祖父母が舞台を去った時だった。丸めた数字では、やってきたブーマーの約二五％が定期的な教会出席者で、一方で去っていく者のそれは四五％だった。確かに、その親や祖父母と同じように、ブーマーも年をとるにつれて次第に信奉度が上がっていった。しかしブーマーが以前の世代の信奉水準に追いつくことは決してなく、長期的にはこの世代遷移の過程により、全国の教会出席率には非常にゆっくりとした、しかし確実な下落圧力が加わった[13]。

異なる世代のアメリカ青年の宗教信奉に接近する方法の一つとして、全国の大学新入生の連続したコホートを対象とした長期研究からの証拠にあたるというやり方があり、これは一九六六年以来ＵＣＬＡの研究者たちにより各年実施されているものである[14]。毎年この膨大な青年サンプルは、前年——すなわち高校最終学年のとき、少なくとも時折は宗教礼拝に出席していたかどうかを尋ねられてきた。図３－３は、青年の宗教信奉が過去四〇年間にどのような運びになっていたのかのスナップショットを与えてくれる。この期間全体にわたって同じ年齢の人々について検討しているので、結果として、ライフサイクル変化のいかなる可能性も除外しているということに注意してほしい。

まず、青年の宗教礼拝への出席は、この期間を通じて着実にまれなものになってきたように見える。[15] 一九六八年の大学新入生については、前年の宗教礼拝出席が全くなかったものはわずか八％にすぎなかったが、二〇〇九年には若者のうち完全に信奉度のない割合は三倍以上の二五％となった（この質問に具体的に含まれている信奉の閾値は非常に低いものだが、より厳しい水準で尋ねている総合社会調査からの関連する証拠でも対応する低下が示されてきた）。コホートからコホートへのこの低下は、図3－1と図3－2に示されたパターンの根底にある。

しかし第二に、グラフからは、青年期の離脱が加速化した二つの時期がほのめかされている――それは一九六〇年代（この窓を通してはその後半部分しか見ることができない）および一九九〇年代と二〇〇〇年代初頭であり、これを隔てる一九七一年（非信奉一三％）と一九九七年（非信奉一五％）間の四半世紀以上は相対的にほとんど変化が見られなかった。次章では変化の色濃いこの二つの時期について、安定した中間期と共に注意を向けることになる。

最後に一つ、アメリカにおける宗教信奉の長期傾向に関する小さな証拠が、「あなたが成長しているとき、家族が宗教礼拝に出席していた場合にそれはどれくらいの頻度でしたか」と人々に単純に尋ね、それを現在の自分自身の宗教出席に対する回答と比較することから得られる。二〇〇六年の信仰重要性調査によれば、四六％が自分が成長するときに家族がしていたよりも教会に出席することが少ないと述べ、三四％は同程度と、そして二〇％が家族がしていたよりも現在教会に出席することが多いと答えていた。[16]

図3－4が示すように、二一世紀に成年に達したアメリカ人は、二〇世紀に成年に達したアメリカ人よりも、自分が成長していたときの家族と比べて教会出席が低かったと答える可能性がずっと高く、これは世代交代がゆっくりだが着実な宗教信奉の低下を生み出しているというわれわれの結論を確証するパターンである。より詳しく検討すると、コホートからコホートへの変化のほとんどは、特定の二つの時期に起こってきたように見えることが図3－4からは示唆される――一九六〇年代中盤から一九八〇年代中盤に成人したブーマーの出現、そして二〇〇〇年代に成人したミレニアル世代の出現である。この具体的なタイミング――宗教信奉における世代基盤の低下が一九六〇年代に速度を上げ、一九七〇年代から一九九〇年代にかけて安定し、そして世紀の変わり目に再び加速したこと――は、図3－

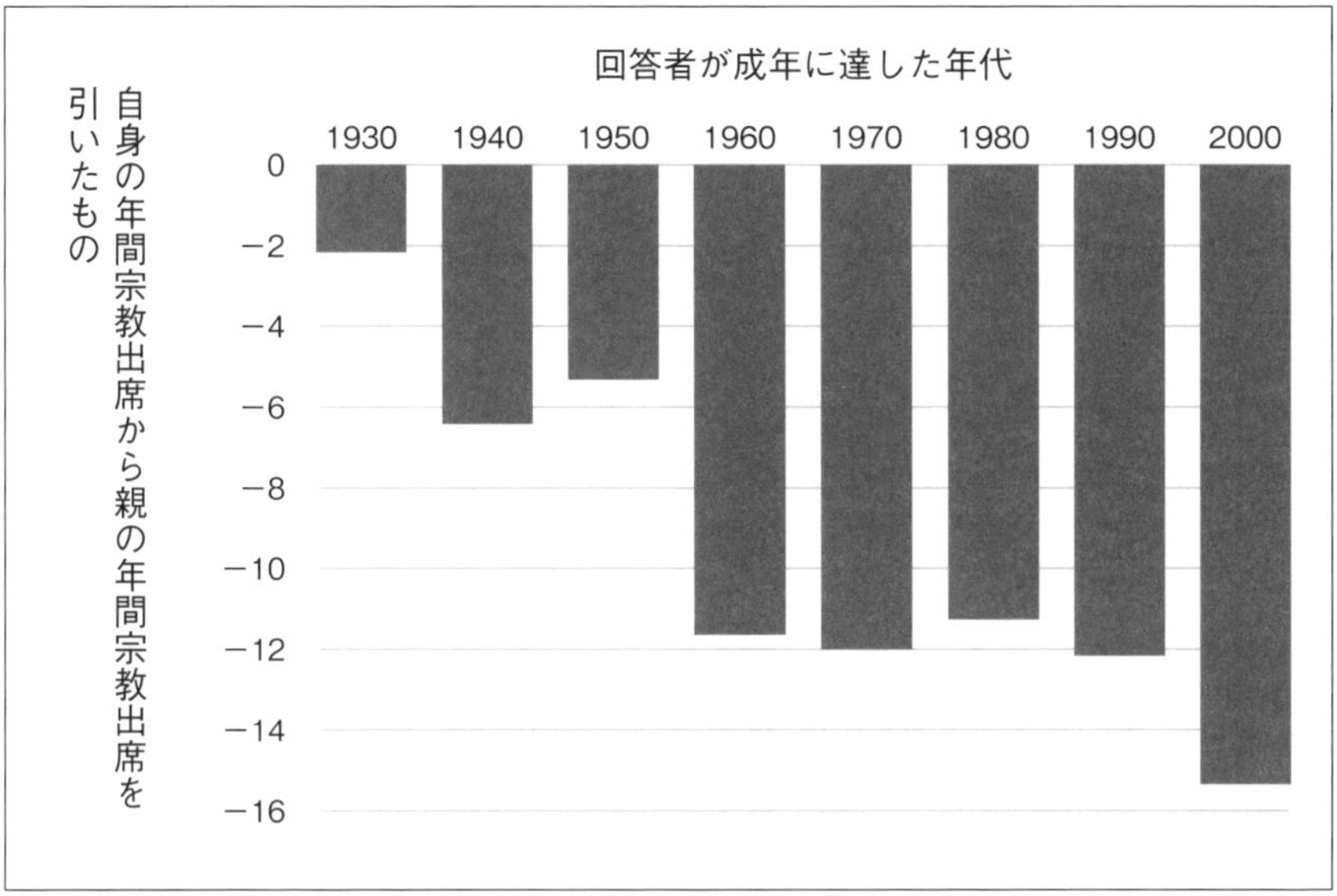

出典：信仰重要性調査，2006 年.

図3-4　近年のコホートは自分の親の宗教出席からの大きな落ち込みを回答する

3から得られた証拠と一貫している。このタイミングの問題については次章で再び扱う。

まとめると、独立した系統の証拠群が示唆するのはアメリカ人が過去半世紀を通じて宗教的な信奉度をいくぶん下げてきたということであり、その理由の大半は世代から世代へのわずかではあるが累積した低下によるもので、とりわけ一九六〇年代のブーマーと世紀の終わりにミレニアル世代が成人に達したことによる。

急速、不均一で、気づきやすい変化——激震と二回の余震

ここまで本章で論じてきたのは、アメリカ人の宗教行動にほとんど変化が見られなかったさまと、ゆっくりとしていたが厳然と変化してきたさまであった。われわれは依然として宗教的な人間であるが、わずかに信奉度が下がり、そして（第5章で見るように）宗教的境界線に厳格ではさらになくなってきている。ここで目を向けるのは過去半世紀のアメリカ人の宗教信仰、実践そしてアイデンティティにおける、さらにいくつかの突然で重要な変化、さらに

は反転の時期である。

われわれの主張を簡潔にまとめると以下になる――変化と適応性が長きにわたりアメリカ宗教の顕著な特徴であった一方で、過去半世紀には変化の方向とペースが三度の地殻変動期に切り替わりまた加速化した。一九五〇年代以降、激震が一回と大きな余震が二回アメリカの宗教風景を揺らしまた裂いた。その連続により、アメリカ人の一世代の大部分が世俗的な方向に振れ、するとそれに反応して人口の別の集団が保守的な宗教方向に振れ、最後には第一の余震に対する反動で、さらに別の世代のアメリカ人がより世俗的な方向に向かった。地震とその余震が物理的な地形に深い亀裂を残しうるように、この宗教地震とその二度の余震も同様に、アメリカの政治的、宗教的地形に深い割れ目を残した。

われわれはこの議論を一九五〇年代という、アメリカ宗教の一地方の調査から始める。振り返ってみるとこれは宗教性が全面に広がるも一様に薄い、比較的安定した時期だった。そして第4章では、歴史家が「長き六〇年代」と呼ぶ時期に、ベビーブーム世代の大部分が因習的な宗教と因習的な道徳から離反することと時を同じくして起こった、社会的、性的そして政治的混乱という地震のありようについて観察する（「長き六〇年代」とは、「六〇年代」として一般に言及されるものが一九七〇年代初頭を通じて続いたことを示している）。この地殻変動（比喩としての三回の震動の最初のもの）は広範に感知されまた議論されてきたので、われわれのストーリーのうちこの部分についてはただ、これらの年月に宗教的、道徳的信念および実践がいかに急速に変化したかについての覚え書きを主とする。

これよりはわずかに知られることの少ない事実として、六〇年代の政治的、社会的運動によってリチャード・ニクソンが「声なき多数派《サイレント・マジョリティ》」と呼んだ形の政治的反応が引き起こされたのとちょうど同じように、相当数のアメリカ人が、老いも若きも、その時代の道徳的、精神的荒廃であると捉えたものに対して青ざめたということがある。この逆反応は六〇年代の多くの側面により刺激されたものであるが、個人的な性道徳（あるいは不道徳）の基準が、このストーリーにおける重要な部分だった。教派的、組織的な点からは、これらの衝撃は不安に駆られた多くのアメリカ人を福音的、保守的教会に向かわせることになり、最終的にそれらは「宗教右派」として知られるようになった。これから見るように、一九七〇年代から一九八〇年代を通じてアメリカの宗教スペクトラムにおけるこの部分が注目、活気に支持者を、ついには政治的台頭を引き寄せることになる。このように、福音派そして「宗教右派」の勃興は一九六〇年代の激動に対する第一の余震を構成した。

もちろん、全ての福音派が強く保守的であったり、「宗教右派」のメンバーであった(あるいは、ある)わけではない。彼らの大半は宗教のために教会にいるのであり、政治のためにではないことは本書の後段で見る通りである。しかし一九八〇年代に始まり新世紀の最初の一〇年間まで続いたものとして、アメリカの宗教において保守政治が最も目立つ側面になっていったということがあった。その発展により、ある種の勝利主義で勢いづいた「宗教右派」の指導者もいたが、他の多くのアメリカ人をそれは深く悩ませるもので、とりわけ、ちょうど成人したばかりということもあって組織宗教への愛着の弱かった人々にとってはそうだった。一九八〇年代と一九九〇年代に成長したアメリカ人の多くにとって、自分の周囲に観察される宗教というものは保守政治に、そしてとりわけ、同性愛のような性道徳において伝統的立場に関わるものに見えた。結果として、そのようなアメリカ人の多くで、宗教的傾向があったかもしれないが道徳問題についてはリベラルであった者は「宗教が結局そういうものなら、それは自分には関係ない」と言うようになった。このようにして、一九九〇年代から二〇〇〇年代を通じた第二の余震はアメリカ人、とりわけ若いアメリカ人の相当数を、明らかに非宗教的な方向へと押しやった。

われわれは歴史的傾向に関しては、いかなる単一の因果的解釈も拒絶する――単純なストーリーによって説明するには、現代社会ではあまりに多くのことが同時に起こっているのである。アメリカ宗教史のこの半世紀には、数多くの要因が本震、余震それぞれに貢献した。とは言え、この期間を通じた一つの共通テーマは、これから論じるように、個人の性道徳の重要性である。非学問的なあからさまな言葉を用いて、明確さを意図する一方で過度の単純化のリスクを冒して述べるなら、過去五〇年間を通じて放埒者と潔癖者が連続して互いを誘発したのである――リベラルな性道徳によって、保守的な宗教的信念と所属を主張するよう刺激されたアメリカ人がおり、続いて保守的な性道徳によって、世俗的な信念と所属を主張するよう別のアメリカ人が促された。

この半世紀を通じそれぞれの震動による亀裂拡大で、宗教的スペクトラムの中心に残るアメリカ人がますます少なくなり、それぞれの極で拡大する者たちは、反対の極にいる対抗者にたいしてますます敵対的、猜疑的になっていった。さらに、この宗教的次元はアメリカ政治における旧来からの左派―右派（あるいは民主―共和）スペクトラムと着実に一致するようになっていき、いわゆる神格差《ゴッド・ギャップ》を生み出した。世紀半ばには、宗教性と政治が相関することはほとんどなかった――一九六〇年代にはリベラルが信徒席にいるのは普通のことであったし、それに匹敵して教会所属のない保守派も数多くいた。世紀の終わりにはどちらのグループもまれになってしまった。政治的、宗教的分離はいまや互いを強化し合っていて、分断を横切ってそれを和らげるようなことがなくなっている。この歴史的な流れが、多く論じられるわれらの時代の文化戦争に対しその社会的基盤を構築していったのである。

一九五〇年代――市民宗教の高潮期

変化流転はアメリカ宗教の常であったので、われわれの宗教史に「通常の」時期はなく、一九五〇年代も確かにそうではなかった。第二次世界大戦後の年月では人々の宗教性において著しい高まりが目撃され、それがあまりに大きいことから、アメリカ独立革命や奴隷廃止運動、そして革新主義時代《プログレッシブ・エラ》のような時代を画する出来事を生み出す助けとなってきた、アメリカ宗教史に刻まれる福音熱の「大覚醒」がいま一度起こったとしてそれを分類する評者もいた。一九五〇年代をそのようにラベル付けすることは振り返ってみれば誤ったものである。以前の覚醒運動の恍惚的な熱狂と異なって、この戦後の高まりは伝統的、さらに体制的でありさえする教会制度を通じて主に流れづけられたもので、市民的にも宗教的にも大革命の前兆となるようなものではなかったからである。われわれのストーリーにおいてこの戦後期が重要であるのは主として、続く半世紀に起こった重要な宗教的変化の背景としてである。

第二次世界大戦の不安は、一九二〇年代と一九三〇年代に衰えたアメリカ人の宗教に対する関心をよみがえらせた――「塹壕に無神論者はいない」と言われていたのである。他の場所では、戦争はしばしば宗教の低下と結びついてきたのだが。[17] 戦後の豊かさ、社会移動性、そして冷戦の始まりとそれに付随する核の均衡が促したのは、楽観主義と不安の逆説的な混合、そして伝統的価値が再び受け入れられるようになったことで、それには愛国心と宗教が含まれていた。最も重要なのは、帰還兵とその妻によって、じきにベビーブームと呼ばれるようになったものが生み出され

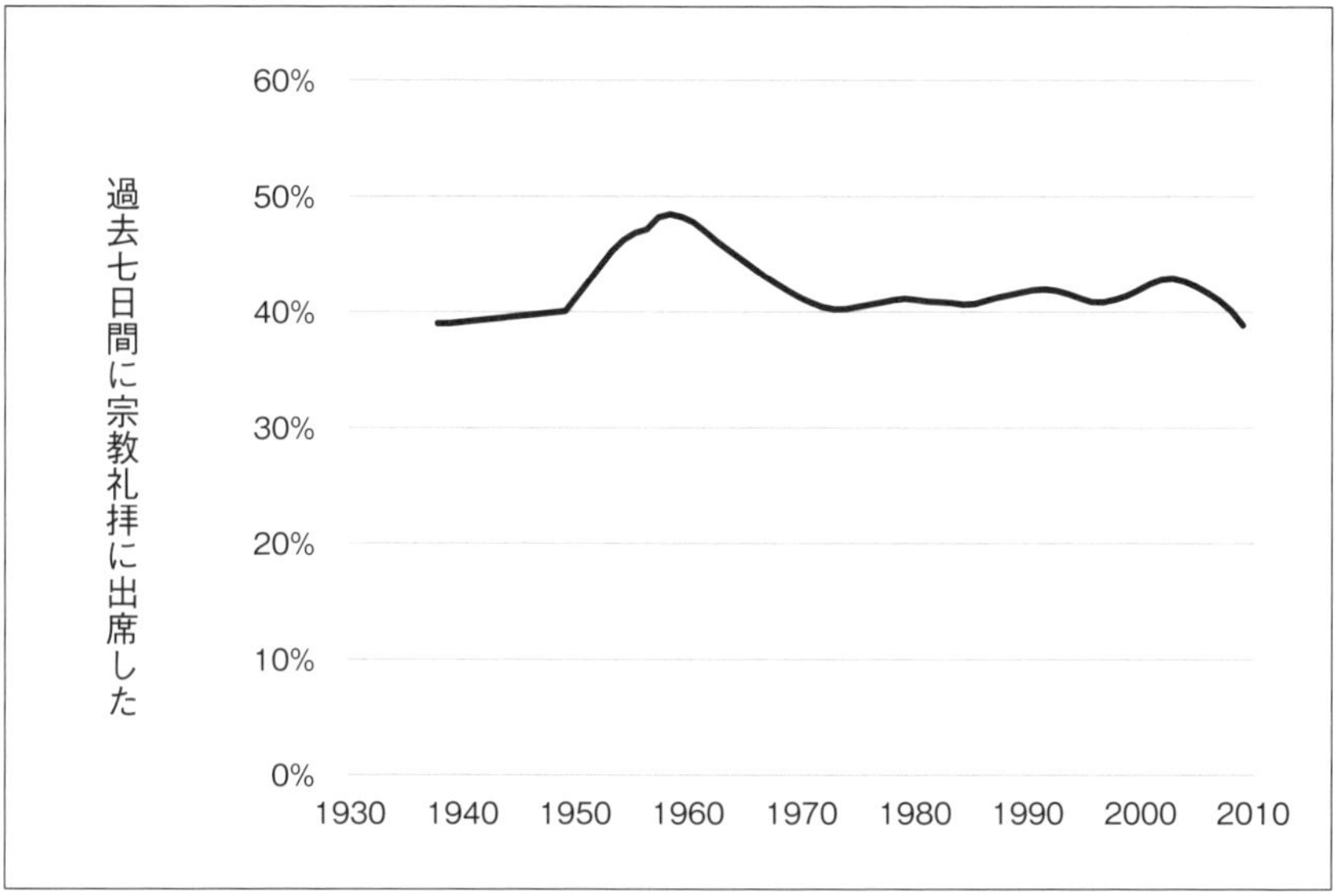

出典：ギャラップ調査報告；データは LOESS 法平滑化.

図3-5　アメリカの宗教出席――1950年代のブーム（1939-2008年）

始めたことである。そうすると、いまと同じように、結婚し、住居を定め、子育てをすることが定期的な教会出席の増加に結びついた。

結果として起こった一九五〇年代を通じた宗教的関与の高まりは本当に巨大なもので、この世紀の後におこった地震現象と比べてもそうだった。図3－5は、過去七〇年間のアメリカにおける宗教出席の上昇下降を描いたものである。ギャラップ調査に報告された宗教出席の水準は、とりわけ最近の数十年についてはおそらく現実を誇張したもので、この時期の他のほとんどの調査では次第に低下する様子が示されている。[18] しかしほぼすべての専門家が同意しているのは、一九四〇年代後半から一九六〇年代初頭まではアメリカで宗教信奉が例外的に高かった時期の一つであるということである。

この高まりは、二〇代の人に偏って集中していた。図3－6は多数のギャラップ調査からの証拠をまとめたものだが、すべての世代が戦後の急騰に参加していたものの、特に一九五〇年代に二〇代であった若年成人の間でそれは顕著だった。そのグループでは、毎週教会に出席する割合は一九五〇年二月の三一％から、一九五七年四月に若年成人の史上最高記

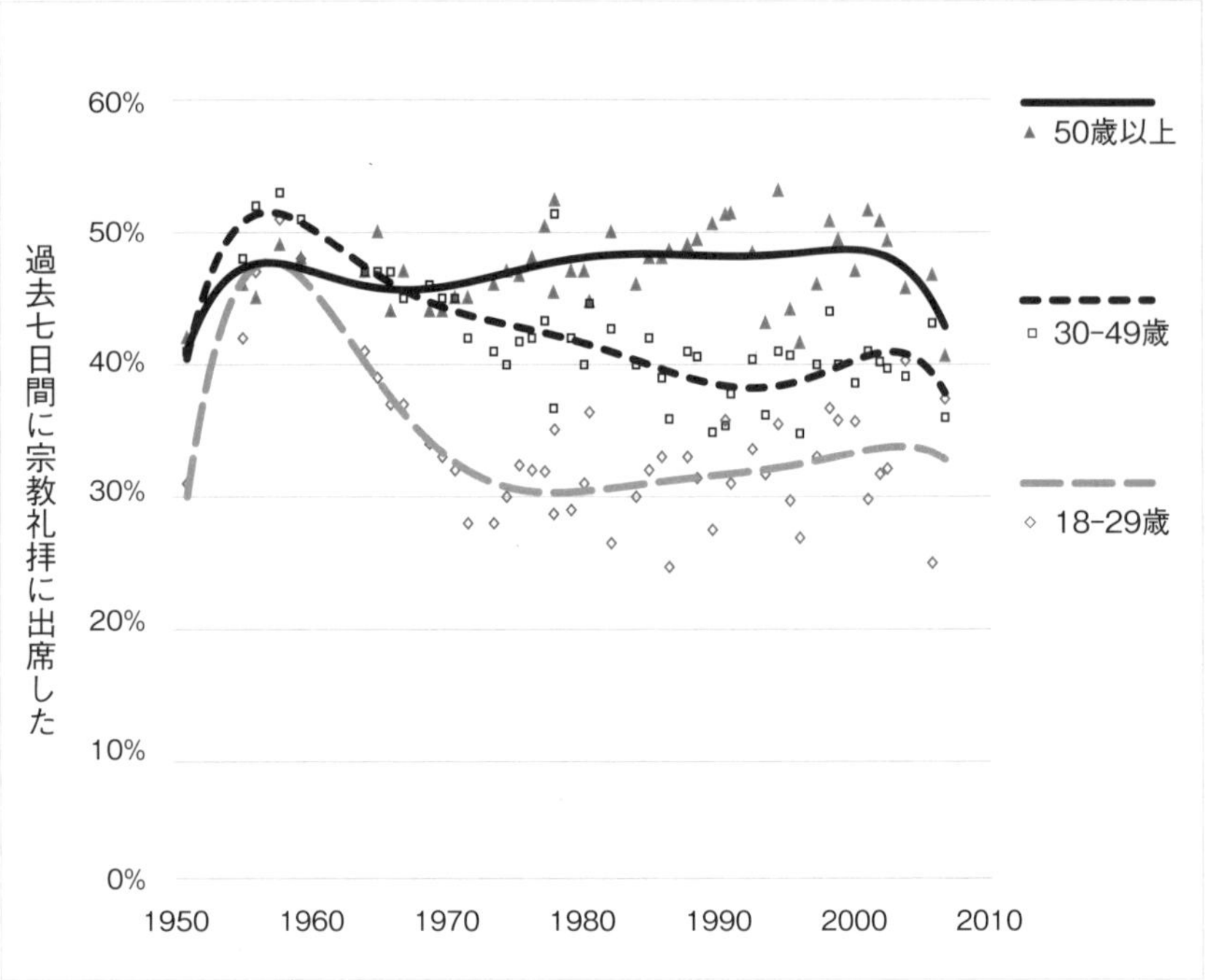

出典：ギャラップ調査報告；データは LOESS 法平滑化.

図3-6　年齢区分別の宗教出席傾向（1950-2008年）

録である五一%に急上昇した。これは七年間の変化率として驚異的なもので、何百万もの新規教会出席者が毎年出たことを意味していた。

さらなる分析（ここでは全米選挙調査アーカイブによる）によれば、この盛り上がりは白人と[19]、大卒男性の間でいくらか大きかった。二一〜二四歳の白人では、毎週の教会出席が一九五二年の二八%から一九六四年の四四%まで上昇した。

これらの著しく敬虔な若い男性はどのような人間だったのだろう。一九二〇年代に生まれた全アメリカ人男性のうち八〇%が第二次世界大戦で従軍し、戦後は多くが復員兵援護法《GIビル》を利用して、家族の中で最初に大学教育を受けた人間になった。このGI世代が夫そして父として、その妻と共に一九四〇年代と一九五〇年代に教会の盛り上がりをもたらした。以前に（図3－1と図3－4にて）見たように、このコホートは残りの人生を通じて異例なまでに信奉的であり続けた。続く半世紀の激震とその余震全て、さらには新世紀に突入してすらも、ＧＩとその妻および未亡人は、アメリカの宗教組織の（そして同じく市民組織の）基盤を形成してきた。[20]

この高まりには、党派的な政治傾向はなかった。共和党員と民主党員、リベラルと保守派も等しく信徒席の群衆に含まれていた。むしろその時に妻をともなって教会に来ていた男性の顕著な特徴は、その大半が若い父親で、大半が復員軍人で、そして大半が大学教育を受けていたことだった。教会出席の戦後ブームに燃料を注いだのは何にも増して、ティーンエイジャーの時に大恐慌を、そして一兵卒として第二次世界大戦を生き残り、そして今や、安定した仕事、拡大する家族、新しい家と車、そしてまっとうな中間階級としての地位を持つ、普通の暮らしにやっと落ち着く準備のできた男性たちだった。教会出席はそのまっとうさを表す重要な象徴《エンブレム》だった。

この高まりの社会学的中心を一つだけ選び出したことで、この期間を通じた宗教参加は、社会のほぼあらゆる部分に見いだしうる、どれほど広がっていたものだったのかということが覆い隠されてはならない。実際には、帰還したＧＩは女性や黒人そして高齢のアメリカ人といった、若い白人男性よりもずっと信奉的であった（そしてそうあり続けている）人々との間にある教会出席の格差を単に縮小しただけであり、これらのＧＩをわれわれの説明の中で最上位に位置づけたのは、新たに救われた者は特別の賞賛に値するという神学的原理のみによるものである。

主流派プロテスタントとカトリック教会において最も目立ってはいたものの、この高まりはすべての宗教系統で感知されていた。三世紀以上のアメリカ宗教史を背景にしてこの期間を概観したシドニー・アールストロムはこうまとめている――

アメリカ宗教のほぼすべての種類のコミュニティ（プロテスタント、カトリック、そしてユダヤ教――教会、セクトにカルト）は戦後の一五年に人気を集めたが、それは組織参加に対するコミットメントの増大と人々の顕著な熱意によるものだった。[21]

アールストロムが観察したように、宗教的活気は単なる出席の増加だけではなく、一九四〇年の成人人口の四九％

から一九六〇年の六九％まで急成長した教会所属という形で具体的に現れた組織的コミットメントにより特徴付けられていた。教会建設は、これら新しい礼拝者のすべてを収容すべく新記録を打ち立てた。歴史学者パトリック・アリットはこう記す。「莫大な若い家族が新たな郊外に住みなし、自分の地域の教会に加わることを決めた。たくさんの子どもたち、すなわちベビーブームが必要としたのは単に会堂だけではなく、同時に遊び場、青少年グループ、そして日曜学校だった」。[22]インフレ調整ドルで教会建設は一九四五年の二六〇〇万ドルから一九五〇年の三億四〇〇万ドルに、そして一九六〇年の六億一五〇〇万ドルに上昇した。[23]聖書の出版はかつてない率で高まり、（幼少期の）調査によればそういった聖書は実際に読まれ、そして信じられていたことが示唆されている。[24]拡大する信徒を導くという召命をますます多くの聖職者が受けるようになり、したがって神学校への入学者数は膨らんだ。[25]マサチューセッツ州コンコードにあるトリニティ聖公会教会のいまでは大きすぎる主会堂は前章で訪れた場所だが、これは一九六三年に建てられたもので、戦後アメリカに特徴的な、教会の成長に対しての拡大する（そして、非現実的ということになった）期待の記念碑である。

一九五〇年代のアメリカ人は、その行動と同じく、信念においても例外的に宗教的であったように見える。一九五二年にはアメリカ人の七五％がギャラップ調査に、宗教は自分の生活において「非常に重要」であると答えており、それは歴代の最高記録だった。一九五七年には、ギャラップが半世紀以上にわたって提示している選択肢――宗教は「今日の問題に答えうる」かそれとも「古めかしく時代遅れ」か――に対して、八一％の者が宗教は今日の世界に関係するものだと答えており、これももう一つの歴代最高記録だった。[26]

戦後のアメリカで人々を教会に運んだものは、単なる個人的な熱意だけではなかった。少なくとも同じくらい重要なものは、社会的圧力だった。一九四八年にアメリカ人の全国サンプルが「なぜあなたは教会に行くのですか」という質問を受けている。唯一最も多かった回答（三二％）は、スピリチュアルな動機を反映するものだった――「何らかの霊感や高揚の求めや願いのため」。しかし、他によく挙げられた教会に行く理由のほぼ全ては、神学的というより社会的なものであった。頻度の上位から並べるとそれは「しきたりや義務に従うため」、「習慣だから」、「説教を聞くため」、「手本となるため」、「音楽を聴くため」、そして「人に会うため」だった。[27]

信徒席にすし詰めの家族の多くにとって、宗教出席は敬虔さによる行為というよりも市民的義務による行為でPTAやロータリーに参加するようなものであり、これら組織の会員名簿がやはり同じ期間に爆発的に増大したのも偶然の一致ではなかった。[28]ジョージ・ギャラップ・ジュニアとジム・キャステリの報告では「二四％ものアメリカ成人が一九五七年のどこかの時点で、教会に出席するか加わるよう人に呼びかけたと述べている。そして六〇％ほどの者は、教会に出席するか加わるように求められたと答えている」。[29]教会出席とは、しなければならないことだった。

そうであったことの理由は一つには、「無神論の共産主義」に対抗した冷戦の時代に宗教は愛国心、国家目標の中心的、統一的テーマ、あるいは社会学者ロバート・ベラーが後に「市民宗教」と名づけたものを表していたからであった。[30]「教会の会員となり、宗教を肯定的に言うことが『アメリカ流の生き方《アメリカン・ウェイ・フォー・ライフ》』を確認する手段となった」とアールストロムは報告している。[31]「忠誠の誓い」に「神の下に」が一九五四年に付け加えられたこと、そして「われら神を信ず」が議会によって国家標語であると宣言されたのが一九五六年であったことは偶然ではない。アールストロムは、宗教心がこういう形で市民的に具現化したのは「少数の敬虔な政治的指導者によって、反応の鈍い人々に押しつけられたわけではなかった。有権者の気分をふまえ、不信心な議員ですらも神に投票する方が得策であると理解したのである」と皮肉交じりに評している。[32]

アールストロムは一九五〇年代の宗教ブームの市民的側面を適切にまとめている――

宗教とアメリカ主義《アメリカニズム》は著しい程度で互いに結びつけられた。このことは、一般化された宗教性と、アメリカ人の自己満足的な愛国的道徳主義の威信ある象徴としてドワイト・D・アイゼンハワー大統領が八年間を務めた時期である一九五〇年代に特に当てはまる。大統領は新たな宗教観に対して古典的な正当化さえも提供した。「われらの政府は」と彼は一九五四年に述べている。「衷心からの宗教的信仰の上に根ざしたものでなければ意味を持たない――そしてそれが何であるか私は問わない」。[33]

当時のある批評家がかぎつけたように、「アイゼンハワー大統領は、多くのアメリカ人と同じように、非常にあいまい模糊とした宗教の非常に熱心な信者である」[34]。しかし、繊細な神学的区別を顧みなかったのはアイゼンハワーだけではなかった――歴史学者モーリス・イッサーマンとマイケル・ケージンによれば、「教会やシナゴーグに忠実に出席する市民が増えるにつれ、信仰の伝統的内容は彼らにとってますます意味を失っていくように見えた」[35]。

包括的な（あるいは、この時期に発明された用語では「ユダヤ－キリスト教《ジュデオ－クリスチャン》」的な）価値観が共有されているという感覚が現れはじめ、また組織的な点では教会一致《エキュメニカル》運動が勢いを増した。長きにわたりアメリカを支配してきた、主流派（あるいはリベラルと呼ばれることもあった）プロテスタント信仰は最高潮にあった。カトリック信仰はいまだに「移民の」宗教として幾分の偏見と差別の対象だったが、第二世代の移民が中間階級の郊外生活に移っていくにつれ主流へと移動しつつあった。福音派プロテスタント信仰は二〇世紀初頭、南部農村地域を中心とした根本主義の孤立を超えて拡大し、テント集会の復興運動家《リバイバリスト》ビリー・サンデーは、福音派の公的シンボルとしての「大統領の牧師」ビリー・グラハムに置き換わった〔テレビ伝道でも知られるビリー・グラハムは、ニクソン、アイゼンハワー、ジョンソンら大統領の霊的アドバイザーであったという。[36]〕。当時は穏健な新福音主義《ネオエヴァンジェリカリズム》という議論があり、近代主義と根本主義の間の古い神学論争は過去のものとなった。

歴史学者ユタ・アンドレア・バルビエールの指摘では、新福音主義は「聖書を字義通りに読むことへの集中、キリストの再臨という信念、そしてビクトリア朝的な家族理想の強調」という根本主義のルーツを受け継いでいる。しかし新福音主義が捨て去った、その根本主義的ルーツの重要な側面が一つある――宗教的信念を私的範囲に押しとどめることをもはや止め、それを公的領域と交差させるようになった」[37]。それが、この宗教系統がその後の数十年間に繁栄することを可能にした重要な要因であったのであろう。

主要な宗教系統間の境界は、アメリカの組織宗教をめぐる見取り図においていまだに支配的であった。ウィル・ハーバーグは一九九五年の古典的著作『プロテスタント―カトリック―ユダヤ教』において、宗教とは信仰についてのものであるのと同程度にアイデンティティについてのものであり、それは教派が特定の移民の流れと結びついているからであると論じた。同化とは、彼の論じるところでは単一の国家的るつぼの中で起こるのではなく、三つの別々のるつぼ（プロテスタント／カトリック／ユダヤ教）中で起こるもので、アメリカ人のアイデンティティの基盤として、出身国による出自を宗教系統が置き換えつつあるとした。一九六一年には社会学者ゲルハルト・レンスキーが宗教分離の持続性を強調し、教会出席率の上昇と、アメリカの別個の宗教集団間でコミュニティ分断がさらに深まることを予見した。[38] この時期のアメリカの宗教文化は教派区分によって「特徴付けられて」いたが、しかし実際には社会学者ロバート・ウスノウが後に論じたようにアメリカ宗教は再編成の目前にあって、これら伝統的区分は、宗教的なリベラルと宗教的な保守の間に分極化した区別により置き換わっていった。[39]

教派的分離主義と教会一致の連帯感の間の、また神学的厳格さと神学的空虚さの間のバランスがどうであれ、一九五〇年代のアメリカは明らかに、非常に宗教的な場所だった。アメリカ人の大半は、この傾向が続くと予期していた。一九五七年に、六九％のアメリカ人はギャラップ調査に対し「宗教はアメリカ人の生活に対する影響力を増していく」と答えていた。それからわずか一〇年の間に、三つの地震動のうち最初のものが国土中に響いたことで、この期待は完全に覆されることになった。

第4章　アメリカの宗教性——激震と二つの余震

一九六〇年代——激震——セックス、ドラッグ、ロックンロールと「神は死んだ」

多くのアメリカ人にとって快適だった市民的平穏の時代は、一九六〇年代の最初の数年は続いた。しかし、一九六三年のケネディ大統領の衝撃的な暗殺、引き続く人種的激動、さらなる悲劇的な暗殺、そしてベトナム戦争についての論争の高まりは、この年代の半ばまでには長き「六〇年代」の到来を知らせる合図となった。アメリカで引き続いた文化革命は、毛沢東のそれよりも破壊的ではなかったが、より持続的なものだった。

「六〇年代」が意味していたのは、アメリカのあらゆる種類の制度——政治、社会、性的そして宗教——にとって、同時多発の最悪の状況《パーフェクト・ストーム》だった。今から振り返れば、寄せ集まって寄与していた要因をそれぞれ識別することができる——ブーマーという最若年のコホートの膨らみが、青年期そして大学へと移動していったこと、空前の豊かさと、高等教育の急速な拡大の結合、「ピル」、冷戦不安の弱まり、第二バチカン公会議、暗殺、ベトナム戦争、ウォーターゲート、マリファナ《ポット》とＬＳＤ、公民権運動とそれに引き続いた他の運動——反戦運動、女性解放運動、そして後の環境運動および同性愛者の権利運動である。ここは、これらとその他要因の重要性を整理検討するところではなく、またそのいずれに対しても歴史的判断を下すような場所ではさらにない。われわれのストーリーにおいて重要なポイントはまず、攻撃、とりわけ若者からの攻撃に対し免疫のあった社会制度また分野は全くなかったということ、そして次に、六〇年代の論争のほぼ全ての主要テーマがこの世紀の残りにわたってアメリカ人を二分し、いわゆる文化戦争の導火線を引いたことである。

この時代が終わりつつあったちょうどその時、シドニー・アールストロムがアメリカ宗教史の大きな流れの中でこの期間について適切にまとめている――

六〇年代の一〇年間はまとめれば、国家的信頼、愛国的な理想主義、道徳的な伝統主義、さらには歴史的なユダヤ–キリスト教的有神論という古くからの基盤が波にさらされた時期だった。数世紀――千年紀さえ――にもわたって堅固であり続けた前提に、広範に疑問符がつけられた。（流行やファッションのように）現れては消えた扇情的な示威運動もあったが、社会的、制度的混乱に深く根ざしていた、雰囲気《ムード》の根底からの変化の存在は、つかの間のものというにはほど遠かった……合理的にものを見ていたアメリカ人にとっては誰であれ、アイゼンハワー時代の戦後復興は完全に失速したこと、そしてこの国が空前の深さでの**良心の危機**を経験していることは紛れもなく明らかだった。(1)

この騒動の一つの側面が、われわれのストーリーの今後の局面でとりわけ重要になる――「セックス、ドラッグとロックンロール」という若者の対抗文化の爆発的な出現である。振り返ってみた場合でさえも、伝統的な性規範が、とりわけアメリカ青年の間でいかに急速に転回したかを正しく評価することは難しい。性行動そのものがいつ、そしていかに変化したかに関する詳細な統計的証拠が欠けてしまっているのは驚くべきことではないが、社会学者デヴィッド・ハーディングとクリストファー・ジェンクスはいつ、いかに規範が変化したのかについて、特に婚前交渉は正しいのかそれとも間違っているのかという質問について多様なソースからの調査データを念入りにつなぎ合わせている。(2)

最も有力な証拠では、婚前交渉を「悪くない」と信じるアメリカ人全体の割合は、一九六九年から一九七三年の四年間に二四%から四七%へと倍増し、一九七〇年代を通じて上昇して一九八二年の六二%までいたった。一九六九年より以前の関連する調査はさらにまれになる——婚前の純潔がいかに議論の余地のない規範であったかの無言の証言者である——が、まばらな証拠が示唆するのは、この規範におけるほぼ全ての変化は、一九六〇年代後半から一九七〇年代初頭における解放の爆発一回でもたらされたということである。

この世紀の前半に社会化された、年長の人々が自分のものの見方を変化させる可能性が低かったのは驚くべきことではない。彼らも後年にはわずかにリベラル方向に変化したが。しかし大部分については、これは世代変化の古典的なケースである。すなわち、一九六〇年代に成年に達したコホート——ブーマー——は、婚前交渉について例外的なまでにリベラルで、八〇%以上の者が婚前交渉は「あまり悪くない」か「全く悪くない」と答えていた。同様に、一九七〇年にはアメリカ人全体の半数近くが、自分は両親よりも婚前交渉についてリベラルであると報告していた[3]。年をとると、ブーマーは性問題についていくぶん保守的になったが、それでも上の世代が過去そうであったよりもずっと婚前交渉に受容的であり続けた(し、現在もそうあり続けている)。

この舞台に一九八〇年代に登場したポストブーマー世代は、多くの政治的、社会的、宗教的トピックについてブーマーよりも保守的であるが、婚前交渉を禁じるような伝統的規範に立ち戻ることはなかった。一方で、彼らはこの問題についてブーマーの先に押し進むこともなかった。コホートの置き換えという着実なリズムによって一九七〇年代以降、全国的な規模で規範がわずかにリベラルな方向に次第に移動していったが、そこには新しい変化はなく、むしろ一九六〇年代終わりから一九七〇年代初頭にかけての巨大な世代変化という例外的な瞬間の長期的な効果を反映したものなのである。

われわれが婚前交渉に焦点を当てるのは、この具体的な規範に関する長期にわたる厳格な証拠によって、変化のペースとその輪郭について精密に捉えることが可能だからである。この規範が表しているのは、性道徳、ポルノその他のものに関する広範な態度のうちの単一の指標(すぐに見るように、強力なものではあるが)にすぎない。婚外交渉や同性愛への態度は異なる道をたどり、どちらについても六〇年代は同じような変革的な力は持たなかった[4]。それでも、婚前交渉に関する規範には、親密性の社会的慣習における驚くほどの急速な変化が凝縮されていて、結婚前の性行為を五分の四が受け入れているという若者のくっきりとしたコホートが、そのような原則を五分の四が拒絶している年長人口へと突入していったのだった――これは伝統的道徳観における文字通りの革命であって、そのペースがアメリカ史上前例のないものであったのはほぼ確実である。後で見るように、この地震のもたらした反響はアメリカ社会を形作り続けており、その中にはアメリカ宗教も含まれている。(5)

このような広範で急速、多面的な変化――性道徳、政治、その他社会の全領域での――を背景としたとき、宗教のみが変化のないままあり続けることは難しかっただろう。六〇年代に関する卓越した記録者、モーリス・イッサーマンとマイケル・ケージンはこう結論づけている。「一九六〇年代を通じて米国において、宗教ほど根底的に変わったものはなかった(6)」。

まず、他の主要組織と並んで、宗教組織も劇的なまでの信頼と自信の喪失にさらされた。一九五〇年代を通じては、これまで見たように、宗教組織はこの国において最も権威あるものの中にあった。しかし六〇年代の若者運動はバンパーステッカーに行き渡ったアドバイス「権威を疑え」に従っていて、一九七〇年代と一九八〇年代に行われた調査という調査で、あらゆる組織に対する信頼の着実な低下が報告されており、その中には組織宗教も含まれていた。(7)「正義、平等、戦争と平和、権利と責任に対する疑問が国家的な注目を浴びる舞台に突然現れると」とロバート・ウスノウは論じる。「傍観者席に静かに座っていることは不可能だということを宗教指導者は認識した(8)」。一世紀以上の社会的優勢に慣れきっていた主流派あるいはリベラル・プロテスタント教会はとりわけ、啓示または混乱、あるいはその両方を受けた。プロテスタントでもカトリックでも、ウィリアム・スローン・コフィン(イェール大の反戦チャプレン)やダニエルとフィリップ・ベリガンの両神父(強力な反戦活動家)のようなリベラルな聖職者としてこの時代の運動で傑出した者も現れた。おそらく一九六〇年代に最も広く論じられた神学書はハーヴィ・コックスの『世俗都市』(一九六五年)で、教会は社会変化の最前線にいるべきとそれは主張していた。

ラディカルな神学者の中には、いわゆる「神の死運動」にあるようなポスト―キリスト教的考えを支持した者もいた。実のところ、一九五〇年代の穏やかに宗教的で保守的なところからの変化は非常に劇的なもので、一九六六年にはこの神学は『タイム』誌の表紙を飾るまでにいたった(図4-1を参照)。神学的、典礼的、そして政治的な試み

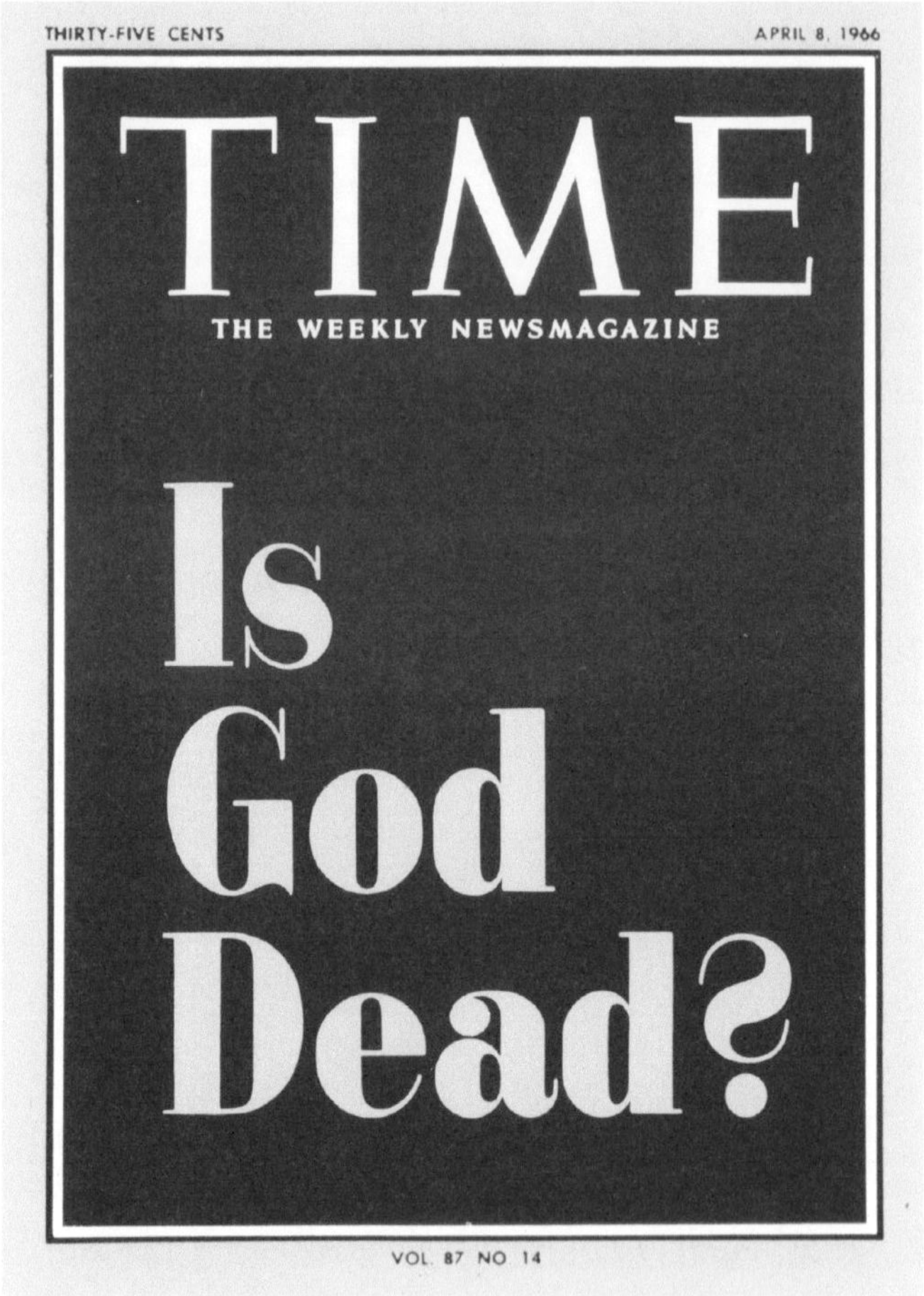

図4-1　神は死んだ?

にも関わらず、もしくはそのために（当然、意見は極端に食い違っていた）、リベラルな教会では会員の流出が始まった。

神学校に志願者が殺到していた時から数年足らずで、多くの教派では多数の聖職者がその召命を失うか、道に迷っていた。一九七一年に行われた聖職者の全国調査では、四〇歳未満の者の四〇%が、聖職を離れることを真剣に考えていた。捉えにくい地震信号がもう一つある――米国で販売された全書籍と小冊子に占める宗教出版の売上比率は、一九五四年から一九七二年の間に三分の一落ち込んだ。[9]

カトリック教会はアメリカ内で起こった出来事だけでなく、ローマにおける決定によっても深刻な影響を受けた。第二バチカン公会議は一九六二年から一九六五年に開催されたカトリック改革の重要な公会議で、広範囲の変化を典礼（例えば、ラテン語は米国では現地語の英語に置き換えられた）、実践（例えば、告解は事実上姿を消した）、教会一致運動《エキュメニズム》（例えば、ローマ教皇が他宗教の正当性を認めた）、そして教会の構造（例えば、平信徒の役割）において引き起こし、こういった変化は全体としてみると教会のリベラル派からは歓迎されたが、保守派にとっては忌まわしいものであった。他方で、受胎調節に対する教会の断固たる抵抗はアメリカのカトリック教徒の三分の二に反対されてしまい、その中には『人間の生命《フマーネ・ヴィテ》』（避妊を禁じた一九六八年七月の教皇回勅）を単に無視する者もいたが、他の多くは教会に行くのを止めてしまった。[10]自らをカトリックであるとする人数は多くは減少していないが、アメリカのカトリック教徒（特に若いカトリック教徒）のミサ出席率は劇的に低下したので、長き六〇年代を通じた教会出席減少全体の多くの部分はカトリック単独で説明できてしまう。[11]「これ以上に急速で、一変する変化を経験した教派はなかった」とイッサーマンとケージンが結論づけている。[12]

後で詳細についてみるように、カトリックと主流派プロテスタントで離反の過程は同一でなかった。カトリックはミサから離れたが、しばしば自分自身をカトリックと呼び続けた一方で、離反した主流派プロテスタントは、自身をメソジストや長老派その他であると呼ぶことを止める傾向があり、皮肉なことに、自身が主流派プロテスタント信仰を持つというアイデンティティを保った者の間での出席水準はそれほど下がらなかった。出席に焦点を当てると、あたかもカトリックは主流派プロテスタントよりも困難な状況にあるように見え、一方でフォーマルな所属に焦点を当てると、まるで主流派プロテスタントの方が困難な状況にあるように見えたが、実際には両方とも困難な状況にあり、その困難は数十年先まで続くものになった。

長き六〇年代ではまた、伝統的な教派チャンネルの外部での、前例のない宗教的実験を目の当たりにすることになった。[13] 自分たちが「スピリチュアル」と呼ぶものに関心はあるが、組織宗教は見下しているブーマーの中には、「求道者《シーカー》」と呼ばれ、新たな精神的よりどころを探す者もいた。「人格主義」「状況倫理」そして「多重真理」は神学論争の熱いトピックになった。それよりもずっと大げさなものではないが、しかし訴えかけるものがあったのは「シーラ教《シーライズム》」の出現で、これはロバート・ベラーと共著者によるベストセラー『心の習慣』に引用された女性の名前から来ている——

「神様のことは信じています。熱狂的というのではないです。前に教会に行ったときのことはもう思い出せません。私の信仰が、自分をずっと引っ張ってきました。シーラ教《シーライズム》です。私自身のささやかな声……私だけのシーラ教は……自分自身を愛し、自分にやさしくするようにするというだけのことで。そう、つまり、互いをいたわり合うということです[14]」

個人的真理を強調するこのような意見の風潮について、歴史学者アマンダ・ポーターフィールドは「宗教的確信の衰退が始まり、ある程度の宗教的相対主義が避けがたいものになっている」と記す[15]。ポップカルチャーにおいてそれは、水瓶座《アクエリアス》の時代にジーザス・フリーク、サイエントロジーと『ジーザス・クライスト・スーパースター』、禅仏教と「エスト」、超越瞑想に統一教会（あるいは原理運動《ムーニーズ》）であった〔「水瓶座の時代」とは占星術的視点から唱えられた時代の転換期を指す。他はこの時代に盛んとなったさまざまな宗教、宗教運動また精神修養法等。『ジーザス・クライスト・スーパースター』はアンドリュー・ロイド・ウェバーによるロックミュージカル作品で、青年イエス・キリストの苦悩を描いた作品には敬虔な信者からの抗議も大きかった。〕。

宗教的リベラルが百花繚乱となっているその一方で、保守的な福音派は静かにその力を集結して反撃のための基礎を築いており、その徴候としては例えば、キャンパス・クルセード・フォー・クライストのスタッフが、一九六〇年の一〇九人から一九七〇年代中盤の六五〇〇人に拡大したことがある[16]。福音派の取り組みという注目すべき例外を除き、一九六〇年代の宗教的イノベーションで、アメリカの宗教シーンに重要な要素として生き残ったものはほとんどなかったが、求道者の前に置かれたスピリチュアルなメニューのまさにその多様性こそが、伝統的アメリカ宗教の混乱の徴候であった。

しかし結局のところ、六〇年代の激震が作り出した変化の大きさが最も本質的に現れていたのは、宗教信奉自体の急速な低下だった。全アメリカ人のうち、宗教が自身にとって個人的に「非常に重要である」と述べた者の割合は一九五二年に七五％、一九六五年でも七〇％だったが、一九七八年の五二％まで下落し、一方で「宗教は今日の問題に答えうる」と回答した者の割合は、一九五七年の八一％から一九七四年の六二％まで低下した。ギャラップ調査によれば、毎週の教会出席は全国で一九五八年の四九％から一九六九年の四二％まで急落し、この指標でそのような短期間でこれまで記録されたものとしては圧倒的に最も大きな低下だった。[17]

加えて、そのような全国平均では、若者の間での変化率を著しく過小評価することになる。二〇代の者では、教会出席の低下率は全国平均の二倍以上だった。それどころか五〇歳以上の者では（図3‐6に示したように）低下はほぼ全く起こっていなかったが、一八歳から二九歳の者では毎週の教会出席が一九五七年四月の五一％から一九七一年一二月の二八％と半減近くになっていた。[18] この青年期の離脱は社会のほぼ全ての区分におよんでいて、（長きにわたりこの国の中で最も信奉度の高い民族集団である）黒人アメリカ人の方が、白人よりもさらに大きかった。[19] 戦後期の宗教の高まりが大学教育を受けたGI世代によって牽引されたのとちょうど同じように、長き六〇年代の低下もまた大学教育を受けた若い人々の間でいくぶん急速であったが、しかしそれは社会経済的ヒエラルキーの全ての水準に影響していた。[20]

世代現象でこれ以上明確に示されたものを想像することは困難である。人生の先ではブーマーも、いくらか宗教信奉を高める方向で従来からのライフサイクルを上昇したが、その親が同じ年であったときよりもずっと信奉性は低いままだった。その生涯を通じブーマーが宗教礼拝に出席する頻度は、親が同じライフステージにいたときと比べておよそ二五〜三〇％少なかった。例えば、一九二〇年代生まれの出生コホート（大まかにいえば、ブーマーの両親）が五〇代の時には、平均して四二％が毎週、あるいはほぼ毎週教会に出席していた——ブーマーが五〇代になったとき、毎週あるいはほぼ毎週教会出席する者は平均して三二％だった。[21] ブーマーの親が、宗教性における戦後の盛り上がりの主たる原因であったのとちょうど同じように、ブーマー自身は二〇年後に宗教性が衰退したことの主たる原因であった。

この宗教的震動を記録するおそらく最も敏感な地震計は、アメリカの人々自身によって提供されている。一九五七年まで、アメリカ人の六九％が「アメリカにおける宗教の影響は大きくなっている」と考えていた。わずか五年後にこの数値は四五％に下がり、一九六五年の三三％、一九六七年の二三％、そして一九六八年の一八％へと下がり続け、ついには一九六九年と一九七〇年の一四％で底を打ち、後に一九七〇年代終盤の三〇～四〇％に回復した。この指標でもまた大きな世代格差が示されており、一九六〇年代の若者は年長者に比べて、宗教が影響力を失いつつあると信じる傾向がずっと高かった。(22)

前に論じた性慣習の劇的な変化が起こった時期および世代的位置と、宗教信奉におけるこの劇的な変化が起こった時期および世代的位置は著しく類似している。さらに、これらの二つが影響したのはまさに同じ人々だった――性道徳についてリベラルな見方を取り入れた若者が、教会から抜け出したのとほぼ同じ若者だったのである。したがって、性の解放が棄教をもたらしたのかそれともその反対なのか、あるいは（おそらくよりありそうなことだが）両方とも、ブーマーによる伝統的権威の拒否といった、何らかの第三の要因の結果になっているのかということを知りたいと考えるのは自然である。しかしよくも悪くも、その問題についていかなる確実な判断を現時点で下すことも不可能である。穏当に結論づけられるのは、長き六〇年代における宗教信奉の急激な変化と、これと同時期に起こった性道徳の理解に関しての急激な変化は密接により合わさっているということである。

アメリカ人が一九八六年に、自分の周囲で見られた宗教信奉の低下について説明するように求められたとき、彼らが下した診断は後から振り返ってみても筋の通ったものだった。その反応は、ギャラップ調査によると以下のようなものである――

1．若者がフォーマルな宗教への関心を失いつつあり、それを「意味のあるもの」と思っていない。
2．不道徳、犯罪と暴力の増加。
3．物質主義に心を乱されている。
4．教会が社会で求められている役割を果たしていない――教会が時代に追いついていないと述べる者と、現在の社会的、政治的問題に巻き込まれすぎていると述べる者が同数だった。[23]

ほぼ一夜にして、アメリカは神の国から神無しの国へと向きを変えたように思われた。

一九七〇年代と一九八〇年代――第一の余震――宗教的保守主義の台頭

長き六〇年代の間にこの国がとった方向について強い不満を感じたアメリカ人は多く、続く数十年間に、彼らは宗教的にも政治的にも意思表示を行っていった。歴史の流れがまっすぐに進むということはめったにないことで、一九七〇年代中盤にはアメリカ人の宗教性に関する傾向線は水平に、そしてじりじりと上昇方向に転じていった。一九七六年には、アメリカで初めて新生《ボーンアゲイン》を公言する大統領が選ばれたが、アメリカ人の四四％は宗教の影響力が再び増大しつつあると回答していた（たった六年前にはその数値は一四％を示していたのを思い出してほしい）。それはアメリカの宗教風景が再び変化し始めていることを示す地震警報の兆候で、今度のそれはより宗教的な（そして保守的な）方向のものだった。二一世紀に進んでいく中でアメリカ大統領の大半は自身も宗教的な新生を体験したと主張するようになったが、見たところそれは国家的リーダーシップに対する備えができていることの新たな手形なのだろう。

教会出席は全国的に一九七〇年代と一九八〇年代には安定し、わずかに上昇さえしていることを示す証拠も見られたが、しかし全国平均のみを見ていると、世代パターンが弱まってしまうことを思い出してほしい。変化を（あるいはその欠如を）検出するためには、一九七〇年代後半から一九八〇年代に成年に達した新しいコホートに目を向けることがより重要である。図3－1、図3－3と図3－6ではこれらのコホートが、先行するブーマーがもたらした宗教信奉の低下という前例を追わなかったことがすでに示されており、このように若者の教会出席は一九八〇年代には安定し、場合によっては再び上昇を始めたところさえあった。

一九五〇年代の宗教ブームや一九六〇年代の宗教没落とちょうど同じように、大学教育を受けた若者の間での変化がわれわれの第一の余震の兆しとなっており、その一九七〇年代と一九八〇年代の保守的宗教性の上昇は、これとま

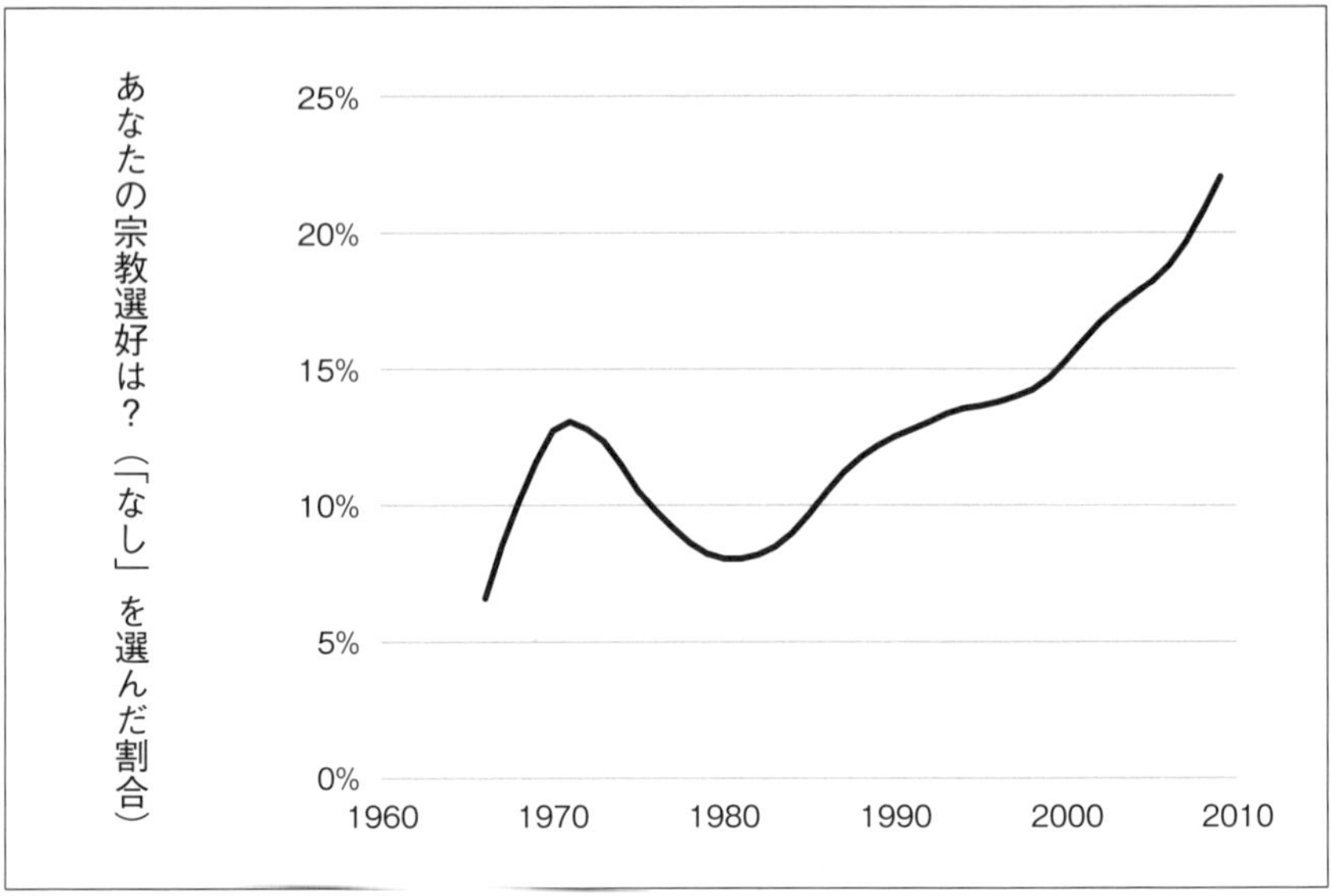

出典：アメリカ新入生年次調査（UCLA）；データはLOESS法平滑化.

図4-2　若者における宗教的アイデンティティの拒否

さに同じ人口統計学上のニッチでもっとも目立っていた。[24]「学生の急進主義は一九六八年から一九七〇年の間にピークを迎え、一九七一年には、大学キャンパスで起こっている新たな静観主義に評者たちが注目するようになっていた」とディーン・ホグと共同研究者が、一九五〇年代から一九八〇年代の間の大学生の価値観傾向に関する広範な調査において記している。性的な自由化という、引き続いていた重要な例外を除いて、一九七〇年代のキャンパスはかなりの程度「五〇年代の再来」であったと彼らは結論している。[25]この最初の余震が若者の態度を動かしたことで、長き六〇年代とは保守的なアイゼンハワー時代と、保守的なレーガン時代の間の単なる幕間であるように、少なくとも大学生に関しては見えるようになった。性道徳の問題に限っては、六〇年代のもたらした地震は鳴動を続けていた。

　大学生の間の宗教信奉を押し上げたこの第一の余震の影響は間違いようのないものだった。図4－2が示しているのはあらゆる宗教帰属を拒否していた大学新入生の割合で、一九六六年と一九七一年の間の五年間に倍増以上となったが、続く一〇年間にほぼ同じ速さで急速に戻っていった。図4－3は若者

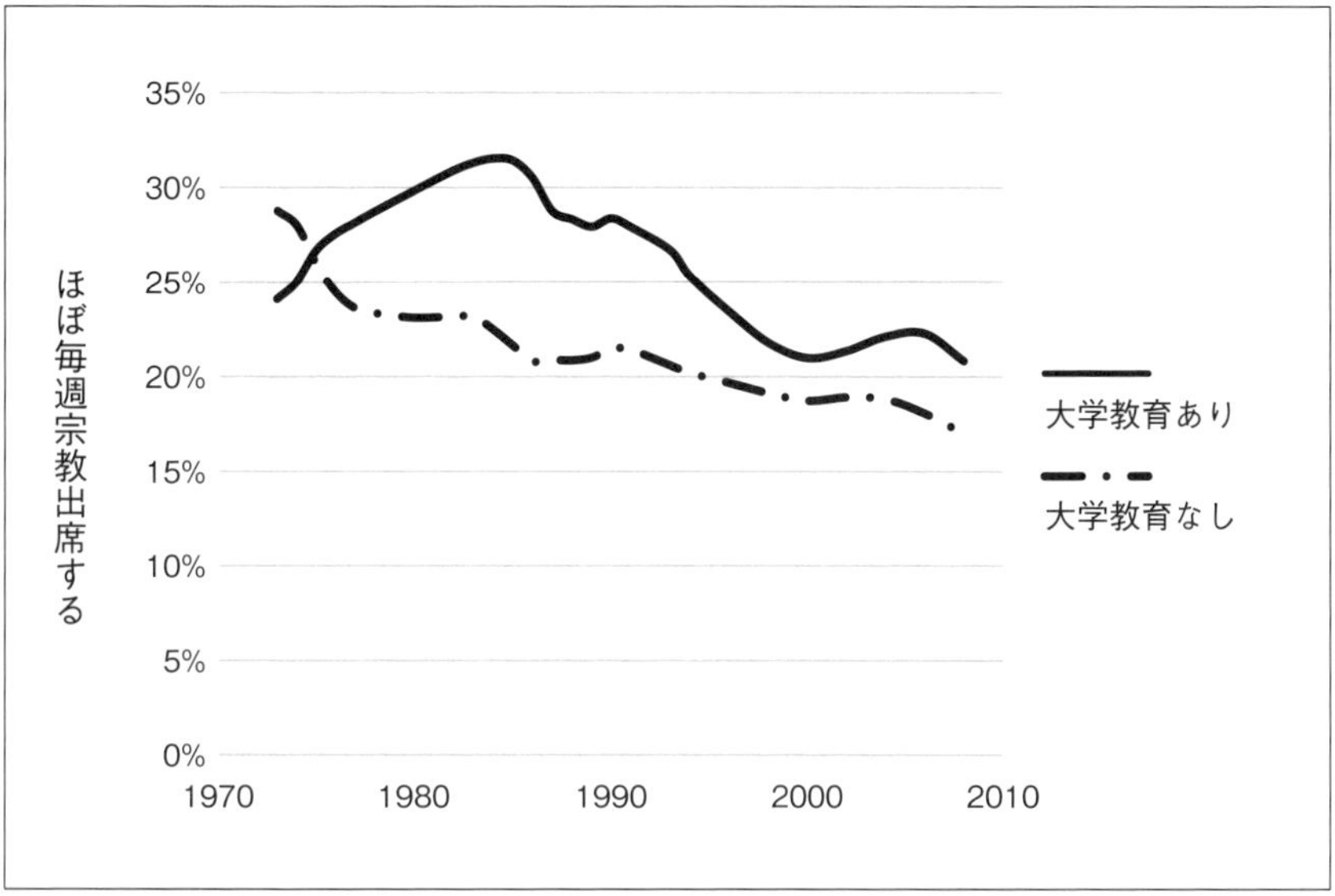

出典：総合社会調査，1973-2008 年；データは LOESS 法平滑化.

図4-3　教育水準別に見た18-29歳若者の宗教出席

の教会出席の傾向について総合社会調査（ＧＳＳ）からの証拠をまとめている。ＧＳＳの証拠が示唆するのは、大学教育を受けた若者は一九七〇年代と一九八〇年代で組織宗教に再びつながっていったが、教育水準の低い若者はそうではなかったということである。一九七〇年代初頭から一九八〇年代中盤の間に、毎週（あるいはほぼ毎週）の教会出席は何らかの大学教育を受けた若者においては約二四％から約三二％と三分の一の上昇を見せたが、大学に通わなかった比較対象では約二八％から約二一％に低下し、これは四分の一の減少だった。教会出席における中間階級《ミドルクラス》の優位性はその後いくらか縮小したが、今日まで持続している。

　しかし、一九七〇年代から一九八〇年代の間のアメリカ宗教における第一の余震を最もうまく測定しているのは、人々がどれくらい教会に行ったかではなく、人々がどの教会に通ったか、である。政治においてと同様に、すべての年代で多くのアメリカ人が六〇年代の道徳的、宗教的展開によって深く悩まされた。次の二〇年間で、これらの人々――宗教と政治の両方で保守的な人々――は、福音派プロテスタント教派と、教派を拒否し自らを単に「クリスチャン」と呼ぶ、急速に成長する福音派メガチャーチの両方に加わっていった。

アメリカの宗教スペクトラムにおいて福音派の占める部分が実際に一九七〇年代と一九八〇年代に成長したのかどうか、そしてもしそうなら、どの程度の大きさであったのかは、どのようにそれを見るかによる部分がある。宗教帰属、すなわち、人々がどのように自分の宗教所属を表現するかということから始めよう。第1章に記述したように、本書では宗教研究者たちによって用いられてきた慣習的な宗教類型に従い、それは福音派プロテスタントを一つのカテゴリーとして含めるものである。

この分類は、バプテストやペンテコステ派、さらにはミズーリシノッド・ルーテル（大半は主流派であるルター派ファミリーの中の福音派の分派）のようなグループにとっては十分に明快なものだが、しかし、自身を単純に「クリスチャン」あるいは「福音派」と呼ぶような、急速に数を増している教派に属さない教会を位置づけるのはより難しい。一九七〇年以前にはそのような教会は珍しく、大半は教会一致運動的《エキュメニカル》かリベラルでさえあったが、一九八〇年代以降はそのような教会が急増し、いまでは全アメリカ人のおよそ七％に奉仕している。それにより非教派カテゴリーは主流派プロテスタントの最大教派（メソジストの六％）より大きく、米国宗教スペクトラムにおいて群を抜いて急成長するグループとなっている。さらに、一九八〇年代以降これら非教派のキリスト教会の持つ神学や典礼と、その会員の考え方が教派的な福音派とほとんど区別の付かないものになっていった。その理由から、われわれは（この分野の多くの専門家と同様に）教会出席者のうちの彼らを「福音派」と分類した。[26]

これを背景として、アメリカ人が過去三〇年間にさまざまな宗教に自らをどのように分類しているのかを示したのが図４－４である。この図を解読するのに最初はひるんでしまうかもしれないが、少々の苦労は報われることになるだろう。それぞれの帯の幅が表しているのは、所定の年に、所定の宗教に帰属していたアメリカ人の割合である。よって、例えば最も下の帯は福音派プロテスタントを指していて、一九七〇年代初頭には全アメリカ人の二三％を構成し、一九九〇年代中盤までには二八％に増加したが、それ以降は二四％まで落ち込んでいた。その上の帯が表すのは主流派プロテスタントで、そのアメリカ宗教市場でのシェアは一九七〇年代初頭の二八～二九％から二〇〇八年の一三％まで急激に落ち込んだ。黒人プロテスタント、カトリック、そしてユダヤ教徒の割合（すなわち、帯の幅）はこ

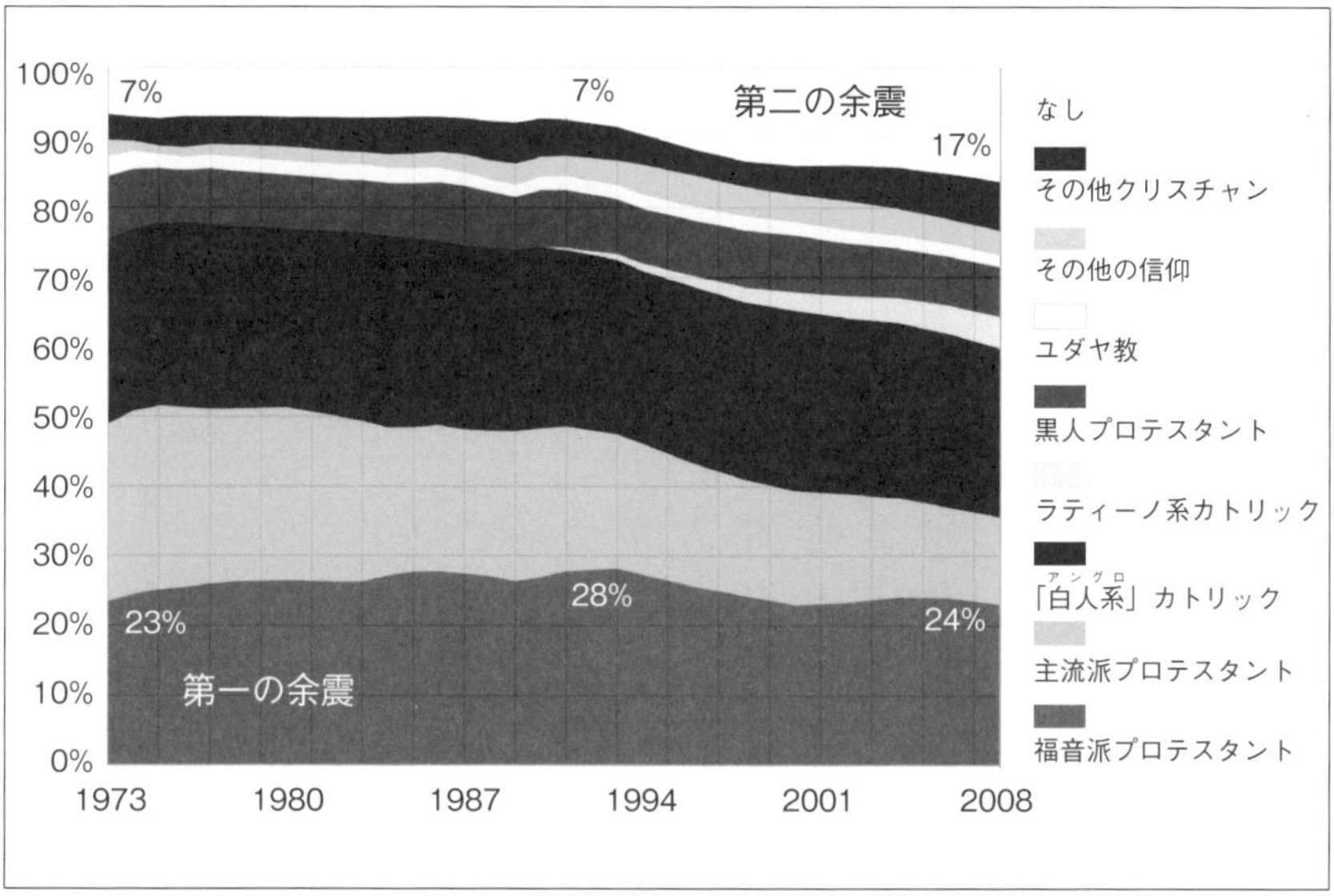

出典：総合社会調査，1973-2008 年；データは LOESS 法平滑化.

図4-4　宗教帰属の傾向（1973-2008年）

の期間を通じて大きく変わっていないが、すぐ後でわかるようにその印象はカトリックについては誤解を招くものである。その他のクリスチャンに対応する帯（クリスチャン・サイエンス、モルモン、東方正教会その他）やその他の信仰の成長はこの期間を通じて大きかったが、「その他のクリスチャン」の場合についてわずかに紛らわしいのは、この帯には増加中の、自分を「クリスチャン」と答えるが、教会に出席することはあってもごくわずかという者が含まれるからである。最後に、図の最上部の帯に対応しているのは（宗教所属についての標準的な質問への反応として）「なし」と答えるアメリカ人の割合である。これらの「なし」の詳細については本章の後段で議論するが、このカテゴリーは全ての宗教系統への所属や帰属を欠いているのを単純に指しているということを念頭に置くのが重要である。これは信念や教会出席について何かを意味する必要は必ずしもない。多くの「なし」は神を信じていると述べ、さらに時折は宗教礼拝に出席することすらある。第1章で論じたように、自らを「無神論者」や「不可知論」であるとみなすアメリカ人はほとんどないくらいに少なく、二〇〇六年の信仰重要性調査三一〇八人のサンプルの中で自己記述にこれらの語を用いたのはわずか五人（〇・二％）にすぎなかった。したがって「なし」は宗教的に所属がないが、自分を無神論者であると考えてはおらず、二〇〇六年の信仰重要性調査ではその半数近く（四七％）が神の存在について「絶対的に確信している」と述べている。図4－4が示すように、宗教所属なしの割合は一九九〇年代初頭までは七％で安定していたが、その時点（本章の第二の余震）からこのカテゴリーは突如増加をはじめたのであった。

図4－4については注意しておくべき点がいくつかある。

第一に、ここで一九七〇年代と一九八〇年代の福音主義台頭の規模について見ることができる。その台頭は真実で統計的に有意なものだが、結局はおおよそ二〇人に一人のアメリカ人を福音派の列に加えたというものである。福音主義の台頭に関して山ほどの書籍と新聞記事があるにもかかわらず、この変化はそれ自体としては、主流派プロテスタントの崩壊との比較を除いては、巨大というようなものではない。

第二に、この福音主義の台頭は一九九〇年代初頭には終わったということを見ることができ、過去二〇年間を通じて福音派信奉者の数は実際には落ち込んでいる。事実、標準的な教派的福音派（バプテストその他）にわれわれの定義を狭めれば、福音派プロテスタントの一九九三年より後の低下はより急激なものとなるが、近年の教派的福音派におけるその損失は非教派的な福音派教会の台頭により一部が相殺されてきた。この事実は広く理解されているわけではないので、再度強調する価値がある——**一九七〇年代に始まった福音派ブームは一九九〇年代初頭には終わっており、それは二〇年近く昔のことである。**二一世紀のアメリカにおいては、膨張する福音主義というのは過去の特徴であって、現在のものではない。

第三に、宗教的スペクトラムの最も保守方向の端で福音主義が台頭し、一九九〇年以降はスペクトラムの最もリベラル方向の端で「なし」の台頭が続いたことによって、スペクトラムのより中道な部分が押しつぶされて結果としてスペクトラム全体が分極化したさまを見ることができる。一九七三年には福音派プラス「なし」でアメリカ人口の三〇％を構成していたが、二〇〇八年にはこの二極が四一％を構成していた。[27]

ここまでの証拠が示しているのは、一九七〇年代と一九八〇年代を通じて福音派プロテスタントに帰属するアメリ

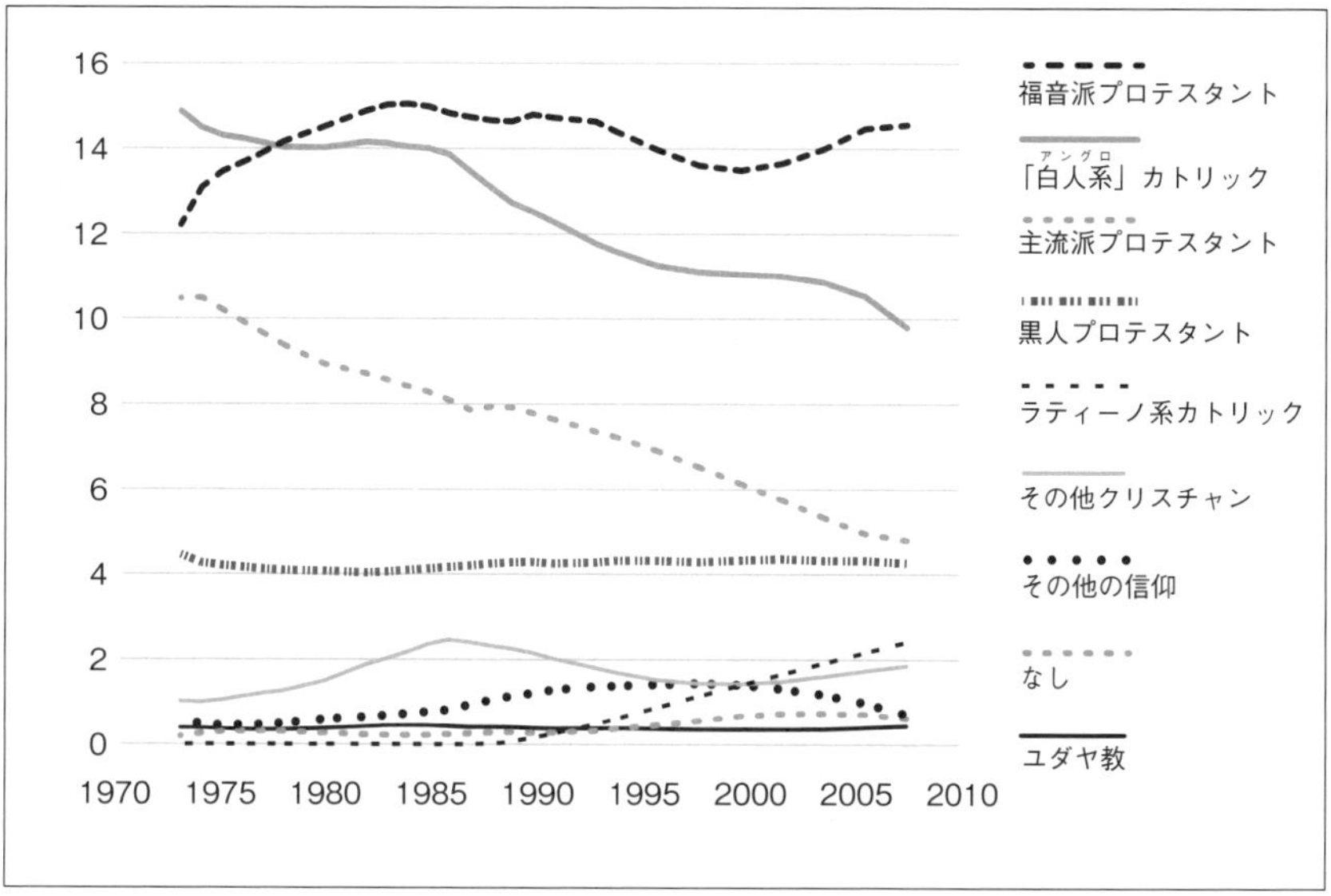

出典：総合社会調査，1973-2008 年；データは LOESS 法平滑化.

図4-5　どの程度のアメリカ人が、どの種類の宗教礼拝に平均的な週に出席していたか（成人100人あたり）

カ人の割合が控えめに増加し、その一方で主流派プロテスタントに帰属する割合が急激に減少したことだが、しかし図４－４ではカトリック教会はこの期間以降比較的無傷であり続けたという印象を残している。この印象は教会自身によって是認されることもあるが、本質的に誤解を招きやすいもので、それは自分が名前の上で帰属している教会に、活動中の人がどの程度いるのかをここまで検討してきた数値は無視してきたからである。

図４－５はこれらの各宗教系統における宗教出席の上昇下降を探るという問題を扱っている。ここでの問いは以下になる――アメリカ人一〇〇人のうち、平均的な週にどの程度の人数がどの種類の教会に出席しているだろうか。例えばこの図によれば、一九七〇年代初頭には全アメリカ人のうち一二％が定期的に福音派教会に通う者だったが、その数は一九八〇年代中盤には約一五％に上昇した。したがってこの図は、特定の宗教系統の信奉者が所定の年にどの程度いたかと、それらの信奉者が実際にどの程度宗教礼拝に出席していたかを同時に考慮に入れている。図４－５には目立つパターンがいくつか現れている。

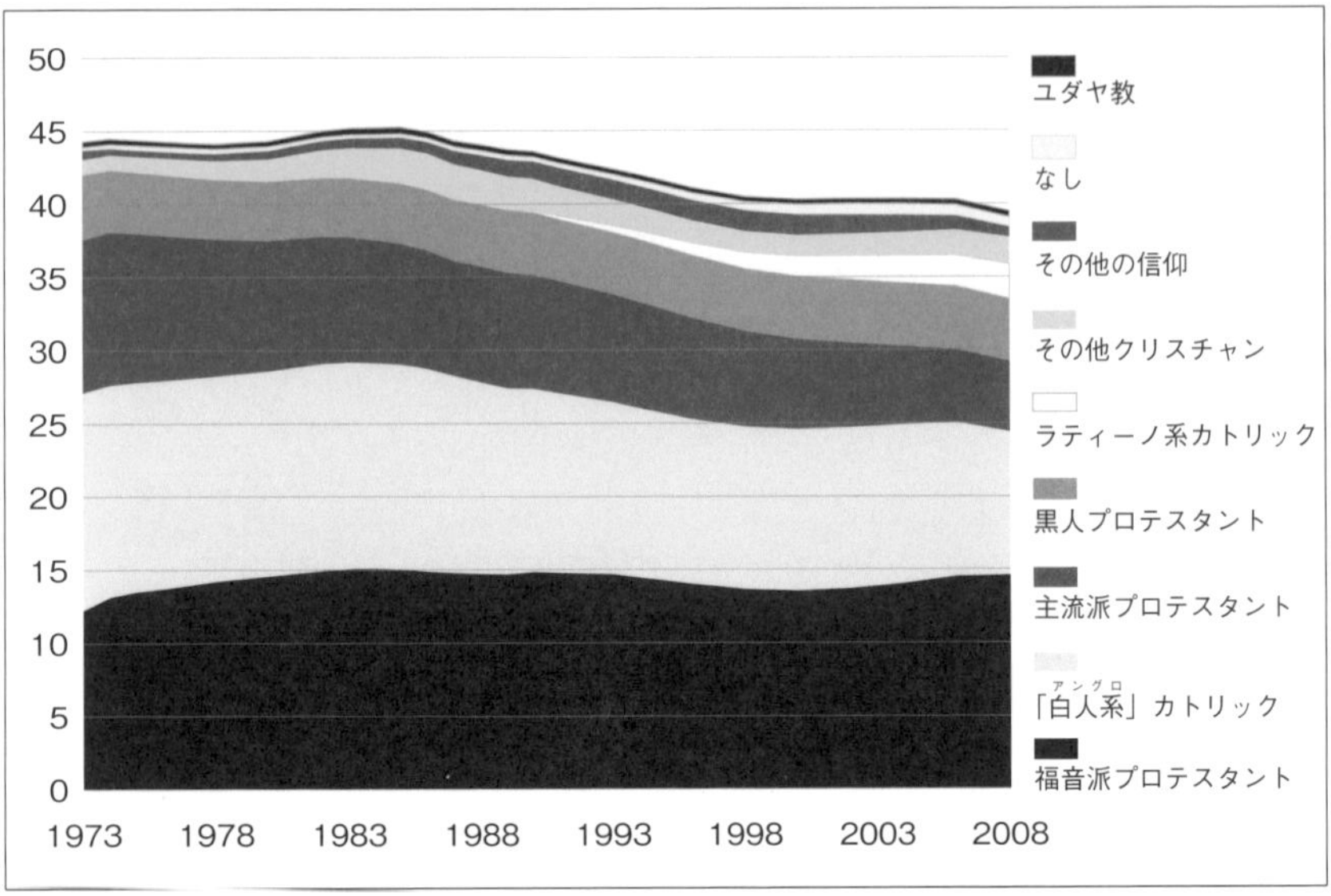

出典：総合社会調査，1973-2008 年；データは LOESS 法平滑化.

図4-6　宗教系統別に見た宗教出席の大きさ（1973-2008年）（成人100人あたり）

まず、福音派の信奉者は日曜日に顔を見せる可能性がずっと高いので、アメリカの信徒席に占めるその割合は、名義上の会員の割合よりも大きい。さらに、図4－4に現れている一九九〇年以降の落ち込みは、出席を考慮に入れると最小化される。要するに、過去二〇年間に福音派教会が信者という点で失ってきたものは、その大半が福音派の熱心さによって埋め合わされてきた。

第二に、名義上のカトリックの人数はこの期間全体を通じて大きく下がってはいないが、日曜日のミサにおける人数は大きくまた着実に低下してきた。信徒席にいる人という点では、カトリック教会はその力のおよそ四分の一を過去三五年間に失っている。図4－5と図4－6に現れている、過去数十年間にカトリック信仰に生じたもう一つ別の波については第9章で検討する――それは、信奉度の高いラティーノ系カトリックの急激な増大である。最近の数十年で、多数の白人民族カトリック（初期の移民の波の孫たち）は教会の一方のドアからそっと抜け出し（大半は棄教したカトリックというカテゴリーに消えた）、多数のラティーノ系移民がもう一方のドアから駆け込んできた。図4－4、図4－5と図4－

6は、これらの新たなカトリックを計算に含めている。[28] これらの新移民の時機を得た到来がなければ、ミサ出席の衰退化はより急激なものになっていただろう。

第三に図4-5は、リベラルなプロテスタントの間では安定した出席があるという従来の説明が誤解を招くものであることを示している。なぜならそのような出席の数値は、主流派教派のうちのいずれかを信奉していると依然として述べている、急速に数を減らしている人々のみに基づいたものだからである。[29] 実際には、信奉度の高い主流派プロテスタントの割合は変わっていないと主張する論者は、主流派の損失の大半は分母（会員数）から来ているもので、分子（出席者）ではないという事実を見過ごしている。

図4-5が意味しているが、容易に見つけることができないものとして、アメリカにおける教会出席者の総数——平均的な週に、どこかの信徒席に座っている人々の数——が、一九九〇年代初頭からかなりの大きさで下落してきたということがある。図4-6は図4-5と同じ情報を提示しているが、合計したときの傾向をより明確に表現する形をとっている。それぞれの帯は、平均的な週に各宗教系統の信徒席に座っている（アメリカ人一〇〇人に対する）人々の数を表している。[30] この期間を通じた（黒人、白人両方での）福音派教会の比較的安定した出席（さまざまな「その他」の礼拝所における安定はしているが控えめな出席と並んで）に対して、カトリックと主流派プロテスタント教会で、特に一九九〇年代初頭以降に埋め合わせ以上の大きな減少があったことが示されている。[31] すぐあとで、この一九九〇年以降の屈折を詳細に検討する。

しかしまず、一九七〇年代後半と一九八〇年代の期間におけるアメリカの宗教について学んできたことは何だろうか。

第一に、長き六〇年代の特徴であった宗教信奉の激減には歯止めがかかりまたある程度は反転し、少なくとも教育水準の高い若者にはそれがあてはまっていた。年長のアメリカ人の宗教実践に一九六〇年代の出来事が与えた影響はずっと小さかったので、正味の影響としては一九七〇年代と一九八〇年代に全体での損失は抑えられた。ギャラップ調査に対して自分の個人的な生活に宗教が「非常に重要である」と答えた者の割合は一九八〇年代初頭にはじりじりと上昇をはじめ、「宗教は今日の問題に答えうる」と述べた数値も同じだった。

アメリカ人は神とのふれあいを取り戻しつつあるように見え、アメリカ人自身が同じギャラップ調査に報告していたものがそれを示していた。「影響を増しつつある」／「影響を減らしつつある」比は、一九五七年には六九対一四を示し、一九七〇年には一四対七五に急落したが、一九七六年には四四対四五、一九八五年には四八対三九に回復した。宗教的に言ったとき、アメリカ人は一九五〇年代に戻ったとはまだ考えていなかったが、しかしそこに向かっているようには見えていた。

その印象が強化されたのは、福音派プロテスタントが信奉者、礼拝者をこの期間に集めたからで、それはアメリカの他の宗教系統との比較で確実なだけではなく、また（適度にではあるが）絶対的な点からもそうだった。全国規模での宗教回復に関して散見される証拠と相まって、公的、私的両方での福音主義の新たな熱情は、六〇年代の最初の衝撃よりも力は弱いものだったが、余震の確かな特徴だった。一九七〇年代と一九八〇年代の地殻運動は、短く言えば、アメリカの宗教風景の保守的な半分の方で最も目立つものだった。

この第一の余震を社会学的に説明できるものは何だろうか？　福音派教会はおそらく、少なくとも一九五〇年代から成長してきており、したがってこれは、厳密に言えば、信仰復興《リヴァイヴァル》ではない。[32] 他方で、カトリックと主流派プロテスタント教派もまた一九五〇年代に増加していたことはこれまで見た通りであり、したがって重要な問題は以下になる――他の礼拝所からのますますの離脱があった一九七〇年代と一九八〇年代に、福音派の教会出席が増加した理由は何だろうか。[33]

福音派の信仰と熱意というより、むしろ今日の宗教社会学者の間で主流となっている説明は、マイケル・ハウトと共同研究者が最も明確に表現しているもので、純粋な人口統計学的要因を強調するものである。[34] 端的に言えば、二〇世紀の大半において、福音派の親はそれ以外の親よりも、子どもを持つことが多かった。さらに一九六〇年代以降、福音派はその子孫を、家族の宗教に留めることに成功した（宗教の継承に関するさらなる議論は第5章を参照）。より多く子どもがいて、そのうち信仰に留まるものが多ければ、次世代でその信仰に多くの人がいることを間違いなく意味することになる。

ストーリーにおける重要な部分にここがなっている。ハウトと共同研究者は、福音派の間で出生率が高いという説得的な証拠を提示していて、われわれ自身の信仰重要性調査でも、福音派は自分の子どもを信仰の内部に保つことを他のアメリカ人よりも気にかけるという彼らの見立てが確認されている。この人口統計学的ストーリーが含意するのは、福音派教会はおそらく一九六〇年代以前でもより早く成長していたということで、この点についての厳密な証拠はまれであるが、それは真実であるとわれわれは信じるものである。

しかし、過去四〇年間の福音主義の台頭と引き続く落ち込みを人口統計学的要因のみで単独で説明できるということについては、いくつかの理由でわれわれは疑いを持っている。第一に、福音派教会はこの数十年間で改宗者からもやはり多くを獲得してきており、それは他の宗教系統と、以前は教会に属していなかった者の両方からとなっている。今日の福音派のおよそ三分の一は福音派として成長したわけではなく、そして福音派教会が第一の余震を通じて成長していたとき、その中で改宗者の占める割合もまた成長していた。一九七〇年代以降ずっと福音派は改宗者を、応分の取り分よりもずっと多く得ており、それは「応分の取り分」をどう計算しようとそうであった(35)。要するに、福音派の成長の大きな部分は、新たな改宗者から来たのである。

第二に、最近の数十年間の福音派は、他の宗教系統の大半と比べて被った世代間損失が少なかったとはいえ、福音派の子孫がそれほど忠実であり続けたわけではなかった、ということがある。つい一九六〇年代まで、福音派の子息が社会的ヒエラルキーを上昇していくときには、福音派から主流派教派に移行する傾向があった――バプテストの礼拝堂から聖公会の教会へと、シボレー《シェビー》を下取りに出してビュイックにするのと同時に移動することは、中間階級の面目を示す伝統的な目印だった〔シボレー（略称シェビー）はアメリカの大衆車、ビュイックは高級車として、現在はどちらもゼネラルモーターズの販売する乗用車ブランド。〕。しかし一九七〇年代と一九八〇年代には、最も教育水準の高い福音派の若者が自分の元来の信仰に残って、したがって福音派教会を増強し、一方で同時に福音派は全体として社会階層を上方に移動した。言い換えると、福音派の子どもの忠実性は第一の余震と同時に上昇した。そのような忠実性の上昇は成長のストーリーにおける重要な部分だが、それ自体が説明を必要とする。第一の余震の時に、非福音派を福音派の旗の下に引き寄せたものが何であれ、それが同時期に福音派子孫の忠実性が増加したこともまた説明するかもしれない、ということはありそうに思われる(36)。

最後に、福音派の世代的プロファイルは、この人口統計学的説明と完全に一貫してはいない。もし出生率のみが差を説明するのなら、集団としての福音派は残りの人口よりも若くなければならなかったが、それは事実とは異なるものだった。さらに、もし出生率が話の全てであったのなら、福音派の成長は連続する出生コホートの間で見られなければならず、その内部で見られるということにはならないが、これもまた事実ではなかった(37)。最後に、長期間の人口統計学的な算数には慣性があるので、少なくともあと数十年間、福音派の出生率が非福音派の出生率に収束したあとも、人口に占める福音派のシェアを押し上げ続けるべきであった。そのような増加が起こらなかったということが意味しているのは、人口統計に加えて何かが福音派信奉に影響していたということである。これは明らかに捉えにくい問題で、それを完全に解き明かすのに必要な全ての証拠を有する者はいない。しかし、福音派の数が第一の余震の時期に成長したことについて、(その家族的起源を越えた)別の何が福音派を特徴付けているのかについて問うことは重要である。

おそらく驚くべきことだが、全国規模での右派方向への神学的移動という可能性は排除することができる。例えば確かに、集団としての福音派は他と比べて、聖書の無謬性という福音派神学のまさしく根幹を信じている可能性がずっと高い。しかしこの数十年間、プロテスタント根本主義《ファンダメンタリズム》の古典的教義――例えば、聖書を字義通り神の言葉として信じること――への支持は上昇してこなかった。その反対に図4-7(ギャラップ調査データから作成)が示すように、聖書字義主義はほぼ半世紀を通じ着実に落ち込んできた。総合社会調査からの証拠は完全に一貫しており、さらに示されているのは、字義主義の水準《レベル》は福音派の間で他のアメリカ人に比べて二倍高いが(およそ六〇%に対しておよそ三〇%)、字義主義の変化傾向《トレンド》は福音派と非福音派の間で一致しているということだった――実際、聖典が字義通りに真実であることについての信念は、アメリカの全てのキリスト教派で下落している。さらに、これら全てのケースで、説明は同一になる――若い世代は教育水準が高く、そして教育水準の高い人は(どのような宗教系統でも)聖書の解釈で字義的になることは少ないので、ゆっくりだが着実な世代交代の過程は、アメリカの全ての教派を字義的でない方向に移動させている。加えて、一九七〇年代と一九八〇年代の福音派信奉の成長は実際には教育水準の高いアメリカ人に集中していた。したがって一九七〇年代と一九八〇年代の福音派教会の熱気と成長は「昔風の宗教」に向かういくぶん大きな改宗に基づいているものには思われない(38)。われわれのストーリーの第一の余震は、確か

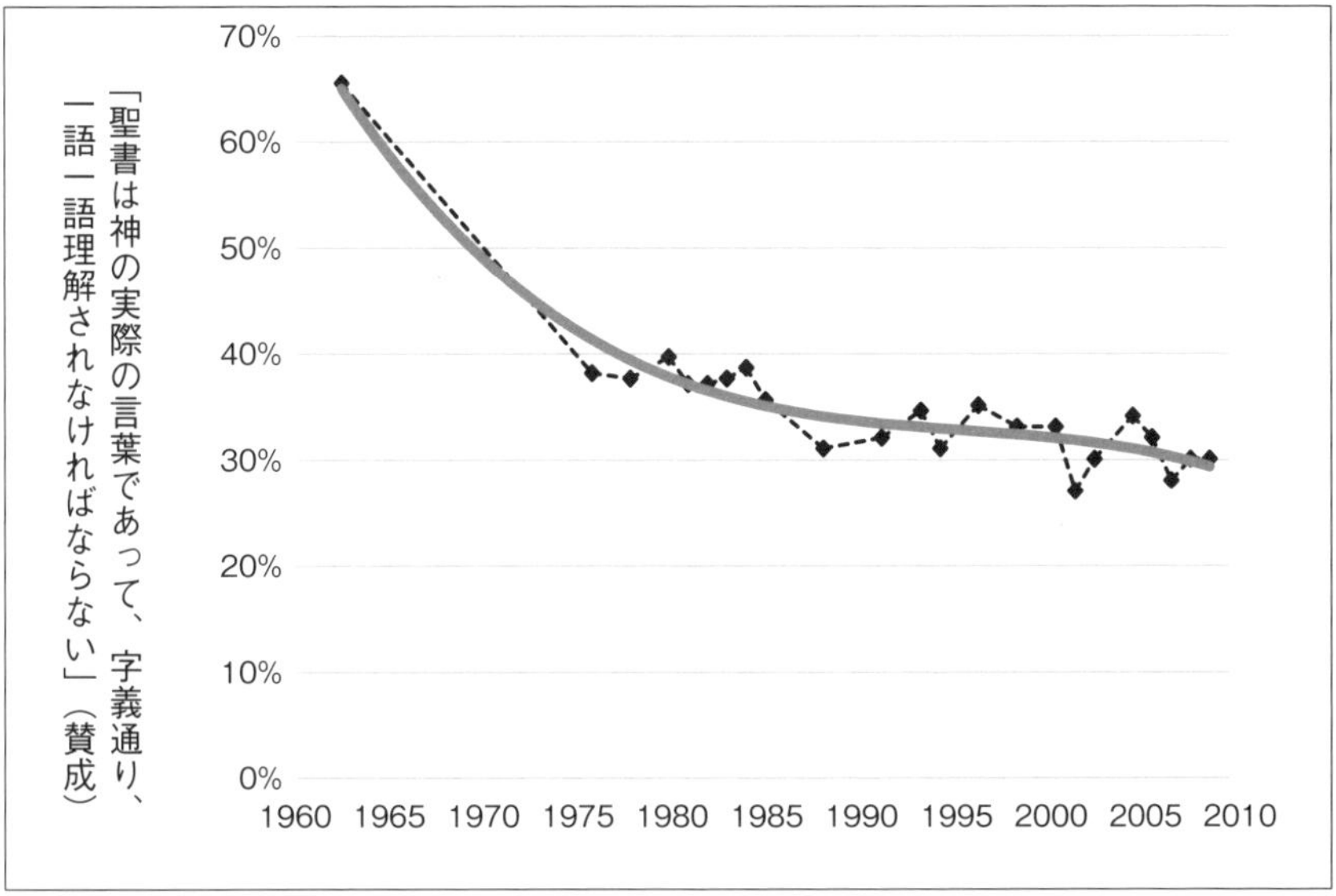

出典：ギャラップ調査の各種出版物より.

図4-7　聖書字義主義の低下（1963-2008年）

に真実のものだが、神学的な復興運動に突き動かされたものではなかった。

したがって人口統計は一九七〇年代と一九八〇年代の福音派台頭の背景の一部であるが、それが話のすべてではない。神学的な改宗は、個々の崇拝者にとっては重要なことであったかもしれないが、全国的移動の説明にはならないように思われる。第三の大きな説明は、計量化はより難しいが、しかしおそらく重要なものである――それは、これらの時期に福音派の宗教リーダーが持っていた組織的エネルギーと創意性である。第6章でより詳細を議論するが、魂の救済に手をさしのべる上でアメリカの福音派は常に革新的な起業家であり続け、そしてこの期間にそれは確かに真実だった。第二章の挿話には、そのようなイノベーションのいくつかが例示されていた――現代的音楽に現代的典礼、小グループの広範な利用、アメリカ人の転居しつつある場所での新たな会堂の建設、アメリカ人の新世代にとって教会を魅力的なものにするための最新マーケティング技術の適用、といったものである。[39] もちろん、他の宗教系統――主流派プロテスタント、カトリック、その他――はそのマーケティング戦略に追随することができたし、やがて、この新しいテクニックの有効性を目の当たりにしてそのようにしたことは、第2章でボストンのトリニティ聖公会教会を訪問したときに触れたとおりである。一九八四年にはジョセフ・バーナーディン枢機卿が最初のカトリック・メガチャーチである聖家族カトリック・コミュニティをシカゴ郊外に、「ローマカトリックの伝統における福音派教会」として創立している。これは三マイル先にあって、米国初の主要な福音派メガチャーチであるウィロークリーク・コミュニティ教会を明らかにモデルにし、またそれと競うものであった。[40] しかし、シアーズが遅ればせながらウォルマートを模倣したように、彼らの演じたのは巻き返しだった〔両者ともアメリカの小売業チェーン。全米第一の業者であったシアーズは、後に台頭したウォルマートに一九九〇年代に追い抜かれた。〕。

しかしこれらよくある説明――人口統計、神学、マーケティング――のいずれも、最初の余震を十分に説明するものとは思われない。われわれの信じるところでは、長き六〇年代以降の福音派運動の成功における単独で最も重要な要素は、聖パウロがコリント人に対して自らの信仰を堅持するようなした訓戒に記されたものである。「ラッパがはっきりとした音を出さなければ、だれが戦いの準備をしますか」と。[41] それは多くのアメリカ人が、自分の根本的な道徳と宗教観に対して根深い矛盾を感じた混迷の時代だった。他のラッパははっきりとしていなかったかもしれないが、福音派のラッパはそうではなかった。福音派はパウロの助言を心に留め、自らの価値のために立ち上がる備えができていたのである。

福音派に特徴的な道徳観は、根本主義という祖先から受け継がれたもので、暗く、いくぶんピューリタン的（あるいはビクトリア朝的）である。彼らの共有する視点は、世界は罪深く神は苛烈な裁きをするというものである。彼らにとって、天国、地獄、そして審判の日は現実であって比喩ではなく、そして道徳問題は絶対的な、黒か白かという点から枠付けされていた。[42] 二〇〇六年の信仰重要性調査では、福音派の四分の三が「何が善で何が悪かについての絶対的に明確な指針が存在する」と述べていたが、一方で非福音派の多数はむしろ、「何が善で何が悪かについては、絶対的に明確な指針はありえない」と答えていた。福音派のスタンスは、六〇年代の文化から強く疎外されていたアメリカ人に完璧に調和するものだった。こういった人々の中には福音派にルーツを持ちしたがって（他宗教系統の比較対象と異なって）自身の宗教的関与を新たにする方に向いた者もあれば、初めて福音派の輪の中に引き込まれた者もいた。

二〇〇六年という、全国的に突出し勢力を増大させてから四半世紀の経過後でさえも、[43] 福音派プロテスタントの三分の二以上は信仰重要性調査で自分の価値観が「極めて」あるいは「ある程度、今日のアメリカで脅かされている」と答えており、この臨戦態勢の感覚は他のあらゆる主要な宗教系統より大きなものであった。もし六〇年代に関する何かが保守的価値観を脅かし、保守的福音派の訴えを高まらせたのだとしたら、その何かとは何であったのだろう。ここに示すのはいくつかの可能性だが、実際には実証的支持をほとんど見いだせていないものから始める——

・**「偉大な社会《グレート・ソサエティ》」のリベラリズム。** このトピックは多くの政治的保守派を刺激し、その中には福音派でもあった者もいたが、それは福音派宗教指導者の主要なテーマになることはなく、第一の余震で役割を果したという証拠はない。総合社会調査の示すところでは、政府の福祉政策について最も懐疑的な者が、福音派教会に見いだされる可能性が高いということはなかった。

・**公民権運動。** 南部の小都市にある福音派の中心地は、同時に人種改革に対する南部諸州《ディクシー》の大規模な抵抗の中心でもあった。人種差別撤廃は、南部の保守的民主党員の多くを共和党陣営へと移した。一九七〇年代終盤にカーター政権が「白人系学園《ホワイト・アカデミーズ》」〔南部に見られた、人種分離的に運営される私立の宗教系学校（Segregation academy、「分離学園」）を指す。〕を宗教組織免税の対象から除外するのに努力したことは、宗教右派の創始を誘発した。したがって、人種差別的な反発《バックラッシュ》が福音派教会の台頭に役割を果たしたかもしれないというのはありそうに思える。しかしこれから見るように、住んでいる場所という理由もあって福音派が非福音派と比べて人種分離を擁護する姿勢が見られる一方で、この次元においてのそのような特徴は福音派の成長とともに減少していった。人種間結婚や黒人大統領の可能性のような問題における福音派と非福音派の間の格差は一九七〇年代と一九八〇年代の間に狭まり、このことは新しく加わった福音派がはじめから平均よりも人種差別的でなかったか、あるいは福音派の教えへの接触が、少なくともこの期間は分離への支持を減らしたことを示唆している。したがって、人種差別と分離支持は、実際には福音派台頭の主要素ではなかったというのがわれわれの結論である。

・変化する性役割《ジェンダーロール》。一九七〇年代はアメリカで性別規範と性役割における劇的な変化を目の当たりにし、多くのアメリカ人はそれらの変化を歓迎したものの、（男性女性両方の）相当数の少数派はそうではなかった。根本主義者が長きにわたって支持してきたのは、より伝統的な性役割――「女性の場所は家庭にある」であった。しかし第8章で詳細を議論するが、そのような見方は強く根本主義的な福音派の間ではありふれたものであり続けているものの、それらは――すべての宗教系統で、福音派全体を含んで――現在では一世代前よりもずっと一般的ではなくなっている。福音派が拡大したのとちょうど同じ時期に、福音派の間での性役割についてのものの見方は、進歩的な方向に急激に移動した。「戦闘的フェミニスト《ブラ・バーナー》」や「ウーマンリブ活動家」、そして一九六〇年代と一九七〇年代の男女平等憲法修正条項の支持者たちが激怒したような伝統的な性別規範は、福音派台頭の要因としてはせいぜいが控えめで、また衰えつつあるものだった(44)〔一九六八年のミス・アメリカコンテストにあわせ、下着やハイヒールをはじめとした女性の抑圧を象徴するものをゴミ箱に捨てる抗議が行われた。そこでブラジャーが燃やされたという逸話が広がり、過激なフェミニストを指してブラ・バーナーと呼ぶ表現が現れた。〕。

・政教分離を拡大した最高裁判決。鍵となる判決――学校において政府の作成した祈祷を禁止した一九六二年のエンゲル対ヴィタール事件、そして義務的な聖書朗読を禁じる一九六三年のアビントン対シェンプ事件――は大きな不満を呼び起こし、福音派は抗議において最も声の大きな中にいた。憲法を修正して学校内での祈祷が許されるようにしようという活動は瓦解したが、それはどういう種類の祈祷が許されるべきかや、生徒への離脱の機会提供をめぐって支持者たちの論争が起こったからであった。校内での祈祷や公共広場における宗教についての見方が、第一の余震をめぐるストーリーの一部なのだろうか。これから提供する証拠によれば、校内での祈祷や公共広場における宗教についての見方は福音派の成長に対し、せいぜいが控えめという程度の寄与要因であった。

・道徳的退廃と性的寛容性。すでに見てきたのは、一九六〇年代の終わりから一九七〇年代初めの数年間に、劇的に性的規範が変化したさまだった。婚外交渉、同性愛、ポルノグラフィーそして中絶の含まれる、これら相互に結びつき合った問題は長き六〇年代に白熱した。その時代に全国的な規範はリベラルな方向に変化したが、その変化自体はあらゆる世代の保守的なアメリカ人にとって、根本的な道徳変化に感じられた。文化革命に飲み込まれなかったアメリカ人は、その革命（そして、その社会的、道徳的帰結になるだろうと彼らが恐れたもの）に対する自らの抵抗への支持を、より保守的な宗教系統に求めた。すぐ後に見るのは、性道徳（あるいは不道徳）についての懸念が、福音主義の台頭に緊密に結びついているということである。

これらの観点はそれぞれ第一の余震と、一九七〇年代と一九八〇年代の福音派の台頭においてどの程度重要だったのだろうか。その質問に実証的に答える、単独で完璧な方法は存在しない。しかし、これらの点について福音派の見方が非福音派といかに異なっているか、特に一九七〇年代初頭から一九九〇年代初頭の間の福音派の拡大が最大であった時期について検討することにより、一定の手がかりを得ることができる。

その成長が、一九六〇年代の結果として生じた道徳的問題に関する福音派教会の立場と関連しているのであれば、福音派とその他の人々の見方における格差は大きなもので、安定しているか拡大中のはずである。他方でもし福音派と他のアメリカ人を対比したときに、その見方が、福音派の拡大を通じて収束する傾向にあれば、それらの点は、第一の余震において重要な部分ではないと結論づけるのが妥当である。

背景として、長き六〇年代を通じて以前描写したような性的な社会慣習における劇的な変化があったことを思い出してほしい。多くのブーマーがその一連の変化を「性的解放」として経験した一方で、あらゆる世代の他の多くのアメリカ人は、この新たな「放縦さ」に仰天した。同性愛、中絶やマリファナについて六〇年代がバックミラーの中に遠ざかっていくと、一九七〇年代と一九八〇年代のアメリカ人の若者の間での見方は実際には保守的な方向に動いていった。一八歳から二九歳の間で、同性愛は「常に悪い」という見方は一九七四年の六二％から一九八七年の七九％に上昇し、マリファナの合法化への反対は一九七六年の五〇％から一九九〇年の八〇％に上昇した。したがって、六〇年代のもたらした多くのライフスタイル変化に対する反発《バックラッシュ》——全面的でも一様でもでもないが、しかし大きな——について言及することは妥当である（この反発に性役割と女性運動は、人種間結婚のような差別の基本的問題に並んで含まれておらず、そこでの意見はリベラル方向への変化を続けた）。これら若年層の揺り戻しは人口全体とすると弱まるが、それでも国全体の雰囲気は社会的、道徳的問題についてより保守的になった。

それを背景として、図4－8は六つの関連する問題について、福音派とその他アメリカ人の意見の水準と傾向を比

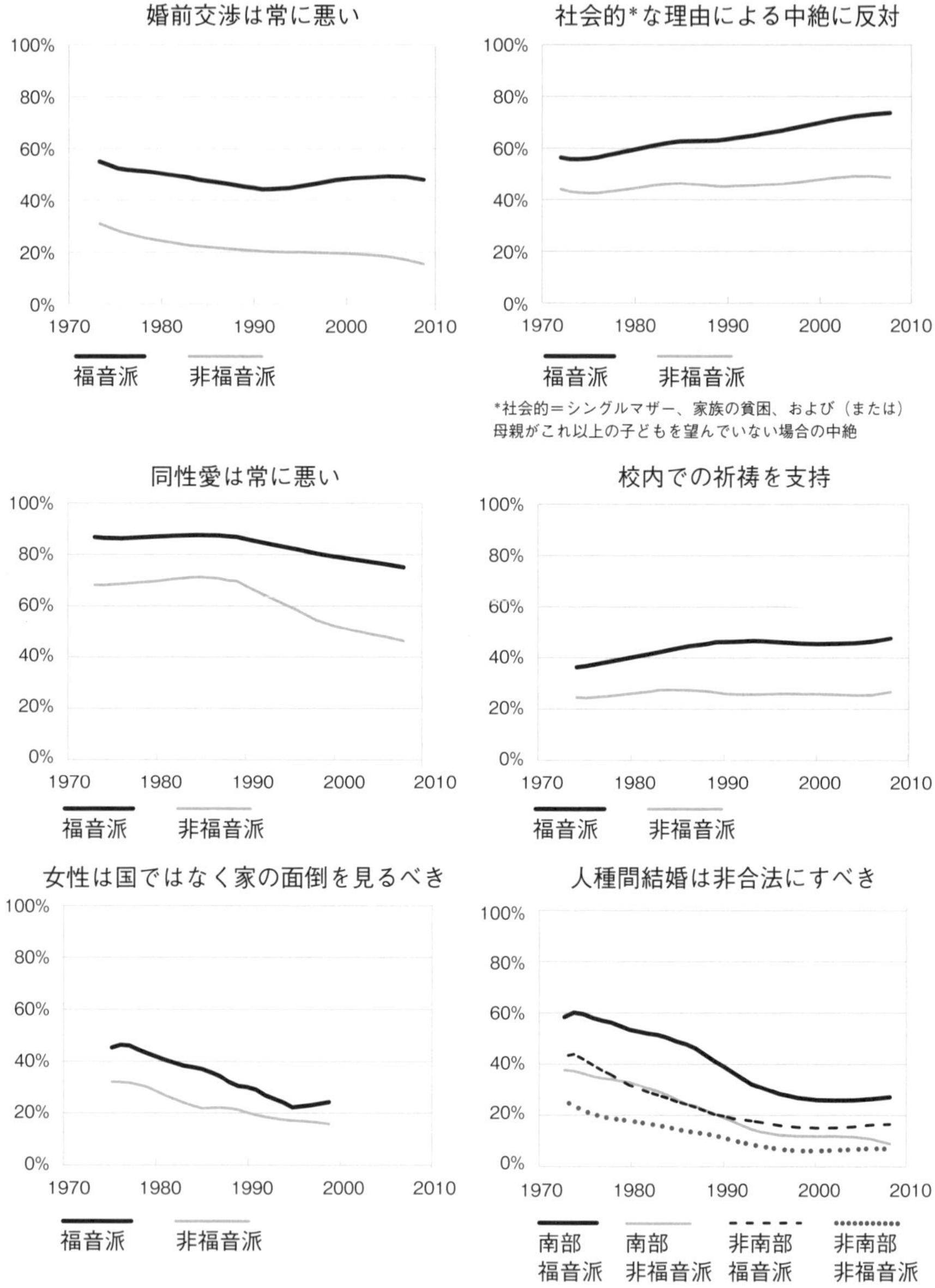

出典：総合社会調査，1973-2008 年；データは LOESS 法平滑化.

図4-8　福音派所属と道徳－社会観（1973-2008年）

較している。格差は婚前交渉について最も広くまた拡大しており、それに同性愛、中絶、校内での祈祷が続く。人種統合についての格差は大きいが、その理由の多くは福音派が南部に集中していることで、そして福音派の数の増大につれてその格差は狭まっている。性役割における格差は、第8章で議論するように現実のもので、とりわけ家庭外での女性就労の点についてそうであるが、一九七〇年代と一九八〇年代を通じて、福音派と非福音派に同じようにリアリティとして受け入れられている。

第一の余震を通じて福音派が花開く一方で他の宗教系統が色あせていったとき、第一に個人的な性道徳についての見方（その中では婚前交渉が鍵となる目印である）によって福音派は特徴付けられており、校内祈祷をめぐる教会─国家問題がそれに並んでいた。第一の余震は多くのことによって引き起こされたのは確かだが、しかし中心テーマは崩壊する性道徳をめぐる懸念だった。

これら諸点のいずれがこの期間、福音派とその他のアメリカ人を分けていたのか、さらに統計学的な詳細を探索したが、そのときは人口統計学的差異に並んでこれらすべての問題についての見方を同時に統制した。[45]この意味で統計学的な双子二人を比較すると、婚前交渉が「常に悪い」と判断する者は、婚前交渉を「場合によっては」あるいは「常に」許容できると判断する者より福音派である可能性が二倍近かった。このテスト法によって同じく重要であったのは同性愛、フェミニズム、中絶、そしてポルノグラフィーであったが、それらのいずれも婚前交渉ほど強力なものではなかった。これらを統制要因に加えた状態では、校内祈祷に対する見方は福音派と非福音派を区別する上での強さが劣っていることが明らかになった。われわれの全分析で、婚前交渉に対する意見が（中絶や同性愛よりも）もっとも頑健に福音主義と関連しており、福音派の成長を誘発したものは強い注目を集めている政治的問題よりも、むしろ深く個人的な道徳的懸念であったことが示唆されている。

実験的証拠（対になる対象者に婚前交渉について異なる意見を持つよう人工的に誘導し、その後福音派になったかどうかを見る、あるいは何人かの人をランダムに福音派になるよう割り付け、それが彼らの性的なものの見方にどう影響するかを見る）の欠けている中では、原因と結果をここで整理することはできない。人々が福音派教会に動いたのは、性道徳の低下に動揺したからだろうか、それともそこに動いたのには何か他の理由があって、その後にセックスに関する保守的なものの見方を獲得したのだろうか。あるいは（よりありそうなことだが）長き六〇年代の世界に同時に起こった変化に対する懸念が、こういった問題について彼らをより保守的な方向に動かし、またそのような懸念が最も熱く力説された宗教系統に積極的に参加するよう彼らを動かしたのだろうか。われわれに入手可能な証拠ではこれらの問題を解決することができない。しかし言えることは、多くのアメリカ人が長き六〇年代の公的、私的道徳を深く懸念するようになり、そういった人々のうち均衡を失するほどの多くが、一九七〇年代と一九八〇年代に最終的に福音派の信徒席に落ち着いたということである。

アメリカ政治における神格差《ゴッドギャップ》の出現に関する第11章において、ジェリー・ファルウェルやパット・ロバートソンのような、法衣をまとう人間にして政治に聡い戦略家である指導者がいかにして宗教的、道徳的そして政治的な保守主義という新たな組み合わせを利用して宗教右派を作り上げていったのかについて論じる〔両者とも有名な保守的キリスト教牧師で、テレビ伝道師。前者は政治圧力団体のモラル・マジョリティ、後者はクリスチャン・コアリッションの創設で知られる。〕。宗教右派の指導者たちは、第一の余震の期間に福音派宗教が台頭したことの原因ではないが、しかし彼らのそれへの反応の仕方は、少なくとも当初は、非常に効果的なものだった。宗教性と保守政治はますます結びつきを強めていくようになり、中絶と同性愛者の権利は、姿を現した文化戦争における象徴的な存在になった。われわれの当面の目的としては、この第一の余震の最も重要な結果は宗教そのものと保守主義（神学的、社会的、道徳的、そして政治的な）がますます共生的になり、そしてとりわけ大衆の視点では、宗教右派としてみなされるようになったということである。宗教的なアメリカ人の多くにとって宗教と政治の結びつきは、念願の成就、そして六〇年代の行き過ぎに対する適切な仕返しを意味するものであった。他の多くのアメリカ人に、それほどの確信はなかった。

一九九〇年代と二〇〇〇年代——第二の余震——宗教からの若者の離反

一九九〇年代が幕を開けたとき、保守的なキリスト教徒が公的な存在感を増していることについて多くのアメリカ人がますます不満を抱くようになっていた。一九八〇年の第一の余震のただ中で、進歩的福音派であるジミー・カーターが投票にかけられていたとき、大統領候補が福音派を公言していた場合それは自分には重要な意味を持っていると述べた全投票者のうち、そのような候補者に投票する可能性が高いと答えた者は、そうする可能性は低いと答えた者の二倍に上った〔第三九代アメリカ大統領（民主党、一九七七〜一九八一）。一九八〇年の大統領選挙で共和党のロナルド・レーガンに敗れた。〕。しかし一九八八年、宗教右派が知られるようになってから一〇年近くが経過しての同じ質問への反応では、重要な意味を持っていると述べた者のうち、自分はそのような候補には投票する可能性が低いと答えたのが安定的な多数であった。「宗教右派」と「キリスト教右派」という用語は、大半のアメリカ人の見方では侮蔑的なものとなり、宗教と政治イデオロギーの不健全な混合を表していた。[46]

早くも一九八四年にはギャラップ調査によれば、宗教集団が特定の候補者に反対するキャンペーンを打つという考えに大半のアメリカ人が反対していた。宗教指導者は公的問題の宗教的意味について発言すべきだという、アメリカ史では称賛の伝統ある実践については、大半が賛成していたのであるが。モラル・マジョリティやジェリー・ファルウェルのような宗教右派のシンボルについては、大半の有権者が好ましくないと捉えていた。政治学者ルイス・ボルスとジェラルド・デ・マイオが示したのは一九九〇年以降、「キリスト教根本主義者《ファンダメンタリスト》」はますます世論の中で、単に議論含みの主張をしているというだけではなく、イデオロギー的に政治への介入を行い、福音派に共和党を結びつけたものとして認識されるようになったということである。[47]一九九一年より後、宗教指導者は人々の投票や政府の意思決定に影響を与えようとするべきではない、と深い懸念を表明するアメリカ人の数はますます増加していった。図4－9はこの証拠をまとめている。同様にギャラップ調査では、組織宗教の持つ影響は弱まるべきだという見方が二〇〇一年の二二％から二〇〇八年の三四％まで全国的に拡大したことを示している。[48]

この変化は宗教的スペクトラムの全ての部分で見られたが、その強度は福音派の間で最も小さく、増大する「なし」という、全ての宗教帰属を拒否する者の間で最も大きかった。ある調査によれば若いアメリカ人は宗教を、善悪の判断が一方的で、同性愛嫌悪的、偽善的で、そして政治的に過ぎると捉えるようになっていた。[49]これら全てが、第二の大きな余震がアメリカの宗教的風景を揺り動かそうとしていることの予徴だった。しかし、一九九〇年以降に「なし」が台頭したことこそが、この第二の地震が始まったことの紛れのないしるしとなった。

歴史的に見ると、宗教性の程度はいかなるものであれ、ほとんど全てのアメリカ人はどれか一つの宗教に帰属して

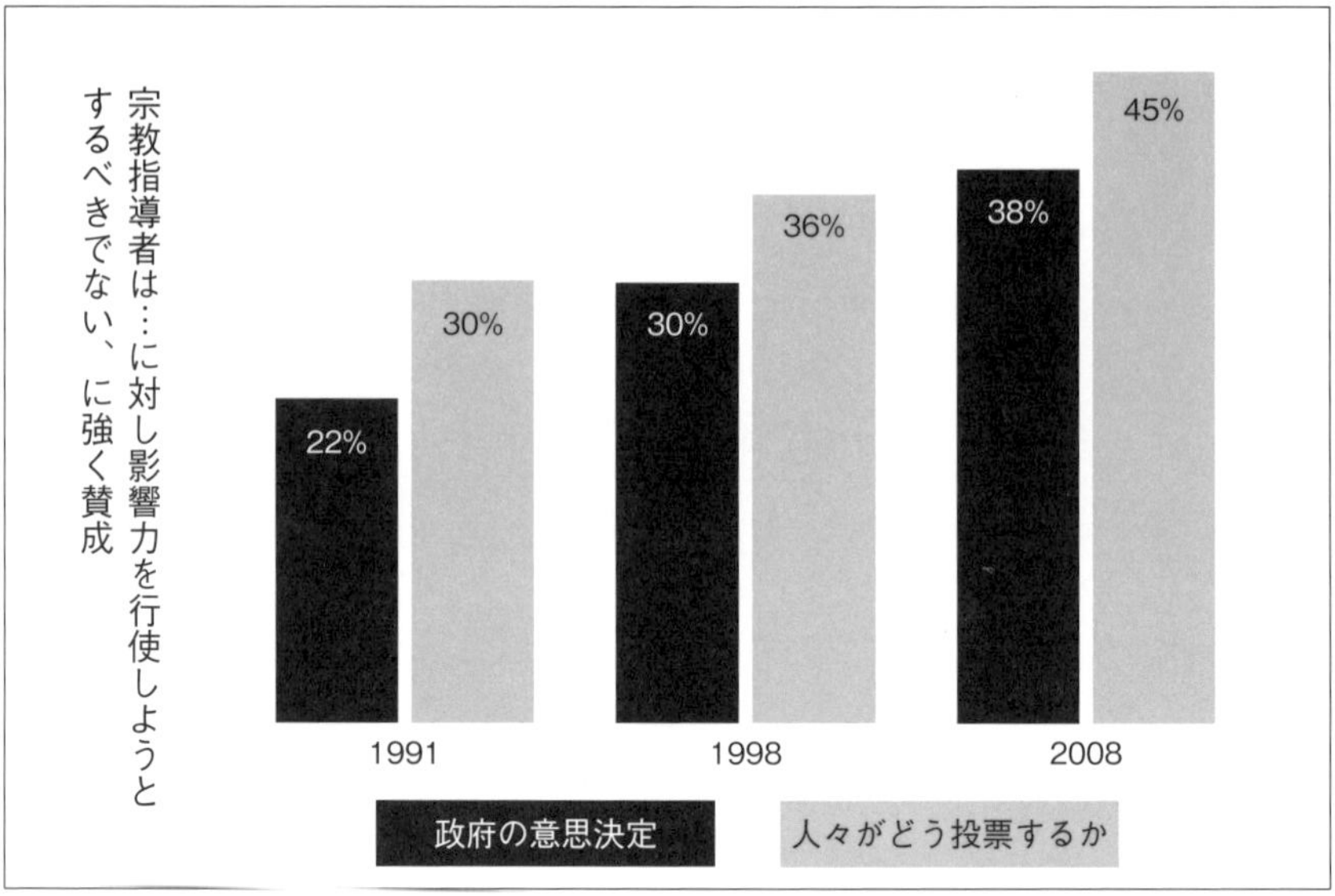

出典：総合社会調査.

図4-9　宗教指導者の影響力に対する反対の拡大（1991-2008年）

いた。[50]「あなたの宗教選好はなんですか」という標準的な質問に対する一九五〇年代の反応では、おおよそ九五〜九七%が特定の教派（メソジスト、バプテスト、その他）か宗教系統（キリスト教、ユダヤ教など）のどちらかを答えていた。「なし」や「特にはない」と述べる回答は非常に小さな割合にすぎなかった。[51]長き六〇年代の衝撃は、「なし」の全国的発生を約五%から約七%に増加させ、それは一九九〇年代初頭までほぼ変わることがなかった。

しかしその時点において、「なし」と述べるアメリカ人の割合は突如上昇をはじめ、そしてほぼ時を同じくして「全く」教会に通っていないと述べる人々の割合もまた上昇をはじめたことは、図4-10に示されている通りである。この図が捉えているのは、われわれが第二の余震と呼んでいるものの本質とそのタイミングである。

ここまで議論してきた先行する転換点とちょうど同じように、一九九〇年代の「なし」の台頭は世代要因によって引き起こされた部分が大きい。図4-11の示す通り、「なし」の発生は一九六〇年以前に成人したブーマー前世代では約五〜七%であるが、ブーマー（一九六〇年代、一九七〇年代そして一九

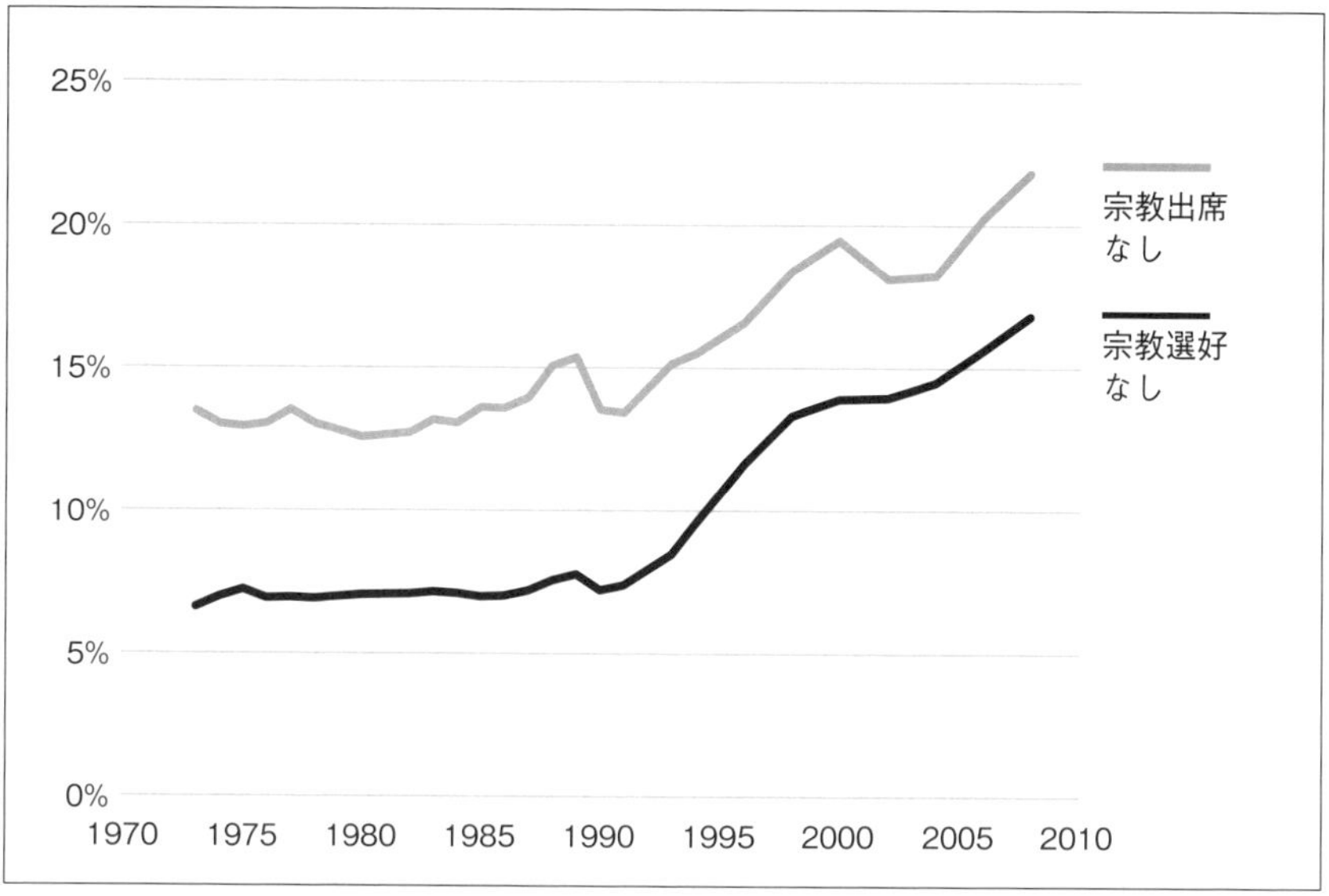

出典：総合社会調査；データはLOESS法平滑化.

図4-10　空になる信徒席と増大する「なし」（1973-2008年）

八〇年代に成人した者）の間では約一〇〜一五％に倍増し、そして二〇〇〇年以降、ブーマー後世代（一九九〇年代と二〇〇〇年代に成人した者）の間で約二〇〜三〇％に再び倍増した。[52] この図にはまた、若い世代が加齢するにしたがって、組織宗教へのつながりを増すようになっていくことを示す証拠もない——実際は全く逆となっている！　二〇〇〇年以降に世代遷移が意味してきたのは、宗教所属はないと答える者がわずか五％にすぎなかったコホートが、宗教はないとおおよそ二五％が答えるコホートによって置き換わりつつあるということで、全国的な「なし」発生の莫大な増加をもたらしている。

以前の激震、余震と同じように、アメリカ人自身も第二の余震に気がついていた。アメリカの宗教についてのギャラップの標準質問に対する回答において、「影響を増しつつある」／「影響を減らしつつある」比は一九五七年の六九対一四から一九七〇年の一四対七五へと急落したように、六〇年代の衝撃がアメリカ人の胸に刻まれていたことを思い出そう。二一世紀の最初の一〇年間の間に、この比は二〇〇一年の五五対三九から二〇〇九年の二五対七〇に下落しており、アメリカ人は再び地面の揺れを感じて

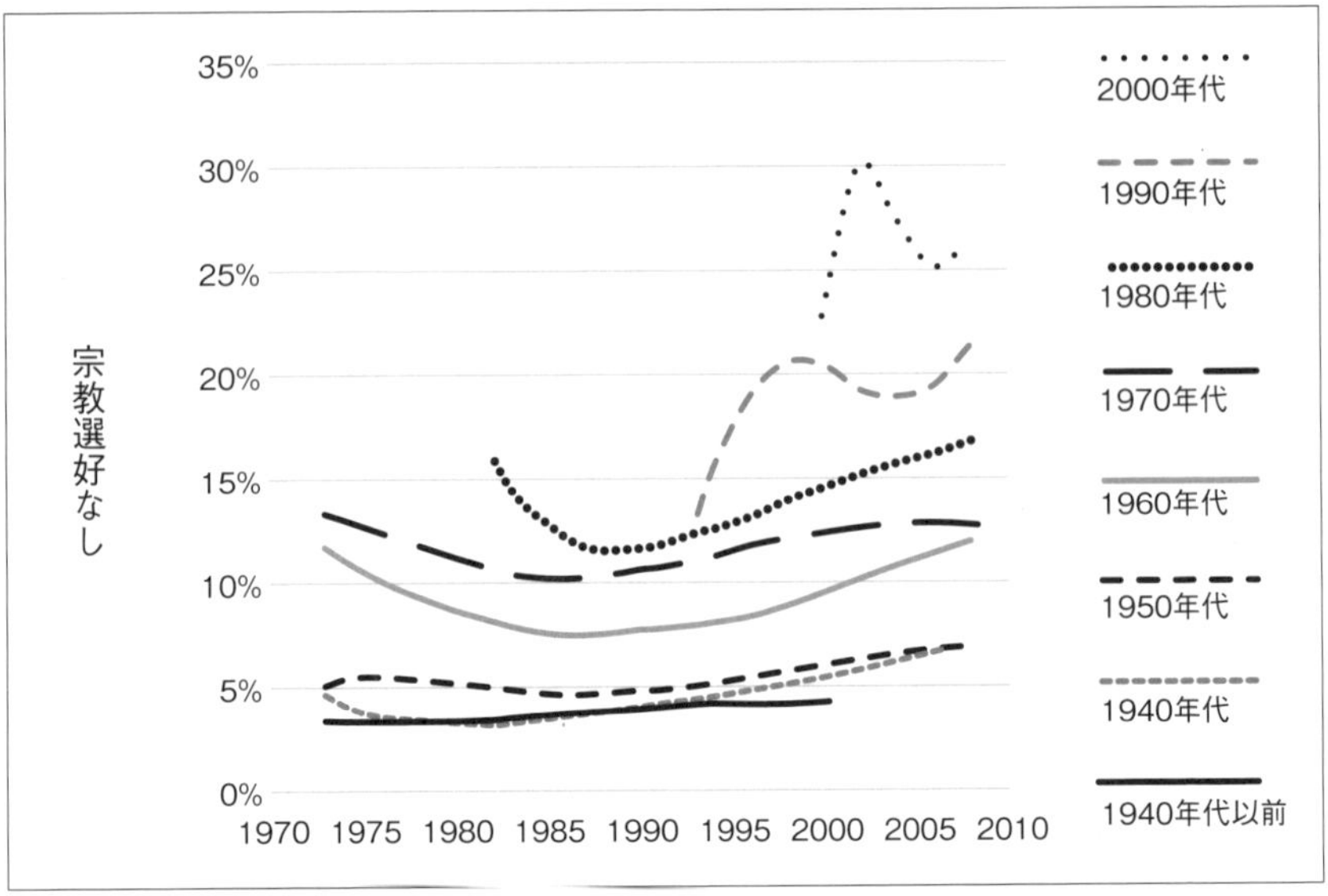

出典：総合社会調査；データは LOESS 法平滑化.

図4-11　「なし」の台頭
回答者が成年に達した年代別（1972-2008 年）

いた。[53] この第二の余震のマグニチュード《リヒター・レイティング》は、第一の余震のそれよりも大きく、六〇年代の強大な、そもそもの本震のそれに匹敵する。

繰り返すが、この最新の衝撃は最若年の世代で一番はっきりと現れており、それは大学新入生の年次調査と、総合社会調査からの証拠をまとめた図4－12、図4－13に明らかである。[54] 新入生データが示唆しているのは、大学生の間での無宗教の増加は一九八〇年代中盤に始まって一九九〇年代中盤に加速していることと、宗教出席と宗教帰属の両方に影響しているということである。GSSの証拠が示しているのはまず、第一の余震によるそれほど大きくはないが実質的な衝撃が若者にあったことで、一八歳から二九歳の福音派比率は一九七〇年代初頭の二〇％未満から一九八〇年代中盤の二五％以上へと上昇している。さらに明確なこととして図4－13でやはり確認できるのはヤングアダルトの「なし」の急激な増大が一九九〇年周辺に始まることで、同時期に、それと鏡映しに若年の福音派の数の低下も起こっている。一九八〇年代中盤には、二〇代のアメリカ人で福音派が「なし」を二対一以上で上回っていたが、二〇〇

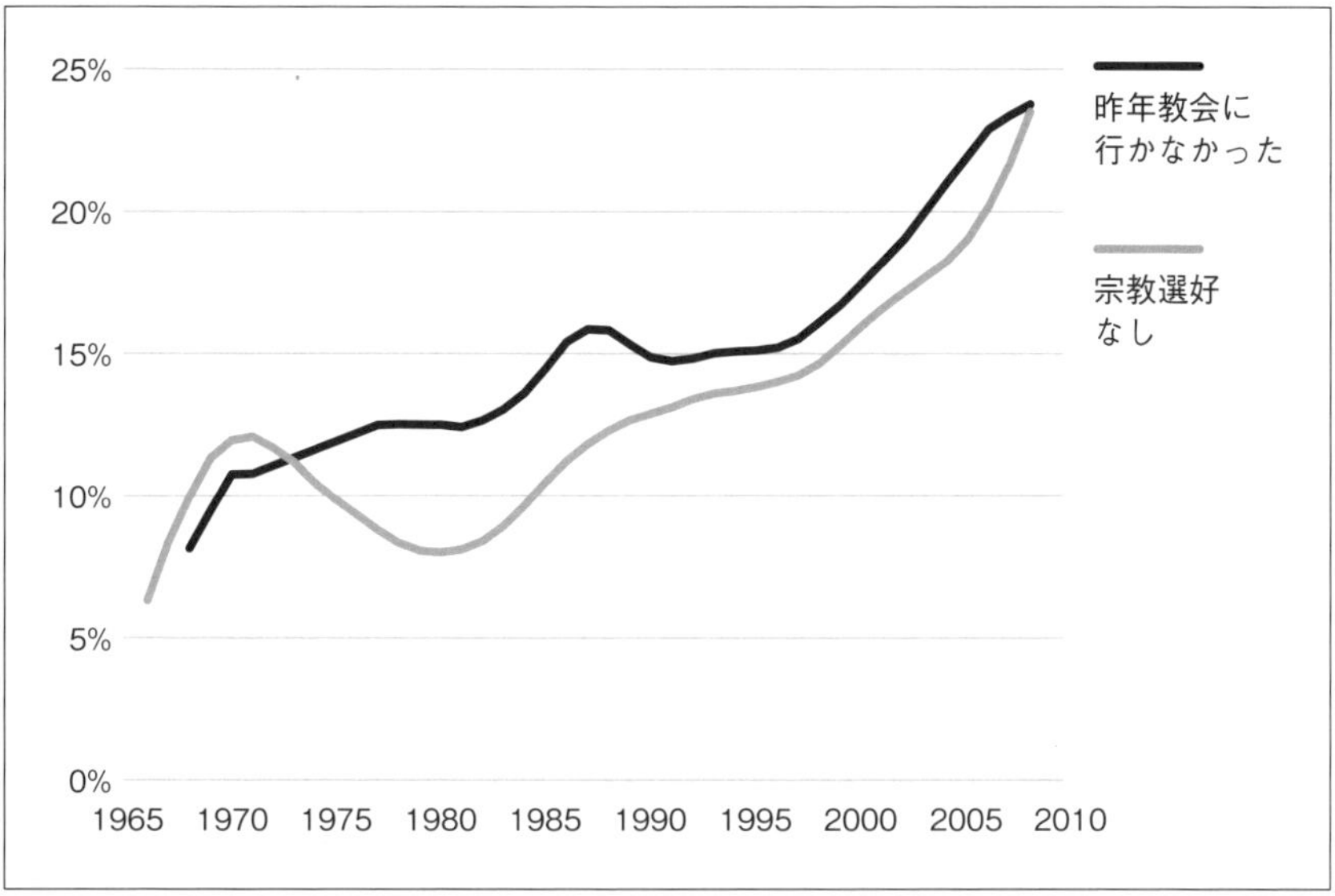

出典：アメリカ新入生年次調査；データはLOESS法平滑化.

図4-12　大学新入生における宗教からの離反（1965-2009年）

八年にはこの比率はほぼ完全にひっくり返り、若者の「なし」は一・五対一以上で若者の福音派を上回っていた。これらのデータは、個々の若者が福音派信仰から直接に宗教的アイデンティティの完全な欠如へと移動しているということを証明してはいない――そして実際、われわれもそれを信じるわけではない。しかしこのタイミングが確かに示唆しているのは、両方の指標が宗教市場に起こった何らかの共通の変化によって動かされたのではないかということである。

過去二〇年間に突如現れた、これら新たな「なし」は何者なのだろうか。その成長が予期されていなかったのは、激震的な出来事がほとんど常にそうである通りだが、研究者らはすでに調査を始めていて[55]、若干の事実については広範な合意がある。

1．彼らがブーマー後のコホートから大量に出現していることを除いては、この新たな「なし」は教育、社会的地位の点で米国人口の残りと大きく異なるものではなく、人種や性別の点での違いすらも控えめなものだった。

2．男性、白人、そして非南部人は、女性、非白

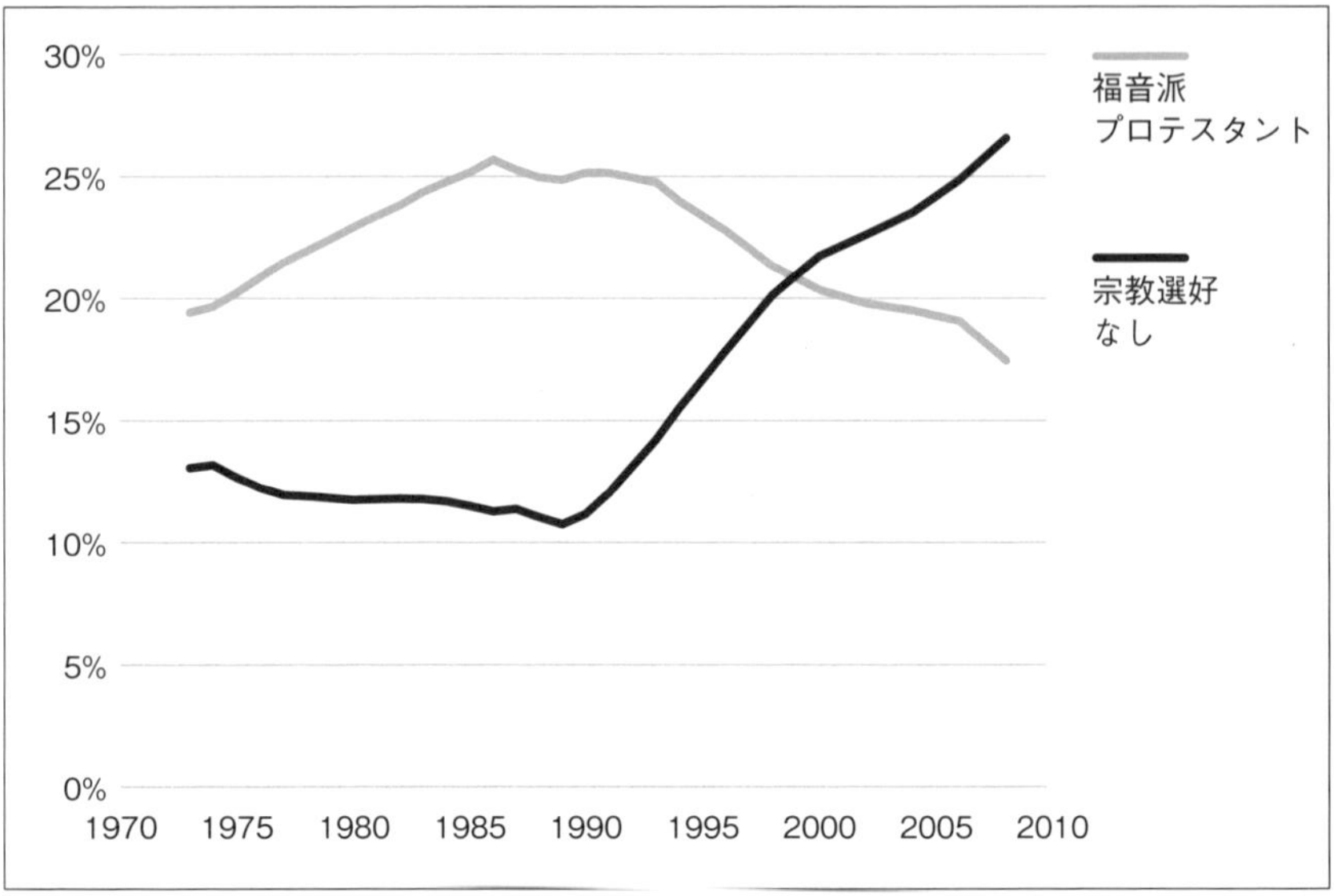

出典：総合社会調査；データはLOESS法平滑化.

図4-13　アメリカ人の若者（18-29歳）における福音派と「なし」（1973-2008年）

人そして南部人よりも「なし」になる可能性がある程度高い。しかし第1章で見たように、アメリカの男性、白人そして非南部人は女性、非白人、そして南部人より長きにわたって宗教との結びつきが弱かったので、これら特定のジェンダー、人種上の不均衡が、宗教的傾倒の傾向が伝統的に弱かった集団から新しい「なし」が出てきているという事実を超えて意味のあるものなのかどうかは明らかではない。

3．新たな「なし」は一様に不信仰者なのではなく、彼らのうち無神論や不可知論であると主張する者はほとんどいない。それどころか、彼らの大半は神、さらには死後の生命にすら何らかの信仰を表明し、また彼らの多くは自分の生活にとって宗教が重要であると述べている。新たな「なし」は定義上、他のアメリカ人よりも組織宗教への結びつきは弱いが、あらゆる宗教的信仰あるいは好みを捨て去っているようには見えない[56]。論者は彼らを指して「宗教的でないが、スピリチュアル」と表現することがあるが、一方で彼ら自身は一般にその言葉を使うことはない。彼らは慣習的な宗教所属を拒否するが、その一方で宗教的感情を完全に手放しているわけではない。

4．「なし」は偏って非宗教的背景の中で成長してきており、したがって彼らの中には、一世代前にフォーマルな宗教的所属を放棄したブーマーの子どもたちがいる。ハウトとフィッシャーが述べているように、「宗教なしで成長したことが、コホート変化をあおることになった」。その一方で「なし」の台頭は、宗教信奉度の高い親を持つ若者の間でさえも明確であった。二〇〇七年のピュー・アメリカ宗教展望調査の知見では、アメリカ成人の一六％が特定の宗教のいずれにも現在所属していないと述べているが、比較すると所属なしで成長した者は七％にすぎないので、「なし」の大半は「何らかのもの」として成長してきたはずである。[57] 二〇〇六年の信仰重要性調査における「なし」全員の中で、七四％は自分の親は宗教所属があったと答えており、五六％は自分の成長期に家族はほぼ毎週宗教礼拝に出席していたと答え、そして五一％が「非常によく」日曜学校や宗教教育クラスに出席していたと述べていた。宗教的養育に関するこれらの数値は、関連する世代の全アメリカ人における対比可能な数値と比べ多少低い程度に留まっており、近年の「なし」増加について継承が説明する部分が一部でしかないことは明らかである。

5．新たな「なし」の台頭は非常に唐突なものであったので、この増加は通常の意味での世俗化を反映したものということはありそうにないと思われる。世俗化の理論群が指しているのは数十年さらには数世紀を通じて生じた展開であって、たった数年のことではないからである。

6．新たな「なし」は政治的スペクトラムの中央と左に偏って出てきている。ハウトとフィッシャーは新たな「なし」の台頭は、公共メディアに宗教右派が可視化されたことと（五年ほどの遅れをもって）密接に符合していることを明らかにしており、このことは「なし」の台頭が、宗教的保守主義に対するある種の反発であったかもしれないことを示唆している。[58] われわれの信仰重要性調査では、政治的スペクトラムの右半分から来た新たな「なし」はほとんどいないことを確認している。

ここまでのところ、新たな「なし」の社会的、道徳的信念について研究者は大きな注意をあてていないが、しかし

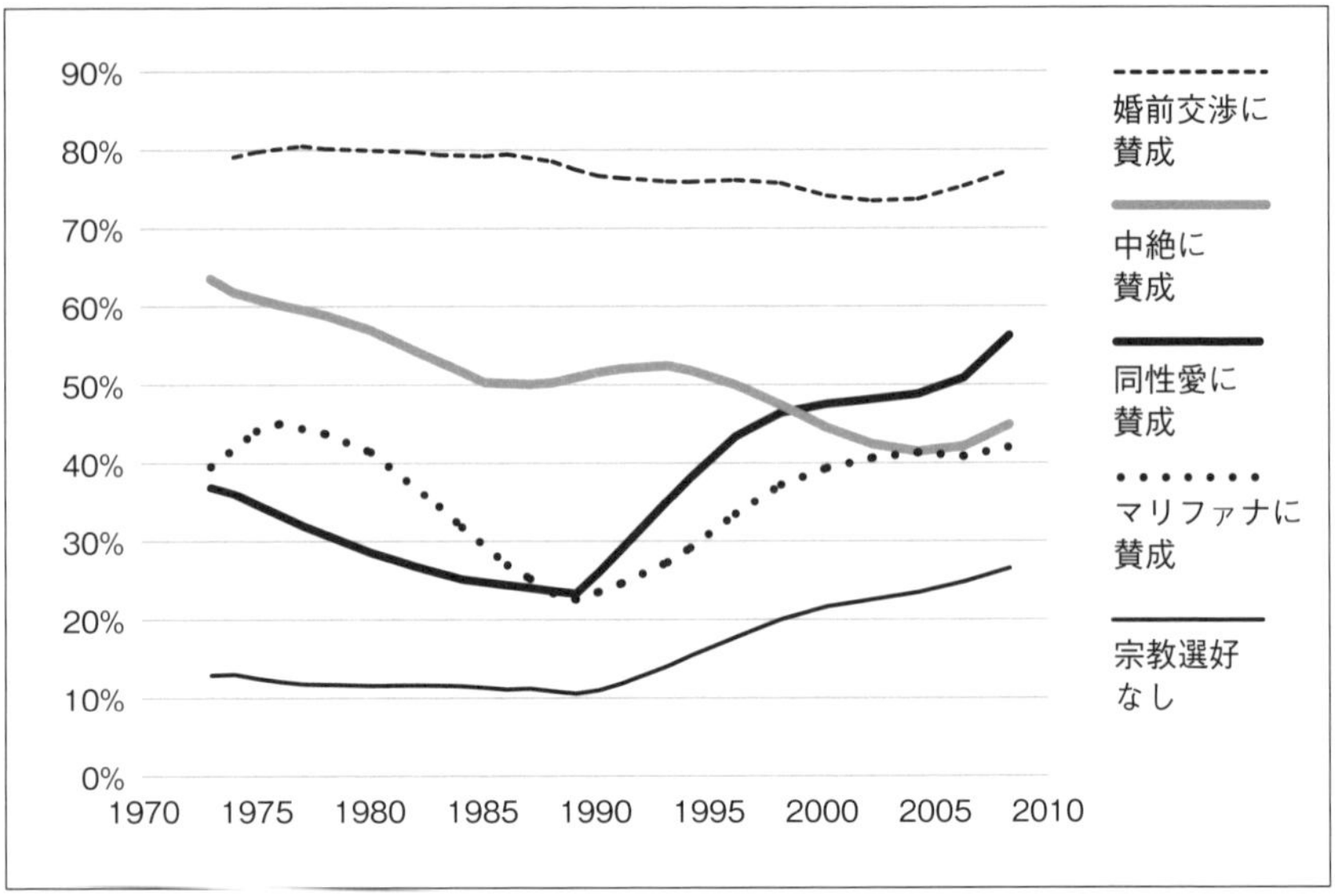

出典：総合社会調査；データは LOESS 法平滑化.

図4-14　アメリカ人の若者（18-29歳）における性、ドラッグおよび宗教に対する見方（1973-2008年）

これと同期間を通じてある種の性関連、またドラッグ関連の問題に対する態度を測定した傾向線の中に非常に示唆的な証拠がいくつか現れている。同性愛やマリファナのような問題について、一九七〇年代と一九八〇年代にははっきりとした保守方向への転回が、特に若いアメリカ人の間で見られたことは前節で触れた通りである。しかし一九九〇年周辺では、アメリカの世論動向は、とりわけ（それには限らないが）若いコホートの間では、マリファナ、そして特に同性愛についてリベラルな見方の方向に急旋回した。偶然にも、この変曲点のタイミングは、新たな「なし」台頭のタイミングとほとんど同一である。図4－14がいくつかの証拠を提供している。

これと同じ急速な左展開が、同性愛とマリファナに関する大学新入生の年次調査でまさに一九八〇年代の終わりに現れていることは図4－15に示されており、したがってこれは統計上の偶然ではない。同性愛に対する態度のこの急激で、大規模な反転は他の研究者によっても言及されてきた——それどころかジュディス・トリーズは、それと一九六〇年代の終わりに起こった婚前交渉に対

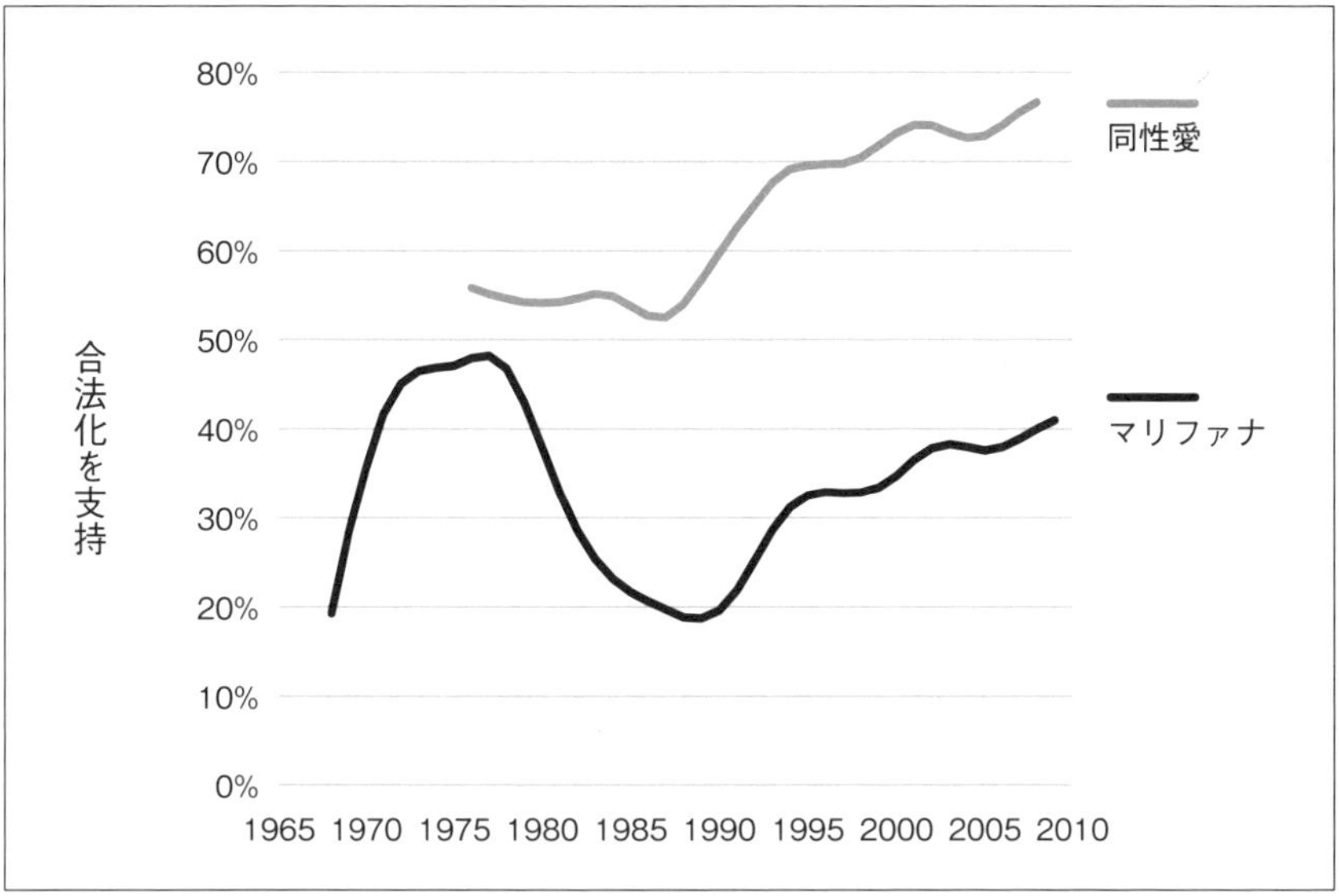

出典：アメリカ新入生年次調査；データは LOESS 法平滑化.

図4-15　大学新入生の同性愛とマリファナに対する見方（1965-2009年）

する態度の革命をなぞらえてすらいる。もっともよく見られる（しかしおそらく不完全な）説明は（a）長期間を通じて、同性愛者がより共感的に見られる状況をエイズ危機がもたらしたこと、（b）同性愛者のカムアウトが増えるにつれ、同性愛者は普通だと感じる異性愛者《ストレート》が増えたこと、そして（c）この期間に、テレビと映画が同性愛を常態化したことである。[59] 同時に起こったマリファナの反転について比較可能な議論を見いだすことはできず、また同性愛に関する説明がマリファナに対してもまたうまく働くと考えるのは容易ではないので、したがってこの変曲点の起源については不可知のままである。

婚前交渉に対する若者の見方においては、似たようなリベラル方向への移動は見られなかった（一九六〇年代終盤の衝撃以来、およそ五分の四が賛成）。さらに、中絶に対する若者の考え方は一九九〇年代から二〇〇〇年代を通じて保守的な方向へ動き続けており、この詳細は第11章で議論する。しかし、二つの重要な道徳またライフスタイル規範の変化と、新たな「なし」の台頭の同時性が、偶然の一致である可能性は低いと思われる。[60]

さらに、これらの問題（特に同性愛）についての考え方がリベラルな若者は、あらゆる宗教帰属を現在拒んでいるのとまさに同じ人間となっている。人口統計学的要因と社会的、政治的態度を同時に考慮したとき、一九九一年以降ミレニアル世代の新たな「なし」を弁別する要因は、とりわけ、同性愛に対するそのリベラルな立場だった。[61] これらミレニアル世代で同性愛に対する考え方がより寛容である者は、統計学的に類似した比較対象で同性愛について保守的である者よりも宗教的なしである可能性が二倍以上高い。マリファナや校内祈祷に対する考え方もまた一定の予測力を有していた。中絶は文化戦争の中で最も熱い議論のなされてきた問題であったが、他の道徳問題に対する考え方をひとたび考慮に入れると、中絶に対する考え方自体は、この若い世代の間で「なし」となることに対する強力な予測要因ではない。

　要するに、一九九〇年以降に成年に達したアメリカ人は、数年しか年長でない世代と比べて際だって同性愛とマリファナについてリベラルなものの見方を有していた。何かが原因となってこの若い世代はこれらの道徳問題についてよりリベラルになったが、これとまさに同じ若者たちが、ますます組織宗教を拒否するようになり、新たな「なし」の大きな部分を形成したのである。さらに、二〇〇六年と二〇〇七年に行われたわれわれの面接の間に宗教参加を減らした個人――「なし」(「何か」ではなく)になり教会出席率の低下を報告している――を詳しく見ると、誰が変化したのかに対する強力な予測変数は道徳問題についての態度であり、それは二〇〇六年の宗教性の水準を含む他の要因を一定に保ったときにもそうなっていた。性道徳についてのリベラルなものの見方が宗教からの離反に貢献しているということについて、このパターンはある程度の補足的な証拠を提供している。[62]

　われわれはここで因果について強い主張は行わないし、また組織宗教へのこの世代のつながりを弱めたのは単純に公共政策をめぐる差異であるとは信じていない。むしろ、われわれが示唆するのは、ある種の道徳、ライフスタイル問題についてますますリベラルになっていく(が宗教的感情や理想は受け入れる可能性がまだある)若い世代と、同性愛婚に対する政治的闘争で頭がいっぱいになっていると彼らには見える宗教指導者のいる古い世代の間の劇的なコントラストが、第二の余震の重要な源の一つとなっていたということである。

　ここまで見てきたように、一九九〇年代を通じアメリカ人はすべての世代で、宗教と政治の混合にますます不安を抱くようになっていた。宗教的つながりをそれまで形成していた若いアメリカ人が、その不安を宗教の完全な拒否へと変換したのは驚くべきことではない。この若者の集団は、「宗教」が世間で宗教右派と認識された時点で成人を迎えたが、それはまさしく、そのような運動の指導者たちが同性愛と同性愛婚をその議題の筆頭に挙げた時であった。なおかつこの世代は、同性愛に対する新たな寛容が最も急速に成長したまさにその世代である。すなわち、アメリカ人の最若年コホートがある方向に向かったときに、非常に目立つ宗教指導者の多くは反対の方向に向かったのである。

これらのパターンをふまえると、「宗教と公共生活に関するピュー・フォーラム」が「なし」の大規模全国サンプルに宗教帰属を拒否した理由を尋ねたとき、その理由が神学的、あるいは科学的なものではなかったことは全く驚くべきことではない。その代わり新たな「なし」が報告したのは、「彼らが所属しなくなったのは、少なくとも部分的な理由としては、彼らが宗教的な人を偽善的で、一方的に善悪の判断をし、不誠実であると思うからであった。また多数の人間は所属しなくなった理由を、宗教組織がルールに焦点をあてすぎで、スピリチュアリティに対しては十分でないと思うからと述べていた」[63]。図4-9に掲載されている、政治や政府への宗教的影響に対する反対の増加が新たな「なし」に大きく集中していることもまた驚くことではない。

信仰篤い宗教的な人の多くは文化戦争から距離を置くことを望んで(そして実際そうして)きたであろうし、リベラルなプロテスタント集団の中には、性的(また同性愛的)道徳の問題における若者の見方の進化に追いつこうと懸命に努めたものもあった。しかし、四世紀前の宗教改革の炎の中で鋳造された宗教「ブランド」にとって、一夜にして自身を「リブランド」することは非常に困難である。さらにこの若い世代は、最も目立ち、最も政治的で、最も保守的な宗教指導者の立場と組織宗教一般を区別することを望んでいないか、またはそうすることができないように見える。

これまでのわれわれの分析からは、キリスト教保守主義は戦いすぎたことで文化戦争に敗れたように見えるかもしれない。しかしその結論に飛びつく前に、信徒席にいる福音派の間でのものの見方の進化について一瞥する必要がある。一九七〇年代と一九八〇年代の最初の余震の間、性道徳についてのアメリカ人のものの見方は大きく言うと保守的方向に移動し、福音派教会はその拡大するプールの中でシェア拡大を引き寄せた。一九九〇年代と二〇〇〇年代の第二の余震の間はそれと対照的に、性道徳、特に同性愛についてのアメリカ人のものの見方はリベラル方向に移動し、福音派教会には縮小するプールの中でシェア拡大が残った。結果として、福音派とその他アメリカ人の性道徳に関する格差が一九九〇年以降着実に拡大したことは、図4−8に明らかである。

要するに、福音派のリーチは、保守的な性道徳を公共政策へ転換したいという熱望によりますます定義されるようになっている（皮肉なことに、中絶は決定的な争点になる可能性は低いが、それはミレニアル世代が実際には親よりも中絶に対して懐疑的になっているからである）。本物の信者《トゥルー・ビリーバーズ》のプールの中では、福音派はこれまで通りうまくやっている――おそらくはこれまで以上にである。福音派は新たな「なし」の台頭から受けた打撃が、他の宗教系統よりも弱かった。しかし、福音派の旗印に刻まれた紋章である保守的な性道徳の広範なアピールが衰え続けているのであれば（世代遷移によりそうなる可能性がある）、アメリカの福音派にとって一世紀前にも馴染みのあるジレンマに福音運動は直面するかもしれない。そのジレンマとは、宗教的なものの見方を現代性《モダニティ》にどの程度合わせたものにするかをめぐっての、根本主義と新福音主義の間の違いに内包されていたものである。保守的な個人道徳という公的なラッパを響かせ続けることは、神学的観点からは正しいことであるかもしれないが、一世代前よりも救える魂が少なくなることを意味するかもしれない。

結論

本章のはじめに記したように、重要な点において、アメリカの宗教的風景は際立った安定性をこの動乱の半世紀を通じて維持してきた。数千万のアメリカ人は毎週宗教礼拝に通っており、それは両親や祖父母がしてきたのと同様である。しかし、本章で追跡した地震記録における三度の連続した震動が次第にアメリカの宗教状況を分極化させ、人々（とりわけ若い人々）はますますその道徳的、政治的なものの見方にしたがって自らを宗教的に振り分けるようになり、リベラルで世俗的な極と、保守的で福音派的な極が強化されて、穏健な宗教的中間層は深刻なまでに弱体化した。宗教的分極化はアメリカ人の宗教所属を、その政治的傾向性に合致するようにますます調整していった。

この結果を生み出した力は数多い。われわれが強調してきたのは性的規範と宗教所属の間の連関で、それは六〇年代の文化革命と、放埒者と潔癖者によって巻き起こされたように見える、宗教的スペクトラムに沿った分極化増大のもたらした複雑な余波に由来するものだった。しかし、もし本章が宗教とは「おおむねセックス」のことと主張しているように見えたのだとしたら、それは誤解である。人々が宗教に引きつけられる（あるいは反発する）のは多くの理由による――スピリチュアルなこともあり、知的、感情的、超越的、社会学的、典礼的なこともあり、そして政治的、道徳的なこともある。続く各章では、これらの多様な動機が現代アメリカで展開するさまについて探求する。

重要な注意書きを付して、この年代記を閉じることにする。歴史が決して終わることはなく、多元的で起業家的なアメリカにおける宗教史はとりわけそうである。宗教というカフェテリアの中で、メニューが自分の好みに対して政治的あるいは偽善的に過ぎることに明らかに不満を抱いている若いアメリカ人の数が急速に増えているとき、宗教的起業家たちはより口に合いそうなものを作り上げて提供する強力なインセンティブを有している。これらの起業家たちにとって、急速に拡大する「なし」はサービスの届かないニッチ、あるいはより適切な言葉を使うなら、救われることを待っている魂である。もし「なし」の台頭を避けがたい世俗化の徴候であると単純に考えるのなら、それは誤りであるかもしれない。第6章ではアメリカにおける宗教的起業家精神の歴史をひもとき、アメリカ宗教の特徴によ り、アメリカ宗教の史的展開の中にさらなる紆余曲折が生み出されるかもしれないことについて考察する。

第5章 切り替え《スイッチング》・整合《マッチング》・混合《ミキシング》

宗教の継承 対 選択

「世々に」として、燃え尽きることのない柴《しば》の炎の中から神がモーセに命じたのは、その名をモーセの子孫へと受け継いでいくことだった[1]。この古代の教えにも一致する形でわれわれがしばしば仮定するのは、宗教が固定的で、継承された特性だということである。自己に関する他の側面――態度、価値観、アイデンティティ、習慣――と比べると、われわれの宗教的立場は、実際、非常に安定的である。これまでに前例のないような信仰重要性パネル調査（同一人物について、二〇〇六年ともう一度二〇〇七年に面接を行っている）は、アメリカ人の宗教的信念と実践が、年月の経過を通じて非常に安定していると確認することを可能とした――これは社会科学者が、社会的態度や習慣について研究するときに典型的に見いだされるような、でたらめな、ランダムに近いパターンからはほど遠いものとなっている。例えば宗教礼拝にどのくらいの頻度で行くか尋ねられたときに、回答者の五八％は二〇〇六年と二〇〇七年に同一の回答をした（そして八六％は二年で、ほぼ同じ回答を行っている[2]）が、一方でどのくらいの頻度で「家に友人を迎える」かについて尋ねている対比可能な質問については、両年の間で同一の反応が得られたのは三三％にすぎなかった[3]。年がたっても、アメリカ人の大半は宗教的なテーマについて堅固で安定的なコミットメントを有している。

「救いへの道は自らの信仰と信念の内にあるのか、それともふるまいや行いを通じたところにあるのか」といった神学上の難解な信条についてさえ、環境保護に対する政府支出は増やすべきか減らすべきかというような広範に論議されている公共問題に対してと同じように、われわれのものの見方は安定的である。この安定性そのものが、大半のアメリカ人にとって宗教がいかに重要かの証拠になっている。

その一方で、「年を超えて高度に安定的である」ということは、「完全に安定している」ということを意味しない。人生の過程の中で、宗教観の個人的変化は重要なものになる。本章では、アメリカにおける宗教的アイデンティティが、いかにして継承性と固定性を減らし、より選択される、変化可能なものになってきたのかというストーリーを語る。

前章では、安定性と変化について全体集計のレベルで――いかにアメリカの宗教が過去半世紀を通じて発展してきたのか――検討してきたが、集計レベルでの安定性は、個人における不安定性を覆い隠してしまう。例えば、われわれのパネル調査の知見では、宗教なし（すなわち、宗教所属はないと答えた人々）の集計比率は二年間にほぼ同一だったが（二〇〇六年に一五・九％で二〇〇七年に一六・五％）、これらの反応は個人レベルでは比較的安定していない。二〇〇六年に宗教所属なしと答えた者全体のうち、二〇〇七年に同じ回答を繰り返した者は七〇％にすぎず、その一方で、以前は宗教なしだったが二〇〇七年には何らかの実質的な宗教系統を回答した三〇％を、二〇〇六年に何かを答えたが現在では自分を宗教なしと語る同数の人々が置き換えていた。

驚くことに、二〇〇六年と二〇〇七年の間に宗教所属を放棄したり得たりした人の中で、宗教的信念や実践において他の大きな変化をきたした人はほとんどいなかった。自身の「宗教的信念や実践」における最近の変化を明示的に尋ねた質問への反応では、彼らのうちで変化したと答えた者の割合（九％）は、宗教所属が変わらないままだった者でのその割合（一〇％）よりわずかに少なかった。彼らは両年の間で同頻度で祈り、同じように熱心に（あるいはためらいながら）神を信じ、ほぼ同じ程度で教会に通っていた。(4) したがって彼らはいかなる通常の感覚でも真に改宗したのではない。唯一変化したのは、自分の宗教的アイデンティティをどう表現するかである。

これらの人々は、宗教系統の際《きわ》に立っており、半分はその中に、半分はその外にいるように見える。彼らが自身を

（バプテストやカトリック、あるいはその他の）「何か」と考えているときにわれわれが捕捉するときもあれば、自身を「なし」と考えているときにそうなることもある。宗教系統の閾《スレショルド》に立ち、どちらつかずのように見えるこれらの人々を指して、ラテン語で「閾」にあたる言葉から、「境界者《リミナルズ》」とわれわれは呼ぶようになった。(5)

これらの宗教的境界者は、主要な宗教系統それぞれの周囲におおよそ同じ比率で分布しているので、各系統（そして各教派《デノミネーション》）はその周縁を、完全に内側にもまた完全に外側にいるわけでもないおよそ一〇％の境界メンバーに囲まれているように見える。境界者に関するこの知見は、「宗教と公的生活に関するピュー・フォーラム」による報告と完全に一貫するもので、（結婚式や葬儀、旅行を別として）アメリカ人全体の二四％は、自分自身の信仰以外の礼拝に定期的に、あるいは時折出席していた。(6)現実世界においては、純粋な改宗や棄教とは完全に別のものとして、アメリカ人の宗教的アイデンティティは際の周囲をめぐるあいまいなものである。

大半のアメリカ人は、自分の親と同じ宗教的アイデンティティを共有しており、その意味で宗教は継承されているように見える。(7)大まかにいうとアメリカ人全体の四分の三近く(8)が、生まれたときの宗教系統を現在でも信奉している。しかし、この数値が少々誤解を招きやすいのは以下の理由による——

1．混合婚による子どもにとって、「親の宗教」とはあいまいである。(9)

2．われわれの行った二〇〇七年の信仰重要性調査によれば、アメリカ人の二〇％近くが、**両親が単一の宗教を共有している時でさえ**、親の宗教とは違う宗教の中で成長しており、したがって彼らの元来の宗教と、両親の宗教の間にさらに追加のずれが明らかに存在する。

3．両親の宗教のところに現在いる人間のうちの相当数——二〇〇六年の信仰重要性調査とピュー宗教展望調査のどちらでも一〇％——が、その元来の信仰に戻ってくる以前にしばらく切り替えていたことがある。

4．さらにプロテスタントのうち相当の割合が、例えば主流派プロテスタントといった、自分の元来の宗教系統の中に依然としているとしても、異なる教派に切り替えている（例えば、長老派からメソジストへというように）。

これらの但し書き全てを考慮に入れると、親の宗教を単純に受け継いだ者は、全アメリカ人のうち三分の二に満たなくなる。さらに、自分の親の宗教に対する忠誠は、黒人とラティーノ（これらの人々では、第9章で議論するように、宗教的アイデンティティが人種的アイデンティティと緊密に結びついている）において白人やアジア系アメリカ人の二倍の高さを示しているので、すべての要因を考慮すれば、全アメリカ人のおおよそ三五〜四〇％、そして白人系アメリカ人の四〇〜四五％が、どこかの時点で自身の親の宗教からの切り替えを経験している。[10] すなわち、現在のアメリカにおける宗教的アイデンティティを、継承された安定的な特性と考えることは、誤解を招きやすいものだということである。

人がどの宗教に所属していると述べているかだけでなく、彼／彼女が宗教的に信奉的かどうかを考慮すると、世代から世代へ忠実に受け継がれているという宗教のイメージに対してのさらなる但し書きが立ち現れる。第4章で見てきたのは、棄教したカトリック（あるいはメソジストやユダヤ教徒）の宗教所属は単に名目上のものであるという事実を考慮すると、その割り引きによって、全国規模での宗教性平均の変化についての評価が大きく変わりうるということだった。個人のレベルでも全く同じことが当てはまる。図5−1にまとめられているのは、主要な宗教系統における切り替えと棄教が白人系アメリカ人の中で発生している程度である（操作的には、「棄教」が指しているのはある宗教系統の会員であると自認しているが、礼拝に参加するのは一年に数回未満の者である）。

今日のアメリカにおいては、モルモン教と福音派キリスト教徒の子どもが成人したとき、その半数以上は親の持っていた信仰を依然として信奉するメンバーである一方で、「白人系《アングロ》」カトリックと主流派プロテスタントで同じことが成り立っているのは半数未満であり、ユダヤ教徒とその他の非キリスト教徒においては五分の一にすぎなかった。もっとも非キリスト教徒の棄教に関する数値は強調されたもので、それはこれらの信仰においては、信奉度の高いメンバーの間でも毎週の宗教礼拝に出席するというのはより少ないことだからである。確かに、キリスト教徒の間であっても、棄教した者とわれわれが呼ぶ者の中には棄教した親の子どもであるという場合もあるのだが、棄教（すなわち、非出席）は世代を追って急激に上昇している。二〇〇六年の信仰重要性調査の回答者の中では、四二％が宗教礼拝に出席するのは年間で数回以下と述べていたが、自身の成長期における家族の出席について尋ねると、対応する数

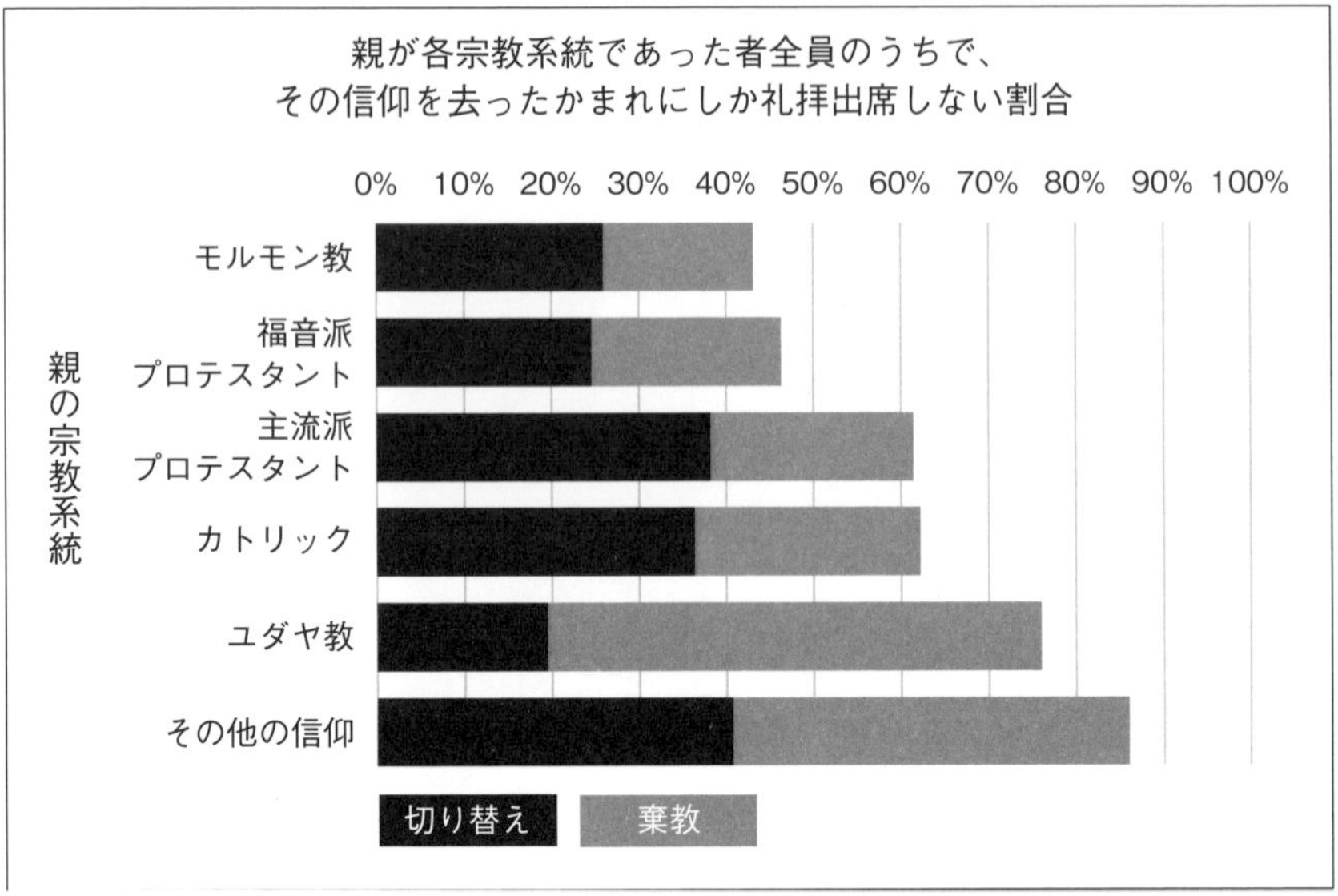

出典：信仰重要性調査，2006 年.

図5-1　宗教系統別に見た切り替えと棄教（白人のみ）

値は一二％にすぎなかった。図５－１における脱落の大半は、まさしく世代間変化をあらわしたものである。

したがって、宗教の継承はアメリカにおいてありふれたものである一方で、それは普遍的なものにはほど遠い。継承率は、二〇世紀の途上で大きく変化したのだろうか？　この重要な問題について入手可能な最良のデータは、総合社会調査を用いて異なる出生コホート間で継承率を比較することから得られる。すなわち、この調査アーカイブ中で一八九〇年代（あるいは一九八〇年代）に生まれた人々のうち、自身が成長してきた時と全く同じ宗教系統にいると面接時点で回答した人数がどれくらいあったか、ということである。丸めた数字では、これらのデータが示すのは切り替え率が二〇世紀初頭に生まれたアメリカ人の間の約一九％から世紀終わりに生まれた者の約二七％へとこの世紀を通じてゆっくりと上昇していることで、世紀を通じた切り替え率は五〇％近い増加である[11]（念頭に置いてほしいのは、これらの数値には、棄教によって生まれたかもしれない切り替え、「出戻り」の切り替え、そして教派間での切り替えといった、切り替えにおける多様な上昇方

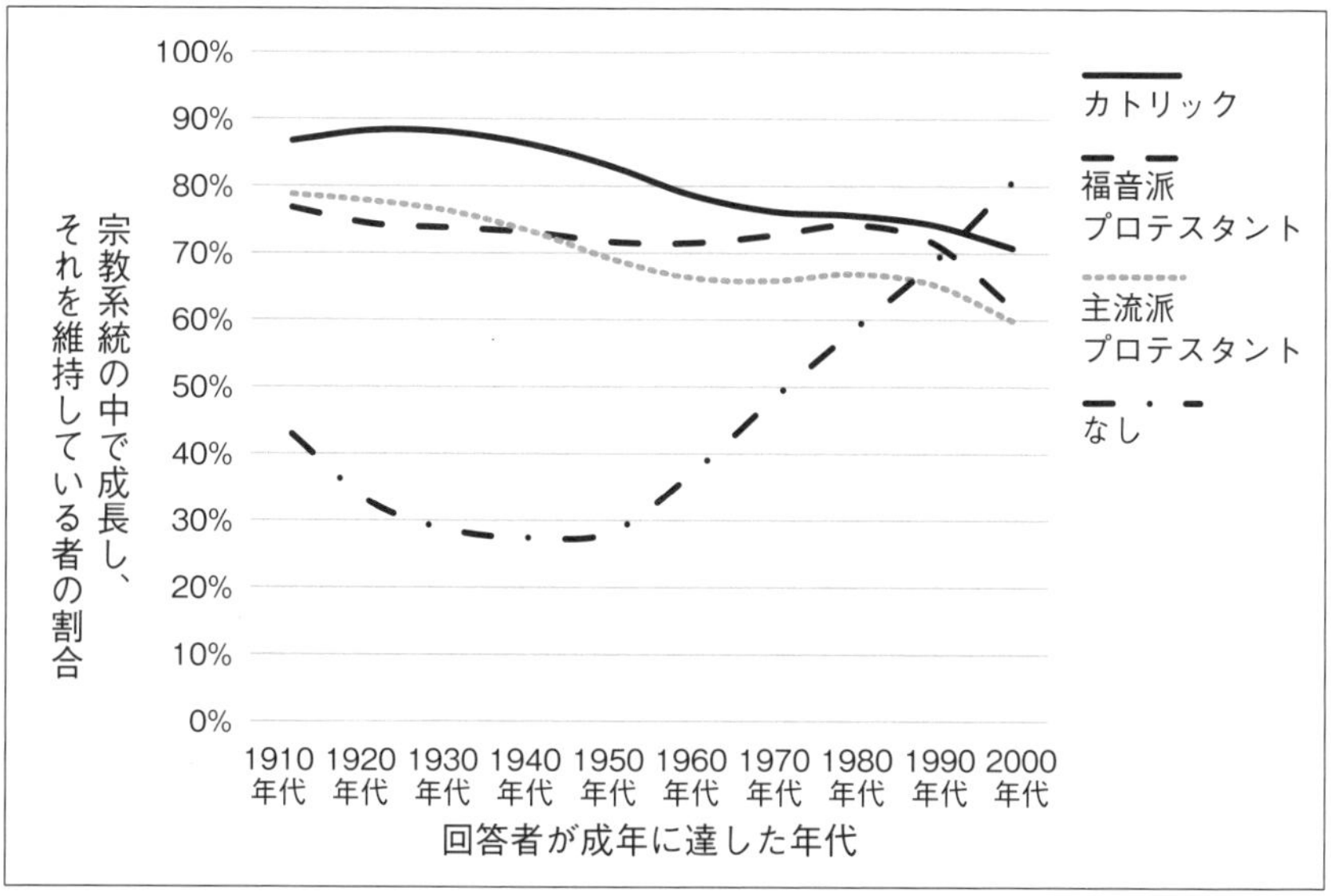

出典：総合社会調査，1973～2008年；データはLOESS法平滑化.

図5-2　宗教系統および世代別の維持率（白人のみ）

向の調整は含まれていないことである）。すべてを考慮に入れると、われわれアメリカ人はさまざまな宗教的遺産に対し、一～二世代前と比べて係留の程度が弱まっているように見える。

宗教的継承のパターンについてのさらなる洞察を、主要な宗教系統についてそれぞれ個別に傾向を追うことで得ることができる――カトリック、主流派プロテスタント、そして宗教なし、に対してである。[12]このデータについては図5－2に示した。

宗教的継承における二〇世紀を通じた最も顕著な変化は、宗教所属がなく成長し、成人してもその状態にとどまる人の割合が劇的に増加したということである。世紀の大半を通じては、「なし」の親は「何か」の子どもを持つ可能性が高く、したがって世代間では「宗教なし」のカテゴリーは非常に不安定なものだった。[13]前章で見たように、アメリカ人全体のうち宗教なしと答える者の割合は一九九〇年代までは非常に小さかった（おおよそ五～一〇％）――それは一九九〇年代以降にミレニアム世代の間で急上昇したのである。しかしここで読み取れるのは、「なし」の維持率が二〇世紀後半を通じて着実に上昇していること、それがベビーブーム世代と共に始まり、二一世紀最初の一〇年間に成人した人々のコホートでは「なし」の維持率が主要な宗教系統のそれよりも高くなるまでに至ったということである。これが、第4章で第二の余震と表現した、多くの若者が（宗教的背景にかかわらず）宗教は自分たちのものではないという結論を下したことの、さらにもう一つの兆候である。[14]

図5－2において「なし」の維持率が劇的に増加したことは、三つの主要な宗教系統における変化を小さく見せているが、これらの変化の重要性も決してささいなものではない。これらの宗教系統それぞれの維持率は、二〇世紀を通じて低下する傾向にあった。もう少し細かく見ると、世紀前半の三分の一の間に生まれたカトリックの維持率は非常に高く、一九二〇、一九三〇年代に成人した若者の間では九〇％近くまで到達していた。これらの若者の大半は移民第二世代で、一八九〇〜一九一四年の膨大な移民の波の中でアメリカにやってきたカトリックの親の下に生まれた。この世代にとって、カトリックであるということはポーランド系アメリカ人、イタリア系アメリカ人、あるいはアイルランド系アメリカ人であるということが意味するものの単なる一部にすぎなかった（民族的アイデンティティと宗教的アイデンティティの間にあるつながりについては、第9章で詳細を検討する）。しかし、世紀半ばを通じて民族的同化が進んだことで、カトリックの忠誠心は衰退傾向となり、二〇世紀の終わりまでに「白人系《アングロ》」カトリックの維持率は他の宗教系統よりかろうじて高いといったところになった。[15] この構図を埋めるのには、さらに二点を追加する必要がある――

・第一に、図5－1で見たように、カトリック教徒として成長した人々の多くはいまでは棄教、あるいは実際に教会を去っているが、これらの棄教したカトリックは、図5－2では依然として忠実なカトリックとして表示されている。この意味で、図5－2での「白人系《アングロ》」カトリック教徒の忠実性における二〇世紀を通じた下降傾向には深刻な過小推定がある。全てを考慮すると、カトリックとして今日成長したアメリカ人全体のおおよそ六〇％はもはや活動中のカトリック教徒ではなく、その半分は完全に教会を去り、もう半分は名義上カトリックであるだけで、教会生活に関わっていることはあったとしてもまれである。[16]

・第二は、図5－2が完全にラティーノ系のカトリックを省いているということである（ごく最近に至るまで、総合社会調査は英語のみで行われており、結果としてスペイン語単独話者を除外してきたので、ラティーノ系カトリックの間の傾向については情報源として貧弱である）。しかし二〇〇六年の信仰重要性調査では、「白人系《アングロ》」カトリックの離脱率はラティーノ系カトリックの二倍に上ることが示されており、よってその点では、図5－2は過去数十年のカトリックの忠実性の低下を強調したものになっている。[17]

これら二点をまとめたときの含意の一つは、米国カトリック教会のラティーノ化（詳細を第9章で描写する）は今後確実に加速するであろうということで、それは「白人系《アングロ》」カトリックの年長コホートが、若く、より信心深いラティーノによって置き換えられているというものである。

主流派プロテスタントについては、およそ一九二〇年から一九六〇年の間に成人した人々の中で維持率はある程度急激な低下を示したが、その後は相対的に低い安定水準を六〇～六五％で維持しており、これは他の主要な宗教系統の中で最も低いものであった。言い換えると、世紀後半において主流派プロテスタントの何らかの教派に属し成長した者のおよそ三分の一はその信仰を去っており、大半は福音派か、あるいは「なし」となった。同様に念頭に置いてほしいことに、図5－1が示す通り、主流派の出身の者のさらに二〇％が教会に通うのをやめ、名義だけの信仰にとどまっているということがある。したがって丸めた数字では、主流派プロテスタントは「白人系《アングロ》」カトリックと同様に、過去半世紀で半数以上の子どもたちを失っている。[18]

最近にいたるまで、福音派プロテスタントにまつわるストーリーは、いくぶん異なるものであった。二〇世紀の大半においては図5－2が示すように、福音派プロテスタント教会は子どもたちの約四分の三を信仰につなぎとめていた。さらに、一九七〇年代と一九八〇年代に成人した福音派コホートの間では、福音派の維持率は実際には上昇していた。同時期にはカトリックと主流派プロテスタントの維持率は下落中であったのである。それが新福音主義の全盛期——前章において第一の余震と呼んだもの——であったことは偶然の一致ではない。しかし、少なくとも総合社会調査によれば、福音派の若年成人における維持率は二一世紀への転換期に成人となった者のコホートにおいて急落しており、一九八〇年代に成人した者での七五％から二〇〇〇年代に成人した者での六二％へと低下している。堅固さの低い福音派の子孫というこのコホートが、第二の余震のただ中に成人した者たちであったことはおそらく偶然ではなく、そしてこの要因が、図4－13において示された若年層での福音主義の低下傾向を説明する助けとなるものである。

数字から見た宗教の運命は、単に損失のみではなく、改宗者の補充という点での利得によっても決まってくる。すぐにこの複式簿記に立ち戻り、主要なアメリカ宗教系統の中の勝者と敗者について問うことになる。しかしまず立ち止まって検討しておくべきは、特定の宗教ブランドの盛衰とは別として、**親の宗教に忠実なままでいる者と、離脱する者を説明する要因は何かということである。**

人種を別として、性別や教育水準といった通常の人口統計学的要因は維持率にほとんど差を生み出さなかった。女性が男性よりも親の宗教に忠実でありつづけるということはなく、大卒が高校中退以上にということはなく、といった具合である。より大きな役割を果たしているのは宗教的社会化の方である。[19]

宗教維持を予測する最も重要な要因は、その人物の出身家族が、宗教的に同質で信心深かったかどうか、であった。混合婚から生まれた子どもは自分の成長の時にあった信仰を去る可能性がずっと高く、それは家族の信仰について父親のものあるいは母親のもの、または何であれその子どもが成長した宗教を割り当ててみても変わらなかった。さらに、混合婚の子どもは宗教なしになったり、あるいは名義上は宗教に所属し続けていても礼拝にはまれにしか出席しないことになる可能性が高かった。それとは反対に、子どもの時に日曜学校のような宗教活動に関わっていた人は、成人したときに親の信仰を去る可能性が有意に低い。[20] 間違いなくこのパターンは、「三つ子の魂」理論に基づく神学上の説得に部分的に帰することができる。しかし、このストーリーにあるもう一つ重要な部分は社会的、家族的プレッシャーにあることも確実である。宗教に深く関わる親ほど、その子どもが信仰の内にとどまっているかについて気にする可能性が高く、[21] そしてとりわけ彼らは（すぐあとに見るように）、自分の子どもが信仰の内部で結婚するかどうかを気にする可能性が高いからである。

信仰を異にする誰かと結婚することが、自身の元来の宗教を離れる可能性を増加させることは、驚くべきことではない。聖書の中で異宗間結婚を最も詩的に取り扱った箇所で、ルツはこう宣言している。「わたしは、あなたの行か

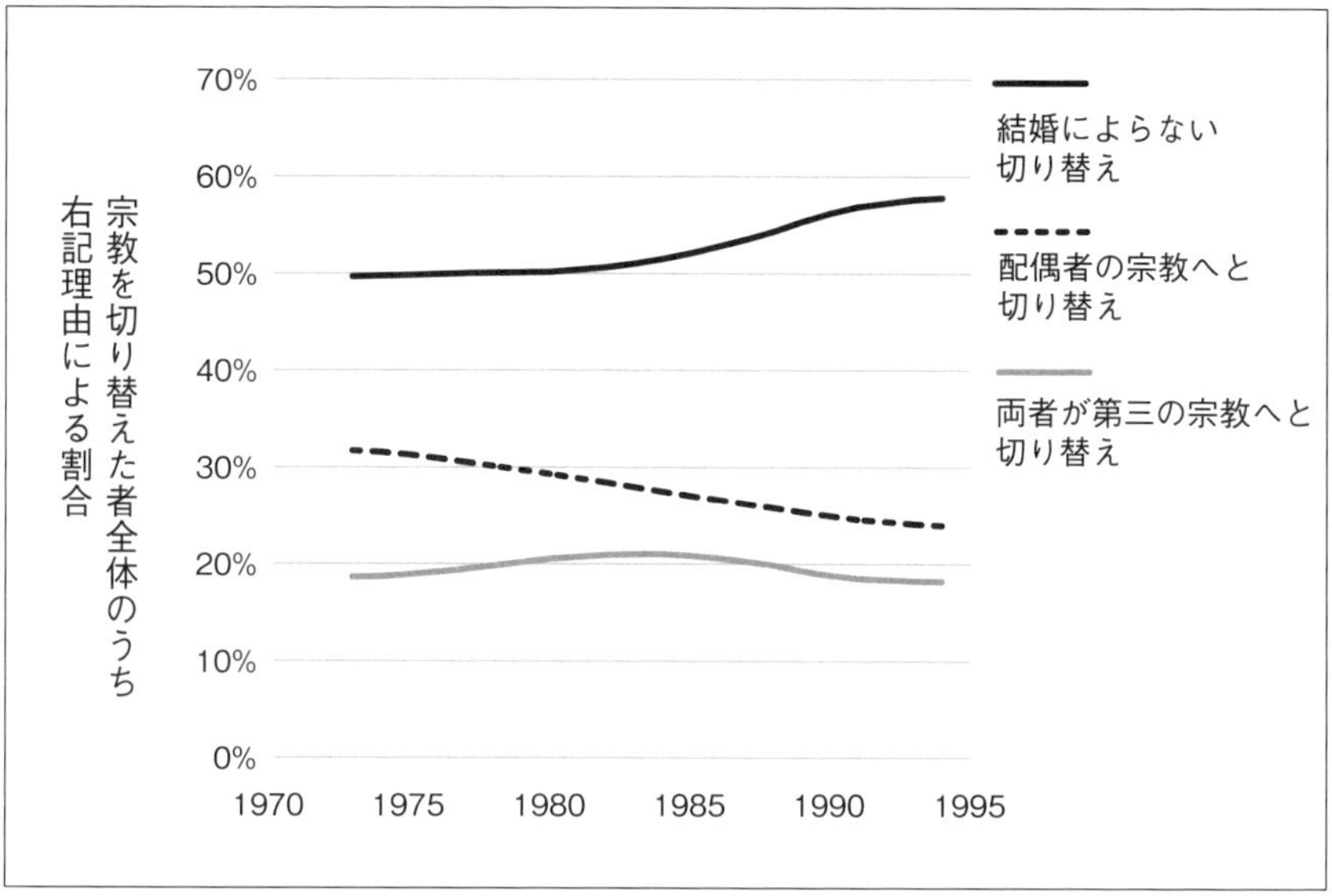

出典：総合社会調査，1973–1994 年；データは LOESS 法平滑化.

図5-3　結婚による、また結婚によらない理由での宗教の切り替え（1973–1994年）

れる所へ行き、お泊まりになる所に泊まります。あなたの民はわたしの民、あなたの神はわたしの神」と。[22] ルツは法則の存在を証明するような例外となっている。しかし近年では、自分の元来の宗教からの切り替えの約六〇％は結婚とは関係がないようであった――すなわち、切り替え者は結婚してないか、あるいは配偶者の現在の宗教とは違うものへと切り替えがおこっていた。およそ二五％の切り替えがおそらく直接に結婚と関係するもので、それは切り替えが配偶者の宗教へと変わるものであったからだが、もう一五％の切り替えは両者が何らかの第三の、同じ宗教へと切り替わるものだった。実際には、後者二つのカテゴリーの改宗の中にはきっかけが結婚とは関係ないものもありえるだろうが、その可能性は低いと思われる。図5－3が示すのは、切り替え全体に占める割合として、結婚によらない理由での切り替えが過去三〇年を通じて拡大してきたということで、これは切り替えと（すぐに見るように）異宗間結婚という、結婚による切り替えをおそらく押し上げることになる要因の両方が拡大したにもかかわらずそうなっていた。[23] したがって、切り替えは増加し、そして結婚によらない切り替えはさらに増加しているとことになる。それが意味するところは以下になる――アメリカ人のますます多くが、生まれついた家族および現在の家族の両方から独立して自分の宗教を選ぶようになっている。

最後に、前章で議論した「激震と二つの余震」の観点から、宗教切り替えと政治について一言述べるべきだろう。第4章で見たように（そしてさらに詳しく第11章と第12章で論じるように）、半世紀前には政治的イデオロギーと宗教性は、アメリカにおいて本質的に無相関なものであって、多くのリベラルが教会の信徒席に座り、また教会に属していない多くの保守派がいた。今日でも、宗教所属を受け継いだ者（すなわち、非切り替え者）の間では、自分で宗教所属を選んだ者（すなわち、切り替え者）よりもずっと宗教と政治の間の相関は小さい。[24]言い方を変えれば、親の宗教を離れた者は、政治的リベラルが宗教的スペクトラムの世俗方向の端に向かい、政治的保守派は宗教的スペクトラムの敬虔方向への端に向かうように変化していった。政治的保守派で福音派として成長した者は福音派に留まる傾向があり、政治的保守派で何か別の宗教で成長した者は、福音派になる傾向があった。それとは反対に、政治的リベラルで福音派として成長した者はその宗教所属を変える傾向があり、政治的リベラルでその他の宗教で成長した者は、その所属からなしへと切り替える傾向があった。[25]

こういった切り替え者は最近のコホートになるほど多いので、宗教と政治の間の相関はこれら若年コホートにおいてより強い。一九三〇年代や一九四〇年代に生まれた者では、教会に所属するリベラルや教会所属のない保守派がまだ多くいるが、一九七〇年代や一九八〇年代に生まれた者では、そういった「場違い《ミスフィット》」は少ない。古い世代がまだわれわれと共にいる限りは、そういった人々が宗教と政治の連携を弱めているが、彼らが舞台から去ると、世代交代によって連携が強まっていくことになる。

いくぶん驚くべきこととして、この切り替えのパターンが示しているものに、宗教と政治所属が「一貫していない」と今日の党派的基準から判断されるような人々――すなわち、リベラルな教会出席者と教会所属のない保守派――が、その非一貫性を解消するために、政治の方を変えるよりも宗教の方を変える可能性が高い、ということがある。この知見に当初われわれは懐疑的だった。現世の政治的論争を超える形で、自らの永遠の魂の運命を危険にさらすようなことはありそうにないと思えたからである。しかしデータを探っていくと、このケースの方がずっと強いように思われた。

われわれの信仰重要性パネル調査の短期間（二〇〇六～二〇〇七年）の内部さえも、政治的イデオロギーと宗教性の間の一貫性が高まっていく証拠を見いだすことができ、そこではリベラルが連続体の世俗の方の端に、保守派が宗教的な極に向かって移動していた。[26] そのような短期間の中で宗教所属を変えた人は多くはなかったが、変えた人々は、政治的リベラルを世俗陣営に、政治的保守派を熱心な宗教陣営に振り分けていくという数十年の長きにわたる流れを続けていた。初期の時点で宗教と政治が一貫していない場合、変化しやすかったのは宗教的傾倒の方であって、政治的傾倒ではなかった。これらのパネルデータ（補遺2で記述したように分析を行った）であってもなお、政治が宗教上の転向に走らせているのか、それとも宗教が政治的転向を促しているのか絶対的な確信を得ることは不可能だが、入手可能な証拠が強く示唆するのは前者の方である。両者ともに起こっている可能性はあり、あらゆる時代で政治の方が運転席に座っているということをわれわれは主張するものではないが、この時代ではそうなっているように思われる。最終の結果は、いずれにせよ明確なものである――増加する宗教切り替え者が、自身をますます政治的に振り分けていくことによる宗教的／政治的分極化の高まり、である。

ここまでで知ることになった宗教的な出発・到着状況をふまえたとき、（第4章で明確に見たように）過去のパフォーマンスは未来のパフォーマンスを全く保証しないということを認識した上で、現代アメリカのさまざまな宗教系統の中での勝者と敗者について結論できることは何になるだろうか。

・カトリック――カトリック信仰は、本章と前章で見てきたように、改宗と棄教の双方において深刻な損失にあえいでいる。逆に言えば、これらの損失により、カトリック信仰への改宗がもたらすものが小さく見えてしまっている。[27] よりゆゆしきは、カトリックへの改宗者の現在の平均年齢は約六五歳であることで、このことが示唆しているのは、カトリックへの改宗とは主に一九五〇年代と一九六〇年代の、カトリックと結婚した非カトリックが改宗を期待されていた時期の現象であったということである。カトリックの若者における損失の多さと、改宗から得る利得の小ささという組み合わせに対して、人口一般と比べたときにカトリックの出生率が高いということは部分的な埋め合わせにしかなってこなかった。多数のラティーノ移民がタイミングよく到着したということを別とすれば、アメリカ・カトリック教会の将来の見通しは厳しいものであるかもしれない。ともかくも、白人系人種が大半の組織（主にアイルランド系アメリカ人のヒエラルキーによって主導されていた）から、大半がラティーノ系の組織へと向かう変容は不可避であり、その詳細は第9章で議論する。

・主流派プロテスタント——図5-1で見たように、主流派プロテスタント各教派からの若者の流出は、カトリック教会からの同様の流出とほぼ同じ規模であり、どちらのケースでも損失の原因は改宗という部分と、宗教的アパシーという部分がある。カトリックと同様に、主流派プロテスタントはこれらの損失を埋め合わせるだけの改宗者を近年ほとんど補充してこなかったが、カトリックと異なって主流派プロテスタント各教派は、出産の多さや移民の多さによる相殺的な利益にも欠けている。純粋に算数上の意味からすれば、高い損失と低い利得の組み合わせにより主流派プロテスタントへの信奉が破滅的なまでの下落を生んでいることは、前章で描写したとおりである。

・福音派プロテスタント——少なくとも二〇世紀の後半を通じて、福音派教会はカトリックと主流派プロテスタントと比べて次世代における維持率の優位性から恩恵を受けていた——それは莫大なほど大きいというわけではなかったが、この時期の出生率がいくぶん高かったことと組み合わさり、アメリカの宗教スペクトラムにおけるそのシェアを上昇させる助けとして十分であったことは第4章で論じた通りである。また最近にいたるまで、福音派はカトリック教会や主流派プロテスタント教派のいずれよりもずっと多くの改宗者を得ており、その大半は(見てきたように）政治的スペクトラムの保守の側からのものであった。しかし、福音派における出生率の高さと維持率の高さという人口統計学上の利点は一九九〇年代には終わったように見え、それと同時に宗教市場における福音派のシェアは水平となり、さらには落ち込んでいる。このような最近の傾向が続くのかどうか、予測することは不可能である。

・宗教なし——最近まで、世俗的な親は宗教的な親と比べて子どもを持たない可能性がずっと高く、その損失の大きさによって、他宗教からの棄教者が着実に流入しているにもかかわらず宗教なしの全国的な数は比較的少数にとどまっていた。しかしこれまで見てきたように、二〇世紀の後半を通じてこの不利点は次第に失われていき、二一世紀の初頭には消滅したように見える。バケツの底の穴がゆっくりとふさがれていき、バケツの上からの流入が、とりわけ一九九〇年以降大きく増加したため、宗教なしの規模は急激に増大していて、とりわけ最若年の成人コホートにおいてそうなっている。

歴史的に宗教なしの間では回転率が高いということからすると、非宗教的なアメリカ人の大半は宗教に積極的な家庭の中で育っており、それは今日に至るまで真実である。第4章で触れたように、二〇〇六年の信仰重要性調査における宗教なしの四分の三は宗教に熱心な親を持ち、半数以上は自らが子どもの時に宗教教育を受けていた。さらに、結婚している「宗教なし」のうち半数近くは、宗教所属のある配偶者を有していた。すなわち、世俗的なアメリカ人の大半は、ヨーロッパでそうである者と比べると、宗教的信念や実践に対してずっと深い親しみを持っている。彼らは宗教を拒否したかもしれないが、それに無縁というわけではないのである。アメリカにおいては、宗教礼拝にはもはや出席していない宗教なしの人でも、「主の祈り」や「カディッシュ」を暗唱できる可能性があり、そして第15章で見るようにそのような文化的親しみが、アメリカにおける宗教的礼譲にとって重要な含意を持っている〔それぞれキリスト教、ユダヤ教における重要な祈祷文〕。他方で、もし各世代にわたる利得、損失についてわれわれの分析が正確なもので、（より推量含みだが）この傾向が将来も変わらず続いたならば、そのような礼譲における個人的基盤はいまから一世代後には弱まることになるだろう。アメリカ人の中で、子どもの時ですら宗教を直接に体験することのなかった人数が増加していくからである。

アメリカ人がある宗教（あるいは宗教なし）から別のものへ移る複雑な流れについて述べることのできるものはまだ多いが、これまで見てきたことからの含意を最後に一つ記して、この節を閉じることとする。多くのアメリカ人――少なくとも三分の一おり、増加中である――は今日では自分の宗教を、単に受け継ぐのではなく自ら選んでいる。そして親の宗教にとどまっている者のうち相当の割合もそれを去ることを確実に考えてきたに違いなく、そして彼らもまたその宗教所属を単に受け継いだのではなく選んできたのだと述べることに無理はないだろう。アメリカにおける宗教は選択と回転、そしてブランドロイヤルティの驚くほど低い世界にますますなっている。それは、宗教市場の需要面の問題である。供給面においては、そのような移り気な市場で成功した「企業」（教派や会衆）は、その製品の「マーケティング」においてひときわ起業家的であったことが予想され、これはアメリカの宗教生活における顕著な側面であると歴史学者が近年言及するものである。[28] この宗教的イノベーションと起業家精神については次章で目を向ける。

異宗間結婚

第3章では過去数十年の短期的な激動の下部にある、ゆっくりとした、しかし着実で長期にわたる宗教信奉の低下について記した。そのように歩みの遅いゆっくりとした展開として第二のもので、おそらくさらに一層重要なものに宗教間障壁の低下があり、最も顕著に現れていることとして異宗間結婚の割合（と受容）が次第に上昇しているというものがある。このトピックについての証拠は、宗教礼拝出席に関する証拠より豊かなものではないが、しかし入手可能なデータが示すところでは、アメリカの諸宗教の間でかつては通り抜けることのできなかった社会的、文化的障壁の軟化がゆるやかに、だが止めがたく進行していることが明らかである。

最もよい証拠が示唆しているのは、結婚した全アメリカ人のおよそ半数が（導入章で定義したような）異なる宗教系統出身の人間と今日では結婚していて、全結婚の三分の一弱は混合状態を今日でも保っているということである（これら二つの値の差は、全結婚のおよそ二〇％において配偶者の一人がもう一方の信仰に改宗するか、あるいは両者ともに第三の信仰に改宗したということによって説明される）。

もし、主流派プロテスタントの異なる二教派（例えばメソジストとルター派）の間や、福音派の二教派の間の結婚を混合と数えるならば、異宗間結婚率はおよそ一〇ポイントほど高くなる――現時点での混合が四〇％で、結婚当初の混合が六〇％になる。[29]

異宗間結婚率がこのように高いことは、本書全体を通して議論することに対して重要な意味を持っている。さしあたっては、異宗間結婚（より一般的には、異宗間のきずな）がもたらす帰結についてではなく、異宗間の社会的統合を測るこの指標において今日のアメリカがどのような位置にいるのか、比較と歴史の双方の視点から検討する。現在、アメリカ人の圧倒的多数は宗教的に統合された状況下で暮らしているので、そのような社会がいかに珍しいものなのかを十分に評価することができないかもしれない。例えば、北アイルランドを例に取ろう。ここは宗教信奉という点では今日の西側世界の中でアメリカに似た数少ない場所の一つである。二一世紀の幕開けの時点で、北アイルランドの全結婚のうちおおよそ一〇%が混合状態にあり、それは現代のアメリカの比率の約三分の一だった。[30]

しかし一世紀前のアメリカの異宗間結婚率は、暴力的な騒乱の中にある、宗教で分断された北アイルランドにずっと近いものであった。二〇世紀の最初の一〇年における米国の異宗間結婚率について、最も信頼できる証拠が示すのはその一〇年間に結婚したカップルの約一二%が別個の信仰を維持していたということである（上記で言及した今日の北アイルランドの一〇%と比較のこと）。数字を丸めると、米国の異宗間結婚率は前世紀を通じて倍増以上となり、宗教的な分離社会である北アイルランドモデルからわれわれははるか遠ざかることになった。

詳細な傾向線について最もよい推定は、異なる年代に実現した結婚の中の混合率を比較する結婚コホートデータから得られる。[31]図５－４はこの証拠をまとめたもので、信仰間障壁の低下はゆっくりとしていたが、しかし二〇世紀を通じて着実に進んだことを示している。[32]上側の線が指しているのは配偶者が当初は異なる宗教系統の出身であった結婚であり、下側の線が指しているのは配偶者の信仰が現在も異なる宗教系統にある結婚である。二つの線の間の差は、一般的に言うと、配偶者の一方、あるいは両者が一致するように改宗したことに帰属できる。

図５－４が明らかに示しているのは、宗教系統周りの境界の透過性が増大していることである。この図には現れていないが、同じことは宗教／非宗教の線でも起こっている――すなわち、何らかの宗教的アイデンティティを持つ人と、いかなる宗教的アイデンティティも拒否する人との間の結婚の頻度のことである。確かに、最年長のコホートでは「なし」（すなわち、宗教非所属を指す）は非常にまれであったので、その線を越えられる結婚は非常に少なかったが、より最近のコホートでは宗教的アイデンティティを持たない人の数が増加しているので、「なし」と何らかの信仰を持つ人の間の結婚の可能性もまた増加している。二〇〇六年の信仰重要性調査では、「なし」の全既婚者の半

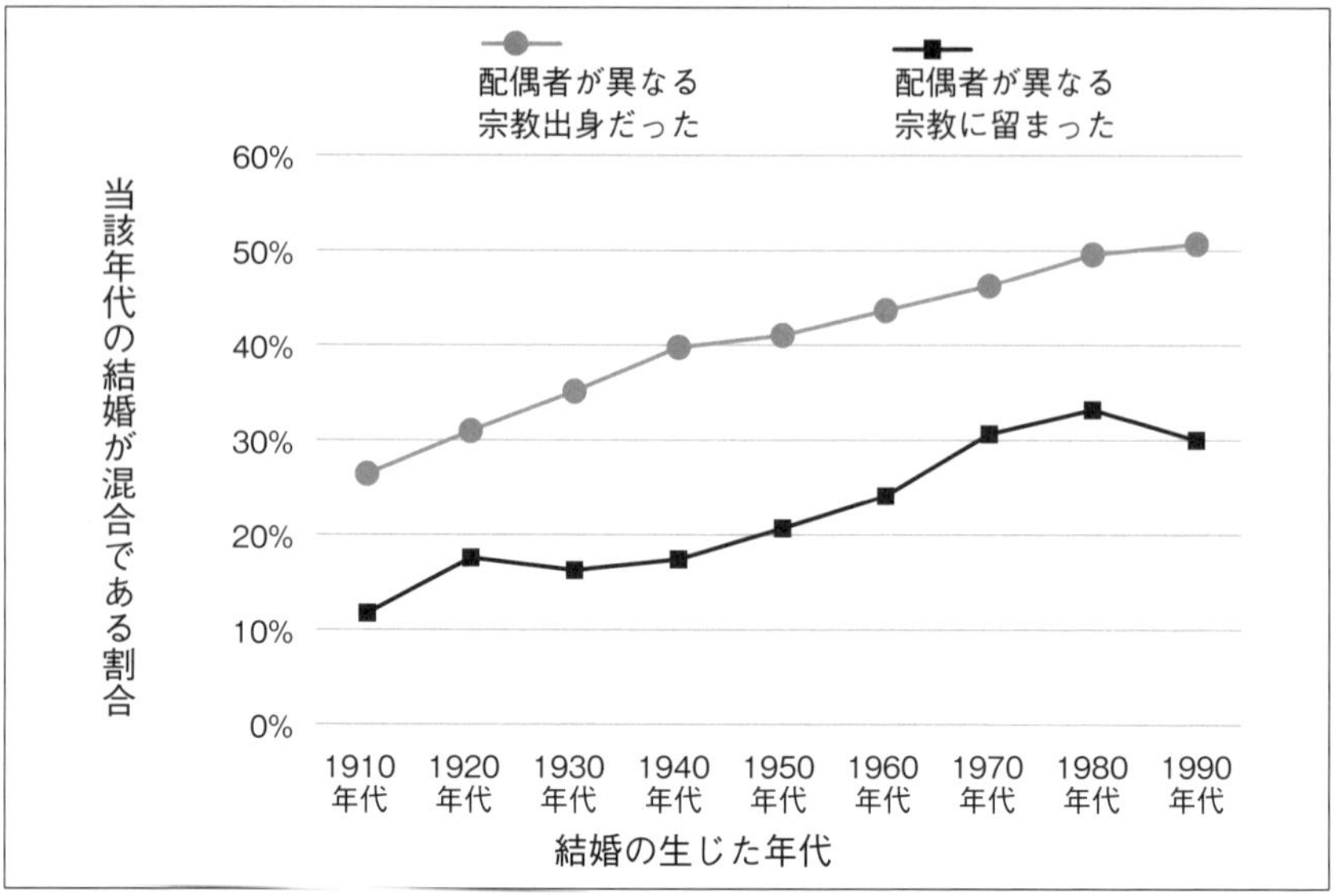

出典：総合社会調査，1972-2008 年.

図5-4　20世紀を通じてより一般化した異宗間結婚

数近くに何らの信仰を持つ配偶者がいる。

この期間には宗教多様性も増大したので、異宗間結婚の増加とは、潜在的配偶者のプールがより宗教的に多様になったということを単に反映しているのではないかと問う者もいるかもしれない。しかし、ランダムに異宗間結婚の生起するオッズの変化を慎重に計算したところ、その要因は図５－４に示された傾向においてせいぜい脇役的な立場を演じているにすぎなかった[33]。

異宗間障壁の低下についての証拠はまた、ギャラップ調査および二〇〇六年の信仰重要性調査の中の、異宗間結婚についてどう感じるかを尋ねた質問からも得られる。二〇〇六年には、われわれの回答者の五七％が、自身と同じ信仰を持つ誰かと自分の子どもが結婚することについて「あまり重要ではない」あるいは「全く重要ではない」と冷静に答えていたのに対し、それが「非常に重要である」と主張したものは二二％にすぎなかった。信仰の内部で結婚することが「非常に重要である」という者は、米国人口の中で最も宗教的な部分に強く偏って存在しており、彼らが宗教的に等質な社会的ネットワークに深く埋め込まれているということは驚くべきことでは

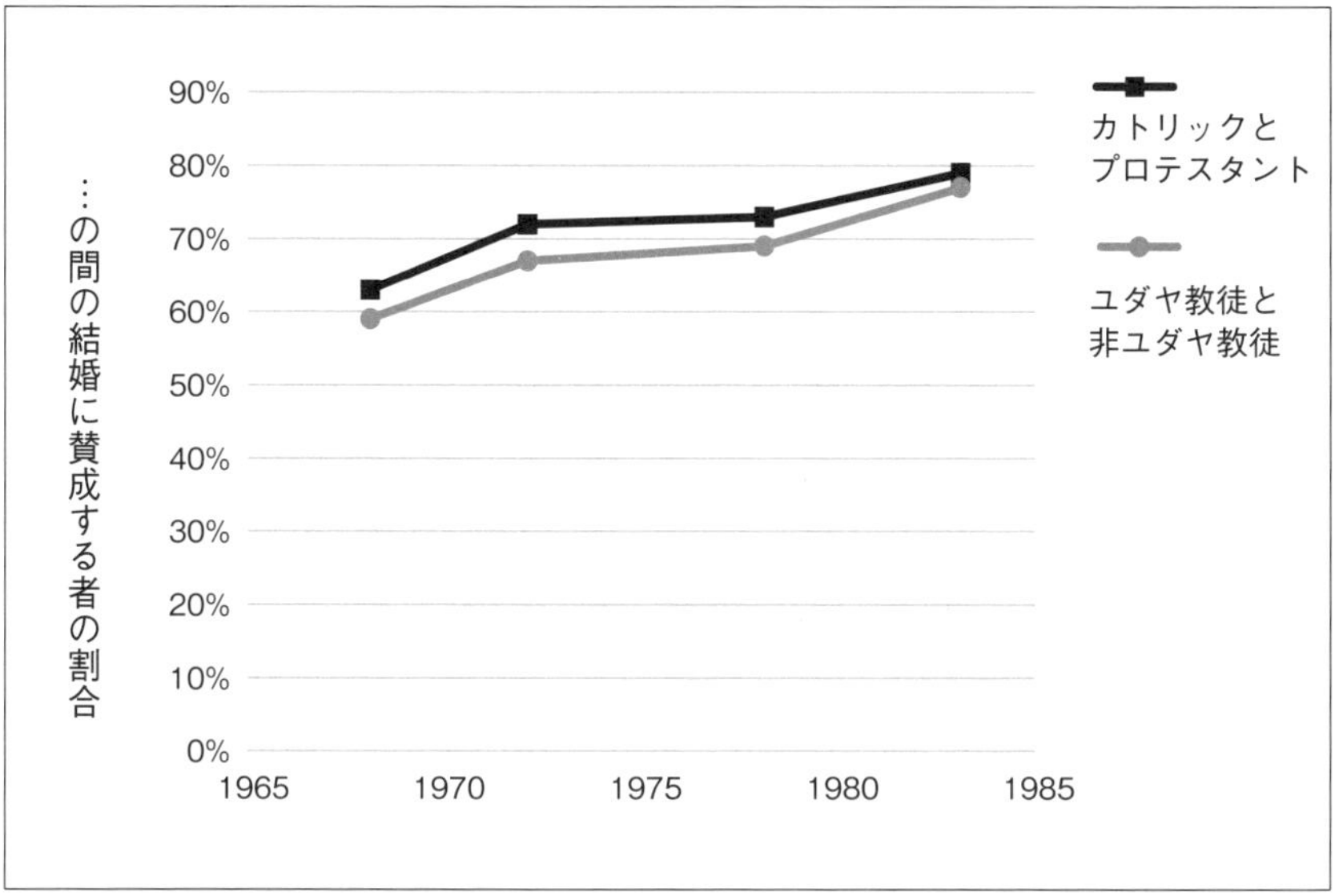

出典：ギャラップ調査報告.

図5-5　異宗間結婚に対する賛意の1968年と1982年の間の上昇

ないが、しかし二〇〇六年に彼らの占める割合はアメリカ人の四人に一人に満たなかった。大半のアメリカ人は、個人的な生活の中でさえも、宗教的に多様な世界の中で快適に暮らしており、そのことは第15章でより詳しく説明する。

異宗間結婚に対する寛容方向への変化は、いつ起こったのだろうか？　最初の手がかりは、より古い時期に行われたギャラップ調査における、カトリックとプロテスタントの間、あるいはユダヤ教徒と非ユダヤ教徒の間の結婚に賛成できるかどうかについて尋ねた一対の質問から得られる。図5－5によれば、こういった形態の異宗間結婚に対する賛意はこれらの質問が最初に行われた一九六八年には既に六〇％近く、質問が中止されることとなった時点の一九八二年の八〇％近くまでこの賛意は上昇を続けたということが示されている。

ギャラップの調査アーカイブには、異宗間結婚に関する社会規範が第二次世界大戦後の数十年間に変化していたはずであることを示すいくらかの証拠もある。つい一九五一年には、五四％のアメリカ人がギャラップ調査に対して「愛し合う二人の若者が異なる宗教信仰――カトリック、プロテスタント、ユ

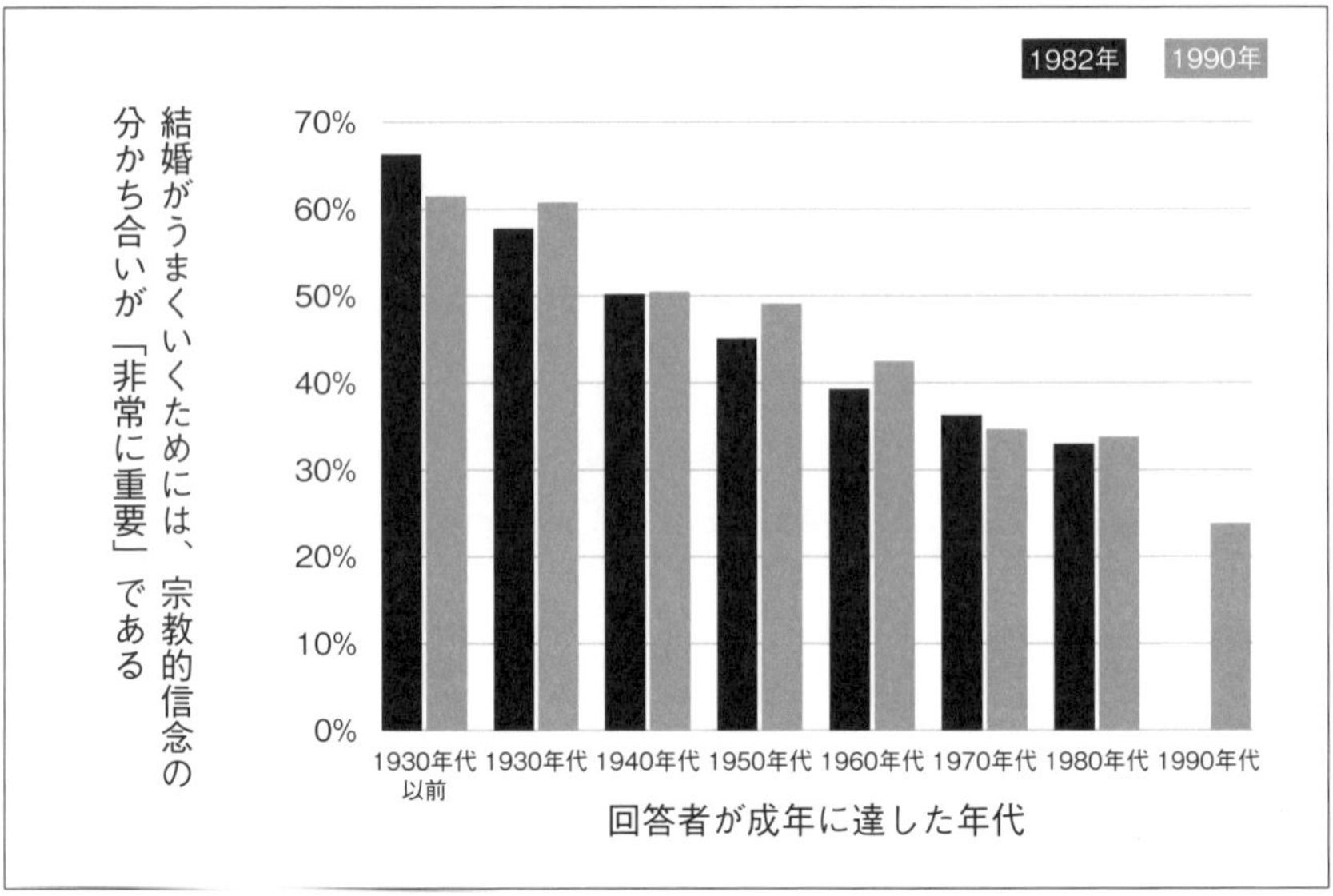

出典：世界価値観調査，1982 年および 1990 年.

図5-6　若い世代の方が異宗間結婚にオープンである

ダヤ教――を持っているならば、結婚すべきではない」と述べていたからである。

異宗間結婚に賛成する方向で長期的な世代移動が起こっていたことを示すさらに明確な証拠が、（図5-6にまとめた）「結婚がいまくいくためには、宗教的信念を分かち合っていることがどのくらい重要だと思いますか」と尋ねた一九八二年と一九九〇年の一対の調査から得られる。[34] 一九三〇年以前に成年に達したアメリカ人の間では圧倒的多数が、宗教の分かち合いを「非常に重要である」と述べており、信仰内部での結婚が二〇世紀の前半では広く共有された規範であったことを示唆している。しかしこの割合は、異宗間の寛大性が世紀を通じて増大していくにつれて着実に縮小していき、一九九〇年代に成年に達したアメリカ人の間ではこの規範を支持する者は二四％にすぎなかった。

このように、異宗間結婚の「現状《イズ》」と「規範《オウト》」両方について入手可能な最良の証拠が強く示唆しているのは、このリベラル化傾向が二〇世紀を通じてゆっくりと、着実に進行したものであったということである。もちろん、この長期傾向の中に差し挟まれる個別のよく知られたエピソードとして、例えば米国カトリック司教会議が非カトリック配偶者の信教の自由は尊重されるべきであるということを一九七一年に裁定したことなどがある。しかし普通のアメリカ人の生活と価値観においては、公式の化粧板《ベニア》の下で、宗教間障壁は世紀の全体を通じて次第に、しかし止まることなく軟化していったのである〔一九七〇年一〇月に法王パウロ六世が出した異宗間結婚をめぐる自発教令 Matrimonia mixta を受けて、米国カトリック司教会議が一九七一年に出した声明を指す。〕。

まとめると、二〇世紀の間に宗教的に偏狭な世代がより偏見の少ない子孫と交代していくにつれて、異宗間結婚を統御する規範と実際の結婚パターンの両方が、宗教間の開放性と統合を拡大する方向へと移動していった。[35] 詳細さには欠ける証拠が異宗間の友情についても存在するが、そのような証拠が示唆しているのもまた、これがゆっくりとではあるが着実に拡大していったということで、少なくとも二〇世紀の最後の二〇年間にはそれが成り立っている。[36] 二〇年前に「第二次世界大戦後の社会と信仰」について考察したロバート・ウスノウが、アメリカ宗教における教派的障壁の低下についてはじめて注意を向けさせた——

> 多くの人々が宗教の障壁を越えて、信仰の異なる誰かを訪ね、交わり、結婚さえするようになった。そして他信仰に対する態度については、受容度が相当程度の高まりを示している。こういった形で、社会的、文化的な緊張と分裂の基盤としての教派主義はその重要性を低めてきた……人々の教育水準が高まるにつれ、教派的障壁は、宗教帰属をもたらす不可侵のカテゴリーとしての機能を止めつつある。[37]

われわれの新たな証拠が示唆するのは、この傾向はあらゆる教育水準での特徴となったことと、二〇世紀全体を通じて持続したということである。

アメリカ人が著しく信心深くあり続けているのは第1章で述べたとおりだが、われわれの宗教間に一時は厳然としてあった社会学的障壁は、前世紀を通じて着実に薄らいでいった。実際、第3章における礼拝出席の傾向と、異宗間結婚におけるこれらの傾向を細かく比較すると、アメリカ人は宗教信奉が低下するよりも急速に、宗教的にオープンになっていったことが示唆される。われわれは宗教上の障壁を越えることについて、祖父母の時よりもずっとオープンであるが、彼らと比べての信奉度の低まりは穏当なものにすぎない。言い換えると、われわれの最良の推定によれば、宗教に信奉的でありかつまた宗教的にオープンであるアメリカ人の割合が前世紀を通じて拡大していったということである。第15章で見るように、現代のアメリカ人の生活における宗教の役割にとって、この事実は強力な意味を持っている。

異宗間結婚をしているのは誰か？

宗教内結婚の差異を宗教系統ごとに検討する場合、各集団の規模を考慮に入れる必要がある。小さな宗教集団にいる者よりも、大きな集団にいる者の方が同じ宗教の相手を見つけるのが容易だからである。もし大集団と小集団で異宗間結婚の観測率が同一であるのなら、自分の宗教の中でふさわしい相手をより懸命に見つけなければならなかった小さい方の集団で宗教内結婚が強く選好されているか、あるいはおそらく大きい方の集団で、小さい方の集団の中の相手と結婚するのに特に抵抗があることを意味している。[38] まずは、異宗間結婚に関係する規範が、今日のアメリカの主要な宗教系統のあいだでどの程度異なっているかを簡単に見ることからはじめ、続いて実際の結婚パターンがどの程度異なっているかを検討する。

図5－7が示しているのはモルモン教徒、ユダヤ教徒、福音派、黒人プロテスタント、そしてラティーノ系カトリックが、自分の子どもがその信仰の中で結婚することに、その他のアメリカ人と比べてよりこだわり続けているということである。以前見たように人種的マイノリティは福音派と同様に、自分の子どもが「信仰を維持する」ことをより気にかける傾向がある。[39]

次に実際の異宗間結婚率に関するデータに移ると、図5－8（結婚機会の統制をしておらず、二〇〇六年時点のアメリカ全成人を含んでいる）と図5－9（結婚機会の統制を行い、連続する出生コホートを比較している）が関係する証拠を提供している。[40] 図5－8では現時点で別の宗教を信仰する人の結婚と、当初時点で宗教の異なっていた配偶者間の結婚を別々の柱で示しており、二つの間の差はパートナーの一方、あるいは両方が改宗したことを表している。[41]

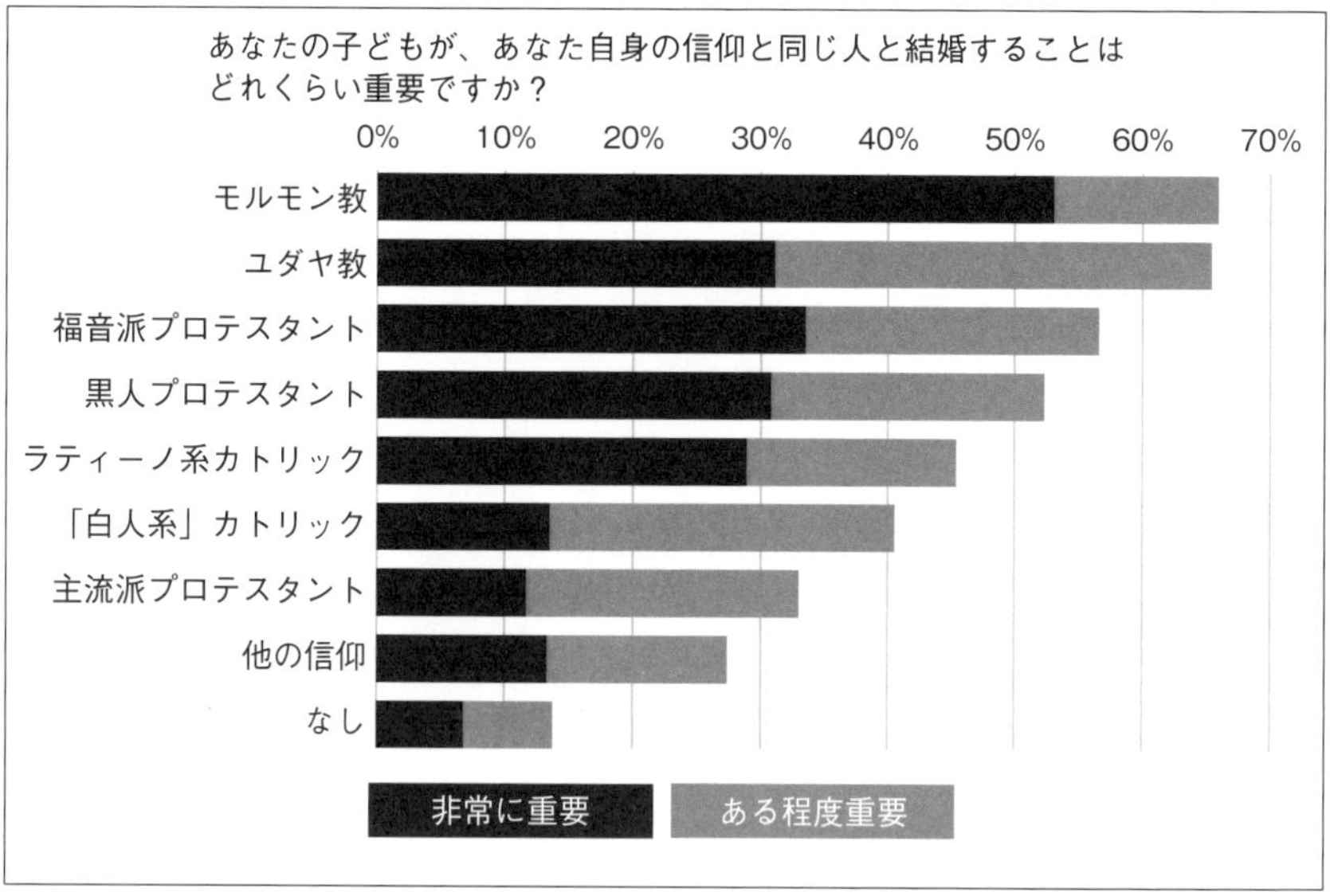

出典：信仰重要性調査，2006 年.

図5-7　宗教系統ごとに見た異宗間結婚への反対

図5－8が示すように異宗間結婚はラティーノ系カトリック、黒人プロテスタント、およびモルモン教徒において少ないが、その他全ての宗教系統において異宗間結婚はありふれている（異宗間結婚は一九五〇年以前に生まれたユダヤ教徒の間ではまれであったが、それ以降はそうではない）。福音派の子孫――その親は、ちょうど見てきたように、子どもが信仰の内部で結婚することを強く気にしている――の中でさえも、半数近くが配偶者を元々福音派出身ではないところから選んでいる。宗教なし（すなわち、宗教を持たない親）の子どもの三分の二近くが、宗教的背景を持つ人と結婚していることに注意したい。さらに、既婚の「なし」（すなわち、現在宗教所属がないと答えた人々）のうちほぼ半数には宗教所属のある配偶者がいて、そしてそのような配偶者はさまざまな宗教に比率通りに分布しており、このことは世俗的アメリカが、実際には、宗教的なアメリカと親密に統合されているというさらなる証拠になっている。

図５－９にはそれぞれの宗教内部での結婚のオッズを、その集団の規模を調整して示している。もしオッズが１対１であれば、集団規模をふまえたとき、

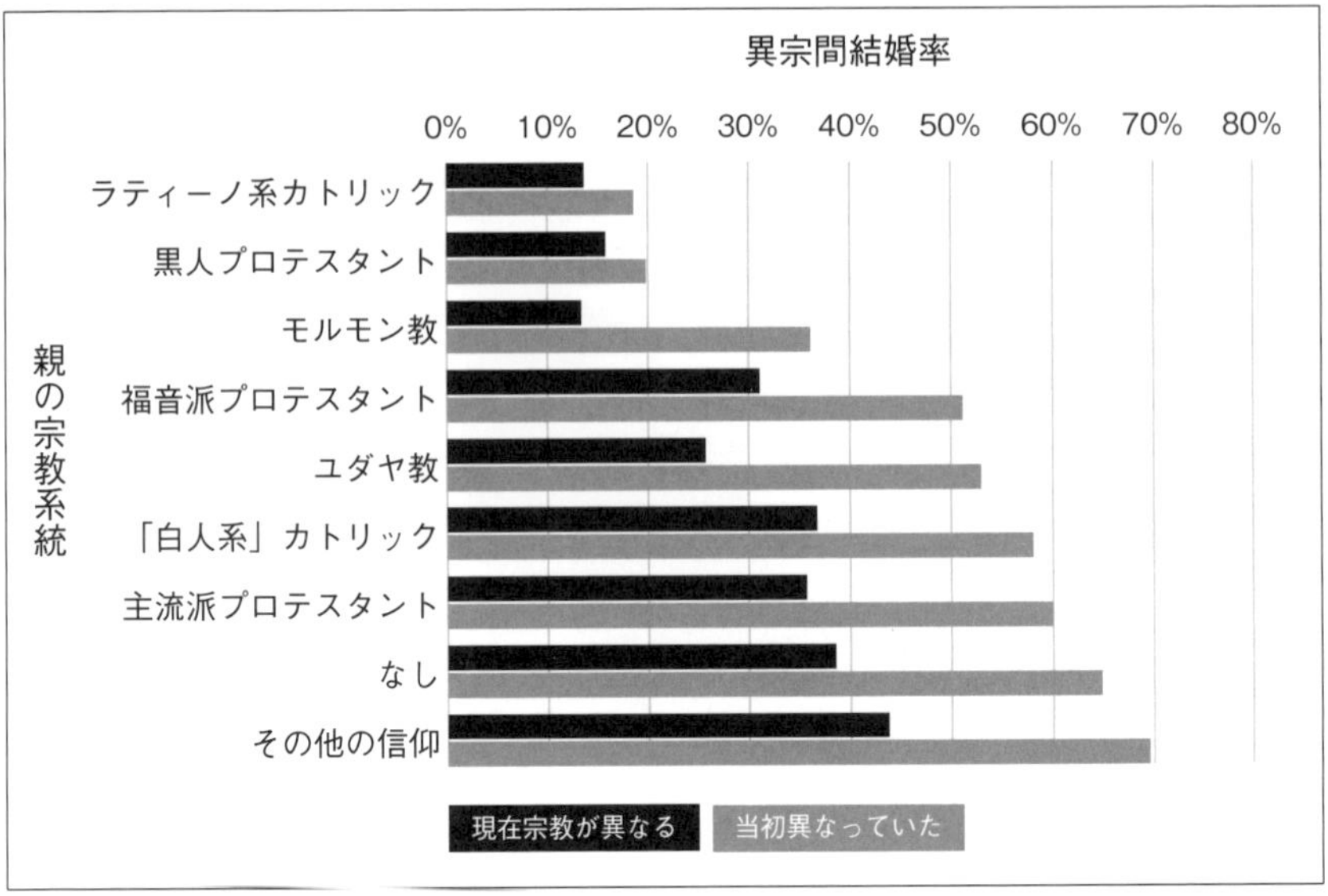

出典：信仰重要性調査，2006 年.

図5-8　宗教系統別の異宗間結婚率

その系統のメンバーが信仰の内部で結婚することは、ランダムに起こる可能性を超えていない——もしオッズが偏ってくれれば、その集団は信仰内部で結婚する傾向が高くなっているということになる。例えばこの図が示すのは、集団規模を考慮に入れた場合に、一九一〇年代に成年に達したカトリックはアメリカにいるカトリック教徒の人数を前提としたときに偶然に予想される可能性の四倍近く他のカトリックと結婚していたが、しかし一九八〇年代に成年に達したカトリックが他のカトリックと結婚する可能性は、ランダムに予想される程度の二倍に満たなかった、ということである（注意してほしいのはこの分析にラティーノ系カトリックを含めることができなかったことで、それは図5－9で示された期間を通じてスペイン語話者が調査から除外されていたからである）。言い換えるなら、カトリックの数を前提として宗教内結婚の機会を統制した場合、カトリックが宗教内結婚を行う傾向は以前は非常に顕著なものであったが、しかし最近の世代の間ではカトリックが信仰内部で結婚するのは、各宗教の規模を考慮に入れた場合には、プロテスタントが信仰の内部で結婚する可能性と変わるものではない。

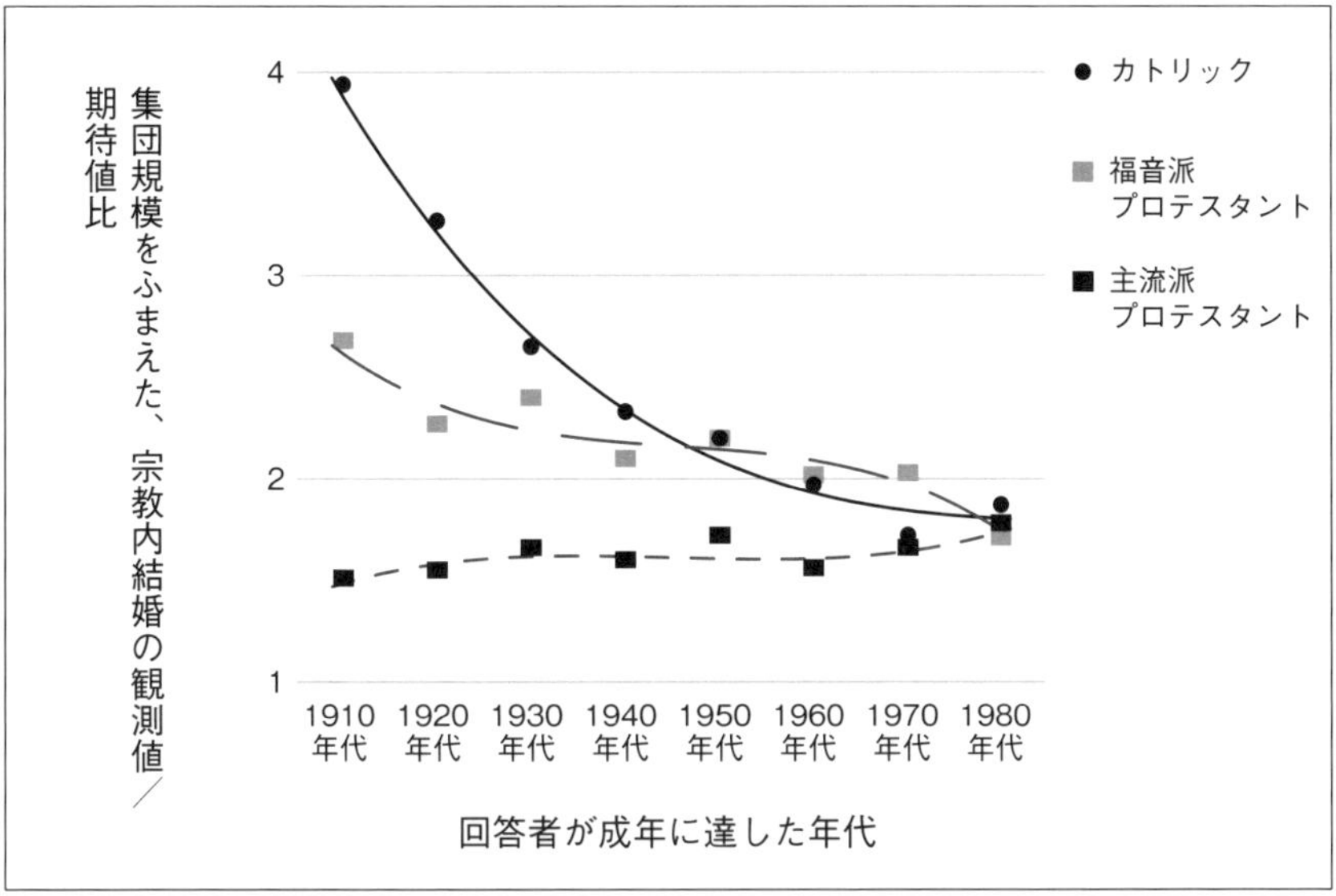

出典：総合社会調査，1973-1994年.

図5-9　宗教系統および世代別の宗教内結婚傾向（白人のみ）

同様に、二〇世紀の初頭に生まれたアメリカ人の間では、福音派の宗教内結婚の性向は主流派プロテスタントの二倍近かったが、より最近のコホートでは両者はそれほど異なるものではない。機会を統制すると、主流派プロテスタントで明確であった宗教内結婚の低下は平坦化する。言い換えれば、リベラルなプロテスタントの宗教内結婚が今日低下している理由は、単に相手となるリベラルなプロテスタントが少なくなったからである。その反対に、現在では結婚相手となる福音派が多くなっているが、その事実を考慮に入れても、今日の福音派の宗教内結婚は過去と比べると有意に低い。要するに、二〇世紀の終わりに成年に達した若者の間では、どの宗教においても信仰内部での結婚傾向については控えめなもので、またその傾向は主要な宗教系統間で大きく異なるわけではなかった。

何が（宗教系統は別として）異宗間結婚率を予測する要因になるだろうか[42]。

・宗教性と宗教的社会化——信仰内部で結婚する傾向は、より宗教的な人々の間でずっと高い——これは驚くべきことではない。宗教的傾倒が低いことが異宗間結婚の原因なのかそれとも結果なのか――もっとありそうなのは原因結果の双方になっていることだが――、確実なことを言うことはできないが、しかし異宗間結婚は宗教信奉度の低さと強く関連している。宗教的ではなく育った人、宗教性の低い家族の出身、そして自身が宗教的に異質な家族の出身の人々のあいだで異宗間結婚は多い。その意味で、異宗間結婚の傾向は社会的に継承されていると言うことができるかもしれない。同様に、異宗間結婚を規範的に受け入れることと、実際の異宗間結婚の両方について、宗教的に多様な社会的ネットワーク（友人および近隣）を持つ人々の間でその傾向が高いが、その強い関係性に関しどちらが原因でどちらが結果なのかを述べることは不可能である。いずれにせよ、データが強く示唆するのは、異宗間結婚率は他の領域における宗教間統合に関する妥当な代理指標になっているということである。われわれのうち、宗教的障壁を越えて相手を見つけようとする者は、友人を見つけるためにも同じ障壁を乗り越えてきた可能性が非常に高い。

・民族的マイノリティは集団内結婚に対する強い選好があり、その理由は一つには彼らの持つ社会的ネットワークの宗教的な同質性が高いことがあるが、一方で民族的帰属意識自体が異宗間結婚を思いとどまらせるということもある。白人における異宗間結婚率は黒人やラティーノと比べて相当程度（二〇ポイント）高い。各民族集団の内部においてさえも（すなわち、白人内においても黒人内においても）自らの民族集団への帰属が高まると、その人物は（a）宗教を切り替え、（b）異宗間結婚をし、（c）次世代の異宗間結婚に対してオープンになる可能性が低下する。この民族的帰属と宗教的帰属のつながりは、プロテスタントよりもカトリックの間で一層強まる。これらのパターンによって確認されるのはアメリカにおいて宗教とエスニシティが密接に結びつきあっているということで、より詳しくは第9章で検討する。

まとめると、アメリカ人が高水準で宗教切り替えと異宗間結婚を行っていることが生み出した、よく混ぜ合わされた宗教的サラダボウルは、他の深く宗教的な社会の特徴である厳格に定義された宗教的支柱（あるいは閉鎖的なコミュニティ）と全く異なったものになっている。さらに切り替えと異宗間結婚の双方とも、前世紀を通じて大きく増大したものであった。アメリカ人の宗教生活におけるこのような特徴は、アメリカにおける宗教的寛容性と多元性に対して強力な意味を持っているが、さらなる詳細については最終章で議論する。

まとめ

宗教的変化と異宗間結婚について、本章で学んできたことは何だろうか。

第一に、宗教への傾倒は社会と政治に関して展望したときに見える他の多くの側面よりも安定しているが、しかしそれは完全に安定したものではなく、とりわけ長期的に見た場合そうなっている。われわれのうちの大半は、自身の親の宗教的傾倒にしたがう傾向がいまだにあり、少なくともその傾倒が明確で一貫した場合にそうなっているが、アメリカ人の相当数は現在では自分の宗教所属と信仰について、それを継承するのではなく自ら選ぶようになっている。白人系アメリカ人のおよそ半数は、異なる宗教に切り替えるかあるいは宗教的無関心に陥っていくことを通じて、親の宗教上の立場から離れている。異宗間結婚と家族の持つ宗教からの離反は民族的マイノリティの間で少なく、そのことは最も信心深い家族の間でもまた同様である。二〇世紀の大半において、この後者のグループは福音派プロテスタントに偏って存在したが、福音派の優勢は減少してきており、最近のコホートではほぼ消滅した。一方で、異宗間結婚は二〇世紀を通じて着実に増大し、今日では結婚するアメリカ人のおおよそ半数が、異なる宗教系統から相手を選ぶところにまで至った。

ほぼ全ての宗教系統において、二〇世紀を通じ信仰の継承は低下し異宗間結婚率は増大したが、とりわけカトリックにおいてそうであった。全米人口に占めるカトリックの割合が安定してきた理由は、二〇世紀の最初の数十年間にやってきた白人系移民の孫の離脱が、ラティーノ系カトリックの到来によっておおよそ釣り合ったからという理由のみによる。福音派プロテスタントは二〇世紀の大半を通じ、離脱による損失よりも多くの信奉者を継承と改宗流入から得てきたが、一方で「なし」の人口に占める割合が小さくあり続けてきたのは、その継承率の低さによるものだった。しかしこの一〇〜二〇年では、貿易収支は福音派にとっては中立に、そして「なし」にとっては大きな黒字に変わっている。一方で主流派プロテスタントは離脱の多さと改宗流入の少なさという致命的に近い組み合わせに苦しんできた。

これらの変化全てがもたらした結果の一つは、アメリカ人の宗教所属を説明する上で、継承とほぼ同程度に個人的選択が重要になってきたということで、それが宗教上のマーケティングとイノベーションの重要性を増していることについては次章で議論する。第二の含意はおそらくより明確なものではないが、しかしより重要なものとして、アメリカ人が現在、より宗教的に統合された社会に生きているということである。その帰結については、引き続く各章によって次第に明らかになるだろう。

第6章　宗教におけるイノベーション

一九世紀アメリカのフロンティアが、宗教指導者に提起した問題がある。人々、とりわけ若者が広範囲にわたるコミュニティに散らばっており、その多くは教会を持つには新しすぎたのである。その結果、プロテスタント牧師とカトリック司祭のどちらも、独創的な解決策に思いいたった——礼拝堂車《チャペルカー》である。ミニ礼拝堂に改修されたこういった列車車両を使って聖職者は街から街へと旅し、さもなくば教会に縁のないフロンティアの入植者に礼拝を執り行った。それらは今日ではおおよそ忘れ去られているが、しかし当時の礼拝堂車は、辺鄙な土地に宗教を持ち込むための最先端テクノロジーの代表だった[1]。

礼拝堂車は、アメリカ宗教の特徴であり続けてきたイノベーションの小さな一例にすぎない。他の例として、われわれの時代の礼拝堂車を考えたときに浮かぶのがオンライン教会である。礼拝堂車は物理的に、礼拝を人々に運んでいた——インターネット教会はバーチャル礼拝経験を、インターネット接続を持つ人の誰に対しても配達している。オンライン宗教の一例をウェブ上の礼拝提供のパイオニア、LifeChurch.tv のウェブサイトに見いだすことができる。LifeChurch には物理的な所在地もあるのだが、インターネットユーザに対して、家を出ることなく「教会に行く」ための革新的なプラットフォームを提供している。LifeChurch に「出席」するというオンラインストリーミングである一方で、視聴者はインタラクティブになるようデザインされている。礼拝視聴がオンラインインストリーミングである一方で、視聴者は祭壇からの招き《オルター・コール》に対してスクリーン上に現れるリンクで応えることができる。バーチャル献金皿に寄付をすることができる。礼拝を視聴する他の人々と、オンラインチャットをすることすら可能である[2]〔「祭壇からの招き」とは説教者が礼拝の終わりに参加者に信仰の表明を呼びかけること。〕。

礼拝堂車とオンライン宗教は、福音を広めるためにテクノロジーを利用している例である。そのような技術的イノベーションはしかし、アメリカ流の宗教スタイルの内にある創意性の表面をひっかくようなものでしかない。変化に抵抗する防壁に常になろうなどということとはほど遠く、多くの宗教が歴史的に変化を受け入れてきた——保守的な感性を持っている信仰でさえもそうであった。アメリカにおける宗教の慎重な観察者であったアラン・ウルフはこう述べている。「米国には豊富な保守主義者がいるが、伝統主義者は欠いている。新たな形態の宗教実践の発明者である宗教保守派がこれほどまでに多いという理由だけとってもそう言える[3]」。

この章では、信仰の切り替えについての議論を続ける。第5章で見たのは、主要な宗教系統の得失に関する長期傾向を検討したときのアメリカ宗教の流動性であった。宗教の切り替えに関するその議論は、三万フィートから見た風景のようなものである。大まかな輪郭を見てとることはできるが、変化と、したがって詳細の大半を見逃してしまう。この章では宗教の切り替えにズームインして細部を見るために、会衆から会衆への移動に焦点を当てる。宗教の切り替えという場合には、そのアクションは会衆の中で起きる——それは大半のアメリカ人にとって、宗教との主たる連絡窓口である。

宗教の切り替え、あるいは会衆ショッピングは、すべての宗教、そしてすべての会衆が基本的に同じものであるならば、無意味なものになるだろう。もし必要が発明の母であるのなら、宗教的流動性はイノベーションの母である。あるいは、おそらく、イノベーションが流動性の母である。いずれにせよ、宗教的起業家《アントレプレナー》——この用語は非難的に使っているわけではない——が、米国宗教の実質と見た目の両方を絶え間なく改良し再発明することで、アメリカ人は広範な宗教選択肢を有している。結果として起こっているのはダイナミックな宗教的風景で、そのあまりの大きさから、それを説明するのに最もよく使われるメタファーは市場という言葉である[4]。切り替えとショッピングを理解するためにはしたがって、アメリカ宗教の内側にある絶え間ないイノベーションの流れを理解することが求められる。したがってこの章は、さまざまに多くの種類の宗教的イノベーションを描写《スケッチ》することから始める。

この宗教的イノベーションを背景にした上で、続いてアメリカの会衆に真正面から注意を向ける。アメリカ人が自分の出席する会衆を選んでいる理由、そしてある会衆から別のものへの切り替えを予測するものは何かについて、新たなデータを提示する。

本章では最終的に、宗教的イノベーションの過去の広がりから外挿して、起こりうるかもしれない未来について推論する。「宗教なし」の増大をふまえると、新形態の宗教にとっての潜在層が現代米国の内に存在するように思われる。したがって、宗教的起業家はこの手つかずの層にたどり着く道をますます模索するようになると考える――そしてそれに取り組むべく既に現れたイノベーターの例を提供する。

イノベーション

未来の宗教的イノベーションについて情報に基づいた推論を提供するためには、まず過去のイノベーションについて検討しなければならない。ここで注意しておくのは、われわれは焦点を米国に置いている一方で、宗教におけるイノベーションは米国に限られるものでは全くないということである。しかし、米国には膨大な量の宗教的イノベーションが明らかに存在する。アメリカの宗教風景において変化は常にありふれたことであったので、米国における宗教史は、宗教イノベーションの歴史として記すことができるだろう。イノベーションはしかし、さまざまな形態を取っている。

イノベーションの中には、古いメッセージが新しいメディアを通じて表現されるという形のものがある。礼拝堂車や LifeChurch はそういう二つの例だが、一七〇〇年代中盤のジョージ・ホワイトフィールド、一八〇〇年代終盤のドワイト・ムーディー、そして一九〇〇年代中盤のビリー・グラハムといった信仰復興活動家《リヴァイヴァリスト》たちの用いた方法もそれだった。各人とも大勢の群衆に定期的に語りかけていたが、それぞれがまた、各々の時代のコミュニケーションメディアを用いてさらに多くの人々に自分のメッセージを送り届ける道を切り開いた。ホワイトフィールドが用いた新聞には、ベンジャミン・フランクリンの新聞ネットワークが含まれており、それによって自分の説教を公刊し信仰復興を宣伝した。ムーディもやはり新聞を用いて、その信仰復興を報道価値のあるイベントへと転換した。ホワイトフィールドやムーディのように、グラハムもホールや講堂、スタジアムで幾千もの人に語りかけたが、信仰復興をラジオとテレビで放送することで到達範囲をさらに拡大した。今日、インターネットはコミュニケーションにおける新たなフロンティアであり、過去見られたイノベーションの積極的な受け入れから予期されるように、宗教的起業家たちはそのメッセージをオンラインにのせてきた。[5]

イノベーションが新たなメディアというより、むしろ宗教組織の新形態に近いということもある。例えばメソジストは、大衆へと牧師を運んでいく手段として巡回説教《サーキット・ライディング》を発明した。鉄道以前の時代には、巡回説教者が長く、しばしば険しい道を騎乗して遠く離れたコミュニティを訪れ、そうすることでメソジスト派への多くの改宗者を勝ち取った。これは、地域の聖職者がそのコミュニティに居を構えるという組織モデルから甚だしく異なるものである。今日では、メガチャーチが新たな組織モデルから構成されていることはほぼ間違いない。典型的なメガチャーチでは、礼拝には幾千もの人が集まるが、数字の上では伝統的な教会礼拝よりも信仰復興運動に似ている。同時に、小グループ――メガチャーチ会衆の細胞――の増殖により、小規模なコミュニティ感覚がメンバーに提供されているのである。[6]

その他の宗教的イノベーションは新しいメディアとしてではなく、新しいメッセージとして表現した方がよく、時に全く新しい宗教という結果を生むことがある。アメリカは無数の新たな信仰の出生地であり、花開くものもあれば低迷するものもある。例を挙げればたくさんあるが、その中に含まれるものとしてペンテコステ派、セブンスデー・アドベンチスト、クリスチャン・サイエンス、そしてモルモン教がある。他のケースとして、海外で生まれた新たな宗教だがアメリカで受容者を見いだしたというものもあり、例えばメソジスト、シェーカー派、さらには統一教会がある。

さらなるケースとしてイノベーションの中には、既存の信仰の中に新たな実践が採用されたという場合もある。時にはそういったイノベーションが破竹の勢いである宗教系統全体に適用され、世界中に広がることがある。そういった全ての中でおそらく最も勢いのあったものがカトリック教会の第二バチカン公会議――バチカンII――であり、それはカトリックの実践に大幅な変化をもたらした。もはやミサはラテン語のみによってではなく、教区民の言葉で執り行われるようになった。司祭はミサの最中、会衆に背を向けるのではなく、むしろ一体化の徴《しるし》として会衆に向き合うようになった。この時期はまた多くの教区において行われた、それぞれの改革によっても特徴付けられる。例えば四旬節《レント》以外にも金曜夜に肉食を禁じることは、多くの地域で解除された。[7] 同様に、多くの主流派プロテスタント教派で女性を牧師に任ずるという決定が広がって、いまでは同性愛者を牧師に任ずる決定も、プロテスタント信仰の中でそれより数は少ないが増加しつつある。[8] モルモン教もまたその実践において変化しており、最も著名なものは一八九〇年代にＬＤＳ教会が一夫多妻という慣行を中止したことであるが、一九七〇年代には教会の神権聖任を黒人男性に対して拒否することを止めている〔「末日聖徒イエス・キリスト教会」(The Church of Jesus Christ of Latter-day Saints) がいわゆるモルモン教会の正式名称であり、この略称としてＬＤＳ（教会）と表記される。〕。ユダヤ教内部では、改革派シナゴーグが長きにわたってイノベーターであった。一九世紀には、多くがオルガン音楽をその礼拝に導入し――これはキリスト教では通常のことだが、ユダヤ教ではそうではなかった――、そして男女混合着席もまた導入した。

　場合によっては、イノベーションに含まれるものが何か新しいものではなく、むしろ変化に直面したときに古きものを維持するということもある。教派によっては、また教派の中のある会衆によっては、伝統的スタイルの礼拝と伝統主義的世界観を提供することで繁栄しているものがある。救世主ルーテル教会は、第7章で取り上げる保守派のルター派教会だが、このプロファイルに合致している。第二バチカン公会議以前のラテン語ミサに戻ったカトリック小教区や、正統派を奉ずるユダヤ教シナゴーグ――オルガンなし、男女別々の着席――も同様である。[9]

　もちろん、全てのイノベーションが成功するわけではない。定着することができず、したがって全く忘れられたものもある。またあるイノベーションは急速に成長しても結局消え去っていく。シェーカー派は一八〇〇年代初頭は顕著なものであったが、今日では一〇名に満たないメンバーまで衰退した（その全会員に対して彼らが独身主義を教えていたことをふまえれば、おそらく避けがたいことであったろう）。一八四〇年代にはウィリアム・ミラーが世界は一八四四年に終わるということを教え、多くの信奉者を引きつけた。予定されていた日に終わりが来なかったときミラー派は栄光のいくらかを失ったが、その盛り上がりが完全に消えたわけではなかった。アメリカ宗教内部のダイナミズムを示すわかりやすい例であるが、これらミラー派信徒の一部はセブンスデー・アドベンチストとなり、今日まで続く教派として栄えている。

宗教、とりわけアメリカにおけるその諸変種を通り抜けていったイノベーションについて記し、書籍を満たすことはできるだろう。それらのうち歴史書の中に最も記録に残されやすいものは大規模な変化であり、特に全く新しい信仰の創造はそれに当たる。アメリカにおける宗教的イノベーターの一覧を作るならどんなものであっても、ジョセフ・スミス（モルモン教の創始者）、メリー・ベイカー・エディ（クリスチャン・サイエンスの創始者）が含まれるのは確実である。しかし、現在受け入れられている宗教実践と劇的に決別することは、実際には宗教的イノベーションの標準ではない。むしろ、社会学者マーク・シャベスが描写したように、イノベーションは漸進的に導入されることの方がより典型である。「宗教運動と宗教的起業家は革新的な部分もあるが、一方で自分たちの文化フィールドにおける主要な既存宗教との連続性を追い求めている部分もある」[10]。

全く新しい教派を創始するといった規模の、比較的まれな事象に関するイノベーションに対して、無名の牧師によってその地元の会衆の中で取り組まれてきたより小さな、漸進的なイノベーションは幾千も存在する。把握しにくいやり方で、ほぼあらゆる信仰の会衆指導者たちが新しい構想やアイディアをしばしば試し、新しい会員を引きつけるか現在の会員を引き留めること、あるいはその両方を目指している。そういった取り組みが成功したり失敗したりすると、会衆は縮小したり拡大したりする――現れてはすぐに消えることとすらある[11]。この研究の過程においては、個別の会衆がいかに再活性化しうるかを直接に体験することになった。研究はじめのほど近いところで最初に訪れたのが、第2章で紹介したトリニティ・コンコードで、まさに再生を経験していたところであったのである。日曜礼拝の出席は増加し、二〇〇三年と比較して教会学校への出席は三倍となったのだった。

会衆

多くの――間違いなく、大半の――宗教的イノベーションは、したがって会衆レベルで起こる。われわれが光を当ててきた会衆をめぐる挿話を読めば、まさにその多様性と創意に強い印象を受けずにはいられないだろう。ヒューストンの救世主ルーテル教会が強調するのはドイツ由来の伝統で、ドイツの礼拝堂建築の再現すら行っている。イリノイ州エヴァンストンのベス・エメット・シナゴーグは広範囲な種類の教室（ユダヤ教のものもあり、そうでないものもある）を主催している。イリノイ州シセロにあるローマの聖フランシスカ・カトリック小教区では路上のミサが、英語とスペイン語の双方で行われている、等々である。大半のアメリカ人にとっては自分の会衆が、自らの宗教を経験する仕方になっている。リック・ウォレンのサドルバック教会の会員の中に、このメガチャーチ中のメガチャーチが公式に所属している、南部バプテスト連盟の会衆を特に求めていたという者はほとんどいないのではないかとわれわれは感じている。むしろ、彼らは自ら好む会衆を見つけ、それがやはりたまたま南部バプテストに属していたということであろう。

アメリカ人がある会衆から別のものへと移るとき、しばしばある宗教から別のものへと移ることになる。もし、ある宗教系統から別のものへと移ることにのみ焦点を当てたのであれば、現実の行為が見いだせる場所を見過ごすという危険を冒すことになる――それが会衆である。新しい会衆に移ったが新しい宗教系統にしたわけではない（例えば、合同メソジスト教会員が、長老派教会に出席する）場合は、第5章で用いられた枠組みでは切り替えには数えられないことを思い出そう。したがって宗教系統の境界を越える切り替えのみを見ることは、アメリカ宗教が流動的である範囲を過小評価することになる。筆者のうち一人の友人の話を考察しよう。彼とその家族は最近新たなコミュニティに転居し、教会を探し始めた。彼らはカトリック小教区、合同メソジストのメガチャーチ、（主流派教派の）ルーテル教会、そして聖公会の教会区に出席した。最終的に彼らが選んだのは聖公会の教会区――主流派プロテスタント教会だった。しかし彼らがカトリック小教区を選んだということもありえたが、その場合には宗教系統も同時に別のものになったと分類されることを意味していた。多くのアメリカ人と同じように、彼らの教会選択は、出席することになる地域の会衆に基づいていた――それは説教壇から聞くことになるもの、提供されるプログラム、会衆たちの親しみやすさ、等々といったものだった。

会衆選択

会衆ショッピングの流行が意味しているのは、教会出席者の大半が落ち着きのない消費者で、不断に地平線を見渡して今までになかった新しい選択肢を探しているということだろうか？　あるいは大半の会衆が地域的なものであるという事実が意味するのは、大半のアメリカ人は自らの好む会衆を見つけて、それを手放さないということだろうか。

アメリカの教会出席者は、おおむね自分の会衆に満足している。不満度が高いということが見いだされたのであれば、むしろ、宗教流動性が高いという概念自体に疑問が投げかけられただろう。もし自分の会衆にそれほどに不満なのであれば、なぜ止めてしまわないのだろうか。したがって、面接員に「全く満足していない」と答えたものが二％にすぎず、満足度の低いものも加えて七％であったということは驚くべきことではない（図６－１を参照）。しかし、聖職者はこれに満足して、信徒を失うことについて心配する必要はないと考えるべきではない。大半の教会出席者が自分の会衆に満足していると答えている一方で、その満足の強さには他の選択肢を検討する可能性が残されたままになっているように見える。五八％が現在の会衆に「非常に満足している」と述べているが、アメリカ人の三分の一は単に「ある程度」満足していると答えている。ある程度満足しているという者は、前向きに物色する者であるというようにわれわれには聞こえる。これから見るように、自分の会衆に完全に満足しているわけではない人間は、別のものを探す可能性が最も高いことが確かにわかる。

新しい会衆を物色したというアメリカ人は多い。おおよそ半数（四七％）のアメリカ人が、少なくとも一度は新しい礼拝場所を探したことがあると答えているが、少なくとも「数回」はそうしたと述べている者は三分の一にのぼる。これら教会物色者の約半数については、新しい会衆を探したきっかけは転居であったが、そうすると全アメリカ人のおおよそ四分の一については現在の会衆を探した理由は住所を移したという以外のものになる。[12]　アメリカ人は常習的な物色者であり、宗教も例外ではない。[13]

アメリカ宗教の風景の中で、いかに教会ショッピングが根深いものかという指標として、会衆ショッピングをカト

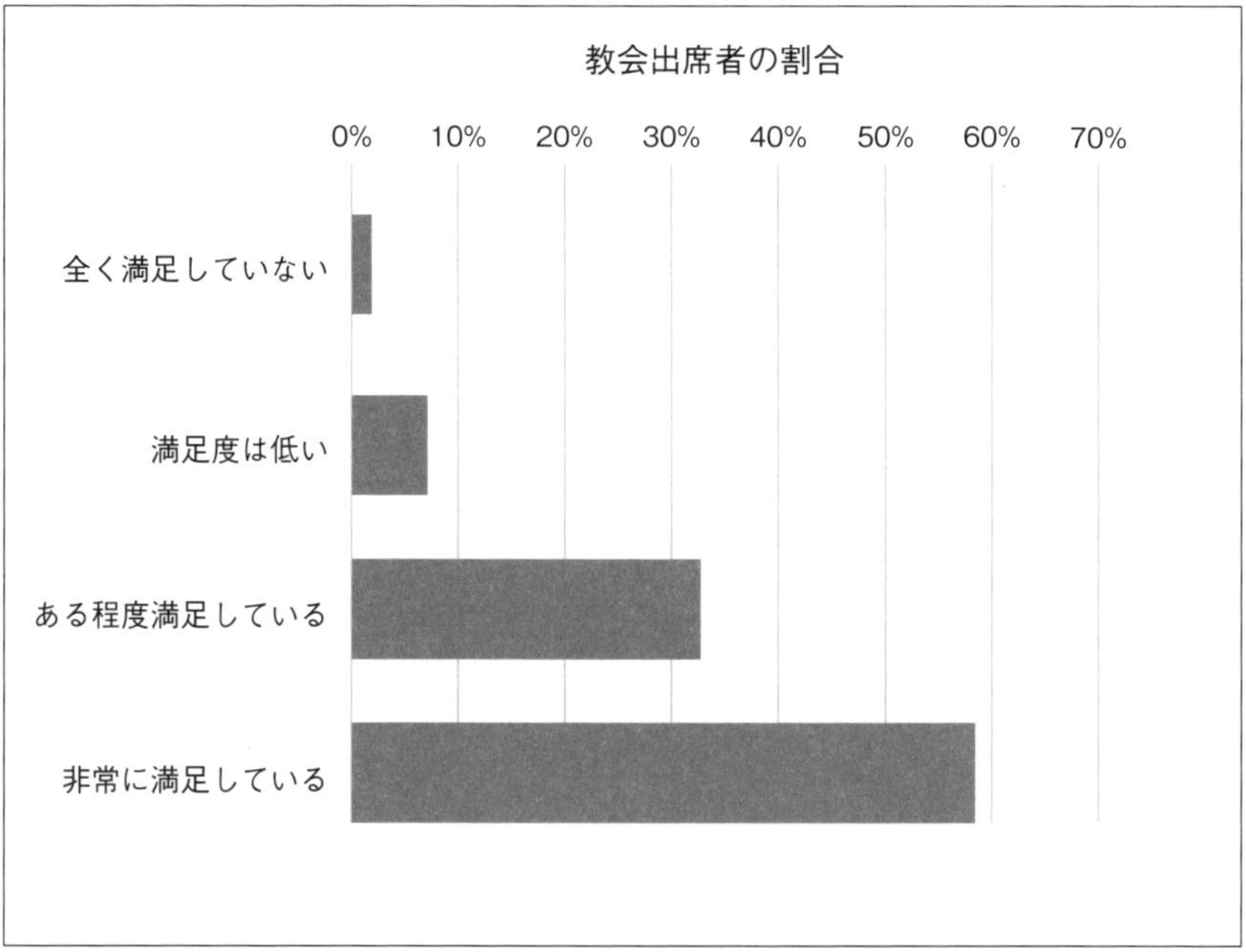

出典：信仰重要性調査，2006年.

図6-1　教会出席者の半数以上が自分の会衆に非常に満足している一方で、3分の1はある程度満足しているにすぎない

リック教徒の三分の一近くにさえ見いだすことができるということがある。カトリック小教区は一般には、個人選択というよりも地域区分によって定義されているにも関わらずそのようになっていた[14]。カトリック教徒はプロテスタントに比べて会衆ショッピングに参加することが少ないが、それでもそうする者が相当数存在している。

第9章で議論するように、地域区分の境界という仕組みがもたらしているカトリック小教区における人種的多様性の増大に対しての影響があるが、シカゴの小教区におけるわれわれのケーススタディでは、どこで礼拝するかを決めるときにカトリック教徒の多くがプロテスタントと同じように実際に足を運ぶことで進んで意思を表明しているということがまた判明した。

注意しておかなければいけないのは、多くのアメリカ人がその人生のいずれかの時点で会衆を物色する一方で、頻繁に会衆を切り替える者はほとんどいないということである。会衆ショッピングというものは、レストラン選びよりもむしろ住宅購入に似ている——その意思決定は長期、少なくとも中期間に対してなされているのである。(15)

アメリカ人が新たな会衆を探しているとき、一体何を求めているのだろうか。それを見いだすため、信仰重要性調査の回答者で現在会衆を持つ者に対してなぜそれを選んだのかについて尋ねた。広範な選択肢のメニューを提供し、全体の中から特に一つの理由を選ぶようには求めなかった。全項目が同様に重要であり、あるいは重要でないことがありえるだろう。

図6－2に示すように、現在の会衆を選んだ「非常に重要な」理由として最も共通していた基準は「神学や宗教的信念」であり、そのことは教会で教えていることと、各人が信じることとの間の調整を示唆している。このことはおそらく、アメリカ宗教が派手に聞こえるだけで実体のないもの《音だけするのにステーキなし》になっていると懸念する批評家にとってはいくらかの慰めを与えるものであるだろう。教会出席者は、何が実際に教会で教えられているかが自身に重要な意味を持っていると答えているからである（しかし認めなければいけないのは、教えられていることの**内容**に関わる懸念についてこれが答えているわけではないことで、そのことは神学者に委ねる問題である）。同様に、二番目に重要な基準とは典礼あるいは礼拝のスタイルであった。興味深いのは、聖職者はリストのずっと下の方だったということである。教会出席者の相当数の三九％が、聖職者は現在の会衆に出席している非常に重要な理由であると述べている一方で、この割合は神学（六〇％）や礼拝スタイル（四五％）より低いものだった。

次に重要な二つの基準は関係しているもので、配偶者かあるいはその他の家族について言及するものである。どちらのケースでもおよそ等しい割合（四〇％）で、非常に重要であるか、全く重要ではないと答えていた。それよりずっと小さいが、しかし無視できない割合（二七％）で示されていたのが、「ここが子どもの時の会衆であったということ」がそれを選んだ（あるいは、この場合には、その中に留まることを選んだ）非常に重要な理由であるということである。アメリカ宗教の流動性についてのわれわれの議論をふまえたときに、この比率は念頭に置かなければならない。これまで見てきた宗教切り替えと会衆ショッピングにも関わらず、教会出席者の四分の一以上は子どもの時と同じ会衆に現在もいると答えているのである。

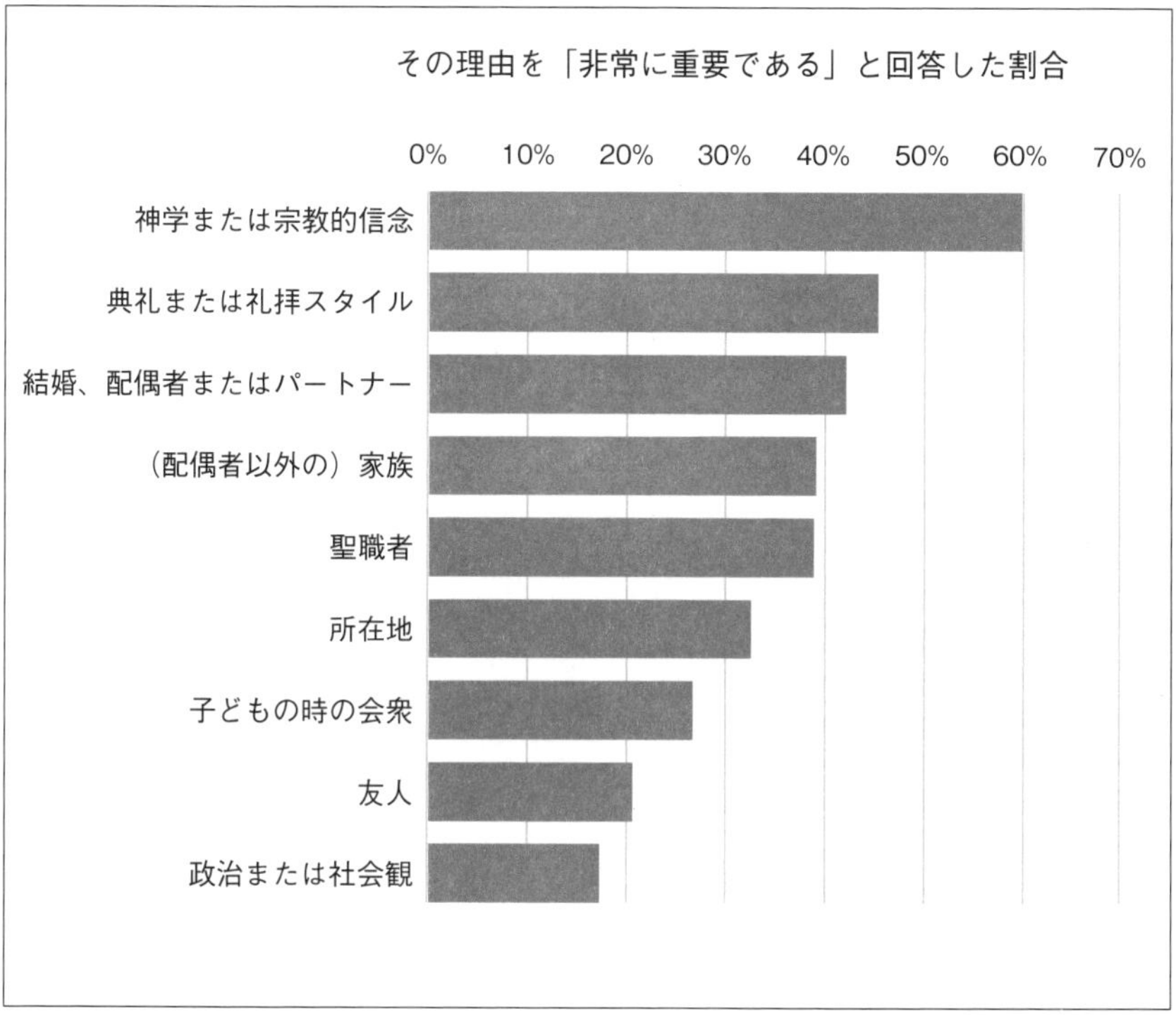

出典：信仰重要性調査，2006 年.

図6-2　現在の会衆を選んだ理由は何でしょうか?

リストの一番下近くにいるのは、宗教や家族には関係のない要因である。所在地は最下位に近く(三二%が非常に重要と答えている)、その一方で重要性の最も低かった二つの理由は、友人と「政治または社会観」であった。友人の順位がこのように低いという事実は、友人を理由として会衆に引っ張られるよりも、会衆のメンバーと友人になることの方が普通であることを示唆している。最後に、政治、社会観の重要性が限られていることは第12章の内容の予兆となっており、アメリカの教会の大半では、あからさまな政治活動《ポリティッキング》は皆無かそれに近い様子がそこでは議論される(後に説明するように、これは、教会において政治に関連することが全く起こらないと言っているのとは異なっている)。

　ここでいったん立ち止まり、会衆を切り替える理由として報告されたものと、第5章で議論した宗教系統間での切り替えに関する鳥瞰的視点との間の不一致とも取れるものについて触れておく。想起されるように、セクシュアリティおよび政治に対する見方が宗教的風景を形成してきたということをわれわれは示唆した。しかるにここでは、政治または社会観は会衆を移り変わる理由としては滅多に挙げられないものであることが見いだされている。

しかし実際には、そこに非一貫性はない。まず第一に、政治的な問題をめぐって宗教を、したがって会衆を去っていった可能性が最も高いのは「宗教なし」である。宗教なしは会衆を持たないので、現在の礼拝場所を選んだ理由を教会出席者に尋ねたときに彼らが登場することはない。第二に、これもまた示してきたことだが、多くのアメリカ人が福音派教会に引き寄せられた理由は、婚前交渉に対する態度が例となるような、道徳の衰退の知覚である。性道徳についての教えを理由に教会を選ぶことは、神学と宗教的信念を理由にそれを選ぶことと一貫しているように思われる。婚前交渉に対する態度が、その人間が福音主義かどうかを最もよく予測しており、それはより明示的な党派的問題（そこには中絶も含まれる）に対する態度よりそうであったことを思い出してほしい。

なぜ人はある会衆から別のものへと移動するのか？

人々に現在の会衆にいる理由はなぜかと尋ねることは、会衆選択を理解する方法の一つである。しかし、なぜ人が何らかのことをしたのかの説明を求めることはあいまいさをはらんでいる。人はしばしば、何であれそれをした動機を明確に表現することに困難を覚える。昨晩のディナーで、なぜ自分はステーキではなく魚を選んだのだろうか？魚の方が安かったからだろうか？　魚の方がより健康的だからだろうか？　ステーキよりも魚の方が好きだからだろうか？　子どもの時に、魚に対して肯定的な態度を持つように社会化されたからだろうか？　妻がステーキを注文し、彼女と同じものを注文することを自分が望まなかったからだろうか？　これらのもの全てである、あるいはどれでもないのだろうか？

動機について尋ねるときのあいまいさゆえに、異なる視点を採用して、自分の会衆に留まっている人間と新しいところに移った人間の種類を単純に観察することは参考になる。オリジナルの信仰重要性調査と同一人物におおよそ一年後に追跡調査を実施したことで、会衆ショッピングがそのタイミングで発生した場合に観察することのできるような独自の機会を得ることができた。大半の回答者は一年間の中で会衆を変えることはなかったが、およそ八％がそうしていた。[16]八％は多いとは感じられないかもしれないが、多年にわたってそれが積み重なれば実のところ、非常に流動的な宗教的環境へとはね返っていくことになる。

異なる宗教系統間で会衆ショッピングについて比べたときには、ほとんど差異を見いだすことはできない。福音派は主流派プロテスタントと切り替えの可能性が同程度であり、そちらはといえばカトリックと同程度で、といった具合である。一つの例外が公式には宗教所属がないが、それにもかかわらず特定の会衆に出席しているとしていた人々である。これら非所属──出席者のおよそ一五％が──すなわち、人口全体の約二倍の多さで──一年間の間に新たな会衆を見つけていた。[17]このグループが新しい会衆を見つける可能性が最も高かったということは理にかなっている。おそらく最初の会衆に対して彼らは十分な投資をしていなかったからである。少なくとも、その会衆について、公式に所属していると報告するまでには投資をしていなかった。

人々を現在の会衆につなぎとめる、この**会衆投資**とでも呼びうるものの重要性は、さまざまに異なる形で現れる。例えば、われわれは誰が会衆を切り替えるかに着目し、数多くの個人特性によって説明しようとした。その中には年齢、性別、婚姻状態、家庭に子どもがいるか、人種、教育水準、現在のコミュニティに住んでいる期間、自家所有の有無、そして人生や経済状態に満足しているかどうかが含まれている。新たな会衆の選択をもたらすような外的要因のない者に焦点を当てるため、分析は間の一年間に新たなコミュニティに転居しなかった者に限定した。

検証したこれら多くの特性の中で、新たな礼拝場所を見つけるかどうかに何らかの影響を与えていたことが示されたものは数個にすぎなかった。一つは婚姻状態で、結婚している人は会衆を移る可能性がわずかに高かった。これは、われわれの以前の観察において、会衆を選択した理由としてよく挙げられた原因が配偶者であったことと整合的である。統計学的な意味で影響のあったもう一つ別の要因が家の所有である。自家所有者は賃貸者よりも会衆を移る可能性が低かった。その理由については、自家所有者が文字通りそのコミュニティに投資していることとちょうど同じように、彼らは自分の会衆にもより投資しているからであろうと考えられる。[18]

新しい会衆を見つけることに相関しているもう一つの要因が、古い方に対する不満であることは驚くべきことではない。以前に見たように、アメリカ人の大半は現在の会衆について満足している。しかしそうでない者は、新たなものを見いだす可能性が最も高い。しかし会衆に対する不満ですべての話の説明がつくわけではないのは、会衆の中でのつながりもまた意味を持つからである。[19] 会衆内部での友人が多いことは、新たなものに切り替える可能性が低まることを意味している。

人々を自分の会衆につなぎ止めるもう一つ別の要因が、惰性である。会衆に長くいればいるほど、それを去る可能性は低くなる。会衆で過ごした時間が実のところ説明しているのは、会衆への満足度と、会衆内部で有した友人数の影響力である。この記述は何を意味しているかというと、会衆内にいた年数を使って説明することで、満足度と友人数両方の統計的効果が消失するということである。これは予想されたとおりである――自分の会衆を好む者はそこから離れず、また内部で多くの友人を作ってきたと予想できるだろう。

このように密に関連し合った要因が交錯する中では、全体の中で何か一つが重要であると結論づけることにはためらいを覚える。会衆の中に友人を持つことが、内部に留まることにつながるのだろうか。それとも、内部に留まっていることで当然に友人が多くなるのだろうか。同様に、会衆への満足が長続きをもたらすのか、それともその反対なのだろうか。正確な因果関係が何であれ、会衆内部での社会的つながりが、ストーリーの重要な一部をなしている。人々が現在の会衆を選んだ理由として挙げるものと、ちょうど新たなものを選んだ人について観察されるものとの間には興味深い対比がある。アメリカ人は自分の会衆を第一には神学と礼拝によって選んでいるようだが、しかしその会衆への社会的投資が、彼らをそこに留まらせているように見える。

この、人が会衆を選ぶ理由――神学／礼拝――と、会衆に留まる理由――友情――の間のコントラストは、宗教的起業家が繁栄する会衆を生み出すためにしなければならないことを示唆している。一方では、人々をドアに連れてくるために心に響く教えと礼拝を彼らは提供しなければならないが、いったんドアの中に入ったら、戻ってき続けたいと思えば互いに結びつく方法をこれらの人々は見いださなければならない。会衆コミュニティの重要性は、聖職者や平信徒にとっては当然のものであろうと思われる。会衆をめぐる多くの挿話においては、会衆構成員の間の社会的つながりを促進するために努めることは、牧師や信徒指導者にとって共通のテーマであることが見てとれる——それはサドルバックやリビングワード・クリスチャンセンターで組織された無数の小グループから、トリニティ・コンコードでの近隣グループを形成しようとする努力、そしてベス・エメットで提供されていた数多くのクラスにいたるものである。

アメリカ宗教の未来

ここまで、会衆ショッピングと切り替えに関する議論が扱ってきたのは、ある会衆から始めて他に移った人に限られていた。この種の会衆間移動が思い起こさせるイメージは、改宗者を勝ち取ろうと牧師が互いににらみ合って決闘しているといったものである。しかし、他の教会というのは、会衆における新会員の源泉として唯一のもの、さらには主要なものですらない。競争という観点で考えるなら、教会は他の会衆に対してと同じように、世俗的活動に対しても競う必要がある。エンターテインメント産業が、これが意味するもののよい例となっている。NBCは、CBSとABCの視聴者を勝ち取ろうとのみしているわけではない——映画館、ビデオゲーム、さらには書籍すらからも人々を引きつけようと苦慮する必要がある。同じように、他の教会に出席してしまうかもしれない人々を引きつけるようデザインされているであろう会衆イノベーションがある一方で、さもなくば教会に全く出席しない人々を引きつけるようにデザインされたものもある。「なし」から何らかの宗教へとジャンプすることは、ある宗教から別のものへと移動することよりも多くの点でさらに大きな変化である。

第4章では、組織宗教から背を向けた、あるいは少なくとも公式な宗教所属があると述べたがらないアメリカ人口の割合が上昇していることを示す証拠を提示した。この変化をふまえると、アメリカにおける宗教イノベーションの歴史から示唆される論理的帰結がある。この手つかずの層にたどり着くべく新たな手段を宗教的起業家たちが作り出し、宗教生態系におけるニッチを埋めようとするだろうことが期待できる。これが、本章の冒頭を飾った礼拝堂車が生み出された動機だった。フロンティアには生活の中に宗教のないたくさんの人々が植民しており、よって礼拝堂車が発明されて彼らに宗教を運んでいったのである。

手つかずのマーケットに対する類似の反応は、思い出すかもしれないが、第一の余震を放埒の六〇年代にもたらしたものである。革新的な宗教指導者、とりわけ福音派に属する者が、当時の道徳習慣の変化で不安に駆られたアメリカ人の心に響く倫理的メッセージを運ぶための新たな手段を見いだした。リック・ウォレンのような福音派起業家が会衆体験を再発明し、そしてメガチャーチが誕生した。

今日では、論じてきたように、政治的なニュアンスを理由として宗教離れを新たな「なし」が起こしてきた。これらの「なし」が、宗教に引き戻されるような可能性はあるだろうか。そう思われるのは、彼らの多くは実際には熱烈な世俗主義者ではないからである。彼ら公式な宗教所属を明らかにすることをためらう者のうちの多くが宗教は重要だと信じており、定期的に祈り、折に触れては決まった会衆に出席さえしている。社会学者マイケル・ハウトとクロード・フィッシャーは彼らを指して「教会非所属の信者《アンチャーチド・ビリーバー》」と呼んでいる。[20] 彼らはわれわれが第5章で表現した境界者《リミナル》であり、宗教所属を回答したりそうしなかったりの問を行ったり来たりしている。境界者、とりわけ若い境界者は、宗教的起業家にとっての魅力的なターゲットを代表する者に違いない。聖書の言葉で言えば、イエスはその弟子に対し人間をとる漁師となるよう告げたが、この集団こそ捕らえるべきたくさんの魚のいる場所である〔新約聖書「ルカによる福音書」五章一〇にてイエスが漁師であったペトロらを弟子とした際に、「今から後、あなたは人間をとる漁師になる」と述べたことを指す。〕。

どのような宗教が、これら新たな「なし」にアピールするものだろうか。彼らを宗教から押しのけた主要因が宗教と政治の合同と彼らが捉えたものに対する嫌悪——とりわけ、共和党と組んだ福音派による性と家族の問題の強調——であるというのが正しければ、そのような政治的に響く問題について他の課題よりそれほど重きを置かない宗教に彼らは引き寄せられるだろう。

性と家族の問題への強調をはぎ取った福音派の教義の可能性に気がついているのは、宗教的起業家として非常な成功を収めたリック・ウォレンに他ならないという証拠が観察されている。二〇〇九年に彼は超党派の「宗教と公的生活に関するピュー・フォーラム」に招待され、全国のジャーナリストの一団に対して、多くのアメリカ人が結びつけている福音派と政治との関連について講演した。その見解の中で、彼は自分の教会の優先課題について列挙している。それらは下記のものである——牧師に対するリーダーシップ訓練、聖書を基にした中毒回復プログラム、エイズ・イニシアティブ、発展途上国に対する人道援助提供のためのグローバルな取り組み、官民対話促進のための構想、孤児への保護、宗教迫害に反対するプログラム。このリストには中絶や同性愛婚、あるいは前の世代を通じて福音派宗教を特徴付けていた性や家族の問題のいずれも含まれていないことに注意したい。ウォレンその人が社会的保守派であるのは、彼が公けに中絶と同性婚の双方に反対していたことから確実だが、これらは彼が最優先に掲げる問題ではないのである。[21]

もしかすると新たな「なし」は、福音派側の保守政治と関連していることは通常ないような、主流派プロテスタント会衆による宗教に引き戻されるかもしれない。そのような取り組みの例として、キリスト合同教会（ＵＣＣ）が数年前に行った広告キャンペーンを考えよう。あるテレビＣＭで人々が教会への階段をのぼっていくと、そこではロープによる仕切りに配置された用心棒がいて、あたかもナイトクラブの外の見張り番のようだった。この用心棒は、手をつないだ男二人には「下がって」と告げ、一方で裕福そうな異性愛の白人カップルと二人の子どもは通していた。二人の色黒の人はやはり退け、車椅子に乗った男性も同様だった。この広告、そしてキャンペーン全体のキャッチフレーズはこううたう。「イエスは人を退けなかった。私たちもそうはしない」。二〇〇四年に作られたこの広告は論争を呼び、ＮＢＣとＣＢＳネットワークは放映を拒否した。[22]

このキャンペーンがＵＣＣの会員の急増、論争やその他もろもろを生み出したのかどうかはわからない。しかしこのようなブランド再構築の試みには時間がかかる。時間がたてば、包摂性《インクルーシブネス》の強調によって、新たな「なし」が引き込まれていくかもしれない。しかし、マーケットシェアにおいて成長はおろか維持においてにすら記録されている貧弱な成績をふまえると、ＵＣＣのような主流派プロテスタント会衆が宗教外へと流れる若者を止めることができる見込みは低いようにも思われる。しかし可能性が低いということは不可能を意味するわけではない。

あるいは新たな「なし」は、彼らを特にターゲットとした新たなタイプの宗教によって取り込まれるかもしれない。可能性ある一例になっているのが、「新興教会《エマージング・チャーチ》」として知られる運動である。この新興教会について詳しく描写するが、それはわれわれが支持しているからではなく、アメリカ宗教内部での不断のイノベーションに関する現代的な事例を単に提供するためである。新興教会は会衆のゆるやかな連合で、二〇～三〇ほどを引きつけている。会衆の多様性というわれわれのテーマに一致する形で、新興教会運動の内部にいると表現可能な会衆の間には広い多様性があるが、この「運動」という言葉すらも、実際の状態よりずっと凝集的な意味を持ってしまっている。

新興教会の会衆はしばしば都会にあり、伝統的な宗教シンボリズムを最新のテクノロジーと混合させている。著書『新興教会』の中で、ダン・キンボールはこう描写している。現代的《モダン》な教会では、ステンドグラスが取り外され、映像スクリーンがそれを置き換えた／新興教会においては、映像スクリーン上にステンドグラスが復活している。彼の言葉では、現代的な教会では「十字架やその他のシンボルは、宗教的すぎに見えることを避けるため集会の場からは取り外された」が、一方で新興教会では「十字架やその他のシンボルが、スピリチュアルな畏敬感を促進するために集会の場の中に取り戻されている」[23]。同時に、新興教会の礼拝は大音量の現代音楽と不敬なからかいを交えることがしばしばあり、典型的な日曜朝の説教よりもむしろ深夜のトークショーに近い。新興教会自体を描写したわけではないが、社会学者ロバート・ウスノウはヤングアダルトが宗教とスピリチュアリティを気楽に「鋳掛ける」ことを描写したときに、このスタイルごちゃ混ぜの背景にある感覚を完璧に捉えていた[24]。

しかし新興教会運動の内部にいる指導者たちは、礼拝のスタイルが新興教会の会衆と、やはり礼拝において非伝統的な側面を持つことの多い典型的なメガチャーチを区別しているわけではないと言う。むしろ、彼らが表現するのはその教える中身における実質の違いである。新興教会の指導者たちが語るのは「使命的《ミッショナル》な生き方」で、それが意味しているのは、信じる特定の教義よりもむしろ人々のなすことに対する強調である。実際に、新興教会を取り扱った文献では、彼らが宗教に対するポストモダン的アプローチであることにしばしば言及している[25]。そして、社会的つながりが人々を場につなぎとめる係留となっているというこれまでの議論から予想されるであろう通り、新興教会はその会衆内部にコミュニティを作り出すことを強調することが多い。

マーケット差別化という観点からは、新興教会で最も顕著な側面はおそらく、中絶や同性愛といった性と家族の問題を忌避することである。ある意味では、新興教会は新たな「なし」に手を伸ばすために登場すると予測された、まさにそういった類いの宗教にも見える——福音派的風味があるが、しかし右派的政治とのつながりがないものとして。新興教会が占めているニッチをわれわれが強く感じたのは、あるプライベートな会話でフロリダの非常に保守的な福音派メガチャーチの牧師が特に新興教会を指して、それが自分の福音主義のスタイルに脅威であり、とりわけ若者の間でそうだと述べた時であった。多くの若者が彼の教会を、さらには福音派教会一般を遠ざけることになった政治を、それが避けているからである。

リック・ウォレンは新興教会運動がアメリカ宗教における新星となる可能性について認識している。この運動の創始者の一人であるダン・キンボールに関して、ウォレンはキンボールが「目的主導教会がポストモダン世界でどのように見えうるか」について表現しているとして「時代は変化しており、彼に注目しなければならない」と記している。[26] もしかするとウォレンは正しく、そして今から一世代後には、アメリカの風景を再形成してきた宗教組織形態であるメガチャーチについて現在語るように、新興教会について語ることになるのだろう。

あるいは新興教会は、もう一つの宗教版の線香花火、ということになるかもしれない。もしかするとオンライン礼拝が「なし」を宗教に引き戻したイノベーションということになる。あるいは新興教会とウェブ礼拝のどちらも、礼拝堂車のごとく忘れ去られたイノベーションという終わりを迎えるかもしれない。もしそうであれば、アメリカにおける宗教的起業家精神という不変のパターンにより、さらなるイノベーションがおそらく起こるという確信はわれわれに残される。そのような変化はほとんどが漸進的で、またほとんどが地域の会衆内部のものだが、しかし常に創意にあふれたものになるだろう。

第7章　挿話——エスニシティ、ジェンダーと宗教

続く挿話に含まれるのはヒューストンのルター派会衆、大部分がアフリカ系アメリカ人のボルティモアの会衆、そしてシカゴのカトリック小教区群である。それぞれが説明するのは、エスニシティと宗教がさまざまな仕方で絡みあう様子である——救世主ルーテル教会はそのドイツ由来の伝統を記念し、ベテルＡＭＥは人種的および宗教的アイデンティティが黒人教会の中でいかにして相互に強化し合うかを典型的に示し、シカゴ地区のカトリック小教区は、ラティーノ系のカトリック教会における存在感増大を例示している。救世主ルーテルのケースでは、この会衆の神学的な保守主義が、いかに性役割に関する非常に保守的な見方にまで——教会の内外の両方で——広がっているかについても見る。

回勅の焼き捨て

それはテキサス州ヒューストンの救世主ルーテル教会における「宗教改革の日曜日《リフォメーション・サンデー》」のことで、午前九時頃には一握りの車がティドウェル・ロードから分かれ、会堂へ向かって蛇行するマーティン・ルーサー・レーンへと入り始めた。黒色の大きなゲート二つと、白い石造りの門衛所が教会の土地の入り口であることを示しており、道路からは見えない四二エーカー（約一七万平方メートル）の構内に、排他的な雰囲気を与えている。ヒューストンの北西部郊外

を見渡す丘の上に位置する、会員にはOSLとして知られるこの教会は、一五〇〇人の会衆の家《ホーム》である――今朝の礼拝には、そのうち五三五人ほどが集まる予定になっている。蛇行した歩道、日陰の芝生、アヒルのあふれる池があるOSLの土地は、保養センター《リトリート》のような趣がある――静かで、守られていて、近隣を取り囲んでいる低家賃の共同住宅やショッピングセンター、規格化住宅《トラクト・ハウジング》から切り離されている。

もともと「伝道拡大の教会」としてOSLは、一九四四年にイマニュエル・ルーテル教会によってヒューストンで急成長する郊外への伝道の基盤作り活動の中で開始された。ある終生の会衆の一人は、OSLが「文字通り、二十家族」で始まり、最初の白い木造枠組みの礼拝堂は、「街外れの、ヒューストンから外へ出て行く砂利道のところに」建てられていたことを覚えている。一九六〇年には郊外開発が教会に追いついて、結果として起こった会衆の成長によって教会は新しい、現代的な会堂へと移転した。学校の開設により生じたニーズが、この新施設が提供すべきだったものさえ最終的に追い越してしまったことから、一九九二年にこの会衆はさらに五マイル（約八キロメートル）ほど東の大区画の土地を購入する決議をし、教会の教育的、礼拝的、そして社会的生活にふさわしく構想されたキャンパスの建設に取りかかった。

引き続く八年間、教会指導者は詳細な研究――ドイツへの数度の視察を含む――を行って、ルター派とそのドイツ起源の記念碑《モニュメント》として建つ会堂を設計、建築することを目指した。この会堂はドイツ・ザイフェンの礼拝堂のレプリカであり、それ自体も、ドレスデンにあるルター派聖堂の聖母教会《フラウエンキルフェ》に倣って作られている。一九八〇年以来OSLの牧師であるローレンス・ホワイト博士によれば、この新しい礼拝堂は、「教会建築に対する際だったルター派的アプローチ」を表現している。ドイツにおける対応物と同じように、救世主ルーテル教会の礼拝空間の細部に至る全てが訪問者のこころをキリストの教えに向けるようにとデザインされている――教会全体に見いだされる象徴体系の完全な解説が、献堂に際してホワイト牧師が執筆した六七ページの書物を埋め尽くしている。「建設される全ての教会には、神学がある程度体現されています」と彼は説明する。メガチャーチでは、彼の言葉では「パフォーマンスのステージを提供しています」。カトリックの教会では「礼拝者は近づいたり、関わる必要がありません」。そしてルター派では、とホワイト牧師は言う。「恩寵《グレイス》の意味するものを建築で表現した周囲に、人々が群がるようにと教会が作られているのです」。

駐車場に向かって角を回ると、訪問者は三階建て、八角形の美しい会堂を見ることになる――その銅製の塔とステンレススチールの尖り屋根が、くっきりとした白い石造りの外面の上部できらめいている。多世代にまたがる家族が、礼拝堂の主扉のところの車寄せにミニバンを止め、高齢の祖父母と待ちきれない子どもたちは中に入るために下ろされて、大きな鉄製の扉のところで、そろいの青いブレザーを着た二人の初老の白人男性に出迎えられている。出迎えの係は教区民仲間に名前であいさつし、三六ページ、レターサイズの式次第を手渡している。表紙にはマルティン・ルターによる「回勅の焼き捨て」を描写した絵が載せられている。それは一五二〇年の、カトリック教会からの彼の破門を警告する教皇勅令であった。この出来事が、ルター派の誕生を示すものだったのである。ホワイト牧師は会衆の多数派は他のキリスト教派で成長した者であると推定しているが、ＯＳＬの教派的アイデンティティは驚くほどに強い。この教会は、保守的で聖書字義主義であるミズーリシノッド・ルーテル教会（ＬＣＭＳ）という、米国で八番目に大きなプロテスタント教派の一部である。自分たちの新しい礼拝空間を建設するにあたって、この会衆はあらゆる機会を捉えてルター派の一六世紀以来の伝統と、アメリカにある教派においてのドイツ移民というルーツに敬意を払おうとしてきた。ＯＳＬの地下広間では、ザイフェンと聖母教会の両礼拝堂の写真、ポストカード、そして絵画が何百も並んでおり、拝廊には想像される限りのあらゆる種類のドイツ土産が置かれている――観光客向けの革製半ズボンの人形から、アンティークの聖書、そして手細工品のくるみ割りといった具合である。会堂内にある美術作品の多くは、特別に注文されたヨーロッパの工房からのものである――その多くは、ドイツのルーテル教会にある彫像やレリーフの精密なレプリカである。会堂の外壁には有名な、ヴォルムス帝国議会でのマルティン・ルターを描いた銅製のレリーフが飾られているが、ローブをまとった傍観者の群れの中に紛れもなくホワイト牧師の姿を反映したものが含まれていて、そうでなければ生真面目なこの芸術作品に一風変わった雰囲気を添えている。

宗教改革記念日の典礼色は赤で、赤いスーツ、帽子、ネクタイ、そしてセーターが、礼拝の始まる九時三〇分につい に満場となった会堂の会衆に点在していた。教会にある五つの聖歌隊の一つが緑色のローブを身にまとい、ライブの金管五重奏が古典選曲の前奏を奏でる中に入場してきた。聖歌隊がついた壇上の聖歌隊席は聖堂の床から三〇フィート（約九メートル）ほど高く、部屋のあちこちに散らばる輝く剣とラッパを帯びた天使像《ケルビム》と相まって、遠方の天使のような雰囲気がある。ステンドグラスの窓、迫真の聖人像、色鮮やかな垂れ幕、輝くロウソクが新古典主義のパイプオルガンがきらめく背景に対置されていて、この空間に精巧な装飾を作り出している。この会堂は建物自体の八角形を写した形で、五区画に分かれた信徒席がそれぞれ五列から八列の奥行きをもって向かっている中央部には、八角形の祭壇が宙づりの巨大な磔刑像の真下に配置されている。

入祭歌が歌われているとき、白いローブに刺繍の施されたストール、金の腰縄をまいたホワイト牧師は、会堂のフロアまた二つの階上席に目をやり、九時四五分には集まったいつも通りの大勢の会衆を見渡した。礼拝は高度に構造化され儀式性の強いもので、全てがプログラムにある通りに——起立し、着席し、また起立する——したがっていった。「み名による祝福」が唱えられ、賛歌《カンティクル》が歌われ、その他さまざまな典礼上の要素が進み、ホワイト牧師の説教の準備が整えられる。「贖われし同胞の皆さん」と、高くなった八角形の説教壇に立ち彼は始めた。ホワイト牧師は五〇代で、後退しつつある茶色の髪をまっすぐ後ろに櫛入れし、かけている大きな遠近眼鏡が、ひげの生えた顔の半分を覆っている。彼は、独善的と取られかねないほど自信に満ちた様子で、力強く説教を行う時、権威あふれた様子でその深い声が会堂に満ちていく。「イエス・キリストへの信仰を通じて、私たちはすでに十分かつ完全な救いを得ています」と彼は宣した。「ルターと同様に皆さんと私も、神がそのひとり子を、私たちの犯した罪のそれぞれまた全てを、死をもって贖うために使わされたのを知ることができました」。彼の会衆は畏敬にあふれた賛同の様子で前方を見つめており、子どもたちは信徒席で不安そうに衣擦れをさせている。冊子の裏に走り書きをする者もいる。「ハリケーンがうねり、銀行が破綻し、経済が落ち込んでも、私たちは恐れることはありません。ヤコブの神が私たちの隠れ家であるからです」。

「伝統の実質」

ホワイト牧師のほぼ三〇年の在職を通じて、救世主ルーテル教会の会員数は二倍以上となった。地域の教会として出発したが、今では会員はヒューストンの北西部四分の一からさらに先に散らばっている。ホワイト牧師は、自分が

「必ずしも教会を大きくすることに集中しているわけではありません」と言い、むしろＯＳＬでは「神学についてしっかりと考えるように」しているとのことで、それがこれほど多くの新会員を引きつけているものだと彼は感じている。基本的にこの教会は、ルター派信徒の中でも信仰がとりわけ保守的に具体化したものを求める人々を、地域で寄せ集める磁石になっている。会衆の一人は、ＯＳＬを「この世界で最も保守的な教会」とすら呼んでいた。この教会の保守主義がどのように現れているかを見る方法の一つは、ＬＣＭＳが「閉鎖聖餐式《クローズド・コミュニオン》」の教義を厳格に解釈しているところにある。これが実施されていることは、教区の式次第、週報、そして信徒席のカードの記述に見ることができ、また自ら訪問者であると明かした者に対しては注意深くまた手際よく説明され、会堂に入るときには身につけるようにと、緑色の歓迎リボンが手渡されている。「この祭壇で聖餐を共にする者は……このルーテル会衆の教義的立場に個人的に忠誠を誓っています」と説明には記される。「したがって聖餐への参加は通常、この会衆か、あるいはミズーリシノッド・ルーテル教会の信仰告白上の同胞関係内にいる姉妹会衆の会員に限られます」。閉鎖聖餐式についてのこの見解は、教区がいかにこの信仰を真剣に捉えているかを示している。「誤ったやり方で聖餐を受けるのは」と副牧師のトーマス・グラマイヤーは説明する。「神の罰を求めているようなものです」。他のミズーリシノッド会衆においては、ＬＣＭＳ会員のみよりも広い対象にこの慣行は開かれているのだが（これは、この問題についての教派の公式なスタンスにおそらく合致したものである）[1]、この流れへのＯＳＬの抵抗は、この教会が全体として、自らの強く保守的なアイデンティティにはばかることなく断固として傾倒していることの典型となっている。ホワイト牧師の表現では、「私たちは人気があるとは言われていませんが、献身的とは言われています」。

　ＯＳＬが献身的であろうとする主な方法の一つとして、救世主ルーテル学校を通じたキリスト教教育を提供するというものがある。これは「伝道の地域拡大」のために教会が創立された一年後に開始され、ますます世俗化していく公立学校制度に対する代替選択肢であった。親たちをこの学校に引きつけたのは、ホワイトによれば「教育の質、安全性、そして霊的《スピリチュアル》な要素」である。そのような教区学校《パロキアルスクール》はＬＣＭＳ教会ではありふれたもので、ＯＳＬ学校は、教区生活の中心になっているとホワイトは説明する――「私たちはまず学校を建て、「そして」学校のカフェテリアで四年間礼拝をしました」と彼は言う。「学校は、この教会の奉仕における中核要素であり続けています」。実際、子どもが学校に入学したあとで教会に初めて礼拝にやってきたと述べるOSL会衆は多く、ホワイトはそのことを、OSLへの「新規加入者の最大提供源」と表現している。在学数は、就学前《プレK》から八年生までの二二五名前後である。ランス・ジェラード校長は、会衆にいる子弟は二〇人以外の全てが在籍していると見積もっており、生徒たちはミズーリシノッド・ルーテル信仰の教義を教わっている。「学校に通う子どもは過半がバプテストで、彼らが来る理由はフリーウェイや街中心部から近いことと、教育が優れているということです」。

「われわれが距離を置こうとしていることの一つが、単に宗教クラスのある学校になるというものです」とジェラードは語り、そうしてしまうと、OSLは「公立学校とは大きく違う」ものではなくなってしまうだろうと述べる。教会と学校の両方の指導部が、教師は「カリキュラム全体にわたって信仰と統合されるよう、より努める必要がある」と感じており、その結果「古典教育」モデルの導入が定められた。ジェラードはこのアプローチを、「使徒パウロはローマ皇帝とどのような関わりを持っているか」のような質問を行ってキリスト教と歴史を関連付けることと説明する。古典教育によって、学校は「聖書的世界観から全てを教える」ことができ、また新規プランの下では、歴史は二年生から八年生まで連続的に、創造から進んで現在に至るまで教えられる予定である。カリキュラムは十戒にも焦点を当てており、明示的に禁欲については教えない一方、いかなる性教育もそこには含まれない。「主として、それは親の責任だと思います」とジェラードは言う。八年生の終わりにはホワイト牧師の担当する堅信礼クラスを修了することが生徒は求められており、「男性と女性の違い」や「家庭における男性の役割と女性の役割」を彼は教えている。

OSL学校を表現してホワイト牧師は、そこでは「聖書に基づく家族的価値観」に特に合わせたカリキュラムが提供されており、それは「神の言葉から来たもので」、「支配的文化に対するもう一つの選択肢」であると述べている。「私たちの教会の多くに対して、単純に流れに身を任せ、みなが望んでいるものを与えているものだ、という感覚を人々は抱いています」と彼は説明する。ホワイト牧師のアプローチはそれとは違うものだ、と彼は言う――「私たちは伝統の本質を、古くからと同じ動き、同じやり方にならないような形で維持しています。人々に、必要としているものを適切な仕方で与えているのであれば、望んでいるものを与える必要はありません」。ホワイト牧師は自分の会衆に対してイデオロギー的トーンを明らかに与えていて、その主たる要素は、現在の世俗的文化が個人、教会そして社会を堕落させているという信念である。救世主ルーテル教会の保守主義は、意図的な「対抗文化」的立場である。ホワイトは、現代社会における教会の影響について見るとき、「閉じられつつある機会の窓」と捉えている。「動くのであれば、急いで動かなければなりません」。

ルーテルいのちの会《ルーサラン・フォー・ライフ》

　ホワイト牧師の説明では、アメリカ文化が間違った方向に向かっていることを単独で示す最大の指標はおそらく全国の中絶率である――「過去三三年間に五〇〇〇万が亡くなりました」と彼はそれを表現する――、そしてこの不穏な傾向を押しとどめることに、彼とその会衆は最も情熱を感じている。ホワイト牧師は全国に名を知られた中絶反対派《プロライフ》の活動家で、同胞たるクリスチャンにその大義に立つ確信を与えるべく国中の教会を旅して回っている。「文化における議論は、人間のアイデンティティという決定的な問題に移ってきました」と彼は言い、「政治が教会の中に進出してきており、教会が政治の中に進出していったのではない」という自分の信念を説明した。[2]

　日曜午後の一二時、大半は退職者の、二五人ほどの人々がOSLの地下教室にヒューストン・ルーテルいのちの会《ルーサラン・フォー・ライフ》会合のために集まっていた。ホワイト牧師は出席しなかったが、自分の副司令官のトーマス・グラマイヤーを送ってきた。彼は真面目な物腰の、白い口ひげを生やしたやせた男性で、最近ルター派牧師になって一五年目を迎えたところである。グラマイヤー牧師は、フライドチキンやデビルドエッグなどの並ぶ持ち寄りランチを前にしたグループの祈りを導いていた。ルーテルいのちの会（LFL）ヒューストン支部は一九九八年以来会合を持っており、他の地域グループと最近合併して、OSLもそこに加わっている。支部のメンバーは一〇八人とのことで、二ヶ月に一度さまざまな参加教会に集まっている。

　会合はジェームズ・ケリーによるもうひとたびの祈りと霊的メッセージで始まった。彼は仲間の活動家たちに、「毎日祈る」ことと「神の言葉を、いのちの問題に関係するものとして熟考する」ことを促した。「われわれは闇《ダークネス》と戦っているのです」と彼は結び、支部長のマイク・ジョリーに発言を譲った。「みなさんがどれほどお忙しいかは分かっています」とマイクは言い、メンバーに積極的な参加を続けるように求めた。「いのちの問題は、非常に厄介であることがしばしばです」と彼は述べ、支部が「これまで成し遂げてきた」ものについて「誇りに思う」とした。会合の諸報告の部分ではジョージ・ジョンソンが、地域の妊娠緊急センター《クライシス・プレグナンシー・センター》がボランティア不足で閉鎖になったことにグループの関心を促した。このセンターの閉鎖が特に懸念されているのは、家族計画連盟《プランド・ペアレントフッド》の施設と場所が近いからである。「もし分かっていたら、おそらく何かできたのでしょうが」とジョージは言い、他地域にある、望まない妊娠をした女性の相談・支援をし、中絶回避を促している妊娠緊急センターを毎月財政的に支援していくための募金の可能性についてグループは議論した。グループの募金委員会は他の会衆へと働きかける取り組みについて報告し、そのうち一つは最近五〇〇〇ドルを支部に寄付していた。ＯＳＬの駐車場で資金集めのためにガレージセールと洗車を行う計画も案内された。

　支部の教育プログラムを代表するブライアン・ウィリアムズが、続いて発言のために立ち上がった。彼が説明したアイディアは「聖書に基づくウェブサイト」を構築することで、優生学から安楽死、中絶まで何でも含まれることになると想定されるそれが「いのちの問題について理知的に話したいと思う人々にとっての総合ショップ」になるだろうとした。「サタンは神の言葉を、神の民から隠そうとしている」が、ＬＦＬ会員の役割は「いのちの尊厳に立ち会う」ことだと彼は結んだ。会合は、「いのちの問題」のために積極的になる方法についての議論に進んだ。一人の男性は、妊娠緊急センターのボランティア・カウンセラーとして最近訓練を受け、別の者はボランティア運転手として、類似のセンターのために備品を運んでいる。ある若い女性は「テキサス州無益治療法」について持ち出した。これは一〇日間の治療経過後に見込みがないと判断されたケースの患者には、「全ての治療を中断する……そこには栄養・水分を含む」ことを病院に求めている。彼女は、この問題をめぐってＬＦＬが何らかのロビー活動に着手することを提案した。最後に年配の男性が、最近「家族計画連盟《プランド・ペアレントフッド》に行ってみた」ときに、中絶賛成の人々が「土曜の朝にボランティアをして、女性が中に入って自分の赤ん坊を殺す確認をしている」のを見てショックを受けたと披露した。彼は支部が「敵のために祈る」よう提案した。「誰しも、家族計画連盟を敵と考えています……悪魔の所行を行っている」と彼は重々しく付け加えた。

　集まりの締めは、妊娠後期中絶の実施を目的とした家族計画連盟の施設建設を阻止しようとしているヒューストン・いのちの連合《コアリッション・フォー・ライフ》からのゲストスピーカーだった。彼らは「街をビラ攻めにし」、「マスコミ報道」を得て、「家族計画連盟についてヒューストン市を教育する」ことを計画している。連合はまた「いのちのための四〇日間」キャンペーンも組織していて、ルーテルいのちの会も参加を招待された。これは、二四時間通しの「中絶施設における終日の祈り」であると彼女は述べ、週一回の時間枠に登録するよう聴衆に呼びかけた。「ママのこころが回心するよう祈る」というアイデアである。ちょうど昨日、家族計画連盟で、一人の少女が直前になって中絶を受けない決心をした、と演者は結んだ。彼女は中に入る前に立ち止まり、「あなたの仲間になっていい？　今日、赤ちゃんを殺さないことに決めたの」と中絶反対のデモ参加者に言ったのだった。支部のメンバーはこの話に心動かされた様子で、会合は主の祈りを唱えて終わった。

女性は沈黙すべき

日曜朝の礼拝のすぐあと、女性一〇人のグループが教会地下にある小さな、居心地のよいファミリールームに集まっていた。礼拝後に提供されている六クラスのうちの一つ、女性向け聖書研究会のためである。ほっそりとした中年女性のキャシーはジーンズのジャケットにスカートを着ており、部屋中央に親密な一画を作っている長椅子や座り心地のよい椅子にかけたデニースとエルサに加わった。会合はそれぞれの女性が家族の近況を語り合うことで始まった――キャシーは自分の幼い娘が、別の市にいる父親を訪ねていてさびしいと述べた。デニースは姉の健康問題について心配していることを話し、エルサは年老いた身内の世話に現在苦労していることを語った。会話はあたたかく親しみ深いもので、それぞれの女性は注意深く耳を傾け、同情的な反応を寄せていた。

じきに議論は女性たちが取り組んでいる学習コース、レーン・バーグランドの『愛・喜び・平安《ラブ・ジョイ・ピース》』と題された書籍に移った。グループのリーダーのテレーズ・シュミットは、女性たちに本と聖書を取り出し、先週の続きのページまでめくるようにと言った。同時に彼女がクラスに注意したのは「第一のルール――この部屋で起こったことはこの場限り」である（実際には、われわれが出席してこの会合について書いていること、挿話の全てで仮名を用いているということについて全参加者が知っていたことを思い出してほしい）。テレーズはOSLの女性向けの聖書研究会を三年間教えてきた。全ての教育をルター派の学校で受けてきて、高校が終わるころにはコンコーディア教育大学に行きたいと思うようになっていた。大学の担当者が学校を訪ね、彼女の成績記録を見て経済的支援を彼女に提案したことは、家族にそれを言うことに「本当に興奮しました」。しかしするとすぐに、父親は行くことを禁じたのだった。その時は、テレーズにとって苦い失望であったが、振り返った時には彼女は簡潔に「そういう定めではなかったのです」と述べている。最終的に、ホワイト牧師のベテル聖書研究会を取ったときに、彼女は教師になる機会を見いだした。「受講生がそこから出て、何かしら教えるようになることがその目的だったのです」。彼女はコース以前には自身のクラスを指導することに「全く自信が持てなかった」が、経験——そしてホワイト牧師の「すばらしい」教え——で、はっきりと語ったり祈ったりすることをもはや恐れない力がついたと言う。いまでは彼女は、自分の聖書研究会を、女性が「自分たちの小グループの中では、ホワイト牧師のクラスでは分かち合えないようなものもそのようにできる」安全な空間として作り上げたことに誇りを持っている。

デニースが『愛・喜び・平安』の二五ページの最初のパラグラフを読んだ——

パウロは、妻に夫を「畏れる《フィア》」よう説いている（「エフェソの信徒への手紙」五章五三、アメリカ標準訳《ASV》）。翻訳の中には、「敬う《リスペクト》」（以下のように——新国際訳《NIV》、英文標準訳《ESV》、新欽定訳《NKJV》、新改訂標準訳《NRSV》）や畏敬《レヴァランス》（欽定訳《KJV》）を充てるものもある。この節における「畏れ」を理解する鍵は、「主を畏れる」という聖書の節にある。この「畏れ」には敬いや畏敬が含まれているが、その中心にある特徴は救いの信仰である（以下に明らかである——「歴代誌下」一九章九／「箴言」一四章二七、一九章二三／「イザヤ書」一一章二－三、三三章六／「使徒言行録」一〇章三四－三五）。よってパウロは妻に夫を信じるよう、教会が主に従うように夫に従うことを勧めたのである。パウロは、夫の眼前で妻は身をすくめるべきと意味したのではない。

女性たちは聖書の引用を探し口に出して読み上げはじめ、妻が夫に従うべきというパウロの教えの意味についての議論が進んだあとで、テレーズは思い切って、女性と夫との関係を、主との関係と並列にではなくむしろ対比させて

『敬い《リスペクト》』として適切に理解されます。私が『畏れ』について考えるとき、主の畏れを考えます。しかし、夫と妻の間の関係を表現する単語は、敬いです」。グループは、夫と妻の間の敬いが何を意味するのか議論した。テレーズは、女性グループが自分たちの結婚について互いに不敬を少し言い過ぎることがあるかもしれないこと、そして夫について批判的であるよりも、むしろ敬意を表するやり方で生きていくよう努力するべきであると述べた。夫との関係が難しくなった女性は、彼について不平を言ったり貶めたりすべきではない。「そもそも最初は彼と恋に落ちたのですよ」とテレーズは言う。別の女性が同意して、敬いは忠実も意味すると述べた。

女性向け聖書研究会には出席していないが、ホワイト牧師は性役割について多くの発言を行っている。「神が人間を作られたとき、創造の中核にはジェンダーがあった」とホワイト牧師は言う。ジェンダーは「創世記一章、二章の大きなテーマ」で、そこには「男性、女性としてのわれわれの創造」を記述する節や、「アダムが必要としているのは彼に合う助ける者である」と神が定めたことが含まれている、と彼は言う。「男性、女性という性別アイデンティティは、人間にとって最も重要である」。性役割は救世主ルーテル教会の神学にとって中心にあるもので、これはもう一つ別の方向から、自分たちの会衆をますますリベラル化する社会に対する砦と考えていることを示すものになっている。「中絶自体は、氷山の一角にすぎません」とホワイト牧師は言い、「結婚を根本的なものと一致して考えるユダヤ－キリスト教的道徳」は急速に低下し、「乱雑なライフスタイル」と「高い離婚率」が後に残ったと感じている。この低下の原因の一つが「戦争」で、それは多くの女性を職場へと運び、「家族にはフルタイムの親が一人含まれるもので、通常それは女性であるという伝統的な見方」の崩壊をもたらしたものである。OSLの女性の多くは牧師のジェンダー解釈に同意しているようで、どこかの時点で働いていた者もいるが、家の外で働いた経験を持つ者の多くはそれでも自分の夫を、そのような一人の女性の言葉によれば「単一の扶養者」であって、また自身のことはそもそも主婦であると考えていた。会衆のジム・カーヴァーはこの見方に同意する――「アダムが先に造られたということなど全く重要ではないなどと言う」ことは、「創造の順番とかたちを忘れる」ということであるとし、「保護者と扶養者として、男性は全ての責任を負っている」と付け加えた。

女性に妻と母としての役割を引き受けるよう奨励することが、ＯＳＬにおいて生活の中にジェンダーが入ってくる唯一の経路である。この教会は、教区を統治している会衆集会において女性による投票も阻んでいる。ミズーリシノッド・ルーテル教会の約八〇％が女性の投票を認めているが、ＯＳＬがその立場を堅持しているのは、ホワイト牧師の説明では「聖書曰く……家族と教会両方で、その内部を導くのは」男性であるからである。会衆投票からの女性の排除は、教会の保守的アイデンティティに欠かせない部分であるとして多くの男性会員から言及されている――そしてホワイト牧師の見方ではこのような実践の基盤は聖典上のものであるので、あいまいに濁す理由がないと彼は考えている。「それに問題があると感じるなら、私たちの教会に引き寄せられることはおそらくないでしょう」と彼は言う。一九九〇年以来ＯＳＬの会員であるデールは、保守的教会を慎重に探した結果参加したのだという。彼は「すでにミズーリシノッドのルター派信徒」だったが、「［自分の］教会がリベラルであったことに失望」したのだと言う。「そこは開放聖餐式《オープン・コミュニオン》と女性投票を認めていた」からだった。

ＯＳＬの女性の大半が伝統的な性役割を引き受けているように見えるが、投票する権利を否定されていることが承服しがたいと感じる者も少数だが存在する。「聖書の句は知っています」と、隠居している祖母で生涯のＯＳＬ会員であるガートルード・クラインは言う。「でも、教会内で起こっていることについて、なにがしか言うことを持つべきと確信していますよ」と。しかしそれ以外の多くの人々は、不平なくこの慣行を受け入れ、また実際、それを教会生活における肯定的側面と考えている。「全く気になりません」とテレーズ・シュミットは言い、「女性は沈黙すべき」という考えは新約聖書『エフェソの信徒への手紙』から来ていると指摘した。「多くの女性は気にしています［が］、私はそういうものとして成長してきましたから」と彼女は言う。シャロン・ミドルトンも同意する。「女性は投票することになっていない、ということについては、ホワイト牧師が正確に聖書的に示してくださるでしょう」と彼女は言い、その方針に賛成している。「男性は家長です」と彼女は続けた。「賛成しない人も多いかもしれませんが、それがホワイト牧師のよいところの一つです……聖書の述べるところに従ってふるまわなければいけません」。デニース・カーヴァーも女性がＯＳＬで投票しないという事実を好んでいるがその理由は、このことが男性に教会での責任をより負わせており、またＯＳＬが「保守的な考え方に近くあり続ける」もう一つの方法となっていると感じるからである。「問題にされたことが一度もなかったから、みな同じように考えていると思います」というのが彼女の結論である。この慣行を支持する者の中にも、自分の考えを代弁してくれる夫を持たない未亡人や独身女性の権利を奪うのは正しくないと指摘する者はいる。「不公正な面はあります」とある女性は認める。「私たちのところに未亡人は多く、現在起こっていることについて、何も言うことができません」。しかし、彼女たちはそれにもかかわらず、教会に献金することを求められているのだと言う。規則に例外を設けて、これらの女性に投票を認めることについて、テレーズ・シュミットは「その時がやってきました」と語っている。

「OSLについて、保守的な教会であると私たちは言います」と会衆の議長《プレジデント》であるノーマン・アダムズは語る。「そして教会において女性は投票するものとはされていないと聖典が述べていることを、私たちは信じているのです。一つ言いましょう——この教会の議長になって二〇年になりますが、私たちは皆がしてほしくないことは一切してきませんでした」。彼はこう付け加えて冗談を言う。「女性たちに投票集会に出てもらうことは、そうしてほしいとお願いしてもできるとは思えませんよ」。アダムズによれば女性に投票権を認める可能性についての議論は、最近は会衆レベルに上がってきていないが「以前は二年ごとに持ち上がってきていた」。毎回、彼は「もう一度議論しなおしましょう」と述べている。「きっとわれわれが死に絶えるまで議論するでしょう」と彼は結んだが、この方針の聖書的起源に関する救世主ルーテル教会の信念をふまえると、その性区別的な投票慣行は変化しそうにない。他の教会で女性に投票を認めているところでは、「論点を証明することに先生方が面倒になってしまった」とアダムズは信じている。

「楽しく正しいくらし」

宗教改革記念日礼拝が終わると、会衆のおよそ半数はキャンパスを横切り学校の体育館に向かった。そこでは、教会の名にちなんで祝われる毎年のパーティ、「ルターフェスト」が開かれようとしていた。ギター、ホルン、シンセサイザーにアコーディオンを奏でる四人のミュージシャンが座る小さな舞台には、グループの名前——「アルペンフェスト」——がドイツ文字で刻み込まれた横断幕が吊されていた。「テキサスで最も多忙なジャーマンバンド」とビラに記されたこのグループには、革半ズボン《レーダーホーゼン》、チロル風スカート《ダーンドル》にニーソックスをまとった四人のダンサーも含まれている。七人の子どもが手をつないで、バンドの低音リズムの音に合わせ輪になって踊り、一方で空腹になった教会出席者たちは、学校のカフェテリアに入っていく行列を作った。ホワイト牧師もすぐに黒のパンツ、黒シャツの首に聖職者カラー、そして黒のカウボーイブーツという装いで体育館に入り、キッチンからホイル包みの使い捨てキャセロール皿を運んだ。

　教会の懇親委員会からボランティアの委員が、ザワークラウト、ブラートヴルスト、ポテトサラダ、キャベツ料理をたっぷりと盛り付けた。コストコのグリーンサラダの巨大なプラスチックボウル、特大ボトルのランチドレッシング、そしてアイスティーとレモネードが満たされたテキサスサイズのスチロールコップも供された。学校カフェテリアのスタッフが宗教改革記念日祭りの料理をし、会衆は体育館に据えられた二〇ほどのパーティ卓で互いにおしゃべりし近況を語りながらそれを食べている――その体育館の床は慎重に茶色のプラスチック製シートで覆われていた。それぞれのテーブルは赤いプラスチック製テーブルクロス、聖書、そして白バラ――ルター派信仰の象徴――で飾られていた。テーブルにあしらわれた「あなたがたは恵みにより、信仰によって救われました……これは神の賜物です」と宣するプリント旗は、プレッツェルの入ったボウルで固定されている〔「エフェソの信徒への手紙」二章八による表現。〕。

　部屋の後ろの角では教区の今後のイベントを宣伝する委員会のためのテーブルが置かれ、二人の女性が一一月に行われる募金集めのターキー夕食会のチケットを売っていた――受け取った金は、現金と小切手の詰まった大きなジップロック袋に入れられている。体育館の反対側では、茶色の修道士の服装をし、ビルケンシュトックのサンダルを履いた男がステージ左側のテーブルのところ、電光得点板に隣り合って壁に吊されたアメリカ国旗とルター派旗のちょうど真下に立っている。マルティン・ルターのポーズをした彼は、子どもとその親に「門扉に論題留め」の目隠しゲームを案内している。もしそれに成功しなかったら、一二個ほど寄付されたケーキが並ぶ「シュトゥルーデル通り」から一つを当てるくじや、一六世紀の悪名高い免罪符売りから名付けた「テッツェル投げ《トス》」という、ずんぐりした僧侶のボール紙切り抜きの穴へのチョコレートコイン投げにも挑戦することができる。ホワイト牧師がOSLを「考え抜かれたルーテル教会」と表現するとき、地上でその描写にこれ以上値する場所を想像することは難しい。

ＯＳＬは強い独自の感覚を養っているが、アメリカが伝統的、保守的な価値観を引き続き放棄していくことで、将来「教会と、それが息づく文化の間にある区別」は嘆かわしくも増大していくだろうとホワイト牧師は予想している。「アメリカ社会の惨状は、アメリカ自由人権協会《ACLU》、フェミニストや中絶賛成派のせいにはできない」とホワイトは二〇〇六年の説教で会衆に教えている。それよりも、アメリカ社会にはびこっていると彼の見立てる道徳的弱体化は、「支配的文化に十分強く対抗することのできなかった」クリスチャンの落ち度である。ホワイト牧師は現代をアメリカにとっての「一一時間目《瀬戸際》」と表現し、現在の文化が進む道にクリスチャンが影響を与えることができなければ、国は近いうちの神の裁きを経験することになるかもしれないと信じている。一九四〇年代には「モノも少なく、教会は人々の生活で重要な役割をより大きく果たしていました」とホワイト牧師は嘆く。あふれる豊かさのただ中で「誰か幸せになったのでしょうか」と彼は尋ねる。「郷愁のように聞こえることは知っています」と彼は認め、アメリカが文化的、社会的、そして宗教的に二世代前にそうだった状態に戻るようなことはないと彼は思っている。「自分の暮らす文化から引き下がることはできません」と言う一方で、ホワイト牧師は楽観主義に転じて、「楽しく、そして正しい生活を生きる道はあります」とする。そして救世主ルーテル教会の会員にとって、そのような生活が意味するものは豊富な聖書研究、募金集めのターキー夕食会、そして――少なくとも年一回の――すてきな昔風の「テッツェル投げ」である。

礼拝への招き

ボルティモアの市中心部を出てパカ・ストリートを約一マイル北に向かうと、広域ボルティモア都市圏における最も貧しい近隣地域の一つ、ドルイドハイツに入っていく。マーティン・ルーサー・キング大通りを越えると、街中心部の高級なオフィスビル、レストラン、そしてインナーハーバー地区は、明らかに都市ゲットーであるものに取って代わられていく。そこは世帯所得の中央値が全国平均の半分で、住民の九〇％近くが黒人である。

ある肌寒い秋の日の午前七時四五分、ベテル・アフリカンメソジスト監督教会（ＡＭＥ）――ドルイドハイツで最も傑出した礼拝場所——は、八時の礼拝のための賛美の音楽が盛り上がりはじめる中、ゆっくりと会衆で埋まっていった。ベテルAMEは堂々たる、ゴシック様式の白い石造りの建物でそびえ立つ尖塔を持ち、板の打ち付けられた褐色岩の低層公営住宅や、壊れかけた、大半は空き家のテラスハウスが取り囲むただ中に屹立している。近隣に見つかる他の施設は学校、コミュニティ支援センターと小さな店先《ストアフロント》教会——ブロックごとに少なくとも一つある——だけである。街角のコンビニ、ファストフードレストランのウェンディーズ、そして礼拝後のベテルの外に時折トラックを駐車させるホットドック売りを除いて、合法の経済活動の徴候はほとんどない。近くでは、市のバス停に置かれた木とコンクリートでできたボロボロのベンチに、ボルティモアを「アメリカで最も偉大な都市」と称賛する消えかかった文字が記されていた。

ボルティモアで最初の独立黒人団体、そして米国で最初の完全な黒人教会の一つとして、ベテルAMEはアフリカ系アメリカ人による、二〇〇年以上にわたる自由と平等への闘争と分かちがたく結びついている。早くも一七八五年にはボルティモアの自由黒人が人種差別的な慣行を理由としてメソジストの集会所を去りはじめ、離反した黒人クリスチャンが私宅で集まる祈祷グループとして始まったのがベテル自由アフリカ人協会《フリー・アフリカン・ソサエティ》で、その最古の公式集会は一七八七年までさかのぼるものである。それ以来、フレデリック・ダグラス、マーカス・ガーヴィー、そしてアイダ・B・ウェルズを含む指導的な奴隷制廃止論者、汎アフリカ主義者、反リンチの活動家たちがベテルの説教壇から演説してきた。この教会は、「地下鉄道《奴隷亡命組織》」の重要な「駅《隠れ家》」また公民権運動期の結集地であり、当時はローザ・パークスやサーグッド・マーシャルのような全国的人物が、ベテルの信者に語りかけるためにやってきた〔ローザ・パークスは公営バスの人種分離抗議で知られる公民権活動家、サーグッド・マーシャルは法律家で、アメリカ初のアフリカ系の連邦最高裁判事。〕。

公的文書の中では、今日のベテルは一万五〇〇〇人の会員がいると主張しているが、余裕を持って座れる一五〇〇席、毎日曜日の三回の礼拝にやってくる者が三〇〇〇人程度の教会にとってそれは楽観的なものに思える。その実際の会員数を定めることは困難だが、ベテルは新しい会衆を引きつけることには成功している。牧師によれば、一九七五年以来ほぼ全ての日曜日、誰かが教会に加わるか、自分の生命をキリストに捧げてきたという。

したがって日曜の早朝、この近隣は静かな、うち捨てられた雰囲気であったが、それは礼拝者の入場でドアが開け閉めされるたびにベテルから断続的にあふれ出るがやがや声とくっきりとした対照をなしていた。オーバーコートと中折れ帽《フェドーラ》という服装の中年黒人男性の一群が、教会の脇道の一つのランヴェール・アヴェニューを曲がってくるドライバーに合図して窓を下げさせ、身元を確認している。彼らは名前と印刷リストを照合して、慎重に交通案内を行っている。一般の会衆は教会の裏側周辺の未舗装の場所に車を止めるが、VIP想定の者は黄色白色のコーンで区切られた場所に誘導されていて、その中には「州議会議員」のナンバープレートを付けた車や、牧師の特別製のBMWが含まれている。平日には教会に隣接する通りには通常車はいないが、ボルティモアの黒人中間階級が他の市内近隣地域や「郡部《カウンティ》」郊外から運転してくるので、日曜朝には氾濫しそうな――メルセデスやミニバン、豪華なSUVでいっぱいの――川のようにあふれかえる。

教会の側扉から中に入り、ガラス張りの受付デスクがある小さなホールを抜けると、礼拝の始まる前のブルックス礼拝堂の中で、ベテルの主要会員たちが交わり情報交換を行っている。この礼拝堂は多目的室でプラスチック製のパーティテーブルが並んでおり、そこではビショップ・ブルックス・サンシャインサークルの女性がホリデーギフト・バスケットの注文を取っていたり、布教伝道奉仕団がアメリカ聖書協会の『主が守ってくださる』や『神は生まれくる子を愛します』と題されたカードサイズのパンフレットを配っていたり、ゲスト説教師がサイン入りの自著を礼拝後に販売したりしている。一八六八年に建てられたベテルの建物は堅固であるが古びた感じで、教会の豊かな歴史と、扉のまさに外側の、コミュニティの貧困状態の両方を反映している。

八時を回ると、まだチャペルにたむろしていた人々も会堂両側の小さな二つの通路を通って進み始めた。入る際に小さな出入り口をくぐると、出席者を出迎えるのは熱を帯びた楽奏つきの主の祈りである。「イエスは私を愛してくださる!」とうたうプラスチックのバッジをつけた赤いスーツの中年女性が紫と金の光沢カバーのついた二〇ページの礼拝次第を配っていて、音楽に身を揺すり手を叩きながら「ようこそ!」と大きな声で教会員仲間たちを出迎えている。力強いゴスペル調の歌唱と賛美は圧倒的なものであり、そして八時一五分にはさらなる会衆が正面入り口から主通路を入ってきて、背もたれの垂直な木製信徒席に残った空席を埋めていったことで、会堂のフロアはほぼ満席に近くなっている。人々が「礼拝への招き《コール・トゥ・ワーシップ》」に応えて手を叩き歓呼するなか、聖歌隊は声を張り上げバンドの伴奏も大きくなった。

ベテルの聖堂は伝統的な長い長方形のホールで、前向き四区画の信徒席がフロアに、桟敷様のバルコニーが上部にある。小さなテレビモニターがバルコニー下に吊されていて、演者の様子や、群衆に分け入ったカメラマンが会堂全体で高まる礼拝と賛美の歓喜の光景をアップで撮影することで、時には自分たち自身の様子もよく見ることができるようになっている。全ての目が高座に注がれている——高くなった、三層構造の舞台には二五人の聖歌隊がいて身を揺り動かす背景をなし、その前に堂々たる白色の説教壇と付随する金の十字架、そして教会指導部が座を占める背もたれの高い椅子の列が位置している。

陽光がステンドグラスの窓から降り注ぎ、高座と会堂に視線を向ける黄金の天使像にあたたかな光を投げかけている。それらの下には二つの旗が吊されている——一つは赤、緑と黒の汎アフリカ旗である。もう一つにはベテル独特の紫と白の記章が描かれている。磔刑像の代わりに祭壇の背後の壁には、ある会衆の呼び方では「世界中の黒人たちの向上進歩」というものに対して捧げられた多色による描画がある。白い水雷形の光に囲まれた、緑、青、赤色で描かれるアフリカ現地人、奴隷、小作人、吟遊詩人、リンチ被害者、投票者、そして行進するヒッピーがより合わさって向かう先の頂点には解放された黒人男女がいて、光り輝くキリストの姿と放射する黄色い十字架に受け止められている。

教会の役員——一一人の理事と三八人の幹事——が、聖堂の先頭の三列にじっと座っている。ボルティモア黒人エリートの事実上の紳士録であるベテルの役員は、政治家、雑誌発行人、医者、弁護士、教授、そして億万長者の実業家から厳選された集団になっている。役員の後ろには、祭壇《オルター》ギルド——そろいの赤い服装をした、高齢女性の一群——が座り、その隣に位置する半分空席の信徒席はロープ囲いになっていて、前市長カート・シュモーク、現市長シーラ・ディクソン、市会計検査官ジョーン・プラットその他の、ベテルを我が家の教会と呼んでいるコミュニティの実力者たちの「予約」席になっている。礼拝開始のあるタイミングで、ベテルの牧師、フランク・マディソン・リード三世博士が高座にあるドアから静かに滑り入り、説教壇の背後の玉座のような椅子に座を占めた。

「教えてください！」

リード牧師は上質な黒のピンストライプスーツに身を包んでおり、演壇について会衆を歓迎した――「よく帰られた、われらが神の家に！」と彼は宣した。リードは肌色の薄い黒人男性で、灰色がかった髪と口ひげはすっきりとまた入念に整えられている。大きな丸い目をしていて、わずかな笑みを浮かべている。彼はテレビや、礼拝のオンライン放送である「ストリーミング・フェイス」で視聴している人々に感謝するための時間を取り、訪問者がいれば、立ち上がるようにと呼びかけた。続いてリード牧師は祈りのリクエストと寄付の呼びかけ、二部制の説教、唱和型の聖典朗読、聖餐へと進んでいった。これら全てが長時間進行する一連の牧会を構成する要素になっていて、礼拝の時間経過と共に勢いは着実にいや増し、「祭壇への招き《コール・トゥ・オルター》」で最高潮に達した。これはリードが新たな改宗者に前に来て、キリストにその命を捧げるよう促すものである。リード牧師は才能ある説教者で、預言者のような命じと親のような懇願を切り替えるその能力で、信者たちの感情とキリスト教徒としての献身を完璧に近い調子で操っている。彼がひとたび説教壇につくと、礼拝は劇的な熱狂で燃え上がる――会衆のそれぞれはその実践的な福音メッセージを進んで吸収し、牧師のリズミカルなレトリックを一拍ももらすことがない様子である。

「教会ノートを開き、これから言うことを書きとめなさい」とリードが会衆に説き、「百万長者の時、億万長者の祝福」を始めた。これは礼拝に組み込まれている、四回の什一献金と寄付の求めのうち最初のものである。「黒人は、金銭の目的は使うことにあると教えられてきた。金銭の目的とは収穫にあり、だからこそ種まくことができる。そして種まきとは、投資のことである」と彼は説明した。「小切手現金化サービス《チェックキャッシング》とか、給料日《ペイデイ》ローンのようなものの利用は止めなさい」とリードは続けて、そこにいる皆に銀行口座を開くことを勧め、その際には黒人男性の約五五％は一つもそれを持っていないことを示す『ウォールストリート・ジャーナル』の記事を引いた。「支出は」牧師の説教では、このような感じですべきものである――「神に支払い、自身に支払い、残りで生活する。一〇％を神に、一〇％を貯金に、そして残りで生活である」と彼は述べ、次第に調子を上げていった。「什一献金は消費者的キリスト信仰をあざける。それは神があなたのため何ができるかに焦点を当てるものだからだ」とリードは示した。「神はわれわれが打ち壊され、ボロボロにされることから守ってくださった」と汗をかきながら彼は叫んだ。「隣人を見て言おう。『神が私を養ってくださった!』と」。二列目にいた二七歳の独身女性、ラトーヤ・ワシントンが会衆のささやき声に加わり、左にいた中年女性の方を向いて目配せをし、熱を帯びて「神が私を養ってくださった!」と述べた。「それは、フィレ・ミニョンでなかったかもしれないが、確かに今週あなたは食べているのだ!」リードは笑いと賛同の叫び、そして喝采の合唱に向かって語りかける。

礼拝の熱気が高まったところに金の皿が登場して回され、ほぼ全員が現金や封筒を差し出していた。白手袋をした案内係が皿を布張りされた籠に空けて寄付を祭壇に向かって差し上げ、聖歌隊はオルガン伴奏の歌声を大きくして身体を揺り動かした。礼拝者は立ち上がり、目を閉じて、手や聖書を掲げている。「われらが神の名を讃えるのは、イエスがこの全てを可能としたからだ!」「その通り!」シーフォーム・グリーン色のフロックに、揃いの帽子と白手袋で装った女性が叫ぶ。信徒席の男性が立ち上がって右手を振り、左手には聖書を握りしめている――ドラムとオルガンが最大音量となり、聖堂中に音響の波を行き渡らせる中、彼は頭を低くし身体を震わせている。

「われらが何かできないなどと誰が言ったのか?」三列目にいた二人の年輩女性が、リードの盛り上げに表情たっぷりにうなずく――「神の名の下に行うとき、全てのことが可能となる。ハレルヤ!」と彼は言って、神への懇願を唸り上げた。「われらの神に申し上げる時が来た。どこでもない場所から、しかるべき場所に連れてきてくださったことを感謝します! 家族の中で、最初に大学を卒業させてくださったことに感謝します!」今や会衆の半数が立ち上がり、歓声を上げる様子はスポーツイベントのファンさながらであり、男性のいく人かは通路に踏み出して、腕を天に向かって振り動かしている。「君の主人は誰だ?」リードは大声を上げる。「教えてください!」叫び返すラトーヤ・ワシントンは立ち上がっている。

「われらはここに奴隷として連れてこられ、男性は去勢され、女性は暴行された。しかしわれらは未だここにいる」と彼は怒鳴る。語句の区切りをオルガンに合わせ、その音色が彼のスピーチのリズムを強調するように割って入ってくる。「み言葉は勝利するのだ!」とリードは叫び、ジャケットを脱ぐ。灰色と黒色のサスペンダーが顕わになり、眉の汗をぬぐう。頭上のスクリーンがいま映し出しているのは、信徒席で泣き、飛びはね、身を揺らす人々のクローズアップである。「敗者が勝者になるのを私は見てきた」とリードが叫び、指を勢いよく振った。「ベテルに来て説教することと二〇年間、選ばれてきた市長たち、当選すると思われていなかった会計監査官たちを見てきたのだ。証人となれる者はここに誰かいるか？」と彼は声を張り上げる。会衆の多くの者がいまや自分たちの説教師に向かって叫び、説教壇に近づいて彼に迫らんとしている。「マーティンがやってきたとき、奴らは彼を笑った、しかしどこかで彼はある説教師の言葉を聞いた……どこかで彼はある説教師の言葉を聞いたのだ……」リードはうめきながら頭を振り、オルガンのテンポが増すにつれてその腕を天に向かって掲げ始めた。会衆は信徒席で踊りながら叫ぶ。「言って！言ってください、先生！」。リードはそれに応えて、演壇に倒れかかって深くため息をつき、父親が子どもに対して語りかけるように、柔らかく語りかける。「お前はイエス・キリストの血のうちに必ず救われる。そしてお前は革命的な教会の一員に必ずやなるのだ」。

会衆は頭を垂れて賛同し、オルガン曲が落ち着いた音へと静まっていくのにあわせ集団で息をついた。教会役員たちは聖餐の執行のために位置につき始め、会衆は聖歌隊に加わって「みまえにわれらつどい、ともにわかつみ糧を」と歌いながら、牧師がパンとワインに向かって祈るのに合わせている〔「賛美歌第二編」一七九番〕。会衆が聖餐を受けるために高座に近づいているとき、リード牧師は演壇に立ち、あごを手に預けながら信徒たちに向き合っている。彼はクリスタル製のゴブレットから水を飲み、その小さな細身フレームの眼鏡越しに表情豊かに見つめている。唇はすぼめられ、眉が上がり、腕が組まれていた。

最高霊的責任者《チーフ・スピリチュアル・オフィサー》

アメリカの黒人教会において牧師が果たしている役割をどれほど強調しても強調しすぎにはならず、ベテルもその例外ではない。カリスマと個性が、説教を行いカタルシス的な霊的反応を引き出す鼓舞的な能力と結びついていることが、黒人の教会出席者から高く評価される。[3] W・E・B・デュボイスの記述では、黒人牧師の成功はその霊的な才能だけではなく、教会全体にわたる監督責任《スチュワードシップ》によっており、会衆もその一部にすぎないという。決定的に重要なこととして、デュボイスが記しているのは「その財政的成功、教会会員を増やす努力、そしてその個人的人気である。その結果として有色のメソジスト牧師はしばしば抜け目のないビジネスマンであり、気質にはいくぶん政治家的ところがあり、時に人を鼓舞し尊敬される指導者ともなった」[4]。一世紀近く前に書かれたものだが、デュボイスはフランク・マディソン・リード三世博士を描写していたとしてもよいほどである。

リード博士としばしば呼ばれる彼はベテルの第五三代牧師で、一九八八年以降教会の指導者に任じられてきた。おそらく彼自身の与えた称号であるようだが、最高霊的責任者《チーフ・スピリチュアル・オフィサー》として、彼の振る舞いは大企業の支配人《スチュワード》にずっと近いものであり、そこに含まれるものには以下がある。教会収入で助成される初等教育学園《K‐5アカデミー》のベテル・クリスチャンスクール。食料配布、衣類支給、緊急援助を行う都市支援センター。そして聖書研究、聖歌隊、青年プログラムや社交行事を含む三〇〜四〇で推移する伝道奉仕活動である。しかし教会の全ての構成要素の中で、明らかにリード博士自体がベテルの主な魅力《アトラクション》になっている。教会員、職員、ボランティアにベテルスクールの教員たち、そしてベテルの炊き出し所《スープキッチン》を訪れる者たちすら、異口同音に繰り返してリードを「教養ある」「博識の」「活発な」「人を奮い立たせる」「見通す力がある」そして「本物の」と褒め称える。リードは第五世代のAME牧師で、イェール、ハーバードそして合同神学校《ユナイテッド・セオロジカル・セミナリー》の学位を持ち、いくつかの書籍、パンフレットの著者で、説教と教育のために世界中を旅してきた。啓発されたクリスチャン男性という自分の印象《ペルソナ》を涵養することに彼は気を配っており、ベテルに出席する者の多くが、教会に魅力を感じる主な理由としてこのことを挙げる。ティモシー・ウォルターズがベテルに加わったのは主として、リードが「男の中の男」であり「その教えを通して男性、父親、そして夫として成長」できると考えたからだった。ティムがまた好んでいることにリード博士が「フッドの中で大いに尊敬されている」という事実がある。敬愛される牧師を描いた芸術作品や、彼の功績をなぞった記事やインタビューが、事務室の壁や会堂上層階の廊下を飾っている。あらゆる点で、ベテルは明らかに彼の教会である。

ベテル役員に表われているように、才能が途方もなく集まっていることをふまえると、教会の方針設定やそれを指揮することの双方に理事も幹事も驚くほどに関わりを持っていない。理事会は毎月第一土曜日に集まる予定になっているが、めったに開催されることがない。信徒役員と同僚牧師の両方が同意しているのは、ベテルの方針はほとんど全ての水準でリード博士によって個人的に決められていること、そして彼に対しては「上の方からまっすぐ降りてくる」ことである。リードはベテルで起こっていることのほぼ全ての結果に鋭く気づいており、小さい意思決定でさえも牧師の承認を必要とするという感覚は誰にも明白なものである。「その呼びかけをしたのは自分じゃない」「それは牧師の言ったことでない」や「マーラ夫人に確認させて」はベテル会員の口にしばしば上るフレーズで、リードは小さなインナーサークル——自分の妻、秘書、一握りの理事、牧師そして長老たちが含まれる——に、統制のとれた組織運営を頼っている。

　リード牧師の妻であるマーラ夫人は、ベテルのファーストレディとして知られているが、教会ヒエラルキーの中で公式の役割を持っていないにもかかわらず、自らの力で夫に並ぶ強力な地位を作り上げてきた。そのプロフェッショナルなスタイルとダイナミックな演説力はしばしば女性会員に賞賛されていて、教会生活の多くの側面にマーラ夫人は影響を与えている。教会事業に関わる多くのことが、牧師の最終承認を得る前に非公式に彼女を通過しなければならないのはベテルではよく知られている。ファーストレディは演壇からではなく、教会のフロアから発言することがしばしばあり、祈りを捧げたり、夫や招待されたゲストの紹介をするようにとよく指名される。マーラ・リードは国内でも知られたやる気を起こさせる講演者《モティベーショナル・スピーカー》で、自分自身のイベントを企画実行しているが、それは公式の教会構造の内部のものとしてよりも、その傍らにあるものとして通常は行われている。ファーストファミリーについてのベテルの資料の大半ではリード牧師の業績が強調されているが、マーラのことは「神の女性」とシンプルに呼んでいる。明らかに自身が独立した指導者であるものの、ベテルのファーストレディは忠実に夫の背後に立ち、水を手渡したり説教中にジャケットを脱がせたりしているのである。

　説教の中でリード牧師はしばしば、神の言葉に、神自体に、そして牧師の言葉に対して従順であるべきことを強調している。よきクリスチャンとは、リードの言葉では「牧師の後ろで歩調をあわせる仕方を知っている者」である。彼の見方では、適切な権威に全員が従い、「誰が統率するかをめぐって人々が言い争わない」時に教会は最もよく機能する。ベテルの教会出席者、指導者、管理運営者たちは同意しているように見える。教会では「手順《プロトコル》に従うこと」が常に強調され、会員たちは自分の仕事のみを、多くもなく少なくもなくやることにいつも気をつけている。ベテルの新会員のためのクラスでは、一回分全てが従順さの重要性に割り当てられており、そのテーマについての聖書の句が多数引用されている。しかし牧師は単に従うべき人物というのではなく、聞き慣れた声、そして敬愛する羊飼いでもある。リード博士への言及は、しばしばベテルの人々のありふれた会話の中に紛れ込んでいる――「牧師がなんて言っているか知っているだろうけど……」というのは教会のホールを歩いたり礼拝後に集まっているときにはしばしば耳にするし、またリードの説教の最中に彼が馴染みのフレーズを叫んだとき、会員の多くがその文句を自分で口に出して締めくくるのもよく目にできるものである。

「ジェイクの男たち」

「ここにいる男性全て、立ち上がってほしい」とリード博士は日曜礼拝で説教壇に立って述べた。およそ七〇人の男性が、会衆からの拍手と歓声の中で立ち上がった。「これら全ての男性をご覧いただきたい。神の家にてお会いできてうれしい」とリードは言う。「そして、神の主演女優《リーディング・レディース》の皆さんは？」祖母、母親、そして独身女性――出席者の圧倒的多数――が応えて立ち上がったことで、会堂は湧き上がった。日曜日のベテルでは、会衆の少なくとも八〇％は女性で構成されていて、教会奉仕活動の代表は女性が多数を占めている。リードにとって、信徒席における男性の欠落が問題なのは、「社会の半分が出席していない」のであれば教会の社会的目標は成し遂げられないからである。リード牧師の考えでは、教会と宗教は解決策である――これらが、個々人の人生を変化させ、コミュニティが難題を克服する助けとなる。黒人男性がこれら解決策に参加していないのであれば、黒人コミュニティを悩ます問題への効果的な取り組みはなしえない。

　教会の「フリーダム・ナウ・ミニストリー」の創始者ジェイク・コルバートは、神が真実でありキリストは誰しもをよい方向に変えることができることを示すための証しとして、リード博士に毎週の説教の中でしばしば指名を受けるベテル会員の一人である。リードは模範的なクリスチャン男性としてジェイクをよく持ち上げており、彼の証言は男性をベテルの家族に引きつけるため、そして壊れた暮らしの中における神の力を証明するための、牧師のもっとも強力なツールの一つになっている。

　以前から何回も自分の物語を語ってきた人間の根気と雄弁さが備わった口調で、ジェイクは神の救いの恩寵に関するその経験を喜んで共有している。六〇代前半の彼は地味な服装で、わずかな南部訛りで柔らかく語っている。教会に通う家族のなか、大半をボルティモアで成長したジェイクは高校を卒業してじきに「良くない連中とつるむ」ようになった。「悪魔に売り込みをしようとしたわけじゃない――自分が悪かった、自分で決めたことなので」と彼が説明するのは、下っ端のディーラーとして始め、長年ののちにボルティモアの最大のドラッグ業者の一人になったことだった。ジェイクはついにその商品を自分で使用し始めて一〇年か一五年たつと中毒者となり、その習慣をまかなうためほとんど何でも進んでするようになった。「自慢できないことをたくさんした」と彼は説明し、「悪魔が自分をがっしりとつかんでいて、そこから抜け出せたのは神様の恵みのおかげだ」と言う。

五年から六年、ジェイクは刑務所を出入りしたが、収監中は「刑務所社会で非常に生産的なメンバー」で、コックや相談員として――できる仕事なら何でもしていたと語る。しかし、釈放されてストリートに戻された時はいつも、そのようなよい習慣を現実世界へと移すことができなかった。彼はすぐにドラッグに溺れ、その悪癖をまかなうために盗みを始めた。ついに「牢屋に入れられたが、それで本当に救われた」と彼は言う。

刑務所で最後の服役をしていた四六歳の時、ジェイクはリード博士のテレビ放送を見て「あの男には自分を引きつける何かがある」と感じたことを覚えている。仮釈放審査官の前に立ったとき、ジェイクはついに、助けを求めることを決めた。審査官は彼を治療プログラムに送り、そこで彼は、ベテルへと連れていってくれた友人に出会ったのだった。教会で最初のころは、ジェイクはいつもバルコニーに座っていた――いつも後ろの方だったが、ある月曜夜の男性向け聖書研究会で、彼はキリストに人生を捧げることをついに決めた。彼は他の会衆も訪問していたが「そのような気持ちを他の教会で感じることがなかった」と彼は言い、ベテルに居続けることを決めた。

やがてリード牧師がジェイクに個人的な興味を持ち、奉仕活動に加わるようにと促した。ジェイクによれば「牧師には洞察力があって」、「いつか君はこの教会のリーダーになるだろう」と彼に言ったのだった。男性聖歌隊に参加し最後にはそれを率いた後、ジェイクは理事会役員に指名され、やがてリードの助けを得て、自身の奉仕活動を始めたのだった。「フリーダム・ナウ」と「オーバーカマー《克服者》・ミニストリーズ」はどちらもジェイクが率いている――一つは布教拡大に、もう一つは社会復帰に焦点を当てたものである。プログラムに参加する男性は毎日曜日にベテルに招待を受けていて、座席の最初の三~四列は一一時四五分の礼拝で彼らのために押さえられている。

フリーダム・ナウとオーバーカマーの参加者には、最近刑務所を釈放されて更生施設に暮らしている者が多く、ジェイクの男たち（ベテル会員に彼らはそう呼ばれている）は、彼の開始したプログラムを通じて全員が薬物中毒カウンセリングを受けている。奉仕活動の布教拡大の部分はよりゆるやかに組織されていて、「三人から四人の兄弟」からなる者たちが、リードの促しで夜に地域にときおり出て行き、ドラッグ売買をしている人々に対して務めを果たすようにしている。実際の数としては、ジェイクの対外奉仕活動には定期的に会合を持たない五〜六人がいるだけだが、お互いによく知っていて、必要となったときにはすぐに立ち上がれるようになっている。活動の参加者の多くは、ジェイクを手本として目指している――「彼は昔ジャンキーだったのに、いまでは家を持っているんだ」とある者は言う。これらの男たちにとっては、ジェイクの証言の力が自分たちをベテルに引きつけており、リードが加えて注意を向けていることが、彼らを再訪させ続けている。礼拝にいる誰にでも、前列の男性たちについて尋ねれば、皆同じことを言うだろう――「あれはジェイクの男たちだよ」と。

「郡《カウンティ》の中にいる人々のため」

都市居住の黒人における社会的混乱に、福音を通じて取り組むのがリード博士の重要課題であるにも関わらず、近隣からやってきてベテルの教会に出席するジェイク・コルバートのような男性はまれである。ベテル会員の半数以上は市外部の郊外から運転してきており、この教会の歴史家は、市居住者のうちでも大半はベテル周囲の荒れた地域には住んでいないと推定している。インナーシティに位置していることと、中流《ミドルクラス》の、通いでやって来る会衆との間にある対照はベテルでは著しいものでリードにとっても懸念となっており、「日曜日のドレスダウン」のようなアイディアを、教会に「貧しい者を引きつける」ための戦略として提案してきている。

近隣住民は信徒席を埋めていないが、しかしベテルの支援センターには列を作っており、そこでは貧窮するコミュニティに対するサービス提供者として教会は振る舞っている。ベテルの誕生元である、自由アフリカ人協会はもともとはっきりと、宗教と社会奉仕を融合させていた。政治的活動、社会的闘争、人種的連帯、そして解放の神学というその歴史に基づいて、現代のＡＭＥ教会は「神はわれらが父、キリストはわれらが贖い主、人はわれらのきょうだい」というモットーの下に組織されており、困窮者への奉仕を魂の救済と同じくその使命と捉えている。困窮に対峙するというベテルAMEの長い歴史は、新たに解放された奴隷への伝道と共に始まっていて、教会はその最初の公式のコミュニティセンターを一九七〇年代に開設した。ウィリアム・スミス地域支援センターは現在推定で年間一万四〇〇〇人に食糧供給をしており、一九九〇年に教会が一二〇万ドルを負担して建設された。

困窮者の援助に、AMEの伝統が明確な、教義上のものでさえある焦点を当てているにもかかわらず、ベテルの会衆はその什一献金や寄付の使途先の事業について驚くほどに関与をしていない。地域支援センターでは、ボランティアとして奉仕するベテル会員を見ることは異例のことになっている。教会員の大半は近隣への関わりを財政的支援に限っており、具体的な教会の地域支援活動については不案内のようである。「今度の地域支援センターはどこにあるのでしたっけ……まだ中心街《ダウンタウン》にあるのかしら?」とある会衆がもう一人に、日曜礼拝後に階段を上りながら尋ねていた。「いや、まだ通りの向こうだと思いますよ」と彼女の友人が返事をしている。実際には、センターは教会から三ブロック離れたところに位置している。

会員の寄付で助成されているベテル・クリスチャンスクールですらも、会員の子どもで入学しているのは一人しかいない。学校職員でありベテルにも出席しているわずかな会員の一人ジャニス・クレメンスにとって、学校に対する会衆の関わりが欠落していることはいらだたしいものである——ベテル会員には生徒に「提供すべきものがたくさんある」と彼女は言う。他の教師も同意して、会員の関与欠如は、会衆の全般的な「鼻持ちならない」「エリート主義的」態度と符合しているように見えると付け加えている。地域支援センターのボランティアの一人は自分自身もドルイドハイツの住民だが、この意見に共感している。彼女はベテルよりも、近所の店頭教会《ストアフロント・チャーチ》で礼拝することを好んでいて、そこの方が「郡《カウンティ》の中にいる人々のため」のものであるように思っている。そして、会員に合わせていく策として、ベテルは新たな礼拝空間の建設を開始するため郊外に二五七エーカー(約一〇四万平方メートル)の土地を最近購入していて、同時に歴史的な会堂は地域支援センターが利用する多目的スペースへと転換する計画である。しかしこの教会がさらに分断された奉仕を維持することができるのか定かではない。

階級間接触が定期的に起こる場所でないとはいえ、それでもベテルは黒人コミュニティにおいて富を再分配する重要な仲介者として機能している。多くの会員は収入のちょうど一〇％を教会に払うのを常としており、リードが呼びかけたときには追加して基金に寄付をしている。富裕の教会員は礼拝の最中に、賛美という形で自発的な寄付すらも行っている。リード牧師の説教がとりわけ核心を捉えたような場合には、会衆はその足元に向かって丸めた二〇ドル札を投げたり、時には教会員が通路を歩いて行って、福音がまさに宣せられている演壇に紙幣を差し出すようなこともある。ベテルにおける多様な形の寄付は、中間階級からの収穫物として機能していて、リード博士とその地域支援事業が、周囲を取り巻く資源に乏しいコミュニティのニーズを満たすのを可能にしているのである。

「姿は見られるが、声を聞かれはしない」

黒人の政治的、知的指導者の多くが生まれ育ってきたのは聖職者階級からで、リード牧師もその例外ではない。フランク・リードが政治につながりを持っているという言い方は、大仰なまでに控えめな表現だろう。前連邦議員候補者である彼は、全国、州、そして地域の民主党員、そしていくらかの共和党員にさえも影響力を有している。政治と政治世界はベテルにて語られ行われるほぼ全てのことの根底にあり、ベテルはリード博士を通じて、ボルティモアの政界で積極的な役割を果たしている。リードの公言するところでは、ベテルはボルティモア住民約一〇万人の「暮らしに関わっており」、市当局者も、どの候補者あるいは争点をとってもその背後にいる信徒の群れを刺激することができる彼の明らかな能力を気にしている。政治家は選挙の時期周辺では礼拝に顔を出す傾向があるが、リードの目標は「一年中結びつきを持つこと」であり、地域指導者との朝食祈祷会を催したり、実業家や政治家がしばしば会合を持つボルティモアの高級クラブで交流昼食会を開いたりしており、そこでは市議会議員が「表敬のために」リードに近づいていくことを見るのは珍しいことではない。

政治がいかにして教会の中へとたどり着くのかを論じるとき、ベテル会員がよく使う表現は「姿は見られるが、声を聞かれはしない」というものである。政治家はベテルでの礼拝中に起立して牧師に認識されるという能力は享受するが、その主張のために語ることは決して許されない。候補者を支持することはリードに委ねられているが、彼が行うのは教会の弁護士レロニア・ジョシーが「ダンス」と呼んでいるもので、そこでは「彼は自分が意味しているものを口に出して言うことは決してないが、自分が何をしてほしいと思っているかは明確にする」。リードはしばしば政治家をその説教の中で認め、主張のためにその公的取り組みを用いるが、それによって承認あるいは不承認を表明しているのである。しかし教会の外の階段での記者会見で候補者を支持するような、より微妙さを欠いた戦術を使うことでも彼は知られている。レロニア・ジョシーは自分が「白髪交じりになる」のは、リード牧師が法律の「線上でいつもダンスを踊る」からだと認めている。

その政治課題に関する限りは、リード博士がもっとも関心を寄せているのは黒人コミュニティに資源の道筋をつけてくることであるように思われる——選挙政治において積極的な役割を果たすことに加えてベテルは州および地方政府にロビー活動をしており、その地域支援センターの多様な事業に財源を得ることにしばしば成功している。教会と政治世界の間のつながりがもっとも絡み合って見えるのはこういった取り組みにおいてであり、それは二〇〇六年、民間の開発業者との論争含みの提携関係にベテルが関与したことで明らかになった。白人所有企業のコーディッシュ社が、ボルティモアのインナーハーバー地区の中心にある屋外コンサート会場のピア・シックスを運営、再開発するという入札に市委員会が承認を与えた。市の黒人エリートの多くはこの契約に反対し、港湾事業においてはマイノリティ企業に優先権が与えられるべきだと主張した。しかしリード博士はコーディッシュの契約を支持してこの開発業者との間で、ピア・シックスからの年間利益の一〇%をコーディッシュはベテルに寄付するが、ベテルは事業運営に寄与する義務を負わないという協定を取り結んだ。会社のトップであるデヴィッド・コーディッシュはこの什一献金を、市と貧窮する住民に再投資することは彼の宗教的、市民的義務の一部であると売り込み、リードはこの協定を、ドルイドハイツの住宅資産を買い上げて修繕するという彼の計画の元手と考えたのだった。

しかしこの協定のニュースが報じられたとき、その適切性についての疑問が提起された。契約を承認した市委員会のメンバー二人——ジョーン・プラットとシーラ・ディクソン——がベテルの積極的な会員で、その立候補の成功は、リードの支持と同胞の教会員のボランティア動員に負うところが大きかったからである。プラットとディクソンは契約承認の投票を棄権したのだが、メリーランドの知事マーティン・オマレー——リードが支持し、数千ドルの選挙キャンペーン寄付で支援した——の契約承認においての影響に対しさらなる疑問が浮上した。

リードはこれらの不正非難に対して激高し、二〇〇六年二月の説教一つの大半をこれらに対する反論に割いた。「ピア・シックスまで下りていって、連中に示してやるべきだ！」と彼は演壇から会衆に叫び、その怒りは最終的に、同年にピア・シックスで開かれて注目を集めた復活祭の日曜イベントまで引き起こした。リードはその手腕を用いて数千人の教会出席者と地域のVIPをこのイベントに集めたが、その目的は教会の力を証明することと、ボルティモアの都心黒人コミュニティに利益を再分配するという開発計画の意図を強調することの双方にあった。リード博士は礼拝の最中に、ひどい交通事故に遭った一会員に真新しいミニバンを与えること、そして貧しいが忠実な教会員であるもう二人の消費者負債を完済することで三つの「奇跡」を演じた。リードはこの奇跡について、自分は「人々が教会に種まくように、教会も種まくことを望んでいることを示し」たいのだと語り、そして三〇〇〇ドルの個人小切手をベテルに切ることで彼自身が「種まいた」のだった。

「単にイエスを待ち望むのではありません」

リード博士は、彼の教会出席者がベテルを自分の教会として選んでいる理由を独特の、頭韻を踏んだスタイルでまとめている。「出席には四つのIがある」と彼は言う――「無知《イグノランス》、霊感《インスピレーション》、情報《インフォメーション》、そして影響《インフルエンス》である」。「無知」から出席する者は、リードの説明では「思慮が足りず」、習慣と家族の伝統からやってくる。他の者は「霊感を得るために」やってきて、「自分をみ言葉で満たそうとする」。さらに別の者たちは、ベテルに「情報」を求めてやってくるとリードは信じている――神やイエス、そして聖書について学び、また教会やコミュニティ、そして自分の国で起こっていることについて学ぶためである。黒人コミュニティが直面している問題について、例えば、寄付の求めの最中に演壇から金銭管理のトレーニングを提供することで関心を高めようと教会が努めているのはこういった人々に対してである。

最後にリードが述べたのは、多くの者が教会に通う――そしてベテルではとりわけそうなっている――理由は、会員として「影響」感を持っているからだということである。寄付、行動、あるいは投票を通じて、彼らは自分を有効な組織体の一部と感じ、それが与える積極的な市民そして積極的なキリスト者としての感覚を享受している。長年の会衆であるションドラ・デニスも同意する。「リード博士の一体的な牧会」が彼女を教会に引きつけているものになっている。「ベテルでは」と彼女は説明する。「単にイエスを待ち望むのではありません。もちろん、待望していますけれども、その間にも、実行することに対する焦点もまたここにあるのです」。

エル・パードレ

七月のある暑い日の一〇時、中年のメキシコ人女性ベアトリズはピルゼンの聖ピウス五世カトリック教会の小教区事務所へ向かって角を曲がった。ここはシカゴのロウアー・ウェストサイドでもラティーノ系が集中している地域である。聖ピウス教会はスペイン語話者の小教区民には「サン・ピオ」として知られているが、一九番ストリートとアッシュランド・アヴェニューの角を占めていて、屋台ではパレタスや豚皮揚げ《ポークラインズ》が売られ、ペンキ塗りでラヴァンデリアスやタルヘタス・テレフォニカスと看板の出ているこのリトル・メキシコの中心的特徴になっている。ピルゼンの主たる公園――焼けた芝生の広大な広場と、その一方の側にラテン文化センターがある――はしばしばサッカーに興じる若者に占められ、そして暑い夏の夜には女性たちが子どもと玄関前の階段に座り、高架鉄道《エル》が頭上でガタガタと音を立てる中で笑いながら世間話をしている。噂によれば市のこの区域は再開発高級化《ジェントリフィケーション》の先端にあるということだが、ピルゼンは依然として大部分が空き地と板の打ち付けられた建物という地域で、夜半過ぎにはギャングがうろつき、街角では男の集団が酒を飲み大騒ぎをしている。

アッシュランドとウェスト・カラートンストリートの角には、以前修道院として使われていた建物の中に聖ピウスの小教区事務所と教会立学校がある。この学校は就園前から八年生までの子どもを対象としていて、大司教区から大規模な助成を受けており、その資金なしに存続することはできないだろう。この多目的ビル――小教区が所有する七つの建物の一つ――は、日曜日の教理教室《カテキズム》、またギャングにいる若者の内省グループを含むその他の教会活動にも使われている。

ベアトリズは三階建てのレンガ造りの建物に入ろうとしたがうまくいかず、一ブロック歩いて緑色の小塔のついたレンガ造りの礼拝堂に向かうことにした。そこには用務員が一人きりでいて、ひざまずいて床を掃除していた。古ぼけているがピカピカに磨かれた会堂はこの平日朝は静かで、等身大のグアダルーペの聖母と聖ユダ像が、おぼろなろうそくの明かりで輝き、派手派手しく、花で飾られた覆いケースの外へと慈愛にあふれたまなざしを送っている。

施錠された事務室ドアのところに戻るとベアトリズが、この数週間自分が深刻なプロブレマスを抱えてきたこと、前日にエル・パードレに話をしに来たことを説明している。事務室に来てくれれば、彼女にカウンセラーを見つけると彼は約束していた。「たくさんよいアドバイスをくださいました。この場所にいるとすごく心細くなることがあるんです」と彼女はスペイン語で言い、目を涙であふれさせている。「誰もいないんです」と彼女は付け加え、自分の夫が最近仕事探しに他州へといなくなってしまい、移民生活の困難に一人で直面するままにされていることを説明した。彼女は北部郊外から聖ピウスに助けを求めはるばる運転してきたのである。

ついに中に入れたベアトリズは、暗い階段を二階の事務室に向かって上がっていった。そこでは小教区受付のエレナ・マルティネスが、銀行出納係のような、来訪者と会話するための穴の空いたプレキシガラスの向こうの小部屋に座っていた。待合室には五つの緑色のビニル椅子、古い水飲み器、そしてリトル・タイクスのおもちゃテーブルの上に載せられたボロボロの玩具が詰め込まれていた。ベアトリズは待っていた他の大人五人と子ども二人に加わる。壁はさまざまなチラシやポスター――全てスペイン語――で場当たり的に飾り立てられていて、その中にはさかのぼること五月に行われたストリート・フェアを宣伝するものが混じっている。他のものが訴えているのは「子どもの権利」「犯罪被害者に対する経済支援」そして「DVはみんなの問題」だった。この部屋はインナーシティ地域にある他の機関や役所の事務室とほぼ見分けがつかないもので、市長からの額入りの「信仰リーダーシップ表彰」の賞状だけが、この事務室のより高尚な目的に関する唯一の目に見えるヒントになっている。

隣接する部屋では、エレナが次々と訪れる来訪者を迎え入れ、そして絶え間のない電話に応対している。「ムイ・ブエノス・ディアス、サン・ピオ」と彼女は快活な声で話す。エレナは英語を非常に巧みに話すが、それを必要とする電話相手はいない。彼女は大きなプリンタとコンピュータの載せられた金属机の後ろに座っているが、どちらも反対側を向いていて電源は切られている。彼女がくだけた会話をしている二人の高齢ボランティアは、窓につけられたエアコンのところで休憩しようと中に入ってきたのだが、騒音は立てているものの熱気に対しては役に立っているようには見えない。エレナの部屋からは聖ピウスが所有する別区画の建物が見下ろせるが、その外壁には小教区の依頼で巨大でカラフルな壁画が描かれている。ある壁画には「デヘン・ケ・ロス・ニノス・セ・アセルケナ・ミ」「子どもたちをわたしのところに来させなさい」とあり、六人の笑顔の子どもたちが走り飛び跳ねる様子が描写されている〔「マタイによる福音書」一九章一四にある表現。〕。別の壁画が取り上げ描いているのは、ラティーノ系の卒業生、教師、そしてスポーツ選手の顔である。さらに別のものには小教区の司祭であり看板であるチャールズ・ダーム神父が描かれていて、白い儀式用祭服と明るい色彩のメキシコ風ストラをまとい、ラティーノの子どもを儀式で捧げるために抱え上げている。

ダーム神父――あるいは小教区民に知られるところでは、パードレ・カルロス――は白髪頭の白人男性で、二〇年以上も聖ピウスを司牧したことで引退する資格があるのだが、彼が近い将来にそうするというのはありそうにない。ダームは長期にわたってこの小教区にいるため、そのパーソナリティとカリスマ的なリーダーシップがここを特徴付けるようになってきた。聖ピウスとピルゼンにおける自らの役割を説明するとき、彼は自分を、資源を仲介し、問題解決を行い、自分の小教区民のために連帯を構築する「門番《ゲートキーパー》のようなもの」と表現する。一瞬考え込んで、ダームは大きな遠近両用眼鏡を外し、疲れた様子で目をこすった。右手首には、紫とピンクの糸で編まれたブレスレットがつけられている。ネイビー・ブルーのドッカーズ・パンツとネイビーの靴下、淡青色のグワヤベラシャツに黒革のコンフォートシューズという出で立ちは、インナーシティの小教区司祭というよりもむしろバケーション中の祖父のように彼を見せている。自分の聖体拝領者《コミュニカント》のために職や家、その他の援助を見つけてやることに加え、危機に瀕して彼を頼ってきた最近の移民の代弁をすることにダーム神父の多くの時間が費やされている。聖ピウスの事務室に足を運ぶ人々の多くは小教区のミサに一度も出席したことはないが、カトリック教会に親しんでいることと、そこでスペイン語話者に出会うことができるという知識を持つことからやってくる――彼らは、共感を持って受け入れられるということを知っており、またエル・パードレが助けてくれると知っているのである。

見たところ終わりのない家族の行列が、助けを求めて小教区事務室への出入りを続けている。ある者は自分たちの子どもの洗礼準備のためにプラティカスへの登録を望み、他の者は食糧配給所《フード・パントリー》を通じた支援がどこでいつ受けられるかを知りたいと思っている。ある女性は、他のクライアントの緊急事態に付き添わなければいけなくなったカウンセラーとの予約をいらいらしながら待っている。大半の人々は、ベアトリズのようにパードレに会いに来たのだが、その彼は隣の部屋で家族と面会をしている。彼が現れた瞬間には全員が注意を引こうと騒ぎ立て、彼は妻と共に待っている若者と話をするために立ち止まった。その男性は何かの学校に登録しようとしているのだが、パペレス、あるいは適切な市民権書類を持っておらず、パードレ・カルロスの助けを望んでいるのだった。「あなたを私がどうお助けできると思っていますか」とダームはスペイン語で、いらつきながら答えた。「あなたのために私が何ができると考えているのですか」。若者は少し不安になり、正確にはわからないと答えたところで、ダーム神父は少しだけ態度を和らげ、小教区からはある種のレターを書くことができるが、それができることの全てだと告げた。ダームがドアを出て三階にある彼のオフィスに向かおうとすると、おびえた若者は感謝を込め、連絡先を残していくと約束した。彼が出ていこうとすると、あと三人が遠慮がちに後ろから声をかけた。

彼は小教区で毎週一七回のミサを調整し、聖体拝領を執り行い、聴罪司祭としての任務を果たしているが、小教区民の成長において霊的指導者としての自分の果たしている役割や、祈りや礼拝の果たしている役割について言及することはほとんどない。彼は自分のことを「社会活動家」と呼んでおり、小教区民を教育し政治的にエンパワーする機会としてミサを捉えている――しばしばゲストスピーカーを招いて、聖句に基づく伝統的な説教の代わりに、エイズやマイノリティの新兵募集、移民法のようなトピックスについて講演してもらっているのである。ダームはまた小教区の典礼の中に「闘争についての歌を特に努めて組み込む」ようにしていると言う――「闘いをいとわぬ心をお与えください」のような聖歌が、式次第に定期的に登場するのである。こうすることで、民族性と集団行動の感覚が作り出される、とダームは述べる――「これらはみな社会的なものです――ですから、彼らは人々として歌うのであり、個人として歌っているのではないのです」。礼拝におけるこのような行動主義的なトーンが「疎外してきた人たちもいる」と彼は認める一方、「ピウスを好む人がやってくるし、そうでない人はどこか別のところに行く。そういうものでしょう」と述べて彼は論争を一蹴している。

彼の小教区民を悩ます病理について話すところになると、ダーム神父はほぼその信じるものを心理療法の力に置いていて、小教区はピルゼンにおいて不足しているプロのカウンセリングサービスと青年期介入プログラムにその運営予算の巨大な割合を投じている。彼自身がスピリチュアル・カウンセリングを多く行うのかについては、ダームは自分はカウンセラーとして「訓練を受けておらず」、神父として目に付きやすいので困窮した小教区民の最初の接触先として機能しているのだと述べるが、彼は求められている領域を同定して、そのあと彼の臨床スタッフに小教区民を任せるようにしているだけである。「最近では、自分の問題解決のために神との徹底したコミュニケーションに人々が立ち戻っているのを目にします」とダームは言うが、聖ピウスで日々出会うような、深刻な問題を抱えた家族や関係性に対して意味のある、持続的な変化をもたらすにはそれは十分ではないと感じるようになった。「私は人々に対して神を常に使います。彼らの信仰に私は訴えかけますが、それは信仰が人々の成長にとっての資源であるからです——無視されるべきものではありません。アカデミアでは、ソーシャルワーカーは信仰に依拠することがないように言われます——それを無視するか、回避するように教わるのです。しかしこのコミュニティでは宗教は非常に重要で人々の生活の大きな部分となっているので、それを無視することはできません」。

面会と待合室の出入りの間に、ダーム神父はシルヴィアのためにいくつかの電話をかけた。小教区民の彼女の夫は、ショットガンを所持したとして逮捕後に郊外の拘置所に拘留されている。電話する時間として二分間与えられたとき、シルヴィアの夫は彼女に電話をかけてどこに留め置かれているかを告げたのだが、彼女が警察署に行くと、担当者は情報を与えるのを全て拒否していた。不安となりまたどこを頼りにしたらよいかわからず、彼女はパードレ・カルロスに電話をかけたのである。「警察署に今日電話をしますから」とダーム神父は言う。「通常、私のような人間から電話で聞かれると彼らは対応するんです。私の一日の多くは、こういった感じです」と彼はため息をついて結んだ。

文化的要素

聖ピウス教会は約四五〇〇の家族会員登録のリストを保持しているが、ダーム神父によれば、リストとそれの表す数字のどちらにも価値がない。それは単純に、近隣地域における移動があまりにも多いからである。移民がいずれかの小教区に家《ホーム》として帰属し、会員として登録するようになるには文化的な課題もある。ダームが言うには、彼の経験からはメキシコ人カトリックは「小教区民になるとか、特定の教会の会員になるという概念を持ちません」。彼らの思考過程は『自分はカトリックとして洗礼を受けたのだから、どこにでも行きたいミサに行く』。登録しなければならないという感覚がないのですよ」。小教区はこれまで会員名簿の更新を試み、登録運動も始めたが、これらの取り組みが成功してこなかったのは「やり過ぎると、疑われるようになる」からだとダームは説明する。これは、移民の小教区民――その多くは米国内で不法に就労している――があまりに多くの個人情報を、少なくとも彼らの故国では政府とつながっているような組織に渡すことを恐れているという事実を指している。

移民の間での小教区会員の流動性にもかかわらず、カトリックのアイデンティティ感覚は断固として強いものがある。聖ピウスの会衆は、自分たちの信仰について家族的で、文化的なものと表現する――自らのアイデンティティと切り離せないようなものということである。「それは、私が何者なのかと同じです」とある小教区民は言う。「カトリック信仰は、われわれが受け継いできたものです」とは別の者の説明である。「それは私のルーツです」とエレナ・マルティネスは言い、こういったルーツと霊的に、また経験的に結びつける聖ピウスの力が、その人気の鍵になっている。「人々にリーチするためにものごとを合わせていますかって？　もちろんです」とダームは説明する。「ここでは音楽や説教は、ラテン系文化や親しみのあるものをいつも参照するようにしています。ミサをある言語から別のものへと単純に翻訳することはできません――文化的要素を加えなければいけないのです。親しみのある文化、シンボル、場所そして食べ物への言及を加えていく必要があります……人々がここで見るものを、他の教会で見ることはありません」。別の小教区民は聖ピウスを「ヒスパニック・コミュニティの共有点」であり、移民メキシコ人が後に残してこなければならなかった文化が育まれ保存されている場所なのだと表現する――「この小教区はメキシカンで、スペイン語の話されていた自国を思い出させてくれるものなのです」。

人生の川

月曜夜の六時半、若いラティーノ系女性の集団が小教区事務所と通りの反対側の建物へと向かい、蛍光灯の光が照らす、緑色と灰色のタイル張りの長い部屋へと階段を上っていった。今夜は四回続きのキンセアニェーラ準備クラスの最初の集まりで、これらの年若い少女たちが生まれて一五年目の節目を祝う文化的、宗教的通過儀礼である「カミングアウト《デビュー》」ミサの準備の手助けをするものである。

かび臭く、風通しの悪い部屋の周囲に並べられたプラスチック製の椅子は、二二人の少女と二人のファシリテーターが入ってきてやがて埋まった。そのうちの一人は小教区の受付係エレナ・マルティネスである。みな人目を引く格好をしていて、多くの少女はタイトジーンズとペディキュアをした足にビーチサンダルという格好だが、金のジュエリーに念入りに整えた髪を見せつける者もいれば、ブランドのバスケシューズにだぶついたTシャツという者もいた。大半の者はアーチ形の眉をして足を組んで座り、突き放したような疑いの様子で、他の者は椅子にだらしなく座って、おせっかいな親から教会活動への出席を強制されたことへの腹立ちを得意げに表明している。

エレナが案内を始めたところで、作業着を着た母親が、恥ずかしそうにフロアを見ている娘を連れて遅れて駆け込んできた。エレナは母親に礼を言い、八時に戻ってくるように求めた。このセッションは完全に若者のためのもので、親の参加は許されていない。他のルールにあるのは「ケータイ禁止」「ガム禁止」や絶対に秘密を守ること、といったものである。エレナはこのクラスには五〇ドルの保証金が必要で、少女たちが月曜の夜、一ヶ月間の毎回全てのセッションに来たときにだけ返金されると説明した。

部屋の中央には、レースのテーブルクロスで覆われた背の低い間に合わせのテーブルにピンクのろうそく、開かれた聖書、そして祈祷文のコピーの束が置かれていた。展示を見渡しているのは小さな像の少女で、その流れるようなドレスには「15」が飾り付けられている。集団で立ち上って、気まずい様子で手をつなぎながら声に出して祈祷を読むことでクラスは始まった。エレナは祈りの時に十字を切るよう彼女たちに指示を出す。少女たちはクラスのためにあちこちからやってきた——大半の者は同じ学校に通っておらず、お互いに知っているのは数人だけだった。

エレナがクラスのために用意した活動は、彼女が「リオ・デ・ラ・ヴィーダ」、「人生の川」と呼んでいるものである。教室の前に置いてあるイーゼルの上に、彼女はマーカーで線を描き、これは彼女の人生を表していると説明した。続いて彼女は波や雲、そして彼女が経験してきた悲劇を表している乱雑な、黒い領域を付け加える。最後に彼女は太陽と花を描いた。拍子抜けするほど淡々とした口調で、彼女は家庭内暴力、薬物乱用、家族や教師からの暴行未遂、そして結果として起こった強烈な自己嫌悪というライフストーリーについて語る。聖ピウス教会のカウンセリングプログラムを通じて助けを求めるまで、それは彼女を苦しめたのだった。

自分のストーリーを終えると、彼女は少女たちに自身の川を描くようにと促した。彼女は色つきマーカーと紙を手渡し、少女たちはそれぞれ自分の紙におそるおそる描き込みながら、人目を気にして部屋を見渡していた。その後で共有の時間が始まり、話し出すには手間取ったものの、いったん声が出るようになると、それぞれの少女たちのライフストーリーは仲間たちの涙と静かな共感のただ中へとあふれだしていった――不貞や離婚による家族の分裂、アパートの全焼、ガンその他の命に関わる病気を抱えた父母、薬物使用、ギャング暴力、妊娠、性的虐待、家庭内暴力。二時間が過ぎ、少女たちの多くが持ち込んできた自己防衛的な反抗は、驚くほどの正直さへと変容した――苦悩と不安がさらけ出されたのである。

告解が一巡して終わりを迎え始めたとき、少女たちは不安げに涙を拭い、この教室のはかない親密さを荒そうとする、ドアの外で待っている親たちのことを考えてふたたび強情さを取り戻していった。エレナは少女たちが心を開いてくれたことに感謝し、このクラスの目的は、これらの問題に向き合う手助けをすること――その怒りと悲しみを克服する助けをすることであると保証した。来たる数週間、自尊心、アンガーマネジメント、そしてコミュニケーションといったトピックを含むカリキュラムを彼女は進めていく。

キンセアニェーラクラスの焦点は、聖ピウス全般のそれに似ている――人々の社会的、精神的ニーズに向き合い、教会の資源を用いて彼らがその人生の川の急流を乗り切るための励ましと力を与える。少女たちは、エレナが自分たちの前に立って彼女が乗り越えてきたこと、そして彼女たちもそうできると証言することに熱心に耳を傾けた。「あなたが何に直面していても」と彼女は述べた。「エン・サン・ピオ・アイ・ラユーダ」「聖ピウスには助けがあります」と。

コミュニティ感覚

聖ピウス――そしてダーム神父――のラティーノ系コミュニティおよび移民カトリック教徒への献身は、小教区の人気をピルゼン地域の境界を越えて増大させ、年月がたつにつれそこはちょっとした地域教会になっていった。経済的に上昇して郊外へと散らばっていった以前の小教区民は、昔の近所にあった色彩豊かで騒々しい、生き生きとしたスペイン語ミサに出席するために依然として非常に頻繁に通ってくる。キンセアニェーラのクラス外の待合室では、三人の女性が娘たちを待ちながらおしゃべりをし、階下の育児教室に出席する他の小教区民のためにボランティアで子どもの面倒を見ている。女性の一人マルニータは聖ピウスに一五年通っていて、最初はピルゼンに住んでいたが、今では転居してオヘア空港の近くの郊外にいる。「あの街が恋しいです」と彼女はスペイン語で言う。「でも、子どもたちが遊べるような広い庭のある家がほしくて」。彼女の説明では郊外ではくらしが違っていて、彼女は家を持ったことで得た快適さと「尊敬」を味わっているものの、ピルゼンのコミュニティが懐かしく、聖ピウスを通じてつながり続けようとしている。ミサと平日の活動のためにマルニータが運転する時間は四五分から九〇分の範囲でかかる。郊外にも「スペイン語を話そうとする神父はいますが、全く同じものではないです」と彼女は言い、長時間かけて通うことでスペイン語での礼拝を提供している以前の他教会の多くには行かなくなったことを説明する。マルニータが言うのは、聖ピウス以外の教会では「落ち着けなかった」。「ここは［メキシコから］彼らがやってきて、歓迎されていると知った最初の教会なのです」とダーム神父は説明する。ミサを、ラテン文化を、そして虐げられた人々の上方への行進を「祝うコミュニティ感覚がここにはあるのです」。

移住礼拝者

シカゴのアイゼンハワー高速道路を西に一五分行くだけで、ピルゼンとウェストサイドは、小さな一階あるいは二階建てのレンガ造りの家で埋め尽くされた周縁郊外《インナーサバーブ》の一帯へと急速に移り変わる。シセロの街は細い並木通りと古いショッピングセンターで構成された主に労働者階級の地域で、南側は大きな車両基地が占めている。コンクリートの玄関前階段と、小さい金網塀つきの庭のあるシセロの家屋は、以前はチェコスロバキア、イタリアそしてアイルランドからの家族の家だった――彼らの大半は市からさらに遠くに転居して、一九八〇年代以降に移住してきた圧倒的な数のラティーノに場所を譲り、今ではそれが街の人口の八〇％近くを占めている。

「ローマの聖フランシスカ」はシセロの六平方マイル（約一五・五平方キロメートル）にある七つのカトリック小教区の一つで、会員として九七二家族を数えるが、出席するのは三分の一にすぎない。マーク・バートジック神父はローマの聖フランシスカの現在の司祭で、苦闘する会衆を七年間率いてきた。小教区の遺産はかなり輝かしいものだと彼は表現する――「この小教区出身の人々を見れば、そこが本当に重要な場所だったことは明らかです」と彼は言う。以前の司祭の一人は後に大司教になり、別の者は教皇庁立北米神学院の院長になった。「本当の古株になると一九六〇年代と一九七〇年代［の聖フランシスカ］を知っている人もいて、『さてもあそこは偉大な小教区だったよ』とよく言っています」とマーク神父は言う。しかし不幸なことに、この卓越した歴史がくっきりとするのはむしろ今日の聖フランシスカと対比したときで、いまではミサを埋め学校に資金供給するのに苦闘し、小教区会もなく、信徒プログラムの運営もごくわずかである。指導体制の問題、会衆の高齢化、そして教派における参加低下が全体として、以前は繁栄した宗教コミュニティに打撃を与えている。しかし聖フランシスカがいま直面する最大の課題はシセロにおいて、教会の家を必要としており、また以前からの英語話者の小教区民をゆっくりと置き換えているラティーノ系カトリックの数が急速に成長していることである。

マーク神父は流暢なスペイン語を話し、そのグリンゴ《英米風》アクセントをなくそうと全力で努めているが、毎日曜日に二回の英語ミサと二回のスペイン語ミサを、また毎日平日の朝にはバイリンガルのミサをおこなっており、そこでは典礼の異なる部分をそれぞれの言葉で交代で唱えている。「この小教区内に住んでいる人はだれでも、この場所に家を持っているのだという事実を広げようと努めているところです」と彼は言う。全体では、スペイン語ミサは八〇〇人の出席者を毎週引き寄せているが、英語ミサの方は二五〇人にすぎない――長年の小教区民によれば、これは実際には最近上昇した結果なのだという。礼拝の提供は大半の小教区民のニーズに対応しているように見えるが、マーク神父はそれでもかなりしばしば苦情を受けている。「非常に困難なのは、見てきたような人口変化に小教区が直面したとき、二つの選択肢があるからです」と彼は説明する。「一つは、八方美人的にやろうとすることで、もう一つの方は『これはもう空欄を埋めるためだけのやつだな』というようなものです」。マーク神父のアプローチは、この小教区の未来を表している急成長中のラティーノ人口に対して友好的で居心地のよい教会の家を作り出す一方で、まだいる「数少ない白人の小教区民をつかまえておく」ように努めるというものだった。

スペイン語ミサは英語礼拝よりも三倍の聖体拝領者《コミュニカント》を集めているが、礼拝への参加は、聖フランシスカが存続のために必要としているものの一部にすぎない。信徒席を埋める以上に難しいのは、ラティーノを信徒リーダーとして巻き込んでいくことである。「白人の、英語話者は本当にリーダーで、しっかりとした指導スキルをもっています」とマーク神父はいう。しかし白人が代表しているのは会衆において縮小中の部分にすぎず、したがって「有能で指導スキルを持っている者を小教区の中でみつけること」は聖フランシスカの最大の課題の一つである。マーク神父の経験では、「ラティーノの人々は自尊感情で苦しんでいることがとても多く、『これは私にはできない』と考えることが非常に多いです」。同時に問題なのは、「彼らは生計を立てるためにとても、とても懸命に働かなければならず、空き時間がそれほどないのです」。

活動を率いるようなラティーノを見つけるという課題に加えて、マーク神父は白系人《アングロ》がつかんでいる組織上や指導上の責任を手放させることにも困難を抱えている。「私たちの大イベントは、全て白系人によって運営されています。われわれの財務評議会は全て白系人です。教会の清掃委員《クリーナー》――これもまさしく白系人によって運営されています。何が何でも強力なリーダーシップというものでないにもかかわらず、それでも組織的なものなのです。彼らがあまりに長くやり続けてきたから、というところは大きいです。年齢を重ねるとものごとに執着するようになり、新たな人を訓練するのが難しくなります」とマーク神父は説明する。それだけではなく、年を取った白人リーダーがしばしば、その司祭が期待するほどには進歩的でないという傾向もある。彼らは通常、二つのコミュニティの橋渡しを含むような活動を率いることについて熱心ではない。「小教区が全て白人であった過去の時代をよみがえらせる努力――彼らを本当に動かしているのはそれなのです」とマーク神父は認める。結果として、ミサと教会立学校の他には、聖フランシスカが会衆に対して提供している社会活動はほとんどない。平日には教会構内はほとんど空で、ときおり家族が子どもを教理教室に登録するためにぽつぽつと入ってくる例外を除いて小教区事務所も静かである。ある週では、聖フランシスカの小教区民は聖ヴァンサン・ド・ポール会の会合に参加したり、結婚準備クラスに出席、あるいは現代音楽グループのリハーサルをしたりできたのだが、これらのどれも一握りのメンバー以上に人は集めていなかった。定期的なコミュニティの集まりに最も近いものは毎週のビンゴゲームで、そこでは年配の近隣住民が金曜の夜ごとに学校の講堂に集まって、大賞の五〇〇ドルを家に持ち帰ろうと静かにカードの列に穴を開けている。

ミサの集まり

教会施設それ自体が、聖フランシスカの課題だらけの状態を示す印象的な比喩になっており、その主要なものとしては、広大で荒れかけた、通常は空の駐車場がある。そこは会堂の建物——一九九〇年代終わりに解体された——が以前立っていたところだった。駐車場の一方の側には、質素な司祭館があって小教区事務所が入居しており、他方の側には老朽化した集会棟があって、非営利団体が英語クラスやＡＡ《アルコホリックス・アノニマス》の会合に利用している。小教区の全盛期には、隣接する三階建て、一九六〇年代の建物に教会立中学校が入居していて、地下にある礼拝堂はその時は生徒ミサに使われていた。聖フランシスカに残された最後の礼拝空間として、この小さな学校礼拝堂は消滅に抵抗する小教区最後の隠れ家に見える。礼拝堂の主扉は静かな脇道の方にあるが、駐車場に近い入り口の方が日曜日の朝にもっとも使われるものになっているのは、小教区に多くいる年配の会衆に必要なエレベーターへと通じているからである。より機敏な小教区民はむき出しの階段を下りて小さなロビーに向かうが、そこのガラスドアや窓は、地下にある会堂への通路を照らす陽光を通すだけである。等身大のマリアとヨセフの二像がリノリウム張りの入口に立っていて、それぞれにひざまずきの柵《ニーリング・レイル》がつき、足元に何本かのろうそくや花が供えられている。像の間にはコンピュータで描いた赤い温度計がイーゼルに置かれていて、最近の募金キャンペーンにおける小教区の進行状況を表している。集められた金によってマーク神父は、主要棟にそぐわないガラスパネルを交換したり、聖フランシスカの大きな像を教会入り口の脇道に移動する——大半の通行人がこの建物には礼拝堂が入居しているということが分からないという事実に対処する取り組み——といったつましい修繕をすることができてきた。

会堂の低い天井とカーペット張りの床は非伝統的な感じを与えるもので、きれいでよく維持されているが、フォークアート的な装飾により空間は際立って古臭く見えている。祭壇の背後の壁には、バックライトの付いた多色のガラスモザイクがあって、大きな磔刑像と下の祭壇を照らす小さな白色灯がその上に吊されている。聖家族の木造彫刻が右手にあって、洗礼盤の方に目をやっている。薄暗い照明の部屋には長く白っぽい木製の信徒席が二区画をなしていて全体で二〇列ほどで、周囲の壁には「十字架の道行き」を描いた額入りの陶板絵画が掛けられている。

日曜朝一〇時半のミサの準備として、教区の聖歌先唱者《カンター》のカルロッタは祭壇左手、通常はバンドや聖歌隊が使う正方形の舞台に置かれた小さなスタンドに楽譜を並べた。カルロッタは年配のイタリア系アメリカ人で小教区に五〇年住んでおり、解体される前の古い教会で結婚した。彼女が入祭歌を歌い始めると、その弱く、甲高い声は音響システムを通じて半分埋まった部屋を大きく震わせていった。音楽はゆっくりとした静かなもの盛り上がりに欠けるが、英語ミサに集まった六〇歳過ぎの人々の群れにとっては何かふさわしいもののように感じられる。

マーク神父は演壇について信徒席にいる一〇〇人前後の会衆を歓迎し、典礼をゆっくりと、整然としたペースで進めていった。説教はスカラブリーニ宣教師の一人によって行われた。国境沿いの街の移民に務めを果たすその経験を共有してもらうようマーク神父に招かれたのである。「教会に国境も国籍もありません」と彼はブロークンな英語で始めた。「私たちはみな兄弟姉妹なのです」。イエスについて語るため、神父は続けた――「彼は移民でしたし、そして彼は私たちにいつか言うでしょう。『私が移民だったときに、お前は何をしてくれたのか』と。私たちのミッションは、自身の、そしてその家族のためによりよい暮らしを求めている移住者を助けることです。彼らをよそ者として見てはいけません――彼らはイエスなのですから。移民者を拒絶することは、イエスを拒絶することです」。会衆は拍手し、そして読師《レクター》は、二回目の献金がスカラブリーニ・ミッションのためのものであることを述べた。「寛大さをお願いします」と彼は付け加える。ポリエステルのスーツを着た、四人の年取った白人男性が、長い金属製の棒につけられた網かごに寄付を集め、やがてそれは五ドル、一〇ドル札で満たされていった。

マーク神父が聖体拝領を執り行う準備をするとき、彼は会衆に立ち上がって、信仰の告白として使徒信条を唱えるように求めた。「このクリスチャン的なものをみながどう感じているのか見てみましょう」と彼は冗談を言った。マーク神父は物静かな人間で、時折は小教区民に対し気の利いた言葉を交えるのだが、しゃべり方にユーモアが欠けていていつも抑えられてしまう。彼は真面目な雰囲気をまとっていて、身体からは発するいらついたため息のようなものが絶え間なく見て取れる。それにも関わらず、彼は小教区民に愛されており、彼は気取らない、愛情ある、小教区生活に全てを捧げた人だと評されている——明らかに、聖フランシスカにこれまでいた司祭たちとは対照的に歓迎されているのである。

「聖霊を信じ、聖なる普遍の教会、聖徒の交わり、罪のゆるし、からだの復活、永遠のいのちを信じます…」（カトリック東京教区司祭協議会編『カトリック祈祷書』の「使徒信条」より対応する部分を引いた。）。会衆は信条を唱え、聖体拝領が小集団で、小教区の司祭二人と助祭を含めて行われた。英語ミサが終わるとマーク神父は会衆に対して、小教区が近隣地域で毎週区域を変え家庭訪問を行い、同胞のカトリックにミサに出席するよう促す努力を行っていることに注意を向けさせた。彼は続けて、これが聖フランシスカのコミュニティに対してどれだけ助けとなっていると自分が感じているかについて言明し、会衆たちに対して大衆に自分たちが行うストリートミサに出席してくれるように述べた。

退場の聖歌が終わると、多くの小教区民たちは数分間残って互いにおしゃべりをしていたが、その後ゆっくりと外へ帰って行った。アングロとラティーノは、一つのミサが終わりもう一つが始まるときに階段ですれ違う。これら二集団の小教区民は礼拝堂の入り口で肩がかすめても、ほとんどお互いに認識することがない。

スペイン語ミサが始まると、トランペット、ギター、そしてアコーディオン奏者を供えたバンドが舞台に集まり、生き生きとしたラテン音楽が部屋を満たした。グアダルーペの聖母の額入りの肖像が厳かに主通路を通り、祭壇の前に据えられた。正午には会堂は半分しか埋まっていなかったが、礼拝の半ばにはいっぱいまで埋まった。二人の案内人がドアのところに立ち、遅れてきた者に席を案内する——この任務はミサが進むにつれて難しくなっていった。母親たちは外側の通路に立ってむずかる幼児をあやし、父親たちは子どものおふざけに厳しい視線を送っている。スペイン語礼拝には英語ミサのほぼ二倍の数の音楽間奏が含まれ、小バンドと小聖歌隊がアップビートの、ラテン調の聖歌を歌い、会衆の大半はそれに合わせて歌っている。天井のファンが今や全速で回っているにもかかわらず、地下室はこれら活動によって暑苦しくなっている。

招待講話者が説教をするが、今回は母国語で少しばかり自信に満ちている。講話の内容はほとんど同じものだが、いま彼が直接話しかけているのは前のミサで擁護した「よそ者」である。「私たちは、自分たちのやってきたコミュニティに、自分たちがよそ者ではないと感じさせなければいけません」と彼はスペイン語で迫る。「教会の内部で私たちは、よそ者とはイエスその人だったのだという事実への意識を作り出していかなければなりません」。彼が対象の聴衆にメッセージを語るに際しての唯一の違いは、戒めのトーンがエンパワーメントのそれへと変わっていることである。「ヒスパニック系カトリックの存在は恩恵です」と彼は言う。「それは教会を豊かにしてくれます。ヒスパニックであることは、二級市民であることではありません。シカゴには一〇〇万人以上のヒスパニックがいて、スペイン語のミサは十分ではありません」と彼は言い、スペイン語を話せる司祭が見つからなかったという理由で「二〇年間を告解なしに過ごした」ヒスパニック系アメリカ人カトリックに対して務めを果たした経験を語った。彼の言葉には、人々を正義への闘いに導く洞察者《ビジョナリー》の趣があるが、そのメッセージに目に見えて心動かされているように見える者は信徒席にはほとんどいなかった。言葉を終えると、聴衆は拍手をし、そしてふたたび献金かごが回された。今回は二人の男性がTシャツにジーンズ姿で、もう二人はスラックスに半袖シャツだった。親がしわくちゃのドル札を幼児の手に握らせ、それをかごに投げ込むようにと促した。

ミサが終わると、会衆たちは新鮮な空気を吸うために外に出て行った。歩道では若いメキシコ人がベルを鳴らし、大きな手押しの保冷箱から**パレタス**を売っていた。子どもたちは親に買ってくれるようにとせがみ、いくつかの家族――父親はカウボーイハットとブーツを身につけている――は教会の入り口周辺に立っていて、スペイン語の声が暑い夏の空を満たしていた。

白人《ホワイト》の郊外脱出《フライト》

「誰かが前に言っていたのを聞いたか、どこかで読んだかですが、組織に長い、長い間加わっていた人々は、駐車場をあきらめるくらいならむしろ場所全体が水泡に帰せばよいと考えるそうです――ここでもそのようなことが確かに起こってきました」とマーク神父は述べ、ラティーノ系の聖体拝領者を受け入れることがこの沈みつつある小教区にとって必要であるにもかかわらず、それはコストなしにはもたらされないことについて触れる。両言語でミサを提供し、バイリンガルの職員を雇用することが小教区全体のニーズを満たすと述べることは、スペイン語が完全に導入された結果として、英語話者の小教区民の中で最も忠実な（あるいは最も定住した）だけが現実には残ったという事実を覆い隠すものである。マーク神父は長年にわたり白人小教区民の離脱が聖フランシスカで起こってきたことについて十分に気がついている。なぜ大半の白人が去ってしまったのかについて、彼はこう述べる。「多くの人々は単に、より大きな家、より広い敷地を都市からさらに離れた分譲地に手に入れるというアメリカンドリームに賛同しているのです。だからその意味では、彼らが移動したのはそれが人々の望むものだからというだけです。そして周囲のこれらメキシコ人全員に加わっているインセンティブもやはりそこにあります」。

実際には、小教区の脱出の全てが物理的な移住から経験されてきたわけではない。マーク神父によれば、小教区領域内にいまでも住んでいる多くの白人が、かなりの場所がスペイン語話者に分割されてしまったことからもはや聖フランシスカに出席することを望んでいない。「多くの人々が実際には昇天教会に、そして聖オディロ教会に行っています」。と彼は説明し、明白な――そして拡大する――需要にもかかわらず司祭たちがスペイン語ミサを提供することを拒んだ近隣の小教区について言及した。「これらの小教区は、私たちがここでヒスパニックに奉仕しているという事実のために行った人々のための場所なのでしょう。[聖フランシスカで] 起こっている何かを好まないという理由だけで彼らの移っていった場所は他にもあります。しかし、ヒスパニックに折りあう必要がないところに行くのを選んだという人々が最大の割合だと私には思えます」。

スーザン・ヘスはローマの聖フランシスカの元会員で数年間出席していなかったが、小教区が彼女の街区で提供しているバイリンガルのストリートミサに行ってみることを決めた。前庭に立ってこのイベントにために集まっている小さな群れを見渡していたら、スーザンはどのように小教区を去ったのか、そしてそれはなぜかについて思い出した。「私は聖フランシスカに住んでいました」と彼女は言い、自分が学校委員会、小教区会、その他多くの委員会で何年も務めていたこと、そして三人の子どものうち二人は教会立学校に通わせたことを説明した。しかしひとたびスペイン語ミサが始まると、彼女は身を引き始めた。「マーク神父は素晴らしいけれど、私は、この国に来たら英語を学ぶべきだと感じるような人間の一人なんです」と彼女は説明する。「ポーランド人、イタリア人、フランス人だろうが気にしません――どの言葉かではないんです。それがスペイン語だからというのではありません。これらの国を私が旅したら、彼らの言葉を話さなければいけないと思います」。では英語ミサに出席するというのはどうなのだろう？「ええ、英語のものは素晴らしいと思います」とスーザンは認めるが、「しかしメキシコ［のミサ］をしているときはそうは思いません」。「いまと同じように」と彼女は続け、バイリンガルのストリートミサについて言及する。「彼らが話していることの半分は理解できません」。ますます多くの小教区活動がスペイン語で提供されるようになると、スーザンは押し出されたように感じ、そして司祭がヒスパニックに対して「迎合している」という事実に憤慨した。最初は他の小教区に出席していることを認めることに気が進まなかったが、最終的に彼女はしばらく近隣の昇天教会でのミサに行っていたことを認めた。「本当はこうしていることにはなっていないんです」と彼女は恥ずかしそうに言った。「聖フランシスカに属することになっているのに、結局昇天教会に通っているんです」。

スーザンの隣人のリサは若い白人女性だが、スーザンの気持ちを分かちあっている。リサが聖フランシスカに出席することを止めた主な理由は、自分の子どもを土曜日の教理クラスに通わせる必要があったが、土曜クラスはスペイン語でしか提供されていなかったからだと言う。「私はシングルマザーなので」と彼女は言う。「だから大変なんです――平日の午後二時半に子どもを連れて行くことは無理だから」。彼女は言うには、都合のよい時間に英語のクラスが提供されていなかったと言う事実は「最後の一押し《ラストストロー》」だった。いまでは彼女とその子どもはどちらも昇天教会に通い、そこでは「より居心地のよい感じがします」。「そこは私たちにあっているとただ感じます――歓迎されているような」と彼女は言う。スーザンもあわせてうなずきこう付け加えた。「もし混じり合った会衆を持つことになるのなら、それなら全てが両方の言葉で提供されるべきです――それがフェアでしょう。もし教理クラスをスペイン語で土曜日に行うのなら、英語でも同じように提供するべきですよ――水曜日にやっているのと同じに」。

聖フランシスカが取った方向に対する強い感情にもかかわらず、マーク神父の求めでスーザンは自分の街区で行われるストリートミサにクッキー皿を持っていくボランティアをした。それはラティーノの隣人アンドレスが世話役をしていた。「アウトドアミサにここで少し関わったら、少し惜しくなってきて」と彼女は述べ、ジュース缶、プラスチックコップにポテトチップスの袋でいっぱいのカードテーブルを芝生越しに切なそうに見やった。「さて、少しお付き合いをしなくちゃと思うから」と彼女は言い、アンドレスが見事な働きをしたことを称えるためにドリンクテーブルへと向かって歩き出した。彼らは英語で挨拶し、数分間ジョークを交わして、通りの中ほどで六〜七人の白系人が、ラティーノの隣人たちと明らかに離れて集まっているところに戻っていった。

キリストのうちの兄弟姉妹

（白系人にとっては）全員が白人の昇天教会に脱出したり、あるいは（ラティーノにとっては）古い近所とサン・ピオ教会に戻ったりする人々よりも、むしろ聖フランシスカで中立点を築くことを選んだ人々の間では、一般的な相互尊重の感覚が広まっているように見える。スペイン語ミサを導入して以来の聖フランシスカの損失にもかかわらず、マーク神父は「残された人々は統合が起こることを望んでいて、それが自分たちに引き起こすかもしれない多少の不便は進んで我慢しようとしている」ように感じており、またこの態度は残っている白人小教区民にも反映しているように見える。エリーズ・カルボナーラは小教区に四〇年間出席しているが、エスニシティは単純に「違いをもたらさない」ものだと主張する。「どこまでいってもカトリック教会なんですよ」と彼女は言う。「神はどこに行っても同じです」と他の年配白人小教区民は認め、彼自身はローマの聖フランシスカに「非常に満足している」と表現する。何らかの形の統合というよりも、相互寛容という考えに主に基づくものだが、聖フランシスカの白人の小教区リーダー何人かは、到来するラティーノについて肯定的な見方をしている。そしてラティーノ系コミュニティの間でも態度は同様に肯定的であるように見える――大半の者は全体として小教区に非常によく受け入れられていると感じている。宗教教育コーディネーターのマリアは、聖フランシスカを「［自分の］家族のよう」と感じ、「時の経過と共に、コミュニティはより一体となってきました」と述べている。「小教区に対する奉仕、コミュニティ作り、そして統合した教会を作っていこうというよい精神が見られます」と彼女は言う。若きメキシコ人で、**ホヴェネス・カトリコセ・ナクシオン**「行動する若きカトリック」と呼ばれるカリスマ的な礼拝グループを率いるミゲル・カルデナスは、聖フランシスカを「まるで［自分］自身の家」と考えている。「みんなうまく付き合っていますよ」と彼は付け加えるが、小教区活動の統合に関しては、彼も「少し難しい」ことを認めている。別のメキシコ系会衆のベンハミンも「アメリカ人は多数派よりも少数派にいると感じることが時々ある」と述べている。しかし、この事実を彼は「気にしていない」。「もっと団結しているのを見たいけれども、それが不可能なときもありますよ」。

実際に、相互に良い感情を抱いているとしたところで、聖フランシスカの白人小教区民が、いかに彼らが歓迎したいと思っても意味のあるコミュニケーションを非英語話者の相手と単純に行うことができないという事実は残る。他方で小教区に出席するラティーノの多くは米国にしばらくいて英語は分かっているのだが、彼らはそれを話すことにしばしば自信がなく、母国語を強く好むのだとマーク神父は言う。ジム・マッキニーは八六歳のアイルランド系で、スペイン語を流暢に話す引退した社会学教授だが、長年の昔にそのことを知った。彼はオークパークそして聖フランシスカの管轄内に二五年間住んでいる。彼はおそらくスペイン語を話す唯一の年配の白人小教区民で、それゆえに二つの別個のコミュニティと彼が認めているものの間に何らかの橋を架けようと努めてきた。マッキニーは「スペイン語を話す友人の何人かに評議会に加わらないかと誘ってきた」と言い、小教区で行われているコロンブス騎士会の隔週の会合について言及したが、それはうまくいかなかった。小教区は聖名会《ホーリー・ネーム・ソサエティ》を統合しようともしてきた——「バイリンガルでの会合開催を提供した」とマッキニーは言う。「でも誰も来なかった」。

統合のビジョンという最大の楽観論にもかかわらず、橋渡しへの障害は根強いものがある。「われわれの小教区内部に住む人々が、ここが家であり、隣人をキリストにおける自分の兄弟姉妹であると考えてほしいのです」とマーク神父は言い、小教区に対するビジョンを説明した。「非常にゆっくりとしたものですが、少しずつ起こっていると思うのですよ」。

第8章　女性革命、不平等の増大と宗教

先行する章で記述してきた、アメリカ宗教の役割と性格における注目すべき変化は、この国における過去半世紀を通じた唯一重要な社会変容ではない。少なくとも他に三つの広範な変化が、遠くまで影響のおよぶ類似の帰結をもたらした——

1．私的、公的生活の両方で女性の役割が革命的な変化を経験し、数百万の女性が有給労働力へと、そして男性との間でより平等な社会的、経済的地位に向かって移動した。初期の女性運動に向けられた目からは、この歴史的変容は「第二派フェミニズム」と呼ばれることがあった。

2．アメリカ社会内部の社会階級の格差はほぼ前例のない程度まで拡大し、（二〇世紀の最初の三分の二では、より平等になっていた）所得分配は突然に不平等拡大の方向に変化し、アメリカ史ではめったに見られないほどの富裕者と貧困者間の相違が生み出され、それと同時に居住さらには婚姻パターンにおける階級分離が増大した。

3．社会全体に響き渡った公民権革命の影響と、そしてアジアやラテンアメリカからの移民の巨大な波が非白人の数と存在感を増したことで、民族的多様性が着実にまた大きく成長した。

社会におけるこれら次元の三つの全て——ジェンダー、階級、人種——が密接に宗教とつながっているのはこの国

に限ったことではなく、世界史全体にわたることである。本章と次章では、これら三つの巨大な社会変容が、現代アメリカにおいて宗教といかに相互作用してきたのかを検討する。これらの社会変容は、アメリカ人の宗教生活に響き渡った地震衝撃と時を同じくしていた。アメリカ人が宗教的観点から分極化していくにつれ、そのような変容はジェンダー、階級そして人種関係の変化とどのように相互作用したのだろうか。これらの変化について、宗教はどの程度抵抗し、それらを強化し、向きを変え、あるいは単純にそれを受容したのだろうか。

歴史的には、アメリカ宗教に活力があり続けた理由は主として、大規模な社会変化に適応することによってであった。「アメリカの宗教指導者は、アメリカの過去における変化に対してのブレーキ役ではなかった」と宗教史学者ローレンス・ムーアは言う。「宗教が活発で、国民生活に関係したものであり続けたのは、一般人の志向を反映することによってであった」[1]。他方で、宗教自体が社会的、政治的変化を促した重要な事例もあり、それが最も著しいのは（本章で後に見るように）周期的に起こる大覚醒の時で、こういった宗教復興の時期がアメリカ独立戦争、解放運動、禁酒運動、革新主義時代、そして公民権運動を促す助けとなったのである。現代アメリカの政治および宗教を間近で観察したジョージ・W・ブッシュすらも、いま一度のそのような大覚醒の、今回は保守的な政治的結果をともなうもののただ中にわれわれはいるのかもしれないと公に述懐している[2]。

本章ではまず、宗教とジェンダーに、そのあと宗教と社会階級に焦点を当てる[3]。次章はアメリカの宗教と人種の関係について割かれる。それぞれのケースでは、宗教がいかに社会変化に反応したかを、宗教性の高いアメリカ人とそうでない者の間での、また主要な宗教系統の間での差異を探ることで検討していく。

但し書きを一つ――これらの章では本書の残りの多くと同様に、宗教的な人々に焦点を当て、教派上の統治階級制度やロビー団体、といった宗教組織自体にはあまり焦点を当てない。宗教的な組織制度はジェンダー、人種や不平等に多様な影響を与えてきている。宗教関連の組織は、男女平等憲法修正条項に賛成や反対の立場からロビー活動をし、拡大する経済不平等が全力でふるう力から宗教慈善団体が貧しい個人を保護する役割を果たしているのと同時に、宗教右派の多くはこの問題に対するいかなる公的な反応にも抵抗してきた。教会会衆は黒人系も白人系も、公民権運動において重要な役割を果たしていたが、その運動に対する反対においてもまた同じだった。信徒席からのわれわれの視点にはそのような組織的アクターも含まれているが、われわれの視点が焦点を置くのは、個々のアメリカ人——信徒席にいる者と、そうでない者——の態度と行動である。

宗教とジェンダー

アメリカの宗教が、不均衡なほどに女性の活動領域であることは、第1章で触れた通りである。安息日礼拝では平均して、女性が男性を三対二で上回っている。女性の方がより強く神を信じ、彼女たちは毎日の生活にとって宗教は重要であると主張することが多く、祈ることが多く、聖典を読むことが多くまたそれを字義通りに解釈し、宗教について話すことが多い——すなわち、ほぼあらゆる測度において、彼女らはより宗教的である。もちろん、あらゆる女性が宗教的な傾向があるわけではないが、しかしジェンダーと宗教性の間の相関は頑健である。このことは大卒のアメリカ人でも高校中退の者と同じように真実であり、世俗的な北東部でも信仰厚い最南部《ディープサウス》と同じく成り立ち、そしてあらゆる年代、全ての人種、そして全ての宗教系統で等しく真実であって、その中には公式の宗教所属を全て拒否している者すら含まれている！[4] しかし、宗教がこの意味で女性的《フェミニン》な領域であるからということは、それがフェミニスト的な領域であるということは意味しない。それとは反対に、もしこの用語を性役割に関する非伝統的なものの見方を指すものとして使うのであれば、より宗教的な女性はフェミニスト的ではない傾向がある。したがって宗教的な動向が二〇世紀後半の第二派フェミニズムとどのように相互作用したのかはは、興味深い謎となっている。

女性の権利における二〇世紀後半の根本的な変容を理解するには、ジューン・クリーバーとサラ・ペイリンを比較するとよい。クリーバー、すなわち『ビーバーちゃん』のママは一九五〇年代の専業主婦の典型で、夫と子どもに静かに奉仕し、刺繍とバラのアレンジメントを趣味にしていた〔"Leave It to Beaver"（邦題『ビーバーちゃん』）は一九五〇〜一九六〇年代に放映されたアメリカの著名なホームコメディ。一家の次男ビーバーの母親が女優バーバラ・ビリングズリー（一九一五〜二〇一〇）の演じたジューン・クリーバー。この作品の描くイメージについては、パットナム『われらの子ども』第四章（邦訳一一二頁）のインタビュー記録でも言及される。〕。サラ・ペイリンは二〇〇八年の副大統領候補になったポピュリストの前アラスカ州知事でホッケーママを自称しており、ヘリコプターからのヘラジカ狩猟を楽しみ、全米ベストセラーを書き、ブロガーやテレビコメンテーターとして広く注目され、多数の熱狂的な群衆を煽るのを生きがいとしている。クリーバーの時代とペイリンの時代の間に、女性は社会において非常に広範な役割を獲得した――職場で、学校やスポーツで、そして公務において。本節で問うのは、男女間の伝統的な分業を宗教が歴史的に支持してきたことをふまえたときに、性役割のこういった広範な変化が宗教的、また世俗的なアメリカ人の間で、そして礼拝所の中でどのように展開したかである。

女性革命は政治と宗教における女性の役割の概念を広げ、働く女性を例外ではなく規範とすることで、アメリカの世俗的、および宗教的な組織を作りかえ、そして世俗的、および宗教的な女性を作りかえた。男女とも、宗教的であっても世俗的であっても全て、この期間を通じてそのものの見方は大きく「フェミニスト」的になった。アメリカ人の世俗的な者と非常に宗教的な者の間の格差は性役割のいくつかの側面において残っているが、それは主として、特定の根本主義的な宗教の内部にいる、断固たる反フェミニスト的少数派によるものである。(5)

二〇世紀後半における女性のキッチンからオフィスへの劇的な移動は、一世紀前の産業革命を通じての農地から工場への移動よりも大きな割合のアメリカ人に影響したことはおそらく間違いないだろう。民間労働力における女性の割合は、一九五〇年の三〇%から二〇〇八年のほぼ六〇%まで倍増近くとなった。一八歳以下の子どもを持つ女性の間では、二〇〇八年までに一〇人中七人以上が有給で働いていた。(6)

過去半世紀に女性が平等性向上へと進んだ点として、職業参入、賃金、そして家事と子育ての責任の共有がある。一九七〇年代と一九八〇年代に女性は、卸/小売買い付け、広報、調剤、財務管理、コンピュータ操作、広告、バーテンダー、オペレーション/システム分析、会計/監査、そして行政といった、以前は男性に占められていた職業に急速に参入するようになった。(7) 教育水準が並んでいる男女間での賃金格差は縮小したものの、頑丈に残っている。(8) 男性は家事と子育ての責任を負うようになったが、こういった責任の多くが保育提供業、ファストフードデリ、清掃サービスに外注されるようになってさえも、働く母親はこれらの仕事に依然として一日あたりおよそ二時間を余分に費やしている。(9) 進展は急速であったものの、女性は医師、弁護士、政治家、企業ＣＥＯ、そして宗教指導者といった多くの専門的、また地位の高い職業において占める比率が少ないままに留まっている。(10)

労働力における女性の台頭を引き起こしたものは何であろう。歴史学者と社会学者は単一の原因に一致を見ていないが、しかし貢献要因として可能性のあるものに含まれるのは、女性解放に具体化された文化的転換、受胎調節を含むテクノロジー上の変化、そして経済的、政策的転換がある。[11]

男女平等の増大に教会が受容的であったとは期待できないかもしれない。大半のアメリカ人の宗教経験からはかけ離れたものになっている正統派ユダヤ教、敬虔なムスリム、アーミッシュ、モルモン、そしてキリスト教原理主義のような厳格な宗教集団では、男女それぞれの役割に明確な線を引いている。アメリカ人の間でより大きな割合を占めている宗教系統の内部でさえも、多くが女性の役割についての伝統的な視点を擁護している。例えば、南部バプテスト連盟はアメリカで最大のプロテスタント教派だが、女性はその夫に従うべきだという見方を公式に支持している。[12]ヒューストンの救世主ルーテル教会におけるわれわれのフィールド研究（前章で記述した）は、男女の強く伝統的な役割を支持する会衆へとわれわれを連れていったが、そこでは教会統治のための投票を女性は禁じられてさえいた。[13]そしてアメリカ宗教の多くで現在は女性の聖職者が認められているが、宗教スペクトラムを通しては目立つ例外が存在し、その中にはカトリック教会とモルモン教が含まれている。[14]

さらに、聖典の中に収められた言葉にも女性の権利を軽視するものが見える。聖書の読者は神がイブをアダムのあばら骨から作ったと学ぶが、それは女性の二次的な地位を含意するものである。新約聖書は女性に対し、静かにして夫に従うようにと助言している。[15]ユダヤ教の教えでは女性はミニヤン（正式の宗教礼拝のために必要な男性一〇人の最小人員）から除外され、そして正統派ユダヤ教の祝福（ベラーホート）では「私を女性となされなかった」と神を讃えている。そのようなテクストは伝統的な性役割を正当化しているということで、歴史的修辞として却下されているかもしれないが、宗教は――特に保守的な宗教組織は――平等な権利と責任を女性が追求することを遅らせ、おそらくは押し止めていることすら予想されるかもしれない。

二〇世紀の後半三分の一では、伝統的な性役割と規範における大きな変化が目撃されたが、それと同時に、伝統的な性役割に歴史上は肯定的であった宗教保守主義も再興を経験した。そのような背景に対し、この期間に関する問いを三つ提起する――

・(もしあったとすれば) どの程度、女性の有給労働力参入のペースに宗教性は影響したのだろうか。
・(もしあったとすれば) どの程度、家族内や公的領域における性役割に関する規範の変化に宗教性は影響したのだろうか。
・(もしあったとすれば) どの程度、宗教組織における女性の役割をめぐる規範と実践自体は変化したのだろうか。

職場、家族内、そして公的領域における女性——宗教は影響したのか?

一九七〇年代の初頭は第二派フェミニズムの夜明けだった。一九七三年にはおよそ四〇%のアメリカ女性が、その宗教性を問わず、家庭外で働いていた。[16] 大半の女性は(そしてさらに多くの男性はもちろんのこと)伝統的な性役割を支持していたが、しかし教会に通う女性の方が世俗的な女性よりも一貫して男女平等に反対していた。一九七四年に定期的に教会に出席する女性の六一%は「大半の男性の方が、大半の女性よりも感情的に政治に向いている」と考えていたが、対して非出席の女性では四一%だった。それと同じ年に、女性の教会出席者の四三%は「女性は家庭を回す面倒を見て、国を回すのは男性に任せておくべきだ」と信じていたが、対して非出席の女性でそれは二八%にすぎなかった。一九七七年になっても、非信奉的な女性の五〇%さえもが、「妻にとっては夫の仕事を助けることが、自身のものを持つことより重要である」と考えていた。女性の教会出席者では六一%がその文章に賛成していた。したがって、一九六〇年代終盤のブラ・バーニングとミス・アメリカ抗議運動からおよそ一〇年たっても、女性が平等な地位を占めるべきだという見方はアメリカ人女性の間でまだ広がらず、そして信徒席にいる女性たちの間では特にそうではなかった。そしてこれら全ては、(第4章で見たように) 一九七〇年代のアメリカ宗教生活における余震が宗教信奉と性道徳への態度の連関を強固にしていたのとちょうど同じだった。

宗教的なアメリカ女性の女性解放に対するこの抵抗という背景をふまえると、宗教的なアメリカ女性も世俗的な者も実際には同じ速度で労働力に参入していたことはおそらく驚きである。さらに驚きであるのは、続く数十年にアメリカ人がジェンダー問題でよりリベラルになっていったとき、宗教的なアメリカ人が、世俗的なアメリカ人と比べて少なくとも同じ速さで、場合によってはさらに速くフェミニストになっていったということである。性役割についての規範と事実の両方が、アメリカの宗教スペクトラムのほぼ全領域で変容していった。男女関係における革命的な変化にアメリカ宗教は適応していき、そこにほぼ例外はなかった。そこに異議がほとんどなかったのは驚くべきことで、まさに同じ教会、同じ女性たちの多くが性道徳において同時に起こった変化に対しては断固たる、熱烈な抵抗をしていたことと対比すれば、それはとりわけ注目すべき展開だった。

女性の有給労働力参入は、その宗教性や宗教系統によってどの程度異なっていたのだろうか。ほとんど違いはなかったのである。一九七三年から二〇〇八年までに、非常に宗教的な女性（教会にほぼ毎週通っている者）と世俗的な女性（ほぼ出席することのない者）で労働力への参入は増え続け、そのペースはほぼ同一だった（図8－1を参照）[17]。非常に宗教的な女性における労働力参加率は一九七三年の四〇％から二〇〇八年の五六％に上昇したが、一方で非常に世俗的な女性のそれは一九七三年の四一％から二〇〇八年の六〇％への上昇だった。

主要な宗教系統のどの一つをとっても「宗教なし」と同様に、女性の有給労働力への移動は一九七三年から二〇〇八年の間にほぼ同じ軌跡に沿っていて、一九七三年初頭のおよそ四〇～四五％から二〇〇〇年代のおよそ五五～六〇％に上昇した。特に、福音派女性と宗教所属のない女性のこの三五年間の傾向がほぼ同一で、両者に見られる差はおよそ六～八％へ次第に縮小していった。すなわち、この国の経済生活への女性の参加増大方向の動きに対して、宗教の教義も宗教組織もほとんどブレーキ効果を持たなかったように思われる。

アメリカ女性がますます仕事に出ていくにつれて、働く女性に対する態度もまた劇的に変化した。男女双方とも伝統的なジェンダー規範である「妻にとっては夫の仕事を助けることが、自身のものを持つことより重要である」や、「男性が家庭の外で稼ぎ、女性が家庭や家族の面倒を見ることが誰にとってもずっとよいことである」にますます反対するようになった。その反対に、この三〇年間にアメリカ人が賛成するようになっていったのは「働く母親は、働いていない母親と全く同じように自分の子どもとあたたかくしっかりした関係を築くことができる」や「もし（私の）政党が女性を大統領候補に指名したら、その職に適任であればその人に投票する」であった[18]。

この文化変容の大半が起こったのは一九七〇年代と一九八〇年代だった——すなわち最初の余震と、福音派的、保

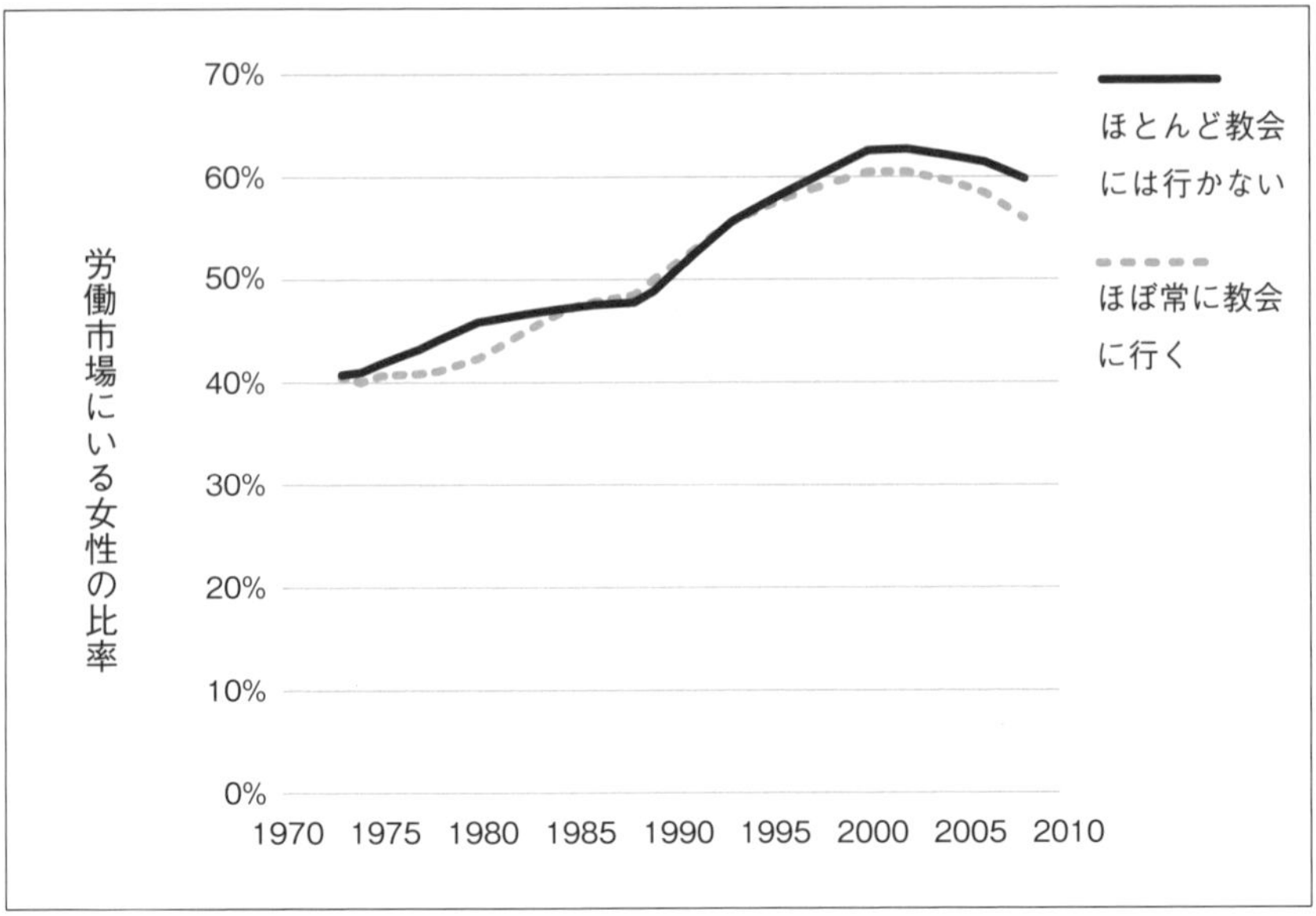

出典：総合社会調査，1973-2008 年；データは LOESS 法平滑化.

図8-1　労働市場に参入する宗教的女性と世俗的女性
（出生コホートを一定に保った）

守的宗教台頭のピークの時だった。したがって、同じ「フェミニスト」的文化変容が宗教的また世俗的な女性と男性の間に、ほぼ同じペースで起こったことはなおのこと印象的である。図8－2が示しているのは基本的なパターンで、分析を女性回答者に限定しているが、それは大半のケースで宗教的／世俗的の区別は男性よりも彼女たちの方で意味を持っている（ということが判明した）からである。[19] 一九七〇年代のはじめ、宗教的な女性はジェンダーに対する態度について、より「解放的」ではなく「伝統的」であったが、その後の変化のペースは宗教性の高い女性と低い女性の間で、続く四〇年間、ほぼ全てのフェミニズムの測度において著しく相似していた。

この期間の終わりでさえも、宗教的な女性は伝統的性役割を支持する傾向がおよそ五～一〇ポイント世俗的な女性よりも高かった。この差は伝統的なジェンダー規範が宗教保守の少数派に維持されていることの反映で、そしてこの差はおそらく持続するだろう。しかし、ジェンダーに対する態度にみられる宗教的、非宗教的な

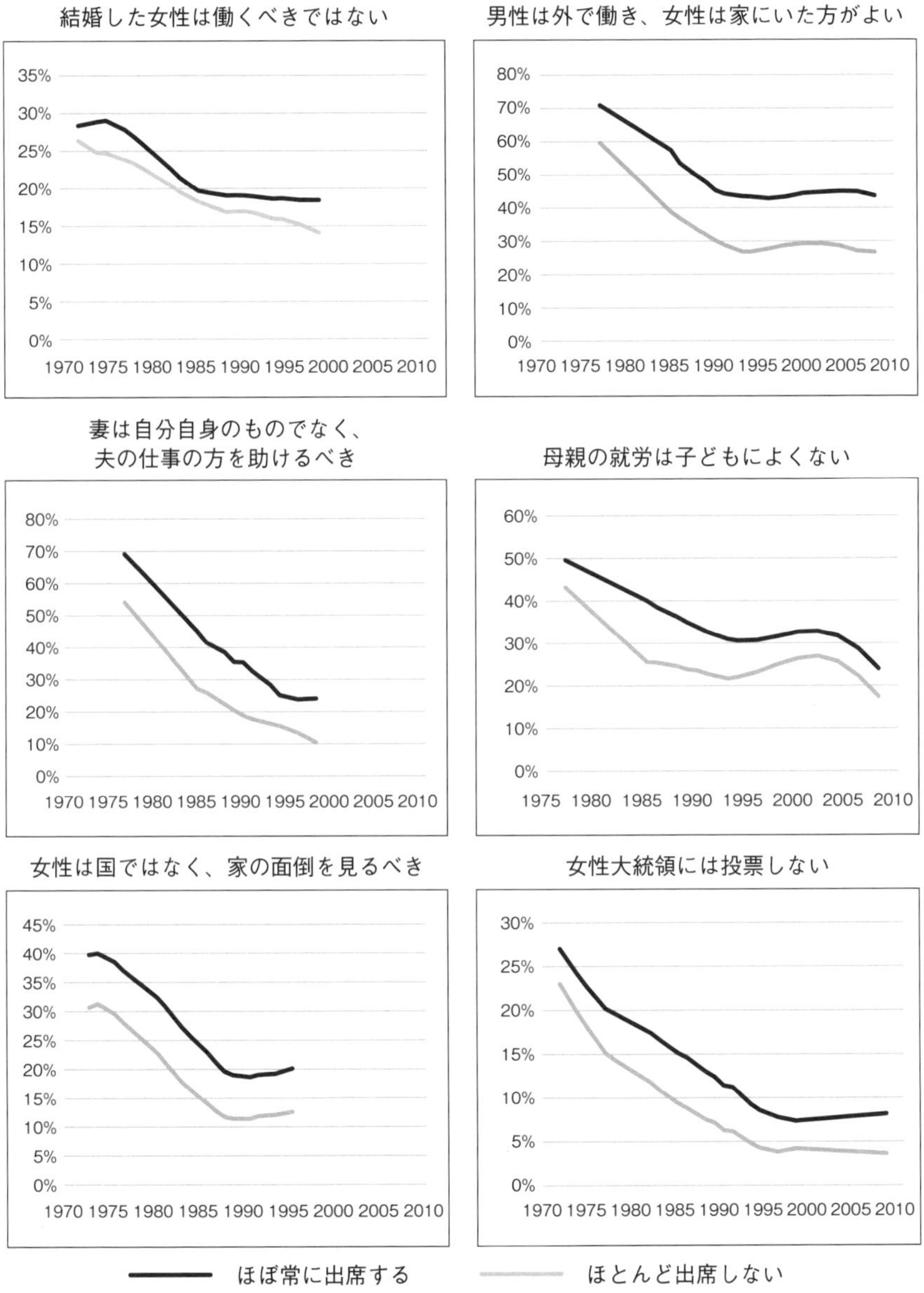

出典：総合社会調査；データは LOESS 法平滑化.

図8-2　教会出席別に見たフェミニスト的見解の長期傾向
（女性のみ対象、出生コホートを一定に保った）

アメリカ女性の間の格差を過度に強調すると、最近の世代の、宗教的また非宗教的なアメリカ人において男女とも同様に共有されたジェンダー規範における全面的な変容を見過ごすことになるだろう。

興味深いことに、家庭内と公的生活における性役割に対しては女性のものの見方の方が、男性のものの見方よりも今日ではその宗教性と密接に結びついている。言い換えると、宗教的な女性と世俗的な女性の間の差は、宗教的な男性と世俗的な男性の差よりも、ある程度ではあるが一貫して大きい。悲しいかな、われわれの調査ではこの因果的方向性を解き明かすことが許されない。おそらくは女性の方が男性よりも、性役割についての宗教上の伝統的な教えに敏感であるのかもしれない。あるいは、フェミニスト的女性の方が、同様にフェミニスト的な男性よりも宗教にうんざりしやすいのかもしれない。あるいはまた、伝統的なジェンダー規範を持つ女性の方が、同じようにジェンダーについて伝統的な見方をする男性より、保守的な教会に引きつけられやすいのかもしれない。いずれにせよ、自分の妻がより解放されたことへの異議から男性優越主義者《メイル・ショーヴィニスト》のみが教会に押し寄せているのだという見方とこの証拠は一貫しない。

信徒席にいる男性と女性は今日、同時代人で信徒席にいない者よりも性役割について伝統主義者であり続けているが、しかし宗教的に対応する一世代前の人間よりも伝統主義的ではない。それどころか、深く宗教的なアメリカ人の性役割についての見方は、一世代前の世俗的な比較相手のそれよりも伝統主義的ではない。これはわれわれの検討したすべてのフェミニズムの測度にわたって成り立っていた――それは女性と労働に対する態度、女性と子育てに対する態度、公的生活における女性に対する態度、そして婚姻内での分業に対する態度である。要するに、職業と規範の両方の点において、近年の女性革命は福音派を含む宗教的な男女の間に急速に広がったが、それは世俗的なアメリカ人の間に広がるさまと同じだった。

この現象を第4章で議論した、性道徳の問題をめぐる宗教的なアメリカ人と世俗的なアメリカ人の間の大きな、そして広がる格差と比較しよう。そこで分かったことと、いまここで分かったことを結びつけると、性道徳では保守的だが男女平等においては進歩的なアメリカ女性の割合は控えめな程度であるが増加しつつあり、そしてそのような女性は偏って宗教的であることがわかる。[20] 宗教的なアメリカ人は広くジェンダー革命を受け入れてきたが、同時にその多く、とりわけ福音派は、性的《セクシャル》革命は断固として拒否している。

宗教組織における女性――信徒席において出現したフェミニスト的合意

二一世紀の初頭には経済的、公的生活における女性の役割の増大をめぐって広範な合意が成立していた。非常に宗教的なアメリカ人（の男女）という少数派は、そのような合意に抵抗していたが。より驚かれることだろうが、宗教組織そのものの中で女性が果たすべき役割についても、これと同じことが成り立っていた。大半の宗教系統において大半のアメリカ人は、女性は教会の中で役割を拡大すべきだったと信じており、そこには説教壇が含まれていた。この意味で、今日のアメリカ人の大半は、宗教的なフェミニストである。

多くの会衆内で次第に女性は権利を獲得していった。男性と離れて座り、従属的な役割を果たすようにと以前は求めていた宗教系統の中の女性も、いまでは男性と共に座り投票するようになっている。その一方で、説教壇（したがって、宗教的権威の地位）への参入はゆっくりとしてきた。一世紀前には米国のキリスト教派で、女性に完全な聖職者としての権利を与えていたのは四分の一であったが、この数値はゆっくりと上昇し二一世紀の幕開けにはほぼ五〇%になった。しかし社会学者マーク・シャベスが示したように教派上の政策と現実の実践はゆるやかな結びつきしかなく、したがって公式には進歩的な教派であっても、説教壇での女性ということになると出遅れていたり、あるいは公式には保守的な教派が実際のところ実践においてはよりフェミニスト的であるということがある。[21] 女性はほんの二〇〇六～二〇〇七年まで教会の聖職者のわずか八%にすぎなかったが（一九九八年の六%から上昇した）、しかし神学校全学生の三分の一を占めている。[22] 自らをリベラルな会衆とするところでは、二〇〇六～二〇〇七年で女性は聖職者の三七%を占めていて一九九八年の二三%から上昇していたが、自らを中道の会衆とするところではその数値は七%で、自らを保守的な会衆とするところでは、五%のみだった。[23]

女性聖職者の核心となる問題については、信徒席における見方の方が、説教壇における現実の存在よりも急速に変化してきた。図8－3では、一九八六年の総合社会調査からの証拠と、二〇〇六年のわれわれの信仰重要性調査から

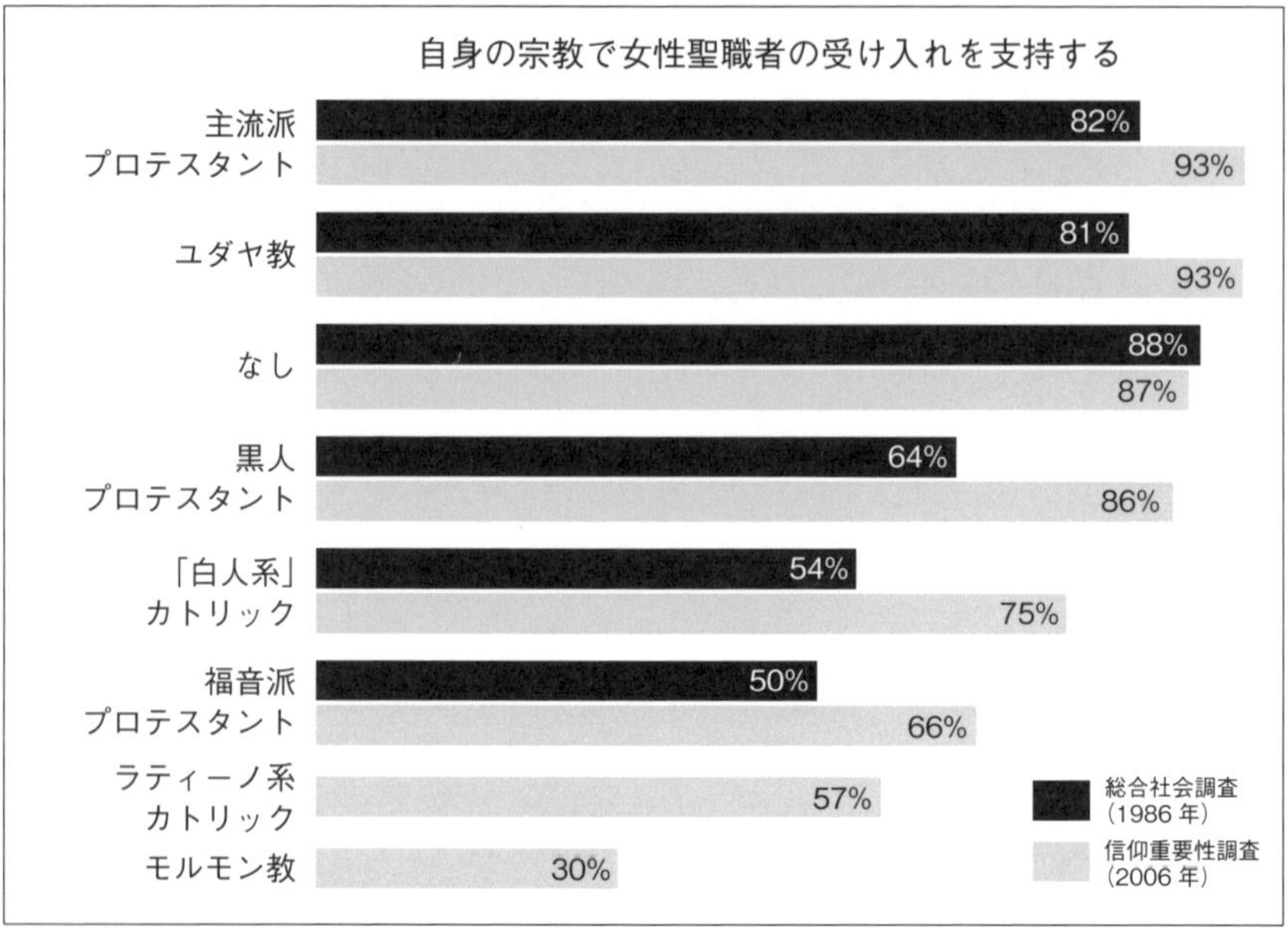

出典：総合社会調査（1986年）および信仰重要性調査（2006年）.

図8-3　女性聖職者の受け入れを支持する多数派が大半の宗教系統で増加

の証拠を比較している。質問は同一のものではないが、[24]比較可能な結果が得られており、この二〇年間を通じて全ての宗教系統で女性聖職者への支持が一五～二〇ポイントほど上昇していることが示唆されている。その最大の増大は、より保守的な教派からのものであった（福音派、黒人プロテスタント、そしてカトリック）。さらに、証拠からは世代遷移が変化の主たる源であったことが示唆されている。一九八六年調査において女性聖職者に対する反対は、最も年長のコホートに集中していたからである。二〇年後これらの人々（二〇世紀の初めの数十年間に生まれた者）はその大半が、圧倒的に女性聖職者を支持しているより若い世代によって置き換えられた。

　二〇〇六年にはモルモン教を除く全ての宗教系統で、女性聖職者を支持する者が多数派となった。福音派プロテスタントとラティーノ系カトリックにおいては、その多数派は圧倒的というものでは決してなかったが。モルモン教と黒人プロテスタントを除き、女性聖職者の支持において男女間に有意な差はなく、そしてこれら例外的なケースの両者ではどちらかと言えば、男性の方が女性聖職者に対して女性よりも支持的である。男性の黒人プロテスタント信者は女性聖職者に対して、黒人プロテスタントの女性よりも九一％対八二％の比率で支持的である。モルモン女性は、女性を（信徒《レイ》）祭司《プリースト》とすることに圧倒的に反対しているが、モルモン男性の見方は入り交じっている――九〇％のモルモン女性に対し、モルモン男性では五二％である。すなわち教会指導において女性がより完全な役割を果たすことへの支持方向での合意が、宗教的スペクトラム全体において成長しまた相当規模になっていることに対し、モルモン教徒、とりわけモルモン女性が唯一大きく抵抗しているように思われる。

これらの結果は、二〇〇六年の信仰重要性調査における以下の質問への回答で確認されている――「宗教において女性の影響力が大きすぎると言う人もいれば、宗教において女性が十分な影響力を持っていないと言う人もいます。どちらがあなたの見方に近いですか」。アメリカ人の四分の三近くが、宗教における女性の影響力が小さすぎると述べており、それはほぼ全ての宗教系統にわたり、男性と女性の両方により広く共有される見方である（全体としては、女性の七四％が宗教における女性の影響力が大きくなることを望んでいたが、対して男性では七一％であった）。しかし、宗教的スペクトラム全体にわたるこの広範なフェミニスト的合意にかかわらず、若干の宗教系統には堅固な伝統主義的少数派が存在していて、具体的にはラティーノ系カトリック、モルモン、そして根本主義的な程度の高い福音派の間である（ここでラティーノ系カトリックと「白人系」カトリックを区別するのは、この質問への反応が非常に異なっているからである）。図8－4が示しているのはこの、宗教組織における女性の影響力が大きくなることへの寛容さが、主要な宗教組織間で異なる様子である。

福音派プロテスタントの間では、根本主義的なプロテスタント神学（聖書の無謬性、千年至福説、信仰義認、創造説、そして「唯一の真なる信仰」）を最も熱心に信奉する者の四人に一人が、教会における女性の役割が大きくなることに非常に懐疑的である。[25] これら最も根本主義的な福音派の中では、五二％が女性聖職者に反対しており、それに対してその他の福音派では二七％と全国平均二三％をわずかに上回るにすぎない。最も根本主義的な福音派では、教会において女性の影響力が強まるべきと述べる者は五四％のみであるが、他の福音派では対して七〇％と全国平均の七三％をわずかに下回る程度である。すなわち、集団としての福音派は他のアメリカ人と比べると、われわれが宗教

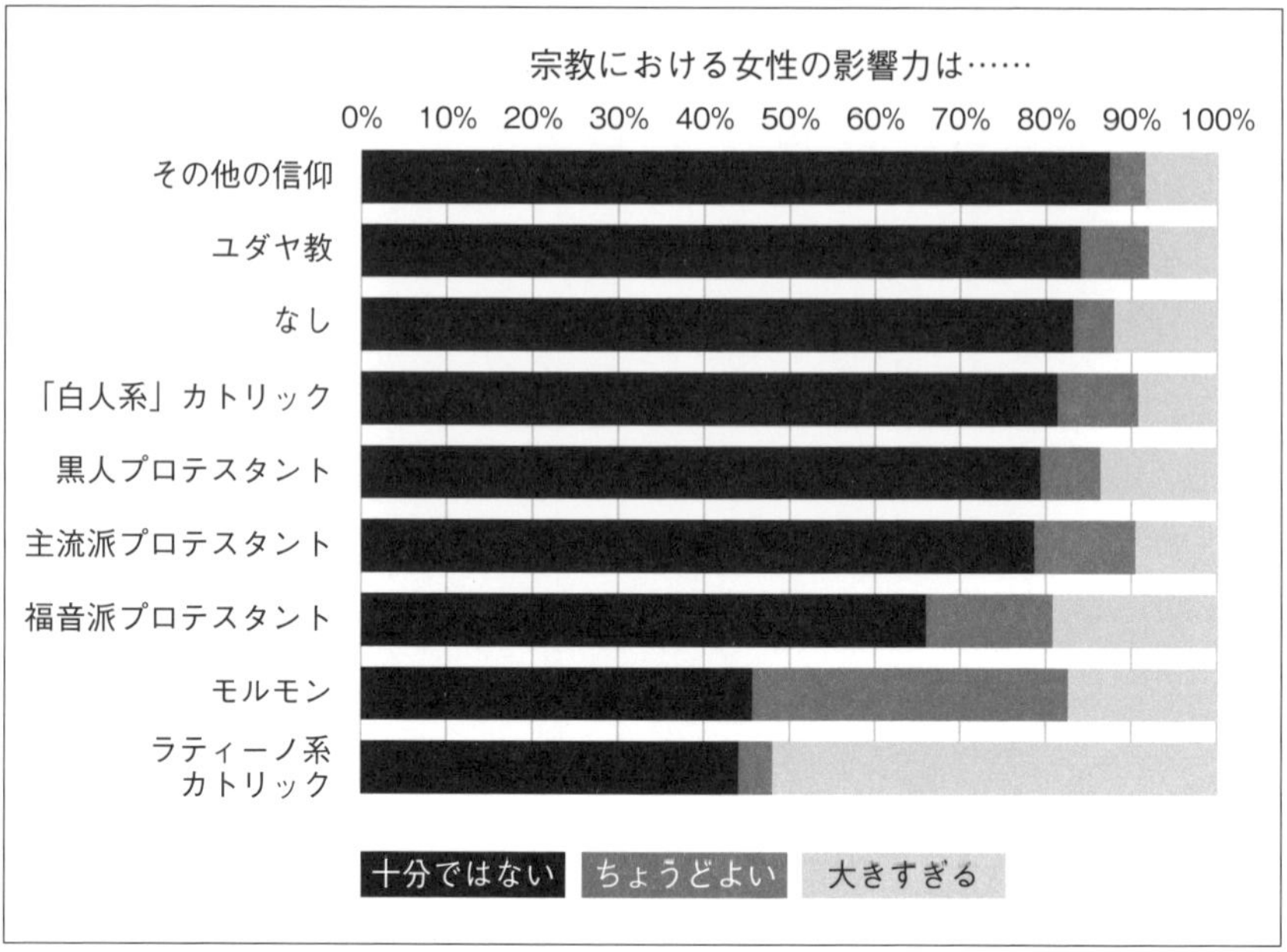

出典：信仰重要性調査，2006 年.

図8-4　大半の宗教系統における大半の会員は、教会において女性の役割が大きくなることに賛成している

的フェミニズムと呼ぶものに関していくぶん懐疑的であるが、福音派の中の極端に根本主義的な少数派の間にその差異はほぼ完全に集中している。福音的教派の中のこの非常に保守的な少数派の特殊性については、第15章でさらなる証拠を見ていく。

信徒席におけるフェミニスト的なものの見方が、組織的にも広まっていくだろうとは決して言うことができない。アメリカのカトリックにおいて女性の叙階に賛成する者が明らかに多数派であるという事実は、近い将来に女性叙階が実現するだろうということは意味せず、そのことは保守的なプロテスタント教会においてもしかりである。しかし、伝統的性役割に対しての宗教の長期間のコミットメントや、一九七〇年代にいたっても信徒席における女性解放への支持は冷めたものであったことをふまえたときには、フェミニスト的合意がこのように出現することは全く予測できなかった。第4章で議論したように、リベラルな性道徳に対して宗教的なアメリカ人の強烈な抵抗が拡大していたことと大きく異なって、宗教組織は最終的にフェミニスト革命を妨げることはしなかった――あるいはできなかった――が、その理由の一つはこの革命が自らの会衆全体に広がったから、ということがある。すなわち、過去半世紀のフェミニスト革命を宗教は生み出したり促したりはしなかった一方で、それを食い止めようと大きな働きをしたわけでもなく、ほぼ同時期に起こった性道徳の革命に対する最も熱烈な反対者の間でさえもそうであった。ジェンダーと性《セックス》は、同じものではないように思われる。

宗教と社会階級

本章と次章で宗教とのつながりについて検討する三つの巨大な社会変容の中で、多くの点において最も広く認識されていないものが、アメリカにおいて持てる者と持たざる者の間に着実に広がる格差である。アメリカ史において人種の持つ中心的な役割のゆえに、階級と人種が非常に密接に相関していたゆえに、そしてこの数十年、人種分裂を乗り越えようとした不完全ではあるが大きな前進のゆえに、これと同じ年月を通じて、社会経済的地位による分裂が進んできたということにわれわれの多くは気づいてこなかった。社会学者クロード・フィッシャーとグレッガー・マットソンは、アメリカの細分化をめぐる議論の多くは誇張されたものである一方で「社会階級と教育達成による格差は、ほぼあらゆる測度で広がりつつある」と主張してきた。[26]

アメリカにおける貧富の格差は二〇世紀の前半にはおおむね縮小し、第二次世界大戦後の最初の二〇年間の所得分布は安定し相対的に平等であった。しかし一九七〇年代になると、不平等の長く急速な上昇が始まって、今日まで持続している。図8–5は、人口の中で最も豊かな十分の一の層に向かう国民所得のシェアが第二次世界大戦後に変化してきた様子をグラフで概観したものである。不平等についての他の測定でも同じストーリーが語られる。

所得分布における底部の者は全国的なパイの分け前のゆっくりとした減少を経験し、中間にいる者はかろうじて維持していたが、上位にいる者（とりわけ非常に上位にいる者）は息をのむような増大を経験した。[27] 一九七〇年以降の変化は非常に際立ったもので、経済学者クラウディア・ゴールディンとローレンス・カッツは二〇世紀アメリカの賃

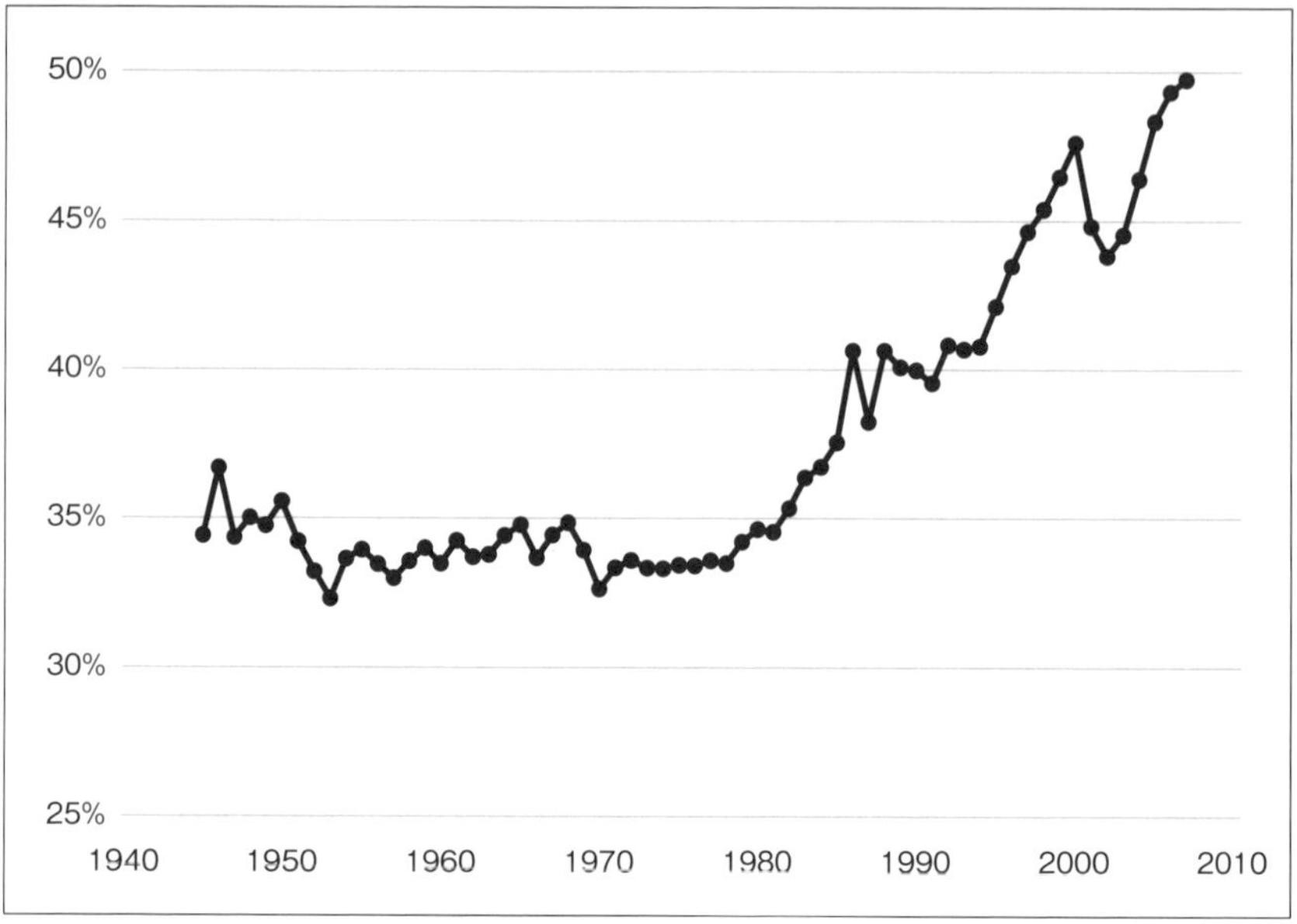

出典：Thomas Piketty and Emmanuel Saez, “Income Inequality in The United Statas, 1913–1998,” *Quarterly Journal of Economics, 118*, No. 1 (2003): 1–39（長期のアップデート版は以下で出版——A. B. Atkinson and T. Piketty eds., Oxford University Press, 2007)、2007年までアップデートされた図表は以下に——http://elsa.berkeley.edu/~saez/（2010年3月2日アクセス）

図8-5　アメリカの不平等——十分位最上位における所得シェア（1945-2007年）

金格差の歴史をまとめたタイトルを「二つの半世紀の物語」としている[28]〔ディケンズ『二都物語』(*Tale of Two Cities*)をふまえた表現。〕。

この証拠を吟味すればほぼ誰であっても、過去三〜四〇年を通じて経済的不平等が急激に上昇したことの重要性については同意するが、その原因についての見方は大きく異なっている。最重要容疑者の中にいるのは、高等教育の価値を高めた技術変化、外国からの低賃金の競争相手に労働者階級をさらさせたグローバリゼーション、富裕層に減税措置を与え、最低賃金法を掘り崩し、労働組合を阻害したような公共政策の変化、そして（大恐慌と第二次世界大戦の直後には）上層階級の強欲さを抑えてきた社会規範の衰え、である。もつれ合った因果の出発点は何にせよ起こった結果は、本書の前の方で描いたアメリカ宗教が世を分かつような余震を経験したのとまさに同時に、アメリカの富裕と貧困の両極が引き裂かれていった、ということである。

これと同じ数十年間を通じて所得による居住分離もまた増大し、スペクトラムの一方の極には裕福なゲーテッド・コミュニティがあるのに対して、他方の極では貧困の集中した地域があった。人種的な居住分離が低下する一方で、階級的な分離が増加していたが、その主たる理由は富裕層が特定の大都市圏と、それら地域内部の特定の自治体に集住するようになったからだった。階級分離の増大という傾向は一九七〇年代と一九八〇年代に黒人白人の双方で目立つようになった。この階級分離傾向が一九九〇年代に和らいだのは所得不均衡の拡大が止まったからであるが、そのあと二〇〇〇年をすぎると明らかに元に戻った。「階級分離と歴史的高水準での貧困の空間的集中を」と人口統計学者ダグラス・マッシーと共同研究者はこう結論づける。「全ての地理的水準における富裕集中の拡大と並べてみれば、そこから予兆されるのは分断社会であり、それは米国の平等主義的イデオロギーと、平等に対するその歴史的関与に逆行するものである[29]」。

物理的距離がアメリカの富者と貧者をますます隔てていたのとまさに同じ時期に、彼らの間の社会的距離もまた広がっていった。第5章では、宗教線を越えた異宗間結婚の着実な増大が、宗教系統の間の社会的統合の徴候となっていたことを見た。社会階級の場合にはこれと対照的に、その傾向は（教育水準で測定したときには）正反対に非常に近くなっていた。一九四〇年と一九六〇年の間には確かに、階級線を越えて結婚するカップルはますます増えていたが、続く半世紀を通じてこの傾向は反転し、アメリカ人はますますその婚姻選択を同じような教育水準の人間へ閉じるようになっていいき、それが「非常に教育水準の低い人と、教育水準の高い人の間の社会的分断の拡大と一貫していた」とは、社会学者クリスティーン・シュワルツとロバート・メアの言葉である[30]。拡大する階級分離が社交生活の中でも拡大しているのかについて系統だった証拠は少ないが、社会学者シーダ・スコッチポルは友愛・市民組織がもはや以前にようには異なる社会的、経済的背景を持つ人々を結びつけてはいないことを強力に論証している。経済学者の見いだした知見では、教育水準による事実上の分離が職場において増大している[31]。

すなわち、過去三〜四〇年を通じてアメリカ人はますます、持てる者と持たざる者へと分極化していった——そしてますます分離した平等でない生活を送るようになっていった。この大きく口を開けた格差は、階級分裂を狭めていた初期の数十年間を反転したものであるが、過去半世紀を通じたアメリカにおける最も重要な社会経済的変化を間違いなく反映したものである。この劇的な変容に対して、アメリカ宗教はどのように反応してきたのだろうか。階級の分岐に向かうこういった傾向に、宗教はそれを強化したのだろうか、それとも抵抗したのだろうか。宗教は預言者のように貧者の側に立ち、社会正義を求めたのだろうか（イエスがそうしたと信じるキリスト教徒がいるように）、それとも宗教は経済的不正義に対して気を削ぐような慰めを提供することで、社会改革を妨害していたのだろうか（カール・マルクスが宗教を「民衆のアヘン」であると喝破したように）。

アメリカ宗教が左派と共に立ち、経済的不平等と社会的分離に抗議していたであろうということは、宗教と政治的保守主義が完全に相関していると考えるのに慣れている今日の世俗的観察者にとってはつじつまが合わないように思われるかもしれない。しかし、社会正義に対する関わりは、聖典上に深く根を張るものである。「箴言」二九章七節が預言的にうたうところでは、「正しき者は弱者のための正義を気にかけるが、悪しき者はそのようなことを省みない」。「マルコによる福音書」一〇章一七－二五節には、イエスが信心深い富者に対して、貧者のために全てを投げ出すべきと説く様子が描かれているが、それは「金持ちが神の王国に入るより、らくだが針の穴を通り抜けることの方がたやすい」からであった。イザヤの怒れる神（「イザヤ書」三章一五節）は、その正義の怒りに向き合うべく集まった長老と統治者を一喝している――「どうしてお前たちは私の民を打ち砕き、貧者の顔をすりつぶすようなことをしたのか」と〔これらを引いた不平等と道徳に関わる議論については、パットナム『われらの子ども』第六章（訳書二六九頁）を参照〕。

現代の世俗的進歩主義者の多くが忘れているのは、アメリカ宗教史が社会改革と平等を促進する福音復興運動の強力な事例に満ちあふれているということである。実際、純粋に世俗的な進歩的運動をアメリカ史の中で同定することは、深い宗教的関わりに満ちあふれ、宗教組織によって下支えされた進歩的運動を見つけることよりも難しい。「第一次大覚醒」は、イギリスから植民地にいたり一七三〇年ころから一七六〇年ころまで吹き渡ったプロテスタント復興運動の波であるが、徹底して平等主義的イデオロギーに満ちあふれ、アメリカ独立革命の背景の一つをなしていた。この覚醒における復興派牧師について、歴史家ゴードン・ウッドは「革命において非常に重要となった、平等という思想を広めるのに熱心」であり、「共和国初期の改革運動に深く関わるようになっていった」と述べている。[32]「第二次大覚醒」は一八三〇年代の、アメリカにおける宗教的熱狂の次なる波であったが、中心としていたのは未開地への入植者だった。歴史学者はこの福音主義復興の社会的起源について論争しているが、主導的な歴史学者の一人ネイサン・ハッチはこれらの宗教指導者は「平等に対する熱意」と、アメリカがより公正であるべきというビジョンを持っていたと論じている。(33) また復興運動は「しばしば預言的な、平等主義的衝動に満ちあふれ」宗教を民主化したと主張する者もいる。

多くの歴史学者は第二次大覚醒を奴隷解放運動の誕生と結びつけている――例えば復興運動集会が最も盛んだった地域は、後に奴隷制反対の候補者に投票する傾向があった。ヘンリー・ウォード・ビーチャーはおそらく彼の時代の最も著名な牧師であったが、「流血《ブラッディ》のカンザス」で戦う反奴隷制勢力のためにライフル（「ビーチャーの聖書」と呼ばれた）を購入する資金集めをした〔一九世紀末のビーチャーの社会関係資本構築に関連した位置づけについてはパットナム『孤独なボウリング』第二三・二四章（訳書四八三、五一三頁）に現れる。「流血のカンザス」は一八五四～一八六一年に自由州・奴隷州となるかが争われていたカンザス準州を中心に起こった奴隷制をめぐる暴力的衝突であり、南北戦争の前兆となった。〕。第二次大覚醒において最も影響力の大きな説教師であったチャールズ・グラッディソン・フィニーは、奴隷制に対する積極的な批判者だったが、それは英国における最も有名でありまた成功した奴隷制廃止提唱者であるウィリアム・ウィルバーフォースが、深い福音主義的熱意によって動かされていたことが知られているのとちょうど同じである。もちろん、次章で強調するように、アメリカにおける宗教指導者の全てが奴隷解放論者であったわけではない。その反対に、多くは断固たる奴隷制支持者であった。しかし南北戦争前の北部にいた敬虔な宗教指導者の多くは社会正義の強力な代弁者だった。

一九世紀の後半では産業革命が、アメリカ社会の持てる者と持たざる者の間に前例のない分裂を、都市と農村の双方に引き起こす原因となった。宗教指導者はこの金ぴか時代の社会的不正義に対する最も声高な批判者の中にいて、社会的福音運動、さらにはキリスト教社会主義のきっかけとなった。(34) 社会的福音の指導者の多くは進歩主義運動のリベラルなウィングと、そしてセツルメントハウスやＹＭＣＡ、そして労働法改正のような社会改革と関係を持っていた。その一方で、労働者階級の急進派は宗教的な教えやレトリックを、労働搾取に対するその批判が依拠する道徳的基盤として用いた。(35)

不平等に激怒する急進的人民主義者《ポピュリスト》の多くは熱烈な福音派プロテスタントだった。最も知られているのは「偉大なる平民《グレート・コモナー》」と呼ばれ、富と力の新たな集中に対する猛烈な批判者であったウィリアム・ジェニングス・ブライアンが根本主義的な宗教熱と政治的急進主義を融合させていたことで、それは一八九六年の民主党全国大会における有名な「金の十字架」演説で最高潮に至った。[36]「主イエスならどうなさるだろうか」というフレーズは、経済的不平等を反転させるべきという訴えとして、カンザス州トピーカの会衆派牧師チャールズ・シェルドンによる一八九九年のベストセラー小説で世に広まった。

主イエスならどうなさるのだろうか。……大教会の中にいる人びとはよい服を着てすてきな邸宅に住み、ぜいたく品に使う金があって、夏の休暇にはどこかに出かけることができ、といったことの一方で、教会の外にいる人々、幾千もの、ということだが、貧乏長屋《テネメント》で世を去り、仕事を求めて街を歩き、家にピアノや絵があるということは望むべくもなく、失意と酩酊と罪の中で成長しているのではないか、と私には時折思えるのだ。[37]

救世軍（一八八〇年にアメリカに上陸した福音主義的な信仰復興グループ）は、主たる社会悪は、不平等で不正な富の分配であると宣言した。[38]

実際には、金ぴか時代における多くの産業指導者たちも（頂点にいるジョン・D・ロックフェラーをはじめとして）やはり深く宗教的であった。宗教的な人々は、バリケードの両方の側に立っていたのである。アメリカ史は、宗教復興が進歩主義的政治を導いたという単純なストーリーからは遠くかけ離れたものである。宗教組織や宗教的な人々の全てが、アメリカ独立革命や奴隷制廃止、あるいは進歩主義運動を支持していたわけではない。宗教史学者の一部により「大反転」と呼ばれているものが一九二〇年代にあって、それは福音的な根本主義が明らかな保守的スタンスを社会的、経済的改革において取ったというものだが、それはリベラルなプロテスタント信仰による社会的福音に対抗する反応という面もあった。[39] さらに主要な改革運動には、単に宗教的なものというだけではなく世俗的なルーツがあった。最後に宗教は、禁酒法、反共主義、さらに第11章で詳細を論じている現代の宗教右派のような保守的政治運動への動機と動員をしばしば与えてきた。アメリカ史における神は、左あるいは右の一貫した党派性を持ってきたわけではなかったのである。

しかしアメリカ史全体を通じて、社会的、経済的そして政治的不平等をめぐる激動期はまさしく、そのような不平等を正すことを目指した宗教的復興の時期でもあった。宗教を基盤とした運動が全て進歩的であったわけではないが、しかしアメリカの進歩的運動の大半は強力な宗教的ルーツを持っていた。一九七〇年以降の時代は拡大する不平等と宗教復興の両方を観察しており、われらの時代の階級間亀裂に対し宗教的なアメリカ人がどのように反応してきたのかを問うことは重要なことである。

まず、宗教参加自体と社会階級の間の相関について問う必要がある。[40] 過去三〇年間のアメリカにおける教会出席についての興味深い事実として、第4章で見たような上昇下降全体の中での、ゆっくりとしてはいるがしかし間違いようのない「階級格差」[41]がある。二〇世紀の前半では「大学教育を受けた者は、それよりも教育水準の低い者よりも教会参加が多かった」が、一九六〇年代と一九七〇年代にベビーブーマーが成人すると、教会出席の低下は教育水準の高い者の間に集中した。しかしひき続く一対の余震と共に、宗教信奉は教育水準の高い黒人および白人の間で、上昇がより速いか、あるいは低下がよりゆっくりとしている傾向があった。総合社会調査と全米選挙調査の両方が示すところでは、一九七〇年代の終盤以降、四五歳以下の白人について、毎週の教会出席は大学教育を受けた者では基本的に平坦であったが（おおよそ三〇％から二七％への下落）、大学教育を受けていない者では約三分の一落ち込んだ（およそ三〇〜三二％から、およそ二〇〜二二％）。[42] 一九七〇年代と一九八〇年代の福音派の台頭は中間階級、および上層中間階級に集中していた。要するに、過去数十年の間で、アメリカにおいて持たざる者は宗教組織とのつながりを、とりわけ男性で、弱化させたように思われる。

この傾向は、宗教は今日では受け継がざる者と奪われたる者の慰めを提供するものであるとか、教育が高まると宗教は打ち破られるといった考え方に明らかに反している。世俗化は（少なくとも組織宗教という点のそれは）教育水準の低いアメリカ人の間でより急速に進んでいるように思われる。[43] 注意深く耳を傾ければ、アメリカの礼拝所で響く聖歌はますます上層中間階級のアクセントで歌われている[44]［この表現による格差社会についての指摘はパットナム『孤独なボウリング』第二一章（訳書四一九頁）および『われらの子ども』第五章（訳書二五三頁）も参照。］。この点からは少なくとも宗教組織は、過去三〜四〇年における階級分岐が露わになったもう一つの環境であるように思われる。

階級の区分を乗り越えるような、友人関係や知り合いといった個人的なつながりはどうだろうか。階級という言葉について大半のアメリカ人は不愉快に感じるので、われわれ（や他の研究者）は階級を超えたつながりを測定するための間接的な方法を用いている。上方への個人的つながりの測度としては、回答者に対して「会社をやっている」（あるいは「別荘を持っている」）個人的な友人がいるか尋ね、下方への個人的つながりの測度としては「肉体労働者である」（あるいは「生活保護を受けている」）友人がいるかどうかを尋ねた。回答者自身の社会的立場については所得と教育水準を組み合わせて用いることで妥当な判断が行えるので、社会経済的ヒエラルキーの下位三分の一にいるアメリカ人のうち、誰が下方へのつながりを持っている可能性が最も高いのか、またヒエラルキーの下位三分の一のアメリカ人のうち上方へのつながりを持っている可能性が最も高いのは誰かについて問うことができる。そのような問いが、回答された友情の重要な側面、すなわちそれが実際にはどの程度親密で、また平等なものなのかといったものを切り捨ててしまうのは避けがたいが、しかしこれらはアメリカ社会の社会経済的ヒエラルキーにおける異なる階層の間での、全体でのつながりの強さ弱さについて一定の基本的指標を与えうるものである。

印象的なのは、宗教性が階級の橋渡しの大きさと相関しており、特に下方向の橋渡しについてそうなっていることである。すなわち、アメリカ人の上層中間階級の間では、宗教に信奉的な者は、比較対象の世俗的なアメリカ人よりも、生活保護者や肉体労働者との友人関係や社会的付き合いを答える可能性が高かった。確かに、階級を超えたつながりを最も強力に予測するのは、単純にその人の全友人数だった――高齢のフィジー人や、赤毛のラクロス選手が友人にいるかについて尋ねられたとすれば、自分の全友人数がやはり最もよい予測変数になるであろう。しかしそれを（また人種、年齢、地域、市民参加、教育水準、性別、所得その他といった多くの他要因を）統制すると、宗教的なアメリカ人の方が、社会的ヒエラルキーで下位の友人を、世俗的なアメリカ人よりも多く回答している。宗教へより多く関わる下層階級のアメリカ人の方が上方への橋渡しが多いという証拠もいくぶん見いだせるが、このパターンは安定性がずっと低い(45)。

さらに、このパターンは一般的な宗教性や神学自体によってではなく、祈祷グループ、聖書研究グループ、（とりわけ）自分の会衆の中で多く友人を持つといった宗教上の社会的ネットワークへの関わりによって促進されているようであった。単に「宗教的である」ことは、社会的橋渡しを生み出すものではないようである。すなわち宗教上の社会的ネットワークが、拡大する階級分離に対する釣り合いのおもりとして働いているように思われる。

重要なこととして、これらの下方の社会的橋渡しはボランティアをする人々に集中してはおらず、したがってこれらは宗教的ボランティアが、社会福祉状況にいる支援対象とつながっていること（パターナリスティックなニュアンスがあるかもしれないようなつながり）が主たる結果だということではない。それどころか、階級を橋渡しするつながりは教会に多くの友人を持つような人々の間に集中しており、それは全体の友人数を一定に保った場合ですら成り立っていた。すなわち、われわれの証拠が示唆するのは――厳密に証明されたわけではないが――階級を超えた接触は、主として会衆活動の内部で起こっているということである。

最後に、この宗教を基盤とした階級の橋渡しは福音派プロテスタントの間に強く集中している。おそらくこれは福音派会衆が階級という点でより多様であることと、聖書研究や祈祷グループのような、小グループの広まりという点で非常に社会的であることの両方からであろう。[46] 根本主義的な神学上の信念は橋渡しと相関しておらず、したがって福音主義が橋渡しを生んでいるのはその社会学にあるのであって、神学にあるのではないように思われる。このように、福音派教会は、社会的多様性と社会的活発さの両方によって、アメリカにおける階級分離の重要な例外の一つとなっているように見える。

入手できている証拠によっては、その他にも現代のアメリカにおいて階級間のつながりが促されているようなニッチがあるのかどうかを言うことはできないのだが、われわれの検討してきた独立した全国調査の三つで、福音派会衆がそのようなニッチの一つになっていることが確認されている。[47] 他方で、階級を超えた接触は再分配をめぐる公共政策、あるいは慈善行動における寛大さには転換されていないように思われる。第13章で見るように宗教的な人は寛大であることが典型で、とりわけ社会福祉の慈善に対してはそうなっているが、その寛大さ自体は、社会経済的ヒエラルキーにおいて低い立場の人との個人的なつながりを持つことで増幅されているようではない。

宗教的、また世俗的なアメリカ人の不平等や貧困、そして不平等と貧困に対する政府の取り組みについての見方はどうだろうか。

二〇〇六年の信仰重要性調査においてはアメリカ人の三分の二近くが、アメリカには万人にとっての平等な機会がないと答え、そして貧困と不平等に対する政府の取り組みを明らかに多数が支持していた。反貧困政策への支持は民主党支持者、より貧しく、教育水準の低いアメリカ人、女性、人種的マイノリティ、そして北東部で高かった――対照的に共和党支持者、南部人、六五歳以上の者の間では低かった。

これを背景とすると、このような見方はどのように宗教性と関係していただろうか。黒人とラティーノは宗教性が高く反貧困政策にも非常に支持的であるが、これは重要であるも驚くようなパターンではない。白人のアメリカ人では、平等主義的な公共政策への支持はいくぶん低く、とりわけ最も宗教的なアメリカ人の間でそうなっていた。図８－６は証拠のいくつかをまとめているが、そこでは宗教性のもたらすインパクトに特に焦点を当てるため他の背景要因を一定に保っている。[48] 大半のアメリカ人は、宗教的であろうとそうでなかろうと、機会の平等がアメリカにおいて現実であると信じてはいない。しかし不平等を減らし貧困と闘うような政府施策について尋ねると、宗教的なアメリカ人の間ではとりわけ、支持がわずかに弱まる。世俗的なアメリカ人の約六六％が貧富の格差を減らす政府の取り組みを支持するが、それに対して人口の中で最も宗教的な五分の一の中では五七％である。世俗的なアメリカ人のおよそ三分の二は貧しい人に政府支援を増やすことを支持するが、人口の中で最も宗教的な五分の一の中では四六％である。

このように白人アメリカ人における宗教性は今日では、貧困者への政府支援に対する保守的な見方と結びついているが、このつながりは宗教性と婚前交渉、中絶、同性愛のような性道徳に対する見方の間の相関よりはずっと小さく、また政党支持やイデオロギーと、貧しい人への支援に対する見方の間の相関よりもずっと小さい。この問題については第11章で振り返る。

全ての宗教系統において、信奉度の高いアメリカ人は、政府の取り組みを通じて貧困の構造的原因に対応するよりも民間慈善を通じて貧しい個人を助けることを望んでいる。図８－７に示されているのは、貧困攻略のアプローチとして公共政策と民間慈善のどちらが適切かという点について宗教系統間で異なる様子である。[49] 第13章で見るように、深く宗教的な人は実際には、社会福祉に対する自らの寄付やボランティアという点でより寛大であって、したがって

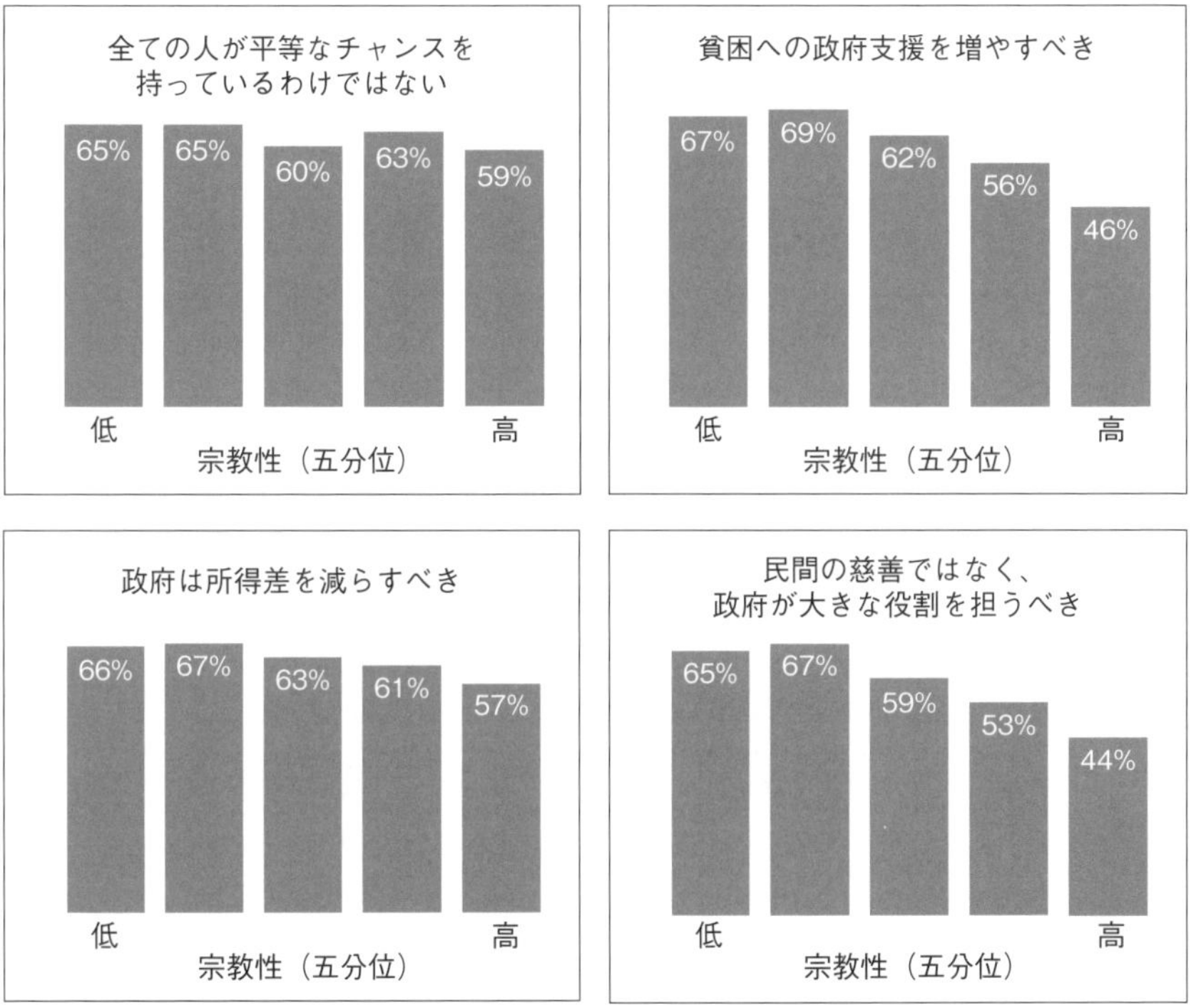

出典：信仰重要性調査，2006 年.

図8-6　宗教性と貧困および政府政策に対する見方
（白人のみ対象、標準的な人口統計学的特性を一定に保った）

この意味では宗教的な人々は期待通りのことをしている。

まとめると、大半の測度では、宗教性の高いアメリカ人は今日では、人口一般と比べると貧困と不平等に対する公共政策への支持がいくぶん低く、公的取り組みよりも民間供給の方を好んでいる。かつての宗教的な人々が、これまで見てきたように、平等の増進と社会正義を求めて情熱的に運動してきたようには、不平等の成長を食い止めるために彼らは働いてはこなかった。他方で、彼らの寄付のある程度の大きさとボランティアの相当の多さがとりわけ社会福祉に対して見られることは、民間供給を強調していることと一貫している。

不平等の増大に対して、公的あるいは民間供給のどちらがより効果的な解決策かについて分別ある

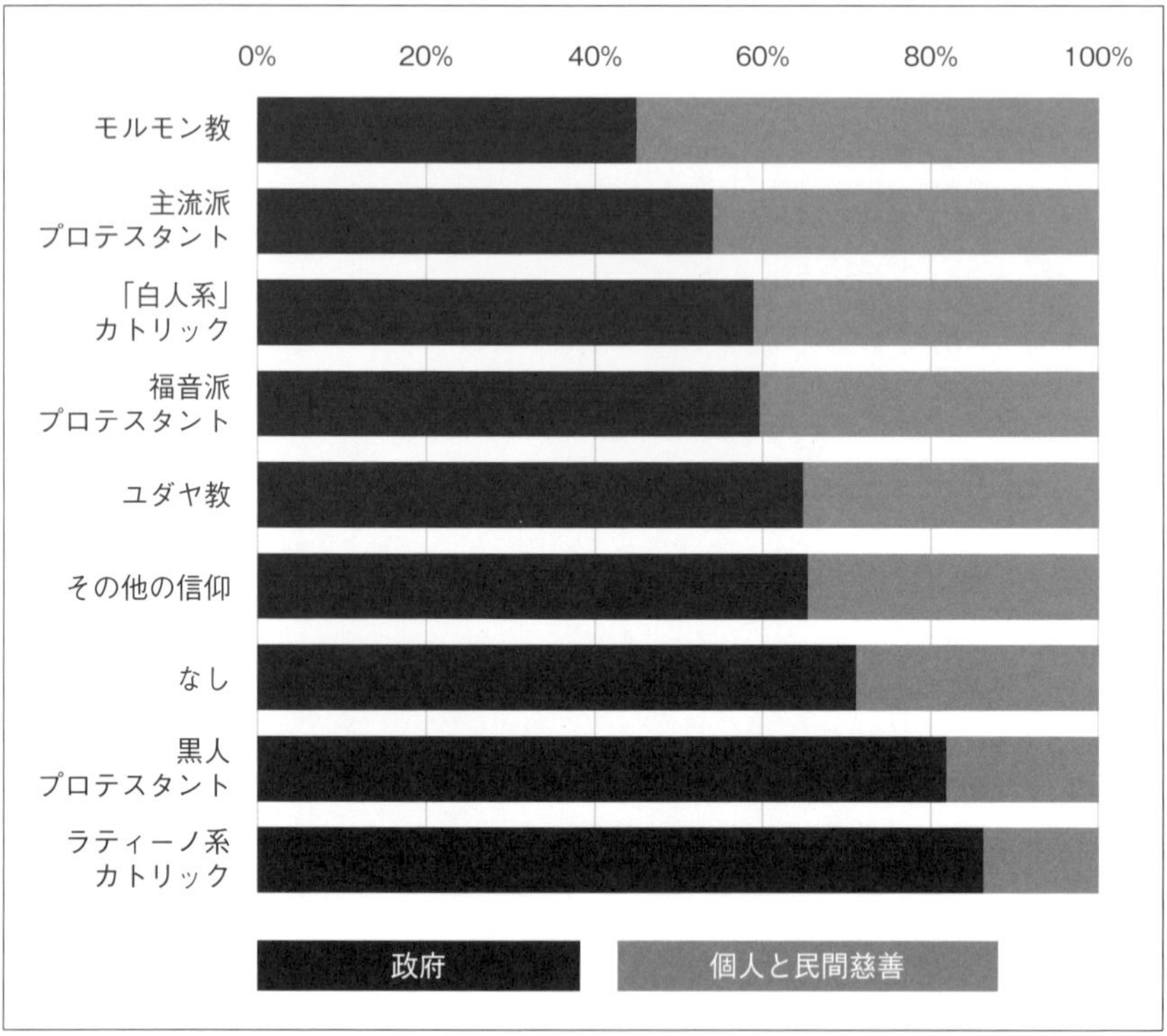

出典：信仰重要性調査，2006 年.

図8-7　貧困者に対する世話は第一に誰がすべきか――政府か民間慈善か?

人々の考え方は異なっているかもしれない。一方の側では、公的供給はパターナリスティックではなく、大きな、構造的問題に取り組むのに効果的だという立場を取る。他方の側では、民間供給の方が困窮した各個人の状況に気を配れ、物質的なニーズだけではなくスピリチュアルなものにも反応できるという立場になる。

一世紀前、階級不平等の高まりに直面して救世軍の指導者は、貧困を乗り越え不正義と戦うという課題には民間の慈善は適切ではないと主張した――「慈善によって社会悪を正そうとするのは、指ぬきで大海を汲み出そうとするようなものだ」と[50]。したがって、アメリカ宗教（そしてとりわけ福音派）が今日、階級格差に対して活発な運動を盛り上げることに失敗していることは、アメリカ史で対比しうる時期に信仰の篤い人々による社会正義のための戦いが盛り上がっていたことと比べたときにはとりわけ、不作為の罪と見ることもできるだろう。

アメリカ宗教は、本章で論じた二つの大きな社会変容──ジェンダー平等の成長と、社会経済的平等の消失──にどのように反応してきたのだろうか。われわれの分析してきた一般に保守的な時代において、どちらのケースについても大きなものではないというのが答えである。宗教的な女性は、世俗的な女性と数では同じ程度に仕事に行き、宗教的根本主義という小規模の少数派が平等主義的なジェンダー規範に抵抗する一方で、ますますフェミニスト的な見方をする第二の波が、現代アメリカにおける他の場所とちょうど同じような速さで信徒席も一掃した。社会経済的分離のケースでは、福音派教会が階級を超えた友人関係について一つのニッチを提供してきたように思われるが、しかし全般的に見ると宗教的なアメリカは、以前の時代の信心深いアメリカ人の多くの立場とは異なって、階級不平等を正そうとする公的な取り組みにあまり支持を与えてこなかった。ジェンダー革命の場合と同じように、われわれの社会の階級的分裂の成長に対し宗教的なアメリカ人はほとんど反対することなく順応してきた。性道徳における革命という、非常に多くの宗教的アメリカ人が強烈に反対したものとの顕著な対照は、これら他の二つの社会革命には比較的混乱なく彼らが適応してきたことをとりわけ注目すべきものにしている。

第9章　多様性、エスニシティと宗教

前章では、二つの大きな社会変容――女性の権利と所得不平等の両方の増大に対してアメリカ宗教がいかに適応してきたかについて見た。ここでは第三の変容である、人種多様性の増大に移る。アメリカ宗教はマイノリティの人口シェア増大にたいしてどのように適応した――あるいはしてこなかった――のだろうか。多様性の増大へと向かう傾向について論じるに際しては、この「マイノリティ」という用語を慎重に用いる。米国国勢調査局は、今日のマイノリティが二〇四二年までにアメリカ人口で多数派を占めるようになると予測しているからである(1)。どのような測定によっても、移民――合法、違法の双方――とマイノリティ人口における高出産率により、米国がますます多様な国家になりつつあることは疑いえない。

本章で詳細を見るように、人種と宗教はしばしば相互に強化し合っている。米国が移民国家であり、また宗教性の高い国家であることは偶然の一致ではない。多くの移民が宗教に避難所を見いだすが、それはおそらく自分の民族的伝統を確認する手段としてであり、またおそらく見知らぬ地で親交を見つけるためであろう。似たようなこととして、アフリカ系アメリカ人の中では、宗教と人種的アイデンティティには共生的な関係がある。黒人教会では人種と宗教のテーマはしばしば結びつきあう。しかし――そしてここが、本章で鍵となる点としたいものなのだが――、エスニシティと宗教の結びつきは、移民、あるいはマイノリティ集団に限られるものではない。むしろそれはより一般的な現象であって、数世代前に移民してきた祖先を持つ多くの白人を含む多くのアメリカ人で、その民族的アイデンティティ感覚と宗教性のさまざまな現われの間にはつながりが示されているのである。

歴史的には、宗教とエスニシティの間の——暗黙的であれ明示的であれ——つながりの帰結の一つは、アメリカ宗教の全体としての流動性にかかわらず、教会出席者の大半が民族的、あるいは人種的に等質な会衆に通っているということである。しかし、宗教が高度に分離しているという一般化に対する例外もまた見ていく。日曜の朝に分離よりも統合の機会が提供されている宗教組織の例を二つ説明する。一つはカトリックの小教区であり、ラティーノ移民によってアメリカのカトリック教会は人口統計学的な変容を引き起こしているが、それは人口全体におけるものよりはるかに著しいものである。信徒席における人種多様性のもう一つの例は福音派のメガチャーチで、最大の単一宗教系統の内部における小さいが成長中のニッチである。

宗教とエスニシティの間の共生関係に基づけば、宗教がレイシズムの拠点となってきたと結論づけたい誘惑に駆られる。実際には、現代アメリカにおいて宗教性は人種的態度に対してほとんど関係を持たないことが判明する。さらには、男女平等に対する態度の変化に似たパターンで、過去三〇年間に宗教的なアメリカ人も宗教的でないアメリカ人も同様に人種平等を受け入れるようになってきた。宗教系統を比較してみたときには、（人種間結婚の適切性のように）収束してきた人種問題もあるが、（居住における差別を禁止する法律など）一定の違いが残り続けているものもある。主要な宗教系統間で違いの見られるところでは、福音派は主流派プロテスタント、カトリック、そして宗教所属のない人間よりも人種的に平等な立場を取る可能性が低い。

二つの事例

エスニシティと宗教がしばしば緊密に結びついているというわれわれの論点を明確にするため、ミネアポリスにあるオリーブ山ルーテル教会のケースを考えよう。オリーブ山ルーテル教会はこの国で最初のメガチャーチの一つで、日曜朝の出席者は平均で六〇〇〇人に上る——いかなる基準においても大きな値である。一九二〇年に創立され、少なくとも半世紀の間、この国最大のルター派教会であった。実のところ、その創立は「メガ」という接頭辞を「チャーチ」という単語につけることを誰かが思いつくずっと以前のことだった。それは規模においてはメガであるかもしれないが、スタイルにおいてはそうではない。典型的な福音派メガチャーチとは異なり、オリーブ山教会は全くもって昔風《オールド・ファッションド》である。そこにあるのはオルガンで、バンドではない。祭壇があるが、ステージはない。ビデオ投影のシステムはなく、コーヒーショップはなく、そして——もちろんのこと——アロハシャツを着た牧師はいない。ここで牧師は伝統的な白いローブをまとっており、それは色鮮やかなストールで飾られている。ここは伝統が染みついたルター派教会なのである。

そして、建築に反映しているように、オリーブ山教会は以前、明確にスウェーデン系のルター派教会だった。スウェーデンのエスニシティとルター主義の融合により、オリーブ山教会はアメリカ宗教の多くを体現したものとなっている。オリーブ山教会の牧師の一人は、牧師としてのキャリアの初期にダルースで過ごしたときの様子を語ったが、そこではルター派教会が「二ブロックごとに」あった。スウェーデン人、ノルウェー人、デンマーク人、フィンランド人、そしてドイツ人全てがそれぞれの教会を持っていた。会衆によってはそれぞれ出身の母国語でのみ礼拝を行っているものすらあった。

ヒューストンの救世主ルーテル教会（ＯＳＬ）は第7章で記述した会衆の一つだが、それもエスニシティとルター主義がしばしばより合わさる様子のもう一つの事例を提供している。ＯＳＬは宗教の保守的ブランドを説教しているだけではなく、ドイツ系の小群落《エンクレーブ》でもある。実際、われわれがそこにいたときにも教会の廊下や教室ではドイツ語が話されているのが聞こえていたが、しかしドイツ出身のＯＳＬ教区民はほぼ全てが四世代以上前にさかのぼるのであった！　自らのドイツの民族的アイデンティティを確認する手段として、この会衆に引きつけられているＯＳＬ教区民がいたことは疑いない。

エスニシティと宗教

過去四〇年の中で、アメリカはその海岸に周期的に打ち寄せてくる移民の巨大な波をいま一度経験していた。人口シェアとして、移民は一九七〇年の五%から二〇一〇年には一三%へと上昇した。現在の移民の波は、一八七〇年から一九一〇年の間に到来した移民の波よりも比率としては小さいものだが、これら数百万人の新アメリカ人は、一世紀前の先行者と同じように新たな家に根付こうと奮闘し、その一方で自分がその中で育った文化への親しみを守ろうとしていた。これら初期の到来者についての言及で、アメリカの卓越した移民史学者オスカー・ハンドリンはこう記している。「昔ながらの何かを守るための苦闘に挑む中で、移民たちは過去とつながろうとする熱意の重み付けの全体を信仰へと向けた」[2]。アメリカ史で繰り返されるこのパターンが意味するのは、宗教とエスニシティが密接に結びついているということである。

宗教史学者マーティン・マーティは人種とエスニシティがアメリカ宗教の「支持外郭構造《サポーティング・フレームワーク》」となっていると記し、それはアメリカ宗教の多くが深い民族的ルーツを持っているからであるという[3]。一九五〇年代のある傑出した論者は、第3章で描写した時代の宗教躍進の原因でさえも、民族的アイデンティティの再発見にあったとしている。ウィル・ハーバーグはそのベストセラー『プロテスタント―カトリック―ユダヤ教』の中で、当時の宗教の復活は数十年間休眠状態にあったエスニシティと宗教の間の結束が、二〇世紀の中盤に再浮上した結果であると論じている。ハーバーグの記すところでは、移民集団のメンバーが宗教に目を向けたのは、自らの民族的伝統を強化すると同時に完全なアメリカ人であり続けるためであった。典型的な移民の経験について言及する中でハーバーグはこう記している。「昔からの言葉や国籍を維持することは期待されていないが、昔からの宗教は保つことが期待されていたというだけではなく、自分の宗教の中や宗教を通じて彼、あるいはむしろその子や孫がアメリカ生活の中に自らを確認できる場所を見いだすというのがアメリカ的な形なのであった」[4]。以前の移民拡大期にこの国に流入した民族集団の全てが、正真正銘のアメリカ人として自らを確立し、したがって宗教覚醒を経験したのである。

実際、ハーバーグの記述した移民の宗教性とまさに同じパターンが今日も観察されている。米国外に生まれた人々(第一世代)の宗教礼拝に出席する頻度は、祖父母が外国で生まれた者(第三世代)と等しいが、中間の世代は宗教礼拝に出席する割合が低くなる。このパターンは総合社会調査と、「アメリカ宗教とエスニシティに関するパネル調査」(PS-ARE)の両方で見られている――二つのデータ源が一致したという事実は、このパターンが真実であるという確信を強めるものである。[5]

ハーバーグが自分のケースを誇張していることに疑いがないのは、一九五〇年代の宗教性の高まりには他にも多くの理由があるからだが、それでもベストセラー著者が宗教の強気市場《ブル・マーケット》を見渡して、そのブームの背後にはエスニシティがあると結論づけたことは意味深いとわれわれは考えている。興味深いのは、ハーバーグが描いた移民は異なる国からのもので、よって現在の移民流入とは異なるエスニシティを有しているのにもかかわらず、彼の記述した世代間パターンは持続しているということである。そして世代間での宗教性の水準のさまざまな違いについては多くの説明があるが、人種、エスニシティと宗教の間のしばしば緊密な関係に関する彼の基本的な洞察は今日にも通じるものである。

そのような証拠の中には黒人教会があり、これは人種という点から一般に定義される唯一の宗教系統である。黒人教会はエスニシティと宗教の間の融合に関するまさに典型的な事例であるが、しかしわれわれが示したいと考えているのは、それが唯一無二のものではないということである。むしろそれが表しているのは、いかにエスニシティと宗教が互いを強化しうるかということという、より一般的な現象である。黒人プロテスタントはしたがって、一類型が具現化したものである。その他にも、アフリカ系アメリカ人と正確に同じ経験は明らかに共有していなくとも、エスニシティを宗教と融合させているような人種かつ（または）民族集団を多数取り上げることはできよう。例えば、ハーバーグの数十年前の主張について異なる民族集団の集合に対し現代版の拡張をすると、多くの新移民がその民族的アイデンティティを宗教組織への参加を通じて強化している。韓国系アメリカ人のクリスチャン・コミュニティは広く知られたケースの一つだが、中東や南アジア国家からのムスリムやインドの伝統遺産を持つシーク教徒も同様である。[6]

エスニシティと宗教が重なり合うような種々の移民集団は非常に多く、それらを適切にカバーするには本一冊、おそらくは複数冊が必要だろう。その代わり、われわれはそのような集団でも最大のもの、ラティーノに焦点を当てる。[7]ラティーノ系移民はカトリック信仰とプロテスタント信仰の双方に――そしてモルモン教信仰にも一定の――影響を与えているが、それはアメリカのカトリック教会に対し、最も深い痕跡を残している。

宗教、エスニシティと地理

宗教とエスニシティの間の絡み合いが、より繊細な形で現れている様子の一つを、個々の人々に焦点を当てるいつものやり方から一歩下がり、そのような個人が住んでいるコミュニティに目を向けることによって明らかにすることができる。例えば、アメリカの郡《カウンティ》の人口統計学的構成を検討すると、特定の民族集団の存在と民族的ルーツを持つ宗教のメンバーとの間の重なり合いをしばしば観察する。これらのつながりは、そういった民族集団がやってきてから何世代もたち、またアメリカ宗教の特徴である流動性にもかかわらず持続している。オランダ系は、エスニシティと宗教がいかに重なり合っているのかについての好例であるが、それは、郡の中にいるオランダ由来の人口と、キリスト――より大まかに言えば、オランダ――改革派教会に属する割合の間に密接なつながりがあるからである。オランダに先祖を持つ人の比率という単独の指標で、郡内にいるキリスト改革派教会の信者の比率を予測すると、正確率八〇%となる。(8)実際には、オランダ出自とキリスト改革派信者の間のつながりが、アメリカ各郡における民族的および宗教的構成の間の関係を検討してきた中で単独で最も強いものである。しかし、それが唯一存在するものでないのは、民族と宗教の重なり合いについて、程度は異なるが種類が違うわけではないような例が他にあるからである。例えば、ギリシャに祖先を持つと答える郡内人口の割合と、ギリシャ正教会に属する比率との間にも強い関係がある。同様に、スコットランド人、あるいはスコットランド系アイルランド人に祖先を持つ者と、長老派教会の会員の間でもそれは見られる。

オランダ改革派やギリシャ正教はもちろんのこと、明らかに民族的次元を持つ宗教であるので、民族と宗教の間のそのように強いつながりが現れたのだと考えるかもしれない。スコットランド系と長老派のつながりすら同様に想定できるかもしれない。しかし民族と宗教の重なり合いには、おそらくそれほどは予想できないものも含め他にも多くの例があり、本章でこの先議論するテーマを理解するのに役立つものである。この重なり合いは、民族集団と宗教集団の群落化を表す地図を眺めると最も明確に現れている。ドイツ系アメリカ人とルター派信徒の存在を重ね合わせた

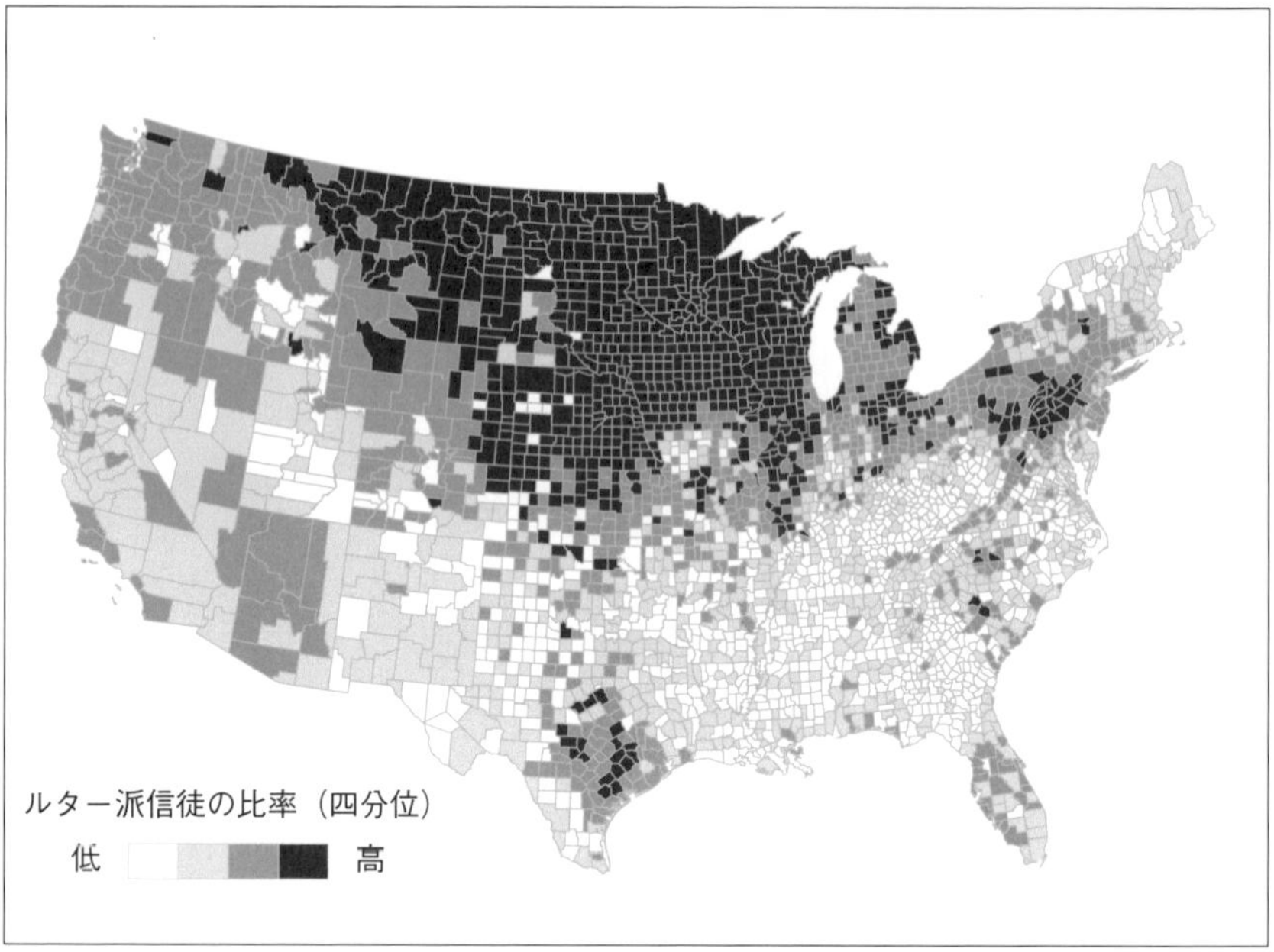

出典：Association of Statisticians of American Religious Bodies, 2000.

図9–1　ルター派信徒

ものが全体で最も明確なもので、図9－1と図9－2に示されている。これら、また後に続く地図は、四八の隣接州内の各郡におけるそれぞれの民族、あるいは宗教集団の集中度合いを表したものである[9]。

図9－1と図9－2を見ると、ルター派とドイツ系アメリカ人の割合が中西部で高いだけではなく、ドイツ系アメリカ人の集中がヒューストン（救世主ルーテル教会の地元）のようなところにもあることに気づく。ドイツ系のいるところにルター派がおり、それはヒューストンも例外ではない。図9－3で見るように、スカンジナビアに祖先を持つアメリカ人とルター派の存在の間にも重なりがあるが、ドイツ系アメリカ人ほどではない（西部山脈地帯と太平洋側諸州の多くの郡にはスカンジナビア系が多数いるが、ルター派はそれほどではない）。これらの地図が示唆するのは、ドイツ系、そして程度は低いがスカンジナビア系において、エスニシティはルター派信仰と結びついていることである。ルター派信仰はリベラル―保守の連続体に沿って、さ

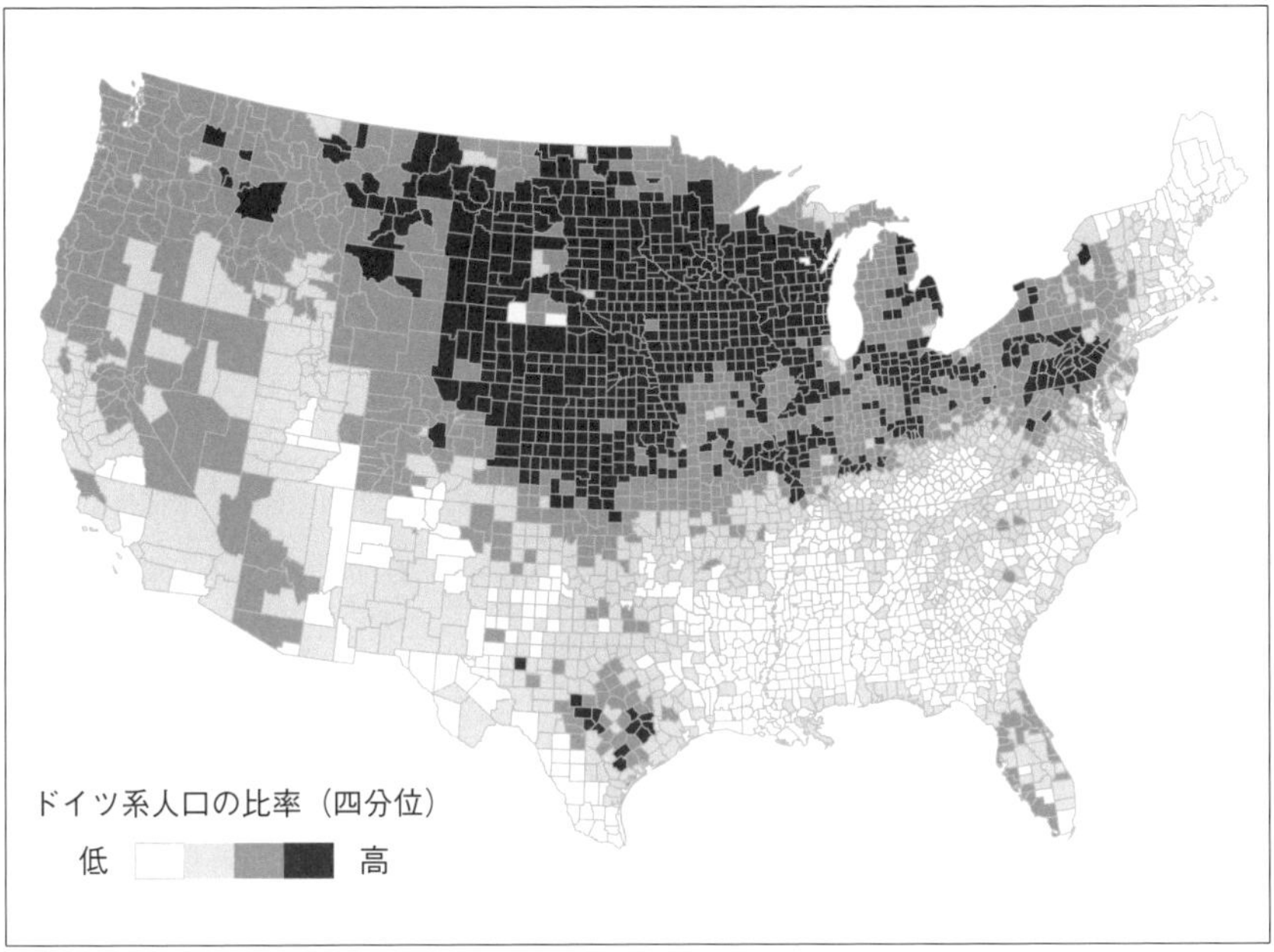

出典：米国国勢調査，2000 年.

図9-2　ドイツ系の人口

まざまに異なる教派に分裂しているが、その信仰に共通の民族的ルーツは続いている。

ルター派教会の人口を構成する主要な民族集団――ドイツ系、スウェーデン系、ノルウェー系その他――が米国に入植してから多年が経過しており、したがって宗教とエスニシティの間の重なり合いは何世代にもわたって続いてきた。しかし、カトリックのストーリーは異なっている。あるいはむしろ、カトリックには二つのストーリーがある。第一のストーリーはルター派と相似したもので、カトリックに偏った民族集団のいくつか――アイルランド系、ポーランド系、イタリア系――が一世紀よりはるか前にまず根付いた。しかし近年では、ラティーノが多数到来してきた。上記で触れたように、ラティーノの全てがカトリックではないが（多くが福音派ブランドのプロテスタントを信仰している）、およそ三分の二がそうである。[10] このラティーノの台頭が第二のカトリックのストーリーである（もちろん、ラティーノには米国とアメリカ・カトリック教会におけるずっと長い歴史

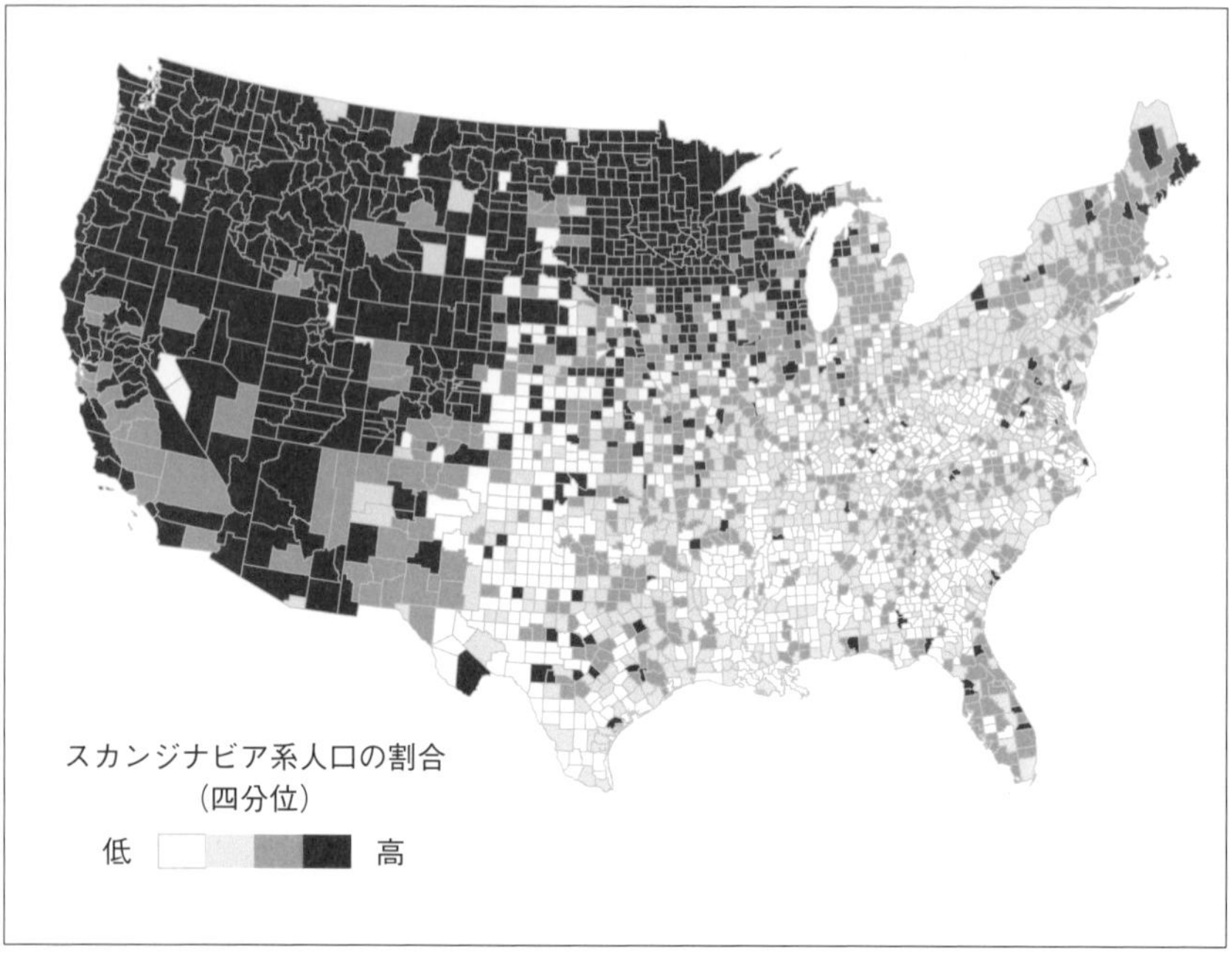

出典：米国国勢調査，2000 年.

図9–3　スカンジナビア系の人口

があるのだが、最近の世代においてのみ、その数が非常に急速にふくれあがった）。われわれの地図はアメリカのカトリック信仰のストーリーを両方とも語っている。図9－4は郡ごとのカトリックの地図を表しており、一方で図9－5が示しているのはイタリア系アメリカ人の存在で、この民族集団がカトリックと最も強い統計的つながりを持っている[11]。イタリア系アメリカ人は、カトリック人口との重なり合いをかなりの程度示しているが、ドイツ系とルター派の重なり合いとは全く異なっている。イタリア系とカトリックの間の最大の重なり合いは北東部で発生しており、また多少西部諸州（特にカリフォルニア）においても見られる。カトリックの存在についての説明を完成させるためには、米国全域においてラティーノが見いだされる場所の地図を加えなければならない（図9－6を参照）。ラティーノ人口を図に加えることで南西部が埋まるが、そこにはカトリックとラティーノの双方が集中している。しかし、中西部

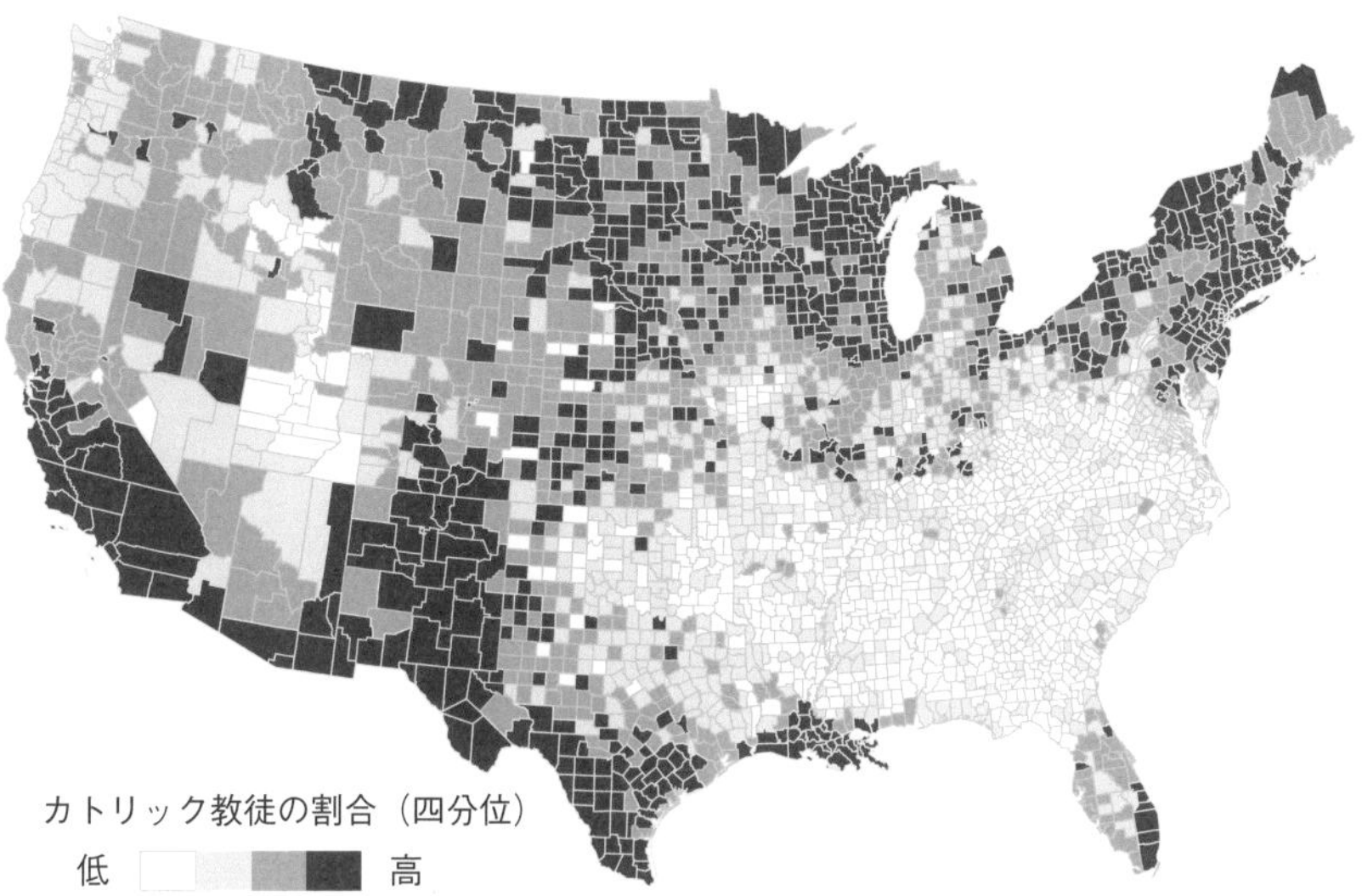

出典：Association of Statisticians of American Religious Bodies, 2000.

図9–4　カトリック教徒

の上部に説明されていないカトリックの足跡がまだ残っている——それは、ドイツ系、ポーランド系、その他ヨーロッパ系のエスニシティの関数となっている。(12) ドイツ系アメリカ人の比率がルター派とカトリックの両方に重なっているという事実は、あるエスニシティが何か一つの信仰の排他的領域になっている必要はないということを気づかせるものである。

カトリックの傘の下にある無数の民族集団については語れるだろうことがたくさんあるが、このようにおおまかに見てさえも明らかになるのは、カトリック信仰が民族集団の多様な集合体に対する本拠となっているということであり、その中には人口の拡大しているラティーノ系アメリカ人も含まれている。ラティーノ系がアメリカのカトリック教会に残した刻印については、これからまだ語ることがある。

本章におけるさらに別のテーマの予兆として、ここで記しておくのはもう一つの興味深い重なり合いで、この場合のそれは宗教と民

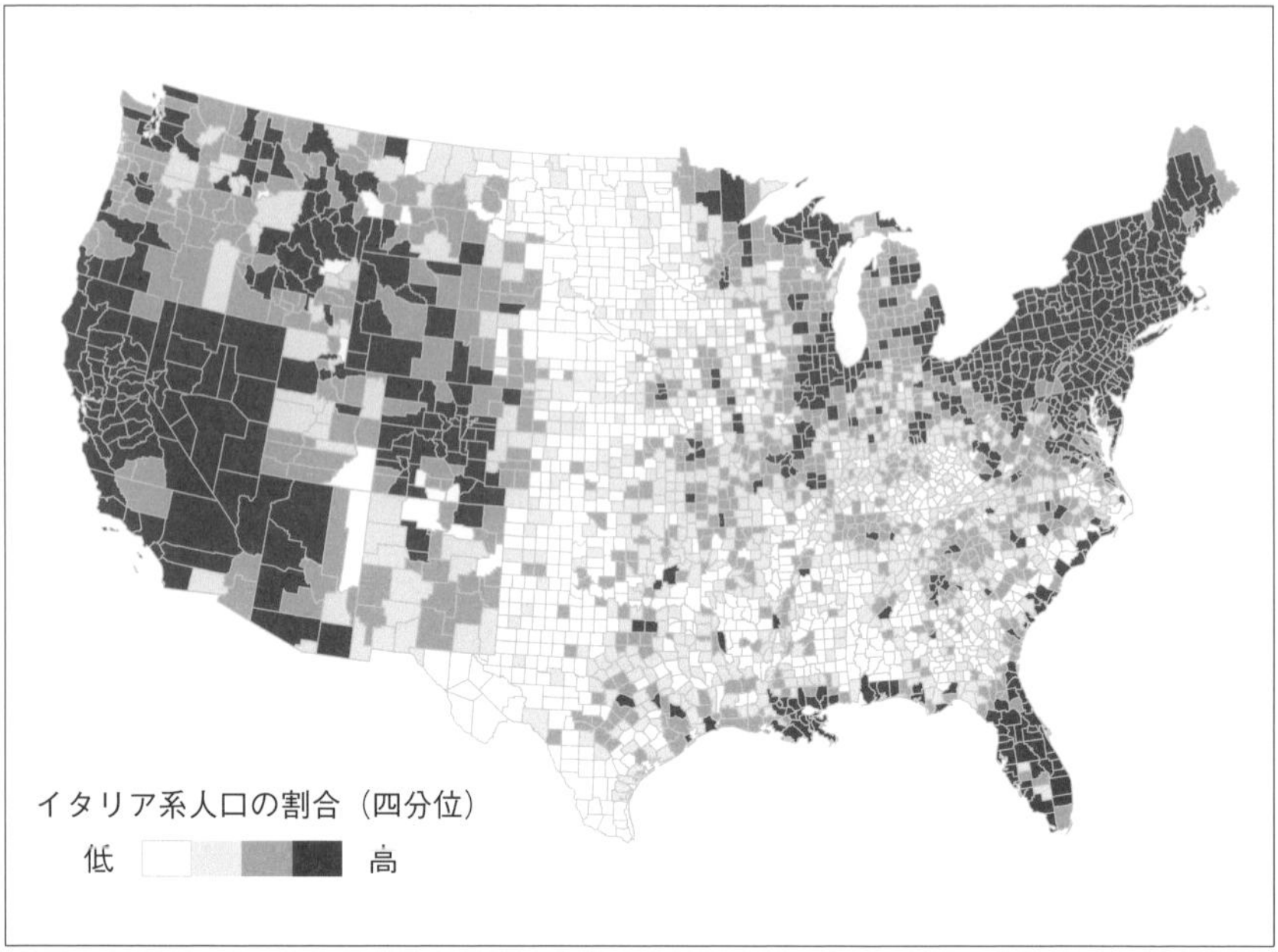

出典：米国国勢調査，2000 年.

図9-5　イタリア系の人口

族帰属の欠如との間におけるものである。郡内の民族集団の比率は米国国勢調査から測定されているが、そこでは人々にその民族的祖先を記すよう求めている。相当数の人はアメリカ国境より向こうのエスニシティを回答することを選ばないで、単純に自らの祖先を「アメリカ人」とするか、自分たちは米国出身であるとしている——基本的に、彼らは年来の民族的伝統を答えていないのである。図9－7は郡内においてその民族所属をアメリカ人と答えた者の比率を地図化したもので、図9－8は郡内の、福音派教派に属する人口を表している。この二つには相当の重なり合いがあり、これは二〇〇六年の信仰重要性調査で、福音派の回答で一般的に民族的アイデンティティが弱かったという事実と一貫するものである。ルター派やカトリックのような、エスニシティと宗教に歴史的に共生的関係があったものと異なって、エスニシティと福音派信仰はそれほど緊密により合わさっているわけではない。

人口地理が示唆しうるのは、エスニシティ

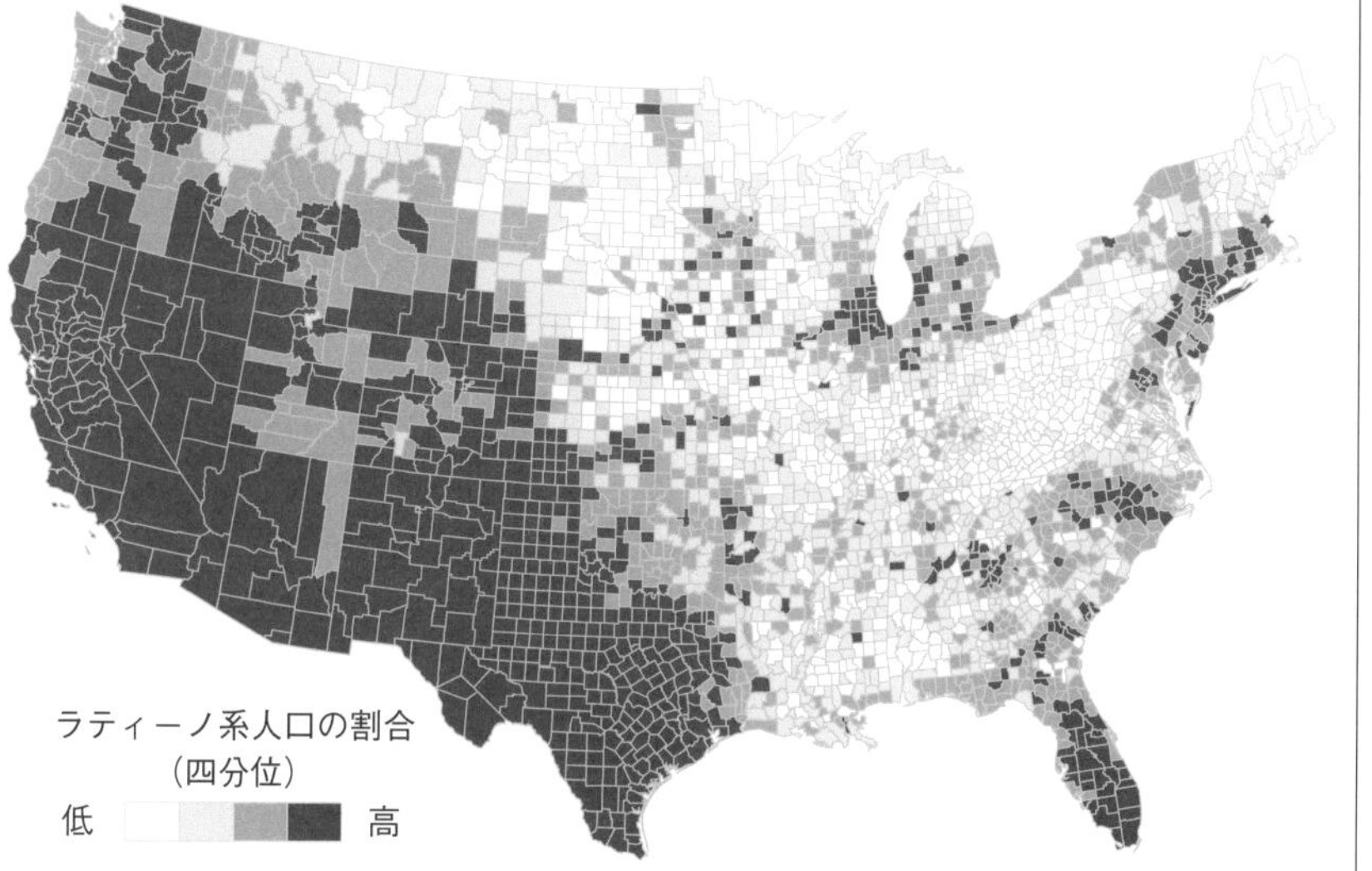

出典：米国国勢調査，2000 年．

図9-6　ラティーノ系の人口

と宗教の関係の仕方のみである。集団のみを表現しているデータから、個人について推論を引き出そうとすることには細心の注意を払わなければならず、それが米国全体における民族集団と宗教集団の間の重なり合いについてのみ言及するよう気をつけてきた理由である。例えば、ドイツに祖先を持つアメリカ人のうちルター派はどのくらいの数か、あるいはその反対について地図が語ることはできない。言うことができるのはドイツ系とルター派は同じ場所に見いだされるということのみである。しかしこれの語ることが依然として多いのは、コミュニティの民族的特性がその宗教的構成に織り合わされていることを見てとれた通りである。

エスニシティと宗教のつながりに関するより強い証拠は、郡ではなく個人からのデータを検討したときに見いだすことができる。図9－9に示されている通り、自分が何者であるかという感覚（すなわち、そのアイデンティティ）にとって宗教が重要であると答える者は、同時にエスニシティが自分のアイデン

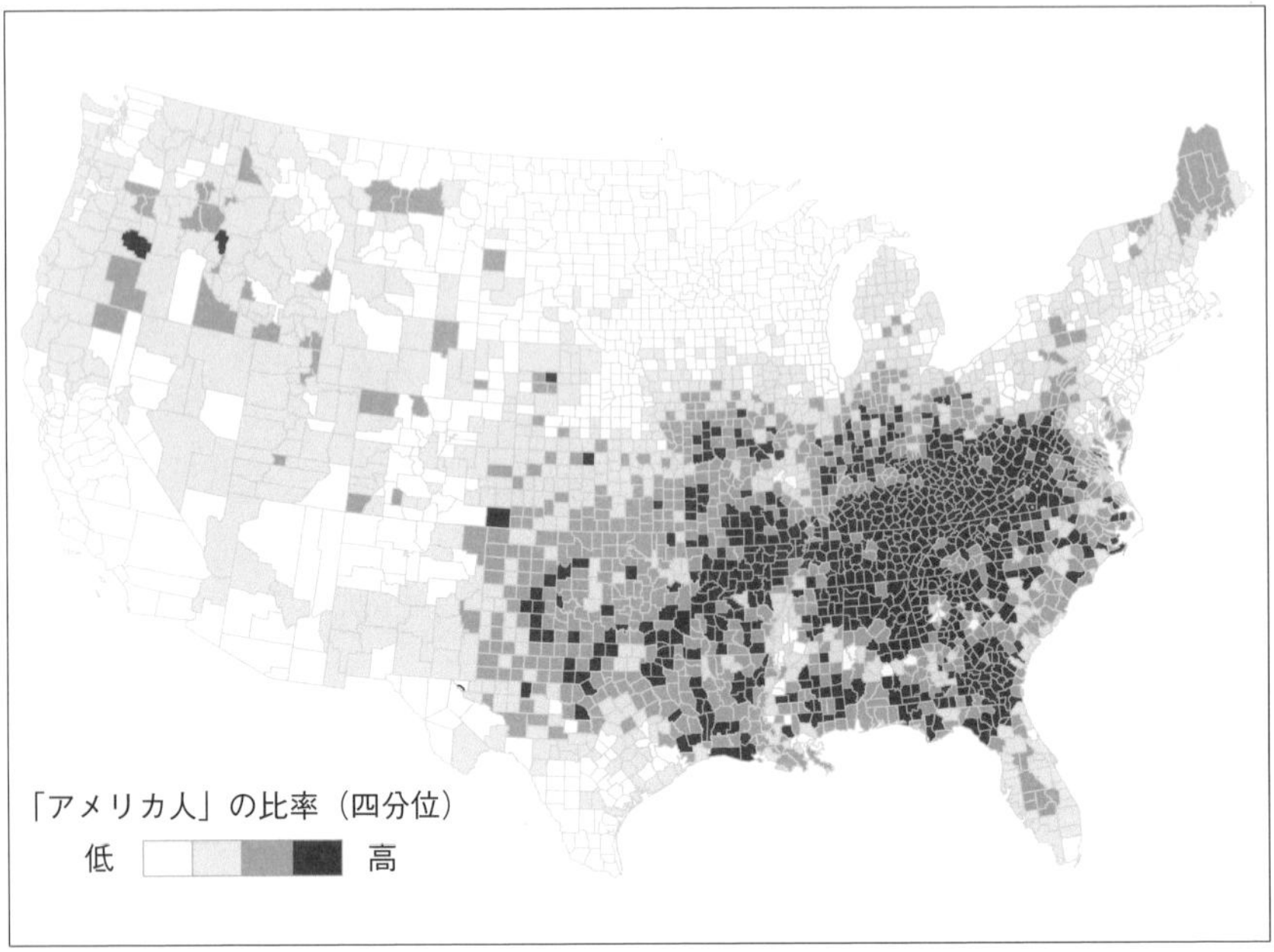

出典：米国国勢調査，2000年.

図9–7　自分のエスニシティを「アメリカ人」と答える人々

ティティの重要な一部であると答えやすい[13]。似たようなこととして、宗教が自分のアイデンティティの特徴ではない者は、同じことを人種やエスニシティについても述べている[14]。

同じパターンは、人々を宗教系統で分割したときにも現れる。顕著なのは、「なし」（宗教所属を回答しない人々）が両方のアイデンティティの指標で最下位に位置づけられることである。その他大半の宗教系統は中間に位置し、ほぼ直線の上に並ぶ——民族的アイデンティティが高まると、宗教的アイデンティティも高まる。注目すべき例外の一つは、郡についてのデータからも示唆されるように福音派である。彼らは宗教の重要性では高い順位にあるが、エスニシティの重要性は低い。モルモンもまた線から外れている。これらは両者とも伝道活動を得意とする宗教系統で、積極的に、さらには攻撃的なまでに改宗者を多くのさまざまな民族集団さらには言語集団に求めているということは偶然の一致ではないと思われる。彼らはその訴えかけの基盤を、先祖からの紐帯ではなく宗教的情熱に、すな

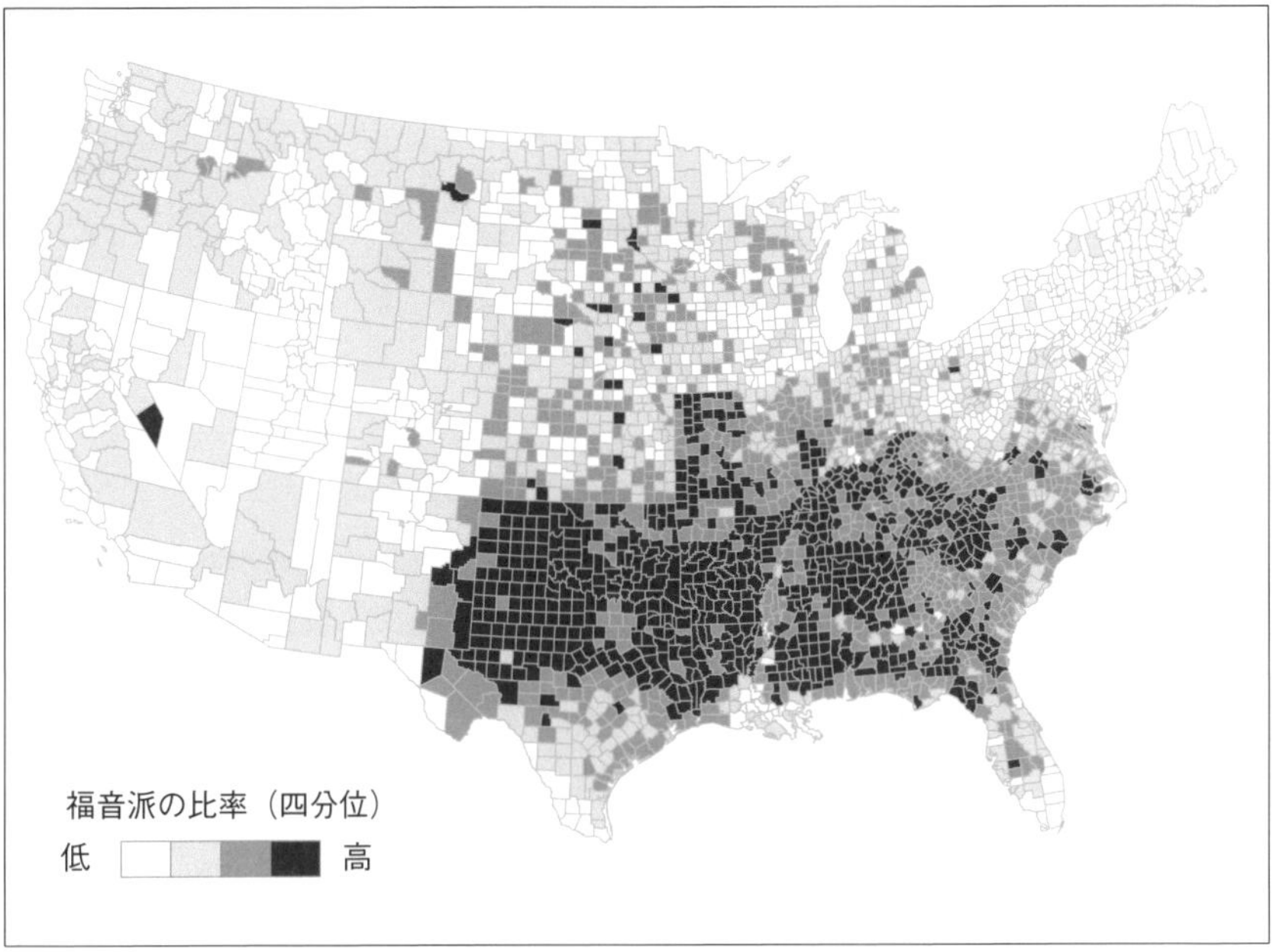

出典：Association of Statisticians of American Religious Bodies, 2000.

図9-8　福音派

わち血ではなく信念に置いている。彼らのことはポスト民族宗教と呼ぶことができるかもしれない。

黒人プロテスタント信者は高い比率で、そのエスニシティと宗教の両方が自分のアイデンティティにとって重要であると、他のあらゆる宗教系統のメンバーよりも答えている。黒人プロテスタント信仰はエスニシティと宗教の間の共生関係に関する明らかな――実のところ、最も明確な――例であり、それは人種的な言葉で明示的に定義された唯一の宗教系統であるという事実によってはっきりと示されている。したがって、人種と宗教がいかにして融合しうるのかを理解するには黒人プロテスタント信仰、あるいは黒人教会を詳細に見る必要がある。

黒人プロテスタント

多くの学者や論者が「黒人教会」を単一の存在であると述べている。実際には黒人プロテスタント信仰の内部には多くの異なる教派

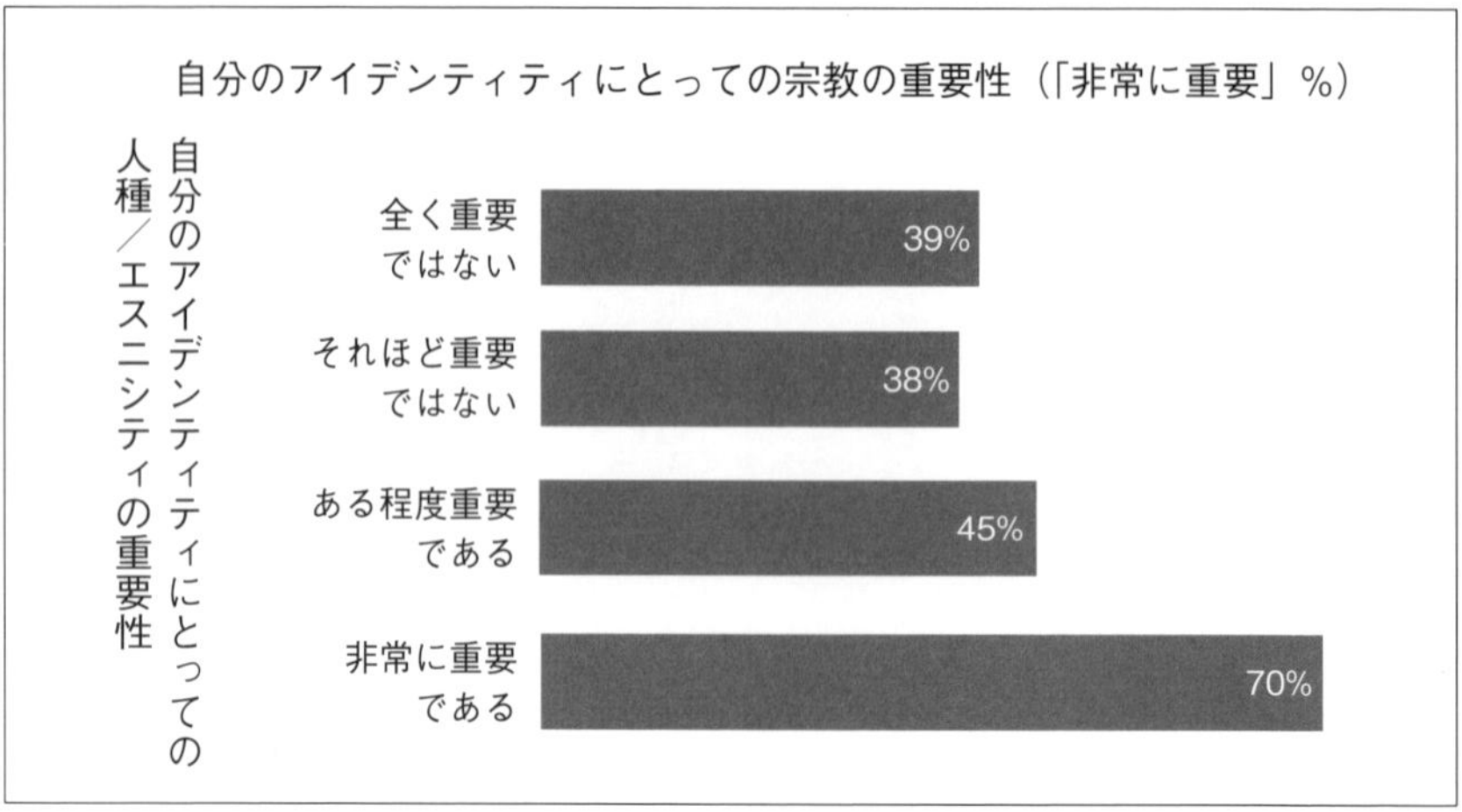

出典：信仰重要性調査，2006 年.

図9-9　民族的および宗教的なアイデンティティは連動する

が見いだせるにもかかわらずである。[15] そうすることで彼らが仮定しているのは、これらの教派を束ねているもの――人種――が、神学的、様式的、そして組織的差異といったそれらを分割したかもしれないものを押しのけているということである。

一般的な慣行かどうかは別として、黒人プロテスタントは独立した宗教系統として定義されるべきなのだろうか。社会科学者は、用いる分類がリアリティを反映したもので、存在しない区分を人為的に押しつけているのではないということを保証する義務を負っている。このケースでは、黒人とプロテスタントを組み合わせることは、アメリカ宗教の理解を明確にするのだろうか、それとも不明確にするのだろうか。黒人プロテスタントは、単に「たまたま黒人であったプロテスタント」なのだろうか、それともまさに明瞭に区別される宗教の支流なのだろうか。アンドリュー・グリーリーとマイケル・ハウトの挑発的な言葉を使うなら、「黒人の福音派は、白人の福音派と同じように福音派的ではないとでも言うのだろうか？[16]」。

グリーリーとハウトは説得的な主張をしている。結局のところ、黒人プロテスタントははっきりと福音派の特色を持っている。黒人プロテスタントは、われわれが福音派とラベル付けした集団（大半が白人である）と共通の起源を分かち合

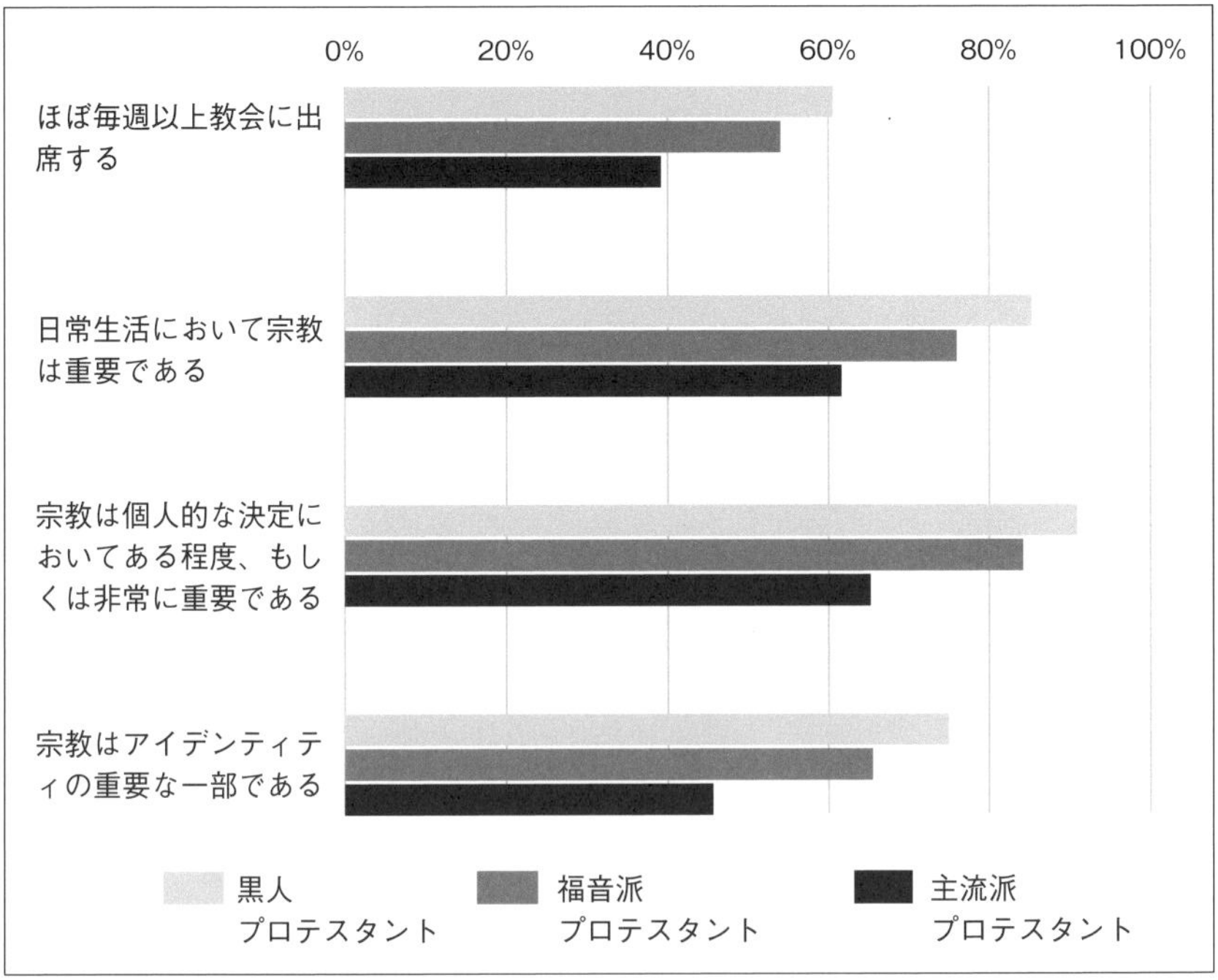

出典：信仰重要性調査，2006年.

図9-10　黒人プロテスタントの生活には宗教が浸透しており、それは福音派よりも大きい

っている。宗教行動や信念に関するどのような測度によっても、黒人プロテスタントと福音派プロテスタントは順位で横に並ぶが、大半の場合には黒人系プロテスタントがより信心深い集団になっている。福音派―黒人プロテスタントの類似性は、両者を共に主流派プロテスタントと比較したときに浮き彫りになる。そうすることで、おおざっぱに言うと、プロテスタント信仰を一定に保ったということになる。教会出席の頻度を見たときにも、日常生活における宗教の重要性、あるいは個人的決定における宗教の重要性に関しても、黒人プロテスタントは平均して福音派よりも少し宗教的であり、そして両方の集団は主流派プロテスタントよりもずっと宗教的である（図9－10参照）。図9－11に示されているように、黒人プロテスタントと福音派はまた聖書を読むこと、宗教について話すこと、そして個人的な祈りについても似たような高率を示している（ただし福音派の方が

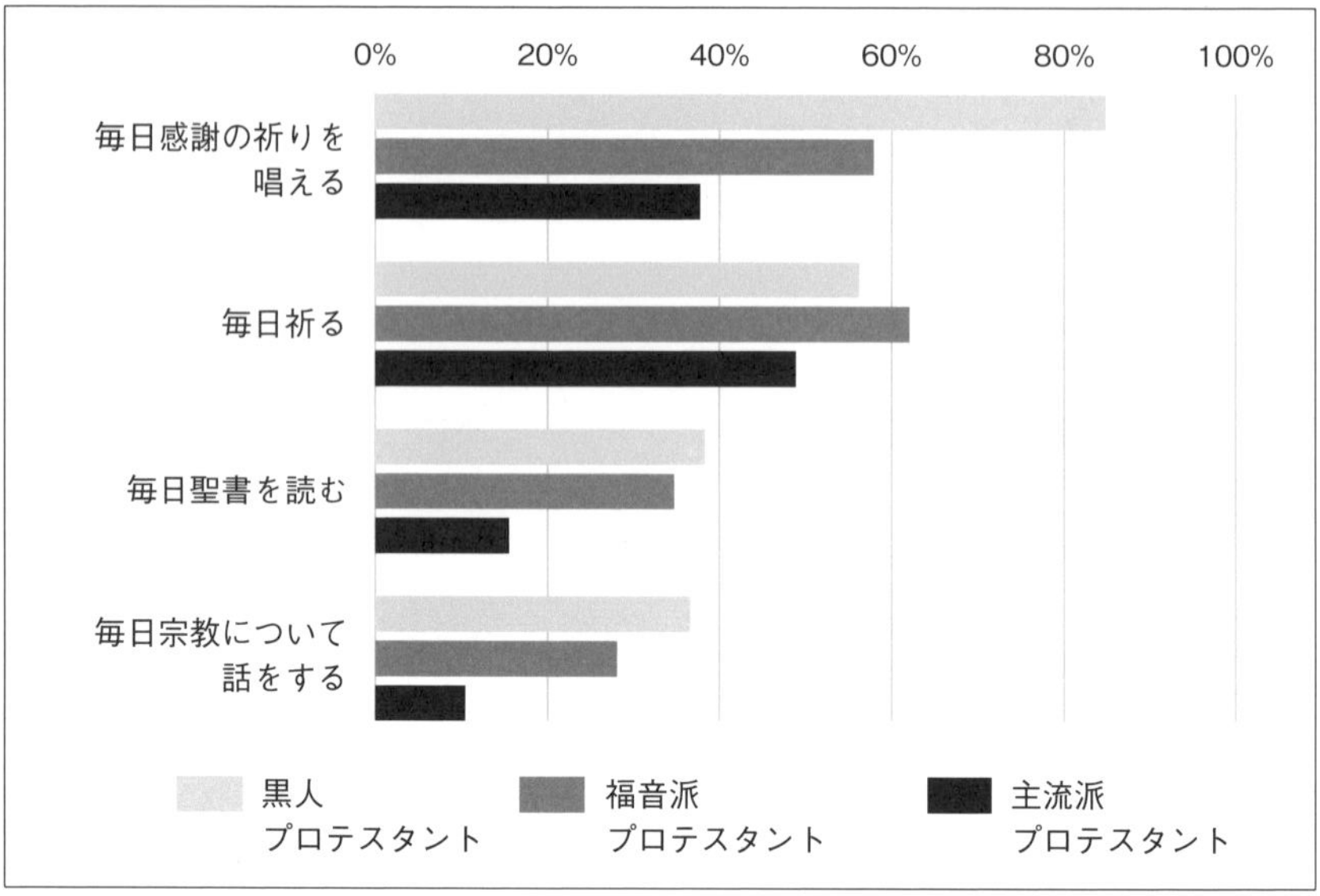

出典：信仰重要性調査，2006 年.

図9-11　宗教、特に感謝の祈り《グレイス》を唱えることは多くの黒人プロテスタントの日常生活の一部である

黒人プロテスタントよりも、毎日の祈りについて六ポイント高く答えている）。黒人プロテスタントはとりわけ、感謝の祈り《グレイス》を唱えるという回答が多い。黒人プロテスタントの八五％が感謝の祈りを唱えると答えるが、対して福音派では五八％、主流派プロテスタントでは三八％である。さらに、黒人プロテスタントは福音派や主流派プロテスタントよりも礼拝への出席を越えて自分の会衆へ参加する傾向があり、それは小グループや、教会役員として、あるいは教会の委員会への参加から明らかである。すなわち、宗教は黒人プロテスタントの生活に浸透しており、その範囲は福音派の生活に対するものよりさらに大きい。

もう一つ福音派と並んでいることとして、両方の集団における教会出席が大学教育を受けた者の間で最も多いということがある（図9－12を参照）。全体にわたって黒人プロテスタントは福音派よりも教会出席が多いが、どちらの集団でも大卒者は、それより教育水準の低い者よりも出席が多い（主流派プロテスタントでは、教育水準による教会出席で目に見える違いはな

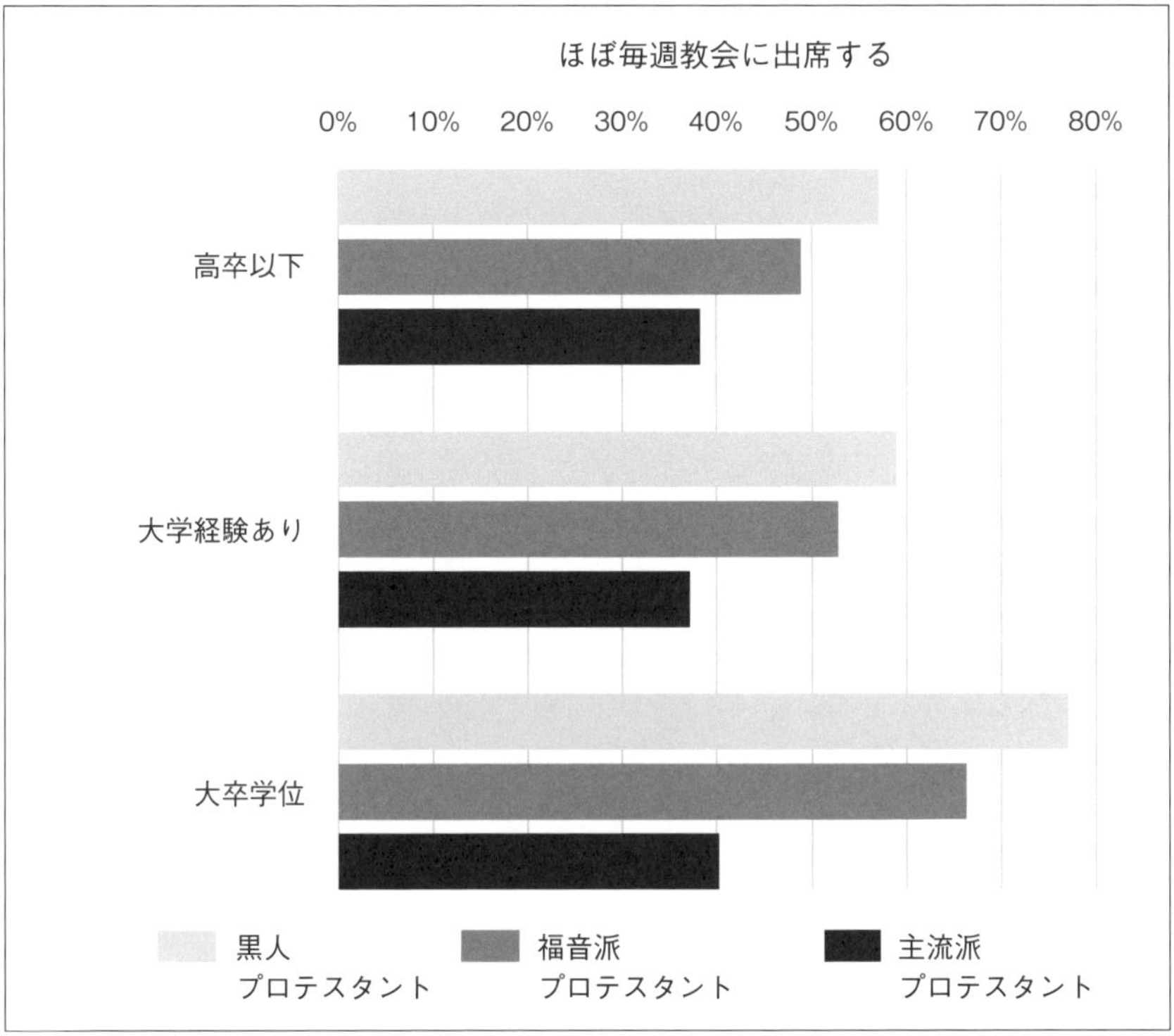

出典：信仰重要性調査，2006 年.

図9-12　黒人プロテスタントと福音派では、大卒の間で教会出席が多い

い)。もちろん、これと同じパターンを別の仕方で表現すれば、福音派と黒人プロテスタント教会のどちらにおいても、社会経済的はしごにおいて高い位置にあるものと比べ、社会経済的地位の低いアメリカ人の動員には成功していないということになる。

アフリカ系アメリカ人の間では実際に、宗教はますます中間階級のものになってきている。おおよそ一九八〇年代中盤以降、黒人の大卒者がますます教会に行くようになってきた。同じ時期に、アフリカ系アメリカ人で大卒学位を持つ比率も上昇した[17]——これが黒人プロテスタントが教会に出席する平均水準の二重の押し上げとなった。結果として、アフリカ系アメリカ人の間の教会出席の全体としての水準が上昇してきた。この上昇は、白人の間での出席平均がわずかに下がったのとちょうど同じ時期に起こっており、結果として黒人―白人間での出席格差が起こった。

アフリカ系アメリカ人の教会出席者の平均的な教育水準が比較的高いことから、黒人プロテスタントの宗教的正統性が低下することが予想されるかもしれない。結局のところ、一般的に言って教育水準が高まると正統性が弱まる――すなわち、根本主義的な宗教的信念への支持が低まるという関係がある。しかし黒人プロテスタントにおいては、根本主義的信念はありふれたものになっている。聖書字義主義や、世界がもうすぐ終わりを迎えるかどうかという質問について、黒人プロテスタントは福音派さえよりも根本主義的立場を取る傾向が大きく、主流派プロテスタントよりはさらにずっと大きい。黒人プロテスタントと福音派は聖書的創造説をほぼ同程度に支持している――それぞれのグループのおよそ三分の二が、神は人間を過去一万年以内に現在の形で創造したと述べているが、主流派プロテスタントでは三七％にすぎなかった（図９－13を参照）。まとめて考えると、黒人プロテスタントの信念は、彼らがアメリカにおける全ての主要な宗教集団の中でも最も根本主義的な見方を持っていることを示しており、そしてこの人種的不均衡はとりわけ中間階級の大卒者の間で顕著である。

宗教的特徴、行動あるいは信念のいずれについて語るにせよ、黒人プロテスタントの示す宗教性と伝統主義の水準は、福音派のそれに次ぐか、あるいは福音派を超えたところに位置づけられるのがより典型となっている。これらの測度において、黒人プロテスタントと福音派は隣に並び立っている。黒人プロテスタントは福音派よりも福音派的であるとすら言うことができるかもしれないが、黒人プロテスタント信仰が歴史的には福音派的形態の宗教であることをふまえると、完全に意味は通っている。それどころか、ここで報告した結果しか知らないのであれば、黒人プロテスタントを独自の宗教集団として取り扱うべきではないという結論に至るかもしれない。

しかし、われわれはさらに多くを知っており、そしてわれわれの知っていることが、なぜ――福音派との類似性にもかかわらず――黒人プロテスタントがただ単に、たまたま黒人であった福音派プロテスタントではないのかを浮き彫りにしている。それらには共通の起源があるが、二つの系統は全く異なる道に沿って発展してきたのである。

黒人教会にはさまざまな教派および独立の会衆が含まれているが、そこには他のプロテスタント教派から離脱したものもあれば、全く無から創立されたものもある。分離、分裂、出現――これらはあらゆるプロテスタント信仰に典

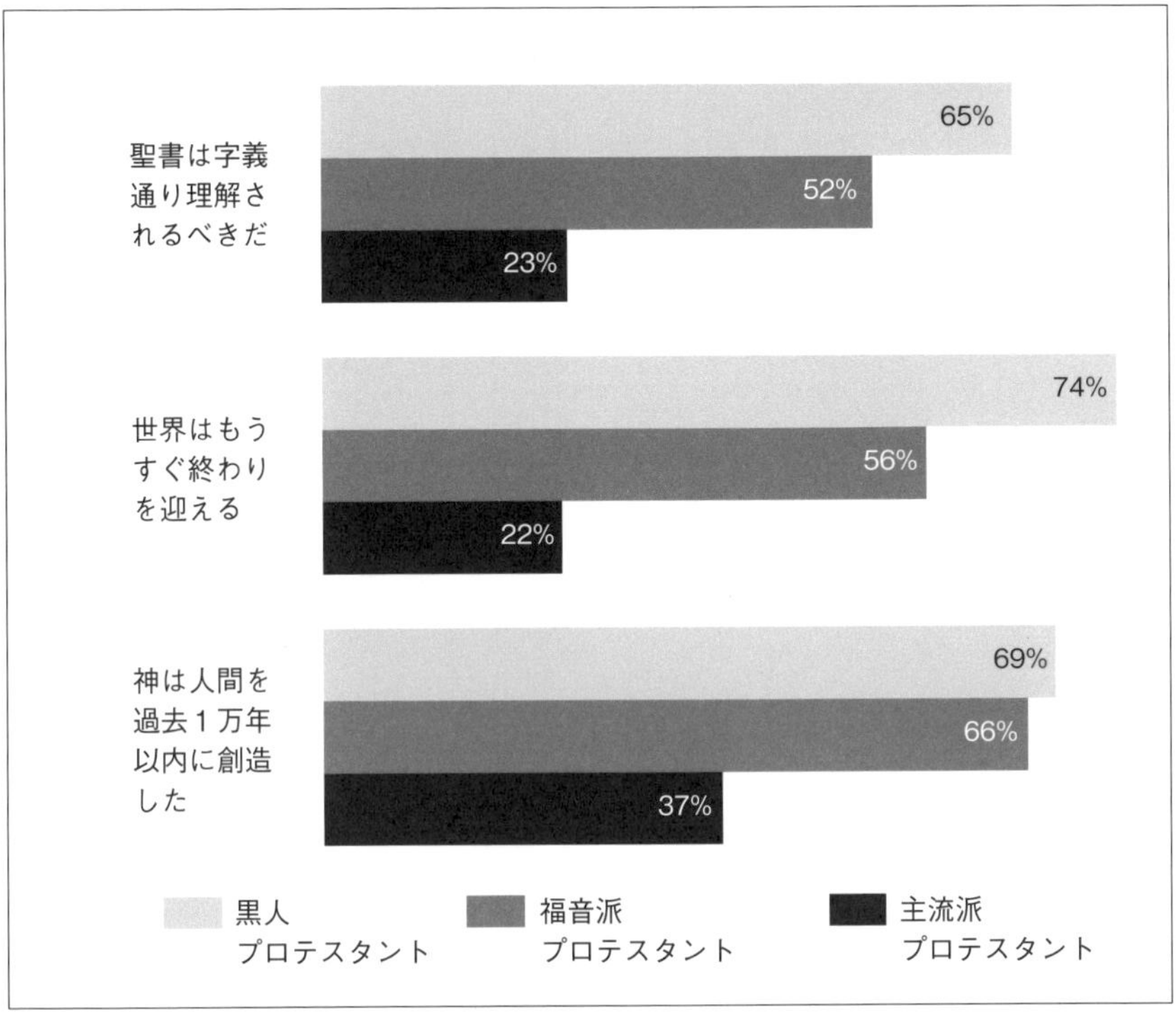

出典：信仰重要性調査，2006年.

図9-13　黒人プロテスタントは宗教的伝統主義者であり、福音派よりもさらにそうなっている

型のことで、黒人プロテスタント教会もその例外ではなかった。しかし他のプロテスタントの分裂とは違い、黒人教会の創造をもたらしたのは、主として人種の問題だった。

初期の福音主義には平等主義的な衝動があった一方で、人種問題に関しては、それらは具体的な現状によりしばしば抑制された。したがって、歴史学者ネイサン・ハッチが革命期のメソジストとバプテストがいかに「その主張を奴隷のそれと一致させていた」かを記す一方で、[18]社会学者マイケル・エマーソンとクリスチャン・スミスは、前革命期の指導的な復興論者ジョージ・ホワイトフィールドが「キリストにおける徹底した平等というメッセージを説教し、救いのメッセージを奴隷と共有していた」が、同時にまた「奴隷制の支持者」であった様子を描写している。奴隷制廃止運動に勢いがついたとき、福音派は奴隷制というテーマをめぐって分裂した。「福音派には声高な奴隷制廃止論者もいたが、大半の福音派は積極的に発言する廃止論者ではなかった」とエマーソンとスミスは観察している(19)。

実際、一八四〇年代から一八六〇年代まで、奴隷制の問題は主要な白人プロテスタント教派の多くを北部派と南部派に分けた。結果として、反奴隷制の教派はほとんど黒人のいないようなところに位置していた。そして、いずれにせよ奴隷制への反対には、人種分離の拒否は伴っていなかったのが通例だった。結果として、共通の福音派的ルーツにもかかわらず、アフリカ系アメリカ人は、白人福音派の出席する教会とは全く異なる自分たち自身の教会を数多く作った。

アフリカ系アメリカ人によって、そしてそのために作られた組織として、黒人教会は長きにわたり、アフリカ系アメリカ人コミュニティの内側でそれを支える柱としての役割を果たした。グンナー・ミュルダールはアメリカにおける黒人を扱った古典『アメリカのジレンマ——黒人問題と現代民主主義』において、アフリカ系アメリカ人の教会が果たした独自の役割について触れている——〔ミュルダールについては、対立する集団それぞれの内部で社会関係資本が醸成されやすいという論点に関連してパットナム『孤独なボウリング』第二二章（訳書四四五頁）で引かれている。〕

黒人教会は卓越したコミュニティセンターである……黒人教会の持つ黒人コミュニティにとっての意味は、白人教会の持つ白人コミュニティにとっての意味よりも大きい——それは、希望の与え手として、感情のカタルシスとして、コミュニティ活動のセンターとして、リーダーシップの源泉として、そして尊敬の対象を与えるものとしての各機能においてである(20)。

このように、宗教が個々のアフリカ系アメリカ人の生活に浸透している一方で、個人的な宗教性を測るような個別化された尺度にのみ焦点を当てるのでは、黒人プロテスタント信仰の本質を見失うことになる。黒人プロテスタントはその福音派のいとこと、個人的な救済と信心の強調を共有しているが、彼らは強い共同体的要素もその宗教に有していて、それは主流派プロテスタント信仰の社会的福音と非常に似たものである。そのような共同体的次元にはしばしば会衆による社会福祉の提供が含まれ、政治的活動すらへも広がっている。第12章でさらに詳細を論じるように、アメリカの宗教組織において政治はありふれた活動では全くない一方で、黒人教会においては他の宗教系統での礼拝所と比べてより広まっている（ユダヤ教のみが近いものである）。黒人プロテスタントは、信仰重要性調査で尋ねた教会基盤の政治的活動に関する全ての指標で高位に位置している。他の宗教系統には、どれか一つの形態の政治的活動について比較的高いというものもあるが、黒人プロテスタントのみは全体にわたって高い。教会が有権者登録活動を行っていたり、投票者ガイドを配布していると回答する可能性は彼らが一番高い。礼拝の場で組織されたデモ行進に参加する頻度がカトリック、ユダヤ教徒および「その他」と並んでいる。そしてユダヤ教徒のみが、説教壇から社会的あるいは政治的な問題についての説教を聞くと答えることが（わずかに）多くなっている。

黒人プロテスタントは個人主義的な信心と共同体的なアイデンティティを独特の仕方で結びつけており、この二つの方向で、宗教が政治的行動主義を形作っている。[21] 他の宗教系統においては、これら二つの間にはトレードオフが一般に見いだせる。説教壇越しの政治が多いようなところでは、信徒席の人々は、自分の政治的決定に宗教が影響を与えていると述べることは一般に少ない。しかし黒人プロテスタントは顕著な例外として際立っている。第一に、彼らは政治的な意思決定をするにあたり宗教を指針とすることが最も多い人々である――この点で、彼らは主流派プロテスタントよりも福音派に近い。しかし彼らは同時に、「政治的あるいは社会的活動」に会衆の誰かと一緒に参加したと述べることが最も多い――これは福音派よりも主流派プロテスタントに近く彼らを位置づけるものである。[22]

政治が最も自然に流入するような宗教系統が、同時にそのメンバーが、自分の個人的アイデンティティにおいて宗教と人種の両方が重要な源であると答える傾向が最も高い系統であるということは多くを物語っていると思われる。黒人教会は長きにわたってアフリカ系アメリカ人の人種的アイデンティティを強化し、黒人のエンパワーメントを促すのを支えてきた。公民権運動が黒人教会で生まれ育まれたことは、最もよく知られている。[23]

以前には、アフリカ系アメリカ人の間で見られた高水準の宗教性から、アフリカ系アメリカ人の宗教は「来世《アザーワールド》」に焦点をあてることを促すもので、この世界に変化を起こそうとするものではないと記した論者もいた。[24] それは以前にはあてはまったかもしれないが、もしそうであったのなら、公民権運動が完全な変化を引き起こしたのである。確かに、黒人牧師の全てがマーティン・ルーサー・キングと行進したわけではなく、黒人教会の全てが公民権運動に関わったわけではなく、黒人プロテスタントの全てが公民権という大義のために積極的に動いたわけでもない。しかし歴史記録から明らかなのは、多くの黒人牧師がその教区民に対し、「来世性」に根ざした受け身の受容の代わりに、公民権時代の行進、抗議そしてシットインに参加するようにと促したということである。宗教は公民権運動の時代でさえもアフリカ系アメリカ人の政治参加をくじいていたことが示されると主張する先行研究に反駁して、政治学者フレデリック・ハリスが提供した説得力ある証拠によれば、「アヘンとして働いていたというよりむしろ、宗教は六〇年代に多種類の黒人積極活動を刺激していた」[25]。独立黒人教会の多くは、公民権活動家たちが企てたしばしば危険な作業に対して、それを支援する組織的資源と支える信念体系の両方を提供していた。黒人コミュニティにおける教会はまた、黒人活動家のネットワークの結節点《ノード》としても働いていた――それは資金集め、ボランティア招集、そして戦略を練るための場だった。祈りの家として、それらは分離との戦いの前線で屈辱を受け傷ついた者たちの避難所だった。加えて、黒人教会は長きにわたって人種と宗教のアイデンティティが相互に強化しうる神聖な場所であり続けていて、アフリカ系アメリカ人を慰め霊感を与える象徴、物語と歌を提供していた。隣人と共に祈ること、イスラエルの民がエジプトの奴隷制から脱出するという聖書の物語に慰めを探すこと、感動的な黒人霊歌を共に歌って力を見いだすこと、そしてアフリカ系アメリカ人コミュニティの目下の懸案についての黒人牧師の演説で連帯を築くことにより、アフリカ系アメリカ人は鼓舞されてきたし、そしていまも鼓舞されているのである[26]。

何世代にもわたって黒人教会は、アフリカ系アメリカ人のコミュニティの内部に独自の響きを持つ広範な宗教的語彙を発展させてきた。マーティン・ルーサー・キング・ジュニアほど、そのような象徴の宝庫を効果的に利用した者はいない。一九六三年のワシントン行進における彼の伝説的なスピーチは、心を揺り動かすような結びで締めくくられているが、これは黒人霊歌から取られたものである。「ついに自由だ！　ついに自由だ！　全能の神よ感謝します、われらはついに自由になりました！」。黒人も白人もこれらの言葉を聞いたとき心揺り動かされた。大半の白人にとっては、それはおそらく初めてのものであったかもしれない。しかし、アフリカ系アメリカ人聴衆の多くにとって、その感動は慣れ親しんだ深い井戸からわき上がってきたものだったのである。多くの人が教会の中に立って、同胞のアフリカ系アメリカ人に囲まれ、これと同じような希望に満ちた言葉を歌っていた。それは歌の残りが「われとイエスがまみえ語らう」と続くようなより良き日を喚起させるものだった。

黒人教会における宗教と政治の重なりは、政治と宗教の間により一般的観点から存在する複雑な関係に関して重要な点を強調するものである。福音派のように、黒人プロテスタントは高度に宗教的で、また高度に伝統的な宗教形態を奉じている。しかし、彼らの民主党およびその候補者への支持は、福音派による共和党の支持よりも程度がずっと大きい。アフリカ系アメリカ人が民主党の頼れる支持基盤になっていることは、昔からの政治的常識である。しかし数字を見ることなしには、黒人一般の間での、そしてとりわけ黒人プロテスタントの間での共和党の根深い不人気について評価することはできない。図9－14に示されているように、福音派の四七％が共和党を支持している一方で、黒人プロテスタントでそれは八％にすぎない。福音派の七三％が二〇〇四年にジョージ・W・ブッシュに投票した――黒人プロテスタントでは一五％だった。二〇〇六年の議会選挙では、福音派の六三％が共和党に投票したが、対して黒人プロテスタントではわずか六％だった――この最後の支持水準は非常に低く、誤差の範囲に匹敵するものである。誤差の範囲にさらに近いのは二〇〇八年にバラク・オバマに対してジョン・マケインの方に投票した黒人プロテスタントが一％に満たなかったというもので、比較すると福音派では六九％だった。[27]

黒人プロテスタント以外のどの主要な宗教集団でも、伝統的な宗教信念の強さは、一般に政治的保守主義および共和党支持と結びついている。しかし、黒人プロテスタントは高度に伝統主義的で、宗教活動が高水準であるのに、民主党連合の最も確固たる一員である。アフリカ系アメリカ人が民主党を支持するのは宗教と保守政治が密接に関連しているという仮定に完全に矛盾しているのだが、大きな関心を集めることはほとんどない。アンドリュー・グリーリーとマイケル・ハウトが正しく記しているように、アフリカ系アメリカ人の間で宗教と政治が一体となっている仕方はしばしば都合よく無視されていて、「政党人も論者も同じように、それは別問題のものとして退ける傾向にある」。[28]別問題であるどころか、アフリカ系アメリカ人の間での宗教と政治の重なり合いは、非常に重要な問題を作り出しているのである。信仰と政治の交差は、宗教系統間でさまざまに異なりうるし、実際に異なっている。第11章で詳細を説明するように、これらのつながりはアメリカ史の流れの中でもまたさまざまに異なってきた。

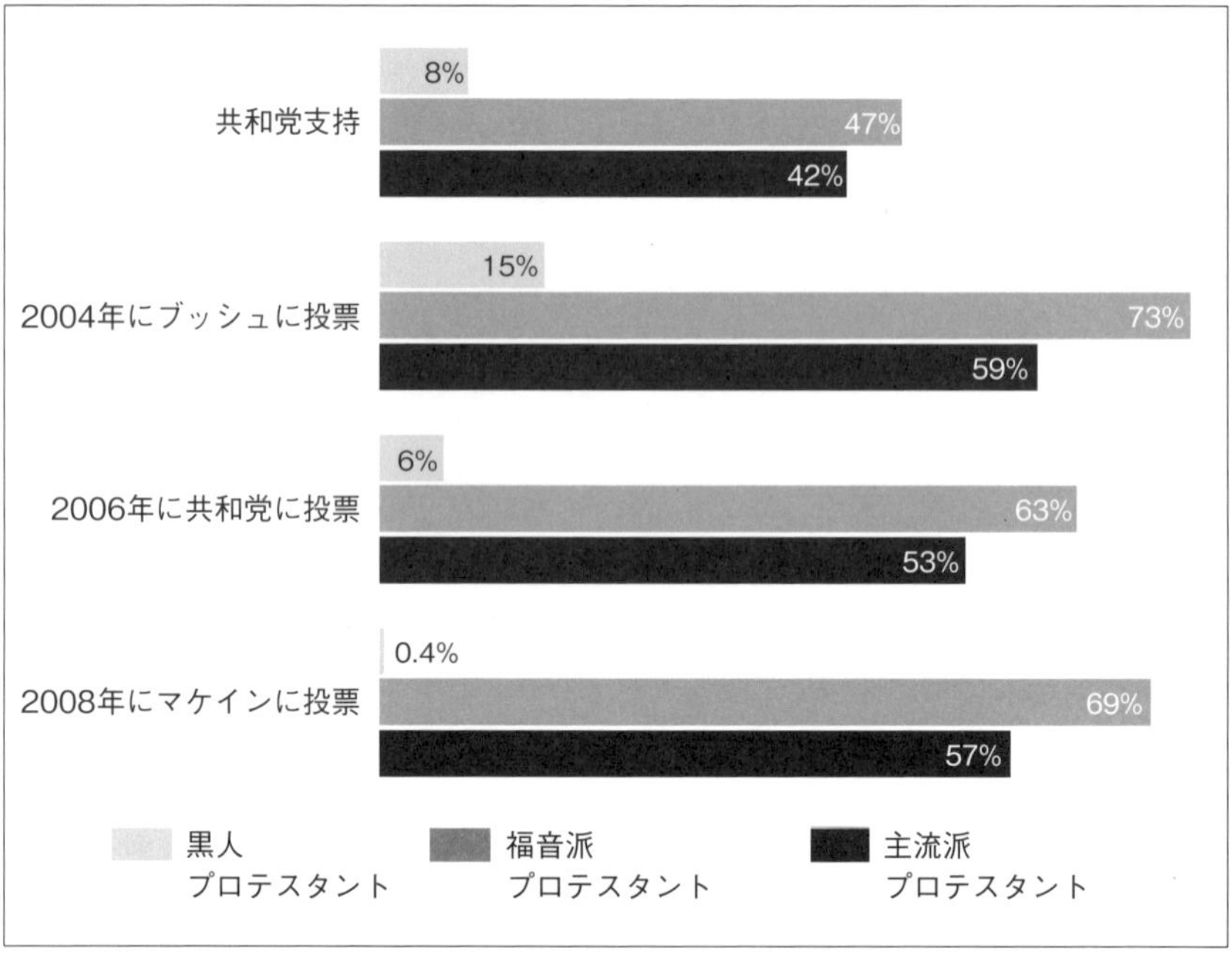

出典：信仰重要性調査および全米選挙調査，2008年.

図9-14　黒人プロテスタントは福音派および主流派プロテスタントと政治観をほとんど共有しない

黒人プロテスタントを越えて

黒人プロテスタントのケースは、本章の主要な点、すなわち宗教とエスニシティは相互強化的であるということも強調している。しかし、奴隷制の歴史をふまえると、黒人プロテスタントは例外的なものなのではないかと合理的に問う者もいるかもしれない。他のマイノリティ集団で、やはり宗教性の水準が高いものがあるだろうか。答えは、そのマイノリティ集団による、というものになる。例えばアジア系アメリカ人は白人、黒人あるいはラティーノと比べ宗教性の水準はずっと低い。民族および人種的アイデンティティが連動するというわれわれの仮説に一致して、アジア系アメリカ人は民族的アイデンティティの感覚が黒人やラティーノよりもずっと低い(29)。

しかしラティーノは、非常に宗教的なマイノリティ集団である。平均するとアフリカ系アメリカ人ほど彼らは宗教的ではないが、白人よりも一般に宗教度が高い。これはラティーノ系カトリック（ラティーノ人口の三分の二）とラティーノ系プロテスタント（ラティーノのおよそ二〇％）の両方で成立している。図9－15はラティーノと白人種、あるいは白人系《アングロ》がどう違うかを、カトリック信仰とプロテスタント信仰両方の内部で比べたものを表している。カトリックの間では、ラティーノは白人系と比べて、宗教が個人的な意思決定にとって重要であるとか、宗教は自分の生活に非常にあるいは大変重要である、そして宗教は個人的なアイデンティティの重要な部分であると答えることが一六～一七ポイント高い。ラティーノ系プロテスタントはほぼ完全に福音派であり、[30]したがって最も実際的な比較は白人種、あるいは「白人系《アングロ》」の福音派プロテスタントとのものになる。図9－15ではラティーノ系と白人系の福音派の両方で、生活の中における宗教の顕出性をさまざまな方法で測定したときに、それぞれのカトリックの比較相手より賛成の程度が高かったことが見てとれる。これらの測度では白人系福音派も同じくらい点が高いが、ラティーノ系福音派はさらに高くなっている。

　アフリカ系アメリカ人とラティーノは、宗教性の水準が高い二つのマイノリティ集団である。しかし、本章ですでに示唆されているように、民族的境界がぼやけつつあってさえも、白人アメリカ人においても宗教とエスニシティの間に依然としてつながりが存在する。

　しかし、白人の間での民族的帰属意識と宗教性の間の関係の強さは、アフリカ系アメリカ人あるいはラティーノのものには遠くおよばない。ただ、エスニシティは白人の宗教に対し、黒人に対するものほどは大きな影響を与えていないが、それは全く影響がないということを意味するものではない。前述した、民族的アイデンティティの強さが宗教的アイデンティティの強さに対応していることを想起してほしい（図9－9を参照）。しかしその関係は、黒人とラティーノに限定されるものではない。それは非ラティーノの白人という、人種またはエスニシティが高度に顕出的であることが必ずしも期待されないだろう集団にもやはりあてはまっている。同様に、われわれのデータが示唆しているのは、民族的アイデンティティが強いと結果として宗教所属が世代から次の世代へと伝達されることで、これは宗教への結びつきに影響するかもしれない他の無数の要因を同時に説明に入れたときでも成り立っていた。図9－16で表されているように、民族的帰属意識が強いことは子どものときの宗教の中で結婚する可能性の増大を意味し、そ

ラティーノ系カトリックは「白人系」カトリックよりも宗教的

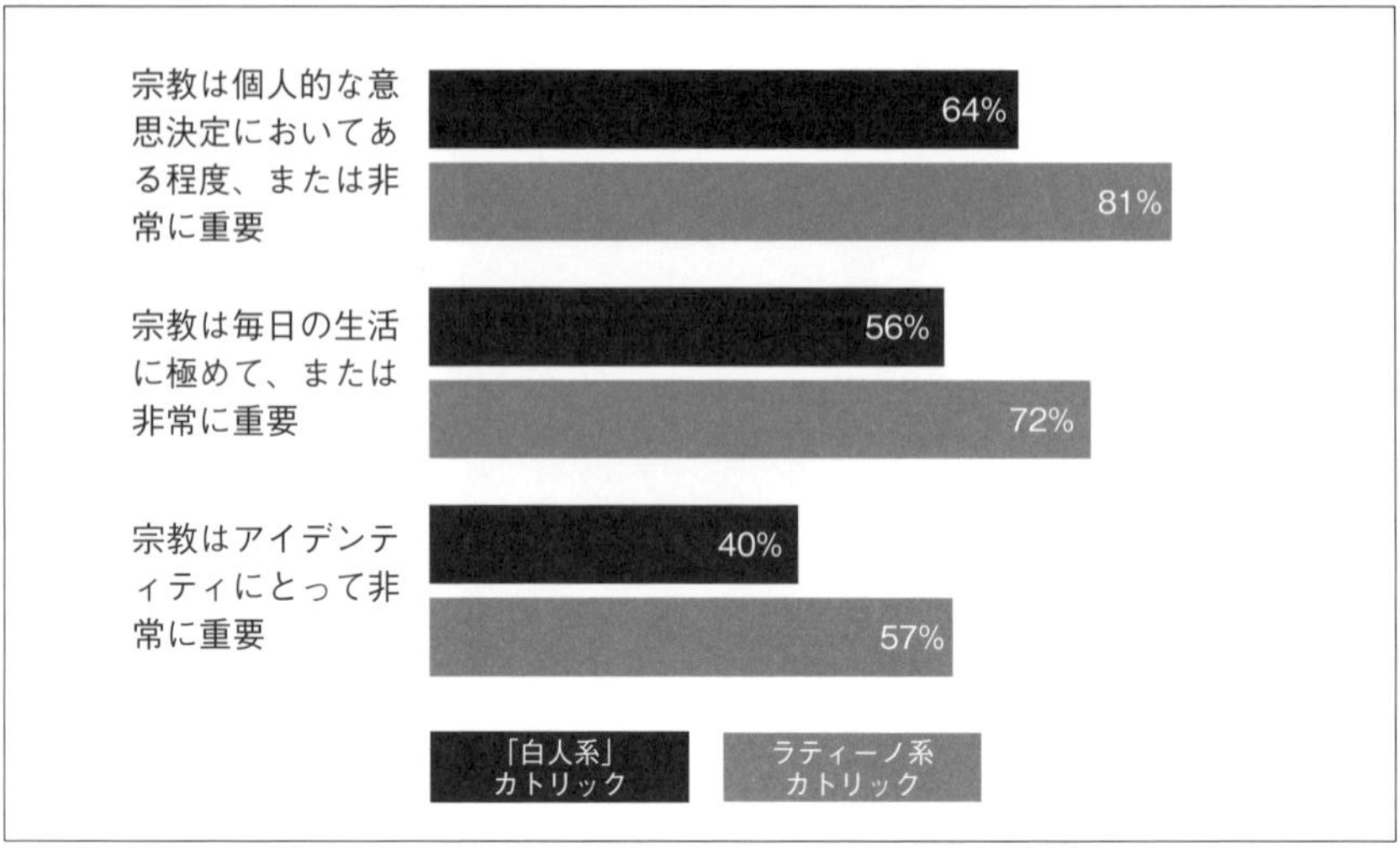

ラティーノ系福音派は白人系福音派よりもある程度宗教的

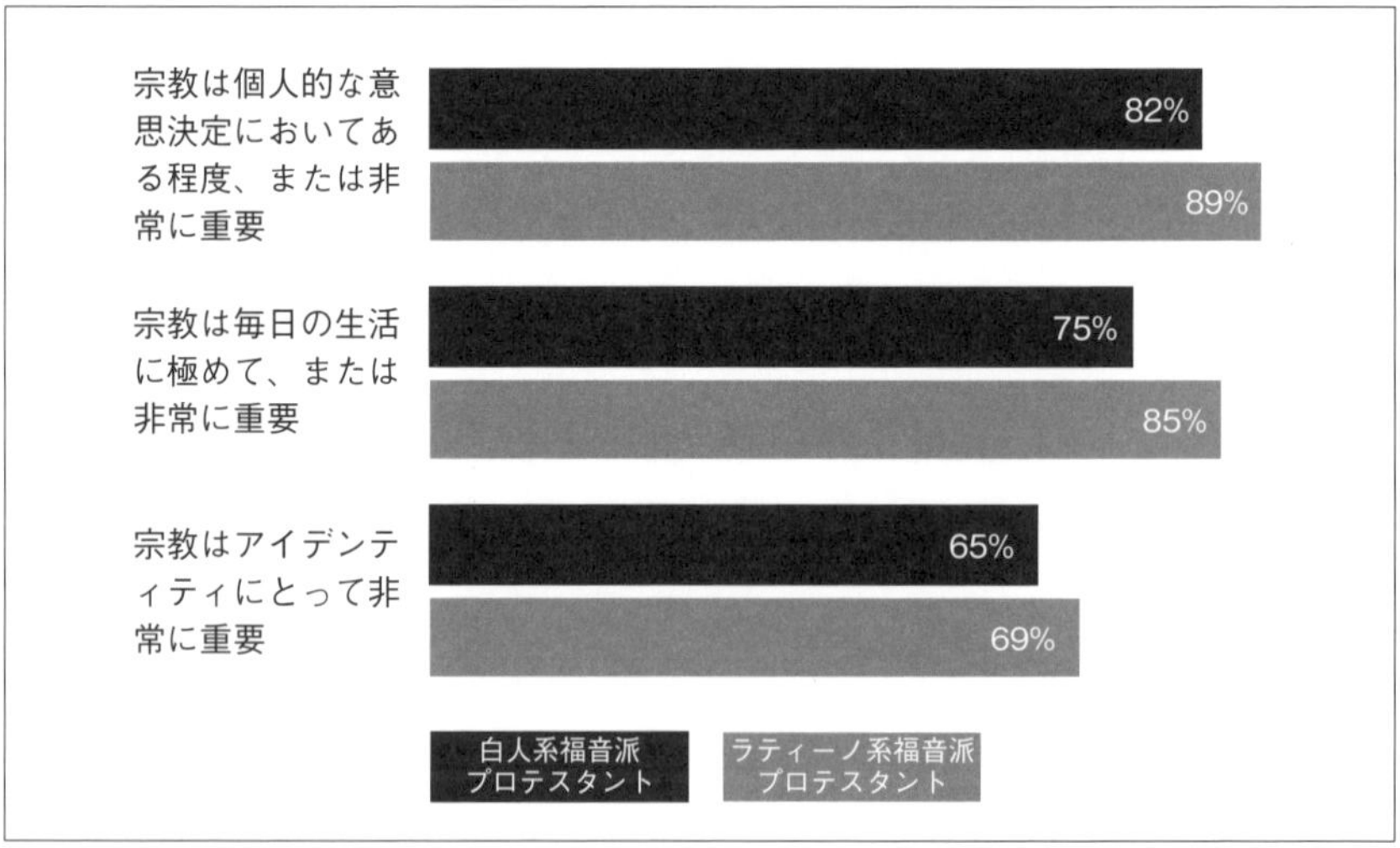

出典：信仰重要性調査，2006 年.

図9-15

のことは回って同一宗教の中に留まり続けることの重要な予測要因となる。したがって予想される通り、民族的アイデンティティの強い者は親の宗教を離れる可能性もまた低い[31]。明らかなことであるが、これらの結果では何が何を引き起こしているのかという問題はあいまいなままである。民族的アイデンティティの強さが子ども時代の宗教に留まることにつながるのか、それとも子どものときの宗教に留まることが、民族的アイデンティティの感覚を強く持つことにつながっているのだろうか。自分の宗教とのつながりを強化しているのはエスニシティである（である方がその反対よりもあてはまっている）ことの部分的な証拠として、強い民族的アイデンティティを持つ回答者は、自分の子どもについて家族の宗教と同じ相手と結婚することが重要であると述べる可能性が大きかったことも見いだされている。自分の子どもが同じ宗教の誰かと結婚することをどれほど望むか——仮定的なシナリオである——が、民族的アイデンティティ感覚の強さをもたらしうると考えることは難しい。むしろ民族的アイデンティティが強まると、自分の子どもが家族の信仰の中で結婚することを望むことにつながるか、あるいは、民族的アイデンティティの強さと自らの宗教へのつながりの両方が何か他のものによって引き起こされているという方がもっともらしいように思われる。

エスニシティと宗教の間の関係は一方向のみに流れているのか、それとも双方向なのかといった論争に落ち込んでしまうよりもむしろ、エスニシティと宗教がアメリカ史を通じて（そしてさらに長期にわたって）深く絡み合っていたということをわれわれは単純に記しておく。民族的、そして宗教的アイデンティティが共に進化していくなかで、多くの宗教と多くのエスニシティが、共生的な——したがって相互強化的な——関係を発展させてきた。

会衆多様性

宗教とエスニシティの間にある共生関係が意味するのは、多くのアメリカ人にとって、宗教は共通の民族的背景を持つ人々を特定の教派に、そして教派の中では、特定の会衆にまとめていくものだということである。しかしこの共生関係は同時に、教派と会衆全体にわたり、異なるエスニシティを持つ人々を宗教が引き離していたこともまた意味している。大半のアメリカ人にとって、アメリカ史の大半を通じ、礼拝は人種の線に沿って分割されてきた。アメリ

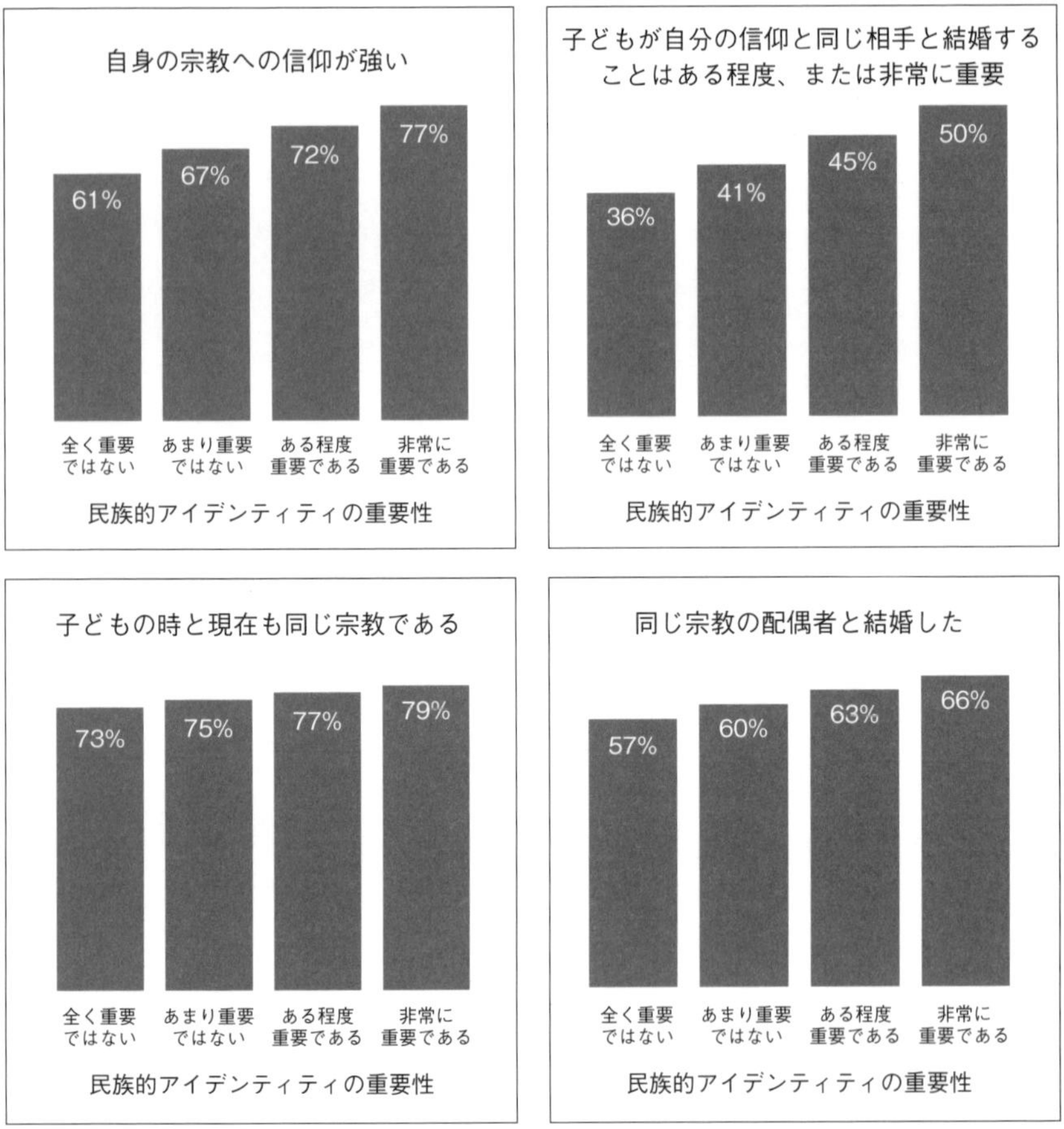

出典：信仰重要性調査，2006 年.

図9-16　民族的アイデンティティの強さは信仰、および宗教の世代間伝達の強さを意味する

（白人のみ対象、標準的な人口統計学的特性を、宗教的特性と同時に一定に保った）

カ宗教の一九五〇年代における人種的な経路について記した際に、ウィル・ハーバーグは結果として避けがたい人種的分割については何の懸念も表明しなかった。しかし、マーティン・ルーサー・キングはそうしている。彼はハーバーグと同じアメリカを観察して、「日曜朝の一一時に起立してキリストに東と西のへだてはないと歌うとき、われわれはこの国で最もへだてられた時間のうちに立っている」との有名な嘆きを残している[32]〔「賛美歌」四一九番「主イエスにありては」の歌詞「主イエスにありては／世のくにたみ／ひがしと西との／へだてぞなき」より。〕。教会の中に群れ集まった民族集団として――スウェーデン系が同胞のスウェーデン系と、ノルウェー系がノルウェー系と礼拝するように――、彼らは教会外部の人種的分断を再現している。黒人系スウェーデン人は多くはなく、またアフリカンメソジスト監督教会にいるノルウェイ系メンバーもまた多くはない。

マーティン・ルーサー・キングが嘆きを漏らした四〇年後、日曜朝の一一時は依然としてこの国で最も分離された時間であり続けているのだろうか。大方はそうだ、というのが答えだが、変化はし続けている。例えば、一九七八年から一九九四年にかけて、総合社会調査はアメリカ人の代表性サンプルに対し、人種を異にする人々のいる教会に出席しているか尋ねている(白人には黒人について、黒人には白人について)。この期間を通じて全般的な割合は着実に上昇し、一九七八年の三四%から一九九四年の四八%になった。この上昇傾向は主要な宗教系統のすべてにわたって観察されている。

会衆の民族―人種的構成について議論するときには、物差しが必要になる。何によって多様とすることができるだろうか。例えば総合社会調査の指標は、自分の会衆に別の人種の人が何かしらいると答えたアメリカ人の割合を反映している。回答者は礼拝所内部の全体としての多様性を回答したわけではなかった。社会学者マイケル・エマーソンは、宗教と人種についての先導的な専門家だが、会衆を多民族、あるいは多様であると呼ぶためには「会衆の二〇%以上が、最大の人種集団と人種的に異なっていなければならない」と提案している[33]。彼はこの二〇%という閾値は恣意的なものではなく、多くの異なる文脈での、さまざまな次元の多様性に関する研究に由来すると記している。「二〇%は臨界量《クリティカルマス》を構成するもので、「この割合は、その存在感が感じられ、体制や組織に浸透するのに十分に高い比率である」。信仰重要性調査では、回答者に対してその会衆の人種構成を表現するにあたり四つの選択肢を示している。彼らは会衆のなかで「あなたと同じ人種あるいは民族の人は――全てあるいはほとんど全て、約四分の三、約半分、約四分の一以下」かと、その比率を尋ねられた。

われわれは「約四分の三」を、会衆が民族的あるいは人種的に多様であるとする区分として用いた。同じ人種あるいは民族である会衆仲間の比率について尋ねているので、この閾値が意味しているのは、回答者と異なる人種のメンバーがおよそ二五％はいるものを多様な会衆と定義しているということである。この二五％という区分は、エマーソンの閾値である二〇％より大きく異なっているのではないかという懸念が起こらないようわれわれが記しておくのは、大半の人は「自分の会衆の多様性を過大に推定する傾向があり、その場合五％分高く丸めようとすることが通常である」ことを彼が見いだしているということである。[34] およそで言えば、二五％水準の多様性とは、おそらくは二〇％により近いものである。[35]

われわれの結果を詳細に論じる前に、いったん立ち止まってわれわれの会衆多様性の測定の仕方の不完全さを認識しておこう。われわれの回答者が出席する会衆に観察者を派遣して、多様性の水準を独立して評価すれば、はるかに正確なものになったであろう――これははるかに正確ではあるが、しかし非常に高価につくので実際的なものではない。その代わりにわれわれが依ったのは、二〇〇六年信仰重要性調査の回答者が報告した、自身の会衆内部における多様性の度合いであった。これはいくぶんのあいまいさを呈している。例えば、回答者が自らの人種や民族であると考えるものに何であれ依存しなくてはならない――彼らは自身を白人と考えているのだろうか、それともスウェーデン系なのだろうか。また回答者は会衆内部の、民族や人種の具体的な混ざり合いを示すように求められたわけでもない。したがって、多様な会衆というのが主要な二集団のみなのか、それとも多集団の混合なのかが判明することもない。さらに、多数派集団のメンバーは自分の周囲の少数派の割合を過大推定する傾向があり（この形式の誤知覚は教会にもおそらく適用される）、したがって会衆成員によって報告される多様性の程度はインフレすることをこれらの数値の解釈においては念頭に置かなければならない。[36]

幸運なことに、会衆多様性に関するわれわれの推定を、全米会衆調査（National Congregations Study, NCS）を使って交差検証することができる。これは会衆に関する全国的な代表性研究である。信仰重要性調査とは異なって、全米会衆調査は聖職者が自分の会衆の特徴を報告したものに依拠していて、その中に人種構成も含まれているのである。

信仰重要性調査とＮＣＳの間の比較を正確に行うことはできないが、それはＮＣＳが四つの人種集団について順次尋ねていったからである――あなたの会衆における白人の比率はどの程度ですか？　黒人は？　ラティーノは？　アジア系は？、と。信仰重要性調査では回答者に、会衆の中で自分と人種あるいは民族を同じくする割合を尋ねていたことを思い出してほしい。さらに、ＮＣＳは会衆についての調査であって個別の教会出席者に対するものではなく、また面接は聖職者とのものであって、平信徒とのものではない。それでも、信仰重要性調査の結果が全く的外れなのかどうかを示すにはこれら二つの調査は十分に似通っている。われわれの数値はＮＣＳのものと非常に近く、信仰重要性調査の結果はおおよそ正しいという確信を与えるものになっていた。われわれの調査によれば、アメリカ人の八四％は「約四分の三」あるいは「全て／ほとんど全て」が同じ人種あるいは民族である会衆に出席していた。一九九八年のＮＣＳは同一人種が四分の三以上の会衆が八七％であることを示している[37]。これよりわずかに厳しい八〇％分割の基準では、ＮＣＳの一九九八年と二〇〇七年調査の両方で、全会衆のおよそ九三％が人種的に多様ではなかったことをエマーソンが報告している。

会衆多様性についてのわれわれの測定からは、民族―人種分離が規範となっている、マーティン・ルーサー・キングのアメリカからそのまま抜け出してきたような教会にアメリカ人の大半が出席していることが確認される。しかし、アメリカ人の大半が人種的に等質な会衆に出席している一方で、全員がそうしているわけではない。宗教系統を見渡すと、会衆多様性には重要な違いがある。図９－17に示されているように、民族的あるいは人種的るつぼとして目に飛び込んでくるような宗教系統はないが、それでも民族―人種的多様性の程度はさまざまである。「その他の信仰」に属する者は、アメリカでもっとも多様な会衆の一つであることは注意しておきたい（下記で論じるカトリックに次ぐ二位である）。小さすぎてそれぞれ単独では分析できない種々の宗教集団を集めたものがこのカテゴリーには含まれていることを思い出してほしい。この中に含まれている（しかし限定されるわけではない）のはムスリムのモスクや、それに並んで仏教やシーク教、ヒンズー教の寺院である。モスクはとりわけ、その民族的多様性によってしばしば特徴付けられている[38]。これは興味深い知見で、米国において比較的存在感の小さい宗教系統を信奉する者の多くが、異なる民族的、人種的背景を持つ人々と共に礼拝しているということを示唆している。多民族礼拝が、エスニシティ

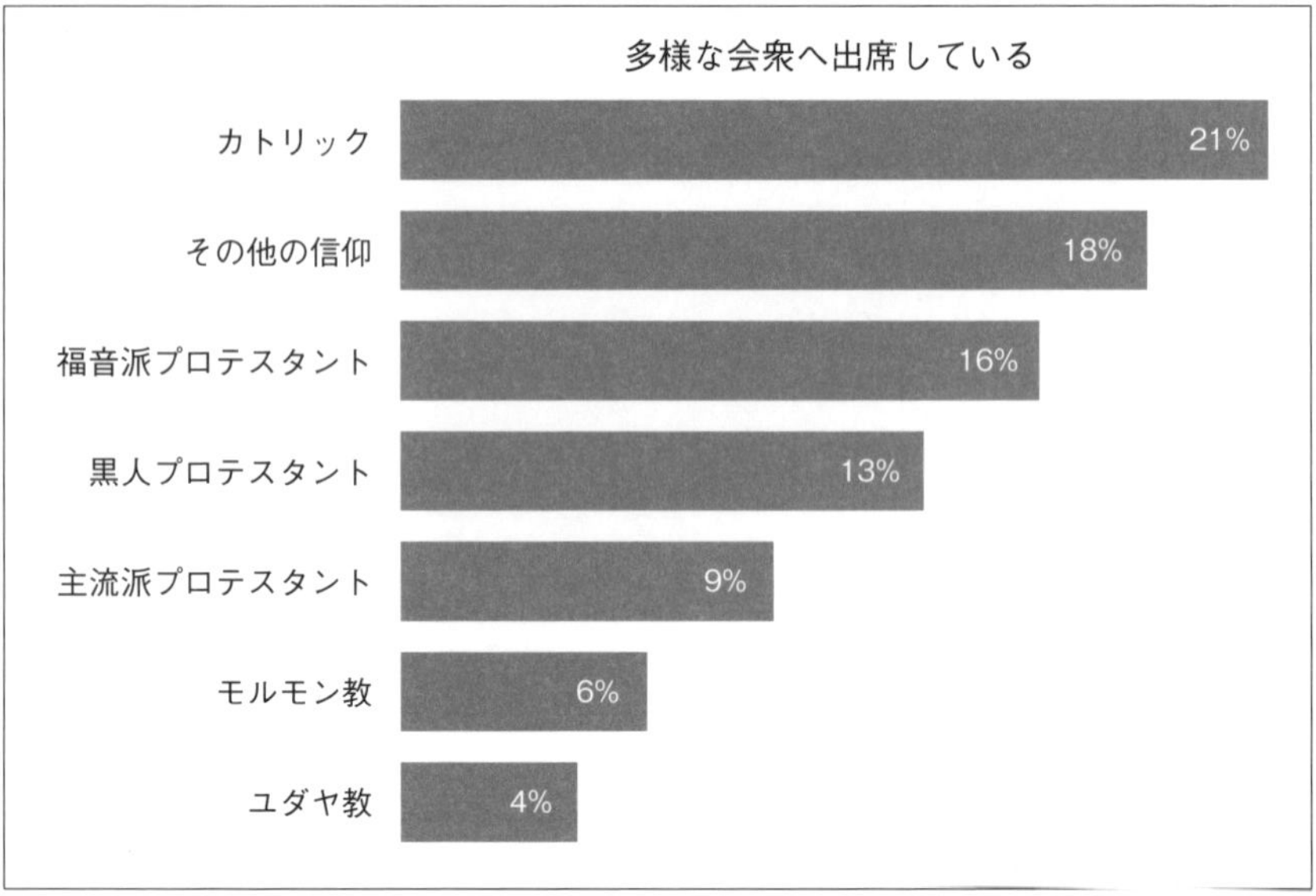

出典：信仰重要性調査，2006 年.

図9-17　大半のアメリカ人は人種的に多様な会衆に出席してはいないが、多様性は宗教系統により異なっている

と宗教の融合においてどの程度影響するのかは将来の研究に値するテーマだが、ここではわれわれの射程を超えている。

ユダヤ教徒は人種的あるいは民族的多様性が最も低い会衆を有している。モルモン教と主流派プロテスタント会衆もまた多様性の低端に位置している。興味深いのはこれらの三集団が、明示的に人種によって定義された宗教系統である黒人プロテスタントさえよりも多様性が低い会衆を有していることである。黒人プロテスタントが最も多様性が低いとして順位づけられないことを見ると、人種と宗教は不可分のものではないということに気づかされる。「黒人でプロテスタントの者」の一三%が人種的に多様な会衆に出席しているが、これはほぼ確実に、黒人教会という枠にフィットするものではない[39]。モルモン教における人種的等質性が高水準なのは驚くにあたらないが、それは二〇〇六年の信仰重要性調査の知見ではモルモン教徒の八六%が自分を白人であると答えているからである。モルモン教会は強く福音伝道的であり、世界規模で改宗者を得ようと努めているが、米国内部における教会員の人口統計学的構成は依然として大部分が白人に占められたままである。ユダヤ教徒で白人の比率はさらに高い——九七％である。

ユダヤ教徒のように、主流派プロテスタントも圧倒的に白人である（やはり九七％）。人種的等質性のこのように著しい高水準は、以前に（第5章で）宗教の維持、離脱そして改宗に関して観察したパターンによる結果である。主流派プロテスタントのこれまでの経験ではメンバーがゆっくりと、しかし着実に脱出し、また改宗者は非常に少なかった。結果として、主流派プロテスタント教会の現在の人口統計は人種的に同質なものになっていて、それは主流派プロテスタントの戦後全盛期を反映しているのである。その時代の非公式な支配階級として、主流派プロテスタントは大部分が白人であり、非常に少ない改宗者も多くは白人に現在占められている。それはまるでマーティン・ルーサー・キングの描いた人種分断が、琥珀の中に保存されてきたようである。

しかし、現在の目から見て同質であるように映る会衆も、過去の時点では実際には多様であると考えられてきたかもしれないことは注意しておきたい。オリーブ山教会を取り上げると、このスウェーデン系ルター派教会は、スウェーデンに根ざすほぼ全ての痕跡を、その建築を除いて脱ぎ捨てている。この教会の規模に対する一つの説明は、あらゆる民族的背景を持つルター派を引きつけようとしてきた数十年の長きにわたる努力である。実際にはそれどころか、教会によって制作されたパンフレットは当初からそこがいかに多様であったかについてわざわざ描写している。「オリーブ山教会はその歴史を通じてスウェーデン系移民により強い影響を受けてきたのだが、会衆を開始するにあたってのリーダーであった最初の四家族のうち二つは、純血のノルウェー系であった」。スウェーデン系とノルウェー系の混合を多様であると表現するのは今日ではおそらく滑稽に見えるが、このような反応により示されるのは、人種と民族集団を定義する境界線はいかにもわれわれの時代の産物であって、その意味は時間を通じて変化していくということのみである。オリーブ山教会の牧師の一人が面接でわれわれに示したところでは、以前は「スウェーデン系とノルウェー系のいさかい」が存在していた。彼がさらに述べるには、彼の曾祖父母は自分たちの「混合婚」——ノルウェー系とスウェーデン系の——に対する非難に直面したのだった。

今日では、北欧人種間の結婚はオリーブ山教会でも、その他アメリカのどこであっても眉をひそめられるようなことはないであろうと述べることに危険はないと思われる。白人の民族集団間を分けていた線が、より広範なアメリカ社会の中で消滅していったのとちょうど同じように、主流派プロテスタント教派の内部でもほぼ完全にそれは消滅してきたのである。

多様な会衆に出席しているのは誰か？

会衆多様性の水準を宗教系統間で比較する時に、主流派プロテスタントあるいは福音派、またはその他の宗教系統であるという以上の民族―人種的異質性の程度を説明する要因は確かにないと言えるだろうか。われわれの観察している差異はおそらく、宗教系統自体ではなく、これら宗教系統のそれぞれに属する人々のその他の特性によるものかもしれない。この問題を解決するため、多様な会衆への出席に対する予測変数になりうるような、個々の教会出席者を記述する無数の特性の影響を検証した。ある宗教系統のメンバーが多様な会衆に出席する可能性が高いのは、彼らが都市部に居住することが多く、そして都市部はそれ自体が多様性が高いからであるということを想像してほしい。もしそうであれば、多様性の程度を説明するのは、会衆の存在する場所であって、その宗教系統ではない。関連する要因全ての影響力を同時に検証することで、ある要因は別のものの代わりにはならないということに確信を持つことができる――このようにして、会衆多様性に対する多くの影響を解きほぐすのである。

われわれのモデルに含めたさまざまな予測変数は、個人の、コミュニティの、そして会衆の特性に分けることができる。

・個人特性には年齢、性別、人種―エスニシティ、そして教育水準が含まれる。これらの中では、女性、若者、そしてヒスパニックが多様な会衆に出席する可能性が高い――教育水準はその人の会衆の多様性に関連を持っていなかった。図9－18では性別、年齢、そしてラティーノ系民族が会衆多様性の予測変数としてどう異なっているか比較してみたが、それぞれの影響力はせいぜいが控えめな、と呼びうる程度だった。[40] 女性は男性よりも多様な会衆に出席する可能性が四ポイント高く、二〇歳の者は七〇歳の者よりそうする可能性が五ポイント高く、そし

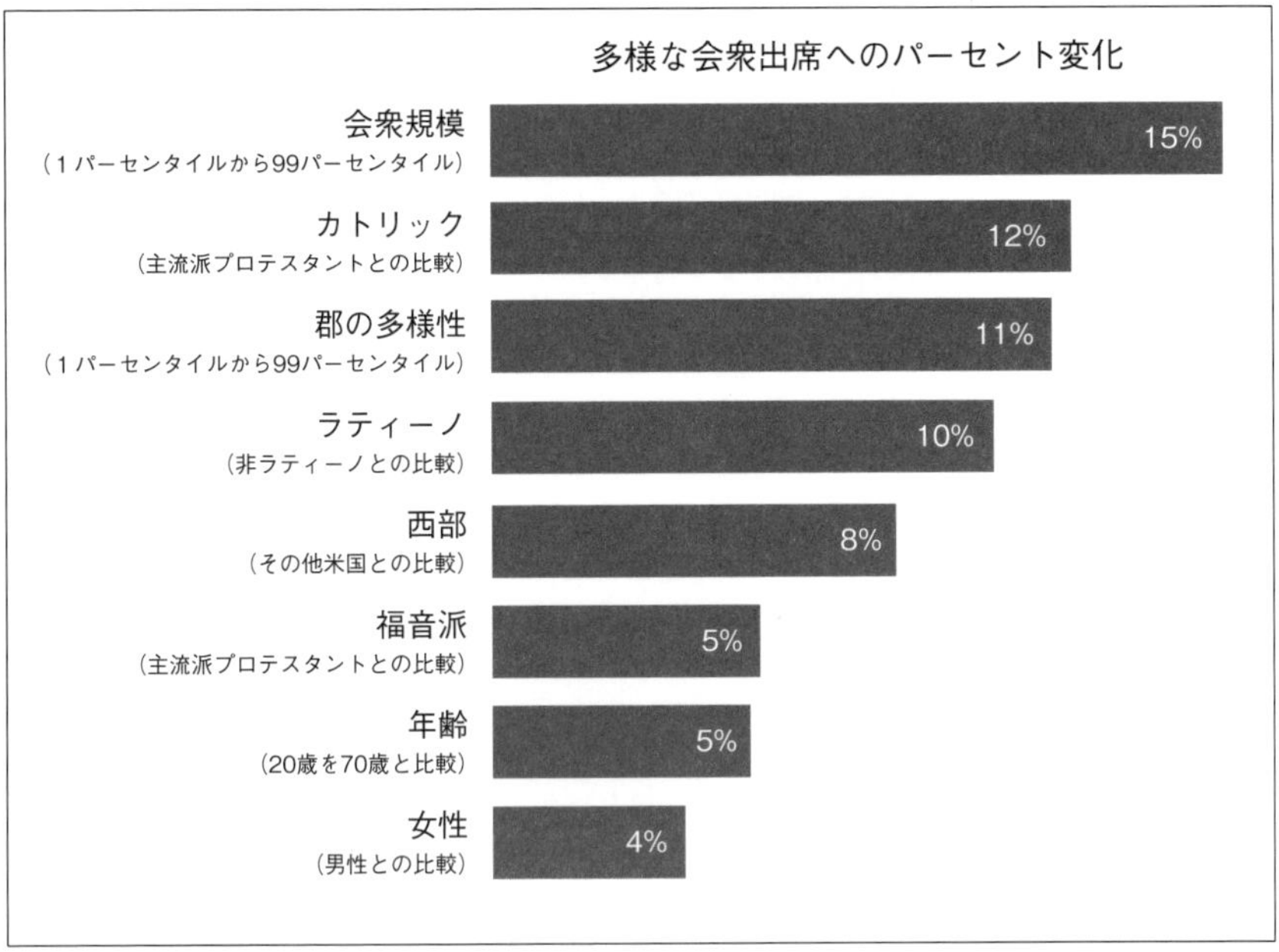

出典：信仰重要性調査，2006年.

図9-18　多様な会衆への出席を予測するものは何か

てラティーノは白人よりも可能性が一〇ポイント高くなっている。

・コミュニティレベルの要因には、その人が居住する国内での地域、都市、郊外あるいは農村部に位置するか、そしてその郡の人種的多様性が含まれている。西部諸州にある会衆は北東部、南部そして中西部にあるものより多様である（西部人はその他の地域住民よりも多様な会衆に出席することが八ポイント高い）。単純に都市環境に住むということは、多様な会衆への出席を予測しない。むしろ重要なのはその郡の人種的多様性である——多様性において最低の場所（一パーセンタイル）から最高の場所（九九パーセンタイル）に移動することは、多様な会衆に出席する確率の一一ポイント上昇に対応している。[41]

・会衆レベルの要因には、個々の宗教系統と、会衆の規模が含まれる。会衆規模は、多様な会衆への出席に対する最重要の予測変数になっていた。[42] 最大規模の会衆（九九パーセンタイル）に出席している者は、最小規模の会衆（一パーセンタイル）に出席している者より、多様な教区民仲間のグループと共に礼拝しているという回答が一五ポイント高かった。

会衆多様性と相関するこれら多数の要因で同時に説明した時でさえも、宗教系統のなかには依然として会衆多様性が高い、あるいは低いものがあった。図9－18にあるように、控えめではあるが（統計学的な意味で）有意に、カトリックと福音派で多様な会衆への出席の比率が高いことが再び見てとれる[43]。

言い換えると、個人間や、彼らの住むコミュニティ間での差異を説明に入れたときであっても、明確に多様である宗教系統のあることが依然として見いだせる。このことが示唆するのは、一般に、全国的に多様性が増大していたこの期間に、いかに会衆多様性を促進させた（あるいは抑制した）かで宗教系統は異なっていたということである。われわれの目的にとって重要な二つの事例は、同時にアメリカにおける二大宗教系統になっている――カトリックと福音派である[44]。

カトリック

もしカトリックについて知っていることがその維持率のみであったのなら、その会衆内部の民族―人種多様性が最高水準にあるということを知って驚くことになるだろう。

第5章で論じたように、カトリックの宗教維持率は低く、それが意味しているのは、主流派プロテスタントと同様にメンバーが急速に流出しているということである。脱落者は新たな改宗者によって置き換えられていないが、それは流出が流入よりもずっと大きいからである。カトリック信者の間での比較的低い維持率は、カトリック信仰の民族的ルーツが消滅しつつあることを反映している。ポーランド系やイタリア系のような、白人系民族とラベル付けされることがある集団にとって、カトリック経験の中の民族的次元は大きく減少した。アメリカの都市の多くは以前、民族的な線に沿って定義されたカトリック小教区にきれいに分割されていたが、今日の小教区は礼拝のスタイルおよび／または提供しているプログラムによって区別されることがむしろ多い[45]。

カトリックが主流派プロテスタント、あるいは他のいずれよりも多様な会衆を有していることの理由に特段秘密はない。アメリカのカトリックはラティーノ系の流入を経験してきており、彼らは多くの点で教会を変容させたが、中でも重要なのが、白人系とラティーノ系が小教区内で混ざり合ったということがある。[46]

以前の世代では、イタリア系（あるいはポーランド系、ハンガリー系、アイルランド系、その他）であるということは、カトリックであるということだった——宗教とエスニシティが相互に強化し合っていると述べるときに意味するものの一例である。こういった集団がアメリカに移民してきたとき、宗教は自然とその民族的遺産から流れだし、同時にエスニシティがその宗教を支えた。カトリック小教区はこれら群れなす民衆の中間駅となって、彼らに精神的、物質的支援を提供した[47]〔「群れなす民衆」(huddled masses) は、自由の女神の台座に刻まれている、エマ・ラザラス作のソネット「新しい巨像」の表現に由来している。〕。二〇世紀初頭のカトリック移民の純粋な数は、どのような基準によっても印象的である。カトリック信仰内部での民族的異質性を示す一つの指標として小教区の会員による英語以外の言語使用というものがあり、それはどこに非英語話者が集中していたのかを見ることを可能とする。米国国勢調査局によって収集されたデータによれば、一九〇六年には四七一一のカトリック小教区にいるおよそ六三〇万人の会員が、英語以外の言語を使用していると回答していた。[48] 一九一六年までにそれは六〇七六小教区の七六〇万人へと成長した。比率でいえば、英語以外の言語を用いる小教区が全カトリック小教区の五四％から一〇年後には六三％まで上昇したことをこれは表している。会員という観点からは、一九一六年までには全カトリック信者の五七％が全く英語を用いない小教区に出席していた（一九〇六年の四三％に比較して）。

地域の小教区は近隣に根ざしていて、これらの移民がアメリカでの生活に適応するにあたっての主要な組織になっていた。歴史学者ジョセフ・カシーノの言葉では——

> 小教区は、その機能の全てを通じて、多くの移民が同化していく過程を和らげ、貧困者や生活困難者、無学の者に非常に実践的なサービスを提供し、また宗教的、コミュニティ的支援を通じて節目の通過儀礼に対して確かな意味を与えてきた。[49]

エスニシティによる小教区の定義は公式《デジュール》のものである場合もあれば（別名「民族小教区」）、他の場合には民族的断片化は地理に基づいた事実上《デファクト》のもので、エスニシティと近隣の境界が結果的に重なり合っていたという場合もあった。[50] 公式であろうと事実上であろうと、その目標は言語的、文化的に居心地のよいニッチを提供して、さまざまな民族集団のメンバーがその宗教を体験し、自らのエスニシティを強化できることにあった。すなわち、これら小教区は全て、カトリック信仰という共通テーマのバリエーションをそれぞれ多様な民族的手がかりの中で提供するものと捉えられていた。カトリックと移民に関する一九二三年のシンポジウムは当時の言葉により、そのような普遍性への高い志向を反映したものになっている。

> 時代を超えてこの教会が示してきたのは、同一の統治体制、信仰と行いについての同一の定めの下に人々を置くことにより、最も相違する人種を同化していくという顕著な能力だった。今日のアメリカでは、その同じ実験が再び繰り返されている。[51]

言い換えると、カトリック教会は同化のエージェントとして振る舞おうとしてきたが、その過程はこの引用が示すようには、円滑ともあるいは完全だったというのにもほど遠いものだった。それでも、この目的は注目に値する。

さまざまな民族集団をカトリック信仰に統合していく緊張のみならず、カトリックが優勢なこれらの移民集団を、大部分はプロテスタントであるアメリカ社会の中に統合していくことによっても緊張は発生した。カトリックの存在感が増大していくことはしばしば、多数派のプロテスタントの間に敵意を引き起こし、それが彼らが互いに結束して、その民族的伝統を強化するさらなる理由をもたらした。しかしこれらのヨーロッパ民族集団が同化していくにつれ、プロテスタントとの緊張は静まり、原因にせよ結果にせよ、彼らの信仰とそのエスニシティとの間のつながりはゆるみ始めた。

今日、われわれは再び大移民の時代を経験しており、それは再び新参者に対する敵意の引き金となっている。その民族集団——ラティーノ——は再びカトリックが優勢である。そしていま一度、教会はこれら移民にとっての避難所となってきた。

もしラティーノがアメリカのカトリックのコミュニティ内部における小さな構成集団ということだけであるなら、これらの歴史的な相似現象は興味深い社会学的観察対象にすぎず、米国のカトリック信仰全体としての状態に対する衝撃もほとんどなかったであろう。現実には、その純粋な数の力でラティーノはアメリカのカトリック教会の姿を変えつつあり、その衝撃はこれからの年月でいや増していくことがあらゆる徴候に示されている。

アメリカのカトリック信仰内部におけるラティーノ要因の評価は、単純な算数から始まる。カトリックの比較的低い維持率は、改宗者が少ないことと組み合わさって、人口に占めるそのシェアにおける避けがたい低下を意味していたかもしれない――これは主流派プロテスタントの低下と横並びのものである。しかし過去三〇年間を通じて、米国人口に占めるカトリックのシェアはおよそ二五％で維持されてきており、国内で単独最大の宗教系統であり続けている。全体としてのそのような均衡状態は、他の源泉からカトリック教徒の流入があったということを通じてのみ可能となっている――すなわち移民であり、その多くはラテンアメリカのカトリックが優勢な国から来たものである。ラティーノは何世紀にもわたってアメリカのカトリックのモザイク中の重要な集団であったが、彼らは近年のアメリカの、したがってカトリックの人口の中でますます大きなシェアを構成するようになっている。米国のカトリック数を押し上げたラティーノの流入がなければ、アメリカのカトリック人口は壊滅的な衰退を経験したことになったであろう。二〇〇六年の信仰重要性調査によれば、アメリカ人カトリック全体の三五％がラティーノ系民族であると回答している。

カトリック教会内部におけるラティーノの存在感の拡大は、カトリック人口の人口統計学的構成における世代差の比較によって最もはっきりするが、それを図9－19に示している。ラティーノは五〇歳以上のカトリックでおよそ一五％を占めている。この割合は三五歳から四九歳までの者では三四％に増加し、さらに三五歳未満のカトリックの間では五八％まで上昇する。言い換えると、今日のアメリカにおけるカトリックの若者の間では、一〇人中六人がラティーノである。

一〇人中六人というものでさえ、実際にミサに座っている人間を考えたときには、若年カトリック人口に占めるラ

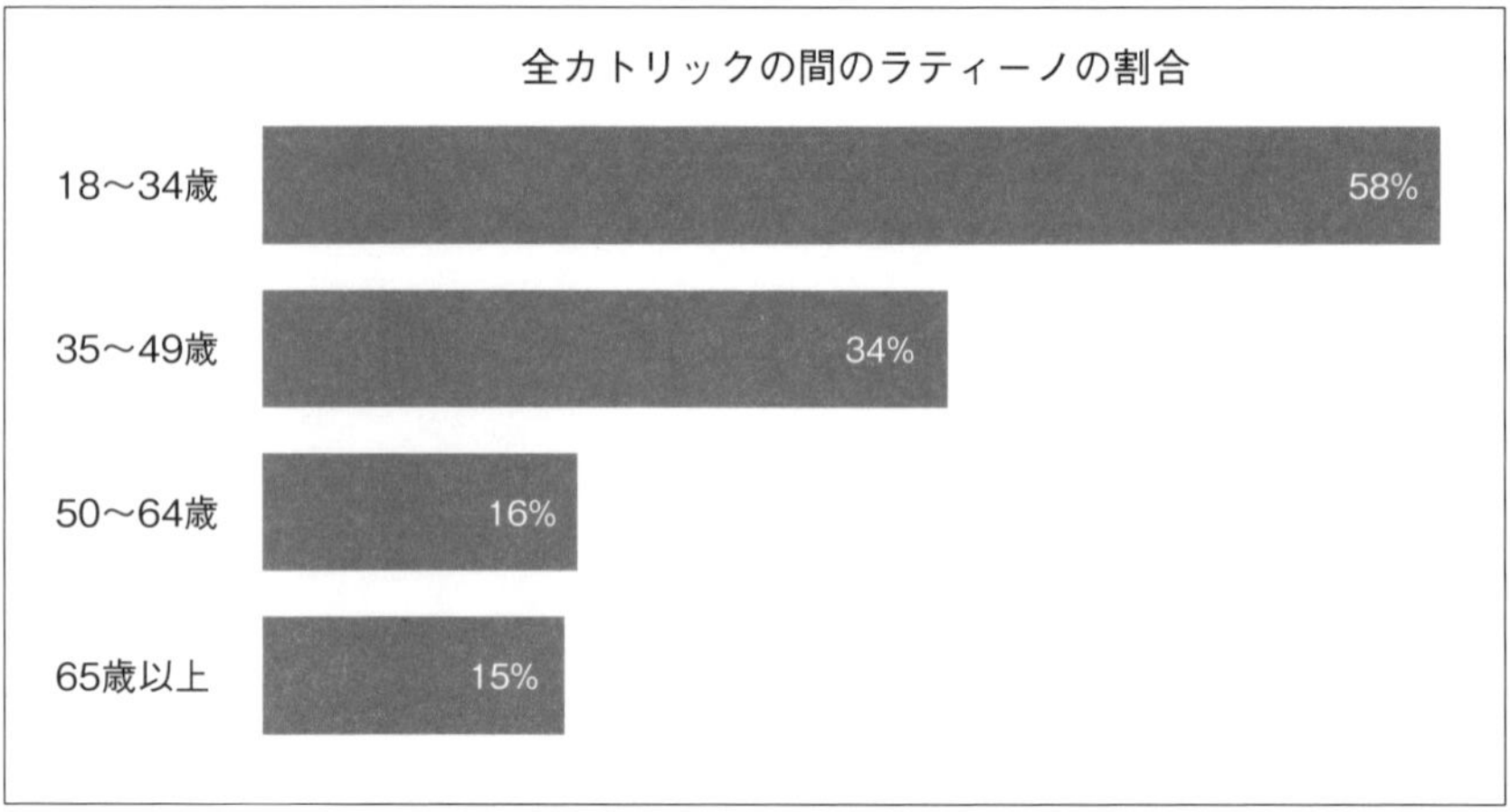

出典：信仰重要性調査，2006年.

図9-19　若いカトリック信徒の多数派はラティーノである

ティーノのシェアを控えめに表現したものである。年長のカトリックでは白人の方がラティーノよりも毎週教会へ出席する可能性が高いが、若年のカトリックではこの傾向は反対になる。カトリックの最若年グループ（三五歳未満）の間では、したがってアメリカのカトリック信仰の未来においては、ラティーノは白人系よりもずっと優勢になる。定期的に教会出席する若年カトリックの一〇人中七人近く（六七％）がラティーノ系である[52]。

カトリック教会内部のラティーノの存在感拡大についてのさらなる証拠は、第5章で記述した、ラティーノ系カトリックは「白人系」カトリックと比べて信仰に留まる（あるいは、少なくとも、自らをカトリックと同定し続ける）可能性がずっと高いという単純な事実から来る。民族的アイデンティティが強いと宗教維持が促進されるという先行する観察を念頭に置けばこれは予想通りのことで、それもラティーノが民族的アイデンティティを強く回答するからである。カトリック全体における維持率は六三％であるが、カトリックの中でも白人系とラティーノ系には大きな格差がある――それぞれ五七％と七八％である。宗教的脱落においてのこの差が持続すれば、次世代のカトリックではさらにラティーノの比率が高くなるだろう。まとめると、米国カトリック教会の未来とは主としてラティーノの未来となっている。白人系民族のカト

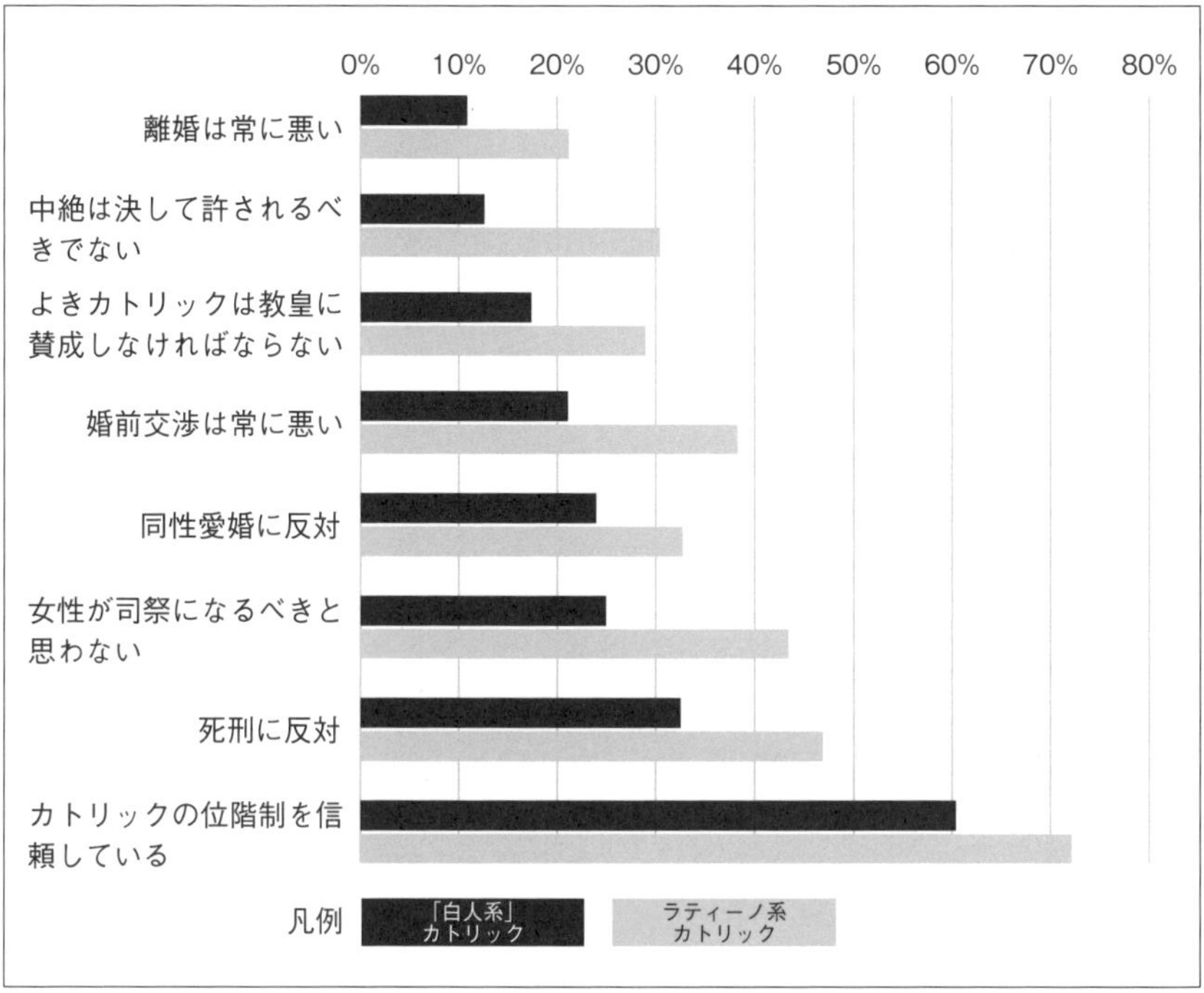

出典：信仰重要性調査，2006年.

図9-20　ラティーノ系カトリックは「白人系」カトリックよりも正統な信念を持っている

リックが教会の一方のドアからちょうど飛び出していったとき、新たにラティーノがもう一方のドアから駆け込んできて彼らを置き換えてきたからである。

アメリカのカトリック信仰におけるラティーノの存在感増大は、量的なだけではなく、質的にもまた意味を持っている。ラティーノは「白人系」カトリックとさまざまに異なっており、その中には行動と信念の両方が含まれる。上記の図9-15で見たように、プロテスタント信仰とカトリック信仰の両方で、ラティーノは白人系よりも宗教的である。

「白人系」とラティーノ系のカトリックの違いは、カトリック信仰に特有の宗教的信念について見た方が、より一般的な個人的宗教性の測度よりも特に明確になる。図9-20によれば、集団としてみるとラティーノ系のカトリックは「白人系」の同胞信者よりも、一貫して正統的《オーソドックス》な見方をより採っている。どちらの集団も、カトリック教会の公式な教えを厳格に遵守していると特徴付けることはできないのではあるが。実際、正統派のカトリック教義を支持しているカトリックの割合が低いことは印象的である。

「白人系」カトリックよりもラティーノ系の方が、カトリック教会のリーダーシップを信頼していると答えることが多い。同様にラティーノは、よきカトリックであるためには、二〇〇六年信仰重要性調査の聞き方では「避妊、中絶、あるいは離婚のような問題」について教皇に賛成しなければならないという意見を持つ傾向が高い。教会の位階制を支持し教会の教えに進んで賛成する傾向が高いことをふまえると、男性のみが司祭になるべきであるという教会の方針にもラティーノが賛成する傾向が高いことは驚くべきことではない（そのような見方をするラティーノ系カトリックは半数に満たないのだが）。同じように、「白人系」と比較したとき、ラティーノ系カトリックは離婚、中絶、同性愛婚はよくないと述べることが多い。しかし、カトリックの正統は必ずしも左右の政治的スペクトラムに一致しないということを思い起こさせるものとして、ラティーノ系カトリックは死刑に反対する傾向もまた高いということがある――これはカトリックの教義とは合致しているが、性や家族に関連した問題についての質問に反映していたような政治的保守主義とは逆のものである。

「白人系」とラティーノ系のカトリックの間に見られるこれらの違いを強調すると、公式な教会の教えに多くの者が賛同しているからということのみをもって、ラティーノ系の方が「よき」カトリックであると結論づける誘惑に駆られる。それよりも、白人系とラティーノ系はそのカトリック信仰を異なって経験しているということを認識する方がより正確である。さらに別の測度においては、白人系の方がラティーノ系よりも優位に立っている。例えば、白人系は自分の小教区の公式な会員であると答えることがずっと多い。そして彼らはまた「食事、飲酒、あるいはタバコ」を宗教的理由によって控えたと答える可能性も高く、これはカトリックの文脈では主として、四旬節《レント》に従っていたことを意味する〔カトリックにおける「四旬節」は復活祭（二〜三月の日曜日）前の四〇日の準備期間を指し、この時期には大斎・小斎として断食や肉食を避けることが行われる。〕。ラティーノの経験によってこれらの差を説明する要素もあるが、それでも差は依然として残る。例えば、シカゴ地域のカトリック小教区に関するわれわれの調査で司祭が語っていたところによれば、多くのラティーノが小教区の会員として登録することに躊躇しているが、それは移民当局がこれらの記録を入手することを懸念してのことだった——彼らは合法に米国内にいたとしても、不法滞在の友人や家族を持つ者が多いのである。カトリックの司祭である同僚から、ラティーノと四旬節に関して参考になる逸話を聞かされたこともある。彼はシカゴに育ったが、何年も前にはチリで暮らしていた。そこでは若き司祭として、チリ人のカトリックに四旬節の期間は肉食を控えなければならないことを教えていたことを彼は覚えている。彼らは司祭をいぶかしげに見て、「神父様、一体どこで肉が手に入るんで？」と言ったのだった。米国内のラティーノの大半は、これら何年も昔のチリ人のように貧窮はしていないが、このストーリーが示唆するのは宗教的実践——あるいは、この場合には、実践の欠如——は特定の文化的（あるいは経済的ですらある）文脈の中で進化するということである。米国外でのラティーノ各世代が肉食を避けるという四旬節に従っていなかったとしたら、米国内のラティーノがやはりそうしていないだろう理由を理解することができる。

ラティーノ系と「白人系」カトリックは、カトリック信仰の実践を越えたところでもまた異なっている。ラティーノ系と白人系が、中絶や同性婚について異なっていることについてはすでに記した。ラティーノ系カトリックは教会の立場を支持する傾向が強く、したがって政治的スペクトラムでは保守的な側に位置づけられる。しかし、ラティーノ系カトリックは経済的問題ではリベラルな立場を取る可能性が高い。「白人系」カトリックの六一％が貧富間の所得格差を政府は減らすべきであると述べたのに対し、同じことを述べたラティーノ系カトリックは八六％だった。同様に、「白人系」カトリックの四〇％が貧困者の支援に対する政府支出を増やすべきであると考えていたが、その立場を取るラティーノ系カトリックは八七％だった。意見におけるこれらの差が残り続けるとしたなら、アメリカのカトリックの意見は社会福祉に対する態度について左方向に移動していくことが予想されるだろう。

まとめると、伝統的なカトリックの信仰を支持していることや、その特徴的な実践、あるいは政治的意見を異にすることのいずれにせよ、ラティーノ系はアメリカのカトリック信仰にその刻印を残している。われわれの考えるところでは、他の民族集団——アイルランド系、ポーランド系、イタリア系——の残した刻印とそれは大きく異なるわけではない。

アメリカのカトリック教会内部でのラティーノの特殊性を強調してきたとはいうものの、ラティーノ系カトリックは黒人プロテスタントに類似していて、よって別個の宗教系統を構成するに十分なだけの特徴があるということをこれが意味するのかどうかを問うておくのが公平である。一言で言えば、これはノーである。黒人系と白人系の福音派は意識して一八〇〇年代に別の道を歩んだが、一方でラティーノ系と「白人系」（とその他の）カトリックは単一の宗教系統の中で一体であり続けている。事実、第7章で見たように、彼らはしばしば同じ小教区の中で見いだせる。

アメリカのカトリック信仰の将来について予想するとき、純粋な人口統計から示されるのは、カトリック人口に占めるラティーノ系のシェアが増大することしか教会には分からないだろうということである。もし移民が明日には止まっても、ラティーノ系カトリックの間の高い維持率――出生率はいうまでもない――により、カトリックというパイの中でその分け前が大きくなっていくことは確実だろう。しかしカトリックの多い国からの移民が速度を上げて続いても、アメリカのカトリック教会のラティーノ化は加速化するだけである。ラティーノ系がアメリカの教会を変化させるのか、それともアメリカの教会――あるいは単純に、米国に居住すること――がラティーノを変化させるのかは、未解決の問題として残されている。移民にとっての避難所そして出入り口としての役割を果たしてきたカトリック教会の歴史から示唆されるのは（保証はないが）、増加するラティーノをその囲いの中に収容することのできる能力である。

アメリカのカトリック教会におけるラティーノ化の増大によって将来何が起こるのかについて分からないとしても、いまここで増大している民族的異質性の増大が意味するものについて一つ語ることはできる。カトリックが比較的――そして、比較的というのは重要な意味を持つ言葉であることを強調しておく――その会衆内部での多様性の度合いが高いと報告していることを思い出してほしい。カトリック人口の内部でのラティーノ系の存在感が大きくまた増大していることを認識すれば、この多様性の理由の一つは明確になる。カトリックにはほぼ全ての人種と民族集団が含まれているが、カトリック小教区内部の民族的多様性は、その多くを白人とラティーノ系の混合に負っており、その種のことはシセロにあるローマの聖フランシスカ教会で見てきた。

カトリックの民族的歴史と、現在報告されている会衆多様性の両方に触れているとき、カトリックの小教区が多民族のユートピアであるということをわれわれが意味しているわけではない。多くの場合実際には、白人系とラティーノ系は同じ小教区に属していないか、あるいは、そうしているとしても、聖フランシスカでそうであったように、英語とスペイン語の別個の礼拝に出席している。ラティーノ系がしばしば白人系から切り離されているということの証拠は、「白人系」とラティーノ系カトリックによって報告された会衆多様性を比較することから見ることができる。白人は多様な集団で礼拝していると報告する可能性がラティーノよりも大きく、これはサン・ピオのように、多くの小教区が完全にラティーノで構成されていることを示唆している。

　白人とラティーノの混合が小教区間において一様でなかったとしても、カトリック会衆内部での民族―人種的多様性の平均水準はそれでも注目に値する。異なる人種集団に属する会員が、教会にて、あるいは他の社会状況においてしばしば互いに交わらないのには多くの理由がある。もちろん、公然としたレイシズムはその一つである。しかし、あからさまな人種的敵意は別として、人々には自分と同じような相手とつきあおうとするようなより善良な傾向もある――それは意識的な選択のこともあれば、（どこで働くかや学校に行くかというような）他の選択により人種的に均一な社会的ネットワークが生み出されるということもある。同じ羽根の鳥が群れをなす《類は友を呼ぶ》ということである。住居における人種分離の程度が比較的高い――異なる羽根の群れは一緒に巣作りしない――ことを加えれば、会衆が人種的に同質になることが予想されるべき理由がさらに見いだせる。

　しかし、カトリック信仰における特徴の一つが潜在的な拮抗力として働く可能性があり、異なる羽根の鳥を一つの群れに集めている。出席する会衆を自ら選ぶことが一般のプロテスタントと異なって、カトリックは、少なくとも表向きには、地理的な場所によって小教区に割り当てられる。一般的に、この方針はもはや厳密には実施されていないが、しかし地理的な割り当ては規範として残っており、このことはカトリックにおいてはプロテスタントほどには教会ショッピングがありふれてはいないことを意味している[53]。結果として、小教区境界に白人系とラティーノの両方が含まれているときには、そのような状況により二つの集団が礼拝や会衆活動を共にし、そしておそらくは友情すらもまた形成する機会が提供される。

　小教区への地理的な割り付けは、カトリック会衆内での人種の混合を保証するわけではない。小教区の境界はそれ自体が民族―人種分離を、改善よりもむしろ強化するように引かれる可能性もある。以前には小教区境界は、異なる民族や人種のカトリック教徒——ポーランド系、イタリア系、黒人および白人——を分離する役割をしばしば果たしていた。同様に、今日の小教区境界もまた、白人系とラティーノ系の混合の増大、もしくは縮小を促進する可能性がある。

しかし混合は、自動的に人種間の社会関係をもたらすわけではない。シカゴ小教区での挿話が示唆するように、小教区内に白人とラティーノが混ざることは居心地が悪いのが典型で、緊迫するのもしばしばである——人種の違いに言語、文化と階級の違いが重なるが、すべてがそれぞれの厄介な問題を呈している。それにもかかわらず、多くのカトリック小教区が人種的多様性によって提起された課題の解決を探る前衛に立っている。米国全体で、ローマの聖フランシスカ教会のバートシック神父のようなカトリック教徒が白人とラティーノの間に橋を架けようと、成果はまちまちとはいえ懸命に働いている（第7章を参照）。アメリカのカトリック人口の中に占めるラティーノのシェア増大をふまえると、ますます多くの小教区が同じような努力を尽くしていくことは間違いないだろう——選んでそうしてか、必要に迫られてかにかかわらず。

長い目で見たときには、カトリック小教区が白人系—ラティーノ系の混じり合う場所であり続けるのかどうかは現時点では不明である。おそらくはわれわれは三幕芝居の第二幕にいる。第一幕では、アメリカのカトリック教会には比較的少数のラティーノしかおらず、小教区レベルでの白人系とラティーノ系の間の混合も少なかった。現在の第二幕ではラティーノ系の数が拡大している——白人系—ラティーノ系の混合が、増加の途上にある。会衆ショッピングと切り替えの頻度をふまえたときの現実的な可能性として、白人系とラティーノ系の分離増大を第三幕では見ることになるのだろうか。分離が起ころうと起こるまいと、アメリカのカトリック教会は多数派—少数派の組織になりつつある途中にある。

福音派の中にいるラティーノについてはどうだろうか。福音派コミュニティの内部についても、同様の人口統計学的変容を期待すべきだろうか。現時点で、福音派の人口に占めるラティーノのシェアはカトリック信仰内部のものよりもかなり少ない。例えば、福音派全体のうちおよそ一〇%がラティーノである。しかし三五歳以下の福音派では、ラティーノの比率は二倍近い——一九%であった。しかしそれも若年カトリック人口に占めるラティーノの多数派シェアと比べると見劣りするものである。福音派人口における比率としてラティーノが成長することは期待できるが、カトリック信仰内部のように、福音派内部で支配的になることは期待できない。加えて、プロテスタント信仰の内部で完全に自由な会衆選択ができることは、会衆内部での民族間混合の量を制限するものになるだろう。

メガチャーチ

図9－18では、福音派が多様な会衆に出席していると回答していることを見た。加えて、人種的に多様な会衆を予測する最大の変数は、おそらくその規模であるということもまた見てきた。深く掘り下げると、規模と福音主義が一体となって会衆多様性を予測していることが見いだせる。多様性が急上昇するのは、会衆サイズが数千におよんだときのみであるようだ。

福音派メガチャーチにおける人種的多様性は、おおよそ過去十年前後の新しい現象である。一九九八年と二〇〇七年の全米会衆調査を比較して、社会学者マイケル・エマーソンは大規模福音派会衆の多様性の「劇的な成長」を報告している。一〇年足らずの間に、民族—人種的に多様であると分類される会衆の比率は六%から二五%まで成長した。彼はこの増加を、福音派牧師による会衆多様化のための努力によるものとし、多様性が新たに強調されるようになったことを社会運動として記述すらしている。エマーソンによれば、会衆の多様性は象徴的（例えば、マイノリティの牧師）と実際的（例えば、勧誘手法）な双方の変化を通じて促進された。「一体として、これらの変化は人種、民族的多様化を支え、そしてそのような内なる多様化がもたらす課題に対処するのに用いられた」[54]。一方で社会学者マーク・シャベスは、会衆多様性の成長がもたらされたのは主に、根本的に統合された会衆が増大したというよりもむしろ、多様性の最も低かった会衆で白人の度合いがある程度低下したからと指摘する[55]。

福音派メガチャーチ内部での多様性について、われわれはここまで観察してきた。訪問したメガチャーチのどれもが人種的に混合していたわけではないが（例えば、サドルバックの会衆は白人が優勢だった）、多くはそうなっていた。ミネアポリスのリビングワード・メガチャーチでの礼拝者は多民族が混合した構成になっており、一瞥したところでは礼拝者の一五〜二〇％は非白人という感じだった。さらに顕著な例は、アメリカ最大の教会であるヒューストンのレイクウッド教会である。以前はバスケットボールアリーナであったところに位置しているレイクウッドはベストセラーの著述家で、キリスト教番組にはほとんど常に登場するジョエル・オスティーンが牧会している〔レイクウッド教会は、二〇〇三年までNBAヒューストン・ロケッツが本拠としていたコンパック・センターに現在セントラルキャンパスを置く。〕。非福音派の多くにとって、オスティーンは疑いなくステレオタイプ的な白人福音派牧師「そのもの」に見える。しかし彼のレイクウッド教会に毎週集う礼拝者たちは、主流メディアでステレオタイプ的に描写されるような福音派会衆「そのもの」には見えない。われわれの個人的な観察では、レイクウッドに押しかけている幾千ものうちの半数以上は有色人である。さらに、この多民族混合は、大規模礼拝に限られたものではない。異なる人種の人々が聖書研究グループや、夫婦対象のクラス、そして「ターボ・ナイト」——教会の主催するさまざまな小グループに参加するよう人々を勧誘するために設けられた夕べ——に混じり合っている様子が見受けられた。

人種間の友情[56]

礼拝の最中、違う人種の誰かの隣に座ることが意味ある経験であるのは確かだが、そのように移ろいやすい人種間接触は、人種の異なる人々との正真正銘の友情と比較すると見劣りする。多様な会衆に出席することは、異人種の人々の間のより持続的な社会関係につながっているのだろうか。二〇〇六年の信仰重要性調査はこの疑問に手がかりを与えるものである。人々に対し自分の会衆における人種構成について尋ねるのに加えて、その親密な友人についても尋ねている。親友の中に白人は、ラティーノは、アジア系は、黒人はいますか、と。質問に回答している人の人種についてわれわれは把握していることから、人種間友情の指数を作成することができる——別の人種に少なくとも一人友人がいるかどうかを記録した単一の指標である（アメリカ人の五七％が、そうであると述べている）。図9-21から読者に分かるように、人種的に多様な会衆に出席することと、少なくとも一人は他人種の友人がいることの間には強い相関が見いだされる。このことは、会衆の人種構成あるいは友人ネットワークのどちらか、あるい

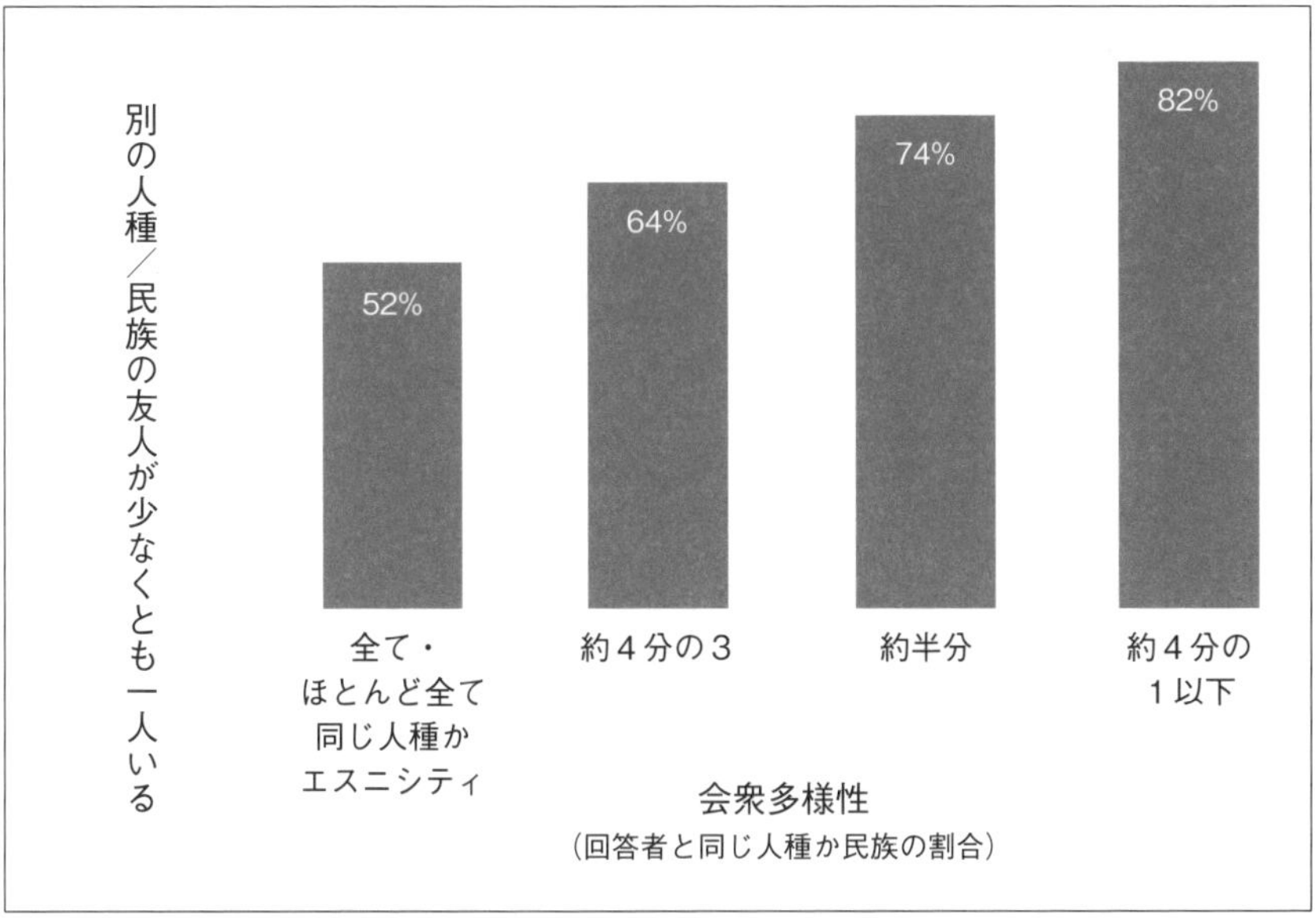

出典：信仰重要性調査，2006 年.

図9-21　会衆の人種多様性は友人間の人種多様性と相関する
（標準的な人口統計学的特性を、地理的特性と同じく一定に保った）

は両方に関連する可能性がもっともらしく思われる標準的な人口統計学的要因の束を説明に入れたときにも維持されている——そこには居住するコミュニティの人種多様性や、対象者の持つ友人の多さも含まれている(57)。

　回答者の友人（たち）も同じ教会に通っているのかどうかについては分からないので、人種間の友情が多様な会衆に出席することから生じたのかどうかは判然としない。しかしその友情が教会で作られたということが分かったとしても、多様な会衆が人種間友情を促進したと推論することはまだできないだろう。ある人が多様性を、教会と友人間の双方で追求しているということは十分ありえる。あるいは、人種間の友人関係を持つことが、その人が多様な会衆に出席することにつながっているかもしれない。信仰重要性調査のような調査では、会衆構成と友人ネットワークの間の相関が明らかにできるのみで、因果が明らかになるものではない。

　しかし相関はそれでも有益でありえる。多様な会衆が多様な友情の原因になっておらず、その代わりに両方共が多様性への同じ熱意によって引き起こされていた――そして、この点でも、どちらの方向なのか述べることはできない――としてさえも、この二つが並び立っているということがわかるのは依然として重要である。

白人は多様性にいかに反応しているのか

宗教組織がいかにして多様性に適応していったかを検討してきたが、ここからは各個人――特に、白人――が一九六〇年代の公民権時代がもたらした変化に続く数十年間の多様性にどう反応してきたかに目を向ける。宗教はレイシズムの炎をあおるのだろうか。それとも、宗教は人種不寛容を抑制するのだろうか。

白人の間で宗教とレイシズムが連動しているという非難を聞くのは一般的である。例えば、最近の論文によれば、一九六四年から二〇〇八年の一連の心理学研究に基づいて、「宗教的な不可知論者のみが人種的に寛容［である］」と結論づけている。(58) 米国における不可知論者の比率が小さいことをふまえると、これは人口の多数派はレイシストであるということを意味するということになる。そのような主張は詳細な検討を強く要請するものである。

人種的態度における長期傾向についてのいかなる議論に対しても、その背景には、過去四〇年間を通じてアメリカは人種に関する意見に劇的な変容を経験してきたということがなければならない。総合社会調査によれば一九七〇年代初頭から白人系アメリカ人は多くの事柄について人種的に寛容になってきている。例えば一九七三年には、白人系アメリカ人の五人に二人近く（三八％）が黒人と白人の間の結婚を禁止する法律に賛成すると答えていた。二〇〇二年にはその比率は一一％まで下落した。一九七三年には、住宅販売における差別（すなわち、白人が黒人に売るのを拒否すること）を禁止する法律に賛成するのは白人の三分の一（三四％）にすぎなかった。二〇〇八年にはそのような反差別法制に白人の三分の二以上（六九％）が賛成した。人種的態度におけるそのような変化は、公共政策に関する質問に限定されるわけではない――それらはまた、アフリカ系アメリカ人に対する白人の態度にも反映している。一九七七年に、白人系アメリカ人の四分の一は、アフリカ系アメリカ人の「仕事や収入、居住環境が白人よりもよくない」のは、彼らの「生来の学習能力が劣っている」からだと述べていた。その比率は二〇〇八年までには九％まで下落していた[59]。同様に、白人は自らを分離することを許されるべきだ、ということに対して賛成したり「黒人は自分たちが望まれていないところに出しゃばるべきではない」や、黒人は貧困から立ち上がるだけの意思を持っていないと述べる白人系アメリカ人は少なくなってきた。そして、そのような調査質問には現実世界における基盤がないと考える人がいるといけないので、アメリカ人の中で黒人の大統領候補には投票しないと答える比率もまた低下している――これは、二〇〇八年のバラク・オバマの選挙で確証された傾向である。

しかし、もしレイシズムが全体に消失しつつあるのだとしても、そのことはあらゆる宗教性の水準のアメリカ人の間で等しく低下していることを必ずしも意味してはいないだろう。宗教性がレイシズムを促進するという主張によれば、宗教的な白人は多様なアメリカへの適応が遅かったであろうという予想が導かれる。しかし実際には、宗教性の高い、あるいは低いアメリカ人もこの四〇年間を通じて人種的態度はまさしく同じリベラル化傾向を示している。

しかし、下降傾向が共通であったとしても、宗教的アメリカ人の方が宗教的でない比較相手よりレイシスト的見方を表明しやすいのではないかと問われるかもしれない。そうではない。反対に、標準的な一群の人口統計学的統制変数――すなわち、人種的態度の違いを説明するかもしれない他の要因――を説明に入れると、白人の間では、宗教性は人種に対する態度と何の関係もないことが見いだせる[60]。

本書を通じて繰り返し記しているように、宗教的関与の強さと、その宗教独自の特色の間にはしばしば重要な違いがある。このことから以下の問いが導かれる――宗教系統の違いによって、人種に対する態度に異なる傾向が示されるのだろうか。否である。長期にわたり、福音派、主流派プロテスタント、カトリック、そして宗教を持たない人々（長期間の信頼できるデータがある四番目に大きな集団である）の間で同じ傾向を見ることができる。問題となるどの具体的な人種的態度に対しても、これら四つの集団の全てがレイシズムの低下を示している。その事例を図9－22に示す――異人種間結婚禁止法に対する白人の間での支持である。この図では、図9－23と図9－24と同様に（南部居住、教育水準そして年齢のような）多数の交絡要因を、宗教系統に帰属しうる差を分離するために説明に加えていることに注意してほしい。第一に、最高裁判所が一九六七年に異人種間結婚禁止法を非合法としたにもかかわらず[61]、一九七三年に白人の福音派プロテスタント全体の半数近くが異人種間結婚を禁止する法律に賛成していたこと

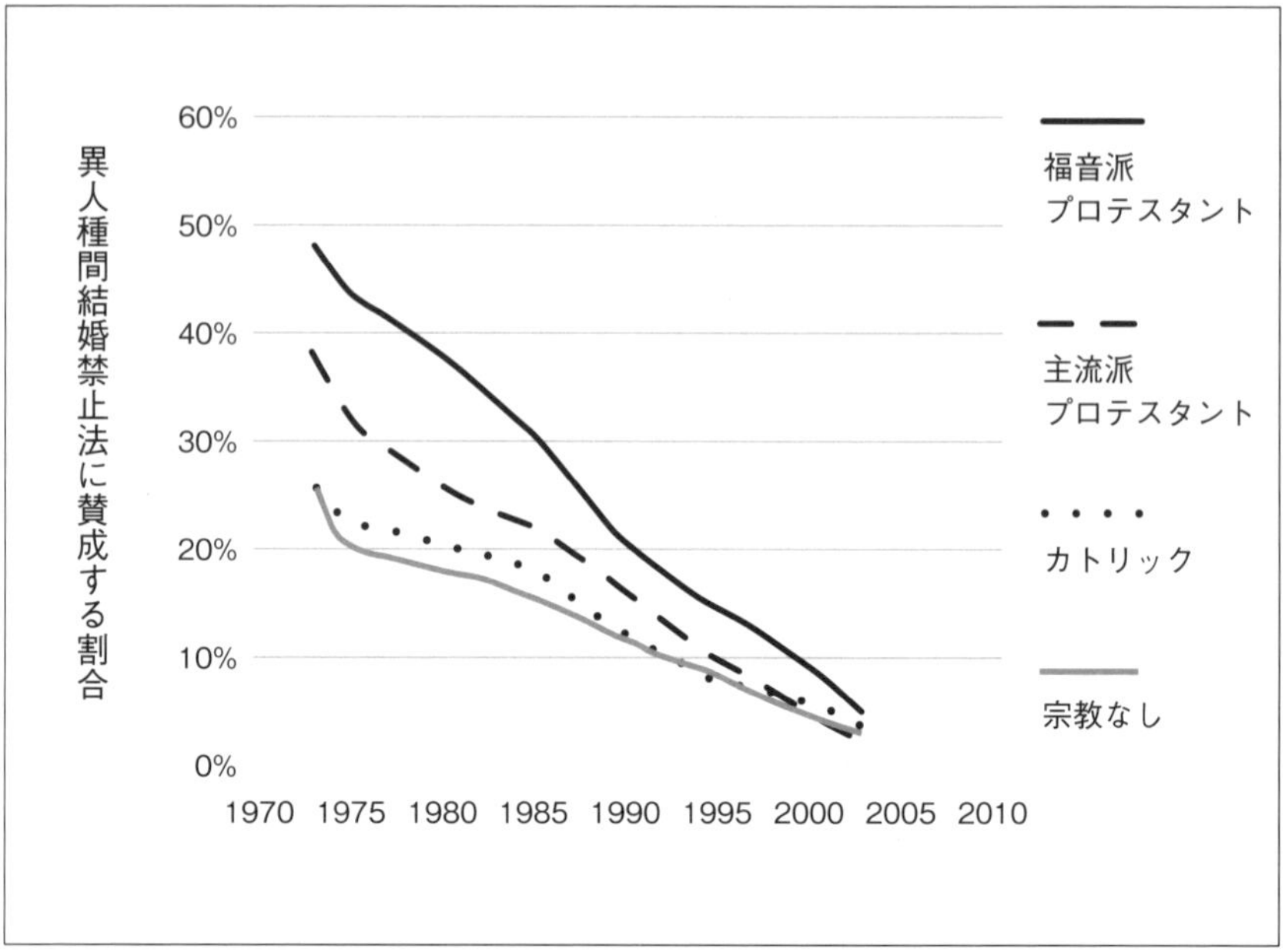

出典：総合社会調査；データは LOESS 法平滑化.

図9-22　異人種間結婚反対の低下
（白人のみ対象、標準的な人口統計学的特性を一定に保った）

が顕著に見いだせる。主流派プロテスタント、カトリックそして宗教なしは、黒人—白人間結婚の法的禁止に賛成する可能性がそれよりずっと低かった。しかし引き続く年月で、四つの集団全てがそのような法律にほぼ完全に反対するところに収束した。

図9-23では、黒人が白人よりも遺伝的に劣っているという見方（「生来の学習能力が低い」）について似たようなストーリーを見ることができる。一九七七年に、宗教なしはこの見方に対して三つの主要な宗教系統のメンバーよりもずっと強く反対していた。しかしいまでは、四つの集団全てがこのような形態のレイシズムを拒絶することで収束している。

しかしこれは、宗教系統間で人種的態度に差異が観察されることは決してない、と述べるものではない。全般的には、白人の福音派は人種的偏見の影響を改善するための政府政策を支持することが最も少ない。一九七〇年初頭以来、福音派は「住宅所有者は自分の家を誰に売るか、黒人やアフリ

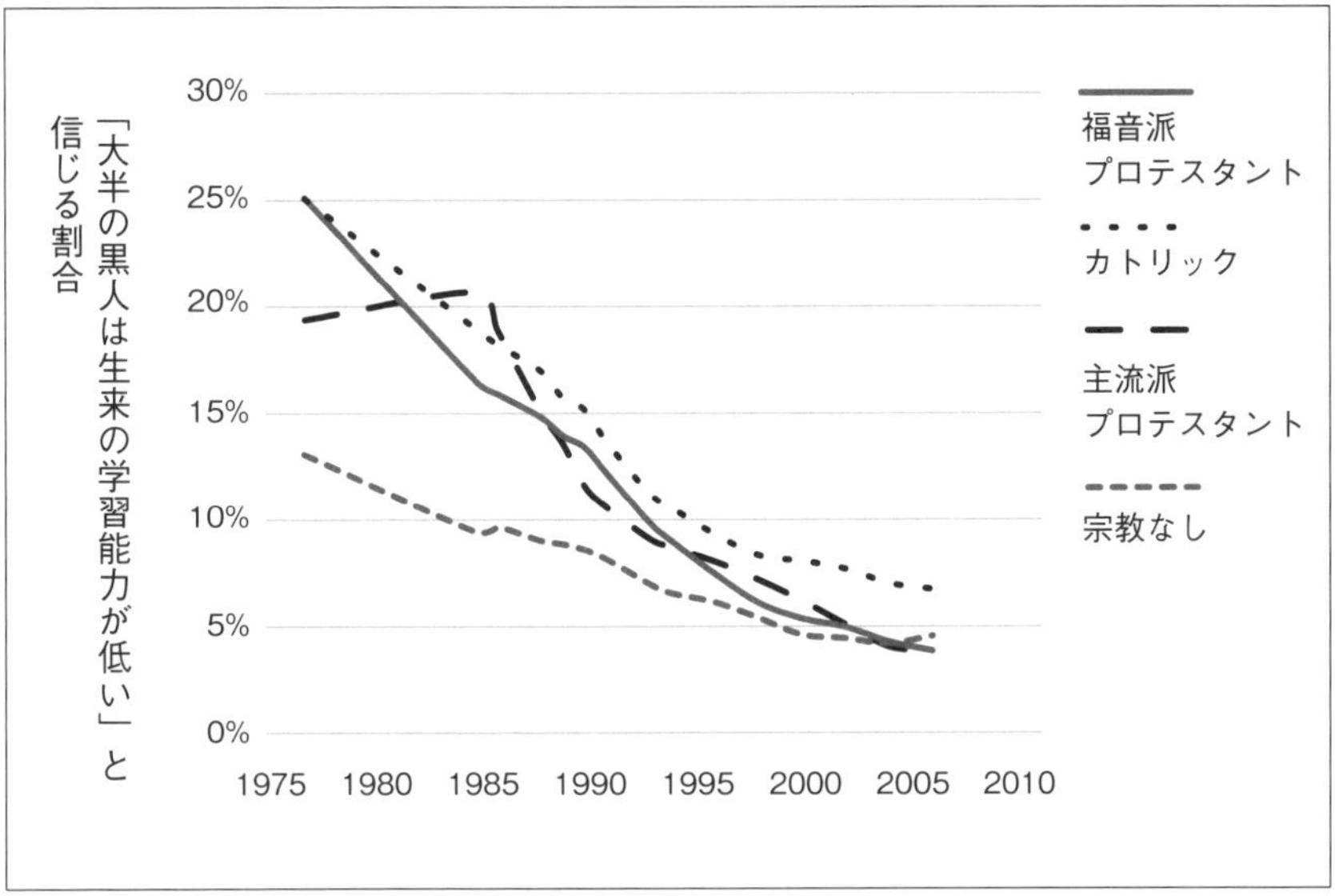

出典：総合社会調査；データは LOESS 法平滑化.

図9-23　反黒人レイシズムの低下
（白人のみ対象、標準的な人口統計学的特性を一定に保った）

カ系アメリカ人に対して売ることを望まないという場合でも自身で決めることができるとする」法律[62]の方に、「住宅所有者は人種や肌の色を理由に相手に売るのを拒否することはできないとする」法律よりも賛成票を投じると述べる傾向があった。四つの最大宗教系統全てにわたって、図9－24が示しているのは不動産売却における人種差別を許容するような法律への支持が急激に低下していることである。しかし、人種間結婚や人種上の遺伝的差異に対する態度とは異なり、ここには完全な収束は見いだせない。福音派は白人の住宅所有者に、その家をアフリカ系アメリカ人に売らないという選択肢を与えることにある程度賛成する傾向が残っている。

一見したところでは、報告している結果に一貫性がないように見えるかもしれない。福音派のメガチャーチは会衆多様性が比較的高い一方で、福音派信者は他の宗教系統メンバーと劣らず――そしておそらくはそれ以上に――レイシストである。しかし、実際には、そこに乖離はない。第一に、メガチャーチに出席している福音派の全体比率は比較的小さいということを想起してほしい。大半

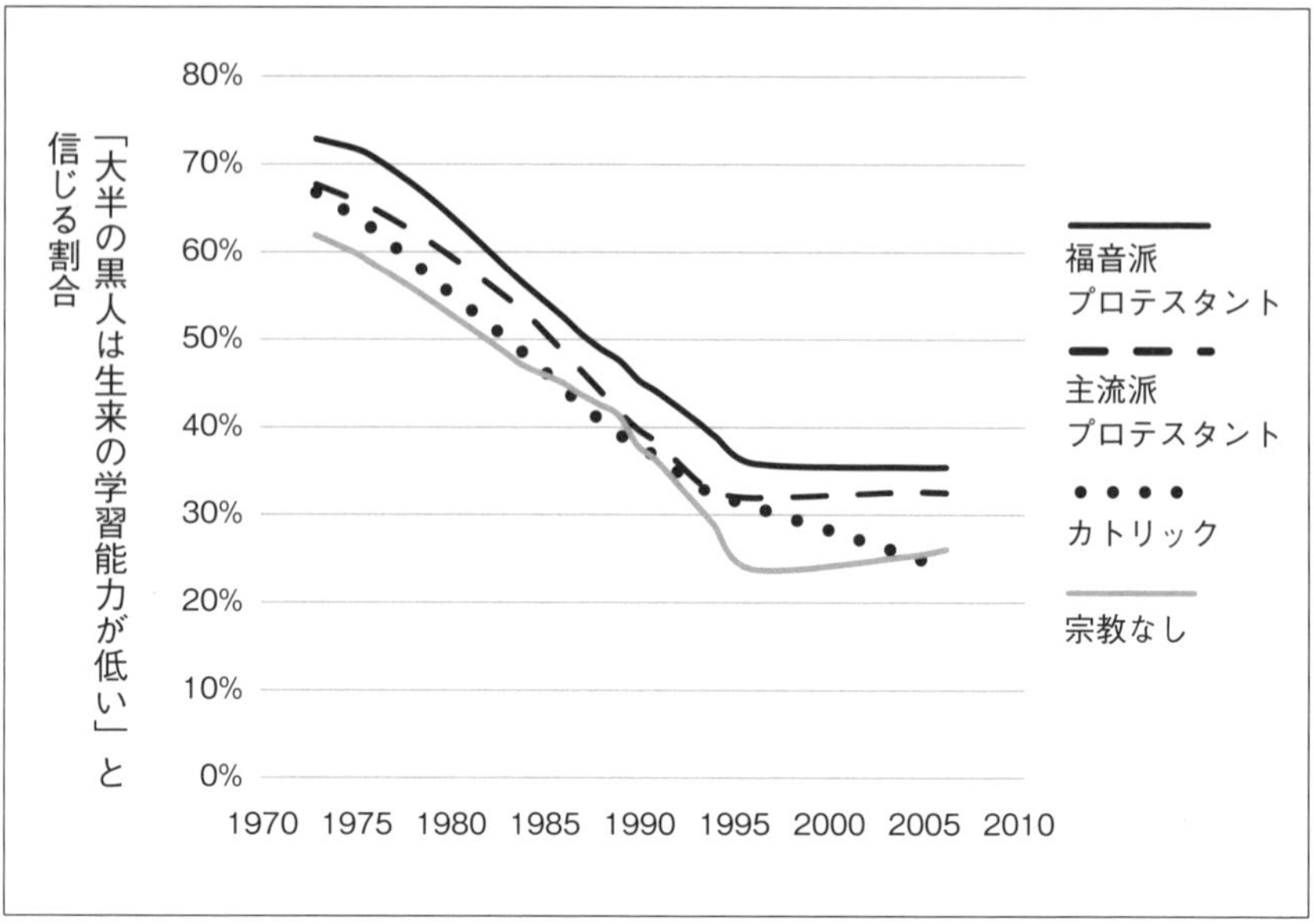

出典：総合社会調査；データは LOESS 法平滑化.

図9-24　住宅における差別支持の低下
（白人のみ対象、標準的な人口統計学的特性を一定に保った）

の福音派は、全ての宗教系統のメンバーの大半と同じように、人種的に同質な会衆で礼拝している。

第二に、もし多様な会衆が福音派の間で規範であったとしてさえも、アフリカ系アメリカ人と一緒に教会に出席すること、さらに友人にもなることが、人種格差について福音派が態度変化を経験することにつながったかどうかは実際には分からない。実際には、彼らはそうでなかっただろうと考える理由がある。マイケル・エマーソンとクリスチャン・スミスの説得的な議論では、福音派は確固たる個人的な信念体系を有していて、人種差別に対する系統だった説明——そして対応策——の検討が妨げられているとする[63]。この説明は、住宅法における差別を禁じる法律のような、レイシズムの影響に対応する法的手段の支持が世俗派、主流派プロテスタント、そしてカトリックと比べたときに福音派では少ないという観察と一貫する。彼らはまた、アフリカ系アメリカ人が平等な教育機会を否定されていると信じることも少なくなっている[64]。

第三に、福音派の全てが同じようであるわけではないということも記しておく。福音派人口の内部では、人種的態度について大きな違いがあるからである。どのようにレイシズムを測定しても、それがもっとも著しいのは南部の農村部や小都市に集中する白人の福音派である。これはおそらく驚くべきことではなく、とりわけジム・クロウ法下の南部で実践されていた人種隔離という遺産をふまえればそうである。ともかくも、それはいまなお残念なことである。しかし希望が見いだせることに、他の福音派は——そして他の宗教系統のメンバーもまた——民族—人種的多様性に適応してきたという事実がある。前章で記述した性役割の変化への適応のように、人種的寛容を支持している広範な社会規範に宗教的なアメリカ人の大半は従ってきた。

「適応する」や「従う」は受け身の動詞で、それが選ばれたのは一般に、宗教が預言的な役割を果たして人種平等の増大を**促進する**ことはなかったからである。宗教的なアメリカ人は流れを追っているのであり、それを生み出しているわけではない。もちろんそこに例外はあり、多くの宗教指導者が——黒人も白人も——心動かす、まさしく預言的な人種統合への呼びかけを発してきた。しかしそれでも、宗教的なアメリカ人は、人種的に寛容な態度の先頭に立ってきたわけではなかった。実際のところ、人種的態度の指標の中には、レイシズムに対してどうすべきかをめぐる立法政策論争に方向の変わっているものがあり、したがってその解釈はあいまいなものになる。しかし黒人は「生来の学習能力が低い」かという質問のような他の指標は、公然たる頑迷な偏見を反映したものである。こういったあいまいではないレイシズムに関する測度についてであっても、主要な宗教系統に属する白人アメリカ人は、世俗的な比較相手を追いかけてきた——それは追随であって、先導ではなかったのである。

結論

米国は高度な宗教性と、高度な——そして高まり続ける——民族—人種的多様性の結びついた国家である。宗教性とエスニシティが両立しているというのが偶然ではないのは、宗教がしばしば民族的遺産を強化する手段となってきており、その逆もまた真だからである。この相互強化はウィル・ハーバーグの洞察したものであった。一九五〇年代の著述において、彼はその時代の宗教ブームを民族的アイデンティティの表明と捉えていた。五〇年以上が過ぎても、われわれはハーバーグのアメリカの証拠をいまだ目の当たりにしている。今日、黒人プロテスタントはいかに人種と宗教が調和するかについてもっとも説得的な事例を提供している。黒人教会の大半では、礼拝、説教、音楽、図像《イコノグラフィー》、プログラム、社会活動、そして政治活動にすら人種が浸透している。ユダヤ教は民族が宗教に重なるもう一つの集団であって、黒人プロテスタントのように会衆内部で比較的高水準の政治活動もまた行われている。アフリカ系アメリカ人とユダヤ教徒にとって、その政治はしばしばエスニシティとつながっており、それは政治がまたその宗教にも反映されることを意味している。結果として、黒人プロテスタントとユダヤ教徒は、アメリカにおいてもっとも政治的に同質な宗教集団の二つになっている。その教会とシナゴーグはしたがって政治活動の場としての役割を果たすことがしばしばで、各会衆は強く共有された政治的基盤を分かち合うことになる。

黒人プロテスタントとユダヤ教徒にとっては人種/民族と宗教が融合し続けている一方で、他の教派では以前は強かった民族的要素は多くが消失していった。このエスニシティの痕跡はしばしば主流派プロテスタント教会で見いだされ、例えばミネアポリスのオリーブ山ルーテル教会のようなところがそうである。その宗教の民族的次元が大方蒸発してしまったことをふまえると、アメリカにおける全宗教系統のなかで、主流派プロテスタントが回答する民族的アイデンティティの感覚がもっとも弱いことは驚くべきことではない。民族的アイデンティティと宗教維持の間にある関係のせいで、主流派プロテスタントは今日、子どものときの宗教を堅持する率が低い。

主流派プロテスタントと同様に、「白人系」カトリックではよく似た低維持率と、民族的アイデンティティの同様の消失を示している。しかし多くのカトリック小教区は、ラティーノが信徒席をますます埋めるようになったことで、目を奪われるほどの人口統計学的な変容のただ中にある。その結果として全体的にみると、カトリック小教区はアメリカでもっとも多様な会衆になっている。しかし、それが等しく多様ではないのは、白人系、ラティーノ、そして他の人種集団がカトリック小教区においてさまざまな程度で混じり合っているからである――多様性の高いところもあれば、全くそうではないところも存在している。しかしこれはまだ変容の始まりにすぎない。将来に目をやれば、「白人系」カトリックの人数減少に引き続くラティーノ系の着実な成長と高い維持率により、アメリカ・カトリック教会におけるラティーノ系の存在感がますます高まっていくという結果になるだろう。多くのカトリックにとって、日曜朝の一一時は、もっとも民族的に統合された時間になっている可能性がある〔朝一一時は、アメリカにおいて伝統的な日曜礼拝の時間。〕。そのままそうあり続けるか、それともラティーノと「白人系」カトリックが異なる小教区にますます集うようになるかは、時のみぞ知ることだろう。

福音派は全く別のケースを提示しているが、それは福音派会衆のうちの一類型が、とりわけ多様なものとして際立っているからである——それはメガチャーチである。メガチャーチに出席するアメリカ人の多くは、アメリカでももっとも民族的また人種的に多様な会衆の一つで礼拝している——カトリックと同様、日曜朝の一一時は彼らにとってそれほど分離されたものではない。

歴史学者ネイサン・ハッチは福音派プロテスタント信仰を評して、「その平等主義的性格とレイシズム」の間に本質的なパラドックスを内包しているとする[65]。一七〇〇年代から一九〇〇年代までは、レイシズムが勝利を収めた。最初は別々の着席配置に始まり、その後は会衆、さらには教派すら別となったので、いまでは白人系と黒人系の福音派を独立した宗教系統として言及するようになっている。しかし、メガチャーチ内部での最近の多様性増大により、福音派にはこの流れの中で平等主義的な側に傾斜——少なくともわずかにはだが——したように見えるものもある。

人種間の社会関係の妨げになっている文化的、言語的、そして経済的障壁を乗り越えることは容易ではない。多様な会衆が、人種や民族の調和を保証してくれるわけではない。多様な会衆に出席することと人種の異なる友人を持つことの間には相関があるが、そういった関係の深さについてや、その関係が人種的態度を変容させるのかどうかということについてそれが説明することはない。人種の線を越えたつながりを促進させようとする取り組みが困難で、緊張をはらんだものですらあった会衆の例は数多い[66]。しかし、宗教が人種や民族の異なる人々を歴史的には引き離してきたのだというまさしくその理由により、多様な出自を持つ人々を結びつけているようなこの二つの宗教組織の例をわれわれは強調した。現代アメリカ社会において多民族組織はまれであることをふまえたとき、その事実のみであっても記すに値する。

終わりにあたって、出発点とした問題に立ち返る——この国で増大する多様性は、アメリカ宗教にどう影響したのだろうか。ある重要な一点で、変化のただ中にあっても多くの不変性を見ることとなった。宗教とエスニシティは共生的関係を持ち続けてきた。民族的マイノリティは、移民かそうでないかにかかわらず、宗教を頻繁に頼りにしている。白人の間ですらも、民族的および宗教的アイデンティティはしばしば関係してきた。

しかし変化は起こった。あらゆる宗教、そして宗教性の全水準でアメリカ人は、人種的に寛容になってきた。宗教的なアメリカ人は人種解放を先導してはこなかったが――そして一時は世俗的な比較相手に後れを取っていたが――近年は宗教性の水準の異なる、そしてさまざまな宗教系統にわたってアメリカ人の間の人種的態度には収束がもたらされている。それでも、人種に関わる質問においては宗教系統間で、控えめだが重要な差異が残り続けている。最も重大なのは、福音派がレイシズムの原因を体系的に捉える程度が低く、したがってその帰結を改善するための体系的な努力を支持することが少ないということだった。

アメリカの宗教が増大する民族―人種多様性にいかに反応してきたかについてのわれわれの知見をまとめるにあたって、女性の権利拡大に対するその反応との類似性について注意しておきたい――両者とも広範な社会変化に対する適応である。そして、個人のレベルでは所得不平等の増大に対するその反応との類似性がある。宗教系統によっては会衆多様性が人種線を越えた橋渡しを促進していて、それは階級線を越えたつながりをもたらしえたのと全く同じである。しかし増大する人種多様性への反応は、所得不平等への反応と、前向きさに欠けたもう一つの仕方で似通っていた。宗教的なアメリカ人が、所得不平等に対する懸念について前衛にはいなかったのとちょうど同じように、彼らは人種的寛容さにおいても先導してきたわけではなかった。階級と人種の線を超えた社会的つながりは、社会正義を増進させるアクションを必ずしも奮い立ててはいないのである。

第10章　挿話――いかに宗教と政治が結びつくのか

この章では、三つの宗教系統の会衆を取り上げるが、それぞれが異なる仕方で宗教と政治が結びつきうるさまを例示しているものである。ミネアポリスの福音派メガチャーチ、リビングワード・クリスチャンセンターの牧師は、その保守的な政治観が教会の中で知られているが、それは議論の余地がないものというわけではない。シカゴ郊外のシナゴーグ、ベス・エメットでは、共有されたリベラルな視点が広く議論されており、会衆たちにも聖職者にも当然のものと理解されている。対照的に、ソルトレイクシティ郊外のＬＤＳ（モルモン）会衆では教会でのあからさまな政治はまれだが、教会員の政治観に対する宗教的な影響は、目立ちにくいが強力なものである。

「単なる教会以上のもの」

「電子メールにあったルカの福音書の一節を読んで救われました」と、ミネソタ州で最大の教会、リビングワード・クリスチャンセンターの会堂へ向かう通路に立って、シェリー・ウィリアムソンが説明する。シェリーは背の高いブロンドの女性で、黒いスカート、青のサテンのブラウス、そして金のジュエリーを身につけている。「アンバサダー・ミニストリー」のメンバーで、これは礼拝に向かう教会出席者を歓迎する、相当数のボランティアの出迎えのことである。シェリーの親戚は新生《ボーンアゲイン》クリスチャンで、聖書のメッセージが含まれた電子メールをよく転送してきた。

ある聖句がついに彼女に語りかけ、シェリーはオンラインの聖書研究会に参加を決めた。最終的に彼女は「キリストを受け入れ」、礼拝の場所を探し始めた――「他の教会をたくさん試した」そのあとで、リビングワードに落ち着いたのである。最終的に彼女を引き込んだものは何かを説明しようと試みて、シェリーは言う。「ただ感じるだけですよ。ドアを通って歩いて行くのは、天国の門を抜けて歩いていくような感じ。それなしではどこにいることになったか分かりません」。

ミネアポリス郊外ブルックリンパークの工業用倉庫地域にひっそりと位置するリビングワード・クリスチャンセンターは、自身を「単なる教会以上のもの」と宣伝する非教派の会衆である。以前のマットレス工場を一二〇〇万ドルをかけて改修した場所に入居しているリビングワードには、成人、ティーン、子ども対象の礼拝、数百の小グループ集会と聖書研究会、カフェ、本屋、そしてウェディングチャペルが置かれている――これら全てが一つ屋根の下にあるのである。教会出席者が箱形の、特徴のない建物に入ると見たところ果てしなく続く廊下が左右に伸びていて、豪華で広々としたアトリウムは、ぜいたくな調度、オリエンタルのじゅうたん、きらめくシャンデリアで満たされている。光沢のプロモーション展示が壁に並び、連続ループのDVD上映では教会を、所属し、成長し、奉仕する場所であると描いている――それは「ポジティブ。パワフル。プラクティカル《実践的》。普通の教会とは全く違います」と宣伝していた。

「ようこそ！　礼拝を楽しんでください」とシェリーは若いカップルに語り、教会の八ページの週報、投票者ガイド、教会でこれから開かれるイベント「イスラエルを称える夕べ」の宣伝パンフレットを手渡した。賛美の音楽はすでに広大な講堂で始まっており、ここがリビングワードの主会堂になっている――クッション入りの折りたたみ座席が、高くなった舞台と吊り下げられた三つのジャンボトロンの周囲を取り囲んでいる。白い十字架と「イエスは主である」という言葉がセット後ろの壁に投影されていて、そこは模造の柱と、プラスチック製の樹木や低木の鉢植えで飾られている。ここで、教会創立者のマック・ハモンドとその妻リンが毎週末に三回の礼拝を提供し、テレビとオンラインで見ている大勢の視聴者に演説を行っている。

ドティ・ジェンセンは身なりの良い女性で七〇代、白ブロンドの髪に青いアイシャドー、フロストピンクの口紅をしていて、礼拝中は会堂の前方でよく見かけることができる。ドティは「教会の最初の会員」として特別なのだと主張しており、リビングワードが開設される何年も前から、ミネソタに聖書に基づく真の福音派教会が必要であることを感じていたのだと語る。まず一教会を始めるために「願わくは牧師が」が送られるようにと祈り、そして「ジョージアの地図という幻視を得た」のだが、そこはジェームズ・マクブライド・ハモンドが生まれた場所だった。彼女は若き日のマック牧師を見て、そして牧師としての召命に応える以前は世俗的な追求の人生を送るのだろうと分かったと語る。そしてハモンドがミネソタにやってきてリビングワードを始めたとき、ドティと彼女のようなカリスマ的クリスチャンはすでに準備し待っていたのだった。[1]

「では少しの間、頭を垂れてください」とハモンド牧師は土曜夕方の説教の始まりで会衆に対し指示した。「主よ、天からの声を聞く今晩のこの機会に感謝したいと思います」と彼は祈り、頭を下げ、手を大きく広げた。「そして、まさしくそれが、いまから聞こうとしているものであることを信じます。誰かが考えついたり、まとめた何かではないことを。天から与えられた言葉と束縛のあらゆるくびきを打ち破る塗油に対して、私たちの信仰を実践します。イエスの名において、アーメン」。

塗油され呼ばれし者

マック・ハモンドは魅力的で均整の取れた体つきの六〇代白人男性で、鋭くも人好きのする雰囲気を持っている。背を高く見せるよう仕立てられた高価なスーツに身を包んだ彼は、成功したビジネスマンというプロフィールを打ち出し、またチャーミングな南部のお人好し《グッド・オールドボーイ》的物腰がある。語り口は低く堂々としているが、かすれたイントネーションと上品な南部訛りでそれは和らげられていて、説教中はゆっくりと自信に満ちた様子で行ったり来たりする一方で、しばしばテレプロンプターを読み上げている。牧師はたいてい私的なインタビューを避け、結束の強い忠実なスタッフに囲まれている。ハモンドが会衆構築のビジネスに参入したのは、空軍勤務を終え、貨物事業のキャリアが不首尾となった後のことだった。マックとリンが一九七八年にミネアポリスに移ったとき、彼らは参加する教会を探したが結局はその代わりに自分たちで聖書研究会を始めることになり、それは一五〇人へと急速に成長した。二年後に彼らはリビングワードを創立した。ホテルの会議室で開かれた最初の礼拝に集まったのは一二人だった。六ヶ月後に出席者は三〇人となって、マックは「主の声を聞き」、うまくいかない事業を追求するのをやめて奉仕へとその身を捧げる決心をした。

教育が欠如しているにもかかわらず神の求めに応えるために、自分は牧師としては聖書を手本に従っているのにすぎないとハモンドは説明する。新約聖書「エフェソの信徒への手紙」四章一一をテキストとして引いて、牧師オフィスは「超自然的」なものであり、「イエスがこれらの才能を塗油された者に対してあてがわれた」のだと彼は信じている。リビングワードの牧会スタッフは大部分が世俗的な背景出身の者で、マクドナルドやノースウェスト航空といった大企業の元重役が含まれている。これら同僚牧師たちは公式の訓練を受けることなくハモンドによって按手されているが、それは彼らが「み言葉を授けられている」からであって、そのような特質をハモンドが識別することができるのは、彼が言うには、自分が「それを知るべくみ言葉を授けられている」からである。リビングワードの創始は天上からの召命によるもので、「全ては神の手によるものである」と彼は固く信じており、これは彼の会衆の多くに共有された信念である。

リビングワードは自身を「実践的」で「現代的」であると宣伝しているが、他の、より「求道者にやさしい《シーカー・センシティブ》」メガチャーチにある形式ばらなさや、神学的な柔軟性の多くを欠いている。ハモンドのメッセージは日々の事例や人生の教訓へと関連付けられているが、その説教は聖句から意味を探り、教義と預言についての彼の個人的解釈を説明するものになっている。彼の説教は保守的でしばしば激しいもので、よく焦点を当てるテーマには従順や罪、救いがある。「主が私にお命じになっていると早くから感じてきたのは、常にそこに置かれるべきものの一つが明快、簡潔で徹底したみ言葉の教えだということで、それは人々の毎日の暮らしの原理と関係するものであるからです」とハモンドは述べ、自分の説教のスタイルについて説明している。「愉快な、つかの間の目新しさで、群衆をしばらく引きつけるような何かをすることはできます……しかし堅実で安定した成長をする［教会］は、常に良き説教壇を軸に展開します――それはみ言葉の伝道です」。

ハモンドはカリスマ運動「ワード・オブ・フェイス」の指導者だったケネス・ヘーゲンとケネス・コープランドを

自分の指導者《メンター》として言及していて、信仰療法《フェイス・ヒーリング》のようなある種のペンテコステ派的な実践が、リビングワードの公式教義の中で重要な位置を占めている。マック牧師は厳格な聖書字義主義が、リビングワードの信奉する全ての源泉であると断言する。「自分の信じるものについて選択的になることは本当にたやすい。しかし、キリスト教信仰と呼ばれるものを追求しながらそれはできない」と彼は説教している。「聖書は神と、彼との関係についてわれらの有する唯一の定義です。それをすべてそのまま受け入れなくてはなりません。さもなければ単に知的に満足できる神を創造しているだけだということになり、もしかするとそれが、暮らしの中で神の力を見ることのなかった理由かもしれません」。

水曜夜の入会クラス――五日間シリーズの三日目――でハモンド牧師は教会の教義について論じ、そこには「異言を話す」ことが証しとなる「聖霊によるバプテスマ」が含まれていた。この霊的な転機を経験することが、教会入会のための必要条件である。タートルネックと長めのブレザーを着たマック牧師は、襟ピンマイクをつけて会堂に集まった一〇〇人ほどの入会希望者の一群を前に演説している。彼は生き生きとして、各個人に対して神が持っている計画について語り、しかし各自の「自然言語」では「彼はそれを明かさない」のだと教えた。聖霊がわれわれに教えるのだ、と彼は言う。そして「あなたが異言にて祈るとき、神があなたに用意したこの『目を見張るような運命』について、あなたは語っているのです」。「アーメン」と、前列に座っている教会の祈祷奉仕会の会員が述べた。

「心に浮かぶ全ての疑問を排しなさい。聖書は、あなたが受け取りたいと思っていれば、受け取ることになると述べています」とハモンド神父は宣言し、変容体験を指示する準備をした。「しかしここが難しいところです。単に口から先に出てくるというものではありません。あなたは自由な道徳実践者です。聖霊はあなたをしゃべらせようと声帯を乗っ取ることはありません！　あなたが発声しなければならないのです。あなたが音を出さなければなりません」と彼は説明する。……そして、聖霊が、意味ある祈りの言語へと音を形作っていくのを信じなければなりません」

「少し決まり悪く感じるかもしれません、正直に言うと」と彼は付け加え、説明したのは自分の最初の体験と、自分が「アー、アー、アー」と言って「これが聖霊のバプテスマか?」と思ったときにいかに「バカバカしく」感じたか、であった。ハモンドの自己卑下は聴衆を安心させたようだった。「どう聞こえるかについて気にすることはありません。練習すると啓発されてきます。主を心に抱けば、流れがやってきますよ」。

そして、ハモンド牧師は聖霊のバプテスマを希望する者は祭壇に向かうようにと招き、自分がそれぞれの人間に手を置いて異言で話し始めるので、各新会員は一人ずつ加わることができると説明した。「英語では何も言わないように」と彼は指示する。「しかし、黙っていてはいけない。私をコピーしたって構わない。キックスタートだからね。私は聖霊の下に祈っていると分かっている。そして聖霊はあなたたちのところにやってくる」。年齢や人種のさまざまな約七五人が前に進み、手すりに恐る恐る並んだ。ハモンドは一人また次へと進み、一瞬だけ立ち止まって、それぞれの人の肩に手を置き、短い祝福を英語で唱えた。そして彼は、不鮮明な音節でしゃべり始めた。「それだ！ 出し続けて。祈り続けるんだ。うまくいっている」と少し置いてから述べ、次の人へと移動していった。祈祷補助が牧師の後ろに立っていて、彼が先に進んだときには異言話者を助けるために踏み込んでくる。案内係は熱心な嘆願者の列の後ろを歩いていて腕をいっぱいに伸ばしており、主の霊に圧倒された者が後ろに倒れ込んできたら抱え留めようとしている。

「人々にどんな種類の教会なのかと聞かれます」とハモンドは言う。「そして決めたのです。『私たちは教派ではなく、福音主義の、聖霊に満ちた教会です』と」。リビングワードが教派に所属することを拒むのは、独立が「教会体制の最も聖書的な形態である」という牧師の信念に由来している。彼の説明では、神が一人の人間を信者集団に対する権威者の地位に置くという聖書全体を通じて一貫したパターンがあるということで、これがリビングワードが従っている組織モデルである。「教派の一部にはならない、というのが私の選択です」とマック牧師は説明する。「それは硬直性が、地域の教会を真の成長——大きくなるためにできることをすること——から妨げる本当に大きな要因だからで、それは意思決定が、神によって塗油された代表たる牧師によってではなく、牧師に対してなされるからです」。その反対に、独立した統治では「説教壇が、意思決定に関わる問題の中心に置かれ」、牧師の手に全ての指導上の責任が委ねられる。ハモンドはこのことを新会員に対してこう告げる——「私がただ一人責任を持つ。こうするようにと私は塗油された。伝道の方向を決めるよう召命を受けたのです」。

「万事は資金で動くのです」

リビングワードの伝道は、クリスチャンとしての成功に至るよう会衆を助けることを中心に置いている。「神はあなたに、人生のあらゆる領域で勝利者《ウィナー》となることを望んでいる」という考え――この教会の代表的なキャッチフレーズ――は定期的に説教され、またハモンドの無数のメディア事業の非営利配給元になっている「マック・ハモンド・ミニストリーズ」が刊行している光沢紙刷り、二〇ページの雑誌『ウィナーズ・ウェイ《勝利者の道》』で具体化されている。『ウィナーズ・ウェイ』が公式に掲げる目的は、「あなたの精神的成長を高めてくれる、そしてあなたが仕事で勝利し、人間関係で勝利し、経済領域で勝利するのを助けてくれる聖書の原理」を説くことである。ハモンドの神学と伝道の根底にあるテーマは、神がその信奉者に報いること、そして可能な限り多くの富と影響力を得ることを望んでいるという信念で、批評家の中にはそれを「繁栄の福音」と呼ぶ者もいる。ハモンドはその信念を表現することを控える傾向があるが、富は正しい影響を行使するための道具であり、また正しい生き方に対する報いであるというメッセージは明らかに彼の説教壇から発散されている。

二〇〇六年の説教でマック牧師は一五〇〇人近い出席者からの歓声の合唱に対し、「金を持ちすぎ、ということに人はならない」と述べた。ハモンド夫妻によれば、「神にとって最高かつ最善とは、あなたの人生全体が神の豊富な蓄えの反映となることである」。多くの説教でハモンド牧師は聴衆に対し、ネガティブな考えを打ち破り主の祝福を期待するようにと迫る。ある日曜日に彼は、「真のキリスト教信仰」は高い期待を保つように一貫しまた努力することであると教えていた。「神は祝福のビジネスをしている。神は報いのビジネスをしているのだ」と彼は信徒たちに請け合い、正しい生き方を通じて「聖霊のしるし」を達成しようとする絶え間ない努力が、「限りない源泉」による神の祝福を招くことになると請け合った。

マック牧師は自身の会衆を「非常に寛大」であると述べ、教会の二〇〇六年の収入は三三〇〇万ドルであったが、彼は資金的懸念が「大きなフラストレーション」であるとも感じている。「望んでいることをするのに必要な資金のため、十分な熱意を生み出すという課題を毎年感じている」と彼は言う。資金が常に枷となっていないように見えるのは嫌なのだが、あなた方が進んでできることはまだ多くあるようにいつも見える。万事は資金で動くのですよ」。彼の展望にとっては教会の資金がしばしば不足しているという懸念にもかかわらず、ハモンド牧師とその妻はおのおの、リビングワードでの仕事に対してかなりの報酬を受けていて、その事実から二〇〇八年に彼は国税庁《IRS》の税務調査を受けた。そして全ての俸給は非営利団体に対する国税庁ガイドラインを守っているとハモンドは主張したが、倫理的に問題ある融資や癒着した取引を彼に提供しているかどで教会は告発された。主張の妥当性は別にして、ハモンド夫妻は例外的なまでにうまくやっている――三〇〇万ドル以上の価値のあるマンションをフロリダに二つ、ミネソタには家を二つ、レクサス、ポルシェ、ボート三隻に飛行機を彼らは所有している。[2] ハモンドは、彼らが教会に対して単独最大の寄付者でもあることをことあるごとに指摘するが、長年にわたり約二五〇万ドルの還元を受けていた。その気前のよい給料の弁護として、ハモンド牧師がしばしば引くのは「テモテへの手紙一」五章一七で「長老たち」が「二倍の報酬を受ける」という新約聖書の節で、彼はそれを神に塗油された者は「二倍報いられる」と意味すると解釈している。「聖職者を貧しいままとするのは、伝道も貧しいままとすることだ」と彼は言う。

影響力を生み出す

神はハモンド夫妻を財政的に祝福しているだけでなく、「獲得した魂」においても祝福しており、その数値は礼拝冊子で毎週報告されている。二八年間の歴史を通じて、リビングワードは「力強く、一貫した成長を享受してきた」とハモンド牧師は語り、いまでは約九〇〇〇人の「積極的参加者」、三〇以上の奉仕活動、四〇〇人のスタッフがいると主張している。運営する生徒数八〇〇人のK－12クリスチャンスクールは教会複合施設の中に組み込まれていて、同じくそうなっているものとして「徹底的なクリスチャン環境」のある高等教育を提供しているマラナタ・カレッジや、薬物依存者のための州認可外来治療施設であるリビングフリー・リカバリーサービスがある。リビングワードではいくつかのサテライト伝道も成長していて、インナーシティ住民に対する社会福祉支援事業であるコンパッションセンターや、ミネアポリスの中心街にある「最先端のクリスチャン・ミュージッククラブ」であるクラブ・スリーディグリースがある。そこは禁煙、禁酒になっていて、目的は「教会に足を踏み入れようとはしない人々に対して、適切でまた接しやすい方法で福音を提示すること」にある。

しかし、リビングワードがその境界線を拡大しようとする努力は、教会に通っていない者に限られているわけではない。ハモンドとそのスタッフは、著しく多様な——人種的、民族的、社会経済的に——信者会衆を引き集めようとしてきた。教会はアメリカにおいて、歴史上最も分離された組織であるという部分があるが、リビングワードにおいてそれは真実ではない。牧師は二人を除いてみな白人だが、平均的な礼拝では二〇%もの会衆が非白人であり、内部調査によれば、新会員クラスに集まる外国出身の出席者は一二%から一七%の間である。ティム・バート牧師は「五年前まで、リビングワードは不快なまでに白人でした」と、彼はその事実を「嫌って」いたもののどうしたら変化するか分からなかったと振り返る。最終的にリビングワードの多様化を推進させたのは、両親が教会に一九八〇年に参加したペルー人のダニエル・グティエレスの努力による。

　グティエレスは二〇〇三年に牧師となってすぐに、会衆における人種多様性の欠如について「頭を抱える」難題が多いが、ほとんど対応はないということに気づいた。「黒人は一度か二度礼拝に来て、いなくなってしまうのです」と語るダニエル牧師は、移民の息子としてとりわけマイノリティ集団に同調していた。彼が気づいたのは、ブルックリンパークがアメリカで二番目にリベリア人人口が多い場所となっていることだった——この移民集団は、母国語が英語であるため接近が容易であったのである。コミュニティへ分け入っていく地点を探す中で、グティエレスはついに新会員のヴェロニカ・ユーリーにそれを見つける。二〇〇一年にアフリカ人のための集会を開こうと彼に近づいてきたのである。彼は喜んで自宅をインフォーマルな昼食会のために提供し、多くの人々が申し込んできたためグティエレスはより大きなスペースがないかとティム・バートに訴えた。バート牧師は教会でイベントが開けるよう手配して全ての費用を支出し、二〇〇二年にはリビングワードは最初のアフリカ系式典を開催することになり、一〇〇人近い人々が集まった。翌年に出席者は二二〇人になった。

　ダニエルとティムはどちらも、アフリカ人に手を伸ばすために用いた考え方は、小グループのプログラムを拡大するときに採用してきたものと同じだと言う——コミュニティ作りとは、共通点の周囲に関係とグループを作っていくことである、と。リベリア人のクリティカルマスが一度発達すると、非白人の間では口コミが福音の最も有効な形態となった。「アフリカ系移民は、ここで歓迎されると知っているのです」とバート牧師は断言する。それ以来、リビングワードは「スペイン系のものに好意を持つ人々」のための昼食会を提供してきたが、ラティーノ系を引きつけることにはそれほど成功していないものの、「どこかで始めなくてはならないので」とバートは語る。リビングワードはまたロシア人やモン族移民へも拡大し、その子どもたちがクリスチャン・アカデミーに通う送迎バスを提供し、礼拝では翻訳のヘッドホンも用意している。結果としての教会の多様性は、バート牧師の誇りの源になっているように見える。「神の恩恵により、正しいことをいくぶんなすことができ、この道を進んでいく勇気が持ててきた」と彼は言う。

　リビングワードの絶え間ない範囲拡大に問題はなかったとハモンド牧師は説明し、それは伝道を始めた最初期からの彼の展望であったという。ハモンドは、神を喜ばせるために、教会は成長を続けなければならないと信じている――「神は小さな教会にはいない」が、それは小教会は単なる「宗教的なブレスミー《私に恵みを》・クラブ」であるからだと彼は言う。彼の考えでは、教会の役割はその壁を越えて広がり、コミュニティ、国家、そして世界に神のメッセージをもたらすものである。リビングワードとそれに関係した伝道奉仕の拡大の持続はしたがって、「全て影響を生み出すためのものである」。「コミュニティに影響を与えるには、十分な声を持ち、インパクトが持てるように大きくならなければならない」とハモンドは説明する。「より目立つようになれば、多くの人が組織を認識するようになり、この教会に来てくれるようになる……そうすればコミュニティに影響を与えるより大きな声を持つことになる」。

「誰が正しく誰が間違っているか」

「ご承知の通り、わたしは教会と政治についていくぶん強い意見を持っています」とハモンド牧師は言い、リビングワードがその影響力の行使を模索している重要な領域の一つのことを指した。「私は信じない――言い古され、また広く流布した言葉になっているとしても――、教会と国家とが、過去五〇年間に裁判所が理解してきたような仕方で分離されるべきだという意図が、少なくとも建国文書の中に存在しているなどということは」。「公立学校での祈祷」や「裁判所庁舎における十戒」のような例を引きながらハモンドは、「世俗的な人間主義の勃興」が、「創造しうる限りの市民的アリーナ全てから神を排除している」という事実を嘆いた。マック牧師は「国が進んでいる方向を変える」唯一の方法は、「政治的アリーナに戻っていくことに臆病にならないこと」であると信じている。「ですから選挙の時には、クリスチャンには政治過程に対する責任が、アメリカ人としてだけではなくクリスチャンとしてあるのだ、そして積極的に関わっていくことが求められるのだと非常に積極的に説教しているのです。法の制約の中で、できることは全てするつもりです……特定の候補者や政党を薦めようとはしません、こう言うのです」と彼は、感情を込めて述べた――「ものの見方が私たちが大事にしている価値と、他の人よりも近く合致している人々がいます。そういう人々が誰であるのか、あらかじめ見定めていかなくてはなりません。そして彼らこそが、われわれの投票すべき人々なのです。」

二〇〇八年一〇月一八日、国が新大統領を選ぶちょうど二週間前、続く二回の日曜日に毎年のヘラジカ猟旅行に出る予定のハモンド牧師は、この機会をとらえて来たる選挙について少々の発言をした。「言いましょう、『投票に行きます』と」と彼は始め、会衆は応えてつぶやいた。「大きな声で言いましょう」と彼は温厚になだめ、聴衆は従った。「いいでしょう。さて、指摘してきたように、聖書に一致するようにあなた方は投票するわけですが、それが道徳の基本問題について述べていることは何でしょうか、アーメン？《いいですか》」ハモンドは続けて聴衆に、主が聖書を通じて示した「道徳の規準」について教え、伝統的結婚を例として強調した。「生きる権利《ライト・トゥ・ライフ》は道徳問題の最も基本的なものの一つで、政府はそのような道徳に反する法制定をすべきではありません」と彼は語気強めて付け加えた。「その通り！」会衆から賛同の叫びが上がった。「命を奪うことを推進したり、支持するようなあらゆる法律は間違っています」と牧師は続け、「アーメン」や「そうだ、その通り！」といった叫びがさらにいくつか呼び込まれた。

「さて、この過程を教会の中で政治化したいのではありません」とハモンド牧師は明確にするために一拍おいた。「投票は個人の選択で、あなたは主に対して責任があるのであって、いかなる政党に対してもそうではありません」。そして彼は、玄関で配られ、アトリウムのインフォメーションデスクのところで手に入る投票者ガイドについて注意を促した。二ページものの「有権者が懸念するさまざまな問題についての……無党派向けガイド」は「いのちを重視する聖職者たち《プリースツ・フォー・ライフ》」と称する組織によって出版されているもので、バラク・オバマとジョン・マケインの立場を一二の「鍵となる問題」について比較していて、そのうちの七つは「ロー対ウェイド」、「部分出産中絶」

「ヒトクローニング」、「テリー・シアボ」のような生命問題だった〔「テリー・シアボ」事件は脳障害女性の尊厳死をめぐり、夫と彼女の両親が裁判で争った事件で、ブッシュ大統領や連邦議会を巻き込む大きな論争となった。〕。教会がやはり配布している類似のガイドを作成したのはミネソタ家族協議会で、その公式ミッションは「公の場でのユダヤ‐キリスト教原理を支持することで、ミネソタの家族を守り強化する」ということだった。この八ページのリーフレットで推進されているスタンスは、「結婚を男性と女性の結合として定義すること」、中絶についての公的助成を制限し、法規制を強めること、そして「同性愛者のための特別な雇用と法的保護」を縮小することである。ハモンドはこれらのガイドを用いて、「主の道徳規準を考慮したときに、誰が正しく誰が間違っているか」を把握し、「それにしたがって投票」することを各会員に対して勧めている。「それにしたがって投票しよう」と彼は語気を強めて繰り返した。説教前の政治批評が一〇分間の印に近づいたところで、ハモンドは締めくくりに「福祉、移民、自由貿易、外交政策」のような「社会問題」と、十戒が語っているようなものである「道徳問題」の間の区別について指摘した。「社会問題は忘れなさい！　あなたは道徳問題に沿って投票する」と彼は指示し、称賛と「アーメン」の合唱に迎えられた。「同意してもらえてうれしい」とハモンドは笑みを浮かべて言った。「私はマック・ハモンド、このメッセージを承認します」と彼はおどけ、信徒たちの笑い声と歓喜があふれた〔アメリカで政治コマーシャルの最後に候補者が肉声で付加することを義務づけられているフレーズのパロディ。〕。

世俗世界に影響を与えることは彼の優先順位リストの上位にあるが、政治問題ということになるとハモンド牧師は以前よりも慎重になっている——米国議会の候補者だったミシェル・バックマンを支持したとされるかどで二〇〇六年周辺に巻き起こった大きな炎上のあとのことである。新生《ボーンアゲイン》クリスチャンで同性愛婚に断固たる反対をしていたバックマンは、投票日のちょうど二週間前に開かれた三回の礼拝で「彼女の証しを共有する」ようハモンド牧師に招かれ、その登壇は何週も前からリビングワードで宣伝されていた。信仰復興論者《リバイバリスト》の語調で、バックマンは聴衆に対して「主に熱く燃えよ、微温ではいけない」と迫った。「私たちがイエス・キリストに燃え上がれば、彼の名において世界が変えられるのです」と彼女は断言した。バックマンは続けて、イエス・キリストに仕えるという情熱が自分の人生を形作り、立候補に向けての霊感を与えたのだと説明した。立候補を表明する前、彼女とその夫はまず三日間断食しその間ずっと「主よ、これがお望みのことなのですか。これがあなたのご意思なのですか」と請い続けた。二日目の午後、バックマンはハモンドの会衆に対して、主が「その召命を確かなものとした」と証言した。全能の神の支持だけでは十分でなかった場合に備え、マック牧師は最初の礼拝の機会を使って自分の支持を付け加えた――「公に教会としては、どの候補者も支持できませんし、することもありません」と彼は言い、「しかし、私は個人的に皆さんに言うことができます。ミシェル・バックマンに投票するつもりだと」。彼の会衆は満足した笑いの渦で応えた。

　バックマンは会衆に対して、連邦議会への自分の立候補は国のトップ3の選挙戦の一つであり、その結果は「イスラム過激派を打ち破ること」「家族の未来」そして「自由の未来」に直接的に影響を与えうると説明した。「着飾って《スーツ・アップ》、登録しましょう《サイン・アップ》」と彼女は言った。「それがあなたを変え、そしてこの世界を変えるのです」。州議会議事堂で「抗議の祈祷《プレイ・イン》」を組織し、また同性愛を公表している州上院議員の机を囲む祈祷の輪に参加したというバックマンの非常に議論の余地ある経歴にもかかわらず、ハモンドは力強くその主張を擁護した。「これは大事なことです。私は大事と言いました。神の下にある男女をわれらの政府の職に就けることは。アーメン！」と、バックマンが自分の発言を終えたときに彼は宣言した。「教会と政治がいかに混ぜられるべきではないのかについて、これ以上の手紙は要りません。もしそれがあなたの意見なら、救われる必要があります。自分たちの住んでいる世界に対する影響を私たちは持たなければならないということを、聖書は明確にしているからです。アーメン」。「神に栄光を」とハモンドはまとめた。

　遠からずして、バックマンの礼拝のビデオクリップがユーチューブで視聴できるようになり、監視団体が非難の声を上げ始め、地域のジャーナリストは、ハモンドは実際にはバックマンに「個人的に」投票できなかったことを明らかにした。彼女の選挙区に彼は住んでいなかったからである。牧師は公式に撤回し、彼の同僚たちは彼がついに線を踏み越えたと恐れた。しかしリビングワードの非営利課税ガイドラインの遵守に関するIRS調査でメディア報道の爆発が最高潮にいたった二年後でも、ハモンドは公共の場における宗教の役割について発言を続けていて、自分の向こう見ずな言明が引き起こした注目についてジョークにしている。「思うに、聖書の言葉を額面通りに捉えるくらいに自分はただ愚かな人間だということなんでしょう」と彼は言っている。

　投票者ガイドを配布し、政治家をゲスト説教に招き、あるいは説教壇から「価値」について説教するといった形態のいずれをとるにしても、教会の壁の内側での政治活動は、会衆たちが福音と今日の政治問題の間の「点をつなぐ」ことをリビングワードが助けようとする方法の一つにすぎない。教会は、地域で行われる保守的政治イベントもしばしば推進している。二〇〇六年一〇月三日、ジェームズ・ドブソンによって創立された福音主義組織「フォーカス・オン・ザ・ファミリー」はミネソタの州議会議事堂近くでの「家族アクションのための集会」を組織した。「伝統的家族と家族的価値の定義を擁護し推し進める」という目標に向かって活動するこの組織がミネソタにおいて登場したのは、州における同性愛婚をめぐる激論がきっかけとなっていた。リビングワードはこのイベントを刊行物で、教会のメーリングリストで、そして説教壇から宣伝し、そして課外活動として教会学校から議事堂まで子どもたちをバスで運ぶことで集会の一〇〇〇人の出席者に加わった。

そしてハモンドは会衆に対して外交政策のようなものは「道徳問題」よりも後ろに回るべきだと教えているのだが、聖書を字義通りに解釈することへの傾倒により、テキサスの福音伝道者ジョン・ハギーの開始した組織である「イスラエルのために連帯するクリスチャン」(CUFI)と呼ばれる全国教会ネットワークに彼は加わった。「イスラエルのために連帯するクリスチャン」が主に打ち出している目的は、ユダヤの人々の救済についての主張が正当であることを信仰心ある仲間に説得することであるが、彼らはまた、ハモンドの述べるところではイスラエル国家を支援するため「アメリカの人々の願いをわれらの政府に認識させること」といったより具体的な目標によっても動機づけられている。この組織によって採られている活動に含まれるのは請願、公職者との定期会合、そして四〇〇〇人もの出席者を集めるワシントンでの毎年のサミットである。またリビングワードは毎年「イスラエルを称える夕べ」を主催しており、会堂で開かれるこの公的イベントは、教会で開かれる他のどの集会よりも多くの人々を集めている。歌にダンス、熱のこもった説教を通じて、二〇〇〇人の出席者はイスラエル国家および人々と連帯し、また同じようにしている公職者を支持するようにと促されている。

「正しい方向に向かって」

リビングワード・クリスチャンセンターは明らかな人気があるものの、マック・ハモンドがしばしば演壇から大胆なまでに政治的であることについて、彼がよせ集めている批判を目の当たりにして気にする会衆もいるように見える。多くは、自分の政治的傾向に対し教会が大きな影響を与えているという考えを言下に否定する。「クリスチャンとしてふさわしいと考えるものに私は投票します」と教会員の一人は言う。他の者は「教会は社会的、政治的問題についてより深く考えるのを助けてくれます」と認めるが、すぐにまた強く付け加えて、自分はハモンドの説教から「過度に影響されてはいない」とした。しかし部外者からの非難を抑えようと試みているにもかかわらず、リビングワードの会衆たちはしばしばマック牧師に「興奮する」と述べ、またある女性の言うところでは、「聖書はその意味するところを語り、またその語るところを意味している」という事実に対し弁解することのない説教師を高く評価している。その上で、彼女はこう付け加える。「聖書の言うところでは、正しいことをしているとき、迫害されることになるそうです。それは、正しい方向に向かっている徴しと捉えることができますね」。確かに、ハモンド牧師はその妥協のない信念と論争対象となるふるまいを、似たような抗いの雰囲気でしばしば擁護している。「私は自分の言いたいことを言うし、人々がそれで留まろうが去ろうが構いません」。

コミュニティ安息日《サバス》

イーデンズ高速道路を抜けて、デンプスター・ストリートを東に向かいイリノイ州スコーキーに抜けていくと、シカゴの北部近くの郊外におけるユダヤ人生活について、訪問者は駆け足で見て回ることができる。ビアリー《丸パン》ショップやコーシャーのベーカリーが、風景に点在するネイルサロンやコンビニの間で目立っており、著しい数のシナゴーグが通りに並んでいる——店頭《ストアフロント》のものもあれば、より伝統的な会堂もあり、また一つは箱形の元銀行ビルにあった。外側から区別するのは難しいのだが、寺院が収めている会衆はその信仰と礼拝スタイルで幅広く異なっている——超正統《ウルトラオーソドックス》派から再建主義派《リコンストラクショニスト》、イエスがユダヤ人に約束されたメシア《救世主》であると主張するメシアニック・グループまでいたっている。

爽やかな土曜日の朝九時に、男性と少年からなる小グループが、混み合った通りを安息日《サバス》礼拝に向かって歩いていた——礼拝用のショールとヤムルカ《儀式帽》をまとった者もいれば、ハシディズム《敬虔主義》であることを示す、黒スーツにつば広の帽子を被った者もいる。エヴァンストンにある道路をさらに下っていくと——ショッピングセンターが、よく管理された家屋と並木の街区に変わっていく場所で——、一握りの車が小さな駐車場へと入っていき、ジーンズにショーツ、サンダルという姿の男女がベス・エメット自由シナゴーグでの礼拝に向かっていった。そこはストーキー——エヴァンストン地域の最大の改革派会衆の本拠である。

ベス・エメットは長い一街区を占め、二階建ての校舎と、きれいに刈り込まれた芝生、小さなテラス、そしてアーチ型の木製玄関のついた合掌造りの会堂で構成されている。この建物の白い石造りの外装と控えめで機能的な建築は、周辺の居住地域に自然と溶け込んでいる。この建物は、通りを下ったところにある小さな寺院が間借りしている商用スペースと比べると礼拝所らしさは明らかだが、ベス・エメットの西側にはそれがシナゴーグであるということを示す標識はない。長年にわたる会衆の一人によればそれはこの不動産の土地利用合意《ゾーニング》の条件で、エヴァンストンの過去の反ユダヤ主義の名残としてそのままになっている。

信徒主導の**カハル**礼拝に向かって、今朝の出席者たちはベス・エメット学校の中央廊下に入っていった。その片側には、シナゴーグの成人式《コンファメーション》クラスの古い写真が、もう片側には明るいフィンガー・ペインティングと子どもサイズのコート掛けが並んでいる。貸出図書室と小さなギフトショップが含まれる傾斜した廊下で校舎から寺院へとつながっていて、通じた先のホワイエでは**キドゥシュ**（ワインと**ハラー**パンによる儀式の祈り）と**シャバット・オネグ**（安息日《サバス》のワインとチーズによるレセプション）が金曜夜の礼拝後に開かれている。三四〇席の会堂には、会衆があふれたときに用いられる大きなじゅうたん敷きの部屋、行事やパーティーのためのホール、そしてシナゴーグの毎週の炊き出し《スープキッチン》のための食堂が隣接している。この安息日の朝の廊下は静かだが、ロシュ・ハシャナとヨム・キップールの大祭日《ハイ・ホリデー》の間はあふれた群衆にあてがうためさらに九〇〇の椅子を準備しなければならない。

「**アシュレイ**で先導してくださるボランティアはいますか」と、肩の青い祈祷用ショールの上に、アコースティックギターをストラップでかけた熱心な若い女性、ナオミ・ワイスが尋ねた。ナオミは九時三〇分の礼拝で主唱者《カンター》を務めており、約二〇人——大半は大人——がここまでに集まっている。**カハル・シャバット**とは「コミュニティ安息日《サバス》」

という意味だが、シナゴーグの地下にあるより打ち解けた多目的スペースのウェイナー・ルームで開かれる。これはベス・エメットでの二回の土曜礼拝の一つで、どちらも信徒が主導するものである。会衆たちはゆっくりとぽつぽつ入ってきては、小さな中庭を見渡す窓の壁の前に据えられた広い木製の演壇を取り囲む一二〇の栗色のビニール椅子に席を見つけている。掲示板と収納キャビネットが並んでいるこの長い部屋の装飾はまばらで、レンガ壁とリノリウムの床からは画一的な感じがするが、グループが集まり続けるとハグや「シャバット・シャローム」のコーラスが空間に満ちていき、ゆっくりとあたたかみを増していった。部屋の後ろには金のヘブライ文字で飾られた背の高いキャビネットが立っている。それは安息日朝の礼拝典礼の重要な部分である、トーラーの巻物を収めた聖櫃としての役目を果たしている。

若いティーンエイジャーのボランティアが、最初の祈祷を捧げた。「アシュレイ・ヨシュヴェイ・ヴェテハ、オド・イハルルハ・セラー」と彼女は始め、手にしているオレンジ色のペーパーバックの祈祷書にある音訳されたヘブライ語をためらいがちに詠唱した。「あなたの家に住まう者は幸いです。あなたを常に誉め称えます」と翻訳にはある。「アシュレイ・ハアーム・シェカハ・ロー、アシュレイ・ハアーム・シェ・アドナイ・エローハ」と次の行にあり、ナオミのギターが伴奏する。「これを分け前とする者は幸いです。神をアドナイ《主》とする者は」と礼拝者の小グループからの応答が返ってくる。その節は慣れ親しんだ祈祷の軽快なスタッカートである。

朗読、祝福、そしてトーラー解釈——「栄誉《オナーズ》」と呼ばれる——のような安息日典礼のさまざまな部分は、クリップボード上の名前登録を礼拝が進んでいくときにナオミが指し示して割り当てられる。アシュレイが終わると、タリートとキッパー（祈祷ショールとヤムルカ）を身につけた中年男性が前に進み出て、この週に祝われる収穫祭であるスコットの祈りを紹介した。「これは正統派《オーソドックス》の視点ですので、そこから望むものを取りましょう」と、祈祷の解釈を読み上げる前に彼は言った。半分ほど進んで、彼は中断する。「残りは少々メシアニック《救世主的》ですので、そこは飛ばしましょう。私たちが得ているのは贖い主よりも、むしろ贖いですので」と彼は締めくくり、いまでは約六五人を数える会衆からくぐもったクスクス笑いが上がった。

古代宗教の理知的で啓蒙的なバージョンであると自認するユダヤ教の改革運動はドイツで始まったもので、信仰を近代化して世俗的生活との調和をもたらすことを探ってきた。一八八五年に始めて成文化された改革派ユダヤ教の教義では、個人主義とトーラーの合理的解釈が強調され、慣習と戒律を守ることは個人選択の問題とし、より「プロテスタント化した」礼拝が支持されて儀式が排された。礼拝中は頭を覆うことや、シャバット《安息日》に歩いてシナゴーグに行くこと、カシュルート（食事制限）を守ることは改革派ユダヤ教徒からは古代で異国の文化の名残と捉えられ、教派が形を取っていくにつれて大部分が棚上げされていった。

初期のアメリカの改革派ユダヤ教徒はまた、自分たちをイスラエルから流浪して生きる人々だと捉えることを拒否して正統派から袂を分かち、イスラエル国家の再興を求める運動――しばしばシオニズムと言及される――を控えた。[3] 彼らはアメリカを故国として、そしてユダヤ教を決定的なアイデンティティというよりもむしろ選び取った宗教と見ていたのである。いまでは米国で最大のユダヤ教派となっている改革派は、ユダヤ人がますますアメリカ文化に同化していくに伴って進化を続けている。民族的な分離を強調するように見られていた独特の実践は脇に置くという創立時の衝動は弱まり、信仰の伝統と儀式のいくつか――ヘブライ語で祈り歌うような――は結果として改革派ユダヤ教徒の生活の中に戻っている。戒律の遵守について非規範的に教えることはこの教派で保たれているが、今日の改革派ユダヤ教徒がシャバットのろうそくを家でともしたり、カシュルートを守っているのを見ることは珍しいことではない。ホロコーストと一九四八年のイスラエル国家建国の後、改革派ユダヤ教もやはりユダヤ人の世界的連帯という考えに回帰し始め、そして――ゆっくりとではあるが――教派の綱領にシオニストの言葉を公式に加えつつある。

「私たち皆がここでユダヤ人を作っている」

一九四〇年代末、ベス・エメットを創立したラビであるデヴィッド・ポリッシュはシカゴの大規模な改革派シナゴーグの長であった。熱心なシオニストであるポリッシュはその時代に先んじていて、イスラエルについての率直な見方で彼は会衆との間で不和となり、ある日彼は抗議のためにシナゴーグから締め出された。似たような考えを持つエヴァンストンの四〇家族とともに、ポリッシュはじきにシオニスト志向を持つ新たな改革派会衆、ベス・エメットを始めた。創立における勇猛な精神と合致するように、駆け出しの会衆は場所として二本の大通り、デンプスターとリッジの角を選択した。近隣地域の反ユダヤ主義に対する挑戦的な抗議としてである。もともとは購入した敷地の角にある古い邸宅で集まっていたが、会衆は隣接する学校を建設し、それは宗教教育と、バル／バット・ミツバそして結婚のような「ライフサイクル行事」のために使われた。近隣からの抵抗にもかかわらず、会衆はすぐに六〇〇家族へと成長した。一九六〇年代初頭には、近代的なシナゴーグの建設が始まり、新しい会堂でのシャバット礼拝は一九六四年四月三日に開かれた。

月曜日の夜七時、ベス・エメットの新会員統合委員会はバーバラとラリーのエーデルマン夫妻の自宅に集まり、新しい会衆を引きつけ維持するためにシナゴーグがよりよい仕事をする方法についてブレインストーミングを行った。ベス・エメットには約八四〇の「会員」――シナゴーグは会員を世帯で通常数える――が現在いると公表していて、それは個人で二〇〇〇人を優に超える数を示している。しかし会衆の副会長ボブ・カトラーによれば、会員との意味あるつながりを作ることは、ベス・エメットの「非常に大きな課題」の一つである。「何らかの定期ベースでこのシナゴーグに関わっている」のは約一〇％の家族にすぎないと彼は言うが、それが意味しているのは「礼拝に出席する、活動に参加する、委員会に加わる、あるいは何か個人的なつながりを持っている」ということである。「改革派はアメリカで最大の教派ですが、加入率は下がっています」と、一九八〇年以来ベス・エメットの上席ラビであるピーター・クノーベルは説明する。「私の感覚ではシナゴーグの出席率も下がっています。どうやってコミュニティ作りをしていくか理解を急いでいるところです」と彼は言い、そして新会員統合委員会――長期の休止から最近再開された――はその取り組みにおける重要な一部となっている。

バーバラはクッキーとビスコッティでいっぱいの皿を運び、ちょうど二年前にベス・エメットの会員になった若い男性デイブ・ワーナーはためらいがちに椅子に座って、アイスティーのグラスをすすっていた。「たくさんの社交グループがあるけれど、人によってはどこから始めたらいいのか単に分からないということがある」とラリーが、シナゴーグでの三六年間の会員歴で来ては去っていくたくさんの人々を見てきたことをふまえて言った。毎週の礼拝は改革派ユダヤ教徒にとっての焦点ではない傾向があり、ベス・エメット会員の大半は主として、非礼拝活動の広範なメニューを通じて留まっている。一例は幼児教育プログラムで、それには一時的なプレイグループ、平日の保育園、日曜学校、そしてサマーキャンプが含まれている。ベス・エメットはヘブライ語の教育やバル／バット・ミツバと呼ばれる成人の儀式への準備をさせる、年長の子どもと青少年を対象とした宗教学校を、社交に主な焦点がある青年グループと並んで運営している。成人に対してはシナゴーグは広範な教育機会を提供している。秋期のベス・エメットには二三のクラスがあり、それがカバーしているトピックは「トーラー詠唱基礎」「シオニズムの歴史」「キッチンにおける伝統」「あなたのためのヨーガ」と広範なものであった。コーヒーアワー、シャバット・オネグ、休日周辺のディナーのような社交機能も、フーギムと呼ばれる自宅での夕食会でのカジュアルな集まりと並び、シナゴーグのプログラムの重要な一部である。

「人々にプログラムを次々投入する理由の一つは、何かが刺さると期待しているからです」とクノーベル師は説明する。しかし、これらのプログラムは全てかなり高価につく。どのシナゴーグでも同じように、ベス・エメットの会員であることは会費納入で定義されていて、それは家族あたり年間およそ三〇〇〇ドルにおよぶ。新会員は割引額で最初の年に七五〇ドルを払い、それで留まるよう説得するチャンスがシナゴーグには与えられている。ベス・エメットの会費は、シナゴーグの事務局長ベッキー・ハリス・カプランの言うところでは「非常に過大で」、それが新会員の活動を続けさせることの障害として主要な一つになっていると委員会は認識している。この地域の他のシナゴーグよりも高い会費の支払いに目の前にしたとき、「いったい何が、二年目に戻ってこさせるものになるでしょう」とラリーはいぶかしむ。

エーデルマンのテーブルの上座の方に座っているベッキーが、テーブルクロスの上で目の前に広げられた印刷ページの束にざっと目を通している。「バージャー家は戻ってくるかもしれない」と、出席を止めたのを知っている家族の名前に会員名簿上で丸をつけながら彼女は言う。「彼らはシナゴーグ・ショッピングをしている」。「離婚率より悪いなあ」とテーブル中央のボウルからアーモンドをひとつかみ取りながらエイブ・ハースが冗談を言った。「ハルバースタム家は辞めたけど、大祭日《ハイ・ホリデー》のチケットはまだ買ってるのよ」とベッキーは続けた。グループは、新会員がベス・エメットのコミュニティによりたやすく溶け込める助けとなるようなアイディアをさまざまに提案した。そこに含まれていたのは、シナゴーグ内でナゾ解き競争《スカベンジャー・ハント》をしたら人々が建物をより理解する助けになるのではとか、ラビの自宅で茶話会を催すとか、メンタリングのシステムを構築する（「いいアイディアだけど、みんなすごく忙しいから」とバーバラが口を挟んだ）といったものだった。委員会がすでに行っていることの一つに、新規家族に対し「ウェルカム・バスケット」を進呈するというものがあり、そこに入っているのはシャバットのろうそく、ツェダカの箱（慈善のための貯金箱）、コーシャー・ベーカリーのギフト券、コーシャーワインのボトルである。「以前は自分たちで配達していたんですよ」と別の委員のローズマリー・クラインが言う。「でも大変で」。「理想的には、新会員が全て家庭訪問を受けられればね」とバーバラが付け加えるが、しかしこのアイディアは不可能だと受け流された。「脅迫の仕方を話してるみたいだ」とデイブは言う。

ベス・エメットはおよそ八〇人の職員を雇用していて、また各週にシナゴーグで開催される無数の活動を監督するためにボランティアの役員、代表、そして実行委員会に頼っている。信徒の指導部は定期的に出席する会員のうち核となっている一〇％から選ばれているのが通常で、クノーベル師は彼らを指して「いつもの連中《ユージュアル・サスペクツ》」と呼んでいる。「ベス・エメットには非常にプログラムがあります」とクノーベルは言う。「私たちと同じかそれ以上の会衆の大半にそれは当てはまります」。しかし、シナゴーグにおける活動水準が「絶え間なく増大している」ことは、いくつかの欠点をもたらしていて、そこには「焦点の欠落」に、クノーベルが呼ぶところの「消費者気質」がある。ボランティアをしてシナゴーグのプログラムに貢献しようと期待するのではなく、むしろ会員は、ボブ・カトラーの表現では「自分たちのために物事が提供されるという期待」をもって参加しようとすることが多い。ベッキー・ハリス・カプランも同意する。「人々のシナゴーグとの関係は変化しています」と彼女は説明する。「以前は――私が子どもで自分の親の世代の時には――、シナゴーグに参加するのはそれがユダヤ教徒として期待されていたことだったからで、人々もコミュニティを支えていました」と彼女は言う。しかしそのような向社会的な態度は大部分が「受けとる権利への期待」に置き換わってしまったとカトラーは嘆き、それがベス・エメットの専門スタッフへの負担増大を招いた。「一〇年前よりも競争が多くなっています」とハリス・カプランが付け加える。かつてはベス・エメットがエヴァンストンで唯一の改革派シナゴーグだったのだが、「新しい会衆がかなり力を発揮するようになってきて、全く別物になってしまいました」と、新会員を引きつけ維持するプレッシャーが増大しているという事実について彼女は語った。

しかし、道を下ったところにあるシナゴーグから会衆たちを引き抜くことは決して目標ではないと、彼女はすぐにはっきり言った。「最も大事なのは、私たち皆がここでユダヤ人を作っているということです」。

自由シナゴーグ

ベス・エメットのプログラム提供を進めるのには相当の労力がかけられているが、多くの成人会員が語るのは、自分たちが参加することを決めたのは最終的には聖歌隊や委員会、活動以外の何ものかであったということである。シナゴーグの創立哲学の重要な部分であり、会衆を生み出した環境の明らかな結果であるものが「自由説教壇《フリー・パルピット》」という考えである。ベス・エメット自由シナゴーグは、ラビ団あるいは会員個人に対して、何の規制も――イデオロギー的にも他のものでも――公式に設けていない。ある長期会衆の一人の表現では、「自由説教壇」という考えが意味しているのは「ラビは自分の意見を持ち、言いたいと思うことを言う自由がある。そしてそれはシナゴーグにいる他の全ての人間にもまた当てはまる」ということである。このラディカルな開放性はベス・エメットにおいて活発な知的生活を生み出しており、それが入会した主要な理由として大半の会衆が挙げるものになっている。先唱者のエリン・フランケルによれば、「[ベス・エメットでの]ユダヤ教知識の基本水準は他の会衆のはるかに上です。創設者のラビによって始められたそのような知的伝統に対する傾倒がここにはあります。ここは**知ること**を望む人の会衆で、私たちに教えたいという人々を求めています」。入会三年目のセス・リスボンは、知識を集団で渇望していることが、彼にとってベス・エメットの生活で最も興奮する側面だと言う。「賢いですよ。学びのコミュニティですね」と彼は語る。

ヨム・キップールのための土曜朝の礼拝のあとで行われた成人向け学習クラスで、クノーベル師は一〇〇人近い会衆に対して改革派のルーツについて講義を行った。彼はこの運動がイマヌエル・カントの哲学を奉じていたことを強調し、「倫理を求めるが、儀式については気にかけない神」について説教した。改革派ユダヤ教徒にとっては、「個人の自律性」が中心にあり、「倫理は伝統ではなく、むしろ自分自身の理性判断によって課されるべき」という考えもまたそうであるとクノーベル師は教えた。その日の早い時間に、准ラビのアンドレア・ロンドンが礼拝中に行った発言は、よく聴くこと、「成長するマインドセット」を持つことの重要性に関する実験心理学者の知見を軸とするものだった。「祭日を通じてあらゆる礼拝で非常に世俗的なメッセージを取り上げました」と彼女は言う。「そして人々もそれを好むんです」。

そのように理知的な講演がベス・エメットで人気があることの理由は大きくは、信仰とスピリチュアリティについてより「宗教的な」考え方では、大半のシナゴーグ会員の共感を呼ばないことにある。彼らは自らのユダヤ教信仰の個人的経験を語ると、世俗方向によりがちなのである。ユダヤ教への改宗者でベス・エメットの最も積極的な会員の一人マーガレット・ロフティスは、自身を無神論者と称している。会衆の尊敬される年長会員で、長きにわたって会長を務めたイーヴィ・グリーンバーグもマーガレットの見方を繰り返す。「あなたに言わなければいけないのは、やみくもな信仰《ブラインド・フェイス》は私が気分よく語れるようなものではないということ。なぜならそんなものは持っていないから」と彼女は言う。「ユダヤ教に私が強く傾倒しているのは、おそらくその知的側面に基づいているわ。つまり、私が好きなのは、一年間トーラーを読んでそこに何かを見つけ、翌年もそれを読みさらに多くを見つけることができるという事実なの」。三人の母親である中年のアレクシス・ローゼンバウムはベス・エメットで成長したが長年出席するのをやめていて、そして子どもを持ったときに戻ってきた。神についての自分の信念について「私たちが自身と他者の間に持つつながり」と特徴付けている。彼女は祈祷を「知的なエクササイズ」と捉えている。

祈祷や儀式、神秘体験のような霊的実践がより保守的なユダヤ教派では大きい役割を果たしている一方で、ロンドン師はこの「日々の信仰」との「格闘」は改革派の経験に独自のものではないと感じている。「ユダヤ教は知性と霊性の間、そしていかにそれが共に働くかについての緊張を常に持ってきましたが、しかし何らかの教派的な意味でそれを語ろうとすることは非常に困難です」と彼女は言う。そしてロンドンは、彼女の会衆の多くはある種の神への信仰を確かに持っていると思うが、「それについて自分が語ることができるとは感じていない」と語る。イーヴィ・グリーンバーグも同意し、ベス・エメットでの自分の長い経験の中で、個人的な信念は一般に論じられることはないと述べている。「自分のフーグの中でさえ、誰が何を信じているかなんて言おうとは考えません」と彼女は言い、およそ四〇年にもわたって属していて、親友も何人かいる社交サークルのことについて触れた。

「ユダヤ教徒は神学を語るのに困難を覚えます——自然には全く出てこないのです」とロンドン師は説明する。「例えばですが、一緒にとある宗教間プログラムを行っているカトリック教会があります。そこで神父と一緒にクラスを一つ教えたのですが、われわれの信仰で中核となる物語についてのセッションを行うことにしました。それで彼は復活について、私はトーラーの啓示についてしたのです……それで神父と私は、テーブルで互いの間で話すようにと求めました。そして言ったのです、『カトリックの皆さん、復活はあなたの生活でどのような役割を演じていますか。あなたにとっていかに重要ですか』そして『ユダヤ教徒の皆さん、啓示はあなたの生活にどう個人的に関係していますか』。ユダヤ教徒たちはテーブルの下に潜って逃げ出してしまうように思いました。『個人的に？　個人的にってどういう意味だろう』という感じでした……そしてセッションの終わりにテーブルの一つが立ち上がって語りました――『ええ、啓示がどう個人的に私たちにとって大事かについては、実は話さなかったんです。私たちが話したのは、トーラーがどう五四分割されていて、年間サイクルでそれらをどう読むかについてです』。そういうものがユダヤ教徒の反応で、「詳細は全部知っていて、正確な情報を伝えることはできるけれど、それが私を動かしているはずなどと言わないでください」。ロンドン師は困惑した様子で語った。「しかし、それは確かに人々を動かしているのです」と彼女ははっきりと付け加えた。「彼らは単にそれを表現できないのです――これは興味深いことです。ユダヤ人やいかに教育を受け知的かを考えると、こういうことを表現するのに彼らは本当に困難を覚えているのです」。

『行いであって、信条ではない』

信仰に関する葛藤や、スピリチュアリティについて当惑する度合いを表明するベス・エメットの多くの会衆は、自らのユダヤ教への傾倒について、信念よりもむしろ行動の機能として説明する。ある年配女性の言葉では、「ユダヤ教徒でいるのは単に信仰の問題ではなく、行動の問題でもあります。そして私にとっては、信じることよりもすることの方が大事です」。デビー・ガーストンは加えて、自分の信仰について「座り込んで一日中考える」よりもむしろ活動的である方を好むという。「私は実行派よりです」と彼女は言う。そして神への信仰については、「そのことをいままで本当に考え抜いたことはないと思います」と認める。会衆が行動に焦点を当てることについてロンドン師は語る。「ユダヤ教について話すなら、私たちは行いの宗教であって、信条のそれではないのです」と彼女は説明する。

「出エジプト記の記述ではモーセがトーラーを与えたときに人々は言いました…『私たちは行い、そして私たちは聞きます』。この理解は、行動を通じて私たちは神を知るようになるというものです。その逆ではありません」〔「出エジプト記」二四章七より。〕。

より正統派のユダヤ教徒にとっては、「行動」は戒律と伝統を注意深く守るという形を取るが、それは改革派教派では大きな位置を占めていない。ならば正確には何を、ベス・エメットのラビ団は会員に行うよう説こうとしているのだろう。「人々に行いをなさしめるよう私が求められまた義務を負っていると感じるものは」とロンドン師は説明する。「現実に手を差し伸べ、この世をよりよい場所にすることです。それが、私がせき立てるべきいくらかの責任があるところだと感じるのです。シャバットのろうそくを点すようにと人々をせき立てる責任があるとは感じません。シャバットのろうそくを点すことは、本当に力強いことだと思います——それは私の人生に大きな違いをもたらしましたし、そのことは人々と分かち合いますが、でも会衆にいるみながシャバットのろうそくを点すように私がしたところで、大きなことをなしたわけではありません。もし会衆にいるみなが、宗教的伝統がそうすることを求めているのだと感じてコミュニティ奉仕に一〇時間を使ったのであれば、私は大きなことをなしたのだと感じるでしょう」。

世界を修繕する

「ティックン・オラム。改革派運動におけるマントラのようなものです」とボブ・カトラーは説明し、「世界を修繕する」ことを意味するヘブライ語のフレーズについて触れた。「われわれのミッションの一つは、いわば——運動として、そして人間としてですが——この世界をよりよいものしようと努め、他者を助けようと努める役割を引き受けなければならないというものです」と彼は言う。個人的信仰について表現することはベス・エメット・コミュニティのメンバー多くにとって複雑でしばしば難しいものだが、社会の問題を解決するにおいて積極的でなければならないという使命感を表現することはほぼ苦労なしに出てくる。「私たちはお互いに、そして全世界に対して責任があると信じています」とイーヴィ・グリーンバーグは強く述べる。「改革派ユダヤ教は——おそらく他のどの教派以上に——、私たちが自分の周囲に対して責任を持つべきこと、影響力を持つべきことを教えてくれるもので、他者に敬意を持つこと、面倒を見ること、この地球を正しく扱って他の世代のためのものにすることの基盤をユダヤ教は私たちに与えていると思うのです」とベッキー・ハリス・カプランは言う。「これは私たちが『預言的ユダヤ教』と呼ぶものに深く関わっている運動で、キリスト教の文脈ではそれは『社会的福音』と呼ばれているものでしょうね」とラビのクノーベル師は付け加えた。

その創立以来、ベス・エメットは行動主義と地域支援の「強い伝統」を有してきており、ロンドン師は自分をこのシナゴーグに最初に引きつけたのは「非常に前向きで、知的、進歩的であるというその評判です――そして活動性ですね――外部の世界に本当に関わり、コミュニティのためのことを本当にしています」。ベス・エメットの会員は最初期から公民権運動に積極的で、アラバマ州セルマへとラビのデヴィッド・ポリッシュと共に赴き、そして一九五九年にはマーティン・ルーサー・キングをシナゴーグに迎えた〔セルマは公民権運動中の一九五九年の「血の日曜日事件」や「モンゴメリーへの行進」で知られる。〕。ベス・エメットはエヴァンストンで最初の炊き出し所《スープキッチン》も開設しており、それは完全に会衆のボランティアで運営されている。活動的な会員の大半はこの炊き出し所で何回も働いており、このプログラムは人気なためにシフトは何ヶ月も前から予約されている。

実際、ベス・エメットの社会貢献委員会の活動は、シナゴーグで最も成功している取り組みの一つである。委員会の前委員長デビー・ガーストンは、広範囲な社会的、政治的問題に取り組むそのキャンペーンの長大なリストをスラスラと諳んじてみせる。その設立当初、委員会はエヴァンストンにおける拳銃禁止を目指すロビー活動に参加して成功を収めた。続いて彼らは手頃な住宅の必要性を見いだし、基金を集めて二四のアパートを購入、改修して市場価格以下で地域に貸しだした。住宅プロジェクトが成功したので会衆はさらに一〇戸を買い入れ、また市の求めに応じて他の非営利グループに同じことをするための訓練を始めた。またベス・エメットはそれ自体でエルサルバドルとベトナムから逃れた難民のための避難所としてのボランティアも行い、全体で「二家族を受け入れて定住させ、地域で職を与えた」とガーストンは述べている。会衆にはまた、ベス・エメット内部と取り巻く地域における環境維持のために働いているボランティアチームもある。

社会貢献委員会の最も新しい取り組みは、「正しき会衆たち《ジャスト・コングリゲーションズ》」と呼ばれるシナゴーグ全体のプログラムである。

地域での積極行動に関わるシナゴーグを助けるため改革派ユダヤ教連合によって開発されたこのプログラムは、ソウル・アリンスキーの草の根組織化モデルを採用しており、会衆たちを互いに議論させて、共通する懸念を同定することを助け、それらの懸念をアドボカシー運動へ転換することを促すというものである。現在ではベス・エメットの「正しき会衆たち」の会長であるガーストンは、公教育、青少年非行、そして高齢者福祉の基金――すでに組織化ツールを用いて近隣の会衆により取り組まれている問題――は、ベス・エメットが関わっていくことを選ぶテーマになるかもしれないと予想している。それに加えてもちろん、献血運動《ブラッドドライブ》、食糧配給《フードドライブ》、異信仰間交流、平和運動、そして私的なボランティアについては、会衆がすでに定期的に実施しているものである。ガーストンによれば、これらの社会活動プロジェクトは全て「常にラビからの支援を受けてきた」が、大部分は会員からの催促により行われたもので、彼らの多くはシナゴーグはもっと多くのことができるとさえ感じているという。

会衆にいるほとんど誰もが、シナゴーグが広範に地域支援していることを誇りの源泉と考えている。「ベス・エメットの会員であることによって、社会正義の問題について才能豊かで熱心な人々と共に働き、ユダヤ人としてのアイデンティティ感覚を実現できているのです」と会衆の一人は述べる。多くの者にとって、行動主義《アクティビズム》は礼拝すらよりも重要である。「私たちは礼拝の重要性について話しますし、そしてそれを心から信じているのですが、しかし大半の人にとっては、それは彼らのユダヤ教信仰の表われではないのです」と主唱者のフランケルは説明する。「それが社会貢献について彼らが語る理由であり、イスラエルについて、**ティックン・オラム**について語る理由です。それらは改革派ユダヤ教の主要テーマなのです」と彼女は語る。「社会貢献委員会、環境委員会、炊き出し所《スープキッチン》……これらは**ティックン・オラム**を具体的に表現する方法なのです」とボブ・カトラーが説明する。「それは宗教からきましたが、ある意味で社会的なものにもなっています。社会貢献を行うのは、私たちがそれを宗教的な命じと考えているからです」。

聖歌隊に向かってする説教

「ベス・エメットは道徳的な力です」とある新会員の一人が言う。「単なる言葉や説教に関するものではありません」。

この理性的なシナゴーグにも言葉と説教の居場所はあるが、ベス・エメットの聖職者は政治問題と宗教的メッセージを混ぜ合わせる機会を逃すことはめったにない。「われわれのしていること全ての中に政治化があります」と事務局長が説明する。「私たちは、責任ある人間になるようにと人々に教える努力をしています」と彼女は言い、礼拝や学習クラスで公に議論される問題は「イラクにおける兵士から、幹細胞研究」にまで及んでいる。それどころか、ベス・エメットにおいては神と神学についての概念が薄いが集合的良心については確固たる感覚があるために、政治的関与はシナゴーグの会員にとって、宗教的表現の重要な形としての役割を果たしている。したがって大半の人間にとって、政治的議論が広く存在するのは当然のことであると理解されている。「これが、私のユダヤ信仰はそういうものだと私が考えているものの一部です――すなわち、自分の周囲の世界で何が起こっているのかを映し出す手段であるということです」とある会員は語る。「周りで起こっていることを自分はどう理解しているのか。それを解き明かすためにここにいる人々が私をどう助けてくれるのか。私のユダヤ教信仰は、今日の政治問題をどのように教えてくれるのか」。こういった種類の問いを彼女も、また仲間の会衆たちの多くも説教壇から語られるのを聞きたいと望んでいる――そしてベス・エメットでは、日常的にそれが行われている。

九月の暗くなった金曜日晩の八時一五分に、フォーマルに着飾った数百の家族がユダヤの祭日の中で最も厳粛でまた重要なものであるヨム・キップール、「贖罪の日」の前夜を祝う二度の礼拝の二回目のために集まった。シナゴーグに歩いて行けるくらい近い者はそうすることで、通りの空き場所や混雑した駐車場に非番の警察官が誘導してくれるのを待つ車列を避けた。行列が保育園の玄関広間にできており、黒いスカートスーツに真珠を身につけた長身の活発な女性ベッキー・ハリス・カプランがトランシーバーを片手に軽やかに行き来していたが、シナゴーグへの入り口をさえぎるように置かれたカードテーブルのところでチケットを配布している二人の中年女性を助けるために短く立ち止まった。「フィンケルシュタインさん……、D、E、F、ありました！」女性の一人が言い、年配夫婦に白封筒を手渡す。「シャバット・シャローム」と応えた男性のはげかけた頭には、黒いサテンのヤムルカがテントのようにのせられていた。彼は女性を先導してテーブルを過ぎ、満員に近い会堂へと広間を進んでいった。

会堂は薄暗いカーペット敷きのホールで、講堂にあるようなクッション入りの座席が長く九列に並び、ビーマーと呼ばれる高くなった演壇の回りに連なっている。ヘブライ語の碑文が重ね合わされた深く劇的な色使いの大きな抽象画が、トーラーの大きな巻物六巻を収め、薄い生地が覆いをしているキャビネットの上に掛けられている。ビーマーの前にはテーブルが置かれていて、その上にはぱりっとした、クリーム色のリネンに六本の青いろうそく、そしてショファール、すなわち雄羊の角笛が置かれている。土曜日の午後にこれを吹くことで、断食と改悛の二日間の祭日が締めくくられるのである。男女とも席で立ち上がって互いに挨拶を交わし、遅れてきた家族たちは、あふれた人のために並べられた折りたたみ椅子にあきらめて腰を落ち着ける前にと席を探している。

礼拝が始まると、先唱者のエリン・フランケルが白百合の凝ったブーケで飾られた木製演壇の後に立ち上がって、コル・ニドレの冒頭の旋律を詠唱する。オペラ調のアラム語で歌われる、心に残る美しい祈りで、プロのチェリストと聖歌隊が伴奏する。続いて典礼の一連の祈祷と賛美がヘブライ語で詠唱され、そのうち親しみのあるものは会衆全体で力強く、その他は一握りの者の声だけで詠じられる。クノーベル師の妻が六本の青いろうそくを点し、続いてトーラーが儀式的に聖櫃から移され、その後でロンドン師が会衆を一年間の赦免の嘆願に導いた。「イスラエルの全ての人々が許されますように。彼らのうちの、見知らぬ人全ても共に。全ての人が罪を犯しているからです」と会衆は三度繰り返す。そしてクノーベル師――小柄で自信にあふれた男性で、眼鏡をかけひげを短く刈り込み、金の刺繍の施された白いローブをまとっている――が演壇に付いた。

「ヨム・キップールは個人と、国家の双方における欠陥の認識を促す日です」と彼は始めた。「そして私たちは、自分たちの行いについて国家的な説明を必要としています。そのような評価なしに、進歩する見込みはほぼないのです」。ダビデとバト・シェバをめぐるトーラーの物語に関連づけ、クノーベル師はダビデの罪に――「汝はその人なり」と――立ち向かい、「権力に対し真実を語った」預言者ナタンの勇気を称えた〔「サムエル記下」一二章の故事に基づく。〕。そして彼は続けて、イスラエル―パレスチナの和平への過程でアメリカの演じた役割の失敗と、イラクにおける戦争の不道徳性について、痛烈な二〇分間の説教を行った――「この世代におけるベトナムです」と。「戦争と平和の問題は、単なる政治問題ではなく、宗教的価値の問題です。われわれの伝統は自衛のための戦いは義務としますが、領土や権力を得るための戦いは拒絶します……〔そして〕宗教コミュニティ、とりわけユダヤ教コミュニティの側には失敗がありました——私たちの全国組織においては戦争に反対する決議が通っていたにもかかわらず——戦争に抗議するように自らを積極的に駆り立てなかったのです」。引き続いて中絶、移民、そして「ゼノフォビア《外国人嫌悪》」を含む今日の重大な問題のほとんど全てを思い起こさせながら、クノーベル師は会衆たちに「より安全で、義にかなう、思いやりある世界をもたらすためにこの偉大な並外れた力が、いかにその資源を行使するのかについて考える」よう訓示した。

公然の政治的メッセージをベス・エメットで当たり前のことにしている——最も聖なる祭日にすら——要因の一つは、改革派ユダヤ教徒の間に暗黙のうちに共有されている世界観として多くの会衆が認識しているものである。ボブ・カトラーによれば、「この宗教それ自体は、特定の政治的視点を説いているのではありません。ユダヤ教徒はその歴史——長き、集団的、共同体的な歴史——ゆえに、明らかにリベラルあるいは進歩的な傾向のある、政治に対しての一般的なものの見方を作っていったというだけなのです」。「政治は語られますが、それは聖歌隊に向かって説教するような仕方でですよ」と彼は付け加えた〔すでに何かを信じている人間に対して説得することを指す、いわゆる「釈迦に説法」のような表現。〕。ベス・エメットの会員の中には、この政治観の共有は宗教的な教えによって生み出されていると感じている者もいるが、一方で関係をその反対に考えている者もいる。セス・リスボンは「政治問題で決断を下そうとするときには」、彼は「それを自分のトーラー理解から見る」ようにしていると言う。イーヴィ・グリーンバーグも同意する——「［リベラルな政治観を］真空から得たのではありません——それを得たのは非常に具体的な場所からです——トーラーとラビによる解釈です」。主唱者のフランケルは一方で、政治的意見の方が先に形成されることが多く、続いてそれを宗教の光に当てていると感じている。「リベラルなユダヤ人としての私たちは、自分たちがすでに感じているものの裏付けをユダヤ教の中に探します」と彼女は言う。ボブ・カトラーにとっては、ベス・エメット会員に共有される政治観は宗教の教えと文化的伝達の混合から来たものである。「私たちの礼拝、祈祷、典礼、テクストその他の中には明らかに、人間の条件や、戦争についての全てのメッセージ、あらゆる種類のことが存在します。それは、ユダヤの人々の意識全体に浸透しているものなのです」。

ベス・エメットの会員にどうして自分の宗教に関わっているのかと聞けば、ロンドン師の言うところでは「大半の者は『神を深く信仰しているからです』とは言わないでしょう。大半の者は『それは美しい伝統だから』とか『古来からのメッセージは強力で、私たちの生活について重要な教訓を学べるから』あるいは『強固なコミュニティだから』と言うでしょう。人々が言うのはそういった類いのことです」。確かに、ベス・エメット自由シナゴーグ会員の多くは、自分よりも大きな何ものかの一部になることがユダヤ教徒としてのそのアイデンティティの中心にあり、それはヘブライ語の典礼理解や戒律の遵守、神への信仰さえが失われてしまったとしても自分のシナゴーグに積極的であり続けさせるものだと表現する。「ユダヤ教徒の間には、共通の要素があります……そして異なる教派のシナゴーグにいるときにさえも、一瞬で親近感を感じるでしょう……それは礼拝に対してだけではなく、出席している人々に対してもです。ほとんどまるで、何とも名状しがたい仕方で、共通の背景を共有してきたかのようです。信仰や信奉、全てについての見方が非常に異なっていたとしてさえもです。一度も会ったことがなくとも、集合的な経験を共有してきたのです」。ヨム・キップール礼拝に出席していたある男性は、一年に数回しかベス・エメットにはやってこないと語るが、カトラーの感覚と同じことを言っている。「同じ祈りを唱え、祖父の歌っていたのと同じメロディを口ずさむのは楽しい」と彼は言う。「数千人、さらには世界中の何百万もの他の人々も同じことを同じ時にしているのだと知るのは、何か力強いものがある」と付け加える。ベス・エメットで少数の改宗者――ユダヤ教ではまれである――さえも、しばしばユダヤの「民族意識《ピープルフッド》」として言及される時空を超えたコミュニティ感覚に引きつけられているように見える。ある女性は自分の会衆について述べ、ユダヤ教を学ぶ中で「ユダヤの人々に属したい、そして世界を修繕するという彼らの努めに加わりたいという願いを意識するようになった」とのことだった。

聖餐会《サクラメント・ミーティング》

ソルトレイクシティから南に二〇分のところのユタ州サンディは、地域の人がヴァレー《谷》と呼ぶ、東西を分かつステート・ストリートにまたがっている。九〇番サウスから北に運転すると、訪問者が遭遇するのはサンディが「米国で二三番目に住みやすく、二六番目に安全な市」であると宣言する色あせた看板である。怪物のようなショッピングモールと車で一杯の道路があるサンディは、どこから見ても典型的な西部の郊外である。主要な幹線道から離れたところにある、現在はスプロール化してしまったかつての都市中心は苦境にさらされてきた。歴史あるサンディは荒廃したメインストリート周辺に群れなす小さな古屋で大半が構成されていて、古くからの住民の一人によれば「社会経済的に停滞」しており、そこからあらゆる方向に放射状に広がっている無数の現代的な分譲地との際立ったコントラストの中に立っている。

日曜午後の一時、末日聖徒イエス・キリスト教会サンディウェスト・ステークセンターの周囲を取り囲む大きな駐車場は満車に近かった。パイオニア・ワード――サンディ単独で約一九七あるモルモン会衆の一つ――は「聖餐会《サクラメント・ミーティング》」のために人が集まっており、大家族と若いカップルがこれといって特徴のない平屋のレンガ造りの建物に列をなして、途中の「ビジター歓迎」とある標識を通り過ぎていった。礼拝所であることを示す建築上の手がかりがほとんどないこのモルモン教会は、ワサッチ山脈の前に点在している類似の数百のものの典型になっている。金属製の繊細な尖塔が礼拝堂の屋根を飾っており、刈り込まれた芝生とコンクリートのプランターに入ったよく吟味されたであろう三本の木のある、入念に手入れされた景観の上におぼろにさしかかっている。その中では、建物の内装も等しく地味なものである――よくある青のカーペット、白い軽量コンクリートの壁、そして玄関ホールに並んでいるのは収納キャビネットと番号つきのドアで、さまざまな小教室や事務室へと続いている。

会堂のちょうど外には復活したキリストの大きな絵が花柄の長椅子の隣にかかっているが、礼拝堂の内側には簡素だが整然とした空間を飾っている宗教的イメージは一つもない。高く張られた木製パネルの天井と、薄い白カーテンに覆われた長い窓がある礼拝堂は、広々とした、しかし機能的な感じがする。「本日取り扱うワードの業務が一件あります」とパイオニア・ワードの信徒指導者であるビショップのジェフ・ラヴェルが述べたのは、開会の賛美歌が終わり、約一二〇人の礼拝者の最後が席に着いたときだった。ビショップのラヴェルは「ワードの境界内」に転居してきた家族の名前と住所を読み上げ、会衆が見知ることのできるように立ち上がることを求めた。「これら新会員の受け入れを表明するには、私と共に右手を挙げてください」とラヴェルは言い、会衆全体が本能的にそれに反応した。

末日聖徒、あるいは「ＬＤＳ」教会は世界規模で高度に組織化された、中央集権的な組織であり、強い集団的アイデンティティの感覚を有している。預言者《プロフェット》とその二人の顧問で構成される大管長会を筆頭として、十二使徒定員会と八つの七十人定員会と共に「イエス・キリストの特別な証人」として奉仕する男性で構成される彼らが、世界のさまざまな地域での教会プログラムを運営している。自分の好みで礼拝の場所を選ぶというよりもむしろ、モルモンの教会出席者は会衆――「ワード」と呼ばれる――に自宅所在地に基づいて割り当てられていて、会衆間での礼拝経験をほぼ統一するためそのような実践は広く守られている。ワードの集合は「ステーク」を構成していて、年に数回の集まりを持つ。ワードは会員数三〇〇～五〇〇の規模に制限される傾向があり、出席者がその範囲を超えた時にはステークの指導者たちによって新たな境界線が引かれて新ワードが作られる。

「賛美歌は『街を離れたる青き丘に』で、その後に聖餐がアロン神権により執行されます」と述べるビショップのラヴェルは控えめな家庭的な男性で、ダークスーツに青いストライプのネクタイをしている。彼は演壇の後ろにあるクッション入りの椅子に腰を下ろし、オルガン奏者がキリストの磔刑を記念した賛美歌のゆっくりとした、重々しい前奏を弾いた。セーターにスラックスを着た、丸々とした白髪の男性が礼拝堂の前方で高くなっている大きな舞台の左側の譜面台を調整し、信徒席の背中にいたるところ差し込まれている緑色の賛美歌集から選ばれたメロディで会衆を指揮していた。

パイオニア・ワードはサンディウェスト・ステークセンターの空間を共有する三つの会衆の一つで、モルモン教徒がこの地域に非常に集中していることにより、その境界内には約二〇平方ブロックしかないがおよそ四二五家族が含まれている。しかし、ワードは会員の出席を維持するのは苦労しており、ビショップのラヴェルは礼拝やその他の活動に参加する者を約三〇％にすぎないと見積もっている。「われわれのところには、ここにしばらく住んできた、あるいはここにしばらく住むことになるであろうという家族の中核グループといったものがいて、そしてこの地域にはたくさんの賃貸住宅やアパートがあるので、行き来する人をたくさん見ることになります」と彼は説明している。そして、事前に境界が決定しているシステムのため、結果としてできあがっているワードのコミュニティは相当に多様なもので、医者や大学教授が礼拝するのに並びあっているのは工場労働者に学生、失業者である。

五人の男性が譜面台の右側にある木製の祭壇様のテーブルに近づいて、白いテーブルクロスを取り除くと、そこに現れたのはプラスチック製の小さな水用カップで埋まったトレイがいくつかと、小さな銀の皿に載せられた一口サイズのパンの小片だった。「永遠の父なる神よ、わたしたちは御子イエス・キリストの御名によってあなたに願い求めます。このパンを頂くすべての人々が、御子の体の記念にこれを頂けるように、いつも御子の御霊を受けられるように…このパンを祝福し、聖めてください」とテーブルの後ろにいる一六歳の少年がマイクロフォンに向かって言い、パンと水の祝福を始めた〔訳文は末日聖徒イエス・キリスト教会『教義と聖約』第二〇章の、原書に示された祈りの対応部分による。〕。この朝の礼拝における唯一の儀式的側面だった。続いて聖餐が列ごとに、着席した会衆に対して一二歳から五〇歳の年齢幅の一握りの男性によって配られていった。ピンクとイエローのコットンのドレスを着た二人の少女が信徒席で静かに遊び、ククッと笑う赤ちゃんや時折泣き出す幼児は、この部屋を覆っている崇敬の静けさを保とうとする親によってあやされていた。

会衆が無言で着席していた数分の後に――頭を下げている者もいれば、革装の聖典を読んでいる者もいた――、最初の「話者《スピーカー》」がついた演壇を、ビショップのラヴェルが彼女に合うようにわずかに下げた。「本日は、自立について話すようにと依頼されました」とハンナ・トンプソン姉妹《シスター》は言った。およそ二五歳の若い女性で長いブロンドの髪をし、不安そうに声をわずかにずっと震わせている。彼女は『教義と聖約』――モルモン教の正典《カノン》の一冊――を開くよう会衆に求めた。「一〇七章一〇〇節はこうあります、『怠惰な者は、その職にいるにふさわしい者と見なされない。また、自分の義務を学ばず、認められるに足る者であることを示さない者は、その職にいるにふさわしい者と見なされない。まことにそのとおりである。アーメン』」。「この聖句が私たちに教えているのは労働の価値です」とハンナは言い、続けて各人は自立するため「天の御父の助けを求め」なくてはならないと述べた。「私は福音が真実であることを知っていますし、私自身、それを信仰と希望と祈りを通じて学びました」と、七分間の講話の締めくくりに彼女は付け加えた。「イエス・キリストの御名により、アーメン」と彼女は結び、「アーメン」と会衆全体が賛同して応えた。

ハンナの「話」に続いてスーツを着た年長の男性が立ち上がって同じトピックで講演し、キリストを「自制心の事例」として取り上げた。一時間の集会は「信仰の堪え忍ぶとき」と題された賛美歌で締めくくられ、即興の祈りを行う三〇代の男性は小さな娘を連れて演壇につき、彼女をあやしながら頭を下げ、「天の御父」が礼拝集会に出席できなかった者を祝福し、そして「ここで学んだことを週を通じて応用する」ことを助けてくださるようにと願い求めた。オルガン奏者が短い後奏を弾き始め、会衆は信徒席でお互いにあいさつし、ハグやおはようのやりとりをした。集団はゆっくりと礼拝堂からホールに出て、毎週の礼拝集会の残りの二時間のためさまざまな教室へと向かった。

「この教会は真理だと私は知っています」

末日聖徒イエス・キリスト教会は一八二〇年、ジョセフ・スミス・ジュニアという名の一四歳の農村少年がニューヨーク州北部の自宅に近い木立の中で、父なる神とイエス・キリストの示現を見たと主張したときに始まった。ジョセフ・スミスの教えでは、彼は新しいキリスト教会を形成するよう神に召された預言者で、そこではバプテスマのような「救いの儀式」を執行する権能――背教により人類から取り去られた――が回復されるとした。スミスはまた、アメリカ古代の人々との神の関わりが神聖に保存されていた記録を掘り起こして翻訳したとも言明していて、それが一八三〇年に『モルモン書』として出版されたものである。聖書と並んで本書はスミスの追随者によって聖典とみなされ、また教会の最も広まったニックネームの源になっている。

一八三〇年に小さな農家にジョセフの友人と家族、そして彼を信じた何人かの個人で構成された小集団が集まって公式また法的に教会が設立され、着実に会員を、とりわけイギリス諸島からの移民の間で集めた。迫害によって次々に場所を追われ、ついに初期の「聖徒《セイント》」たちはソルトレイク・ヴァレーに入植、ユタはいまでは約一三五〇万人のグローバル教会であるモルモン教の文化上、運営上のハブであり続けている。アメリカで最も急速に成長した宗教の一つであるこの教会が改宗者を獲得するのに成功したのは、その強い福音精神に負うところが大きい。現在五万二〇〇〇人以上の「伝道」モルモン教宣教師が世界中で奉仕していて、教会がその創設以来福音を宣言するために送り出してきたおよそ一〇〇万人の中に加わっている。

モルモン教徒にとって「福音を宣言する」ということは、ジョセフ・スミスの物語を語る以上のことを意味している。モルモン教の神学の中心の特徴は「救いの計画」で、それは地上に来る前に存在していた魂、信仰と従順を試される場としての現世、罪を贖うキリストの使命、そして「永遠の進歩」――個人が有している、学び成長し、不死へ向かい旅することで神のようになる可能性――について教えるものである。またモルモン教徒は、ジョセフ・スミスの死以来神が「召し」続けてきた権能を授けられた後継者が、教会を代表して彼と交信できることも信じている。「今日の地上における預言者」は八二歳のトーマス・S・モンソンで、ソルトレイクシティに居住し、LDS教会の霊的指導者と運営上の長の両方の役割を果たしている。

神学はパイオニア・ワードの会員にとって中心の結集点になっているように思われ、モルモン教義にある独自の特徴に対する信仰は、バプテスマを通して教会に加わり、それが持続的な傾倒へとつながっていくことに対する根本的なリトマス試験になっている。「私にとって、神学は非常に重要なものです」と生涯のモルモン教徒でパイオニア・ワード会員のジョナス・スティーブンソンは言う。「私が日曜に行っている集会よりも、ずっとよい集会が作り出せるかもしれないことは知っています。しかし教会に行くのは、それが日曜朝に行く最もよいものだからと考えてのことではないのです。教会に行くのは、それが私がいるべきところだとわかっているからで、そこは自分を神に最も近づけてくれる場所なのです」。ジョナスの妻レスリーも同意する。「生活が忙しくなってくると、小さな子どもを二人、教会に三時間も連れて行くなんて本当に大変です。そして、日曜日にただ家にいることから始められたら、本当に楽でしょうね」と彼女は言う。「でも、それが私の人生に必要なものであることはわかっていますし、私の子どもたちにもその人生で必要なものであることもわかっています。単によい気分になる経験というようなものではないです――それは、大事なものなんです。私たちが信じているのは、それが私たちの救いにとって大事なものだということです」。

スティーブンソン一家が説明するのは、教会に生まれついた会員も潜在的改宗者と同様に、モルモンの教義についてそれが真実であることを神に祈りまた問うことで「個人的な証《あかし》」を求めるようにと繰り返し教えられるということである。レスリーはその課題に挑んできており、自分の祈りは答えられたと感じている。「私がこの教会の会員である理由はなによりも、それが真理であることを私は知っていて、そのような真理が私の生活にあることが好きだからです」と彼女は言う。教会への成人改宗者、カーリー・マイケルズも同意する。「以前は闇ばかりであった場所に、多くの光をもたらしてくれました」と彼女は言い、「魂を養ってくれるのです」と付け加えた。子どもの時からのモルモン教会員であるドナ・バーガーは、自分の信仰への関わりをこのように説明する――「一部はみな以前から知っていたことだとは思いますが、私には証が確かにあり、教会が真理であることを確かに信じています。祈りに対する答えをこれまで得てきましたし、ものごとによい感情を多く持ってきました。そして自分のしていることは正しいと分かっているという感覚があります」。ドナは人生の中で「無活動」の時期があり、その間は礼拝に参加していなかったが、教会の教えを疑ったことは決してなかったという。「別の宗教に行くなんて、思ってみたことすら本当に全くありません」と彼女は言う。

「みなのための犠牲」

しかしパイオニア・ワードのような会衆では、会員の関わりは神学上のものよりもずっと大きい。モルモン会衆では職業的な牧師を雇用しておらず、全ての礼拝、教育、活動、そして牧会奉仕は会員のボランティア基盤によって実施されている。教会における地位は「召し《コーリング》」と呼ばれていて、ワード内の召しの大半は教会の官僚組織にしたがってあらかじめ指定されている。パイオニア・ワードには、いくつか例を挙げると活動委員会、聖歌隊、日曜学校教師、「若い女性」指導者などがいる――世界中の他のどのワードも同様である。ビショップのラヴェルが言うには、彼の仕事の一つは個々の会員に対して、何か特定の地位を埋めるようにと誘うことである。召しはただ会衆を機能させるというだけではなく、会員の間での献身、成長、奉仕を促すことも意味している。誰が何の役割を埋めるかがどう決まっているかについて、パイオニア・ワードの女性グループである「扶助協会」の三人の指導者の一人として務めるグロリア・キットリッジはこう述べる。「教会の答えは、それは神聖な啓示であり、また主がご存じであるというものでしょうが、私もそう確かに信じています。召しから外れたり、どれかに入ったりしたいとビショップに働きかけることはできないと言うと一〇〇%の真実にはなりませんが、どうなるかについては主が何かを言われるのだと私は強く思っています」。召しは必ずしも個人の資質に合わせてということはない、とキットリッジは付け加えていて、教会員は生涯を通じて異なる地位を多数占めることがある。

ジェフ・ラベルは学士号を持つ三一歳で牧師や神学の訓練は受けていないが、ボランティアでビショップとして三年間奉仕しており、一般にこの召しはおよそ五年続く。「できませんと言えるようなものとは感じなかったですね」と彼は言う。「最初は非常に圧倒されてしまって、小さい子どもたちのいる夫また父親としてやらなければいけないことで、すでにたくさん仕事があるという思いで……でも責務に余裕ができてきて、自分がしていることによい考えが持てるようになり、ずっとよくなりましたよ」。ビショップのラヴェルは、ワードの仕事で一週間に一五～二〇時間使っており、「そうしないといけないなら、もっとかかるのは確実ですね」と語る。そしてこのように関与していくには、個人的な負担もかかっている――「犠牲にしたものも確かにあります」とラヴェルは言い、三年半前にビショップとして奉仕するようにと求められるすぐ前にMBAプログラムを開始したところだったが、召しのためプログラムを止めなければならなかったことを説明する。「まだ戻れていませんよ。そうしようと考えていますが、当面は保留です」。

会員がパイオニア・ワードでの召しを遂行するために費やしている時間の量はさまざまに異なっている。扶助協会の会長として務めるカーリー・マイケルズは、一週間に一〇時間以上していると述べ、ワードの「若い女性」会長ナオミ・フェルトンは一週間に一～六時間の間で務めていると推定し、そしてレスリー・スティーブンソンは扶助協会の教師、慈善奉仕コーディネーター、そしてワードのプレイグループ・コーディネイターとしての役割を果たしているが、週あたりの奉仕はちょうど二時間が平均だという。「私たちの会衆で奉仕している者は、その仕事にいかなる種類の経済的補償も受けていません」とビショップのラヴェルは言う。「指導的役割で奉仕することには困難なときもあります。生活のためにしていることではなく、空き時間のあるときにやろうと努めるものですから」。各々の召しで奉仕することを会員が辞退するようなことがあるのかについて、グロリア・キットリッジが説明する。「もしある地位に召されたら、イエス、と言うのは暗黙のルールの類いですね。あえてノーと言う人がいても、みなのための犠牲のようなものですから……しようと望んでいないことに召された人々によって教会全体が機能していますし、彼らも後になると『非常に報われた、することができて本当にうれしい』と分かるのです」。

教会に対する奉仕を行うことについてのこの暗黙のルールが意味しているのは、パイオニア・ワードがボランティアを欠くということはほとんど決してないということである。ビショップのラヴェルは、必要とするときに助けを得ることはいつでも容易だと語る。「このワードにはすばらしい会員たちがいます――指導的役割にいて進んで仕事を行うよい人たちがいて、彼らに頼まれたことを進んでするよい顧問たちがいるのです」。しかし、ワード会員たちは召しを進んで遂行するだけではなく、指定された仕事以外の奉仕提供にも慣れている。ワード活動に食べ物を運ぶとか、ワード境界内で働くよう割り当てられた宣教師たちに食事を提供するといったことの登録用紙が日曜集会の途中で会衆中に配られる。こういった登録用紙は指導側で強く促すことがなくとも名前が埋まることが通常で、あるワード活動の主催者は、そこに載る支援のボランティアですぐに「いっぱいになる」と言う。グロリアによれば、ワード会員が助けることに熱心である理由の一つは、「自分たちも［ボランティア奉仕の］受け手であったからです。赤ちゃんが生まれたばかりの誰かのところに食事を持っていってと電話がかかってきたら、そうすることに私はためらうことすらありませんが、それはそういう奉仕を受けられることがどんなにすばらしいかを自分が知っているからです」。

その人生を神に託す

月曜晩の六時ごろ、ロバーツ家では「家庭の夕べ《ファミリー・ホーム・イブニング》」の準備をしていた。このプログラムは一九一五年にモルモンの教会指導者たちによって作られたもので、モルモン教徒たちが神聖なものと考えている家族関係を強化することを期待して、親と子どもが一緒に過ごす時間の確保を促すことを目的としたものである。会員にはFHEとして知られるこの取り組みはモルモン文化の中心的特徴であり、通常は月曜の夜に在宅して「ともに祈り、歌い、聖文を読み、お互いに福音を教え合い、家族の一致を図るそのほかの活動に参加する」時間を取ることが含まれている(4)〔末日聖徒イエス・キリスト教会『真理を守る』(*True to the Faith*)「家庭の夕べ」より原書中の文に対応する訳文を示した。〕。

ロバーツ家の小さなレンガ造りの家は緑の芝生のある狭い角地に立ち、その赤いドアが通じている囲いのあるポーチはベビーカーやボール、雨靴、自転車、そして三輪車《ビッグホイール》が雑多に納められていた。中ではリジーが手製の絞り染めのエプロンをしてキッチンをせわしなく動き回っていた。準備している夕食テーブルのある居間は家具は少ないがこぎれいなもので、壁にはたくさんの家族写真とイエスの大きな絵が掛けられている。リジーとスティーヴのロバーツ夫妻は二〇代後半で三人の子ども――ライリー、アンバー、そしてミシェル――の親である。

リジーは急いでトマトを刻んでピザ生地を伸ばし、デザート用のクレープ生地を混ぜていた。ユタ育ちの、物腰は柔らかいが明らかに高い教育を受けた女性であるリジーは、独身時代の大半をニューヨーク市で、児童書のイラストレーターとして身を立てようと過ごしていた。ユタに戻ってまもなくスティーブと結婚し、リリーとアンバーの二人を育てながらイラスト描きを続けたが、ミシェルが生まれたときにキャリアを持とうとするのはあきらめたのだと語る。「三人もいて、そして私の召しも果たそうとするのはちょっと多すぎて」と彼女は言い、ステークの「若い女性」会長という、ワードが行う多様な一〇代少女向け青少年プログラムの監督を行う地域の指導・訓練母体で自分が務めている事実について触れた。教会における奉仕はリジーと、ワードの幹部書記という、ビショップに対する特別補佐のようなものを務めているスティーブのどちらにとっても明らかに優先するものになっている。

「きっとデズだわ」とリジーは言って呼び鈴に答えようと玄関に向かい、歓声を上げて興奮した様子の子どもたちを追いかけた。キッチンに戻ってきたとき、彼女についてきたのは若いアフリカ系アメリカ人男性で、ミリタリーウェアに膝まであるゴス調のブーツを履いていた。紫色の髪の毛は編まれて肩の先まで伸びており、指の爪に塗られている真っ黒なマニキュアは剝げかけていた。デズは週に一、二回ロバーツの家を訪れていて、およそ一年前にパイオニア・ワードに引っ越してきたときから彼らがその面倒を見ているようである。リジーはざっくばらんに彼を出迎え、どうしていたのと尋ねた。彼は手を洗って夕食の準備に加わり、ピザにソースとトッピングを載せていった。デズは一九九一年、一八歳の時にモルモン教徒になったが、テレビでＬＤＳ教会のコマーシャルを見たことに始まる長い過程の改宗の末だった。出会った教会員が彼に優しいことに早くから印象を受けていたと言う。数年後、バプテスマを受ける前に青少年のための大会に出席し、それが人生で初めて自分の人種のことを全く気にならないと感じた時だったことを彼はいまだに思い出す。ユタに引っ越したのは、彼の説明では、余所で経験した「心の狭さ」と偏見から逃げるためだったという。

スティーブはおよそ六時半に仕事から帰宅し、家族は集まって夕食のため大きな木製テーブルを囲んだ。スティーブはデズに自分の椅子を勧め、自身はテーブルの片方から引き出したベンチに腰掛けた。「天の御父よ、この食物をお与えくださったことに感謝し、それが私たちの身体を健やかにすることを祈ります」とライリーが言って、夕食の祈りを捧げた。彼らが話したのはデズの最近の職の見通しと、ソフトウェア会社からレイオフされたあとにどうしているかだった。夕食が終わって皿がかたづけられ、リジーはデズが持ち帰れるように余分のピザをいくらか包んだ。スティーブとリジーはそのあと、表に部屋にある小さなアップライトピアノのまわりに子どもを集め、家庭の夕べの「開会曲」を歌った。デズは片方の側に立ってポケットに手を入れ、顔にはぼんやりした笑みを浮かべている。ライリーはピアノ椅子に登り、ミシェルは母親の伴奏をいくらかスタッカート気味にして、子ども曲二つをみなで歌った。「せいーぶんのちからは、つみからのまもり！　せいーぶんのちからは、しょうりのちっから……！」。子どもたちはコーラスの間、順番に空中に放られて、もう一節でもう一廻りと歓声を上げた。音楽のあとで、みなは居間にある長椅子に移り、母親が数分間優しく促したあとで、アンバーが胸の前で腕を組んで目をつむり、短く、いくぶん分かりにくい祈りを唱えた。スティーブはそのあとで、子どもたちに安息日の重要性について簡単なレッスンをし、イエスが安息日にしたことについての聖書の物語を語った。「『安息日』とはどういう意味かな、ライリー？」「日曜日に行うものは何だろう、アンバー？」長椅子の背中に覆い被さったりクッションの間で宝探しをしている間に、子どもたちは教会に行くことや、いとこを訪ねること、そして散歩をすることについて話し、そしてライリーが、買い物や映画に行くことは避けようとしていることだと指摘した。レッスンは始まったときと同じようにほとんどあっという間に終わったが、スティーブは子どもたちを、部屋を再び飛び回り始める前に少なくとも数分間、なんとか引き込むことができた。

他のモルモン教徒もまた、自分の生活における宗教の重要性を強調する。教会員であることが自分の生活にどれほど大きな部分を占めているかについて聞かれて、グロリア・キットリッジは「間違いなく大部分です」と言う。「とりわけいま［母親として］家にいると、今まで思っていたよりも生活の中でずっと大きな部分になっていると言えますね」。グロリアの毎週の教会への関わりに含まれているものには、日々の聖典学習に一日二回の家族での祈り、それに加えて日曜日に教会で三時間、月曜日に家庭の夕べ、そして水曜日に若い母親のためのプレイグループがある。ティーンエイジャーは火曜日に毎週の活動に出席している。加えて、女性組織が月に一度か二度、「エンリッチメント」と呼ばれる集会を開いており、加えてワード内の各組織が四半期に一度家族行事を催している。ワード会員はまた毎月一回、他会員の家庭を二、三訪ねるようにと「家庭訪問《ビジティング・ティーチャー》」（女性向け）や「ホームティーチング」（男性向け）というプログラムで求められている。これらの義務に加えて、会員はそれぞれの召しに関連した責務を果たすように、また収入の一〇％を教会に什分の一として献金するように期待されている。ワード会員であることに伴う義務の羅列を概観した上で、グロリアは結論として彼女にとって「それはそのように［長時間の責務と］は思えません。生活の一部というだけです」と明るく締めくくった。

「きついものとは考えませんね――それがきついなどと言うことは決してないでしょうね」と、パイオニア・ワードで家族を育てた退職者のジョー・ベネットは説明する。「私たちは同じ価値、同じ焦点を共有する人々と連帯しているというだけですよ。結果としてさまざまなレベルで関わりを持ってしまうけれど、それは、ここにはそういうものがたくさんあるからで」。やはりワード会員であるジョーの義理の娘も同意する。「きついというよりも、むしろ充実しているのだと言いたいですよ」。数年前に教会に改宗したリンダ・ルイストンは、自分がバプテスマの準備をしていたとき、仲間のＬＤＳ会員に「ここは会員になると大変な教会だよ――期待されるものがたくさんあるから」と忠告され、リンダはそれに「そうあるべきよ。本物ならそう［大変に］なるわよ」と答えたのだと語る。いまでは、教会が毎日の自分の生活を形作っているのだと彼女は言う。カーリー・マイケルズも同意する。改宗によって、モルモン教は自分の「おそらく一〇〇％」をいまでは決めているのだと彼女は言う。「私がいまの自分になっているのは、この福音のおかげ――教会に加わったことで、人生に私が起こした変化のおかげです」と彼女は説明する。「私たちの教会にいるある偉大な男性が語っていたのですが、人生を神に託した男女は、自分だけでできるよりずっと大きなことを神が人生にもたらしてくださることがすぐに分かるようになるとのことでした。ここは私のための場所だと思うのです。これが真理だ、と思います」。

「ものすごくたくさんの公民論」

教会内での時間的な関わりが莫大であるにもかかわらず、パイオニア・ワードの会員は会衆外のコミュニティにも広範に参加している。ベティ・ハプリーはユタ・ステートフェアでボランティアの審査員を毎年務めており、スティーブンソン一家はワサッチ海洋水族館協会のために働いている。ワードの女性の幾人かはＰＴＡの役職を務めてきた――現在の会長と次期会長はワード会員であり、パイオニア・ワードの母親の多くは小学校での学級アシスタントとして手伝っている。ドナ・バーガーはサンディ歴史協会でボランティアをしており、また市の下水道計画を扱う選出委員であるサンディ郊外改良地域委員会の一員でもある。ワード会員はまたネイバフッド・ウォッチ《自警団》委員会、ライオンズクラブ、ユナイテッド・ウェイ、そして老人ホームで歌う地域聖歌隊にも参加している。そして四年前には、ジャネット・ウェストンが地域の市民農園を始め、会衆仲間の間では非常に人気のものになっている。ワードとステークの指導部はコミュニティのボーイスカウトプログラムの運営も引き受けていて、また私的なボランティア仕事に加えて、会衆はしばしばコミュニティでの献血運動や、青年グループがこの数ヶ月支援しているプライマリー子ども病院のための寄付運動といった奉仕活動も催している。

市民奉仕に卓越した貢献をしたサンディ市民に毎年贈られるノエル・ベイトマン奉仕賞の受賞者であるジョー・ベネットは、長年のワード会員でもある。コミュニティでのボランティア活動と宗教上の義務からの要請との間には「現実上のトレードオフはない」と思うと彼は言う。「長年の私の焦点は教会にあり、続いて市のことに気づいたのですよ」と彼は言う。ワードで多くの指導的立場を務めてきたトニー・カントンは、ワード会員が自分の時間をボランティアにどれくらい割り当てるかについて緊張があることは認識しているが、しかしそれを障害であるとは捉えていない。「それは問題です」と彼は言う。「ＬＤＳ教会は人々に多くの時間を費やすことを確かに求めているので、こういったことをいくらかでも行うのは少し難しいです……しかし、自分にとって重要なことを人はするものですよ」。

トニーは、モルモン教徒が自分のコミュニティに関わる程度について、教会指導者たちが市民的関与を強調していることによる部分があると考えている。「政治的議論は多くはありませんが、しかしものすごくたくさんの公民論が議論されています」と彼は言う。「愛国的であること、隣人を助けること、コミュニティに参加することにおける公民論、そして外に出て、自分の選んだ候補者の政治過程に関わっていくことにおけるそれさえもです。私たちの社会とコミュニティをよりよいものにすることに関わること――それについて多くが論じられています」と彼は説明する。

「宗教的動機」もワードの焦点が外に向くことに一役買っているとジャネット・ウェストンは言う。「区画を［市民農園に］持っていないにもかかわらず、私たちが必要とするかもしれないことを何でもボランティアで助けてくれるような人もいましたが、私が思うにそれは彼らがそういう考えを好むからということと、また率直に言えば、キリスト教の信条の一つは貧しい者には食べさせ、裸の者には着させるという、そういった施しなので、それもまた彼らに響くものだからと思います」。実際に、人道支援はモルモン教会の世界規模での活動において巨大な部分になっている。六四〇〇人ほどの「奉仕宣教師」――大半は退職者夫婦である――が世界中で建設、農業、教育プロジェクトで働いており、一九八五年以降教会が全世界で配分してきた一〇億ドル以上の経済的、物質的支援を補完している。「自分の役割を果たさねばという義務を感じます。また、貢献をなせという神からの戒めであるとも感じます」とトニー・カントンは説明する。「神はわれわれに対し、自分たちの見いだした世界よりもよいものを残すように望まれていると私は信じているのです」。

「説教壇からの押しつけ」

パイオニア・ワード会員の間では市民参加の水準が高いにもかかわらず、大半の者はその公的活動は私的な動機によるものであると主張しており、会衆生活の中に政治が入り込むことはほとんど、あるいは全くないとはっきり言明している。「説教壇から政治的なことが何であれ語れるのを聞いたことは決してありません」とジェシカ・ベネットは言う。別のワード会員も同意して、教会の中では政治は単純に「論じられないのです」と述べる。そのようなコメントは主に、地域レベルにおける非政治主義というＬＤＳ教会の公式方針の反映であるように見える。「選挙シーズンになると毎回、ビショップが［教会指導部からの］手紙を読み上げ、そこでは『自身の良心で投票』するようにと言われます。教会はあらゆる政治的キャンペーン、また類似のいずれのものにも使われてはなりません。これは厳しく禁じられています」とグロリア・キットリッジが説明する。しかしジョナス・スティーブンソンが認めるところでは、この方針は会員が説教をしたり教育したりするときにはいつも完全に守られているわけではない。だが、彼が言うには「具体的な政治が、人が個人的に持つ何か他のバイアスより優先して説教壇から押しつけられるようなことがあるとは思いません。そこに上る話者は常にいて、彼らが教会の教義や福音、そしてキリストについて焦点を当ててくれることを私たちも期待するわけですが、その人がそこから脱線して、個人的なバイアスのかかったある種のことを説教し始めてしまうことは起こります。それが政治に多少関わることも起こりますが、しかしその人が説教壇に持ち込んだであろうバイアス以上に偏っているものではありません。ワードの大半の人々は、それがどのようなものであるのかは分かります」。

歴史的には、そのような非政治主義が現代のモルモン教の礼拝経験の典型ではあるが、この規範からの逸脱が二〇〇八年の選挙期間中に起こっていて、その時教会の大管長会が発表した声明が、カリフォルニア州のワードで説教壇からビショップによって読み上げられたのだった。カリフォルニア州最高裁の行った、同性愛婚を認める決定を覆そうとした住民投票である提案第八号《プロポジション・エイト》の背景にいるグループを指して、書簡は「教会はこの連合と共に、「住民投票の」可決への取り組みに参加します。地域教会の指導者がこの重要な目標にどう加わったらよいかについての情報を提供します。提案されている憲法修正を支持するために、自分の持つ手段と時間を提供してカリフォルニアにおける結婚が男性と女性の間になされるものであると法的に定められることが確実となるよう、皆さんができることを全て行うよう要請します。結婚という神聖な制度が守られるよう最大限の努力が求められています」と述べていた。LDS指導部が神学と政治の間に明確なつながりをつけるようにと動き、そして会衆に対する指示を出したことは、多くのモルモン教徒によると、例外的なものでほとんど完全に予想されていなかった。伝統的な結婚を維持することは現代のモルモン教における重要な焦点であったので、驚きはこの問題における教会のスタンスからではなく、むしろそのようなスタンスが明確、公式となったさまから来たのだった。

「もしAならば、Bになる」

ユタ州におけるモルモン人口は、おそらく国内でも最も強い保守的な投票者集団を形成してきたが、この現象は教会内部からの指示の結果ではないと大半の会員は主張する。それどころかパイオニア・ワードの会員の多くは、モルモン教における共和党ルールに対してはっきり声上げる例外となっていることに誇りを持っているように見える。

「ワードにいて政治に関わっている人々の大半は、このあたりでは人気のない方の政党とつながりを持っているようですよ」と、自身は保守的であるビショップのラヴェルは説明する。ビショップとしてラヴェルの前任者で、民主党員として選挙に立候補したことのあるトニー・カントンは同意する――「私たちの政治的考えは集団的に見ると、大半のLDS会衆のものとはおそらく大きく異なると言えますね。民主党支持がたくさんいるのです。びっくりするほどどこには知識人がいます。たくさんの教員、たくさんの教授……そして大半のLDS会衆よりも、少々リベラルな考え方をしていると思います」。確かに、パイオニア・ワードの会衆には、中絶賛成派に同性愛婚賛成派、ユタ州民主党で活動的である者たち、そして四人の公職者――その全てが民主党――が含まれている。

しかし保守的な声の方が依然として会衆の中では明らかな多数派を形成しており、それは教会全体と同様である。ワード会員のマイク・ベネットは、モルモン民全体が広く有している一連の政治的意見を誇りを持って表明していて、自分は「中絶、同性愛婚――それら全てに」共和党的な見方を取ると説明し、さらに「大きな福祉国家には全く反対」であると付け加えた。「それは全て自治に関することで、自身の行為に、自身の意思決定に責任を持つということに関わるものですよ」と彼は言う。「よりリベラルな見方では、政府への依存が強いことがありますが、一方で、自立的であることについて教会は多くを教えているように私は思います」。それでも、そのような見方が――教会全体の規範である一方で――仲間の会衆の全てによって共有されているわけではないことをベネットは認識している。「ワードの中は大きく二分されています――私たちのワードは、政治的に大きく分裂しているのです」と彼は言う。

しかし、このイデオロギー分断は「お互いの考えをからかうこと」に現れているのが大半だと、彼の妻ジェシカは表現する。ビショップのラヴェルは、講義や説話の中で政治的コメントがなされるような珍しい時にも「主としてふざけの中ですよ」と同意する。そしてワード内での政治的分断にもかかわらず、スペクトラムで反対の極にいる者たちは、意味ある関係を共有しているように見える。マイクの父であり強い保守派であるジョー・ベネットは言う。「福音の教義を［日曜学校の］教室でルーク・ハーリーと一緒に教えているんだが、多分あいつは想像できる限りで最も思慮の浅いリベラルだね。われわれは政治的スペクトラムの上で大きくかけ離れている――取り得る限りで最も遠い――けれど、それでも四〇年来の親友なんだ。笑いあい、冗談を言いながら仲良くしているよ」。マイクも認める。「私は非常に保守的です」と彼は言う。「でも、トニー［・カントン］と私は週に一度昼食に行き、ちょっと言い争ったりもするけれど、それは単に楽しいからです。本当によい友人関係だし、ワード内には結構多様な意見があるけれど、友情とか信仰構築とか、そういったものに対する障害になることは決してないですよ」。

サンディでは、異なる政治信条を持つワード会員が個人的なつながりを通じて相手の個性を互いに信頼するようになっている一方で、リベラル政治にしばしば関連しているスティグマは、モルモン教会全体としては強いままであると、教会のリベラルな会衆は述べている。「［パイオニア・ワードは］ずっと民主党のブロックだったということだと思いますよ」と、専業の母親になる以前は民主党組織における仕事をしていたグロリア・キットリッジは言う。「この地域に住んでいる人々は、ここで育って、それが理由で、すなわち他の場所に行って何か場違いな感じを抱いて戻ってきた人たちが多いですから」。実際、一〇人中九人以上が共和党支持で、大半のワードが政治的に等質な教会の中では、政治的リベラルは奇妙な存在である。政治がほとんど――公式にも非公式にも――論じられないようなワードでさえも、規範に従うべきという明らかなプレッシャーがある、とグロリアは言う。モルモンの民主党員としての自分の「場違い」感を説明して彼女は言う。「教会内部では政治についてこの種の緊張がずっとあります。民主党支持であり同時によきモルモン教徒であることは決してできないという暗黙の信念のようなものがずっとあるのです」。

政治的には無党派で、サービス従業員国際組合で働く姉妹を持つナオミ・フェルトンは、政治的問題では保守的な線に従うようにという同様の圧力を感じていると述べる――「夫の両親は私に『いいかい、教義を信じているのなら、こういう風に考えることになるね』と基本的に言います。ほとんど『もしAならば、Bになる』といった感じです」。トニー・カントンはこのバイアスで教会の中で何回も衝突してきており「多くの人が共和党支持であるのは、それが教会の指導部が自分たちに望んでいるものだと彼らが思っているから」だと自分は信じていると言う。「人々から言われてきましたよ。私がよい人間であることは知っている、私がよい男性であることは知っていて、私がビショップであったことも知っている、でも民主党員であることはしんどい、とね」。カントンはまた、多くの政治的にリベラルなモルモン教徒がその政治的考えを自身の内に留めているのは単に「規範が低く、道徳の低い人間であるという烙印を押されたくないから」であるとも信じている。カントンは信仰をそのように解釈することは明らかに拒否しているが、しかしそのように強い文化的潮流に逆らって泳ぐことの難しさは認めている。そしてカリフォルニアの提案第八号《プロポジション・エイト》――ここでは暗黙の社会的圧力が教会指導部からの明示的な指示に取って代わられた――は、教会の中には異なる見方を受け入れる十二分の余地があるというモルモン教徒の民主党員による主張をややこしいものにした。

「永遠からの視点」

興味深いことだが、イデオロギー的スペクトラムの両極にいるパイオニア・ワードの会員のどちらも、自分たちの政治的な見方は主として、その宗教的信念の産物である――毎日毎日、ほぼ全てのことについて行っている選択と同じように――と言う。カーリー・マイケルズの説明するところでは「もし宗教が生活の全てであれば、自分の宗教上の信条にしたがって投票することになるでしょう」。民主党支持の会衆が平等や思いやり、そして貧者を助けるといったキリスト教の価値観を自分の政治の源泉として引く傾向があるのに対し、共和党支持者は中絶や同性愛といった「道徳的」問題と並び、自立や個人的責任という原理を一般に指摘する。これらの考え全てが、モルモン教の教えの中に存在しているのである。モルモン教の神学、文化、そして教会の教えに積極的に忠実であることを分かちあう一方で反対の政治的結論にたどり着いていることが意味しているのは、パイオニア・ワードの会員にとって差異の調停は容易ではないだろうということである。

しかし教会の最近の政治的もつれにも関わらず、政治は単に自分たちの信仰の付属物にすぎないとモルモン教徒の大半は信じ続けている。「日曜日には［政治は］大きな違いはもたらしません」とトニー・カントンはいう。「そして政治は大事ですが、私にとって自分の友情ほどに大事なものではないですよ」。モルモン教会のより中心にある働きは、会衆の言葉では「各人の人生がよりよいものになるよう影響を与え、その『霊的な進歩』を助けること」である。モルモン教が社会においてどのような影響を持っていると考えているのかと問われてジョー・ベネットは、パイオニア・ワードでも世界中でもモルモン教徒は「人々の心を変えようと努め、各自の生活の送り方、生き方、愛し方、奉仕の仕方を変えようと努めており、そのようなやりかたで家族や社会、文化の構造を変え、また下から上へと働きかけているのです」と説明する。ナオミ・フェルトンはこの「永遠からの視点」が自身の生活を教会に対して捧げている主たる動機であると言う。「［神学的に］理解していないことがたくさんあります……でも全てを理解する必要はありませんよ。教えられたように生きている時には、祝福を受けて生活の中で神を感じているのですから。それが私に必要なもの全てなのです」。

第11章　# アメリカ政治における宗教

アメリカ宗教における近年を通じて最も目立った変化はおそらく、この国の政治でそれが果たすようになった役割である。宗教性は、以前にはなかった党派的な含意を持つようになった。顕著な例外はあるが、最も宗教的なアメリカ人は共和党支持である可能性が高い。民主党員支持は最も宗教的でない人々の間で目立つ。宗教性と投票の間にあるこのつながりには専門家の間で、不運にも頭韻を踏んだ、神格差《ゴッド・ギャップ》というラベルが与えられてきた――ここで問題となっている、宗教性の水準がさまざまな人々の間にある政治的差異をあらわす格差のことである。[1] したがって、それはいわゆるジェンダー格差という、男女の間にある党派的傾向の差異に似ている。そして、ジェンダー格差と同様に、宗教性と党派心の間の結合は、アメリカ人の政治生活における疑問の余地ない一般法則の一つとなってきた――投票日におけるこの断層線について、政治評論家たちは果てしない議論を続け、政治職人たちはそれを抜け目なく利用してきたのである。

本章と次章では宗教性と政治の間のつながりを検討するが、それらは異なる視点からのものになる。本章では、政治的風景について扱う。宗教的、また非宗教的な投票者の間を離間させているこの国の政治には何が起こってきたのだろうか。そして政治的未来には何が待ち受けているのだろうか。そして次章では、政治に何が起こっているか、から、教会（また他の礼拝場所）に何が起こっているかに焦点を移す。それぞれの教区民は、自分の宗教と政治をいかにしてつなげてきたのだろうか。

まず第一に、宗教性と党派心を一緒にまとめる接着剤は、とりわけ二つの争点の政治的顕出性であるということを示す――それは中絶と同性婚である。[2] 両者に関する態度は、宗教性と密接に結びついている――このことは新たな展開というものではない。新しい部分は、それらが政治的に目立つようになったということで、共和党と民主党は、中絶と同性愛者の権利の両方について反対の位置を占めるようになったのである。これらの争点について両党が離れていったとき、宗教的また非宗教的な投票者もやはり離れていった。しかしわれわれが示唆するのは、もしこれらの争点についての態度が変化するのであれば、政治におけるこの宗教的分断もまた変化するのではないだろうかということである。同性婚に対する態度がリベラルな方向に急速に動いていった一方で、中絶についてはいくぶん保守的になったからである――これらの変化は、若者の間で最も顕著であった。

政治的風景の形成要因としてのその歴史の長さから、中絶に対する態度における変化はとりわけ重要な意味を持っている。中絶は長きにわたって、宗教性の高い、また低い投票者が互いから離れるよう押し分けてきた楔《くさび》だった。しかし、中絶をめぐる懸念が世俗的な有権者の間にさえも比較的広まるようになり、また同性愛者に対する安心も宗教的な有権者の間でさえ比較的広まるようになれば、宗教性は政治的分断の源泉であることを止めるだろう。もしそうであるなら、われわれは政治的な「創造的破壊」の時期、そして政治的起業家が新たな連携を作り上げる幕開けに向かって進んでいくことにもなるだろう。

宗教性と政党選好

型通りの知恵を確認することから始める――宗教的な有権者と非宗教的な有権者は、その党派選好において劇的に異なっている。政党間にある宗教的分断の範囲と持続性については容易に誇張されうるが、大まかな一般化としては、宗教性と共和党支持が結びついていると述べるのが正確である。これを示す方法は数多くあるが、宗教性のよい追跡標識として、感謝の祈り《グレイス》を唱える頻度[3]に焦点を当てるのが有益である。祈りを唱える頻度が多ければ、共和党に落ち着き場所を見つける可能性が高く、少なければ民主党に帰属意識を持ちやすい。しかし政治的無党派《インディペンデント》[4]であることは、感謝の祈りを唱えることとは関連していない。それどころか、人間の諸側面の中で、感謝の祈りを唱えることほど党派性と緊密に対応しているものはほとんどない。感謝の祈りと共和党《GOP》の間のつながりは、感謝の祈りを唱えることが宗教性の測度としていくぶん特異的なものであるという事実がもたらした偶発的な結果ではない、ということは強調しておく。宗教的傾倒あるいは実践についてどのような尺度を用いても、語られるのは同じ話になる。図11－1を参照してほしい。より複雑な宗教性指数（その構成要素の一つとして、感謝の祈りを唱えることは実際には含まれていない）を用いたときにも、事実上同一の図を目にすることになる——宗教性の高い者は、民主党支持より共和党支持である可能性がずっと高く、この宗教性尺度が低い者は、主として共和党《GOP》よりも民主党を支持しており、また宗教性は無党派であることとは関係していない。宗教性としばしば連動する他の要因——婚姻状態、年齢、国内での居住地域——を統計的な説明に入れたときにも、宗教性と党派心の間のつながりは維持されている。[5]

政党間の宗教的分断の大まかな輪郭に焦点を当てることは、明らかにするものがあるのと同時に覆い隠す面もありえる。宗教的傾倒の水準が高いことが共和党への支持の大きさを予測することが一般に当てはまる一方で、宗教性と政党選好の間のつながりは重要な部分でさまざまに異なっている——それは宗教系統間と、時間経過の両側面で、である。まず、強く宗教的な者であっても属している宗教系統が異なると、その共和党性には広く違いがあるという事実を検討したい。強く宗教的な福音派プロテスタントとモルモン教徒のおよそ七〇%が共和党を支持しており、強く宗教的な主流派プロテスタントは六二%ですぐあとに続いている。[6] しかし、強く宗教的なカトリックで自らを共和党支持とする者はその半数にすぎない（三五%）。[7] そして、第9章で見たように、黒人プロテスタントはおそらくアメリカにおいて最も宗教的な集団であるが——感謝の祈りを最も唱える人々がそこに含まれている——、同時にまた共和党を支持することが最も少なくもある（強く宗教的な黒人プロテスタントでそういう者は一四%にすぎない）。図11－1における、もっとも頻繁に感謝の祈りを唱える者かつ／または強く宗教的な者の間での共和党支持者の割合は、アフリカ系アメリカ人を除いたときにはかなり高いものになる。強く宗教的な福音派、主流派プロテスタント、そしてモルモン教徒が、最も共和党支持である可能性が高い。確かに、強く宗教的なモルモン教徒が同時に最も圧倒的なまでの共和党支持者であるという事実は、第10章において強調したモルモン会衆の特徴的な構成を明確に示すもので

「祈り格差」——感謝の祈りを唱える頻度が政党支持を予測する
（標準的な人口統計学的特性を一定に保った）

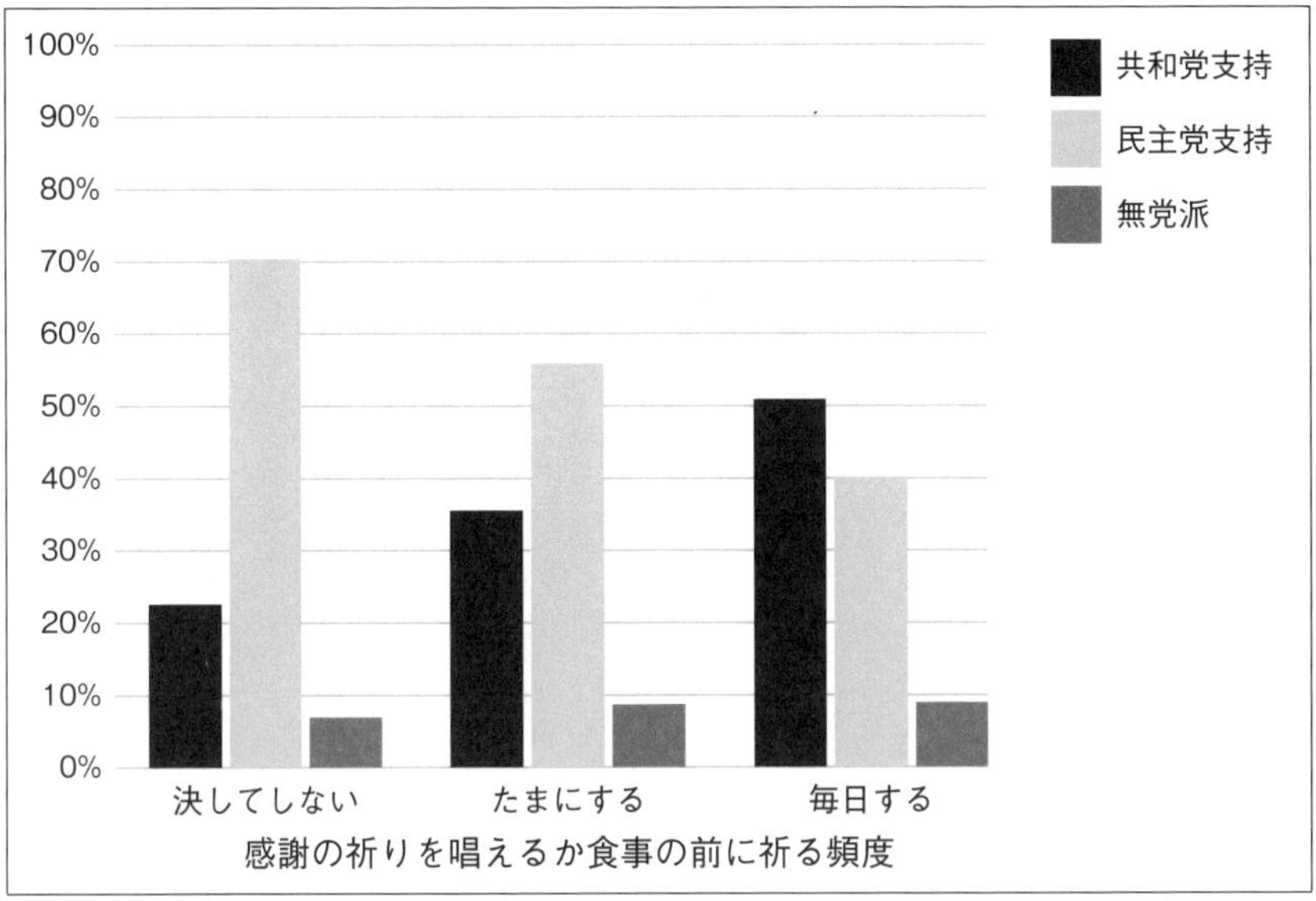

「神格差」——宗教性の強さが政党支持を予測する
（標準的な人口統計学的特性を一定に保った）

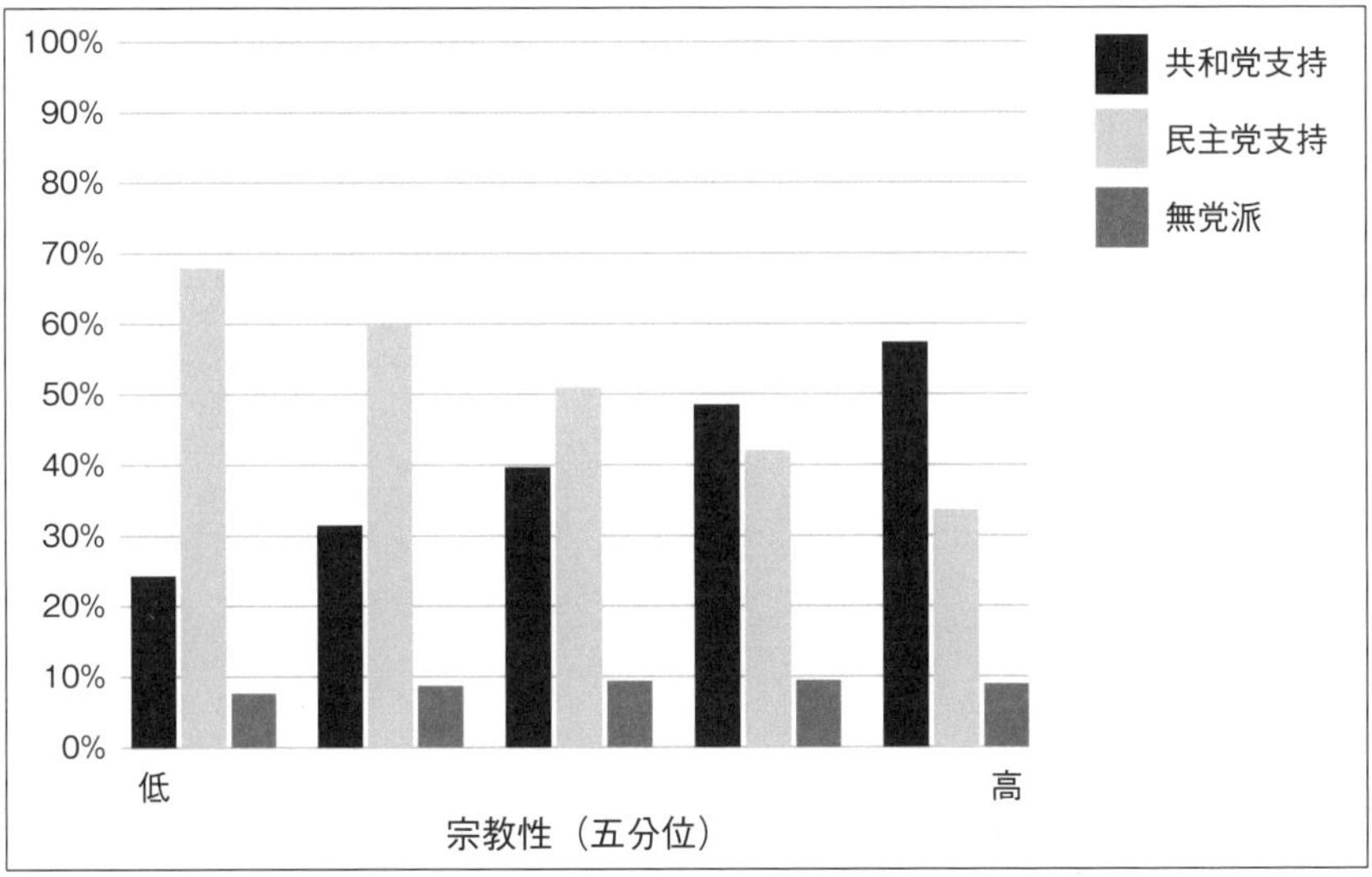

出典：信仰重要性調査，2006 年.

図11-1

ある。一方そこでは民主党支持の臨界最小量《クリティカル・マス》が見いだされていた。モルモン教についてのわれわれの挿話は、この国の中でもっとも共和党的な宗教集団の中でさえも、一定の程度の政治的多様性が存在するという事実を補強するもので、非常に宗教的なモルモン教徒の二〇％は自らを民主党支持としていたのである。

したがって強調したいのは、いかに宗教性が党派的風景を形成するのかにわれわれが注意の大半をあてているとしても、傾向性は確実性とは異なるということを読者は念頭に置かなければならないということである。非常に宗教的なアメリカ人が共和党支持の傾向がある一方で、それは鉄則というわけではない――同様に、生活の中に宗教がほとんど、あるいは全くないアメリカ人が民主党支持である傾向がさらに強いとしたところで、そこにも例外は存在するのである。

長期的に見た宗教的分断

政党間の宗教的分断は強固に定着するようになってきた。しかし、その出現は運命のように定められてきたものではなかった。宗教的な者と非宗教的な者の間の政治的差異は根深いものである一方で、それは必ずしも恒久的なものではないからである。それは一定なものでもなく、宗教性―党派心のつながりは時代によってさまざまだった。総合社会調査は、宗教性と党派心の間のつながりを検討する上でもっとも説得力のあるデータ源である。ここで図11－2は、ある人が宗教礼拝に出席する頻度とその政党支持との関係を、これらの間にある何らかのつながりをうまく説明するかもしれないその他一群の人口統計学的特性を同時に予測に含めて表現したものである。[8] 正の数値は、教会出席が増えると共和党を支持する可能性が高いことが予測されるのを意味している――数値が大きくなると、この関係性は強まる。図から読み取れるように共和党支持者は、一九七〇年代初頭には教会出席者の間でささやかな優勢を示していたが、それはおそらく一九七二年ジョージ・マクガバンの選挙運動からの副産物であった〔民主党の政治家（一九二二年～二〇一二年）で一九七二年にリチャード・ニクソン（共和党）と大統領選を争い大差で敗れる。〕。マクガバンの選挙運動は第4章で描いた最初の衝撃を具現化したものであり、第一の余震を誘発させるものになった。マクガバンは「妊娠中絶、（兵役忌避者に対する）恩赦、そしてＬＳＤ」の候補と

宗教出席と政党支持の間のつながりは時期によって変化してきた（総合社会調査）
（白人のみ対象、標準的な人口統計学的特性を一定に保った）

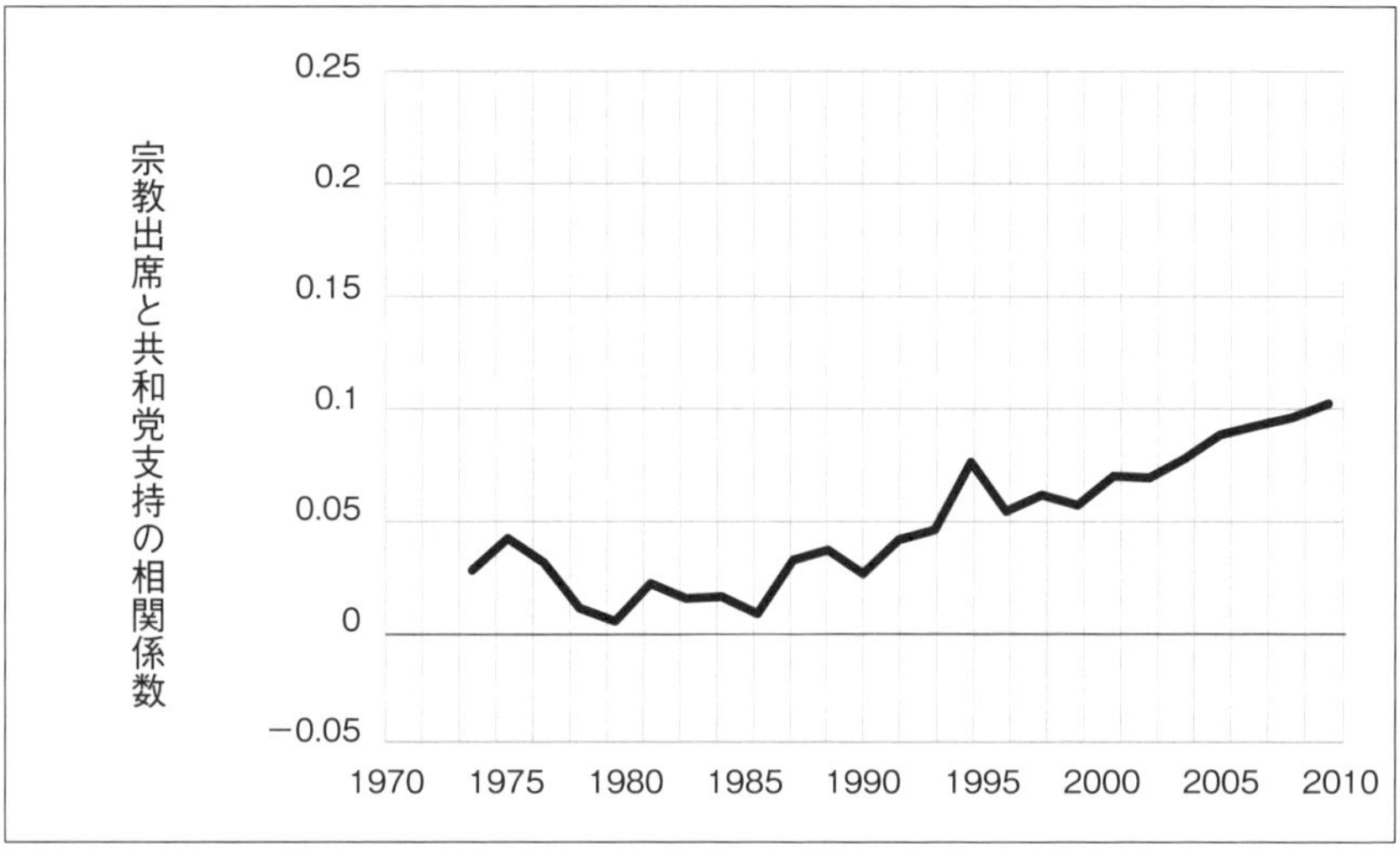

宗教出席と政党支持の間のつながりは時期によって変化してきた（全米選挙調査）
（白人のみ対象、標準的な人口統計学的特性を一定に保った）

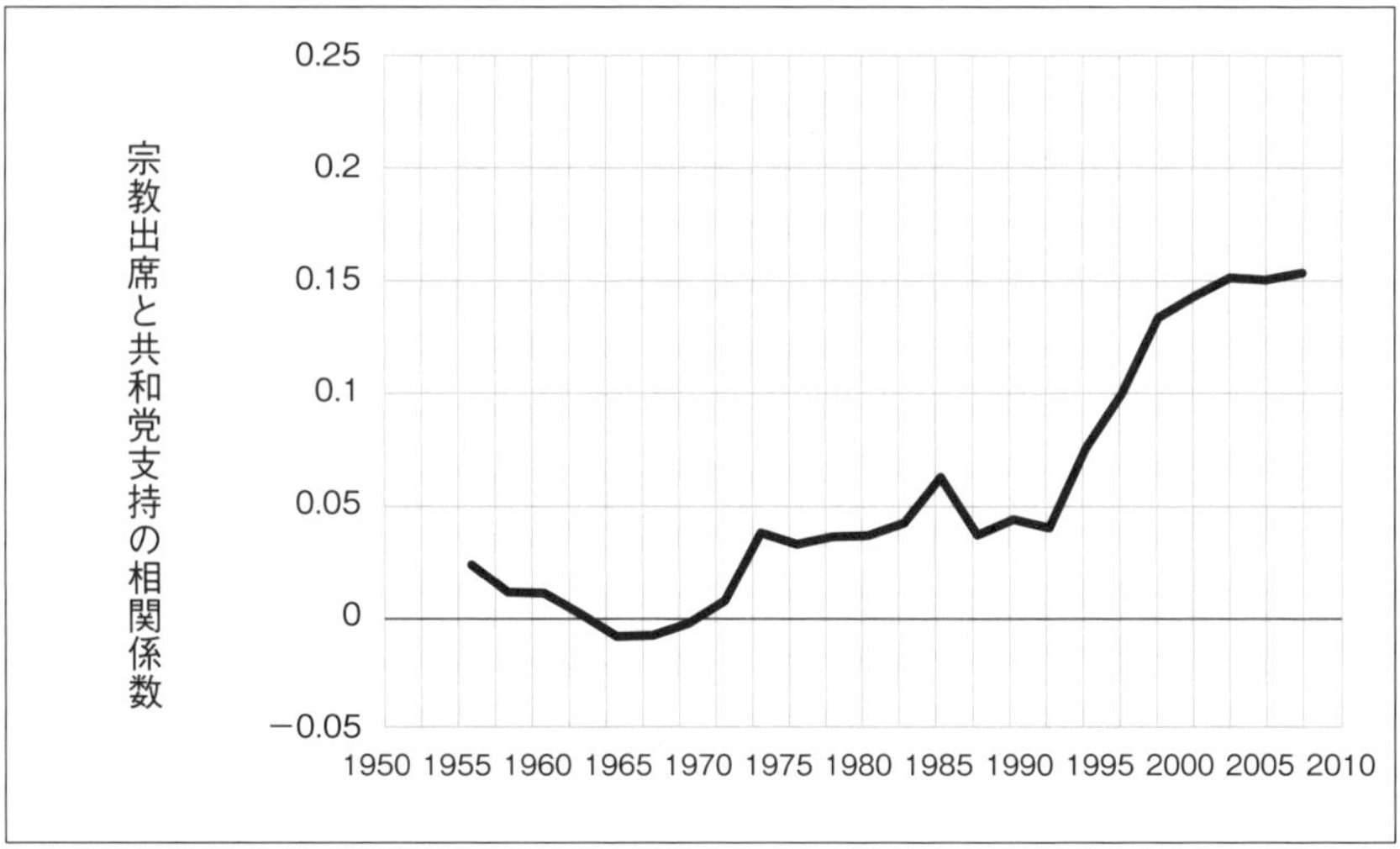

出典：総合社会調査，全米選挙調査.

図11-2

レッテル張りされたことで有名である。彼はアクティビストの支持者という著しく世俗的な集団によっても支持されていたが、それは宗教的な有権者の慎重さを増しただけだった。[9] しかし一九七〇年代中盤には、共和党支持者が民主党支持者に対して持っていた控えめな「宗教的優勢」は、ジミー・カーターによる選挙キャンペーンの成功によって消滅した。カーターは道徳的に正しいというイメージを培いまた外見的にも宗教的であって、自らを新生《ボーンアゲイン》したと表明する最初の大統領候補だった。その後、強く宗教的な有権者の間で共和党支持が優勢を獲得することが一九八〇年代に始まり、それ以降成長を続けている。これよりわずかに長期の歴史的視点は全米選挙調査から得られ、一九五二年までさかのぼることができる。そこでも見いだせるのは一九五〇年代と一九六〇年代には政党支持において宗教的分断がほとんど、あるいは全くなかったということで、一九七〇年代以降現在までのパターンは総合社会調査と類似したものになっている。大統領選での投票も、政党支持における傾向を確認するものである。戦後の宗教ブームのただ中の一九五二年、共和党のドワイト・アイゼンハワーは宗教礼拝に頻繁に出席するアメリカ人と、全く出席しない者の間でちょうど同数の支持率を集めていた（五九％）。それを二〇〇八年と比較すると、ジョン・マケインの支持には宗教礼拝に少なくとも毎週出席する者（六一％）と全く出席しない者（三九％）の間で二二ポイントの差が存在していた[10]［共和党の二〇〇八年大統領候補で、バラク・オバマ（民主党）に敗れた。］。

　言い換えると、宗教性と党派心の間のつながりは時期によってさまざまで、一九八〇年代の中盤以降は相当に成長してきた。[11] むしろ、アメリカ史の教えるところでは宗教が完全に左もしくは右であったり、進歩的もしくは保守的ということはない。それよりも、宗教の種類が異なれば、それと結びつく政治的主張も異なってきた。問題によっては、特に人種に関わる点で有名だが、宗教は論争の両端を正当化するために引き合いに出されてきた。一九世紀には、奴隷制廃止と奴隷制を主張する者の両方を宗教は鼓舞していた。このことをエイブラハム・リンカーン以上にうまく表現したものはいない。彼はその二回目の就任演説において、南北戦争における両者を指し「どちらも同じ聖書を読み同じ神に祈っており、そしてそれぞれが、他方に対峙しての神の加護を願っている」と述べた。[12] しかしリンカーンの言葉は、宗教が政治に関係する仕方についての重要点をあいまいにするものである。奴隷制に賛成、反対の主張者による宗教的正当化の間の対称性を意味してしまっているからである。実際には、白人の南部人は宗教がなくとも奴隷制賛成派だったであろう。一方で白人の北部人はおそらく宗教のみを理由として奴隷制反対派だった。類似のこととして公民権運動の時代には、公民権運動は組織、霊性両方の源泉として黒人教会に強く依拠し、同時に北部の主流派プロテスタント教会の多くに同盟を見いだすことができたが、分離主義者にもその信念に宗教からの合理的説明を見いだす者もいた。

人種問題以外にも、アメリカ史全体を通じて明示的に宗教的衝動を有していた問題は他にもあり、一八〇〇年代初頭にあった日曜日の郵便配達中止の運動、あるいは禁酒運動、また広くは進歩主義運動などが挙げられる。宗教とアメリカ愛国主義の間の緊密な関連をふまえれば、ナショナリズムに突き動かされた世論は宗教的抑揚をしばしば与えられている。アメリカ独立革命には宗教的衝動があった。冷戦時代の反共主義もそうであったし、また今日のイラク、アフガン戦争支持も同じである。しかし、宗教は政治的左派もまた突き動かしてきた――反戦論者から反アパルトヘイト論者、そして不法就労者に避難所を提供する運動に至るまで。

当代について通常と異なるのはしたがって、アメリカ政治において宗教が意味を持っているということではない。米国のように高度に宗教的な国家においては、宗教と政治が絡み合っているということに驚くべきではない。大統領選の駆け引きの特定領域において宗教が意味を持ってきたこともまた珍しいということでもない。例えば、一九六〇年のジョン・F・ケネディ――そして彼以前には、一九二八年のアル・スミス――が直面したのはステンドグラス製の天井で、多くのプロテスタント有権者がカトリックの大統領に警戒したのだった〔アル・スミス（一九七三～一九四四）はニューヨーク州知事で、民主党の一九二八年大統領候補としてハーバート・フーヴァーに敗れる。アイルランド系、カトリックの大統領候補としてケネディに先立っていた。〕。現在を通常と異なるものにしているのは、教会に通う福音派とカトリック（そして同様に他の宗教集団）が、共通の政治的理由を見いだすようになってきたということである。これをわれわれは、「宗教的なる者の合同」と呼ぶ。全ての宗教系統が等しく同じように共和党を支持していない――そして黒人プロテスタントがそうすることはほとんどない――ことをふまえると、宗教的なる者の大半の合同、とラベル付けするのがより正確である。同時に、（もっとも）非宗教的な有権者という拡大する一群もまた連合しているが、しかしそれは政治的スペクトラムにおける反対の極においてである。

政治的な世代格差

宗教的な者による新たな合同の誕生は、アメリカの政治システムの基盤に生じた大きな変化を表している。しかし、それはアメリカ政治における持続的な特徴になるのだろうか。その答えの一部は、この合同が発生した過程にある。この規模の党派性の変動が起こりうるには、二つの異なる、しかし潜在的には補完的な仕方がある。第一のものは個人的な有権者の間での変化であり、教会によく行く者が民主党から共和党支持へ切り替えたときのようなものを指す。これが起こっている範囲では、そのような個人がふたたび切り替えることで、現在の分断はむしろ急速に消滅するかもしれないことが示唆される。あるいは、変動は世代間置き換えによっておこったかもしれず、その場合はよりずっと漸進的であるが同時にまた持続的でもある。それはすなわち、過去の政治時代における合同を反映した党派的忠誠を有する古い世代が消え去り、新たな政治的同盟の時代に成人した政治的新参者によって置き換えられるということである。若い世代が古い世代を置き換えるにつれて、新たな同盟が既存の政治的合同に取って代わっていく。

証拠が示すのは、宗教性と党派心の間のつながりにおける大きな世代間シフトと、有権者個人において見られるよりささやかな変化である。この世代間の差異は、信仰重要性調査のわれわれの分析に見いだすことができ、神格差は三五歳以下の人々の間で最も大きく、それより上の世代コホートでの有権者の間では次第に弱くなっていき、六五歳以上の者の間では観測全体の中でもっとも弱い関係となっていた。そのようなパターンは世代間置き換えと一貫している。その差異が、それぞれの世代が有権者へと参入した時代の違いを反映しているからである。古い有権者が政治的忠誠心を形成したのは、宗教性と党派心の間にほとんど、あるいは全く関係のなかった時であり、したがってその初期の党派的志向性は宗教参加の水準と関連していなかった。[13] しかし若い有権者は、宗教性と党派心が密接に連合している政治システムしか知らなかった。

示唆的なものであるとはいえ一時点からのデータでは、見ている差異が世代間置き換えによるものなのか、あるいは単純に人々がライフサイクルを通じて成熟していったことによるのか明確に決定することはできない。より説得的な証拠は、宗教性と党派心の間のつながりについて、同じ人々、そしてその子どもを長期にわたって面接した時に見いだせる。そうすることで、同一の個人内での長期間の変化と、同時に世代間のそれを追うことができるのである。

長期にわたる世代間傾向を追跡した研究はまれであるが、幸運にも一九六〇年代中盤から開始されたものが一つあり、それはまさしくわれわれが関心を持っている時期に当たる。「若者—親の社会化調査」は高校三年生とその親の全国代表性サンプルを一九六五年に面接したものである。研究者らは両方の世代を一九七三年、そしてふたたび一九八二年に再面接した。一九九七年にはふたたび第二世代の元に向かい、その時は第二世代の子ども（ブーマー後世代）にもまた面接している。その結果得られたデータは世代間傾向を追跡するための比類なき機会を提供するもので、中には宗教性と党派心の間のつながりを含んでいる。

図11–3に見るように、一九六五年には礼拝出席の頻度と有権者の政党支持の間には控えめなつながりが見いだせる。高頻度出席者は、わずかに共和党支持である傾向が高い。驚くべきでないのは、親とその青年期の子ども（世代1と2）がほぼ全く同じ相関を示していることである。世代1と2を長期にわたって比較すると世代間の差異が発生したことを見ることができるが、それは一九七三年にベビーブーム世代が宗教性と党派心の間に、その親と非常に異なった関係を示したときである。一九七三年に世代2の者が二〇代中盤にあってちょうど政治的成熟を迎えたときに、教会出席と政党支持の間には何のつながりも示さなくなっていた。その親ではしかし、一九六五年と一九七三年に観察された控えめなつながりは一定のままだった。一九八二年に、このストーリーは変化する。一九六五年と一九七三年に観察された宗教性と党派心の間の控えめな関係は古い世代の間で消滅し、その子ども、すなわちブーマーの間で再出現したのである。

一九六〇年代中盤から一九八〇年代初頭への変化は小さいものだった。真の変化は一九八二年と一九九七年の間に起こった。その期間に、宗教性と党派心の間のつながりはベビーブーマーの間で大きく成長した。第二世代における宗教出席と政党支持の間のつながりの強さは、一九八二年のそれのほぼ三倍だった。これは同じ人々を異なる時点で面接しているので、宗教的分断の出現が何らかの個人変化を伴っていたことについて確信を持つことができる。教会出席と党派心が並び立つようになってきたからである。これと同じデータに対して綿密な分析を行った二人の政治学

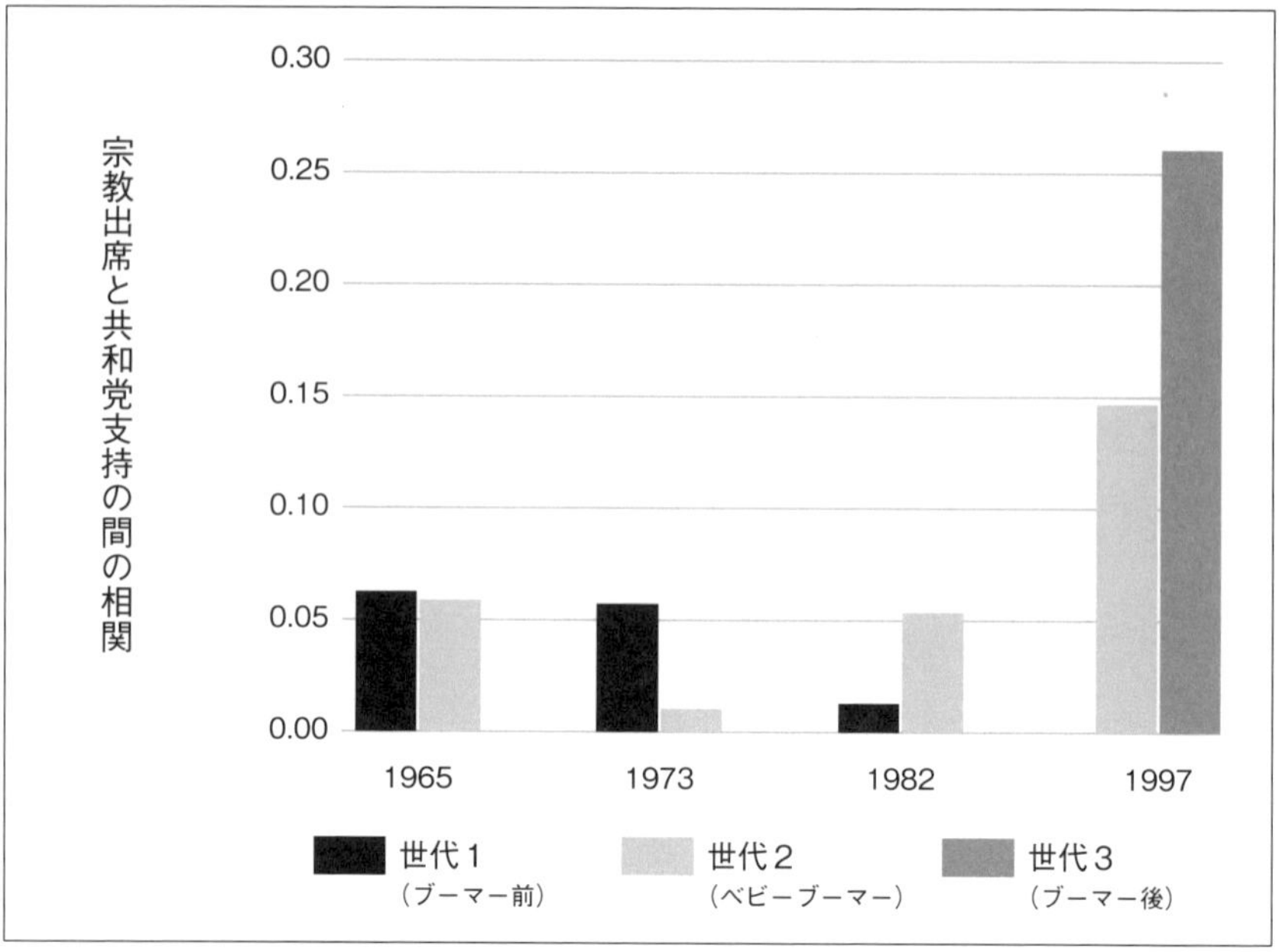

出典：若者―親の社会化調査.

図11-3　宗教的分断はベビーブーマーの間で成長したが、その子どもにおいて最も大きい

者M・ケント・ジェニングスとローラ・ストーカーはこう述べる――

> 世代2が青年期から中年期へと動くにつれて、アメリカ政治に吹き込まれた文化紛争の出現に対し彼らは上の世代よりもずっと反応するようになり、ついにはその宗教選好と傾倒水準を反映した政治的位置を保つ可能性がずっと高くなった。[14]

個人的変化はストーリーの一部であるが、世代2と3――ベビーブーマーと、ブーマー後世代の子ども――の比較が示唆するのは、宗教性と党派心の間のつながりの出現において世代間置き換えがずっと大きな役割を果たしたということである。ブーマー後世代は、宗教礼拝の出席と政党支持の間の相関が、その両親の二倍近い。この世代における宗教性と政党支持の間のつながりの強さは、一九九七年時点のブーマー後世代が、一九七三年時点のその親とおおよそ同じ平均年齢だったことを考えると一層際立っている――このとき親世代は、宗教性と党派心の間に何のつながりも示していなかったのである。

まとめると、長期間のパネル研究からのデータは、現在の宗教的分断が亀裂を生じたのは世代間置き換えと、それよりは程度が小さいが個人変化の両方によるということを示唆している。神格差の出現における世代間要素の強さが示唆するのは、それが持続するだろうということである――一方で小さくはあるが教会と政党の間の個人水準での調整が思い起こさせるのは、政治的連合における変化は起こりうるし、実際起こるということである。第5章で見たように、この調整過程は単年度内ですら観察することができる。そして政治的忠誠はその宗教にあわせる形で調整されることもある一方で、現在の政治的環境の中では、宗教的関与の方をその政治にあわせて調整しているという証拠もまた見られている。どの年をとっても、その中でこれらは小さな変化であるが、累積的にそれは加算されていく。

世代間置き換えというこの過程は、党派的風景における変化の典型である。あれやこれやの投票者集団がある政党から別の政党へと劇的に揺れ動くという選挙年につきものの誇大宣伝はあるが、変化は地震よりもプレートテクトニクスに似たような過程を通じて起こるのが一般である――それは一定期間を通じて着実に起こるもので、突然なものではない。政党のブランドラベルがひとたび定着すれば、それが一夜にして消えることはない。個人の党派心はしばしば自己アイデンティティの形態を取り、それは長期に続くものである。それが、ある人が共和党支持あるいは民主党支持であるということについて、あたかも政党ラベルをほとんど人口統計学的なカテゴリーであるかのように語ることのできる理由である。党派的構成における本質的な変化には、大規模な有権者集団がある政党から別の政党へと移動することを要し、それは長期間の政党帰属を有してきた人よりも、政治的年齢に到達した有権者の間で起こる可能性の方がはるかに高い。

今日の宗教的分断は漸進的過程によって広がった――もしそれが縮小するのであれば、やはりまた漸進的過程になるであろう。

カントリークラブ対日曜学校の共和党支持者

党派的風景の変化について論じるときに、少し時間を取って、宗教的な者による共和党支持の合同に関して広がっている誤解を正しておくのは重要である。多くの評論家が、まるで今日の共和党が二つの対立する派閥にわかれており、それが日曜の朝に共和党支持者が行っていることで定義されているように語っている。[15] 共和党支持者には、日曜日の朝をゴルフ場《リンクス》で過ごす者がいる——この党における裕福なカントリークラブのウィングである。そして、伝えられるところでは、この党には低階層の日曜学校のウィングがあって、日曜の朝を信徒席で過ごしている。宗教は、しばしば言われるところでは貧者の慰めであるので、これら二つのウィングは異なる世界に住みなしていると考えられる。もしこれが真実であるなら、神格差の選挙上の重要性は著しく削がれることになるだろう。共和主義者の合同の二つのウィングは容易に決裂しうることを意味するだろうからである。

実際にはしかし、この二つのウィングは大部分が一つであり同じものである。これらカントリークラブ通いの多くは、日曜学校通いである。二〇〇六年の信仰重要性調査では、教育水準と教会出席の頻度で定義された四つの相互に排他的なカテゴリーに人々を分割した。人は頻繁な教会出席者かそうでないかのどちらかで、また（社会経済的地位の信頼できる指標としての）教育も高いか低いかのどちらかであるので、したがって四つの相互排他的なカテゴリーが作り出される——

1. 高校を超える教育　／　月一度以上の教会出席
2. 高校以下の教育　／　月一度以上の教会出席
3. 高校を超える教育　／　教会出席は月一回未満
4. 高校以下の教育　／　教会出席は月一回未満

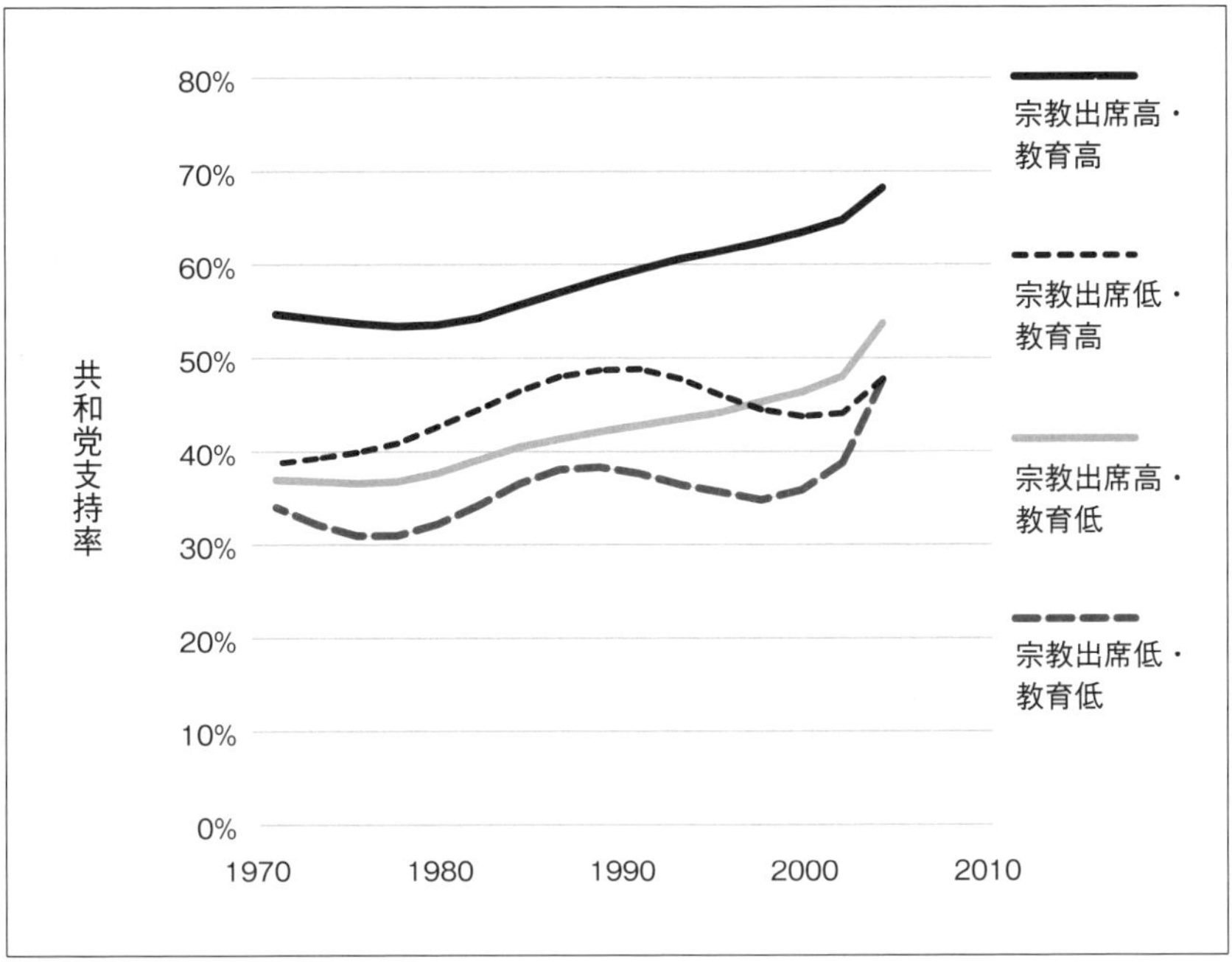

出典：全米選挙調査；データは LOESS 法平滑化.

図11-4　大卒の教会出席者がもっとも共和党支持である可能性が高い（白人のみ対象）

これら四つのグループの中で共和党支持の割合が最も高いのは、頻繁に教会に通いかつ高い教育を受けている者の間に見いだされる。[16] さらに図11－4に示されているように、一九七〇年代以降、大卒の教会出席者の間で共和党支持者の獲得が見られてきた――片足は同党のカントリークラブのウィングに、もう片方は日曜学校のウィングに載せている有権者である。[17]

これら大卒の教会出席者の間での共和党支持獲得は、階級と宗教が相互強化的であったという事実と密接に関連する。詳細は第8章で触れたように、宗教は貧者のためだけのものではない。社会経済的地位の高いアメリカ人は、社会経済的地位の低い者と比べて宗教礼拝への出席可能性が劣らないことを思い出してほしい。それどころか、およそ過去三〇年を通じて、教会に出席することが少なくなったのは上層階級と比べたときの労働者階級であった。教会出席者の社会経済的地位の歪みが増大していったことは、社会経済的地位の高い教会出席者の共和党性増大を伴った。このように、労働者階級と比べると、大卒者は教会出席者である可能性が高く、そしてこれらの教会に出席する大卒者は、共和党支持である可能性がますます高まっていったのである。重要なことは、これらの変化が南部、すなわち以前は一枚岩的に民主党であったが、いまではずっと共和党色の地域である（大統領選挙においては、圧倒的にそうである）場所の政治的変容によってのみ引き起こされたわけではないということである。教育、教会出席、そして政党支持における同じ傾向を南部人を構図から取り除いて検討したときにも、結果はほぼ同一である。

カントリークラブ─日曜学校の融合の政治的含意は甚大なもので、それは共和党《GOP》が社会的、そして経済的双方の保守主義を同時に主張することによっていかに成功したかを説明するからである。高水準の宗教性が経済的絶望を伴っていたら、共和党員は党の二つのウィングに対して全く異なることを述べなければならなかっただろう。これら大卒者が信徒席にいる限りにおいて、社会的な保守主義を、教育を受けた階級に好まれる経済政策にブレンドした単一の説教を共和党員は説くことができる。実際のところ、政治学者ラリー・バーテルズは中絶や同性婚のような文化的争点が、上層階級の有権者によって投じられた票に最大の影響を与えていたことを示している[18]。

中絶と同性愛――合同を結びつける接着剤

ここまで、神格差は新しいものでも、つかの間のものでも、そして必ずしも持続的でもないことを確認してきた。またそれは、アメリカ政党間にある階級分断という、この国の政治作用におけるもう一つの基本要素と衝突するものでもない。それでは、一九八〇年代中盤に始まり現在まで引き続いて、宗教性と党派心がこのように絡み合うようになったことが何によって説明できるのだろうか。いずれの解釈にせよ、宗教性と党派心の間のつながりがなぜ現在観察されるのかだけではなく、そのつながりが過去になぜ現れたのかもまた説明できなければならない。

その答えは、われわれの考えるところでは、宗教的な者の相互の合同をもたらした争点に存在している。政治とは、常に合同を形成するという問題である。そして合同の方は、顕在化した政治的争点への反応としてやってくる。成功する政治家、政党そして運動は、さもなくばバラバラの集団が、大義のうちに同盟するような仕方で争点を枠付けする。合同は争点の周囲に生じるが、そのような争点はどこか別のところからやってこなければならない。米国は極めて多孔的な政治システムを有しているので、争点起業家にとっての侵入点は数多く存在する。政治学者ジョン・キングトンは、ワシントンで見いだされる「政策の原始スープ」という表現によって、はまりのよいメタファーを想起させている。[19] それは適者生存のことであり、そして勝ち残る争点――スープから立ち上がって、有権者が気にかける大きな争点となるようなもの――はしばしば、新たな集団を結びつけ、以前はほとんど何も共通のものを持たなかった人々の間に共有されたアイデンティティを作り上げさえする争点なのである。

宗教性―党派心のつながりの強さをふまえると、宗教性とは、人の持つ党派選好のように、広範な争点に対する意見を形作るものであると考えることが許されうるかもしれない。しかしこれはそうではない。むしろ、宗教性が固く結びついているのは中絶と同性愛婚に関する態度であって、性や家族に関係していない争点との間にはより控えめな相関しか――あるいはまったく関係が――ない。宗教的な者の合同は、小束の争点の周囲に集まってきたのである。

この結論の基盤にある統計的分析においては、現在の争点において人々が取っている立場におそらく関連するかもしれない他の個人的特性の影響による説明を含めている（標準的な一群の人口統計学的統制を用いている）。これら他要因の統制によって、宗教性が（ジェンダーや南部居住のような）他の要因の代理を務めていないことに確信を持つことができる。宗教は、人々が公的争点でどの立場に立つかに影響する無数の要因の一つにすぎず、個別の要因はその争点によってさまざまである。人種が問題になるものもある。他では、ジェンダーが問題になるだろう。さらに別のものでは、経済的背景が問題になる。そうであるため、人々の政治的意見に対するこれら多くの他要因を説明に加えているのである。

想定可能な全ての争点を検討したと主張することはできないが、二〇〇六年の信仰重要性調査では下記のように広範なものが含まれている――

死刑

対外援助
移民
国際問題における米国の介入
市民的自由の擁護かテロリズムからの安全か
貧富間の所得格差縮小のための政府の取り組み
同性婚
中絶

図11－5に示されているように、これらの争点は三つのカテゴリーに分けられる――宗教性が大きく影響しているもの、影響の小さいもの、そして全く影響のないものである。[20] 二〇〇六年の信仰重要性調査に含まれている全ての争点の中で、宗教性が大きく影響しているというカテゴリーに疑問の余地なく分類されるものは二つだけだった――それは中絶と同性婚である。他の全てを一定に保ったとき、宗教性指数を最低から最高まで移動すると、暴行や近親相姦、そして母親の生命の危険の場合を除いて中絶に反対するアメリカ人の割合は約一八％から七八％まで上昇する――六〇ポイントの圧倒的な増大である。わずかにそれより小さいかもしれないが、類似するつながりが宗教性と同性婚に対する態度との間に観察される――宗教性指数の最低から最高までの間で、同性間の結合《ユニオン》に反対する割合は四四ポイント上昇している（一六％から六〇％）。

「ずっと小さい」カテゴリーに落ちる争点はより多い――市民的自由 対 安全、所得格差縮小のための政府政策、干渉主義的外交政策、そして対外援助支出である。これらの争点の中で、宗教性がもっとも大きな影響を及ぼしていたのは安全 対 市民的自由で、その他があとに続いていた。興味深いのは「全くない」グループに死刑と移民に対する態度があったことである。世論に影響する無数の他要因を説明に入れると、どちらに対しても宗教性は人々の立ち位置に関係していない。

世論に対する宗教性の影響はこのように範囲が狭くなっている。全く関係のない争点もあれば、大部分には小さな

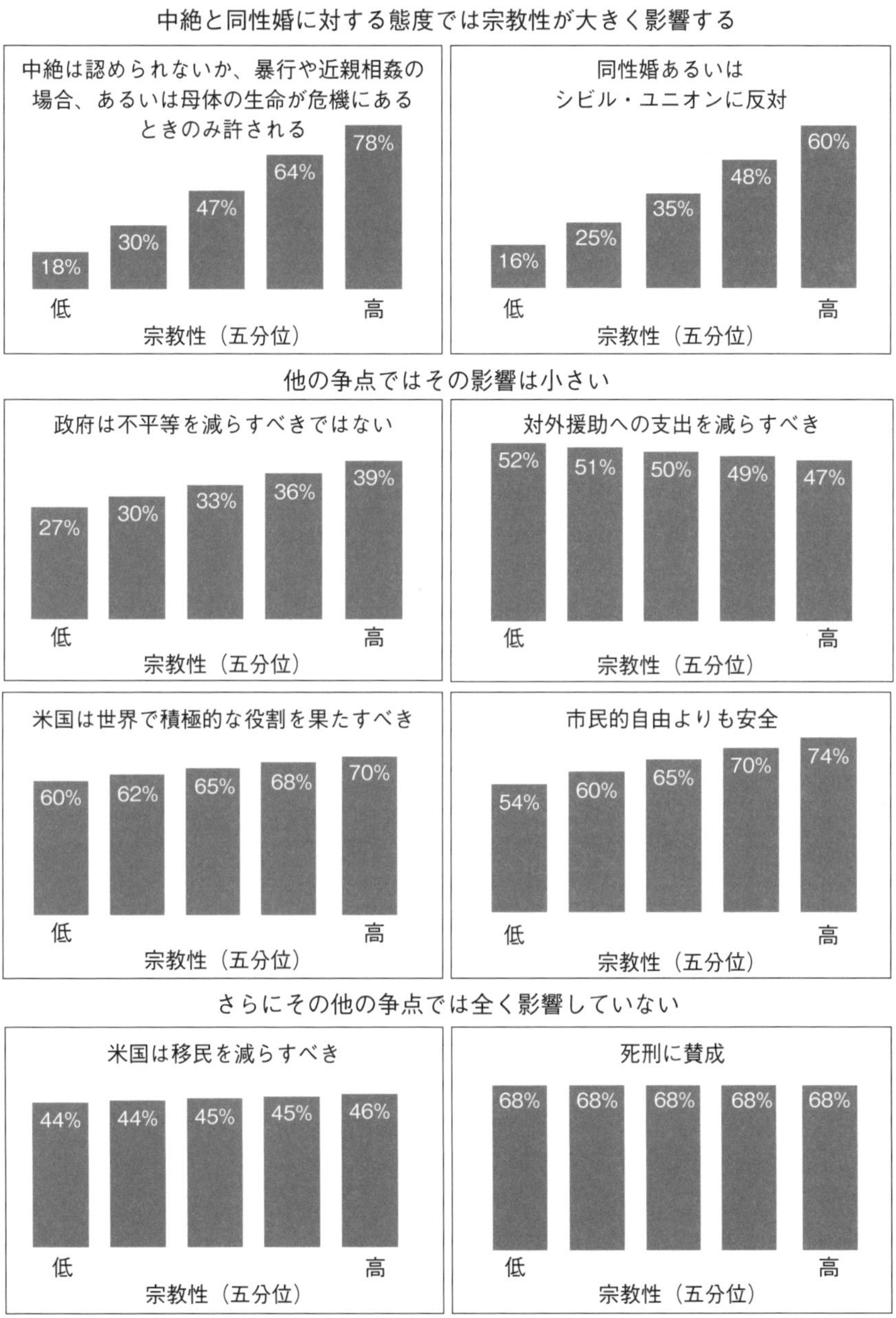

出典：信仰重要性調査，2006 年.

図11-5　宗教性と政治的態度
（標準的な人口統計学的統制変数を一定に保った）

影響しかなく、大きく関係するのは二つのみである。中絶と同性婚は宗教的な者の合同を互いに結びつける接着剤になっている。

宗教性とこれらの性および家族争点の間のつながりは、政党間の宗教的分断を説明する上で必要なものだが、十分なものではない。宗教性と党派心の間の結びつきは変化してきたが、宗教性と中絶および同性婚についての態度の間の関連は一定であったからである。少なくとも一九七二年という総合社会調査の最初の年以降、そしてほぼ確実にそれよりずっと長く、宗教出席の頻度は一貫して中絶反対と同性愛否認に対する強力な予測要因だった[21]（しかし、以降で見るが宗教性は中絶に対する態度との関連が弱まりつつあり、少なくとも若い有権者においてそうなっている）。するど、何が変化したのだろう。その答えはこうなる。一九八〇年に始まったこととして性と家族の争点——長く宗教性と連動していた——がアメリカの二大政党が取る立場ともまた連動するようになった。結果として、宗教性と党派心が連動するようになったのである。

この連動は、有権者に提供される政治的選択肢の変化によって起こった。アメリカ人の前に置かれる政治的選択肢が宗教と相関していなければ、宗教によって影響されたかもしれないどんな政治的意思決定も現実には意味のないものになってしまう。したがって、宗教が有権者の選ぶ選択に影響するためには、投票にかけられる候補者が、宗教によって形成された争点について対照的な立場をとっていなければならない。

二つの基準が揃って働くのはなぜかを理解するために、コーラ戦争であなたが一方の立場を取っていて、コークよりもペプシ党であるとしよう。それゆえ、他は全て等しいレストランの選択肢を与えられたときには、ペプシを提供する方を好むだろう。あなたがしばしば行くレストランの予測をしようとする研究を行ったと想像してほしい。期待されるのは、ペプシへの選好と好きなレストランの間に相関が見いだされることだろう——あなたはペプシを提供するレストランで食事をする可能性が高くなる。その研究からは、好きなソーダのブランドとどこで食事をするかの間に関係が見いだされると結論されよう。ここで、同じ研究を行うのだが、今回は都市の全てのレストランがコークしか提供していなかったと仮定する。もはやソーダ選好とレストラン選択の間に相関を見いだすことはできず、コークかペプシのどちらかを好むことと、どこで食事を行うかの意思決定には何の関係もないように見えるだろう。しかし、相関の欠如は選択肢の欠如の反映にすぎない。政治もこれと同じ仕方で機能する。選挙での候補者がある争点で違いをしめす――すなわち、有権者に選択肢を提供する――ことがなければ、その争点は人々がどう投票するかに影響する要因にはなりえない。これは明らかなことのように思えるが、有権者に提供される選択肢の変化が、宗教性と投票の間に強い関係が出現したことの説明として認識されることは非常に少ない。[22]

選択肢

一九七〇年代に先立っては、教会に行くかどうかは政党選好とほぼ関係がなかったことはこれまで見てきた。[23] 中絶や同性愛のようなテーマは、礼節の場では語られることがなく、そこにはもちろん政治演説が含まれていた。その後アメリカ社会は、したがって政治は劇的な変化を受けた。アメリカ政治の内部に生じたこの新たな分断は、女性運動によって広まったスローガンで簡潔に捉えられる――個人的なことは政治的なこと、である。六〇年代の社会的喧噪のために、まさしく非常に個人的な争点の新たな集合によって政治は定義されるようになり、その中に中絶が含まれていた。第4章で記したように、長き六〇年代はアメリカ社会に対する衝撃であって、その影響はいまだ感じられるものになっている。引き続き到来した第一の余震は、アメリカ宗教に響き渡るもので、神学的に保守的な――主として福音派の――宗教が復興した。この第一の余震はまたアメリカ政治に波及し、選挙民の中に新たな分裂と連携を生み出した。宗教的な者の合同が一体となり始め、そして宗教右派として知られる政治運動が誕生した。[24]

宗教右派運動を構成する多くの活動家、とりわけ運動の中心に立っていた福音派は、数々の争点に駆り立てられていた――学校での祈祷、ポルノ、創造説《クリエーショニズム》、宗教的象徴やモニュメントの公的展示、さらには世界規模の人権に対する懸念まで含まれている。[25] しかし、少数の活動家を動かすような特殊な争点は、党派的な合同の基盤にある構造変化の引き金に必ずしもなるわけではない。政治学者ジェフリー・レイマンが述べるように「大規模な公衆の持続的な関心を捉え、政党についてその認知と感情を変えるような争点だけが、長期にわたる党派的変化を作り出すことができる」。[26] 活動家はほぼその定義からして主流の外側にある意見や利害の持ち主で、彼らを動員するような争点の大半は「普通の」人々にはそれほど重要ではなく、そして彼らの圧倒的多数は政治に優先順位を与えていない。一般住民の党派構成に根深い変化を迫るような争点はほとんどない。それを引き起こすのは、しばしば感情的な琴線に触れるものである。公民権は一つの例であって、多くのアメリカ人が人種に対して持っていた根底からの反応をもたらすものだった。(27)中絶もまたそうしたものである。

なぜ中絶はそのような政治的潜在力を有しているのだろうか。非常に控えめに述べる危険を冒した上で、中絶が象徴するのは単なる出産過程以上のものであると記しておく。この争点で双方の立場の人々にとって、中絶はむき出しの神経に触れるような非常に象徴的な争点である。最高裁による画期的な中絶判決であった、ロー対ウェイド事件への反応を描写して政治学者デヴィッド・リージと共同研究者は「宗教的伝統主義者がこの判決に対し非常に強く反応したのは、子どもの担い手として、男性とは別に女性に割り当てられた独自の性質を脅かしまた貶めるものであるように思われたからだった」と記す。(28)中絶問題における双方の立場の活動家に関する包括的研究に基づいて、社会学者クリスティン・ルーカーはさらに先に進んで、彼らにとって中絶がいかにして、人間の道徳的世界観の総体に対する国民投票《リファレンダム》であるのかを描写している。

> 中絶反対派《プロライフ》の世界観は、無神論や不可知論的なものが時折はそれに付着することがあったとしても、根底では神を中心に置くものになっている……中絶賛成派《プロチョイス》の世界観は、神を中心にするものではなく、むしろ人間にある最高の能力への信念を中心としている。彼らにとって、理性――信仰ではなく知性を用いて、環境を理解し改変する能力――がその世界の中心にある。(29)

そうすると、とりわけ中絶反対派であるということは、中絶に対して取る立場以上のものを示している。中絶とは、ひとまとめにすると道徳的伝統主義と呼びうる信念の束の代役となっている。ルーカーは研究する活動家であり、政治への情熱を持って意見を声高に唱える希少な存在だった。一般大衆の内部では、中絶への態度と道徳的世界観の間のリンクは実際には弱いものだが、しかしそれでも容易に検出される。中絶反対の態度を持つ人は、中絶賛成側の人と比べたときに単に宗教的であるというだけでなく、婚前交渉に賛成せず、女性が家庭外で働かないのならそれが一番だと信じ、子どもは自立よりも従順にしつけられるべきだと述べる可能性がずっと高い。どのような測度でも、中絶反対の支持者はより道徳上伝統的であるという結果になっている。中絶が全ての性と家族に対する態度の原動力になっていると示唆しているわけではない――このように密接に関連した意見の固まりの中で、一つを選びだそうとすることは間違いなく徒労である――が、シンプルに記しておくのは中絶が道徳的伝統主義全般と解きがたく結びつきあっていて、道徳的伝統主義者の世界観にとって強力なシンボルとなってきたということである。

しかし、政治的争点が選挙民を分割することができるのは、そのような特定の争点についての選択肢が有権者に示されたときのみである、ということを思い出してほしい。中絶の場合には、民主党と共和党はこの争点について一九八〇年代にいたるまでくっきりと分かれていたわけではなかった。一九七六年では、共和党綱領は中絶についておおよそ中立だった。一九八〇年には中絶を禁止する憲法修正を明確に支持し、その文言は以降ずっと維持されている。それに対し、政治学者クリスティーナ・ウォルブレヒトの表現では一九八〇年に「はじめて民主党が中絶賛成という立場をしっかりと確立し、中絶への連邦政府補助削減に反対を表明した」[30]。一九八〇年代に端を発して、有権者は中絶についての選択肢を得た。戦線が引かれたのである。

なぜわれわれが政党の全国綱領に注目するのかについて明らかにしておきたい。それらについて何であれ読んだり注意を払う有権者はほとんどいないが、それでもこれらは活動家、寄付者、そして党の候補者――政党のブランドラベルを一般有権者の心のなかに確立する者たち――の優先順位を反映したものになっている。だんだんと、中絶は共和党、民主党支持者の間の境界線となっていった。候補者、とりわけ大統領候補は、熱心な活動家を説き伏せるために中絶という党の線に足を置かなければならないことを学んだ。この過程は自己強化的である。活動家と党支持者は「よき共和党員」は中絶反対である（そして同様に、「よき民主党員」は中絶賛成である）ことを学ぶようになった。結果として、中絶についての強い立場が自らを強めることになる――中絶反対派は共和党に引き寄せられ、共和党支持者は中絶反対派になっていく。政治学者クライド・ウィルコックスとバーバラ・ノーランダーがこの過程を簡潔に表現している――

政党エリートが中絶について離れていくにつれ、有権者は次第にそのシグナルを拾うようになった。自分では中絶は意識していなかった強い支持者は中絶に対する態度を党の指導者からやってくる手がかりにあわせ変化させ、中絶を非常に意識していた者は党派心をその態度に見合うように変えた。[31]

政党で起こった変化には、この国の教会において中絶が強調されることの増大が伴っていた。しかし、政党がロー対ウェイド事件にすぐには反応しなかったように、少なくとも宗教界のいくらかではこの判決への反応も遅れていた。最高裁がロー対ウェイド事件の判決を出したとき、中絶に対する意見は流動的だった。カトリックの指導者が断固としてそれに反対した一方で、福音派界内部の意見は定まっていなかった。一九七一年、ロー判決のちょうど二年前、南部バプテスト連盟は一定の状況下での中絶合法化を求める決議すら承認していたのである。[32]ロー判決のあと、福音派の指導者がカトリックの側と完全に同じように中絶反対の主張を採用するには数年がかかった。しかし、一九七〇年代の終盤には福音派の中絶反対は強固なものとなり、宗教的な者の合同が団結するための舞台が設定された。ケネディの一九六〇年の大統領選の時に顕在化した古い宗教間緊張は忘れ去られた。これら過去の敵対者は、彼らを結びつけたものの方が彼らを引き裂いたものよりも大きいことを見いだした。

中絶についての政党の分岐が選挙民の中に波及していった結果として、中絶に対する態度は党派心と強く相関するようになっていった。図11‐6では総合社会調査（一九七二年以降中絶に対する態度について同じ測度を用いている）のデータを再び用いてこのことを明確に示している。[33]これまでと同様、同じ一連の人口統計学的統制を説明に入れたときにも、一九八〇年代中盤から後半にかけて中絶は強く政党支持と関係するようになっていることがわかり、これはまさしく神格差――教会出席と党派心の間のリンク――も出現した時期となっている。一九八〇年代中盤以降、中絶についての意見と党派心の間の連関拡大は、教会出席と政党支持の間のつながりの増大と平行している。[34]今日、宗教性、中絶、そして党派心は相互に連関した三つ組みを形成しているが、これはずっとそうであったわけではなかった。一九七〇年代を通じて中絶が大きな争点として現れたとき、民主党は共和党よりもいくぶん中絶に反対する傾

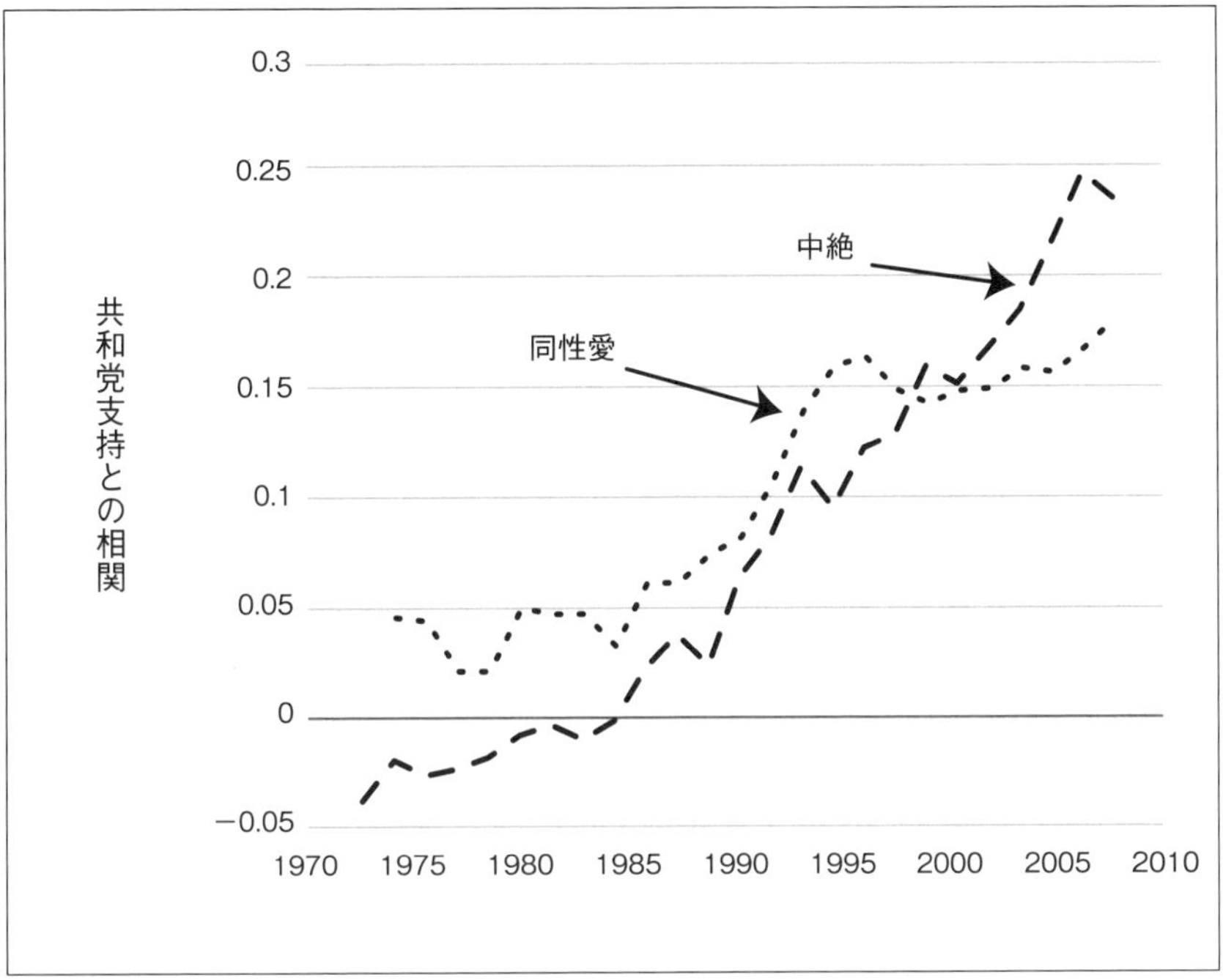

出典：総合社会調査.

図11-6　中絶と同性愛に反対する態度が、共和党支持とより強くつながるようになった
（白人のみ対象、標準的な人口統計学的特性を一定に保った）

向があったが、その時期には、カトリックが圧倒的に民主党的でまた中絶反対であったからである。民主、共和両党が一九八〇年代に中絶に対して際立った立場を取るようになってはじめて、この争点は政党に対する支持の予測変数になったのだった。

中絶が政党間の主要な分断線として立ち上がったことは、中絶に対する世論の性質について誤った印象を容易に残しうる。中絶が党派心へつながっているということは、アメリカ人が熱烈な中絶賛成と中絶反対の陣営のどちらかに集団化していて、穏健な位置を持つものはほとんどいないということを意味するものではない。その反対に、アメリカ人の大半は中絶について穏健な中間に位置しており、それはほとんどの争点についてと同じである。政治学者モリス・フィオリーナ、サミュエル・アブラムスとジェレミー・ポープの言葉ではこうなる——

アメリカ大衆一般は、中絶問題で特別な位置に分極化してはいないことは証拠から明らかである。その信じるところは、中絶は合法であるべきだが、さまざまな方法で規制するのが妥当だというものである。彼らは「中絶賛成、だがしかし」なのだ。[35]

中絶について大半の人の見方は、争点の二つの極の中間にある――すべての中絶を禁止するという強硬的な立場を支持するアメリカ人も少なければ、求めによる自由な中絶を信奉する者も少ない。それでも、中絶規制についてまさにどこに線を引くかについてアメリカ人は一致しておらず、そのような控えめな差異であっても、民主党支持から共和党支持を分かつのに十分なのである。中絶についての意見のスペクトラムの極を占めている人がほとんどいなかったとしても、より中絶を制限したいと望む人は（完全に禁止することを望んでいなかったとしても）共和党を支持する可能性が高く、より中絶を認めることを望む人は（あらゆる環境下での中絶を支持していなかったとしても）民主党支持になる可能性が高い。むしろ、中絶についての比較的控えめな違いが、全体になると政治的争点としてのその顕出性をなお一層目立ったものにしてしまう。同時に示唆されるのは、中絶についての態度における一見小さな変化さえも、大きな政治的意味を持ちうることである――そして、これから見るように、そのような変化は進行中であるように思われる。

しかし思い出してほしいのは、中絶は宗教性と強くつながる唯一の性的、家族的争点ではないということである。同性愛の権利や、とりわけ同性婚に対する態度も密接につながっていた。図11－6では宗教性と同性愛に対する態度のつながりもまた示されているが、[36] 中絶についての意見のように、一九八〇年代中盤に共和党所属と強く関連するようになった（しかし、中絶とは異なって、党派心とのその関係は過去一〇年前後からは横ばいになっている）。

宗教性と、性・家族の争点に対する態度が緊密につながっていることをふまえると、政治的意思決定をするにあたって宗教は非常に重要であると述べるアメリカ人の大多数が、同時に中絶と同性婚を個人的に非常に重要な問題であると捉えていることは驚くべきことではない。それと対照的に、政治的意思決定をする際には宗教に頼らないと答え

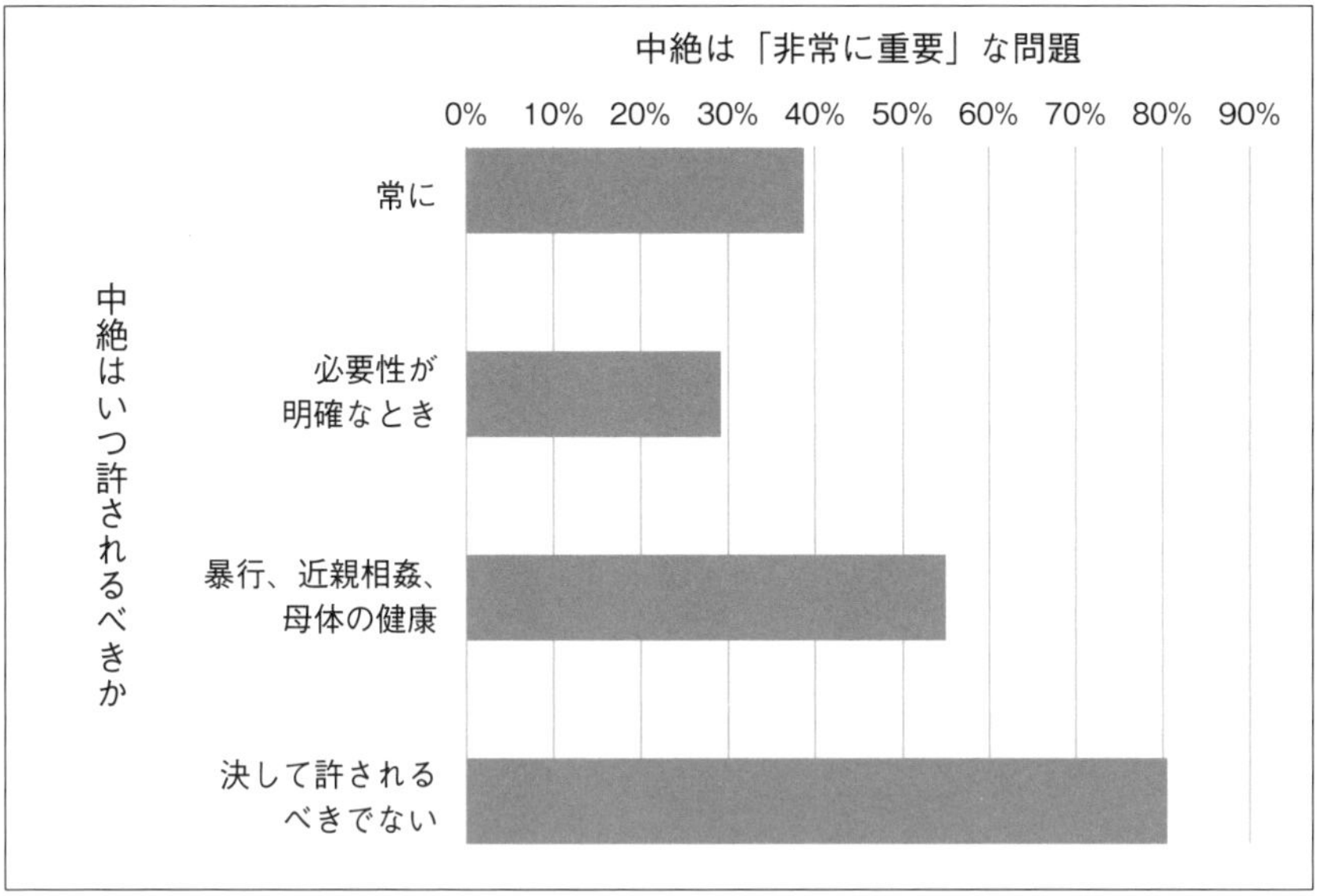

出典：信仰重要性調査，2007年.

図11-7　中絶に反対する者は、それに賛成する者よりもこの問題に重きを置いている

る人は中絶あるいは同性婚に重きを置くことがずっと少ない[37]。これらの争点の極にいる者は、中間の意見を持つ人々よりもそれらにずっと重きを置き、そして中絶と同性婚に反対する者は、その支持者よりもこれらの争点にずっと重きを置いている（図11－7と図11－8を参照）。中絶は決して許されるべきではないと述べる者の八一％はそれが非常に重要な問題だと答えるが、対して中絶は常に選択肢として与えられるべきだと答える者のうちでは三九％だった。同性婚に反対する者の四九％はそれが重要だと述べているが、対してそれに賛成する者では二八％だった。言い換えると、中絶と同性婚の反対者は、中絶の権利および同性関係の法的承認に賛成するアメリカ人よりも、性と家族の問題に高い優先順位を置いている。

ケーススタディ――二〇〇四年の同性婚

同性婚の問題は、性と家族の問題が選挙政治においていかに展開してきたかについての圧倒的な事例を提供している。二〇〇四年には、一三の州で州憲

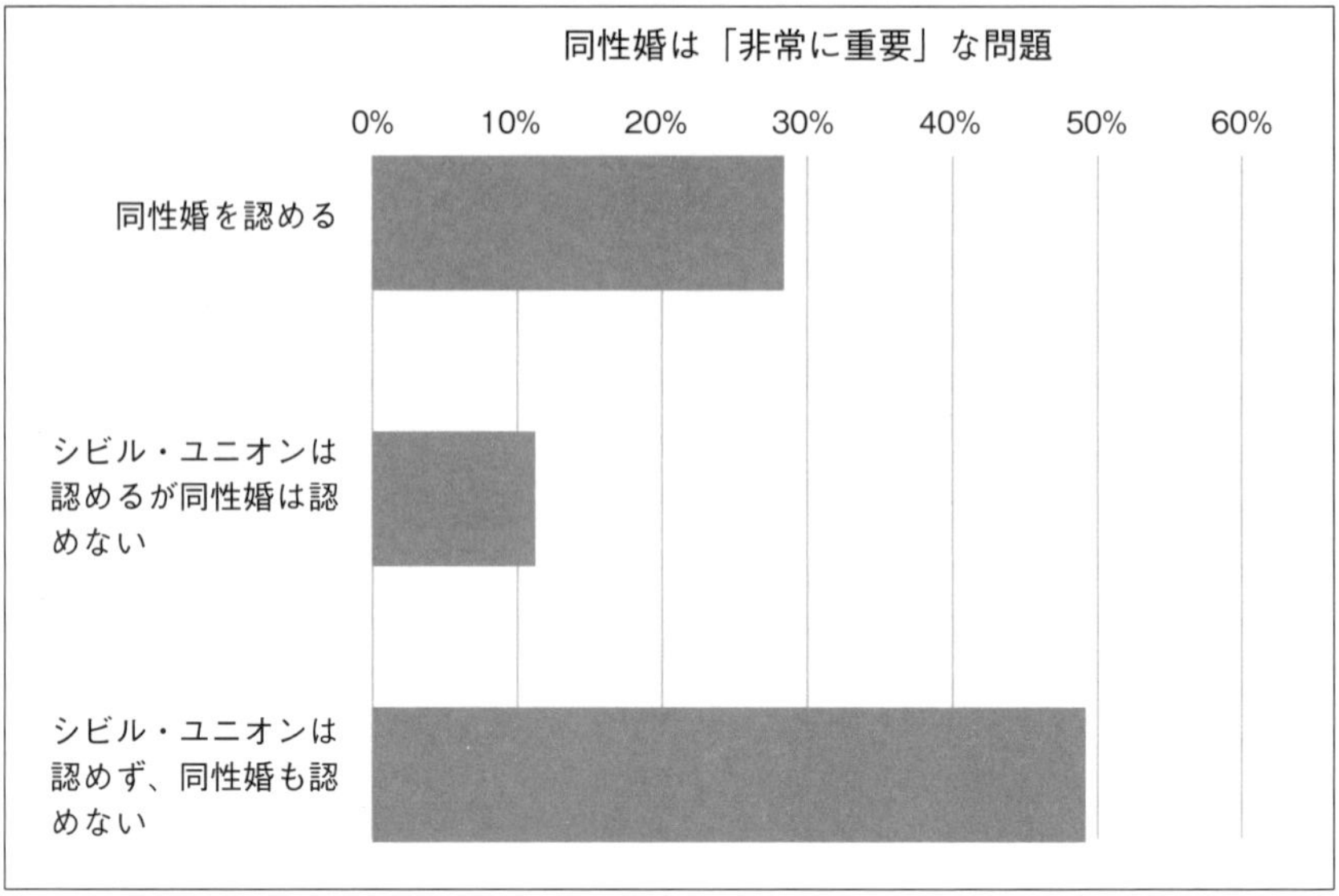

出典：信仰重要性調査，2007 年.

図11-8　同性婚に反対する者は、それに賛成する者よりもこの問題に重きを置いている

法に同性婚の禁止を追記するかどうかについての住民投票《レファレンダム》が行われ、そのうち一一は大統領選挙と同時に行われた[38]。同性婚の問題は長い間存在し、さまざまな他の州でも住民投票が行われたが（二〇〇〇年のカリフォルニアを含む）、二〇〇四年の大統領選挙へつながる数ヶ月間に始めてこのテーマはニュースの主要見出しになった。マサチューセッツ州最高裁は同州におけるそのような結婚を合法とし、サンフランシスコを含む他の司法権でも、同性婚に対する法的にあいまいな承認を始めていた。

このような動きとともに、果たし合いが申し込まれた。ブッシュの選対は共和党員の社会的保守主義の基盤、とりわけ福音派を活性化する機会を見いだし、共和党の戦略責任者カール・ローヴはそれをブッシュ再選への取り組みの優先事項と公的に明らかにしていた[39]。同性婚の住民発案《イニシアティブ》が投票にかかる州では、社会的保守派をターゲットにした選挙宣伝で大統領による「伝統的結婚」の支持が強調された。

その一方で、ジョン・ケリーの選挙運動は身動きが取れなくなっていた。特徴的に、同性婚についてのケリーの立場をはっきりさせるのは難しかった。彼はシビル・ユニオンは支持したものの、公的には同性婚に反対だった。しかし、彼は結婚防衛法（同性婚を承認することをどの州も強制されないことを規定している）に反対票を投じたわずか一四人の上院議員の一人であったし、同性愛婚を禁じる合衆国憲法修正には反対していた。[40]

同性婚という争点についてのケリーの困難は、そのような社会的争点が民主党に近年引き起こしてきたより一般的な困難、そして共和党がなぜ宗教に親和的な政党であると広く見られるようになったのかを表している。ほぼ間違いなく大統領選を決した場所であるオハイオ州の二つのキャンペーンで用いられたダイレクトメールの比較が要点を明確にしている〔二〇〇四年大統領選挙は、現職ブッシュ対ケリーの激戦となり、接戦州の一つオハイオでは再集計が行われた。〕。共和党全国委員会によって送られたもっとも広まった手紙の一つには、教会の牧歌的な写真があり、添えられた文章には「共和党員はアメリカを信じる。われわれは生命を守る……そして生まれざる者を部分出産中絶から保護する**唯一**の政党である。伝統的な結婚――一人の男性に、一人の女性――を守るとあなたが信じられる**唯一**の政党である」（図11－9Aを参照）。そのようなチラシにより、共和党が宗教に親和的だというブランドが強化され、一方で有権者は同性婚についての来たる住民投票をさりげなく思い起こされた。関連する投票からブッシュも益を得ることを期待していた。活気づけられた社会的保守派は、同性婚に反対票を投じるために投票にやってきてくるだろうし、そしてそこでは、彼に対してもまた票を投じるだろう。証拠が示すのは、これはまさしく起こったことであったということである。[41]

オハイオ州で用いられたダイレクトメールで同性愛婚について言及していた、最も広く流通したもの一〇のうち、一つを除いて全てがブッシュの選挙運動あるいはそれと連携する組織から送られたものだった。例外が一つということは、性と家族の問題がいかに民主党を窮地に追い込んでいるかを物語っており、同性婚反対者の方が、その支持者よりもこの問題にこだわっていることを戦略担当者たちが知っているという事実を反映していることは疑いない。トップ10のうち提案に反対投票することを薦める（したがって同性愛婚に賛成の）一チラシは民主党の発信だが、住民投票への言及は遠回しだった。それに含まれていた模擬投票用紙ではケリー／エドワーズ候補への「賛成」票を大きな活字で、提案1に対する「反対」票を小さな活字で印刷していた。提案1が同性婚に関係しているという言及はどこにもなかった（図11－9Bを参照[42]）。

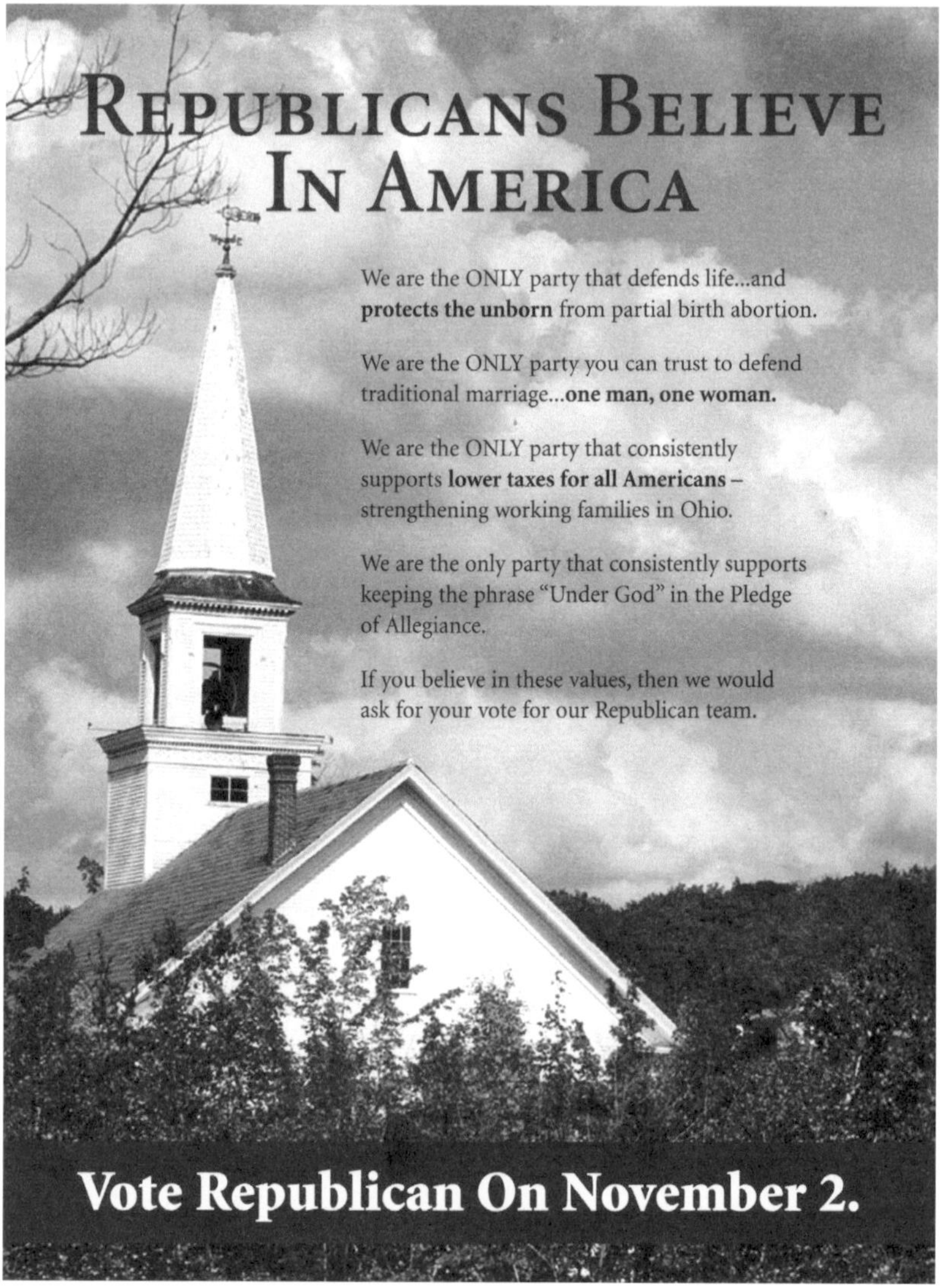
REPUBLICANS BELIEVE IN AMERICA
We are the ONLY party that defends life...and protects the unborn from partial birth abortion.
We are the ONLY party you can trust to defend traditional marriage...one man, one woman.
We are the ONLY party that consistently supports lower taxes for all Americans – strengthening working families in Ohio.
We are the only party that consistently supports keeping the phrase "Under God" in the Pledge of Allegiance.
If you believe in these values, then we would ask for your vote for our Republican team.
Vote Republican On November 2.

図11-9A

表面

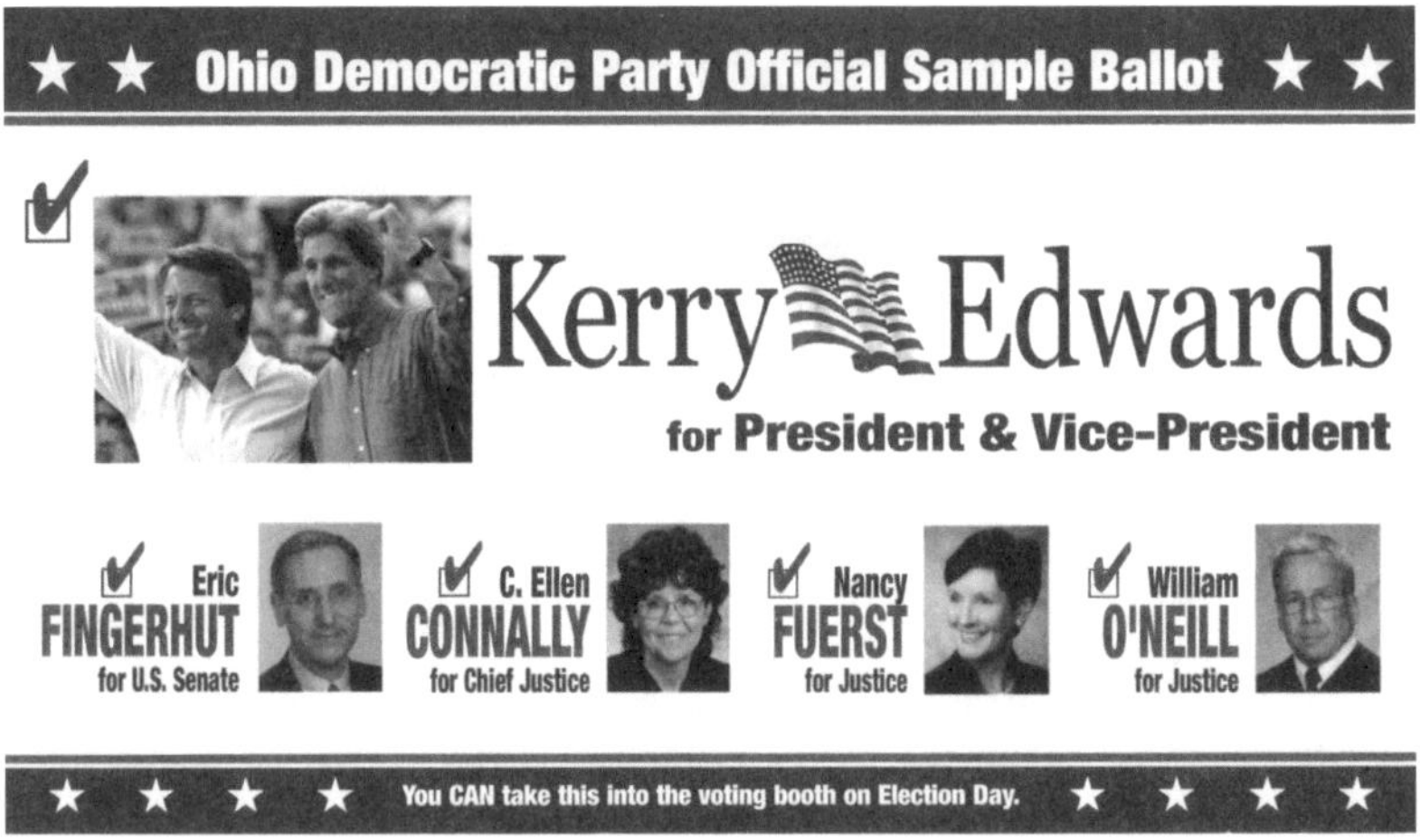

裏面

Medina County Democratic Party – Pam Miller, Chair - If you do not know where to vote, call (330) 722-9278.

John F. KERRY/John EDWARDS
for President and Vice President

Eric D. FINGERHUT
for United States Senator

Sherrod BROWN
for U.S. Representative 13th District

Jeff SEEMANN
for U.S. Representative 16th District

Tom BETTI
for State Representative 69th District

Thomas L. MASON
for State Representative 97th District

Jack SCHIRA
for County Commissioner
Term 1-2-2005

Linda HUDSON
for County Commissioner
Term 1-3-2005

Dean HOLMAN
for Prosecuting Attorney

Patricia HANEK
for County Recorder

Randy HELLER
for County Treasurer

Neil F. GRABENSTETTER
for County Coroner

C. Ellen CONNALLY
for Chief Justice Ohio Supreme Court
Term 1-1-2005

Nancy A. FUERST
for Justice Ohio Supreme Court
Term 1-1-2005

William M. O'NEILL
for Justice Ohio Supreme Court
Term End 12-31-2006

Carla D. MOORE
for Court of Appeals
2-9-2005

Eve BELFANCE
for Court of Appeals
2-10-2005

Deborah S. MATZ
for Court of Appeals
2-11-2005

NO on Issue 1

↑
これが同性婚に対する言及である

図11-9B

性と家族の問題が、毎回の選挙で最大の関心事であるということを指摘しているのではない。それどころか、二〇〇四年でさえも、同性婚は大半の有権者にとって主要な問題ではなかった。むしろわれわれが言いたいのは、最近の世代を通じて性と家族の問題が、共和党の課題《アジェンダ》の一部分になっていったということである――ある選挙ではそれがより大きな役割を果たし、別の選挙ではその役割は小さかった。重要なのは、それがともかく役割を果たしているということで、なぜならアメリカ政治にはそうでなかった時期があったからである。政治課題の中にそれが出現したことは有権者に新たな選択肢を示し、そして彼らの宗教性の水準とそれは密接に関連していた。

共和党による道徳的伝統主義の採用は――そうする際の宗教的シンボリズムと言語の明示的な利用と同様に――共和党が宗教に友好的だというブランドラベルを涵養することを可能にしてきた。二〇〇七年の信仰重要性調査では、それぞれの政党が宗教に対し友好的か、中立、あるいは非友好的と思うかを回答者に尋ねている。[43] 測りたかったのは有権者がそれぞれの政党自体に感じる「友好性」の程度で、他の政党と比較したときのものではなかったので、民主党と共和党について別々に尋ねた。こうして、回答者はどちらの政党についても宗教に対し同程度に友好的なのか、あるいは非友好的なのか答えることができるようになっている。図11－10に示されているように、共和党は明らかに宗教に最も友好的であると見られている。さらに、この認識は教会によく出席しているか、あるいはあまり出席していないかの間で違いがなかった。

宗教と共和党は分かちがたいほど結びつきあってはいない、というわれわれの論旨に沿っていることとして、宗教的な有権者を決して取り戻せないと民主党が絶望する必要はないことがデータを詳細に読んでみると示唆される。道徳的伝統主義を強調することで、共和党はアメリカ人の大多数に自らが宗教に友好的であると確信させることに成功してきたが、しかしこのことは、民主党を宗教に非友好的であると反射的に大半の有権者が捉えていることは意味しない。民主党をこのように表現するのは人口の五分の一にすぎず、対して人口の半分はこの党を宗教に対し中立であると捉えている。共和党の「宗教的優越」を嘆く民主党支持者は、民主党が反宗教的であると述べる人口の割合は小さいものにすぎないという事実に希望を見いだすべきである。宗教に友好的という共和党のブランドに対抗しようとする民主党の取り組みは、もし有権者が同党を単に宗教に中立というより敵対的であると見ていたとしたら、ずっと

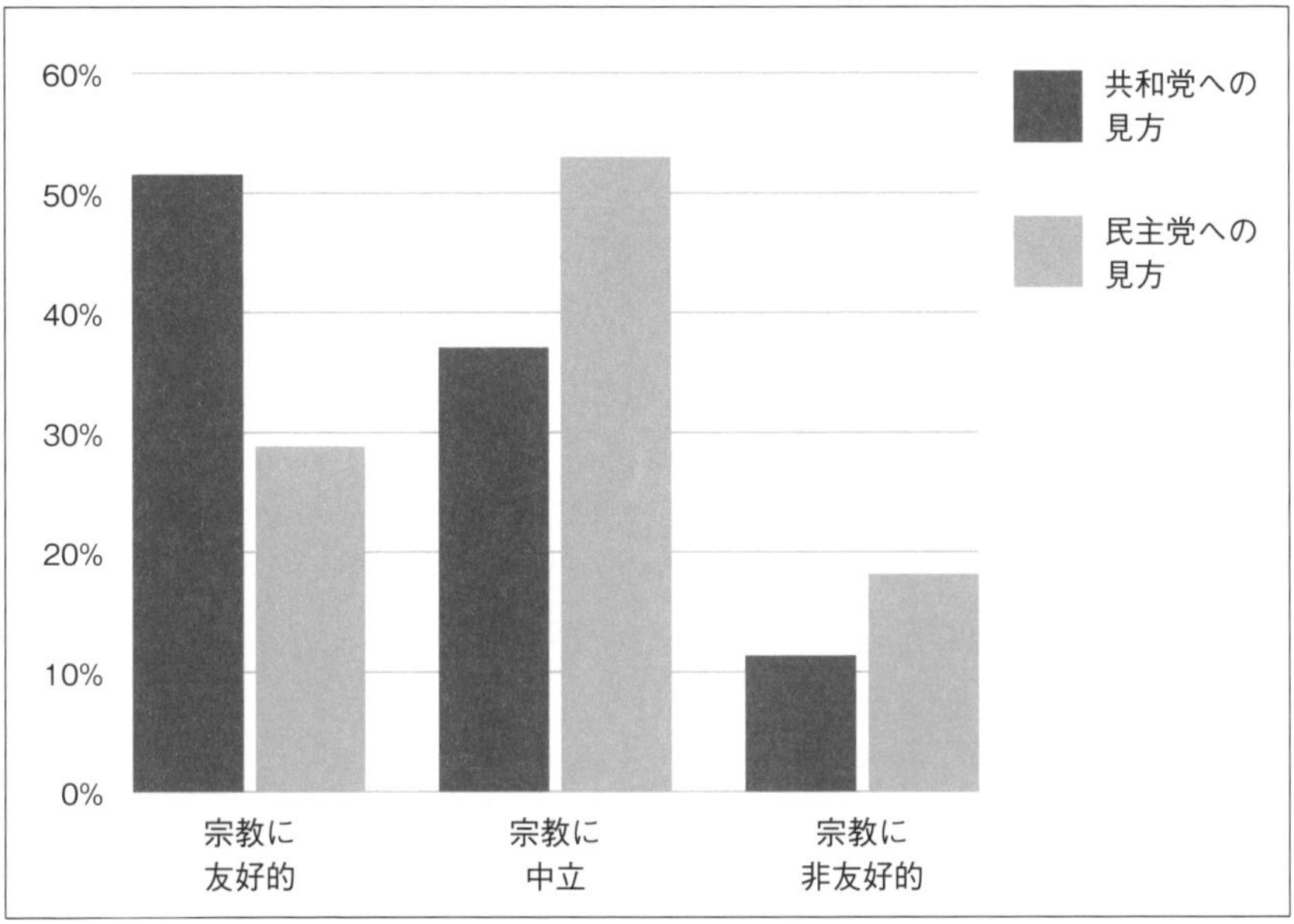

出典：信仰重要性調査，2007 年.

図11-10　アメリカ人は共和党を宗教に友好的で、民主党を中立と捉えている

難しいものになるであろう。

共和党が宗教に友好的であるというイメージがもたらした帰結は、政治に対してだけではなく、アメリカの宗教風景に対するものもあった。この党のイメージは第4章で記述した第二の余震にも寄与していて、そこでは若年アメリカ人のますます多くが宗教を「共和党」と等価とするようになり、宗教から目を背けることで反応を示していた。さらに、政治運動としての宗教右派の不人気をふまえると、宗教に最も友好的な政党として認識されることが、長い目で見たときに共和党にとって必ずしもよいことかは定かではない。

「時代は変わる」か？〔ボブ・ディランの一九六四年の楽曲タイトル "The Times They Are a-Changin'" より。〕

中絶と同性愛婚という性と家族の問題が、宗教的な者の合同を結びつける接着剤にいかになっているのかについて見てきた。するとその意味するところとして、もし中絶と同性愛婚が政治議題になっていなかったのなら、宗教的、世俗的アメリカ人はもっと近くにあって共通の政治基盤を見いだせるであろう、ということになる。実際これは、こういった性と家族の問題が表面化する以前のアメリカ政治の状況だった。このような主張をするのは、これら性と家族の二つの問題が、その政治的有効性を失いつつある途上かもしれないからである。予測、とりわけ政治についてのものには何の保証もないが、しかし変化が訪れるかもしれないということを示す証拠がある。

同性愛——受容の増大

まず同性愛、とりわけ同性愛婚についての意見の変化に目を向ける。女性が家の外で働くことの正当性に対する態度のリベラル化があったのと同じように、同性愛の受容、そして同性間の結婚に対する法的認知という考えについても類似の傾向が存在する。一九八八年、同性愛婚が全国的に目立った争点として噴出する以前に、総合社会調査はアメリカ人の代表性サンプルに「同性カップルは互いに結婚する権利を与えられるべき」かどうかを尋ねている。その時点で、同性愛者が結婚を許されるべきだということに同意するアメリカ人は一二%にすぎなかった。この問題が何年にもわたって沸き立ってきた二〇〇六年には、数値は三五%まで上昇していた。二〇〇八年に、それはふたたび三九%まで上昇した。二〇〇六年の信仰重要性調査では、同性愛婚を支持する割合は三四%であったことが見いだされている。しかし、あと三〇%は中道的な、同性愛カップルのシビル・ユニオンを支持していることもわかる。

同性愛婚に対する見方の世代差をふまえると、同性愛者の結婚に対する受容は増大し続ける可能性が高い。若い人はますます同性愛婚に賛成するようになっており、世代格差は拡大中である。図11－11に見られるように、一九八八年まで戻ると、同性婚の支持における世代差は小さなものにすぎなかった——そのような考えに対する全体としての支持は非常に低いものだった。若年アメリカ人（一九六五年より後の生まれ）の一五%が同性カップルの結婚を支持していたが、対してベビーブーム世代（一九四五年と一九六五年の間生まれ）では一三%で、一九四五年以前に生まれたアメリカ人の間では九%だった。二〇〇八年には、アメリカ人の若者の半数が同性婚の支持を表明している——これはベビーブーム世代より一七ポイント高く、一九四五年以前に生まれたアメリカ人より二八ポイント高い。同性婚が表面化した年である二〇〇四年以降さえも、同性愛婚支持の上昇が見られる。二〇〇四年から二〇〇八年にかけ

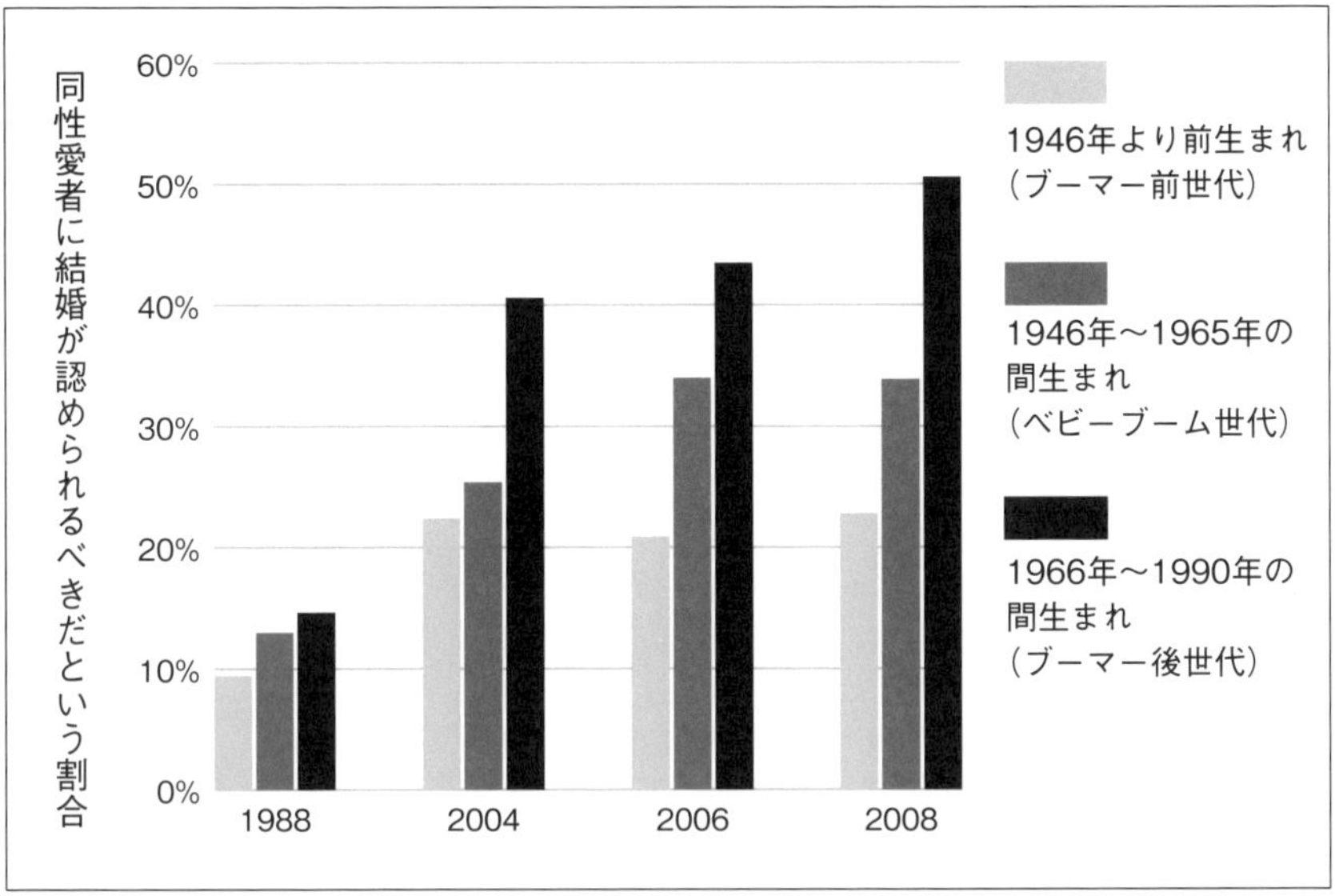

出典：総合社会調査.

図11-11　全世代のアメリカ人が同性婚をより受け入れるようになったが、中でも若者で最大である

て、同性愛婚への支持は全体でおおよそ八ポイント上昇した。二〇〇四年と二〇〇八年の間の変化から外挿して、同性愛婚支持は年あたり二ポイント上昇するだろうと予測する誘惑にかわれるかもしれない。もしそれが正しければ、同性愛婚は近いうちに非常に広まったものになるだろう。しかし、投資信託と同様に、世論において過去のパフォーマンスは将来のリターンを保証しない。同性愛婚についての意見変化は二〇〇四年を受けておそらく加速したが、それは同性愛婚がニュースに非常に多く取り上げられた時期で、世論の流動性が最大化したことが期待されるだろうからである。この傾向が同じ軌跡で続くかどうかは、現時点では不明である。それでも、同性婚に対する態度のリベラル化が続くだろうことは非常にありそうに思えるが、それは若いアメリカ人ほど同性愛に対する態度が一般に受容的だからである。例えば二〇〇八年には、六五歳以上の三分の二が同性愛行為は「常に悪い」と信じていたが、その意見を共有する一八〜三四歳の者は四六%にすぎなかった(三五〜四九歳と五〇〜六四歳の者はその中間

に落ちた)。

最近の世代を通じて、同性愛に対する態度(ここで議論)と性役割に対する態度(第8章で議論)は平行した道を歩んでいる。働く母親と同性愛婚の両方とも宗教的また世俗的なアメリカ人の間で受け入れられるようになってきたが、どちらの受容の水準も宗教的な者の間ではより低いままに留まっている。それどころか、同性愛婚支持に対する宗教性の影響は実際には現在の方が二〇年前よりもはっきりとしている——二〇年前には、ほぼ全ての人が同性愛婚に反対していたという事実の作用である。今日では、世代間で支持の水準が異なるので、もっとも宗教的なベビーブーム後世代では同性愛婚の支持(三二%)が、宗教性の最も低いブーム前世代(三二%)と同じ程度になっている。

全てを総合すると、この証拠全てが紛れもない一つの傾向を指し示している——同性愛は受容性を高めており、とりわけ若者の間でそうなっている。若者の中で、宗教性は依然として同性愛婚への反対を押し上げているが、しかし反対の水準はずっと低いところから始まっている。同性婚を若者が受容したことへの説明の一部は間違いなく、同性愛が大衆メディアの中でますます肯定的に扱われるようになっていった時期に、彼らが政治的、社会的な自覚を持つようになった、というものである。ゲイの登場人物はテレビ番組や映画でありふれたものであり、また多くの傑出したゲイ有名人が、尊敬に値するイメージを伝えている。

ポップカルチャーはしかし、話の全てにはならない。若者の同性愛と同性婚の受容については、それを上回る別の説明があるからである。若者は宗教性が最低の年齢集団でもある。宗教性は同性婚、そしてより一般的に同性愛に対する態度の強力な予測変数なので、人口の中でもっとも世俗的なコホートが、同性愛婚をもっとも受け入れていることに驚きはないということになる。

世代置き換えという厳然たる過程に基づけば、時間経過と共に同性愛婚もますます受け入れられていくであろうことも期待できよう。若者が人口で大きな割合を占めるようになれば、同性愛に対する全体的賛意は、同性愛婚も含みしかしそれに留まらず、上昇していくだろう。そのようなことがもし起これば、その時には、同性愛は政治におけるくさび的争点としての誘引を失っていき、強力な争点では全くなくなっていくだろう。

意見に世代差があると思われるものに基づいて変化を予測することには慎重でなければならないが、それは同性愛に対するリベラル化傾向が持続するのかどうかは分からないからである。もしかすると、同性愛の受容が反映しているのは時代効果――単一期間のみを特徴付ける変化であるかもしれない。過去の傾向がそのままとすれば、今日の若者は定住し、結婚して子どもを持つにつれて宗教的になっていくであろう。宗教性におけるこの上昇は、同性愛婚に対する支持低下につながるかもしれない。

あるいはそうではないかもしれない。一つには、若者の宗教性の平均はその親や祖父母の水準までは決して上昇しないだろうことがありそうに思われ、それは同性婚に対する反対を抑制することになる。同性愛に対する態度、とりわけ同性愛婚に対するものの変化は深く根ざした持続的変化であろうとわれわれは考えている。人口に広がる同性愛受容の増大は、女性の権利に対する意見と同じパターンをたどっている（第8章を参照）。女性の場所が家庭かどうかについてアメリカ人の意見に差があるのとちょうど同じように、同性愛婚も全員に受け入れられるようにはならないだろうともわれわれは考えている。意見が宗教性に密接に関連し、よってその人の道徳的世界観の延長にあるとき、それらが大規模な変化を被ることはありそうにない。したがって、同性愛婚について一般にはリベラル化傾向が見られることをわれわれは予想する一方で、同時に同性愛婚への賛意がついには限界を迎えることもまた予想している。強く宗教的な者は働く女性を批判し続けるだろうし、彼らはまた同性愛婚に反対したままになるだろう。しかし、そのような立場を持つ者が人口内部で縮小中の少数派のみであれば、長期にわたって効果的な政治スローガンであり続けることはできない。

明らかに、広範な受容はまだ訪れてはいない。有権者は選挙で同性婚を拒否し続けているからである。世代置き換えは氷河のように遅いプロセスを取る（投票をもっともしないのが若者であることは言うまでもない）。また、同性愛婚が米国全土で全体的に採用されるだろうと言っているわけでもない。強い意見と政治的な動員能力を持つ集団――同性愛婚の反対者のような――は、しばしば実権を持ちうるからである。州はその宗教性の平均、よって同性愛婚の反対についてさまざまに異なるので、同性カップルの結婚へ向けた動きに対する抵抗が他州と比べてずっと強い州もある。ふたたび、女性の権利への戦いと比べることができる。鍵となる州で一部の強烈な反対があり、その多くは宗教集団から来ていたものだが、男女平等憲法修正条項はついに批准されなかった。[44]しかしその敗北以来の年月の中で、女性の権利に対する支持は上昇を続けてきた。

中絶——アンビバレンスの増大

われわれは中絶の政治的潜在力が弱まるかもしれないという証拠もまた見ているが、これは同性愛婚がその重要性を失うであろうというものとは反対の理由による。同性愛婚と同様、若者の意見は年長者のそれと異なっている。しかし、よりリベラルになっているというのではなく、いくぶん保守的になっているのである。ベビーブーム後世代が熱心な中絶反対派であると記すのが正確でないのは、中絶の全面禁止を支持する者はほとんどいないからだが、しかし彼らは中絶に制限を設けることに親よりも前向きである。実のところ、その中絶についての態度はより祖父母の意見に似たものになっている。中絶に対する反対、少なくとも不安の増大はさまざまなデータ源に現れており、これが単一の調査における特異な傾向ではないことにわれわれは確信を持っている。

中絶に対する態度についての長期にわたるデータの最良の出所は総合社会調査である。一九七二年に始まった総合社会調査は極めて詳細な質問を、広範な状況の中で回答者が中絶に賛成するかどうかについて行ってきた——

新生児に深刻な障害がある可能性が高いとき
女性が結婚していてこれ以上の子どもを望まないとき
妊娠により女性自身の健康に深刻な危険があるとき
家族の所得が非常に低くこれ以上の子どもを養えないとき
暴行の結果の妊娠であるとき
女性が結婚しておらず、相手の男性と結婚を望んでいないとき(45)

この反応を組み合わせて指数化することが可能で、図11－12にそれを描いたものでは〇～六の範囲を取っている——どのような条件でも中絶に賛成でないものから、全ての場合において認めるというもので、その間に多くの選択

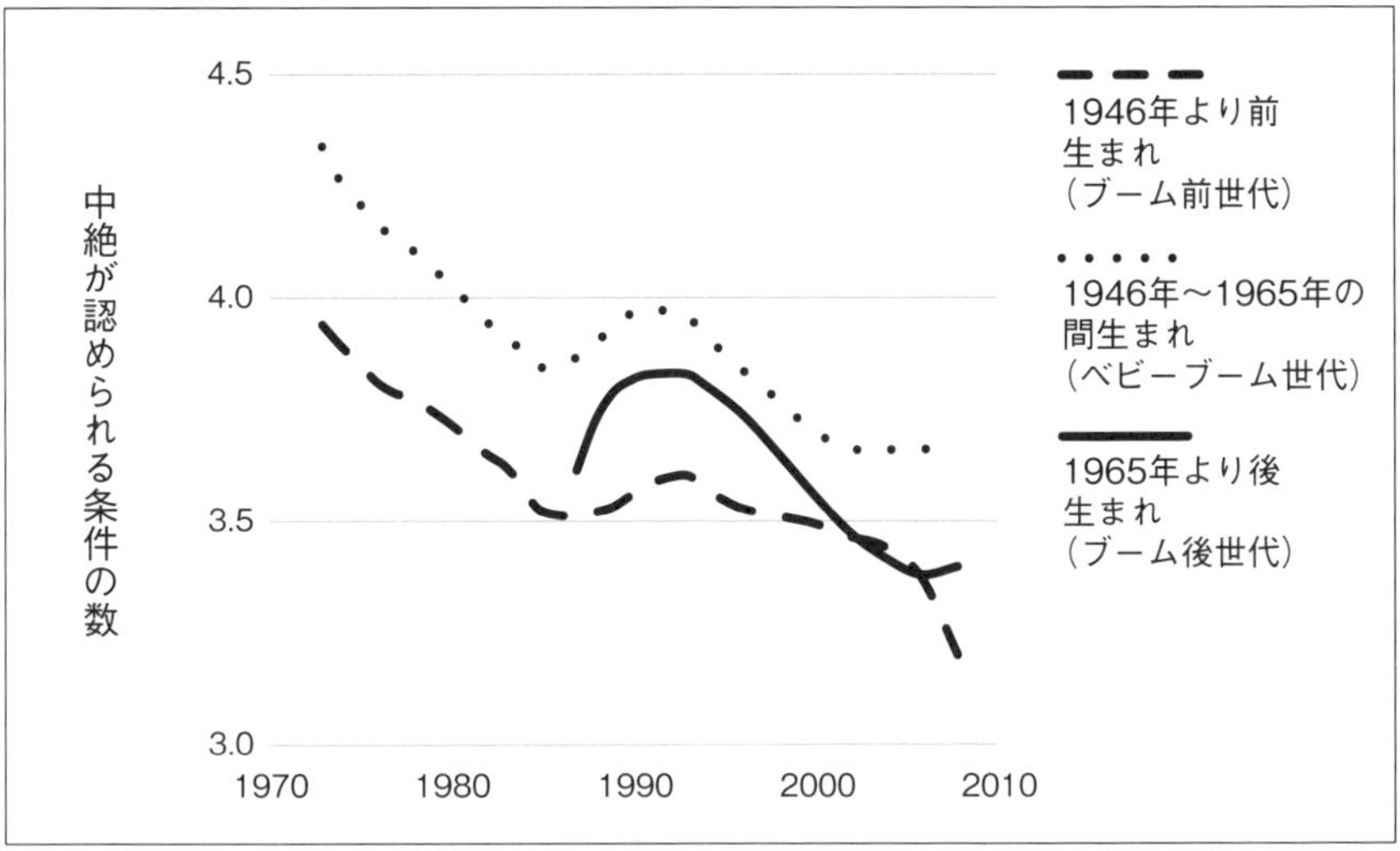

出典：総合社会調査，データは LOESS 法平滑化．

図11-12　若者は親世代よりも中絶にアンビバレントである

がある。一九七二年以来、これと同じ質問セットが総合社会調査で尋ねられてきたので、中絶についての意見を四〇年近くにわたって追跡することができる。全体としてみたときには、中絶についての意見は大きくは安定している[46]。しかし、わずかな山や谷は存在してきた。中絶支持の上昇下降に対する最も説得力ある説明は、それぞれの時期にオピニオンリーダーによって中絶が枠付けられた仕方に対応している、というものである。一九八〇年代に、中絶反対者が親権者同意法のような一般受けするアイディアを主張したとき、控えめだが確かに目立つ下落が中絶の承認に必要な条件数に見られている。中絶への支持が再び上昇したのは、一九八〇年代後半から一九九〇年代初頭において、最高裁がロー対ウェイド事件判決を覆して、州が中絶を完全に禁止することのできる現実の可能性が存在したときだった。しかし最近一〇年前後では、中絶への支持は——控えめに——再び下落している[47]。

われわれの関心は中絶についての意見全体の盛衰にあるというよりも、むしろ世代間の差異についての方が大きい。われわれの知見に向きあう前に、同性愛婚についての態度に関係して見てきたものを思い出してほしい。若者は年長者よりも同性愛婚を支持することがずっと多く、それは彼らの宗教性の平均水準が低いことと完全に一貫している。それにしたがえば、若者は中絶もまた最も支持していることが見いだされると予想すべきである。しかし、実際には、一九六五年より後に生まれた人々はベビーブーム世代の親よりも、中絶賛成であることが少ない。

若者の間で中絶支持に躊躇が見られることが特に注目すべきであるのは、それが他の社会傾向のありように反するからである。その傾向とは文化的リベラリズムの拡大に向かうもので、若者はその先頭に立っている。中絶は外れ値に位置している。他の世代と比べると、ブーマー後世代は民主党を支持し、自らはリベラルな政治思想を持っていると語り、そして第4章で記したように、マリファナの合法化を支持する傾向が高い。若者は性やセクシュアリティに関連する他の事柄については、より伝統的な見方をするということもない。クライド・ウィルコックスは今日の若者が、他のほぼすべての性的態度指標において年長者よりもリベラルであると記している——

彼らは婚前交渉、若い一〇代におけるセックス、ゲイやレズビアンの間の性行為が常に悪い、と信じることはずっと少ない……最若年コホートは、親の同意なしで避妊情報を若者に広めることや、ポルノの入手についても最もリベラルである。成人指定の映画を最近見たと答えることもまた多い。[48]

まとめると、若者は最も性的に許容的な世代である。リベラルな性的態度は中絶についての賛成的な見方に一般に対応しているにもかかわらず、彼らはその傾向に抗っている。彼らは性にリベラルだが、中絶には比較的保守的という奇妙な組み合わせなのである。

ブーマー後世代を熱心な中絶反対派であると記すのは正確ではないということを強調したい。平均すると、彼らは少なくとも三条件下での中絶を進んで支持しており、[49]あらゆる中絶に反対しているというのとは大いに異なっている。若者とその親で中絶への態度に口を開けた亀裂があるというのでもない。差は控えめなものである——しかし統計学的には有意である。さらに、過去数年では若者の間で中絶の賛成にわずかに上昇が見られ、彼らが中絶賛成方向での軌跡の上にあり、これからの年月で親世代と収束するかもしれないことが示唆されている。

それでも、若者の中絶に対する意見について予想される場所――比較的高水準の世俗主義に基づくもの――と、現在ある場所との間の乖離には説明を必要とする。若者の中絶に対する態度をよりよく理解するために、彼らがそれを認める条件を分析してみよう。総合社会調査が人々に、六つの異なる状況下での中絶を支持するかどうか尋ねていたことを思い出してほしい。そのうち三つは母親の身体的、あるいは精神的健康に関連している――新生児の深刻な障害、女性自身の健康に危険がある、あるいは暴行の結果の妊娠である。残りの三つは社会的あるいは経済的理由と表現できる――女性が結婚していてそれ以上の子どもを望まない、家族がそれ以上の子どもを養えない、あるいは未婚の女性が父親との結婚を望まない、である。

仮定的な中絶が健康上のものであれ社会的／経済的理由のためであれ、その支持には類似する下落が、特にブーマー後世代に観察される。健康を理由とした中絶賛成のみについて見ると、ブーマー後世代はその祖父母、さらには曽祖父母に近づく。すなわち、ベビーブーム世代は健康を理由とした中絶を支持する度合いが、その親や子ども世代よりわずかに大きい。ベビーブーム世代は社会的／経済的理由による中絶については、他の者よりさらに乖離している。そして近年ではブーマー後世代の間でこの理由での中絶への支持にわずかな上昇が見られる一方で、彼らは依然として親世代よりも下に留まっている。

文化的気圧は同性愛婚への支持を上昇方向に押し上げた一方で、中絶への支持については下方向に押してきたように思われる。なぜだろうか。もっともらしい説明は数多く存在する。社会変化を説明するときにはしばしば起こるように、多重な要因が同時に作用している可能性が高い。中絶をめぐる公的論争の条件が変化したとき、わずかではあっても、中絶に関する意見に動きが見えた様子についての先ほどの言及を思い出してほしい。そのような視点は、人工妊娠中絶を支持することへの抵抗が広がっていることを理解する助けとなりうる。ロー対ウェイド裁判（判決は一九七三年）に続いて、反中絶の主張者は判決の撤回と中絶の全面禁止を要求し、一方で中絶権の支持者は記憶の中にある不法中絶の危険を強調した。そのような雰囲気の中で、細かい意味《ニュアンス》の余地はほとんどなかった。ロー判決が生き残って確固たるものになると、論争は変化した。中絶の反対者は中絶すべての本格的な禁止の達成に焦点をあてないことで、漸増的なアプローチを次第に採用するようになった。その代わりに、彼らが注意を集中させたのは、未成年者について親への通知の義務化、完全児拡張・牽出（別名部分出産）中絶の中止、中絶前カウンセリングの義務化、そして中絶を提供するグループへの連邦助成の中止といった、中絶規制の主張だった。

これらの活動はかなり成功したが、それはアメリカ人の多数が一定の状況下での中絶は合法であるべきだと考えている一方で、多数は全ての状況下で合法であるべきだと考えてはいないからだった。ビル・クリントンが述べて有名になったように、中絶は「安全で、合法で、そしてまれでなければならない」——これは中絶賛成運動を満足させ（安全で合法という点で）、同時に中絶中道派にも同時にアピールする（まれという点で）ものである。より最近では、二〇〇八年大統領選挙運動でのある事例が、中絶において現在中心がどこにあるのかをうまく説明している。バラク・オバマとジョン・マケインの両方がリック・ウォレンに彼のサドルバック教会で開かれたフォーラム内で尋ねられたことに、「赤子が人権を持つ」のはいつだと信じているかというものがあった。マケインは長きにわたる中絶反対者であり、躊躇せず白黒はっきりした言葉で答えた——「受胎の瞬間に」。オバマの反応にはよりグレーの余地があった。明らかな躊躇を伴って、オバマは中絶の道徳的重大性と、その問題が持つ難しさについて長々としゃべった。マケインは集まった聴衆から喝采を博したが、一方でオバマが直面したのは沈黙だった。そのイベントを受けて、彼は生命がいつ始まるか決めるのは「自分の俸給表を超える」と述べたと社会的保守派から酷評された。オバマの答え、そしてより広く中絶についてのその繊細な見方はこのイベントの聴衆——福音派メガチャーチの会衆——には不人気であった一方、それはアメリカ人の意見の主流には、マケインの立場よりも近いものである。

中絶の合法性をめぐる古い論争と、中絶についてどの規制をかけるべきかをめぐる新たな論争の間の区別をつけることは重要である。規制をめぐる論争には、中絶が完全に禁止されるという深刻な恐れはなく、中絶は許されるべきかどうかをめぐる論争からはほど遠いものがある。現在の環境では、完全な禁止を主張することなしで、中絶、とりわけ経済的、社会的理由による中絶の是非に対して政治空間が開かれてきた。同様に、この環境においてはあらゆる状況における中絶を擁護することなく中絶賛成派でいることができる。ブーマー後世代が、女性が家の外で普通に働き同性愛がますます受け入れられている世界しか知らないのと同じように、彼らはまた中絶をめぐる新たな論争の世界しか知らないできた。今日の若者はまた、避妊が広く受け入れられまた手に入りやすい時代に成長してきている。

避妊手段が入手しやすいのであれば、計画外の妊娠は悲劇的な誤りではなく、性的無責任の結果としてより映りやすいだろう。(50) そのような見方からは妊娠は、性的に活発であることの責任を取らない結果であり、したがって中絶は結果の回避を意味することになる。責任を取り結果を認めるという題目《マントラ》は強力な政治理念で、福祉制度改革や共通テスト化、そして犯罪厳罰化のような問題に適用されている。個別のケースでは常に議論がありうる一方で、「計画外」の意味は避妊がたやすく手に入る時代に変化した。暴行被害者に避妊を用いなかったことに「責任を取る」べきだと述べる者はいないだろうし、出産が母胎の生命を危険にさらす場合に避妊法は無関係である。どちらの仮説的状況でも、若者は中絶が認められるべきだと年長者と同じ程度に同意する。

　若者が中絶に懸念を覚えることに対するさらに別の仮説を提案するが、これが検証された命題というよりも、むしろありそうな直感にとどまっているということは認めておく——それは子宮内超音波画像の普及である。発育中の胎児の超音波写真を撮ることは、女性にとって妊娠の通過儀礼になってきた——しばしば、妊婦は超音波のビデオを家に持ち帰ることすらできる。この仮説を検証するハードデータはないことを認める一方で、超音波画質の向上から中絶反対運動は恩恵を被ってきたのではないかということをわれわれは強く考えている。中絶反対の主張者が、中絶された血まみれの胎児のフィルムを見せるとき、多くは共感よりもむしろ吐き気を覚える。しかし、スクラップブックに貼り付けられ、電子メールで回される超音波写真は全く別のストーリーになる。われわれのどちらにも多くの友人や親戚が超音波写真を見せてきたが、われわれが目にしているものを表現するときに妊婦が「胎児」という非人格的な単語を使ったことは一度としてなかった。超音波は「来たるべき赤ちゃん」の写真である。似たこととして、医療技術におけるその他の向上が中絶の支持を弱めてきたこともありそうである。手術は子宮内で行われており、一方で未熟児が子宮外で生き残る可能性も高まっている。超音波写真を回し合うという社会的儀式と同じように、これらの発展も中絶反対の主張者による最強の論拠——胎児はまだ生まれていない赤ん坊である——をさりげなく強化するものである。

　データが明快でありえるのと同じように、大衆文化がさらに明確に語ることもある。中絶について若者の感じる懸念の増大のよい例として、オスカー受賞の映画『ＪＵＮＯ　ジュノ』がある〔二〇〇七年アメリカ映画、二〇〇八年日本公開。ジェイソン・ライトマン監督、エレン・ペイジ主演作品。〕。この映画のジュノは、皮肉屋、不敬で変わり者のティーンで、ボーイフレンドと、たった一回のセックスの後に妊娠した。当初、彼女は無頓着に中絶することを決めていた。「急ぎで中絶してほしいんだけど」と中絶クリニックに予約の電話をかけたときに生意気そうに言う。無頓着さにかかわらず、彼女はそれをやり通すことができなかった。ターニングポイントはクリニックの外で抗議するクラスメートに偶然会ったときで、彼女に対し赤ちゃんにはもう爪があるのよと言ってきたのだった。「爪があるって?」とジュノは驚いて叫んだ。その詳しさが胸に刺さり、彼女は処置を受けることなく、怪しげな中絶クリニックを結局立ち去った。

中絶に関係する大半の問題と同じように、『ジュノ』のメッセージをめぐっては熱い論争があり、それはとりわけ、これが厳密には中絶反対映画に特徴付けられるのかどうかについてだった。われわれはその論争に入ることに関心はないが、映画のメッセージをめぐる不一致は、現在の政治的風景において中絶の持つ潜在力に光を当てるのにまさしく貢献していることは記しておきたい。中絶賛成でいることは、中絶についての懸念を排除するものではない。この映画に言及したのは、ジュノのキャラクターが若者の中絶に対する懸念を巧みに表現しているからである。ジュノ世代のメンバーは熱狂的な中絶反対ではないが、あらゆる状況下での中絶を支持しているわけでもない。

単一の映画から意味についてあまりに多くを書こうとする危険を覚悟すれば、『ジュノ』はデータに見られる別の傾向も反映しているとわれわれは見ている。ジュノのキャラクターは、本書に年代記を記してきた、若者における世俗主義の成長を完璧に具体化している。妊娠を中断しないことを選んだ理由として、この映画のどこにも彼女が宗教的な理由を述べた場所はなかった。

データに戻って、ジュノ世代について重要な但し書きをしておきたい。まず、若者における中絶への微妙な態度は、中絶の厳密な規制、あるいは中絶反対全般の目的を追求する政治的動員に彼らの機が熟しているということは意味しない。カリフォルニアとサウスダコタ州で最近あった住民発案投票は、どちらも中絶をよりしにくくしようとするものだったが、若い有権者の間で支持は少なかった[51]。どちらの場合でも、三〇歳未満の有権者は住民発案に反対、すなわち中絶アクセスの制限に反対投票をすることが最も多かった。これは、少なくとも何らかの理由で中絶に不安を感じるが、しかし中絶反対の政治運動を受け入れているわけではないような投票集団なのである。

若者の中絶に対する態度の微妙さは、中絶についての質問の仕方を変えたときに彼らはどう反応するかを比べることによっても明らかになる。総合社会調査で聞いたような詳細な質問であれば、中絶に対する若者のアンビバレンスを検出するのに十分に繊細である。より粗い選択肢の場合には、若者はそのような世代差を常に示すわけではない。しかし、若者の中絶に対する意見が古い世代の意見とちょうど同じように見えるというときでさえ、多くの理由——とりわけその低い宗教性——から彼らが高度に中絶支持を示すことが予想できることからすれば、これは驚くべきことである。

結論

何度も議論されてきたアメリカ政治における神格差が現実のものであるということを確認することからわれわれは始めた。共和党は宗教的な者の合同を作り上げてきた——ただし例外はあり、顕著なものは黒人プロテスタントである。およそ過去三〇年にわたって、中絶や同性婚といった性と家族の問題がこの宗教的—政治的合同を一つにまとめてきた。この合同は選挙において性と家族の争点が問題となるとき、そして共和党がその宗教に友好的なイメージを維持し続ける限り保たれるであろう。しかし、性と家族の問題が政治的重要性を後退させたなら、宗教——あるいは宗教性——はそのような露わな政治的分断であることを次第に止めていくだろう。データが示唆するのは、中絶と同性愛婚が政治的争点としては後退していくかもしれないということである。

同性婚についてはリベラル化傾向が存在し、若年のアメリカ人は年長者よりも、同性愛全般、具体的には同性の結合《ユニオン》を受け入れることがずっと多い。(52) しかし中絶については、若者の間での保守的な方向への傾斜の証拠が、彼らが同時に人口の中で最も世俗的な年齢集団であるにもかかわらず見られた(ジュノ世代——世俗的だが、それにもかかわらず中絶に不安な若者たちのために)。

これらの傾向それぞれは、アメリカ政治の未来に対して異なる意味を持つ。同性愛の権利についての傾向は、女性の権利に対する態度と同じパターンをたどるだろう。宗教性はより保守的な態度の予測要因として残り続けるだろうが、これらの態度の床面はますます高い方向に移動し続ける。二〇〇八年に、最も宗教的な若者の同性愛婚への支持は、その祖父母世代で最も世俗的であった者と同程度だったことを思い出してほしい。床が上昇すれば、同性愛への反対は、女性の権利への反対と同様に、政治的な能力を失っていく。

若者の間での中絶に対する態度の傾向もやはり、異なっているが劣らず重要な意味を持つ。第一に、中絶と同性婚の受容は、反対の方向に移動しているという点で異なっている。それがゆえに、これらの争点が同一の政治綱領を分かち合い続ける可能性は低いように思われる。そして、今日の若者は未来の選挙民の中でさらに大きなシェアを構成することになるので、この傾向が続くことは中絶についての全体としての意見を、ある程度中絶反対方向に移動させるだろう。

第二に、そしてより微妙なことだが、中絶への態度は若い世代の間で宗教性とのつながりを弱めてきたように思われる。中絶と宗教性の間の結びつきが宗教的な者の互いの合同をもたらしてきたので、中絶－宗教性のつながりの緩みはなんであれ、それを引き離す潜在力を持つ。このことは、中絶が論点になることが終わるということを必ずしも意味するのではなく、単に中絶をめぐる論争が宗教の線に沿って争われることが少なくなるだろう、ということである。

もし未来を正しく占えているのであれば、これらの傾向が意味するのは宗教的な者の合同が直ちに崩壊するということではない。また、政治運動としての宗教右派が即座に消滅するといった、宗教右派の滅亡のような大きく誇張されてきた過去の噂を思い起こさせるようなことも意味しない。[53] むしろ、宗教に友好的な政党という共和党のイメージは持ちこたえることが予想される。イメージは争点よりも長続きするからである。しかし、政党イメージは変化しうる。変化の可能性があるということに加え、民主党候補はますます宗教的なレトリックや象徴を用いて、教会出席者の間での共和党の優位を中和すべく努め始めている。[54] 短期的にはこれらの努力は大きな影響を、とりわけ最も宗教的な有権者に対しては持ってこなかったが、しかし時間経過とともに、共和党が最も宗教に友好的な政党として認識され続けるかどうかには変化をもたらすかもしれない。

もし性と家族の問題が政治課題から色あせ、共和党による宗教との連合に民主党も釣り合いを取ることに成功すれば――正直なところこの二つは大きな「もし」だが――、宗教はアメリカ政治の中で大きな意味を持つことを止めると予測する誘惑に駆られる。しかし、歴史が示すのは宗教は依然として、現在のありようとは全く異なる仕方で意味を持つだろうということである。可能性の範囲外にあるもののように聞こえるだろうか。もしそうであれば、以下を考えてほしい――

・ある政治家について、根本主義のキリスト教徒で、聖書の字義解釈主義《リテラリズム》の強固な信者で、進化論の猛烈な批判者と記したとき、彼が代表しているのはどちらの政党と思うだろうか。
・貧困者の擁護者で、アメリカの戦争関与に反対する迫力ある代弁者だという政治家についてはどうだろうか。彼の有しているのはどちらの政党ラベルと思うだろうか。

これは実は同じ政治家――三度の民主党大統領候補で、元国務長官のウィリアム・ジェニングス・ブライアンである。アメリカ史の中で、宗教と政治の間に引かれうるつながりのイデオロギー的順応性について、これほどよい例証となる政治家はいない。例えばブライアンの進化論に対する執拗な反対は、聖書は字義通りに読まれるべきであるという彼の信念に基盤があるが、これは貧困者に対する彼の関心と密接に結びついており、それもまた聖書への信仰から生じたものであった。ブライアンは進化論が、社会ダーウィニズムを利用した政策を正当化するのではないかと懸念していた。そこでは貧困者は社会で最弱のメンバーであり、それゆえ人生はその運命に任されると考えられていたのである。社会ダーウィニズム主義者は適者――富裕者――のみが繁栄に値すると信じ、それゆえ貧困者を助けようとする政府の取り組みに反対する。この見地から見ると、ブライアンによる一九二五年モンキー裁判におけるジョン・スコープスの有名な訴追は、単純な科学の反射的拒絶よりも複雑なものになる。進化論に対する彼の懐疑はおそらく今日の社会的保守派に響く一方で、富の再分配という彼の主張は今日の政治的進歩派の支持を勝ちうるだろう。同様に、ブライアンの平和主義も、その聖書読解から導かれたものだが、今日の世俗的左派の多くから慕われるだろう。

ブライアンのキャリアからのさらに別の事例が、政治的争点が宗教的な言葉で枠づけられる時の移ろいやすさのさらによい例となっている。一八九六年にブライアンは民主党大会に立ち歴史に名を残す演説を行って、代議員を立ち上がらせ党の大統領候補指名を勝ち取ることになった。彼の演説は国家の通貨政策の総点検を求めるものだった。とりわけ、ブライアンは銀の自由鋳造を主張したが、それは劇的にアメリカの通貨供給を緩和させる可能性があり、したがって借用人を助け富裕階級を傷つけるものだった。そうする際に彼は明示的に、国家の金本位制に対する依存をキリストの磔刑と結びつけた。「労働の際にいる者にこのイバラの冠を押しつけてはならず、人間を金の十字架の上に磔にしてはならない」。ブライアンの権威ある伝記の中で、マイケル・ケージンは彼が締めくくりで見せた最後の身振りについて記している——

ブライアンは群衆を、芝居がかった霊的ジェスチャーで印象づけた。彼は演台から後ずさりし、その手を額から離して、身体からまっすぐに伸ばした——そしてキリスト的なポーズをおそらく五秒は続けた。(55)

もし通貨政策をキリスト教で最も神聖なイメージの観点から枠付けすることが現代的な耳には奇妙に感じられるのなら、それがまさしくわれわれの示したい点である。宗教と政治のつながりはたまたま起こるようなものではなく、オピニオンリーダーによって意識的に作られなければならないのである。

アメリカ宗教のダイナミズムをふまえれば、時間経過とともにそれが政治と交わる仕方が変化していくのは驚くべきことではない。一八〇〇年の選挙にまでさかのぼれば、トーマス・ジェファーソンの対立者は、ニューイングランドの主婦から聖書を取り上げたことについて彼を無神論的意図があるものと弾劾した。(56)一八〇〇年代の終わりには、典礼主義（監督派、ルター派、カトリック）と敬虔主義（バプテスト、メソジスト）宗教の間に際立った分断があった。カトリック移民がふくらんだときには、カトリックとプロテスタントの間の緊張が持ち上がり、一九二八年のアル・スミスの立候補で火がついたが、その後一九六〇年のケネディでおおむねそれは消火されている。カトリック——プロテスタントの摩擦の消滅は、宗教的な者と世俗的な者の間の宗教的分断という新たな源をわれわれにもたらした。

性と家族の問題は現在、（大半が）宗教的な者の歴史的にも独特な合同を生み出しているが、われわれの示すように、これらの争点の顕出性が失われたならば、この合同もゆっくりとほぐれていくだろう。もしそうであっても、アメリカ政治において宗教が重要な要因であることを止めるとはわれわれは予想してはいない。

現代アメリカにおける宗教と政治の具体的な配置は、具体的な歴史的偶発事が集まったものの産物である――それは道徳世界を再構成した激震と余震であり、また政党指導者がそのような新たな裂け目に対していかに対応するかについて下した戦略的決定である。歴史が教えるところは、もし現在の神格差があせていったとしても、宗教と政治は新たな仕方で提携すると予想すべきということである。政治的起業家は新たな合同を構築すべく働くからである。[57] 変化とは、宗教がどのようにわれらの政治に影響するかということの中にあって、それが影響するかしないかにはないのである。

第12章　エコー・チェンバー——会衆内部での政治

前章で語られたのは、政治的断層線としての宗教性の出現、というストーリーだった。あるいは、少なくともそこで語られたのは宗教性と党派政治に関するストーリーの半分であったが、それは焦点を当てたのが政党、候補者や戦略担当によって追求された戦略だったからである。われわれの政治にどうやってこれほど多くの教会があるようになったのかをそれが説明しているとあなたは言うかもしれない。[1] しかし、教会の中における政治についてはどうだろうか。本章ではストーリーのもう半分を語る。扱うのはアメリカの礼拝場所の中で、宗教性と党派心の間のつながりを作り出すために何が起こり、そして起こらなかったのかについてである。[2]

答えは、非常にわずかだ、ということになる。第一に、アメリカの説教壇越しにはあからさまな政治活動は非常に少なく、それが起こっている範囲では、政治的左派において右派よりも広まっている。教会チャンネルを通じた政治的動員もまた多くはない。政治的呼びかけは友人や家族、近所そして同僚すらを通じての方が、教区民仲間からよりもずっと多い。まとめると、教会において政治はほとんどない。

本章は続いて、教会で起こっていることはそれでも政治的な重要性を持ちうること、騒々しい政治活動よりずっとわかりにくいものであってもそうなっていることの説明に転じる。教会の中での政治は多くないかもしれないが、教会を通じて起こるものに、政治に関連することが多いのである。まず、宗教コミュニティ内部での教えが、明白に党派的でなかったとしても政治的に共鳴しうるということを見る。するとそのような教えは宗教コミュニティの内部で形成された友人ネットワークというエコー・チェンバー《共鳴室》の内部で反響し、その政治的関連性が強化される。こういった共鳴は、自分の宗教と政治が統合されているような者で最も大きく——すなわち影響が大きくなる。

教会における政治

われわれの最初の指摘は、聖職者による明示的な政治アピールは比較的まれだというものである。この点についてはおそらく第10章で紹介した、リビングワード・クリスチャンセンターのマック・ハモンド牧師を参照するのがもっともよいだろう。二〇〇六年一〇月、共和党の下院議員候補ミシェル・バックマンがその教会で演説したときに彼が引き金を引いた論争のことを思い出してほしい。彼女の演説のあと、ハモンドは自分が彼女を支持することを表明した。彼の正確な言葉では、その発言で推薦が成り立っているのかどうかという問いにあいまいさが残っているが、それは彼がはっきりと「どの候補に対しても教会としては公式に推薦することはできないしすることもありません」と述べているからである。しかし彼の個人的な彼女への熱意は明白なものだった——「個人的に言うことができるのは、私がミシェル・バックマンに投票するつもりだということです」。

このストーリーを強調する目的は、聖職者からの政治的論評で許されるものと許されないものを分かつ実のところ不明瞭な線を、ハモンドが踏み越えたのか否かという問題について法的意見を提供するためではない。むしろ、この出来事から学ぶよう努めたい。他方でハモンドの言葉は、アメリカの教会における宗教の役割、とりわけ福音派のものについて多くの人間が感じている疑念を確証するものかもしれない。ここに福音派牧師で教会礼拝の途中に共和党候補について賛意を語った者がいる。これは日常の状況なのか否か？　しかしもしそうであるなら、なぜこの事件はこのような騒ぎとなり、ついには一面ニュースになったのだろうか。

ハモンドの言葉がこのような非難に直面した理由の一つは、全般的にいって、アメリカ人が宗教指導者による政治的説得を圧倒的に非とするということにある。信仰重要性調査では回答者に「どう投票するかについて宗教指導者が説得しようとすることは全く適切なことである」と感じるかどうかについて尋ねた。答えは非常に明確なものであった――圧倒的なまでに、アメリカ人は聖職者が政治的説得に従事するべきと考えてはいなかった。八〇％のアメリカ人が、宗教指導者は何にせよ投票について人々に影響を与えようとすべきではないと考えている。聖職者の政治的動員に対する反対は深くかつ広範なものであり、宗教系統によっても大きく異なるものではなかった。福音派の七五％、カトリックの八〇％、そして主流派プロテスタントの八五％がどれも同じ意見を共有している。興味深いのは黒人プロテスタントの七六％とユダヤ教の七七％――これから見るように、信仰を基盤とした政治的動員がもっとも見られる二宗教系統――さえも、宗教指導者による政治的説得に反対している。マック・ハモンドも、自分の教会会員からその政治活動について不満を聞いたと言及していた。議論を呼んだミシェル・バックマンの教会登場の間、ハモンドは会衆に対して「教会と政治を混ぜるな」という手紙を自分に送ってくるのは止めるようにと述べている。言い換えると、強く政治化されているように思われている会衆の内部でさえも、教区民は牧者の露骨な政治活動に対して抵抗しているのである。

選択によって決まる宗教環境においては、聖職者は一般に政治活動に従事しないということがこれらの結果からは強く示唆される。あからさまな政治的アピールについてこのように多くのアメリカ人が強く反対しているのであれば理屈上は、政治に関与する聖職者はその会員から非難される危険を冒す。さらに悪ければ、競争的な宗教市場において彼らは会員流出の危険を冒すことになる。大半の人間は神について聞くために教会にやってくるのであり、カエサルについてではない。カエサルについての語りがあまりに多ければ、彼らが退散してしまう危険がある〔新釈聖書「マタイによる福音書」二二章一五―二二にある逸話に基づく。〕。

しかしこの推論は、聖職者が説教壇越しの政治を必然的に避けるということは意味しない。結局のところ、アメリカ人が聖職者による政治的説得に反対するのは、彼らがそれを経験し、それが自分の好みではないと判断してきたからかもしれない。そして彼らがそれを好んでいなかったとしても、自分の選んだ会衆を去るのにそれは十分ではないかもしれない。ことによればマック・ハモンドをめぐる論争をわれわれは大きく扱いすぎていて、共和党の議員候補を支持するという彼の言葉は結局のところ逸脱ではない。もしそれが正しいのなら、説教壇越しの政治活動はありふれた事柄で、会員が共和党の基盤を構成している福音派教会ではとりわけそうである、ということが見いだされることになる。
説教壇越しの政治的アピールの頻度と大きさの両方について知るために、定期的な礼拝場所を有している五人中四人のアメリカ人に尋ねた。

・社会的または政治的問題はどれくらいの頻度で説教壇から論じられるか。
・自分たちの会衆がデモや行進を組織したことがあるか。
・自分たちの会衆が有権者登録活動を主催したり投票者ガイドを配布したことがあるか。

ここでいったん立ち止まって、政治的活動について聞くという作業は、宗教会衆のような表向きは非政治的な環境においてはとりわけ、何が政治的であると数えられるかについてあいまいさをはらんでいるということについて触れておく。われわれは教会出席者個人の自己報告に頼ることを選んだが、そのことが意味するのは、例えば「社会的または政治的」問題についての説教をしばしば聞くと彼らがしたときに心のなかに浮かんでいるものが正確には何かは分からない、ということである。ある政党の他政党に対するよさについての説教をそれは意味しているのだろうか。中絶についてだろうか、他者を愛せと聖典が命じていることについてだろうか。それはわれわれには分からない、ということは告白しておく（教会において人々が実際に何を聞いているのかについてのデータは以下で提示されるが）。しかし、政治的、あるいは政治にともかく近いと認識される可能性がある活動を捉えるべく広い網を意図してかけたということを記しておくことは重要である。よって、われわれは単に政治的説教を聞いたことがあるかではなく、「社会的または政治的問題が説教壇から論じられた」かどうかを尋ねた。そして、党派的理由によるデモや行進についてではなく、理由を特定することなしに自分の会衆が何かしらのそのような活動を組織しているかどうかについて尋ねた。

自己報告は礼拝場所の内部で何が起こっているのかを知るための唯一の方法ではないが、他の方法の方が必ずしも優れていたり、あいまいさを排除するわけではない。例えば、政治色ある説教の頻度を同定する他の方法として、説教自体を観察するというものがありえる。われわれの回答者が出席している何十万もの宗教礼拝に、例えば、一年間にわたって観察者を派遣して、政治的活動がいつ起こったか記録することを想像してほしい。そのような甚大な努力をもってしても、何が説教壇越しの政治情報を構成しているのかをめぐっての不確実性がつまびらかになるわけではない。信徒席にいる人々にとって何が政治的として数えられるのかをその場合でも決定しなければならないからである。そうするときに、最も有益な情報は教区民自身からやってくるものになるだろう。なされた説教を、政治的または社会的問題についてのものと彼らは認識したのだろうか。それは教会出席者の自己報告にわれわれを連れ戻すことになる。政治は見る人次第による、というまさにその理由で、われわれはそれを見る人が、自分の礼拝場所で政治的活動がいつ起こったと認識したかを語るに任せることにした。政治的と見なされるものは、回答者がそうであると語ったもの全てである。

これらの質問で捉えられるこの種の明示的な政治動員が、政治、あるいは政治関連のメッセージが宗教会衆の内部で流通しうる仕方を尽くしているわけではないことは強調しておきたい――そのトピックについては以下で詳細に論じる。しかしここでは、われわれの焦点はあからさまな政治活動にある。

さまざまな潜在的な政治活動について尋ねたとわれわれは考えているが、それは異なる宗教系統には特徴的な政治的動員のレパートリーがあるということを過去の研究が示してきたからである。(3) 二〇〇六年の信仰重要性調査は、特定の宗教系統では他と比べると、ある種の政治活動がより広まっていることを確認している。例えば、黒人教会やユダヤのシナゴーグの礼拝に行けば、説教壇から政治が論じられるのを聞くことが、福音派、主流派、カトリック、またとりわけモルモン教会よりも多いだろう（図12－1参照）。

しかしどこに礼拝に行っているとしても、説教壇からの政治はそれでも比較的少ない。データに誤解の余地はない――宗教系統による違いはあるが、政治活動がそれほど多い宗教系統はほとんどない。ベテルＡＭＥの例が示すように（第7章を参照）、政治は黒人教会の礼拝に容易に溶け込むが、政治的色合いのある説教を少なくとも月に一度は聞くと答える黒人プロテスタントは半数に満たず、一方で会衆が有権者登録活動を行ったり投票者ガイドを配布したことがあると答える者は六〇％をちょうど欠いていた。福音派教会では、政治はメインのアトラクションというよ

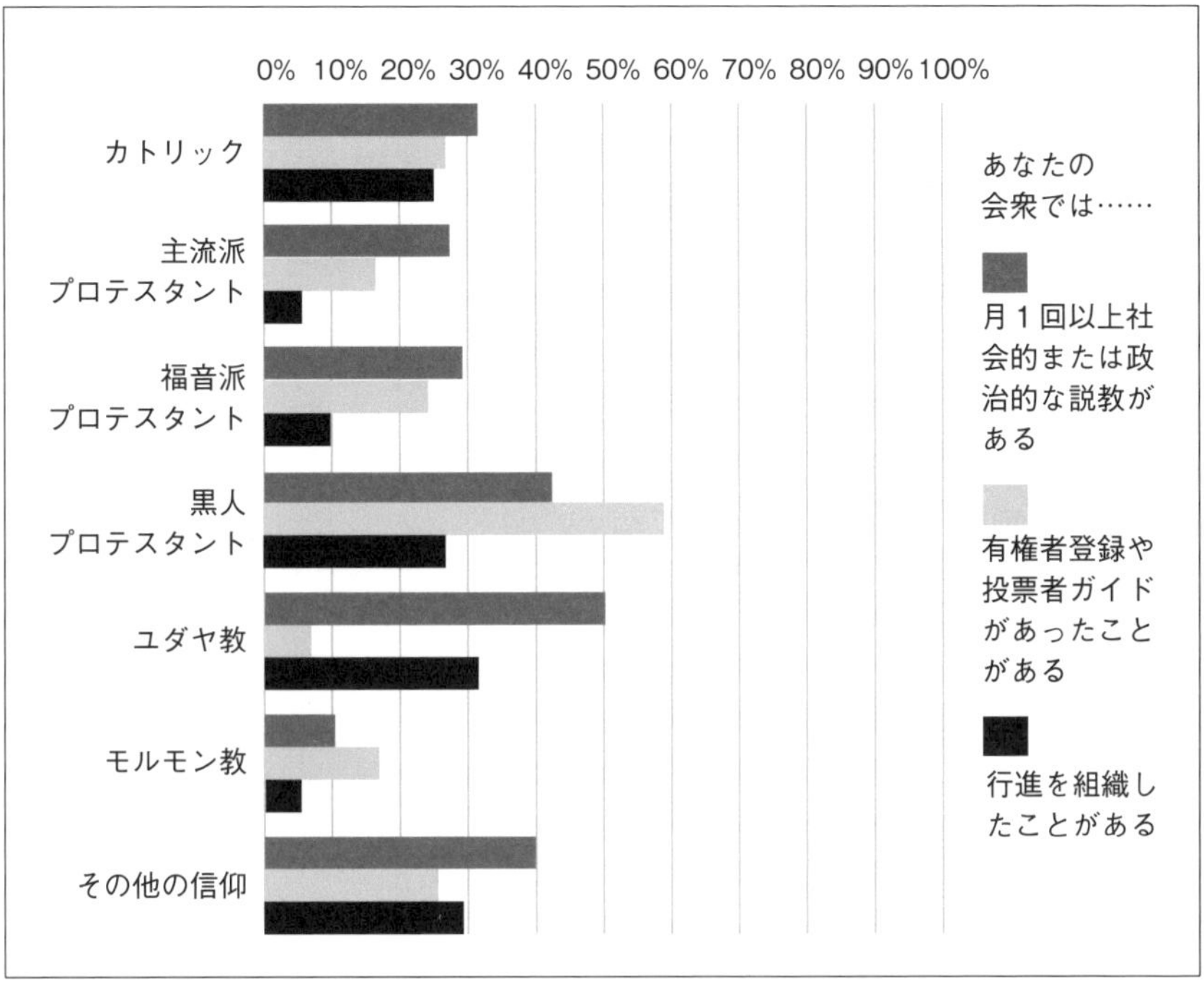

出典：信仰重要性調査，2006年.

図12-1　教会における政治的活動は比較的少なく宗教系統間でさまざまに異なる

り余興と表現した方がよい。会衆が有権者登録をしたり投票者ガイドを配布したことがあるとした福音派は二四％にすぎない――投票者ガイドは宗教右派運動の主要戦術としばしば語られるにもかかわらず、である。[4]

強く政治的な教会というイメージ、とりわけ福音派の間のそれは、現代政治の民間伝承《フォークロア》の中で確立しているので、教会では実際には政治は少ないというわれわれの結論を疑う読者もいるだろう。これらの懸念を和らげるため、真実のストーリーを見落としていないかどうかについては真剣に検討した。これらの知見に対する確信が増したのは、まずわれわれの結果が、異なる時点で収集された、全く別のデータを扱った他の研究者によるものと一貫したという事実による。[5]わが国の先導的な宗教社会学者の一人である、マーク・シャベスの言葉を検討してほしい。アメリカ会衆における政治的活動について彼は独自の調査を実施し、われわれのものと同じ結論にいたった。「世間からの注目にかかわらず、政治は大半の会衆が積極的に参加するアリーナではない。政治は、大半の会衆にとって周辺的活動にとどまっている」[6]。

　すると、政治的活動に関するわれわれの測度が、現場で実際に起こっていることをつかみそこなっていることが疑われる――おそらくは、われわれのレーダー、あるいは社会科学者一般のレーダーの下を飛んでいる他形態の政治的活動があるのかもしれない。ここは、われわれの挿話で取り上げた会衆がとりわけ有益な部分であるが、それは米国中にあるさまざまに多くの宗教コミュニティの中で起こっていることを観察する機会を与えるものだからである。挿話はわれわれの全国調査からの結果を確認するもので、すなわち説教壇越しから来る政治はほとんど観察されなかった。ここに顕著な例外はあり、とりわけボルティモアのベテルAMEとエヴァンストンのベス・エメットがそうであったが、しかし選んだ時点でこれらが政治的に活動的な会衆であることはすでに分かっていた。

　われわれのデータと自身の観察から、説教壇を通じた政治は少ないことが示されていた一方で、選挙運動の期間を通じては話が異なってくるかもしれないことはわれわれも疑っていた。クリスマスの説教は一二月にとってであるように、政治的説教が隔年の一一月に限定されているというのももっともらしくある〔アメリカでは二年ごとに「大統領選挙」（と同時の公職選挙）、および「中間選挙」が交代で一一月に行われる。〕。選挙運動の期間に完全に新しい調査を実施することは不可能であった一方で、二〇〇六年の議会選挙に先立つ数週間にいくつかのわれわれの会衆のところに戻って、争いの激しい選挙戦では、以前に観察していた以上に政治的動員の程度が高くなることがもたらされるかどうかを見た。それでも、政治的活動は非常に少ないものだった。

　確かに、われわれの挿話にある会衆はアメリカの全教会からのランダムサンプルではなく、したがってわれわれが見たのは単にアメリカ宗教における典型的でない一断片にすぎなかったかもしれない。しかし二〇〇七年の追跡調査という、二〇〇六年夏と同じ人々に再面接したものからの結果をふまえると、それはありそうにないように思われる。二〇〇六年一一月選挙の結果としての政治的活動の高まりに関する証拠は見いだされなかった。実際には、社会的または政治的な説教の頻度には控えめな下落が見られた（「毎月ある」が、三〇％から二〇％に）。二〇〇六年と二〇〇七年の間で、礼拝の場での有権者登録や投票者ガイドについて答えた人口の割合はほぼ同一だった[7]。同様に、二〇〇〇年の全米選挙調査――アメリカ選挙民についての先導的学術調査――は、二〇〇〇年の大統領選挙を通じて、自分の聖職者が候補を推薦していたのを聞いたと答える教会出席者が五％にすぎなかったことを見いだしている。おそらく発生数がそのように低かったがために、全米選挙調査は二〇〇〇年からはその質問を尋ねなくなっている。しかし、さらなる一致がピュー・リサーチセンターとの間に見いだされている。その知見では、二〇〇〇年に定期的に教会に出席する有権者で「聖職者あるいは他の宗教集団」が特定の方向に投票するよう促したと答えた者は六％だった。この数字は二〇〇四年に一一％まで上昇する。この数字が印象的なのは、教会を基盤とした動員が熱いテーマであった年においてすら、宗教の指導者かつ／または集団からの明示的な政治的指示を回答する教会出席者は一〇人中約一人にすぎなかったからである。二〇〇八年にはこの割合はわずかに八％まで下落した。(8) 白人の福音派が出席している教会では、その比率は五％にすぎなかった。福音派教会の内部での政治活動に向けられた関心という観点からはおそらく驚くべきことだが、カトリックでは、一五％というより高い比率で、聖職者あるいは宗教組織からの政治的奨励が報告されている。それでも一五％は、アメリカのカトリック人口においてシェアが比較的小さいものである。

左派における信仰基盤の政治

異なるより糸のデータを一緒に編んでいくと、議会立候補者のために発したマック・ハモンドの言葉は異例のものであったという強力な証拠が見いだされる。一般的に言って、教会における政治活動は通常のものでない。やはり通常でないのは、ハモンド牧師が右側の人間で、左側ではないということである。保守側の候補者や理由のための教会基盤の動員に対して払われている注目にもかかわらず、教会に行くリベラルの方が、保守派よりも教会における政治的活動を回答することが実際には多い。図12－2に示されているように、「非常に保守的な」教会出席者の二七％が説教壇から社会的または政治的問題が論じられたと答えているのに対し、「非常にリベラルな」教会出席者では四五％になっている。(9)

アフリカ系アメリカ人は圧倒的にリベラルで、もっとも政治色の強い教会に出席しているので、リベラル派たちの教会における政治について観察されたものとは、実際には黒人教会の政治であるという仮説を立てる者もいるかもし

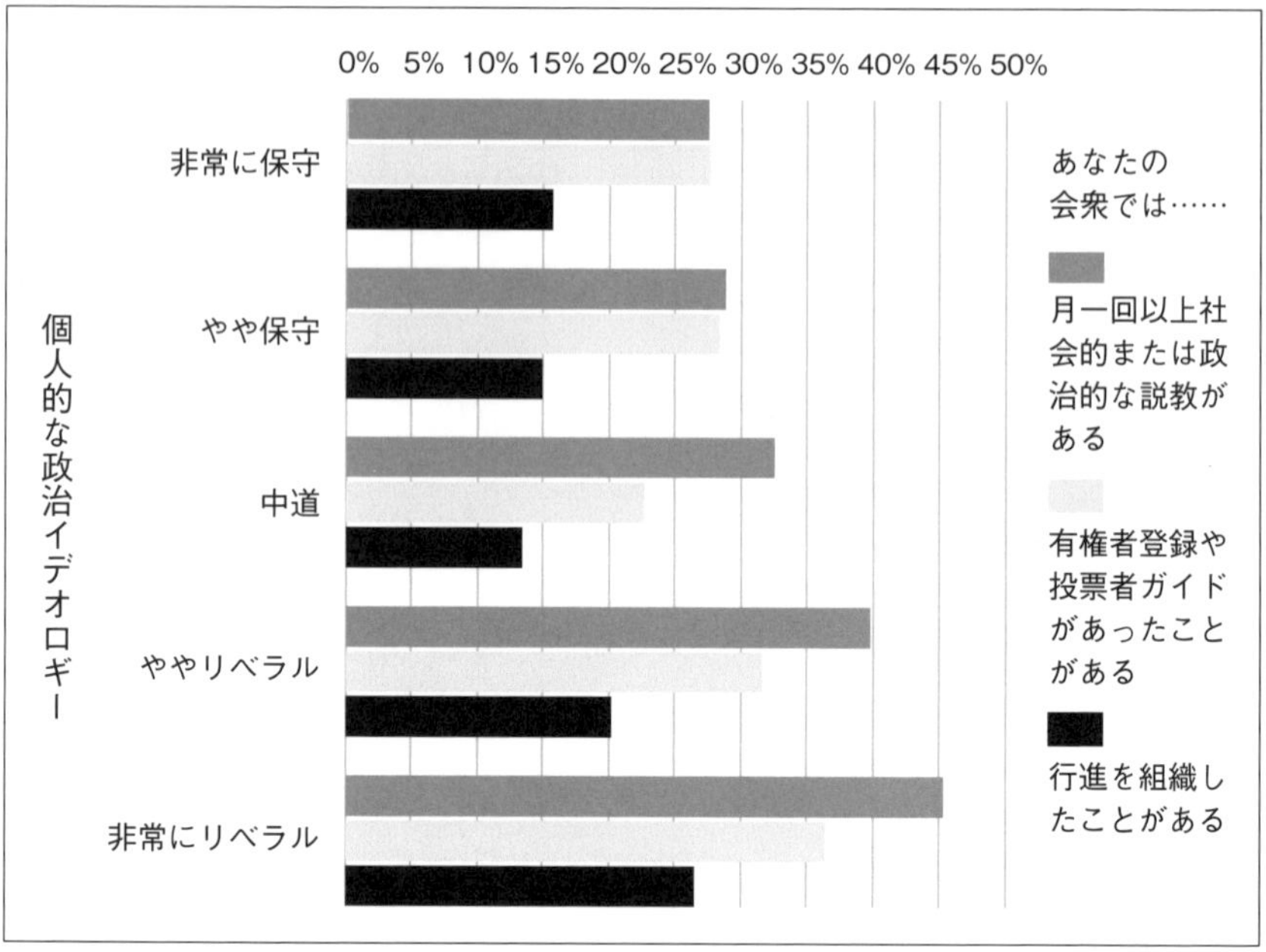

出典：信仰重要性調査，2006 年.

図12-2　リベラルは保守派よりも教会で政治に接している

れない。しかし、白人の教会出席者のみを見たときにも、結果は変化しないことがわかる。白人リベラルの方が保守派よりも、教会における政治的活動を答えることがずっと多いのである。

リベラルが、自分の教会における保守的な政治活動を報告しているということによっても、われわれの結果を説明づけることはやはりできない。リベラルは保守の政治的活動に敏感で、保守派の方はまさしく同じ教会で行われているそれに気づかず通り過ぎてしまっているというもっともらしい仮説は立てられよう。その説明からすると、保守的傾向のある会衆の中のリベラルは、自分たちには保守的に聞こえる説教を聞くことに対しては幻滅しているが、信徒席で自分の隣に座っている保守派に対してはそうではないということになる。もしこれがリベラル派たちの教会における政治に対する説明であったとしたら、教会における政治活動をもっとも回答する可能性がある人は、保守派の海の中にあるリベラルの小島ということが期待できるはずである。

実際には、その反対が正しい。教会における政治をもっとも回答する傾向があるのは、政治的に同質な会衆に出席しているリベラルである。[10]

教会内での政治活動について「宗教右派」の時代だけでしか知らない人には、これらの結果は驚くべきものに見えるかもしれない。左派ではなくて右派が、その政治部隊の動員に教会を当てにしているのではなかったのか。しかし長期の歴史的視点から思い起こされるのは、社会的に進歩的な、左派傾向の動機に基づく政治的アクションの触媒となってきた教派の方がこれまで多かったということである。宗教指導者の調査によれば、今日でさえも、リベラルな聖職者の方が保守的な牧者より自分たちの教会に政治を持ち込むことが多いということが見いだされている。[11] われわれには教区民の調査しかなく、それは聖職者についてのものではないが、それでも同じパターンが出現している。リベラルな教区民はリベラルな聖職者に呼応して、説教壇からの政治が多いと回答しているのである。

リベラルと自認する者は政治的に強く活発であり、保守派を自認する者よりもそうであることがずっと多いので、彼らが政治的に活発な教会に出席することを選んでいることは驚くべきことではない。しかしリベラル派が報告している政治的活動が、宗教は必ずしも政治における保守的な力のみであるということではないのを思い出させる重要な役割を果たしている一方で、宗教的左派の政治的影響力を誇張することにも導かれるべきではない。リベラルな教会出席者が、アメリカ人口の中で占める割合は小さい。何を意味しているのか理解するためにまず、リベラルが出席している会衆においてさえ、教会基盤の動員の水準全体は小さいということを思い出してほしい。同時に、教会に出席するリベラルは非常に少ないということも念頭に置いてほしい。教会出席者は圧倒的に、（大半のアメリカ人と同様に）やや保守的か、あるいは中道であると自身を表現する。要するに、リベラルな教会出席者で政治的に活動的な会衆に出席している者は、人口の二%に等しい。[12] 人口で占める割合のそのような小ささをふまえると、リベラルな教会出席者が代表しているのはニッチなマーケットであり、大衆市場ではない。

リベラル派たちの教会における政治的活動の水準の高さが証明しているのは、教会は政治的スペクトラムで広範に用いられうるということで、それはアフリカ系アメリカ人の教派に単にとどまるものではない。しかし、比較的少数の、定期的に政治的動員にさらされているような教会出席者のリベラル派に対して過度に焦点を当てることは、見出しに置かれるべきものから気をそらすことにしか役立たない――アメリカの礼拝所の大半では、説教壇越しの政治活動は少ない。証拠が収束して示すのは、アメリカ人の礼拝所における政治的活動の需要も、また供給も大きくはないという必然的な結論である。彼らが教会に行くとき、彼らはカエサルよりも神について聞くことがずっと多く、そしてそれが彼らの好むところである。確かに、政治を宗教に常に混ぜ合わせるような聖職者はいる――しばしば声高に、さらには鮮やかな火炎のごとく（例えば、パット・ロバートソンのように）。しかし、それは例外である。ミシェル・バックマンに関するマック・ハモンドのコメントはそのような例外である。

われわれは例外から学ぶことができる。説教壇越しの政治活動は保守的傾向のある会衆内部で異例のことであるので、そのようなレアケースはとりわけ有効でありえる。熱烈な信者がいて、既存の組織構造が整い、そして緊密な社会的ネットワークがあるので、福音派やモルモン教といった保守的教派の会衆は政治的動員にとって乾いた焚きつけになる。右派の争点はマッチとして機能し、その政治的活動に火をつける。事例はたくさんあるが、最近の同性婚は教会出席者のこの種の急速で強い政治的動員の例示になっている。

二〇〇八年に、保守的教会ととりわけモルモン教会が、同性愛婚を禁じるカリフォルニア州の「提案八号《プロポジション・エイト》」に賛成するキャンペーンを行った。教会基盤の政治動員にメディアが向けた注意をふまえれば、それを表面的に見た者はそのようなキャンペーンがありふれたものだという誤った印象を持ったかもしれない。それとは反対に、そのような動員がまれであるということが、注目を集めさせまた動員を効果的にしているのである。火が頻繁につけば焚き付けが消費されるように、政治的アピールが頻繁であれば信徒席にいる人びとは燃え尽きてしまう。左派的傾向のある教区民が出席している教会の政治活動全体について、個別それぞれのアピールは最小の効果しかもたないのではとわれわれは考えている。

教区民の間での政治活動

説教壇からのあからさまな政治活動のほかに、人々がどう投票するかに教会が影響するかもしれない他の経路がある。結局のところ、（非党派的な住民投票に賛成あるいは反対を主張するのではなく）党派的動機のための明示的な主張に関与することで教会は免税資格を失う危険を冒すことからも、説教壇越しの政治活動がめったに起こらないことについておそらくわれわれは驚くべきではない。政治活動は、教区民の間で起こっているということがありえるのである。例えば、候補者や政党を支援する教区民仲間から個人的にアプローチされることがあるかもしれないが、それは政治的動員として最も有効な形態である。[13] 会衆たちの間での個人的な政治接触が宗教的分断を説明するのかどうかを見るために、二〇〇六年調査では、過去数年内に回答者が個人的に知る誰かが、どのような方向にせよ投票を促してきたことがあるかどうかを尋ねた。もしそういうことがあったときには、アプローチしてきた人（あるいは人々）をどう知ったのかも聞いた。それは家族、友人、同僚、近所の人、あるいは教会を通じて知った誰かなのだろうか。[14]

教会が政治的動員に対しもっともまれな経路であることが、図12－3に示されている。教会を通じて知り合った誰かに特定の方向に投票するように接触されたというアメリカ人は九％しかおらず、対して友人からアプローチされたと述べる者は三〇％、家族からという者は二二％だった。同僚（一五％）すら教会の会員仲間を破っていた。教会に頻繁に（ほぼ毎週以上）出席する者のみを見たときにも、ストーリーに大きな変化はない。予想通り、教会に頻繁に出席する者はアメリカ人一般よりも教区民仲間から接触を受けたと答える割合が高いが、それでも数値は一七％にすぎない。教会出席者は総じて社会的つながりを持つことが多いので、友人や家族、近所や同僚からもまた接触される可能性が高く、それによって教会は最下位にとどまっている。[15] 福音派に直接焦点を当てた時に、教会の仲間から個人的な政治接触を非常に高い水準で受けているということは見いだせなかった。福音派プロテスタントで、そのような政治的売り込みを受ける側になったという者は一五％にすぎなかった。そして教会に出席する政治的保守派（その多くは、もちろん、福音派である）の二〇％が教会を基盤とした政治的呼びかけについて答えたが、教会に出席するリベラルの一六％よりわずかに高い値であった。

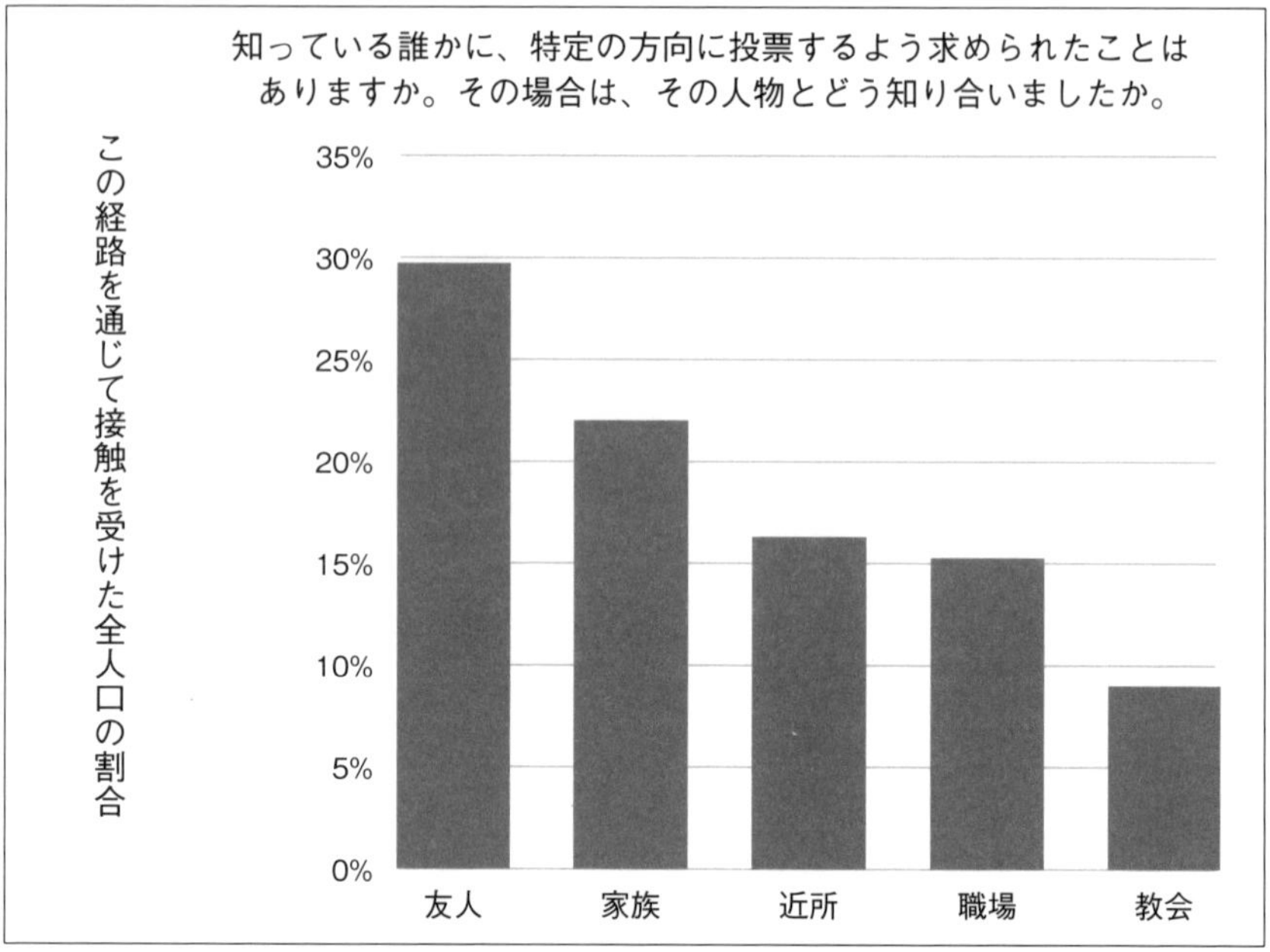

出典：信仰重要性調査，2006 年.

図12-3　教会を通じた政治的動員が最も少ない

説教

現代のアメリカ政治について何も知らない者が本章のこの部分だけを読んだら、宗教は政治とほとんど関係がないという結論に確実になるだろう。さらに、宗教が影響をふるう限りでは、それは左派に対してのもので右派に対してではないとおそらく考えるだろう。もちろん、今日の政治評論家の大半は宗教と政治の間のつながりをこのように表現してはいないだろう。宗教は根深い影響を持っていて、宗教的な有権者は、政治スペクトラムで左側ではなく右側の場所を占めている傾向があるのである。

第11章で宗教性と党派心の間のつながりが、国の政治課題として際立って扱われた争点に基づいていることを見たのを思い出してほしい。宗教性によって意見が形成されるのは少数の争点――特に、中絶や同性愛婚のような争点――であって、すべての争点についてではない、という違いが争点間にはあった。したがって、アメリカの一方あるいは両方の政党が、宗教が大いに関係するような争点を強調したときには、宗教的な有権者は中絶や同性愛者の権利について道徳的伝統主義の側に立つ政党を支持することが期待できる。

しかし、政党にのみ焦点を当てることは、ストーリーの多くを失わせてしまう。教会もまた重要な意味がある。説教壇越し、あるいは教会メンバー仲間の間の明白な政治活動がまれであったとしても、このことは会衆を通じて政治に関わる情報が流通する可能性を排除しない。

二〇〇六年、信仰重要性調査の最初の年に、超党派のピュー・リサーチセンターがアメリカ人の全国代表サンプルに対して、礼拝の場所で聞いている説教について尋ねた。特に、彼らが質問されたのは、飢餓と貧困、中絶から環境問題にわたる一連のトピックについての説教を聞いたことがあるかであった。[16] 群を抜いてもっともよく行われていたトピックは飢餓と貧困だった――教会出席者の九一%がこのテーマについての説教を聞いたことがあると答えている。アメリカの教会出席者のほぼ全てが、どこかの時点で飢餓と貧困に関する説教を聞いていた。このようにほぼ均一な様子はわれわれの知見と一貫していて、そのことは宗教的な人々の慈善活動に関する第13章で詳細を見る。貧困についての議論は党派的な傾向を持ちうる一方で、大半はそうなってはいないとわれわれは考えているが、それは所得不平等を政府が減らすべきかについての人々の態度に宗教性が非常に弱い相関しか持っていないという観察に基づいている（第11章を参照）

表面的には非党派的なトピックである飢餓と貧困とは対照的に、続いてもっとも言及される説教のテーマは明確に党派的含みを持つもの、すなわち中絶である。教会出席者の六〇%近くが教会で中絶について聞いたと答えていて、これは貧困について説教で聞いた九一%よりは小さな割合だが、しかしそれでも相当な多数である。カトリックの間では中絶についての説教を七八%が聞いたと答えているが、一方で福音派では六二%だった。対照的に、中絶についての説教を聞いた覚えのある主流派プロテスタントは三七%にすぎなかった。[17] 教会出席者の約半数（四八%）が、「同性愛に関わる法律」という、現代の政治課題において目立つもう一つの性と家族の問題についての説教を聞いたことがあった。[18] 興味深いのは、同性愛に関する法律についての説教が最も多かったのはモルモン教（六八%）と黒人プロテスタント（六一%）で、その他に共通する政治基盤が事実上ないにもかかわらずそうなっていた。[19]

教会出席者五人のうち三人近くが中絶という、現在の党派的風景を何よりも形成した争点に関する説教を聞いたことがあると答えていることは強く印象的である。しかしこれは、中絶についての説教が頻繁であるということを必ずしも意味しない。毎月一回は「社会や政治問題」についての説教を聞くと答えた教会出席者の割合が比較的低いことをふまえると（中絶についての説教が社会的あるいは政治的とは捉えられにくいという可能性を想定することは難しいので）、実際には頻繁ではないはずである。しかし、政治的関連性を持つに十分な程度にはよくありそうである。

中絶のようなテーマについての説教は、「政治的」と適切にラベル付けされるのだろうか。その答えは、用語のあいまいさに関する以前の点に戻る。最低でも、中絶について立場をとる説教は、それを行う牧師の動機が何であれ政治的関連性がある。さらに、政治的志向性を持つ宗教指導者の中には、政治的に顕出的なテーマについての説教を、どちらの方向に投票するといった直接的なアピールは全くなかったとしても選挙カレンダーにしたがって意識して行う者がいることは疑う余地がない。左派と右派両方の側に、自分の信徒が宗教と政治の間のつながりをつけるのを助けるのに何の抵抗を持たない聖職者がいる。

説教についてのこれらのデータは、それぞれの宗教コミュニティの内部に政治に関連するテーマが流通する多くの仕方の表面をなでたにすぎない。例えば、フォーカス・オン・ザ・ファミリーのような組織は印刷出版、ウェブサイト、メディア放送を有していて、宗教的基盤を持つ争点（中絶を含むが、それには限られない）で現代の政治課題にも位置づけられるものについて発言を行っている。すなわち、説教は多くの教会出席者が接触する政治関連情報のソースの一つにすぎない。

振り分け《ソーティング》

アメリカ宗教における選択の広まりは、政治関連情報の流通がどうしてこれほど力を持ったかを説明する助けになる。第5章で見たように、アメリカ人の中にはその政治に基づいて宗教に関する選択を行っている者もいると信じる十分な理由がある。したがって、政治的に白紙状態のものとして人々が教会を選び、そして教会で友人を選んでいる

——宗教の方が常に人々の政治を動かしている、と考える必要はない。政治もまた宗教選択を促しうることは、第4章で描いた二つの余震から証拠づけられる。宗教の政治化は一部の、大半は若いアメリカ人の間に否定的反応をもたらした。彼らが宗教から遠ざかった理由はまさしく、彼らがそれを、自分は賛成できない党派政治の延長と捉えたからである。彼らは宗教を保守派政治と提携したものと見て、後者に対する反感が前者の拒否へとつながった。同様に、時間経過と共に政治的保守派がますます宗教的になっていった様子もわれわれは見た——これも振り分けの過程であるが、逆方向のものである。

さらに、説教壇からの教示が政治的意味を持つために明示的に政治的である必要がないのとちょうど同じで、宗教選択に対する政治の影響もあからさまなものである必要はない。実際には、宗教や教会の選択は単純に他の要因に基づいて行われるが、それ自体がその人の政党選好と関連していることがありえる。例えば、あなたは伝統的性役割を強化する教会（第7章で取り上げた救世主ルーテル教会のような）を好んでいるとする。そうすると、これは民主党よりも共和党支持の多い会衆であるということを意味する可能性が高い。会衆選択における表面的には非政治的な基準がいかに政治的な意味を持ちうるかについての注目すべき例を、信仰重要性調査の回答者の間に見いだすことができる。自分の会衆をその政治的また社会的視点により選択したというごく一部の少数派が、自分の会衆が政治的に同質であると答える可能性が高いのは驚くにはあたらない。しかし、会衆を典礼や礼拝スタイルによって選択することと、同じ政治観を共有する会衆仲間がいる割合の間にも、ほとんど同程度の密接なつながりがあるのである。[20]

政治はまた、ある信仰に誰が加わり、残り、出ていくかという意味でも宗教選択を形成しうる。その古典的事例は、バチカンが避妊に反対する立場を一九六八年に確認したときに離反したカトリック信者である——ここで残った者は、間違いなく出ていった者と政治的に異なっていた。[21] 所与の宗教の内部でさえも、具体的に礼拝する会衆を人々が選ぶことや、その会衆の内部で他の人ではなくある人とつきあうことを選ぶことにおいて、選択は作用し続ける。まさにこのアメリカ宗教の流動性が政治的振り分けを促進していて、それは人々が自らの振り分けを、自分の選択した政治によって明示的に誘導されていなかったときでさえそうなるのである。

以前記したように、第一の余震において道徳的伝統主義者は教会に群れなして集まるかあるいはそこにとどまり続け、一方で道徳的リベラルは信徒席を空にした。私的な道徳、とりわけ婚前交渉に対する個人的視点の方が、中絶や同性愛よりも保守的傾向の宗教への殺到をもたらした原動力であったが、第11章で見たように、道徳的伝統主義は争点のクラスターによって定義されている。婚前交渉について道徳的懸念を持つ人は、中絶についても反対派になりやすい。アメリカ人は必ずしも意識的に、（中絶のような）政治的に目立つ争点に基づいて教会を選択し出入りしているわけではないが、それでも彼らの振り分けが政治的に似通った考えの人々を集めさせていく。

エコー・チェンバー

宗教的メッセージは、説教壇ごしかその他の手段で伝えられたものかを問わず、神格差の物語で重要な役割を果たしているが、このストーリーにはさらなる話がある。中絶と同性愛は説教壇から語られる主たる問題ではなく、またいずれにせよ、説教単独でどれほどの影響があるのかは定かではない。大半の人は、政治にそれほどの注意は払わない。宗教と政治がどう連携していると「されている」のか誰もが直感的に知っているということを、当然のものとすることはできない。

人々は政治的情報を、友人や家族、そして近所の人との相互作用からしばしば収集している。この種の情報は政治的トピックについての明示的な会話を通じてやってくることもあるが、より些細な信号からもまた学習されうる——こちらには電子メール経由で伝えられたジョーク、あちらには不用意な一言、といった具合である。したがって、その社会的ネットワークが宗教会衆あるいはコミュニティに根ざしている人の方が、関心領域の多くについて宗教が染み込まれた信号を受け取る可能性が高く、その中に政治も含まれている。振り分けによって政治的な考えの似ている教会出席者が互いを見つけやすくなるということが、礼拝の場所を選ぶときに政治的な一致をたとえ意識的に求めていなくとも起こるという観点から考えると、とりわけこれは真実である。

付き合う相手の人々は一般に、自分たちの政治に大きく影響するということを提案しているのはわれわれだけではなく[22]、また宗教上の社会的ネットワークが各人の政治とその宗教をつなぎ合わせる仕方に影響するということをわれわれが初めて指摘しているわけでもない。単一の大都市圏内での二一会衆の会員が有している政治的態度に関してのある重要な研究の結論では、教会内部の「神学的風土」、すなわち教区民仲間の保持する意見が、自身の宗教的信念よりもその人の政治的イデオロギーと強く相関していた。[23]

二〇〇六年の信仰重要性調査データでもやはり、宗教上の社会的ネットワークが政治に対する影響源として意味を持っていたことが見いだされている。礼拝場所を通じて形成された社会的ネットワークの密度を反映する測度を用いた場合、それが政党支持に与える影響は、宗教性に関するわれわれの測度の次に位置するものになっていた。[24]宗教的な社交は、宗教性と党派心の間のつながりのおおよそ半分を「説明していた」。あるいは言い方を変えると、宗教上の社会的ネットワークは、人々が宗教と政治の間を結びつける重要な経路になっていた。

教会における友人が、宗教と政治が一体となる手段になっていることについてはさらなる証拠を見ることができる。宗教的な社交の程度が高い人々の間において、宗教性は党派心とより強いつながりを持っている。実際には、会衆の内部にほとんど社会的なつながりを持たない人の間では宗教性と党派心は弱くしかつながっていなかった。しかし宗教上の広い社会的なネットワークを持っている人の場合には、宗教性と党派心が密接に結びついていた（いつものようにこれらの結論は、党派心に影響を与えることが知られている他の人口統計学的要因というわれらの「常連容疑者《ユージュアル・サスペクツ》」も説明に入れた統計モデルから得られている）。[25]教会において社会的つながりが非常に少ないか全くない人では、個人的な宗教性は共和党に帰属意識を持つ可能性にほとんど影響を与えていなかった。しかし宗教上の密な社会的ネットワークを持つ者の間では、宗教性は共和党帰属と密接に結びついている。

これらの結果を理解するに当たって、個人的に宗教性の強いアメリカ人だが、宗教上の密な社会的ネットワークは持っていないというような人間は実際多くいるのかという筋の通った疑いを持つ人もいるかもしれない。同じように、宗教を中心とした友人の網を持っているが非宗教的な人は実際にいるのだろうか。どちらの場合にも、答えはイエスである。期待される通り、これら二つの間の相関は高いが、しかし完全なものからはほど遠い。[26]もう少し言うと、個人的に強く宗教的な人でその会衆の中に社会的なつながりが比較的少ないような人は多い。同様に、礼拝の場所に多くの友人関係を持っているが、宗教的な程度が高くない人も多い（ベス・エメット・シナゴーグがいくつかの例を提供している)。

宗教上の社会的ネットワークがそのように大きな意味を持つのは、われわれの推測では、それがエコー・チェンバーとして働くからである。考えの似た信者仲間の間の社会的相互作用は、その過程がかすかなものであったとしても、人の信念を強化しさらには硬化させる。それらの信念の多くは政治的な関連性を持っていないだろう。しかし場合によっては出来事(あるいは党の戦略担当者)によってこれらの信念が政治的に顕出的なものにされる。中絶や同性婚のような性と家族の問題に見られるようにである。そうなった場合、このような問題について共通の意見が共有されている社会的ネットワーク内部に埋め込まれていることは、それらの顕出性を高めるのみであろう。そこからは、自分のものと同じ立場をそれらの問題について取る政党に帰属が進むまではわずかな道のりである。その歩みが、友人のネットワークの中にいる数人の職業政治家によって進むのを助けられる可能性さえある。他の価値観を共有していることを知っている人々――信徒仲間にはほぼ定義上あてはまる――から政治的考えに接触することは、彼らの政治もまた受け入れることにつながる可能性がある。

個人

政治に関連した情報がいかにして宗教上の社会的ネットワークに注入されうるか、そして宗教上の社会的ネットワークのエコー・チェンバーがいかにそのような情報を共鳴させるかについて見てきた。宗教性と党派心の間のつながりは、共鳴が最大の人間でもっとも強い。しかし、神格差によって提示された謎を解くにはもう一段階必要である。宗教が政治と何らかの関係を持つためには、政治的意思決定において宗教が考慮されるべきであると各有権者が信じていなければならない。政治においては、他領域の多くと同様に、宗教の存在感はさまざまである。宗教が他の者よりも生活に浸透しているようなアメリカ人はいる。アメリカ人の四四%が週一回以上宗教について話している。三三%が自分と宗教的信念を共有する者からサービスや商品を買うことを好むと答えている。三一%はおおよそ週に一回以上宗教的な読書をしている。そして二六%が宗教的な理由から飲食、あるいはタバコを控えていると回答している。

よってそこから続ければ、宗教はやはりいくらかのアメリカ人の投票にも影響しているということになり、そして政治において宗教に頼る者は共和党を支持する可能性が高いということになる。

これがまさしくわれわれの見いだしたことである。宗教がアメリカ人の政治を導く傾向が増すと、彼らが共和党支持である可能性は高くなる。そしてこれは、宗教が自分の政治を形作ると答えた人が、個人的により宗教的であるからという単純なことではない。同じ人口統計学的特性を持ち、個人的な宗教性の程度が等しい——同じ頻度で教会に行き、神を信じる強さが同じで、といった具合に——ような二人を取り上げると、宗教が自分の政治的意思決定に影響を与えると答えた者の方が、共和党支持である可能性が高いのである。

宗教と政治をつなぐことの重要性が見いだされたのは、共和党支持であるということは宗教と政治のつながりを作ることを意味するというような、宗教に親和的なブランドラベルを共和党が作り出すことに成功してきたことのみによるのだろうか。そのようなことが起こっていることもほとんど確実だが、しかし黒人プロテスタントのケースが示唆するのは、それが唯一の説明ではないということである。黒人プロテスタントは、政治的な意思決定をする時には自分の宗教を用いると答えることが最も多いうちに入るが、しかしアメリカにおいて一枚岩的に民主党よりの宗教集団である。

自分の政治と宗教の間に個人が作るつながりは、教会におけるあからさまな政治活動との接触によってもたらされているわけでもない。それどころか、図12－4に示されているように、政治活動がもっとも行われているような宗教系統のメンバーの中に、共和党支持者は最も少ない。ユダヤ教徒と黒人プロテスタントでは政治活動が最も多く、共和党支持が最小である。モルモン教徒と福音派は政治活動が最小で、もっとも共和党支持が多い。

政治的な意思決定をするときに宗教に頼るとメンバーが答えるその同じ宗教系統が、仕事や家族、健康といった生活の中の非政治的な問題についての他の意思決定でも宗教の影響があると答えやすくなっている。個人がその宗教と政治の間に作り出すつながりは、宗教信仰と生活のあらゆる側面との統合にどの程度力点を置くかが宗教間でさまざまに異なっていることに起因するものであり、教会におけるあからさまな政治活動によるものではない。[27] 宗教と政治の間に個人的なつながりが作られることの意味は、第11章で触れたように、そのようなつながりを作る人々が同時に、

信仰と政治を結びつけているのが**個人**である宗教系統では共和党支持が多い
（黒人プロテスタントを除く）

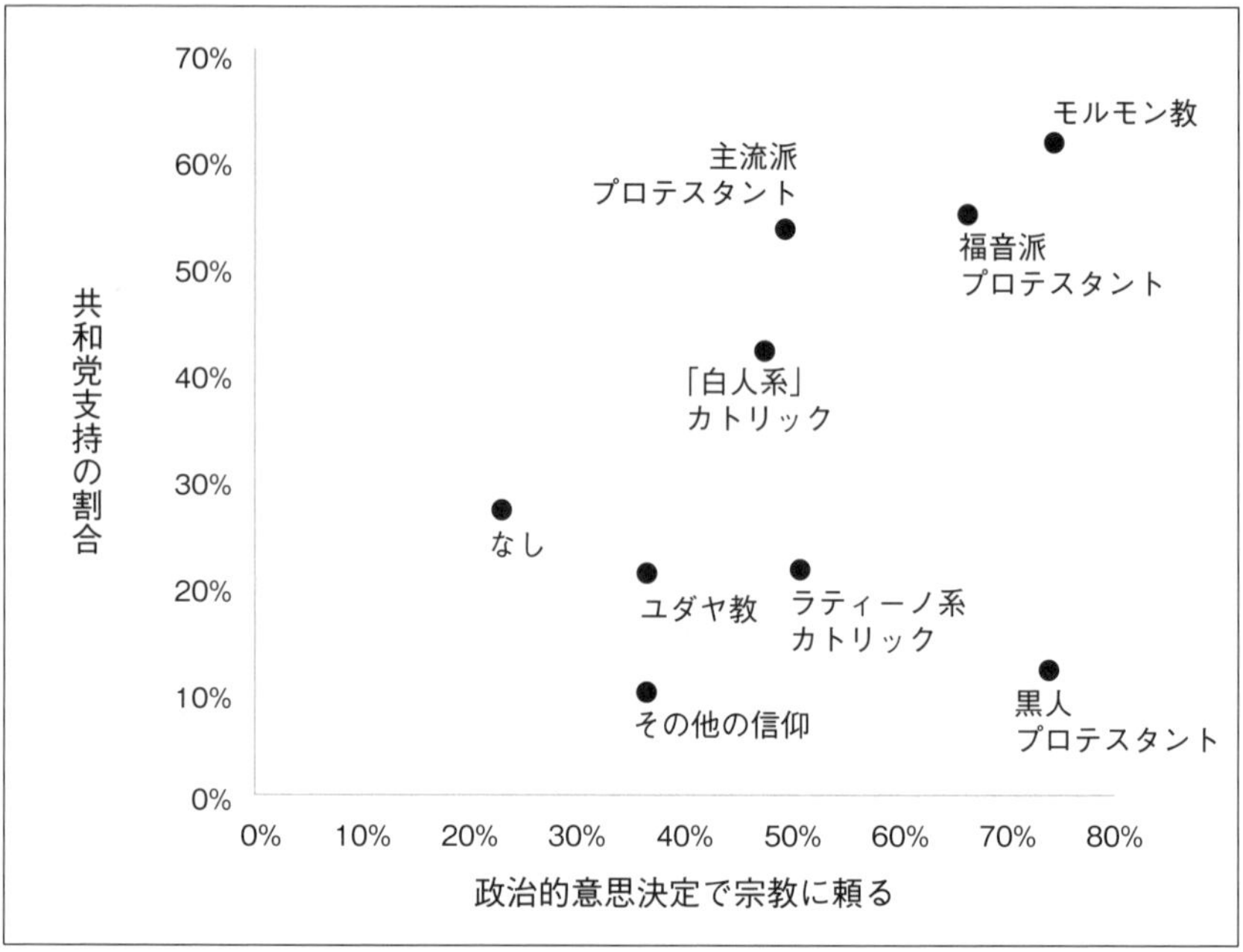

政治活動が**教会**で多い宗教系統では共和党支持が少ない

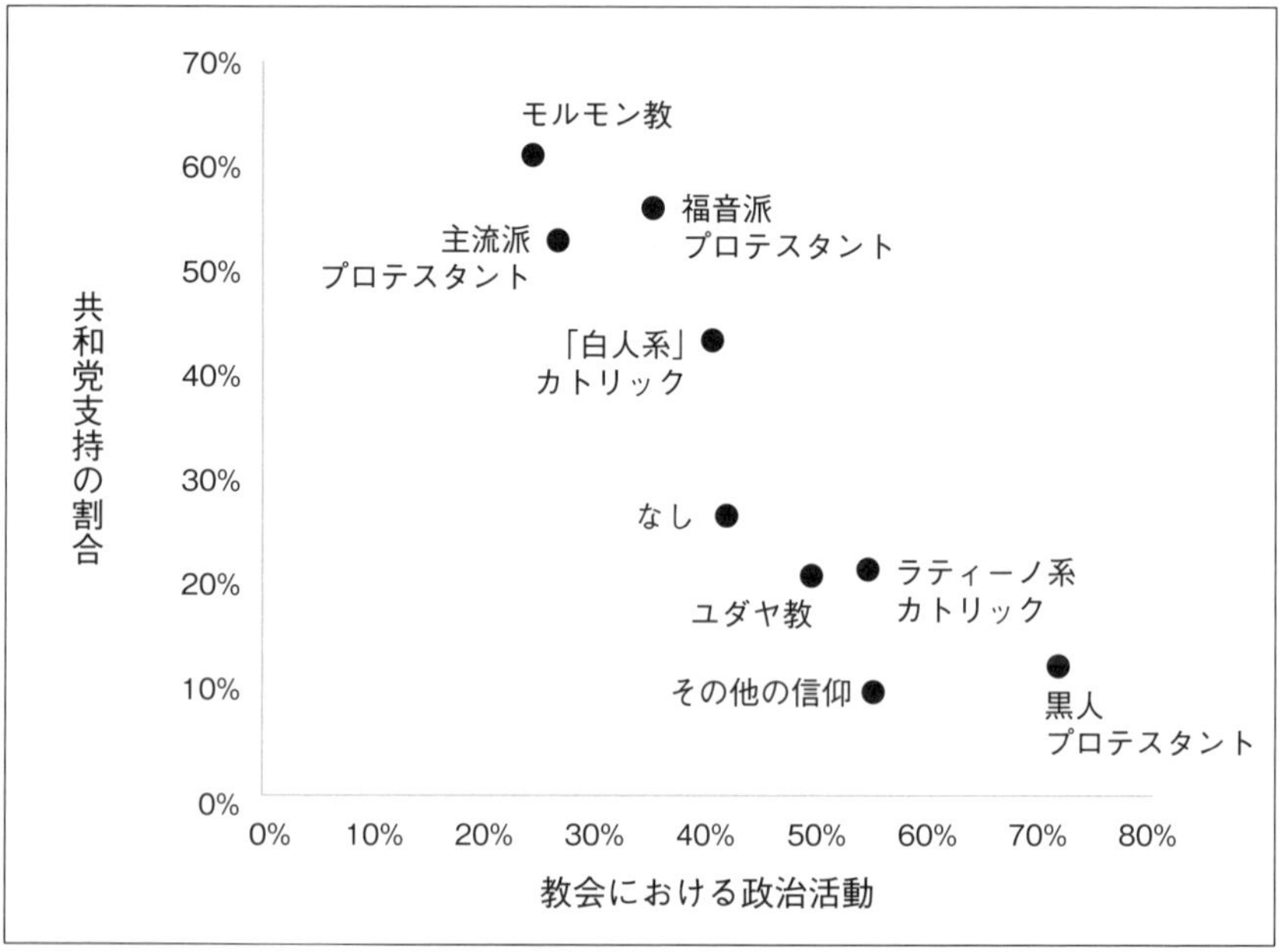

出典：信仰重要性調査，2006 年.

図12-4

中絶と同性婚という性と家族の問題にもっとも優先順位をおく傾向があるという事実によって増幅される。

政治的意思決定において宗教に頼ることと、宗教上の密な社会的ネットワークを持つことは連動していることが典型である。宗教を自分の政治と統合している人は、同時に宗教を自分の生活の他の点とも統合していて、その中には社会関係も含まれていることが期待できるということから、このことは理解できる。実際に、エコー・チェンバー効果は自分の宗教がその政治に影響を与えていると述べる人々の間で増幅される。教会に出席する人々の中でもっとも共和党支持の割合が大きいのは、政治的意思決定において宗教に頼り、かつ、密な宗教上の社会的ネットワークに埋め込まれている人であって、政治のほとんどを教会で聞く人々ではない。[28]

黒人プロテスタントは例外となっているように見えるが、実際には彼らは、宗教がいかに政治に変換されるかについてのさらなる証拠を提供している。黒人プロテスタントは、宗教がその政治に吹き込まれる程度と、社会的ネットワークの密度の両方で高い位置にあり、さらにアメリカの主要宗教系統の中でもっとも政治的に一枚岩的である。多くのアフリカ系アメリカ人の宗教的ネットワークではしかし、共鳴するのは共和党支持ではなく民主党支持のメッセージなのである。

ここで焦点を当ててきたのは、いかにして宗教上の社会的ネットワークが政治的なエコー・チェンバーとして作用しうるかであったが、この共鳴効果は信徒仲間により形成されたネットワークに限られたものではない。政治的メッセージは職業、集団所属あるいは何らかの他の特徴に基づくものであれ、考え方の似た人々によるどのようなネットワークでも共鳴することができる。昼食を共にする同僚、あるいはソフトボールチームの他のメンバーも、政治に関わる情報を流通させることができる。[29] しかし、どのような人であっても多重なネットワークに埋め込まれているとはいえ、ネットワークの全てが等しいものではない。ネットワークを織りなす共通の糸に宗教がなっているときには、それが流通させる政治的情報は、他の手段によって形成されるネットワークよりも道徳的重み付けを持ち、それゆえにより説得的であろうとわれわれは考えている。

まとめ

宗教がいかに政治に影響するかに関するこの議論の締めくくりとして、リビングワードでのミシェル・バックマンの登場が引き起こした騒動に戻る。このように大きな関心をもたらしたのがハモンド牧師の言葉であって、ミシェル・バックマンの言葉ではなかったことは、現代政治について多くを物語っている。共和党の議員候補が福音派教会でスピーチし、彼女に立候補するようにいかなる神の召命があったのか語ったことを異例と考えた人はいないようだった。教会の中に政治はそれほど多くなさそうだが（本章のメッセージ）、政治の中に教会は多くある（この前章のメッセージ）ということについて、バックマンは証拠物件第一号である。彼女の性と家族の問題についての道徳伝統主義の立場の主張は、遊説におけるむき出しの宗教受け入れと共に、共和党がいかに宗教的な者の合同を集めているかを例示するものとなっている。過去一世代にわたり、州議会からホワイトハウスまであらゆる水準の政府において多くのミシェル・バックマンたちが立候補してきた。

共和党候補の支持を表明するにあたり、マック・ハモンドが行ったのは福音派牧師が常にしていると多くの人間が思っていることだった。しかしここまで見てきたように、説教壇からの政治は実際には異例のものである。教会出席の仲間が、互いを政治参加に誘うこともありふれてはいない。教会においては、あからさまな政治は単純に多くないのである。

しかしこのことは政治的に重要なことが教会で何も起こらないということはほとんど意味しない。アメリカの礼拝所の中で、あからさまな選挙政治活動が比較的まれであったとしても、政治関連の情報は説教壇越しにそして教区民の間でなおコミュニケーションされている。政治関連の情報は、まれにあからさまなことがあってもほとんどがささいなものであるが、その人の礼拝所において、それを通じ形成された社会的ネットワークを通して反響する。この情報の顕出性は、ある信仰を共有する人々の持つ、政治的な同意見性によって増幅される。そのような政治的合致の方はというと、アメリカ宗教における切り替え、混合そして整合に基づいている。人々は自分自身を――意識してかそうでないかに関わらず――政治的に波長の合うメンバーのいる会衆へと、自己強化過程を通じて振り分けていく。ある種の人が特定の会衆内部で優勢となれば、自分も似ていると感じる他の人もそこをより居心地がよいと感じるようになるだろう（そして自分は違う、と思った人は、出たいと思うくらい居心地悪く感じるだろう）。この種の対人的振り分けは会衆の内部でも起こり、政治も含むもののそれに限らず自分に似ている友人へと人々は引き寄せられていく。

この種の振り分け全てが、多くの宗教上の社会的ネットワークを政治的エコー・チェンバーにする。宗教に関連する争点について分断された政治政党を前にしたとき、こういった反響が――あからさまなどんな政治活動以上に――投票日に意味を持っている。

第13章　宗教とよき隣人性

先行の二章では宗教と党派的政治行動の間の連関について検討し、過去数十年間でこれらの連関がいかに緊密になったかについて述べた。われわれはまた、微細な政治的メッセージが伝達される宗教上の社会的ネットワークの役割も検討した。本章では焦点を政党的意味での政治から、より広範な市民生活へと広げる——宗教がいかにわれわれの政治に影響するのかではなく、それがいかにわれわれのコミュニティ生活に影響するのかに対してである。

宗教的なアメリカ人は世俗的なアメリカ人と比べ、より親切な隣人でよりよい市民なのだろうか。著名な「告別の辞」において、ジョージ・ワシントンは「政治的繁栄につながるあらゆる気質と習慣の中で、宗教と道徳が欠くことのできない支援となるものである」とした〔初代大統領ワシントンが一七九六年、辞任に際して発表した書簡。〕。四〇年後のアメリカへの有名なフランス人訪問者、アレクシス・ド・トクヴィルもまた、アメリカの民主主義には、アメリカ人の比類なき宗教性に負っている部分があると考えていた(1)。

しかしそれは今日でも真実だろうか。確かに信仰ある人々は、「汝自身のごとく隣人を愛せ」や「人にしてもらいたいと思うことを人にもしなさい」と諭す何百もの説教を終わりまで聞いている。他方で、世界の多くの地域で宗教は不寛容、暴力そして騒乱と結びついている——それは市民的善行と結びついてはいない。一七世紀フランスの哲学者ブレーズ・パスカルは彼の時代の宗教戦争を振り返って、「宗教的確信からなすときほど、人間はこれほど完璧かつ進んで悪をなすことはない」と述べた。もっと最近ではクリストファー・ヒッチェンズが宗教に対する市民性の問題を簡潔にまとめている――「宗教が全てを毒する」と。[2] 現代アメリカにおける証拠が示すものは何だろうか。[3]

本章でわれわれが見いだすのはまず、宗教的アメリカ人は実際に、世俗的な比較相手よりも寛大な隣人で良心的な市民だということである。他方で、彼らは世俗的アメリカ人よりも反対意見に対しての寛容性も低く、これは重要な市民的欠点である。それでもたいていの部分では、われわれの検討した証拠の示すところでは宗教に信奉的なアメリカ人はより市民的で、いくつかの点においては単純に「より親切《ナイサー》」である。

続いては、どうしてそうなっているのかについて検討する。信心深い人々の多くは、自身の市民的美徳は神の意志の現れだと説明するかもしれないが、われわれの発見した証拠では、よき市民性と隣人性における「宗教的優越」と呼ぶものに対して、神学は説明の中核にはなっていない。むしろ、信仰のコミュニティが信仰そのものよりも重要であるように思われる。（前章で見たように）党派的手がかりを運んでいるものとまさに同じ、宗教を基盤とした社会的ネットワークが、同時に市民的規範と習慣の伝達に決定的なものになっていることがわかる。しかし、なぜ宗教的な人々がよりよい隣人であるのかを探索する以前に、証拠からは彼らは実際にどうなのだろうか。

宗教的アメリカ人はより寛大である

寛大さは、最も単純には時間と金銭という贈与を測ることで計量可能である。ボランティア行動から始め、続いて慈善寄付に移ろう。

アメリカ人は全体として、ボランティア行動において寛大である。最も保守的な全国推定（国勢調査局による）が示しているのは、全アメリカ人の四分の一以上が毎年ボランティアをしており、平均で週あたりおおよそ二・五時間貢献していることである。[4] 国勢調査局の調査に反映している全ボランティア行動のうち、ちょうど三分の一強（三六%）は宗教組織に対するものだった。二〇〇六年の信仰重要性調査では他の多くの調査と同様に、さらに高率のボランティア行動が示されていて、アメリカ人の二七%が宗教集団のためにボランティアをしたと答えた一方で、三七%から四七%が少なくとも一つの非宗教集団のためのボランティアをしたと答えた。[5]

もちろん、宗教的な人々のボランティア行動の多くは宗教的動機によるもので、非宗教的な人々がそのような動機でボランティアを行うことはほとんどない。もしかすると、ボランティア行動をするアメリカ人は「専門職《スペシャリスト》」で、宗教的動機でボランティアをする者もいれば、他の者はその代わりに世俗的動機に焦点を当てていると推論できるかもしれない。万人が一日には二四時間しかないので、ことによると宗教的なボランティア行動と非宗教的なそれは、相互に排他的な選択肢になっているのかもしれない。

実際にはしかし、宗教集団へのボランティア行動と世俗集団へのボランティア行動は正に相関していることがわかる。宗教集団のためのボランティアをする者全体の中で、九一％が少なくとも一つは世俗的集団のためのボランティアもしており、一方で宗教集団のためのボランティアをしない者の中では、六九％がいかなる世俗的集団のためにもボランティアをしていないと答えていた。宗教集団のためにボランティアを行う者は、宗教集団のためにボランティアを行わない者と比べて、世俗的集団のためにもボランティアを行うことが二〜三倍多い。アメリカ人はボランティアをするかボランティアをしないかの間で主に選択をしていて、それは宗教的なボランティアか世俗的なものかの間ではないように思われる。

教会出席者が、教会に行かない者よりも宗教的ボランティアをする割合が高いということにはみじんの驚きもない。教会に行かない者が教会の案内係として登場することはほとんどない。さらに、宗教的な人々によるボランティア行動の大きなシェアは宗教組織のためのもので、そしてその意味で宗教参加は宗教組織へのボランティアへの経路となる傾向がある。[6] しかし、宗教はボランティア行動全体を大きく押し上げていて、定期的な教会出席者は宗教的ボランティア行動の比率が高いことに加え、世俗的な動機によるボランティアをする可能性もまたずっと高い。宗教は宗教組織へのボランティアの道筋をつけているが、宗教的ボランティアが世俗的ボランティアを締め出してしまうということはない。図13－1は二〇〇六年の信仰重要性調査において、宗教的な人々が宗教組織に対してと同様に、世俗組織に対してのボランティアもよくする傾向があることを示している。

インディペンデント・セクターの支援で行われた一九八八年から二〇〇一年の「寄付とボランティア行動」調査において、人口統計学的要因を一定としたとき、毎週教会に通う者の四五％が非宗教的ボランティア行動を（何らかの

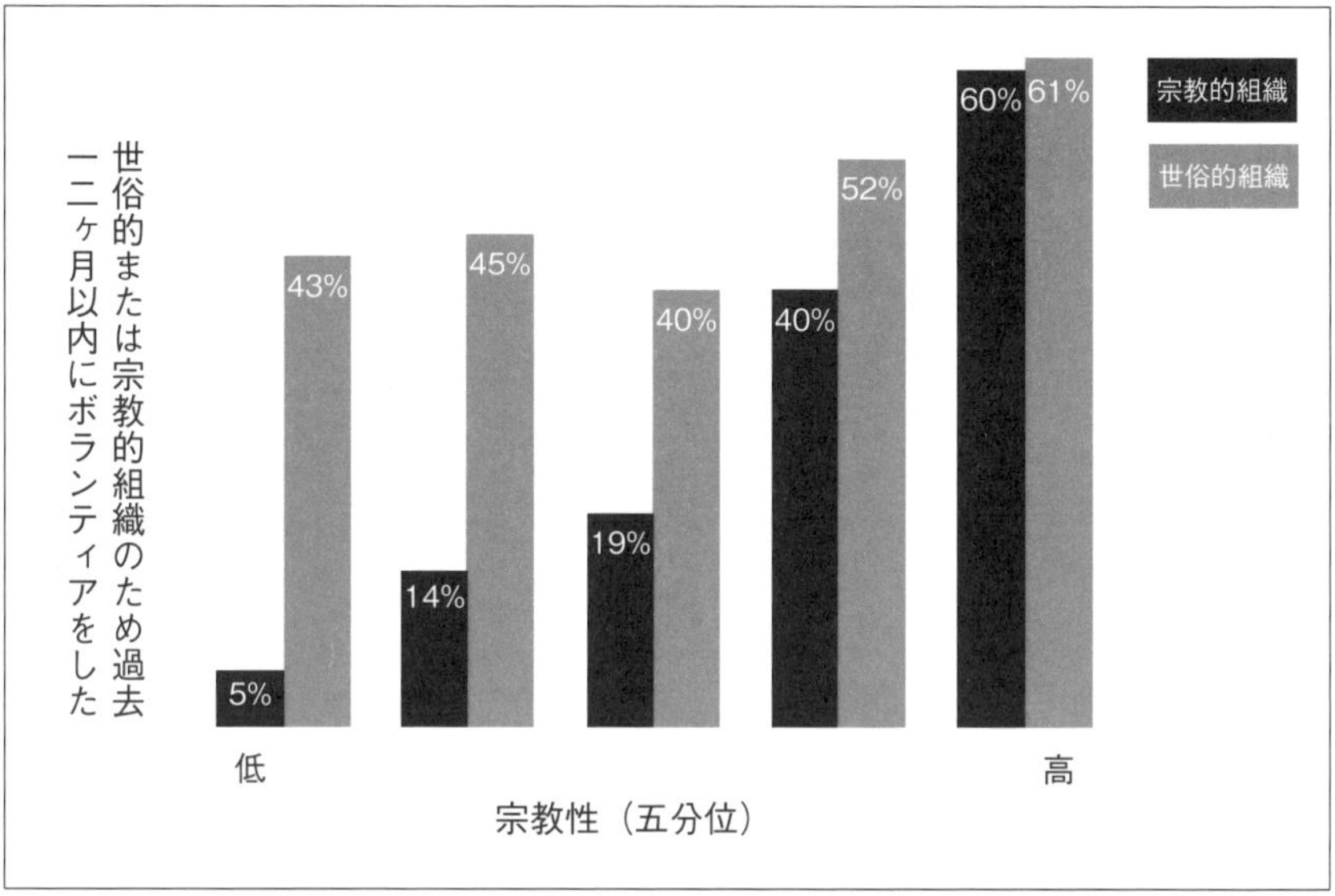

出典：信仰重要性調査，2006 年.

図13-1　宗教性が世俗的、宗教的両方のボランティア行動を予測する

宗教的ボランティア行動をしていることに加えて）報告しているが、対して教会非出席者では二六％だった。典型的な「年に一度」の教会出席者と比べると、平均的な毎週の教会出席者は宗教的理由で月に一〇・五時間、世俗的理由で月に六・四時間余計にボランティアを行っている。これらの数値はボランティアに対する他の人口統計学的予測変数を一定に保っているので、宗教性に帰属しうる世俗的ボランティア行動の差異は実に著しいものである。

　表13－1が示すように、世俗的な種類のボランティア行動の中でこの宗教的優越は貧困者や高齢者、そして若年者への奉仕においてとりわけ顕著であるが、（いつものように、ボランティア行動に対する他の人口統計学的な予測変数を統制すると）教会出席は芸術・文化組織を除くあらゆる種類のボランティア行動に対する有意な予測変数となっている。[7] 数字を丸めると定期的な教会出席者は、人口統計学的に対応付けた教会に出席してもまれなアメリカ人と比較したときに、困窮者を助けるボランティアを行うことが二倍以上多い。

　ここで隣人性の物質的測度――慈善上の寛大性の方を検討しよう。事実上全ての主要な宗教は、その

表13-1　宗教性別でみたボランティアの種類
（標準的な人口統計学的およびイデオロギー特性を一定に保った）

ボランティア行動の領域	少なくとも週１回教会に行く	教会にはほとんどまたは決して行かない
宗教集団または礼拝所	51%	4%
貧困者や高齢者の支援	40%	15%
学校や青少年プログラム	36%	15%
近隣または市民グループ	26%	13%
健康管理や特定の疾病	21%	13%
芸術や文化組織	9%	6%

出典：信仰重要性調査，2006年.

信奉者に向かって大義に対し物惜しみせず施すようにと説いていて、宗教的なアメリカ人はその指示にほとんど従っているということに関して証拠は圧倒的である。[8]「広くさまざまな理由でお金を寄付する人もいれば、そうしない人もいます」と調査したアメリカ人に対しわれわれは示した。「過去一二ヶ月の間で、あなたか家の誰かがお金を慈善もしくは宗教的理由で寄付したことはありましたか」。答えが「はい」であったときには、それくらいの額を（丸めた数字で）寄付したか、（a）宗教的な理由によるもの全て（自身の会衆を含む）と（b）非宗教的な慈善、組織あるいは理由によるもの全てについて尋ねた。

われわれの調査からは、アメリカ人は、個人として寛大な人々であるというよく知られた事実が確認された。[9] 回答者の八〇％は前年に何らかの慈善寄付を行ったと述べていた。[10] 平均の年間寄付は、尺度の上端におけるより寛大な寄付によって引き上げられているが一八〇〇ドルを超えていた。しかしこういった全体の数字では宗教的なアメリカ人と世俗的なアメリカ人の間にあるはっきりとした差が覆い隠されてしまう。

サンプルの中で最も世俗的な五分の一の中で、三分の一近く（三二％）は前年に全く慈善寄付を行わなかったことを認めていたが、最も宗教的な五分の一の中ではそのように出し惜しんだのはわずか二〇人に一人（六％）だった。さらに、宗教的なアメリカ人による慈善目的の平均の年間寄付額は世俗的アメリカ人による平均寄付額よりはるかに大きかった。サンプル中最も世俗的な五分の一は、一年間の世帯慈善寄付全体で平均約一〇〇〇ドルと答えていたが、最も宗教的な五分の一では対して三〇〇〇ドル以上だった。年間所得の割合として慈善寄付を測定すると、最も宗教的なアメリカ人五分の一における平均的な人は、宗教性が最低の五分の一におけるその比較相手と比べて寛大さが四倍以上で、およそ七％対およそ一・五％だった。

繰り返すが、宗教的な寄付と非宗教的な寄付は二者択一になっていて、宗教寄付が専門の人もいれば非宗教寄付が専門の人がいるというように想像するかもしれない。しかし実際には、ボランティア行動とちょうど同じように、宗教目的の寄付と非宗教目的の寄付は強く正に相関している。宗教目的の寄付者全体のうち、八八％が世俗的目的のためにも寄付していた。宗教目的の寄付を行わなかった人々のうち、六〇％は世俗目的による寄付も行っていなかった。所得の割合としての寄付に焦点を当てると、宗教目的での平均以上の寄付者の七〇％は同時に世俗目的での平均以上の寄付者だったが、宗教目的での平均以下の寄付者の六七％は世俗目的でも平均以下の寄付者だった。[11] まとめると、宗教目的か世俗目的かに寄付を限っている人は少ない一方で、大半の者は両方に寄付するかどちらにも寄付していない。

教会出席者が教会に通わない者よりも献金皿に多くの金を置くのは全く驚くべきことではないが、彼らは世俗目的でもより寛大に寄付しているのである。定期的な教会出席者は非出席者よりも世俗目的による寄付を行う傾向があり、そして強く宗教的な人々が行っている世俗目的の寄付の、所得に対する割合は大半の世俗的な人が行うものよりも大きい。第1章から想起してほしいのは、宗教的信奉が最も高いのは年長のアメリカ人、黒人アメリカ人、女性、南部人であること、そして、どちらかといえば、宗教的アメリカ人は世俗的アメリカ人よりも平均するとわずかに貧しいということである。そのような特性をふまえると、宗教的なアメリカ人が世俗的なアメリカ人よりも、宗教、世俗両方の目的においてより寛大に寄付しているということはさらに印象的である[12]（図13－2を参照[13]）。

ボランティア行動のケース以上に、宗教的関与は宗教組織に対する寄付を導くので、宗教寄付に対する宗教的関与の影響は非常に強力である。

他方で、宗教参加は全体としての寛大さを非常に強力に増やすので、宗教的寄付が大きいことは世俗目的での寄付を閉め出すということはなくむしろそれと同時におこり、よって宗教的な人は宗教的、非宗教的両方の目的でより多く寄付を行っている。[14]

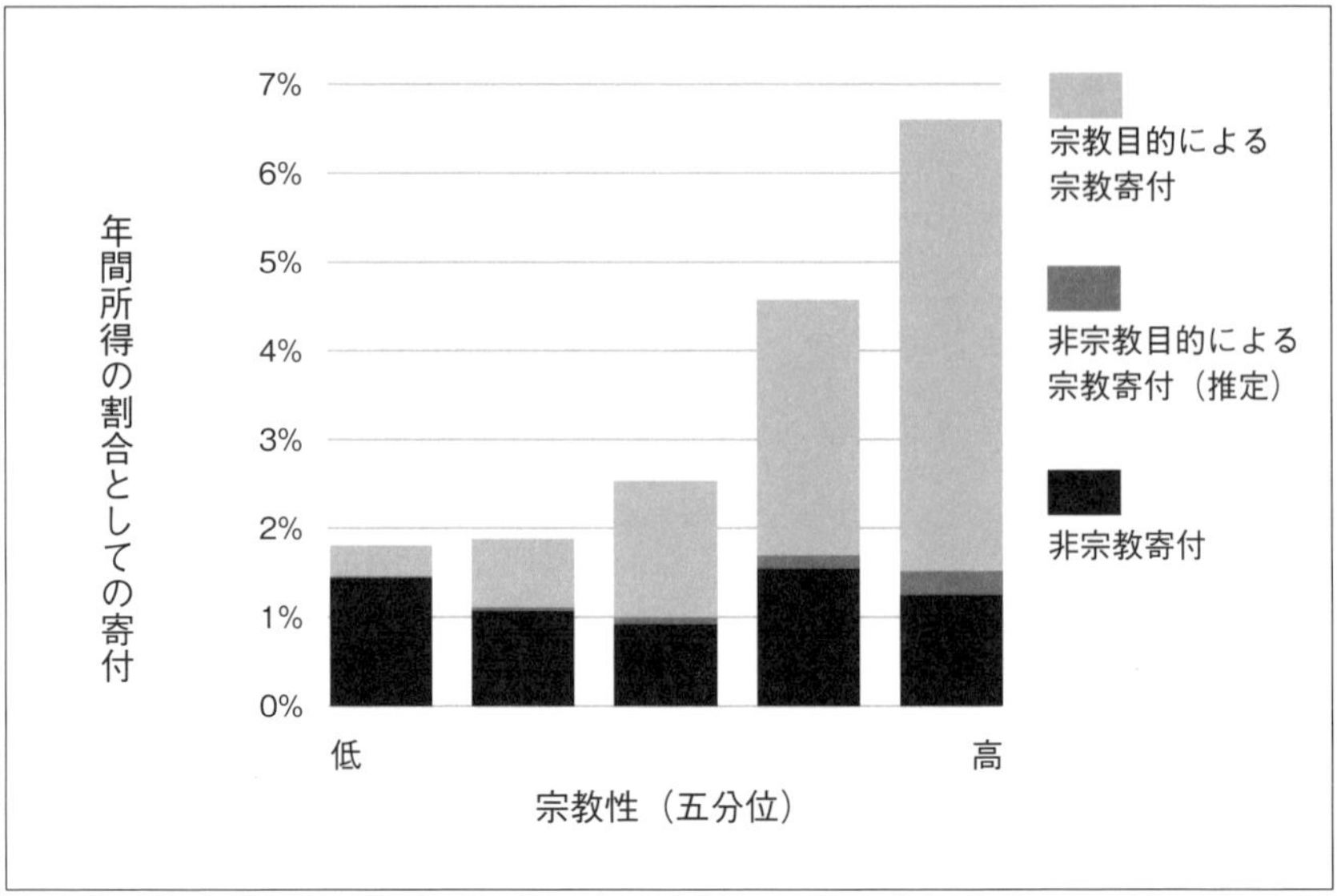

出典：信仰重要性調査，2006年.

図13-2　宗教性は所得割合での寄付を促進する

宗教の持つ増強効果（総寄付）と経路効果（宗教か世俗か）の間のバランスが、時間と富の両方における世俗目的での宗教の貢献を決定する。経路効果に比較すると、宗教性の持つ増強効果は寄付よりもボランティア行動で大きい。実際、「寄付とボランティア行動」調査の詳細な分析からは、宗教性は世俗的寄付に対して有意な正の影響を持っていた一方で、世俗的ボランティア行動に対しては正の影響がさらに大きかった。その反対に、宗教性の経路効果はボランティア行動よりも寄付において大きい。結果として、宗教的優越は世俗的ボランティア行動よりも世俗的寄付で小さくなっている。

宗教は別として、宗教的アメリカ人がより多く寄付する対象は正確には何だろうか。短い答えは「ほとんど全て」だが、とりわけ若者や困窮者を支援するような組織に対してである。「寄付とボランティア行動」全国調査は一九八八年から二〇〇一年に一ダース以上の異なる種類の組織への寄付について尋ねている（寄付の頻度順に並べた）――「インフォーマルに」（家族と友人）／健康／福祉／青少年／教育／環境／労働関係／政治／芸術／「公益」（公民権、地域活動、そして奉仕クラブの混合）／財団

／成人リクリエーション／国際／そして「その他」である。これら具体的な世俗的部門のほぼ全てに対し、教会に出席するアメリカ人は世俗的アメリカ人よりも経済的支援の寄付を行うことが有意に多かった[15]。最大の宗教的優越は教育、青少年、そして国際目的に対する寄付で見いだされた[16]。まとめると、アメリカの慈善スペクトラムのほとんど全ての部分が、宗教信奉的な男女による寄付から偏って恩恵を受けているが、とりわけそれは困窮者に奉仕する組織において成り立っている。

世俗目的の寄付に対する宗教性の効果は大きい。他の事柄を一定とすると、教会に決して出席しないアメリカ人がアメリカがん協会、ボーイ／ガールスカウト、地域の美術館、あるいは何か他の世俗的組織に対して寄付する可能性は六〇％だが、類似の世俗的寄付が毎週教会に出席する比較対象者から起こる可能性は八一％である[17]。

本章の後段では宗教的な人々が市民生活において著しく積極的であることを示す。彼らが寄付とボランティア行動において寛大なのは、彼らが単に参加好き《ジョイナー》だからであって、彼らが宗教的であるからではないということはあるだろうか。前者の解釈に対し反論する二種類の証拠がある。

まず第一に、われわれは回答者に六つのカテゴリーの世俗的組織への関わりについて尋ねた——親、青年あるいは学校グループ／趣味、スポーツあるいは余暇グループ／奉仕、社会福祉あるいは友愛組織／専門職あるいは同業団体／近隣、民族あるいは政治組織／そして特定の疾病や中毒の支援グループである。そのような組織所属を一定に保ったときでさえ、寄付とボランティア行動における宗教的優越は依然として有意であることが見いだされた。すなわち、世俗的コミュニティ生活に同じように参加している二人の人を比べたときに、より多く教会に出席している人の方が、世俗目的での寄付やボランティアをすることが多い（宗教的目的についても、もちろん同様である）。言い換えると、宗教的な人々が寛大であるのは、単に参加好きであるからではなく、それは理由の一部にすぎない。

第二に、完全に組織的文脈の外側にある、多種類のインフォーマルな利他主義も宗教性は予測している。「アメリカ宗教とエスニシティに関するパネル調査」（ＰＳ－ＡＲＥ）の二〇〇六年の知見では（非宗教的アメリカ人と比べると）教会出席者は「見知らぬ人」にお金をあげると答えることが有意に多く、「寄付とボランティア行動」調査は教会出席者が家族や友人への経済的支援を提供することが多いことを見いだしている[18]。

二〇〇四年と二〇〇六年に総合社会調査はアメリカ人に対し、過去一二ヶ月の間に行った可能性がある一五種類の善行について尋ねていて、それは誰かの職探しを助けたというものから献血、近所の植物の面倒を見た、知らない人を列の前に入れてあげたというものまでに及んでいる。これら全ての善行が宗教性の高さと関係していたわけではないが、大半のものはそうであり、年齢、性別、人種、教育水準を一定に保ったときにもそれは成り立っていた。頻繁に教会に出席する者は以下をすることが多かった――

・慈善に寄付をする
・慈善のためのボランティア仕事をする
・ホームレスにお金をあげる
・おつりが多かったときに店員に返す
・献血する
・自分の家庭外にいる人の家事を手伝う
・「少し落ち込んでいる」誰かのために時間を使う
・知らない人を列の前に入れてあげる
・知らない人に席を譲る
・誰かの職探しを助ける

他の五種類の善行については、いずれにせよ宗教性と相関していなかった――

・他者が家を離れているときに植物やペットの面倒を見る
・知らない人の荷物を運んであげる
・知らない人に道を教える

・いくぶん高価なものを誰かに貸す
・他者にお金を貸す

すなわち、これら一五種類の善行の中で、宗教的なアメリカ人よりも世俗的なアメリカ人の方がよく行うようなものは一つもなかった。

相関は因果を証明しない。第一章で触れたように、宗教的な人々は非宗教的な人々から宗教性に加え多くの点で異なっている。例えば彼らは平均すると年長で、女性、南部人、アフリカ系アメリカ人であることが多い。したがってわれわれは、寄付に対する宗教性の影響に関する主張の全てを、他の多くの人口統計学的要因を政治的イデオロギーと共に一定に保つことによって検証した。本章において有意である一般化は、性別、教育、所得、人種、地域、自家所有、居住年数、婚姻／有子状態、イデオロギーそして年齢を同時に統制したときにも正しさを維持している。その意味で、宗教性と寄付の間の相関は単なる疑似的なものではない。何か他の未測定な個人特性――おそらく、「やさしさ遺伝子」のようなもの――で宗教的かつ寛大になっている人がいるのか、それとも宗教性そのものが実際に寛大性を引き起こしているのかはより複雑な問いで、本章の後段で戻ってくることになる。

寛大さは宗教系統が異なると違っているのだろうか。「そうである、が大きくはない」が答えである。第1章（図1－3）で見たように、ある宗教系統の信者は他よりもより信仰に熱心だが、しかし宗教信奉におけるそのような差を一度説明に入れると、宗教系統間での寛大さの違いは控えめなものになる。信奉度が同程度の他宗教系統の者と比較すると主流派プロテスタントは、宗教信奉におけるその控えめな水準をふまえたときに予想されるよりも宗教、世俗目的の両方でボランティアをすることがわずかに多い。モルモン教徒は、その高水準の宗教信奉を考慮に入れてさえも、あらゆる種類の寄付とボランティア行動で著しく積極的である。カトリックは宗教、世俗目的の両方で寛大性がわずかに低く、福音派プロテスタントは宗教目的でわずかに寛大性が高く、世俗目的でわずかに寛大性が低い[19]。福音派は他の大半の教派の信者よりも信奉度が高いので、その寛大性は絶対水準で宗教、世俗目的の両方でより高いということは念頭に置いてほしい――信奉度の影響を取り除いたときにのみ、福音派は世俗目的での寛大性が低いように見えるということである。

もし、さまざまな宗教系統の寛大性の順位に最大の関心があったのであれば、信奉度の水準の違いを調整することなく、それらの間の絶対的な差を見るべきであったかもしれない。しかしここで関心があるのは寛大性の根底にある起源を探求することなので、宗教性の重要度自体を一度脇に外した上で宗教系統間の間で何らかの差が残るかについて見たのである。見てきたように、そのような純粋な教派的差異は、宗教性自体の基礎効果と比べると控えめなものである。ボランティア行動と寄付についての主要なメッセージは、宗教の量の方が、宗教の種類よりも重要であるように思われるということである。[20] 寛大性の主たる予測変数は、その人間の宗教的関与の強さであって、どの宗教系統かには関わらない。[21] 実際、どの宗教系統にも全く所属していないと述べるアメリカ人の間でさえ、たまには教会に出席する者は、決してそうしない者よりも寛大性が高かった。その人がどれくらい宗教的かのほうが、どの宗教にその人が所属しているかよりも意味を持っているのである。

ここまで学んできたことをまとめると、アメリカ人の中には他よりも寛大な者がいる。宗教目的と非宗教目的の間で選ぶより、むしろ彼らは両方に対しより寛大にボランティアと寄付をする。特に、宗教信奉度の高いアメリカ人は、人口統計学的に類似した世俗的アメリカ人よりも時間と富についてより寛大である。これは世俗目的に対して（とりわけ困窮者、高齢者および若者の支援において）、純粋な宗教目的に対するものと同様に成り立っている。これは最も偶然に起こる親切な行為に対してすら成り立っている。この連関は、その人が信じる具体的な宗教や教派にかかわらず本質的に同じなので、ここに関係している要因は人がどの程度宗教に参加しているかであって、どの宗教に参加しているかではない。そしてこのパターンは非常に頑健なもので、その証拠はアメリカの宗教と社会行動に関するほぼ全ての主要な全国調査で見いだせる。[22] どのように考えても、宗教的な人は単純に、より寛大なのである。

宗教的なアメリカ人は市民的な積極性が高い

ここまで、宗教的アメリカ人がより寛大であることを見てきた——それは自身の宗教コミュニティの内部においてだけではなく、その暮らしているより広いコミュニティの中でもそうなっていた。ここからは、そのような広いコミュニティのなかで彼らがより積極的であるという広範な証拠に目を向けていく。実際に、宗教的なアメリカ人は世俗的なアメリカ人よりも市民的な積極性が、最大で倍まで高くなっている。

教育水準はほぼ全形態のコミュニティ活動に対する最も強力な相関要因であることが典型で、その理由には教育自体が認知的、市民的、そして組織的スキルを育んでいるからという部分もあれば、教育が社会的地位と経済的優位性に対するよい代理変数になっているからという部分もある。しかし、標準的な一連の人口統計学的、イデオロギー的他要因を一定にすると、ほぼ毎週教会に出席するアメリカ人とめったにそうしない者との間の市民性の差は、満二年間の教育におよそ相当する。社会経済的地位という部分的例外は除き、市民的関与に関する広範な測度に対して宗教性は最も強く最も一貫した予測変数になっている。

われわれの標準的な統計学的統制をした上でも、宗教的なアメリカ人は非宗教的なアメリカ人より以下の傾向が高い――

・**コミュニティ組織へ所属すること**、特に青少年奉仕組織（例えばスカウト）、健康関連組織（例えば赤十字）、芸術、余暇団体（例えば読書グループやボウリングリーグ）、近隣・市民団体、友愛・奉仕組織（例えばロータリー）、さらには専門職・労働グループ。全体としてみると、人口で最も宗教的な五分の一に入るアメリカ人は、最も世俗的な五分の一にいるアメリカ人よりも組織所属が三四％多い。人口で最も宗教的な五分の一は前年に（平均して）六回近くのクラブ会合に出席していたと答えていたが、対して人口で最も世俗的な五分の一ではそのような会合は三回だった。

・**コミュニティの問題解決に尽力する**。人口で最も宗教的な五分の一で、二九％は何らかの組織で「役員や委員」を務めたと答えているが、人口で最も世俗的な五分の一では対して一四％だった[23]。われわれは回答者の市民的関与について、別個の二質問で探っている――「昨年、他の人とコミュニティの問題を解決するために一緒に働きましたか」と「昨年、コミュニティ事業で働きましたか」である。人口で最も宗教的な五分の一のうち、最初の質問に「はい」と答えたのが三六％、二番目の質問に「はい」と答えたのが三四％だった。人口で最も世俗的な五分の一では、最初のものに「はい」が二三％、二番目のものに「はい」は二四％だった。

・地域の市民・政治生活に参加すること、これには地方選挙からタウンミーティング、政治デモの全てが含まれている。人口で最も宗教的な五分の一にいるアメリカ人は、前年に地域問題が議論される公的集会に平均して六回出席したと答えているが、人口で最も世俗的な五分の一ではそのような会合は平均二回だった。最も宗教的なアメリカ人のうち、五六％が「地方選挙の全てあるいは大半で投票した」と答えているが、最も世俗的なアメリカ人では対して四六％だった（興味深いのは、宗教的スペクトラムの両極にいる人々が中央にいる人よりも投票することが多いことで、したがってこのパターンはU字型になっているが、しかしこのUには偏りがあって、強くまたある程度宗教的な者の方が、強くまたある程度世俗的な者よりも投票が多くなっている）。

・地域の社会的、政治的改革を強く要求する。宗教的なアメリカ人は、単なる現状維持派ではない。その反対に、宗教的なアメリカ人は地域改革の活動家を偏って代表している。いつものように背景特性の標準リストを政治的イデオロギーを含めて統制すると、宗教的アメリカ人の二〇％が自分を「過去一二ヶ月に社会、地域改革のために何かの地域活動をする」組織のメンバーであったと答えており、世俗的アメリカ人では対照的に一一％だった。前年に「抗議の行進やデモに参加した」と答えるアメリカ人は一〇％に満たないが、宗教的アメリカ人は、世俗的アメリカ人よりもそうしたことが有意に多い。そして、読者がこれら宗教的な活動家は主として中絶反対の主張者やその他の保守的な政治目的の熱狂者であると考えないよう記しておくと、こういった行動主義は宗教的関与のあるリベラルの方で、宗教的関与のある保守派より実際にはよく行われていた。(24)

全てを総合すると、これらの市民参加の測度は非常に広範にわたっている。（公的集会やスカウト指導者のように）三〇代の間でより行われているものもあれば、他には（投票やロータリーの会員のように）年長のアメリカ人の方に特徴的なものもある。（コミュニティ事業のように）非党派的な傾向があるものもあれば、他のものは（抗議の行進のように）非常に党派的になりやすい。それでも全てが、宗教的なアメリカ人と世俗的なアメリカ人の間で一貫した

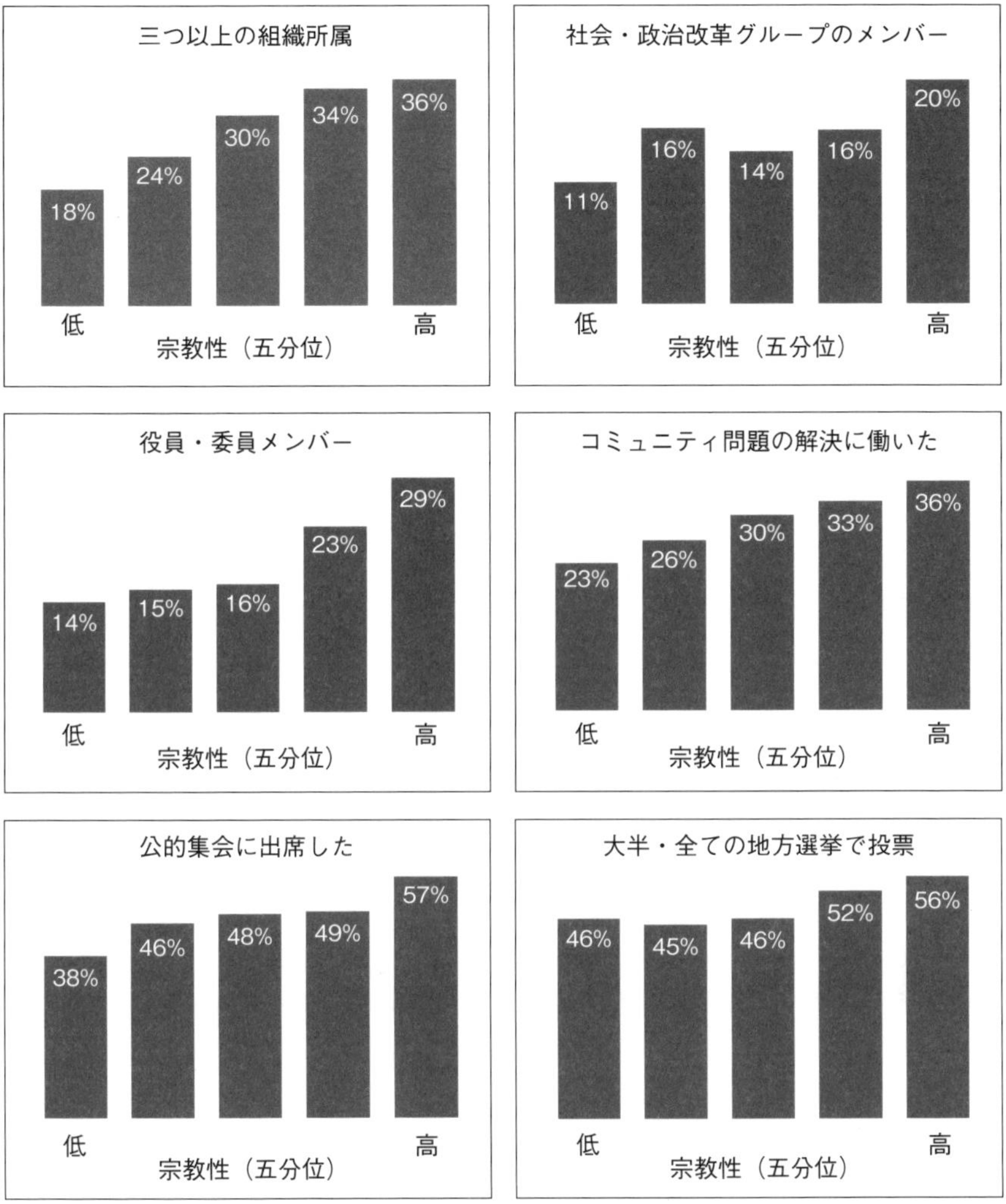

出典：信仰重要性調査，2006 年.

図13-3　市民参加と宗教性
（標準的な人口統計学的、イデオロギー的特性を一定に保った）

著しい対照を示している。[25] この差については図13－3に示されている。この図では市民参加に影響を与えることが知られている他の背景要因を調整しているので、図が比較しているものは実際には、人口統計学的またイデオロギー的に対応しているが宗教性に主に違いがある人々であることを念頭に置いてほしい。[26] 同じ基本パターン――宗教に信奉的な男女の間で市民参加が多い――が、主要な宗教系統それぞれの中で別個に繰り返されているが、このパターンは福音派プロテスタントの間よりも主流派プロテスタント、黒人プロテスタント、カトリックの間でより頑健また一貫している。再びになるが、宗教の量の方が、宗教の種類よりも意味が大きい。[27]

市民参加における宗教的優越は、宗教右派に結びついたり限定されたりするものではないことを認識するのは重要である。実際、クラブ所属、組織上のリーダーシップ、そして（見てきたように）地域改革活動のような市民参加の多くの測度において、宗教性は自分を保守派だとするものよりも、自分をリベラルとする者の方で強く影響していた。すなわち、宗教的なリベラルと世俗的なリベラルの間の行動主義《アクティヴィズム》における差は、それと対応する宗教的な保守派と世俗的な保守派の間の差よりも大きくさえあったということである。

アーサー・ブルックスはそのベストセラー書籍の中で最近、「宗教的保守派」は他のアメリカ人よりも寛大であると論じたが、その主張は半分しか当たっていないことが分かる。宗教的なアメリカ人がより寛大で市民生活により積極的だというのは確かに真実で、保守派がより宗教的な傾向があるというのもまた真実である。しかし、寛大さを生み出しているのは彼らの宗教性であって、その政治的イデオロギーではない。保守主義をより寛大な政治的イデオロギーであると称揚することは、基本的な統計の誤りを犯すことになる。イデオロギーと寛大さの間の相関は疑似的なものだからである。それはアダム・スミスやエドモンド・バークのような保守派のアイコンを、神の御業によるものと認めることである。[28]

それどころか、われわれの検討した調査全てにわたって、宗教性を一定に保つと（例えば、定期的な教会出席者のみ、あるいは教会に行かない者のみを見ることによる）、リベラル派は決して保守派に寛大さで劣っていないばかりか、いくつかの測度では、保守派よりもよい隣人である。例えばリベラルは、コミュニティ事業で働き、コミュニティ問題の解決で協力し、病気の者や困窮者、また近隣や市民集団を助けるためにしばしばボランティアすることが多いが、一方寛大さと市民参加についてのわれわれの測度の中で保守派の方がより積極的だったものはなかった。宗教性を一定に保つと、イデオロギーは寄付全体やボランティア全体にも、以前論じた一五の善行のどれに対しても有意な影響をほぼ持たないが、リベラルは非宗教的な目的による寄付やボランティアを、保守派がするよりも確実に多く行っている。得られる最良の証拠に基づけば、「市民的なよい人」は宗教的なリベラルであることがしばしば多いのであって、それは宗教的な保守派ではないのである。

宗教的アメリカ人はより信頼し、また（おそらく）より信頼に値する

ここまでわれわれが見てきたのは、宗教的な人々が寄付、ボランティア行動、そして市民参加といった市民的美徳において上位を占めているということだった。彼らはまた、市民的な点からより信頼にも値するのだろうか。信頼と誠実さの測定にはより注意が必要なので、われわれは間接的なアプローチをいくつか用いた。

第一に、われわれは二〇〇六年信仰重要性調査の回答者に、個人的倫理を六点示した――婚前交渉、ポルノ、離婚、同性愛、ギャンブル、そして税当局からの所得隠しである。表13－2が示すように（標準的統制を全て行うと）宗教的な人々は六つの行動のどれに対しても「常に悪い」と非難する傾向があった。宗教的な人々が家族と性の道徳およびギャンブルという五つの点について伝統的道徳に強く傾倒しているのは驚くべきことではない。しかしより驚くべきなのは、リストの中で「市民的道徳」を扱っている一項目――税当局からの所得隠し――への反応である。これら道徳的に議論ある六つの行動全てのうち、脱税が群を抜いてあらゆる種類のアメリカ人に、純粋に世俗的な者から深く献身的な者まで最も広範に非難されていた。さらに、宗教的なアメリカ人は脱税を世俗的アメリカ人よりも非難する傾向が有意に高かった。それどころか、宗教的アメリカ人は脱税を非難する点における方が、同性愛や婚前交渉を非難する点におけるよりも一致を見てすらいたのである[29]。

表13－2から、宗教的アメリカ人は実際に、税逃れをすることが少ないと推論することはできない。聖人すら罪人《つみびと》でありえるし、多くの研究が示してきたように、離婚、婚前交渉その他は宗教的なアメリカ人において世俗的アメリ

表13-2　教会出席と倫理判断
（標準的な人口統計学的、イデオロギー的特性を一定に保った）

	少なくとも毎週教会出席する	ほとんどまたは決して教会に行かない
	この行動は「常に悪い」	
離婚	16%	7%
暴力的、不敬、性的な映画を見る	36%	12%
ギャンブル	38%	16%
結婚前の性的関係	57%	12%
同性愛行為	77%	31%
税当局からの所得隠し	79%	68%

出典：信仰重要性調査，2006年.

カ人よりも有意に少ないということはない。[30] むしろ、われわれの解釈は、宗教的アメリカ人が、市民的道徳を含む伝統的道徳の全ての違反について非難する傾向がより高いというものである。

市民的誠実性を評価するための第二の間接的アプローチは、さまざまな集団に対する信頼についての一連の質問から来ている。顕著なのは、平均的アメリカ人が「深く宗教的な人」のことを、「宗教的でない人」よりもより信頼しているという結果である。宗教的な人々が「深く宗教的な人」について信頼する傾向が、自身は非宗教的な人がそうするよりも高いことは驚くことではない。しかし、大半のアメリカ人は自分自身の宗教性の程度にかかわらず、宗教的な人々にプラス方向での信頼バイアスを持っているように見える（図13－4を参照）。自身は教会に年一、二回しか出席しない人でさえ、「深く宗教的」な人々を信頼する方が、「宗教的でない人」を信頼するよりもわずかだが多いと述べている。[31] 宗教的な人々が非宗教的な人々よりも実際により信頼に値するのかについて直接の証拠はないが、大半のアメリカ人は彼らはそうだ、と考えている。

おそらくは、信頼に値する人々と共に時間を過ごしているので、あるいはその信仰が物事の明るい側面を見るようにと促しているので、宗教的な人々自身は誰についても、世俗的な人々がするよりも信頼している。宗教的な人々は世俗的なアメリカ人よりも、店員、近所の人、同僚、自身のエスニシティの人々、他のエスニシティの人々、さらには見知らぬ人に対してすらも、信頼を表明することが有意に多い。[32] すなわち、宗教

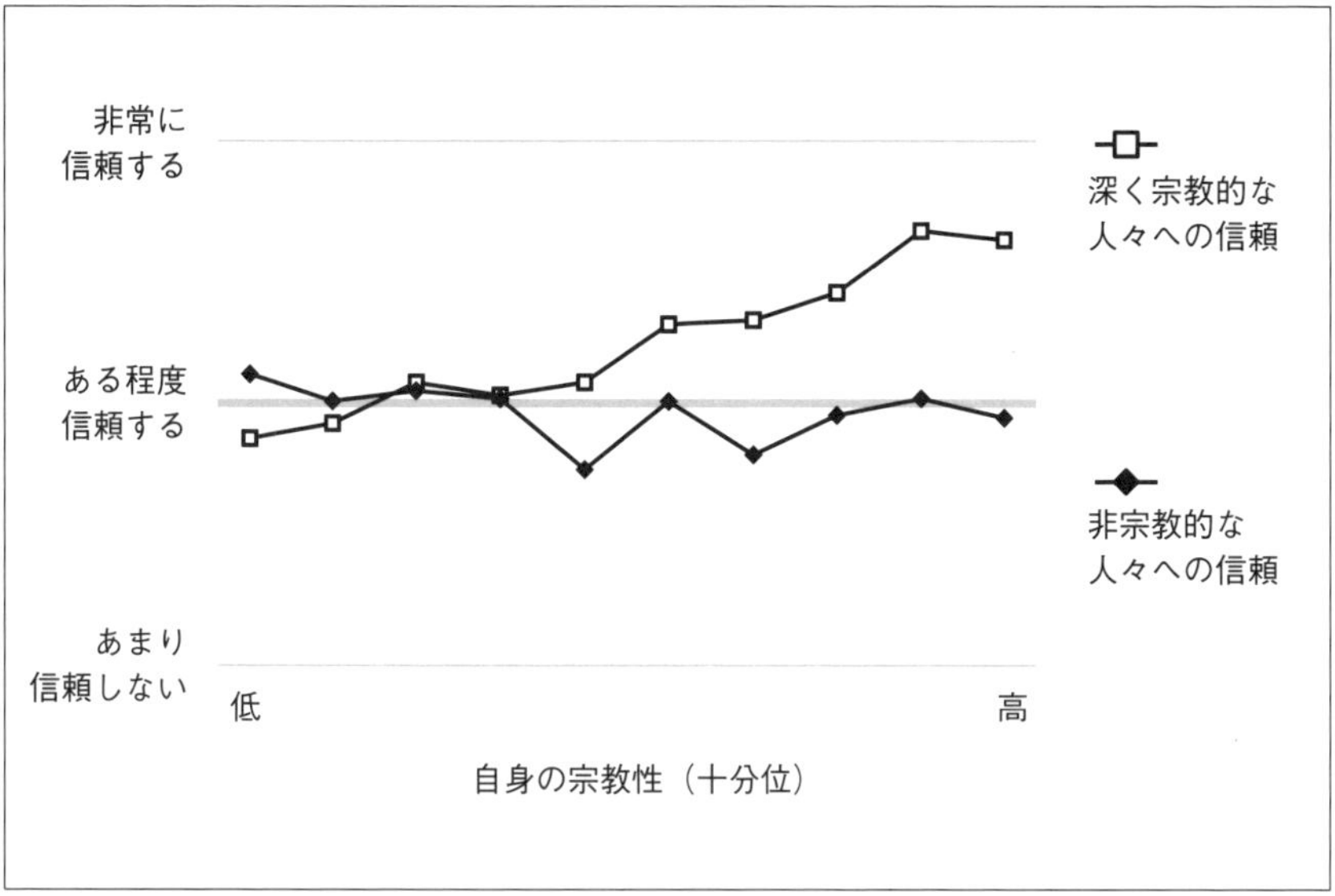

出典：信仰重要性調査，2006 年.

図13-4　大半のアメリカ人は宗教的な人々を非宗教的な人々よりも信頼している

的な人々はほとんど全ての他者をより信頼し、かつ（他者の目からは）自身がより信頼に値する人間である。

相関か因果か？

多くのさまざまな測度から、宗教信奉的なアメリカ人は世俗的アメリカ人よりもよき隣人でよき市民になっている――彼らは時間と金銭においてより寛大で、とりわけ困窮者を助けることにおいてそうであり、そしてコミュニティ生活でより積極的である。信徒席にはリベラルよりも保守派の方が多いが、その政治的イデオロギーは隣人性とはおおむね無関係であり、教派の違いも同様である。しかし民主主義の会計帳簿の反対側では、本章の後段で見るように、宗教的な人々は他の同胞市民の、市民的自由に対する配慮がより乏しい。本章から学ぶことをまとめるときには、程度の問題について議論しているのだということを念頭に置くことが重要である。宗教的な人々全てが「素晴しい《ナイス》」のではないし、世俗的な人全てが寛容なわけでもない！

これらの但し書きを別としても、宗教とよき市民性の間の広く頑健な相関は説明を要するものである。「相関は因果を証明しない」のは統計学の第一の格率であり、まさしくここで当てはまる。確かに本章における一般化は全て、疑似相関を生み出しうる人口統計学的またイデオロギー的要因を包括的に統制した上で成り立っている。それでも、非実験的研究では自己選択のもたらす潜在的効果、すなわち、何か思いもよらなかった要因（おそらく何か遺伝的なものさえ）が宗教性と隣人性をもたらして疑似相関を生み出すという可能性を排除できず、単純に人々を教会によく出席するよう強いたところでより隣人らしくはならないかもしれない。

いずれにせよ、ランダム配置実験研究――例えば、薬剤の効能を評価するのに使われる類いのもの――はここで検討の余地はない。誰かに「月一回宗教を飲みなさい」と強制することが倫理的に可能であったとしても、統制群のための偽薬を見つけるのは難しいだろう。この問題に対する不完全だが部分的なアプローチの一つは、長期にわたり同じ人を観察して、彼らがより宗教的に（あるいはより宗教的でなく）なったときに、われわれの測度上で同時に隣人としてよく（あるいは悪く）なったかどうかを見ることである。以前の章で触れた補遺2で記したように、われわれはこのアプローチを用いて、二〇〇六年の信仰重要性調査の回答者を一年後に再面接することで因果の問題を検討した。

この方法は決定的なものではないが、それはとりわけ、一年間というのは教会出席や寄付、ボランティア行動や投票行動といった安定的な習慣においての変化を観察するには期間が短いからである。それでもこの調査からの結果は、宗教性が大きくなると寄付、ボランティア行動、市民参加の増大を生み出すことにつながり、一方で背教がこれらの測度を低めることにつながるという考えとおおむね一貫している。[33] 大半の人々は二〇〇六年と二〇〇七年の間で宗教信奉の水準に変化がなかったが、変化のあった人はいて、そのような変化（上下動）は寛大さやコミュニティへの関与での対応する変化と結びついていた。この事実は宗教的変化が市民的変化を「引き起こした」ことを「証明」はしないが、それは、何か別の変化（例えば結婚したとか子どもを持ったとかのような。婚姻と有子状態を統制することで、これら具体的な事例はわれわれの分析では排除されているが）によって両方の変化がもたらされうるからである。しかし、パネル調査では個人水準での変化の検討が可能となることにより、遺伝的な親切傾向や遺伝的な行動主義傾向のような、何らかの持続的な行動特性によってこの相関が説明されるという想定の妥当性を確かに低めることができる。

社会行動における因果の問題を探るもう一つ別の方法は、想定された原因（例えば宗教性）がその想定された影響（例えば寛大さや市民参加が大きくなること）にどのように影響しうるのかを調査することである。すなわち、どうして、宗教的な人々はよき隣人になるのだろうか。この重要な問題にここから向かっていく。

なぜ宗教的なアメリカ人はよき隣人なのか――価値観と信念？

宗教性における「秘密の成分」が、宗教的な人々の信念や価値観と何か関係しているという可能性から始める。現代アメリカを代表するどの宗教も、いずれかの型の「黄金律」――人にしてもらいたいと思うことを、人にもしなさい――を尊んでいる。アブラハムの宗教全ての伝える物語では、カインがその弟、アベルを殺した後に、神はカインに弟はどこにいるのかと尋ねた。「知りません」とカインは無頓着に答えている。「わたしは弟の番人でしょうか」と〔「創世記」第四章、アダムとイブの息子、カインとアベルの兄弟の逸話より。これに基づくエピソードがパットナム『孤独なボウリング』第二三章（邦訳四六〇頁）に記されている。〕。カインの疑問は、同胞たる人間への責任を引き受けることへのわれわれの抵抗を象徴するものになっており、この物語の宗教的重要性は、まさしく、われわれがその責任を引き受けなければならないということにある。宗教的なアメリカ人の持つよき隣人性に対する説明は、このように単純なものでありえるだろうか――すなわち、長年にわたる何百もの寓話、説教や訓戒によって伝えられた教訓が、信奉者の間に利他的な規範と価値観を育てる効果を持っていたというように。われわれが説明しようとするもののいくつかは、利他的行動――寄付、ボランティア行動その他――と呼びうるが、本節で検討するのは、宗教性とそのような行動の間にある媒介的つながりが、利他的価値観でありえるかどうかである。

利他的価値観を測定するような有効な調査を見いだすのは単純なことではないが、それは、われわれがいかに利己的であっても、自分が利己的と宣言するような者はほとんどいないからである。しかし、他の研究者による幅広い先行研究を利用して、利他主義とその近縁の、共感を測定するためにしばしば用いられるいくつかの質問をわれわれの回答者に提示した――

1．以下の文章は、さまざまな状況におけるあなたの考えや気持ちについてうかがうものです。それぞれの項目についてあなたは、いつもそう、たいていそう、たまにそう、ほとんどない、決してないかを選んでください。

・たまたま見かけたものに大きく心動かされる。

・他人の不幸が大きく気になることはない。

2．賛成－反対である（強く、またはどちらかと言えば）。

・個人的に、困っている人を助けることは自分にとって非常に重要である。

・最近では人は自分で自身の面倒を見るべきで、過度に他者につき心配することはない。

宗教的なアメリカ人は、この共感と利他的価値観の指数で有意に得点が高くなっていた（図13－5で対比が示されている）。他の変数を一定に保つと、最も世俗的なアメリカ人五分の一の中で、四八％が人は自分自身の面倒を見るべきだということに賛成していたが、人口で最も宗教的な五分の一の中で賛成したのは二六％にすぎなかった。その反対に、最も世俗的な五分の一ではたまたま見たものに「いつも」心動かされると述べたのは二〇％だけだったが、対照的に最も宗教的な五分の一では三二％だった。[34]

実のところ、人口統計学的およびイデオロギー的特性――教育水準、年齢、所得、性別、人種その他――の長大なリストの中で、この意味での利他主義に対して宗教が最も強力な予測変数になっている。続いて、利他的価値観は世俗的な寄付とボランティア行動、コミュニティ事業で働くこと、そしてその他のよき隣人性の指標を、他要因を一定に保ったときにも予測している。したがって、なぜ宗教的な人々が「よき行いをする人」なのかの説明の一つは、彼らが世俗的アメリカ人よりもおおむね共感的で利他的であるからということのように思われる。他方で、利他的価値観を持つ人々が必ずしも市民生活により参加しているわけではない（集団所属、公的集会、投票その他）。したがって、市民的行動主義における宗教的優越に対する他の説明も探さなければならない。

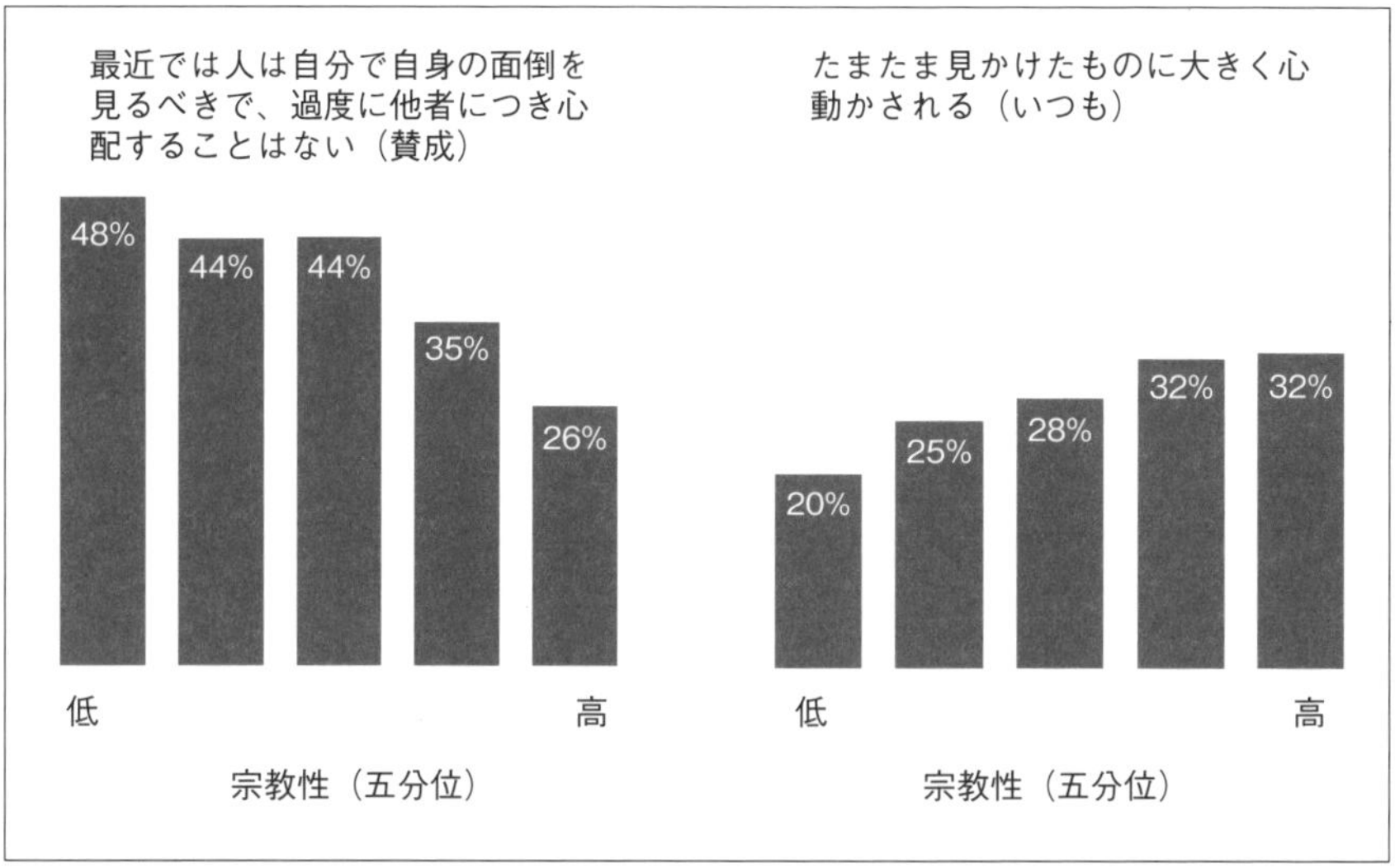

出典：信仰重要性調査，2006 年.

図13-5　宗教的な人々は利他的価値観をより表明する
（標準的な人口統計学的、イデオロギー的特性を一定に保った）

利他的価値観（そしてその反対――すなわち利己性）の測定は繊細な技《アート》だが、正確に同じ結論――利他主義の大きさが宗教的な人々のよき隣人性の説明の一部を助ける――が「寄付とボランティア行動」調査において、総合社会調査とPS－ARE調査と並んで確認されている。利他的価値観と寛大な近隣性の正確な測度は調査ごとに異なっている。(35) それでも、これら四つの独立した調査アーカイブからの核となるメッセージは常に同じである――宗教信奉の高い人々は、利己的価値観を支持することが少なく、そして価値観におけるその差が、寛大性における宗教的優越を部分的に説明する助けになっている。

他方で、無私性により全てを説明することはできないが、その理由は利他性―共感性尺度において同一のプロフィールを持つ二人を比較したときさえ、定期的に教会に出席する人の方が系統的によき隣人になっているからである。丸めた数字では、利他的価値観における測定可能な差で説明できる寛大さの宗教的優越は二五％にすぎず、市民参加における優越はさらに少ない。

宗教的信念や感情には、単なる黄金律以上のもの

表13-3　神学上の信念と宗教的関与

神について完全に確信、ある程度確信、それほど確信がない、全く確信がない、あるいは信じないことに確信がありますか。
死後の生命について……
天国について……
地獄について……
この世にもうすぐ終わりが来ると思いますか、そう思いませんか。
個人的に神の存在を経験したことがありますか、ありませんか。
個人的にどのくらい神の愛を生活の中で感じますか。
個人的にどのくらい神の裁きを生活の中で感じますか。
自分が何者かという感覚に宗教はどのくらい重要ですか。
毎日の生活に宗教はどのくらい重要ですか。
仕事や家族、健康に関する意思決定に宗教はどのくらい重要ですか。
政治問題における意思決定に宗教はどのくらい重要ですか。
自身の宗教の強い信者と自らを呼べますか、それともあまり強い信者ではないですか。
自身のことを非常に精神的《スピリチュアル》と思いますか。ある程度精神的、少し精神的、あるいは全く精神的ではありませんか。
聖典をどのくらい読みますか。
どのくらい感謝の祈り《グレイス》を唱えたり食事の前に祈りますか。
宗教礼拝の他にどのくらい祈りますか。
自らの罪について答えるよう神の前にわれわれは全て呼び出されることになる。（賛成／反対）
道徳は個人的問題であり、社会は一つの基準に従うよう誰にも強いるべきでない。（賛成／反対）
あなたの見方に近いものはどちらですか――何が善で悪かの絶対的に明確な基準が存在する／何が善で悪かの絶対的に明確な基準は存在しえない。
聖典についてあなたの考えに近いものはどれですか――聖典は神の実際の言葉で文字通り、一字一句捉えられるべき／聖典は神の霊感を受けた言葉であるが、その中の全てが文字通り、一字一句捉えられるべきではない／聖典は人間によって記録された寓話、伝説、歴史、そして道徳訓である。
あなたの見方に近いものはどちらですか――正邪は神の法に基づくべきである／正邪は社会の見方に基づくべきである。
あなたの見方に近いものはどちらですか――一つの宗教が正しく、他のものはそうではない／多くの宗教に基本的真実がある／どの宗教にも真実はほとんどない。
あなたの見方に近いものはどちらですか――救いへの道はわれわれのふるまいや行いから通じている／救いへの道はわれわれの信念や信仰の内にある。
以下の文章の中で、人間の起源と発展についてのあなたの見方に最も近いものはどれですか――人間は何百万年を通じてより劣った生命形態から発展してきたが、神がこの過程を導いた／人間は何百万年を通じてより劣った生命形態から発展してきたが、神はこの過程に関わっていない／神が人間を現在の形に非常に近く、過去１万年前後以内にいちどきに創造した。

出典：信仰重要性調査，2006年.

が含まれている――神についての信念、死後の生命、天国そして地獄、聖書、神の愛と神の裁き、救いと永遠の生命のための必要条件、現世の運命と来世への希望、その他多くのものである。表13－3は、信仰重要性調査で探索した多くの神学的信念と宗教的関与の一部を並べたものである。[36] これら二五の質問は多くのアメリカ人の内の力強い、根本的な信念を露わにするものだが、しかし見るように、よき隣人性における宗教的優越を説明するには全く関連がないことがわかる。

人々が二〇〇六年と、再び二〇〇七年に述べたことを比較すると、大半のアメリカ人はこれらの問題についてある程度堅固で一貫した見方をしていることを確証することができ、それは「信仰による救い」対「行いによる救い」のような宗教性の低い人にとっては難解と思われるトピックについてすらそうなっている。この問題は一六、一七世紀のヨーロッパの宗教戦争の核心にあったものだが、千年紀の半分近く後のより世俗的な時代に、アメリカ人の大半がこのように一見難解な神学的問題について安定的な見方をしているとはわれわれは期待していなかった。しかし、彼らはそうしているのである。

よって最も宗教的なアメリカ人には、自分の信じるところがその永遠の運命を決めるという堅固な神学的傾倒がある。したがって、そのような傾倒が、宗教的なアメリカ人の際だった社会的行動に対する説明の一部をなしているかもしれないと期待することは完全に理にかなっている。しかし実際には、これら神学的な見方のいずれであっても、よき隣人性における宗教的優越に何の影響もないことが見いだせる。確かに、これら二五のさまざまな測度それ自体は宗教性（例えば、教会出席により測定されている）と相関している。しかし教会出席の頻度を統制すると、本章で以前議論したようなよき隣人性の測度と相関しているものはそのうち一つもなかった。宗教的な人々は、神を恐れていたり、救いの希望があったり、聖なる言葉を読むことによってよき隣人になっていると考えたい誘惑はあるが、そのような推論を支持する証拠は見いだせない。

ある人が教会出席という点からどれくらい信奉的かひとたび知ることができれば、その宗教信仰の内容について発見できるものの中に、その人のよき隣人性を理解したり予測する上で何かを付け加えるものはない――聖書や死後の生命、進化や終末論についてのその見方も、神についての個人的経験も、信じている神の種類も、生活や個人、政治的決定における宗教の重要性も、道徳や救いや審判の日あるいは携挙も、また祈りを唱え聖典を読む習慣も、何も付け加えるものはない。[37]

まとめると、(ひとたび教会出席の頻度を統制すれば)教派や宗教系統の違いでよき隣人性は異ならないのと同じように、神学も敬神も礼典もまた献身も全く影響しているようには見えない。この結論は、現在の教会出席の水準を説明に入れると、子どもの頃の宗教教育や宗教的な家族背景によってよき隣人性は全く影響を受けていないという事実によりさらに強められる。子どもの時に日曜学校に行っているかいないかは、現在の市民的行動や現在の寛大さに直接の影響を与えていないように見える。重要なのは子どもの時に教理問答《カテキズム》や黄金律をどれだけよく学んだかではなく、(例えば)教会出席によって特徴付けられる、宗教的ネットワークに現在いかに関わっているかである。

コミュニティのつながりについての一側面が、神学と相関していることが判明している——それは信頼である。以前、宗教的な人々は一般に世俗的な人々よりも信頼するということを見たが、根本主義的な宗教観(聖書は全ての言葉が字義通り正しいとか、この世の終わりが近いといった信念のような)は社会的信頼と負に関連していることが判明した。すなわち、同じようによく教会に出席する二人の人を比較したとき、根本主義的な見方をする人の方が信頼することが少ないということである。他方で、同様に根本主義的(あるいは同様に非根本主義的)な二人を比べたとき、教会によく行く人の方がより信頼していた(図13-6を参照)。[38]

つまり、信念と所属度がここでは反対の方向を指している。根本主義的な宗教的確信は低信頼に関連しているが、そのような神学的効果を調整すると、宗教コミュニティへの積極的参加は、根本主義的なそれへのものであっても、高信頼と関連している。神学的視点と他者への信頼の間にあるこの興味深い相関を見るための有益な方法は、二〇〇六年の信仰重要性調査における宗教経験についての二質問を利用するものである——「どのくらい神の愛を生活の中で感じますか」と「どのくらい神の裁きを生活の中で感じますか」である。

これら二つの質問への答えは、驚くべきことでないが、相関している——宗教的な人々は、あらゆる種類の神聖な経験をより多く回答している。われわれの過ちに対する厳格な裁き主としての神の恐ろしいイメージは、全てのアブラハムの信仰に共通している。毎年のユダヤ新年祭《ロシュ・ハシャナ》では、リベラルなユダヤ教徒すら「本日の聖なる力を讃えよう。

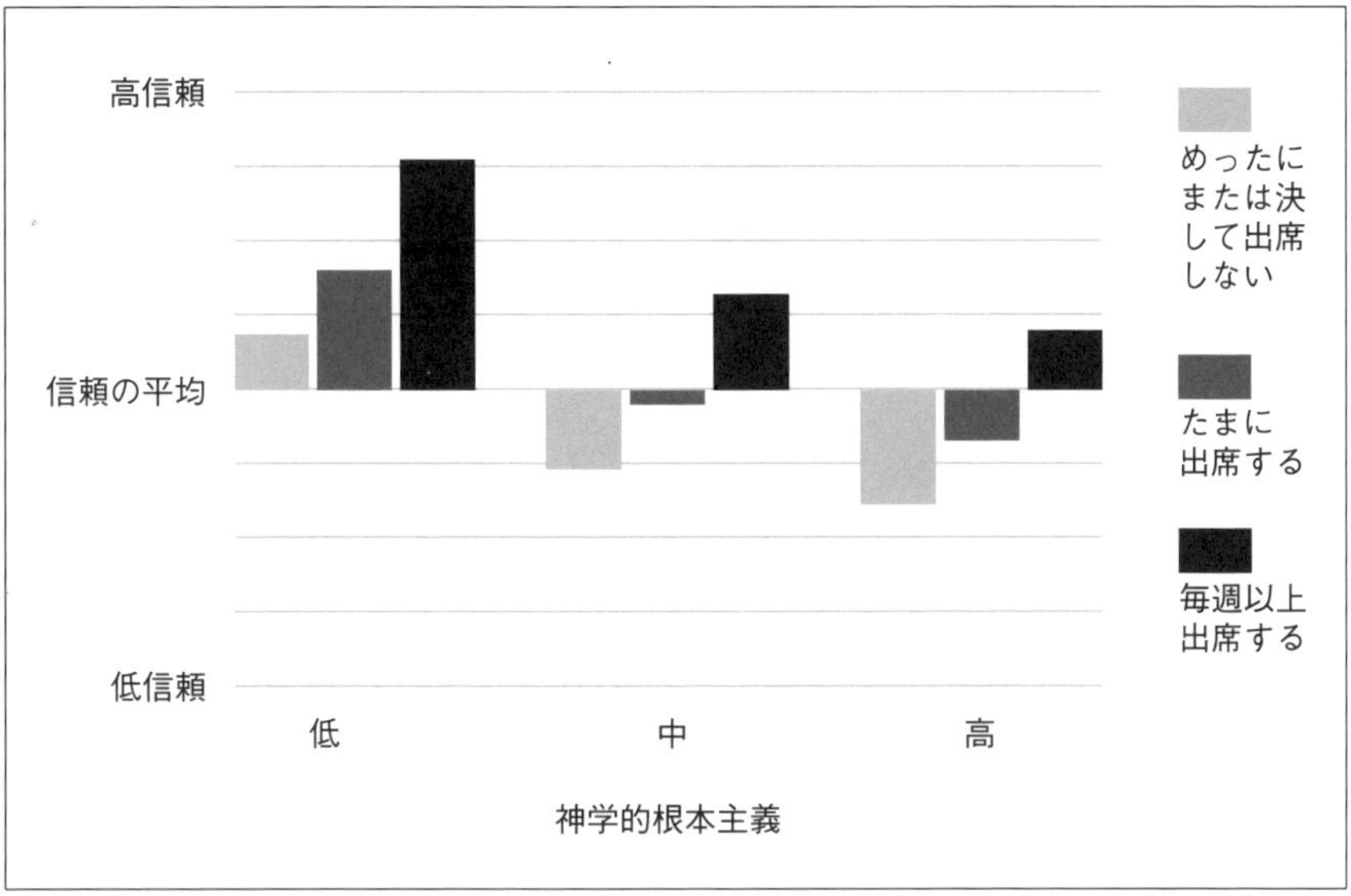

出典：信仰重要性調査，2006 年.

図13-6　社会的信頼は教会出席とともに増大するが、根本主義と共に減少する

それはすさまじく、恐怖に満ちている。いま、天の裁き主がわれらの行いを見ていて、われらの運命を定められる」と唱える。反対に、アメリカにおける全ての信仰には、最も保守的なものでさえも、愛あふれる親として、後悔する罪人を常に受け入れようとする神というイメージが含まれている。

それでも、裁きのあるいは愛あふれる神の毎日の経験の性質においてアメリカ人は異なっていて、そしてそういった違いが、他者についての期待に関連していることがわかる[39]。愛あふれる神の経験は、同胞たる人間への高信頼に関連していて、一方で裁きの神の経験は、他者への低信頼に関連している。神の愛を「非常によく」経験するが、神の裁きの経験が「決してない」という人が示す社会的信頼の水準が最も高い。対極においては、隣人について最も信頼していないアメリカ人は、神の裁きを神の愛よりも多く経験している者である（図13－7を参照）[40]。宗教的リベラルは愛あふれる神を経験することが多く、そして最も社会的に信頼するアメリカ人であるが、対して宗教的な保守派は裁きの神の経験がより多く、最も信頼しないアメリカ人であり、とりわけ彼らが信奉的でないときそうなっている。非常に信

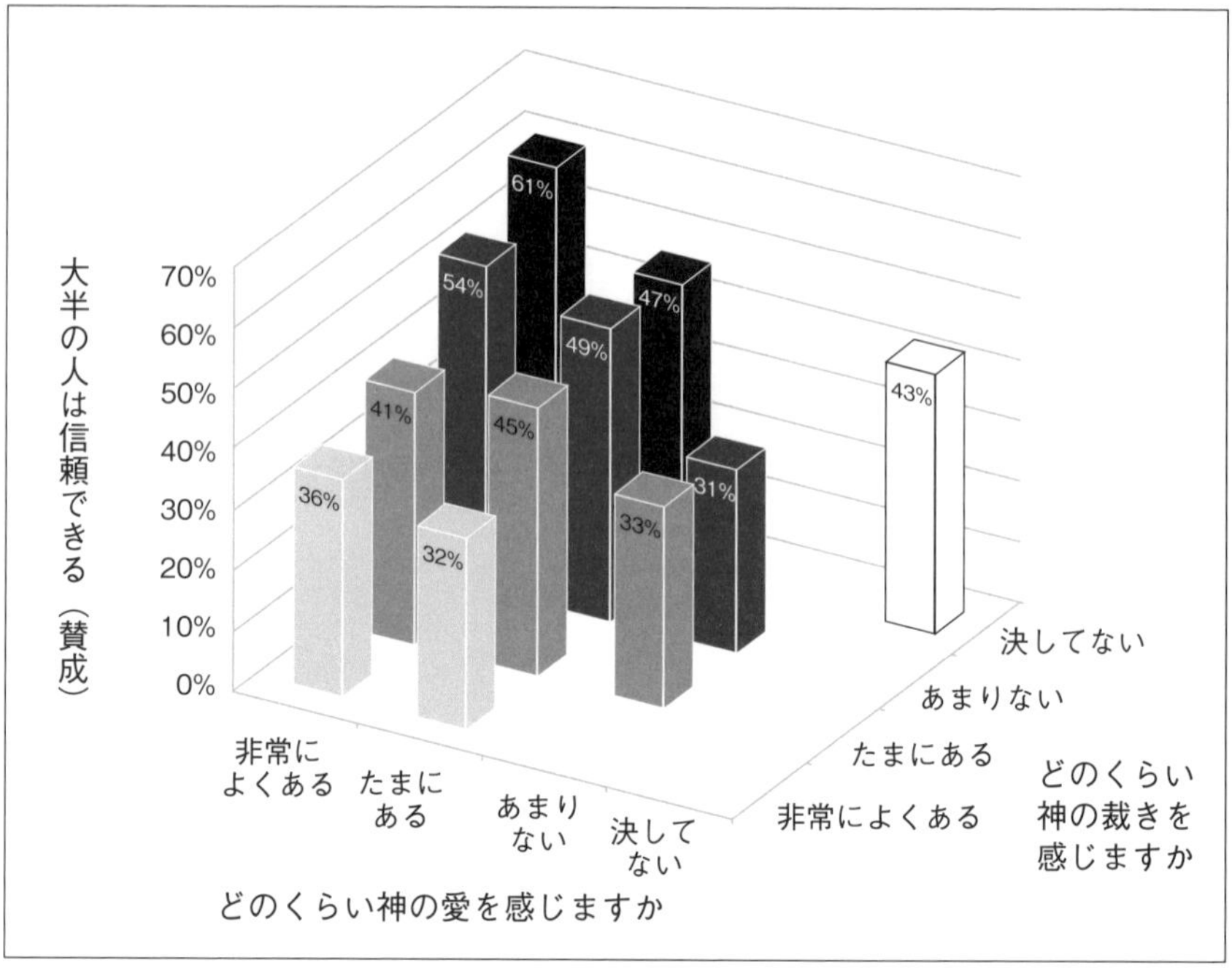

出典：信仰重要性調査，2006年.

図13-7　社会的信頼と神の性質

奉的な根本主義のアメリカ人においては、その神学は彼らを人間の性質に対する懐疑に向けさせるが、しかしその頻繁な教会出席は、彼らを楽観的見方へともかくも動かしている。

社会的信頼と神の経験の間にある因果を同定するのは無駄骨かもしれないが、しかしこの相関は完全に理解できるものに思われる。われわれは、他者の行動と神の行動について一貫した期待を持っているように見える。もし神がわれわれを愛するのなら、われわれも他者を愛しまた信頼するが、神が厳しくわれわれを裁くなら、われわれも他者を厳しく裁き疑う。大半のアメリカ人は神を苦しめるより慰めるものと見ているが、その事実がアメリカにおける社会関係を和らげているかもしれない。六二％の者が神の愛を「非常によく」感じると述べているが、神の裁きについて同じように述べる者は三九％にすぎない。そのような慰めの、慈愛ある神は社会的な親交と信頼を促進する。

このように、われわれは神学が人々の市民行動に与えているわずかな効果を時折見いだすことができる。しかしこの場合でさえも教会出席自体に、どうして宗教的な人々はよりよい、より信頼あふれる友人また隣人であるのかを説明する秘密の成分が含まれているように思われる。それでは、教会に行くことに関する何に意味があるのだろうか。

なぜ宗教的なアメリカ人はよき隣人なのか——社会的ネットワーク?

聖職者による動員あるいは熱心な勧めは、よき隣人性を説明する主要因にはなっていないように思われる。聖職者が政治や社会問題についてしばしば論じるような会衆にいる教区民が、他の会衆の教区民よりもよき隣人であったり市民的に活動していたりするということはない。一九九〇年代の「寄付とボランティア行動」調査は、誰が寄付やボランティアを頼んできたかとその目的に関する詳細な質問を含んでいる。聖職者に頼まれたというものは、宗教目的での寄付やボランティアの説明の一助になっているが、しかし非宗教的な寛大性や市民参加とは全く関係がないようだった。牧師に頼まれたならば、献金皿に多く入れたり教会の案内係を務める可能性は高くなるが、隣人とどうつきあうかやユナイテッド・ウェイに寄付するかどうかに彼はほとんど、あるいは何の影響も与えていないようである。

社会的ネットワークの効果についてはどうだろうか——これは、教会で出会う他者が作用する、ということである。ここでは、多くの友人を持つことと、多くの友人を教会で持つことを区別しなければならない。友人が全般的に多くいる人は、社会的に孤立した人よりも寄付、ボランティアをし市民生活に参加する可能性がずっと高い。その意味で、友人全般は市民的関与に強い効果を持つが、その理由の一つは友人が依頼してくる可能性が高いからである。しかし、宗教的な人々は友人全般を非宗教的な人々よりも確かに持っているものの、寛大さ、隣人性や市民参加における相当の宗教的優越を説明するにはこの全般的な社交性における差は小さすぎる。[41]

しかし、教会での友人——すなわち、宗教に焦点の当たった社会的ネットワーク——は全く異なったものになっている。教会で近しい友人を持つこと、家族や友人と宗教についてよく話すこと、そして教会で小グループに参加することは本章で論じた寛大性、よき隣人性、そして市民参加の全領域にわたって極めて強力な予測変数になっている――そしてそれは宗教的な善行にとどまるものではないのである。

これらの宗教基盤の社会的ネットワークは非常に重要で、それだけで教会出席の表面上の効果の大半が説明されてしまう。全般的な宗教性に並んで、人口統計学的、イデオロギー的な包括的統制を、社会的ネットワーク全般の密度（近しい友人と親友の数）を含めて行ったとき、われわれの宗教上の社会的ネットワーク指数（会衆の中での近い友人数、会衆の中での小グループへの参加、家族や友人と宗教について話す頻度）が、本章で論じてきたよき隣人性の全ての測度に対してほぼ最も強力な予測変数になっており、教育水準という、普遍的な予測変数に対してその頑健性が劣ることがなかった。この宗教上の社会的ネットワーク指数を分析に含めると、検討してきたよき隣人性のほぼ全測度に対して、宗教性は予測変数として完全に有意ではなくなった――世俗的目的のボランティア行動、世俗的目的の寄付、市民グループへの所属、コミュニティ事業で働くこと、コミュニティ問題での協働、社会改革のために働くこと、クラブ会合への出席、組織の指導者を務めること、地方選挙で投票すること、公的集会に出席することに対してである。ほぼ全ての場合、全般的な友人関係は有意な予測変数であるが、宗教上の社会的ネットワークの方がより強い、頑健な予測変数になっている。[42]

言い換えると、信徒席に一人で座っている信心深い人は、教会に全く行かない人と比べ隣人性がそれほど大きいということはない。善良性やよき隣人性に対する宗教性の真の影響は、礼拝後に友人としゃべったり聖書研究グループに参加することを通じてもたらされるのであって、説教を聞いたり熱心に神を信じることから来るのではないように思われる。

それどころか、統計が示唆するのは、（おそらくは配偶者を通じて）会衆の社会生活にたまたま関わることになった無神論者ですら、孤独に祈る最も熱心な信者よりも炊き出し所《スープキッチン》でボランティアする可能性がずっと高いということである。隣人性に対し重要な意味を持つのは宗教的所属であり、宗教的信心ではない。加えて、これと同じ所属ある無信仰者は、教会に入ったことのない無信仰者よりもよき隣人である可能性が高い。統計分析の示すところは、宗教性がよき隣人性に何の影響もないということではなく、その影響はほぼ全面的に宗教上の社会的ネットワークから来るということである。

この区別が無意味なものであると思われないように、アメリカにおいて信じることと所属することの間の不完全な相関について再度強調する必要がある。大半の所属する人は同時に信じてもいて、大半の信じない人は所属していないというのは真実である。しかしおよそ月に一回教会に行く全アメリカ人のうち、二〇人に一人近くは神の信仰に確信が持てない。反対に、神を信じることに「完全に確信がある」と述べるアメリカ人の五人に一人以上が、ほぼ全く教会に行ったことがない。そして、われわれ自身の調査と、他調査をわれわれが分析したもの両方からの証拠は明確である――よき隣人性における宗教的優越に関しては、重要なのは所属することであって、信じることではない。

こういった宗教的友人関係は、単に宗教的な善行を予測するだけでなく、世俗的な善行を予測するときにも強力であるということに注意してほしい――単なる会衆仲間に対する親切だけではなく、近所や見知らぬ人への親切も、ということである。宗教的友人関係はよき市民性を予測するときに非常に重要であり、それは（1）教会での友人の多い人は全般的な友人も多い傾向がある、ということと、（2）全般的な友人はよき市民性を予測する、ということを考慮に入れてさえも成り立っていた。そして宗教的な友人関係は友人関係全般よりもよき市民性の強力な予測変数になっており、したがって宗教的なつながりは、高出力《スーパーチャージド》の友人関係であるように思われる。[43]

二〇〇六年信仰重要性調査からのいくつか関連する証拠を図13-8にまとめた。丸めた数字では、宗教基盤の社会的つながりを多く持つ人はそのようなつながりが少ない者よりも、市民参加や寛大さが二～三倍多い傾向があり、それは彼ら自身の敬虔で信奉的な度合いに関わらずそうなっていた。図13-8は標準的な人口統計学的、イデオロギー的要因を、教会出席と全般的社交性と共に統制していることに注意すること。実質的に、それは背景が同一で、教会出席の記録が同じ、友人や親友の全体数が同じ人々を比較している。したがって宗教上の友人を持つことは、単に友人を持つことや自身が宗教的であることよりも重要である。宗教的なネットワークの隣人性に対する効果が、相乗的《シナジスティック》また高出力《スーパーチャージド》であるというのはこの意味においてである。

宗教基盤の社会的つながりは、宗教性とよき隣人性の間のリンクを説明する上で非常に重要であるように思われる。他の宗教的な人々と時間を過ごすことはあなたをよき隣人にするが、あなたがひどく敬虔ということでないときにも

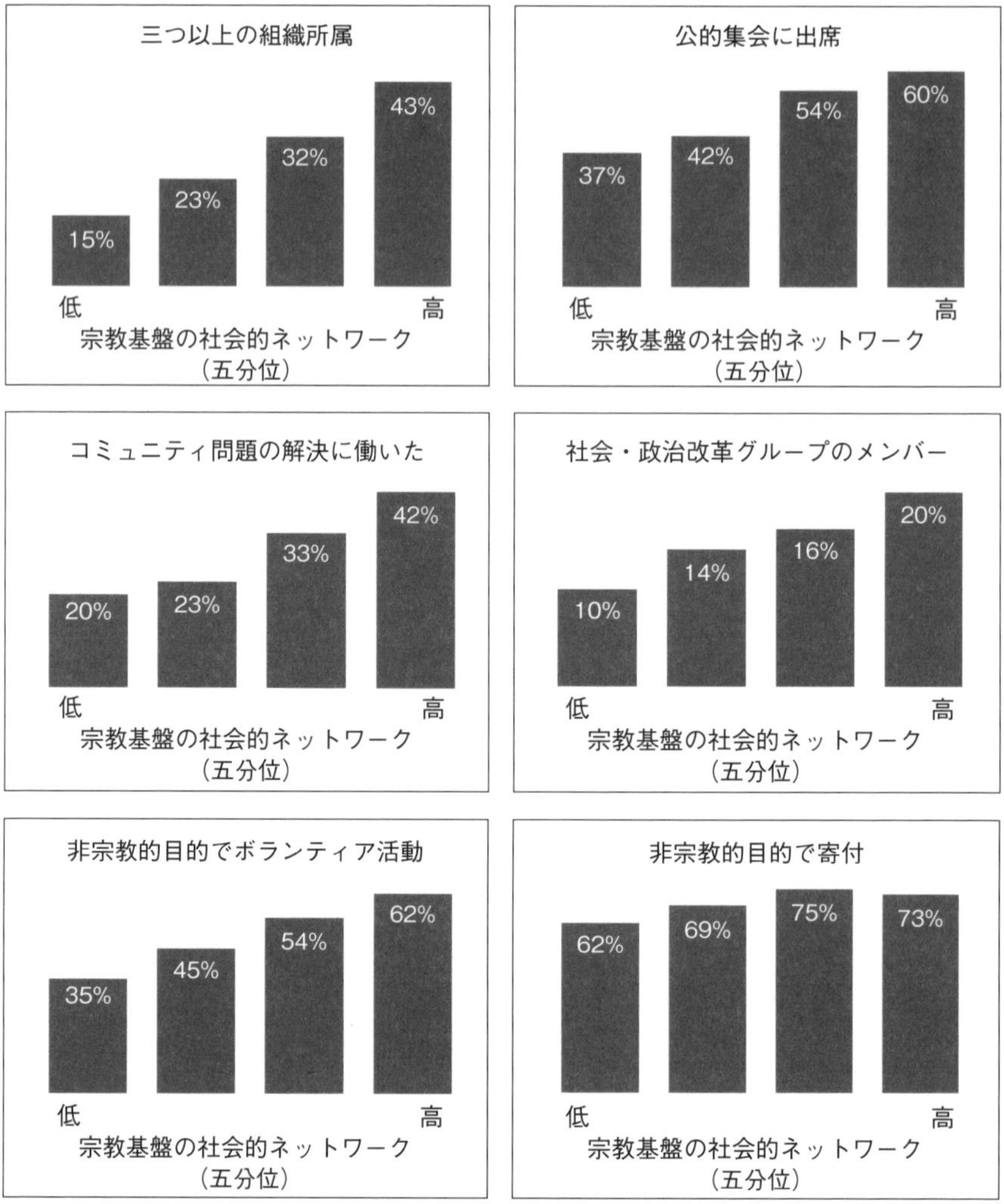

出典：信仰重要性調査，2006 年.

図13-8　宗教基盤の社会的ネットワークは市民参加を促進する
(標準的な人口統計学的およびイデオロギー特性、**および教会出席と社交性**を一定に保った)

そうなっている。反対に、リーグでボウリングをすることはあなたをよい方向に向かわせるかもしれないが、教会のリーグでボウリングするほどには効果的ではないのである。

教会での友人が宗教的な人々をよき隣人にする魔法の成分であるということの判断はわれわれ自身の二〇〇六年信仰重要性調査では驚くほど明確なものだが、宗教上の社会的ネットワークに関して尋ねている、他に発見できた全国調査の全てでもこのことを確認しようと努めた。[44] 二〇〇六年のPS－ARE調査では、最も近い友人の中で自身の会衆に積極的に関わっている者の占める割合は、人口統計学的またイデオロギー的背景要因、親友数、そして教会出席を統制した上でも寄付、ボランティア行動、市民参加、およびその他の善行に対する強力な予測変数だった。例えば、親密な友人が全て宗教に関与しているようなアメリカ人は、親密な友人の中に宗教に関わっている者がいない者と比べ、その教会出席頻度を一定に保ったときにも近所や見知らぬ人を助けることが五〇％多かった。

一九九六年と一九九九年の「寄付とボランティア行動」調査では、家族や友人、近所との全般的社交は世俗的寄付やボランティア行動における宗教的優越に対して有意に寄与していなかったが、その人の教会やシナゴーグにおける友人との社交は非常に強力な効果を持っていた。聖職者に寄付やボランティアを頼まれることは世俗的目的での寛大さには影響していなかったが、宗教目的での寛大さには影響しているのは見てきた通りである。教会での友人に頼まれることはこれと対照的に、宗教、世俗目的両方の寄付とボランティア行動を押し上げていた。言い換えると、非宗教的な人々と比較して、宗教的ネットワークに関わっている人々はより寛大に振る舞っているが、その理由は一つには彼らがそのような宗教的ネットワークで出会う人から世俗目的での寄付とボランティアを、宗教目的のものと同じようによく多く頼まれるからである。[45]

よき隣人性（われわれの全ての測度で）と宗教基盤の社会的ネットワークへの関与は、要するに、これまで検討してきた全ての調査で強く相関していて、人口統計学的、イデオロギー的要因から全般的な宗教性と全般的社交性にいたる全てを一定に保ったときですらそれは成り立っていた。主要な全国調査の中に、特定の宗教的信念がよき隣人性を予測するような証拠は、いったん宗教上の社会的つながりを統制したときには見いだせなかった。宗教的信念を統制した上で、宗教的な社会的つながりがよき隣人性を予測することは主要な全国調査の全てで見いだされた。この種の頑健な相関は社会科学であまり見られないものである。
しかしこの相関は因果関係なのだろうか。以前記したように、真のランダム配置実験（ある人には宗教に基盤を持つ友人関係を持ち、別の人にはそのような友人関係を持たないように強制する）なしには、その関連が因果であることを証明することは不可能である。
しかし、信仰重要性調査の回答者が二〇〇六年と二〇〇七年の間にどう変化したかについて検討することで、この問題に対する多少のてこ入れをふたたび得ることができる。教会出席の場合よりもさらに強く、宗教基盤の社会的ネットワークの影響に関する証拠はこの関連がおそらく因果であることを示唆している。標準的背景要因を全て統制すると――全般的な社交性や全般的な宗教性すらも含めて、実質的に回答者をなるべく近くなるよう対応づけると――、二〇〇六年と二〇〇七年の間に宗教的ネットワークにより近く関わるようになった人は、よりよい市民でより寛大な近隣住民になったことが見いだされた。彼らはボランティアが多く、世俗的目的での寄付が多く、公的集会によく出席し、地方選挙で投票することが多くなり、コミュニティ事業で協力することが多くなった。反対に、この年を通じて宗教上の社会的ネットワークとのつながりがいくぶん弱体化した者は、これら全ての仕方で市民的関与を減らしていた。全般的な友人を得る（あるいは失う）ことはよき隣人性に何の影響もなく、また個人的な宗教性が強まる（あるいは弱まる）ことによっても影響がないように見えたが、しかし宗教的な友人を得る（あるいは失う）ことは意味を持っていた。この事実だけでは関連が因果であることを証明はしないが、そうであるというもっともらしさは増加させるものである。[46]
この顕著なパターンがもたらされる重要な理由の一つは、（以前に見たように）宗教参加をしている人々は同時に宗教の輪の外側の市民生活にも参加する可能性が多いということがある。祈祷グループで知っている人は、同時にＰＴＡでも積極的な可能性が高く、よって単に彼女を教会を通じて知っているという理由から、ＰＴＡの集まりにクッキーを焼いてきてと頼まれる可能性が高くなる。まとめると、教会で出会う人は単に教会の人というだけでなく、より広範なコミュニティにおいてもより寛大で、参加する市民なのである。よって宗教に基盤を置く社会的ネットワークは、単に人々を教会の内側に向かってではなく、寄付、ボランティア、そして市民生活への参加という点でより広範な世俗的コミュニティに向かって外側へと導いていく。これは、前章で宗教の政治的効果の増幅において重要であることを見いだした、エコー・チェンバー効果の市民的相当物である。

宗教に基盤を置く社会的ネットワークは、他の理由によっても非宗教的関与の強力な予測変数になっている。われわれが考えるのは、宗教基盤のつながりには大半の世俗的つながりと違って道徳的負荷がかかっており、善行（寄付、ボランティア、改革運動への参加、何かの市民組織のリーダーを務めることその他）の要請が、同僚やジムで知り合った誰かからの似たような依頼よりも妥当でまた重く感じられるということである。後者のほうはあなたをレッドソックスの試合に誘ってくれる可能性は高いかもしれないが、しかし子どものがん治療を支援するためジミーファンドに寄付するよう求めてくることは少ないだろう〔ジミーファンドは、ボストンにあるダナ・ファーバーがん研究所の小児がん基金。ボストン・レッドソックスが長年にわたり公式に支援していることで知られる。〕。

さらに、（これまでの議論からわかっているが）宗教的な人々は個人的に利他的である傾向があるので、そのような人々とつながることは、同じように善行をするよう仲間からのプレッシャーを呼び起こすこともあるだろう。ジムの虫と一緒にいることは、フィットネスへの関心を増しやすいが、それと同じように、宗教的な善行者と一緒にいることは、自身の善行へのモチベーションを増す可能性がある。このような宗教的ネットワークで何が話されているのか、正確なところについての体系的な情報は欠いているが、宗教的な友人が道徳的な問題、原則や義務について持ち出してくることは、非宗教的な文脈の友人よりも多く、そのような事柄についてあなたの関心を高めるということはありえよう。全国でわれわれの訪ねた宗教的会衆における小グループは、このような原動力についての鮮やかな事例を提供するものだった。これらの推測が正確なものかどうかによらず、中心となる点は以下になる——アメリカにおいて社会的ネットワークに根ざした宗教性は、隣人性と市民参加を促す上で強力な効果を持っている。

おそらく、親密で、道徳的に真摯な、しかし非宗教的な社会的ネットワークであっても同様に強力な効果は持ちうるだろう。一九六〇年代のコミューンのような、いわゆる目的共同体《インテンショナル・コミュニティ》は、そのような前提の上にしばしば創立されている。全国的にそのような集団を調査する上で十分な数を見いだせなかったので、この可能性を排除することはできない。宗教的基盤のネットワークの世俗的相当物が存在するかもしれないことを否定はできない一方で、今日のアメリカにおいて、そのようなコミュニティが圧倒的に最も存在する場を宗教組織が代表していることにわれわれは確信を持つものである。

宗教基盤の社会的ネットワーク（教会に友人を持つこと、教会の小グループに所属すること、家族や友人と宗教について話すこと）がそれほど強力だとすれば、今度はそのようなネットワークへの参加を説明するものは何になるだろうか。われわれ独自の証拠からは、その質問への答えに向かっては少ししか迫ることができない。驚くことではないが、密な宗教基盤の個人的ネットワークを持つ者は、宗教的ネットワークが希薄だったり全く存在していない者よりも宗教にずっと信奉的で、全般的に社交的である。彼らはその教育水準や所得、政治あるいは性別また年齢や居住都市規模で区別されることはなかった。[47] 彼らは根本主義的な宗教的信念を持つことがずっと多い。最も親密な友人五人の中での宗教的同質性はより高く答えているが、広範な友人の輪の中での宗教的多様性も大きいので、密な宗教的ネットワークを持つアメリカ人が、宗教的にモノクロームな世界の中に必然的に暮らしていると考えることは誤りである。[48]

具体的に言うと、自分の宗教会衆の中に仲のよい友人を持っていることを最も説明するのは、どの程度宗教的か、どれくらい年を取っているか、そして会衆の中にどれくらい長くいるか、である。数字を丸めると、ちょうど会衆に参加したところの人は教会に二人の親密な友人がいると答えている。平均では、第三の親友が加わるのにあと二年かかり、四番目にあと一〇年、五番目にさらに一〇年かかる。仲のよい友人を作ることには、教会内ですら時間がかかる！　他方で、会衆の小グループへの参加（宗教上の社会的ネットワークについてのもう一つの測度）は、大規模会衆への新加入者で多かった。そのような小集団が会衆内部でインフォーマルなつながりを築く上での入門キットになりそうなことは、会衆をめぐる挿話でちょうど見たところである。

宗教的アメリカ人は意見の相違への寛容性が低い

ここまで検討してきた証拠によれば、宗教はよき隣人性とよき市民性を促進しており、それは主に宗教色のついた社会的ネットワークの強力な影響を通じていた。しかし、民主的市民性に対する重要な基準の一つにおいては、宗教

表13-4　市民的自由への支持

	ウサマ・ビンラディンを擁護する言論に問題はない	不評判の本の検閲
強く賛成	**30%**	12%
賛成	**27%**	12%
反対	8%	**23%**
強く反対	35%	**54%**
	100%	100%

出典：信仰重要性調査，2006年.

的なアメリカ人につけられる成績は明らかに好ましくないものになっている――それは市民的自由と政治的意見の相違に対する寛容性である。われわれがこれから探求するのは、宗教の市民性に対する暗黒面《ダークサイド》とでも呼びうるものである。[49] 今日のアメリカにおける市民的自由への全体的支持の評価から始め、続いて宗教の役割に転じよう。

アメリカ人は、宗教的な者も世俗的な者も同様に、差異と意見の相違に対して妥当な程度に寛容的である。「だって、ここは自由の国なんだから」と権利章典にどっぷりつかったアメリカ人は言いがちである〔権利章典は、合衆国憲法にて人権を規定した修正第一〜一〇条を指す。〕。われわれの調査では、この考えへの傾倒に対しできる限り強い圧力試験を行ってみた。「大半の人が反対する書籍は、自分の公共図書館から除かれるべきだ―あなたは賛成ですか、反対ですか。どの程度そう思いますか」と尋ねた。さらに刺激的なものとして、「ウサマ・ビンラディンやアルカイダを擁護するスピーチをする完全な自由を人は持っている」かどうかという問題を提示した。表13－4が示すようにこのような二ケースであっても、大半のアメリカ人は検閲を拒否していた。しかし、「テロとの戦い」のさなか、テロの擁護者とのレッテルを貼られかねない人の言論の自由を断固守ろうとする立場が弱まることは無理もない（二つの質問は反応バイアスを分散させるために、意図的に反対の方向になるよう表現されているので、表13－4では太字の数字が市民的自由に賛成の反応を表している）。「テロとの戦い」と9・11の記憶にもかかわらず、全アメリカ人の半数以上はテロリストを公に擁護することの自由を支持し、そして四分の三以上は図書館における大衆検閲を拒否していた。実のところ、市民的自由への支持は、少なくともこの二ケースにおいては、大憲章《マグナ・カルタ》のふるさと英国よりもアメリカで強いのである。[50]

さらに、アメリカ人は過去数十年を通じて、ほぼあらゆる形態の意見不一致に対し着実により寛容的になってきた。一九七二年以降繰り返し、総合社会調査が五つの対象集団についての三つの質問を行ってきた。

その考えがよくないとか危険であると他者から考えられる人は常にいます。

1. もしそのような人物があなたの（市／街／コミュニティ）でスピーチしたいと望んだ場合、彼は発言が許されるべきでしょうか、そうではないでしょうか。
2. そのような人物が大学で教えることは許されるべきでしょうか、そうではないでしょうか。
3. 彼の書いた本があなたの公共図書館から取り除かれるべきだと、コミュニティの誰かが提案した場合、あなたはこの本を取り除くことに賛成しますか、それともしませんか。

この調査に一九七〇年代中盤以降一貫して登場する五つの対象集団は以下である――

1. 全ての教会と宗教に反対する者
2. 黒人は遺伝的に劣っていると信じている人
3. 自分を共産主義者と認める人
4. 選挙を廃止し、軍に国の運営を任せるべきだと主張する人
5. 自分を同性愛者と認めている人

この一五質問の組に対する反応は、幅広い不評の集団との意見の相違に対する態度の傾向を追うことを可能としている。もちろん、人口の中でこの五集団が不人気な部分は異なっており、それがまさしく、全体でこれらがアメリカの寛容性についての有益な地震計になっている理由である。そしてこの地震計が描き出すのは明白な図で、一五の質問のどの一つをとってもこの三六年間を通じて寛容性は有意に上昇している。(51) 図13－9は五集団それぞれに対する傾

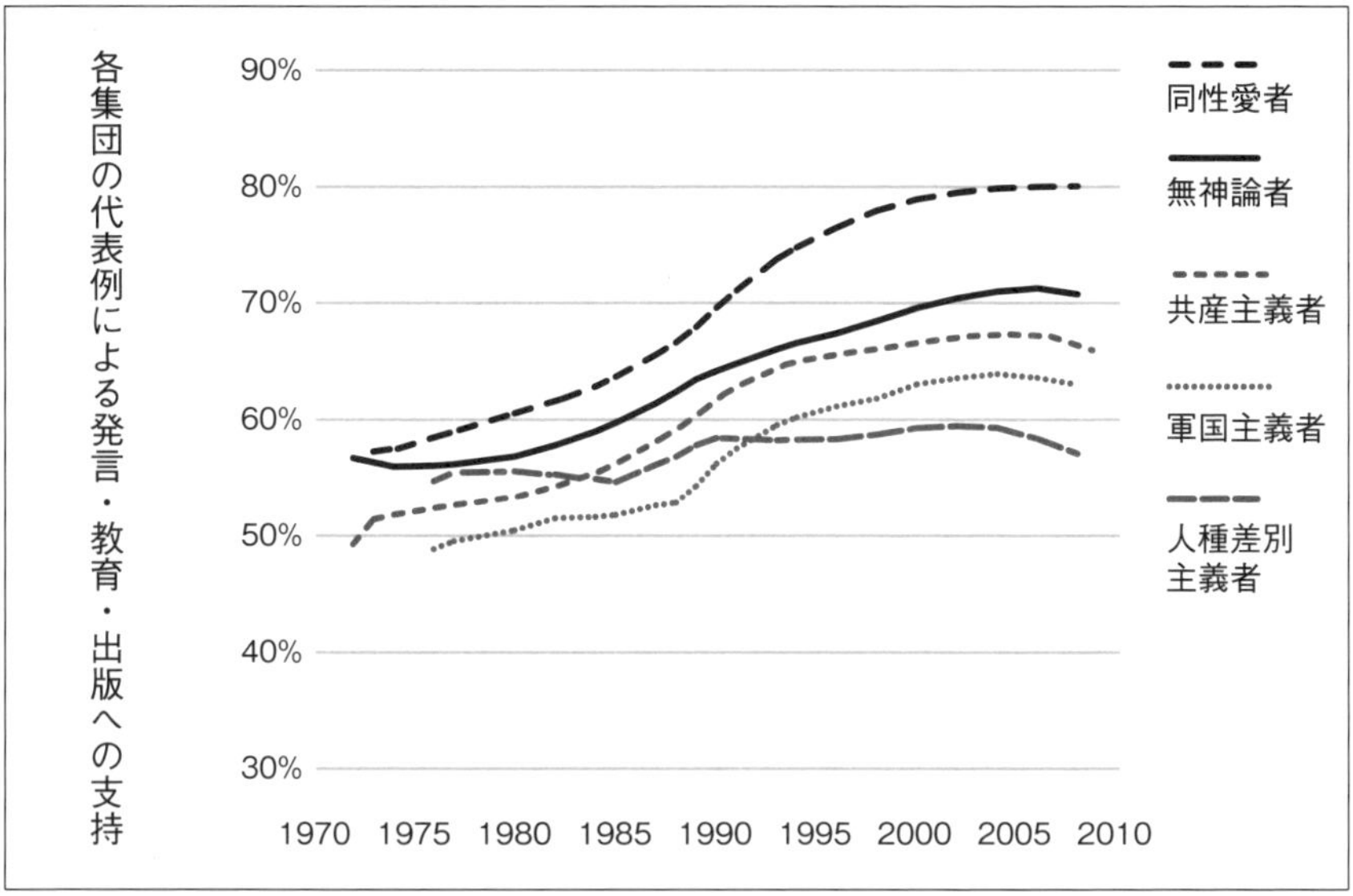

出典：総合社会調査，1972-2008年；データはLOESS法平滑化.

図13-9　米国における市民的寛容性の成長（1972-2008年）

向をまとめている（それぞれの場合の発言、教育そして出版についての反応を平均した）。寛容性の増大がほか（例えば、人種差別）よりも大きいものもあるが（例えば、同性愛）しかし市民的寛容性の増大に向かう基本的傾向は明確である（図13－9では明らかにならないが、この上方移動の大半は世代的遷移によるもので、二〇世紀の初頭に生まれた寛容性の低いコホートが、より寛容な子や孫により人口の中で置き換えられていった）。

このように、アメリカ人が差異や意見の相違に対してますます寛容になっているというのはよい知らせである。悪い知らせは（少なくとも宗教という観点からは）、宗教的なアメリカ人が、世俗的アメリカ人よりも系統的に寛容性が低いということである。

宗教性と不寛容性の間の基本的相関は、過去半世紀に多数の研究で確認されてきた。このことは他の多くの背景要因――年齢、人種、地域、教育、所得、性別、政治的イデオロギー、自家所有、婚姻・有子状態そして全般的な市民参加[52]――を一定に保っても成り立っていた

多くの研究が、一九五〇年代に始まって二〇〇六年、二〇〇七年の信仰重要性調査を含め、市民活動

に参加することが多くなると、市民的自由にもより支持的になることを見いだしてきた。例えば、二〇〇六年の信仰重要性調査では、友愛組織や近隣団体の会員である者は会員でない者よりもアルカイダを擁護するような他者の権利を支持しており、標準的な人口統計学的要因の統制の有無にかかわらずそれは成り立っていた。宗教組織はその一般化に対する最も顕著な例外で、宗教参加は市民的自由の支持の低さと関連していた。宗教に関わる人が世俗的な市民生活に関わりやすいという性質は、宗教自体が不寛容と相関しているという事実を弱める（が同時に覆い隠す）傾向があった。

　宗教性と不寛容の間の相関は、さまざまな宗教性と不寛容の測度によって確認されている。不寛容性の測定においては、「誰に対する不寛容か」を聞くことが重要である。一般的に言って、左派にいる者は進歩的集団の権利を守ることに関心があり、一方で保守派は右翼集団の権利に保護的な傾向がある。この事実に対処するやり方の一つは、回答者に対して最も嫌っている集団を示すことを求め、続いてそのような集団の権利に対する支持を尋ねるというものである――このアプローチは「内容統制《コンテント・コントロールド》」と呼ばれている。慎重な内容統制を行っても、宗教的な人は世俗的な人よりも、反対者の権利に対する寛容性が低いことを政治学者ジェームズ・ギブソンが見いだしている。[53]

　ウサマ・ビンラディンと不評判の書籍に関するわれわれ自身の質問では、そのように広く好まれていないターゲットについてさえも、世俗的なアメリカ人は市民的自由に対していくらかより堅固な支持を表明することが示されていた。[54] 繰り返すが、われわれの分析は基本的に、人口統計学的、イデオロギー的に対応付けられた教会出席者と非教会出席者を比較している。教会非出席者では、八八％が図書館の検閲に反対していたが、定期的な教会出席者では比較すると七三％だった。そして教会非出席者の六二％がウサマ・ビンラディン擁護者の自由な言論の権利を支持していたが、定期的な教会出席者では対して五六％だった。ここでのコップは半分が満たされたものである。宗教的なアメリカ人の間でさえも、嫌っている立場の市民的自由を多数派は擁護しているが、しかしそのような多数派は、世俗的なアメリカ人の間よりも有意に少なくなっている。

　より説得力のある証拠は、すでに議論した、総合社会調査におけるものとまさしく同じ一五項目一式から得られているが、それは全ての場合において、教会出席は市民的自由への支持の低さと強く結びついていたからである。このパターンは「公然たる同性愛者」と「全ての教会と宗教に反対する者」の場合には全く驚くべきものではないが、それはこのような集団に対する寛容性は、世俗的な人よりも宗教的に熱心な人の間でより厳しいテストになっているからである。しかし、より著しくはこれと同じパターン――世俗的な人がより寛容である――が、人種差別主義者と軍国主義者という、おそらく宗教的な人々よりも世俗的な人々の方がより嫌っていて、したがって世俗的な者により厳しいテストとなっていた対象についての質問であっても繰り返されたことである。

このパターンはイデオロギーと人口統計学的変数を一定に保ったときでさえも持続していた。いわば、人口統計学的に対応を付けた、若く大卒でリベラルな女性（あるいは人口統計学的に対応を付けた、年長で教育の低い保守的な男性）二人では、めったに教会出席をしない方の一人が、より宗教信奉的な比較相手よりも人種差別主義者、軍国主義者その他の市民的自由に支持的な傾向があった。言い換えると、意見の相違に対する世俗的な人々の寛容性の大きさは、政治的イデオロギーの単なる副作用ではない――教会所属のない保守派は敬虔な保守派よりも差異と意見相違により寛容であり、教会出席するリベラルは世俗的なリベラルよりも寛容性が低い[55]。

市民的自由の支持におけるこの非対称性――世俗的な人々がその「反対者」の権利に支持的で、宗教的な人々がその「反対者」の権利への支持が低い――のもう一つの例証が、二〇〇七年の信仰重要性調査で提示した一対の質問からもたらされる。われわれは回答者に、以下の主張のそれぞれに賛成か反対かを尋ねた[56]――

・無神論者が公立学校で教えることは許されるべきだ。
・宗教的な根本主義者が公立学校で教えることは許されるべきだ。

第一の重要な発見は、これら意図して刺激的な問題についてさえ、全アメリカ人の大多数は多様性と市民的自由を擁護しているということである。全アメリカ人のうち、七二％は無神論者が公立学校で教える権利を、七四％は根本主義者が公立学校で教える権利を支持し、六〇％が両方の教師集団の権利を支持していた。少なくともこの意味でアメリカのコミュニティは、公立学校教師の個人的な宗教性に関する文化戦争によって引き裂かれてはいない。

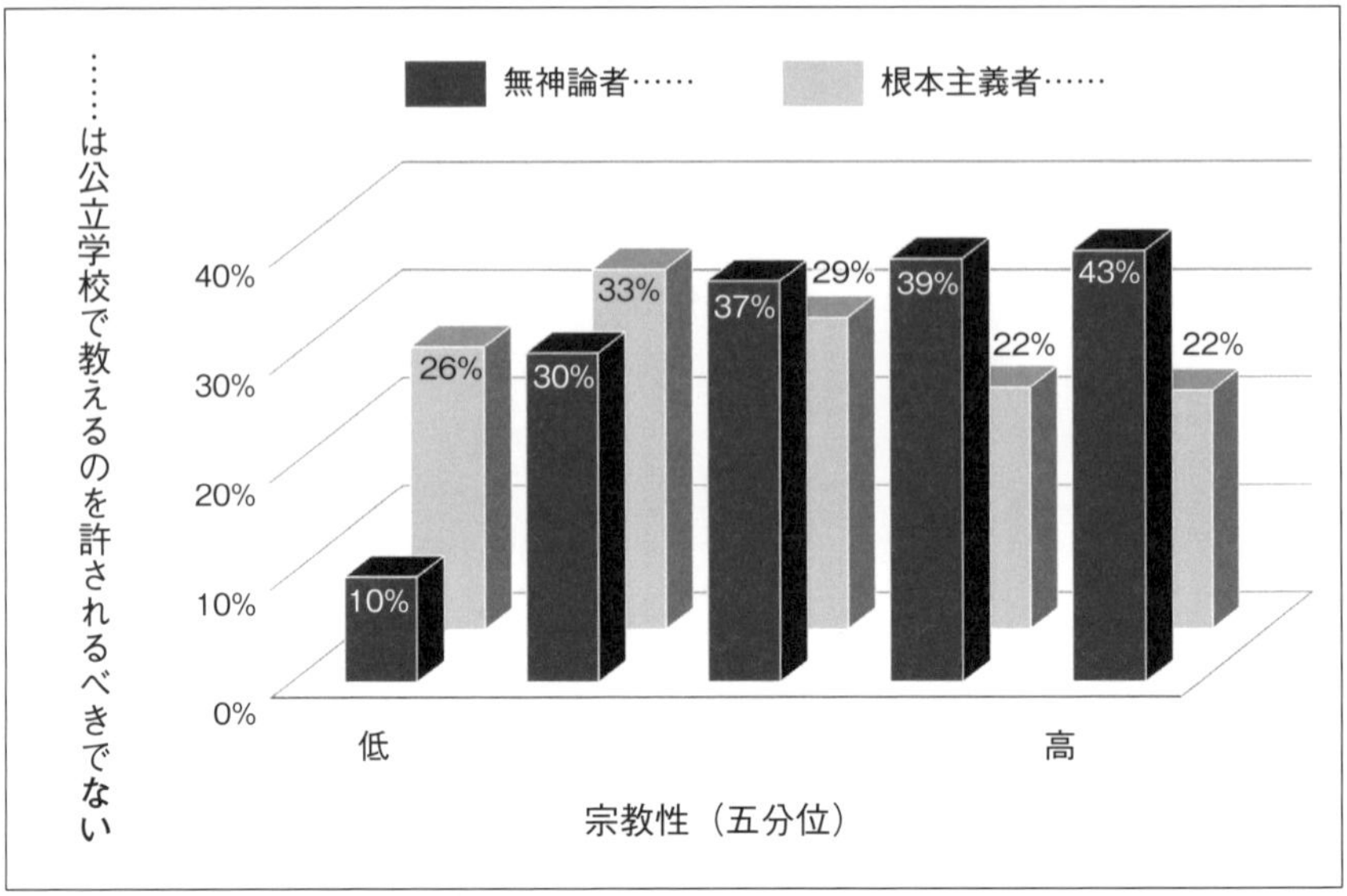

出典：信仰重要性調査，2007 年.

図13-10　無神論の教師への反対は宗教性と密接に結びついているが、根本主義の教師への反対と世俗主義との結びつきは弱い

しかし、二種類の教師に対する宗教的また世俗的アメリカ人の態度は非対称的であり、そのことは図13－10に示されている。教師としての無神論者に対する反対は、強く宗教的な人々の間に偏って集中しているが、教師としての根本主義者に対する反対が、世俗的アメリカ人に集中している程度は低い。宗教に信奉的なアメリカ人は無神論者を強く嫌っており、四三％は教室から無神論者を排除することを望んでいる。世俗的アメリカ人は根本主義者を同様に強く嫌っているが――この領域の二人の研究者が反根本主義を指して「思考階級にとっての偏見」と呼んでいる――、根本主義者に教育を禁じるというのはそのうち二六％にすぎない[57]。

まとめると、宗教的アメリカ人は世俗的アメリカ人より市民的自由の堅固な擁護者であるのが少ないことを多くの証拠が示唆しており、その意味において、宗教的なアメリカ人は良心的市民であるかもしれないが、平均的アメリカ人よりも、反対者の市民的自由の擁護について熱心ではない。

不寛容はアメリカ史において変化しており、

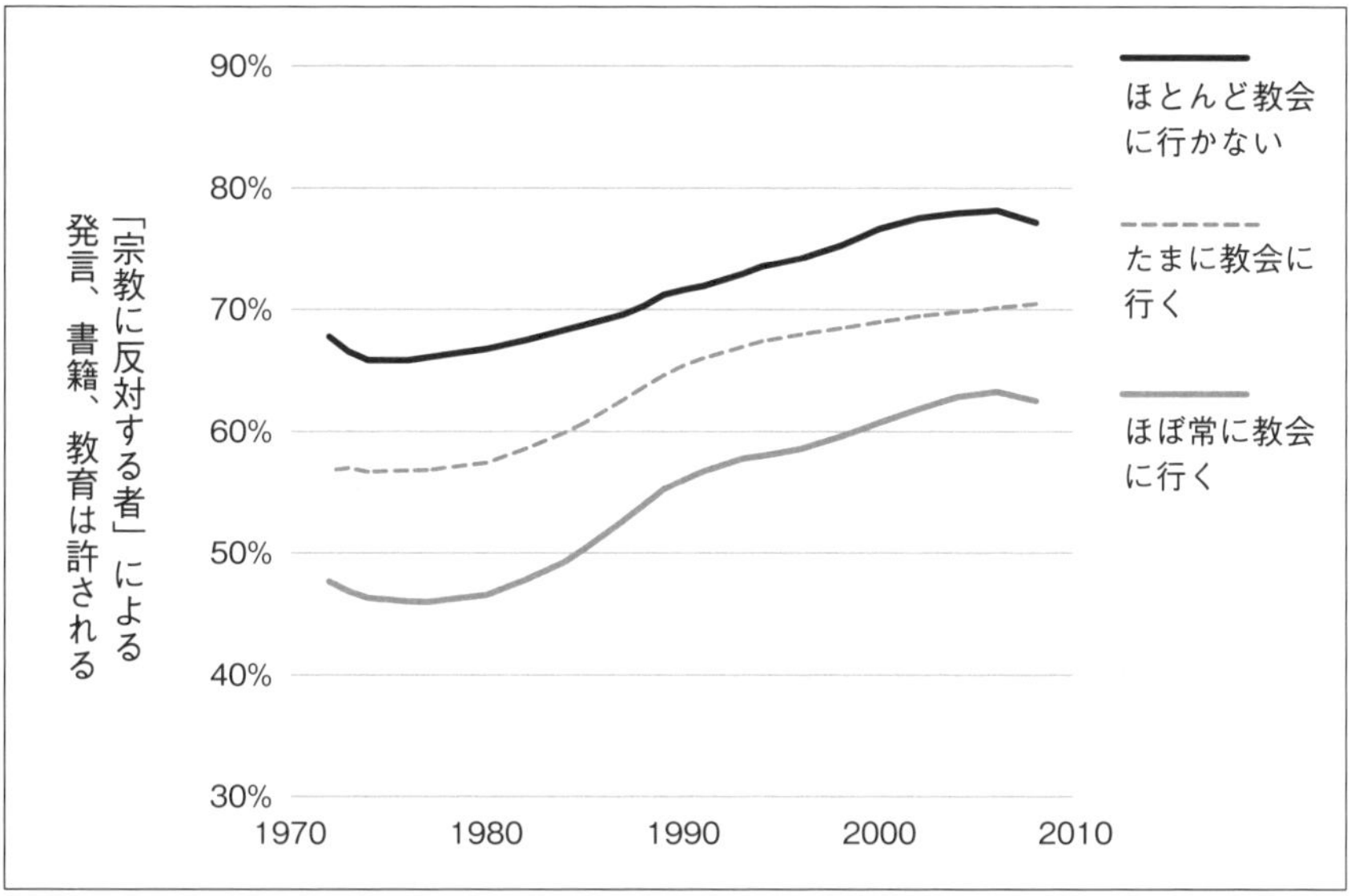

出典：総合社会調査，1972-2008 年；データは LOESS 法平滑化.

図13-11　教会出席頻度別に見た、宗教反対の人間の市民的自由に対する支持

一定のものではない。過去三〇年間を通じアメリカ人は全体として市民的な点からより寛容になってきたということは、すでに証拠を見てきた（図13－9）。実際、最も急速に寛容性の増大した二つの対象——同性愛者と「全ての教会と宗教に反対する者」——は、宗教的アメリカ人が最も忌み嫌ってきたまさにその対象である。図13－9に表現された傾向は、世俗的な歌声の合唱が膨れあがって、宗教的アメリカ人のものの見方がかき消されたことを表していると考える者もいるかもしれないが、これは当てはまらない。その反対に、同性愛者と反宗教的視点の権利に対するこの寛容の成長は、世俗的アメリカ人よりも宗教的アメリカ人の方が実際にはわずかに大きいのである。

図13－11と図13－12は、一九七二年から二〇〇八年の間の、反宗教および同性愛支持の主張者の市民的自由に対する支持の傾向を、宗教的、世俗的アメリカ人ごとに表したものである。どちらのケースでも、宗教に信奉的なアメリカ人はその文化的敵対者の表現の自由にずっとより懐疑的なところから始めていて、またどちらのケースでも今日まで寛容性が低いままである。他方で、どちらのケースでも宗教

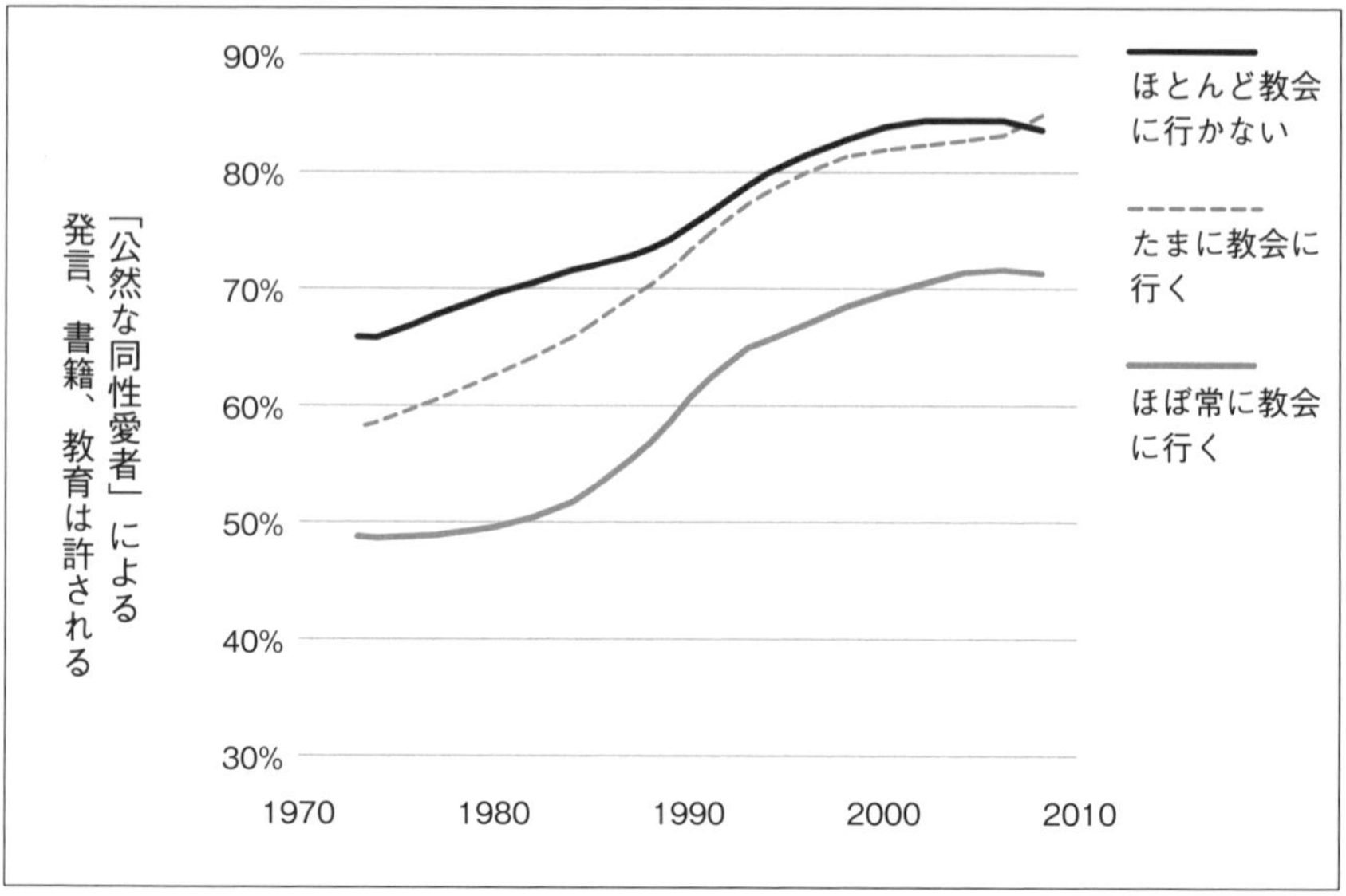

出典：総合社会調査，1972-2008年；データはLOESS法平滑化.

図13-12　教会出席頻度別に見た、同性愛者の市民的自由に対する支持

的また世俗的アメリカ人のものの見方の間の格差は大きく縮小している[58]。これは、宗教的アメリカ人が突然に同性愛や反教権主義と和解したということではない——それは全く異なっている。しかしますます多くの宗教的アメリカ人が、「あなたの主張することには心底反対だが、あなたがそれを主張する権利は尊重する」と言っているように見える。

さらなる分析（図13－13に表した）は、この変化が宗教的アメリカ人の間の世代的遷移によってほぼ完全にもたらされていたことを示している。二〇世紀の初頭に生まれた宗教的アメリカ人はその人生全体にわたって、神に否定的と彼らが考えた目的のための表現の自由については懐疑的なままだった。しかし、親や祖父母と同じくらい敬虔なより若い世代——すなわち、教会に定期的に出席し、その信仰の教義を深く信じ、儀式を実践するような若い人々——は同じ信徒席に一世代前に座っていた人々と比べて、イデオロギー的また文化的な反対者が自らを表現する権利を否定することにはより後ろ向きである。丸めた数字では、図13－13が示しているのは、一九四五年以前に成人した教会出席者の約三分の二が反宗教的な立場の言論の自由を拒否している一方

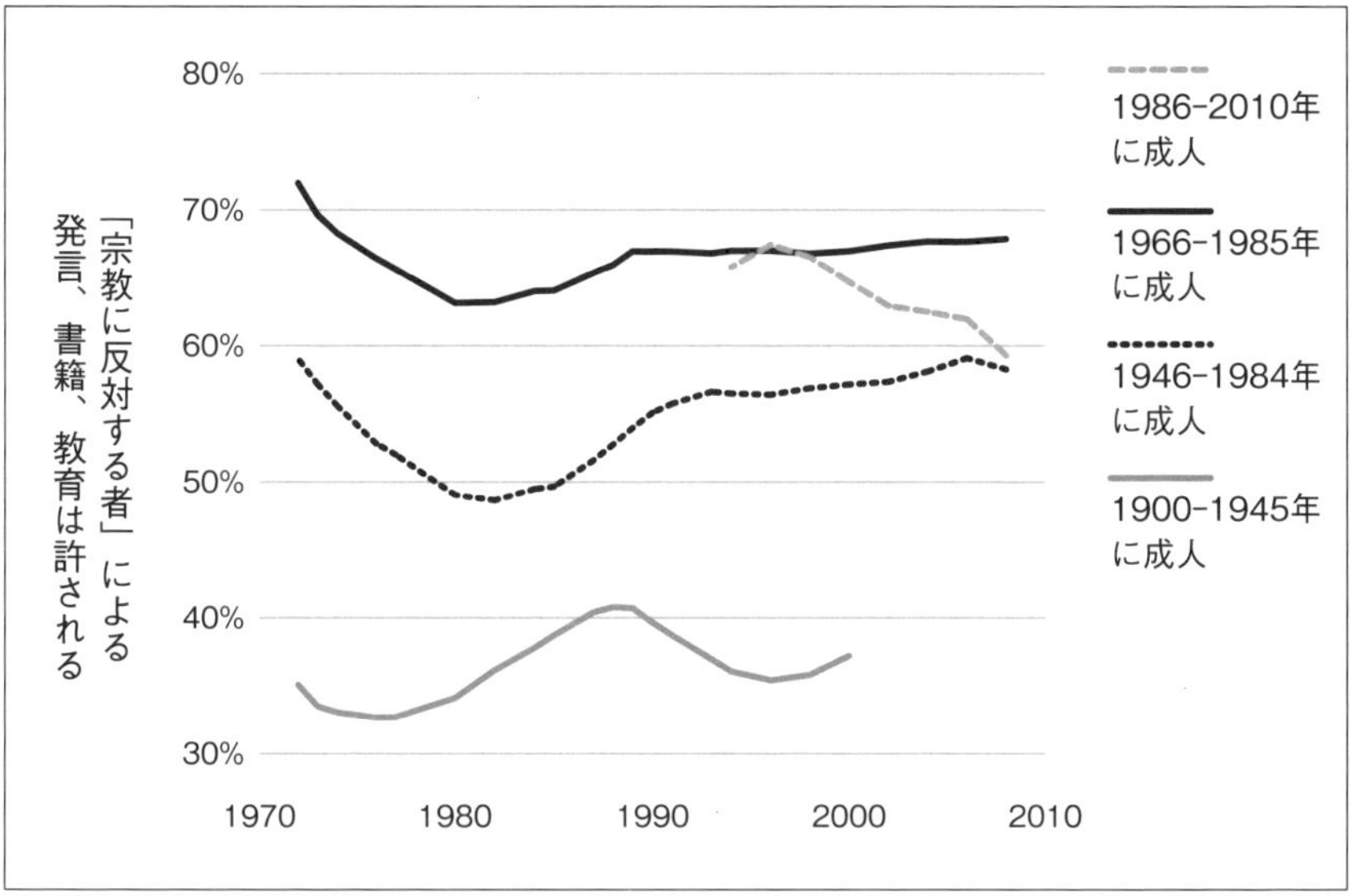

出典：総合社会調査，1972-2008 年；データは LOESS 法平滑化.

図13-13　定期的な教会出席者の間では、若い世代は年長の世代よりも反宗教的表現に寛容である

で、一九六五年より後に成人した教会出席者の約三分の二はそのような立場を寛容に扱っているということである。

過去半世紀のアメリカ史についての何かが、若い宗教的コホートが文化的差異に対して「自分は自分、他人は他人」的態度を採用することをもたらしてきた。したがって宗教の市民的インパクトにおける暗黒面は、過去数十年間にわずかに暗さを減じてきたが、しかしそれでも影はまだ残っている。宗教的なアメリカ人と世俗的なアメリカ人の間での市民的自由の支持には、最若年のコホートにおいてすら大きな格差が続いている。宗教的な人々の間で不寛容性が大きいことを、現在と過去の両方で説明するのは宗教における何だろうか。

宗教系統あるいは教派は非常に小さな役割しか果たしていないように思われる。信仰重要性調査と総合社会調査の両方からの証拠が示すのは、どの宗教系統の内部でも（全く宗教所属がないと述べる人々すら含め）、教会出席の頻度が全体にわたって寛容性の低さと関連しているということである。[59] 再びのことだが、宗教の市

民的帰結は、少なくとも今日のアメリカにおいては、宗教の量に対して大きく依存しており、宗教の種類に対してではない。

宗教信奉の高い人における不寛容性の大きさについては多くの説明が提案されてきた――彼らは世界を「われわれ／彼ら」というような、または例えば、マニ教的な表現で捉えやすい、あるいは道徳的絶対主義――正邪の間の明確な区別――は、市民的寛容性を下支えするとされている懐疑的なものの見方と両立できない、といったものである。探索しては見たが、われわれ自身の調査からはこれらの理論のどちらを支持する証拠も見いだせなかった。しかし、われわれは第三の理論に対する小さな証拠を一つ見いだしている。宗教的な人々は、異なる意見を遠ざけることに備えさせるような、権威への敬意を持っていると言われることがある――これをケネス・ウォルドやスティーブン・モッカビーらは「権威気質」と呼んでいる――権威と従順さに価値を置くイデオロギー的傾倒のことである。[60] モッカビーはこう述べる。「個人が権威気質的である程度を同定するのに、子育てに関する質問がうまく機能する」。[61] よってわれわれは回答者に対し、子育てについての単純な質問を行った――「子どもにとってどう教えられるのがより大事ですか――従順さ、あるいは自立性でしょうか」[62]〔「自立」対「従順」に関しての格差問題との関連での議論は、パットナム『われらの子ども』第三章図三・一（訳書一三七頁）に関連して論じられる。〕。

図13－14は顕著な結果を示している――宗教的な人は従順さを強調し、世俗的な人々は自立性を強調する。[63] めぐって、権威気質はウサマ・ビンラディンや不評判の書籍についての質問と十分に関連していて、統計学的に、宗教的アメリカ人の持つ不寛容性の大きさを説明する一助になっていた。すなわち、宗教的な人々が異なる意見を抑えやすいことの一つの理由は、彼らが権威を守ることにとりわけ関心があることにあるように思われる。[64]

宗教的アメリカ人は幸福でもあるのか、もしそうなら、なぜか？

ここまで本章では宗教がいかに隣人性と市民性に影響するのかを、それが寛容性にどう影響するのかと並んで探ってきた。終わるにあたって、非常に異なる質問に見えるものについて探ることも有益であろう――宗教はその人自身の幸福にどう影響するのだろうか。心理学者、経済学者、その他社会科学者はこの数十年間に、以前は牧師や哲学者

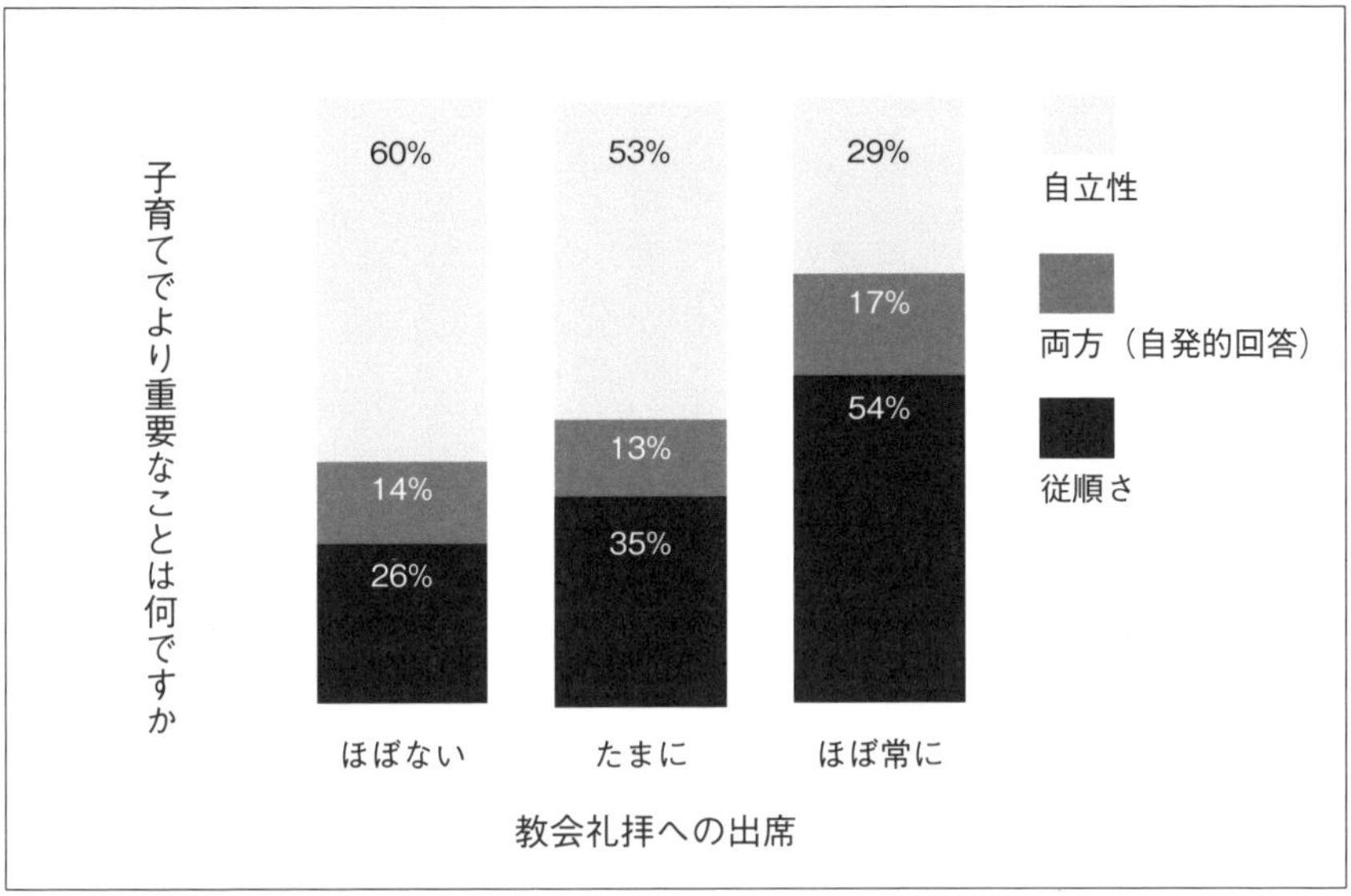

出典：信仰重要性調査，2006年.

図13-14　宗教的アメリカ人は権威に対する敬意をより重視する

に任されてきた根本的問題に取り組み始めるようになった——何が人生を満足いくものにするのだろうか？　この研究の新領域——大まかに「幸福研究」と名付けられている——は、いくぶん明快な結論に到達してきた。

第一に、幸福感や人生への満足は、自分の生活にいかに満足しているかを単に尋ねることで驚くほど容易に測定できるということである。単純な調査質問に対するわれわれの反応は、他者がわれわれについて述べることや、生体化学や脳活動についてのさまざまな生理的測度と一貫していることが明らかになっている。[65]

第二に、幸福感や人生に対する満足の社会的、人口統計学的予測変数は妥当的によく理解できるもので、それら予測変数はまた妥当的に世界中で一様になっている。[66] 例えば、健康な人は病気の人よりも幸福である。金銭で幸福も手に入り、本当に貧しい場合には特にそうなっているが、しかし一定の水準（およそ平均的なアメリカ人が数十年前に到達した水準）を超えると、金銭が増えてもそれ以上の幸福は手に入らない。個人的なつながりは大きな意味を持っている。結婚している人々は独身者よりも一貫して幸福であり、仲のよい友人は物質的所有よりも重要である。社会的孤立と抑うつは強く相関している。幸福と人生への満足に一定の影響を与える他の社会的要因には、人種、年齢そして雇用状態が含まれる。

第三に、多くの研究者が、宗教的な人々が幸福であることを見いだしている。[67] それどころか、共通している知見は宗教が人生の満足に対して最も近い相関要因の一つで、少なくとも所得と同程度ということである。なぜそのようなことが起こりうるのかは、多少の論争の対象になり続けている（宗教についての他のほぼ全てのことと同様に）。しかし驚いたことに、宗教と人生満足の間の連関は、宗教とよき隣人性の間の連関と形式上ほぼ同一であるように思われる――

- よき隣人性と同様に、宗教性と人生への満足との相関は強力で頑健なものである。[68] 疑似的な相関をもたらしうる他要因の、これまでと同じ長大なリストを一定に保ったときにもそれは強いままだった。他を等しくすると、教会非出席者と毎週の教会出席者の間の幸福感の差は、年間に一万ドル稼ぐ者と、その人口統計学的な双子で年間に一〇万ドル稼ぐ者の間の差よりわずかに大きなものだった。
- よき隣人性と同様に、宗教的な人がその人生に満足する傾向がある理由の大半は、彼らが宗教上の社会的ネットワークを構築していることで、それにより強い宗教的アイデンティティの感覚を強化しているからだった。教会に定期的に通っているがそこで親密な友人のいない者は実際には、全く教会に出席していない人口統計学的な双子よりも幸福ではなかった。
- よき隣人性と同様に宗教的な友人は、全般としての友人数が等しい人々を比較したときにも非常に重要であり続け、その意味において宗教上の友人関係は高出力であるように思われる。さらによき隣人性と同様に、宗教上の社会的ネットワークの影響は宗教的に同質な社会的環境を維持することには依存していなかった――その反対に、最も親密な友人が全て同じ宗教から来ているような人は、他の条件を等しくすると、友人が多様である者よりも幸福感が低かった。
- よき隣人性と同様に、神学的また教派的差異は、人生の満足と宗教性の間の連関にほぼ何の影響も与えていないように見える。

・よき隣人性と同様に、宗教性と人生の満足について二〇〇六年と二〇〇七年の面接での変化を比較すると、相関が因果であるかもしれないことが示唆される。より宗教的になった人は、より幸福になっていた。

・まとめると、よき隣人性と同様に、人生への満足における宗教的優越について、信仰そのものとの関係は信仰のコミュニティと比べて弱い。幸福感に対しては隣人性と同じように、共に祈ることの方が、共にボウリングをすることあるいは孤独に祈ることのどちらよりもよいように思われる。

結論

宗教がアメリカの民主主義に貢献しているということについて、トクヴィルは正しかったのだろうか。証拠の示唆するところでは、一つの重要な例外を除き彼は正しかった。宗教的なアメリカ人は世俗的アメリカ人と比べて全般的によりよい隣人でより積極的な市民であるが、しかし市民的自由の確固たる支持者である程度は低かった。さらに、宗教的なアメリカ人は自分の人生により満足している。しかしこれまで見てきたように、隣人性と幸福感における宗教的優越と、神学および敬虔さはほとんど何の関係もなかった。その代わりに、道徳的に負荷のかかった個人的つながりで構成された宗教のネットワークが、利他的な傾向と結びついて、宗教的なアメリカ人のよき隣人性と人生への満足の両方を説明していた。

第14章 分断された家?

あなたが母親に、礼儀ある仲間内では宗教について決して話してはいけませんと言われたことには十分な理由がある。宗教、あるいはその欠如は、人々の根深い価値観、彼らの世界観を伝えまた形成している。宗教をめぐる不一致は、根本をめぐる不一致にしばしばなる――ある人間の信念にある動かしがたい部分が、他者の抑えがたい力と遭遇するのである。世界という舞台は、歴史上も現在の出来事でも、両立できない宗教的信念が流血の惨事をもたらした例で満ちあふれている。ここ米国においては近年最も先鋭的な不一致を、宗教信者――ほぼ全ての種類の――と、あらゆる種類の宗教的信念を糾弾する者の間に見てきた[1]。

ベストセラーリストは宗教に強く批判的な書籍で満ちており、迎え撃つ評論家はその激しい弁舌で、宗教の欠如により公共空間が「裸《ネイキッド》」になってしまうと非難している[2]。しかし、宗教的な者とそうでない者の間の断層線は、宗教が分裂的になりうるあり方を決して尽くしていない。新たに登場した世俗主義、さらには無神論の幅が増大していることは、歴史ある宗教間の緊張に取って代わっていない。例えば、エスニシティと密接に結びついていることから(第9章を参照)、宗教は人種、民族的緊張にうまくはまり込み、そして悪化させる可能性がある。そして方程式からエスニシティが消去されたところで、神学的な論争は宗教観の緊張をもたらしうる。聖典は字義通り読まれるべきか。人間は本質的に罪深いのか。救いは神の恩寵のみによるのか、それとも善行もまた求められるのか。

宗教がどこにあっても分裂的な可能性がある一方で、米国は宗教紛争の火薬庫であるように見える。個人としてのアメリカ人の多くが強く宗教的である一方で、国としては、アメリカは宗教的に多様である――これは潜在的に一触即発の組み合わせである。国の歴史はこの宗教紛争の可能性が現実になり、暴力的な結果を伴った悲劇的事例で損なわれている。現代の米国では、宗教的差異が流血の惨事に結びつくことはまれである。しかし、宗教をめぐる不一致がむき出しの神経に触るようなケースはまだ残っている。

本章と次章は、現代アメリカにおける宗教の分裂性について探求する。アメリカは、分断された家なのだろうか。本章に含まれる証拠からは、自然と、アメリカ人が宗教によって引き裂かれていることが示唆されるかもしれない。ある点では、強く宗教的な者と強く世俗的な者との間に大きく口を開けた裂け目がある。さらに、宗教系統のメンバー間での緊張が存在する――高い賞賛を受けている宗教もあれば、疑いの目で見られているものもあることをこれから示す。しかしこういった緊張にもかかわらず、次章においては今日のアメリカでの宗教紛争は落ち着いているということもまた見ていく。国の宗教的多様性と、アメリカ人の高水準の宗教性にもかかわらず、宗教間関係は紛争よりも礼譲を示している。実際、宗教についての公的表明は、アメリカ人を互いに離れさせるくさびというより、むしろ彼らを引き集めるものとしてしばしば働いている。この世界のことしか知らないがゆえに、多くのアメリカ人にはこの状態が謎を提起しているのだということを完全には理解できないかもしれない。（a）宗教的傾倒が強いが宗教的多様性がないことも、（b）傾倒が低いが多様性が高いことも、どちらも同じく紛争リスクを呈するものにはならない。しかし、傾倒と多様性が同時に高いことは、発火的な混合の可能性がある。それは人々が、同じくらい強く宗教的だが、しかし他の信仰を信じているような他者と宗教的に混合していることを意味している。これは宗教的不調和のレシピで、アメリカはその宗教の縫い目からほつれていくであろうと思う人もいるかもしれない。しかるに、そうはなっていないのである。

次章、よってこの本全体によって、アメリカの宗教的多元性の謎に対する答えの提供へと至ることになる。結論を予告すれば、米国内部における高度の宗教的受容が、アメリカ人の高水準の宗教間での結合《アソシエーション》、あるいは「橋渡し《ブリッジング》」と結びついているということの新たな証拠を提供する。そこではわれわれの多くが他の信仰の人々と共に暮らし、友人となり、さらには結婚までしているのである。アメリカ人が自分の生活のさまざまな領域において宗教的分断に橋を架けるにつれ、異なる信仰の人々を彼らはますます受け入れるようになる。アメリカ社会を特徴付けている宗教の流出入の回転は、近隣、友人関係、そして家族内部での多くの宗教間混合をもたらしている。結果としてアメリカは、宗教的多様性と傾倒の両方の平和裡の共存から恩寵を受けているのである。

宗教的分断

われわれの総合的テーマは、米国における宗教的緊張は落ち着いているということであるが、宗教は分断の源泉には少なくともなりうる、ということを思い起こさせる証拠からここでは始める。分断されているかは主としては認識の問題であるが、その基準からは、アメリカは宗教的に分断された国家である。二〇〇六年の信仰重要性調査では、アメリカ人に対して「アメリカは宗教線に沿って分断している」かどうかを尋ねている。七二％がそれに賛成していた。半数近く（四六％）はアメリカが宗教によって引き裂かれていることに強く賛成するとすらしている。したがってこの基準からは、われらの家は分断されたものであるように見える。

アメリカ人が宗教的分断を認識しているということは、とりわけ現代の政治環境をふまえれば、おそらく驚くべきことではない。第11章で見たように、宗教的、世俗的なアメリカ人の間には大きな党派的差異が存在する。強く宗教的また強く世俗的なアメリカ人の間の分断のもう一つの顕著な例は、社会における宗教の役割についての意見の相違である。[3] 正邪の区別は神の法に基づくべきだろうか。この質問について、最も世俗的なアメリカ人と最も宗教的なアメリカ人は劇的にまでに相反するものの見方をしている。図14－1に示すように、アメリカ人を十分したときに最も世俗的な者の間では、何が正しくまた間違っているかを決めるべきは神の法であると信じるものは九％にすぎなかったのに対し、対照的に人口で最も宗教的な十分の一の間ではほぼ全員一致（九七％）していた。本章を通して、これら二つのカテゴリーを繰り返し参照する——宗教性において上位と下位一〇％のアメリカ人である。そうする理由は、これから見るように、人口においてこれらの二断片が非常に際立っているからである。[4]

神の法が正邪を定義すべきかどうかに関する、宗教的また世俗的なアメリカ人の間の明白な分断がいかに際だった

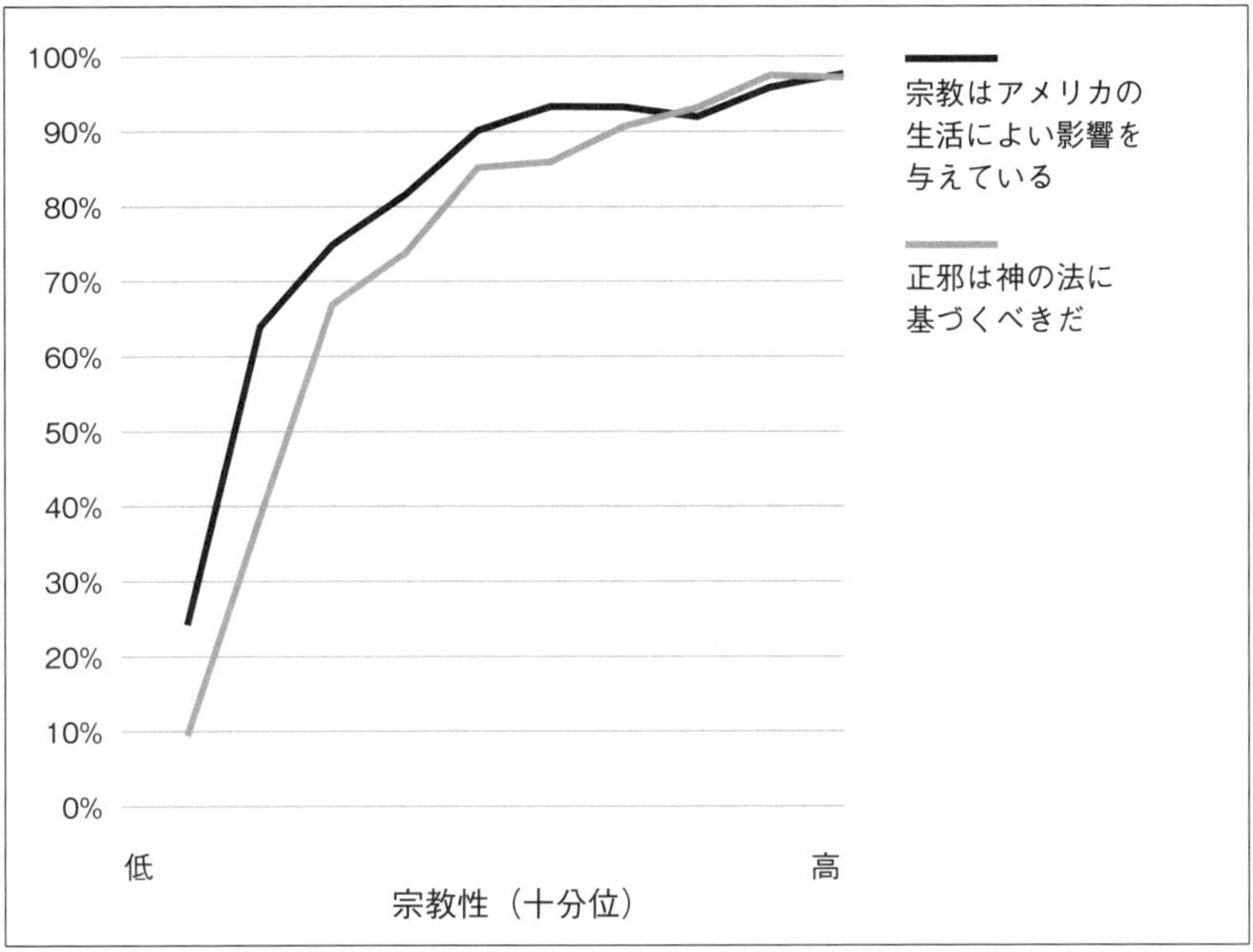

出典：信仰重要性調査，2006年.

図14-1　大半のアメリカ人はアメリカ社会における宗教の役割を見ている

ものだったとしても、宗教性における二つの極にいる人々――最高と最低の者――を単純に比べることは、真実のストーリーを覆い隠してしまう。それは全国の気温分布を検討するときに、カリフォルニア州デスバレーと、アラスカ州ノームだけを見るようなものである〔デスバレー「死の谷」は世界最高気温を記録したことがあり、一方ノームはアメリカ大陸最西端でベーリング海に面し、イヌイットが居住している。〕。実際には大半のアメリカ人は、とりわけ宗教的ではない者であっても、神の法に基づく道徳律を支持している。適度に宗教的な者（具体的には、宗教性指数で中間にいる人）の間でも、神の法は広範な（八五％）支持を集めている。強く世俗的なアメリカ人は、神の法が正邪を定めるべきではないという信念において外れ値である。

　これと同じ基本的パターンをやはり図14-1の中に、アメリカの生活における宗教の影響がよいものかそれとも悪いものかについての評価を尋ねたときに見ることができる。最も世俗的な十分の一ではアメリカの生活に宗教がプラスの影響を持っていることに賛成したのは四分の一（二四％）にすぎなかったが、次に世俗的なアメリカ人でその数字は三分の二まで跳ね上がる。[5] 適度に宗教的なアメリカ人においてはさらに高まって九〇％になり、宗教性尺度の高い方の端にいる者では九八％に上り詰めている。[6]

もし強く世俗的なアメリカ人と強く宗教的なアメリカ人を一緒に同じ部屋に入れたら、宗教が持つべき影響の程度について鋭く対立するだろう。しかし、強く宗教的な人は、宗教的信念をわずかに持つどんな人とも一致点を見つけやすいだろう。大半のアメリカ人は宗教の影響を、少なくとも理屈上は受け入れており、一方で断固として歓迎をしないのは、人口の中で少数の強く世俗的な部分のみである。社会における宗教の役割についての問いということになれば、アメリカの家は分断しているかもしれないが、それは等分の二つに、ということではない。

強く世俗的なアメリカ人が社会にとっての宗教の価値について疑っていることは驚きではないが、個人的な宗教性である程度低水準の人々が、宗教にプラスの公的役割を見ているのは驚くべきことである。では、世界観のほかの側面で、とりわけ明示的に宗教に対し関係していないようなものについてはどうだろうか。ほとんど直感に反することだが、個人的な宗教性は、宗教自体は含まれていないようないくつかの意見に対し、社会において宗教がプラスの役割を果たすかどうかよりも強いつながりを有している。例えば第13章では、宗教性が、われわれのもっとも親密なつながりの核心に迫る中核の信念と密接に関連しているのを見た――それは、子どもがどのように育てられるべきか、である。善悪という言葉が宗教的なアメリカ人の琴線に触れるのとちょうど同じように、従順さを焦点とする子育て哲学もそうなっている。子育て哲学におけるこのような差異に基づくと、強く宗教的なアメリカ人の本棚を覗いたならば、規律主義者ジェームズ・ドブソンの本が見えることが期待できる――世俗的アメリカ人は、規律に対し子どもの自己発見を強調するベンジャミン・スポックの『スポック博士の育児書』を持っている可能性が高いだろう。アメリカ政治における宗教分断に関する以前の議論（第11章にある）の観点からは、子育てに対する態度が政治的意味を持つように思われることは注目に値する。[7] これらの本棚をさらに見れば、子どもに対し従順さを教えることに優先順位をおく親は、やはり政治的保守派の書籍をドブソンを含み読んでいて、スポック博士のアプローチを評価する者は、スポック自身の政治的傾向によく似た、左派の政治的立場を持っていることが見いだされやすいだろう。

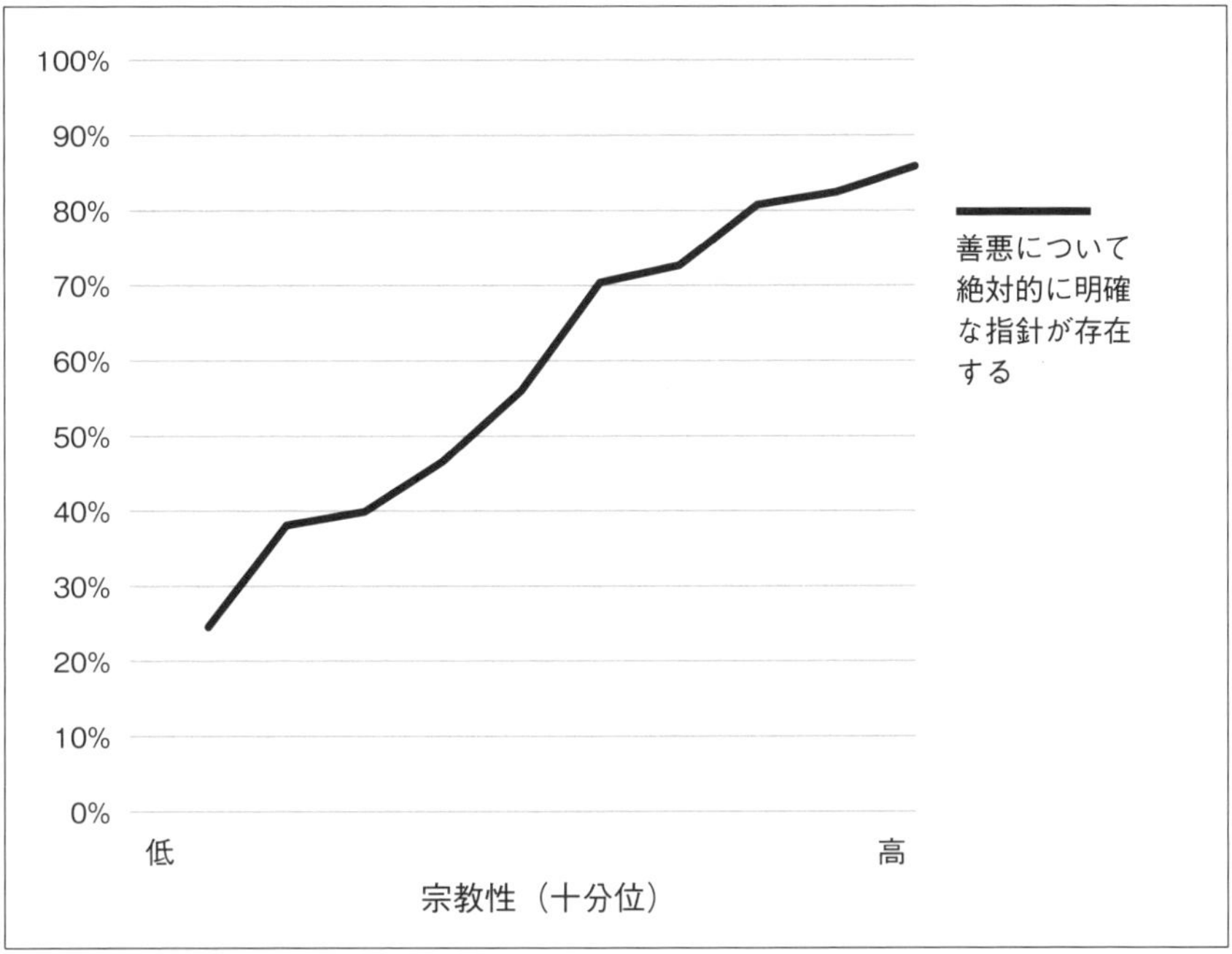

出典：信仰重要性調査，2006 年.

図14-2　宗教的また世俗的なアメリカ人は、善悪の明確な指針が存在するかどうかで異なっている

宗教性はまた、全ての中でもっとも根本的な質問の一つとも関連している。すなわち、善悪に関連して「絶対的に明確な指針」が存在するかどうか、である。全体としては、アメリカ人の五八％はそのような指針が存在すると述べている――これは多数だが、圧倒的なものではない。しかし図14－2が明らかにするのは、善悪における信念が個人的宗教性と共に着実に上昇していく様子で、もっとも世俗的な十分の一の間での二五％から、中程度に宗教的な者での五六％、そしてもっとも強く宗教的な者での八六％となっていた。政治的指導者が悪について――帝国であるのか枢軸であるのかを問わず――語るとき、彼らは分断された公衆に対し語りかけていた。そのような言葉が共鳴するのは、強く宗教的なアメリカ人のほぼ全て、中程度に宗教的な者の約半数で、そしてもっとも宗教的でない者には少ししかいないのである〔「悪の帝国」はレーガンがソ連について、「悪の枢軸」はジョージ・W・ブッシュがイラン・イラク・北朝鮮について行

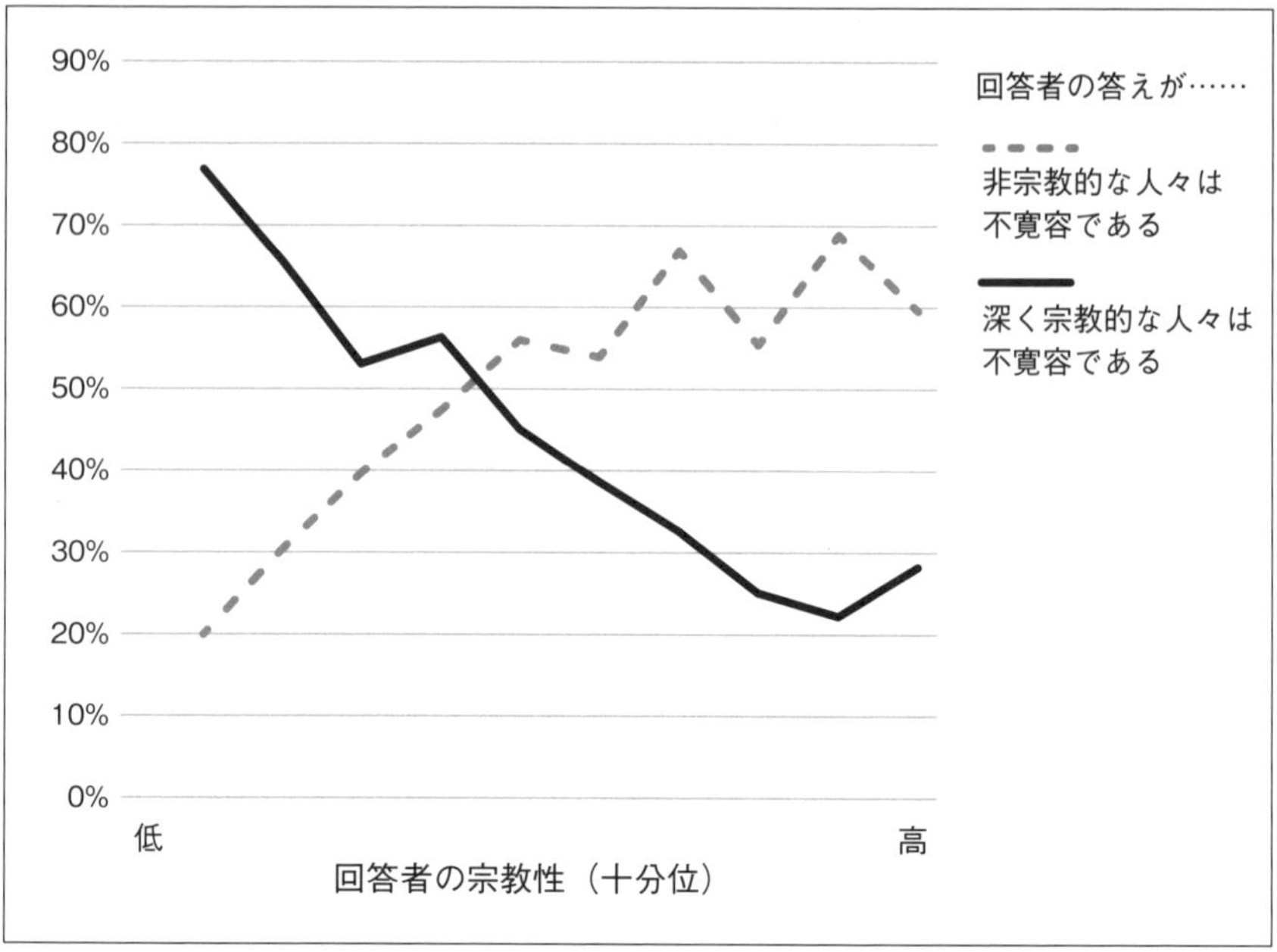

出典：信仰重要性調査，2006 年.

図14-3　宗教的また世俗的なアメリカ人は互いを不寛容と見ている

った発言を指す。」。

宗教の潜在的な分断性のさらなる証拠を、宗教的また世俗的なアメリカ人が互いをどのように認識しているのかに注意を向けたときに見ることができる。二〇〇六年信仰重要性調査で明らかとなるが、互いに他者を不寛容で利己的だが、自身たちの方は寛容でまた利己的ではないと捉えている。図14－3で明確になっているのは、非宗教的な人々が不寛容であるという認識の上昇が、個人的宗教性をほぼ完全に追いかけているということである。もっとも世俗的な十分の一の間で五人に一人（二〇％）は非宗教的な人々が不寛容であると信じているが、宗教性尺度が最上位の間では五人に三人と顕著に増大している（しかし宗教性で十分位上位のいくつかで認識が変動していることに注意）。この構図は宗教的な人々が不寛容かどうかの評価で反転する。強く宗教的な者は「そう思わない」（七二％）と答え、一方で強く世俗的なものは「そう思う」（七七％）と答えていた。中程度に宗教的なアメリカ人では賛否がほぼ割れていた

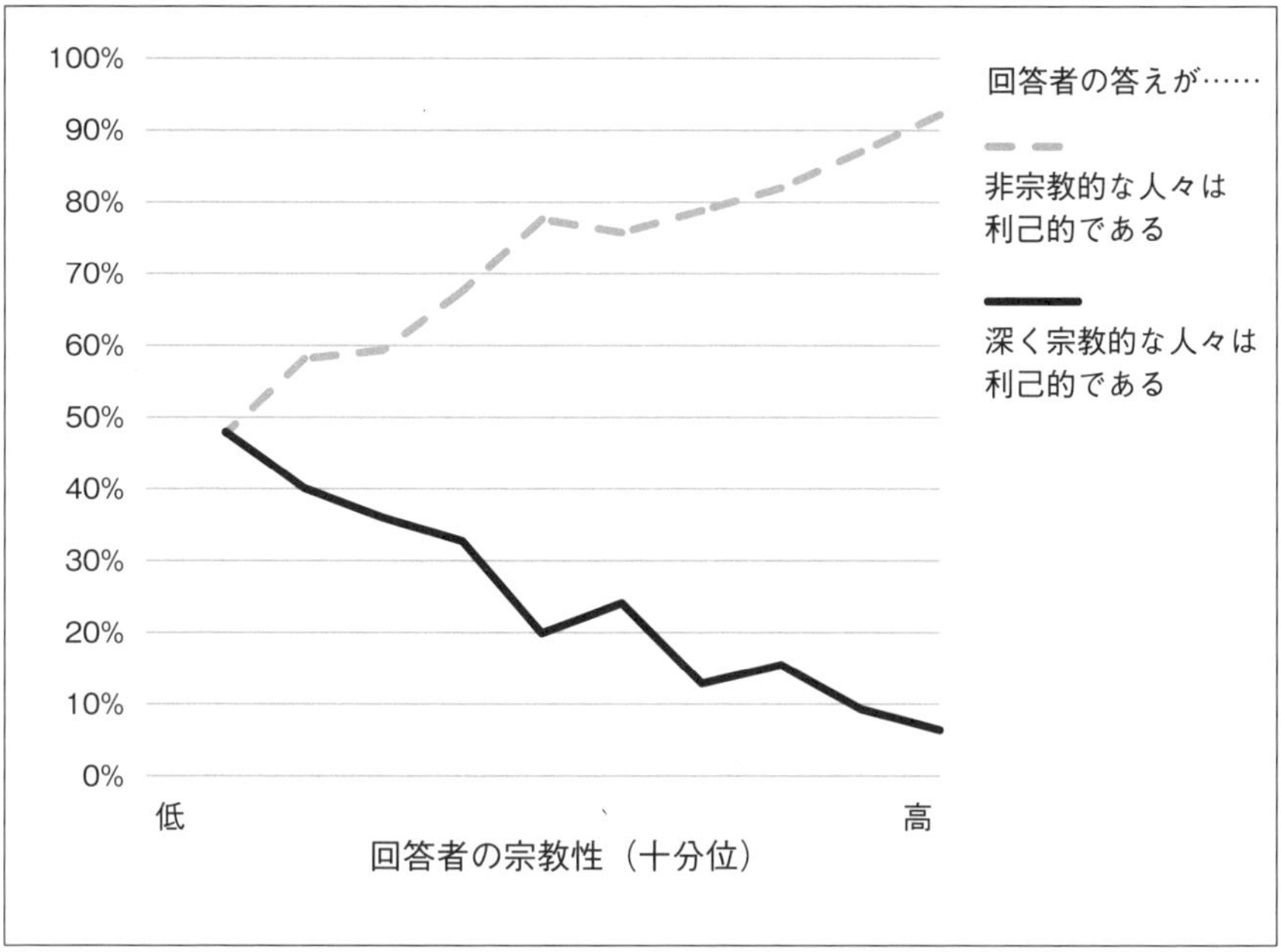

出典：信仰重要性調査，2006年.

図14-4　宗教的また世俗的なアメリカ人は互いを利己的と見ている

——五六％が非宗教的な者は不寛容と信じ、一方で四五％が同じことを深く宗教的な者について述べていた。これらの異なる認識は寛容性に限られたものでもない。強く宗教的なアメリカ人は、その世俗的な対照相手を利己的と見ている。その反対に、強く世俗的な者は深く宗教的な人々を利己的と表現している（図14－4を参照）。これら鏡写しのイメージについて記しておくべきは、回答者が「深く宗教的」な人と「非宗教的」な人について、そして利己的か寛容かについて別々に聞かれていたことをふまえるとなお一層印象的である、ということである。要は、深く宗教的な人々を利己的と認識することが、非宗教的な人々が利己的でないとラベル付けされることを意味する理由はない。また利己性と不寛容性の間も論理的なつながりはないのである。

ここで立ち止まって、宗教的なアメリカ人が、自分たちを利己的ではないと正しく表現していることに注意しておきたい。第13章に詳細があるように、宗教性の強い人々は金銭と時間をより多く慈善に提供している。さらに、やはりこれまで見てきたように、世俗的な人々も自分たちを寛容であると同じように正しく表現している。もちろんこのことは、強く宗教的な人々が自分たちのような人間を寛容であると誤って表現し、世俗的な人々が宗教なしを無私と誤ってラベル付けしていることも意味している。このテストにおいては、どちらの側にも半分の単位しか出ない。より重要なのは、彼らが他方の側に対して持つくっきりと対照的な見方をふまえたとき、アメリカ人の四分の三近くがこの国を宗教の線に沿って分裂していると見ることに何か不思議があるだろうか、ということである。

宗教間の緊張

世俗的また宗教的アメリカ人の間の分断は、投票行動における神格差と似ている。そこでは強く宗教的な人々は共和党に投票し、強く世俗的な者は民主党に投票する傾向があった。第11章からは、宗教が政治に関連することは何も新しいことではない一方で、神格差として今日知れているのは新しいものだ、ということが思い出されるだろう。過去には、宗教間に引かれた区別によって政治は形作られていた――それはカトリックかプロテスタントかであり、典礼的か敬虔的かだった。今日ではしかし、最も顕わな政治的分断は宗教的か世俗的かの間にある。宗教的な者の合同にはさまざまな信仰の有権者が含まれており、宗教的関与が穏健か全くない有権者に対峙している。重要なのはしかし、このアメリカ宗教の再編成は、異なる宗教系統のメンバー間の政治的差異が消え去ったということは意味しないということである。政治と同じように、宗教的にも広い意味で分断がある。宗教対世俗は、唯一の重要な社会的断層線ではない――宗教系統間の差異もまた、圧力点として作用しうる。世俗的なアメリカ人との臨戦態勢の感覚が異なる宗教系統の集結をもたらしたかもしれないが、宗教系統間の緊張は依然として存在している。

国政における宗教的な者の合同をこれまで強調してきたが、それは宗教間の摩擦がすべて和らいだことは意味しない。そのような摩擦は、ミット・ロムニーの大統領選キャンペーンでも明らかだった。彼は末日聖徒キリスト教会の会員――モルモン教徒である。二〇〇八年に、モルモン教徒の大統領候補には投票しないと調査員に答えたアメリカ人とちょうど同じ比率で、一九六〇年にはカトリックの候補者について同じことが回答されていた。興味深いのは、この比率がギャラップ調査がモルモン教徒について一九六七年、ミット・ロムニーの父親、ジョージ（やはりモルモン教徒）が大統領選に出馬した時点で尋ねたときとほぼ変わらないままだったことである。[8] 共和党予備選におけるロムニーの見込みにとってさらに致命的なことに、福音派がとりわけロムニーの立候補に対して敵対的だったが、これがまさしく彼が最も引き込まなければならない集団だった。彼を支持した著名な福音派も（決してすべてということではないが）いたが、一般の福音派の有権者は懐疑的なままだった。[9] 二〇〇八年初頭に、敏感な問題についての有権者の考えを測定できるとして知られている手法を用いて行われたハリス世論調査を例にとろう。福音派の間では五四％がモルモン教徒の大統領をわずらわしく思っていたが、対して非福音派では一八％だった。[10]

福音派がモルモン教徒を非常に否定的に見ていることが証明しているのは、宗教的な者の合同にもかかわらず、宗教集団の神学的差異がそれでも摩擦を引き起こしうるということである。福音派とモルモン教徒の場合では、彼らが共通にしていることも多い。どちらも強く宗教的な集団で、社会問題において一致した意見を有している。法学者ノア・フェルドマンの言葉では、「モルモンは、福音派の好む保守的関心のほぼ全てを共有している」。[11] それでもしかし、福音派はモルモン教徒の大統領候補に投票することにためらいを覚える。その説明の中心にあるのは、モルモン教は福音派サークルの内部ではしばしば「カルト」とラベル付けされているように、福音派がモルモン教の宗教的信念の多くについて不安を覚えるということにある。同様に関連するものとして、モルモン教と福音主義はどちらも伝道に熱心な信仰で、よってしばしば改宗者を競って接戦となっているという事実もある。[12]

ロムニーが福音派の支持を得られなかったことは、アメリカ人の間で続く宗教的緊張の単なる一例にすぎない。宗教系統の間の好感と敵意のパターンについて、「感情温度計」として知られる種類の質問を用いてより体系的に見ることも可能である。二〇〇六年信仰重要性調査で、回答者は一連の宗教集団を含むさまざまな集団のメンバーについて評定をするように求められた。感情温度計は、さまざまな社会集団（あるいは人、組織、その他あらゆるもの）に対し回答者がどれくらいあたたかく感じているかを〇〜一〇〇点の尺度で示すよう求めたもので構成されている。〇点は回答者が可能な限り冷たく感じていることを、五〇点は中立の感情を、そして一〇〇点は可能な限りあたたかく感じていることを意味している。したがって、数字が高いほどあたたかさの強さ、あるいは好感の強さを意味している。この単純な質問は、人々が異なる集団――ここでは、さまざまな宗教系統のメンバー――に対して持つ直感的な感情を測るのに効果的な方法になっている。

感情温度計は、三つの異なる種類の情報を明らかにする。第一に、さまざまな宗教集団のメンバーが、自宗の信徒をどう評価しているかを見ることができる――これは「集団性」のテストである。第二に、さまざまな宗教系統のメンバーが、人口の残りからどう見られているかについて示される。第三に、宗教間の好感と敵意のパターンを検討することができる。どの宗教が折り合え、どれが互いに緊張関係にあるのだろうか。[13]

これらの結果を議論するにおいて、全宗教集団に対する温度計評定の平均が五五度であることに注意しておくのは重要である。したがって、五五度以下の温度計スコアであれば、その集団は平均よりもよりマイナスに見られているということを意味する。五〇度以下、すなわち中間点よりも低いスコアは、問題の集団が真にマイナスに見られていることを意味する。

図14－5に示されているように、アメリカにおける宗教集団で、モルモン教徒ほど自身の集団に対してあたたかく感じているものはない。実のところ、モルモン教徒は仲間のモルモン教徒に対し、黒人プロテスタントが仲間のアフリカ系アメリカ人に対して感じる以上にあたたかく感じている。ユダヤ教徒がモルモン教徒のすぐあとで、黒人プロテスタントとカトリックが続いている（それぞれが自分たちに同じ評価を下していた）。主流派プロテスタント、福音派、そして宗教なしの人々はどれも自身の集団への好意がより低くなっていた。[14]

黒人プロテスタントとユダヤ教徒が仲間の黒人とユダヤ人に対して似た程度のあたたかさを有していることは偶然ではない。敵意に直面してきた二集団であることが明らかで、第9章で詳細を見たように宗教とエスニシティが重なり合う典型例になっている。したがって彼らが互いに団結することは、戦いのさなかという感覚によるもののみとしても予想できるだろう。カトリック信仰の民族的次元が衰えつつある、少なくとも白人系《アングロ》カトリックの間でそうであることをふまえると、その集団の好感的評価はいくぶん驚きである。カトリックのアイデンティティに汎民族的感覚があることをそれは示唆している。

モルモン教徒の内集団への愛着はおそらくより驚くべきものである。モルモン教は、宗教シーンにおける比較的新

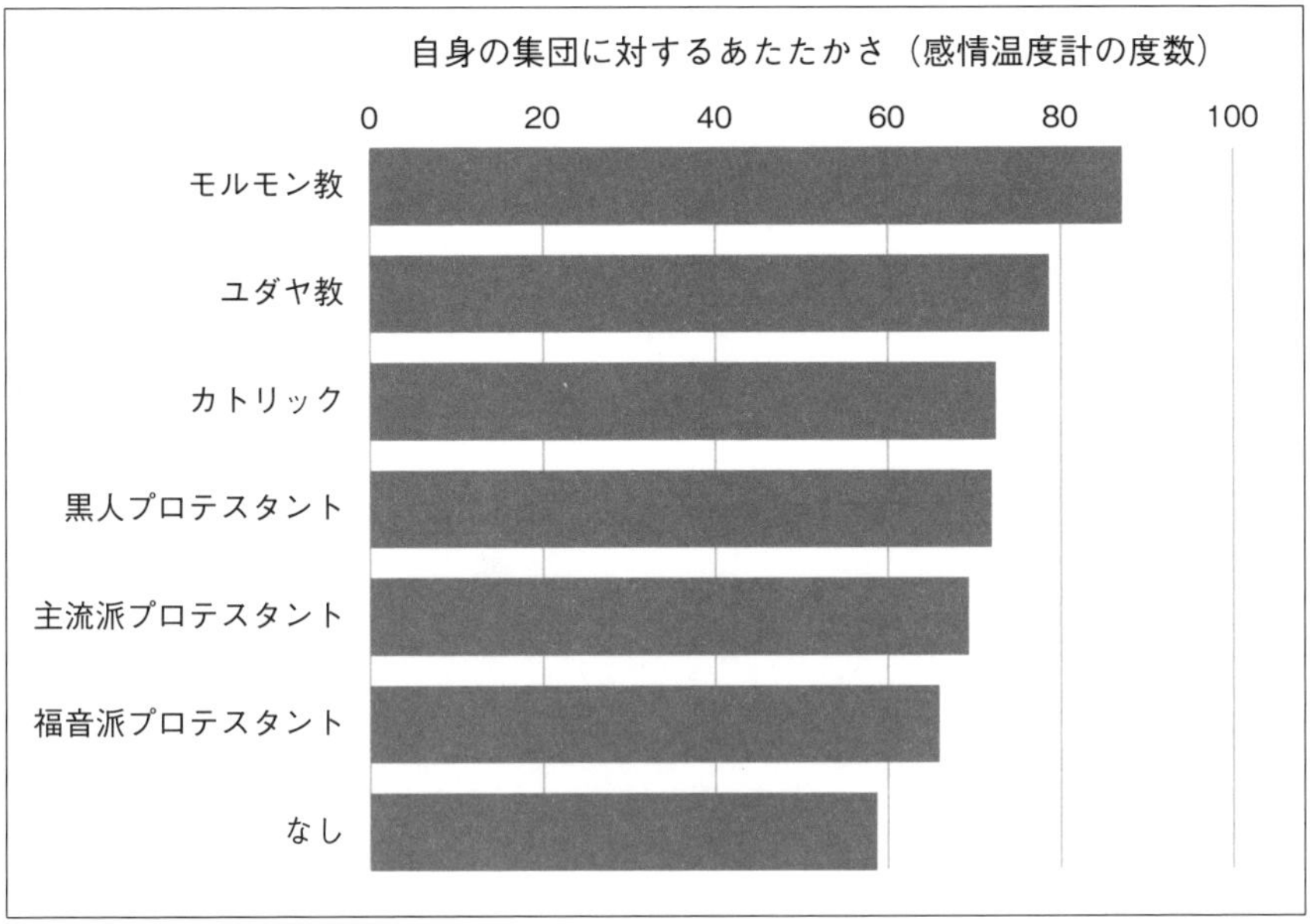

出典：信仰重要性調査，2006 年.

図14-5　宗教集団は自身の集団に対する感じ方でさまざまに異なる

参者、また野心的に布教する信仰であって、民族的に根ざしているものではない。その代わりにわれわれが提案するのは、モルモン教徒が凝集するのは彼らがエスニシティに似ている宗教集団――血ではなく、信仰に基づくもの――であるからというものである。モルモン教は実際に、エスニシティとして言及されることがあるが、それはモルモン教徒の共有された歴史、迫害という遺産《レガシー》、大量移住、そして地理的集中によるものである。[15]

主流派プロテスタントが内集団への強い愛着の感覚を持っていないことは、「主流派プロテスタント信仰」がぼんやりとした社会的カテゴリーであることをふまえると驚きはない。われわれは回答者に主流派プロテスタント信仰内の教派の例を示して促したが、[16]多くのアメリカ人にとってそれは単純に顕著なカテゴリーではなかった――その内部にいる者にとってすらそうだったのである。同様に、「宗教的ではない人々」のような非常に主観的な分類も定義があいまいである。福音派もまた、仲間の福音派に対して相対的に言って高度のあたたかさを有し

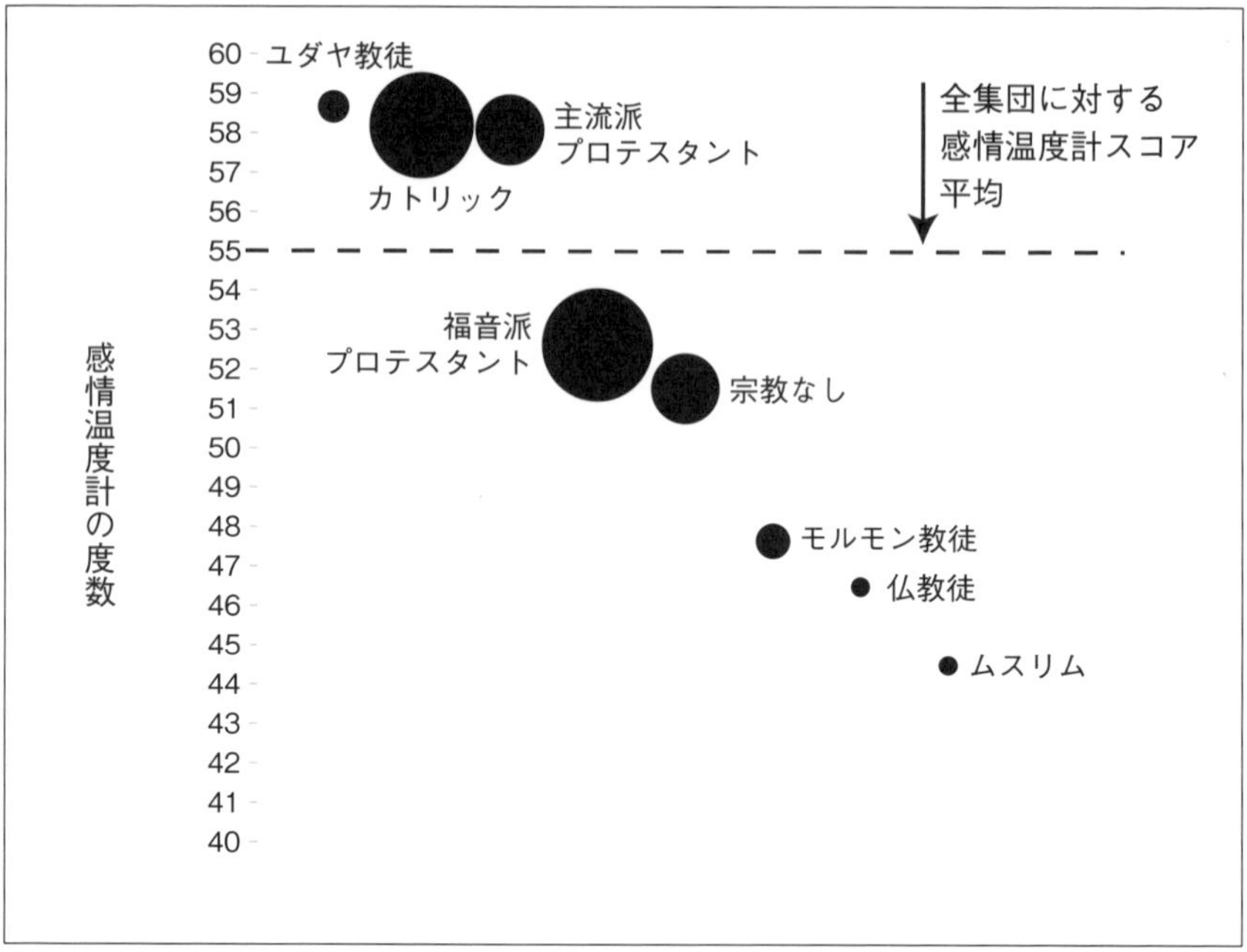

出典：信仰重要性調査，2006 年および 2007 年.

図14-6　アメリカ人はユダヤ教徒、主流派プロテスタントそしてカトリックに対し最もあたたかく感じている（得点は各集団について他の全員がどう感じているかを反映している；円の大きさはその集団の人口シェアを表す）

ていないという事実もまた、福音主義が福音派の心のなかで明確に定義されていないことを示唆している。

宗教なし、主流派、そして福音派プロテスタントのようなカテゴリーのあいまいさは、他の宗教集団を定義している明確な境界線を強調しているのみである。カトリックやユダヤ教そしてモルモン教徒はすべて明確に区別されている——もし自分がその一人とわかっているのなら、ほかの誰かがその一人であるかどうかもわかる。

さまざまな宗教集団のメンバーが自身の種類に対してどう感じているかの検討をしたところで、次はさまざまな宗教のメンバーが、同胞たるアメリカ人からどう見られているかに移る。図14－6はアメリカ人が幅広い宗教系統を、カトリックのような大集団からムスリムのようなずっと小さなものまでどう評定したかを表したものである。これまで見てきたように、人々は自分に似た人々を是とする傾向があるので、これらの温度計スコアは対象集団のメンバーを除外している——例えば、カトリックに対する得点には非カトリックからの結果のみが含まれており、したがってカトリックが残りの人口からどのように捉えられているかを表している。同時に、円の大きさは米国人口に占めるその集団の相対的シェアを表していることにも注意してほしい。カトリックは最大で、ムスリムと仏教徒は最小である。

ユダヤ教徒、主流派プロテスタント、そしてカトリックがみなトップに上っていて、似たようなプラスの評価を受けている。(17) このことは主流派プロテスタントに対しては予想されようが、それはまさしくそのラベルが、アメリカ宗教の主流の典型であることを示唆しているからである。カトリックについては、アメリカにおける反カトリック信仰の歴史をふまえると、おそらくは少々驚きである。(18) そして、何人かの読者にとってはユダヤ教について、米国と海外両方での過去の反ユダヤ主義の強烈さをふまえると最も驚きであるだろう。しかし注意しておくのは、ユダヤ教徒に対するプラスの好感を見いだしているのはわれわれだけではないということである。ホロコーストへの気づきが、反ユダヤ主義の公的表現の劇的なまでの下落を一九四五年に続く二〇年間にもたらした。それ以降、反ユダヤ主義は世代交代を通じて低下してきた——若い人々は年長の世代に比べ、反ユダヤ的視点を抱く可能性が少なかった。二〇〇九年一〇月に名誉毀損防止同盟が調査結果を公表し、「ユダヤ人に対するアメリカの態度が測定された全年間で、反ユダヤ的態度は最低の水準に等しくなった」ことを見いだしている。(19) もちろん、回答者が実際にはユダヤ教徒とカトリックにネガティブな感情を抱いている可能性を排除することはできない。もしかすると彼らは社会的に受け入れられるように見られたいという希望からその反ユダヤ/反カトリック主義を覆い隠しているのかもしれない。しかし、そのような社会的望ましさのバイアスが何らかの潜在的な反カトリックあるいは反ユダヤ主義を覆い隠しているとしても、他の宗教集団に対して表明された冷たさがなお一層顕著になるだけのことである。

福音派と「宗教的でない人々」が次の順番にいて、ユダヤ教、主流派プロテスタントそしてカトリックの下に位置している。彼らはどちらも中立点の五〇度の上にあるが、しかし全体平均（五五度）を下回っている。したがって相対的には、これら二つは中程度に不人気の集団である。「無神論者」のような米国内では非常に少なく、より含みのある用語よりもむしろ、宗教的ではない人々に対する反応を測定することを選んだことに注意してほしい。公然たる無神論者であるような者を誰か知っているような回答者が非常に少ないだろう一方で、多くの（おそらく大半の）人には、単に宗教的ではないような友人、近所の人そして家族がいるであろう可能性は高い[20]。

三集団が不人気さでは突出している――モルモン教徒、仏教徒そしてムスリムである。三つの全てが全体平均および中立点の五〇度の両方を下回っている。各集団の相対的な小ささがその低評価に貢献している一要因であることは疑いないが、それがストーリー全体になる可能性はほとんどないだろう。ユダヤ教徒も人口で占める割合は小さいが、しかし最高の温度計スコアを得ている。モルモン教徒とムスリムの公的イメージが、原理主義的な一夫多妻者あるいはジハード戦士にしろ、両集団における周辺的要素が否定的にメディアに描かれていることに影響されているのは疑いない。しかし否定的なメディア描写が全体のストーリーにならないように見えるのは、モルモン教徒やムスリムと同じようなメディアによる否定的な注目を仏教徒は集めないということがある。したがって、ムスリム、仏教徒そしてモルモン教徒に関する何か他のものがあって、それが彼らを不人気にしているが、彼らについて公然と不安を表明することがもたらす社会的汚名は弱められているらしいとわれわれは考えている[21]。アメリカのユダヤ－キリスト教体制と呼ばれるようになったものに、これら三集団は占める位置を持っていない。ウィル・ハーバーグが一九五〇年代に表現した三区分を思い出せば（第9章を参照）、彼らはプロテスタントでもカトリックでも、ユダヤ教でもないのである。

さまざまな宗教集団に対するこれら全体での評定からは、全ての宗教集団が等しく好意的に見られているわけではないことが確認される。ここまでは、粗めの筆遣いで絵を描いてきたが、各宗教系統のメンバーが他をどう評価しているかを検討することで、いま少しの詳細を付け加えることができる。集団Xのメンバーは、集団Yについてどう感じているのだろうか、そうすることで、どの集団が互いに好感を感じ、またどれが相対的に冷たく感じているのかを示す社会的地図を構成することが可能になる。もう少し単刀直入に言えば、誰が誰を好きで、また嫌っているのかを見ることができる。表14－1が結果を表している――各欄は集団Xのメンバーが集団Yに与えた感情温度計スコアの平均を表している。例えば、先頭行では福音派プロテスタントがカトリックに五八度のスコアを与えていることがわかる。このことは、集団として、福音派がカトリックを中間点の五〇度から八度上に、全体平均の五五度から三度上

表14-1　どの宗教集団が、どれに対しあたたかく、また冷たいのか？　感情温度計スコア平均（0–100点）

		評定を受ける集団							
		福音派プロテスタント	主流派プロテスタント	カトリック	ユダヤ教	宗教的でない(23)	モルモン教	ムスリム	仏教
評定を与える集団	福音派プロテスタント	**66**	64	58	61	50	46	41	41
	主流派プロテスタント	58	**69**	63	62	54	51	46	46
	カトリック	54	56	**72**	56	50	50	44	48
	ユダヤ教	46	59	64	**79**	64	54	45	64
	宗教的でない(24)	46	52	53	57	**59**	45	46	55
	モルモン教	63	64	67	63	61	**87**	56	54
	黒人プロテスタント	60	55	58	57	47	45	47	36

出典：信仰重要性調査，2007年.

注：本表の読み方――評定される集団は水平方向に並んでいて（列）、その評定を行う集団は垂直方向に並んでいる（行）。したがって例えば、福音派がカトリックをどう見ているかを知るには、「福音派プロテスタント」の左を見ていき、「カトリック」と記された列で見つける。カトリックに対する福音派の評定は58度である。太字の欄はその集団が自身のメンバーをどう評定しているかである。

に評定したことを意味している――これはポジティブな評定である。対照的に、福音派はモルモンに非常にネガティブな評価をつけている――温度計スコアは四六度と、中間点の四度下で、平均からは九度低い。

この詳細な水準では、いくつかの重要点が目立ってくる――

・ほぼ誰もが主流派プロテスタントとユダヤ教徒を好んでいる。
・ほぼ誰もがカトリックを好んでおり、それはカトリックが他の全てを好む以上である。
・福音派は他のほぼ全てを、お返しに好まれる以上に好んでいる。
・カトリックと福音派はお互いにあたたかく評定している（これら二集団の間の過去の敵意をふまえるとこれは印象的である）。
・モルモン教徒は他の全てを好んでいるが、一方で他のほぼ全てがモルモン教徒を嫌っている。ユダヤ教徒が例外で、彼らはモルモンに全体でのポジティブな評定を与えている（双方とも少数派の宗教であることをふまえると、認知された共通性がそこにはあることが示唆される）。
・ほぼ全てがムスリムと仏教徒を他のどの集団よりも嫌っている。[22] しかしユダヤ教徒は仏教徒に対してはかなりあたたかいが、一方でムスリムに対しては冷たい。

残念ながら、ムスリムと仏教徒が他の集団に対して与えた評定について報告することができないが、それはどちらの集団も全国人口の中では少なすぎて、信頼できる推定を得るために十分に大きなサンプルが作れなかったからである。[25] すなわち、ムスリムと仏教徒は信仰重要性調査の中で正確に代表されていて――アメリカをランダム、横断的に面接していることからは、そうなっているべきだが――、しかし三〇〇〇人を超える回答者のいる調査でさえどちらの集団も非常に少なくしか含まれておらず、別個のカテゴリーとして取り出すことはできなかった（この点について詳しくは第1章を参照）。

感情温度計スコアの抽象的な性質によって、これらの差にどのような意味があるのか評価することが難しくなっているということは認めよう。この結果を全体から見通すため、宗教集団についての評定を、他種類の集団についてのものと比較することができる。政治というものは、あなたの母親が礼儀ある場では決して議論しないようにと告げたもう一つの主題であるということからしても、よい比較相手になる。リベラルが保守派に与える評定と、保守派がリベラルに与える評定についてみると、政治的イデオロギーは宗教よりも強い反応を引き起こすことがわかる。自らを「非常にリベラル」とするものは保守派に対し冷たく（二六度）、「非常に保守的」な回答者は今度はリベラルに対し冷たい（三八度）が、その程度は、どのような宗教集団が他に対して行うものより大きい。[26] 保守とリベラルのこれら温度計スコアを宗教間緊張のあらゆる議論の時に念頭に置こう——政治的紛争の可能性は、宗教をめぐる紛争よりも大きいように見える。この観察結果を示すのは、現代の米国における宗教的緊張が比較的和らげられているということの最初の兆候としてである。

感情温度計の抽象的な性質がもう一つ意味するのは、世論調査の人工的な状況下で表明された冷たさがどのように行動に変換されるのか、あるいは変換されるのかどうかについて直接的な指標がないということである。したがって、ネガティブな評定がいずれの集団に対する公然たる敵対行為を、政治的であれ宗教的であれ必然的に意味すると推論するべきではない。二〇〇六年の信仰重要性調査ではしかし、宗教間の敵意に関する具体的な指標について実際に聞いている——それは、自分の宗教についておとしめるようなコメントを聞いたことがあるかである。この質問から判明したのは、個人的相互作用の中での宗教的敵意の表明は確かに起こっているが、それほど高頻度のものではないということだった。具体的には、この質問は「毎日の生活の中で、あなたの宗教的信念について否定的なことを人に言われたことがありますか」と尋ねている。これがよく起こるのか少ないのかに関して、結果は解釈の問題である。極めて小さい比率の、アメリカ人口の六%だけが、自分の宗教についてネガティブなコメントをよく聞くと答え、さらに二三%が「たまに」起こると述べていた。半数近く（四六%）は、自分の宗教に直接向けられたネガティブな言葉を聞いたことがないと示していた。これは多いのだろうか、少ないのだろうか。そのようなコメントの対象になっている人にすれば、間違いなくそれは多く見える。しかし他方で、アメリカ人のほぼ半数は自分の宗教についてネガティブなコメントを聞いたことがなかった。この国における宗教的多様性と傾倒の結合という点から見ると、自分の宗教についてなされた批判的コメントを聞いたことがないというこのアメリカ人の比率は驚くほど高いようにわれわれには思われる。宗教的な否定性が欠如していることは、感情温度計の評定で、微温の受け止めをされていた宗教があることが明らかにされた点からすると一層注目すべきであるように見える。

これらの感情温度計スコアからすると、ある集団のメンバーは他よりも自らの宗教についてネガティブなコメントを聞くことが多いと期待されるかもしれない。宗教的でない者は、ネガティブな評定のつく集団の一つだが、批判的コメントをまれにしか受けないと回答している。宗教系統を持たないと答えるアメリカ人のうち、その宗教的信念、あるいはこの場合、おそらくはその欠如についてネガティブな言葉をよくあるいはたまに聞くと述べた者は二四％にすぎなかった。[27] 所属のない者にとっては――ほとんどその定義からして――宗教性は明確に区別される特徴にはなりにくいが、福音派にとってそれはより気づかれやすいものになろう。しかし、福音派でそのような発言をよくもしくはたまに聞くと答えた者は約三分の一にすぎなかった。対照的に、モルモン教徒の六〇％がその宗教的信念についておとしめるような発言を、しばしばまたはたまに聞くと答えている（ネガティブな感情温度計評定と一貫している）[28]。

ムスリムと仏教徒という、モルモン教徒よりもさらに低い温度計評定のつく二集団もまた、宗教的な橋渡しの増加により高い評定を得ているだろうか。触れたように、分離して特にその経験の信頼できる分析をするにはわれわれのサンプルにムスリムまた仏教徒が少なすぎるので、「他の信仰」――ムスリムと仏教に並んで、ヒンズー、シーク教徒その他を含む――というラベルで大きくくくったものについて代わりに報告する。このグループはモルモン教徒同様に、自分たちの宗教についての好意的でない言及を報告する傾向がある。

ユダヤ教徒はストーリーが異なっている。彼らは感情温度計スコアでトップにいるが、それにもかかわらず自分の宗教について批判的なコメントにさらされるともっとも報告する集団の一つである――モルモン教徒よりは少ないが、しかし福音派よりは多い。ユダヤ教徒の三八％がよくまたはたまにそのような言及を聞くと述べている（「他の信仰」とほぼ同じである）[29]。

宗教的緊張には、対面での会話のような個人的な規模の相互作用を通じてさらされることがある。しかしこれは、何らかの宗教集団に向けたネガティブさが姿を現す唯一の方法ではない。大統領選——重要な賭けと捉えられ、また感情の燃え上がる場——でもまた、特定の宗教集団の見られ方に伴う不快感が露わになる。否定的に評定された何らかの集団からの候補者は、有権者に彼らと似ているのだと納得させるというハードルに直面する。したがって、以前触れたように、実践的なモルモン教徒である共和党大統領候補ミット・ロムニーは二〇〇八年の彼の出馬の間、その宗教についての懸念を抑えなければならなかった。同様に、バラク・オバマの支持者は彼がムスリムであるという再発する誤った噂に繰り返し反駁していたが、この誤解が選挙でオバマにダメージを与える危険があると意識していたのである。さらに別の例は二〇〇四年の大統領選挙にあり、民主党の大統領候補ハワード・ディーンは、彼が世俗主義的と捉えられていることをめぐる懸念を拭い去るべく努めていた。[30]福音派は共和党の基盤であると通常表現されるにもかかわらず、保守的キリスト教徒のルーツを持つ候補者でさえも、公的なスポットライトの場に入っていくに当たってはその際立った宗教実践を和らげたり控えめに言うことがしばしばある——二〇〇八年に目撃されたのは、副大統領指名候補のサラ・ペイリンの広報担当が、彼女はペンテコステ派教会に通っていたけれども、ペイリン自身は異言を話したことは決してないと強調していたことだった。[31]

宗教的緊張を測るという目的では、日々の相互作用という個人的性格のものと、大統領選キャンペーンという非人格的なものはスペクトラムの反対の極にある。これら二つの極の間には、地域レベルにおける政策や実践に関係した問題がある——確かに公的だが、しかし誰が大統領執務室《オーバルオフィス》に座るかよりは限定された範囲である。国中で、宗教をめぐる葛藤を反映した地域水準の政治的衝突が存在する。年中起こる論争の発火点の一つが、土地利用と規制——宗教集団がその礼拝場所を建築、増築しまた改築することの是非とその場所の問題である。正統派ユダヤ教が、シナゴーグ、コミュニティセンターと学校を備えた巨大な複合建築を建ててよいか。モルモンが堂々たる尖塔を備えた巨大寺院を建築してよいか。ムスリムが礼拝者に祈りを呼びかけるラウドスピーカーを備えたモスクを建てることはどうか。[32]そのような小競り合いは非常にありふれていて、二〇〇〇年には連邦議会が地域規制の紛争から宗教集団に保護を与えることを目的とした法律を通過させている。[33]

アメリカ人が宗教集団の関係した土地利用の問題に反応する仕方は、問題となっている宗教に依るのだろうか。二〇〇七年の信仰重要性調査では、圧倒的多数のアメリカ人（九二％）が、自分のコミュニティに大規模なキリスト教会を建設することは気にならない（五五％）か、歓迎すること（三七％）であると述べている。この受容の水準は、人口でもっとも世俗的な十分の一の間でさえも高い（八七％）が、その反応は支持的というのからは遠い。強く世俗的な者の八二％は大規模なキリスト教会について単に「気にならない」と述べており、一方ではっきりと歓迎するという者はちょうど五％だったのである。

アメリカのコミュニティにおいてキリスト教会は大抵の場所にあることから、多くのアメリカ人にとって親しみがないであろう宗教施設に対する反応にもわれわれは興味を持ち、それで「大規模な仏教寺院」の建設について尋ねた。感情温度計スコアに基づけば、仏教寺院は宗教的寛容性を測るよい尺度となる。仏教徒は平均すると、ネガティブな評定を受けていたからである。[34] 真の寛容性には、不評判の集団の受容が伴っている。[35]

両種の宗教建造物について尋ねることの要点は、その建設に反対する理由の違いを区別することにある。自分の近隣にいかなる大きな建造物を建てることにも、それが教会であろうが寺院であろうが、レストランや店舗であろうが反対するという理由で、大規模なキリスト教会と大規模な仏教寺院の両方共に反対の人もいるかもしれない。あるいは、あらゆる種類の宗教に嫌悪を感じるからということもありえる。しかし、仏教寺院に反対するがキリスト教会にはそうではないのであれば、特に仏教、あるいはおそらく、より一般に「外来の《エキゾチック》」（また非キリスト的な）宗教に対して抱く懸念を示唆するだろう。[36]

寺院を建てることを計画しているかもしれない仏教徒にとって、われわれの結果にはよいニュースと悪いニュースが含まれている。よいニュースとは仏教寺院に対する、少なくとも理屈上は、全体としての高い支持である。アメリカ人の四分の三（七六％）が自分の近隣に大規模な仏教寺院が建築されることに問題はないと答えていた。悪いニュースの方では、自分たちの中にそれをはっきりと歓迎すると答えた者は少数にすぎなかった（一五％）。仏教徒にとってさらに悪いニュースは、アメリカ人の五人に一人（二〇％）が、大規模キリスト教会には問題がないが、仏教寺院には反対すると述べていることである。[37] 図14－7に示されているように、仏教寺院に対する最大の反対は人口の中でもっとも宗教的な部分から来ており、彼らがこの特定の宗教集団との間に共通の目的《コモン・コーズ》を見いだしていないことは明

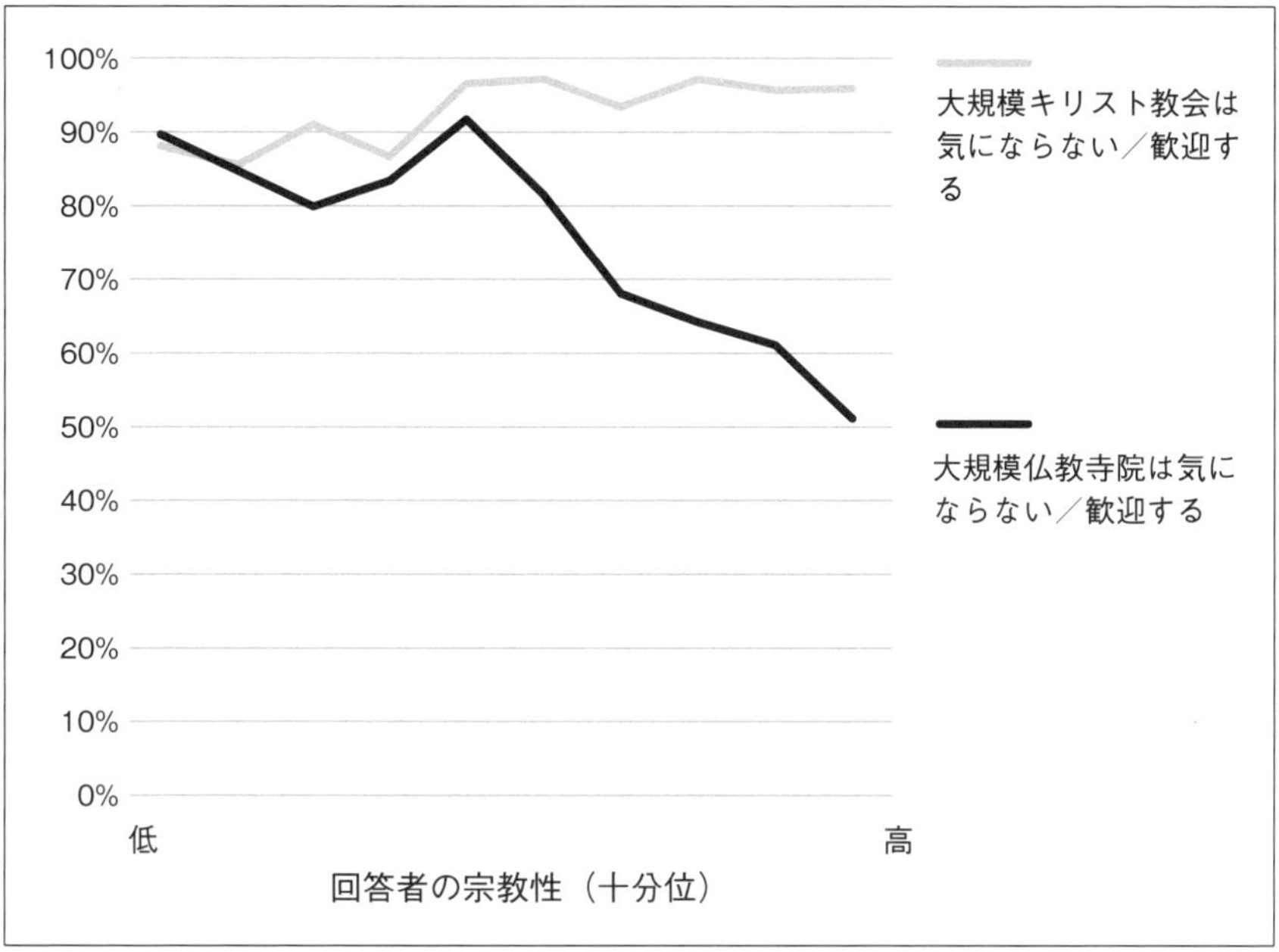

出典：信仰重要性調査，2007年.

図14-7　ほぼ全員が近隣のキリスト教会には問題がない；強く宗教的なアメリカ人は、仏教寺院について確信が低い

らかである。仏教寺院に対する是認は、個人的な宗教性が増大すると急激に落ち込んでいる。強く世俗的なアメリカ人は、キリスト教会よりも仏教寺院を受け入れたり歓迎することがわずかに多いが、もっとも宗教的なアメリカ人では、半数（五〇％）が仏教寺院に反対で、これは前章で検討した市民的不寛容のもう一つ別の徴候である。[38]

宗教の受容と寛容についての証拠を見返すと、評決は混在している。一方では、強く宗教的また強く寛容な者は、自身の部類を寛大で寛容であり、宗教性スペクトラムの反対の極に落ちる人間については利己的で不寛容であると捉えていた。さらに、他の特定の宗教集団のメンバーから否定的な反応を生じさせている宗教があり、さらに他の宗教集団のほぼ全てから冷たく見られているものがあった。メンバーが、自分の信仰についてある程度の頻繁さで否定的なコメントを聞くと答えた宗教集団があった。そしてアメリカにいるほぼ全ての人が近隣の大規模キリスト教会を受け入れる一方で、仏教寺院についてはより大きなためらいが、とりわけもっとも宗教的なアメリカ人の間にあった。

結局それほどの分断はない

ここでストーリーを終えると、宗教はアメリカ内部の分断の源泉になるという印象を残すかもしれない。やはり、宗教間関係にはさまざまな圧力点がある。しかし、宗教は結局のところそれほど分断的ではないという証拠にわれわれがずっと遭遇してきたということを強調するのもまた等しく重要である。[39] 宗教がポジティブな影響を発揮しているということに賛成するアメリカ人は圧倒的に多く、アメリカ社会における宗教の大きな役割に明らかな不快感を覚えるのはもっとも世俗的なアメリカ人のみである。さらに、宗教集団が互いを見る冷たさは、政治的スペクトラムで反対の側にいる者が互いに対し感じるネガティブさに匹敵するものではなかった。公然とした宗教的敵意は比較的まれである。宗教的分断は存在し、その中には潜在的な宗教間緊張も含まれるが、宗教が緊張や分断を引き起こす能力を強調しすぎるべきではない。

言い換えると、分断の種をまく宗教の能力にかかわらず、アメリカ内における宗教的紛争はなりを潜めている——この状況は、宗教的傾倒と多様性の両方をアメリカが結合させていることにより、なお一層謎が深まっている。次章ではアメリカの宗教的多元性が提起したこの謎について取り上げる。

第15章

アメリカの恩寵――寛容な国家がいかにその宗教的分断を橋渡しするか

前章は宗教が分断的になりえることについて論証した。例えば、アメリカ人の七二%はこの国が宗教の線に沿って分断されていると述べている。それは多く聞こえるし、実際にそうである。しかしアメリカ人による宗教的分断の認識を、他の種類の分断と比較すれば、宗教的紛争の可能性を文脈に置くことができる。宗教的分断性は、人種、階級あるいは政治による分断と比較すると色あせてくる――

・アメリカ人の九三%がアメリカは人種線に沿って分けられていると信じている。
・九六%が経済線に沿った分断を捉えている。
・九七%が政治線に沿ってこの国が分けられていると述べている。(1)

宗教が人種、階級あるいは政治ほどにはそこまで分断的でないという事実が、本章で解を探る謎である。アメリカはどのようにして、宗教線に沿って分裂することなく、信心深くかつ多様でいられるだろうか。信心深いが多様でないのなら、ほとんど分断は起こらないだろう（例えば、ポーランド）。同様に、社会が宗教的に多様だが信心深くなくともよい（例えば、オランダ）。前者の場合では、不一致になるものがほとんどない。後者であれば、不一致の点は多いかもしれないが、そのように意見を違える動機がほとんどない。

本章では最後に一つ残されたものを取り上げる。宗教の潜在的な分断性を強調するのではなく、むしろ、宗教を「あまり分断的ではない」と単に表現することでは、アメリカの公的生活におけるその役割がいかに正しく評価できないのか、に光を当てる。多くのアメリカ人にとって、宗教は一種の市民的な接着剤として働いていて、分割よりも結合をもたらしている。続いてわれわれが示すのは、いかに大半のアメリカ人が宗教的多様性を受け入れているか、である――それには強く世俗的な者と、強く宗教的な者が含まれている。われわれはまた、多くのアメリカ人が個人的規模で宗教的多様性を経験しているということを見る。アメリカ人は信仰の異なる友人や家族を持つことが典型で、それが彼ら自身の宗教的に多様な社会的ネットワークを作り出している。これらのネットワークに具現化された多様性が、現代アメリカにおける無数の宗教の平和裡の共存を可能としていることについて、新たな証拠を本章では提供する。続いて、アメリカ人口の大半が――小さいが、強く宗教的な部分を除いて――、何かの宗教に「真実である」という独自の地位を割り当てることに、それが自身のものであっても気が進まないことの証明に移る。アメリカ人の大多数は、他の信仰のメンバーであっても天国に行くことができると信じていて、救いは自らの信者のために予定されているとはっきりと教える宗教の中にいる場合でさえも、それは成り立っている。最後に、アメリカ人の天国についての広く包括的な視点は、親しい友人や家族を含む、さまざまな宗教的背景を持つ人々との個人的経験に由来していることを論じる。アメリカが宗教的に多様でかつ宗教的に信心深くあることを何とか実現しているのは、自分が知りまた愛する人々を断罪することが難しいからである。

市民宗教

多くのアメリカ人にとって、宗教――あるいは少なくとも神への信仰――は、国を結びつける働きをしている。アメリカ人の精神に埋め込まれているものに、国家のまさに存在と生存は、天上にいる神に負うものであるという暗黙の愛国的な信仰箇条がある。したがって、公的生活における厳粛な儀式の瞬間、団結の国家的感覚がもっとも強まっているときの間は、神性への言及が多くなる。われわれの指導者が動員し、鼓舞し、慰めようとするとき、彼らは神に祈る。宗教がアメリカの市民社会を束ねる接着剤としての役割を果たしているということを論じる中で、社会学者ロバート・ベラーは国家の市民宗教《シビル・レリジョン》について説明した。それは分派《セクト》、教派、あるいは宗教系統の何か特定の信仰からは離れたものである。彼の言葉では「市民宗教は、教会との激しい闘争なくして国家的連帯の力強い象徴を強化し、国家目標の実現に向けた個人的動機付けを深い水準で動員することを可能にする」[2]。市民宗教に党派的響きはない。したがってジェファーソン（民主党）[3]は、創造主が人間に不可侵の権利を与えたという思い切った声明を付して独立を宣言した〔アメリカ独立宣言の前文で、有名な「人間は生まれながらにして平等である」に続く表現。〕。リンカーン（共和党）はアメリカが「神のもと、新たな自由の誕生を迎える」と身を切るような宣言をすることで、南北戦争の意味をゲティスバーグで見いだした〔「ゲティスバーグの戦い」後に作られた国立戦没者墓地開所式におけるリンカーンの「ゲティスバーグ演説」にある表現。〕。ケネディ（民主党）は大統領就任に当たって、神の祝福と加護を願いつつ「しかし、この地上で神の御業は真にわれわれのものになるべきことを確信する」とした。ジョージ・W・ブッシュ（共和党）は、9・11のテロ攻撃のあとを受けて国を慰撫する際に、「われらの誰よりも大きな力」からの慰めのために祈ったと述べ、「詩編」第二三編の「死の陰の谷を行くときも、わたしは災いを恐れない。あなたがわたしと共にいてくださる」を引いた。そして、宗教性と投票との間のつながり拡大が意味するのは、宗教に対する党派的アピールにより市民宗教がとってかわられてきたということで、それで最近では共和党ばかりが神に祈っているのだと考えることがないように、バラク・オバマ（民主党）の就任演説について考察したい。その中で、彼は「不確かな運命に形を与えるように、神がわれわれに求めているのだという知識」について述べているのである。

ジェファーソンからオバマまでの間に、米国は宗教的観点からずっと多様になってきているが、しかし国家的団結の際での神への懇願は、いまだに儀礼上必須である。無数の信仰、教義、教派そして宗教系統が人口の内部に見いだせるにもかかわらず、アメリカの市民宗教は持続している[4]。憲法修正第一条は、議会に宗教の自由実践を妨げるような法律を制定することを禁じているが、しかしこのような希薄な言葉は、宗教的多様性がアメリカの国家的ＤＮＡの中にどのようにコード化されているのかを完全には反映していない。事例はあちらこちらにある。感謝祭――ほぼすべての宗教が一致できる主要な休日――ごとに、アメリカ人はピルグリムの渡来を祝うが、そこでは宗教的迫害からの避難を求めたピューリタンの願いが語られる。四つの本質的な人間の自由を挙げるにあたり、フランクリン・ルーズベルトは宗教的自由のアメリカ的感覚の真髄を込めて「誰もが神を自分のやり方で礼拝する自由」としたのだった〔フランクリン・ルーズベルトが、一九四一年の一般教書演説で表明した「四つの自由」より。〕。

宗教的多様性

宗教の市民的役割は主に、宗教に与えられた憲法上の独自の地位に由来してきた。米国憲法修正第一条は、議会が宗教を支持、あるいは「樹立」できないと明示している。国家の創立の直後にはこの条項は、例えば、公金から牧師に支出するのを認めることにより州が特定の教派を支援するのを妨げてはいなかった。一八〇〇年代の初頭には、宗教に対するそのような公的助成のすべてが止められ、樹立禁止とは、あらゆる水準の政府での特定の宗教に対する経済的支援提供の排除を意味するようになった。したがって、いかなる宗教も公式の国教会として樹立されることはなかった。同様に、米国憲法は公職者に対し宗教審査を課すことも禁じている〔合衆国憲法第六条第三項の規定。〕。今日では風変わりな規定に見えるかもしれないが、制定の時点ではそれは重大な問題で、それはイギリスが公職者を英国国教会のメンバーに限る「審査法」を適用していたからである。市場の言葉を使えば、アメリカにおける諸政府は宗教「経済」において勝者と敗者を選択しようとしてはこなかった。その代わりに、宗教は信者を引きつけ維持することについて自力でやっていかなければならなかった。さらに、宗教の自由な実践に対して与えられた憲法上の保護は、宗教の公的表現のための社会空間を作り出した。この組み合わせ――特定の宗教を支援することが規制された政府と、一方で各個人が広範な宗教の実践において大いに自由であること――がアメリカ宗教に活力を与えてきた。

建国の父の中で、トーマス・ジェファーソンほど宗教と密接に関係している者はいない。この主題についての彼の確信は、疑いなく彼自身の非正統的な宗教的信念に影響されたものである(5)。ジェファーソンは多くのアメリカ人が宗教的違いについて考える仕方を簡潔に述べたことで有名である――「二〇の神がいるとか、神などいないと隣人が言っても私に何の危害もない。それでポケットからすられることも、足が折られることもない(6)」。

ジェファーソンの感慨が示している宗教的寛容の捉え方は、本質的に「お返し《クイド・プロ・クオ》」――あなたは私に望む礼拝をさせてくれるし、私もあなたに同じようにする、というものである。全般的に見て、今日のアメリカ人はジェファーソンの哲学を守っている。八五％が「道徳とは個人的問題で、一つの基準に従うよう社会は皆に求めるべきではない」に賛成している。最も宗教的なアメリカ人の間ですら、[7]道徳は個人の問題ということを半数が信じている。

宗教を個人的で、私的な問題とするジェファーソン流の考え方は、アメリカ人が宗教の差異にいかに対処するかの範囲なのであれば、ぐつぐつ煮える宗教的緊張を吹きこぼれないように抑えるにはおそらく十分である。しかし他者の信仰を渋々受け入れることは、宗教的多様性は許容されているが、本質的に歓迎すべき状況と見られているわけではない、ということを意味するのみだろう。宗教信者が他の宗教を受け入れてやるのは純粋に防衛本能のためで、単一の宗教で多数派の地位にあるものがないのだから、他の信仰に十全の自由を認めることが、自分自身の最大の自由を確保するには最良であると計算しているということもありえる。すなわちアメリカ人は、宗教多様性そのものがよいのではなく、現在の状況で可能な最善の立場とのみ本当は考えているのかもしれない。

そうなっている可能性はあるが、そうであるようには見えない。大差をつけて、アメリカ人は宗教多様性の価値はそれ自体にあると捉えている。図15－1に見られるように、「宗教の多様性はアメリカにとってよいものである」かどうか尋ねたときには、八四％が賛成していた。さらに宗教多様性の支持は、アメリカ人自身の宗教性にかかわらず高いまま維持されている。宗教性の水準が最も高い者の間では宗教多様性は少々の輝きを失うが、それでも圧倒的に支持されている（宗教性が上位十分の一のアメリカ人で、七四％が宗教多様性をよいものと考えている）。

宗教多様性の支持の広がりは、われらの時代の流行語《バズワード》としての「多様性《ダイバーシティ》」が持つ規範的な力によるものだと、ことによるとあなたは考えるかもしれない。どんな種類であれ多様性に関して不快に思うと、あえて認めるようなことを誰がするだろうか。法学者ピーター・シュックの言葉では、「多様性は、進歩という言葉や、ママとアップルパイ《誰も拒みようのないもの》に等しく上位に肩を並べる存在である」[8]。したがって、アメリカ人は宗教多様性と口先ではよく言うが、本当は他の信仰を持つ者への疑念を隠しているのではないかと疑うことは合理的に思える。いずれにせよ、少なくともいくつかの宗教集団は冷ややかに受け止められていることはこれまでも見てきた通りである。人々の日常の生活にほとんど関わりがないような抽象的な質問から、宗教多様性に関するアメリカ人の態度について、真に何が語れるのだろうか。

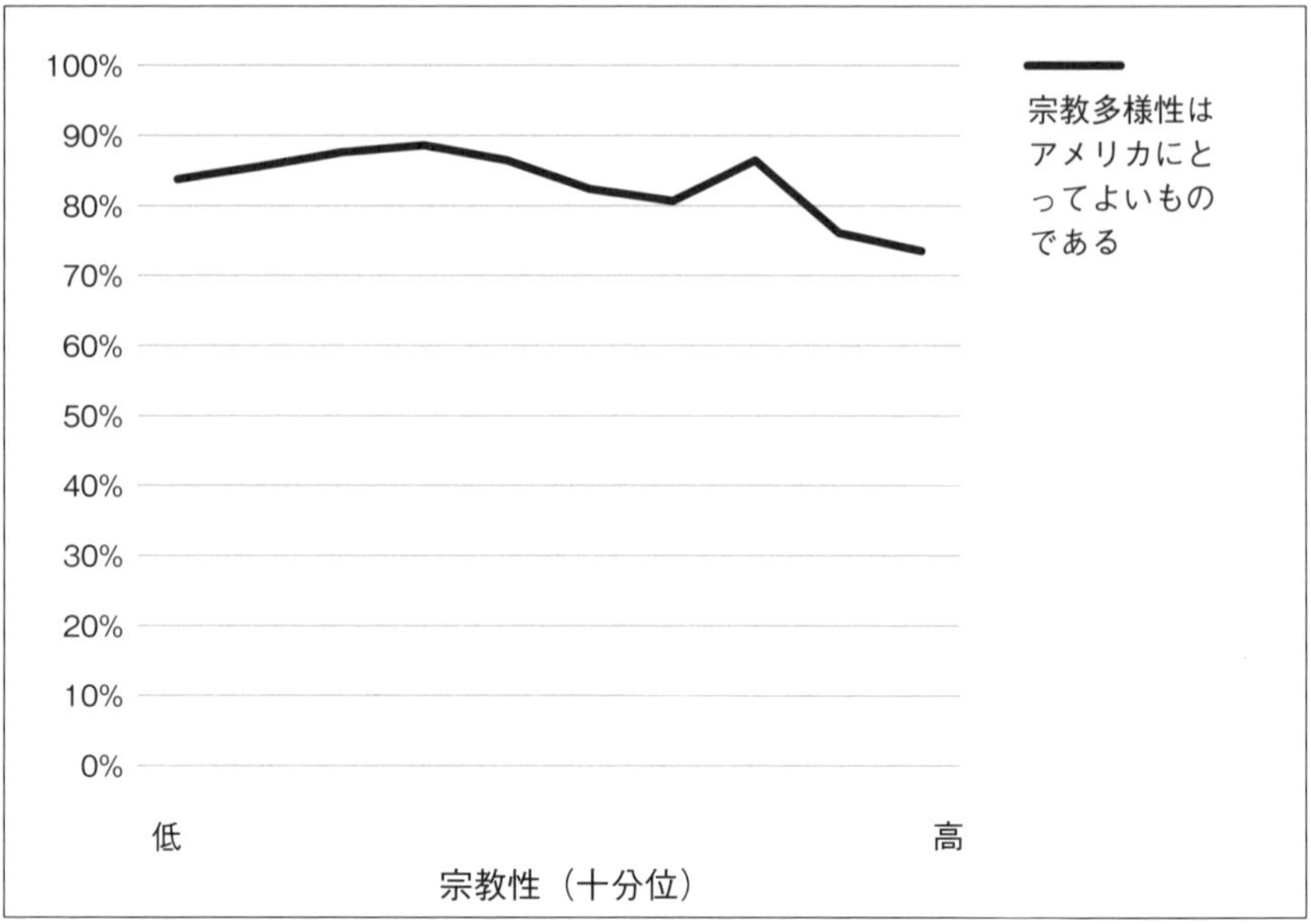

出典：信仰重要性調査，2006 年.

図15-1　宗教性の水準にかかわらずアメリカ人は宗教多様性に価値を置く

口ではよいことを言っても、すべきことをしているのだろうか。答えの一つは、われわれのもっとも親密な付き合い、すなわち家族および友人の宗教的状況の中にある。

われわれは既に第5章で、あらゆる中でもっとも親密な付き合い――結婚――において、アメリカ人は宗教的多様性をますます問題なく受け入れるようになっていることを見てきた。[9]全アメリカ人の三分の一は、宗教系統が異なっている相手と結婚していて、二分の一は異なる宗教系統出身の相手と結婚していた（この差は配偶者の改宗によって説明される）。

しかし、宗教間結婚は誰にとっても等しく問題がないという印象を与えることはわれわれの望むところでない。子どもの結婚の可能性について将来を予測する質問をアメリカ人に対してしたときに、外部の信仰との結婚について感じる葛藤についての測度をわれわれは検討している。この葛藤は、アメリカ社会を特徴付けている宗教的傾倒と多様性の間の緊張に関する完璧な事例となっている。一方では、五分の二以上のアメリカ人が、自分の子どもが同じ宗教的背

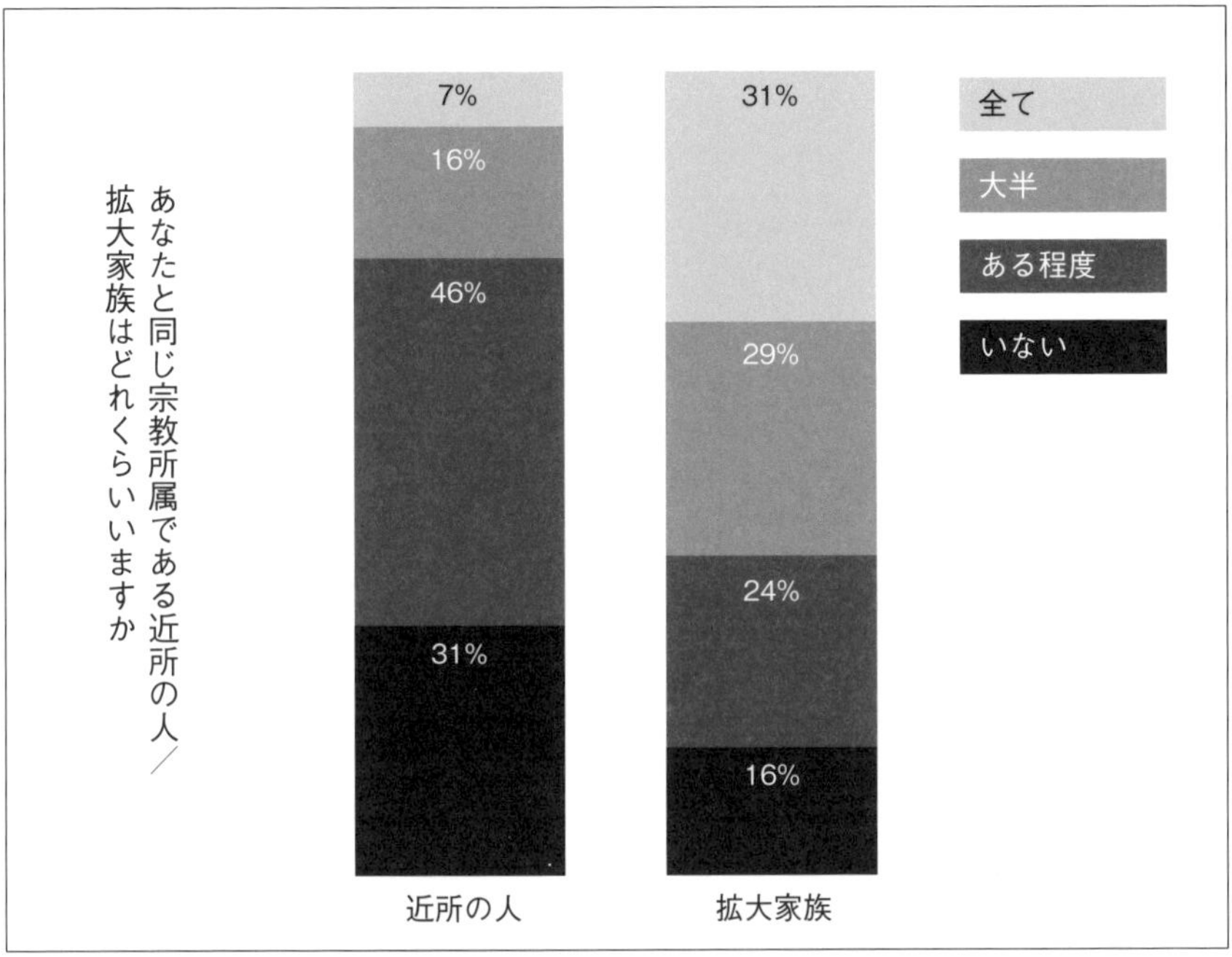

出典：信仰重要性調査，2006 年.

図15-2　大半のアメリカ人は宗教的に多様な家族と近所を有している

景を持つ誰かと結婚することは非常に（二二％）またはある程度（二二％）重要だと答えていた。これは驚くべきことではないが、もっとも宗教性の強い者が、自分の子どもが同じ宗教の相手と結婚することに最大の価値を置いていた[10]。他方で、このことについて過半数のアメリカ人が、自分の子どもがその宗教内部で結婚することを全く（三九％）またはそれほど（一八％）重要ではない、として残されている。宗教間結婚は、多数のアメリカ人にとって問題ではない一方で、懸念を抱いている人もいる。

　宗教多様性についてのアメリカ人の生きた経験を、近所の人、拡大家族、そして友人について尋ねた質問からさらに探ることができる。近所の人と拡大家族については、全般的な報告を求めた――自分と同じ宗教所属の大まかな割合についてである。結果（図15－2）が明らかにしているのは、アメリカ人が宗教的に多様な近隣に居住しているということである。近所の全てが同じ宗教を共有していると述べたのは七％に

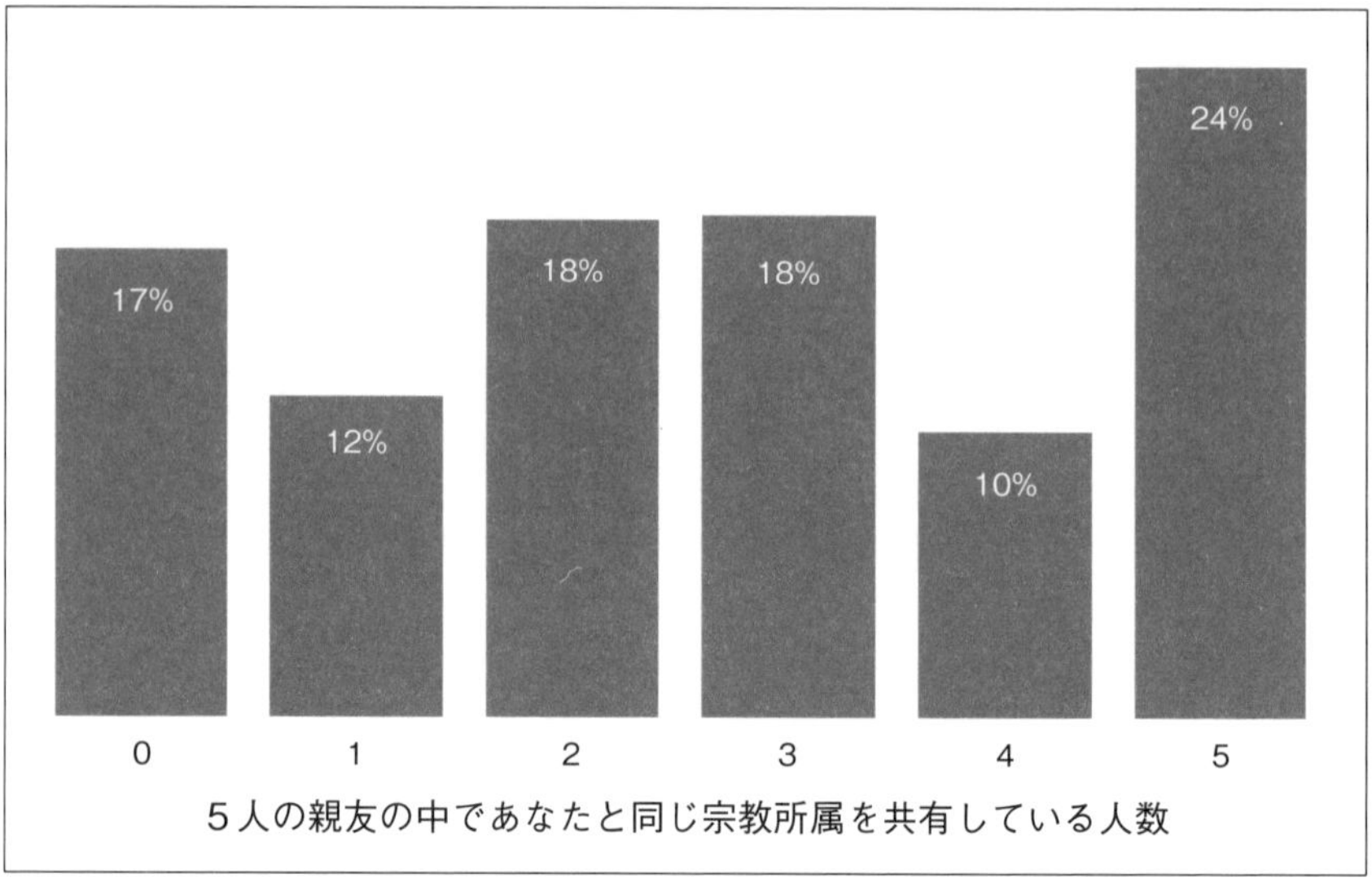

出典：信仰重要性調査，2006年.

図15-3　アメリカ人の親友の中でさえ宗教的に多様である

すぎず、三分の一近くは誰もいないと答えていた。拡大家族が近隣よりも多様性が低いのは驚くことではないが、そこでも十分高い程度の宗教異質性が見いだせる。アメリカ人の一六%が、その宗教を共有しているものが拡大家族の中に誰もいないと示している。拡大家族の全てで共有していると答えたのはおよそ三人に一人である。友人に関しては、回答者に対しもう少し精密に尋ねた（図15－3を参照）。もっとも親密な五人の友人のうち、自分と同じ宗教を共有しているのは何人になりますか、と。ちょうど四分の一を下回る（二四%）アメリカ人が、五人の親友全てが自分と同じ宗教所属であると答え、一方で一七%は誰もそうではないと答えた。平均すると、五人の親友のうち二・六人が同宗信者であると述べている。[11]

　これらの数字は全て同じ結論の方向を指している――大半のアメリカ人は、信仰を異にする人々と親密な知り合いになっている。三人に二人には、拡大家族の中に別の宗教の者が少なくとも一人おり、また平均的アメリカ人には宗教所属が自分と異なる親友が少なくとも二人（厳密には、二・四人）いる。宗教多様性についてアメリカ人に尋ねたとき、彼らは個人的経験から語っているのである。

アメリカにおける宗教の憲法上の枠組みは、信仰間の交際、混合や整合をこの度合いでは保証していないが、しかし本書全体を通して記述してきた宗教的流動性をそれは可能としてきた。この流動性が今度は、宗教線をまたいだ対人的つながりを促進している。宗教の激しい回転が意味するのは、多くのアメリカ人が宗教を変え、結果として家族や友人にその新たな信仰を紹介するということである。したがって、自分の宗教を一度も変えたことがなくとも、そうした者を誰か知っているのはほとんど確実になる。そのような高流動状態は、異宗間結婚の受容を促進するが、それは何かから何かへと頻繁に切り替えが起こって境界がぼやけているときに、宗教間に明確な線を引くのは難しいからである。

しかし、境界の中には、他よりもぼやけているというものもある。大半のアメリカ人は他の宗教の人々と密接に付き合っている一方で、人々が宗教多様性をどれほど身近に経験するかの程度にはまた興味深い違いもある。宗教系統の中には、そのメンバーが他の信仰のメンバーよりも、異なる宗教の友人、家族、また近所の人を持ちやすいものがある。こういった違いを見ることのできる最も容易な方法は、三種類全部の関係性を一緒にして、その人の個人的な社会的ネットワーク内部の全体での宗教同質性を示す単一の指標にすることである。

図15－4に表示したように、ラティーノ系カトリックは宗教同質性の得点が最も高い傾向がある——他のどの宗教集団よりもずっと高い。ラティーノ系カトリックよりは下だが、黒人プロテスタントもやはり高位置である。ラティーノとアフリカ系の両方については同質性の度合いが高いことが期待できるが、それは人々が同じ民族—人種集団にいる他者と付き合う傾向があるからである。[12] したがってラティーノは他のラティーノと、黒人は他の黒人と友人になる可能性が高い。同様に、彼らはラティーノ系カトリックや黒人プロテスタントと友人になることが期待できるだろう。結果として両方の集団とも、家族、友人および近所の人との間での宗教的同質性が高い水準にある。ラティーノ系カトリックの間で特に同質性の程度が高いのは、米国内部でラティーノと非ラティーノ人口の間での統合が限られていることの反映である可能性がある。

黒人プロテスタントは宗教同質性の程度でモルモン教に匹敵している（二集団の差は非常に小さく、統計的に意味のあるものではない）。ここで、モルモン教が民族集団に似ているということのさらなる証拠が得られる。モルモン

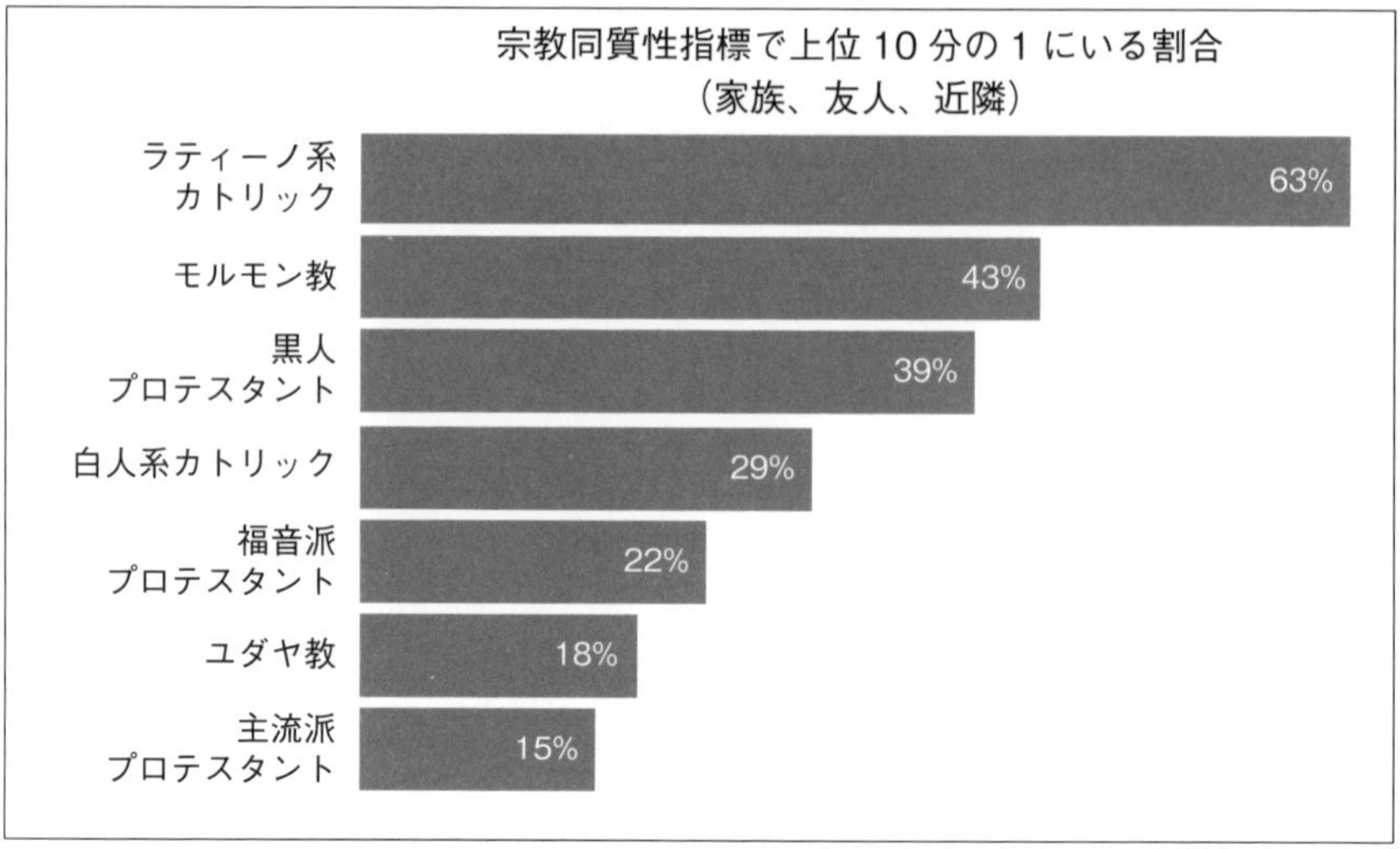

出典：信仰重要性調査，2006 年.

図15-4　どの宗教系統のメンバーであるかが異なると、家族、友人および近所での宗教的同質性が変わってくる

教徒は宗教的アイデンティティが非常に強く、また独自の文化を共有している。さらに、彼らは他の宗教のメンバーからの非難に直面することが多い。それを原因、結果、あるいは両方として、モルモン教徒は団結している――彼らは互いに結婚し、近くに住み、互いと付き合っている。困惑させるものとして、「白人系」カトリックもまた宗教的同質性が比較的高水準であるということがある。一九五〇年代やそれ以前のように、教会が信仰内部で結婚することの重要性を強調していたり、カトリックが都心の民族的な近隣地域に集中していた時であれば、このことは予想されたかもしれない。しかし今日では、カトリックの宗教間結婚は高率で、ますます多くの者が都市内の古い近隣地域を離れ郊外に家を買うようになっている[13]。カトリックが仲間のカトリックに示す比較的高い好意と並べると、その社会的ネットワーク内部の宗教的同質性が比較的高い度合いであることにはおそらく驚きはより少なくなる。カトリック信仰におけるはっきりとした民族的次元は薄れていったが――ラティーノ系を除き――、「白人系」カトリックはそれにもかかわらず福音派や主流派プロテスタント、さらにはユダヤ教徒さえよりも団結する可能性がいくぶん高い、ということの相互強化的

な証拠に両者はなっている。

宗教的橋渡し

宗教系統ごとに宗教的多様性の水準に違いが見られることは興味深く重要であるが、木を見て森を見失うことがあってはならない。大半のアメリカ人は、信仰を異にする人々と親密な知り合いになっている。このことが、われわれが主張する、アメリカ人が宗教的傾倒と多様性を結びつけることができている最も重要な理由である。これをわれわれは「スーザンおばさん原理」と呼ぶ。われわれみなの人生の中にいるスーザンおばさんは、聖人とはこういう意味だ、という典型だが、しかしわれら自身とは異なる宗教的背景を持っているような類いの人である。あなたはユダヤ教徒で彼女はメソジストかもしれない。あるいはおそらくあなたがカトリックで、スーザンおばさんは全く宗教的ではない。しかし彼女の宗教的背景（あるいはその欠如）が何であれ、スーザンおばさんには天国が約束されていることがあなたにはわかる。そしてもし彼女が天国に行くのなら、彼女と宗教、また宗教の欠如を共有している他の人についてはどう言えるのだろう。おそらく彼らもまた天国に行けるのではないだろうか。

スーザンおばさん原理をより専門的な用語で表現する——提案しているのは、宗教的に多様な社会的ネットワークを持つことは、特定の宗教集団、とりわけ温度計スコアが低いようなものに対するより肯定的な評価につながる、ということである。この仮説の提示にあたっては、われらの仮想上のスーザンおばさんから進んで、宗教的に多様な社会的ネットワークが確かに宗教間受容にポジティブな影響を与えるという考えに至ることのできた理由がいくつかある。そのような理論的根拠を見いだした場所の一つは、社会関係資本《ソーシャル・キャピタル》に関する研究文献にある。これは、われわれの社会的ネットワークから生じる信頼と互酬性の規範のことを意味する。社会関係資本には結束《ボンディング》、あるいは共通の背景を持つ人々の間の相互のつながりから成るものがある。別種の社会関係資本は橋渡し《ブリッジング》的な性質を持つもので、それゆえに異なる背景の人々を結びつけている。結束と橋渡しのそれぞれが重要な役割を果たしているが、多様な社会を円滑に機能させていく上で橋渡しは決定的に重要である。異なる羽根の鳥が群れなせば、互いに信頼するようになるのである。[14]

集団間受容を築くための橋渡し型社会関係資本の重要性は、古くからある社会的接触理論に根ざしている。この理論は、異なるしかし顕出的な社会集団の人々との接触が偏見を減らすという主張であると、しばしば大雑把に表現されている。しかしそれは、この理論の正確な記述ではない。一九五〇年代中盤にゴードン・オルポートによって明確化されたものによれば、この理論が実際に述べているのは接触が偏見を減らすに先立って満たされるべき四条件である——全ての当事者の地位が同じであること、共通の目標を共有していること、集団間協力があること、権威や法あるいは慣習による支持があること、である。宗教間での友人関係という状況では、第一と第四の条件は明らかに満たされる——友人関係の大半はおそらく必然的に平等な地位を伴うし、宗教間接触の純粋な頻度が示しているのは、広がる社会的支持がそこにあるということである。宗教の自由に憲法上の支持が与えられていることは、宗教的多様性の背後にある規範的な力にさらに貢献するものである。その上、宗教系統の中でそのメンバーに、他の信仰を持つ者との関わりを積極的に阻んでいるようなところは非常に少ない——それどころか、多くのアメリカの宗教が持つ福音伝道的な性質は、異なる宗教的背景を持つ人々と友人になるのをそれらが奨励していることを意味している。友人関係というものはさらに、第二と第三の条件、すなわち共通の目標と協力によって特徴付けられているようにも思われる。実際、集団間接触に関する何百もの先行研究をレビューした社会心理学者トーマス・ペティグルーとリンダ・トロップによれば「オルポートによる最適接触の定式化にほぼ近いような条件の作動を友人関係は必要とすると考えられる」[15]。彼らの結果は集団間の友人関係が、異なる社会集団の間の人々の接触による社会的に有益な帰結の事例となっていることを確認するものである。ペティグルーとトロップの分析はさらに、集団間の友人関係は他の接触形態よりも偏見を減らす程度が大きいことを示唆していて、それに導かれてペティグルーは「友情の可能性」を社会的接触理論の第五の条件に追加することを勧めている。[16]

社会的ネットワークの内部にある宗教的多様性——宗教的橋渡し——が、宗教間の受容をさらに促進するであろうとわれわれは予想する。誰が誰と友人になっているかを見ると、これがまさしくあてはまっているということが見いだせる。一つだけ例を取れば、要は、福音派の友人を持っていることと、福音派をポジティブに評定することの間には正の相関がある。そのままであれば、そのような知見はそれほど説得力があるものではないということは認めなくてはならない——何が何を引き起こしているのかを決定するにおいて、明らかに巨大な問題がそこには存在する。あなたが福音派をポジティブに評定するのは、福音派の友人がいるからだろうか、それともあなたに福音派の友人がいるのは、福音派に対してあなたがあたたかいからだろうか。単一の時点で行われた調査では、これに答えるのは不可能である。

ずっと説得力があるのは、誰が誰の友人となったかについての分析である。先行する章では、同一人物の時間経過の中での変化を信仰重要性調査が測定することができるという事実を利用して、政治が宗教に影響を与えていること（第5章）と宗教的な友人を得ることはよき隣人性、市民参加、さらには幸福感を増大させること（第13章）を示した。ここでは同種の分析を適用して、宗教的橋渡しの増加が、宗教間受容の増大をもたらすかどうかを見る。(17) そのようなパネルデータ分析が、絶対的に因果を決定するわけではないことに注意をしなければならないが——これはあらゆる社会科学分析における聖杯《永遠のテーマ》である——、単発の調査よりも因果に関するずっと強力な証拠をそれは提供する。(18)

分析のロジックは単純である。一年間という期間で、集団Xの友人を得ることが集団Xに対してのよりあたたかい感情を意味していたかどうかを単純に見ていった。留意すべきは、検討対象の宗教ラベルを採用した者は全て除外するということで、それは回答者が新たな宗教に改宗したことで、同じ宗教に新たに友人を得るのとそれに対してよりポジティブになることが同時に起こったという可能性を排除するためである。例えば、福音派になった者は全て、福音派の友人を得ることの影響を検討するときには除外されている。したがってわれわれの結果は、感情温度計評定を増大させかつ同じ生き方を共有する新たな友人も同時にもたらした、そのような新たな生き方に対する熱意によっては説明できない。さらに、第一波調査において検討対象の集団に対してあたたかく感じていることが、第二波調査においてその集団のメンバーと友人になることにつながっているかどうかの検証を行っている。これは言い換えると、福音派に対してあなたはおそらくすでにあたたかくて、そしてそのあたたかさがゆえに、結果的に福音派の友人につながった、ということである。特定の集団内部で友人を得ることがもたらす有意な影響を見いだした場合では、あたたかさが友人関係につながっていたのでありその反対ではむしろなかった、という証拠を見いだすことはなかった。

分析から得た結果は著しく一貫したもので、宗教的橋渡しが、検討対象の集団に対するよりあたたかい評価にいかに対応しているかに関して多数の事例が存在している。福音派の友人を得ることは、福音派に対する肯定的な評価を意味している。非宗教的な友人を得ることは、「宗教的ではない人々」へのよりあたたかい好意を意味している。[19]

あたたかい感情の増大について統計的有意性を判断することは単純明快なことだが、その実質的な重要性の評価についてはよりそうではない。福音派の友人を得ると、福音派に対する温度計スコアは七度上昇する――これは、福音派に対する初期評定の平均と、中立点の五〇度の間の差以上のものである。それは、実質的に重要な上昇であるようにわれわれには思われる。非宗教的な人々に対する温度計スコアは四度上昇する――より少ないが、しかしそれでも依然として顕著なものである。

七度あるいは四度の上昇が大きいか小さいかという主観的な問題をいったん脇に置いたときにも、感情温度計が指標として抽象的で、人工的ですらあることはわれわれの認識するところである。したがってある集団に対する感情を温度計で測定されたものとして語るとき、このことはこれら集団のメンバーが仲良くやっているということを意味すると結論づけることは必ずしもできない。現場での協力というのは、あれこれの集団にあたたかいとか冷たく感じるという以上にずっと難しいものである。しかし他方で、そのような協力の試みは、集団に対する事前の意見が否定的であるより肯定的である方がより円滑であろう。

宗教的橋渡しのもたらすこれらの結果は、社会的接触の影響とされていたもの――適切な条件下での――が、単なるぼんやりとした願望ではないという抗いがたい証拠になっている。ここまでで実証したのは、われわれの友人が、その友人の属する宗教集団をわれわれがどう知覚するかに影響するということだった（実際には、既存の研究が示しているのはこの現象が宗教集団に限られたものではなく、人種や民族、階級といった、他の社会的カテゴリーにも適用されるということである）。

これらの結果の意味を理解するためには、「新しい友人」として表現されるものが、実際に新しくはないかもしれないということに注意しなければならない。そうではなく、既存の友人が新しい宗教を採用したということもありえる。あるいは、以前は不明だった友人の宗教を回答者が知ることになったのかもしれない。どちらの可能性も結果の解釈を変えることはなく、またその重要性についても同様である。どちらの状況であっても依然として示唆されるのは、特定の宗教集団内にいる誰かを知るということが、その集団一般に対する評価が向上することを意味するということである——それは、その人物を長期にわたって知っているかそうでないかには関わらない。

人がまず誰かと最初に友人になり、続いて二番目にその宗教について知るようになるという過程は、人が「外集団」のメンバーをまず好きになり、続いてそのポジティブな感情をその集団全体へと広げるという、より一般的な過程の例になっている。まず、誰かと友人になるときには、その人物が外集団のメンバーであることに気づいていない。友人関係が発達するにつれて、その外集団性がはっきりとしてくるが、その時点ではすでに友人になっている。そこからは、この特定の外集団の他のメンバー、おそらくは全員が結局のところそれほど悪い人ではないという結論までの道のりは短い。

宗教間の友人関係は、この種の発覚の有力候補である。いくつかの例外はあるが（例えば、超正統派のユダヤ教徒、シーク教徒、オールド・オーダー・アーミッシュ）、大半のアメリカ人の宗教所属はその外見からは明らかではない。この点において宗教間接触は、異なる人種の人々、また議論の余地あるが異なる社会経済的背景の人々との接触とは質的に異なっている。したがって、多くの友人関係の初期段階においては、どちらの側の宗教所属も顕わになっていない可能性が高い。しかし、米国における宗教信奉が高率であることをふまえると、友人が互いの宗教所属に気がつくようになる可能性もまた高いだろう——このことは、信仰重要性調査においてほぼ全ての回答者が、五人の親友の宗教を述べることができたという事実に示されている。そこからは、友人の宗教の他のメンバーとの共通性を認識するまでの距離は短い。

『アメリカと宗教多様性の課題』の中でロバート・ウスノウは、異なる宗教を持つ者との偶発的な接触を経験した人々との一連の詳細な面接をまとめている。アメリカ人が異なる宗教の人といかに接触するかを描写して、ウスノウはこう記している——

［接触が］起こるのは友人がたまたま別の宗教に属しているからで、人が積極的に新しいスピリチュアルな経験の

探求に関わっているからではない。しばしばこの接触は非自発的なもの（例えば、大学で宗教の異なるルームメイトが割り当てられることが決まった）か、あるいは宗教というよりも、スポーツや音楽、その他の興味により焦点が当たっている。多くの事例では、にもかかわらずそれが人の視野を広げ、他の宗教から学ぶべき価値のあるものがあるという考えを強化している。[20]

このことを、「わが友人アルの原理」と呼ぶ。「スーザンおばさん原理」からの帰結である。あなたは、例えば、養蜂業という共通点をもつアルと友人になったとする。アルと知り合いになって、養蜂という点に加え、彼が福音派のクリスチャンであることも分かるようになった。そのことが分かる前には、あなたは福音派に対して疑念を持っていたかもしれない。しかし、仲良しのアルが熱心な養蜂家で――あなたと同じように――、そしてまた同時に福音派であったとき、おそらく福音派は結局それほど悪いものでなくなるだろう。

「わが友アルの原理」の背景には強い直感がある。実際、特定の社会集団から新しく友人を得たことが、その集団のメンバーのより一般に対する再評価につながることがなかったとしたら驚きだろう。しかし、ここにはさらに興味深い可能性がある。養蜂を営む福音派アルと友人になることは、さらに他の宗教的背景を持つ人々への好意の高まりを意味しうるだろうか。アルという、以前は疑いを持ってみていた宗教集団のメンバーと友達になることができたという実感をことによるとふまえて、他の宗教集団に対する認識の再評価にいたるだろう。このことをあふれ出し《スピルオーバー》効果と呼ぶ。

あふれ出しが起こっているかどうかを知るために、同じ人を二時点で比較するというやり方にもう一度戻ることができる。このケースでは、親友の中全体での宗教多様性の増大が、さまざまな宗教集団に対する肯定的評価につながったのかを検討する。親友の中に宗教集団が多く現れているほど、友人ネットワークの内部に宗教的橋渡しが増える。福音派の友人を持つ福音派は橋渡しにカウントしない――福音派の友人を持つカトリックはカウントされる。その同じカトリックを、福音派の友人を持ち、かつ二番目の友人は宗教的でないようなもう一人と比較する。二番目の友人ネットワークは、一番目のそれよりも宗教的に多様である。そのような宗教的橋渡しの指数によって、時間経過に伴って変化があったときに何が起こるかを再び見ることができる。
誰かの友人ネットワークが宗教的により多様になったときに何が起こるか。橋渡しが増えると、他の宗教集団に対する肯定的な評価が、友人ネットワークに付け加えられなかったものについてすら起こるのだろうか。言い換えると、福音派のアルと友人になることは、モルモン教徒や宗教信仰を全く持たない人に対するよりあたたかい感情を意味しえるのだろうか。あふれ出しは存在するのか。[21]
一言で言えば、答えは「イエス」である。あふれ出し効果を支持する説得的な証拠が見いだされている。例えば、宗教的橋渡しの増大は、「宗教的ではない人々」に対するあたたかさの上昇につながっている。上昇は感情温度計で三度にあたり、これは控えめだが無視できない増加である。宗教的橋渡しの増大が、モルモン教徒に対するあたたかさの上昇に対応していることもまた見いだされている。宗教的橋渡しの友人が一人増えると、モルモン教徒に対するあたたかさ二度の上昇がもたらされている。これもまた巨大な増大ではないことは認めざるをえないが、それでもなお増大である。この増大がさらに注目すべきなのは、宗教多様性の指数にモルモン教徒が含まれていないからである。[22]言い換えると、他の宗教の友人との橋渡しは、アメリカで最も不人気な宗教集団の二つ——宗教なしとモルモン——に対する肯定的な感情に対応している。
事態が不明確になるのは、橋渡しの増加がムスリムに対する肯定的感情の増大につながるのかを検討した場合である。宗教多様性指数に含めたカテゴリーの一つに、「非キリスト教の宗教」の者があり、イスラムがその一例であったことを思い出してほしい。したがって、宗教多様性の増大は、ムスリムの友人が加わった結果である可能性はある——これが真のあふれ出し効果であるのかについては、確信を持つことはできない。そのような但し書きを念頭に置いた上で、個人の社会的ネットワーク内部での宗教的多様性の増加はムスリムに対する知覚に、モルモンに対するあたたかさの増加と類似した影響を及ぼしているとわれわれは指摘する——およそ二度である。[23]
先行する分析と同じように、反対の因果の可能性についてもやはり検証している——時点1での検討対象の集団に対するあたたかさが、時点2での宗教的橋渡しをもたらしているかどうかである。そしてそうなってはいなかった。
まとめると、人々が宗教的橋渡しを多く築くにつれ、さまざまな宗教の人々に対しあたたかくなっていき、それは自分の社会的ネットワークに含まれる宗教のみにとどまらないということについて十分に堅固な証拠が得られている。温度計評定の増加は控えめなものであるが、そうは言っても調査間の経過時間も短い。社会的ネットワークが単一年で大きく変化することはなく、したがっていかなる効果であっても見いだされれば驚きである。これら短期間の結果に基づいて、時間経過と共に、対人的な宗教的橋渡しが類似の効果を持ち続けて、異なる宗教の人々の間の緊張を和らげると期待することは合理的であると思われる。

さらに、宗教間の友人関係の効果を、単年のみの経過において見ることができたのであれば、宗教間結婚の効果はさらにずっと強いと考えることもまた合理的である。そして、第5章で見たように、宗教間結婚の比率はこの一世紀を通じて劇的に増加している。宗教間結婚の上昇は他宗教の人々の、それも配偶者自身の間だけではなく、その拡大家族の間での受容の上昇を意味しているのはほとんど確実である。

これらの結果はまた、第14章で見たように、どうしていくつかの宗教集団、とりわけムスリム、仏教徒とモルモン教徒が非好意的に見られているのかの理解の助けにもなっている。宗教的橋渡しが、外来の、あるいは珍しく見えるかもしれない全ての宗教の受容を促進するように見える一方、そのような特定集団のメンバーに橋渡しが築かれればさらに受容は大きい。したがって、冷ややかに見られている集団は、大半のアメリカ人が個人的な接触がほとんど、あるいは全くないようなものになっている。それぞれの人口が小規模であることをふまえると、ムスリムと仏教徒が比較的否定的な観点から見られていることを説明する助けになる。そして、モルモン教徒では自身の家族的また社会的ネットワーク内部での宗教的同質性の度合いが高いことを想起すれば、そのこともまた彼らがネガティブに知覚される理由を説明する助けになっている。三つの集団全てが米国における特定の部分に集中していて、そのことが宗教的橋渡しとその結果の受容拡大の見通しをさらに制限している。全体としての橋渡しが大きくなることは、長い目で見ればこれら集団への是認の後押しにはなるだろうが、仏教徒やムスリム、あるいはモルモン教徒を友人や家族へと迎えるアメリカ人がますます多くなっていけば、そのイメージ問題の消失もずっと速くなることが期待できるだろう。

誰が天国に行くのか

これまで見てきたように、宗教多様性がよいものであることをアメリカ人は肯定していて、その信念は、彼らの宗教的に多様な社会的ネットワークによって確認されている。彼らが宗教多様性に置いている価値と並んでいるのが、天国に続いている多くの道が存在するという広範な信念である。信仰重要性調査では「あなたの信仰と異なる人は天国に行ける、あるいは救いを得られるでしょうか、そうではないでしょうか」という質問を行っている[24]。自分と宗教信仰を共有している人々に天国は限られるものではないと信じるアメリカ人は八九%と、途方もなく多い。アメリカ人は、自分が真理を独占していると主張することには気乗りしない。誰が天国に行くかについて「メンバー限定」という見方を取ることに対する躊躇は、宗教多様性に対する肯定的な態度を明らかにするものである。これは、スリや足を折られるのを避けるというジェファーソン流の最小基準を彼らが単に採用しているということではない。むしろ、他者の宗教的信念の正当性を彼らは支持しているのである。厳格な宗教系統ですらその大多数が、天国の平等な機会を信じている。例えば、福音派の八三%は、他の宗教も救いをもたらしうると述べている。黒人プロテスタントの八七%がそのように信じている（図15－5を参照）。

ちょっと待ってほしい、と懐疑的な人は、「自分とは信仰の違う誰か」について質問されたときその人が考えているのは何か、と尋ねるかもしれない。数字的に支配的なキリスト教信仰を持つメンバーが、ただ他のクリスチャンのことを考えているのではないのか。バプテストが単純に、メソジストも天国に行くことができると言っているのではないか。もしそうなら、他の宗教も天国へとつながっているというその信念はそれでも意義があるだろうが――クリスチャン間の論争は歴史的に猛烈なものだった――、にもかかわらず意味しているのは、非クリスチャンですら天国に居場所を持つという信念とは違う何かである。もしバプテストがメソジストのことを考えているのなら、それも一つの話だが、もし彼らがムスリムのことを考えているのなら、それは全く別の話になる。

クリスチャンのエキュメニズム《教会一致運動》の限界を定めるために、他の宗教の人も天国に行くことができると答えた者に対し

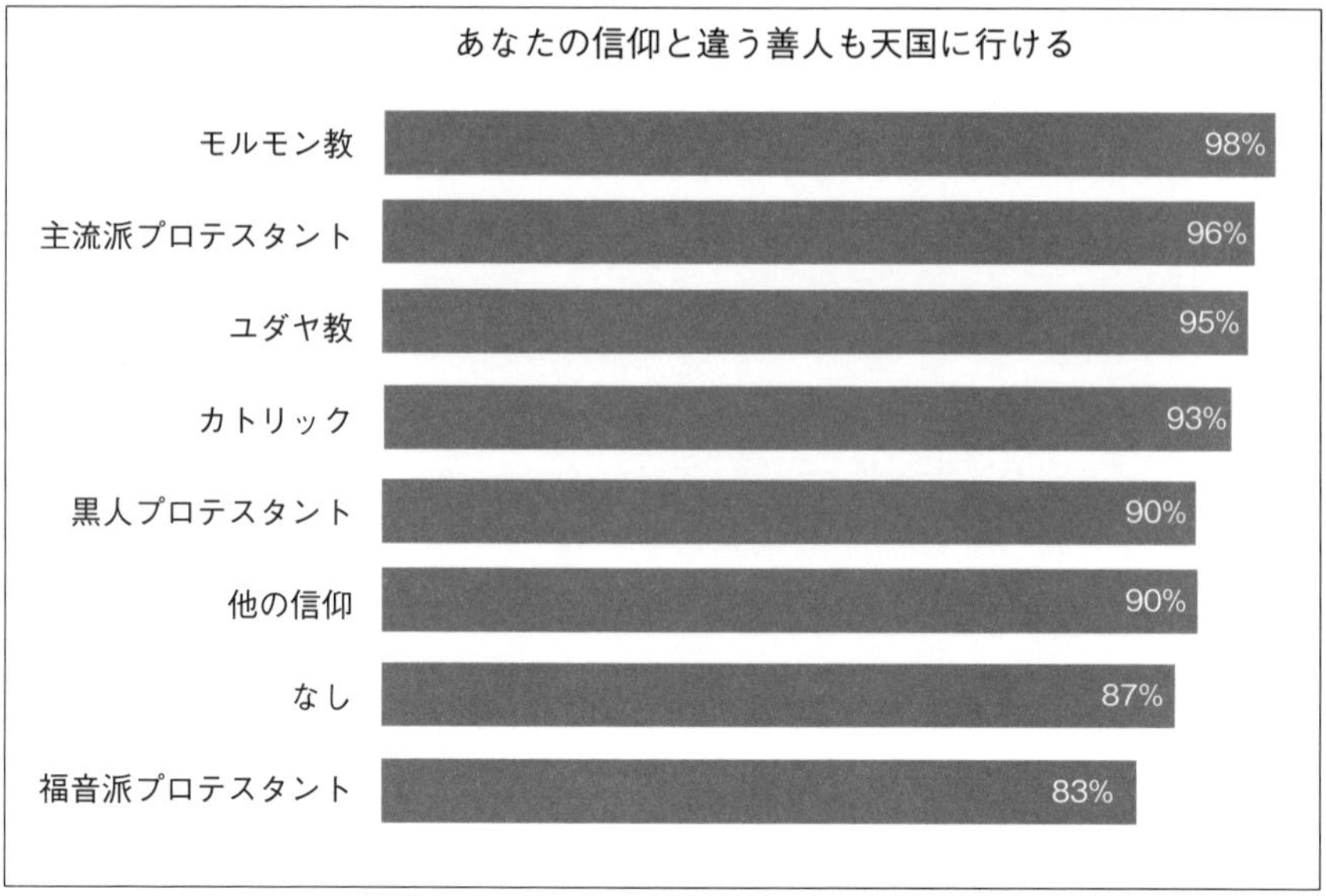

出典：信仰重要性調査，2007 年.

図15-5　アメリカ人は他の宗教の人々も天国に行けると圧倒的に信じている

て第二の質問を二〇〇七年に行った。[25]「それには非クリスチャンも含まれていますか、それともクリスチャンのみですか」。結果を報告する前に一度立ち止まって、キリスト教の聖典は非クリスチャンも救われうるかについて疑問の余地をあまり残していないように見えることに触れておきたい。例えば、新約聖書はイエスが「わたしは道であり、真理であり、命である。わたしを通らなければだれも父のもとに行くことができない」と述べたと記録している。[26]

この聖典上の命じ（そして類似するより多くのもの）にも関わらず、キリスト教信仰に属する大半のアメリカ人は、非クリスチャンも天国に行くことができると信じると答えている。他の信仰の人も救いを得ることができると述べた者のうち、カトリックの八九%、主流派プロテスタントの八二%、モルモン教徒の一〇〇%が救いが非クリスチャンにも拡大されると答えている。この比率は黒人プロテスタントと福音派で顕著に低くなっていて、それぞれ六九%と六五%だが、しかしそれでも明確に多数派を構成している。

これら二つの質問をあわせれば――他の信仰を

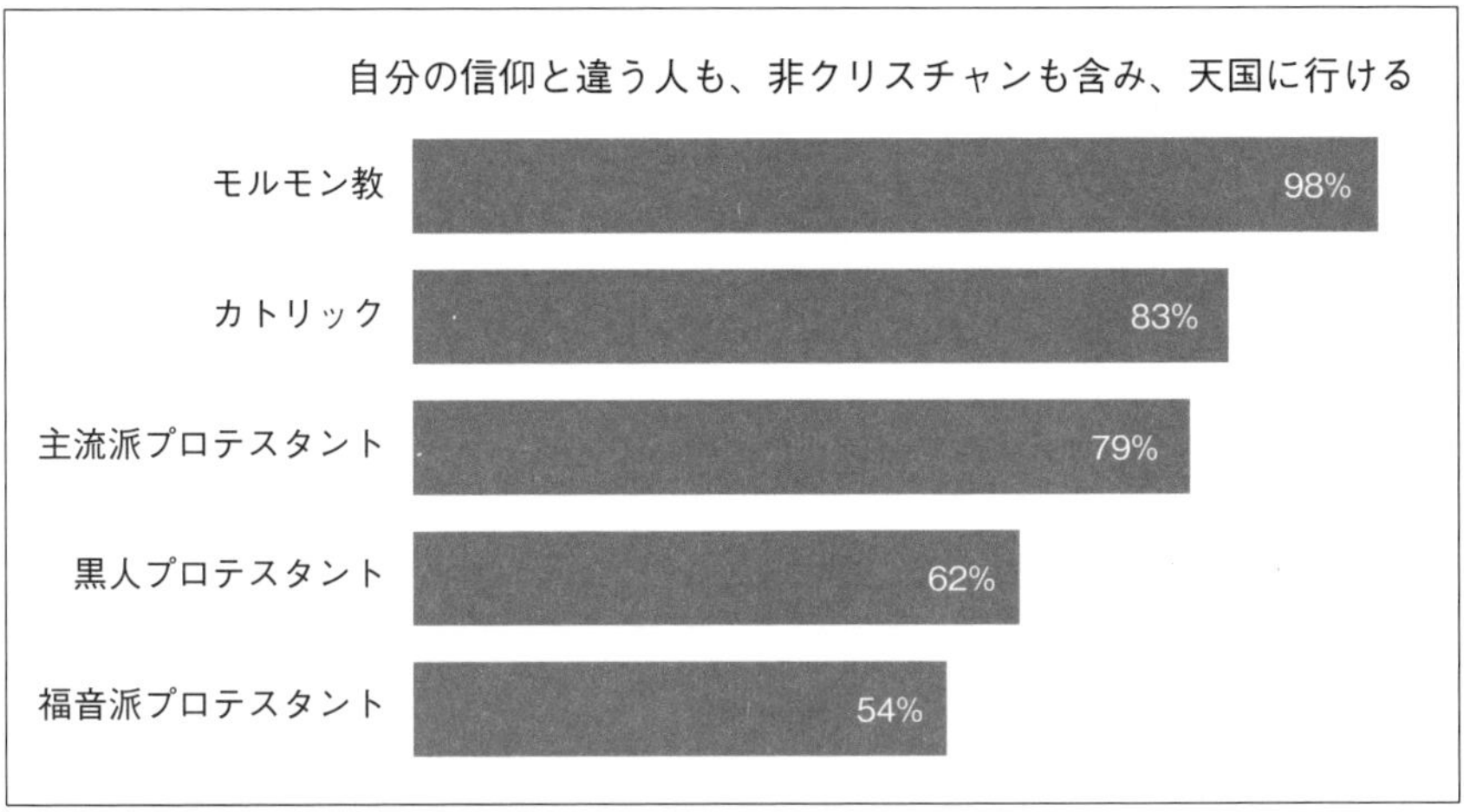

出典：信仰重要性調査，2007 年.

図15-6　他の宗教がキリスト教でないときでさえそうである

持つ誰でも天国に行くことができますか？　それに非クリスチャンは含まれていますか？――キリスト教信仰を持つメンバーのうちで、非クリスチャンも天国に行くことができると信じている者の全般の割合を定めることができる。図15－6に示したように、モルモン教徒では九八％である。カトリックでは八三％、主流派プロテスタントでは七九％、黒人プロテスタントでは六二％、そして福音派では五四％である。明らかにモルモン教徒、カトリックと主流派プロテスタントはどれも天国について拡張的な見方をしている。この数字は福音派と黒人プロテスタントについてはよりあいまいなものである。ふたたび、半分満たされたコップ対半分空になったコップという結論になる。半分空という人々は、これら後者の二集団では、宗教にかかわらず天国には全ての善人が連れて行かれると信じる傾向が他の宗教系統に比べて低いと指摘するだろう。他方で、半分満たされたという人々は、どちらの集団でも、天国は非クリスチャンも歓迎すると多数派は見ていると指摘するだろう。コップが半分満たされていようが半分空であろうが否定することができないのは、アメリカ人の大多数が、たとえ自分たちのものが天国への唯一の道であると歴史的に強調してきた宗教系統にいてさえも、そうではなく救いには多くの道があると見ているということである。どのような基準を持ってさえも、これは宗教間関係にとってよい兆しである。

信仰重要性調査が何らかの特異的な結論を生み出していると仮定上の批判者が懸念しないよう示すが、アメリカ人の自身のものとは異なる信仰の受容について類似する質問を他の研究者は行っていて、また類似の結果を得ている。これら調査のうちもっとも包括的なのは、宗教と公的生活に関するピューフォーラムによる最近の研究で、その結論では「アメリカ人クリスチャンの大半は、福音派も含み、救いには多くの道があると述べるときに単なる他のキリスト教派以上のものを念頭に置いている」[27]。しかしこのピューの結果が同時に明らかにしているのは、大半のクリスチャンの目からは、非クリスチャン信仰の全てが平等に救いにつながっているわけではないことである。例えば、イスラムが永遠の生命につながるかどうかを具体的に尋ねたとき、福音派で賛成した者は三五％にすぎなかった[28]。興味深いのは、福音派からの乖離の珍しい例として、イスラムが天国への道であると信じる黒人プロテスタントがずっと高い比率――五八％――であることで、それはおそらくアメリカにおける黒人ムスリムの数の多さが、黒人プロテスタントの多くがイスラム信仰を持つ者と知り合いであるということを意味していることによる[29]。

類似の構図が、二〇〇七年のピュー宗教展望調査によって行われた質問によって描かれている。そこでは自分の宗教が「永遠の生命につながる唯一の真なる信仰」かどうかが尋ねられていた。ふたたび、それに賛成するアメリカ人は少数派にとどまっている。福音派と黒人プロテスタントの約四〇％のみ、カトリックが二〇％たらず、そして主流派プロテスタントがわずかに一〇％を超える程度で、自分のものが唯一の真なる信仰と信じている[30]。

アメリカ人のエキュメニズムをめぐるさらなる確証が、おそらくアメリカでもっとも研究された都市、「ミドルタウン」の研究から生まれている。一九七七年に、ミドルタウン（インディアナ州マンシー）の全高校生が「キリスト教が唯一の真なる宗教で万人がそれに改宗されるべきである」に賛成かどうか尋ねられた。賛成したのは二八％だった――われわれが上で報告したより最近のデータにおおよそ一貫している。このコミュニティは社会学者ロバート＆ヘレン・リンド夫妻によって一九二〇年代と一九三〇年代に集中的な研究の対象となっているので、数十年間にわたる比較が可能となっている。その変化は劇的なものである。キリスト教についての同一の質問がミドルタウンの高校生全員に一九二四年に尋ねられたとき、キリスト教が唯一の真なる宗教であるということに九四％が賛成していた。

言い換えると、五〇年間を通して、キリスト教が唯一無二の真なる宗教であるという信念は急落している。重要なことだが、宗教的な排他主義《ショーヴィニズム》におけるこの低下は、宗教性の消失によってもたらされたものではない。その反対に、考えられるどのような指標によっても、ミドルタウン住民は一九二〇年代よりも一九七〇年代の方がずっと宗教的である。(31) ミドルタウンからのこれらデータは、宗教的寛容性における世代差にも光を当てるものである。今日の若者の方が、その親や祖父母よりも他の宗教をずっと多く受け入れている。二〇〇七年の信仰重要性調査では、三五歳以下のクリスチャンの一〇人に九人近く（八七％）は非クリスチャンも天国に行けると信じていたが、対して六五歳以上の者では七〇％だった。

アメリカ人の拡張的な――全体的ではないにしても――エキュメニズムは、聖職者が何を信じているかという観点から見るとより注目に値する。多くの信仰では、誰が天国に値するかという点で聖職者と信徒の信念間には大きな隔たりが存在する。政治学者コーウィン・スミットと共同研究者によって実施された調査からこのことを語ることができる。彼らはさまざまなキリスト教派の聖職者に対して、「イエス・キリストへの信仰を通じる以外に救いの道はない」ことに賛成かどうかを尋ねた。(32) アメリカの一般市民の持つエキュメニカルな視点と鮮明な対照をなして、聖職者は天国への単一の道を見ることがずっと多い。相当にリベラルと一般に考えられている教派ですら、イエスが救済の唯一の源泉であるという信念を支持する聖職者は高い比率に上る。例えば、アメリカ福音ルーテル教会（ＥＬＣＡ）の聖職者の六三％が、イエスは唯一の道であるということに賛成する（その名前にかかわらず、ＥＬＣＡの神学は主流派プロテスタントの陣営に属する）。このことは合同メソジストの聖職者五九％、そして合衆国長老教会の聖職者五七％にも当てはまる。

しかし、主流派プロテスタントにおけるこれらの数値は、福音派や黒人プロテスタント教派の聖職者のものと比べると小さく見えてしまう。救いはイエスを通じてのみもたらされるという言明は以下のように支持されている――・チャーチ・オブ・ゴッド・イン・クライストの聖職者の一〇〇％と、アフリカンメソジスト監督教会の指導者九八％。これら二つは歴史的な黒人教派である。

・アメリカ長老教会（Presbyterian Church in America）の聖職者一〇〇％（合衆国長老教会（Presbyterian Church, USA）と混同しないこと）、ミズーリシノッド・ルーテル派の九八％、チャーチ・オブ・クライストの九八％、南部バプテスト牧師の九七％、キリスト改革教会指導者の九六％、そして教派に属さないが福音派より会衆（すなわち、メガチャーチ）の聖職者の九二％。

キリスト教諸教派のこの範囲にわたって、説教壇の指導者と信徒席の人々の間には断絶が認められる。キリスト教聖職者の大半は救いがクリスチャンに独占されていると見ているが、大半のクリスチャンは、来世で誰が救われるかについて、より――完全ではないにしても――包括的な視点を持っている。

聖職者―信徒間の切断は、誰が何を信じているかについての無味乾燥な統計レポートにできる以上に、はっきりと明らかにされる。本書のための研究の初期に、著者の一人（パットナム）はルター派内で福音的傾向を持つ教派の一つであるミズーリシノッド（第7章で扱った救世主ルーテル教会の教派）の神学者集団に、われわれの研究について講演を行った。彼らが衝撃を受けていたのは、天国に行くためには多くの道があると信じるアメリカ人の比率がこれほどまでに高いことだった。神学者の一人は、そのように信じる者は単純に間違っていると断固たる声を上げた。そして集団からの賛同のつぶやきから判断するに、彼一人のみがその意見ではなかった。この明らかな異端説を調停しようと試みて聴衆から別のメンバーが、ミズーリシノッド・ルーテル派の信徒は、救済についてそのようないいかげんな見方をとらないのは確かだと申し出た。後に続いたのはリアルタイムの社会科学研究で、パットナムのノートパソコンに保存された二〇〇六年の信仰重要性調査のデータがその場で分析され、自分の信仰とは違う善人も確かに天国に行けると述べたミズーリシノッド・ルーテル派信徒が八六％であることが明らかになった。このニュースを聞いて、これら神学者は唖然として沈黙した。一人は青ざめ、神の言葉の教師として、自分たちは失敗したと述べたのだった。

独占クラブではないような天国を信じることの神学的意味について評価するような資格をわれわれは何ら主張するものではない。しかし、知見の社会学的な意味については明確である。アメリカの宗教性が高く、かつまた宗教的な多様性も高いことが実現している主たる理由の一つ、おそらくは第一の理由でさえあるのは、異なる宗教信仰を持つ者は永遠の罰を受けると大半のアメリカ人が信じていないことにある。献身に多様性を加え、永遠の罰を引いたものが、礼譲《コミティ》に等しいのである。

これほどのアメリカ人が自分の宗教の神学を無視しているように見えるという事実に対する説明は、彼らの個人的な社会的ネットワーク内部での宗教的橋渡しに基づいている。もしあなたが強く宗教的であるなら、自分のスーザンおばさんと友達のアルの両者によって、一種の認知的不協和が引き起こされる。自分と同じように信仰する者のみが天国に入れると信じることが求められていることをあなたは知っている。しかし、スーザンとアルのどちらも地の塩《立派な人》であって、よって天国に彼らの場所があることは確かである。大半のアメリカ人はこの矛盾を解決するため、スーザンにアルもやはり天国に行くことができると信じることを選んでいるように見えるのである。

よきアメリカ人とは誰か

天国に入る資格について尋ねることとは、自分とは異なるものを信じる人々の永遠の未来についてアメリカ人がどう見ているかに関する重要な指標になっており、結果としてアメリカにおける宗教的寛容性の水準に光を当てている。しかしそれなら、宗教的でない者に対する寛容についてはどうだろうか。そして、来世についてではなく、いまこの場でのことについて尋ねたらどうなるだろうか。アメリカ人は、宗教的であることが「よきアメリカ人」の前提条件と考えているのだろうか。

彼らがそう考えているという多くの理由は存在する。アメリカ人は長きにわたって愛国心と宗教を融合させてきており、そのことは国家的式典の多くの瞬間に痕跡を残す宗教的な象徴体系の事例によって証拠づけられる。上述で論じたアメリカの市民宗教という事例は、神と国家の共生関係をただ強化するものである。一九五〇年代以降、「忠誠の誓い」には「神の下に」という言葉が含まれている。同様に、これは「われら神を信ず」がアメリカの紙幣にはじめて刷り込まれたのと同じ年代だった。そしてまた第1章に記したように、十戒の刻まれた公共記念碑が国中に設置されたのが一九五〇年代だった。拡大主義で公式に無神論のソビエト連邦を相手とした紛争というこの時期を通じて、宗教についてのこれらの公的表現はアメリカ人に、自分たちは神なき敵に対峙する敬虔な国家であることを思い出させた。より最近のことでは二〇〇一年九月一一日のテロ攻撃が起こった直後、両党の連邦議員は議事堂の階段で腕を組み、国歌ではなく「ゴッド・ブレス・アメリカ」を歌ったのである〔「神よアメリカに祝福を」と題した、アメリカの第二の国歌とも称される愛国歌。〕。

宗教と愛国心は結託しているように見えるにもかかわらず、アメリカ人がそれでも宗教的でない人々を、立派な市民という自分の概念に含めることに前向きということである。二〇〇六年の信仰重要性調査で明らかにされるのは、アメリカ人の八七％は「宗教信仰を持たない」人々が「よきアメリカ人」でありうることに賛成している。したがって、アメリカ人自身の宗教性の高さと、アメリカの市民宗教という永続的な遺産にもかかわらず、非宗教的な者も国民コミュニティの正会員として歓迎されている。興味深いのはほぼ同比率のアメリカ人（八九％）が、異なる信仰を持つ人々も天国に行くことができると信じていることである。

宗教的寛容性と、非宗教的な人間を完全なアメリカ人として受容することの間にもさらに対応を見ることができる。もし宗教間関係が宗教的橋渡しによって促進されるのであれば、宗教的橋渡しによって、宗教信仰を持たない人々の愛国的な善意を人々が受け入れることにもつながると考えることは合理的であるように思われる。言い換えると、宗教的橋渡しの増加が宗教的な外集団に対するよりあたたかい感情に対応していたように、橋渡しが増えることは、国民コミュニティの中への外集団――宗教を持たない者――の完全な受容につながると期待することができるかもしれない。これはクリアするには高いバーであるが、その理由は回答者の非常に多くが非宗教的な人々であってもよきアメリカ人となりうると既に答えてしまっているからである。ヘリウムで満たされた風船が天井より高くは上がれないのとちょうど同じで、非宗教的な人々をよき市民として受け入れることを拡大するには天井が存在する。

世俗主義者を愛国者として見るアメリカ人の比率はすでに高いが、この比率は宗教的橋渡しが増えるとさらに高まる。すなわち、上述のものと同じ検証を用いたとき――友人の間での宗教的多様性の増大の影響を、およそ一年間の時間間隔で検証する――、橋渡しの増加が、宗教信仰はよきアメリカ人らしさにとって本質的なものではないということに賛成することを意味する、小さいが統計学的に有意な傾向が見いだされた（方法論的詳細については補遺

2を参照)。

この知見が示唆するのは、宗教間接触が、社会的境界の再定義につながりうるということである。宗教信仰を持たない人は、愛国的ではないと退けられるよりもむしろ、国民コミュニティの完全なメンバーであると見られている。言い換えると、宗教的に多様な友人集団を持つことは、「われわれ」の輪を広げることにつながっているように思われる。「多数からの統一《エ・プルリバス・ウナム》」である〔アメリカ合衆国の標語として、国璽や硬貨に刻まれた表現。〕。

低寛容な十分の一層——「本物の信者《トゥルー・ビリーバーズ》」という少数派

アメリカ人の圧倒的多数は、宗教的な多元的世界に完全に満足しているように見えるが、いくつかの指標が指し示しているのは、わずかな少数派（全成人のおおよそ一〇人に一人）が「本物の信者《トゥルー・ビリーバーズ》」だということである。すでに見てきたように信仰者の一一％が、他の信仰を持つ人は天国にたどり着けないと述べている。同様に、図15－7が示すように、全成人のおおよそ一三％が「一つの宗教のみが真実で、他のものはそうではない」と答えている[33]。この集団についてより詳細を見ることには価値があるが、それは彼らが世俗的アメリカ人の最悪の恐怖を代表しているように見えるからである。「唯一の真なる宗教」のみが存在すると述べるこれらのアメリカ人は多くの点で特徴的であり、強く宗教的な福音派と比べたときにすらそうなっている（表15－1で統計的証拠をまとめている）[34]。

第一に、他のあらゆる先進国よりも宗教に信奉的なアメリカでさえも、この本物の信者の集団はさらに強く宗教的である。彼らは、ほぼ例外なく、神の存在を絶対的に確信している。宗教はその個人的アイデンティティや日常生活にとっての根本である。毎週教会に出席している者が他のアメリカ人より二倍多い（彼らの多くは週一度ならずそうしている）。そして自分の信仰への熱心さゆえに、個人的な福音伝道にずっと積極的で、他のアメリカ人の間でより共通した見方である、宗教については「誰もが他者全てをそのままにしておくべきだ」にはっきりと反対している。

第二に、大半のアメリカ人と比べて非常に明確な、宗教由来の善悪の感覚を有している。他のアメリカ人の八〇％が正邪の問題については自身の良心に従うと述べているのに対し、「本物の信者」の半数以上はその代わりに宗教的

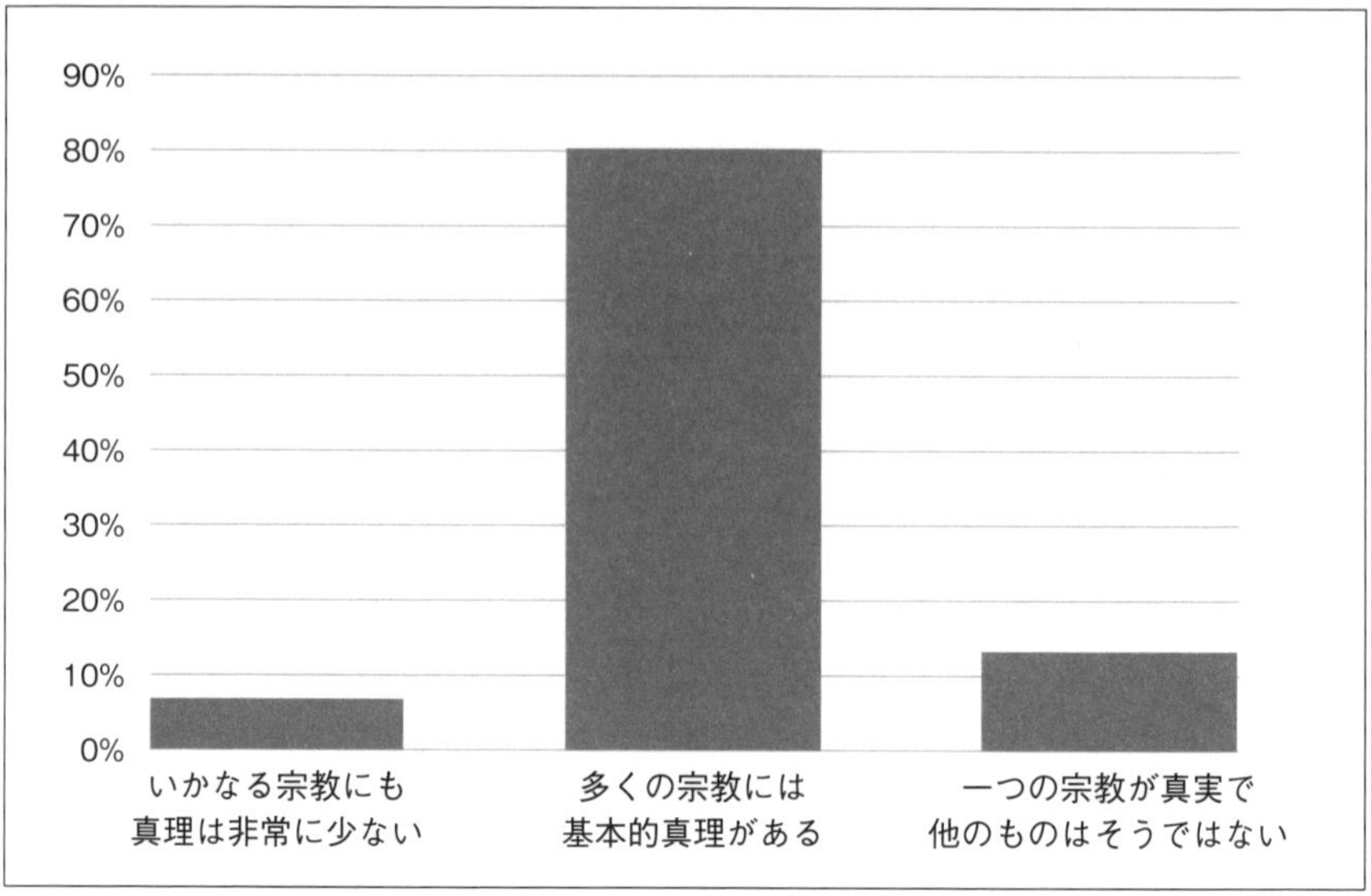

出典：信仰重要性調査，2006 年.

図15-7　「本物の信者」であるアメリカ人は少ない

指導者や教えを優先させる。彼らは厳格な聖書字義主義者であること、地獄の現実性について確信すること、もうすぐ審判の日がやってくると予期すること、そして毎日の生活で罪と悪に用心することが他のアメリカ人に比べおおよそ二倍多い。驚くべきことではないが、子どもに対し授けられるべき主要な徳目は、自立よりも従順さであると彼らは考えている。要するに、彼らは道徳的絶対主義者である。

第三に、今日のアメリカにおいて宗教的な本物の信者は非常に保守的で、とりわけ道徳問題について、その全ての中でも性的道徳の問題についてそうなっている。彼らは婚前交渉と同性愛について、大半の他のアメリカ人がこれら二つの性革命を受け入れるようになった時点でも心の底から非難している。彼らは圧倒的なまでに中絶に反対で、三分の一は暴行や近親相姦の場合でさえもその法的禁止に賛成している。ギャンブルを「常に道徳的に悪い」と非難することが他のアメリカ人よりも二倍以上多い。本物の信者の大半が自身を「保守的である」と表現していることは驚くには当たらず、三二％は「非常に保守的」としていて、他のアメリカ人で自分を「非常に保守的」と述べる者は対して一〇％にすぎない。

表15-1　アメリカの宗教風景における「本物の信者」という少数派は誰か

	唯一の真なる宗教？ はい	唯一の真なる宗教？ いいえ
【強く宗教的（他のアメリカ人と比べたときにも）】		
自分が何者かという感覚にとって宗教は「非常に重要」	83％	44％
毎週教会に出席する	60％	32％
神を信じることに絶対的確信がある	96％	77％
他者を改宗させようとすることに問題はない（対「誰もが、他者全てをそのままにしておくべきだ」）	71％	39％
誰かを改宗させようとしたことがある	54％	22％
【宗教的権威に対する敬意が強い】		
何が善悪かについて絶対的に明確な指針が存在する	88％	54％
自分自身の良心よりも、宗教指導者や教えに従うほうがよい	54％	20％
聖典は実際の神の言葉で、文字通りに理解されるべきだ	63％	29％
地獄の存在に「絶対的確信」	71％	46％
毎日の生活での意思決定で罪を避けることは「極めて重要」	47％	23％
この世界の終わりがもうすぐやってくる	63％	34％
子どもにとって大事なのは自立よりも従順さである	69％	39％
【とりわけ道徳問題において、非常に保守的である】		
婚前交渉は常に道徳的に悪い	72％	29％
暴行や近親相姦の場合でも中絶は非合法にすべき	34％	12％
ギャンブルは常に道徳的に間違っている	55％	25％
同性愛婚とシビル・ユニオンの両方に反対	60％	31％
「保守的である」と自称	70％	41％
【宗教的多元主義にいくぶん居心地が悪い】		
宗教は個人的な問題で、社会的、政治的問題をめぐる公的論争からは外されるべき	45％	73％
道徳は個人的問題で、誰もが一つの基準に従うようにと社会が強制すべきでない	54％	69％
宗教的多様性はアメリカにとってよい	70％	86％
私の価値観は今日のアメリカによって「非常に」脅かされている	34％	20％
「非宗教的な人々」よりも「深く宗教的な人々」を信頼する	42％	25％
大半の人が賛同しない書籍は自分の地域の公共図書館から排除されるべき	44％	23％
【スーザンおばさんや友人アルの少ない宗教的に同質な環境に暮らしている】		
配偶者は現在自分と同じ宗教系統にいる	83％	66％
親友５人の全てが自分と同じ宗教である	38％	21％
拡大家族のメンバー全てが自分と同じ宗教である	39％	29％
自分の子どもが自身と同じ信仰の相手と結婚することは「非常に重要」	60％	16％

出典：信仰重要性調査，2006年.

第四に、本物の信者は（他のアメリカ人に比べて）宗教的多元主義や、宗教と道徳は主として私的な個人の問題とする考えに対していくぶん居心地の悪さを覚えている。彼らは宗教的多様性がよいものだということへの確信が低く、おそらくはその理由から外来の宗教に、仏教のような穏やかなものに対してすら困惑することが多い（本物の信者は、自分のコミュニティに仏教寺院が建設されることについて、他のアメリカ人の二一％に対して三三％と一・五倍の反対を示す）。彼らは自身の価値観が現代世界によってとりわけ脅かされていると感じていて、不人気の書籍を図書館蔵書から除くことにいくぶん前向きである。彼らはわずかに他者を信頼することが少なく、（彼らの信頼する）深く宗教的な人々と（彼らがそうしない）非宗教的な人々の間にとりわけ明確な区別を引いている。もちろんこれら本物の信者でさえ宗教的、市民的寛容というアメリカの伝統に明らかな影響を受けていて、こういった指標の全てにおいて多元主義と寛容性に賛成するという国民的合意に相当数が加わっているが、しかし、その合意も人口内でより寛容性の低い十分の一の間では狭いものになっている。

最後に、そして最も重要なこととして、これら本物の信者は、宗教的によりモノクロームな社会環境の中に暮らしている。彼らは自分の信仰の外側と結婚することが少なく、自分の子どもが信仰の内部にとどまることにこだわることが他のアメリカ人よりもずっと多い（もしそれが、彼らの信じているように、唯一の真なる信仰なのであれば、驚くには当たらない）。彼らは他のアメリカ人よりも、親戚関係や友人関係で自分の信仰の外側とのつながりを持つことが少ない。要するに本物の信者は、疑問の余地ない自分の信仰を動揺させるような、スーザンおばさんや友人アルを持つことがずっと少ないのである。

アメリカ人は圧倒的多数が、唯一の真なる宗教という独自の地位を主張するような宗教（中でもとりわけ、キリスト教）に属している。われわれの大半はそのような主張を具体化した信条を暗唱している。しかし社会学的観点からは、この意味においてわれわれのうち真に「本物の信者」であるものがいかに少ないかということが目立つものになっている。これら少数のアメリカ人にとって、宗教的信念は熱狂を求めてくるのに十分に重大な問題であって、図15－8には主要な宗教系統の間に彼らがどう分布しているかが示されている。彼らがいくぶん多いのは、マックス・ウェーバーが導入し、他の研究者の中ではローレンス・イアナコン、ロジャー・フィンクとロドニー・スタークによっ

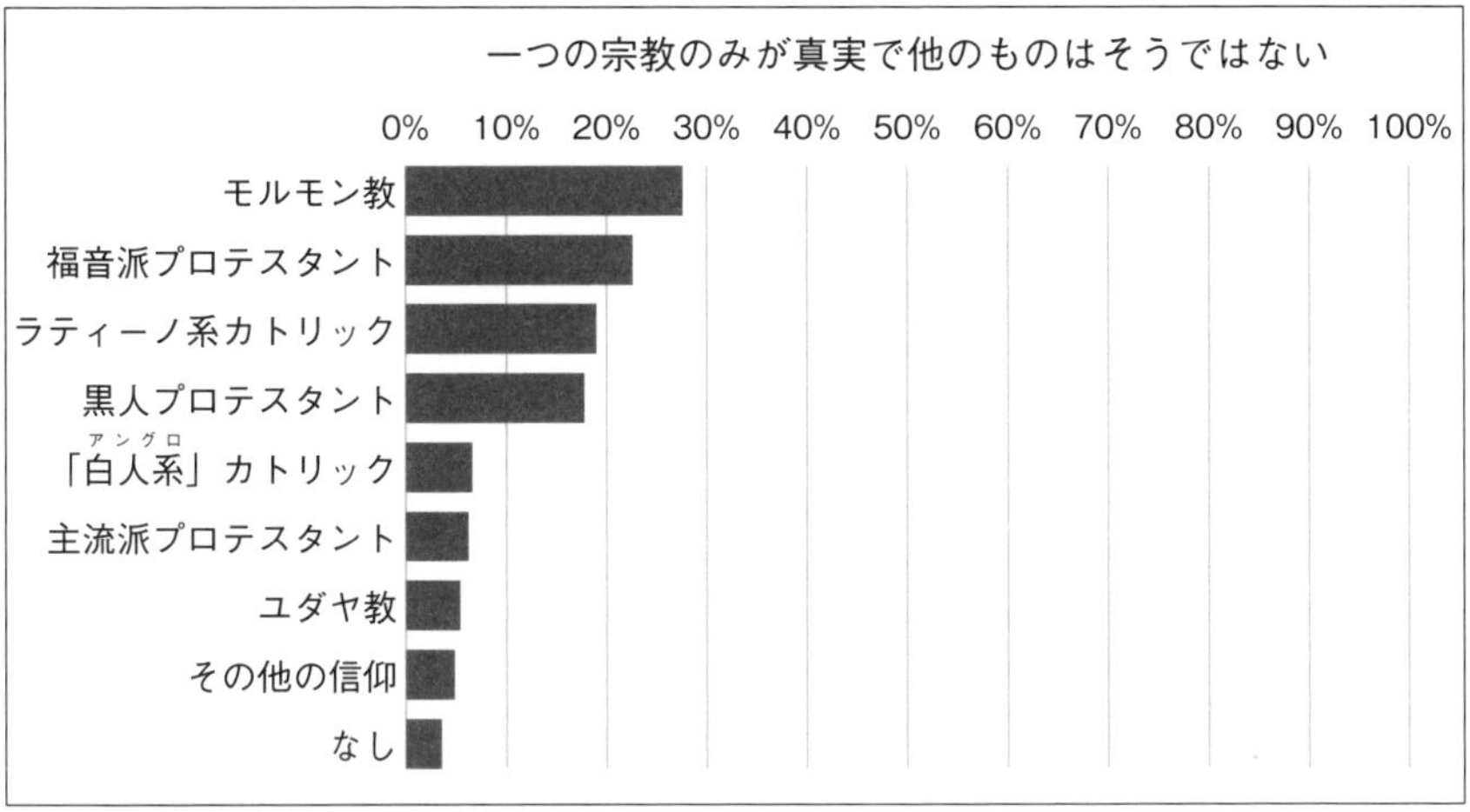

出典：信仰重要性調査，2006年.

図15-8　唯一の真なる宗教?

て最近復活させられた用語を使えば、よりセクト的である宗教系統（とりわけモルモン教と、黒人、白人系双方の福音的系統）であることはおそらく驚きには当たらない[35]。それ以外には、年齢、性別、教育水準、地域、その他人口統計学的特性について、本物の信者はアメリカを完全に鏡映しにしている。さらに、本物の信者の発生率は長期にわたって非常に安定的であるように思われ、それは図15－8に表された反応が、一九八八年と二〇〇八年の総合社会調査における同じ質問に対する反応とほぼ同一であることが理由である。この中核《ハードコア》の、深く道徳的で寛容性の低い人口の十分の一層によって垣間見えるのが、スーザンおばさんやわが友人アルのいないときに、高度に宗教的なアメリカが表すかもしれない姿である。

しかし今日のアメリカでは、全ての宗教系統において、信仰者のうち本物の信者が構成する割合は小さなものにすぎない。より具体的には、本物の信者の多数（五二％）がここでは福音派に分類される一方で、福音派の大多数（七五％）は本物の信者ではない。「熱狂なしの信仰」がアメリカ人の大半を正確に表現している。

橋渡しの帰結

証拠のより糸は幾重にも同じ方向を指し示している。アメリカ人が自分のものと異なる宗教の人々――あるいは全く宗教を持たない人々――と付き合うとき、かれらは他の宗教により受容的になっている。宗教間結婚はおそらくもっとも核心的な例である。過去一世紀にわたって宗教線を越える結婚の頻度は着実に増加しており、それがアメリカ住民内部でのエキュメニズムの広がりに密接につながっているとわれわれは主張する。たとえ宗教が違っていたとしても夫と妻は、相手は天国に行けるとおそらくは喜んで信じている（地獄への途上にいる相手と誰が結婚するのだろうか）。しかし、この一次効果は、宗教間結婚が宗教間関係に影響しうる唯一の経路ではない。二次効果が拡大家族を通じて波及していくのである。自分とその配偶者の宗教的背景が異なっていなかったとしても、大半のアメリカ人には家族の中にスーザンおばさんがいる。

宗教的橋渡しは、宗教間結婚に限定されない。信仰をまたぐ友人関係は、宗教的境界を越える結婚よりもさらにありふれている。大半のアメリカ人には他宗教の親友が少なくとも一人おり、多くの者には他信仰を持つ複数の友人がいる。短期間を通じてすら、そのような宗教的橋渡しにおける小規模の増加が、少なくとも比較的不人気の宗教集団二つ（モルモン教と非宗教）に対するよりあたたかな感情に対応していることを見た。さらにわれわれが見てきたのは、宗教的橋渡しが誰が国民コミュニティの完全なメンバーなのかというアメリカ人の感覚を広げうるということであった。

これらの知見、観察のそれぞれは別個に、興味深く思われるかもしれない。全体をまとめたときには、これらは説得力あるパターンを形成する。宗教間の回転、混合、そして結婚が、アメリカという宗教のるつぼが吹きこぼれることを抑えているのである。

結論

本章は謎から始まった。アメリカ人はいかにして、どちらも高水準の宗教的多様性と献身を結びつけることができているのだろうか。アメリカの宗教的礼譲は、本書全体を通じて記してきた近年の宗教的分極化の状態をふまえるとさらに不可解なものである。第4章で詳述した激震と二つの余震という物語を思い出してほしい。性的放縦の六〇年代に引き続いて、保守的宗教が規模と注目の両面で成長した——それには政治的注目も含まれていた。そして、党派的政治の拡大と存在感に反応して第二の反動が起こり、ますます多くのアメリカ人、とりわけ若者が宗教から背を向けた。これらの地殻変動はアメリカ社会全体に響き渡り、穏健な宗教的中間派——以前は宗教的スペクトラムにおいて繁栄していた領域——は縮小した。

このような現況をふまえると、宗教的緊張の相当の可能性が存在するように思われよう。これまで見てきたように、宗教的、また世俗的なアメリカ人は異なる世界観を持ち、明らかに異なった点からお互いのことを見ている。メンバーの間に潜在的な緊張が存在するような宗教系統もある——一方で、全体にわたって否定的に見られている宗教もある。さらに、そのような緊張が暴力に転ずる事例も歴史が多く提供するところである。例えば、一八三四年にマサチューセッツ州チャールズタウンでの反カトリック暴動はウルスラ会修道院を破壊した。一八四四年にはカトリックが公立学校から聖書を除こうとしているという噂をめぐって、フィラデルフィアで破壊的な暴動が起こった。[36] そのような憎悪に直面するのはカトリックに限らない。モルモン教徒と非モルモン教徒の間の対立拡大に直面して、一八三八年にミズーリ州知事は全モルモン教徒が州を去らなければならず、さもなくば撲滅されるという命令を発した。この根絶命令は一九七六年まで実際に有効なままになっていた。[37]

宗教に触発されたこのような暴力の例は悲劇的なものであるが、幸いにまれなものでもある。アメリカは散発的な宗教暴動を経験してきたが、持続的な宗教戦争はなかった。その建国以来、アメリカは国家的DNAに宗教的寛容性をコード化してきている。こう述べるときには、建国の時点で異なる宗教に対する寛大さに含まれていたのはさまざまなプロテスタントのセクトだったということを認識しなければならない——カトリック、ユダヤ教、ムスリム、そして確実に無神論はそこには含まれていなかった。それでも、共和国の初期はジョン・ロックの宗教的寛容という概念が浸透していた。ロックは宗教的寛容の「必要性と利点」について語り、市民的平和を保つ手段としてそれを正当化した。ロックからは、トーマス・ジェファーソンによる自分の自由を侵害しない限りの異なる信仰の受容まで、その道のりは短い。

しかし時間がたつにつれ、現実的な基盤に基づいた最小限の寛容概念は、宗教的寛容性それ自体の積極的な受容へと発展していった。道の途上に凹凸があるのは、反カトリック、反ユダヤ、反モルモン、そしてその他多くの反‐主義の勃発から証拠づけられる。しかし最終的に国民感情は、他の信仰の不承不承の受け入れから暗黙の容認という中間駅に、そして二〇世紀の中盤から終わりにかけて定着した、エキュメニズムとして宗教的差異を率直に受け入れるまで移動していった。そして、今日の宗教的多様性は完全に包括的なものでなかったとしても、建国者たちが想像したいかなるものよりもずっと拡張的なものになっている。カトリックはアメリカの主流にはっきりと存在し、一方でユダヤ教徒は国内でもっとも好まれる宗教集団になっている。宗教的多元主義が受け入れられているのは、そのような多様性が国のためによいと答えるアメリカ人が極めて高率にのぼることに示されている。

宗教的多元主義の発展と拡大をさかのぼると、国の立憲的基盤構造の重要な役割の認識にいたる。合衆国憲法が、国教の樹立――最終的に、あらゆる水準の政府が行う宗教体への全ての公的支援を意味するにいたった――と公職者の宗教審査の両方を禁じたことは、繁栄した宗教的生態圏を生み出す助けとなった。終わりのない過程の中で、宗教のさまざまな変種が出現、適応し、発展し、また変革を遂げている。アメリカにおいて、宗教は静的ではなく流動的である。宗教が変化するのみならず、アメリカ人個人自体も頻繁に宗教的変化を経験する――宗教を見つけ、宗教から脱落し、またある宗教から別のものへと切り替えているのである。

この流動性が、宗教間の混合と結婚の着実な成長に貢献してきた。宗教による地理的分離の大部分は終わり、一方で宗教線に沿った社会的分離もまたおおかた過去のものになっている。アメリカ人が他の宗教の人々と共に暮らし、友人となり、結婚するようになったことで、重なり合ったその社会関係が宗教間の敵意の持続を難しくしていった。全ての宗教が敵意から逃れてはいないが、今日の宗教間の緊張は、昨日のアメリカ、あるいは今日の他の多くの国よりも抑えたものになっている。

アメリカはいかにして宗教的多元主義の謎――宗教的多様性と献身の共存――を解決したのだろうか。そして、宗教的分極化の成長が立ち上がる中で、いかにそれは成し遂げられたのだろうか。それは、多くの異なる宗教の人々の間が織りなす個人的な人間関係の網を生み出したことによってである。

これが、アメリカの恩寵なのである。

エピローグ

追加の証拠

本書の出版からおよそ一年後、そして最初の信仰重要性調査から六年後、二〇〇六年に自分の信仰と市民生活について語ってくれた人々のうちの、追跡可能なできるだけ多くにわれわれは立ち戻った。この期間に、少なくともオリジナルの回答者の一一三人が亡くなり、さらに多くが手の届かないところに転居した。しかし、オリジナルの三一〇八人の半分よりいくらか多い、そのうちの一八一〇人を追跡することができた――この種のパネル調査ではまずまずの結果である。これら到達できた人々のうち、ほぼ全て（九三％）が再びわれわれと話すことに同意した。加えて、アメリカ人九六一人の完全に新しい全国代表性サンプルにも面接を行ったが、これは三〇歳以下の若者に大きく偏らせている。これら新しい回答者を適切に再ウェイト付けし、以前も面接した一六八五人を加えたので、二〇一一年には合計で二六四六サンプルが得られ、その全体としてのものの見方が二〇〇六年のオリジナルの三一〇八人と比較できるようになっている。これらのより大きなサンプルの内部に入れ子になっている、あらゆる世代また階層からなる一六八五人のアメリカ人という相当規模の集団では、その個人としてのものの見方と行動を、この揺れ動く五年間を通じて追跡することが可能になっている（概要は図E－1を参照）。慎重な分析によって、アメリカ人の二〇〇六年

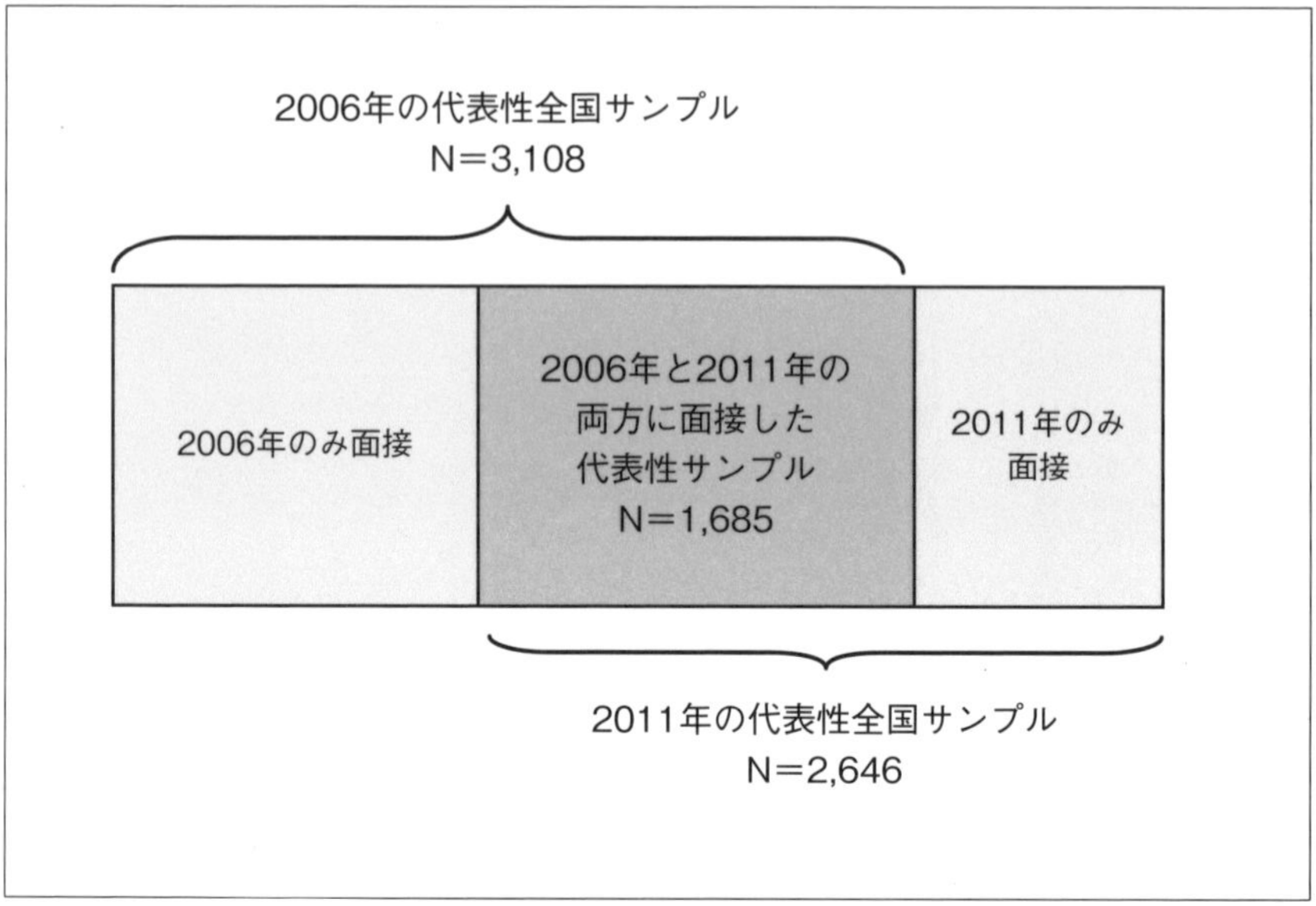

図E–1　2006年および2011年の信仰重要性調査

と二〇一一年の宗教的、市民的態度および参加、そして彼らが集合的にまた個人的にどのように変化したのか高忠実度《ハイファイ》の概観を面接の結果から得ることができる[1]。

この五年間を通じて全体としてのアメリカ成人のものの見方と行動がどう変化したのかの正確な比較を望むときには、二〇〇六年サンプル全体（適切にウェイト付けしたもの）を二〇一一年サンプル全体（適切にウェイト付けしたもの）と比較する。一方でアメリカ人の個人がどう変化したのかを探索したいときには、両年共に面接を行った一六八五人からのものが最良の証拠になる。これら二系統の証拠は、二つの重要な点で異なっている。

・個人は多くの方向で変化する――例えば、宗教的になる者もいれば、同時期に宗教的ではなくなるような者もいる――その一方で全国変化についての集計指標では、これらの個人変化が差し引きで相殺されてしまう。したがって個人による万華鏡的な群衆よりも、国全体はより安定的なものに見えうる。

・他方で、二〇〇六年と二〇一一年の間には米国成人の人口構成が変化し、亡くなったことで人口から去った（大半は年長の）者がいて、一方でやってきた者もいる（大半は二〇〇六年のサンプルに現れるには若すぎたが二〇一一年には成人していた人々である）。到着しまた出発していったコホートが大きく違っていたら――例えばもし年長のコホートが同性愛婚により敵対的であったら――、考えを実際に変えた個人が誰もいなかったとした場合でさえ、成人人口の全体としての見方は大きく変わりうる。これから見るように、この種の世代的に誘導された変化はこの五年間を通じて重要なものだった。

二〇〇六年と二〇一一年におけるこれらの対話の間の年月は、公的事象という点からはもちろん極めて重大なもので、それはこの五年間に含まれていたものとして、アメリカ史で最初の黒人大統領が思いがけず権力の座についたこと、大恐慌以来の最もひどい金融危機が襲ったこと、明らかに新しい政治運動――ティーパーティー――が顕著に盛り上がったこと、そして痛烈な、身のすくむような政治的衝突がワシントンであったからである。文化的、テクノロジー的生活においても、やはりこれは急速な変化の年月であった。第一回目の面接の時点では、iPhone について聞いたことのある者はおらず、レディ・ガガはステファニー・ジャーマノッタという名前の若きニューヨーカーだった。キンドルはまだ動詞で、フェイスブックはまだ名詞、そして冥王星はまだ惑星だった。

われわれの二度の対話の間の年月は、一六八五人のパネル回答者の多くのプライベートな生活においてはさらに大きなものだった。彼らとの対話に立ち戻った時点で、二二人が配偶者を死別で失い、五一人は新たに離婚か別居をした。他方で、一〇三人は新たに結婚した。五年間を通じて二四八人がその政党支持を切り替え、三七二人が以前の宗教系統からどうやら去っていた（しかし見ていくように、そのような棄教はしばしば永続的なものではなかった）。大不況《グレート・リセッション》で失業し家を失ったことは、彼らが「大きな生活の変化」と表現するものをこれらのうち三四五人の人々にもたらした。二〇〇六年に自家所有をしていた優に一二〇人がいまでは賃貸暮らしをしていたが、以前は賃貸の一〇八人はいまでは家を持っていた。これらの数字それぞれの背後には、人生の変転がこの五年間に個々のアメリカ人の上にいかに押し寄せてきたかをめぐる無数の物語が横たわっている。

二〇一一年の面接では二〇〇六年に話し合ったほぼ全てのトピックについて再度立ち返り、ティーパーティーやバラク・オバマのような、この間に登場してきたいくつかのトピックについて付け加えている。この大規模な一対の面接により、前例のないほどの正確さと包括性の水準でアメリカ人の宗教的信念と実践の連続性と変化を評価することが可能となった。この調査の「ビフォア・アンド・アフター」構造により、XがYを引き起こす傾向があるという判断により確信を持つこともまた可能となったが、この因果分析の技術的詳細については専門誌における引き続く公刊のために残されている。ここでは、当初の書籍の中で行った因果的主張の中で最も目立つもの——例えば「スーザンおばさん」が信仰間の寛容性を養うといったわれわれの主張、あるいは「教会の友人」が寛大さや公共精神性を促すというわれわれの主張——は、このより新しく説得力のある証拠によって十分に確認されたと言うに留めておく。しかしより一般的に、連続性と変化に関して述べることのできるものは何だろうか。

安定性

まず始めの中心的な事実は、アメリカ人の宗教的態度と行動ははなはだしく安定しているというものである。われわれの尋ねた何百もの質問の中からほとんどランダムに選ばれたいくつかの例について検討しよう。二〇〇六年にはアメリカ人の七六%が自身をある程度、または非常にスピリチュアルであると考えていたが、対して二〇一一年には七五%だった。二〇〇六年には全アメリカ人の一九%が過去一二ヶ月の間に友愛あるいは奉仕組織に、一七%が近隣、民族、あるいは政治グループに参加したと述べていたが、それぞれの数値は二〇一一年と同一だった。二〇〇六年には四八%が「救いへの道は「われわれのふるまいや行いよりも」信念や信仰の内にある」と述べていたが、対して二〇一一年には四五%だった。二〇〇六年には四六%が中絶は決して合法化されてはならないか、暴行や近親相姦の場合に限られると述べていたが、対して二〇一一年には四四%だった。二〇〇六年と二〇一一年の両方で、五二%が死後の生命に対する自分の信念に「絶対の確信」があった。二〇〇六年には六四%が自分の宗教的教派における「強い」信者であると述べていたが、対して二〇一一年には六三%だった。二〇〇六年には四八%が少なくとも一日に一度は祈ると述べており、対して二〇一一年では四七%だった。二〇〇六年に五九%が「善と悪について絶対的に明確な指針がある」と述べていたが、対して二〇一一年には五八％だった。二〇〇六年には七七％が前年に慈善目的で少なくともいくらかの金銭を寄付したと述べており、対して二〇一一年には七六％だった。指標に次ぐ指標において、全体としての安定性は著しいものである。

しかしさらに驚くのは、基本的な宗教的態度と行動における個人的な安定性の水準である。社会的態度と行動の研究者は、多くのトピックについて大半の人々が安定的な見方を保持していないということを何十年にわたり知っていた。世論調査員を満足させるために何らかの意見を表明するときですらそのような意見は本質的にランダムなもので、一ヶ月か二ヶ月後に同一の質問を尋ねた場合に、正反対の意見を表明することも十分ありえる。政党支持のような核となる価値観や、中絶のような非常に目立つ問題についてのみしか、大半の人々は安定した態度、あるいはまさに態度自体を持っていないように見える。

そのような背景に対し、二〇〇六年と二〇一一年の間の激動の五年間を通じて測定されたアメリカ人の宗教的信念と行動の安定性はまさしくたぐいまれなものである。例えば、宗教性（第1章で記述した、われわれの標準指数により測定された）はこの五年間を通じ、見るからに固定的事実である、回答者の公式な教育水準記録と同程度に安定していた。神への信念（確信あるいは疑念の程度についての差異を測る五段階尺度により測定された）は、政党支持とほぼ同じくらい安定していた。感謝の祈り《グレイス》を唱える、教会に出席する、あるいは聖典を読むといった宗教的習慣は全て、地域選挙で投票するとか、コミュニティ組織に参加する、あるいは近隣事業でボランティアをするといった市民的習慣よりもずっと安定していた。異宗間結婚についての見方や宗教の個人的重要性は中絶についての見方と同程度に安定的で、リベラルか保守的かというイデオロギー自己記述よりも安定したものである。家族や友人と宗教について話し合うことがどれくらい多いか（あるいはまれか）は、彼らと政治について話し合うことがどれくらい多いか（あるいはまれか）よりも安定的な特性である。救いは信仰によるのかそれとも行いによるのかというような、一見すると難解な神学上の論点についての見方ですら、隣人をどの程度信頼しているかというような日常生活の見方よりもわずかに安定していた。自分のアイデンティティの感覚にとっての宗教の重要性は、対比した自分のエスニシティや職業の重要性よりもずっと安定的な特性である。宗教はほぼあらゆる他の社会的特性よりも、われわれの生活とも

の見方におけるずっと持続的な特徴であるように思われる。(2)

われわれのパネル研究は、二〇〇八〜二〇一一年の大不況を間に挟んだことにより、宗教的傾倒の回復力に関する非常に強力な「ビフォア・アンド・アフター」検証を可能としている。上述したように、この経済的な苦境期がわれわれの回答者に及ぼした影響は苛烈なものだった。二〇一一年に話した者全体のうちで、四分の一以上（二八％）は過去五年のうちに失業していたか解雇されており、そして四分の三（七四％）は、近親者か親密な個人的友人のうち少なくとも一人がこの期間にその職を失っていた。ほぼ四分の一（二四％）が個人的な苦難と「大きな生活変化」を大不況のせいにしていた。

それではこの圧倒的な経済的、心理的トラウマは宗教的信念と行動にいかに影響したのだろうか。神が自分たちを見捨てたと考えて人々も神を見捨て、宗教実践と宗教コミュニティから身を引いたというような、宗教的絶望をトラウマは生み出したのだろうか。あるいはその代わりに人々は自分たちの苦悩を主へと持ち寄って、宗教生活における慰めと会衆仲間からのサポートを求めたのだろうか。深刻な経済的困難に直面した人々は、それほどの打撃を受けなかった他の人と比べて、宗教的にどの程度変化したのだろうか。

驚くことに、過去五年間の経済的困難からは人々の宗教信仰と実践に及ぼす影響をほとんど何も検出できなかった。職を失った（あるいは家族か友人が職を失ったか、大きな困難に苦しんだ）人々は教会への出席、聖典を読むこと、日常生活においてもしくは自身のアイデンティティ感覚にとっての宗教の重要性、神への信仰の堅固さ、神を経験した程度、会衆活動への参加、あるいは宗教的な見方の根本主義性に変化がなかった。(3) まるで何が自分たちに起ころうとも、こういった苦しい時期でさえも、単純に既存の宗教的信念と実践（あるいは生活における宗教の欠如さえも）が強化されるようだった。この巨大な望まれざる全国実験は、アメリカ人の基本的な宗教的見方と行動の安定性に関する思いがけないさらなる証拠を提供することになった。そのような核となる安定性が、まわりめぐって、大半のアメリカ人の生活における宗教の中心性について明確な証拠を提供しているのである。

忍び寄る世俗主義

しかし「非常に安定的である」ということは「完全に安定的である」ことは意味しない。われわれは二〇一一年に回答者に対し、「過去四～五年の間に宗教的信念や実践に何らかの変化を経験しましたか」と尋ねた。圧倒的多数（八三％）は「いいえ」と述べたが、しかし六％はこの期間により宗教的になり、六％はより宗教的ではなくなったと、そして五％は教派や会衆を変わるといったその他の種類の変化を答えた。こういった内省的な説明は、過去と現在の行動についてのわれわれ自身の指標とも全般に一貫している。宗教的ではなくなったと述べた人々では、二〇一一年に一年あたり年間平均で一〇回の教会出席を報告したが、彼らが二〇〇六年に答えていた一年間に二四回よりもずっと小さなものになっていた。その反対に、より宗教的になったと述べた者は（平均して）二〇一一年に一年あたり三五回の教会出席を答えていて、二〇〇六年の一年あたり二六回から上昇している。自分が宗教的になったかそうではなくなったかについての大半の人々の自己報告は、彼らが別個に、当時また現在のその宗教行動について答えたものと一貫していた。

しかし二つの理由から、これらの自己報告は全体としての宗教変化に対するよいガイドでは必ずしもない。第一に人々は自分自身の行動の、より些細な変化について見逃しているかもしれない。例えば、自身の宗教的信念と実践について変化がなかったと答えたアメリカ人六人のうち五人は、二〇〇六年に（平均して）一年あたり三〇回教会に出席したと答えていたが、二〇一一年にはこれら同じ人々が平均して答えていた年間教会出席回数は一年あたり二八回に下落していた。五年間でのそのような七％の低下はほとんど気づかれにくいように見えるが、しかし数十年間それが積み上がれば、アメリカにおける全体での宗教信奉では大きな下落を意味することになるだろう。ゆえに、控えめであっても一貫している個人レベルの変化にもっと近づいてみる必要がある。

自己報告による変化では信頼できる全体変化のガイドが提供されないという第二の理由は、さまざまな世代が全国人口に絶え間なく入り、また出ていくということである。これら世代間に大きな違いがあれば、個人の変化が全くなしに大きな全体変化が起こるだろう。この種の世代的算数が、アメリカにおける宗教変化に関するわれわれの当初の議論で重要な役割を果たしており、第4章の最後では、われわれが「第二の余震」と名付けたものが、一九九〇年代以降のアメリカ人の若者で、宗教性の著しく低い集団を生み出したということを見た。

そのような背景に対して、二〇一一年の新たな面接からは、組織宗教から離反していくというこの全国的な若者主導による傾向がどちらかといえばペースを加速させて続いているという、疑う余地のない証拠が得られている。表E－1が提供しているのは関連する証拠の見本である。「合計」とラベルのついた二つの列を比較すると、全国規模の総計での変化を評価することができるが、いずれかの年齢コホート（例えば、二〇代の）を二〇〇六年と二〇一一年で比較すれば、それぞれの年齢集団がこの五年間を通じてどう変化したかを分析することができる。

一八～二九歳の回答者のための二つの列は、この二つの年で同じ人ではないが、それは二〇〇六年の枠にいた人の中には二〇一一年にはカテゴリーから「年限がきて出た」者がおり、二〇〇六年には一三～一七歳であってその年には面接の資格がなかったが、二〇一一年には資格ができた――そして面接を受けた――人々で彼らが置き換えられたからであることに注意したい。したがって、これら二つの列の間の差は「ライフサイクル」に帰属させることはできず、その代わりに世代、あるいは「時代」効果を表すものになっている。[4]

教会出席から始めよう。二〇〇六年と二〇一一年の「合計」列の比較からは宗教礼拝に事実上出席することのない全アメリカ人の割合が、控えめであるが有意な増加（一九％から二四％）をしたことを示している。しかしこの変化を年齢集団に分解すると、増加は六〇歳以上のアメリカ人では無視できる二ポイントだが、中年のアメリカ人では五ポイントであり、二〇代では六ポイントであった。神への信仰については、事実上、無神論者か不可知論者――自身はその用語を使わないかもしれないが――である人々の全般的な増加が、年長の二カテゴリーをまとめると三ポイントであるが、最若年のコホートでは九ポイントだった。

この同一のパターン――アメリカ人の最若年コホートで、年長者と比べた時に宗教性が大きく低下している――は表E－1に含まれている宗教的、道徳的信念と行動についての一一の指標全てに現れている。「なし」――いかなる組織的な宗教系統とのつながりも拒否するアメリカ人――は、第二の余震に関する以前の説明で重要な役割を果たし

表E-1　宗教変化における年齢関連の差異、2006-2011年

	2006年（サンプル全体）				2011年（サンプル全体）			
年齢	18-29歳	30-59歳	60歳以上	合計	18-29歳	30-59歳	60歳以上	合計
宗教礼拝への出席は一年間に1回未満	24%	19%	16%	19%	30%	24%	18%	24%
神を信じないか神に確信が持てない	15%	10%	8%	11%	24%	13%	11%	15%
宗教選好：「なし」	25%	17%	8%	17%	33%	17%	11%	19%
宗教は回答者の日常生活で「全く重要ではない」	16%	12%	8%	12%	25%	15%	9%	15%
宗教は回答者のアイデンティティの感覚に「それほど重要ではない」か「全く重要ではない」	35%	27%	18%	27%	42%	31%	20%	31%
進化論信奉者：「人類はこれまで進化してきたがこれに神は役割を果たしていない」	18%	11%	10%	12%	27%	16%	11%	17%
地獄の存在に「完全な確信」のない回答者	45%	45%	43%	45%	57%	51%	50%	52%
婚前交渉は「常に悪い」	34%	24%	14%	24%	44%	33%	18%	31%
同性愛関係は「常に悪い」	26%	21%	9%	20%	41%	26%	15%	26%
同性愛婚を支持	48%	33%	23%	34%	60%	42%	32%	43%
子どもには従順さよりも自立を教えることが重要	41%	45%	36%	42%	53%	49%	37%	47%

出典：信仰重要性調査，2006年と2011年.

ていた。表E－1に示されているのは、国全体で「なし」の割合は一七％から一九％へと控えめに上昇したが、若年アメリカ人の間では同じ割合は二五％から三三％へ、あるいは八ポイント上昇したことである――年長のカテゴリー二つをまとめたものよりおよそ五倍の速さだった。宗教は日常生活において「全く重要ではない」と答えた者の割合は若年のアメリカ人の間で九ポイント上昇したが、対して年長の二カテゴリーではおよそ二ポイントだった。宗教は自身のアイデンティティにとって基本的に重要ではないと述べる者の割合は若年アメリカ人で七ポイント上昇したが、年長の二カテゴリーの間ではおよそ三ポイントだった。

進化説／創造説の分断については、純粋な「進化論者」の比率は二つの年長コホートでおよそ三ポイント上昇したが、若年アメリカ人ではその三倍（九ポイント）だった。地獄の存在への疑念は年長二集団の内部では六～七ポイント上昇したが、二〇代の間では一二ポイントだった。

この五年間を通じた傾向の年齢関連の差は、「許容性」と名付けられるかもしれない指標において特に大きい。同性愛関係あるいは婚前交渉の受容はこの五年間で年長アメリカ人の二カテゴリーの間では平均しておよそ六ポイント上昇した――伝統的な道徳を最も頑固に擁護する人々が文字通り死に絶えていったことに大方よるものである。しかしアメリカの若者の間では、同性愛や婚前交渉（この年齢集団ですでに相当広がっている）への受容は一〇～一五ポイント増の上昇だった。あとで詳細に議論するように、同性愛婚への支持――若いアメリカ人の間で常に大きい――は年長の二カテゴリー内部で九ポイント上昇したが、若者の間では一二ポイントだった。許容性のかなり私的な指標として、子育ての実践を含むものにおいてすらも、（「従順さ」に対する）「自立」の強調は年長の二集団の間ではおよそ三～四ポイント上昇だったが、若年アメリカ人の間では一二ポイントだった。

表E－1に記録された、三〇歳以上の人々の間での宗教性のわずかな低下は、真の個人変化を表している――人々がその考えを変化させたのである。これらの変化はわれわれが個人的安定性を以前強調したことに対する控えめな但し書きになっているが、三〇歳以上のアメリカ人で約二～三％の影響にすぎない。それとは対照的に、三〇歳以下のカテゴリーで記録された宗教性のずっと大きな低下は、大半は心の変化ではなく、人々の変化を表すものである。このカテゴリーにおける宗教性の水準の急速な低下は、二〇〇六年には成人人口に入るに十分な年齢ではなかった人々の間に集中する傾向があるからである。彼らはたった数歳しか年長ではない人々を含む以前のコホートよりも宗教への関わりが少ない状態で成年に到達している。彼ら自身は変化していないかもしれないが、彼らはアメリカを変化させているのである。

このパターンは、想定されるかもしれないものより重大である。表E－1のどの一つを比較してみても、年長と若年のアメリカ人の間の「世代格差」は二〇〇六年と二〇一一年の間で大きく拡大している。より重要なのは、これらの測度について二〇〇六年と二〇一一年の全国平均を単純に比較した場合には、全国規模での宗教性の低下は控えめなものであったと結論づけたかもしれないからである。しかし世代差を分解すると明らかになるのは、第4章で記述した第二の余震は実際にこの五年間を通じて加速してきたということだった。この傾向が数十年間続くとするならば、高度に宗教的な世代が、ずっと宗教的ではない世代によって置き換えられていくことで、アメリカの宗教性全体が崩壊を始めるだろう。この種の変化はゆっくりとしているがほぼ止めがたいもので、これら最新のデータからわれわれは、現代アメリカの厳然たる事実としての「忍び寄る世俗主義」について語るところについに導かれる。

興味深いことに、われわれの研究とギャラップ調査からの補完的な証拠を組み合わせると、アメリカ人も同じ結論に至りつつある、ということが示される。ギャラップの研究者たちは長期間にわたって、アメリカ人に対して宗教変化に関するかなり単刀直入な質問を示してきており、われわれも全ての信仰重要性調査において同一の質問を借用してきた――「現時点で、宗教は全体としてアメリカ生活に対する影響を増しつつあると思いますか、それとも影響を失いつつあると思いますか」である。図E－2は過去半世紀のこの質問への反応を示しており、一九五七年から二〇一一年までの毎年のギャラップの値と、二〇〇六年、二〇〇七年、そして二〇一一年の信仰重要性調査からの証拠の両方を含めている。

図で明確なのは一九六〇年代の地震で、その期間にアメリカ人の生活における宗教の役割は劇的な下落を示したが、よりゆっくりとした、平坦ではない一九七〇年以降の第一の余震もまた見て取れる。この地震計が図にしているのは、アメリカ人の宗教的信念と実践における**実際**の変化ではなく、アメリカ生活における宗教の役割に対して自分の周囲で何が起こっているかに関するアメリカ人の**知覚**であるということを念頭に置いてほしい。その文脈から明らかなの

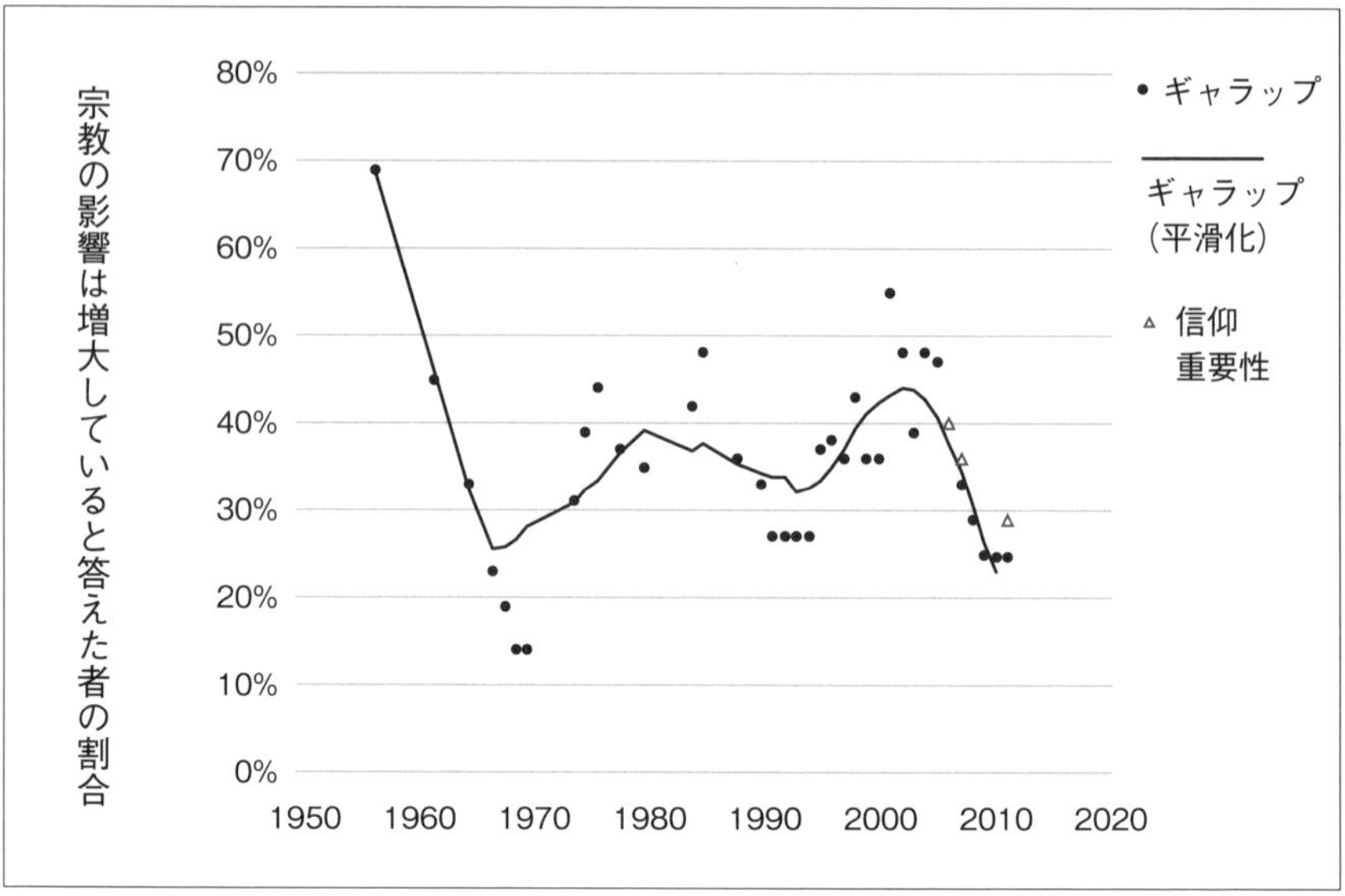

出典：ギャラップ調査，1957-2011年；信仰重要性調査，2006，2007，2011年.

図E–2　宗教性低下という第二の余震は揺れ続けている

は、二〇〇〇年位を境に、アメリカ生活における宗教の役割が低下を始めているということにアメリカ人は次第に気づくようになったということである。

実際の宗教的信念と行動における傾向についてのわれわれの分析は、第4章で概説したように世俗方向への地殻構造変動がとりわけ若い人々の間で一九九〇年周辺から始まったということを示しているが、数年間にわたりこの地下変動は、中年以上のアメリカ人の間での宗教性の通常の安定性と、「宗教右派」の台頭に対するメディアの執着によって覆い隠され、多かれ少なかれ人目につかずに進んでいた。しかし、図E－2が強く示唆するのは、二一世紀の最初の一〇年間までには、普通のアメリカ人も自らの日常生活と社会的な相互作用の中で、若者の主導する宗教離れの動きを感じ始めたということである。

二〇一一年の調査時点では、この最新の低下は一九六〇年代の急な低下にほぼ匹敵していた。二〇一一年においては、この近年の下落は一九六〇年代の急落ほど長くはまだ続いていなかったが、それが始まった一九九〇年代の全国規模の宗教性は、一九五〇年代特有の宗教的な高みよりもずっと低い水準のもので、したがって絶対的な点からは、第二の余震は今では一九六〇年代の地震以来落ち込んだことがなかった深みにまで到達している。

図E‐2はまた、われわれの信仰重要性パネル調査がギャラップの傾向をほぼ同じように追いかけていることを示している。ギャラップデータほど長期に続いているわけではないが、われわれのパネル調査にある優位点は、アメリカにおける宗教の役割について過去五年間を通じて考えを変化させた者が誰なのか正確に問うことができるということである。実際、われわれのパネル回答者の三分の二（六七％）は二〇〇六年と二〇一一年で同一の答えをしていたが、見方が変化した三分の一の間では、宗教の影響力が低下したと判断した者の方が、宗教の影響力が増大したと判断した者よりも二対一以上の割合で上回っていた。さらに、この意見変化――この地震計変動――はアメリカ全体にわたって著しく一様なものだった。あらゆる階層の人々――白人も非白人も、富裕者と貧困者も、都市でも農村でも、リベラルも保守も、老いも若きも、高学歴も低学歴も、全てがおよそ等しい度合いで変化を答えていた。

信仰重要性調査の証拠における、ほんのわずかな（しかし興味深い）特徴としては、宗教の影響力の低下の知覚は宗教スペクトラムの全域にわたってみられるものの、とりわけ最も宗教的なアメリカ人の間で目立っていたというものがある。二〇〇六年には宗教的なアメリカ人は世俗的なアメリカ人と比べて、宗教の影響力が衰えつつあるという見方がわずかに少なかったが、二〇一一年には宗教的なアメリカ人の方がそのように述べることがわずかに多い傾向があった。まとめるとこの期間の終わりには、宗教的なアメリカ人は現代のアメリカ生活が自分たちから遠ざかりつつあるとますます懸念するようになっていった。例外的なコンセンサスが生まれていた――アメリカ社会の事実上全ての部分で、われわれの直接の証拠が確認している「忍び寄る世俗主義」の兆候を見ていたのである。

この説明と一貫しているのは、二〇一一年には、親友で「宗教的ではない」者が少なくとも一人いると回答するアメリカ人が有意に増加しており、したがって二〇一一年には世俗主義とその種の個人的接触を持つアメリカ人が多数派になっていたという事実がある。(5) 友人関係のパターンの安定性が大きいという文脈からは――さまざまな宗教系統に友人を持っているか否かにかかわらず――、最も本質的な変化は、親友の間に「なし」がいる頻度が増加したということである。では非宗教的な友人の拡大が集中している場所はどこだろうか。二〇〇六年には若く、教育水準が高く、世俗的なアメリカ人は非宗教的な友人を持つ可能性がずっと高く、それは二〇一一年であっても同様に基本的に真実であったが、しかし非宗教的な友人の増加は全体にわたって生じていて、われわれが「忍び寄る世俗主義」と呼んだもののもう一つの例証となっている。今日では、大半のアメリカ人が全く宗教的ではないような「アルおじさん」や「スーザンおばさん」を有しているのである。

二〇一一年のわれわれの信仰重要性調査では初めて「感情温度計」評価を、単に「宗教的ではない人々」だけではなく、「無神論者」に対しても尋ねた。(6) 二〇一一年に何らかの宗教に自己を帰属させている人々の間では、「非宗教的な」人々に対するポジティブな評定の方がネガティブな評定を実際には上回っていて、二八%対二五%だった（四八%が中立だった）(7)。それとは対照的に、「無神論者」に対するポジティブな評定はネガティブな評定に圧倒されており、一四%対五二%だった（中立は三五%にすぎなかった）。大半のアメリカ人にとっては、これらをスペクトラムで世俗的な極に含めたとき、「無神論」とはたまたま非宗教的になってしまった人々についての表現というよりも、むしろ文化的拒否の象徴になっている。よかれ悪しかれ、大半のアメリカ人にとって「無神論」はいまだによそ者のイデオロギーである。しかし、このケースであっても若いアメリカ人は異なっていることが図E－3にて示されている。「非宗教的な人々」と「無神論者」に対する評定の間の食い違いにより表されている「無神論」という概念に対しての偏見は若年のコホートの間ではずっと減少していて、自身が信者に留まっている者の間ですらそうなっている。

「第二の余震」に対する最も明確な証拠のかけらの一つは、第4章で記述したように、自分の宗教選好について尋ねられたときに「なし」と返答したアメリカ人、とりわけ若年のアメリカ人の数が一九九〇年以降に急激に上昇したというものである。ちょうど見てきたように、人々の中でのとりわけ二〇代の中でのその割合は、二〇〇六年から二〇一一年の間に上昇を続けている。しかし、第4章（そして関連する専門の出版の中(8)）でも報告した通り、「なし」全体の中での高い割合は実際には「境界的《リミナル》なし」、すなわち自分自身を「何か」と呼んだり「なし」と呼んだりする間を行ったり来たりと切り替える人々である。受け口でゆるんだ電球のように、彼らは宗教所属において明滅しており、オンになったりオフになったりしている。これらの「境界的なし」はいずれの宗教系統に対する傾倒も弱まっていることを反映しているが、しかし彼らは世俗主義の信奉を反映しているのではなく、無神論への切り替えはさらに少ない。

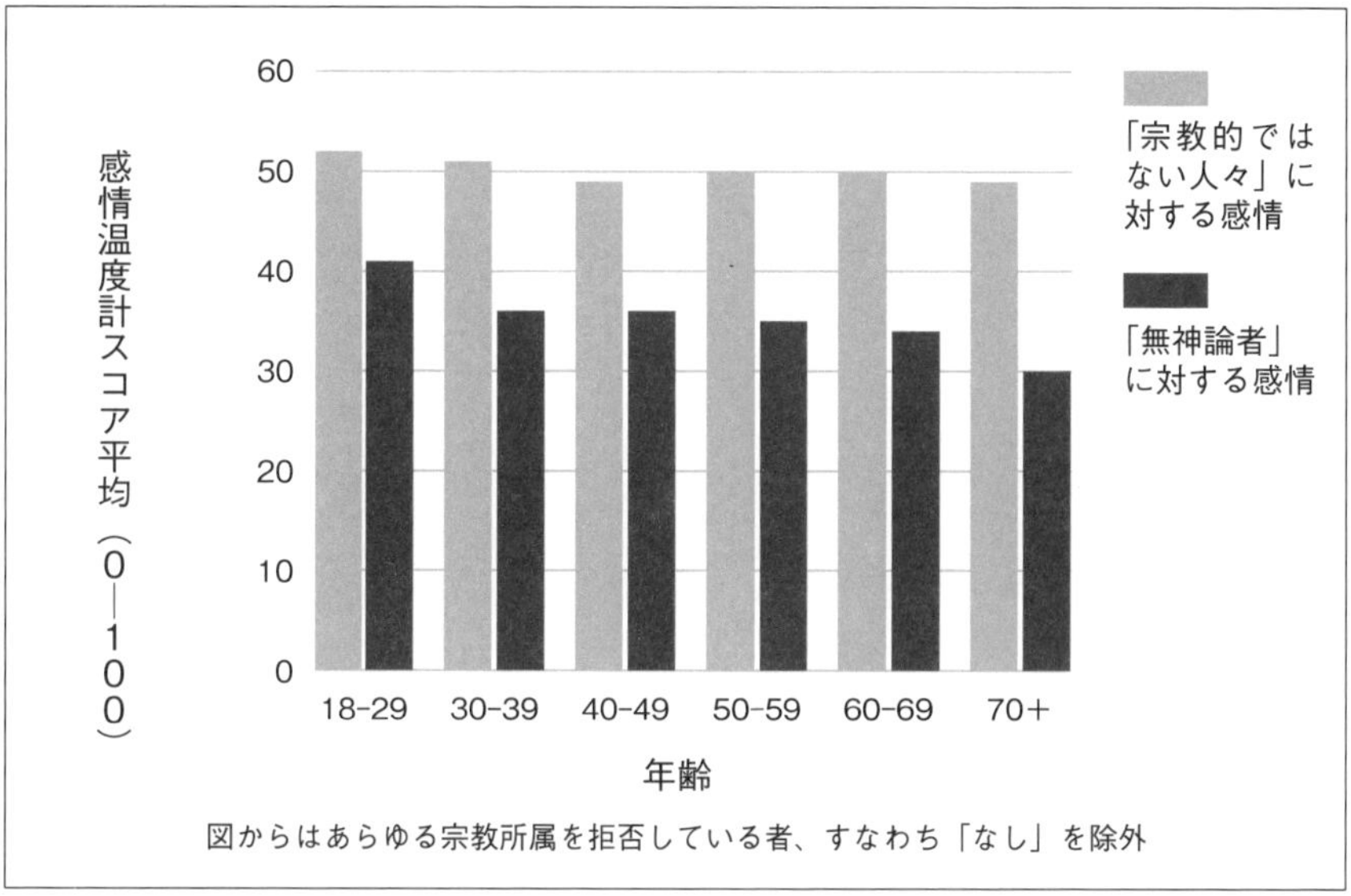

出典：信仰重要性調査，2011年.

図E-3　宗教的アメリカ人でさえ「非宗教的な人々」は問題なくなっているが、年長のコホートは「無神論者」に対してはずっと冷たい。

われわれの三波のパネル調査（二〇〇六年、二〇〇七年と二〇一一年）により、誰が「真のなし」（すなわち、宗教所属がないと一貫して答える者）で「境界的なし」（特定の調査では宗教所属を同定しないのだが、前後する調査では宗教所属の名を挙げる一方で、その宗教行動には何ら実際の、あるいは知覚された変化の証拠が他にない者）[9]なのか今ではもう少し正確に突き止めることができる。この段階においてさえも、過去二〇年間に観察された「なし」の上昇は、二つの関連しているがしかし独立した傾向がおよそ同じ大きさで起こっているのを実際に反映しているということに、妥当な確信を持つことができる――

1. いかなる宗教所属も固く拒否していることが、組織宗教に対する本物の反感を反映しているような「本物のなし」の増大。これら「本物のなし」が、観察された「なし」の過去二〇年間の全上昇のおよそ半分を表していると推定される一方で、彼らは若い人々の間に偏って広まっている。その事実は、アメリカの若者の間の「忍び寄る世俗主義」の重要性に対するさらなる証拠である。

2．その明滅する立場が、単に組織宗教に対してだけではなく、政党や労働関連組織のような、他の社会組織に対するものも含んだ組織的関わりの広範な弱体化を反映しているような「境界的なし」の増大。観察された「なし」上昇の半分にわずかに欠ける程度の構成になっているが、彼らは実際にはより大きな集団である。ある年には境界者の約半分は［一時的な］「所属」状態にあって宗教的にコミットしているように見えるが、（われわれは彼らを長期に追跡しているので）次に出会ったときには［一時的に］オフと明滅している可能性が非常に高いことが分かっているからである。

「本物のなし」と「境界的なし」の間の違いについての理解が広がったことは、現代アメリカの宗教的変化の理解に対して重要なニュアンスを加えてくれる。さらに、二〇〇六年〜二〇一一年のパネルデータの分析からは、なしの増大は、「宗教右派」で具体化したような宗教と政治の混合に対するアレルギー反応に主として負っていることが確認された。

二〇一一年の信仰重要性調査から立ち現れた、連続性と変化に関連する主題は以下になる――

・大半のアメリカ人は――若いアメリカ人でさえも――非常に安定した宗教的信念と実践を見せており、それは彼らの生活における宗教の中心性の証拠になっている。

・他方で、事実上全ての形態の宗教性の世代的低下が加速化し広く目立つものになっていることは、「忍び寄る世俗主義」とまとめた傾向がこれから先の年月でさらに明確になるのを目の当たりにする可能性を高めている。

政治

アメリカ人口において明確になるこの忍び寄る世俗主義は、政治的変化もまた伴っている。信仰重要性調査の第一波と第三波の間に経過した五年間に、アメリカ人の政治的意見にはいくつかの重要な動きがあった。全ての問題について態度が動いたということはなく、また見ている変化もニュースメディアが報じるかもしれないものよりはおそらく劇的さに欠ける。しかしそれでもなお、これらは真実であり、注目すべきものである。

われわれの目の当たりにした政治的態度の変化は、米国における政治的左派と右派の現在での定義の仕方を背景としたときには、一見すると矛盾したものになっている。このような背景からは、アメリカ人の集団としての意見は、同時に二方向に移動しているように見える——ある問題では右側に、別の問題では左側に、である。政府の規模と活動ということになると、アメリカの公衆はより保守的になっている——どちらの場合でも、保守的な意見は少数派の見方に留まってはいるが。政府は所得差を縮小させるべきではないと信じるアメリカ人の割合は三五%から三九%に増加した。[10] 貧困者の支援では政府がすることを縮小し、民間慈善が多くを行うべきだと考える者の割合は六ポイント上昇して三五%から四一%になった。「政府は小さい方がよりよい」と信じる者は三五%から四二%へと成長した。これらの数字は、アメリカ人の世論全体の、集計レベルでの変化を反映したものである。二〇〇六年と二〇一一年に面接を行った人々のみの間でも、個人レベルでの意見変化はわずかに小さかったが常に同じ方向だった。[11]

実際には、このエピローグの残りで論じる事実上全ての集計レベルの変化についてこれは当てはまっている。個人の間での変化と人口全体の内部での変化に食い違いがあるときには常に、集計レベルでの変化は「到着と出発」——人口へと若い人々が参入し、年長者が出ていくこと——による部分があるのを意味していることを思い出してほしい。したがって、個人レベルで測定された変化の方が小さいことは、集計レベルにおけるより大きな変化には人口全体での世代変化による部分がおそらくあることを意味している。

おそらく驚くべきことだが、小さい政府を選好する方向へのこの変化は、政府はセーフティネットを提供するようにと多くのアメリカ人が考えるだろうと予想されるかもしれない時期である、大不況《グレート・リセッション》に引き続いて起こっている。ひとまとまりとして捉えれば、政府の適切な役割に関するアメリカ人の態度においての保守方向への移動は、二〇〇九年の舞台に突然現れた政治運動で、政府の規模の縮小に対する熱望に表向きは突き動かされているティーパーティーにとって好都合なものであるようにも思われる。しかしこれから見るように、他の傾向はティーパーティーにとってそれほど幸先のよいものではない。

経済政策についての右方向の移動と釣り合わせの取れた形で、少なくとも二つの問題においてアメリカ人は政治的左派の方向に移動した——同性愛婚への賛成と人権への懸念である。同性愛一般に対する受容の増大から予想されるように、同性愛婚に対する集計レベルの支持はおよそ九ポイント上昇し、二〇〇六年の三四%から二〇一一年の四三%になった。[12] 第11章で論じたように、同性愛婚の受容拡大は引き続いている長期傾向である。しかしわれわれのデータからは、同性愛婚受容の増加は単なる世代差の問題ではないということが見てとれる。世代的変化は、同性間の結婚の適切性について誰も実際に自分の考えを変えていないときには、ゆっくりとしているが着実な変化としてやってくるだろうことを意味している。たった五年間のうちに目にしたこの成長は、世代的置き換えという氷河のように遅々としたペースによってのみでは説明することができない。

二〇〇六年と二〇一一年の両方で面接した人々の間では、同性愛婚への賛意は三四%から四〇%へと上昇していた——この六ポイントの変化は、個人がその考えを変化させたことを表している。この数字と、集計レベルの変化を表現している上述の全体での九ポイントの増大の差は、二〇一一年の成人人口における世代変化に帰属しうる。最若年の回答者——二〇一一年で二三歳以下で、したがって二〇〇六年では面接を受けるには若すぎた者——は、他のどの年齢集団よりも同性愛婚に劇的なまでに支持的である（賛成六二%）。彼らは同性愛婚に対する賛成の世代的変化を表している——彼らをこの混合体に加えると全体での賛成の水準が増大するのは、火傷するほど熱いお湯を少々加えると紅茶のカップ全体が温まるのと同じやり方である。

「人権とプライバシーを侵害から守ること」の方が「テロリズムから安全と周囲を守ること」よりも重要であると信じるアメリカ人の集計レベルでの割合にも類似の増加を見ることができる。二〇〇六年には三六%が個人的な安全よりも人権の方を選んでいた。二〇一一年にはそうするものが四五%だった。[13] アメリカ人は個人的な安全にずっと高い優先順位を置くところから、人権と安全のどちらを望むかの間で意見がほぼ割れるところまで移動した。

それではアメリカ人は見込みのないほど混乱していて、二つの方向に同時に動こうとしているのだろうか。争点が現時点でイデオロギー的に配置されている仕方から判断すれば、そのように見えるかもしれない。しかし実際には、これらの意見変化は一貫したパターンを形成している――アメリカ人の世論はリバタリアン《自由至上主義》的転回をしているのである。どちらの場合にも、意見は政府に反対する方向に移動してきた。アメリカ人は政府に対し、所得の再分配、誰と結婚できるか決めること、そして安全の名の下に個人的自由を制限することを手控えるようにとますます望むようになっている。このような変化から利益を得るのはどちらの政党になるだろうか。両方である、すなわちどちらでもない。最初の変化では共和党が、二番目のものでは民主党が好まれるが、一方で三番目のものではそれほど明確ではない。ゆえに、リバタリアン的転回は、他方を犠牲にしてどちらかの政党を益するということはなかった。

　現在の政党付置とアメリカ人口における感覚の変化の間のミスマッチをふまえると、どちらの政党からも碇を上げて純然たるリバタリアニズムを奉じ、したがって左や右といった通常の政治的ラベルを超越した政治運動が台頭するのではないかと予測されるかもしれない。初期にはまさしくこういった言葉で表現されるものであった、ティーパーティーに分け入ってみよう。しかし、党派性を超える可能性にもかかわらず、ティーパーティー運動は極端なまでに党派的になってしまい、多くの点においてアメリカの世論の潮流に逆らって泳いでいる。そして公衆もそれに気がついている。

　前に触れたように、われわれの二〇一一年の調査では宗教的、非宗教的両方のさまざまな集団――ティーパーティー運動を含む――について感情温度計を用いて評定するよう人々に求めている。結果は著しいものであり、アメリカ人はティーパーティーに対して、他に尋ねたどの集団よりも冷淡である――それは絶対的なものになっている。図E－4は図14－6を再現したものだが、宗教集団の感情温度計スコアのみが含まれていたものに、ティーパーティーと他にいくつかの新集団を加えている。以前と同様に各集団のスコアを報告するときには、その集団のメンバーが自身について感じている程度を含まないようにしている[14]。したがって例えば、カトリック教徒は「カトリック」スコアからは除外され、「なし」は「宗教的でない」スコアから除外され、自身を「リベラル」とするものは「リベラル」スコアから除外され、といった具合である。

　容易に見てとれるように、ティーパーティーは最下位に位置している。われわれの結果が特異的なものであると考えることのないよう示すと、これは他の世論調査と一貫するもので、それらでもティーパーティーが賛意の底部にあ

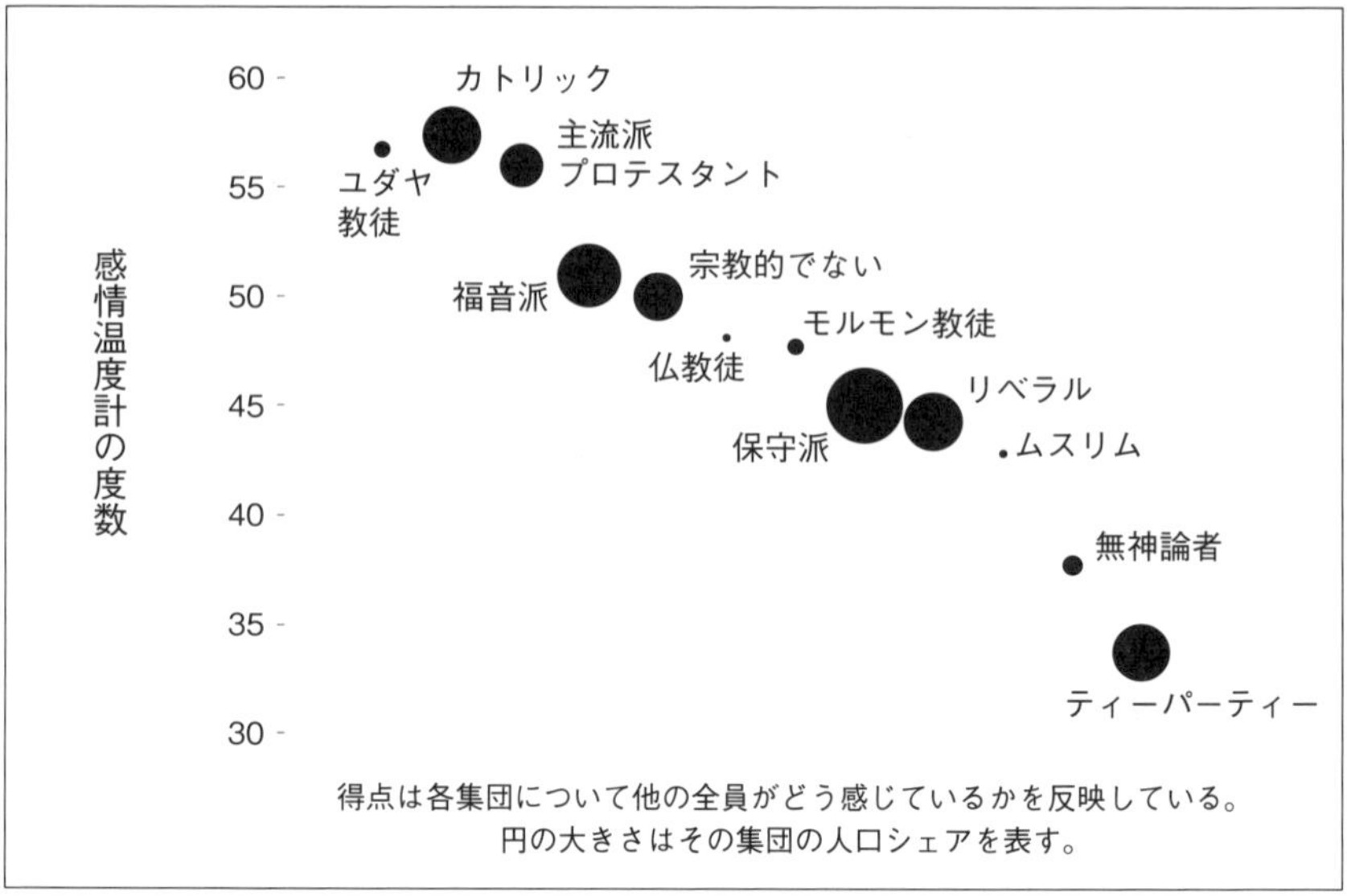

出典：信仰重要性調査，2011年.

図E-4　無神論者、リベラル、そして保守派の順位は低いが、ティーパーティーの順位が全体で最下位である

ることを見いだしている。(15)

図E－4にはアメリカ人がリベラルと保守派をどう捉えているか――あるいはより正確には、保守派がどうリベラルを考えているかと、リベラルがどう保守派を考えているかも含めている。もしリベラルと保守が宗教集団なのであれば、国で最も不人気な中に位置づけられる――ムスリムと並んでそのようになっている。実際には、リベラルと保守の下に落ちて目立っている唯一の「宗教的」な集団は無神論者で、上記で論じたように、非常に悪く捉えられている。これらの宗教集団をリベラル、保守、そしてティーパーティーと比べることで、この国の政治的分極化は大半の宗教間の緊張よりも著しいものだということが強調されるようわれわれは望んでいる。

宗教に関するものである本の中で、表面的には宗教に関するものではないティーパーティーのような運動になぜこれほどの注意を払うのだろうか。ティーパーティー運動の出現は、今日の政治の中にいかに宗教が広がっているかについての目を見張るような事例を提供してくれている。ティーパーティー運動は政府の規模を縮小することへの執拗なまでの熱意に特徴付けられているにもかかわらず、一般人のティーパーティー支持者を他のアメリカ人、さらには他の共和党支持者からさえも真に区別しているのは、政府に対してより神を持ち込みたいというその熱意なのである。

そのような結論は、われわれの信仰重要性調査の最新波によって得られたティーパーティーの台頭に対する独自の視点から引き出された。二〇〇六年の回答者に最初の面接をしたのは、ティーパーティーの存在する以前であったことを思いだしてほしい。これが意味しているのは、その時の彼らに関する何が、現在のティーパーティーに対する共感を予測しているのか見ることができる、というものである。これが重要なのは、二〇一一年にティーパーティーの支持を引き起こしているように見えたものが、実際にはその結果であるというリスクを避けることができるからである。例えば、調査データによればティーパーティー支持者は政府支出を嫌悪していることが判明している。しかし政府支出を嫌うことがティーパーティーへの支持の大きさをもたらしているのだろうか、それとも他の理由でティーパーティーを支持していることが政府支出、とりわけ自分の嫌う大統領の率いる政権によるものへの反対をもたらしているのだろうか。ティーパーティーが生まれる以前のデータを用いることで因果の順序を整理することができるが、それはこの例においては、ティーパーティーを二〇一一年に支持することによって、五年前に小さな政府（あるいは何か他のもの）への選好を引き起こすことはできないからである。同じように重要なこととして、多重の予測変数によって同時に説明することで、他を一定に保ったときの一者の影響力を分離することができるということがある。

ティーパーティーへの支持を測定するのに、強く相関している二つの方法がある。一つは前述したティーパーティーに対する感情温度計スコアで、もう一方はティーパーティー運動について賛成か反対かを聞いた質問である。これらは互いに密接に関連しているので、分析においてはこれらを組み合わせて単一の指数とした。[16] こうするに際しては、われわれのデータが語ることができるのはティーパーティーに対して支持や同意を表明している人に対してのみであることを強調しておく。これはティーパーティーの活動家という、ティーパーティー集会で行進したり、ティーパーティーの会合に出席したり、あるいはティーパーティー組織に献金するような米国人口においてずっと小さな割合の者の分析とは異なっている。

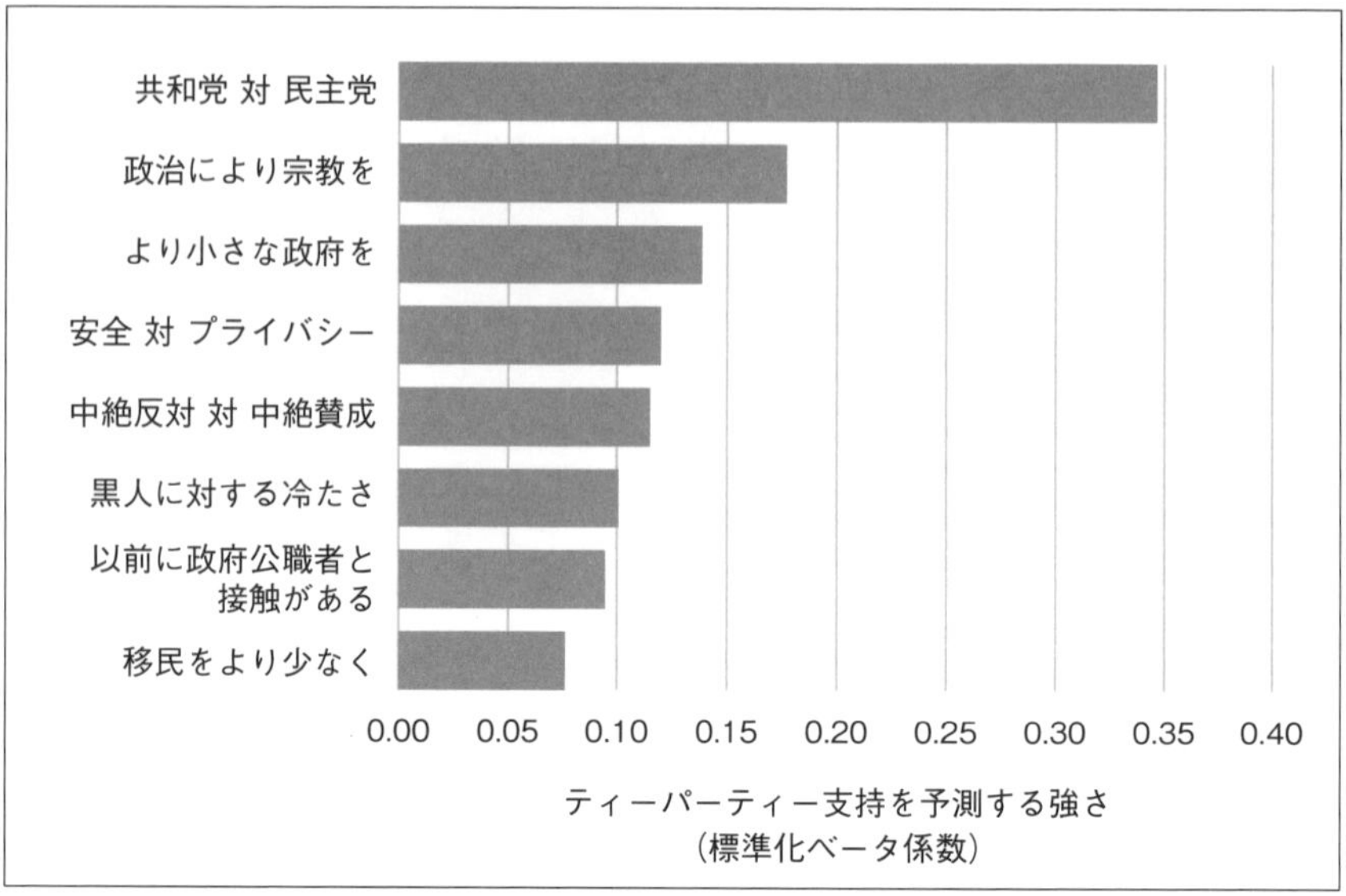

出典：信仰重要性調査，2006 年および 2011 年.

図E–5　2006年の何が、2011年のティーパーティー支持を予測するのか

われわれの結果を表示する方法はさまざまにあるが、その全てにより同じ結論が導かれる。図E－5が表しているのはティーパーティー支持の測度に対して統計学的に有意な各特性の相対的な重要度である。バーが長くなるほど、影響力は大きくなる。

図E－5に明確に示されているように、典型的に語られているような、ティーパーティーの原点のストーリーを疑う理由が見いだされている。初期の頃にはこの運動は、非党派的な政治的新参者が、大不況を受け、政府支出の高騰への懸念からのみによってアクションに目覚めたとしてしばしば記述されていた。これは三重に神話であるように見える。現実には、ティーパーティー支持者は強く党派的な共和党支持者であった（である）。二〇〇六年に共和党支持であることが、二〇一一年のティーパーティー支持をはるかに最も強く予測する要因である。ティーパーティー支持者は過去の政治活動でも実績を持っており、ティーパーティーの台頭に先立って政府の公職者と接触したことが他のアメリカ人よりも多い。そして多くのアメリカ人が大不況を通じて経済的苦境に苦しんだが、そういう者が他の者よりもティーパーティーを支持しているということはない。(17)

ティーパーティー支持者は二〇〇六年に政府支出に関して懸念していたという表現は正確で、したがって経済的保守主義の高まりへと転じた国民的な時代精神を予兆するものであった。しかしその「大きな政府」に対する懸念が彼らのもっとも弁別的な特徴であると表現するのは正確ではない。その反対に、それはティーパーティーの支持を予測するものとして唯一のものでも、最も重要なものというのでさえもない。

ティーパーティー支持者は圧倒的に白人だが、しかし他の白人の保守的な共和党支持者と比べたときでさえも、彼らはマイノリティへの気づかいが最初に面接をした時点で低く、二〇一一年においても依然としてそうであった。人口の残りと比較すると、バラク・オバマがなじみの名前となるずっと以前の二〇〇六年において黒人に対する好意度が低かった。[18] 彼らはまた移民に対して、当時も現在も非好意的である。いったん立ち止まって、われわれの質問は**合法的な**ものについて尋ねたもので、不法なものに関してではないということを記しておく。同様にティーパーティー支持者は明確に中絶に反対しまた個人的プライバシーよりも安全を好んでおり、そういった態度は二〇一一年まで持ち越されている。

なぜ宗教に関する本の中でティーパーティーを論じるのだろう。共和党支持であるということに単純に次ぐ、ティーパーティー支持者に今日なっていることを最も強く予測する変数は、二〇〇六年までさかのぼったときの、われわれの政治の中で宗教が顕著な役割を果たすことを見たいという熱望なのである。この結論は、宗教と政治を混合することに対する態度をどれも測定している三つの質問による指数に基づいている――「深く宗教的な」公職者が多くなればわれわれの法律と政策はよくなるか、宗教的な指導者が政治的説得に関わることは適切か、そして政治問題をめぐる公共の議論の中に宗教は持ち込まれるべきか、である。

人口の残りと、さらには他の共和党支持者と比較してさえも、ティーパーティー支持者は神と政府を混ぜ合わせる側に立つ可能性がずっと大きい。著しくは、図E－5に表れているように、宗教と政治を混ぜ合わせることに対する選好が、ティーパーティー支持の予測変数として小さい政府に対する選好を超えている。宗教と政治を融合することについてのこれらの態度が、ティーパーティー支持者の高い宗教性を単純に反映するものではないということは強調しておきたい。その反対に、ティーパーティー支持者は平均して典型的なアメリカ人よりも宗教的である一方、彼らは他の共和党支持者よりも宗教的ではない。彼らが他の共和党支持者と異なっているのは、宗教と政治の混ぜ合わせにおける快適水準——さらにはその主張においてなのである。

われわれのデータが示唆するのは、典型的なティーパーティー支持者は強い財政保守派であるだけでなく、宗教の注入された政治スタイルも実践しているような候補者を支持する傾向があるということである。第10章で出会った議員（のちには大統領）候補のミシェル・バックマンはしたがって原型的なティーパーティー政治家である。共和党にとっては、それが問題である〔原文にある"Therein lies the rub"はシェイクスピア『ハムレット』に登場する表現。〕。ティーパーティーの皮肉は、アメリカ人がその立ち位置を小さな政府の方向に控えめに動いた一方で、彼らの大方はティーパーティーの支持するような神—政府の混ぜ合わせのたぐいには反対していることである。二〇一一年にはアメリカ人の八〇％が、人々がどう投票するかを宗教指導者が説得するのは適切ではないと述べ、七〇％が宗教は「社会的、政治的問題をめぐる公共の議論から距離を置く」べきであると述べていた。そして二〇〇六年以来これらの割合は安定的なものであり続けている一方で、過去五年間には、「深く宗教的な」公職者が増えるとわれわれの法律は悪化すると考えているアメリカ人の割合が全体で増加していることが観察されている（三二％から三八％）[19]。

したがって、ティーパーティーの不人気に対する説明は、この運動がとりわけ——それが全てではないが——宗教と政治を混ぜ合わせている時に、主流のアメリカとの間でいかに調和が取れていないかということに依っている。それゆえに、ティーパーティーに不人気という点で接近しているグループがキリスト教右派という、宗教と政治の混合を主張することで知られるもう一つの運動であることは驚くようなことではない[20]。

過去数年の政治的展開の中で、ティーパーティーの隆盛は明らかにメディアのスポットライトの中にあった。しかし重要な意義を持つもう一つの展開はほぼ気づかれないままになっていた——アメリカの宗教会衆の内部における政治的活動の減少である。

アメリカ人が回答する説教壇からの政治活動は二〇一一年には二〇〇六年よりもさらに少なくなった（第12章を参照）。それどころか、「社会的または政治的問題」についての説教を聞いたと答えるアメリカ人の割合の下落は、二〇〇六年と二〇一一年の間の信仰重要性調査データにおける最大の変化の一つである。二〇〇六年には会衆会員であるアメリカ人の三二%が政治的内容のある説教を「一～二ヶ月に一回」もしくは「一ヶ月に数回」聞いたと答えていた。二〇一一年にそれは一九%まで低下した。[21]

政治活動からの撤退は、その一掃性において印象的である。同一の下落が全ての宗教系統の間で、国の全ての地域で、保守派とリベラルの間で、若い者でも年老いた者でも、都会でも農村でも見いだされている。要するに、あらゆる種類の者が出席する会衆にいる、あらゆる種類の聖職者が、政治的説教を削減したのである。この変化に対する単一の説明はないが、われわれの推測は、聖職者はわれわれがデータにおいて見たもの、すなわち神とカエサルの間の線をぼやけさせることへのアメリカ人の強い嫌悪を感じ取り、それへの反応として、神にしがみついてカエサルはそこから除くことを選んだというものである。

教会における政治活動の下落は、二〇〇六年と二〇一一年の間にわれわれの政治において宗教が重要でなくなっていったことを意味するのかもしれない。実際、この期間に行われた二つの全国選挙キャンペーン、二〇〇八年の大統領選と二〇一〇年の中間選挙は、当然のことながらそのような印象を残すものだったろう。深刻な経済危機のさなかに行われたことから、それらは経済利害《ポケットブック》争点についての選挙だった。しかし経済が強調されたにもかかわらず、「神格差」——宗教性の高いアメリカ人は共和党を支持し、強く世俗的な人々が民主党を支持する傾向——は安定さを保っていた（いつものように、黒人プロテスタントは重要な例外であることを念頭に置くこと）。経済に焦点の当てられた全国的な政治議題にも関わらず神格差が持続していることは、われわれの政治の文化的次元が共和党、民主党という「ブランドラベル」の中にいかに根深く確立するようになってきたかを語るものである。

神格差の持続と並んで立っているのは、アメリカ政治におけるもう一つ別の比較的新しい展開——ムスリムに対する態度の党派的屈曲である。近年では、アメリカにおけるムスリムの受容がますます注目されるようになった。第14章と第15章ではアメリカ人のムスリムに対する態度について少ししか述べることができなかったが、ムスリムがアメリカにおける「受け入れ可能な」宗教の周縁に立っており、したがって宗教的寛容という理想を試しているということについて触れた。新しいデータではもう少しを述べることができる。具体的には、アメリカ人が近所の「大規模モスク」建設についてどのように感じるかを検討することができる——これは現実世界に適用される質問になっているが、米国中でさまざまなモスクの計画に対して地域の声高な反対があることをふまえればこそである。これらにはテネシー州マーフリーズボロにおける過熱した論争や、最も有名なものにはマンハッタンのいわゆるグラウンドゼロ・モスクが含まれている。まるで玄関灯につく蛾のように、そのようなストーリーにおいての対立に報道記者たちは引き寄せられている。一般人口からのデータを見たときには、ムスリムに対する反感はどの程度広がっているのだろうか。

これを調べるため、われわれの二〇一一年調査では回答者に対して「あなたのコミュニティに大規模なモスクを建てたいと望むムスリムがいた」場合に気にするかどうか尋ねた。この質問は二つの類似の質問と直接対応しているが、それらは以前にも尋ねまた二〇一一年にも繰り返された、大規模なキリスト教会と大規模な仏教寺院についてのものである（第14章で論じた）。問題となっている施設は「大規模」であることを調査員は常に明示したが、それは公平な比較を確実とするためである。[22]

一方で、モスクはキリスト教会あるいは仏教寺院のどちらよりも多くの反対に直面した。教会を気にするのは八％、寺院は二五％で、モスクは三五％だった。他方で、それがまた意味しているのはアメリカ人の三分の二近くはモスクを気にすることはないと答えていることで、これはいかなる基準によっても健全な多数派である。

どれだけの数のアメリカ人がモスクを面倒に思うかよりも、おそらくさらに興味深いのはどのアメリカ人が気にするのかである。人口統計学的また他の特性の全一覧を検討してどれがモスクへの不安を予測するのか見たが、宗教性が何らかの影響を持つということは見いだせなかった。宗教系統の間にも大きな違いは見いだせなかったが、注目すべき例外としては福音派プロテスタントの間でわずかに不安が大きいというものがある。宗教――フレーバーと強さのどちらとも――よりもむしろ政治的所属の方が、誰がモスクを気にするのかのずっと強力な予測変数になっている。他の全てを一定に保つと、共和党支持者は民主党支持者や無党派よりも、自分の近所のモスクが気にかかることを認める傾向がかなり高い。図E－6に示した通り、この「政党格差」は著しいものである――強い共和党支持者の五六％がモスクを気にすると述べているが、対して政治的無党派では三一％で、強い民主党支持者では二四％だった。イスラムに対する懸念は「外来の《エキゾチック》」ものと認識される宗教に対しての一般的な不安感によっている部分があるが、そ

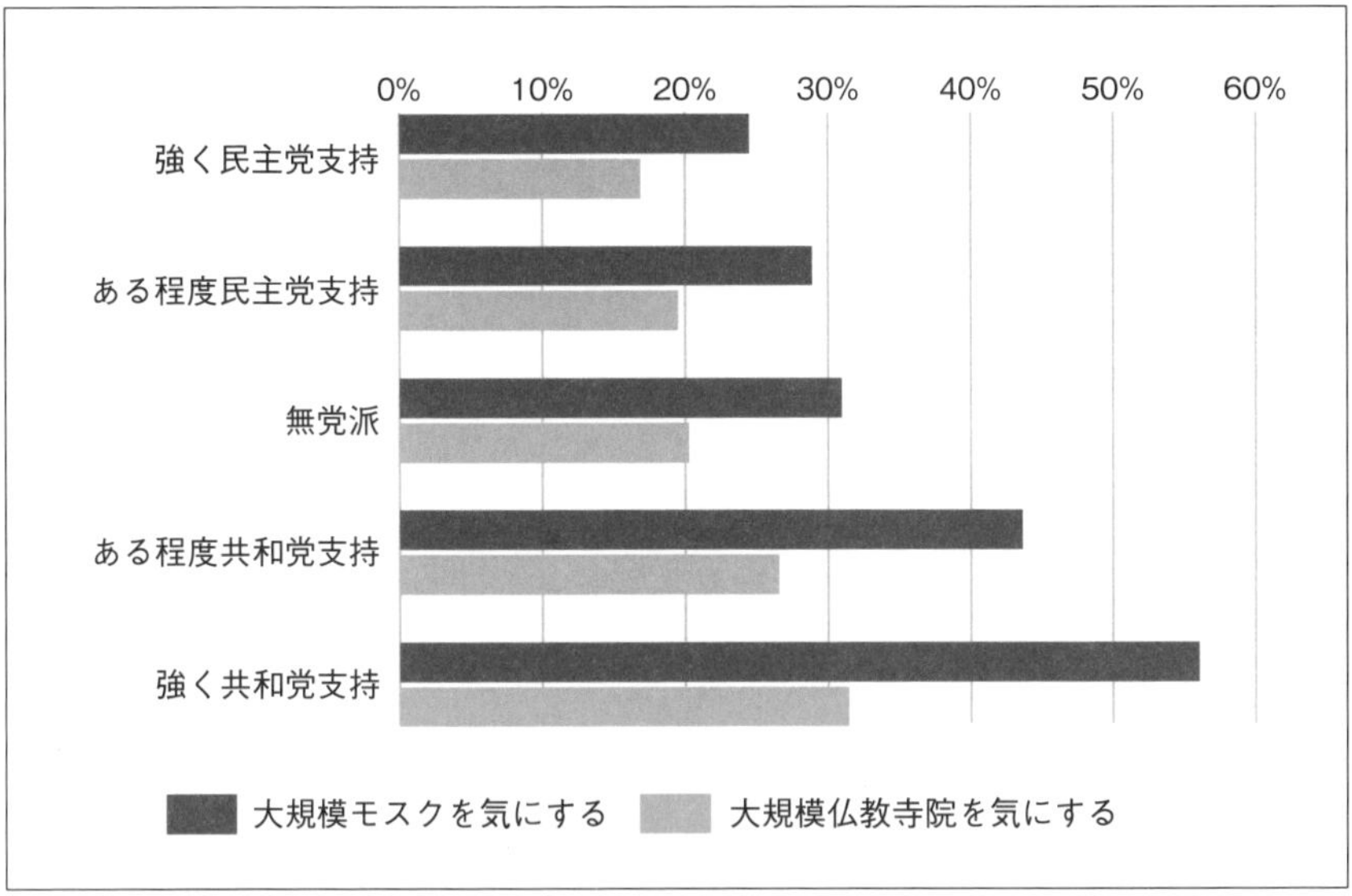

出典：信仰重要性調査，2011年.

図E-6　共和党支持者は民主党支持者や無党派よりもモスクのことを気にする傾向がある（標準的な人口統計学的統制を行った）

れは共和党支持者が仏教寺院もやはり気にしているからである。親しみのない宗教への不安感はストーリーの全体ではないが、それはモスクの方が共和党支持者に、仏教寺院よりも大きな懸念を引き起こしているからである。

われわれのデータでは、どうして共和党支持者が自分の近所にモスクができる可能性にとりわけ悩まされるのかを正確に決めることはできないが、われわれはそれが、E・J・ディオンヌとウィリアム・ガルストンの報告した知見と関係があると考えている。彼らは自身の調査データから、共和党支持者と民主党支持者が「イスラムの価値観、ムスリムの宗教はアメリカの価値観と生き方にそぐわない」かどうかという点ではっきりと異なっていると報告している。共和党支持者の六七％がイスラムとアメリカの価値観は両立しないと考えており、対する民主党支持者では三〇％だった[23]。なぜ党派心がムスリムへの不安と相関するのかに対する説明をわれわれはまだ見極められていないが、しかしこの知見は、現代アメリカにおける政治と宗教の間の複雑な相互作用に関するもう一つの実例となっている。

締めくくりの考察

われわれはこのアップデートを、米国内部における世俗主義の、ゆっくりではあるが見たところ着実な成長を記述することから始めた。社会学者マーク・シャベスの言葉では、米国の宗教は「軟化」している。[24] しかし、アメリカはフランス――すなわち高度に世俗的な社会――になる途上にあると結論づけたくなるかもしれない一方で、そのような結論は時期尚早であるということをわれわれは強調しておく。アメリカ宗教の起業家的ダイナミズムをふまえたとき、アメリカの宗教指導者は世俗的変化に反応して、離反した者を宗教に連れ戻そうとするように思われる。実際、われわれはすでにそのような反応をまさに見ているかもしれない。アメリカの説教壇からの政治活動の減少という形によって。党派的なメッセージ伝達を通じた教区民の減少は聖職者にとって、失われた会衆を連れ戻す――あるいはさらに失われるのを防ぐために政治を切り詰める強いインセンティブをもたらしているのではとわれわれは考えている。彼らが成功するかどうかは、現時点では不明であるが。

しかし聖職者の政治活動の減少は、神格差の縮小を意味してはいなかった。それとは反対に、宗教性と党派心の間のつながりは安定したままだった。神格差が消滅するためには、聖職者が政治とその宗教を混ぜ合わせるのをやめるだけでは十分ではない。政治家が宗教とその政治を混ぜ合わせるのをやめることもまた必要である。

神格差は昔からある話である。ムスリムに対する態度の党派的屈曲――新しく、また同時に厄介な展開――について、払われてきた注意はより小さなものだった。宗教的な差異は、爆発的になる高い可能性がある――宗教的、民族的、そして政治的差異の組み合わせはさらに発火性が高くありえる。

しかし、アメリカは以前もこの道を進んできた。ムスリムに対する態度における今日の党派的な境界は、何年も昔の、他の宗教的――そして民族的――集団が、政治的な色合いを帯びた非難に直面していた時に呼応するものである。カトリックはその顕著な事例である。しかし今日ではカトリック信仰はアメリカにおいて、政治的スペクトラムの全域にわたって最も肯定的に捉えられる宗教に数えられている。したがってわれわれはディオンヌとガルストンに全面的に同意するものである――「アメリカのムスリムにとって、カトリックコミュニティの経験と、障害を打ち破りアメリカの政治生活の主流へ参入したというその最終的な成功は教訓となるかもしれない[25]」。

このように歴史はわれわれに希望をもたらすが、それはアメリカが、宗教的差異が典型的に引き金を引いた混乱をおおむね乗り越えてきたからである。米国は宗教的献身と多様性、そして寛容性を結びつけてきたが、それは宗教の異なる――あるいは全く宗教を持たない――アメリカ人が、学校、近隣地域、職場、そして家族の内部さえもの中で平和裡に共存しているからである。アメリカの近年の歴史においては、そのような個人的なつながりが、宗教的な違い、政治的な含みさえ持っているそれによりさもなくばかき立てられたかもしれない熱情を和らげてきた。平和裡な共存というアメリカの恩寵は、宗教的分断を超えて個人的なつながりを作り出そうとわれわれがし続けることに負っているのである。

謝辞

この大きさと射程を持つ書籍は、数多くの同僚、友人、そして家族の助けと支えなしに産み出すことはできない。

このプロジェクトに対する貢献を説明するにおいての最高位の場所は、われわれの発見の旅に同伴してくれた才能ある、勤勉な研究者たちに行かなければならない。シェイリン・ロムニー・ギャレットは、最終的には本書の挿話へと変化した多くのフィールド研究について、フィールド研究者として早くからチームに参加した。シェイリンには上品な感じの良さ、極端なほどの誠実さ、非常な注意深さがある——全てがよいエスノグラファーの持つ本質的な才能である。彼女は素晴らしい書き手で、その名は本書の扉ページに当然の結果として掲載されている。彼女はシェルビー・マイヤーホフ、バイロン・パチェコ・ミラーとデボラ・タレンによるわれわれの卓越したフィールド研究者チームに加わっていた。

その他の才能ある研究者たちが、われわれの五年間にわたるこのプロジェクトの「移動祝祭日」研究セミナーのメンバーとなって、データの分析や、社会学、心理学、政治学、歴史学、憲法学、哲学、神学その他の広範囲な文献レビューを行った。彼らに含まれるのはリディア・ビーン、ニック・カーンズ、ジル・ゴールデンジール、エリン・グレーブズ、マット・グリーンフィールド、イータン・ハーシュ、サラ・ヒンクフス、リディ・カシャップ、ジェームズ・ローレンス、レベッカ・マッカンバーズ、シェルビー・マイヤーホフ、バイロン・パチェコ・ミラー、ナン・ランソホフ、エイミー・レノルズそしてネイト・シュワルツである。プロジェクトにおける何人かの同僚は、その関わりの深さゆえに特別に名前を挙げなければならない――ヴァレリー・ルイス、チェヨン・リム、ショーン・マグロー、キャロル・アン・マクレガー、マット・ペールそしてダニー・シュロズマンである。われわれのチームはそのメンバーにおける宗教信条が著しく多様であり、そこに含まれているのはカトリック司祭（および何人かの平信徒のカトリック）、ユニテリアンの牧師、ムスリム、クエーカー、モルモン教徒が二人、ユダヤ教徒（改革派と正統派）が何人かに、保守的（そしてリベラルの）福音派が何人か、数人の主流派プロテスタント、そして宗教所属を持たない何人かだった。われわれの議論は魅惑的なものだった！

われわれの作業に対する初期の示唆と寛大な財政的支援が、ジョン・テンプルトン財団から、「霊的資本《スピリチュアル・キャピタル》」についての彼らのイニシアティブの一部として得られた。財団理事長のジャック・テンプルトン・ジュニア博士、アーサー・シュワルツ博士、そしてとりわけ人文科学担当副理事長のキモン・サージェントに対し、知的な妨げなく宗教の新たな科学的視点を探求する励ましをいただいたことに感謝する。同様の寛大で細やかな支援がレガタム研究所から得られている――創立者のクリストファー・チャンドラーと、とりわけ研究所の上級副所長であるウィル・インボーデンに感謝する。

一回にしばしば数週間にもわたってわれわれを気持ちよく迎え、質問に親切に答え、自らの宗教的信念、実践、さらには疑念すらもわれわれと分かち合ってくれた、二ダースの宗教会衆におけるその指導者と会員に感謝する。会衆の指導者は名前で（そして許可を得て）われわれの挿話に登場し、その一方で、信仰を理解することを助けてくださった大勢の会衆の方々には、仮名によりプライバシー保護の手段が提供されている。彼ら全てに、その並外れたホスピタリティを感謝する――「並外れ」ていたのはとりわけ、この研究の途上でアプローチした人に支援を断られた方がほぼ皆無だったという事実においてである。

挿話で描写した会衆に加えて、下記の会衆を訪問したことから恩恵を受けた――マサチューセッツ州アクトンの善き羊飼い教会、マサチューセッツ州メイナードの聖ジョージ教会、ミネソタ州ミネアポリスのオリーブ山ルーテル教会、テキサス州ヒューストンのレイクウッド教会、イリノイ州インバネスの聖家族カトリック・コミュニティ、イリノイ州サウスバリントンのウィロークリーク・コミュニティ教会、イリノイ州パークリッジの十字架の聖パウロカトリック教会、イリノイ州バーウィンの聖オディロ教会、イリノイ州オークパークの昇天カトリック教会、イリノイ州シカゴの聖シルベストロ教会、そしてイリノイ州シセロの聖アントニオ教会である。

宗教と市民生活に関して、包括的な質問群が並びまた満足いく高回収率の得られた前例のない全国パネル調査を実施するには、多数の人々の専門性と活力を必要とした。インターナショナル・コミュニケーション・リサーチ社が調査を実施したが、メリッサ・ハーマンとデヴィッド・ダットウィンはわれわれの終わりのない問い合わせに答える中で、高いプロ意識と卓越したスキル、寛大さ、そして忍耐を証明した。調査票の設計においてわれわれを惜しみなく助けてくださった多数の研究者にもまた感謝したい。調査研究と宗教に関する学際的な専門家人名録である彼らは、補遺1にて名前を挙げて謝意を表されている。ララ・パットナムとマリオ・ペレスは調査票をスペイン語に翻訳する助けとなった。

学者が競争的なことで悪名の高い専門分野もあるが、それゆえに宗教の研究者たちが助けの手をさしのべる上で、われわれのように比較的新参者である者に対してすらも例外的なまでに寛大であったことに深く感謝する。調査票の設計を助けてくれた多数の人々に加えて、一六人の専門家が本書の初期稿を読み、ケンブリッジで二〇一〇年一月に行われた一日がかりのセミナーで議論を行うために数日を捧げてくださった。これらの同僚たちは、その草稿に「改善の機会」を見いだすべく（われわれの望んでいた通り）好意的な無慈悲さを発揮した。彼らの発見した欠陥には残ってしまったものもあるが、われわれの著作に熟達した投資を行ってくださったことに大変感謝している。このエリック・M・ミンディック・シンポジウムはハーバードの計量社会科学研究所（IQSS）に後援されており、その所長のゲイリー・キングからこのプロジェクトの期間を通じて受けた励ましに感謝する（IQSS地理分析センターのジェフ・ブロッサムは第9章の地図に対して技術的なサポートを提供した）。二〇一〇年のミンディック・シンポジウム参加者に含まれているのはクリストファー・エイケン、ナンシー・アマーマン、ラリー・バーテルズ、マーク・シャベス、マイケル・O・エマーソン、クロディーヌ・ゲイ、ジョン・グリーン、スティーブン・マシード、ピッパ・ノリス、ケイ・シュロズマン、ポール・ソルマン、シドニー・ヴァーバ、デヴィッド・ヴォアス、クリストファー・ウィンシップ、アラン・ウルフそしてロバート・D・ウッドベリーがいる。このオールスターチームの寛大さには驚嘆している。

本書のさまざまな場所についてやはり建設的な批判コメントをケイティ・ベーコン、ピーター・セローニ、スーザン・クロフォード、ローズマリー・クリップスタイン、バージニア・パーク、クリスティン・パットナム、ララ・パットナム、キャロル・トンプソン、エドウェナ・ワーナーそしてクライド・ウィルコックスから受けた。二〇〇九年五月に、宗教と公共生活に関するピュー・フォーラムのマイケル・クロマティの招待で、われわれはアメリカで最も卓越したジャーナリストと宗教評論家に向かい自分たちの知見について概説した。この場にいたこれら参加者の名前を挙げることは適当ではないだろうが、本書を豊かにした活発で生産的な会話に対しマイケルとその同僚に感謝する。

これら寛大な同僚に負うところの何百もの改善は強く意識しているが、一方で残余の欠陥についてわれわれには責任が残されている。

研究プロジェクトを書籍に転換するためには専門家の助けが必要である。編集者のボブ・ベンダーとサイモン&シュスター社の彼の同僚に対して、今日の動揺する出版業界の中にあっても言葉に敬意を払い思想に敏感であるという古き美徳は持ちこたえるのだと証明してくれたことに感謝する。レイフ・セイガリン(パットナムの一五年以上の出版エージェント)とわれわれとのパートナーシップは、その出発点と同じく生産的で愉快なものであり続けている。レイフは構想からカバーデザインにいたる本書のあらゆる段階に創造的に関与した。彼との仕事は、われわれの職業生活の大いなる喜びの一つであり続けている。

本プロジェクトにおけるわれわれの最も重要なパートナーは、ハーバードのジョン・F・ケネディ行政大学院のトーブマン州・地方政府センターにおけるサワーロ・チームのメンバーであった。ケネディ行政大学院の学長デヴィッド・エルウッド、執行担当副学長ジョン・ヘイグ、トーブマンセンター所長エドワード・グレーサー、そして事務局長サンドラ・ギャロンは私たちの仕事を多くの仕方で促し励ましてくれた。もともと「サワーロ・セミナー」はコミュニティ指導者と研究者がアメリカの市民的再興を論じる会合シリーズのことを指していたが、社会関係資本と市民参加のさまざまな探求にも利用されてきており、その詳細は http://www.hks.harvard.edu/saguaro に記されている。

このプロジェクトの期間のサワーロの事務スタッフメンバーに含まれるのは、トレーシー・ブランシャード、ゾーイ・クラークウェスト、カリーナ・クローニン、クリスティン・エラード、シェイリン・ロムニー・ギャレット、アミ・プライス、アビー・ウィリアムソン、そしてとりわけコートニー・フランシックである。

サワーロの運営チームの中心にいるトリオは、アメリカの学術生活のどこにもそれを凌駕するものはいないはずである。カイリー・ギブソンはつい二〇〇八年にスタッフ補佐としてわれわれのチームに加わったが、異例なまでの才能をすぐに知的面、また管理面の両方で示した。ついには彼女は、草稿を読むことから校正直しにまでいたる本書制作の全ての側面における責任を持つようになった。サワーロ・セミナーの事務局長トム・サンダーと事務次長のルイーズ・ケネディ・コンバースは一五年以上にわたってパットナムと緊密に協働してきたが、このプロジェクトを通じその有能さは新たな高みに至った。彼らは何百万ドルの予算集めとその管理に中心的に関わった。彼らは広範囲の研究者チームに、終わりなく続くプロジェクト会合に電話会議を監督した。われわれの主張の本質的部分について共に議論し、われわれの見方を洗練させる手助けをしてくれた。トムは初期の原稿と統計分析に参画し、ルイーズは多様な読者にわれわれのメッセージを運ぶための取り組みを計画し、また（熟練したグラフィック・アーティストとして）本書の図表をデザインした。われわれが本書の仕上げに集中している間、三人みなが、片手では数えられないほどのサワーロの他の仕事を平行して行ってくれた。『アメリカの恩寵』はこのトリオの才能と、限りのない活力、知的なコミットメント、そして団結をかき立ててくれるよき仲間意識がなければ単純に存在しなかっただろう。彼らに負っているものをそれにふさわしく感謝しようにも不可能である。

デヴィッド・キャンベルによる追記――

本書についてノートルダムの同僚と共に行った多くの会話、とりわけデシオ・ホールでの同僚とのランチにおける有益なアドバイスに感謝する――ダレン・デイヴィス、ジェフ・レイマン、ジョン・グリフィン、デヴィッド・ニッカーソンそしてクリスティーナ・ウォルブレクトである。食べ物は著しく凡庸だったが、会話がそれを埋め合わせた（大半は）。

ノートルダムの政治学コロキウムでの発表、およびルーニーセンター研究ワークショップで行った講演を通じて提供された有益なコメントにも感謝する。アイリーン・ボティング、マイケル・コペッジ、ロドニー・ヒーロー、マーク・ノル、そしてダイアン・ピンダーヒューズが洞察的な見解を与えてくれた。

ノートルダムの人文学部のサポート、特に現在の学部長ジョン・マクリービと前学部長マーク・ロシュからのものにも恩恵を受けた。マークはとりわけ寛大で、プロジェクトの重大な時点にいた時に『アメリカの恩寵』の作業をするため教育負担から解放されることを私に許してくれた。

最も重要なのは、私が『アメリカの恩寵』の作業をしてきた年月を通じてあらゆる我慢をしてくれたのを家族に感謝することである。娘のケイティと息子のソレンが、本当に大事なものは何かと絶え間なく思い出させてくれたことに感謝している。何よりも、妻のカーステンに深く感謝する。彼女はまさしく「アメリカの恩寵」を例示している。カーステンはその信仰を生き、またそれと共に自分のコミュニティに貢献している――多くの違いが隔てているあいだに橋を架けながら、である。私はそのことについて書き記しただけだが、彼女は実際にそれを行っている。それゆえに、カーステン、ケイティ、そしてソレンに本書を捧げる。

ロバート・D・パットナムによる追記――

プリンストンの民主政治研究センターが二〇〇六～〇七年の間、本プロジェクトに関する私の作業をホストしてくれた。研究について議論したプリンストンの教員と学生、そしてとりわけセンター所長のラリー・バーテルズと副所長ミシェル・エプスタイン、並びに方法論と実質面の両方で不案内な道を専門家として案内することに何時間も費やしてくれたクリス・エイケンとロバート・ウスノウに感謝する。

ボブ・ウスノウとデューク大学のマーク・シャベスがアメリカの主要な宗教社会学者であることは、巻末注に示されている通りである。どちらもこのテーマについて説得力をもって著述しており、しかしどちらも、彼らがすでによく知っている地形をわれわれが探索するに際して利己的ではない限りない支援となってくれた。四〇年以上続く四人の友人――ロバート・アクセルロッド、デニス・トンプソン、ボブ&ナン・コヘイン――は、精神的、知的な励ましを与え続けてくれた。

本プロジェクトを通して、客員教授職を有するマンチェスター大学（イギリス）から寛大な支援を受けた。マンチェスターのアリステア・アルフ学部長とエド・フィールドハウス教授に知的な励ましと友情について感謝する。

私の妻、子ども、そしていまや孫が、私の経歴の主要な研究プロジェクト全てで変わらぬ仲間であり続けてくれた。われわれがみな成熟していく中で幸運にもそれは変わることがなかった。ジョナサン、ララ、そしてクリスティン――みながすぐれた専門家である――は本書の主張の試行を批評し、一方でときおり家族から離れるにも関わらず私を愛してくれた。ローズマリーは私の人生の精神的な核、そしてこれまで書いてきたほぼ全てのページを私と議論してきた唯一の人間であり続けている。彼女は半世紀のパートナーシップを私がどれほど感謝しているかを知っている。子どもたちは別として、私たちは六人の孫を最大の誇りとしており、その彼らに本書を捧げる。

補遺1　**信仰重要性調査**

『アメリカの恩寵』中のデータのほとんどは信仰重要性調査からのもので、これがわれわれの設計、実施、分析したデータのオリジナルのソースである。これまでに実施されたアメリカ人の宗教と市民生活の調査としてもっとも詳細なものの一つになっている。補遺2で記したように、信仰重要性調査は二波のパネル研究で、すなわち元々の回答者に、最初に面接したときからおよそ九ヶ月後に再接触したことを意味している。この第二波はわれわれの分析にとって決定的なものになったが、それは二波の調査が、単一の横断的調査よりも分析上の利点を数多くもたらすからである。さらに、宗教についてのパネル調査はまれである。少数の受け手、主に研究者に示されてきたいくつかの専門論文を別として、『アメリカの恩寵』が信仰重要性調査データからの知見の初舞台となる。

信仰重要性調査の両波とも、ジョン・テンプルトン財団から寛大な助成を受けた。しかし強調しておきたいのは、テンプルトン財団はわれわれの回収したデータの分析や解釈に何の役割も果たしていないということである。

信仰重要性調査の設計プロセスは、二〇〇五年七月にハーバードで一日会合を、宗教および調査研究の専門家からなる学際的グループによって開いたことに始まる。そのグループに含まれるのはクリストファー・エイケン（プリンストン大学）、ウィリアム・ガルストン（ブルッキングス研究所）、ジョン・C・グリーン（アクロン大学／ピュー・宗教および公共生活フォーラム）、アンナ・グリーンバーグ（クインラン・ロスナー・リサーチ）、フレドリック・ハリス（コロンビア大学）、ラルフ・フッド（テネシー大学チャタヌーガ校）、ジョン・クロズニック（スタンフォード大学）、マーティン・マーティ（シカゴ大学）、ロバート・サンプソン（ハーバード大学）、聖十字架修道会ティモシー・スカリー師（ノートルダム大学）、クリスチャン・スミス（ノートルダム大学）そしてクリストファー・ウィンシップ（ハーバード大学）である。これらの専門家が豊富なアドバイスをくださったことを、ここに深く感謝する（その全てのアドバイスを取り込むべく努めたが、一方でこの調査のあらゆる欠陥はわれわれのみに責任がある）。

その会合に続いてわれわれの研究チームは調査質問の作成を開始したが、そこでは既存のデータソースをしばしば利用した。よって可能な場合にはどこにおいても、信仰重要性調査は他の調査で尋ねられた質問を再現していて、われわれの知見を異なるデータソースによって検証することができるようになっている。下記に示したように、信仰重要性調査からの結果を他の全国調査と交差検証したときはいつでも、われわれの結果が他のデータソースのものとおおむね合致していたのが見いだされたことにわれわれは喜んでいる。

信仰重要性調査の第一波は二〇〇六年の夏にインターナショナル・コミュニケーション・リサーチ社によって実施された。第一波調査の回答者は全体で三一〇八人で、全て一八歳以上だった。面接は英語およびスペイン語で行われた。スペイン語翻訳の正確性を確保するため、英語への反訳を行っている。回答者には、終了まで平均して四五分から一時間かかる調査協力に対して二五ドルが提供されている。この調査は電話によって行われた。

調査への参加意向を尋ねた際、宗教についての研究であるということは回答者には告げられなかった。その代わりに、面接者は自己紹介してこの調査はハーバードとノートルダムの研究者のために実施されているもので、「現在起こっている事柄について」のものであると述べた。

調査の回収率は、アメリカ世論調査協会の定めた基準で計算すると五三％だった[1]（調査研究に不案内の読者のために述べると、この回収率は電話調査としてかなりよいものである）。データは二〇〇五年の人口動態調査の三月補充調査にしたがって、性別、年齢、人種、地域、および教育水準についてウェイト付けされた。しかし、ウェイト付けは単に予防的なものであり、結果にほとんど影響を及ぼしていなかった。

全ての質問について一つずつ詳細を述べるスペースはないが、二〇〇六年の信仰重要性調査（ＦＭ）で尋ねられた質問で、他調査と交差検証できたものの比較例をいくつか提供しておく。表Ａ1－1は二〇〇六年ＦＭと二〇〇六年総合社会調査との間で年齢、性別、人種、宗教所属なし、宗教出席、そして祈りの頻度を比較したものを表している。ウェイトあり、ウェイトなしデータのどちらを見ても、二つの調査は類似した結果をもたらしている。例外の一つが宗教礼拝への出席頻度で、二〇〇六年ＦＭの方が総合社会調査よりも高い。ＧＳＳでは二六・二％（ウェイトあり）が週一回以上宗教礼拝に出席していると答えているが、比較して二〇〇六年ＦＭでは三五・七％（ウェイトあり）だった。しかし二〇〇六年ＦＭデータでは毎週出席の推定が、二〇〇七年ピュー・宗教展望調査（三九・五％、ウェイトあり）とギャラップ調査による二〇〇六年にアメリカ人の四二％が週一回以上宗教礼拝に出席しているという報告のどちらよりも低くなっていた。ギャラップの結果は「ギャラップにより二〇〇四年一月から二〇〇六年三月までに実施された、六万八〇三一人の面接の統合データセットに基づいている」[2]。言い換えると、二〇〇六年ＦＭは、四つのデータセット全体を比較したときの中間に落ちている――すなわちＧＳＳよりも高いが、ピュー・宗教展望調査とギャラップ調査よりも低くなっていた。

宗教性に関係する他の測度については、二〇〇六年ＦＭは他のデータソースと非常に近い結果となっている。実際、信頼できる全国調査において同一の質問が同一時期に示されていた場合のほぼ全てのケースで、信仰重要性調査の結果は他調査から数ポイント以内だった。例えば、二〇〇六年ＦＭと二〇〇八年全米選挙調査は同一の中絶に関する質問を尋ねている。結果はほぼ似ていることが、表Ａ１－２に示されている。

二〇〇六年ＦＭと二〇〇六年のギャラップ調査質問の間で、進化について類似の収束が見いだされている。どちらの質問も全く同じワーディングである（表Ａ１－３を参照）。

二〇〇七年の追跡調査では、オリジナルの回答者に二回目の参加を求める手紙を送付し、参加の場合には一五ドルの報酬を提供するとした。この調査はより短いもので、平均して第一波の約半分の時間であった。第二波の再面接率は六二％となり、これは総合社会調査と全米選挙調査という、社会学者と政治学者の用いる（そして全米科学財団に助成されている）二つの主要なオムニバス全国調査に比肩するものである。妥当な高さを示す回収率であるが、この追跡調査はオリジナルのサンプルを完全に代表するにはわずかに足りない。若者と、宗教性が低い人という、二つの重なり合う集団においては平均の再接触率よりも低くなっていた。

若者は転居することがしばしばであるので、後のパネル波で追跡することが難しいのが典型である。宗教的な人は、強く宗教に焦点の当てられた第二調査を完了することにわずかに熱心であったとわれわれは考えている。第二波の分析では、第二波にあるこの潜在的なバイアスを説明するためにウェイト付けを行った。表Ａ１－４は、カギとなる質問群の実例について、ウェイト付けしたものとウェイトなしの結果を表している。ウェイトなしのデータでは若者と宗教なしの両方が過小に表現されていることに注意されたい。しかし、宗教礼拝出席、宗教の重要性、そして神への信仰のような宗教性に関する他の測度については、追跡調査はオリジナル調査に非常に近くなっていた。

表A1-1　信仰重要性調査と総合社会調査の比較

	総合社会調査2006年		信仰重要性調査2006年	
	ウェイトなし	ウェイトあり	ウェイトなし	ウェイトあり
年齢（平均）	47.1	45.3	49.7	45.9
男性％	44	46	47	48
教育（平均年数）	13.3	13.3	13.9	13.3
白人％	73	72	74	69
宗教なし％	17	17	15	17
一日に数回祈る％	31	30	28	26
週１回以上宗教礼拝に出席する％	26	26	38	36

表A1-2　中絶について信仰重要性調査と全米選挙調査の比較

	全米選挙調査2008年	信仰重要性調査2006年
中絶は法により決して許されるべきでない	15	16
法が中絶を認めるのは暴行、近親相姦あるいは女性の生命が危険なときのみであるべきである	27	30
暴行、近親相姦あるいは女性の生命が危険なとき以外の理由での中絶は法により許されるべきだが、中絶の必要が明確に確認された後のみである	18	14
女性が個人の選択として中絶を受けることが法により常に可能となるべきである	40	40

表A1-3　進化について信仰重要性調査とギャラップ調査の比較(3)

	ギャラップ調査2006年	信仰重要性調査2006年
人間は数百万年を通じてより劣った生命形態から発展してきたが、神はこの過程で役割を果たしていない	13	12
人間は数百万年を通じてより劣った生命形態から発展してきたが、神がこの過程を導いてきた	36	38
神は人間を過去1万年前後の中でいちどきに現在の形に非常に近く創造した	46	45
その他・分からない	5	5

表A1-4　信仰重要性調査2006年（オリジナル）と2007年（パネル）の比較

	オリジナルサンプル（2006年）		パネルサンプル（2007年）	
	ウェイトなし	ウェイトあり	ウェイトなし	ウェイトあり
年齢（平均）	49.7	45.9	52.7	45.4
男性%	47	48	44	48
教育（平均年数）	14.0	13.2	14.2	13.4
白人%	77	73	83	73
所得（千ドル）	55.6	51.5	57.6	51.9
既婚%	56	53	59	54
子ども同居%	37	41	33	41
宗教なし%	15	17	14	16
週1回以上宗教礼拝に出席する%	29	28	30	28
宗教の重要性（0-3点）	1.8	1.8	1.8	1.7
神への信仰（0-5点）	3.6	3.6	3.6	3.6

信仰重要性調査両波の完全な調査票は、オンライン上のamericangrace.orgで閲覧可能である。

補遺2　データ分析

この補遺では『アメリカの恩寵』で用いられたデータ分析の二側面に触れる――（1）信仰重要性調査パネルの分析に用いた具体的手法、そして（2）統計結果を直感的に理解できる計量表現に変換するのに用いた手法である。

パネルデータ分析

本書のさまざまな場所では、宗教が個人の態度と行動に影響するという主張を行っている。第13章では例えば、宗教性のある側面が人をよき隣人あるいは市民にすると主張している。第15章では、橋渡し的な友人関係（異なる宗教の友人）を多く持つことが、宗教的寛容性の大きさにつながると論じている。しかし、このような調査データから因果の主張をするのは厄介なことである。まず第一に宗教的な人々は、彼らがよき隣人でありよき市民の両方であるように、非宗教的な人々から異なっているかもしれない。例えば、ある種の「やさしさ遺伝子」が宗教性とよき隣人性を生じさせているのかもしれない。もちろん、本書の分析では宗教性とよき隣人性の双方に貢献するかもしれないそのような要因の多くを統制しているが、それでも観測できなかったり不十分にしか測定できなかった要因が、疑似的な関係（相関）をもたらしているという可能性はある。因果はまた別の方向にも流れうる。例えば、橋渡し型の友人関係と宗教的寛容の場合には、宗教的な寛容性がさらなる橋渡し型の友人関係を増すことが、その反対よりも起こっているのかもしれない。

信仰重要性調査のパネルデザインにより、このような課題に対処する上で横断的調査に勝る典型的に重要な利点がいくつかもたらされている。最も重要なのは、（よき隣人性のような）結果が何らかの「介入」（例えば、宗教性の変化）の前と後で測定されており、介入を経験した人とそうでない人の間にある結果変数の当初の差異を調整することができるということである。[1] このように、これらのベースライン差——この例では、よき隣人性——を統制することで、宗教性増加の真の影響を引き出すことができる。ある意味ではパネルデータが可能にしているのは、時点1の段階で宗教性とよき隣人性の両方において似ているが、次の一年間では宗教性が分かれた二人を比較して、この期間の宗教性の変化がよき隣人性の違いもやはりもたらしたのかどうかを見ることである。

パネルデータは万能薬ではなく、特に二波のデータの回収間隔が一年に満たない時はそうである。信仰重要性調査の両波の間隔が短いことが特に問題になるのは、宗教的な信念と行動は、そのように短い期間の間で大きく変化することはまれだからである。この短い間隔は実際、真の因果関係を検出するのを困難にし、われわれの結果を保守的な方向に歪める。加えて、二波だけでは逆方向の因果の可能性を完全に排除することはできない。それでも、信仰重要性調査のパネルデザインは純粋に横断的なデータに基づく大半の既存研究に対して大きな改善となっている。このFMデータに特に価値があるのは、代表性ある全国サンプルを用いたパネル調査で、大規模、代表性あるアメリカ人サンプルの市民生活かつ宗教生活の両方に焦点を当てたものがほとんどないからである。

信仰重要性調査のパネルデザインを十全に生かすために、われわれは変化スコアと共分散分析（ANCOVA）の両方のモデルを用いた。これらは二波のパネルデータを分析するのに用いられるもっとも普及した二手法である。[2] これら二つのアプローチは、結果変数の初期差をどのように調整するかで異なっている。

変化スコアモデルでは、結果変数（われわれの例ではよき隣人性）の二波の調査間での差を取り、それが、同期間を通じた宗教性の差とどう関連しているかを検討する。このモデルはしばしば固定効果を用いて推定される。このアプローチの重要な利点は、それがあらゆる時間不変な個人特性（例えば、遺伝要因）を取り除くので、個人回答者の間で未観察の、あるいは測定が不十分だった差に対する脆弱性が低まるということにある。しかしこのモデルは、第一波と第二波パネルの間の回答者の生活における何らかの変化が、宗教性とよき隣人性の両方に対応する変化をもたらしたかもしれないという可能性を排除できない。

一方でANCOVAモデルは結果変数の初期差の調整を、時点1での結果変数（例えば、よき隣人性）を統制変数として含めることによって行う。宗教性における初期差もまた、時点1での介入変数（例えば、宗教性）を統制変数として含めることで調整できる。社会学者ポール・アリソンは、時点1での結果変数が、誰が介入を経験しまた経験しなかったかに影響しているとき——例えば、時点1のよき隣人性が、時点1と時点2の間でより宗教的になるかどうかに影響しているとき——このモデルは特に意味を持ちうるということを示唆している。

社会学者スティーブン・モーガンとクリストファー・ウィンシップの指摘では、介入がなかったとした場合に結果変数がどう変化したかについて、この二つのモデルは異なる仮定を置いている[3]。残念なことに、どちらの仮定の方がわれわれのデータによくあてはまるかを検証することは、最低でも三波のパネルデータなしには不可能である。そのようなデータはないため、これら二つのアプローチが類似した結果を生み出すかにわれわれは焦点を当てる。二つのモデルからの結果が一貫していれば、そこからわれわれの知見がモデルの特定の仮定に対して敏感ではないということが示唆される。

分析の途上では多くのモデルを推定したが、それはわれわれの結論の頑健性を検証するためであった。モデル特定化においての変化が結果を大きく変えることがなければ、結論に対してより確信を持つことができる。ここではスペース上の理由から、われわれのパネル分析から二つのモデル例のみ提供する。宗教上の社会的ネットワークからよき隣人性を予測するものと、橋渡し型の宗教的つながりから信仰間の寛容性を予測するものである。

下記表中の最初の二つのモデルは、回答者の会衆内での社会的ネットワークが、どのモデルを選んだかによらず、ボランティア頻度を予測していることを示している。ANCOVAモデル（モデル1）は二〇〇六年（時点1）でのボランティア頻度と教会出席を、その他多くの社会的、人口統計学的特性と共に統制している。それでも、会衆での社会的ネットワークは二〇〇七年（時点2）のボランティア頻度を有意に予測している。モデル2では会衆での社会的ネットワークとボランティア頻度間の同じ関係を、変化スコア法を用いて推定した。このモデルでは経時変化する共変量を一つ、すなわち、二〇〇六年と二〇〇七年の間の教会出席の変化を統制している。係数の大きさはモデル1より小さくなっているが、会衆での社会的ネットワークは依然としてボランティア頻度を有意に予測している。次の二つのモデルでは福音派プロテスタントとの橋渡し型の友人関係と、集団としての福音派プロテスタントに対する回答者の感情温度計スコア（どれくらい彼／彼女がその集団をあたたかく見ているか）の間の関係を検討している。やはりANCOVAと変化スコアモデルは類似した結果をもたらしている——福音派と橋渡し型の友人関係を有することとは、どちらのモデルにおいても福音派プロテスタントに対してよりあたたかい感情温度計スコアを持つことに正に関係している。

表A2-1　ANCOVA と変化スコアモデルの比較

	(1)+ ボランティア 頻度 2007年	(2)† ボランティア 頻度 (2007年- 2006年)	(3)+ 福音派への 感情温度計 2007年	(4)† 福音派への 感情温度計 (2007年- 2006年)
一年間のボランティア頻度，2006年（対数）	0.546‡(0.020)			
教会出席，2006年	0.002(0.001)			
会衆での社会的ネットワーク，2006年	0.239**(0.073)			
教会出席（2007年-2006年）		0.004*(0.002)		
友人数，2006年		0.156*(0.074)	−0.198(0.159)	
宗教性指数，2006年			6.136***(0.598)	
福音派への感情温度計，2006年			0.388***(0.023)	
福音派との橋渡し型友人関係			4.062***(1.173)	
友人数（2007年-2006年）				1.252***(1.204)
宗教性（2007年-2006年）				1.179***(1.784)
福音派との橋渡し型友人関係（2007年-2006年）				6.850***(1.524)
定数	−0.041(0.251)	1.487‡(0.058)	35.805***(4.356)	45.322***(2.785)
グループ数		1914		1909
観測数	1737	2800	1533	2905
分散説明率	0.405	0.006	0.382	0.025

+ これらモデルは全ての標準的統制変数と共に推定した。統制変数に対する結果は省いてある。
† これらモデルは固定効果法により推定した。
* p <0.05，** p <0.01，*** p <0.001

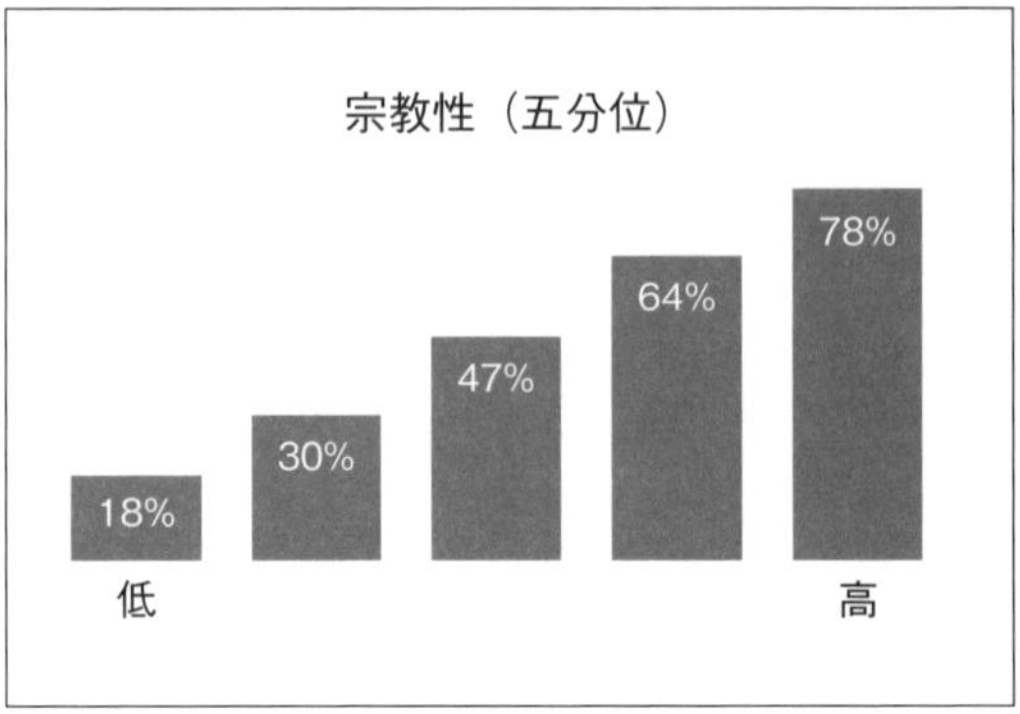

図11－5　暴行、近親相姦あるいは母親の生命の危険の場合以外の中絶に反対

多変量統計結果を直感的な計量表現に変換する

『アメリカの恩寵』全体を通して、多変量統計モデルから得られた結果をわれわれは報告また表示している。社会科学研究の読者は誰であっても証言できるように、そのような結果は係数による複雑な表で表現されることが典型で、表A２－１はその完全な例示になっている。必ずしも統計手法に熟達してはいない読者にもわれわれの知見を解釈可能なものにするため、これらをより直感的な計量表現に変換した。典型的には、何かをしたり特定の態度を持っていたりする人々の割合を報告している。例えば第11章でわれわれの提示した図11－5では、宗教性とさまざまな政治的態度の間の関係を示している。ここではその図に含まれている中絶への態度を、本書全体を通して提示した結果をどのように生成したかの例として示している。それぞれの柱は「宗教性の五分位」――直感的には、当該水準の宗教性を持つ人口部分――の人々の中で、中絶に反対する割合を表している。その割合の生成では一連の人口統計学的変数を一定に保っている。より専門的には順序ロジット推定を用いた統計モデルを、以下の統制を含めて推定している――年齢、性別、南部居住、教育、婚姻状態、子どもの有無、エスニシティ（ラティーノ）そして人種（アフリカ系アメリカ人）。その後、ゲイリー・キング、マイケル・トムズとジェイソン・ウィッテンバーグにより開発された統計ルーチンであるCLARIFYを用いて、宗教性に対する係数を、反応可能な選択肢のそれぞれを回答者が選ぶ予測確率へと変換した。その際には統制変数にその平均値を設定している。CLARIFYは統計シミュレーション（しばしば「モンテカルロ」シミュレーションと呼ばれる）を用いて、線形回帰、ロジスティック回帰、順序ロジットその他どのような標準的な推定を利用する統計モデルからも予測値を生成する。

CLARIFY制作者らはより専門的な用語でこう記している――

CLARIFYは確率的シミュレーション技法を用いて、研究者がその統計学的結果を解釈し表現することを支援する。あなたの選択したどのような統計モデルも利用し、それ自体が統計学的仮定を変更することはない。第一の段階では、このプログラムは漸近的標本分布から主要また補助的パラメータのシミュレーションを得るが、大半のケースでは平均をパラメータ推定値のベクトルに、分散を推定値の分散共分散行列に等しくした多変量正規分布を用いる。(4)

このプログラムはシミュレートされた一連のパラメータを算出する(われわれはプログラムのデフォルトである一〇〇〇回のシミュレーションを用いた)。CLARIFYの利用者はその後、説明変数を適当な値に設定し、従属変数の予測値を生成する――これが、係数を報告するよりずっと直感的に理解できる結果になる。この方法でCLARIFYを利用することのさらなる利点は、予測値が非確実性の測度と共に推定されることである。すなわち値に対する信頼区間が算出される。これらは本質的に「誤差の範囲」であって、二つの値が一〇〇回の試行のうち五回(あるいはそれ以下)の確率でしか起こらないくらい十分に異なっているのか見ることを可能とするものである。

訳者あとがき

柴内　康文

本書は Robert D. Putnam and David E. Campbell *American Grace: How Religion Divides and Unites Us*. New York: Simon and Schuster, 2010. の全訳である。原書は二〇一〇年にサイモン＆シュスター社からハードカバー版が、二〇一二年にはペーパーバック版が刊行されたが、そこには追加して、二〇一一年に実施された追跡調査に基づく長大なエピローグが収録されている。この期間はいわゆる「リーマンショック」を含んでおり、エピローグに記載されたこの間のアメリカ社会の大きな変化や、ティーパーティー運動そして宗教右派といった現在に引き続く問題に関する分析、とりわけその因果関係に迫る議論は、日本の読者にとっても非常に意味のあるものになっているであろう。この翻訳にはその部分も含めることが可能になったのを喜ばしく思っている。

著者の一人ロバート・D・パットナムについては、「社会関係資本《ソーシャル・キャピタル》」とともに国内でもよく知られた存在になっており、もはやあらためて紹介する必要はないだろう。一九四一年生まれの政治学者で、現在ハーバード大学ケネディ行政大学院でピーター＆イザベル・マルキン公共政策講座教授職にある。パットナム著作の邦訳については共著書『サミット』（山田進一訳、ＴＢＳブリタニカ、一九八六年）、『哲学する民主主義』（河田潤一訳、ＮＴＴ出版、二〇〇一年）、『孤独なボウリング』（拙訳、柏書房、二〇〇六年）、編著書『流動化する民主主義』（猪口孝訳、ミネルヴァ書房、二〇一三年）、そして『われらの子ども』（拙訳、創元社、二〇一七年）があり、本書はそれらに続くものとなる。時期的には拙訳の『孤独なボウリング』『われらの子ども』の間に挟まる著作となるが、これらは合わせてアメリカ社会を三つの観点からそれぞれ包括的に、しかし相互に重なり合いを持った形で論考したという側面がある。共著者のデヴィッド・E・キャンベルは一九七一年生まれの政治学者で一九九六年にブリガムヤング大学を卒業、その後ハーバード大学大学院に進学し、二〇〇二年にパットナムの指導により政治学の博士号を取得している。そこでは地域、とりわけ学校という文脈において形成される市民参加が研究テーマだった。二〇〇二年よりノートルダム大学で助教授、本書刊行当時の准教授を経て、現在は同大学のパッキー・J・ディー記念アメリカ民主主義講座教授および政治学科長を務めている。著書としては本書の他に、博士論文テーマに関わる *Why We Vote: How Schools and Communities Shape Our Civic Life* (Princeton University Press, 2006) や、モルモン教徒とアメリカ政治をテーマとした共著書 *Seeking the Promised Land: Mormons and American Politics* (Cambridge University Press, 2014) などがある。また挿話に関わる協力として扉また謝辞にクレジットされているシェイリン・ロムニー・ギャレットは、二〇〇二年に行政学を専攻してハーバード大学を卒業、本プロジェクトのフィールド研究に参画しその成果が挿話部分に結実したものとなった。ヨルダンにおける平和部隊のボランティアとして活動し、また当地での青年教育のための非営利組織の創立者でもあった。

本書の学術的評価は高く、アメリカ政治学会で政府、政治及び国際問題に関する年間の最優秀図書に贈られるウッドロウ・ウィルソン基金賞を二〇一一年に受賞している。また公式サイト（americangrace.org）からは、『ニューヨークタイムズ・ブックレビュー』『ワシントン・ポスト』『ウォールストリート・ジャーナル』や、『アメリカン・プロスペクト』誌、『フォーリン・アフェアーズ』誌など多くの書評を受けており、「公刊時点で名作《インスタント・クラシック》」のような評価も与えられていることがわかる。とはいえ、国内の学術的な議論においてもその内容がまだ本格的には取り扱われていないように感じられることもあり、膨大な書籍に対してそもそもが不可能なことは承知の上で、この場で全体を簡単に振り返っておきたい。なお、本書の議論をふまえた記事として日本語で読めるものに、『フォーリン・アフェアーズ・リポート』誌二〇一二年四月号に、二〇一二年アメリカ大統領選挙（現職の民主党バラク・オバマ対共和党ミット・ロムニー）時の特集として掲載されたキャンベル・パットナムによる「政治から離れ、宗教へ回帰する米宗教界」がある（原文は下記。David E. Campbell and Robert D. Putnam. "God and Caesar in America: Why Mixing Religion and Politics is Bad for Both", *Foreign Affairs*, Vol. 91, No. 2, 2012, pp. 34–43.）

第1章はイントロダクションにあたり、アメリカ社会が宗教を信じる者とそうでない者に分極化し、穏健な中間派が縮小していったこと、しかし人々の対人的ネットワークの中で宗教的な多様性がそれほど大きな問題なく維持されていることをまず提起し、本章で用いる調査データ、また対象とするさまざまな宗教系統（と信仰なし）の現状、一般的な信仰心の程度を表現する「宗教性」指数の紹介とその各種属性による差異、さらに個人レベルの特性だけではなく、信仰コミュニティである「会衆」の重要性など、本書で取り扱うさまざまな対象や概念が順次紹介される。この「ロードマップ」からは、本章が以下の四部構成をなすことが説明される。

第一部（第2〜6章）では宗教の変化に関する議論が展開しており、第3章および第4章では特に歴史的観点から、前者では前提としての一九五〇年代における宗教の安定的状況が、後者では一九六〇年代の動乱期以降、「激震と二つの余震」として社会の急速なリベラル化、その反動としての福音派と宗教右派の台頭、さらにそれに対する反動の世俗化という過程を経て、二一世紀における宗教と非宗教の分極化に至った様子が描かれる。第5章においてはアメリカ宗教における流動性が扱われ、多くの者が自分の育った宗教系統を自己選択、また結婚などを契機に変更していくことがデータで示される。また第6章においては人々が会衆（教会）を選択する上でどのような要因が寄与しているのかについて考察されており、教義や礼拝によって人々が会衆を選択し、またそこで作られる人間関係等への投資が会衆に人々をとどまらせる要因になっていることが指摘される。

第二部（第7〜9章）は女性革命や格差の進行、そして人種問題という、第4章における変化と同時進行で展開したとも言える事象について、それが宗教とどのように相互作用したのかについて論じられる。第8章では女性革命および格差問題について、第9章においては人種問題が扱われ、おおむねどの問題についても宗教信仰による予想されるような傾向は当然見られ、また詳細にはさまざまなパターンまたは例外も見られるものの、これら問題の大きな流れを促進したり押しとどめたりする上での影響力を宗教が発揮してきたとは言いがたいことが示されている。

第三部（第10～12章）では宗教と政治の問題について扱われ、とりわけ第11章では政党支持や争点選好という観点から、宗教性が確かに共和党支持との関連を近年の「激震と二つの余震」の経過の中で強めてきたこと、特にこの関連は中絶と同性婚という性と家族の争点をめぐって発生してきたが、同性愛と中絶の受容のあり方が最近一貫しなくなってきており、政治と宗教の配置の仕方は変化する歴史的産物であることが説明される。第12章においては、続いて各会衆の内部で宗教と政治がどのように関連するのかが問われ、実際には聖職者による政治的働きかけはあっても小さなものにすぎないこと、しかし会衆の選択を通じて形成されていく宗教基盤の社会的ネットワークが、政治的な情報を共鳴させるエコー・チェンバーとして機能している可能性が指摘されている。

第四部（第13～15章）は政治から視点を移して、広く社会参加と宗教との関連について論じている。第13章では宗教性が寄付行動や市民参加に結びついていて、それが宗教的なものに限られるわけではないこと、また宗教的な人間が信頼され、また自らも信頼していること、それらが宗教的な対人ネットワークによりもたらされたものであることが示される（また、異なる意見への寛容性の低さ、また幸福感の高さという近年注目される問題と宗教との関連も取り上げられる）。第14章においては、宗教性、また宗教系統の違いによって互いに相手を評価する仕方が異なっているのか、という社会の分断と宗教の関わりが検討され、一般論としては大きな分断が起こっているわけではないとされる。そして最終章の第15章では、社会的ネットワークにおける宗教的な多様性の増大が、アメリカにおいて異なる信仰を持っている（さらには信仰を持たない）人間の受容へと結びついているという点が示される。

なお第一部～第三部の冒頭章はそれぞれ「挿話」（vignette）として、会衆の「内部にビデオカメラを持ち込んだ」ようにその礼拝の様子や教会員たちの交わり、そして聖職者のふるまいや考えが描き出され、各部における分析、議論の前提が事前に例示される形をとっている。具体的に第2章では東海岸・ボストンの聖公会派の三教会と西海岸・オレンジ郡のメガチャーチを対置し、歴史の長い、また現代的な会衆のありようが対比される。第7章では南部・ヒューストンのルター派教会、東海岸・ボルティモアの黒人教会、中西部・シカゴのカトリックの二教会が取り上げられ、民族・人種と宗教の関わりや、それと連動するジェンダーや格差の問題の現れ方がそれぞれに異なっている様子が示される。第10章では中西部・ミネアポリスのメガチャーチ、やはり中西部・シカゴ郊外のシナゴーグ、そして西部・ソルトレークシティ郊外のＬＤＳ教会が取り上げられ、宗教と政治や社会参加の関わり方がやはり多様であるさまが描かれる。これら地理的にも分散し、また宗教系統的にもさまざまな会衆を取り上げることで、等しく宗教と言ってもそれが他の要因と関係していく現れ方が異なることがリアリティを持って描かれているのである（なお、取り上げた会衆の地理的分布については、本書内容について二〇一〇年にプリンストン大学で行われたパットナムによるタナー講義講演録に、地図化されてわかりやすく収録されている。下記の Figure 1 を参照。https://tannerlectures.utah.edu/_documents/a-to-z/p/Putnam_10.pdf）。

本書がアメリカ社会における宗教について膨大なデータに基づき考察した第一級の著作になっていることはもちろん間違いないところだろうが、特に日本語の一般読者に対して本書の持つ意義は何だろうか。アメリカは宗教的な国家であると呼ばれることも多く、アメリカ社会の理解にとってそれが不可欠であることはしばしば指摘されるところだが、まず本書の記述を通じてアメリカ社会の宗教信仰の現状と、それにいたる過程が詳しく理解できるようになっている。とりわけ、一九五〇年代にアメリカ社会の安定的な基盤の一つとして確立していたように見える宗教的付置が、本書で表現された「激震と二度の余震」によってどのように宗教的な者と非宗教的な者の分離にいたったのか、また従来からアメリカ社会の分断の一つとして理解されていたカトリック対プロテスタントという軸が、カトリック信仰の社会的受容の高まり、またラティーノ系カトリックの流入によって大きく変容していった過程などは興味深いものと言えるだろう。一方でデータからは、自己選択や結婚による宗教の流動性がアメリカにおいて非常に高いということ、また福音派プロテスタントの成長という日本でもよく語られる現象が、図４－４に対する解説に加えられているように実際には一九九〇年代初頭には終了していること（この点についてはアメリカでも誤解が多いためにその旨の議論が付記されているのだろう）などが示されていることも、アメリカ社会における宗教を理解する上で重要な点を指摘していると思われる。日本由来の仏教コミュニティが、アメリカにおいてはプロテスタント的な会衆を持ちやすいという第一章のエピソードなども興味深く感じられる部分である。

一方で、国際比較した場合の日本の宗教性の一側面は図１－１に示されている通りであって、アメリカ宗教については理屈やデータとしては理解できても、実感として感じにくい部分があることは否定できない。ここで価値が著しく高いのは三章にわたって挟み込まれた各会衆の挿話である。これらさまざまな宗教系統の会衆の内側で起こっていることについての鮮明な描写から、アメリカ宗教に体験として馴染みを持ちにくい日本語読者（訳者自身がそれに含まれる）もまるで信徒席から眺めているような感覚で、それが社会の中で息づいている様子を深く感じることができるようになっている。著者の一人パットナムの著作である『われらの子ども』においても、上層と下層階級の子どももまた家族の置かれた状況のインタビューがその違いを鮮明に表しており、データ部分と効果的に組み合わさっていることが国内の各種書評等においても高く評価されていた。本書においてもこのようなアプローチが、データが示すものを深く理解する上で非常に効果的になっているのではないだろうか。

もちろん、日本語読者にとって本書はアメリカ社会における宗教の役割とその変化に関わる書籍、という理解にとどまるものではないとも思われる。そのような諸点に関してここではいくつか指摘しておきたい。

まず、本書では一九六〇年代以降の激震とそれへの二度の反動という形で社会における価値観変動の過程を取り上げ、またその多くが世代の置き換えによって説明されるとしている。戦後日本社会の、二一世紀の今日に至るまでの変容を捉えるための一つのベンチマークとして、本書の議論は有益な部分が当然あるだろう。また社会を理解する概念としての「社会関係資本」は、国内においてもこの問学術界も超えて一定の理解を持たれるものになってきていると感じられるが、この社会関係資本もまた、文化や歴史的文脈から独立した無色透明なものではありえないことに本書からは気づかされる面がある。後述のシンポジウムでパットナム自身も語っていたが、アメリカの社会関係資本においては宗教的なものがその半分を占めているという（本書中でこの点に関連しては、アメリカ人のグループ参加形態をまとめた図1－6を参照のこと）。アメリカの社会関係資本を考える上で、この宗教という文脈を切り離すことが難しいという点は、ひるがえって日本におけるそれを相対化して考える上で必要な視点を提供しているように思われる。利他的価値観と宗教性（図13－5）、信頼と根本主義（図13－6）、信頼と神の捉え方（図13－7）、また図13－10以降の市民的寛容性と宗教性、などの一連のデータ提示と考察は、やはりこれらの重要な概念に関して、その本質とメカニズムを考える上で有益なものになっているだろう（なお関連して、特に宗教と社会関係資本については国内でも叢書『宗教とソーシャル・キャピタル』（全四巻、明石書店）が二〇一二－二〇一三年に刊行されている）。

また本書最終章での終わりの方で提起されている、橋渡し型社会関係資本をめぐる興味深い二つの知見、すなわち社会心理学的な集団間偏見低減の議論であるオルポートの接触仮説やペティグルーの段階モデルに基づいて考察される、社会的ネットワークにおける宗教的橋渡しが対象集団への好意度を上げることになるという知見や、宗教的橋渡しの効果がその対象集団にとどまらず、他集団へと波及するスピルオーバー効果を持ちうるという知見もやはりまた、これらのメカニズムがどの程度まで宗教信仰という文脈における問題で、またそれを超えた一般化可能性を持つのかについて関心が持たれる部分であるように思われる。

社会における分断化や橋渡し、あるいは「よりよい」社会に向けての課題は、日本においても重要な論点になっていると思われる。本書を通じて、アメリカにおいて共通の世界観・社会観や道徳、そして社会的ネットワークを束ねた存在である宗教が、社会の「インフラ」としてどれほどの機能また影響を持ち、それが長期にわたってどのように変化しているのかについて理解することができるが、日本における前提条件はこれと大きく異なったものである。そうであるからこそ、比較対象としてのこのような違いを意識した上で、日本社会のありようを考察する上での重要な手がかりが本書によって提供されているという側面があるのではないだろうか。

なお本書の内容を、著者の一人ロバート・パットナムのこれまで、またこれからの議論にどのように位置づけるのかについて関心を持つ読者もいるだろう。本書刊行前の二〇一八年一〇月二〇日、日本学術振興会主催のシンポジウム「データの活用による人文学・社会科学の飛躍的発展」が開かれた。このシンポジウムは人文・社会科学研究におけるデータ共有基盤構築をテーマとしたもので、多種多様なデータを駆使して研究を行ってきた彼がそこでは基調講演を行っている。また、この機会にパットナムに対して行われたインタビュー記事が『朝日新聞 GLOBE +』(https://globe.asahi.com/article/11919966)、『週刊東洋経済 ONLINE』(https://toyokeizai.net/articles/-/246103)に掲載されている。講演内容やこれらのインタビュー記事をふまえたときに感じられるのは、彼が一九六〇年代中盤を境にアメリカ社会に起こった変化にとりわけ大きな関心を持っているということである。『週刊東洋経済 ONLINE』記事にもあるように、彼はこれを“We”(私たち)から“I”(私)への転換と捉えており、それは宗教をテーマとした本書においては、第3章で描かれた五〇年代の宗教性に富んだ時代から、第4章での激震と二度の余震によりアメリカ社会と宗教が大きな変化を起こしたことに対応していることを読者は読み取ることができるだろう。もちろんこれは『われらの子ども』においてテーマとなっていた、機会格差拡大の過程にも通じている部分がある。また『孤独なボウリング』においては二〇世紀全体の流れを広範に対象として社会関係資本の消長を捉えていたが、そこでは“I”から“We”へ、そして“I”へという逆U字型のカーブを彼が考えていたと理解することができるだろう。パットナムは今後、これまでの議論を総合的する形で、アメリカ社会の変遷とその転換のメカニズムを捉え、次の“We”への展望を描こうとしているように感じられる。このことはシンポジウムでも紹介されまた『週刊東洋経済ONLINE』記事でも触れられているが、彼は現在のプロジェクトにおいて、通常の社会調査データでは追跡の及ばない部分に対してもGoogle Ngram Viewerを用い、刊行書籍における言語使用の変遷も活用しながらさらに考察を行おうとしている。これまでも彼が何度も示してきた、そしてその議論の最大の魅力である、データによって実証的に描き出す社会の大きな見取り図を、読者と共に訳者も期待して待ちたいように思っている。

＊＊＊

翻訳についてのコメントをいくつか記しておきたい。本書は宗教に関する書籍であるため、英語においては同じ語であるものの、宗教系統また教派によって日本語では異なる表現をとるものが出てくることは避けがたい。まず代表的なものとして、“laity”「平信徒」に対する語としての“clergy”については、本書では基本的に「聖職者」を訳語としてあてた。この言葉はプロテスタントに対しては適用することがその立場からあまり適切な表現ではないが、「教職者」や「教役者」のような言葉と比べたときに宗教的教導者の総称として日本語としてもっとも直接的に理解のできる語であるためにここではそのように扱った。“pastor”、“lector”あるいは“priest”、また“father”等は、都度適切に訳し分けるようにしている。宗教の大きな分類枠組みとしての“religious traditions”は、これも「宗教（的）伝統」では一般読者対象に意味が通りにくいように感じられたため、「宗教系統」とした。場合によっては単に宗教などともしている。一方で“denomination”に対しては原則的に「教派」をあてている。宗教に関するもの以外では、「ジェンダー」や「エスニシティ」のような語は、それ自体が日本の学術、また一般書の語彙として流入し意味合いも定まってきていると思われたためにそのまま用いたが、誤読のない範囲で文脈により「性（別）」や「民族（的）」なども適宜用いた。また調査、統計分析用語については、その領域で通常用いられる表現を使っているためカナカナ語も少なくない（質問文の言い回しを指す「ワーディング」など）。

特に挿話においては、式文や聖書の引用、あるいは日本語読者では馴染みの薄いかもしれない人名や表現などを除いて、基本的には訳注を付さなかった。訳出作業中は比較的詳細につけていたものの、そもそも原書においてこの部分は注がほとんどついておらず、これは馴染みのない会衆の体験を「内部のビデオカメラ」を通じて読者もできるようにという意図があるのだろうと思いいたったため、よけいな先入観を持たせることのないよう最終的にはその大半を外している（例えばスペイン語の看板に意味を付するようなことはせず、読者がその街で感じるままにまかされるようにした）。ただし、なるべく訳語表現等については日本語においてふさわしい語を調べた上であてるように努めた。挿話を中心に登場する礼拝の式次第、式文などについては、一九九〇年版『日本聖公会祈祷書』（日本聖公会管区事務所）、一九七五年版『カトリック祈祷書』（カトリック東京教区司祭協議会）、『聖宅に集う――日本福音ルーテル教会礼拝式書解説』（前田貞一著、教文館、二〇〇四年。なお、本書第7章で紹介されるミズーリシノッド派の流れをくむ国内教団は日本ルーテル教団であるが、同教団と日本福音ルーテル教会は礼拝式書の共同編集、また日本ルーテル神学校の共同設立を行っている）など、専門書店にて入手可能であった刊行物を参考にしている。末日聖徒イエス・キリスト教会については同教会ウェブサイト（lds.org）にて公開されている情報に基づいて、英文表現と照らし合わせながら相当する部分の日本語版を引用するようにした。また、多くの教会等のウェブサイトで公開されている週報などから、国内の教会内での式次第や司式などにおいて使われる表現を確認し、邦訳として違和感のないようできるだけ努めた。しかし必ずしも原書に示されたものと日本国内で行われているものが完全に対応また一致するわけではないので、その場合には原書の表現をふまえた翻訳を行っている。

「聖書」については『新共同訳』（日本聖書協会）に原則基づき、特に各書の題名についてはそれによったが、引用箇所によっては原書英文の意味や慣用表現を重視して英文から直接訳者が翻訳したり、『文語訳』（日本聖書協会）に基づいた部分がある。「賛美歌」については一九五四年版『賛美歌』、一九六七年版『賛美歌第二編』(日本キリスト教団出版局)によった。なおアメリカのキリスト教習俗や翻訳上の助言については、八木谷涼子『なんでもわかるキリスト教大事典』(朝日新聞出版、二〇一二年)から学び、同書に掲載されまたウェブサイト(http://yagitani.na.coocan.jp/kurihon/)上で増補されている「英和対照表」等から多くの助けを得たことを、特に記して感謝する。またユダヤ教習俗についてはミルトス編集部『やさしいユダヤ教Q&A』(ミルトス、一九九七年)から基本的な部分を学んでいる。

また本文内の引用文には邦訳の存在する文献があるが、その場合にも文体の一貫性を保つためもあり原書中の英文より全て訳者が直接翻訳し、邦訳については深刻な誤訳の可能性がないかどうかの確認に使わせていただくにとどめた。これら部分における誤りは、本訳者が責めを負うものである。邦訳については把握のできた限り原注内に記載している。なお訳出底本には、出版社より提供された電子ファイルを利用している。訳出全体においては誠実であることを心がけたものの、訳者の能力の限界により誤りや、他の適切な表現が存在している可能性は非常に高いだろう。あらかじめお詫び申し上げると共に、どうか他意ないところにはご理解いただき、またいただいたご指摘を今後の修正のために生かさせていただければと願っている。

最後に、翻訳書(映画や音楽もそうだが)の題名は永遠のテーマと呼べるのではないだろうか。最終的には出版社に属する問題ではあるが、その意思決定にあたっては訳稿の内容や訳者による内容評価も関わってくる。訳者がこれまで手がけてきたパットナムの著作『孤独なボウリング』『われらの子ども』については、あまり奇をてらわずに原書題名をそのまま訳したようなスタイルだったが、その題名には書籍のテーマに関わる本質的な部分が表現されており、それを排除することが難しかったという部分もあった。

しかし“grace”という語は、一対一対応で日本語において理解することの難しいものに属するだろう。一般には上品さや優美さを指す言葉であり、また特にキリスト教の文脈では神による恵み(恩恵・恩寵)のことを指す。日本でもよく知られ、本書のタイトルと音も似ている「アメイジング・グレイス」は、「驚くほどの」神の恵みのことを意味している(『賛美歌第二編』一六七番「われをもすくいし」)。同時に本書中でよく登場する言葉として“grace”は、食事のときに行われる感謝の祈りの意味も持つ。本章では明らかな神の恵み、あるいは感謝の祈りのほかには、この言葉は本文中ではアメリカが"graced"であるという受け身表現として第1章末および第14章の冒頭節末に、またアメリカの"grace"として第15章およびエピローグの末に登場するのみである。著者らの考えでは、アメリカは単なる信仰よりもむしろ宗教基盤の社会的ネットワークから高い社会参加や隣人性を獲得している。さらにアメリカ宗教に特有の動的な性質により生み出される対人ネットワークの多様性と寛容性が、宗教的な分断に国を陥らせないことをもたらしていて、これがアメリカの"grace (d)"の内容となっている。宗教的なニュアンスも込めつつ、しかし「恵み」や「恩恵」では意味するところが十分に理解されにくいだろうこともふまえ、今回の訳書題も結局『アメリカの恩寵』と直訳調に落ち着いている。ここまでは訳者としての捉え方でもあるので、読者にもふさわしかった訳題の可能性や、"grace"をめぐる問題について考えていただければと思う。なお『アメリカの恩寵』という題名による紹介は、道徳心理学者ジョナサン・ハイトの『社会はなぜ左と右にわかれるのか』(高橋洋訳、紀伊國屋書店、二〇一四年)の中ですでに採用されていることを付記しておく。同書第一一章、第一二章にて本書が引用、議論されている。

＊＊＊

手がけた訳書のあとがきには毎回記している気がするが、今回もまた、そしてテーマ的にはとりわけ、紹介者としての自分の能力の限界については痛感するところだった。率直に告白すれば以前『孤独なボウリング』の作業を行った際、表現として、あるいは頭では理解できていてもどうも腑に落ちていると言いにくかったのが、宗教を取り扱った章だった。実は個人的には以前から関心もあり大事なテーマでもあるのだが、アメリカ社会の中で日常的に信徒席に座ったり、あるいはそういう人々が周囲にいる環境で生活したりしたことがないことは決定的な困難をもたらしていた。しかし今回はそれが一冊全体を占めている書籍であり、苦手意識は最初から最後まで常につきまとった。ただ言い訳めくが、社会関係資本論や著者の一人パットナムの著述スタイル、そしてこれまでの著作におけるアメリカ社会の見立てについて少しは通じているはずの、そしてアプローチとしての社会調査の実際やGSSやNESの何たるか、また統計解析の過程などは理解しているはずの訳者が担当したものとして、どうか読者にはご寛恕いただきたいというのが本音である。

前述のシンポジウムの際に、著者の一人ロバート・パットナムに今回はじめてお目にかかることができた。だいぶ以前にメールを差し上げて以来のことで、ご本人そしてこれまでの本の謝辞や献辞で何度も触れられてきた夫人にもようやくご挨拶でき、また実は『アメリカの恩寵』もわたしが作業しているのですが、と、本書に関しての小さな質問にも答えていただけたことをありがたく思っている。なお本書の編集は、『孤独なボウリング』も担当された柏書房の山崎孝泰氏の手によるものである。強い熱意で関係者の方々と共に本書刊行に尽力された。

個人的にこの間は管理職としての職務、また私事が押し寄せてきた時期だった。「ライフサイクル」的にそのようなステージではあるのだろうが（同時に「時代効果」もあるかもしれない）、そのような中で深夜早朝にこのような大きな作品世界に向かい合えたのは、自分にとってありがたい時間であったようにあらためて感じている。ただ、その過程においては各所で無数の不義理やミスをしたこと、また周囲で相談したり甘えたり、あるいは愚痴をこぼしたりと、そのような迷惑を大目に見て、またあきらめてつきあってくださった方々が存在したことは自覚するところである。全ての名前は挙げられないが、常日頃のご厚情に心から感謝していることは記させていただきたい。

アメリカ現代社会、そしてアメリカ宗教のダイナミズムを理解するために、また社会関係資本の議論をアメリカという文脈に適切に位置づけ、同時に多様化、また分極化しているとされる現代社会を理解するために、本訳書も貢献するものになればと願っている。

Movement," paper presented at the 2011 Annual Meeting of the American Political Science Association.

18. スペースの制約から、2011 年には黒人についての感情温度計質問を尋ねていない。

19. 2006 年と 2011 年の再面接者の間では、深く宗教的な指導者が増えると悪化すると考えている者の割合により控えめな増加が見られる：2006 年の 32%から 2011 年の 35%。

20.「キリスト教右派」に対する感情温度計スコアは、全回答者を含めたとき 44 度だった。キリスト教右派支持者のプロファイルに当てはまる回答者を除いたときには 41 度で、具体的にそれは（a）宗教指導者がその追随者にどう投票するか説得しようと努めることをよいと信じ、(b)「非常に保守的」なイデオロギーを持つと自分でしている者である。

21. この下落は、ある調査は選挙運動期間に行われ、もう一方は政治的なオフシーズンに行われたからというような、リンゴとミカン《比べてはいけない》の比較によっては説明されつくされない。2006 年の調査は夏に行われたが選挙運動がフル回転となる以前のことで、一方 2011 年の調査が行われたのも選挙運動の静かな時期だった。この下落が、政治シーズンを通じた補償的な上振れによるということもない。宗教と公的生活に関するピューフォーラムは、説教壇からの政治における類似の下落を、2008 年と 2010 年の選挙運動の盛り上がりの時に実施された調査を通じて見いだしている。ピューフォーラムの知見についての詳細は下記を参照。http://pewforum.org/Politics-and-Elections/Post-Election-Politics-in-the-Pulpit.aspx（2011 年 10 月 1 日アクセス）．このパラグラフで引いた数字は集計での変化を反映したものである。個人レベルでは（すなわち、再面接した人々の間のみでは）2006 年に少なくとも月に一度の社会的または政治的な説教を聞いたと 31%が回答したが、対して 2011 年には 18%だった。

22. われわれは回答者が質問を提示される順番もランダムにしたが、それは特定の順番によって不注意に入ってくるかもしれないバイアスを取り除くためである。たったいま教会に対してイエスと言ったことが、一貫していると見せるためだけに、モスクにもイエスと言わせてしまうかもしれない。質問の順番は違いをもたらしてはいなかった。

23. E. J. Dionne and William A. Galston, "The Old and New Politics of Faith: Religion and the 2010 Election" (Washington, DC: Brookings Institution, Governance Studies, 2010), 2.

24. Mark Chaves, *American Religion: Contemporary Trends* (Princeton: Princeton University Press, 2011).

25. Dionne and Galston, "The Old and New Politics of Faith," 3.

補遺 1　信仰重要性調査

1. AAPOR の回収率定義 RR3 による。

2. http://www.gallup.com/poll/22579/Church-Attendance-Lowest-New -England-Highest-South.aspx（2010 年 5 月 19 日アクセス）.

3. ギャラップ調査の結果は、ギャラップ社のオンライン記事より取られた。記事では小数ではなく整数で報告されている。下記を参照。http://www.gallup.com/poll27847/Majority-Republicans-Doubt-Theory-Evolution.aspx（2010 年 5 月 19 日アクセス）.

補遺 2　データ分析

1. Stephen L. Morgan and Christopher Winship, *Counterfactuals and Causal Inference: Methods and Principles for Social Research* (New York: Cambridge University Press, 2007).

2. Paul Allison, "Change Scores as Dependent Variables in Regression Analysis," in *Sociological Methodology 1990*, ed. Clifford Clogg (Oxford: Basil Blackwell, 1990), 93–114; Charles N. Halaby, "Panel Models in Sociological Research: Theory into Practice," *Annual Review of Sociology* 30 (2004), 507–44; Morgan and Winship, *Counterfactuals and Causal Inference.*

3. Morgan and Winship, *Counterfactuals and Causal Inference.*

4. "What CLARIFY Does," available online at http://gking.harvard.edu/ clarify/docs/node1.html［2010 年 5 月 19 日アクセス］．下記も参照。Gary King, Michael Tomz, and Jason Wittenberg. "Making the Most of Statistical Analyses: Improving Interpretation and Presentation." *American Journal of Political Science* 44, no. 2 (2000), 347–61; Michael Tomz, Jason Wittenberg, and Gary King. CLARIFY: Software for Interpreting and Presenting Statistical Results. Version 2.1. Stanford University, University of Wisconsin, and Harvard University. January 5, 2003. Available at http://gking.harvard.edu.

（非常に冷たい）から100度（非常にあたたかい）までの評定で回答する。このパラグラフでは、得点50度は中立で、0～49はネガティブ、51～100はポジティブである。いつものように、これらの計算からは自身が対象のカテゴリーになっている回答者を除外している。このケースでは「なし」（宗教的選好を全く持たないと述べた者）を除外した。

8. Chaeyoon Lim, Carol Ann MacGregor, and Robert D. Putnam, "Secular and Liminal: Discovering Heterogeneity among Religious Nones," *Journal for the Scientific Study of Religion* 49, no. 4 (2010): 596–618.

9. これらの新しいデータ（またほぼ同時に行われた総合社会調査パネル調査からの比較可能なデータ）のより完全で専門的に洗練された分析は、われわれの共同研究者の一人チェヨン・リムによる専門出版の中に現れる予定である。われわれはこの共同プロジェクトへの価値ある貢献、とりわけ「境界的なし」の測定についてリム教授に非常に感謝する。他方で、ここでのこの現象に対する説明に責任があるのはわれわれである（そして彼ではない）。

10. このトピックについて聞く質問を2007年に変更し、それを2011年に繰り返したので、ここでの比較は2007年と2011年のみになる。他の態度全てについては、比較は2006年と2011年の間である。

11. 2006年と2011年に面接した個人のみの間では、政府は所得差を縮小させるべきではないと考える割合は36％から40％になり、貧困者の支援では政府のすることを減らし民間慈善がより多くを行うべきだは38％から41％に増加、政府がすることは減らすべきは36％から43％に変化した。

12. この質問は三つの選択肢が示されていた：同性愛婚を認める、シビル・ユニオンは認めるが結婚は認めない、結婚もシビル・ユニオンも認めない。

13. 2006年と2011年の両方で面接した回答者の間では、市民的自由への支持は35％から42％に上昇している。

14. これが意味するのは、ティーパーティーを支持する、あるいは強く支持すると述べた者は除外されているということである。もしこの除外を行わないと、ティーパーティーの感情温度計スコアは42度になる。これは無神論者のスコア39度のちょうど上で、ムスリムに対するスコア43度とほぼ同じである（無神論者とムスリムをそれぞれの計算から除外しなかったとき）。

15. 例えば、ニューヨーク・タイムズ／CBSニュースの一連の世論調査では、ティーパーティーへの認知が増大したとの同じ時期を通じてティーパーティーへの反対も上昇していったことが見いだされている。2010年4月、アメリカ人はおよそ同じ割合で、ティーパーティーへの賛成と反対を述べていた——21％が賛成で、18％が反対である。一方でほぼ半分——46％——は何かを言うには十分に知らないと述べていた。2011年8月には、反対のアメリカ人の数は賛成の2倍となり（40％ 対 20％）、意見を持つには十分に聞いたことがないと述べたのは21％にすぎなかった。ニューヨーク・タイムズ／CBSニュース調査の完全な結果については下記を参照。http://www.nytimes.com/interactive/2011/08/05/us/politics/20110805_Poll-docs.html?ref=politics（2011年10月1日アクセス）．アメリカ公衆の間でのティーパーティーの否定的認知の他例については下記を参照。http://articles.cnn.com/2011-03-30/politics/tea.party.view_1_tea-party-unfavorable-view-cnn-poll?_s=PM:POLITICS（2011年10月1日アクセス）；http://www.gallup.com/poll/147308/negative-views-tea-party-rise-new-high.aspx（2011年10月1日アクセス）．

16. ティーパーティーの支持に関する質問はこのような表現であった：知っていることからすると、あなたはティーパーティー運動に強く賛成しますか、賛成、反対、強い反対ですか、またはどの方向の意見も持っていませんか。独立変数は2006年に測定されたものである。図E-5で報告しているのはそれぞれの変数を、ティーパーティー支持の因子得点の予測変数としたときの標準化ベータ係数である。

17. われわれの結論は他の全国調査である、2010年10月に実施された全米選挙調査：政府と社会評価調査（EGSS）とも合致する。政治学者アラン・アブラモウィッツによれば、EGSSは「ティーパーティー支持者は圧倒的に白人で、非支持者よりもいくぶん年齢が高く、非常に偏って男性だった」ことを見いだしている。加えて、ティーパーティー支持者は圧倒的に共和党支持で、政治に積極的、社会的に保守派で、「人種的な不満」を表明することが多かった。多変量解析でアブラモウィッツが見いだしたのは、イデオロギー、人種的不満、そしてオバマ大統領への嫌悪がティーパーティー支持を最もよく予測していたが、年齢と性別も有意な予測変数であることだった。しかし彼は、宗教と政治に対する態度を予測変数としては含めておらず、したがって彼の研究からはこれら他の予測変数に対する「神と政府」の重要性評価をわれわれが行うことはできない。われわれは2006年の人々からの情報を、2011年の彼らのティーパーティー支持を予測するために用いたが、EGSSが依拠するのは同時点データであるということにもまた注意したい。それでも、二つの分析を比較した限りでは、われわれの結論は大きくは一貫している。下記を参照。Alan Abramowitz, "Partisan Polarization and the Rise of the Tea Party

いる総合社会調査の後援でこの時期に行われた類似のパネル研究によって記録された再面接率62%と比べても悪くない。どのようなパネル研究でも、頻繁に移動する人々は追跡することがより難しく、その理由によりパネルの損耗率《モータリティ》(「ドロップアウト」率)は若者とマイノリティにおいて高い。純粋な人口統計学的バイアスは適切なウェイト付けによって修正可能で、ウェイト付けのあるなしによらず、パネルバイアスが知見のいずれかに影響しているという証拠は事実上ないことが見いだされている。例えば、強く宗教的な人々は強く世俗的な人々と比べて、パネルから脱落する可能性が高くも低くもない。パネルから脱落した者が、2011年にパネルに留まった者と2006年において何らかの点で違っていないかどうかを非常に詳しく検討したが、若者とマイノリティにおける明白で修正可能な低代表性を除いて、本質的に重大なパネルバイアスは見いだせなかった。2006年のサンプルには、2006年と2011年の間に成人した若者が誰も含まれていないのは明らかなので、2011年のサンプル設計ではその年齢コホートをオーバーサンプルして、2006年に面接を受けるには若すぎた者を含めることで、2011年の全体サンプル(を適切にウェイト付けしたもの)が2011年の成人人口全体を正確に反映できるようにした。最後に、可能な場合にはわれわれの結果と、総合社会調査において2006—2008—2010年にほぼ同時に行われたパネル調査との比較を行い、どの重要なケースにおいてもわれわれの知見はこれらのデータで再現された(しかしもちろん、われわれの持つ宗教的信念と行動についての多くの測定は総合社会調査では測られていない)。『アメリカの恩寵』の初版で説明していたように、2006年の回答者の多くには2007年にもう一度再面接も行っており、したがって実際のわれわれの回答者は三波の面接を受けている——2006年、2007年そして2011年である。引き続く出版においては強力な動態分析を可能とする全三波を用いるが、このエピローグでは2006年と2011年の単純な比較に焦点を当てる。

2. 態度や行動の安定性(あるいは専門的な用語では「テスト—再テスト信頼性」)に関する単純明快な指数の一つは、時点1で測定されたある特性と、時点2で測定された同じ特性の間の相関係数である。文中で言及された変数の2006年と2011年の測定の間の相関係数は以下である:教育年数:.86;宗教性:.86;政党支持:.83;神への信仰の確信:.79;宗教の個人的重要性:.74;感謝の祈りを唱える頻度:.73;教会出席の頻度:.73;聖典を読む頻度:.72;中絶に対する態度:.71;異宗間結婚への態度:.68;地域選挙で投票:.67;リベラルまたは保守の自己同定:.67;コミュニティ組織への参加:.55;近隣または市民グループでボランティア:.35;家族や友人と宗教について会話:.62;家族や友人と政治について会話:.56;信仰/ふるまいによる救済:.37;隣人への信頼:.36;自身のアイデンティティにとっての宗教の重要性:.66;自身のアイデンティティにとってのエスニシティの重要性:.44;自身のアイデンティティにとっての仕事の重要性:.32。

3. この一般化に対する一つの小さな例外は、個人的あるいは間接的な失業の体験は祈りや神への信仰のどちらも予測しなかった一方で、人生を変えるような困難に遭ったと述べた者は、不況により影響を受けなかったと述べた人々と比較したときに、2011年の祈りや神への信仰をわずかではあるが高い水準で答えていたというものである。しかし実際には、データを注意深く見ると、これは人生を変える困難を経験した人々の間で祈り/神への信仰が増えていたというよりも、むしろ不況によって深刻な影響を受けなかったと述べる人々が祈り/神への信仰を減らしていたことの方により関係していたことが示唆される。ともかくも、宗教性に関する大半の測度に対しては、何であれ不況に関連した変化の有意な証拠は見いだしていない。われわれの詳細な証拠については、チェヨン・リムとの引き続く専門的出版において報告される。信仰重要性調査の複数波における並外れて困難また創造的な作業に対しわれわれは彼に負っているが、このエピローグにおけるまとめの一般化に対してはわれわれのみが責任を負い続けている。

4. これらの用語とライフサイクル、世代、そして時代効果のダイナミックスに対する説明は第4章のpp. 72–74を参照。

5. 2006年には44%が「宗教的ではない」親しい友人がいると述べていたが、比較すると2011年では51%だった。

6. 無神論者は2011年に新しく追加されたもので、彼らについては2006年と2007年には尋ねていない。『アメリカの恩寵』の出版以降、われわれはしばしば無神論者について尋ねられた。無神論者は歴史的に強い非難に迎えられてきて、社会科学者が政治的寛容性——社会で最も不人気な集団にも人権を認めようとする積極的意思——を測定する標準的質問に、無神論者を困難な事例として採用するほどであった。われわれのデータでは多くのアメリカ人が無神論者を嫌っていることが確認される。詳細については下記を参照。Penny Edgell, Joseph Gerteis, and Douglas Hartmann, "Atheists as 'Other': Moral Boundaries and Cultural Membership in American Society," *American Sociological Review* 71, no. 2 (2006): 211–34.

7. 第14章でわれわれは「感情温度計」を紹介した——人が集団や個人に対してどう感じているかを測るために社会科学者が用いる手法である。特定の集団、組織、あるいは個人についてどう感じているかを尋ね、0度加は見いだせなかったからである。関係の方向性は同じで、すなわち正であるが、しかし相対スコアによってはこの増加が偶然によるものである可能性を排除できない。

24. この質問は 2006 年と 2007 年の信仰重要性調査の両方で尋ねたが、結果は事実上同一である。しかし、非クリスチャンは天国に行けるかに関してのフォローアップ質問は 2007 年調査でしか尋ねていない。一貫性のために、図 15-5 と図 15-6 のどちらでも 2007 年調査からの結果を報告している。

25. この質問は、2007 年の追跡調査で尋ねられた。

26.「ヨハネによる福音書」14 章 6 。

27. この報告は下記で見つかる。http://pewforum.org/docs/?DocID=380#1（2009 年 12 月 13 日アクセス）.

28. 福音派はヒンズー教徒、仏教徒、無神論者、そして「宗教信仰を持たない人々」の永遠の見通しについてもやはり確信がない。これらいずれの信仰（あるいはその欠如）が永遠の生命につながると信じる福音派は35％にすぎない。一般的に、黒人プロテスタントはこれら非クリスチャンの具体的な集団が永遠の生命を獲得できると信じることが福音派よりも控えめに高く、一方で主流派プロテスタントとカトリックはこれを信じる可能性がずっと高い。

29. この点についてさらには、下記を参照。Darren W. Davis, *Negative Liberty: Public Opinion and the Terrorist Attacks on America* (New York: Russell Sage, 2007), 210–11.

30. モルモン教徒は、自分たちのものが唯一の真の信仰であると信じることが最も多い。上述から思い出してほしいのは、自分たちの信仰ではない人々であっても天国に行けると信じることも、彼らがやはり最も多いことである。この明らかな食い違いは、死後のバプテスマという特徴的なモルモン教の実践により説明することができる。モルモン教徒は、人々が先祖のためにモルモン信仰へのバプテスマを受けることが可能であり、それで彼らには救いを得る機会が与えられるということを信じている。したがって、モルモン教徒は自分たちのものが唯一の真なる信仰であるということを信じ、一方で同時に、自分たちの信仰でない人々も天国に行くことができる（彼らは死後にバプテスマを受けることができるので）と信じているのである。

31. Theodore Caplow, Howard M. Bahr, and Bruce A. Chadwick, "Piety in Middletown," *Society* 18, no. 2 (1981), 34–37.

32. Corwin Smidt, ed., *Pulpit and Politics: Clergy in American Politics at the Advent of the Millennium* (Waco: Baylor University Press, 2004).

33. 先行する質問への回答として、死後の生命を信じると述べた人々に対してのみ、誰が天国に行くのかについての質問を尋ねている（アメリカ人口の 89％）。彼らのうち、1％は天国もしくは救いを信じないと答えていた。全員に対して真理は一つの宗教に、あるいは多くの宗教にあるのかについて尋ねたが、回答者には「いかなる宗教にも真理は非常に少ない」と示すことも許した―― 6.7％がその選択肢を選んでいる。興味深いのは、これは自身の宗教所属を述べない割合よりも低いということである。これら二つの質問への反応には妥当だが、しかし完全ではない相関がある（r= .30）。われわれが本物の信者《トゥルー・ビリーバーズ》を同定するのに用いた質問は「一つの真なる宗教」についてのもので、天国についての質問ではないが、それは前者の方がほぼ全ての人に意味が通じるからである。

34. 表 15-1 が表現しているのは、「本物の信者」とさまざまな他特性の間の二変量関係のみである。しかし全てのケースで、福音派プロテスタントへの帰属を統制したときにも相関は強くまた高度に有意であり続けた。

35. Roger Finke and Rodney Stark, *The Churching of America, 1776–1990: Winners and Losers in Our Religious Economy* (New Brunswick: Rutgers University Press, 1992). 上記でロジャー・フィンクとロドニー・スタークは「教会」と「セクト」を以下のように区別している：「教会は、その環境との緊張が比較的低い状態にある宗教団体である。その環境との緊張が比較的高い状態にある宗教団体である」(p. 41)。下記も参照。Laurence R. Iannaccone, "A Formal Model of Church and Sect," *American Journal of Sociology* 94, Supplement (1998), 5241–68.

36. Jay P. Dolan, *In Search of an American Catholicism: A History of Religion and Culture in Tension* (New York: Oxford University Press, 2002); Noah Feldman, *Divided by God: America's Church-State Problem — And What We Should Do About It* (New York: Farrar, Straus & Giroux, 2005).

37. Richard Neitzel Holzapfel and T. Jeffrey Cottle, *Old Mormon Kirtland and Missouri* (Santa Ana, CA: Fieldbrook, 1991).

エピローグ

1. われわれの全体での再面接率 54％は、アメリカの学術調査における「第一基準《ゴールド・スタンダード》」として広く認められて

9. Evelyn L. Lehrer, "Religious Intermarriage in the United States: Determinants and Trends," *Social Science Research* 27, no. 3 (1998), 245–63.

10. 宗教性で十分位最上位の者では、61%が自分の子どもが信仰内部で結婚することは非常に重要だと述べており、さらに21%がある程度重要と述べていた。

11. 友人ネットワーク内部での宗教的異質性の推定が正確なものになっているのかどうかについて問うのは合理的である。社会的ネットワーク内部の政治的異質性についての研究では、人々が友人間での政治的一致の程度について過大評価する傾向があることが示唆されている：Robert Huckfeldt and John Sprague, *Citizens, Politics, and Social Communication: Information and Influence in an Election Campaign* (New York: Cambridge University Press, 1995). どちらでも所属は直接には明らかではないという点で、宗教は政治にかなり似ているとわれわれは思っている。しかし、以下でのわれわれの関心は、社会的ネットワーク内部での宗教的多様性が増加するときに何が起こるのかを評価することにある。宗教的多様性の誤報告が信仰重要性調査の二波の間で一定であり続ける限り、変化についてのわれわれの解釈には影響を与えないだろう。それは体重がいつも5ポンド（2.27キロ）重く出る体重計のようなものである。そのような体重計は不正確かもしれないが、体重が増えたのかどうかはそれでも示すことができる。

12. Tom W. Smith, "Measuring Inter-Racial Friendships," *Social Science Research* 31, no. 4 (2002), 576–93.

13. Andrew M. Greeley, *The Church and the Suburbs* (New York: Sheed & Ward, 1959).

14. 社会関係資本についての詳細な議論については下記を参照。Robert D. Putnam, *Bowling Alone: The Collapse and Revival of American Community* (New York: Simon & Schuster, 2000)〔柴内康文訳『孤独なボウリング——米国コミュニティの崩壊と再生』柏書房、2006年〕.

15. Thomas F. Pettigrew and Linda R. Tropp, "Does Intergroup Contact Reduce Prejudice? Recent Meta-Analytic Findings," in *Reducing Prejudice and Discrimination*, ed. Stuart Oskamp (Mahwah: Lawrence Erlbaum, 2000), 93–114.

16. Thomas F. Pettigrew, "Intergroup Contact Theory," *Annual Review of Psychology* 49 (1998).

17. パネルデータの分析についての詳細な議論は補遺2を参照。

18. 統計学的な詳細に関心を持つ人のために述べると、ここで報告した結果は固定効果モデルからのもので、各回答者の時間不変な特性を一定に保っており、したがって反映しているのは各回答者内部での変化のみで、回答者間での差異ではない。人口統計学的変数の統制の必要はないが、それはパネルの途上でそれらが変化することはないからである。しかし各モデルでは1年間の中で変化しうる、二つの可能性ある交絡要因を統制している。一つ目は回答者の報告した親しい友人の数で、それは宗教的な橋渡しの増加の影響を、社交性の一般的増加から分離するためである。二つ目は回答者の宗教性の水準で、それは宗教的橋渡しが、宗教的傾倒の強度の上昇や下降と交絡しないことを保証するためである。

19. カトリックや主流派プロテスタントの友人を加えても、カトリックや主流派プロテスタントに対するあたたかさの統計的に有意な増加は見いだされなかった。どちらの場合にも正の関係は存在したが、それが偶然のものである可能性を排除できなかった。しかし思い出してほしいのは、カトリックも主流派プロテスタントも温度計評定が比較的高いところから始まっているということである。相対的な温度計スコアを用いたときには、カトリックに対するあたたかさにおいて小さいが統計的に有意な上昇を見いだした。しかし、時点1においてカトリックに対する既存のあたたかさが高くなることが、時点2におけるカトリックの友人獲得を予想することもまた見いだされていて、これは因果の方向について疑問を投げかけるものである。カトリックに対する結果を解釈するにあたってのこれらの複雑さをふまえると、カトリックの友人を得ることがカトリックに対するあたたかさを高めることにつながるということについて確信できる証拠はない、と言うのが最も安全である。

20. Robert Wuthnow, *America and the Challenges of Religious Diversity* (Princeton: Princeton University Press, 2005), 139.

21. あふれ出し効果の検証では、問題となっている集団の友人を得た者を除外した。例えば、福音派への態度について見ているときには、福音派の友人を得た者、あるいは自身が福音派となったような者は除外している。言い換えると、集団Xに対する態度に対して、集団Yの友人を加えたときに何が起こるのかを切り出している。見いだしたどの結果も、その人自身が集団Xのメンバーであったりそのようになったからでもなければ、集団Xの誰かと友人になったからということでもありえない。

22. 回答者がモルモン教徒と友人かどうかについて具体的に尋ねていなかったので、調査の両波の間の年に回答者がモルモン教徒の友人を得たのかについて述べることができない。

23. しかし注意したいのは、ムスリムに対する結果は仮のものであるということで、それは温度計スコアとして絶対的なものではなく、相対的なものを用いたときには、ムスリムに対する統計的に有意なあたたかさの増

2005).

22. アメリカにおいてムスリムがどう捉えられ、それはなぜかについて詳しくは下記を参照。Ozan Kerem Kalkan, Geoffrey C. Layman, and Eric M. Uslaner, "Bands of Others? Attitudes Toward Muslims in Contemporary American Society," *Journal of Politics* 71, no. 3 (2009), 847–62.

23. 回答者は「宗教的ではない人々」の評定を求められた。

24. 宗教所属を持たない者として定義。

25. 2006年の信仰重要性調査には自分をムスリムとするものが13人、仏教徒23人がいた。

26. 単独で最も宗教集団間の評定が低いのは福音派がムスリムに与えた評定である（41度)。

27. 宗教を持たない人々が、自分の非宗教性に対するコメントを、自分の「宗教的」信念に対する否定として回答するかどうか知ることはできない。非宗教的な者が、自分の存在しない宗教的信念についてよくも悪くもコメントを受けたことは全くないと言うこともありえるだろう。

28. モルモン教徒の13%が、自分の宗教についておとしめるような発言をよく聞くと述べている。

29. ユダヤ教徒の12%が、自分の宗教について否定的な言葉を「よく」聞くとしている。

30. Franklin Foer, "Beyond Belief: Howard Dean's Religion Problem," *The New Republic*, December 29, 2003/January 5, 2004/January 12, 2004.

31. 例えば下記を参照。http://www.cnn.com/2008/POLITICS/09/08/palin.pastor/index.html（2009年12月13日アクセス).

32. Samuel G. Freedman, *Jew vs. Jew: The Struggle for the Soul of American Jewry* (New York: Simon & Schuster, 2000); Marci Hamilton, *God vs. the Gavel: Religion and the Rule of Law* (New York: Cambridge University Press, 2005).

33. 宗教的土地利用及び被収容者法（The Religious Land Use and Institutionalized Persons Act, RLUIPA).

34. 質問の順序が仏教寺院かキリスト教会どちらかの賛成もしくは反対をインフレさせないように、回答者はどちらを先に聞かれるかランダムに割り付けられた。

35. Wendy Cadge, *Heartwood: The First Generation of Theravada Buddhism in America* (Chicago: University of Chicago Press, 2004).

36. Wuthnow, *America and the Challenges of Religious Diversity.*

37. 仏教寺院は構わないがキリスト教会はよくない（3％)、あるいはどちらもよくない（5％）はわずかな割合だった。

38. 宗教系統間での興味深い相違も存在しており、われわれの用いている人口統計学的変数群とキリスト教会建設に対する態度——これで反開発や反宗教の意識を統制する——を説明に入れたときでさえもそれは成り立っている。主流派プロテスタントに比べると、黒人プロテスタントと福音派は仏教寺院に賛成する可能性が低く、カトリックとユダヤ教徒はわずかに可能性が高い。仏教徒を含んでいる「その他信仰」では可能性が大きく上がるが、モルモン教徒（その寺院建設に対する反対にしばしば直面する）でもまた同様である。カトリックとユダヤ教徒についての結果は、慣習的な統計有意性基準の境目にすぎなかったことに注意（それぞれ $p = 0.10$ と $p = 0.13$)。

39. Alan Wolfe, *One Nation, After All: What Middle-Class Americans Really Think About God, Country, Family, Racism, Welfare, Immigration, Homosexuality, Work, the Right, the Left, and Each Other* (New York: Penguin, 1998).

第15章　アメリカの恩寵——寛容な国家がいかにその宗教的分断を橋渡しするか

1. これらの数字は全て2006年の信仰重要性調査からのものである。

2. Robert Bellah, "Civil Religion in America," *Daedalus* 134, no. 4 (2005): 50.

3. 厳密には、ジェファーソンは現代の民主党の前身の、民主共和党であった。

4. Robert Wuthnow, "Religious Diversity in a 'Christian Nation': American Identity and American Democracy," in *Democracy and the New Religious Pluralism*, ed. Thomas Banchoff (New York: Oxford University Press, 2007), 151–70.

5. Vincent Phillip Munoz, *God and the Founders: Madison, Washington, and Jefferson* (New York: Cambridge University Press, 2009).

6. Thomas Jefferson, "Notes on Virginia," in *A Wall of Separation? Debating the Public Role of Religion*, ed. Mary C. Segers and Ted G. Jelen (Lanham, MD: Rowman & Littlefield, 1998), 127.

7. 宗教性で上位10分の1の者を意味する。

8. Peter H. Schuck, *Diversity in America: Keeping Government at a Safe Distance* (Cambridge: Belknap, 2003), 12.

てきたと信じていると分類される。これと鏡写しのカテゴリーは組み合わされて、宗教の影響は負であると信じる人々と識別される。

7. George Lakoff, *Moral Politics: How Liberals and Conservatives Think*, 2nd ed. (Chicago: University of Chicago Press, 2002); Stephen T. Mockabee, "A Question of Authority: Religion and Cultural Conflict in the 2004 Election," *Political Behavior* 29, no. 2 (2007), 221–48; David C. Barker and James D. Tinnick III, "Competing Visions of Parental Roles and Ideological Constraint," *American Political Science Review* 100, no. 2 (2006), 249–63.

8. Jeffrey M. Jones, "Some Americans Reluctant to Vote for Mormon, 72-Year-Old Presidential Candidates: Strong Support for Black, Women, Catholic Candidates" Gallup News Service, http://www.gallup.com/poll, 2007 (2010年3月7日アクセス).

9. 福音派サークルでロムニーを推薦した指導者には以下が含まれる。南部バプテスト連盟のリチャード・ランド；全米中絶反対委員会の創立者で元委員長のジョン・ウィルク；モラル・マジョリティの共同創立者のポール・ウェイリック；クリスチャン・コアリッションの前代表ランディ・テート；福音派キリスト教出版教会の前会長ロバート・ウォルゲムス；ボブ・ジョーンズ大学の学部長ロバート・テイラー。そしてジェームズ・ドブソンはロムニーを推薦することはなかったが、彼のために支持的な言葉は発した。

10. 問題となっている手法はリスト実験として知られている。この手法の完全な説明と、結果のより詳細な扱いについては下記を参照。J. Quin Monson and Scott Riding, "Social Equality Norms for Race, Gender, and Religion in the American Public During the 2008 Presidential Primaries" (paper presented at the Transformative Election of 2008 Conference, Ohio State University, October 1–4, 2009). モルモン教徒に対する有権者の反応についての他の学術的な研究としては以下を参照。David E. Campbell, J. Quin Monson, and John C. Green, "Framing Faith: How Voters Responded to Candidates' Religions in the 2008 Presidential Campaign" (paper presented at the Annual Meeting of the American Political Science Association, Toronto, September 3–6, 2009); Monika McDermott, "Establishing Mormon Stereotypes and Their Effects on Mitt Romney's 2008 Presidential Run" (paper presented at the annual meeting of the Midwest Political Science Association Meeting, Chicago, April 2–5, 2009); および Brett V. Benson, Jennifer L. Merolla, and John G. Geer, "Two Steps Forward, One Step Back? Bias in the 2008 Presidential Election" (n.d.).

11. Noah Feldman, "What Is It About Mormonism?" *New York Times Magazine*, January 6, 2008.

12. この点について詳しくは下記を参照。Benson, Merolla, and Geer, "Two Steps Forward, One Step Back? Bias in the 2008 Presidential Election."

13. 他の分析では、人々によって全体としてよりあたたかいもしくは冷たい評定のどちらかをするという事実を説明に入れるため、その人によってなされた全体の平均スコアでそれぞれの感情温度計スコアを調整した。回答者は異なるベースラインを持つ――全ての評定が尺度の上位に行くような群もあれば、下位に行くような群もある――という事実に配慮するため、それぞれの回答者によってつけられた全ての評定の全体平均を計算し、問題になっている集団に対する彼もしくは彼女の感情温度計スコアがその全体平均を上回っているか下回っているかを検討した。そうすることで、温度計評定における個人レベルの差異を考慮に入れ、それぞれの回答者の与えた相対的スコアに目を向け続けることができる。いくつかの例外（そのように記す）はあるが、相対的なあたたかさを用いた結果は絶対的な温度計スコアを用いたものと同一だった。後者の方が解釈しやすいため、われわれはそこに注意を集中する。

14. 黒人プロテスタントを集団として評定するようには求めなかった。図14-5に示されているのは、黒人プロテスタントによるアフリカ系アメリカ人への平均評定である。

15. Stephan Thernstrom, *Harvard Encyclopedia of American Ethnic Groups* (Cambridge: Belknap, 1980).

16. 主流派プロテスタントについて尋ねるとき、回答者は例として「メソジストやルター派」と示された。

17. 仏教徒に対する評価は2007年の信仰重要性調査からのものだが、それは仏教徒について聞いたのが2007年のみだからである。われわれの報告する他集団への評価は2006年の信仰重要性調査のものだが、2007年を代わりに用いても結果は本質的に同一である。

18. アメリカ社会に残っている反カトリック信仰の程度は論争点になっている。Philip Jenkins, *The New Anti-Catholicism: The Last Acceptable Prejudice* (Oxford: Oxford University Press, 2003).

19. この引用は名誉毀損防止同盟からのニュースリリースの中にあり、下記で入手可能である。http://www.adl.org/PresRele/ASUS_12/5633_12.htm (2010年2月27日アクセス). 報告書全体は下記を参照。http://www.adl.org/Anti_semitism/poll_as_2009/default.asp (2010年6月10日アクセス).

20. 例えば、2008年の全米選挙調査では「無神論者」の得た感情温度計スコア平均は41度である。

21. Robert Wuthnow, *America and the Challenges of Religious Diversity* (Princeton: Princeton University Press,

が、同性愛者、フェミニスト、根本主義者、ムスリム、中絶、そして死刑に対する態度を、政治的イデオロギー、愛国心、そして軍事力強化に並んで予測していることを示している。

65. Frank M. Andrews and Stephen Bassett Withey, *Social Indicators of Well- Being: Americans' Perceptions of Life Quality* (New York: Plenum, 1976); Ed Diener et al., "Subjective Wellbeing: Three Decades of Progress," *Psychological Bulletin* 125, no. 2 (1999), 276–302; Daniel Kahneman and Alan B. Krueger, "Developments in the Measurement of Subjective Well-Being," *Journal of Economic Perspectives* 20, no. 1 (2006), 3–24. 主観的幸福感の異なる種類の間の微妙な区別については、より専門的な議論が必要である。一般的に、「幸福感」の自己評定は短期の、状況的ムードを反映し、一方で「人生満足」の自己評定はより長期の、安定した評価を測定していると見られているが、どちらも大まかには一貫した結果を生んでいる。

66. 以下を参照。John F. Helliwell and Robert D. Putnam, "The Social Context of Wellbeing," *Philosophical Transactions of the Royal Society* 359, no. 1449 (2004), 1435–46; Richard Layard, *Happiness: Lessons from a New Science* (London: Penguin, 2006); Bruno S. Frey, *Happiness: A Revolution in Economics* (Cambridge: MIT Press, 2008)〔白石小百合訳『幸福度をはかる経済学』NTT 出版、2012 年〕. 人生満足度において観察される分散のおよそ半分が、遺伝的またパーソナリティ的要因を反映しているように見える。

67. Christopher G. Ellison, "Religious Involvement and Subjective Well- Being," *Journal of Health and Social Behavior* 32, no. 1 (1991), 80–99; Christopher G. Ellison, David A. Gay, and Thomas A. Glass, "Does Religious Commitment Contribute to Individual Life Satisfaction," *Social Forces* 68, no. 1 (1989), 100–23; Abbott L. Ferriss, "Religion and the Quality of Life," *Journal of Happiness Studies* 3, no. 3 (2002), 199–215.

68. 人生満足度についてのわれわれの測定は人々にその人生へどれくらい満足しているかを、「極めて満足」から「極めて不満足」までの 10 点尺度で尋ねたものである。この質問への反応が、回答者に対する外部報告や観察された行動との間で十分に対応していることを多数の研究が示してきた：Andrews and Withey, *Social Indicators of Well-Being;* Diener et al., "Subjective Wellbeing; N. Donovan and D. Halpern, "Life Satisfaction: The State of Knowledge and Implications for Government," ed. Strategy Unit of the Cabinet Office (London, 2002); John F. Helliwell, "How's Life? Combining Individual and National Variables to Explain Subjective Well- Being," *National Bureau of Economic Research Working Paper Series,* No. 9065, 2002. Published as John F. Helliwell, "How's Life? Combining Individual and National Variables to Explain Subjective Well-Being," *Economic Modelling* 20, no. 2 (2003), 331–60; Frey, *Happiness;* Kahneman and Krueger, "Developments in the Measurement of Subjective Well-Being." われわれの分析の詳細な説明については下記を参照。Chaeyoon Lim and Robert D. Putnam, "Religion, Social Networks, and Subjective Well-Being" *American Sociological Review* 75, no. 5 (2010).

第 14 章　分断された家？

1. James Davison Hunter, *Culture Wars: The Struggle to Define America* (New York: Basic Books, 1991); Robert Wuthnow, *The Restructuring of American Religion* (Princeton: Princeton University Press, 1988).

2. Sam Harris, *The End of Faith: Religion, Terror, and the Future of Reason*, 1st ed. (New York: W. W. Norton, 2004); Christopher Hitchens, *God Is Not Great: How Religion Poisons Everything* (New York: Twelve Hachette Book Group, 2007); Stephen L. Carter, *The Culture of Disbelief: How American Law and Politics Trivialize Religious Devotion* (New York: Basic Books, 1993); Richard John Neuhaus, *The Naked Public Square: Religion and Democracy in America*, 2nd ed. (Grand Rapids: William B. Eerdmans, 1997).

3. 本章を通じて、強く宗教的また強く世俗的な人々について言及する。「強く宗教的」によって意味しているのは、第 1 章で論じた宗教性指数で十分位の最上位に位置するということで、一方「強く世俗的」とは十分位で最下位にいるということを意味する。穏健派とは十分位で 5 番目である。

4. これは第 1 章で用いた五分位（最上位と最下位の 5 分の 1）とは異なる比較である。その理由は、10 分の 1 の最上位と最下位（専門的には、十分位の最上位と最下位）は人口で最もはっきりとした一幅になっているというものである。

5. より専門的には、宗教性で第 2 十分位にいる者。

6. 宗教が正もしくは負の影響を持っているかどうかについての評価は、以下の 2 質問に基づいている：(a) アメリカ人の生活に対する宗教の影響について、回答者は増大していると考えているかそれとも減少していると考えているか、続いて (b) 彼らが (a) で同定した傾向はよいことか悪いことか。宗教の影響力は増していてそれはよいことだと答えた人々、あるいはそれは減少していて悪いことだと答えた人々は、宗教が正の影響を持っ

(2002), 267–88; および Sam Reimer and Jerry Z. Park, "Tolerant (In) Civility? A Longitudinal Analysis of White Conservative Protestants' Willingness to Grant Civil Liberties," *Journal for the Scientific Study of Religion* 40, no. 4 (2001), 735–45.

53. James L. Gibson, "The Political Consequences of Religiosity: Does Religion Always Cause Political Intolerance," in *Religion and Politics in America*, ed. Alan Wolfe and Ira Katznelson (New York and Princeton: Russell Sage and Princeton University Press, forthcoming).

54. 遅ればせながら、宗教的な回答者は不人気な本に関する質問に答えるときにおそらくポルノについて考えていることにわれわれは気がついたが、これはその項目に対するコントラストの一部を説明する助けになるかもしれない。

55. このパラグラフの一般化は総合社会調査と 2006 年の信仰重要性調査の両方による。

56. これら二つの質問は長大な賛成－反対項目のリストの一部でランダムな順番で提示されていた。したがって、これら二つが隣り合わせで表示されることは滅多になかった。

57. Louis Bolce and Gerald De Maio, "Religious Outlook, Culture War, Politics and Antipathy Toward Christian Fundamentalists," *Public Opinion Quarterly* 63, no. 1 (1999), 29–61; Louis Bolce and Gerald De Maio, "A Prejudice for Thinking Classes: Media Exposure, Political Sophistication, and the Anti-Christian Fundamentalist," *American Politics Research* 36, no. 1 (2008), 155–85. 2008 年の全米選挙調査では、宗教所属を持たない者は「キリスト教徒」を 100 度の感情温度計で 64 度（平均よりも好意的）に評定したが、「根本主義的キリスト教徒」は 43 度（平均よりも好意的でない）に評定した。確かに、校内での沈黙の祈祷のように「国教条項」の憲法問題のいくつかについては、スペクトラム上の宗教的な端の人々からは世俗主義者は「非寛容」と表現されるだろう。

58. Reimer and Park, "Tolerant (In) Civility? A Longitudinal Analysis of White Conservative Protestants' Willingness to Grant Civil Liberties." 上記は同じデータを 1998 年まで分析し、宗教的なアメリカ人と世俗的なアメリカ人の間の格差の有意な縮小を見いだしていない。しかしコホートの遷移は人生、誕生や死と同じくゆっくりとした着実なペースで進む。したがって、彼らの研究から 10 年間経過したことが格差の縮小をよりはっきりとしたものにした。図 13-11 と図 13-12 における、教会にはほとんどあるいは決して出席しない者と、常にあるいはほぼ常に教会に出席する者との間の寛容性の格差は、1972 年と 2008 年の間に有意に縮小した。

59. Reimer and Park, "Tolerant (In) Civility? A Longitudinal Analysis of White Conservative Protestants' Willingness to Grant Civil Liberties." 上記は 総合社会調査により、教会出席を一定に保ったときでも保守的なプロテスタント教派に属している者の方が他の宗教系統の信奉者よりも寛容性がさらに低くなることを見いだしている。他方で信仰重要性調査においては、いったん宗教信奉度全般を統制すると、何らかの宗教系統が明確に寛容性が高いもしくは低いという証拠は見いだせなかった。

60. Stephen T. Mockabee, "A Question of Authority: Religion and Cultural Conflict in the 2004 Election," *Political Behavior* 29, no. 2 (2007), 221–48; Kenneth D. Wald, Dennis E. Owen, and Samuel S. Hill, "Habits of the Mind: The Problem of Authority in the New Christian Right," in *Religion and Political Behavior in the United States*, ed. T. G. Jelen (New York: Praeger, 1989), 93–108. これらの著者が明確に区別し、われわれもそれを共有するのは、権威への敬意と「権威主義的パーソナリティ」である。「欠点のあるパーソナリティ特性というよりも、権威気質とは『自分で意識して権威に価値を置く』『意図して採用された』世界観」である」。Mockabee, "A Question of Authority: Religion and Cultural Conflict in the 2004 Election," 225 における下記の引用。Dennis E. Owen, Kenneth D. Wald, and Samuel S. Hill, "Authoritarian or Authority-Minded? The Cognitive Commitments of Fundamentalists and the Christian Right," *Religion and American Culture* 1, no. 1 (1991), 73–100.

61. Mockabee, "A Question of Authority," 226.

62. 宗教性に関する社会研究においてこの質問を尋ねる長い伝統がある。例えば以下を参照。W. Bradford Wilcox, "Conservative Protestant Childrearing: Authoritarian or Authoritative?," *American Sociological Review* 63, no. 6 (1998), 796–809; Duane F. Alwin, "Religion and Parental Child- Rearing Orientations: Evidence of a Catholic-Protestant Convergence," *American Journal of Sociology* 92, no. 2 (1986), 412–40; および Gerhard Lenski, *The Religious Factor: A Sociological Study of Religion's Impact on Politics, Economics, and Family Life* (New York: Doubleday, 1961).

63. 自立の強調は教育、リベラルな政治的イデオロギー、そして人種（白人）によっても予測されるが、他の人口統計学的要因を統制したときにも、宗教性がこの指標に対する単独で最も強力な説明変数であり続けている。

64. Mockabee, "A Question of Authority: Religion and Cultural Conflict in the 2004 Election." 上記は（多くの人口統計学的要因と、宗教所属、宗教性、そして根本主義性を統制したとき）権威気質の代理変数としての育児指標

41. この一般化は独立して PS-ARE 調査、寄付・ボランティア行動調査、そしてわれわれ自身の信仰重要性調査において確証されている。これら知見はそれぞれのケースでわずかに異なった表現の質問に基づいており、そのことは知見の説得性を強めるものであるが、一般的に言うと調査ではどのくらいの「友人」あるいは「親密な友人」がいるかを尋ねている。

42. 宗教上の社会的ネットワークの重要性というわれわれの核となる知見は、PS-ARE 調査と寄付・ボランティア行動調査で独立して確証されている。

43. 宗教上の社会的ネットワークについて明示的に見た研究はほとんどなかった。注目すべき例外については下記参照。Brian D. McKenzie, "Religious Social Networks, Indirect Mobilization, and African American Political Participation," *Political Research Quarterly* 57, no. 4 (2004), 621–32.

44. 市民参加を促進する、宗教的な基盤を持つ社会的ネットワークの著しい力について言及している研究者はわれわれが唯一ではない。Robyn L. Driskell, Larry Lyon, and Elizabeth Embry, "Civic Engagement and Religious Activities: Examining the Influence of Religious Tradition and Participation," *Sociological Spectrum* 28, no. 5 (2008), 578–601; Niles and Clawson, "Small Group Involvement and Civic Engagement in America"; Ziad Munson, *The Making of Pro-Life Activists: How Social Movement Mobilization Works* (Chicago: University of Chicago Press, 2008).

45. 寄付・ボランティア行動調査からのこれらの結論は、背景の人口統計学的、イデオロギー的要因を完全に統制した広範囲の多変量解析に基づいている。この分析が示唆することに、宗教的ネットワークへ非常に高水準で参加していると（したがって寄付とボランティア全体が非常に高水準)、経路効果（宗教的寄付とボランティア行動への）が非宗教的寄付とボランティア行動を実際に抑制し始める可能性があるが、大半の場合には宗教的ネットワークは非宗教的な寄付とボランティア行動の可能性を増加させる。

46. われわれのパネルの方法論のまとめと、それが証明できること、できないことについては補遺 2 を参照。

47. 宗教的ネットワークはわずかに南部でより密、北東部でより疎で、白人の間でより疎であるように見える。

48. われわれは二組の質問で友人の宗教所属について尋ねた：(1)「5 人のもっとも親しい友人を考えたとき、そのうち何人があなたと同じ宗教に属していますか」と (2) 回答者の「親しい友人」の数について尋ねた後に、その中に (a) 福音派プロテスタント、(b) 主流派プロテスタント、(c) ユダヤ教徒、ムスリム、あるいは何かその他の非キリスト教宗教、(d) カトリック、(e) 宗教的でない、がいるかどうか尋ねた。密な宗教上の社会的ネットワークを持つ人々は最初の質問に高割合の反応で答えるが、同時に第二の質問の組に対しても自身のもの以外の多数の宗教からの友人に言及する傾向がある。

49. 宗教的な社会関係資本の限界についての他の例としては下記を参照。Paul Lichterman, *Elusive Togetherness: Church Groups Trying to Bridge America's Divisions* (Princeton: Princeton University Press, 2005). リクターマンの知見では、宗教集団は多くの市民活動に関わる傾向があるが、超教派集団が共に市民的善行のために協働しようとするときには、彼らは宗教的な違いを橋渡しする能力に欠いている。

50. 米国での 2006 年と 2007 年両方の信仰重要性調査では全アメリカ人の 57%が「人々にはウサマ・ビンラディンあるいはアルカイダを擁護するスピーチを行う完全な権利がある」に賛成したが、比較可能な英国での 2008 年信仰重要性調査では、その言明に賛成するのは 32%にすぎなかった。2006 年の米国調査では、「大半の人々が反対する書籍は私の地域公共図書館から除かれるべきだ」という見方に 77%が反対していたが、対して 2008 年調査のイギリス人回答者では 54%だった。

51. この寛容性増大への傾向は「黒人は遺伝的に劣っている」と主張するスピーチ、教師、そして書籍の場合に最低を示しているが（しかしそれでも統計的に有意だが)、レイシズム自体がこの数十年間に非合法化されてきたので、それを表明する人に対しての寛容性の増大はさらに目立つものである。

52. 大半の研究では寛容性が高いのは教育水準の高い人々、若い世代、市民参加の多い人々、リベラル、そして宗教性の低い人であることが見いだされているが、明らかにそこには例外はある。以下を参照。Samuel Andrew Stouffer, *Communism, Conformity, and Civil Liberties* (Garden City: Doubleday, 1955); Herbert McClosky and Alida Brill-Scheuer, *Dimensions of Tolerance: What Americans Believe About Civil Liberties* (New York: Russell Sage Foundation, 1983); James L. Gibson and Richard D. Bingham, "On the Conceptualization and Measurement of Political Tolerance," *The American Political Science Review* 76, no. 3 (1982), 603–20; James L. Gibson, "Enigmas of Intolerance: Fifty Years After Stouffer's *Communism, Conformity, and Civil Liberties*," *Perspectives on Politics* 4, no. 1 (2006), 21–34; Aubyn S. Fulton, Richard L. Gorsuch, and Elizabeth A. Maynard, "Religious Orientation, Antihomosexual Sentiment, and Fundamentalism Among Christians," *Journal for the Scientific Study of Religion* 38, no. 1 (1999), 14–22; Vyacheslav Karpov, "Religiosity and Tolerance in the United States and Poland," *Journal for the Scientific Study of Religion* 41, no. 2

なっても最後に聞かれることになっても全く同じだった。よって、その項目に対する反応は個人的道徳についての他の質問の文脈には影響されていないように思われる。

30. 宗教と結婚および性的行動についての詳細な検討は下記を参照。Vaughn R. A. Call and Tim B. Heaton, “Religious Influence on Marital Stability,” *Journal for the Scientific Study of Religion* 36, no. 3 (1997), 382–92; および Mark Regnerus, *Forbidden Fruit: Sex and Religion in the Lives of American Teenagers* (New York: Oxford University Press, 2007).

31. ここでは「一年間に1、2回」と答える者と「一年間に1回未満」と答える者を一緒にし、「決して行かない」と答える者を除いている

32. この一般化は2000年のソーシャルキャピタル・コミュニティベンチマーク調査に基づいている。全ての標準的人口統計学的またイデオロギー的要因を統制すると教会出席は、リスト化された集団のそれぞれ——近所の人、店員、「大半の人」その他——への信頼に対する統計学的に有意な予測変数となっている。この広範なパターンは2006年の信仰重要性調査と総合社会調査（1972–2008年）において完全に確認されている。この節でわれわれは他者や近所の人、店員などに対する信頼と不信について検討したが、特に他の宗教集団についての信頼や不信のことは脇に置いていた。例えば、カトリックはどの程度プロテスタントを信頼しているのか、あるいは世俗的な人々はどの程度福音派を信頼しているのかという問題は第14章において、アメリカ社会における文化戦争と宗教的分裂について議論する一部として取り扱う。

33. 愛他的価値観の測定については下記を参照。Tom W. Smith, “Altruism in Contemporary America: A Report from the National Altruism Study.” GSS Topical Report No. 34 (National Opinion Research Center/University of Chicago: June 2003). http://publicdata.norc.org:41000/gss/DOCUMENTS/REPORTS/TopicalReports/TR.34.pdf（2010年7月14日アクセス）.

34. これらの数字全てでは、他の人口統計学的またイデオロギー変数をそのサンプル平均で一定に保っている。

35. われわれの総合社会調査の分析は、信仰重要性調査で用いたのと同じ4質問に基づいている。寄付・ボランティア行動調査の分析で用いた利己性の指標は以下の賛否である：(1)「われわれには全て、他者の問題よりも自分自身の目標を何よりもまず先に気にかける権利がある」; (2)「深刻な問題を抱えている人の大半は自身にそれらの問題をもたらしていた」; (3)「誰かが泣いているのを見るとしばしば同情するよりもイライラする」; (4)「世界の苦難を和らげるために個人ができることはほとんどない」。PS-ARE調査における利他的価値の唯一有益な測定は以下の賛否である：「人生で最も重要なことは自身の幸福である」。

36. 表13-3における質問の順番は実際の調査のものと同じではない。むしろ、関連する質問は調査票全体に散らばっていて、関連する質問に対して何か単一の回答が与える影響を最小化しようとしている。もちろん、回答者は面接の主要なトピックは宗教と市民生活であることを認識しているが、われわれが目指したのは具体的な質問に対する文脈効果を最小化することだった。調査票はamericangrace.orgで入手可能である。

37. 感謝の祈りを唱えることや祈りの頻度はこのリストの中で、よき隣人性に対して何らかの関連を持つように見える唯一の測度であるが、それはわれわれ自身の調査、総合社会調査、そしてPS-ARE調査の中では、頻繁に祈ることとの関連が組織化されたボランティアや慈善への参加、あるいは他の形態の市民参加とはなかったものの、私的な親切行為との間に存在するといういくつかの証拠が見いだされたからである。

38. ここでのわれわれの信頼の測定は、以下の2質問への反応を組み合わせた因子得点指数である：(1)「一般的に言って、大半の人は信頼できると言えますか、それとも人付き合いにおいては注意するに越したことはないでしょうか」と (2)「たいていの場合には人々は協力的と言えるでしょうか、それとも彼らはたいてい自分だけを気にしているでしょうか」。いつものように、図13－6のパターンは、標準的な人口統計学的統制を行っても成り立っている。2006年の信仰重要性調査と総合社会調査（1972–2008年）の両者においてもそれは完全に確証されている。他にこの種の研究については下記を参照。Joseph R. Daniels and Marc Van der Ruhr, “Trust in Others: Does Religion Matter?,” *Review of Social Economy* (forthcoming).

39. 下記も参照。Paul Froese and Christopher Bader, *One Nation Under Four Gods: How Our Diverse Views of God Are Shaping America* (New York: Oxford University Press, forthcoming).

40. 図13-7における完全に空白のセルは、回答者が少なすぎて社会的信頼について信頼性の高い指数を計算できなかったカテゴリーである。言い換えると、ときには神の裁きを感じるが、神の愛を経験したことは全くないと述べるアメリカ人はほとんどいない。神の裁きも神の愛もどちらも決して感じないという人々は見方が最も世俗的であり、したがって彼らの神の経験はその社会的信頼にほとんど関連性がない；したがってこのセルは図13-7で濃淡を区別して示した。

い：C. Daniel Batson, Patricia Schoenrade, and W. Larry Ventis, *Religion and the Individual: A Social-Psychological Perspective*, rev. ed. (New York: Oxford University Press, 1993), Chapters 9 and 10.

23. 宗教的アメリカ人によって報告されたこれらの組織的ポストのうち、実際にはどれくらいが宗教組織のものであるかについては確信を持つことができない。加えて、強く宗教的なアメリカ人は前年に平均7回「会合を司会したりスピーチをした」と答えたが、最も世俗的なアメリカ人では比較すると平均4回だった。宗教的なアメリカ人の答えるリーダーシップ活動の大半は宗教関連グループの中に場所を占めているが、彼らはまた世俗組織の中でもリーダーシップを示しているのである。人口で最も宗教的な5分の1のアメリカ人のうちの3分の1が前年に司会をしたりスピーチをしたりしたと回答しているが、これは市民的スキルを学ぶ場所を提供するという宗教組織の注目すべき役割を証言するものである。下記を参照。Sidney Verba, Kay Lehman Schlozman, and Henry E. Brady, *Voice and Equality: Civic Voluntarism in American Politics* (Cambridge: Harvard University Press, 1995).

24. われわれの最初の面接は、移民の権利というリベラル目的をめぐっての2006年のデモの時期に行われており、われわれの調査はその運動に対する宗教的な組織インフラの重要性を捉えたのではないかと考えている。

25. 宗教性と市民参加の間にあるこの相関についての独立した確証は、1972–2008年の総合社会調査と2006年のPS-AREから得られる。GSSでは、市民参加を標準的に予測する変数を統制すると、教会出席は組織所属の頻度、近所交際の頻度、そして地域や大統領選挙での投票に対する強く有意な予測変数になっていた。PS-ARE調査では、市民参加を標準的に予測する変数を統制すると、教会出席は投票、公的会合や政治集会への出席、そして政党や候補者のために働く（あるいは寄付をする）こと、および多くの形で寄付や助言、個人的な支援を行うことに対しての強く有意な予測変数になっていた。

26. 図13-3で示しているのはわれわれの宗教性指数とさまざまな市民参加測度の間のロジスティック回帰で、全ての統制変数をその平均値に保っている；統制変数に含まれるのは年齢、人種、教育、所得、性別、婚姻・家族状態、自家所有、居住年数、そしてイデオロギー自己定位である。市民参加の測度はこれらの6質問に基づいている：(1)「これからさまざまなグループや組織のリストを読み上げます。過去12ヶ月の間にこの種のグループに参加してたらただ「はい」と答えてください：(a) 趣味、スポーツ、芸術、音楽その他の余暇活動グループ；(b) 奉仕、社会福祉あるいは友愛組織；(c) 青少年、親、あるいは学校支援組織；(d) 専門職、業界、農業、ビジネス団体；(e) 近隣、民族あるいは政治団体；および／または (f) 特定の病気、障害、中毒を持つ人々あるいはその家族のための支援グループや自助プログラム。(2)「過去12ヶ月の中で何らかの組織の役員や委員会メンバーを務めましたか」(3)「過去12ヶ月の間に約何回、公的な集会に出席しましたか」(4)「参加している何かのグループで過去12ヶ月の間に社会あるいは政治改革のための地域行動をとりましたか」(5)「過去12ヶ月のうちにあなたの住んでいるコミュニティの問題解決のために誰か、あるいは何かのグループとともに働きましたか」(6)「地方選挙に投票する人もいれば、そうでない人もいます。最近の地方選挙について考えたとき、あなたはその全てで投票しましたか。大半で、いくつかで、ほとんどしなかった、あるいは全くしなかったでしょうか」。

27. 同様に、PS-ARE調査で見いだされる宗教性—市民参加のリンクもさまざまな宗教系統間で本質的に同一だが、例外として主流派プロテスタントは他の宗教系統よりも政治的活動により関わっているように見える。

28. Arthur C. Brooks, *Who Cares: The Surprising Truth About Who Is Charitable, Who Isn't and Why It Matters for America* (New York: Basic Books, 2006):「政治的保守派は、平均すると、リベラルよりもより個人的に慈善的である」(p.11)。しかしこれは基本的に誤解を招くもので、ブルックスがまさに依拠する調査の中においてすらそうである。統計学的に言うと、保守的イデオロギーと寛大性や善き市民性のさまざまな測度の間の、宗教性およびその他標準的な人口統計学的要因を統制した時の偏相関は有意に正には決してならず、ときには有意に負となっている。これはわれわれの信仰重要性調査、PS-ARE調査、そしてブルックス自身の用いた「ベンチマーク2000」調査でさえ当てはまる。政治的保守主義が思いやりに、宗教性を一定に保った上で正の影響を与えていることを示すいかなる全国調査も見つけることはできなかった。ブルックスは適切な統計的統制の必要性を他の文脈では明らかに理解しており、また宗教を統制すると、保守派はより寛大ではないということをついでには(pp.46–50) 認めているが、しかし同書の中心の主張は、本のカバーが述べている通り「保守派はリベラルよりも確かに思いやりがあり寛大である」というものである。

29. 40カ国の国際比較からの証拠では、宗教性は「納税モラール」、すなわち税逃れは悪いという道徳的関与を押し上げる。下記を参照。Benno Torgler, "The Importance of Faith: Tax Morale and Religiosity," *Journal of Economic Behavior & Organization* 61, no. 1 (2006), 81–109. 2006年の信仰重要性調査において六つの倫理的問題が提示される順番は回答者ごとにランダムとなっており、脱税についての結果はその項目が最初に聞かれることについて異なる操作的測定を用いて同じパターンが表れることは、このパターンが頑健なものであるというわれわれの確信を強めるものである。

14. 宗教性と寄付についてのわれわれの分析の根底にあるロジスティック回帰分析では、所得、経済的不安、年齢、教育年数、地域（南部）、婚姻および有子状態、性別、人種、そして調査年を一定に保っている。本文のデータは寄付・ボランティア活動データアーカイブから来ているが、2006年の信仰重要性調査でも正確に同じパターンが表れる。人が宗教組織に寄付をするオッズは、一年あたりの教会出席が一週増すごとに6％上昇し、世俗的組織に寄付をするオッズは一年あたりの教会出席一週ごとに0.6％上昇する。

15. 寄付が教会出席と関連していない唯一の領域は、「環境」および「公益」目的だった。

16. 宗教的な青少年グループへの関与の広がりの証拠については、下記を参照。Christian Smith and Melinda Lundquist Denton, *Soul Searching: The Religious and Spiritual Lives of American Teenagers* (New York: Oxford University Press, 2005). 国際的目的に対する宗教の役割についてのさらなる証拠は下記を参照。Robert Wuthnow and Valerie A. Lewis, “Religion and Foreign Policy Altruism: Evidence from a National Survey of Church Members,” *Journal for the Scientific Study of Religion* 47, no. 1 (2008), 191–209.

17. これらの数字は2006年の信仰重要性調査からで、標準的な人口統計学的要因をサンプル平均で一定に保っている。寄付・ボランティア行動調査からの比較可能な数字では、55％と65％である。

18. PS-ARE調査では近しい家族、友人、近隣に金銭を与えることについても尋ねており、その種のインフォーマルな経済的支援は宗教性によって有意に高められてはいなかったが、同じ調査において家族、友人そして近隣を「助ける」ことと「助言をする」ことは宗教性と正に相関していた。

19. 1988-2001年の寄付・ボランティア行動調査では、カトリックの宗教目的での寄付は他の教派のものをわずかに下回っているように見えたが、他の宗教系統で有意に特徴的であるものはなかった。1990年代の寄付・ボランティア行動調査と2006年の信仰重要性調査の両方を検討すると、穏健な福音派では時間とともに世俗的寄付が高まる傾向が、宗教的寄付において寛大であり続けている一方で起こっているといういくらかの証拠がある。教派的な差異についてのこれらの一般化は全て、標準的な人口統計学的特徴を一定に保ったときにも成り立っている。これらの知見もまたおおむね下記と一貫している。Dean R. Hoge et al., “Giving in Five Denominations,” in *Financing American Religion*, ed. Mark Chaves and Sharon L. Miller (Walnut Creek, CA: AltaMira Press, 1999), 3–10.

20. このパラグラフにおける一般化は信仰重要性調査から得られたものだが、寄付・ボランティア行動調査とPS-ARE調査からの比較可能な結果と本質的に一貫している。しかし、寄付・ボランティア行動調査から示唆されているのは、経路効果――宗教性が増大すると、寄付ないしボランティア総量の上昇とともに、宗教的目的についての寄付ないしボランティア総量が相対的により重くなるよう集中していくこと――が福音派プロテスタントの間で最大で、カトリックと黒人プロテスタントには存在しないということである。他でも福音派が寄付とボランティアをその集団内部に集中させている証拠が見いだされている：Robert Wuthnow, “Mobilizing Civic Engagement: The Changing Impact of Religious Involvement,” in *Civic Engagement in American Democracy*, ed. Theda Skocpol and Morris Fiorina (Washington, D.C.: Brookings Institution Press/Russell Sage Foundation, 1999), 331–63; Philip Schwadel, “Individual, Congregational, and Denominational Effects on Church Members' Civic Participation,” *Journal for the Scientific Study of Religion* 44, no. 2 (2005), 159–71; Campbell and Yonish, “Religion and Volunteering in America”; Franklyn C. Niles and James Clawson, “Small Group Involvement and Civic Engagement in America” (paper presented at the Annual Meeting of the American Political Science Association, Boston, August 29 – September 1, 2002).

21. 統計学通のために、われわれが信仰重要性調査、寄付・ボランティア行動調査およびPS-AREから見いだしているのは、教会出席が宗教、世俗両方の寄付の強力な予測変数であること、宗教的寄付の方が世俗的寄付よりも相関が大きいこと、宗教系統間での切片には非常に控えめな差しかないこと、そして宗教系統と教会出席の間の交互作用は、寄付への影響について有意ではないことである。

22. 宗教性と援助行動の間の連関はグローバルな現象であるように見える：ギャラップは全大陸で宗教性、寄付、ボランティア行動、そして見知らぬ他者の援助の間の関連を見いだしている。下記を参照。Brett Pelham and Steve Crabtree, “Worldwide Highly Religious More Likely to Help Others,” Gallup, http://www.gallup.com/poll/111013/Worldwide-Highly-Religious-More-Likely-Help-Others.aspx (2010年6月10日アクセス). 社会心理学者のダニエル・バトソンと共同研究者は、宗教的な人々が他の人々と比べてその善行を誇張する傾向があるという証拠を報告している。したがって、本章における効果サイズの推定はいくぶん誇張されたものであるかもしれないが、われわれの報告した効果は実質的でありまた広がっているもので、見せかけのものである可能性は低は全てわずかに高くなっているかもしれない。さらに、ボランティア活動のさまざまな種類について多く調べるほど、推定全体が高くなる。われわれのケースでは、単一探針版では非宗教的なボランティア活動が37％という推定が得られたが、五探針版では非宗教的なボランティア活動の推定が47％となった。それでも、2006年信仰重要性調査の推定値は大まかには他研究からの結果と一貫している。インディペンデント・セクターによって1988–2001年に支援された寄付・ボランティア行動調査からの比較可能な数字では、宗教組織に対しては24％、非宗教組織に対しては36％である。単一探針を用いたPS-AREでは比率29％、全ての種類のボランティアを結合したGSSでは46％、一方で五つの異なる種類のボランティア活動で探ったピュー調査では全体でボランティア率70％が得られている。アメリカ宗教とエスニシティパネル調査についてのさらなる情報は下記を参照。Michael O. Emerson, David Sikkink, and Adele D. James, "The Panel Study on American Religion and Ethnicity: Background, Methods, and Selected Results," *Journal for the Scientific Study of Religion* 49, no. 1 (2009), 162–71.

6. David E. Campbell and Steven J. Yonish, "Religion and Volunteering in America," in *Religion as Social Capital: Producing the Common Good*, ed. Corwin Smidt (Waco: Baylor University Press, 2003), 87–106.

7. 宗教的な優越による差は全てについて、1％水準以上で統計的に有意である。ソーシャルキャピタル・コミュニティベンチマーク調査（2000年）と寄付・ボランティア行動調査（1988-2001年）の対比可能な分析からは、表13-1のものとほぼ同一の結果が得られている。

8. 宗教性と慈善の間のつながりに関してのさらなる証拠については以下を参照。Roger J. Nemeth and Donald A. Luidens, "The Religious Basis of Charitable Giving in America: A Social Capital Perspective," in *Religion as Social Capital: Producing the Common Good*, ed. Corwin Smidt (Waco: Baylor University Press, 2003), 107–20; Robert Wuthnow and Virginia A. Hodgkinson, *Faith and Philanthropy in America* (San Francisco: Josey Bass, 1990); Mark D. Regnerus, Christian Smith, and David Sikkink, "Who Gives to the Poor? The Influence of Religious Tradition and Political Location on the Personal Generosity of Americans Toward the Poor," *Journal for the Scientific Study of Religion* 37, no. 3 (1999), 481–93; Peter Dobkin Hall, "Religion, Philanthropy and Civic Engagement in Twentieth Century America," in *Gifts of Money and Time: The Role of Charity in America's Communities*, ed. Arthur C. Brooks (Lanham, MD: Rowman & Littlefield, 2005), 159–84; および Mark Wilhelm, Patrick Rooney, and Eugene Tempel, "Changes in Religious Giving Reflect Changes in Involvement: Life-Cycle and Cross- Cohort Evidence on Religious Giving, Secular Giving, and Attendance" (Center on Philanthropy, Indiana University, Bloomington, 2005).

9. 以下の全ての一般化は、2006年の信仰重要性全国調査の広範な分析に基づいている。別途記していない場合には、それらについて包括的また詳細に、ソーシャルキャピタル・コミュニティベンチマーク調査（2000年）、インディペンデント・セクター支援による1988–2001年の寄付・ボランティア行動調査、2006年のライス大学・アメリカ宗教とエスニシティパネル調査、2001–2007年のピュー・宗教と公的生活調査による並行した分析で確認した。われわれの分析が多くのさまざまなデータアーカイブにわたり再現されることは、何か単一の調査の方法論的な特有性や、宗教性、市民参加あるいは寛大さについてのいずれかの単一測度にわれわれの結論がよるものではないという確信を助けるものである。

10. 2002年と2004年の総合社会調査における類似の質問では、寄付率が78％であることが見いだされている。毎年のインディペンデント・セクターによる1988–2001年の寄付・ボランティア行動調査からの比較可能なデータでは、わずかに低い寄付率のおよそ70％が示唆されているが、これらの調査の寄付率は質問ワーディングや順番のわずかな変化によって、年ごとに大きく異なっている。

11. このパラグラフにおける最初の比較は、寄付とボランティア行動1988–2001年調査アーカイブからのもので、2番目は2006年信仰重要性調査からのものである。これら二つの独立したソースからの結果は事実上同一である。

12. 非宗教的寄付に対する宗教の影響についてのわれわれの推定は、保守的になるように設計されている。第一に、大半の宗教的寄付は聖職者の給料や教会建築のように純粋に宗教的な目的のところに行くが、献金皿に置かれた金銭の約5％は非宗教的な目的のところに行く——ホームレス支援や第三世界の保健医療、といったものである；下記を参照。Mark Chaves and Sharon L. Miller, *Financing American Religion* (Walnut Creek, CA: AltaMira Press, 1999). 第二に、カトリック・チャリティーズやユナイテッド・ジューイッシュ・アピールのような宗教に関連した慈善への寄付にはある程度のあいまいさがある：それらは宗教的なのだろうか、非宗教的なのだろうか。われわれの回答者がそのような寄付を「非宗教的」よりむしろ「宗教的」と回答する限りにおいて、ここでのわれわれの議論は非宗教的な目的を支援する宗教的な人々の役割を過小評価している。

13. 図13－2は2006年の信仰重要性調査に基づいている。まさしく同じパターンが、1988–2001年の寄付・ボランティア行動調査アーカイブに表れている。異なる時点の、異なる調査アーカイブ二つで、慈善と宗教性に

23. Kenneth D. Wald, Dennis E. Owen, and Samuel S. Hill, "Churches as Political Communities," *American Political Science Review* 82, no. 2 (1988): 541.

24. 宗教上の社会的ネットワークの測定は以下が含まれている：(a) 会衆の内部での親密な友人数；(b) 祈祷もしくは他の小グループ参加の頻度；(c) 家族や友人と宗教について話す頻度。これらの項目は因子得点にまとめた。この主張が基づいている統計モデルは白人のみを含むもので、イデオロギーも統制している。

25. アフリカ系アメリカ人の党派心の特徴により、彼らはこの分析から除かれている。

26. 宗教性指数と宗教的社会ネットワーク指数の相関係数は 0.67（0.1％水準で有意）。

27. この主張を受け入れることは、人々がますます宗教を自分の生活に完全に統合するのを宗教の教えが引き起こしているということを必ずしも意味しない。もし人々が、宗教とその他の領域の完全な統合がどの程度強調されているかを元にして宗教を選んでいても、同じ観察がなされることになるだろう。

28. 統計学的背景のある向きへ：この言明は、標準的な人口統計学的変数のグループを含んでおり、また「政治について宗教に頼る」と「宗教上の社会的ネットワーク」の交互作用項を有している統計モデルに基づいている。この交互作用は統計学的に有意だったが、二つの要因が一体となって人々を党派的スペクトラム上で共和党の極の方に動かすことを示している（モデルにおいては交互作用を構成する両方の項も主効果として含んでいる）。従属変数は 3 点尺度の政党支持で、強い支持、弱い支持、そしてどちらかと言えば、というものは一緒にまとめてコードしている。推定法は順序ロジスティック回帰である。

29. Diana C. Mutz, *Hearing the Other Side: Deliberative Versus Participatory Democracy* (New York: Cambridge University Press, 2002).

第 13 章　宗教とよき隣人性

1. George Washington, "Farewell Address," (1796): http://avalon.law.yale.edu/18th_century/washing.asp (2010 年 6 月 16 日アクセス); Alexis de Tocqueville, trans. Arthur Goldhammer, *Democracy in America* (New York: Library of America, 2004)〔松本礼二訳『アメリカのデモクラシー』岩波文庫、2005-2008 年〕. 特に下記を参照。Volume 2, Part 1, Chapter 5, "How Religion Uses Democratic Instincts in the United States."

2. Blaise Pascal, trans. W. F. Trotter, *Pensees* (Mineola, NY: Dover, 2003), 265〔塩川徹也訳『パンセ』岩波文庫、2015-2016 年〕; Christopher Hitchens, *God Is Not Great: How Religion Poisons Everything* (New York: Twelve Hachette Book Group, 2007), 15-36.

3. この問題に対するもう一つの詳細な分析ではわれわれのものと大きくは似ている結果に到達している。下記参照。Corwin Smidt et al., *Pews, Prayers, and Participation: Religion and Civic Responsibility in America* (Washington, D.C.: Georgetown University Press, 2008).

4. http://www.volunteeringinamerica.gov/national (accessed June 10, 2010). この推定のための質問は以下である：「今月、私たちはボランティア活動に関心を持っています。すなわち、経費のようなものをのぞいて、金銭の支払いを受けずにする活動です。組織を通じ、あるいは組織のために行った活動のみについて、たまにしか行わなかったものでも含めてほしいと思っています。去年の 9 月 1 日以来、組織を通じてあるいは組織のために何らかのボランティア活動をしましたか。［いいえの場合］：めったにしかしない活動や、子どもの学校や青年組織のために行った活動をボランティア活動と考えない人が時折あります。去年の 9 月 1 日以来、こういった種類のボランティア活動を何かしましたか。」これらの質問のどれかに「はい」と答えた場合には回答者はボランティアと考えられる。そのようなボランティアは続いてそのボランティアを行った組織の数と種類、そしてボランティア活動に費やした全時間数を尋ねられた。

5. 2006 年の信仰重要性調査でわれわれは全回答者に対しこう尋ねた。「ボランティアをする人もいれば、しない人もいます。過去 12 ヶ月の間にボランティアをしたことがありますか。ボランティア活動という言葉で意味しているのは、家族や友人、一緒に働く人を除いた人々を助けるために行った無償の労働のことです」。もし回答が「はい」であった場合は、過去 12 ヶ月間にどのくらいボランティアをしたか、そして特に「宗教集団や礼拝所」のためのボランティア活動について尋ねた。何らかのボランティアを行ったと答えた全回答者のうち（ランダムに選んだ）半数には、非宗教的目的による以下の五種類のそれぞれのためのボランティアをしたかどうか尋ねた：「健康や特定の疾病への取り組み」「学校もしくは青少年プログラム」「貧困者や高齢者を支援する組織」「芸術や文化組織」「近隣あるいは市民グループ」。サンプルのもう半分には単純に「何らかの非宗教的なグループまたは組織」のためにボランティアを行ったかどうか尋ねた。われわれの調査には、このような調査全てと同様、自身の寛大さを控えめな程度で誇張したいと思う人がいるとわれわれは考えており、したがって推定

9. 他の形態の会衆行動主義でも同様である。非常にリベラルなアメリカ人の26%は、自分の会衆が行進やデモを組織したと答えていたが、対して非常に保守的な者では16%だった。非常にリベラルな者の36%が、有権者登録運動や投票者ガイド配布を支援する会衆に出席していると答えるが、一方で非常に保守的な者で同じように答えるのは27%である。

10.「非常にリベラル」で、自分の会衆とその政治観を「全て、あるいはほとんど全て」共有していると述べる者の64%は教会における政治的活動を少なくとも一つ答えていたが、対して「非常に保守的」な者では46%だった。

11. Corwin E. Smidt, "This World Is Not My Home? Patterns of Clerical Involvement in Politics over Time," in *Pulpit and Politics: Clergy in American Politics at the Advent of the Millennium*, ed. Corwin E. Smidt (Waco: Baylor University Press, 2004), 301–22.

12. 人口の79%は会衆を有しており、その7%が「非常にリベラル」なイデオロギーを持っていると述べている——それで全体の5.5%になる。しかしその小片のうち政治的説教を毎月聞くと答えたのは40%にすぎない(5.5×40%=2.2%)。

13. Verba, Schlozman, and Brady, *Voice and Equality*; Donald P. Green and Alan S. Gerber, *Get Out the Vote! How to Increase Voter Turnout* (Washington, D.C.: Brookings Institution Press, 2004); Steven J. Rosenstone and John Mark Hansen, *Mobilization, Participation, and Democracy in America* (New York: Macmillan, 1993).

14. 回答は相互に排他的ではなかったので、回答者は一つ以上の選択肢を選ぶことができた。

15. 就労している人々に分析を限ると、教会出席者仲間は同僚の後ろに来る。

16. ピュー調査の質問はそれぞれのトピックについての説教を聞いたことがあるかどうかで、一方で信仰重要性調査は社会的また政治的トピックに関する説教全てについて尋ねていたが、結果は極めて一貫していた。ピュー調査の項目の中では、五つのトピックが本質的に政治的だった:イラクの状況、同性愛に関する法律、移民に関する法律、死刑、そして幹細胞研究である。6番目のトピック——中絶——はその性質からやはり政治的であると捉えられる可能性がある。29%が、これら最初の五つのトピックについての説教を聞いたことが全くないと答えている。リストに中絶を加えると、この比率は22%に落ちる。比較すると、2006年の信仰重要性調査の回答者の26%が社会的または政治的問題(具体的な内容には言及せず)についての説教を全く聞いたことがないと述べている——まさに22%と29%の間である。

17. 黒人プロテスタントの56%、ユダヤ教徒の50%、そしてモルモン教徒の46%が中絶についての説教を聞いたと答えている。

18. 他の問題についてまとめておく:教会出席者全体の49%がイラクの状況について、45%が環境問題について、29%が死刑について、24%が幹細胞研究について、18%が移民法について、7%が進化についての説教を聞いたことがあった。

19. 福音派の54%、カトリックの44%、主流派プロテスタントの36%、そしてユダヤ教徒の31%が同性愛に関係する法についての説教を聞いたことがあると答えている。

20. 具体的には、自分の政治的または社会的見方は現在の会衆を選ぶ上で重要ではなかったと述べた者の13%が、会衆のうち全てあるいはほぼ全てが自分と同じ政治的見方を共有していると答えている。出席する教会を選択する上で政治的または社会的見方は非常に重要な基準だったと述べる者では、それは35%まで上昇した。典礼や礼拝スタイルは重要ではなかったと述べる者と非常に重要であったと述べる者と比較すると、会衆内での政治的同質性を回答する割合は9%から24%に上昇していた。

21. Andrew M. Greeley, *Religious Change in America* (Cambridge: Harvard University Press, 1989).

22. 社会的ネットワークの政治的影響に関する膨大な研究の小サンプルとして、以下を参照。Bernard R. Berelson, Paul Lazarsfeld, and William N. McPhee, *Voting: A Study of Opinion Formation in a Presidential Election* (Chicago: University of Chicago Press, 1954); Robert Huckfeldt, Eric Plutzer, and John Sprague, "Alternative Contexts of Political Behavior: Churches, Neighborhoods, and Individuals," *Journal of Politics* 55, no. 2 (1993), 365–81; Robert Huckfeldt and John Sprague, *Citizens, Politics, and Social Communication: Information and Influence in an Election Campaign* (New York: Cambridge University Press, 1995); David Knoke, *Political Networks: The Structural Perspective* (New York: Cambridge University Press, 1990); Paul F. Lazarsfeld, Bernard Berelson, and Hazel Gaudet, *The People's Choice: How the Voter Makes Up His Mind in a Presidential Campaign*, 2nd ed. (New York: Columbia University Press, 1948)〔時野谷浩ほか訳『ピープルズ・チョイス——アメリカ人と大統領選挙』芦書房、1987年〕; および Robert D. Putnam, "Political Attitudes and the Local Community," *American Political Science Review* 60, no. 3 (September 1966), 640–54.

ます一般的になり、その反応として離婚の主原因を非とする傾向のある世代である。あるいは、若者の間での結婚に対するよりロマンティックな考えのゆえによるのかもしれない。

49. 専門的には、3.6条件。

50. 若者が中絶賛成に背を向けていることについての洞察は、クライド・ウィルコックスにわれわれは負うものである。この節で議論したアイディアの多くはクライドとの会話で話題となったもので、ミレニアル世代の中絶に対する態度について彼とパトリック・キャリーが執筆した章にも見いだすことができる。また、本章で後に論じる「ジュノ世代」という用語を造りだした功績も彼のものである。

51. この観察はウィルコックスとキャリーによってなされた。「カリフォルニアでは住民投票提案8号が、中絶に際しては親への通知を必要とするという州憲法改正を行おうとしていたが、その施策は多くの例外を許すものだった。この比較的穏やかな中絶施策に対して、ミレニアル世代は2対1近い割合で反対の投票をしたが、それはあらゆるコホートの中で最も堅固な反対だった。サウスダコタの住民投票11号は、母体の健康と生命の保護のためや暴行や近親関係による場合で、妊娠20週未満の時をのぞき中絶を禁止するというものだった。全ての年齢集団がこのより厳しい規制に反対したが、30歳以下の者でやはり反対が最も強かった」。Wilcox and Carry, "The Puzzling Case of the Abortion Attitudes of the Millennial Generation," 140–41.

52. Robert Andersen and Tina Fetner, "Cohort Differences in Tolerance of Homosexuality: Attitudinal Change in Canada and the United States, 1981–2000," *Public Opinion Quarterly* 72, no. 2 (2008), 311–30; Norrander and Wilcox, "Of Moods and Morals."

53. Clyde Wilcox and Carin Larson, *Onward Christian Soldiers? The Religious Right in American Politics*, 3rd ed. (Boulder: Westview, 2006).

54. Amy Sullivan, *The Party Faithful: How and Why Democrats Are Closing the God Gap* (New York: Scribner, 2008).

55. Michael Kazin, *A Godly Hero: The Life of William Jennings Bryan* (New York: Alfred A. Knopf, 2006), 61.

56. Daniel L. Driesbach, "Thomas Jefferson, a Mammoth Cheese, and the 'Wall of Separation Between Church and State,' " in *Religion and the New Republic: Faith in the Founding of America*, ed. James H. Hutson (Lanham, MD: Rowman & Littlefield, 2000), 65–114.

57. E. J. Dionne, *Souled Out: Reclaiming Faith and Politics After the Religious Right* (Princeton: Princeton University Press, 2008).

第12章　エコー・チェンバー――会衆内部での政治

1.「教会」という用語は全ての礼拝所を略記して指すものとして用いている。

2. 政治情報が教会内でどう流通するかについての詳細な議論は下記を参照。Paul Djupe and Christopher Gilbert, *The Political Influence of Churches* (New York: Cambridge University Press, 2009).

3. 例えば社会学者マーク・シャベスは、白人の福音派プロテスタント教会は投票者ガイドの配布を専門にしているが、黒人教会は有権者登録ガイドを行うことがもっとも多く、一方でカトリック小教区では他の会衆よりもデモや行進を組織することが多いということを示している：Mark Chaves, *Congregations in America* (Cambridge: Harvard University Press, 2004). 同様に、プロテスタント信仰のさまざまな分派の内部でも政治活動における差異がある：James L. Guth et al., *The Bully Pulpit: The Politics of Protestant Clergy* (Lawrence: University of Kansas Press, 1997).

4. Clyde Wilcox and Carin Larson, *Onward Christian Soldiers? The Religious Right in American Politics*, 3rd ed. (Boulder: Westview, 2006).

5. Chaves, *Congregations in America*; John C. Green, *The Faith Factor: How Religion Influences American Elections* (Westport: Praeger, 2007); Sidney Verba, Kay Lehman Schlozman, and Henry E. Brady, *Voice and Equality: Civic Voluntarism in American Politics* (Cambridge: Harvard University Press, 1995); Clyde Wilcox and Lee Sigelman, "Political Mobilization in the Pews: Religious Continuity and Electoral Turnout," *Social Science Quarterly* 82, no. 3 (2001), 524–35.

6. Chaves, *Congregations in America*, 95.

7. 2006年には27%が教会での投票者ガイド／有権者登録を答えていたが、比較すると2007年には27.5%だった――これは統計学的に有意な差ではなかった。

8. Pew Research Center for the People and the Press, "High Marks for the Campaign, a High Bar for Obama" (Washington, D.C., 2008).

Rights," in *Understanding Public Opinion*, 2nd ed., ed. Barbara Norrander and Clyde Wilcox (Washington, D.C.: Congressional Quarterly Press, 2002), 124–48. 下記も参照。Greg D. Adams, "Abortion: Evidence of an Issue Evolution," *American Journal of Political Science* 41, no. 3 (1997).

32. Mark Oppenheimer, *Knocking on Heaven's Door: American Religion in the Age of Counterculture* (New Haven: Yale University Press, 2003).

33. 図は教育、年齢、性別、婚姻状態、南部居住を統制している。アフリカ系アメリカ人は除外した。結果は標準化ベータ係数で、3点移動平均で平滑化した。

34. 全米選挙調査からのデータも類似の傾向を示している。しかし、全米選挙調査は1980年にその中絶質問を変えており、その日付前後での比較は注意して行われるべきである。NESと総合社会調査で傾向が類似していることは、それらが中絶について異なる質問をしていることをふまえたときにはそれだけに一層目を引くものである。中絶─政党支持のつながりの成長について、中絶項目の特定の表現の仕方に特異的なものであると帰することはできない。

35. Fiorina, Abrams, and Pope, *Culture War? The Myth of a Polarized America*, 92.

36. われわれの用いた指標は、回答者が「同性の成人二人の間の性的関係」が常に悪い、ほぼ常に悪い、ときに悪い、全く悪くない、と信じるかどうかをを尋ねた質問であることに注意。これは同性関係の法的認知についての質問とは、関係しているが異なるものである。同性愛行為は道徳的に悪いが、その同性愛関係はそれでも法的保護に値する、もしくはその反対のように論理的に信じることは可能だろう。

37. 2006年信仰重要性調査の回答者で、自分の政治的意思決定に宗教は重要であると述べた者の71%は中絶も自分たちにとって個人的に重要性がある問題だと述べているが、宗教は政治的意思決定に何の役割も果たしていないと述べる者では対して38%だった。宗教が自分の政治を特徴付けているという者の55%が同性婚は重要な問題であるとしており、対して宗教は自分の政治に何の影響もないという者では19%である。宗教を政治的意思決定をする上で用いることと、移民やイラク戦争のような他の争点の重要性との間には、このように緊密なつながりをわれわれは見いだしていないことに注意。宗教は自分の政治にとって非常に重要であると述べる者が、イラク戦争もしくは移民のいずれかが重要な問題であるとも述べる控え目な傾向はあったが、宗教は重要ではないとする者とある程度重要であるとする者の間に差はなかった。そしてさらに、宗教は重要ではないとする者と非常に重要であるとする者の間の間の差も、中絶と同性婚に対する差異の大きさと比較すると弱いものである。

38. ルイジアナ州とミズーリ州ではそれぞれ、第1回目の指名決選投票の間に住民投票が行われた。

39. American Enterprise Institute, "The Bush Presidency: Transition and Transformation" (transcript prepared from a tape recording) (www.aei.org2001で入手可能、2010年6月10日アクセス).

40. Associated Press, "Kerry Signed Letter Backing Gay Marriage," *USA Today*, February 11, 2004; Robin Toner, "Democrats Join Fray on Marriage," *New York Times*, February 26, 2004.

41. David E. Campbell and J. Quin Monson, "The Case of Bush's Re-Election: Did Gay Marriage Do It?," in *A Matter of Faith: Religion in the 2004 Presidential Election*, ed. David E. Campbell (Washington, D.C.: Brookings Institution Press, 2007), 120–41; David E. Campbell and J. Quin Monson, "The Religion Card: Gay Marriage and the 2004 Election," *Public Opinion Quarterly* 72, no. 3 (2008), 399–419.

42. これらのダイレクトメールチラシの画像は、ブリガムヤング大学の選挙・民主主義研究センターの研究者によって、その2004年キャンペーンコミュニケーション調査において収集された。クイン・マンソンに、これらの画像に関する支援について特に感謝する。

43. この質問は宗教と公的生活に関するピュー・フォーラムでしばしば聞かれている。

44. Jane J. Mansbridge, *Why We Lost the ERA* (Chicago: University of Chicago Press, 1986).

45. 1977年以降、GSSはリストに7番目の項目も含めて尋ねている:「いかなる理由でも女性がそれを望むとき」。この項目は全年間で得られないので、われわれの図からは除いている。それを加えても(そして時系列を1977年より始めても)本質的な結論に違いはない。

46. Fiorina, Abrams, and Pope, *Culture War? The Myth of a Polarized America*.

47. Clyde Wilcox and Patrick Carry, "The Puzzling Case of the Abortion Attitudes of the Millennial Generation," in *Understanding Public Opinion*, 3rd ed., ed. Barbara Norrander and Clyde Wilcox (Washington, D.C.: Congressional Quarterly Press, 2009), 123–44.

48. Ibid., 6. 一つの例外が婚外関係の否定で、婚外交渉が常に悪いと述べる傾向が若者では他の年齢集団よりもわずかに高い。われわれはこれが離婚率上昇の副産物である可能性があると考えている。ここは、離婚がます回答選択肢をとった：決して行かない／宗教がない、たまに、しばしば、定期的に。1970年から、それらはこう変化した：決して行かない／宗教がない、一年間に数回、一月に1～2回、ほぼ毎週、毎週。したがって、1970年代以前と以後の比較は注意して行う必要がある。総合社会調査では、教会出席の頻度は以下のカテゴリーで測定されている：決して行かない、一年に1回未満、一年に1回、一年に数回、一ヶ月に1回、一ヶ月に2～3回、ほぼ毎週、毎週、一週間に1回以上。この尺度は1972年以降同じままである。宗教性と党派心と、アフリカ系アメリカ人の間の特徴的な関係から、彼らは分析から除かれている。

12. Ronald C. White, *Lincoln's Greatest Speech: The Second Inaugural* (New York: Simon & Schuster, 2006).

13. 神格差に対する世代的置き換えによる説明のさらなる証拠は下記を参照。David E. Campbell, "The Young and the Realigning: A Test of the Socialization Theory of Realignment," *Public Opinion Quarterly* 66, no. 2 (2002), 209-34.

14. M. Kent Jennings and Laura Stoker, "Changing Relationships Between Religion and Politics: A Longitudinal, Multi-Generation Analysis" (Paper presented at the annual meeting of the International Society of Political Psychology, July 4-7, 2007), 22.

15. Thomas Frank, *What's the Matter with Kansas? How Conservatives Won the Heart of America* (New York: Metropolitan, 2004).

16. 図11-4はアフリカ系アメリカ人を含んでいないことに注意。

17. アメリカ人口の中での教育水準の上昇をふまえたとき、大学教育が社会経済的地位の高さを示していると考えて本当によいのか、読者の中には疑問を持つ者もいるかもしれない。結果は示していないが、われわれは「教育のインフレ」を相対的な教育達成（教育年数を、同じ年の人口における教育平均で割る）の測度を構成することで説明に入れてみた。その結果は図11-4から変化していない。

18. Larry M. Bartels, *Unequal Democracy: The Political Economy of the New Gilded Age* (Princeton: Princeton University Press, 2008). Larry M. Bartels, "What's the Matter with *What's the Matter with Kansas?*" *Quarterly Journal of Political Science* 1, no. 2 (2006), 201-26.

19. John W. Kingdon, *Agendas, Alternatives, and Public Policies*, 2nd ed. (New York: HarperCollins, 1995)〔笠京子訳『アジェンダ・選択肢・公共政策――政策はどのように決まるのか』勁草書房、2017年〕.

20. 図では年齢、性別、南部居住、教育、婚姻状態、子どもの有無、エスニシティ（ラティーノ）、そして人種（アフリカ系アメリカ人）を統制している。統制変数は全てその平均値に設定した。推定法は従属変数によって、順序もしくは二項ロジスティック回帰である。

21. 上記の注8で示したように、総合社会調査ではわれわれの宗教性指数を再現することができなかったので、宗教性の測定としては宗教礼拝出席の頻度によっている。この期間について宗教性指数があったならば、これらの結果が本質的に変わるだろうと考える理由をわれわれは持たない。

22. この点についてのより徹底的な議論については下記を参照。Morris P. Fiorina, Samuel J. Abrams, and Jeremy C. Pope, *Culture War? The Myth of a Polarized America*, 2nd ed. (New York: Pearson Longman, 2006). 説得的にこの点を論じたことについてはフィオリーナと共同研究者が、その全てを帰されるに値する。

23. John C. Green, *The Faith Factor: How Religion Influences American Elections* (Westport: Praeger, 2007).

24. 描写した運動を構成した人々と組織のかたまりは「キリスト教右派」（あるいはその代わりに、新キリスト教右派）ともしばしば呼ばれる。しかしわれわれは宗教右派の方がわずかによい記法だと信じており、それはわれわれの焦点が宗教性の重要度の上昇にあるからである。

25. Allen Hertzke, *Freeing God's Children: The Unlikely Alliance for Global Human Rights* (Lanham, MD: Rowman & Littlefield, 2004).

26. Layman, *The Great Divide*, 207.

27. Edward G. Carmines and James A. Stimson, *Issue Evolution: Race and the Transformation of American Politics* (Princeton: Princeton University Press, 1989).

28. David C. Leege, et al., *The Politics of Cultural Differences: Social Change and Voter Mobilization Strategies in the Post-New Deal Period* (Princeton: Princeton University Press, 2002), 124.

29. Kristin Luker, *Abortion and the Politics of Motherhood* (Berkeley: University of California Press, 1984), 186, 188.

30. Christina Wolbrecht, *The Politics of Women's Rights: Parties, Positions, and Change* (Princeton: Princeton University Press, 2000), 47.

31. Clyde Wilcox and Barbara Norrander, "Of Moods and Morals: The Dynamics of Opinion on Abortion and Gay

66. Paul Lichterman, Prudence L. Carter, and Michele Lamont, "Race- Bridging for Christ? Conservative Christians and Black-White Relations in Community Life," in *Evangelicals and Democracy in America:* Volume 1, *Religion and Society*, ed. Steven Brint and Jean Reith Schroedel (New York: Russell Sage, 2009), 187–220.

第10章　挿話――いかに宗教と政治が結びつくのか

1. この文脈では、「カリスマ的」クリスチャンとは　新約聖書の中に記された特定のスピリチュアルな天賦の能力が今日に存在すると信じている者を指す。これらには異言を話すことや信仰治療が含まれる。

2. "Watchdog Group: Church Violated Federal Tax Law," *Star Tribune* (Minneapolis), February 9, 2007; "The Kingdom and the Power of Mac Hammond," *Star Tribune* (Minneapolis), February 11, 2007.

3. 歴史的には「シオニズム」という言葉は、世界中で「流浪」しているユダヤの人々にとって神から約束された故国であると捉えるユダヤ人がいるような、イスラエル国家の再建を求める政治運動を指していた。1948年に国家が樹立されたため「シオニズム」という用語は、世界中のユダヤ人の「民族精神」における持続した信念としての、イスラエル国家をその物理的、精神的故国として支援する集合的な熱意と責任を意味するようになった。

4. The Church of Jesus Christ of Latter-day Saints. "What Is Family Home Evening?," October 8, 2009, http://www.lds.org/hf/display/0,16783,4224-1,00.html (2010年6月10日アクセス).

第11章　アメリカ政治における宗教

1.「神格差」という用語の多くの事例からごく少数として以下を参照。Amy Sullivan, "The Origins of the God Gap," *Time*, July 12, 2007; Peter Steinfels, "In Politics, the 'God Gap' Overshadows Other Differences," *New York Times*, December 9, 2006; Dan Gilgoff, "Barna Survey: The God Gap in American Politics Alive and Well," *U.S. News & World Report*, March 31, 2009; および Hanna Rosin, "Closing the God Gap," *The Atlantic*, January/February 2007. 神格差の最新の取り上げとして、下記を参照。Corwin Smidt et al., *The Disappearing God Gap? Religion in the 2008 Presidential Election* (New York: Oxford University Press, 2010).

2. 本章を通じ、「同性婚《セイムセックス・マリッジ》」と「同性愛婚《ゲイ・マリッジ》」という用語を置き替え可能なものとして用いる。

3. 質問はこう表現されている:「特定の会衆に属しているかどうかにかかわらず、人が宗教を実践するさまざまな仕方についてお尋ねします。次の項目は『感謝の祈り《グレイス》を唱えたり食事の前に神に祈りを捧げる』です。あなたはこれを一日に数回行いますか、およそ一日に1回、一週間に数回、およそ一週間に1回、たまに、あるいは全くしないでしょうか」。この質問には「感謝の祈り《グレイス》」(一般に、キリスト教の用語)と「食事の前に神に祈りを捧げる」という、多くの信仰に適用されるものの両方が含まれていることに注意。説明を容易にするため、感謝の祈り《グレイス》を唱える、と言及する。

4. 政治的無党派は「純粋な」無党派として知られている者のことで、どちらか一方の政党に偏っていることすら認めていない。

5. 図では年齢、性別、南部居住、教育、婚姻状態、子どもの有無、エスニシティ(ラティーノ)、そして人種(アフリカ系アメリカ人)が統制されている。全ての統制変数はその平均に設定した。推定法は順序ロジスティック回帰である。

6.「強く宗教的」が意味するのはわれわれの宗教性指数で上位3分の1の得点ということである。

7.「白人系」カトリックのみを見たときは、最も強く宗教的な者の間での共和党支持者の割合はわずかに高いにすぎない(41.5%)。

8. われわれの完全な宗教性指数を総合社会調査で再現することは不可能なため、礼拝出席の頻度を宗教的傾倒の指標として用いた。

9. Geoffrey Layman, *The Great Divide: Religious and Cultural Conflict in American Party Politics* (New York: Columbia University Press, 2001).

10. 1952年と2008年の全米選挙調査のわれわれによる分析に基づく。

11. 図では教育、年齢、性別、婚姻状態と南部居住を統制している。結果は標準化ベータ係数の3点移動平均である。支持政党は標準的な7点尺度で測定していて、強く民主党、から、弱く民主党、民主党寄りの無党派、純粋無党派、共和党寄りの無党派、弱く共和党、強く共和党、である。教会出席の頻度は二つの研究で異なる測定をしており、全米選挙調査の途上でも変化してきた。1952年と1968年の間は、NESの教会出席項目は以下のとして用いる。この集団は白人が支配的だが、完全にではない。この用語は聖公会信仰におけるアングロ・カトリック主義とは混同されてはならない。カトリック・コミュニティの内部においては、非ラティーノを表現する言葉として「アングロ」を聞くのは普通である。

47. Jay P. Dolan, *The Immigrant Church: New York's Irish and German Catholics, 1815–1865* (Baltimore: Johns Hopkins University Press, 1975); Jay P. Dolan, *In Search of an American Catholicism: A History of Religion and Culture in Tension* (New York: Oxford University Press, 2002).

48. この数字には英語とその他の言語を交ぜて使う小教区が含まれる。

49. Joseph J. Casino, "From Sanctuary to Involvement: A History of the Catholic Parish in the Northeast," in *The American Catholic Parish: A History from 1850 to the Present,* vol. 1, ed. Jay P. Dolan (Mahwah: Paulist Press, 1987), 7–116.

50. Dolan, ed. *The American Catholic Parish*, Volume 1 and Volume 2.

51. Edmund M. Dunne, *The Church and the Immigrant,* in *Catholic Builders of the Nation: A Symposium on the Catholic Contribution to the Civilization of the United States,* Vol. II, ed. C. E. McGuire (Boston: Continental, 1923), 4–7. 人種という言葉の、今日ではエスニシティと呼ばれるであろう集団を指すための利用に注意：ポーランド人、イタリア人、スロヴァキア人など。

52. われわれのものに類似した知見（しかしずっと詳細である）については下記の報告を参照。Pew Research Center: *Changing Faiths: Latinos and the Transformation of American Religion*, http://pewresearch.org/pubs/461/religion-hispanic-latino (2009 年 12 月 13 日アクセス).

53. 第 5 章で言及したように、カトリック教徒のおよそ 3 分の 1 が会衆をショッピングしていた。その章で述べたのは、地理を基盤とした小教区割り当てをふまえたときにはこれが比較的高いということだが、しかしアメリカの主要な宗教系統の間では会衆ショッピングの割合がそれでも最も低いものの一つである。カトリックと同様に会衆ショッピングが低率である唯一の集団はモルモン教で、やはり地理を基盤とした礼拝所割り当てシステムが利用されている。

54. Michael O. Emerson, "Managing Racial Diversity: A Movement Toward Multiracial Congregations" (paper presented at the New Politics of Religious Communities: Managing Diversity and Inequality, American Sociological Association, August 10, 2009), 10.

55. Mark Chaves, *Continuity and Change in American Religion*, Chapter 6 (forthcoming, 2011).

56. 会衆多様性についてのわれわれの議論全体を通してそうであったように、われわれはマイケル・エマーソンの著作に恩恵を受けている。人種的に多様な会衆に出席することと相関するものについての広く一貫した知見については *People of the Dream* 第 4 章を参照。

57. 宗教系統、教育、都市および郊外地域への居住（「農村」が除外カテゴリー）、国内地域、性別、人種、年齢、回答者の郡の人種的多様性そして会衆関与の水準を統制したロジスティック回帰モデルからの結果。統制変数は全て平均に設定されている。

58. Deborah L. Hall, David C. Matz, and Wendy Wood, "Why Don't We Practice What We Preach? A Meta-Analytic Review of Religious Racism," *Personality and Social Psychology Review* 14, no. 1 (2010), 126–39. 本論文は、宗教性について本書全体を通じて使われてきたものとかなり異なる指標を利用した心理学的研究のメタアナリシスに基づいており、したがって彼女らの知見をわれわれのものを比較検討するのは困難である。

59. これらの傾向について開始点と終了点の異なった報告をしている理由は、総合社会調査がこれらの質問全てを毎年聞いてきたのではないからである。

60. 他に一貫した知見を見いだしたものとして以下を参照。Victor J. Hinojosa and Lynne M. Jackson, "Religion and the Paradox of Racial Inequality Attitudes," *Journal for the Scientific Study of Religion* 43, no. 2 (2004), 229–38; R. Khari Brown, "Denominational Differences in Support for Race-Based Policies Among White, Black, Hispanic, and Asian Americans," *Journal for the Scientific Study of Religion* 48, no. 3 (2009), 604–15.

61. *Loving v. Virginia* U.S. 1 (1967).

62. 初期の年には、「ニグロ」という用語が使われていた。

63. Emerson and Smith, *Divided by Faith.*

64. 具体的に言うと、総合社会調査での教育機会についての質問では、アフリカ系アメリカ人が「白人に比べて仕事、所得、住宅がよくない」のは「大半のアフリカ系アメリカ人が、貧困から立ち上がるのに必要な教育の機会を持てていない」からであるかどうかについて尋ねている。

65. Hatch, *The Democratization of American Christianity*, 106.

年3月6日アクセス）．このフレーズはマーティン・ルーサー・キングによって世の中に広まったが、その出所はより明確ではない。人種と宗教に関する先導的な専門家マイケル・エマーソンはこう書いている。「この警句、あるいはその何らかの版はあまりに頻繁に語られていて、多くの人々はそれに対して麻痺してしまったように見える。それを誰が最初に述べたのか確認することは全くできなかった。マーティン・ルーサー・キングという者もいる；彼の時代よりずっと以前の人に帰する者もいる」：Michael O. Emerson with Rodney M. Woo, *People of the Dream: Multiracial Congregations in the United States* (Princeton: Princeton University Press, 2006), 5.

33. Ibid., 35.

34. Ibid., 85.

35. 2006年と2007年の間の会衆多様性について回答者の報告を検討する中で、2006年には自分の会衆内部では同じ人種やエスニシティが「約4分の1以下」と答えていたが、その後で2007年には「約4分の3」と答えた人々が155人いた。これらの人々は2回の調査の間の1年間あるいはそれ未満のスパンで会衆を変えてはいない。このように急速な人口統計学的変化は非常にあり得ないので、そうではなく彼らが質問を誤解したと考えた。最もありそうなのは、彼らが同じ人種／エスニシティのシェアを「約4分の1以下」と答えたとき、異なる人種または民族的背景を持つ者の比率について尋ねられていると考えたというものである。この想定された誤りを修正するために、われわれはこれらの人々について、二つの回答のうち多様性の低い方を利用して再コードした。これは保守的な調整であるが、それは自分のものが多様な会衆であると回答した人々の比率を引き下げるものだからである。しかしわれわれの分析を未調整の指標を使って行ったときも、結論に変化はなかった。

36. Richard Nadeau, Richard G. Niemi, and Jeffrey Levine, "Innumeracy About Minority Populations," *Public Opinion Quarterly* 57, no. 3 (1993); Lee Sigelman and Richard G. Niemi, "Innumeracy About Minority Populations: African Americans and Whites Compared," *Public Opinion Quarterly* 65, no. 1 (2001).

37. 全米会衆調査のわれわれの分析に基づく。

38. Ihsan Bagby, Paul M. Perl, and Bryan T. Froehle, "The Mosque in America: A National Portrait" (Washington, D.C.: Council on American-Islamic Relations, 2001).

39. 黒人プロテスタントの特徴性についての上記の議論を元にすると、黒人プロテスタントとして分類したが人種的に同質な会衆には出席していない13％の人々について読者はいぶかしむかもしれない。分析を人種的に同質な会衆に出席する黒人プロテスタントに限ると、黒人プロテスタントの特徴性はさらに明確なものになる。

40. このモデルには回答者の年齢幅全体を含んでいる（すなわち、年齢は連続変数としてモデル化されている）が、その影響について20歳のものと70歳のものを比較することで説明した。

41. 民族―人種的多様性は米国国勢調査局によって用いられている人種カテゴリーを反映した指数で測定した。集団がより均等に分布していれば、郡の多様性はより高くなる。人口調査標準地域の水準での多様性の指標を用いてもほぼ同一の結果が得られた。

42. 会衆規模の測定は、オリジナルの信仰重要性調査から1年後に実施の、繰り返された面接から恩恵を受けている。先行する年の会衆から切り替えていなかったと答える人々のみを見たとき、ある年に会衆規模について極めて高い推定をしていた多くの人が、違う年にはずっと低い人数を答えているということをわれわれは見いだした。この差異は彼らが会衆を変えたということではありえず、また単一年で会衆が10倍や20倍に拡大したり縮小したりすることも極めて可能性が低いので、この差異を最もよく説明するのは、多くの人々が大きな数字を推定するのが苦手であるという事実である。それゆえに会衆規模の測度に5000人の上限を設けたが、これは会衆規模について見いだせるあらゆる効果をわずかに減少させる効果を生じさせる可能性がある。

43. 多様な会衆に出席すること（回答者と同じ人種やエスニシティが4分の3以下）を従属変数とするロジスティック回帰モデルの結果。他の全てをその平均値で一定にしたときの、確率における増加がモデルからは得られる。

44. これらに類似した結果（福音派会衆について異なる概念化をともなっているが）は下記を参照。Joseph Yi, *God and Karate on the South Side: Bridging Differences, Building American Communities* (Lanham, MD: Lexington, 2009).

45. William V. D'Antonio, *Laity, American and Catholic: Transforming the Church* (Kansas City: Sheed & Ward, 1996); Helen Rose Ebaugh, Jennifer O'Brien, and Janet Saltzman Chafetz, "The Social Ecology of Residential Patterns and Membership in Immigrant Churches," *Journal for the Scientific Study of Religion* 39, no. 1 (2000), 107–16; Eugene C. Kennedy, *Tomorrow's Catholics, Yesterday's Church: The Two Cultures of American Catholicism*, 1st ed. (New York: Harper & Row, 1988).

46. この議論を通じて、「白人系《アングロ》」カトリックという用語をラティーノではないカトリック教徒を指すもの多くの宗教性指標とも関連していることから再確認される。

15. Hart M. Nelsen, Raytha L. Yokley, and Anne Kusener Nelsen, *The Black Church in America* (New York: Basic Books, 1971); C. Eric Lincoln and Lawrence H. Mamiya, *The Black Church in the African American Experience* (Durham: Duke University Press, 1990); Andrew Billingsley, *Mighty like a River: The Black Church and Social Reform* (New York: Oxford University Press, 1999).

16. Andrew M. Greeley and Michael Hout, *The Truth About Conservative Christians: What They Think and What They Believe* (Chicago: University of Chicago Press, 2006), 70.

17. Mary E. Patillo-McCoy, *Black Picket Fences: Privilege and Peril Among the Black Middle Class* (Chicago: University of Chicago Press, 1999).

18. Nathan O. Hatch, *The Democratization of American Christianity* (New Haven: Yale University Press, 1989), 103.

19. Michael O. Emerson and Christian Smith, *Divided by Faith: Evangelical Religion and the Problem of Race in America* (Oxford: Oxford University Press, 2000), 26, 34.

20. Gunnar Myrdal, *An American Dilemma: The Negro Problem and Modern Democracy* (New York: Harper & Brothers, 1944), 938, 942.

21. Mary Patillo-McCoy, "Church Culture as a Strategy of Action in the Black Community," *American Sociological Review* 63, no. 6 (1998), 767–84.

22. 黒人プロテスタントの74%が政治的決定をするときに宗教はある程度、あるいは非常に重要であると述べているが、対して福音派では67%、主流派プロテスタントでは49%であった（モルモン教徒のみが黒人プロテスタントに近く並んでおり、やはり74%である）。黒人プロテスタントの32%が仲間の教会メンバーとともに社会的、政治的アクションに参加したことがあると述べている。この場合には主流派プロテスタントが25%のところで続き、一方で福音派でそうしたことがあると述べる者は20%のみであった。

23. 以下を参照。Allison Calhoun-Brown, "Upon This Rock: The Black Church, Nonviolence, and the Civil Rights Movement," *PS: Political Science & Politics* 33, no. 2 (2000), 168–74; Larry L. Hunt and Janet G. Hunt, "Black Religion as BOTH Opiate and Inspiration of Civil Rights Militance: Putting Marx's Data to the Test," *Social Forces* 56, no. 1 (1977), 1–14; Aldon D. Morris, *The Origins of the Civil Rights Movement: Black Communities Organizing for Change* (New York: Free Press, 1984); Aldon D. Morris, "The Black Church in the Civil Rights Movement: The SCLC as the Decentralized Radical Arm of the Black Church," in *Disruptive Religion: The Force of Faith in Social Movement Activism,* ed. Christian Smith (New York: Routledge, 1996), 29–46; および Hart M. Nelsen and Anne Kusener Nelsen, *Black Church in the Sixties* (Lexington: University Press of Kentucky, 1975). しかし、それとは反対の証拠としては下記を参照。Gary T. Marx, "Religion: Opiate or Inspiration of Civil Rights Militancy Among Negroes?" *American Sociological Review* 32, no. 1 (1967), 64–72.

24. 以下を参照。John Dollard, *Caste and Class in a Southern Town,* 2nd ed. (New York: Harper, 1949); Myrdal, *An American Dilemma;* Edward Franklin Frazier and C. Eric Lincoln, *The Negro Church in America* (New York: Schocken, 1974); および Ralph J. Bunche, *The Political Status of the Negro in the Age of FDR* (Chicago: University of Chicago Press, 1973).

25. Frederick C. Harris, *Something Within: Religion in African-American Political Activism* (New York: Oxford University Press, 1999), 65.

26. Sandra L. Barnes, "Black Church Culture and Community Action," *Social Forces* 84, no. 2 (2005), 967–94.

27. 2004年の数字は2006年の信仰重要性調査からのもので、一方で2006年の数字は2007年の信仰重要性調査からのものである。2008年の数字は2008年の全米選挙調査からきている。

28. Greeley and Hout, *The Truth About Conservative Christians,* 70.

29. 黒人の3分の2が、その人種あるいはエスニシティは自分が何者であるかの感覚にとって非常に重要であると述べていて、ラティーノでのそれは43%である。比較するとアジア系アメリカ人では26%、白人では19%である。

30. ラティーノの1.5%が主流派プロテスタントである。

31. これらの結果は、家族、友人、近隣の間での宗教的同質性、年齢、性別、南部居住、教育水準、婚姻の有無、家にいる子どもの有無、そして人種を入れて説明した統計モデルから得られている。全ての統制変数にはその平均値が設定されている。

32. この具体的な引用は、1963年にウェスタン・ミシガン大学で行われたキングのスピーチからのものであるが、しばしば彼はこれを述べている。下記を参照。http://www.wmich.edu/library/archives/mlk/q-a.html (2010

第９章　多様性、エスニシティと宗教

1. 国勢調査局予測のまとめについては下記を参照。http://www.census.gov/Press-Release/www/releases/archives/population/012496.html（2010 年 3 月 4 日アクセス）.

2. Oscar Handlin, *The Uprooted: The Epic Story of the Great Migrations That Made the American People* (New York: Grosset & Dunlap, 1951), 117. 移民に関するデータについては下記を参照。2010 Statistical Abstract: Historical Statistics (Washington, D.C.: U.S. Census Bureau, 2010), http://www.census.gov/compendia/statab/hist_stats.html (2010 年 6 月 13 日アクセス).

3. Martin Marty, "Ethnicity: The Skeleton of Religion in America," *Church History* 41, no. 1 (1972), 5–21.

4. Will Herberg, *Protestant—Catholic—Jew: An Essay in American Religious Sociology* (Garden City: Doubleday, 1955), 40.

5. 総合社会調査（2006–2008年）においては、第一世代の移民の 30%が宗教礼拝に毎週出席していると答えていたが、対して第二世代では 25%、第三世代では 32%だった。アメリカ宗教とエスニシティパネル調査では、第一世代の 41%が礼拝に毎週出席し、対して第二世代では 30%、第三世代では 41%だった。全体での出席の水準はこれら二つの調査間でさまざまである一方、世代間パターンは同一であったことに注意したい。

6. 以下を参照。Charles Hirschman, "The Role of Religion in the Origins and Adaptations of Immigrant Groups in the United States," *International Migration Review* 38, no. 3 (2004), 1206–33; Helen Rose Ebaugh and Janet Saltzman Chafetz, *Religion and the New Immigrants: Continuities and Adaptations in Immigrant Congregations* (Walnut Creek, CA: AltaMira, 2000); R. Stephen Warner and Judith G. Wittner, eds., *Gatherings in Diaspora: Religious Communities and the New Immigration* (Philadelphia: Temple University Press, 1998); および Won Moo Hurh and Kwang Chung Kim, *Korean Immigrants in the United States: A Structural Analysis of Ethnic Confinement and Adhesive Adaptation* (Rutherford, NJ: Fairleigh Dickinson University, 1984).

7. われわれは「ヒスパニック」でなく「ラティーノ」を使うことを選んだ。ほとんどの目的にとっては、この用語は交換可能である。

8. より専門的には、オランダに祖先を持つ人々の比率が、郡内にいるキリスト改革派教会の信者の比率の分散の 80%を説明していた。説明された分散とは、われわれが説明したい何か（これを Y と呼ぶ）の変化、あるいは分散のどれくらいが、統計モデルの中で一つあるいはそれ以上の予測変数に帰することができるかということを意味している。問題となっている予測変数が Y と何の関係も持っていなければ、説明された分散はゼロになる。もしそれらで完全に Y を説明することができれば、説明された分散は 100%になるだろう。

9. 全ての郡が、長大なリストの中で、ルター派信徒の比率が最高のところを一番上に、最低の比率のところが底になるまで並べられていると想像してほしい。これらの地図は、郡を等しい四つの区分に分割したものを表している：トップ 25%のもの、次の 25%、といった具合である（四分位）。ルター派地図でトップ 25%の中にいるルター派の比率は、ドイツ系アメリカ人の地図でトップにいる郡のドイツ系アメリカ人の比率とは異なるものになる。言い換えると、これらの地図は郡内部にいるどのような集団の絶対的比率も示しているものではない。その代わりに、それらが示しているのは国全体におけるそれぞれの集団の分布である。

10. Paul Perl, Jennifer Greely, and Mark M. Gray, "What Proportion of Adult Hispanics Are Catholic? A Review of Survey Data and Methodology," *Journal for the Scientific Study of Religion* 45, no. 3 (2006), 419–36.

11. 興味深いことに、アイルランド系の先祖を持つ人々の割合は、カトリックの割合と非常に弱い統計的関係しか持たなかった。

12. Jay P. Dolan, ed. *The American Catholic Parish: A History from 1850 to the Present,* Volume 1: *Northeast, Southeast, South Central* (Mahwah: Paulist Press, 1987); Jay P. Dolan, ed. *The American Catholic Parish: A History from 1850 to the Present,* Volume 2: *Pacific States, Intermountain West, Midwest* (Mahwah: Paulist Press, 1987).

13. 尋ねた具体的な質問：「自分が何者かという感覚にとって、さまざまなものがどれくらい重要かを知りたいと思っています。あなたが自身について考えたとき、あなたの［仕事／民族あるいは人種的背景／宗教］は、自分が何者かという感覚にとってどの程度重要ですか――非常に重要、ある程度重要、わずかに重要、全く重要ではない」。仕事／民族あるいは人種的背景／宗教の順番はそれぞれの回答者にランダム化された。

14. これら二つの質問への反応が一致するのは「反応セット」、すなわちよく似て聞こえる質問への習慣的反応のためであるかもしれないことに注意したい。しかし、この関係が単に反応セットによるだけではないことは、人種的アイデンティティの強さは、本章で後に示すように人口統計学的特徴も統制したときであっても他の

Secular: Religion and Politics Worldwide (New York: Cambridge University Press, 2004). 宗教性と社会階級の間の相関は、公的で行動的な宗教性（教会出席や会衆参加）を測るのか、それとも私的で心理的な宗教性（個人的な祈りや、自己記述による「宗教の重要性」）を測るのかによる部分がある。一般的に言うと、社会経済的地位は公的宗教性と正に相関するが私的宗教性とは負に相関する。しかしどちらの場合でも関係はあまり強いものではない。以下を参照。Philip Schwadel, "Poor Teenager's Religion," *Sociology of Religion* 69, no. 2 (2008): 125–49, およびそこに引用された文献。

44. このイメージは下記から借用している。E. E. Schattschneider, *The Semi-Sovereign People: A Realist's View of Democracy in America* (New York: Holt, Rinehart & Winston, 1960), p. 35〔内山秀夫訳『半主権人民』而立書房、1972年〕.

45. 公職者、会社役員、科学者、そして富裕者との上方への橋渡しに焦点を当てている、このトピックに関する初期の研究については下記を参照。Robert Wuthnow, "Religious Involvement and Status-Bridging Social Capital," *Journal for the Scientific Study of Religion* 41, no. 4 (2002), 669–84. ウスノウは包括的な統計的統制により——一般的な社交性を除いて——上方への橋渡しは宗教的会衆のメンバーの間で、その他のアメリカ人よりも広まっていることを見いだしている。

46. 福音派会衆はメンバーの所得と教育という点で多様であるという証拠は1998年の全米会衆調査より来ている。福音派会衆は会員の間で密な社会的つながりを有しているという証拠は多くの調査から得られ、そこには2006年の信仰重要性調査も含まれている。マーク・シャベスは福音派に特徴的な下方向の階級橋渡しは、彼らの個人的な上方的社会移動の名残でもあるかもしれないとわれわれに示唆しており、それはもっともらしい仮説であるが、それは入手可能な証拠では検証できない。

47. 階級間の橋渡しと宗教性についてのわれわれの基本的な一般化は、2006年の信仰重要性調査、2000年のソーシャルキャピタル・コミュニティベンチマーク調査、そしてアメリカ宗教とエスニシティパネル調査（PS-ARE）の第一波（2006年）で確認されており、これら三つの全国調査のみが、下方への橋渡しを測定しているとしてわれわれが気づくことのできたものである。これら三つの調査全てでパターンは同一のものではなく、とりわけ宗教性と下方向の橋渡しをつなぐメカニズムという点でそうであるが、しかし基本的なパターンは三つ全てで見いだされる。われわれの鍵となる知見がこのように再現されたことがより一層説得的になるのは、具体的な橋渡しの指標が調査ごとにいくらか異なっているからである。例えば、信仰重要性調査では「肉体労働者である親しい友人」について尋ね、ベンチマーク調査では「生活保護を受けている個人的な友人」と「肉体労働者である個人的な友人」について、PS-AREでは「生活保護を受けている人との会話」について尋ねていた。PS-ARE調査には友人一般の人数の測定が含まれておらず、これらデータの分析においては一般的な社交性を統制することができなかった。マイケル・O・エマーソンとデヴィッド・シッキンクの運営するアメリカ宗教とエスニシティパネル調査についてのさらなる情報は下記を参照。Michael O. Emerson, David Sikkink, and Adele D. James, "The Panel Study on American Religion and Ethnicity: Background, Methods, and Selected Results," *Journal for the Scientific Study of Religion* 49, no. 1 (2009), 162–71. エマーソンとシッキンクの両教授に対し、この価値あるデータアーカイブへのアクセスを寛大に許してくださったことに非常に感謝する。

48. 図8－6は政党支持を統制していないが、それは政党選択が、これらの政策に対する見方の原因であるというよりも結果である可能性がおそらくあるからである。しかし政党を統制した後でさえも、宗教性は図8-6における見方に対して大きくはないが有意な影響を与え続けていた。実際の調査質問に含まれていたのは：(1) この国における大問題の一つは全ての人が平等な機会を持っているわけではないことだという人もいれば、この国の人々の間での社会的、経済的な違いは正当化されるという人も一方でいます。どちらがあなたの見方に近いですか。：(2) 貧しい人を助けるために政府がより大きな役割を取るべきだと考える人もいれば、個人と民間慈善が大きな役割を果たすべきと考える人もいます。どちらがあなたの見方に近いですか。：(3) 連邦政府の貧困支援の支出は増やした方がいいと思いますか、減らす、あるいは同じままがよいでしょうか。：(4) ワシントンの政府はできれば豊かな人の税金を上げることや、貧しい人に所得補助を行うことを通じて、金持ちと貧しい者の間の所得格差を減らすべきである、と考える人がいます。政府は金持ちと貧しい者の間のこの所得格差を減らすようなことに関心を持つべきではないと考える人もいます。どちらがあなたの見方に近いですか。

49. 福音派はある文脈においては公共政策に対してはっきりと個人主義的なアプローチを取ると言われることがあるが、この場合には福音派は主流派プロテスタントあるいは白人カトリックと比べて、公的取り組みよりも民間慈善を支持しやすいということはなかった。下記と比較のこと。Christian Smith, *American Evangelicalism: Embattled and Thriving* (Chicago: University of Chicago Press, 1998), Chapter 7.

50. Hertzke, "Evangelicals, Populists, and the Great Reversal," 6.

Harry Stout and D. G. Hart (New York: Oxford University Press, 1997), 173–205. 下記も参照。Nathan O. Hatch, *The Democratization of American Christianity* (New Haven: Yale University Press, 1989).

33. Hatch, *The Democratization of American Christianity*, p. 14; Timothy Lawrence Smith, *Revivalism and Social Reform in Mid-Nineteenth-Century America* (New York: Abingdon, 1957), 60, 92; Leigh Eric Schmidt, *Holy Fairs: Scottish Communions and American Revivals in the Early Modern Period* (Princeton: Princeton University Press, 1989), 104; William Gerald McLoughlin, *Revivals, Awakenings, and Reform: An Essay on Religion and Social Change in America, 1607–1977* (Chicago: University of Chicago Press, 1978). 第二次大覚醒は社会改革ではなく、社会統制を目的とした運動であるという反対の見方については下記を参照。Paul E. Johnson, *A Shopkeeper's Millennium: Society and Revivals in Rochester, New York, 1815–1837*, 1st rev. ed. (New York: Hill & Wang, 2004).

34. McLoughlin, *Revivals, Awakenings, and Reform;* Robert William Fogel, *The Fourth Great Awakening and the Future of Egalitarianism* (Chicago: University of Chicago Press, 2000).

35. Herbert G. Gutman, "Protestantism and the American Labor Movement: The Christian Spirit in the Gilded Age," *The American Historical Review* 72, no. 1 (1966), 74–101; Ken Fones-Wolf, *Trade Union Gospel: Christianity and Labor in Industrial Philadelphia, 1865–1915*, American Civilization (Philadelphia: Temple University Press, 1989); Leslie Woodcock Tentler, "Present at the Creation: Working-Class Catholics in the United States," in *American Exceptionalism?: U.S. Working-Class Formation in an International Context*, ed. Rick Halpern and Jonathan Morris (New York: St. Martin's, 1997), 134–57.

36. Allen D. Hertzke, "Evangelicals, Populists, and the Great Reversal: Protestant Civil Society and Economic Concern" (Cambridge: Conference on the Politics of Economic Inequality in the Twentieth Century, Kennedy School of Government, Harvard University, 1996).

37. Charles Monroe Sheldon, *In His Steps: "What Would Jesus Do?"* rev. ed. (New York: H. M. Caldwell, 1899), 11–12〔川越敏司・堀繭子訳『みあしのあと——主イエスならどうなさるか？』新教出版社、2008 年〕.

38. Hertzke, "Evangelicals, Populists, and the Great Reversal," p. 6.

39. Ibid. and David O. Moberg, *The Great Reversal: Evangelism and Social Concern*, rev. ed. (Philadelphia: Lippincott, 1977).

40. 階級と宗教についての以前の研究者による大きな関心、すなわち、宗教の教派や系統の間の階級差というトピックについてはここでは強調しない。このトピックについての最初期の研究である以下では、「セクト」（とりわけ福音派プロテスタント）と「教会」（とりわけ主流派プロテスタント）を区別していた。H. Richard Niebuhr, *The Social Sources of Denominationalism* (New York: Henry Holt, 1929)〔柴田史子訳『アメリカ型キリスト教の社会から起源』ヨルダン社、1984 年〕.「セクト」の会員は階級出自で「教会」の会員よりも低かった。しかし時間がたつにつれ、上方移動する個人が地位の高い教派に切り替えると共に、（カトリック、メソジスト、そしてモルモンのような）教派は上層に向かって移動する傾向となった、階級と教派の間の連関は 20 世紀の後半には不明確なものになっていったが、それは宗教系統が階級という点からは収束する傾向があり、階級差よりもイデオロギー差の方がより重要になっていったからである。以下を参照。Wade Clark Roof and William McKinney, *American Mainline Religion: Its Changing Shape and Future* (New Brunswick: Rutgers University Press, 1987) および Jerry Z. Park and Samuel H. Reimer, "Revisiting the Social Sources of American Christianity, 1972–1998," *Journal for the Scientific Study of Religion* 41, no. 4 (2002), 733–46. しかし近年の研究では、特定の教派間での階級序列は大きいままで、安定してきたかもしれないことを示唆している。下記を参照。Christian Smith and Robert Faris, "Socioeconomic Inequality in the American Religious System: An Update and Assessment," *Journal for the Scientific Study of Religion* 44, no. 1 (2005), 95–104.

41. Roof and McKinney, *American Mainline Religion*, 115.

42. 教会出席において階級バイアスが増大していくという同じ世代的パターンは総合社会調査、全米選挙調査、そしてローパー政治・社会傾向アーカイブにおいても表れていて、教育（相対もしくは絶対）あるいは所得のどちらを社会経済的地位の指標にしてもそうであったが、教育の方がより明確であった。出席の指標はアーカイブごとに異なっているが、教育水準別の傾向は非常に似通っている。階級格差の成長は男性の方が女性よりもより急激で、そしてどちらかと言えば黒人の方が白人よりも、福音派プロテスタントの方が他の宗教系統よりも急激であった。全ての人種を一緒に分析するとこの傾向はマスクされ、それは非白人の方が貧しく、教育水準が低く、より宗教的であるからだが、拡大する階級格差は別個に検討するとそれぞれの人種で表れる。下記も参照。Park and Reimer, "Revisiting the Social Sources of American Christianity, 1972–1998."

43. 社会階級と世俗化に関する別の見方については下記を参照。Pippa Norris and Ronald Inglehart, *Sacred and*

ラビとすることに賛成ですか、それとも反対ですか」(あるいはカトリックに対しては「女性が司祭として叙階されるのが認められるのはよいことである」[に賛成ですか、それとも反対ですか]) だった。その年にはGSSはスペイン語で実施されていないので、ラティーノ系カトリックに対する結果は信頼できない。2006年の信仰重要性調査の質問は下記への賛成/反対である:「私の礼拝所において、女性が司祭や聖職者になることが許されるべきである」。

25. これらの五つの問題に基づく根本主義者的信念の指数を2006年の信仰重要性調査で構成した。この尺度の上位10分の1が、福音派プロテスタント全体の27%を占めた。このパラグラフでは、福音派全体の中で最も根本主義的な4分の1の見方を、他の4分の3の福音派の見方と比較した。根本主義者的信念の指数は以下の5項目で構成されている;それぞれの場合の根本主義者の選択肢は太字で示している。

・以下の文のうち、聖典についてのあなたの気持ちを最もよく表しているのはどれですか:**聖典は神の実際の言葉で字義通り、一語一語理解されるべきだ**/聖典は神の霊感を受けた言葉だが、その中の全てが字義通り、一語一語理解されるべきではない/聖典は人間によって記録された寓話、伝説、歴史、そして道徳訓である。

・**世界はもうすぐ終わりを迎えると信じていますか**、そうではありませんか。

・救いへの道はふるまいや行いを通じてやってくると信じる人もいれば、**救いへの道はわれわれの信念や信仰のうちにあると信じる人もいます**。どちらがあなたの見方に近いですか。

・地上の生命がどう展開したかについての見方をうかがいます。以下の文のうち、人類の起源と発展についてのあなたの見方に最も近いものはどれですか。人類は何百万年をかけてより劣った生命形態から発展してきたが、神がこの過程を導いた/人類は何百万年をかけてより劣った生命形態から発展してきたが、神はこの過程で役割を果たしていない/**神は過去一万年くらい以内に、人類を現在に非常に近い形で一度に創造した**。

・以下の文のどれがあなたの見方に最も近いですか:**一つの宗教のみが真実で他のものはそうではない**/多くの宗教の中に基本的な真理がある/どのような宗教にも真理は非常に少ない。

26. Claude S. Fischer and Greggor Mattson, "Is America Fragmenting?" *Annual Review of Sociology* 35, no. 1 (2009): 437.

27. Peter Gottschalk and Sheldon Danziger, "Inequality of Wage Rates, Earnings and Family Income in the United States, 1975–2002," *Review of Income and Wealth* 51, no. 2 (2005), 231–54; Thomas Piketty and Emmanuel Saez, "Income Inequality in the United States, 1913–1998," *The Quarterly Journal of Economics* 118, no. 1 (2003), 1–39; Kathryn M. Neckerman and Florencia Torche, "Inequality: Causes and Consequences," *Annual Review of Sociology* 33 (2007), 335–57; Bruce Western, Deirdre Bloome, and Christine Percheski, "Inequality Among American Families with Children, 1975 to 2005," *American Sociological Review* 73, no. 6 (2008), 903–20; および Wojciech Kopczuk, Emmanuel Saez, and Jae Song, "Earnings Inequality and Mobility in the United States: Evidence from Social Security Data Since 1937," *Quarterly Journal of Economics* 125, no. 1 (2010), 91–128.

28. Claudia Goldin and Lawrence Katz, "Decreasing (and Then Increasing) Inequality in America: A Tale of Two Half-Centuries," in *The Causes and Consequences of Increasing Inequality,* ed. Finis Welch (Chicago: University of Chicago Press, 2001), 37–82.

29. Douglas S. Massey et al., "The Geography of Inequality in the United States, 1950–2000 [with Comments]," *Brookings-Wharton Papers on Urban Affairs* (2003): 29. 社会階級による居住分離の拡大については以下も参照。Claude S. Fischer et al., "Distinguishing the Geographic Levels and Social Dimensions of U.S. Metropolitan Segregation, 1960–2000," *Demography* 41, no. 1 (2004), 37–59, 特に p. 49; Paul A. Jargowsky, "Take the Money and Run: Economic Segregation in U.S. Metropolitan Areas," *American Sociological Review* 61, no. 6 (1996), 984–98; および Paul A. Jargowsky, "The Reconcentration of Poverty," paper presented at the 31st Annual Research Conference of the Association for Public Policy Analysis and Management, Washington, D.C. November 7, 2009.

30. Christine R. Schwartz and Robert D. Mare, "Trends in Educational Assortative Marriage from 1940 to 2003," *Demography* 42, no. 4 (2005), 621–46. 以下も参照。Matthijs Kalmijn, "Shifting Boundaries: Trends in Religious and Educational Homogamy," *American Sociological Review* 56, no. 6 (1991), 786–800; および Matthijs Kalmijn, "Intermarriage and Homogamy: Causes, Patterns, Trends," *Annual Review of Sociology* 24 (1998), 395–421.

31. Theda Skocpol, *Diminished Democracy: From Membership to Management in American Civic Life* (Norman: University of Oklahoma Press, 2003), Chapters 4 and 5〔河田潤一訳『失われた民主主義——メンバーシップからマネジメントへ』慶應義塾大学出版会、2007年〕; Michael Kremer and Eric Maskin, "Wage Inequality and Segregation by Skill" in *National Bureau of Economic Research Working Paper Series,* no. 5718 (1996).

32. Gordon S. Wood, "Religion and the American Revolution," in *New Directions in American Religious History,* ed.

の似像であり、したがって彼と等しく、その夫を敬って、家庭の運営と次世代の養育において彼の援助者として仕えるという神から与えられた責任がある」。以下を参照。R. Marie Griffith, *God's Daughters: Evangelical Women and the Power of Submission* (Berkeley: University of California Press, 1997); Sally K. Gallagher, *Evangelical Identity and Gendered Family Life* (New Brunswick: Rutgers University Press, 2003); Sally K. Gallagher, "Where Are the Antifeminist Evangelicals?: Evangelical Identity, Subcultural Location, and Attitudes Toward Feminism," *Gender & Society* 18, no. 4 (2004), 451-72; および Susan M. Shaw, "Gracious Submission: Southern Baptist Fundamentalists and Women," *National Women's Studies Association Journal* 20, no. 1 (2008), 51-77.

13. 救世主ルーテル教会の挿話は、教会における女性とフェミニズムに関する複雑さをほのめかしている。女性は静かであることを期待され、投票する権利を欠き、男性の「内助者」であるとして記されるこの非常に伝統的な教会でさえも、多くの女性会衆は家の外で働いていてその中には高水準の専門的地位の者もおり、その事実は教会における二級の地位とはつじつまが合わないように見える。OSL の女性には教会統治からの排除について不満の者もいる一方で、出ていくことで異議表明をする者はほとんどいないようにも見える。

14. モルモン教会は職業的聖職者を持たないが、男性の信徒指導者が会衆および教会の階層構造で全てのポストを占めている。

15. 聖パウロは、女性は男性の上に立ってはならず「静かにして」いなければならない（「テモテへの手紙一」2章12)、そして「妻たちよ、主に仕えるように、自分の夫に仕えなさい。キリストが教会の頭であり、自らその体の救い主であるように、夫は妻の頭だからです。また、教会がキリストに仕えるように、妻もすべての面で夫に仕えるべきです」(「エフェソの信徒への手紙」5章22-24）と述べた。「ペトロの手紙」3章1-6も参照〔新約聖書の該当句は『新共同訳』（日本聖書協会）より〕。

16. このパラグラフの全ての数字は総合社会調査より。比較は教会に定期的に出席する女性と、ほぼ決してそうしない者との間に行っている。

17. さまざまな宗教集団の年齢構成はこの数十年間を通じて大きく変化し、また女性の労働力への参加は年齢と相関しているので、図8-1は（図8-2と同様に）年齢構成を統制している。隔年の推定値は、労働力参加を出生コホートと教会出席で回帰した結果を計算して、その結果の各年の推定に対して LOESS 法平滑化を行った。フルタイム労働、パートタイム労働、そして労働市場参加の指標は全て大まかには同じストーリーを語っている。

18. データは総合社会調査より。

19. 図8-2の質問のワーディングは以下になる：

8.2a: 結婚した女性が事業や産業で金を稼ぐことについて、彼女を支えることのできる夫がいる場合には賛成ですか、それとも反対ですか。(反対)

8.2b: 男性が家の外で働き、女性が家と家族の面倒を見るのが、関係する全員にとってずっとよい。(賛成)

8.2c: 妻にとって夫の仕事を助けることの方が、自身のものを持つことよりも重要である。(賛成)

8.2d: 働く母親は、働いていない母親とちょうど同じようなあたたかく安全な関係を子どもとの間に築くことができる。(反対)

8.2e: 女性は家を運営する面倒を見て、国の運営については男性に任せるべきだ。(賛成)

8.2f: あなたの政党が大統領に女性を指名した場合、彼女がその職務に適任であれば投票しますか。(反対)

20. 総合社会調査によれば、1971年に、婚前交渉は常に、あるいはほぼ常に悪いと述べるが「男性が家の外で働き、女性が家と家族の面倒を見るのが、関係する全員にとってずっとよい」には反対というアメリカ人女性は全体で11%だった。2006-2008年にはこの割合（ジェンダーには進歩的だが、性には保守的）はアメリカ人女性全体の17%に増加しており、その集団における福音派の割合は43%、一方で全女性でのそれは24%だった。福音派の女性全体でこのカテゴリー（ジェンダーには進歩的だが、性には保守的）に落ちる割合は1977年の8%から2006-2008年の28%まで着実に上昇した。

21. Mark Chaves, *Ordaining Women: Culture and Conflict in Religious Organizations* (Cambridge: Harvard University Press, 1997); 特に pp. 14-37, 182-83.

22. 米国労働省の2004年の報告では、2003年に聖職者のうち女性の占める割合は13.9%だったことが、下記に報告されている。Blau, Ferber, and Winkler, *The Economics of Women, Men, and Work*, 142.

23. Chaves, Anderson, and Byasee, "American Congregations at the Beginning of the 21st Century," 5.

24. 1986年の総合社会調査の質問は、「自身の信仰あるいは教派において女性を牧師、教師、司祭あるいは

第8章　女性革命、不平等の増大と宗教

1. R. Laurence Moore, *Selling God: American Religion in the Marketplace of Culture* (New York: Oxford University Press, 1994), 275.

2. "Bush Tells Group He Sees a 'Third Awakening,'" *Washington Post,* September 13, 2006.

3. 2010年1月にハーバード大学で本書の初期草稿を議論するために開催されたミンディック・シンポジウムの参加者に対し、これらの問題をある程度の長さで取り扱うのを促してくれたことに感謝する。

4. 小さな例外を一つ：ユダヤ教徒の女性は、平均的に、ユダヤ教徒の男性よりも宗教礼拝へ出席することがわずかに少ないが、しかし彼女たちは毎日祈ることや、宗教は日常生活で重要であると述べること、そして会衆内で積極的であることがずっと多い。

5. 宗教的なアメリカ人のジェンダー革命に対する適応についてのわれわれの基本的結論は、下記の古典的著作を繰り返すものである。Sally K. Gallagher and Christian Smith, "Symbolic Traditionalism and Pragmatic Egalitarianism: Contemporary Evangelicals, Families, and Gender," *Gender & Society* 13, no. 2 (1999), 211–33.

6. Sara M. Evans, *Born for Liberty: A History of Women in America* (New York: Free Press, 1989)〔小檜山ルイほか訳『アメリカの女性の歴史――自由のために生まれて』明石書店、1997年〕. 上記は、貧しい非白人の多くは、白人よりも早く労働力参入を強いられたと指摘する。非白人女性の雇用については下記も参照のこと。Teresa L. Amott and Julie A. Matthaei, *Race, Gender, and Work: A Multi-Cultural Economic History of Women in the United States,* rev. ed. (Boston: South End, 1996), および Francine D. Blau, Marianne A. Ferber, and Anne E. Winkler, *The Economics of Women, Men, and Work,* 5th ed. (Upper Saddle River, NJ: Pearson/Prentice Hall, 2006), 129–31. 性別ごとの労働力参加についてのデータは、労働局の人口動態調査（Current Population Survey）から入手可能で、ここに引用した情報については下記を参照のこと。http://www.bls.gov/cps/cpsaat2.pdf（2010年6月10日アクセス）.

7. Barbara F. Reskin and Patricia A. Roos, *Job Queues, Gender Queues: Explaining Women's Inroads into Male Occupations* (Philadelphia: Temple University Press, 1990).

8. フルタイムで年間を通して働く白人女性は、フルタイムで年間を通して働く男性の所得の60.5%を1980年に稼いでいたが、これは2000年には73.9%まで上昇した。4年間の大学教育を受けた25歳から34歳の間では、女性の賃金は1980年には73.9%だったが1995年には83.3%に上昇した。Current Population Survey, Outgoing Rotation Groups を参照。下記も参照。Claudia Goldin, "A Pollution Theory of Discrimination: Male and Female Differences in Occupations and Earnings," in *National Bureau of Economic Research Working Paper* Series, no. 8985 (2002).

9. 女性は平均して家事に週あたり8時間多く、また子育てに一日あたり1時間追加して使っている。下記を参照。Suzanne Bianchi and Lynne Casper, "American Families," *Population Bulletin* 55, no. 4 (2000), 1–48; 下記も参照。Table 9. American Time Use Survey, http://www.bls.gov/news.release/atus.t09.htm（2010年6月10日アクセス）.

10. 例えば、女性は1970年の弁護士のうちの4.9%から2003年には弁護士のうちの27.6%へ、1970年の内科医・外科医9.7%から2003年の29.9%へと進んだ。Blau, Ferber, and Winkler, *The Economics of Women, Men, and Work,* Chapter 5, p. 143. 女性の宗教上の指導的役割については下記を参照。Mark Chaves, Shawna Anderson, and Jason Byasee, "American Congregations at the Beginning of the 21st Century," in *National Congregations Study* (Durham: Duke University, 2009), 5.

11. Claudia Goldin and Lawrence Katz, "The Power of the Pill: Oral Contraceptives and Women's Career and Marriage Decisions," *Journal of Political Economy* 110, no. 4 (2002), 730–70; Blau, Ferber, and Winkler, *The Economics of Women, Men, and Work;* Evans, *Born for Liberty: A History of Women in America;* Stephanie Coontz, *The Way We Really Are: Coming to Terms with America's Changing Families* (New York: Basic Books, 1997); Stephanie Coontz and Nancy MacLean, "Postwar Women's History: The 'Second Wave' or the End of the Family Wage," in *A Companion to Post-1945 America,* ed. Jean-Christophe Agnew and Roy Rosenzweig (New York: Wiley- Blackwell, 2006).

12. 南部バプテスト連盟の『バプテストの信仰とメッセージ』(*Baptist Faith and Message*)（1998年）からの関連する一節にはこうある：「夫と妻は神の前で等しい価値を持つが、それはどちらも神の似像として造られたからである。婚姻関係は、神がその人々と関係される仕方を手本とする。夫は、キリストが教会を愛されるようにその妻を愛する。彼にはその家族を養い、守り、導くという神から与えられた責任がある。妻は、教会が頭であるキリストに進んでしたがうように、夫の奉仕の指導に心をこめてしたがう。彼女は、その夫と同じように神

Rootless World: Women Turn to Orthodox Judaism (Berkeley: University of California Press, 1991).

10. Mark Chaves, *Congregations in America* (Cambridge: Harvard University Press, 2004), 155.

11. しかし興味深いことに、会衆の死亡率は非常に低い。下記を参照。Shawna L. Anderson et al., "Dearly Departed: How Often Do Congregations Close?" *Journal for the Scientific Study of Religion* 47, no. 2 (2008), 321–28.

12. この 4 分の 1 という数値は間違いなく、転居以外の理由で会衆探しをしたことのあるアメリカ人全体の比率を控えめに表現している。人生の中の別の時点で、他理由によって会衆を探したことのある人間が含まれていないからである。

13. Robert Wuthnow, *After Heaven: Spirituality in America Since the 1950s* (Berkeley: University of California Press, 1998).

14. Gerald Gamm, *Urban Exodus: Why the Jews Left Boston and Catholics Stayed* (Cambridge: Harvard University Press, 1999).

15. Robert Wuthnow, *After the Baby Boomers: How Twenty- and Thirty- Somethings Are Shaping the Future of American Religion* (Princeton: Princeton University Press, 2007).

16. 興味深いことに、新しい地域に転居した人（新しい郡に転居したことで操作的に定義）を除いたときもこの割合は本質的に変わらなかった。

17. 新しい地域に転居した人を含めるとこれは 18％に上昇する。

18. 結婚することは、その人が会衆の切り替えを答える確率をおよそ 4 ポイント上昇させることを意味する一方で、家を所有することは切り替えの確率の 7 ポイント下落を意味する（モデル内の他の全てをその平均値で一定にした)。

19. 他の全ての変数をその平均値で一定にしたモデルでは、現在の会衆に全く満足していないという人の 15％が新たな会衆に切り替えたと推定されるが、対してわずかに満足している人では 11％、ある程度満足している人では 8％、非常に満足している人では 6％だった。他の条件が等しければ、会衆内に友人がいない人は、10 人以上の友人がいる人よりも会衆を切り替える可能性が 7 ポイント高い。

20. Michael Hout and Claude S. Fischer, "Why More Americans Have No Religious Preference: Politics and Generations," *American Sociological Review* 67, no. 2 (2002), 165–90.

21. イベントの記録は下記で見つかる。http://pewforum.org/ events/?EventID=221（2009 年 12 月 14 日アクセス).

22. Peter Steinfels, "In Rejecting a Church's Ad, Two Networks Provide Fodder for a Different Debate," *New York Times*, December 18, 2004.

23. Dan Kimball, *The Emerging Church: Vintage Christianity for New Generations* (Grand Rapids: Zondervan, 2003).

24. Wuthnow, *After the Baby Boomers.*

25. Tim Conder, "The Existing Church/Emerging Church Matrix: Collision, Credibility, Missional Collaboration, and Generative Friendship," in *An Emergent Manifesto of Hope*, ed. Doug Pagitt and Tony Jones (Grand Rapids: Baker, 2007), 97–108.

26. Kimball, *The Emerging Church*, Preface.

第 7 章　挿話——エスニシティ、ジェンダーと宗教

1. 閉鎖聖餐についての LCMS の教えのニュアンスに関してさらなる情報は下記を参照。http://www.lcms.org/pages/internal.asp?NavID=422（2010 年 6 月 10 日アクセス).

2. 中絶をめぐる感情的な論争から、どちらの側も誤解を招きやすいラベルを勝手に用い他方を非難している。この問題についての中立的言葉のなさから、それぞれの側が自身のために選んでいるラベルをわれわれは用いることにした：プロライフ《生命尊重》（中絶に反対する人々に対して）と、プロチョイス《選択尊重》（女性が中絶をする権利を支持する人々に対して）である〔本訳においては、日本語としての表現の簡略性と含意をふまえて、これらの表現にここで言及するほかはそれぞれ「中絶反対（派)」「中絶賛成（派)」という語を基本的にあてる〕。

3. Charles E. Lincoln and Lawrence H. Mamiya, *The Black Church in the African American Experience* (Durham: Duke University Press, 1990), 14.

4. W. E. B. Du Bois, *The Philadelphia Negro* (New York: Lippincott, 1899), 266.

っているからである。ラティーノ系カトリックは明らかに異宗間結婚に対するオープンさが低いが、おそらくこれらの新移民の同化プロセスがちょうど始まったばかりだからだろう。

40. 同じパターンは総合社会調査と2006年の信仰重要性調査の両方に表れている。これら全ては非婚姻パートナーではさらにあてはまっている——異宗間がより多く、収束的な改宗は少なくなる。モルモン教徒とユダヤ教徒のサンプルサイズは小さいが（N = 33–35）、パターンは特徴的でその結果は記す価値がある。

41. 図5-8の「現在宗教が異なる」は配偶者が現在異なる宗教系統にいるということを意味し、「当初に異なっていた」は配偶者がもともと異なる宗教系統にいたということを意味している。異宗間結婚率の計算は専門的には込み入っているが、とりわけそれは信仰重要性調査では回答者の元来の宗教についてのみデータを集め、配偶者の元来の宗教についてはないからである。しかし、回答者の改宗率は分かっているため、いずれかの配偶者の改宗によって説明できるように数字を調整することができる。「当初に異なっていた」の数値はこのように推定されており、1–2%の範囲内で正確である。それぞれの対における二つのバーの差が反映しているのは、大まかに言って、片方、あるいは両方の配偶者による収束的な改宗の結果である。バーの対は親の宗教という点で定義されたもので、回答者の現在の宗教によるものではないことは注意のこと。したがって例えば、ユダヤ教徒の子どもの25%は現在異宗間結婚をしているということを数字は意味しており、今日のユダヤ教徒の25%が異宗間結婚をしているということではない。もともとの家族自体が混合したものであったときには、母親の宗教を元来の宗教として計算している。それはわれわれまた先行の研究は、そのような場合母親の宗教が受け継がれる可能性が高いことに一致しているからである。

42. 続く一般化は進行重要性調査と（データがあるときには）総合社会調査の詳細な分析で確証されている。一般的に言って、このパターンは実際の異宗間結婚率と異宗間結婚に対する態度の両方に適用される。

第6章　宗教におけるイノベーション

1. われわれに礼拝堂車を紹介してくれたことについてマシュー・ペールに感謝する。さらなる情報については下記を参照。Francis C. Kelley, *The Story of Extension* (Chicago: Extension Press, 1922); Wilma Rugh Taylor, *Gospel Tracks Through Texas: The Mission of the Chapel Car "Good Will"* (College Station: Texas A&M Press, 2005).

2. LifeChurchの参与観察についてニック・カーンズに感謝する。

3. Alan Wolfe, *The Transformation of American Religion: How We Actually Live Our Faith* (New York: Free Press, 2003), 126.

4. Roger Finke, Avery M. Guest, and Rodney Stark, "Mobilizing Local Religious Markets," *American Sociological Review* 61, no. 1 (1996), 203–18; Roger Finke and Laurence R. Iannaccone, "Supply-Side Explanations for Religious Change," *The ANNALS of the American Academy of Political and Social Science* 527 (1993), 27–39; Roger Finke and Rodney Stark, "Religious Economies and Sacred Canopies: Religious Mobilization in American Cities, 1906," *American Sociological Review* 53, no. 1 (1988), 41–49; Laurence R. Iannaccone, "Introduction to the Economics of Religion," *Journal of Economic Literature* 36, no. 3 (1998), 1465–95; R. Stephen Warner, "Work in Progress Toward a New Paradigm for the Sociological Study of Religion in the United States," *American Journal of Sociology* 98, no. 5 (1993), 1044–93.

5. ジョージ・ホワイトフィールドについての詳細は下記参照。Frank Lambert, "Pedlar in Divinity: George Whitefield and the Great Awakening, 1737–1745," *Journal of American History* 77, no. 3 (1990), 812–37. ドワイト・ムーディについての詳細は下記参照。For more on Dwight Moody, see Bruce J. Evensen, *God's Man for the Gilded Age: D. L. Moody and the Rise of Modern Mass Evangelism* (New York: Oxford University Press, 2003). ビリー・グラハムについての詳細は下記参照。Mark A. Noll, *American Evangelical Christianity: An Introduction* (Malden, MA: Blackwell, 2001).

6. Scott Thumma, Dave Travis, and Leadership Network (Dallas, Texas), *Beyond Megachurch Myths: What We Can Learn from America's Largest Churches,* 1st ed. (San Francisco: Jossey-Bass, 2007).

7. 第二バチカン公会議の改革について明確にしてくれたことに、ショーン・マグローとゲイリー・S・チェンバーランドの両神父に感謝する。

8. Mark Chaves, *Ordaining Women: Culture and Conflict in Religious Organizations* (Cambridge: Harvard University Press, 1997).

9. Roger Finke, "Innovative Returns to Tradition: Using Core Teachings as the Foundation for Innovative Accommodation," *Journal for the Scientific Study of Religion* 43, no. 1 (2004), 19–34; Lynn Davidman, *Tradition in a*

含めるのなら、宗教的に混合した結婚をした既婚者の数は、10人中4人近くになる（37%）。」異宗間結婚についての他に重要な研究には以下が含まれる。Allan L. McCutcheon, "Denominations and Religious Intermarriage: Trends Among White Americans in the Twentieth Century," *Review of Religious Research* 29, no. 3 (1988); Matthijs Kalmijn, "Shifting Boundaries: Trends in Religious and Educational Homogamy," *American Sociological Review* 56, no. 6 (1991); Evelyn L. Lehrer, "Religious Intermarriage in the United States: Determinants and Trends," *Social Science Research* 27, no. 3 (1998); Darren E. Sherkat, "Religious Intermarriage in the United States: Trends, Patterns, and Predictors," *Social Science Research* 33, no. 4 (2004).

30. 北アイルランドにおける異宗間結婚率についての入手可能なデータは多少一貫していないが、およそ10%というのが最も合理的な推定に思われる。以下を参照。Valerie Morgan et al., *Mixed Marriages in Northern Ireland* (Coleraine: University of Ulster, 1996); Wanda Wigfall-Williams and Gillian Robinson, "A World Apart: Mixed Marriage in Northern Ireland," *Northern Ireland Life and Times Survey Research Update*, No. 8 (2001); および Northern Ireland Life and Times Survey のその後のアップデート。

31. 過去の異宗間結婚率についての情報は、1972年以降の年に実際に面接を受けたGSS回答者の結婚経験を通じて過去を振り返ることで収集された。したがって続かなかった結婚は数え落とされており、そしてこの事実によって見た目の異宗間結婚率は人工的に引き下げられてしまっている。それは離婚が統計学的に言って、異宗間結婚では起こりやすいからである。しかし、われわれの分析を過去に離婚したことのない回答者に限ったときにも、最近の結婚コホートにおいてより異宗間結婚の多くなる方向に向かう正確に同じ長期傾向が見いだせる。まとめると、異宗間結婚の正確な水準は歴史データにおいてわずかに低く推定されているが、図5-4のパターンが選択バイアスに帰属できる可能性は低い。これらのデータ、また2006年の信仰重要性調査についてのより詳細な分析からほのめかされるのは、過去10年くらいの間に異宗間結婚がわずかに低下していることだが、確実なことを言うにはまだその証拠は薄すぎるものである。

32. 図5-4は宗教系統についてのわれわれの標準測定の型に基づいて計算されている——入手できた証拠に合わせてわずかに調整されている。Sherkat, "Religious Intermarriage in the United States" が指摘するように、過去10年間の異宗間結婚率を推定するわれわれの能力には限界があるが、それはGSSが1994年に配偶者の元来の宗教について尋ねるのをやめたからである。

33. この世紀を通じた唯一大きな構成上の変化は主流派プロテスタントの割合の全国的な低下で、したがって単純に確率として主流派プロテスタントは非主流派の相手を見つけることが多くなる。主流派プロテスタントの間での族外婚《エクソガミー》の増加はこのプール効果の反映だが、それは族外婚の増加全体のうち一部しか説明しないことは、図5-9に見てとれる通りである。以下も参照。Matthijs Kalmijn, "Intermarriage and Homogamy: Causes, Patterns, Trends," *Annual Review of Sociology* 24 (1998); および Kalmijn, "Shifting Boundaries."

34. データは世界価値観調査のウェブサイトから分析された。The fact that any given cohort did not change much between 1982 and 1990 suggests, though it does not prove, that life cycle and period effects were relatively unimportant on this measure of interfaith openness.

35. より以前のアメリカ史における異宗間結婚については以下を参照のこと。Anne C. Rose, *Beloved Strangers: Interfaith Families in Nineteenth-Century America* (Cambridge: Harvard University Press, 2001) および Peter J. Thuesen, "Review: Children of the Religious Enlightenment: The Question of Interfaith Marriage in Nineteenth-Century America," *Reviews in American History* 31, no. 1 (2003).

36. Mark Chaves and Shawna L. Anderson, "Continuity and Change in American Religion, 1972–2008," in *Social Trends in the United States, 1972–2008: Evidence from the General Social Survey*, ed. Peter Marsden (Princeton: Princeton University Press, forthcoming). Mark Chaves, *Continuity and Change in American Religion*, Chapter 2 (forthcoming, 2011).

37. Robert Wuthnow, *The Restructuring of American Religion* (Princeton: Princeton University Press, 1988), 97. 異宗間結婚は歴史的には教育水準の高い集団でわずかに多かったため、異宗間結婚の成長の一部は20世紀を通じた教育水準の成長によって統計的に説明できるかもしれない。しかし、教育はストーリーの小さい部分でしかない。異宗間結婚は実際には教育水準の低い間でより急速に増加しており、教育水準の高いアメリカ人との間の格差は実際に縮まっている。

38. Peter Michael Blau and Joseph E. Schwartz, *Crosscutting Social Circles: Testing a Macrostructural Theory of Intergroup Relations* (New Brunswick: Transaction, 1997).

39. 図5-7と図5-8ではラティーノ系と非ラティーノ系（あるいは「白人系」）カトリックを区別したが、それはラティーノの民族的マイノリティという地位が、異宗間結婚に関わる規範と行動の両方に明確な影響を持

13. C. Kirk Hadaway and Wade Clark Roof, "Those Who Stay Religious 'Nones' and Those Who Don't: A Research Note," *Journal for the Scientific Study of Religion* 18, no. 2 (1979).

14. 第 4 章で議論するように、近年の若者では結婚および親になるという、宗教信奉の増大に典型的に結びついている二つの生活環境に遅れがあるが、しかしこれは最近のコホートにおける近年の非所属の上昇というストーリーにおいては、せいぜいが端役にすぎない。

15. この過程についてのすぐれた事例研究としては下記を参照。Richard Alba and Robert Orsi, "Passages in Piety: Generational Transitions and the Social and Religious Incorporation of Italian Americans," in *Immigration and Religion in America,* ed. Richard Alba, Albert J. Raboteau, and Josh DeWind (New York: New York University Press, 2009). アメリカのカトリック信仰の全般的な歴史については下記を参照。Jay P. Dolan, *The American Catholic Experience: A History from Colonial Times to the Present* (Notre Dame: University of Notre Dame Press, 1992).

16. カトリックの間での背教については下記を参照。Dean R. Hoge, "Why Catholics Drop Out," in *Falling from the Faith: Causes and Consequences of Religious Apostasy,* ed. David G. Bromley (Newbury Park, CA: Sage, 1988), 81–99.

17. 混合婚の場合に親の所属がどう定義されるかにまさしくよるが、2006年の信仰重要性調査では「白人系」カトリックの親の子どものおよそ 43%はもはや自分をカトリックとして認めていなかったが、対してラティーノ系カトリックの子どもではおよそ 22%だった。

18. 主流派プロテスタントを詳しく見たものとして下記を参照。Wade Clark Roof and William McKinney, *American Mainline Religion: Its Changing Shape and Future* (New Brunswick: Rutgers University Press, 1987).

19. 宗教的社会化についてより一般的には下記を参照。Robert Wuthnow, *Growing Up Religious: Christians and Jews and Their Journeys of Faith* (Boston: Beacon, 1999).

20. 2006 年の信仰重要性調査の全回答者のうち、3 分の 2 が子どもの時に日曜学校かその他の宗教教育クラスに「非常によく」出席していたと述べており、彼らのうち 24%が後に家族の宗教系統を離れたが、比較して子どもの時に宗教教育クラスに「ほとんど」「決して」出席しなかったという者では 34%だった。

21. Meyers, "An Interactive Model of Religiosity Inheritance."

22.「ルツ記」 1 章 16。

23. 残念なことに、総合社会調査は 1994 年以降配偶者の元来の宗教を尋ねなくなっており、その年以降はこの分析を実行することが不可能である。

24. 2006 年の信仰重要性調査において、宗教性とイデオロギー自己定位（5 段階のリベラル―保守尺度）の間の相関は非切り替え者で .29、切り替え者で .42 である。これと比較可能な宗教性と政党支持の間の相関では、非切り替え者で .12、切り替え者で .25 である。1972–2008 年の GSS 調査アーカイブでは、教会出席とイデオロギー自己定位の相関は非切り替え者で .15、切り替え者で .26 で、これと比較可能な教会出席と政党支持の間の相関では、非切り替え者で .04、切り替え者で .11 である。

25. この分析は総合社会調査に基づいている。

26. この一般化は政治的イデオロギーを支持政党で測定しても、あるいは中絶や同性婚に対する見方で測定しても成り立っており、また宗教性を教会出席、祈りの頻度、宗教的傾倒の強さ、あるいは宗教所属（例えば、なし対福音派）で測定しても成り立っていた。ベビーブーマーを中心にしたずっと長いパネルを用いて、下記が見いだしたのは異なる結果――すなわち、宗教選好が因果的に先行するという間接的な証拠である。M. Kent Jennings and Laura Stoker, "Changing Relationships Between Religion and Politics: A Longitudinal, Multigeneration Analysis" (Paper presented at the annual meeting of the International Society of Political Psychology, Portland, Oregon, 2007). この食い違いを解決するにはさらなる研究が求められる。

27. 2006 年の信仰重要性調査によると、元カトリックはカトリック改宗者を 4 対 1 で上回っている：2007 年に実施された下記の大規模調査からは同一の推定が得られている。Pew Forum on Religion & Public Life, *U.S. Religious Landscape Survey* (2008): 26.

28. R. Laurence Moore, *Selling God: American Religion in the Marketplace of Culture* (New York: Oxford University Press, 1994). 一般的に言って、外生的な理由でブランドロイヤルティが低下している市場に直面した業界では、企業はそのマーケティング活動を高め、市場の特定のニッチにアピールするためにその製品を差別化しようとすると、多くの経済学者が予想するだろう。

29. 現在の異宗間結婚率についての類似の推定は下記を参照。Pew Forum on Religion & Public Life, *U.S. Religious Landscape Survey Religious Affiliation: Diverse and Dynamic* (February 2008), pp. 34–35, available at http://religions.pewforum.org/pdf/report-religious-landscape-study-full.pdf（2010 年 6 月 10 日アクセス）. この調査の報告では、「結婚した人の 27%が宗教的に混合した結婚である。もし異なるプロテスタント教派の人々の間の結婚も

Forces 79, no. 4 (2001); Scott M. Meyers, "An Interactive Model of Religiosity Inheritance: The Importance of Family Context," *American Sociological Review* 61, no. 5 (1996); C. Kirk Hadaway and Penny Long Marler, "All in the Family: Religious Mobility in America," *Review of Religious Research* 35, no. 2 (1993); Dean R. Hoge, Gregory H. Petrillo, and Ella I. Smith, "Transmission of Religious and Social Values from Parents to Teenage Children," *Journal of Marriage and Family* 44, no. 3 (1982); Claude S. Fischer and Michael Hout, *Century of Difference: How America Changed in the Last One Hundred Years* (New York: Russell Sage Foundation, 2006): 197–202.

8. 三つの異なる調査アーカイブで、操作的な測定がいくぶん異なるにもかかわらず2006-2008年の維持率に本質的に同じ結果が得られている：GSS：71%、ピュー：72%、信仰重要性調査：73%。

9. ここは、異宗間結婚の子どもの維持率を測定する複雑さについて触れておくのによい場所である。そのような場合には、家族に対し父親の宗教を割り当てる、母親の宗教を割り当てる、回答者が自分はその中で育ってきたと述べた宗教を割り当てる、あるいは単にそのようなケースを分析から除外する、といった立場が取れるだろう。一般的に言うと、異宗間結婚では母親の方が父親よりも宗教所属を持っている可能性がわずかに高く、そして子どもの成人所属は父親よりも母親の所属に対応している可能性の方が高いので、われわれは母親の宗教を異宗間結婚の場合の基準線として一般に用いた。親の宗教をどのようにカテゴライズするかによっていくつかのケースで正確な数字上の結論はわずかに異なるものになるが、それでもどのようにこういったあいまいさを解決してもその有効性は変わらないという意味で、本書の事実上全ての結論は頑健である。やはりまた注意しておくのは、総合社会調査では回答者の育った宗教を聞いているのに対し、信仰重要性調査では父親と母親の宗教を［別個に］聞いているということである。これら二つのアプローチは一般には一致するが、わずかに異なる維持率推定を生み出す。親の宗教（両方の親ともが同じ宗教の時でさえも）と人が育ったときの宗教の間にはいくらかズレがあるが、それは自身の宗教で子どもを育てないと決める親がいるからである。最後に、そのような質問全ては、数十年前の宗教所属を誠実、正確に想起することに依存していることを注意すべきである。現在の宗教所属すらも不明瞭さがあることをふまえると、親の所属を思い出すことにも不明瞭さがあるのは驚くべきことではない。とはいうものの、われわれの2006-2007年の信仰重要性調査では親の宗教の記述について、まずまずの高さのテスト－再テスト信頼性が見いだされている。80%近い親には両時点で同じ宗教系統が割り付けられており、例外の大多数もまさしく、回答者自身についてわれわれが見いだした境界者とまさしく類似したものだった――すなわち、パネル調査の第一波で「何か」と記述された親が他波では「なし」とされたというものである。これが親の所属として示された宗教系統が、実際には本当にあいまいであったときの可能性が高いように思われる（「父さんはカトリックだったと言っていたけど、ミサに行ったことなんかないし教会は嫌いだったし、本当にカトリックだったんだろうか？」）。

10. 専門的なこととして、第1章で記述したような「黒人プロテスタント」の分析における操作的定義の仕方のために、プロテスタントである黒人は全てがこのカテゴリーに分類されている。この手順は、実践上は避けがたいものだったが、間違いなく黒人の間での改宗者の数を過小に推定している。もう一つの特別な問題点は、ごく最近までGSSがスペイン語話者の回答者を除外していたことである。その理由のため本章ではしばしば、白人のみの間での切り替えと棄教に特に焦点を当てる。

11. 白人のみの数字ではおよそ22%とおよそ31%である。大半の宗教的切り替えは30歳以前に起こるが、切り替えはその後の人生でもまた起こるという限りにおいて、これらの比較は切り替えにおける長期間の上昇を控えめに表現する傾向がある。20世紀の終わりに生まれたコホートは、それ以前に生まれた者と比べて切り替えるための時間が少ないからである。

12. 総合社会調査でさえもその他の宗教系統の人々は少なすぎて、さまざまな出生コホートにわたり切り替えの信頼できる推定をすることができない。われわれが分析を白人回答者に限ったのは、黒人での切り替え率の計算に特別の困難があること、GSSにおけるスペイン語話者の代表性の乏しさ、そしてアジア系アメリカ人が数少ないことが理由である（われわれも他の研究者と同様に、「黒人プロテスタント」をプロテスタントである全てのアフリカ系アメリカ人として定義したため、プロテスタント教派間での切り替えは、それらがいかに紛れもなく異なるものであったとしても、この分類枠組みにおいては無視されてしまう）。アフリカ系アメリカ人の切り替え行動の検討については下記を参照。Darren E. Sherkat, "African-American Religious Affiliation in the Late 20th Century: Cohort Variations and Patterns of Switching, 1973–1998," *Journal for the Scientific Study of Religion* 41, no. 3 (2002). ユダヤ教派間での切り替えの検討は以下を参照。Bernard Lazerwitz, "Denominational Retention and Switching Among American Jews," *Journal for the Scientific Study of Religion* 34, no. 4 (1995); および Benjamin T. Phillips and Shaul Kelner, "Reconceptualizing Religious Change: Ethno-Apostasy and Change in Religion Among American Jews," *Sociology of Religion* 67, no. 4 (2006).

Somethings Are Shaping the Future of American Religion (Princeton: Princeton University Press, 2007). 上記はヤングアダルトの間での教会出席の低下となしの増大のほぼ全てが結婚の遅れに帰属しうると主張する。ブーマー後世代が宗教を延期したのは単純に、そのメンバーが結婚を延期したからということである。われわれは入手可能な証拠、とりわけ総合社会調査を慎重に分析したが、結婚と子育てを統制しても、観察されたなしの増大が減ることはなかった。

58. Hout and Fischer, "The Politics of Religious Identity in the United States, 1974–2008." われわれは大部分、なしの増大についてハウト－フィッシャーによる影響力の強い解釈に従うが、その例外は彼らが反宗教の巻き返しの源として政治的イデオロギーを強調する一方で、われわれは道徳的、社会的信念もその配合の一つと考えているというところである。

59. Treas, "How Cohorts, Education, and Ideology Shaped a New Sexual Revolution on American Attitudes Toward Nonmarital Sex, 1972–1998"; Clyde Wilcox and Barbara Norrander, "Of Moods and Morals: The Dynamics of Opinion on Abortion and Gay Rights," in *Understanding Public Opinion*, 2nd ed., ed. Barbara Norrander and Clyde Wilcox (Washington, D.C.: Congressional Quarterly Press, 2002), 121–48.

60. 図 4-15 で用いられた具体的な質問は、「マリファナは合法化されるべきだ」と「同性愛関係を禁止する法律を作ることは重要だ」である。

61. ここでのわれわれの結論は 1980 年代に生まれた総合社会調査回答者（2000–2008 年）の間での宗教帰属（「なし」）についての多変量解析に基づいていて、性別、教育、宗教、婚姻状態、人種および宗教的な家族出自を、婚前交渉、校内祈祷、同性愛、マリファナおよび中絶に対する見方と共に統制に含めている。

62. 補遺 2 で説明するように、われわれのもののようなパネル調査は、因果の向きについて決定的な証拠を提供することはない一方で、単一調査の単なる相関よりも強い証拠を提供する。

63. *Faith in Flux: Changes in Religious Affiliation in the US* (Pew Forum on Religion & Public Life, April 27, 2009) at http://pewforum.org/docs/?DocID=409（2010 年 6 月 10 日アクセス）.

第 5 章　切り替え・整合・混合

1.「出エジプト記」13 章 5 。「世々に」という表現はヘブライ語聖書と新約聖書の両方に、世代を超えて宗教的傾倒を受け継いでいかなければならないというおきてを指して何度も登場する。

2.「ほぼ同じ回答」とは例えば、「一年に数回」と「一年に 1 ～ 2 回」；あるいは「毎週」と「ほとんど毎週」を意味している。

3. この比較の目的のため、両方の質問に対する反応を対比可能な 7 点尺度にまとめた。信仰重要性調査における宗教についての質問の大半は、政治的、社会的トピックについての質問の大半よりも安定性が高く、それは「家族や友人とどれくらい宗教について［政治について］の話をしますか」のような事実上同一の質問に対してすらそうなっている。

4. 信仰重要性調査の回答者で 2006 年になしであったが、2007 年には何らかであると答えた者の中で、20％が前週に教会に出席したと答えていた。2006 年に何らかであったが、2007 年にはなしであったものの中で、23％が前週に教会に出席したと答えていた。何かで安定していた者ではこの数値は 52％、なしで安定していた者では、この数値は 5 ％だった。言い換えると、境界的なしがどの宗教的アイデンティティをある時点で主張していたかにかかわらず、彼らはその宗教信奉においては、真の何者か、と、真のなしの間の中道に一貫してあった。その名義的な所属が変わっても、行動の方は変化しなかった。2007 年の回答者に対し、前年に宗教的信念や実践に何か変化を経験したかどうか聞いたところ、以前のなし（今は何か）のうちでより宗教的になったと述べた者は 8 ％にすぎず、2006 年には何かであった 2007 年のなしでは、宗教的ではなくなったと述べた者は 3 ％にすぎなかった。

5. 境界性についてさらには下記を参照。Victor Witter Turner and Edith L. B. Turner, *Image and Pilgrimage in Christian Culture: Anthropological Perspectives* (New York: Columbia University Press, 1978). 宗教的境界者をより詳細に、また専門的に報告したものとしては下記を参照。Chaeyoon Lim, Carol Ann MacGregor, and Robert D. Putnam, "Secular and Liminal: Discovering Heterogeneity Among Religious Nones," *Journal for the Scientific Study of Religion* 49, no. 4 (2010).

6. *Many Americans Mix Multiple Faiths* (Pew Forum on Religion & Public Life, December 2009).

7. 宗教の維持と切り替えについてその他の重要な研究には以下が含まれている。Darren E. Sherkat, "Tracking the Restructuring of American Religion: Religious Affiliation and Patterns of Religious Mobility, 1973–1998," *Social*

されており、「キリスト教右派」(45点) よりもずっと好意的であったが、宗教と政治のこのような混合が有毒な相乗効果を生み出したことを示唆している。

47. Louis Bolce and Gerald De Maio, "Religious Outlook, Culture War, Politics and Antipathy Toward Christian Fundamentalists," *Public Opinion Quarterly* 63, no. 1 (1999): 29–61; Gallup and Castelli, *The People's Religion,* 19.

48. Mark Chaves, *Continuity and Change in American Religion,* Chapter 7 (forthcoming, 2011).

49. David Kinnaman and Gabe Lyons, *Unchristian: What a New Generation Really Thinks About Christianity—And Why It Matters* (Grand Rapids: Baker, 2007). Clyde Wilcox and Carin Robinson, *Onward Christian Soldiers,* 4th ed. (Boulder: Westview, 2010), Chapter 2. 上記は、近年ではフォーカス・オン・ザ・ファミリーのような宗教右派組織において若い会員の勧誘に深刻な困難が生じていることを報告している。これらのグループはフォーカスグループ研究において、この若者の抵抗は宗教と政治を結びつけること、とりわけ宗教右派の追いもとめる闘争的な政治戦術に対しての若い人々の反対に根ざしていることを見いだしてきた。

50. 早くも1968年には宗教的なしに対する注意がいくらか向いてきたが (Glenn M. Vernon, "The Religious 'Nones': A Neglected Category," *Journal for the Scientific Study of Religion* 7, no. 2 [1968])、その時点では人口の小さな部分にすぎなかった。1990年代のなしの急激な上昇に関する最初の主要な研究は下記であった。Michael Hout and Claude S. Fischer, "Why More Americans Have No Religious Preference," 165–90.

51. 具体的な「なし」の率はどう質問を置くかによるところが少しあるが、思われるだろうよりは小さい。調査がどのようなワーディングを利用しても、事実上全ての長期調査アーカイブでなしの急上昇はおよそ1990－92年に始まっており、若い人々に強く集中していることが示されている。何らかの未知の理由により、ギャラップ調査においてはこの上昇は約10年後まで表れていないが、しかしそこにも紛れもなく存在している。

52. 専門的に言うと、ハウトとフィッシャーは、近年のなし増大の「半分以上」は世代に基づくもので、約3分の1は1990年以降の全世代の間でのなし上昇の反映であると推定している。Michael Hout and Claude S. Fischer, "The Politics of Religious Identity in the United States, 1974–2008," Paper Presented at the 2009 Annual Meeting of the American Sociological Association, San Francisco, August 7–11, 2009.

53. 下記によれば、組織宗教により大きな影響力を望む人とより小さな影響力を望む人の比率も、この期間にやはり宗教に反対の方向に移動し、2001年の30:22から2008年の24:34になった。http://www.gallup.com/poll/1690/religion.aspx (2010年6月10日アクセス).

54. スミスとスネルの知見では2008年に18歳から23歳のヤングアダルトのサンプルの26%が宗教から「撤退した」と分類可能で、宗教礼拝への出席外年間に数回よりも少なく、また宗教的ではないと自認していた。Christian Smith and Patricia Snell, *Souls in Transition: The Religious and Spiritual Lives of Emerging Adults* (New York: Oxford University Press, 2009).

55. Hout and Fischer, "Why More Americans Have No Religious Preference"; Hout and Fischer, "The Politics of Religious Identity in the United States, 1974–2008"; Barry A. Kosmin and Ariela Keysar, "American Nones: The Profile of the No Religion Population: A Report Based on the American Religious Identification Survey 2008" (Hartford: Trinity College, 2009); Joseph O. Baker and Buster G. Smith, "The Nones: Social Characteristics of the Religiously Unaffiliated," *Social Forces* 87, no. 3 (2009).

56. 次章で報告するようにわれわれのパネル調査は、なしの間で不安定性の程度が高いことを明らかにしている。今年に全ての宗教所属を拒否した者の3分の1は翌年に何らかの所属を答えていて、彼らが出ていっても今年は宗教所属を公言していたが、翌年にはなしと答える者によって相殺されている。同時に、これらの切り替え者は他の宗教的信念や行動についてはこの2年間でほとんど変化しておらず、それゆえに彼らは真の改宗者ではない。われわれが彼らのことを「境界者《リミナルズ》」と呼ぶのは、何らかの宗教系統の縁に彼らが立っており、その系統を自認してよいかそうではないのかについて確信がないように見えるからである。「境界的なし」は、なしの変則的な宗教性の多くを説明する。安定的なし、すなわち、両年共に宗教所属がないと答える人々は、実際にはその信念と価値観において境界者よりもずっと宗教性が低い。彼らが無神論者や不可知論者と自身を表現することはほとんどないが。安定的なしは若いコホートでより広まっていて、それは彼ら (そして境界者ではない者) が1990年代後のなしの上昇の大半を説明するという仮説に一貫しているが、この仮説の確証にはさらなる研究が求められるだろう。下記を参照。Chaeyoon Lim, Carol Ann MacGregor, and Robert D. Putnam, "Secular and Liminal: Discovering Heterogeneity Among Religious Nones," *Journal for the Scientific Study of Religion* 49, no. 4 (2010).

57. Hout and Fischer, "The Politics of Religious Identity in the United States, 1974–2008." *Faith in Flux: Changes in Religious Affiliation in the US* (Pew Forum on Religion & Public Life, April 27, 2009), at http://pewforum.org/docs/?DocID=409 (2010年6月10日アクセス). Robert Wuthnow, *After the Baby Boomers: How Twenty- and Thirty-*

Study of Religion 47, no. 4 (2008); Kraig Beyerlein, "Specifying the Impact of Conservative Protestantism on Educational Attainment," *Journal for the Scientific Study of Religion* 43, no. 4 (2004); Ralph E. Pyle, "Trends in Religious Stratification: Have Religious Group Socioeconomic Distinctions Declined in Recent Decades?" *Sociology of Religion* 67, no. 1 (2006); および Christian Smith and Robert Faris, "Socioeconomic Inequality in the American Religious System: An Update and Assessment," *Journal for the Scientific Study of Religion* 44, no. 1 (2005). 分析者の中には、1970年代と1980年代に上方移動した福音派の忠誠度の増大は、福音派の社会的地位上昇によって説明できるとする者もあれば、非福音派を福音派に呼び寄せたものが何であれ——われわれの見方では、それは道徳的憤慨だが——それがやはり福音派として成長した人間の忠誠度を上げていると説明できるかもしれないと論じる者もいる。福音派の子孫の忠誠度の増大は、福音派の間での宗教教育を通じて起こっている部分が多いかもしれないと示唆してきた者もいるが、2006年の信仰重要性調査では福音派として成長した者の間では子どもの時に定期的に宗教教育を受けてきたという回答（73%）が、カトリックあるいは主流派プロテスタントとして成長してきた者の回答（70%）よりわずかしか多くはない。宗教教育の頻度はより最近のコホートではわずかに低くなっているが、その低下は福音派、カトリック、そして主流派プロテスタントで基本的に同じである。

37. 宗教系統間での出生率の違いによって引き起こされる変化は、連続する出生コホートの間で見いだされなければならず、成人の個人としての一生の内部ではない。しかし実際には、GSSの年齢—時代—コホート分析によれば1970年代初頭と1990年代初頭の間の人口における福音派のシェア増大の大半はコホート内部変化であり、コホート間変化ではないということが示唆される。

38.「新生《ボーンアゲイン》」という言葉は1976年以降広く使われるようになったが、これは候補者のジミー・カーターが自分を「新生」であると宣言した時である。新生体験の頻度の傾向については一貫した証拠を見いだしていない。ギャラップ調査データは一貫しておらずまた「新生」と「福音派」を一つの質問にまとめてしまっていて、両者を区別することが不可能になっているが、1975年の35%から1996年の42%への上昇が示唆されている。総合社会調査はこのトピックを1988年に聞き始めたが、これらのデータからは1988年と2008年の間の傾向としても、あるいはこれらの年間に認められる世代差としても、新生体験がより広まっていったという証拠が全く示されていない。福音派の3分の2は自身を「新生」であると述べているが、非福音派でそうする者は3分の1である。福音派の間での聖書字義主義の低下は、非教派的な福音派を分析から除外したときでさえも明らかである。

39. David A. Roozen and C. Kirk Hadaway, *Church and Denominational Growth* (Nashville: Abingdon, 1993); Rodney Stark and Roger Finke, *Acts of Faith: Explaining the Human Side of Religion* (Berkeley: University of California Press, 2000); Robert Wuthnow, *Sharing the Journey: Support Groups and America's New Quest for Community* (New York: Free Press, 1996).

40. 聖家族カトリック・コミュニティのパット・ブレナン師との面接、2007年9月26日。

41.「コリントの信徒への手紙一」14章8。

42. Greeley and Hout, *The Truth About Conservative Christians*, 11–39; Joseph B. Tamney, *The Resilience of Conservative Religion: The Case of Popular, Conservative Protestant Congregations* (Cambridge: Cambridge University Press, 2002).

43. D. Michael Lindsey, *Faith in the Halls of Power: How Evangelicals Joined the American Elite* (New York: Oxford University Press, 2007).

44. 下記も参照。W. Bradford Wilcox, *Soft Patriarchs, New Men: How Christianity Shapes Fathers and Husbands* (Chicago: University of Chicago Press, 2004).

45. ここでの結論は白人の総合社会調査回答者（1973–1991年）の間での宗教帰属（福音派）についての多変量解析に基づいていて、性別、教育、宗教、婚姻状態、出生年、宗教的な家族出自を、校内祈祷、同性愛、ポルノ、婚前交渉、フェミニズム、そして中絶に対する見方と共に統制に含めている。Catherine Bolzendahl and Clem Brooks, "Polarization, Secularization, or Differences as Usual? The Denominational Cleavages in U.S. Social Attitudes Since the 1970s," *Sociological Quarterly* 46, no. 1 (2005): 47–48. 上記は、福音派と他の宗教系統の信奉者の間で性役割、中絶、そして性道徳に関するさまざまな問題についての態度に有意な差があるが、そのような差が1970年以降成長しているのは婚前交渉と中絶についてのみであり、それは福音派が他の宗教系統と比べてより保守的になっていった時期であるということを見いだしている。

46. 1980年と1988年大統領選の選好についての証拠は下記を参照。Gallup and Castelli, *The People's Religion*, 19. 2007年の信仰重要性調査では、さまざまな政治的、宗教的集団に対する人々の感情を、0－100点、中間が50点の感情温度計を用いて尋ねている。福音派プロテスタント（55点）と「保守派」（53点）は平均的に評価

29. Michael Hout and Andrew M. Greeley, "The Center Doesn't Hold: Church Attendance in the United States, 1940–1984," *American Sociological Review* 52, no. 3 (1987); Greeley, *Religious Change in America,* 43–45.

30. 厳密に言えば、われわれは人々による宗教帰属に基づいて信徒席に人を割り当てており、それは実際にどの信徒席に座っているかには基づいていない。詳細を検討するとそれは常に正確というわけではないのは、人々がときおり、自身のものと主張する以外の教派の礼拝に出席しているからである。下記を参照。*Many Americans Mix Multiple Faiths* (Pew Forum on Religion & Public Life, December 2009). しかし、出席の全国傾向の案内としては、これは妥当な便法である。「なし」のわずかな一片が図 4-5 と図 4-6 の中で教会に出席していると して示されているが、これが「なし」が控えめな割合で、それにもかかわらず教会に出席しているという事実を反映している。

31. 図 4-5 と図 4-6 では毎週の出席数はおよそ 40% ということを意味していて、これは大半の全国調査報告と一貫している。以前に触れた通り、これらの数値は実際の出席を誇張したものであると大半の研究者が信じているが、この一定の誇張が、われわれがここで焦点を当てている時系列、また宗教系統間での比較を大きく損なっているのかの証拠については不明である。

32. Greeley, *Religious Change in America,* 83.

33. 福音派と宗教右派の台頭についての研究は莫大なものになっており、その文献をここでまとめる努力は行わない。重要な画期的研究として以下がある。James Davison Hunter, *American Evangelicalism: Conservative Religion and the Quandary of Modernity* (New Brunswick: Rutgers University Press, 1983); Christian Smith, *American Evangelicalism: Embattled and Thriving* (Chicago: University of Chicago Press, 1998); George M. Marsden, *Fundamentalism and American Culture,* 2nd ed. (New York: Oxford University Press, 2006); Andrew M. Greeley and Michael Hout, *The Truth About Conservative Christians: What They Think and What They Believe* (Chicago: University of Chicago Press, 2006).

34. Michael Hout, Andrew Greeley, and Melissa J. Wilde, "The Demographic Imperative in Religious Change in the United States," *The American Journal of Sociology* 107, no. 2 (2001); Greeley and Hout, *The Truth About Conservative Christians*; Michael Hout and Claude S. Fischer, "Why More Americans Have No Religious Preference: Politics and Generations," *American Sociological Review* 67 (April 2002). ハウトと共同研究者はプロテスタントに占める福音派シェアに焦点を当てており、アメリカ人に占める福音派のシェアではないが、彼らの主張のロジックはわれわれの問いにも同じように適用される。

35. 総合社会調査によれば、現在の福音派の全体に占める改宗者の割合は 1970 年代のおよそ 25% から 2000 年代のおよそ 37% へと上昇した。GSS と 2006 年信仰重要性調査の両方で、現在の福音派の 3 分の 1 が改宗者であるというわれわれの推定に収束しており、これら調査では宗教的出自と現在の宗教所属についていくぶん異なる測定を用いたにもかかわらずそうなっている。どれくらいの数の福音派が改宗者なのか正確なところは、出身の家族が混合していた場合にどう分類するかや、非教派的教会をどう分類するかによる部分があるが、どのような比較の基準を用いても——全改宗者に対するその宗教系統への改宗者、その宗教系統にいる全ての人に対する改宗者、その宗教系統にいる全ての潜在的改宗者に対する改宗者——福音派の改宗者は 1970 年代以降、他の宗教系統への改宗者をあわせたもの（「なし」を除く）よりも多数になっていた。

36. 1960 年代に下記は、上方への社会移動に伴う保守的（福音派）からリベラル（主流派）プロテスタント信仰への切り替えが多いことを見いだした。Rodney Stark, Charles Y. Glock, and University of California Survey Research Center, *American Piety: The Nature of Religious Commitment* (Berkeley: University of California Press, 1968). しかし 1980 年代になると、そのような切り替えは 1960 年代以降低下したことが下記で結論づけられている。Wade Clark Roof and William McKinney, *American Mainline Religion: Its Changing Shape and Future* (New Brunswick: Rutgers University Press, 1987). スタークとグロックは 1960 年代中盤の全国調査で「アメリカのプロテスタントの間での教派的変化は、よりリベラルで、現代的な神学を持った教会へ移動し、伝統的な正統性でいまだ型どおりの教会からは離れるというパターンにしたがっている……われわれのデータが信頼の置けるものであれば、保守的母体の会員数はゆっくりと干上がっていくように思われる」ことを見いだした（後者の p. 203 の引用）。20 年後には対照的に、ルーフとマッキニーが「全ての証拠が示しているのは、宗教所属の上方切り替え、あるいは保守—リベラル移行は、以前よりも現在では少なくなっているということである……保守的プロテスタントは今日では純増を示しており、それは以前の損失とは対照的である；彼らの損失は今日では他の信仰に対し比例して少なくなっており、それは宗教市場における彼らの魅力とアピールが大きくなっていることによる」と結論づけた。より一般的には、福音派の間での教育および階級水準の上昇について以下を参照。Rebekah Peeples Massengil, "Educational Attainment and Cohort Change Among Conservative Protestants," *Journal for the Scientific*

年の34%への落ち込みを示している。

19. 全米選挙調査データでは、全黒人のうち毎週あるいはほぼ毎週教会に出席する者は1950年代の50%から1960年代の43%、1970年代の35%に低下した。同じ年間の白人における低下と対比させるとおよそ3倍大きい下落である。1950年代から1070年代までの黒人の教会出席の低下は、男性と女性、北部人と南部人で本質的に同一だったが、ほぼ完全に30歳以下の黒人に集中していた。類似のこととして、ギャラップ調査では1960年代中盤から、黒人が宗教性における伝統的な優越を取り戻した1970年代終わりまでの間は宗教出席における黒人―白人差が本質的になかったことを示している。これらのデータが正確なのであれば、大部分は若い黒人聖職者によって指導されていた黒人の公民権運動のまさにその時期において、若い黒人は比較相手の白人と比べてさらに多数が教会から離れていたという結果になり驚かされる。歴史的観点から、この問題はさらなる注目に値する。

20. 全米選挙調査データ。アメリカ新入生年次調査からの図4-2における証拠も参照。

21. 総合社会調査。まさしく同じパターンが全米選挙調査に表れているが、そこでは教会出席についてわずかに異なる指標を用いている：ブーマーの親が30代であったとき、彼らの45%が教会に毎週あるいはほぼ毎週出席していた。ブーマーが30代だったとき、そうしているのは30%にすぎなかった。

22. 宗教が影響力を失っていると述べるアメリカ人の割合は1957年の14%から1962年の31%に、そして1969－1979年の70%に上昇した。ギャラップ調査レポート、Gallup and Castelli, *The People's Religion,* 10; George Gallup and D. Michael Lindsay, *Surveying the Religious Landscape: Trends in U.S. Beliefs* (Harrisburg: Morehouse, 1999), 7.

23. Gallup and Castelli, *The People's Religion*, 11.

24. 総合社会調査によれば、少なくとも何らかの大学教育を受けたという人は1990年代まで18歳から29歳の人口の中で少数派にとどまっていた。

25. Dean R. Hoge, Cynthia L. Luna, and David K. Miller, "Trends in College Students' Values Between 1952 and 1979: A Return of the Fifties?" *Sociology of Education* 54, no. 4 (1981). マーケット大学の学生に1961年、1971年、そして1982年に行われた対比可能な調査が正確に同じパターンを示している。この中西部のカトリックカレッジの学生は1961年には宗教的、社会的、そして性的問題について非常に保守的であった。彼らの10年後の比較相手はほぼ全ての次元において驚くほどによりリベラルになっていた；例えば、毎週ミサに出席する者は95%から50%未満に落ち込んだ。さらに10年たつと、性道徳の問題を例外として、ほぼ全てのこれら傾向が反転した。David O. Moberg and Dean R. Hoge, "Catholic College Students' Religion and Moral Attitudes," *Review of Religious Research* 28, no. 2 (1986).

26.「非教派的」という言葉の意味の変化についてのわれわれの一般化は、1973–2008年の総合社会調査におけるこのカテゴリーの宗教的な見方と行動に関する詳細な検討に基づいている。GSS回答者には、自分の所属は非教派だが、めったに教会には行かないと述べる別の集団もいる。彼らは福音派とは宗教的特徴を全く共有しておらず、よってわれわれは標準的なやり方にしたがって、これらの教会無出席の非教派的クリスチャンを福音派のカテゴリーから除外した。対照的に、信仰重要性調査では、これらの非教派的クリスチャンを福音派カテゴリーに含めている。詳しい説明については第一章の注16を参照。われわれの作業のこの部分では、1972年のGSSデータを除外したが、その年のサンプルに説明のつかない異常がいくらかあったためである。1972年を含めると福音派の高まりが強くなるが、他の研究者と同様に、この年の証拠の信頼性についてわれわれも確信に欠いている。GSSの教派データは、http://www.iu.edu/~soc/pdf/RELTRADsyntax_3versions.pdf (2010年6月10日)にまとめられた標準的な「宗教系統」フォーマットへの再コードに基本的に依存している。しかし1973–1983年の期間では、GSSは教派所属について十分に詳細な情報を集めることができなかったので、ミズーリシノッド・ルーテルのようないくつかの変則的な教派についてはローデータを調整してGSSの証拠を時間を超えて一貫的になるようにした。

27. 信仰重要性調査からのたくさんの証拠で、社会政治的（例：中絶）、また宗教的（個人的な生活の中での宗教の重要性）両方のさまざまな多くの問題で福音派と「なし」が両極にあることが確認されている。この「極」という言葉は記述的な意味で用いており、どちらの端についても非難的な観点からの「極端主義」ということは意味しない。

28. 非常に最近まで総合社会調査と全米選挙調査は英語話者しか面接していなかったため、ラティーノ系移民の数の増大の大半を歴史的証拠は見落としており、人口に占めるカトリックの割合はしたがって過小評価されている。われわれは図4-4、図4-5、図4-6について、英語同様にスペイン語でも実施された信仰重要性調査におけるラティーノ系カトリックの推定に基づいてこの問題を考慮に入れて調整している。

39. Wuthnow, *The Restructuring of American Religion*, 71–172.

第4章 アメリカの宗教性――激震と二つの余震

1. Sydney E. Ahlstrom, *A Religious History of the American People* (New Haven: Yale University Press, 1972), 1080–81.

2. David J. Harding and Christopher Jencks, "Changing Attitudes Toward Premarital Sex: Cohort, Period, and Aging Effects," *Public Opinion Quarterly* 67, no. 2 (2003).

3. Judith Treas, "How Cohorts, Education, and Ideology Shaped a New Sexual Revolution on American Attitudes Toward Nonmarital Sex, 1972– 1998," *Sociological Perspectives* 45, no. 3 (2002).

4. 婚外交渉に対する態度は婚前交渉に対する態度よりもずっと保守的なままであって、世紀の残りの期間を通じて一般により保守的な方向へ移動した。同性愛に対する態度は1990年代まで保守的なままだったが、急速なリベラル化が起こっており、本章末に向けて論じていく。

5. 性的問題についての見方の変化はとりわけカトリック教徒の間で劇的だった。1963年と1974年の間に、(単に若者だけではない) 全カトリックで婚前交渉は常に悪いと答える者の割合は74%から35%へ、離婚後の再婚は常に悪いは52%から17%へ、避妊は常に悪いは56%から17%へと下落した。Andrew M. Greeley, *The Catholic Revolution: New Wine, Old Wineskins, and the Second Vatican Council* (Berkeley: University of California Press, 2004), 39.

6. Maurice Isserman and Michael Kazin, *America Divided: The Civil War of the 1980s*, 3rd ed. (New York: Oxford University Press, 2008), 249.

7. ギャラップ調査と総合社会調査、1972–2008年。

8. Robert Wuthnow, *The Restructuring of American Religion* (Princeton: Princeton University Press, 1988), 145.

9. George Gallup and Jim Castelli, *The People's Religion: American Faith in the 90's* (New York: Macmillan, 1989), 12; Ahlstrom, *A Religious History of the American People*, 1086; Wuthnow, *The Restructuring of American Religion*, 159.

10. Gallup and Castelli, *The People's Religion*, 12. 下記も参照。Ahlstrom, *A Religious History of the American People*, 1017. アンドリュー・グリーリー (Andrew Greeley) 神父による下記は、受胎調節の勅令が、カトリックの信奉低下の全てではないにせよ、大半を説明するという証拠を提供している。*Religious Change in America* (Cambridge: Harvard University Press, 1989), 47–50.

11. ギャラップ調査報告書によれば、1957年と1973年の間に毎週教会出席する者の平均はカトリックの間で74%から55%に、プロテスタントの間で44%から37%に下落した。30歳以下の間では、1950年代と1970年代の間にプロテスタントでは40%から30%に、カトリックでは73%から35%に低下した。下記を参照。http://www.gallup.com/poll/117382/Church-Going-Among-Catholics-Slides-Tie-Protestants.aspx (2010年6月10日アクセス). 半世紀近くがたった2006年の信仰重要性調査においてですら、ブーマー世代は全ての元カトリック (カトリックとして成長した全アメリカ人のうちそれ自体で少なくとも3分の1を構成している大集団) の中で釣り合いの取れないほどのシェアを占めている。

12. Isserman and Kazin, *America Divided*, 258.

13. 1960年代の宗教的イノベーションに対するおおむね好意的な説明については下記を参照。Robert S. Ellwood, *The Sixties Spiritual Awakening: American Religion Moving from Modern to Postmodern* (New Brunswick: Rutgers University Press, 1994). また下記も参照。Robert Wuthnow, *After Heaven: Spirituality in America Since the 1950s* (Berkeley: University of California Press, 1998).

14. Robert N. Bellah et al., *Habits of the Heart: Individualism and Commitment in American Life* (Berkeley: University of California Press, 1985), 221.〔島薗進・中村圭志訳『心の習慣――アメリカ個人主義のゆくえ』みすず書房、1991年〕

15. Amanda Porterfield, *The Transformation of American Religion: The Story of a Late-Twentieth-Century Awakening* (New York: Oxford University Press, 2001), 18.

16. Wuthnow, *The Restructuring of American Religion*, 12, 144–52, 173–214; Isserman and Kazin, *America Divided*, 254.

17. このパラグラフにある全てのデータはギャラップ調査報告から作られている。

18. 図3-6はギャラップ調査アーカイブに基づいているが、同じパターンは全米選挙調査データにも表れていて、25歳から34歳のアメリカ人の間で毎週、あるいはほぼ毎週教会に出席する者は1956年の47%から1966

19. 1940 年代と 1950 年代の教会出席の傾向、とりわけ黒人の間でのそれについての系統的証拠は極めて限られている。ギャラップのローデータは分析のための入手が不可能なので、われわれは公開されたギャラップの数値によらなければならなかった。したがって性別、人種、教育ごとの詳細な集計については 1952 年から開始された全米選挙調査（NES）に限られている。NES 調査ではギャラップ調査よりも週あたりの教会出席平均がわずかに低く報告されているが、基本的には図 3-6 に示されたギャラップのコホートパターンをたどるものになっている。これらの年月における黒人の宗教性についての全国規模での系統的な知識はしたがって、隔年の NES 調査における 100–150 人の回答者に限定されている。これらの弱点全てによっても、これらのデータが示唆しているのは古くは 1952 年（そしておそらくはその以前から）黒人の教会出席は比較的高く（毎週で 50％以上）、1070 年代の後半にはその高くなった水準からの低下が始まったことである。黒人は 1950 年代には教会出席の高水準にそのシェア以上に貢献していたが、教会出席の成長にはそのシェアよりも貢献が少なかったように見える。

20. これはトム・ブロコウ（Tom Brokaw）の *The Greatest Generation* (New York: Random House, 1998) で「偉大なる世代」として、また Robert D. Putnam, *Bowling Alone: The Collapse and Revival of American Community* (New York: Simon & Schuster, 2000)〔柴内康文訳『孤独なボウリング——米国コミュニティの崩壊と再生』柏書房、2006 年〕で「長期市民世代」として賞賛されたコホートとちょうど同じものである。このコホート内部では教会出席率が最も急激に上昇したのは大卒男性だった。全米選挙調査アーカイブによれば、大卒白人の間の毎週の教会出席は、1952 年から 1964 年の 10 年そこそこの間で 29％から 53％へとほとんど倍になった。女性と教育水準の少ない者の間での対応する増加は、いくらか小さいものだった。

21. Ahlstrom, *A Religious History of the American People*, 952.

22. Allitt, *Religion in America Since 1945*, 33.

23. Ahlstrom, *A Religious History of the American People*, 953; われわれのインフレ調整について。下記も参照。Wuthnow, *The Restructuring of American Religion*, 27.

24. Robert Wuthnow, "Recent Pattern of Secularization: A Problem of Generations?" *American Sociological Review* 41, no. 5 (1976); Wuthnow, *The Restructuring of American Religion*, 17.

25.「1950 年にはプロテスタントとユダヤ教の神学校に入学する学生の数は戦前の数値の約 2 倍になり、一方でカトリックの神学校では 30％上昇した」Wuthnow, *The Restructuring of American Religion*, 37.

26. George Gallup and D. Michael Lindsay, *Surveying the Religious Landscape: Trends in U.S. Beliefs* (Harrisburg: Morehouse, 1999), 7, 19.

27. Barnett, "God and the American People," 231.

28. Putnam, *Bowling Alone.*

29. George Gallup and Jim Castelli, *The People's Religion: American Faith in the 90's* (New York: Macmillan, 1989), 9.

30. Robert N. Bellah, "Civil Religion in America," *Daedalus* 96, no. 1 (1967).

31. Ahlstrom, *A Religious History of the American People*, 951.

32. Ibid., 954–55.

33. Ibid., 954.

34. Allitt, *Religion in America Since 1945*, 31.

35. Maurice Isserman and Michael Kazin, *America Divided: The Civil War of the 1960s*, 3rd ed. (New York: Oxford University Press, 2008), 251.

36. Wuthnow, *The Restructuring of American Religion*, 138–45. Ahlstrom, *A Religious History of the American People*, 747–48, 957–59; Martin E. Marty, *Modern American Religion*, Volume 3: *Under God, Indivisible, 1941–1960* (Chicago: University of Chicago Press, 1986); George M. Marsden, *Fundamentalism and American Culture*, 2nd ed. (New York: Oxford University Press, 2006).

37. Uta Andrea Balbier, "Billy Graham's Crusades in the 1950s: Neo- Evangelicalism Between Civil Religion, Media, and Consumerism," *Bulletin of the German Historical Institute* (Spring 2009), 71–80.

38. Will Herberg, *Protestant—Catholic—Jew: An Essay in American Religious Sociology* (Garden City: Doubleday, 1955); Gerhard Lenski, *The Religious Factor: A Sociological Study of Religion's Impact on Politics, Economics, and Family Life* (New York: Doubleday, 1961), 特に 327 ページ。現代のアメリカ宗教についての二つの古典がこれほどまでに速くまた根本的に誤っていることが立証されたことは、控えめであることの必要性を本書の著者にとって注意喚起するものになっている。

消したときには傾向が最もはっきりとするが、これは雑音を打ち消したときに録音が最もはっきりするのと同じである。われわれの用いた具体的な「雑音除去《ノイズキャンセリング》」法はLOESS平滑化と呼ばれている。専門的な言葉では、LOESSはそれぞれの年に対して回帰直線を、その年のデータ点とその周辺にあるデータを用いて当てはめる。したがって平滑化された値は、特定の年に回帰直線が取る値である。言い換えるとこれは加重平均に似ているが、それは平滑化された値が複数年のデータに基づいているからである。考慮される近傍のデータ点が増えると、線はより滑らかになる。反対に、少数のデータ点のみによる傾向に対しては、平滑化は不完全な（したがって、あまり滑らかではない）ものになる。平滑化における専門技術、そしてこれらの図を作成するにおいての大変な作業について、ヴァレリー・ルイスに感謝する。詳細については下記を参照：William S. Cleveland, "Robust Locally Weighted Regression and Smoothing Scatterplots," *Journal of the American Statistical Association* 74, no. 368 (1979): 829–36. 1970年代と1980年代に生まれたコホートに対しての最初の年月に明らかな変動は、これらのコホートが成年に入りはじめたときのサンプル規模の小ささと、これらの線を「滑らかにする」ことに関わる統計学上の無力さの反映である。

11. いかに年齢、時代、そしてコホート効果を分析しうるかの方法論的議論については以下を参照。Philip E. Converse, *The Dynamics of Party Support: Cohort-Analyzing Party Identification* (Beverly Hills: Sage Publications, 1976); Glenn Firebaugh, "Methods for Estimating Cohort Replacement Effects," in *Sociological Methodology 1990*, ed. Clifford Clogg (Oxford: Basil Blackwell, 1990), 243–62; および Norval D. Glenn, *Cohort Analysis*, 2nd ed. (Thousand Oaks: Sage Publications, 2005). 数学的な不定性のゆえに、大半の部分ではわれわれはそのような計算のもっともらしさと節約に関して外的な仮定に依らなければならなかったが、これらの問題に対しては高度な統計技法が発展してきた；下記を参照。Yang Yang et al., "The Intrinsic Estimator for Age-Period-Cohort Analysis: What It Is and How to Use It," *American Journal of Sociology* 113, no. 6 (2008).

12. 宗教礼拝出席に関するほぼ同一の略式判断として下記を参照。Chaves and Anderson, "Continuity and Change in American Religion, 1972–2008." また下記も参照。Stanley Presser and Mark Chaves, "Is Religious Service Attendance Declining?" *Journal for the Scientific Study of Religion* 46, no. 3 (2007).

13. 教会もしくはシナゴーグの会員であることについてのギャラップ調査データは、宗教的傾倒におけるこの長期のゆっくりとした低下によく似ており、（いくぶんむらがあるが）1947年の76%から1965年の73%、1976年の71%、1990年の69%、2000年の68%、2009年の63%と下落している。この傾向は2000年以降加速してきたように見える。この傾向もまた大半がコホート置き換えの世代的過程に帰属しうるとわれわれは疑っているが、出生年についてのギャラップデータは公開入手可能ではないので、この疑念を確認することはできない。

14. この期間を通じ大学進学希望の若者は、若年層全体のおよそ半分を構成しており、そして多くの点において若者全体の代表にはなっていない。しかし、1972–2008年の総合社会調査によれば、宗教出席は大学教育を受けていない若者（18–29歳）の間で、大学教育を受けている仲間たちと比べてわずかに速く低下している。したがって図3-3の傾向はおそらく全体の世代的低下を控えめに表現している。

15. 1920年と1970年の間の大学での小サンプルで繰り返された調査を用いて、ディーン・ホーグは1920年から1930年代後半にかけての水準低下と、1950年代初頭を通じての増加、そして1969年までの急速な低下を観察していた。Dean R. Hoge, *Commitment on Campus: Changes in Religion and Values over Five Decades* (Philadelphia: Westminster, 1974).

16. これらの反応は他の証拠から知るものの鏡映しになっている－世代間の低下はカトリック、主流派プロテスタント、ユダヤ教徒の間で大きく、福音派と黒人プロテスタントでは小さな低下で、北東部で最大、南部で最小だった。念のため、われわれは親世代の生活の中でその世代の家に子どもがいた時点の宗教出席と、回答者自身の現在の出席とを比較したが、図3-4に示された低下は家に子どもがいるという事実に関連する（一年あたり1回の礼拝増加という）宗教出席の控えめな増加では説明することができなかった。現在家に子どもがいる（したがって自分が成長してきたときの親と同じライフステージにいる）回答者では、46%が親が当時していたよりも現在教会に出席することが少ないと答えており、サンプル全体のものとちょうど同じになっている。

17. この期間の歴史については下記を参照。Ahlstrom, *A Religious History of the American People* および Wuthnow, *The Restructuring of American Religion*, 53–53. 英国における世界戦争の宗教に対するネガティブな影響については下記を参照。Robert Currie, Alan D. Gilbert, and Lee Horsley, *Churches and Churchgoers: Patterns of Church Growth in the British Isles Since 1700* (Oxford: Clarendon Press, 1977).

18. S. Presser and L. Stinson, "Data Collection Mode and Social Desirability Bias in Self-Reported Religious Attendance," *American Sociological Review* 63, no. 1 (1998); Hadaway, Marler, and Chaves, "What the Polls Don't Show."

その教会の性質、また成長の目標を表現するのに用いる。

4. "Promise and Paradox: A Parish Profile of Trinity Church in the City of Boston 2005" (Boston: Trinity Church, 2005), H1.

5. Ibid., 3.

6. Ibid., B4.

7. ピーター・ドラッカーは以下における引用。Krista Tippet, "Rick and Kay Warren at Saddleback," American Public Media, *Speaking of Faith*, August 21, 2008, interview. 〈http://speakingoffaith.publicradio.org/programs/2008/warren/transcript.shtml〉(2010年6月10日アクセス).

8. Warren, Rick. *The Purpose Driven Church: Growth Without Compromising Your Message and Mission.* Grand Rapids: Zondervan, 1995, 56.

9. "Rick and Kay Warren at Saddleback." American Public Media, *Speaking of Faith*, August 21, 2008, interview. 〈http://speakingoffaith.publicradio .org/programs/2008/warren/transcript.shtml〉(2010年6月10日アクセス).

第3章　アメリカの宗教性——歴史的背景

1. この時期の卓越した議論として、下記を参照。Robert Wuthnow, *The Restructuring of American Religion* (Princeton: Princeton University Press, 1988); Alan Wolfe, *The Transformation of American Religion: How We Actually Live Our Faith* (New York: Free Press, 2003); Patrick Allitt, *Religion in America Since 1945: A History*, Columbia Histories of Modern American Life (New York: Columbia University Press, 2003); Sydney E. Ahlstrom, *A Religious History of the American People* (New Haven: Yale University Press, 1972); Andrew M. Greeley, *Religious Change in America* (Cambridge: Harvard University Press, 1989); Wade Clark Roof and William McKinney, *American Mainline Religion: Its Changing Shape and Future* (New Brunswick: Rutgers University Press, 1987); および Claude S. Fischer and Michael Hout, *Century of Difference: How America Changed in the Last One Hundred Years* (New York: Russell Sage Foundation, 2006), Chapter 8.

2. Roger Finke and Rodney Stark, *The Churching of America, 1776–1990: Winners and Losers in Our Religious Economy* (New Brunswick: Rutgers University Press, 1992); E. Brooks Holifield, "Towards a History of American Congregations," in *American Congregations*, ed. James P. Wind and James W. Lewis (Chicago: University of Chicago Press, 1998), 23–53; C. Kirk Hadaway, Penny Long Marler, and Mark Chaves, "What the Polls Don't Show: A Closer Look at U.S. Church Attendance," *American Sociological Review* 58, no. 6 (1993); Michael Hout and Andrew M. Greeley, "The Center Doesn't Hold: Church Attendance in the United States, 1940–1984," *American Sociological Review* 52, no. 3 (1987); および Greeley, *Religious Change in America*.

3. Lincoln Barnett, "God and the American People," *Ladies' Home Journal* (November 1948): 230.

4. ギャラップ調査報告。ギャラップによるメンバーの数字は、1970年代以降一様ではない低下の兆候を示しており、この10年間を通じて値は2009年の63%まで下落した。

5. ギャラップ調査報告；1948年のみは下記。Barnett, "God and the American People"; Mark Chaves and Shawna L. Anderson, "Continuity and Change in American Religion, 1972–2008," in *Social Trends in the United States, 1972–2008: Evidence from the General Social Survey*, ed. Peter Marsden (Princeton: Princeton University Press, forthcoming).

6. Wuthnow, *The Restructuring of American Religion*, 5–6.

7. Scott M. Meyers, "An Interactive Model of Religiosity Inheritance: The Importance of Family Context," *American Sociological Review* 61, no. 5 (1996); Darren E. Sherkat, "Counterculture or Continuity? Competing Influences on Baby Boomers' Religious Orientations and Participation," *Social Forces* 76, no. 3 (1998); Michele Dillon and Paul Wink, *In the Course of a Lifetime: Tracing Religious Belief, Practice, and Change* (Berkeley: University of California Press, 2007).

8. 厳密に言えば、ライフサイクル変化の結果としての社会変化は、さまざまな出生コホートの相対規模によるが、出生率が一定であると仮定することでさしあたりはその留保を除外しておくことができる。

9. 図3-1は1972-2008年の総合社会調査に基づく。本質的に同じパターンが、完全に独立した1952-2008年の全米選挙調査アーカイブにも表れており、このパターンが頑健であることに合理的な確信を与えるものである。

10. 本書を通して、図に表現した傾向線を滑らかにする手法をしばしば用いている。どの特定の年にも調査は必ず「ノイズ」を生み出す——傾向線を上下に跳ねさせるランダムな乱れである。したがって、ノイズを打ちある。この調査は信仰重要性調査よりも回答者数がずっと多く、州に対してより信頼できる推定が作られている。それでも下記の州の対を一緒にして、一つの単位として扱っている；コネチカット州とロードアイランド州；ミネソタ州とワイオミング州；ノース／サウスダコタ州。メリーランド州とワシントンD.C.もあわせている。宗教展望調査には信仰重要性調査と非常に似ている項目が含まれているが、われわれの宗教性指数を正確には再現することができなかった。報告した宗教性指数にはしたがって下記が含まれている：

神がいることに絶対的に確信がある者の州内での割合

宗教が自分の生活に非常に重要であると述べた者の割合

宗教礼拝に毎週出席する者の割合

毎日少なくとも1回は祈る者の割合

八つの主要な国勢調査地域間で、信仰重要性調査の宗教性指数とこのピュー指数は強く相関していた：0.98。

34. この割合を強調したのは、会衆の内部でリーダー的地位を務めることは、集会を組織したりスピーチをする仕方を知っているというような、教会が市民的スキルをいかに築くかの例だからである。会衆はしばしばそのようなスキルの孵卵器であり、とりわけ教育や職場を通じてそれらを発達させる機会を持たなかった人々の間でそうなっている。このような仕方で、会衆は他の形態の市民的関与との橋渡しとして機能しうるのである。下記を参照。Sidney Verba, Kay Lehman Schlozman, and Henry E. Brady, *Voice and Equality: Civic Voluntarism in American Politics* (Cambridge: Harvard University Press, 1995).

35. ここでは「教会出席者」は少なくともたまには礼拝に出席する会衆があると回答した者であることを単純に意味する。ここ、また他所での「教会」という用語は、あらゆる礼拝場所を意味する必要上の簡略表現として用いている；これにより「教会、シナゴーグ、寺院、モスク」と不格好に呼ぶことを避けている。この用語を用いることで何らの攻撃を意味してはいない。

36. カトリック信仰は明らかに、会衆へと組織されたもう一つの主要な宗教系統である。しかし歴史的にはカトリック小教区は典型的なプロテスタント会衆とは異なっていて、カトリック教徒は自分の住んでいる領域内の小教区に出席することが期待されているが、一方でプロテスタント会衆は選択の問題であって、場所ではない。しかしそうは言っても、カトリック小教区ではプロテスタント会衆と同様の礼拝が提供されていることが典型である。

37. R. Stephen Warner, "The Place of Congregation in the Contemporary American Religious Configuration," in *American Congregations: New Perspectives in the Study of Congregations*, Volume 2, ed. James P. Wind and James M. Lewis (Chicago: University of Chicago Press, 1994), 54–100.

38. Alan Wolfe, *The Transformation of American Religion: How We Actually Live Our Faith* (New York: Free Press, 2003), 228.

39. R. F. Spencer, "Social Structure of a Contemporary Japanese-American Buddhist Church," *Social Forces* 26, no. 3 (1948): 281, 288.

40. 接触した会衆指導者の全員が、その会衆をわれわれの研究に含めることを承諾した。彼らの協力に感謝する。別途示していない場合は、当該の会衆について報告された事実情報は全てわれわれ自身の観察か、それらの面接から来たものである。

第2章　挿話——古きものと新しきもの

1. 米国聖公会は、英国国教会とフル・コミュニオン関係にあると考えられる教会の世界組織、アングリカン・コミュニオンの「管区《プロヴィンス》」である。この組織の会員であるため、そして英国国教会に根ざす歴史的、教義的ルーツのために、「アングリカン」という用語は「聖公会員」「聖公会派」としばしば言い換えて用いられる。

2. 2009年7月の面接でトニー・ビュークー師は、この節を書いたとき以降トリニティ・コンコードは「平均的な日曜日の出席でわずかな増加」を経験したと述べていた。これは若い家族の流入によるもので、その「多く」は「以前はローマ・カトリック」だった。2003年から2009年の間に教会学校の出席はこれと同じ流入により3倍となった。ビュークー師はまた教会区生活がいくつかの面で勢いを取り戻したとも述べている。インナーシティの教会区とのアウトリーチ関係は活性化した；そして手芸グループは現在隔週で集まっており、最近では新しい会員を引きつけることを意図した案内ミーティングを開いて、世代を超えた20人の出席者が集まった。

3. ここで面接した聖職者と平信徒が教会区規模を表現するのにしばしば用いた方法は、会衆生活を研究している超教派のシンクタンク、アルバン・インスティテュートが開発した枠組みを通してである。この類型には牧会的教区、コミュニティ的教区、プログラム教区、会社的教区が含まれている。しばしば会衆はこの言葉を、ついて考えたとき、自分が何者であるという感覚にとってあなたの宗教はどれくらい重要ですか－非常に重要、ある程度重要、あまり重要ではない、全く重要ではない。
・自分は自身の宗教の強い信者である、あるいはそれほど強い信者ではないと言えるでしょうか。[強い、それほど強くない、どちらかと言えば強い、宗教がない]
・どのくらいの頻度で宗教礼拝に出席しますか。[週に数回、毎週、毎週に近い、月に2－3回、月に1回くらい、年に数回、年に1・2回くらい、年に1回未満、決して行かない]
・特定の会衆に属しているかいないかを問わず、宗教を実践するさまざまな方法についておうかがいします。次の項目は宗教礼拝の外での祈りです。これを行うのは一日に数回、およそ一日に1回、一週間に数回、およそ一週間に1回、たまに、あるいは決して行わない、でしょうか。
・ある人は信じ、他の人は信じていないようなさまざまなことについてうかがいます。最初の項目は［神］です。あなたは神を絶対的な確かさで信じていますか、ある程度確かに、あまり確かではない、全く確かではない、あるいは神を信じていないことに確信がありますか。[この質問に含まれる他項目は天国、地獄、死後の生命、ホロスコープである；項目の順番はランダム化された。]

統計学通の読者のために、ここに因子分析の結果を示す。

因子負荷量	
宗教の重要性	0.86
自己の感覚に宗教は重要	0.82
宗教の強い信者	0.79
宗教出席	0.74
祈りの頻度	0.75
神への信仰	0.72
固有値	2.57

26. イギリス人口の一般サンプルに加えて、英国における信仰重要性調査ではイギリスのムスリム人口のオーバーサンプルも含めた。

27. これら二つの陣営は中庸では合意に近づき、宗教性の低いアメリカ人の39%が進化は神によって導かれたという見方を支持するのに対して、人口で最も宗教的な者では21%になっている。

28. 最も宗教的な者で59%、もっともそうでない者で7%だった。

29. 両方の集団のおよそ75%は過去7日間に外食したと答えているが、一方で同じ時期にスポーツイベントに行ったという者は13%だった。

30. 両方の集団ともテレビを一日あたりおよそ3時間見ていると回答している。

31.

	宗教性の上位20%	宗教性の下位20%
犯罪対策への支出を増やす	69%	60%
国境対策への支出を増やす	52%	64%
貧困対策への支出を増やす	66%	56%

出典：信仰重要性調査，2006年.

32. 性差は下記の通りで、具体的なポイント差をカッコ内に示してある：
スピリチュアルな人間（10）
神の存在を経験（9）
神の法（12）
神が世界を作った（10）
善と悪（9）
世界はもうすぐ終わる（9）
聖典は字義通りである（7）
誰もが罪の報いを受ける（6）
毎日聖典を読む（9）
毎日宗教の話をする（9）
毎日宗教の本を読む（6）

33. 図1-5はピュー・リサーチセンターの宗教展望調査に基づいて、各州の相対的な宗教性を表したものでの宗教系統として割り当てた。この割り当てを個人回答者の信念や行動を基礎としては行わなかったのは、宗教性の他の次元に属するものを一緒にしてしまわないようにである。要は、一種類の宗教的行動（例えば、教会出席）を個人的福音派を選び出すのに用いたのなら、福音派の教会出席を他の宗教系統に属する者のそれと比較することができなくなってしまうだろう。下記の教派が福音派としてコードされている：アッセンブリー／アッセンブリーズ・オブ・ゴッド、福音派／ボーンアゲイン・ブレザレン（あるいはブレザレン教会）、クリスチャン・ミッショナリー・アライアンス、キリスト改革派教会、チャーチ（あるいはチャーチズ）・オブ・クライスト、チャーチ・オブ・ザ・ブレザレン、ナザレン教会、フォー・スクウェア・ゴスペル、フリーメソジスト教会、グレイス・ブレザレン教会、ホーリネス、ミズーリシノッド・ルーテル、ウィスコンシンシノッド・ルーテル、ナザレン、ペンテコステ派、プリマス・ブレザレン、救世軍／アメリカン・レスキュー・ワーカーズ、南部バプテスト、ウェスレアン、自由教会、非教派－独立福音派、独立バプテスト、非教派／独立バプテスト、ミッショナリー・バプテスト、ナショナル・バプテスト、ファースト・バプテスト、一般バプテスト、自由意志バプテスト、原始バプテスト、その他バプテスト（それ以上の特定なし）、自由メソジスト、クリスチャン・メソジスト監督派／メソジスト監督派、その他メソジスト、アメリカ長老派教会（福音的長老派）、その他福音的長老派（それ以上の特定なし）、ボーンアゲイン／バイブル／ゴスペル／ミッショナリー、福音派自由教会／自由教会、福音カベナント教会、福音派、「単にクリスチャン」（非教派的）、「自分は単にクリスチャン」、チャーチ・オブ・ゴッド（それ以上の特定なし）、チャーチ・オブ・ゴッド／インディアナ州アンダーソン、チャーチ・オブ・ゴッド／テネシー州クリーブランド、チャーチ・オブ・ゴッド、クリスチャン・ミッショナリー・アライアンス、ペンテコステ派チャーチ・オブ・ゴッド、ペンテコステ派ホーリネス教会、統一ペンテコステ派、ペンテコステ派（それ以上の特定なし）、超教派的もしくはコミュニティ教会、非教派的クリスチャン／バプテスト／プロテスタント、セブンスデー・アドベンチスト、メノナイト派。

17. Kenneth D. Wald and Allison Calhoun-Brown, *Religion and Politics in the United States* (Lanham, MD: Rowman & Littlefield, 2007), 30.

18. 下記の教派が主流派プロテスタントとしてコードされている：米国バプテスト教会、会衆派、ディサイプルス派、アメリカ福音ルーテル教会、アメリカ改革派教会、キリスト合同教会、合同メソジスト教会、合同長老教会、ルター派（それ以上の特定なし）、メソジスト（それ以上の特定なし）、合衆国長老教会／合同長老教会、超教派あるいはエキュメニカルプロテスタント教会。

19. 今回の用途では黒人プロテスタントを、いずれかのプロテスタントであると自認する全てのアフリカ系アメリカ人と定義した。黒人プロテスタントを、歴史的な黒人系教派に出席する者には限定しなかったが、それはプロテスタント教派の多くの中に、アフリカ系アメリカ人が大部分である会衆が見いだせるという事実によるものである。例えば、バラク・オバマが出席しジェレマイア・ライト師によって指導されていた黒人の際立つシカゴの教会はキリスト合同教会に属しているが、これは黒人プロテスタント信仰に典型的に関連づけられる教派ではない。それどころか、主流派プロテスタント教派の中に分類されるのである。黒人プロテスタントを、大部分がアフリカ系アメリカ人で構成される会衆に出席するアフリカ系アメリカ人として定義する（これは、回答者にその会衆の人種構成を報告することを求めたことで可能となる）ことも試みた。第9章で触れたように、そうすることで黒人プロテスタントの特徴性がさらに明確になっただけであった。しかし、可能な分類体系で最も単純なものを用いるために、黒人プロテスタントを「黒人であるプロテスタント」として分類することを選んだ。

20. 厳密には、モルモン教徒とは末日聖徒イエス・キリスト教会の会員のことである。

21. 信仰重要性調査の回答者が多数であることから、信頼できる分析のために十分なユダヤ教徒およびモルモン教徒をわれわれは得ている。しかしその割合が比較的小さいことは、これらの二つの宗教系統の内部でさらに区分を行うことが不可能であることを意味している。したがって例えば、正統派と改革派のユダヤ教徒を弁別することはできない。

22. 例えば、2006年の信仰重要性調査には13人のムスリムがいるが、統計学的比較には少数に過ぎる。

23.「なし」は宗教社会学者が、宗教所属のない者を指すための標準的な用語になってきた。この語の初期の用法については下記を参照。Glenn M. Vernon, "The Religious 'Nones': A Neglected Category," *Journal for the Scientific Study of Religion* 7, no. 2 (1968).

24. Mark Chaves, *Continuity and Change in American Religion,* Chapter 2.

25. 六つの測定とは下記である：

・日常生活で宗教はどの程度重要ですか。極めて重要、かなり重要、ある程度重要、あるいは全く重要ではない、でしょうか。

・自分が何者であるという感覚にとって重要なさまざまなものについて知りたいと思っています。あなた自身に

■原注

＊文献情報、インターネット上の URL 等は、原著公刊時のものである。

第１章　アメリカにおける宗教的分極化と多様性

1. 下記の最高裁事件を参照。*Van Orden v. Perry,* 545 U.S. 677 (2005).

2. Philip E. Converse, "Religion and Politics: The 1960 Election," in *Elections and the Political Order,* ed. Philip E. Converse, Warren E. Miller, Donald E. Stokes, and Angus Campbell (New York: John Wiley & Sons, 1966), 123.

3. Sam Harris, *The End of Faith: Religion, Terror, and the Future of Reason,* 1st ed. (New York: W. W. Norton, 2004); Christopher Hitchens, *God Is Not Great* (New York: Twelve Hachette Book Group, 2007); Stephen L. Carter, *The Culture of Disbelief: How American Law and Politics Trivialize Religious Devotion* (New York: Basic Books, 1993); Richard John Neuhaus, *The Naked Public Square: Religion and Democracy in America,* 2nd ed. (Grand Rapids: William B. Eerdmans, 1997).

4. James Davison Hunter, *Culture Wars: The Struggle to Define America* (New York: Basic Books, 1991).

5. ここと続く２パラグラフの統計は全て信仰重要性調査からのもので、以下で詳細を記述する。

6. しかし、教会出席の回答の正確性についての研究を参照のこと。そこではこれらの回答を割り引いてみるべきことが示唆されている：C. Kirk Hadaway, Penny Long Marler, and Mark Chaves, "What the Polls Don't Show: A Closer Look at U.S. Church Attendance," *American Sociological Review* 58, no. 6 (1993); Robert D. Woodberry, "When Surveys Lie and People Tell the Truth: How Surveys Oversample Church Attenders," *American Sociological Review* 63, no. 1 (1998); Tom W. Smith, "A Review of Church Attendance Measures," *American Sociological Review* 32, no. 1 (1998); および Mark Chaves, *Continuity and Change in American Religion,* Chapter 1 (forthcoming 2011).

7. これらの結果は全て 2005-2007 年の世界価値観調査からのものである。

8. イギリスの数値は英国において実施した信仰重要性調査（下記で記述）の再現から来ている。

9. 質問の正確なワーディングは以下である：

> 人が特定の会衆に属しているかいないかにかかわらず、宗教を実践するに際してのさまざまな方法についておうかがいします。最初／次の項目は、感謝の祈り《グレイス》を唱えたり食事の前に祈ることです。これを一日に何回か行いますか、およそ一日に１回、一週間に数回、およそ週に１回、たまに行う、あるいは決して行わないでしょうか。

リスト中の他項目に含まれるのは聖典を読む、テレビやラジオで宗教番組をつける、宗教礼拝の他に祈る、であった。項目の順番は各回答者に対しランダム提示した。

10. ２度の信仰重要性調査についての詳細は補遺１を参照。

11. Mark A. Noll, *American Evangelical Christianity: An Introduction* (Malden, MA: Blackwell, 2001), 10.

12. Christian Smith, *American Evangelicalism: Embattled and Thriving* (Chicago: University of Chicago Press, 1998), 5.

13. 分析者の中にはこの集団を指して「保守的キリスト教徒」という用語を用いる者もあるが、しかしこの語法は神学と政治的イデオロギーを融合するリスクを冒す。例えば以下を参照。Andrew M. Greeley and Michael Hout, *The Truth About Conservative Christians: What They Think and What They Believe* (Chicago: University of Chicago Press, 2006).

14. Brian Steensland et al., "The Measure of American Religion: Toward Improving the State of the Art," *Social Forces* 79, no. 1 (2000).

15. プロテスタント教派を福音派もしくは主流派に分類するにあたっての非常に大きな助力に対して、ジョン・グリーンに感謝する。

16. 信仰重要性調査では、非教派的クリスチャンは事実上全ての変数において教派的福音派のように見えた。この同じパターンは 1980 年代以降の総合社会調査にも見いだせるが、1980 年代に先立ってはずっと小さな数であった非教派的クリスチャンの集団はリベラルなプロテスタントのように見えていた。集団としての非教派的クリスチャンはいまでは教派的福音派と区別がつかないように見えるため、全ての非教派的クリスチャンを福音派

ワ行

ヤ行

マ行

ナ行

ハ行

タ行

著者
ロバート・D・パットナム（Robert D. Putnum）
1940年生まれ。ハーバード大学教授。ハーバード大学ケネディ行政大学院学長、米国政治学会会長等を歴任。著書に『孤独なボウリング』（柏書房）のほか、『われらの子ども』（創元社）、『哲学する民主主義』（NTT出版）、編著に『流動化する民主主義』（ミネルヴァ書房）など。本書でウッドロウ・ウィルソン基金賞、一連の研究でヨハン・スクデ政治学賞および米国人文科学メダルを受賞。

デヴィッド・E・キャンベル（David E. Campbell）
1971年生まれ。ノートルダム大学教授。選挙行動や教育、宗教に関する著書多数。

訳者
柴内康文（しばない・やすふみ）
1970年千葉市生まれ。1994年東京大学文学部卒業、1999年東京大学大学院人文社会系研究科博士課程単位取得。同志社大学社会学部准教授を経て、現在東京経済大学教授。専門はメディア論、コミュニケーション論。著書に『デジタル情報社会の未来（岩波講座現代第9巻）』（岩波書店、2016年、共著）、『ソフト・パワーのメディア文化政策』（新曜社、2012年、共編著）、翻訳書に『孤独なボウリング』（柏書房、2006年）、『われらの子ども』（創元社、2018年）などがある。

アメリカの恩寵《おんちょう》——宗教《しゅうきょう》は社会《しゃかい》をいかに分《わ》かち、結《むす》びつけるのか

2019年2月20日　第1刷発行

著　者　ロバート・D・パットナム
　　　　デヴィッド・E・キャンベル
訳　者　柴内康文
発行者　富澤凡子
発行所　柏書房株式会社
　　　　東京都文京区本郷2-15-13（〒113-0033）
　　　　電話（03）3830-1891［営業］　（03）3830-1894［編集］
装　丁　森 裕昌
組　版　株式会社キャップス
印　刷　萩原印刷株式会社
製　本　株式会社ブックアート

ISBN978-4-7601-5075-5